「福翁自傳」の研究

註釈編

河北展生

慶應義塾大学出版会

はじめに

河北展生

福澤諭吉は、思想家として、教育者として多くの著作を残している。中でも「福翁自伝」は、最も読者の多い作品だろう。現代にも大きな影響を与えている福澤を研究する上で重要な史料と位置づけることができるだろう。

一般的に、「福翁自伝」はわが国の自伝文学の最高傑作として、国内はもちろん海外での評価が高い作品とされている。当時としては珍しい口述筆記に加筆補訂して明治三十一〜三十二年『時事新報』紙上に掲載され明治三十二年（一八九九）刊行された。その軽妙洒脱な文体は現在でも読む者を魅了する。

「自伝」の内容の大半は維新までの前半生にあてられ、後半生は「老余の半生」の一節に描かれているのみである。少年時代、長崎修業時代、緒方洪庵塾時代、三度の洋行、維新時代等について、平易な談話体で詳細に表現されているため、福澤の前半生を研究する上で初学者にとっても重要であるが、関係資料に乏しく研究者にとってはかなり難題が多い文献である。一方、明治以降の福澤の大略に関しては『福澤全集緒言』（明治三十年刊）に多く示されており、急速な文明開化のもと言論出版活動が盛んになった時期でもあったので資料的にも豊富で詳細な、研究も多く行われている。

「自伝」を研究することは、特に福澤の前半生を探る作業であるため、多くの先輩の手によって時間をかけ行われてきた。私がこの「自伝」研究に関わり、ここまで研究を継続できたのも、とりわけ富田正文先生の研究があり、またそのご指導により福澤研究の道を開いていただいたからに他ならない。

本書の執筆のきっかけとなった経緯は、慶應義塾創立一〇〇周年に際しての、『慶應義塾百年史』編纂に当たり、『百年史』の関係者が改めて「自伝」を検討した際に、幾つかの大きな疑問が出てきた。「自伝」に関する疑問は、全て出尽くした感もあったが、中津藩関係の記述に関する傍証資料が極めて少なく、また福澤の意図的とも思える記述不足の点が挙げられるなど、なお解決がつかない点がある。この積み残しともいえる疑問点を継続して研究するために、メンバーのひとり中山一義教授の提案により、さらに時間をかけて幕末期の疑問点を解き明かして行くために、広い視野で記録や疑問を自由に話し合える懇話会「自伝を読む会」を創立しようとの提案があった。富田正文先生の快諾をもいただき、両先生のご指導のもと、会を重ねた。新資料の発見は早々無く、時間を要し、少しずつ成果が見えてきたが、富田、中山両先生の他界により前途が危ぶまれた時期もあった。勿論早急に成果が得られるものではなかったが、その後も会員の努力と意欲でわずかながらも新しい資料を見出すことで、研究を進めることができた。

今回ここに上程した内容は、その研究成果の一部を発表することになったもので、おふたりには感謝の念を表したい。

本書の構成は、「福翁自伝」に出てくる文言に関する事項は「註釈」（本文）にまとめた。たとえば、幕末の十年間（いわゆる無名塾時代）に行われた義塾の所在地移転の背景や理由、学塾改正の意図等は、おぼろげながら推測できる段階に研究が進み、まとめることができた。

また、「自伝」を別の視点からも考察できるよう、関連項目の解説、私の推論等を各章末に「参考」として付記した。

本註釈を作成するにあたり最も大きな疑問として浮かんできたのは、一般的に塾関係者を含め「慶應義塾」の名前に関して、「義塾」には関心が集まったが、「（時代としての）慶応」にはほとんど言及されていない点である。また、慶應義塾が創設を一八五八年（安政五年）としている点である。「慶応」以前には無名塾の時期があり、福澤がなぜ幕末ギリギリの年代を採り「慶應義塾」と命名したのか。単純に当時の年号を使ったというだけでは片付けられないことが、当時の時代背景、福澤の立場や言動から見えてきた。この点についても、「註釈」（本文）と「参考」でかなり詳しく言及した。

本書では、明快に論陣をはる人物であるにも関わらず、福澤が「自伝」の中で、出来事の事由や意図にあえて触れなかった点にも、注目してほしいと考え、一部解釈を加えた。たとえば、文久三年九月末頃に行われた鉄砲洲中屋敷の平屋建て五軒続きの長屋に移転した事由は、「自伝」ではまったく触れられていない。では、なぜ触れなかったのか。ここから疑問が生まれ、新しい資料探しが始まった。このように語られない箇所の発見から新しい研究のヒントが生まれると思われる。まだまだ、「自伝」の中には「語られない部分」がある。ぜひ今後の研究テーマとして掘り下げてほしい。

また、この「註釈」と「参考」も合わせて利用していただければ、「自伝」の読み方のヒントとなるだろう。福澤は、口述筆記に後で入念に手を入れている。その点で本書別冊・本文編の佐志傳君の研究は、大変な労作であり、さらに自伝研究を深める重要な資料となるだろう。

多くの分野で現代に活きる福澤の思想背景を理解する上で、「福翁自伝」を研究することの意義は、今後も重要である点を最後に、重ねて強調しておきたい。

凡例

一、本書の成果のもととなった「自伝を読む会」では、『新訂福翁自伝』（岩波文庫）を底本としたが、本書では、各章各項目の表記は本書別冊、佐志傳編著・本文編の本文表記に従っている。また、本書で取りあげた「註」は、本文編の本文当該部分の末尾に、傍註の形で註番号を示した。

一、本書の各章は、「註」と「参考」で構成されている。「註」は「1頁1行目　豊前中津奥平藩（1）」のように、本文編の当該部分を、頁・行・語句・註番号の順に表記し、「参考」は①、②……で表記した。

一、「註」は、福翁自伝中の文言に直接関係する内容である。「参考」は、「註」の補足説明や、時代背景、用語等に関する内容である。

一、参照項目は、次の通り表記した。

　第一章註（1）を参照する場合→［1（1）］

　第一章参考①を参照する場合→［1①］

「福翁自傳」の研究　註釈編——目　次

3、大坂脩業

4、緒方の塾凡 ……………………………… 49

5、大坂を去て江戸ニ行く……65

6、始めて亜米利加ニ渡る……81

7、欧羅巴各國ニ行く ………………… 109

（3） 198

156頁13行目　私より以下の者が幾《いく》らもある（4） 198

156頁19〜20行目　江州水口の碩学中村栗園（5） 199

158頁1〜2行目　藩政を改革して洋学を盛んにするが宜いとか兵制を改革するが宜いとか云ふ（6） 200

158頁10〜11行目　家老の隠居があつて大層政治論の好きな人で（7） 200

159頁7行目　御紋服拝領（8） 201

161頁8行目　出兵の御用だから帰れと云て呼還しに来た（9） 202

162頁5〜7行目　幕府に雇はれて（中略）旗本のやうな者になつて居た（10） 203

162頁9〜10行目　御家人の事を旦那と云ひ旗本の事を殿様と云ふ（11） 204

162頁19〜20行目　先づ諸大名を集めて獨逸聯邦《といつれんぼう》のやうにしては如何《いかん》と云ふ（12） 204

167頁9行目　其罪南山の竹を尽すも数へがたし（13） 205

168頁11行目　佐野榮寿（常民）（14） 206

170頁2行目　大廣間《おほびろま》。溜《たまり》の間。雁《がん》の間。柳の間（15） 207

170頁7行目　加藤弘之と今一人、誰であつたか名を覚えませぬが（16） 207

171頁17〜18行目　津田真一（真道）（17） 208

171頁18〜19行目　私にも御使番になれと云ふ奉書到来と云ふ儀式で夜中差紙が来た（18） 209

171頁20行目〜172頁1行目　ソロ〳〵鎮将府と云ふやうなものが江戸ニ出来て（19） 210

172頁2〜3行目　芝の新銭座ニ屋敷が買てあつたから引越さなければならぬ（20） 211

173頁5行目　近處に紀州の屋敷（今の芝離宮）があつて（21） 212

173頁17行目　増山と云ふ大名屋敷（22） 213

174頁7〜8行目　塾生は丁度慶應三年と四年の境が一番諸方に散じて仕舞つて残つた者は僅に十八人（23） 213

174頁12行目　有らん限りの原書を買て来ました（24） 214

175頁9行目　上野に籠らぬ前に市川邊に小競合《こぜりあひ》がありました（25） 215

175頁小見出し　古川節藏脱走（26） 216

176頁小見出し　發狂病人一条米國より帰来（27） 217

176頁12行目　丁度仙臺藩がいよ〳〵朝敵になつたときで（28） 218

178頁1〜2行目　大坂に明治政府の假政府が出来て其假政府から命令が下つた（29） 219

178頁18行目　細川潤次郎（30） 220

179頁小見出し　英國王子に潔身の祓（31） 220

181頁1〜2行目　亜米利加の前國務卿シーワルトと云ふ人が令嬢と同伴して日本ニ来遊（32） 222

182頁3行目　子を思ふの心より坊主ニしやうなどゝ種々《しゆ〴〵》無量《むりよふ》ニ考へ

15、老餘の半生 …… 335

「福翁自傳」の研究　註釈編

1、幼少の時

1頁1行目　豊前中津奥平藩（1）

近世の中津藩主は、天正十五年（一五八七）豊臣秀吉により十二万五千石を与えられ、中津（現在の大分県中津市）に居城を構えた黒田孝高を最初とする。ついで慶長五年（一六〇〇）関ケ原の戦の後、細川忠興が徳川家康より豊前国一円と豊後国の速見・国東二郡で三十万石を宛行《あてが》われ、先ず中津城を築き、ついで小倉城を修築し、慶長七年（一六〇二）修築完成により同城に移り、中津城は子忠利が居住した。同九年忠興は子の忠利と交代して、中津城に隠居した。忠興は移転後、中津城及び城下町の拡大を図り、元和六年（一六二〇）に完成し、城池・町割の規模も一変した。寛永九年（一六三二）幕府は細川氏の積年の勲功を賞して、肥後熊本五十四万石に移封した。そのあとへ、同年十二月に播磨の竜野より、小笠原長次が八万石で中津に封じられた。

小笠原家は元禄十一年（一六九八）藩主長胤の治政が乱れたのを咎められて領土没収となる。同年特旨を以て同族の長円に四万石が下毛・宇佐二郡で与えられ、中津城に居住・相続が許された。この禄高縮小のために召放された家臣は千余人に及んだという。その後も藩政が治まらず、享保元年（一七一六）藩主長邕《ながまさ》が夭折したのを機に改易となり、家名存続を理由に、弟喜三郎に播州安志に一万石が与えられた。翌年（一七一七）代って奥平昌成《まさしげ》が丹後宮津より中津十万石（豊前国六万二千石・筑前国一万八千石・備後国二万石）に転封され、以後九代百五十年間中津藩を統治し、明治四年（一八七一）廃藩に至った。

伝承によると、奥平氏は、後鳥羽天皇の文治五年（一一八九）生まれの赤松九八郎が、北関東の児玉党に入婿し、上野国甘楽郡の奥平郷に住居し、その地名を苗字としたのに始まり、新田氏の没落後に上野国を去り、三河国設楽郡作手郷に移ったという。三河遠江の地は今川・武田・織田・徳川諸氏の勢力争いの地となったので、在地武将は複雑に離合集散した。

奥平信昌の時、天正元年（一五七三）四月武田信玄の死去により武田側を離れ、徳川の招きに応じ、天正三年（一五七五）対武田戦で、要衝長篠城を守り抜き、織田・徳川側の勝利に大きく寄与した。戦後家康は長篠城における信昌以下の武功を賞し、特に重臣の七族五老に「和衷・協同克く城将を佐《たす》け粉骨砕身死を以て忠勇を励み茲に籠城永日の開運を見る、洵に一代の功勲たり」として、以後永く謁見の嘉例を伝えることを許した。また信長は家康の長女亀姫と信昌との結婚の媒介をし、奥平家は徳川家と姻戚関係を持つ譜代武将となった。秀吉の北条氏攻略により、徳川家が関東に移封された時には上野国北甘楽郡小幡三万石に、慶長六年（一六〇一）三月には美濃国加納に封ぜられ、三男忠政と共に大垣領五万石及び新田三万石並びに上野国吉井二万石合計十万石を支給された。

以後下野宇都宮・下総古河・出羽山形・下野宇都宮・丹後宮津と転封し、昌成のとき享保二年（一七一七）豊前中津十万石に移封され、明治四年（一八七一）の廃藩をむかえた。

昌成以下の歴代藩主を列記すると、次のごとくである。

昌成——昌敦《まさあつ》——昌鹿《まさか》——昌男《まさお》——昌高《まさたか》——昌暢《まさのぶ》——昌猷《まさみち》——昌服《まさもと》——昌邁《まさゆき》

1頁1～2行目　福澤百助・於順（2）

父百助は寛政四年（一七九二）生まれで、福澤兵左衛門（二世）の長男。幼名百平、実名は咸《かん》、字《あざな》を少山、号を半斎、子善、書斎の号は杲育堂《こういくどう》、霑芳閣《てんぽうかく》。文政四年（一八二一）家督を相続、翌年四月同藩士橋本濱右衛門の長女お順と結婚、九月大坂の中津藩蔵屋敷に元締方として単身赴任、同八年妻の大坂への呼寄せが許された。藩務の勤務状況は真面目で、功績も多大ということで、家格を天保元年（一八三〇）小役人格より供小姓格に、更に同五年下士最高の厩方格（のち中小姓格という）に上げられた。在勤十五年目の天保七年（一八三六）六月十八日大坂で急逝した。享年四十五歳、中津龍王浜の墓地に葬られる。

百助は幼少より好学で、藩儒の野本雪巌、更に豊後日出の帆足万里に従学、伊藤東涯を尊敬し、大坂では野田笛浦《てきほ》等と親交があった。遺稿に「杲育堂詩稿」「霑芳閣文章稿」がある。蔵書の大部分は大分県の臼杵市図書館にある。

母お順は文化元年（一八〇四）の生まれで、十三石二人扶持供小姓格の橋本浜右衛門の長女で、文政五年（一八二二）に結婚し二男三女を生む。天保七年（一八三六）夫百助の急逝により、藩地中津の留守居町に戻り、清貧の中で五人の子女を育てた。長男三之助は結婚して女子一人があった。安政三年（一八五六）病気で大坂勤務を辞し、中津に帰国し、同年九月病死した。

三之助には相続の男子がないために、嫁（三之助の叔母藤本お国の次女お年）を離縁し、叔父中村術平家の養子となっていた弟諭吉を、急遽末期養子願いによって、福澤家に復籍の許可を受け、三之助の養子と言うことで家督相続が許可された。

諭吉の姉三人は皆中津に縁付いていたが、母お順は孫娘の「お一」と二人だけの淋しい生活となった。諭吉の再三の要望により、ようやく明治三年（一八七〇）十一月上京し、三田の義塾構内の別棟に「お一」と共に暮らしていたが、明治七年（一八七四）五月八日三田で七十歳の生涯を閉じた。

1頁2行目　父の身分（3）

中津藩士の身分制度については、諭吉の書いた「旧藩情」（『福澤諭吉全集』第七巻、以下『全集』⑦と略記）に詳しい。同書によると士族を大別して、軍隊の指揮官・将校に当たる給人と称される上士、兵卒に当たる小役人と称される下士とに二分される。両者の間は権利・姻戚・貧富・教育・理財生計等の趣が著しく異なっているという。上士は大身衆と呼ばれる家老職を勤める最上の家格から、寄合・供番・家中・儒者・祐筆・医師・小姓組までに区分され、その総人数は下士の三分の一であるという。

下士も、厩格（のち中小姓）・供小姓・小役人・組外・組・足軽帯刀に区分されている。本来軍隊組織であるから、最高家格の大身衆家の下に、上士と下士の家がそれぞれ配分され、組と呼ばれる部隊組織になっている。軍事的出動の時には、即刻出動できる体制になっている。したがって、平素も、組所属の藩士が、職務上の異動や、勤務のため藩地以外に移動する時は、組頭である大身衆家に届け出て、その了解を得ることになっていたようだ（「山崎家御用所日記」、以下「山崎家日記」と略記）。福澤家の所属する組の確証はないが、奥平与兵衛家の配下の北門組ではないかと推測される。

福澤家は四代友米政信が奥平家に召抱えられ、足軽より禄高十一石の小役人にまで昇進した。六代の当主百助は、下級藩吏として有能な勤務力と、その誠実な人柄とが相まって上下士間の信頼が厚く、要職から離れることができず、そのため好きな学問の道にも進めず、清廉謹直を要求される大坂の蔵屋敷に十五年もの長期間、勘定方の実務官吏として勤務させられた。その間に、家格も供小姓・更に厩方格（中小姓）にまで昇進した。しかし百助自身は必ずしもこの職務を好まず、転任帰国をしきりに願い出ていた。天保七年（一八三六）百助が急死した時、十一歳の長男三之助が相続したが、未成年であるために藩の決まりとして、福澤家の家格は一段下って供小姓格となった。

1頁4行目　中津藩の倉屋《くらや》敷《しき》（4）

倉屋敷（蔵屋敷と記すものが多い）とは、江戸時代に大名・寺社・幕府・旗本の武士及び諸藩の老臣が、所領からの租税米やその他の国産物を売捌くために、商業が盛んで金融の便利の良い地、すなわち大坂・大津・敦賀・長崎等に設けた藩の屋敷をいう。租税は武士等の支配地からの米で納入されるのが原則であったが、貨幣経済の発達に伴い、支出の大部分が金銭であった関係から、収納米を中央市場に回送して、これを売却換金する必要に迫られ、諸都市の商人に委託して、租税米や国産品を販売し、藩の費用等に充てた。

中津藩の蔵屋敷は大坂堂島新地五丁目（現在の玉江橋北詰、旧大阪大学医学部付属病院の一角）にあった。天保六年（一八三五）当時の蔵屋敷の名代（名義上の家主）は木屋□（不明）五郎、蔵元は加島屋久右衛門、蔵屋敷用達は鈴屋彦兵衛、藩の蔵役人の重役は留守居と呼ばれ上士の役職である。「福澤家系図」によれば、百助は文政五年（一八二二）廻米方として赴任、同七年元締方小頭小吟味兼帯となっている。天保六年（一八三五）長期の勤務で家格も上り、下士最高の厩格になっている時、「御留守居代御使者取切被仰付」と、臨時とはいえ上士の役職の代理を勤めているので、上士階級は留守居一人の勤務が通常であったと思われる。初勤務の年限は明確ではないが、初任は二年期で、勤務振りによって、更に二〜三年を一期として延期されるのが、藩の慣習であったようで、百助は二年で兼務役を下命され、翌年三年詰を命じられているし、息子三之助は年季二年で病気で帰国している。

1頁7行目　父が不幸ょして病死（5）

天保七年（一八三六）六月十八日、百助は勤務地大坂の中津藩蔵屋敷に於いて、脚気衝心か脳卒中で急死した。享年四十五であった。文政五年（一八二二）廻米方大坂在番を命ぜられ、有能な蔵屋敷役人として、十五年もの長きにわたって勤務した。その功績により、家格も、文政十三年供小姓格に上り、天保三年永詰難儀につき交代帰国を願出たが、藩は彼を必要とし強いて続勤を命じ、天保五年家格を更に厩方格に昇格させ、五ケ年詰を命じた。

国許の一部では自殺説があったようで、天囚西村時彦が、帆足万里の伝記『学界乃偉人』の後に、簡単にその門人の福澤百助が、「下役の私曲を憤り、監督の責任を負ひて自殺せり」と記しているが、その根拠を示してはいない。天囚は諭吉の母方の親戚に当たる高谷龍洲（旧姓飯沼氏）について記述していて、その資料は当時大阪在住の子息高谷恒太郎より得ている。一部の噂として百助自殺説が存在したことを、その時知ったのかもしれない。しかしこの記事だけでは百助の病死説を否定することはできない。

福澤諭吉誕生地記念碑

高谷龍洲については、諭吉が『福澤全集緒言』（以下『全集緒言』と略記、『全集』①）の中で「元と旧中津藩士にして、余が母の再従兄弟なれば自から親戚の交際もあり、（中略）先生の云はるゝに、足下は幼にして薄命、何も知らぬ事なれども」と記している。諭吉とは相当年齢差があるような記述である。

高谷に関する記述は『大分市史』下巻にある。

もと中津の人、文政十一年（一八二八）飯沼氏に生れ、後府内京町の惣宿老高屋氏を嗣いで高谷を唱えた。名は衷、字は欽夫、通称は、董平、龍洲を号とした。（中略）年十七、日出に行って帆足万里に師事した。居ること一年で日出を去り長崎に至り清人について書法を学んだ。郷に帰って後耶馬渓西名に入って私塾を開いて門生を導いた。時に府内藩の宿老高屋嘉兵衛に養われて府内に来り、家名をついで名を嘉兵衛と改め、宿老職をつとめた。明治三十八年七十八歳で大阪に没した。

龍洲が文政十一年（一八二八）生まれとすれば、諭吉とは七歳違いで、百助死亡の天保七年には九歳に過ぎない。『学界乃偉人』や『日本人名大辞典』には、龍洲の生没年について、文政元年生まれで、明治二十八年（一八九五）七十八歳で没しているとある。この方が、年齢差は妥当で、『大分市史』の記述は生没年が十年ずれていると思われる。

『学界乃偉人』によると、文政元年に生まれた龍洲が、十七歳（一八三四）で帆足に入門、一年程で中津に帰り、上役と激論してこれを斬り、中津を亡命し、府内に移ったというが、中津に戻った時期および中津滞在期間は明確ではない。龍洲は諭吉の母の再従兄弟であるから、百助の死亡は承知していたであろうが、中津に流れた自殺の噂を耳にしたか否かは謎である。遺族の間に自殺説が流れた痕跡もないこと等から、百助の自殺は考えられないというのが真相であろう。この死因については、富田正文の『新資料から見た福澤先生』に詳しい。

2頁2行目　藩地の中津ニ帰りました（6）

天保七年（一八三六）六月大坂での父の急死で、諭吉ら兄弟五名は母に連れられ、藩地中津留守居町の家に戻った。この家は現存する福澤旧邸ではなく、道路の向かい側にある（現在「福澤諭吉宅跡」として、敷石で間取りを示してある所）手狭な家である（二つの屋敷を区別するため、以下現存の屋敷を「旧邸」、向かい側の家を「旧宅」と記す）。この旧宅は、昭和二十三年九月、福澤家の資料が整理された時、明治十年（一八七七）九月二十四日に諭吉が記憶を基に作図した図面が発見され明らかになった。丁度その時、福澤旧邸を中津市が史跡指定にと申請していたが、旧邸が十三石二人扶持の藩士の家としては立派過ぎる点に疑問が生じ、他に確実な証拠を探索中であったので、この資料の発見により早速許可が下りた。

[13（1）]

2頁5行目　従兄弟《いとこ》が沢山ある（7）

諭吉の従兄弟の数は、はっきりしない。

父方の中村術平家では諭吉離籍の後に養子となったのが叔父、東条利八の次男正五郎と、その後誕生した英吉である。藤本国家には、元岱・年・たみの三人がいる。渡辺律家は、長男弥一がいる。東条利八家では、軍平・正五郎（前出）・平吉（中山氏へ養子、又次郎と改名）・でんの四人の子女がある。荒川との家には、六人の子供がいたが夭折し、まさ一人しか育たなかったという。

母方橋本浜右衛門家では、叔母は妹の「しより」一人で、その子女は五人いる

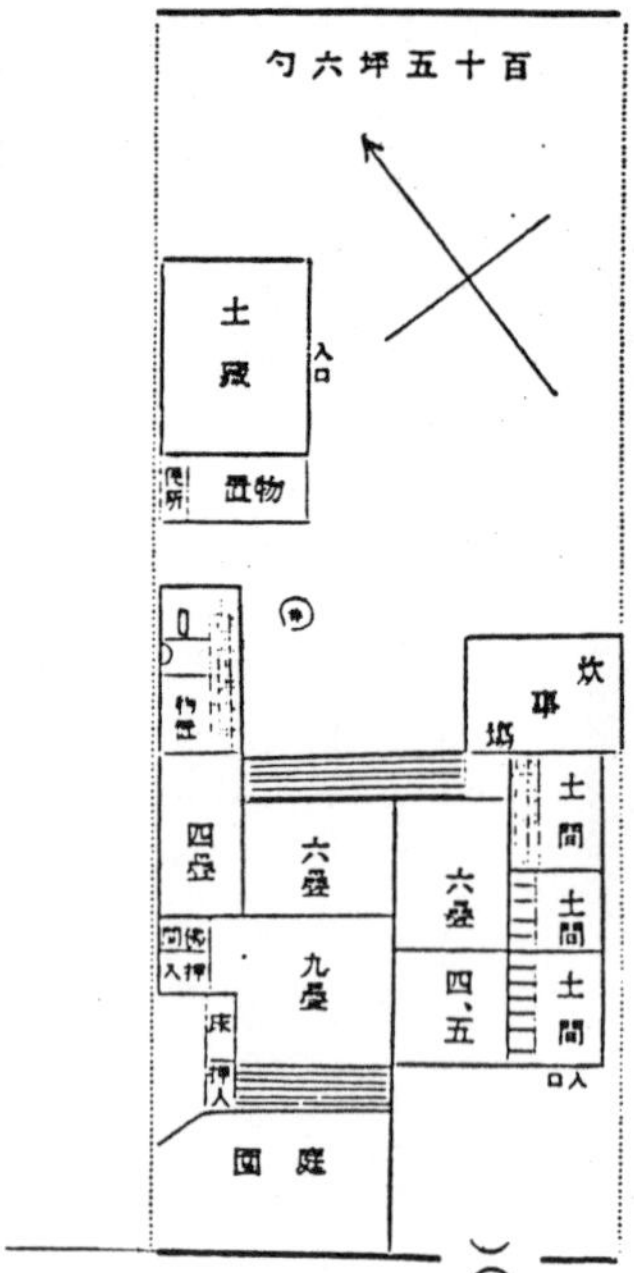

中津旧邸間取図

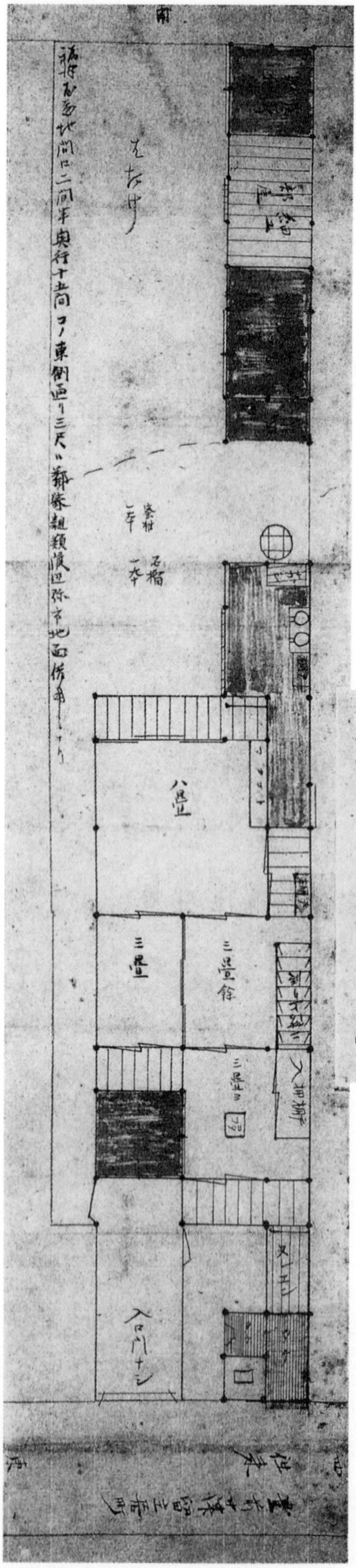
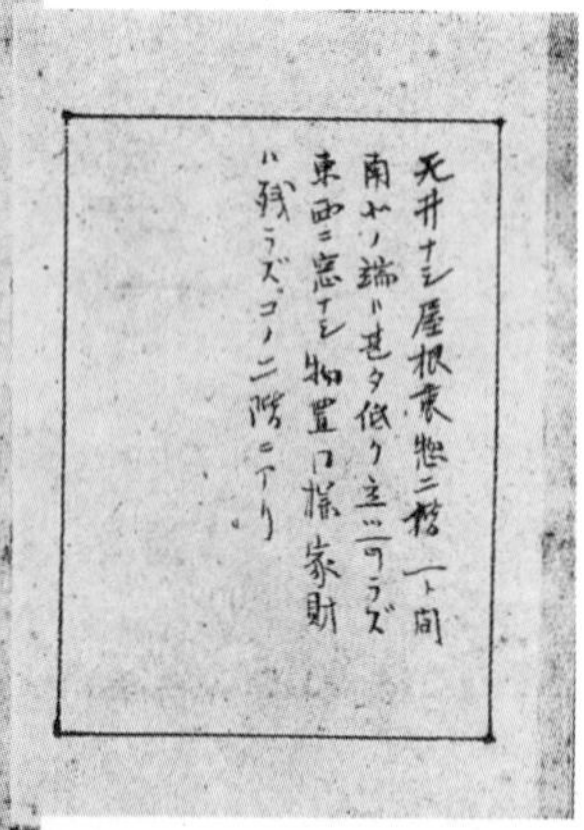
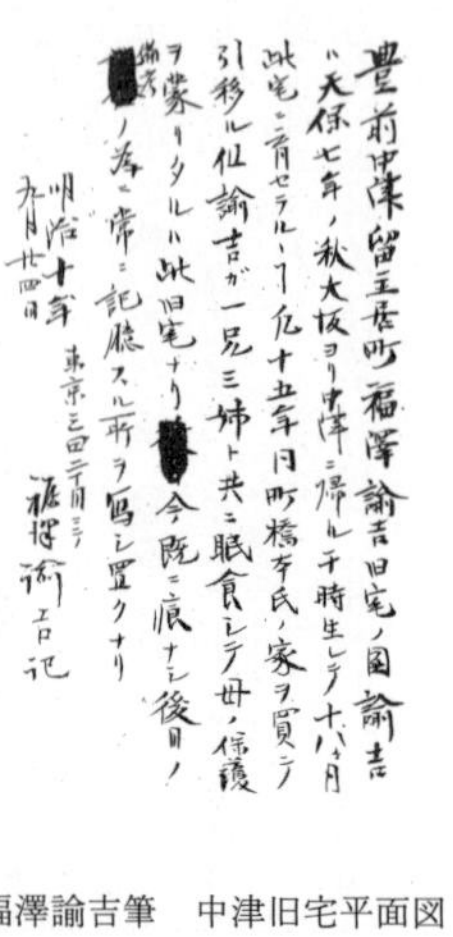
福澤諭吉筆　中津旧宅平面図

というが、馬瀬（将多）・かが（手島春二妻）の二人の名が判るのみである。

『福翁百話』（以下『百話』と略記、『全集』⑥二八〇頁）四十六「早婚必ずしも害あるに非ず」には次の記述がある

　迂老の祖母は中津藩士の家に生れ、文化元年年十五歳のとき一女を産み、翌年十六歳又一女を産み、所謂年子なりしが、二女児共に壮健にして体格甚だ逞しく、共に七十歳の寿に達し、其長女の腹に産れたる者は即ち諭吉なり。

妹しよりは文化十四年（一八一七）生まれで、母とは十三歳の年齢差があるから、勿論しよりのことではない。年子の妹という話は、『百話』に一度出てくるだけである。一歳違いの叔母があったとすれば、そこにも当然従兄弟がいる可能性があるので数も増えることになるだろう。

2頁14行目　父は学者であった（8）

百助は好学の人で、若くして備後福山藩の儒者菅茶山に従学を希望し、父兵左衛門から藩庁へ学資拝借願いが出されたが、前例なしということで希望が叶えられず、藩儒野本雪巌に師事したのちに豊後日出藩の帆足万里に学び、門下の俊才と呼ばれた。

百助は大坂在勤中も京都堀川の伊藤東涯の学を好み、丹後田辺藩の儒者野田笛浦らと交わった。藩の上士とも、学問の場での交際があったようで、中津藩の上士である猪飼俊蔵・正弼とは、詩を贈りあう仲であった。上士からも学者として評価されていたのであろう。

帆足門下の後輩で中津藩の町人出身である中村栗園とは、身分違いを問題とせず、兄弟のように親しく交際した。のちに百助の推挙により、栗園は江州水口藩の藩儒になった。

百助の死が伝えられると、栗園は急ぎ大坂の蔵屋敷に駆けつけ、家族が遺骨を抱いて中津に帰国する時、幼少の諭吉を抱いて、中津行きの船まで見送った。

百助を最もよく知る中村栗園が、その死を悼んで作った「哭福澤氏詩以代祭文」は、百助の学者たる様子をよく伝えている。読み下しの一部を引用する。

　君は本と典籍に耽り、動もすれば渇と飢とを忘る、公に奉じては稗益多く、閑を偸みては唔咿（声を出して読書する）を事とす。文を属《つづり》ては綺語（飾った

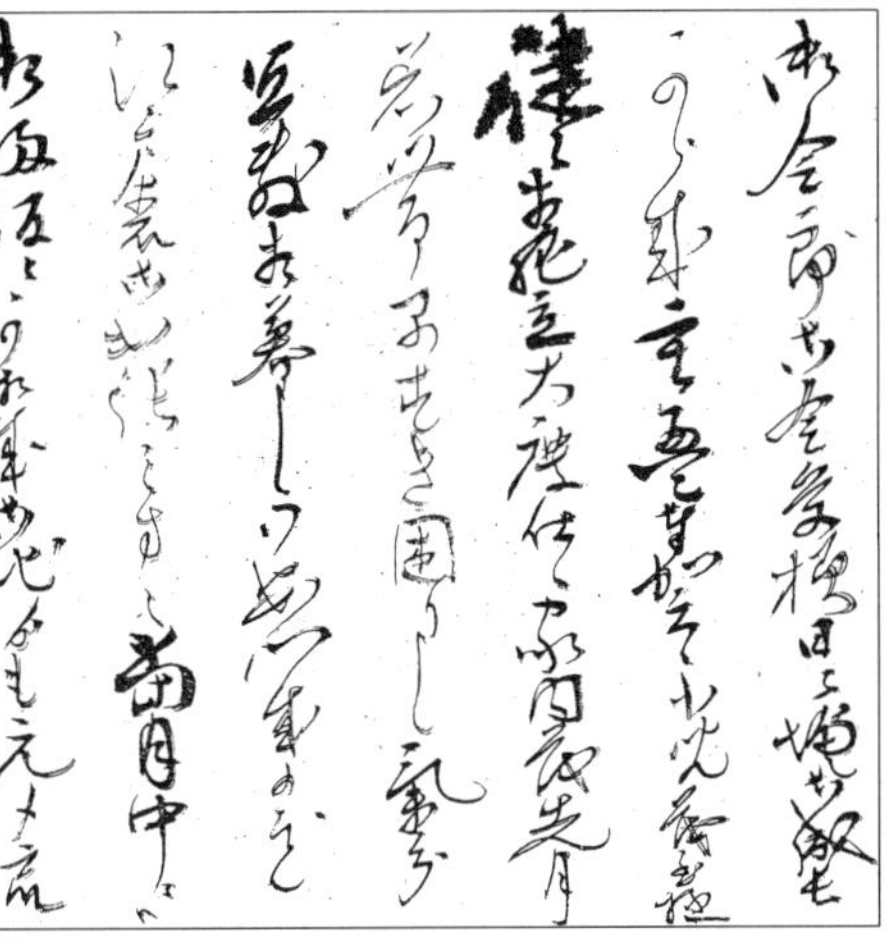

小田部武憲宛福澤百助書簡　文政十一年九月十四日　中津小田部家襖下張より

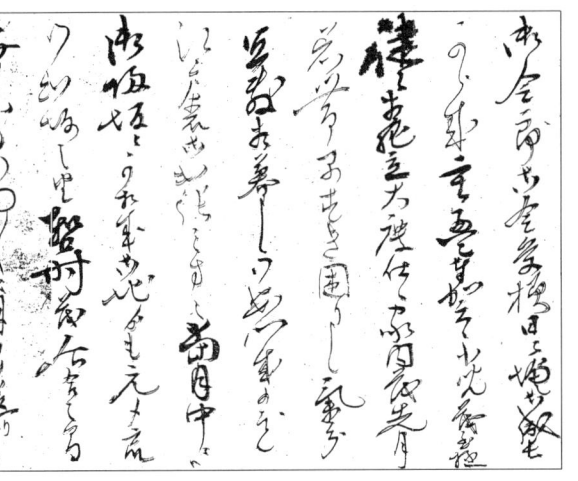

言葉）を屛《しりぞ》け、詩を賦しては魂奇を厭う。常に嘆ず俗儒の輩の、浮華にして
根基無きを。

百助の蔵書は相当部分が臼杵図書館に所蔵されていて、阿部隆一「福澤百助の学風――その手沢本より見たる　上、下」、佐藤一郎「臼杵図書館蔵『福澤先生遺籍』解題初稿」、佐藤一郎「豊前・豊後および大坂の学問と福澤家」、梅溪昇「福澤諭吉の父、百助について」等の研究がある。阿部は百助の学問傾向を、経学詩文よりも、法制経済の研究にあったようだと指摘している。佐藤は、十八・九世紀の豊前・豊後の学問傾向と結びついているが、日本刊行本より唐本が圧倒的に多く、本格的な学究態度の結果であり、「当時の上士を含む武士階級の蔵書水準をはるかに超え、ひとかどの学者の域に達していた事は明白」としている。また大坂の漢学塾の懐徳堂と絲漢堂は、伊藤東涯の影響が強いことから、百助の在坂時代の漢学者との交流に注目する必要を指摘しているのは、注意すべき提言である。当時の藩士一般の水準をはるかに越えていたことは、『考証福澤諭吉』（以下『考証』と略記）上に詳しい。

2頁15行目　大坂の金持加島屋（9）

加島屋は大坂豪商の一つ広岡久右衛門家で、玉水町で諸国取引米問屋と両替店を営んでいた。『日本経済史辞典』の「大坂に於ける諸侯蔵屋敷一覧表」によれば、天保六年（一八三五）に中津藩の蔵元を勤めている。「奥平家旧藩事情」巻二には、広岡久右衛門には扶持として玄米九百俵を支給したと記している。また年未詳ではあるが、百助宛に広岡久右衛門より、時候の挨拶として「沢の鶴酒切符三枚」を贈った書簡が、中津の小田部家の襖の下張文書の中から発見されていたことから、百助が加島屋との交渉に直接関係していたことを知ることができる。
[15⑥]

3頁10行目　誠意誠心屋漏ょ愧ぢず（10）

「誠意誠心」は共にまごころの意であるが、一般には、誠心誠意と使用される。「屋漏に愧じず」（相在爾室　尚不愧于屋漏）は『詩経』雅の抑の篇にある。人の見ていない所においても、恥かしいことを行わないの意。

4頁13行目　藩から布令が出る（11）

祭礼時における藩士の芝居見物禁止令は、毎年ほぼ同じ文面で布告されている。大身家の一つ「山崎家日記」嘉永六年（一八五三）六月十一日条では、

来る十三日晩より於龍王浜祭礼歌舞伎芝居等有之候　各は勿論下々等迄見物不罷越候様堅可申付候　尤支配有之面々には其旨を可被申渡候　已上
六月十一日　　御年寄衆御連名
御家中面々

嘉永六年六月十二日条では、

祇園芝居小屋廻り近来乱雑に付　左之通り非人共へ取締方申付候ニ付　心得違之もの無之様厳重可被申渡候　住吉宮より被りもの一切無用可致　若相背候者有之　非人共にて差押候節　手向等致候者於有之ハ　縄打候ても不苦候旨申渡候事　右之趣町在へ被仰出候付　為心得可申伝旨御年寄衆被仰渡候
已上

嘉永五年七月十五日の条によると、日中には山車或いは手踊り連が町内を廻り、大身衆の居宅の前で、手踊りを行ったり、神輿の振揚《ふりあげ》が行われ、それに対して大身衆家より、御神酒や御馳走が祝儀として提供された。これを見物するための桟敷が組み立てられ、家族は勿論、親戚の者も招待され、共に見物したようである。

なお盆中の心得として次のような記述も見られる。（嘉永五年七月十一日条）

一盆中俄と号　種々物真似等致候義無用可致事
一編笠町家にて売買一切不相成候　若隠置売買致候者於有之ハ　御調之上急度被仰付事
一町家店先へ簾掛候義一切無用可致候　心得違之もの於有之は　御調之上急度可被仰付事
一御門々踊支度にて通り申候ハヽ、指押させ候事
　右之通申渡置候上は被りもの致物真似等致候者於有之は　諸廻り之者へ差押候様厳重被仰付置候間心得違無之様可被申渡候

一十五歳以下被もの無之踊候義ハ不苦候　右已上之年齢のものは無用可致事
一踊は上にて勢溜　下にては一番橋向側二ヶ所に可限事　但夜分四ッ時限之事　右二ヶ所より外にて踊候者於有之は為取押可申事
右之趣町在へ被仰出候　右相心得可申伝旨　御年寄衆被仰渡候　已上

建前としては、かなり厳しい文面になっている。

4頁14行目　住吉の社の石垣（12）

中津は山国川の河口の城下町で、城は町の西を流れる山国川を分流させた中津川沿いに築かれている。城郭の北端北門通りから土手を更に二百メートル程下流の、市内を流れる堀川と合流する地点が、江戸時代の中津町の船着場であった。鷹部屋町と角木町に挟まれた市場町、この船着場の下流の方、角木町の辺りが、運上場と呼ばれ、船荷の集積場で、九州幕府領の中心であった日田の方から、山国川を利用して運ばれてくる米穀や幕府御用の荷物等が、一旦この運上場に集められ、ここから大坂行きの大型廻船に積み込む荷物が整えられて、川船で洋上の回船に運ばれたのである。

運上とは江戸時代の雑税の一種で、商業・工業・漁業・狩猟業・運送業等各種営業に従事する者に対して賦課された課税の中で、一定の税率を定めて納付させたものである。運上所といえば現在の税務署に当る。しかし室町時代には、公物を京都に運送して上納するという意味に使用されていたので、江戸時代になっても、民間では、幕府へ納入する物品の総称として使用された例が多い。中津の運上場も、日田等から大坂等へ輸送される幕府の税物、中津藩の大坂蔵屋敷へ運送される税米や国産品の船積荷の集積所という意味に使用されていた呼称であろう。

この運上場と称する倉庫等のある区域の海寄りの外れに当たる堤防の下にある小祠が住吉の社である。恐らくこの社より川下の方、闇無浜《くらなしはま》神社の社前までは広場になっていて、祭りの時などには、芝居小屋などが設けられたものと思われる。

祭りの時ょ（中略）藩から布令が出る芝居は何日の間あるが藩士たるものは決して立寄るゝと相成らぬ住吉の社の石垣より以外ょゆくことはふらぬと云ふ

この社が、堤防の下の社である。この船着場から福澤諭吉の家のある留守居町までは四、五百メートル程である。

7頁6行目　白石と云ふ先生（13）

白石照山（牧太郎・常人、五郎右衛門）は中津藩士久保田武右衛門の長子で、文化十二（一八一五）年生まれ。同藩白石団右衛門の養子となり、藩儒野本真城（白巌）に学び、藩黌の督学となる。天保九年（一八三八）江戸に遊学、古賀侗庵に師事、聖堂に学び、佐藤一斎・野田笛浦らの門に往来する。同十四年帰国し、学塾を経営したと『豊前人物誌』にあるが、『日本人名大辞典』によると、父久保田勇閑の二男で、養父は白石強兵衛とある。

『中津藩歴史と風土』第九輯所収の「分限帳」（福澤三之助など所収）の小役人の部には十三石久保田勇閑の名が、また四石三斗三合三勺三夕白石五郎右衛門（照山）の名などもみえる。

中津藩下士勤書によると、久保田家は一家のみで、徳右衛門（宛行十石八斗・土蔵番、文化五年（一八〇八）隠居）――団右衛門（文化五年家督、小奉行・厩元方・厩目付兼）とある。武右衛門と団右衛門の関係は不明である。長男を養子に出すのはやや不自然なので、『人名辞典』の二男説をとりたい。養家の白石家も一家のみ記されている。強兵衛（寛政十一年（一七九九）組抜郷方・文化六年（一八〇九）宛行三石三升七合七夕増都合十石八斗・文化九年（一八一二）格式小役人・文化十一年（一八一四）宛行十一石代官・文化十四年（一八一七）母病気に付奉願在番交代）とある。おそらくこの強兵衛が養父であろうと思われる。

諭吉は初め服部五郎兵衛・野本白巌等に学んだが、最も長く師事した照山とは気が合ったのか、「やかましい先生に授けられて本当に勉強しました」とか、「漢學者の前座ぐらゐょなつて居た」と、漢学に興味を持って学習し、将来はこの道に専念するのかと思われる程の打ち込みようである。

中津藩では足軽の業務であった城門の開閉を、下士の業務としたので、下士の不満が高まっていた。嘉永六年（一八五三）十一月、藩は城門警備の下士を「御門番」と呼んできたのを、「開閉番」に改正するよう下命した。このため下士の不満は一層高まり、十二月九日城内で反対の集会を開いていたことが、暁の小祝の火災時、警報不手際から発覚した。照山はその首謀者として、十二月十八日、永の御暇の処分をうけた（「山崎家日記」）。

その後照山は安政元年（一八五四）臼杵に移り、翌年臼杵藩稲葉侯に仕えたが、文久二年（一八六二）稲葉侯の死去により豊前四日市の郷校に移った。『福澤諭吉の思想形成』によると照山は初め素山と号していたが、豊前四日市に移ってから照山を号したというから、福澤が師事した時は素山と号していたと思われる。明治二年（一八六九）中津藩の要請で中津に戻り藩黌に復帰、学制頒布と共に官を辞し、私塾晩香堂を開いて漢学を教授した。明治十六年十月死去。

照山とは明治に入った後も音信を絶たなかったようで、『照山白石先生遺稿』の中に、諭吉が洋学に関心を持ってみてはと勧めた時に答えた「贈福澤諭吉」と題する詩「新学邯鄲歩未成　又忘故歩二難併　不投時好非違世　欲免終身葡匐行」がある。

7頁15行目　學流ハ龜井凡（14）

筑前国早良《さわら》郡姪浜（福岡市西区姪浜町）出身の亀井南冥・昭陽父子の学派。

南冥の父聴因は姪浜の医師で、荻生徂徠学派を学んだ。南冥はその三男として寛保三年（一七四三）に生まれ、十四歳の時肥前の僧大潮に従学し、二十歳で京都の吉益東洞・大坂の永富朝陽を歴訪し、朝陽の門人となった。二十二歳で福岡唐人町に移り、医業のかたわら蜚英館を興し儒学を講じ、次第に文名をあげた。その学問は徂徠学を基本に、朱子学派からも採るべきものを採るといったものであった。

安永七年（一七七八）藩主治之により福岡藩儒医兼帯に抜擢され、やがて藩主侍講となった。天明四年（一七八四）彼の建言による学問所甘棠館が創建されると、福岡藩の藩学は竹田定直の流れを汲む朱子学の東学に対して西学と称された。南冥の詩才は西海第一と称され、徂徠学派復興の指導者と目された。しかし寛政四年（一七九二）突如退役、終身禁足処分を受け、不遇のうちに文化十一年（一八一四）百道《ももち》の隠居所の原因不明の出火により焼死した。

昭陽は安永二年（一七七三）南冥の嫡子として生まれ、父の学統を継承した。十九歳の時父の旧知、徳山藩の僧儒島田藍泉に詩文の作法を学び、翌寛政四年父が失脚した時、家督相続して西学の訓導を命じられた。同十年二月学館が焼失すると、藩は再建を禁止し同館の教員（儒者）も平士とした。昭陽の学力は父に勝っていたが、内向的な性格の故か、世評は父ほど高くはなかった。著作はすこぶる多い。天保七年（一八三六）五月死去。六十四歳であった。

中津藩で亀井派を学んだ者に、中村栗園・山川東林・松川北渚及び白石照山に影響を与えた西周哲がいる。

7頁16行目　廣瀬淡窓（15）

広瀬淡窓（天明二年〜安政三年（一七八二〜一八五六））は江戸後期の儒者。豊後国日田郡夜開郷豆田町御幸通魚町（現在の大分県日田市豆田町）の代官所御用達広瀬三郎左衛門の長男に生まれ、椋野元俊・松下筑陰らに学び、寛政九年（一七九七）亀井南冥・昭陽の塾に入門、同十一年（一七九九）病気のため退塾、以後養生しつつ独学した。

文化二年（一八〇五）家業を弟に譲り塾を開く。同十四年堀田村（日田市淡窓）に咸宜園を開く。その学風は、一学派にとらわれず、文意の大要を採り最も適当な解釈を採るというもので、学派に固執する学者からは、俗儒と批判された。白石照山の非難にはこの意味が含まれているかとも思われる。しかし他面広く全国から学生が集まることにもなった。教育方法は、三奪と称される。年齢、身分、それまでの学歴を無視して、専ら実力に依って進級させ、月毎に、学生の学業進度の評価を行うなど、特色ある教育を行った。門弟四千人といわれ、来訪の著名の士もすこぶる多かった。中津からは藩洋医藤野玄洋が数年従学した。また中津の釈蘭渓は十八才子の一人に数えられている。

8頁1行目　賴山陽（16）

諭吉の父百助は『福澤諭吉傳』（以下、『諭吉伝』と略記）によると、「早くから備後福山の碩儒菅茶山の学徳を慕ひこれに従遊したいといふ希望を抱いてゐた」という。山陽に近づかなかったのは、誠実な百助の性格として、尊敬思慕する菅茶山への山陽の態度が、百助を避けさせた原因の一つと考えられる。

頼山陽。名は襄、字は子成、通称は久太郎。その居を水西荘、山紫水明処、三面梅花処と名づけた。

山陽は儒学者春水の長男として安永九年（一七八〇）大坂に生まれた。翌年父は広島藩の儒士として招聘され、天明二年（一七八二）一家は広島に移住、七歳の春より叔父杏坪につき勉学、寛政九年（一七九七）杏坪に伴われて江戸に出る途次湊川で楠公戦没の跡を弔い、長篇の古詩を作り一躍有名となった。江戸では昌平黌に学ぶ傍ら山崎学の講義を服部栗斎にうけた。遊学一年で帰藩、神経系の宿疾に悩み、挙動ややもすれば常軌を逸することもあったという。二十一歳の秋京摂間に脱奔し、やがて引き戻され、藩命により自邸に幽閉。享和三年（一八〇三）幽閉を解かれたが謹慎を続け、文化元年（一八〇四）廃嫡された。同六年父の親友菅茶山の廉塾の代講として招かれ備後神辺《かんなべ》に赴いたが、八年突然廉塾を出て京都に移った。その生活態度の異常さから、放蕩児との評判が高く、儒者間でも非難排斥する者が多かった。

文政元年（一八一八）亡父三年忌に広島に帰り服喪後三月九州旅行に出発。博多に亀井昭陽、佐賀・長崎・熊本・鹿児島・豊後竹田を経て日田に広瀬淡窓、中津の近郊正行寺に末広雲華上人等を訪ね、下関で越年して翌年二月広島に戻り、母を伴って京都に帰った。その後は畿内と母の住む広島に旅行するのみで、京都に居住し、天保三年（一八三二）六月五十三歳で急死した。

『日本外史』『新策』『日本政記』は山陽の三部書といわれ、鎌倉幕府以来の武家政治の非を鳴らしたのが幕末動乱期の人心の共鳴をうけ、文名すこぶる高いものがあった。彼が厳密な朱子学者の家に育ちながら、朱子学に必ずしも盲従せず、その文体も、学者を対象とせず、一般知識人を対象とした独特の平易な漢文体であったことが却って頼山陽を有名にし、広く読者を得たのである。しかし専門学者の評価は必ずしも高いものではなかった。亀井昭陽は山陽観を問われ、「人物如何―奇才子也―学術如何―無何也」と答えたという（『頼山陽とその時代』）。白石照山の山陽評もこうした昭陽の影響を受けているのであろう。

8頁6～7行目　野田笛浦（17）

野田笛浦《てきほ》は、寛政十一年（一七九九）丹後田辺藩士野田和三郎の子として生まれた。名逸、字子明、号笛浦。文化八年（一八一一）江戸に出、苦学しながら古賀精里に師事。文政九年（一八二六）清国船が清水港に漂着した時、古賀侗庵の推薦で笛浦が派遣された。才弁縦横で清客江芸閣・朱柳橋を敬服させた。その間の「得泰船筆語」の文が名声を博し幕府の儒官に推挙された。嘉永三年（一八五〇）田辺藩側用人に抜擢、後年家老となり、藩治文教に貢献した。安政六年（一八五九）七月六十一歳で死去した。

蘭学者坪井信道の養子信良が、安政元年七月三日付で、越中高岡にいる実兄の佐渡三良宛に、笛浦の人物を紹介し世話を依頼した書簡がある。

野田希一号笛浦　丹後田辺藩当時有名之人故定て御承知之事と奉存候。右此度北陸通行ニ御坐候。越後地ニテ遊歴、追々御地へも通行ニ御坐候。何レ其節又々添書可仕候間何卒御宿被下、両三日逗留被成置被下度奉願候。右も格別之懇家ニも無之候得共、兼てハ唯尋常ニ対遇仕候迄ニ御坐候。御地火災後之事故先年之如キ訳ニも無之候得共可相成諸家へ御吹聴置被下、其砌御周旋被下候様仕度奉願上候。田辺家中ニテ百石ニテ用人役相勤罷在申候故游歴之書生ニハ非ス。詩ハ不手ナリ。文章大ニ評判宜敷、書も温順見事ニ御坐候。竹林亭扁額抔御願可然と奉存候。人物も書ノ如ク少も圭角無之、温和之人ニ御坐候。酒ハ不好候。至テ交之広キ人ニテ諸侯方へも多ク参申候。（宮地正人編『幕末維新風雲通信　蘭医坪井信良家兄宛書翰集』）

右の文面から誠実温順な人柄と、精里門下の四大文章家の一人と言われたことなど、百助が好感を抱く理由となったのであろう。

9頁4～5行目　近處ニ内職をする士族（18）

江戸時代全国一般に、表向き武士が営利業に従事することは許可されていなかったが、特に下級武士の間に、生計を助けるため諸種の内職が行われたのは周知の事実である。中には、尾張藩のように芸職として公認している藩もあった程である。その職種は様々である。一般に、傘細工・楊枝削といわれるが、尾張藩の公認芸職としては、仕立物・弓弦・指物・大小下緒・筆結・鞘細工・張付・提灯細工・彫物細工・唐紙細工・柄巻・竹細工等があげられている他に、女子の職種として、元結・蠟燭の心巻等、その種類は多い。（『下級士族の研究』）

中津藩の場合、藩の公認にはなっていないが、当然のように、下級士族の間に

内職が行われていた。その事情について福澤は、

下士族は出入共に心に関して身を労する者なれば、其理財の精細なること上士の夢にも知らざるもの多し。二人扶持とは一箇月に玄米三斗なり。夫婦に三人の子供あれば一日に少なくも白米一升五合より二升は入用なるゆゑ、現に一月二、三斗の不足なれども、内職の所得を以て麦を買ひ粟を買ひ、或は粥或は団子、様々の趣向にて食を足す。之を通語にて足し扶持と云ふ。食物既に足るも衣服なかる可からず。即ち家婦の任にして、昼夜の別なく糸を紡ぎ木綿を織り、凡そ一婦人、世帯の傍に十日の労を以て百五十目の綿を一反の木綿に織上れば三百目の綿に交易す可し。之を方言にて替引と云ふ。(「旧藩情」、『全集』⑦二六八頁)

と衣食の不足を補うために、家内挙げて内職に励まざるを得ない状況を語り、更に、

二、三十年以来下士の内職なるもの漸く繁盛を致し、最前は唯杉檜の指物膳箱などを製し、元結の紙糸を捻る等に過ぎざりしもの、次第に其仕事の種類を増し、下駄傘を作る者あり、提灯を張る者あり、或は白木の指物細工に漆を塗て其品位を増す者あり、或は戸障子等を作て本職の大工と巧拙を争ふ者あり、加之近年に至ては手業の外に商売を兼ね、船を造り荷物を仕入れて大坂に渡海せしむる者あり、或は自から其船に乗る者あり。固より下士の輩、悉皆商工に従事するには非ざれども、其一部分に行はるれば仲間中の資本は間接に働を為して、些細の余財も徒に嚢底に隠るゝことなく、金の流通忙はしくして利潤も亦少なからず。(同、二七二頁)

幕末になると職種が著しく広がり、且つ活発になったと述べている。

同じく幕末の下士であった飯田平作の「奥平家旧藩事情」では、

定府詰及国許よりの在番者にも手当て尠なきが為め公務の余暇には内職を為せり。其内職は団扇の製造なりし。予て団扇問屋との約束が結ばれて製作賃を取るのであるから、資本としては団扇の骨となる竹の買入れにて、多くの資本を要せず。偖此竹は女竹にして太さは皆人の知れる通りの団扇竹である。之を節を込めて適宜の寸尺に切り、骨割を為すには五六日間水に浸し置きて後に割るのである。骨割の後は其骨を絹糸又は麻糸にて編み綴り、夫れより画紙を張り付け仕上げと云ふ順序なり。画紙は当時榛原、金花堂等の諸店に於て意匠を凝して彩色摺り其他種々精巧なるものが出来た。之を問屋より受取て張上げ仕上げをして問屋に持行くのである。奥平屋敷の団扇は當時江戸市中にて高評のもので、製造高は決して尠なきものではない。此製造法には夫れ〱分業がある。骨割、糸綴り、張上げ、筋通し、縁取り、仕上け等の区別あり。永く此内職に従事せしものは、国へ帰りたる後も此団扇を製造し、中津にても大ひに高評を得、其夏に近付けば是等在番帰りの人々は忙がしき内職があったのである。

と江戸在番下士足軽の洗練された技術が国許に伝えられ、特殊技能の内職として重要な仕事となっていたことを述べている。

諭吉は子供の頃から手先が器用で、家の障子張りや家族の下駄の鼻緒をたてたり、すすんで屋根の雨漏りの修繕まで引き受けたと記す。細工物などが好きだったのだろう。したがって自然に近所の下士の内職の作業所にも出入りするうち、刀剣の細工、鞘塗り柄巻、金物細工等を習っている。その家は同じ留守居町北側の井口市蔵の家であったと、隣町にいた福見常白宛明治十三年十一月二十日付書簡(『福澤諭吉書簡集』第三巻、書簡番号五四三。以下、「『書簡集』③五四三」と略記する)に記している。井口家は下士勤書によると、安永元年に十三石となった家で、父と思われる庄助は土蔵番・忍廻仮役殺生方仮兼帯に任じられている。家は福澤旧邸[1(6)]の北西隣の落合家に同居していたともいうが(『諭吉伝』)、落合家の隣家と記した地図もある。いずれにしても、諭吉が少年時代に住んだ家の斜め前にあたる。福見家は十三石で北堀川の一本北の通りが角木町で、角木横丁に福見謙三の名を見るが、これが常白とどのような関係か不明である。『全集』の福見宛書簡の注記によると、福見は弓町に住んだという。弓町は留守居町を東へ行った隣町である。留守居町最寄りの北西角が増田宋太郎の家である。

10頁9行目　頬冠は大嫌《だいきら》ひだ(19)

藩の士族が、頬冠をして宵に買い物に出掛けて行くことに疑問と反発を感じ、「藩中者の頬冠をして見栄をするのを可笑しく思た」といい、自身は白昼公然と店に行き買い物をしたと述べている。こうした武士頬冠の風が、一般的風習であったためか、このことを示す記録は殆ど見ることがない。

武士の買い物の習慣について福澤は以下のように記す。

上士族は大抵婢僕を使用す。假令ひ之なきも、主人は勿論、子弟たりとも、自から町に行て物を買ふ者なし。町の銭湯に入る者なし。戸外に出れば袴を着けて雙刀を帯す。夜行は必ず提灯を携へ、甚しきは月夜にも之を携る者あり。尚古風なるは婦女子の夜行に重大なる箱提灯を僕に持たする者あり。外に出でゝ物を買ふを賤しむが如く、物を持つも亦不外聞と思ひ、剣術道具釣竿の外は些細の風呂敷包にても手に携ふることなし。下士はよき役を勤て兼て家族の多勢なる家に非ざれば婢僕を使はず。昼間は町に出でゝ物を買ふ物少なけれども、夜は男女の別なく町に出るを常とす。男子は手拭を以て頬冠りし、雙刀を帯する者あり、或は一刀なる者あり。（「旧藩情」、『全集』⑦二七〇頁）

これは中津藩について述べたものであるが、慶応元年（一八六五）九月外国艦隊が兵庫港の開港を要求して大坂に来たとき、幕府は朝廷の反対を無視したが会津藩は朝旨奉戴第一として反対し、藩主松平容保が京都守護職の辞表を幕府に提出したとき、在京の藩士に命じた布告がある。

一　日用の塩、味噌等、其筋に於て、一手に為致候間、右計場より調儀致し候様、召使等迄他出等為致間敷候
　但不得止用事有之節は、夜中穏便に可罷出候事、
一　町下宿に罷在候面々は、別て慎方心を付、日用の塩、味噌、調儀之義も、夜中穏便に、可相整事（『七年史』）

武士が自ら物を買うことは、公然と行うべきでないとする習慣の存したことを物語っている。

また『ある明治人の記録――会津人柴五郎の遺書――』には、（柴五郎の父は会津藩士、二百八十石の御物頭）子供の頃のこととして記されている。

金銭につきても、きびしき心得ありて、自ら手にすることを許されず。年に一回盛夏のころ、鎮守諏訪神社の祭礼の日にかぎり銭を使うことを許され、白玉の買い食いもできたりとはいえ、銭の支払いは自ら勘定して渡すを禁ぜらる。かならず銭入れのまま商人に渡し、彼をして取らしむる習慣なり。白玉六個入り一箱四文、豆鉄砲、お面など、それぞれ十文ほどなりしと記憶す。

中津藩との類似が推定される。こうした習慣が、全国の城下町では一般的であったようだ。

町人の町大阪が、一般の城下町と同一であったとは思えない。『福翁自伝』（以下『自伝』と略記する）に関するメモに「緒形先生大小を棄てずして大坂町人に疎ぜらる」というのがあり、『洪庵・適塾の研究』には、次のように記されている。

大坂の町中では帯刀人がひどく嫌われ、町法にもそれが反映していたことを知る必要がある。大坂では「官法、帯刀羈人留滞過三日以上」とされ、羈人（旅人）とともに帯刀人も三日以上滞留させてはならないことになっていた。広瀬旭荘が市中にある借家を求めようとしたさい、町の見廻り役から「お前は近くこの家を借ろうとしていると聞くが、帯刀しているのか、それともしていないのか」と問われ、「帯刀している」と答えたところ、見廻り役から、さきの官法を申し渡された。そのうえ、旭荘は借家の主人からも、「あなたが刀を捨てて商人姿になれるのか」と役所より尋ねられたと告げられたので、旭荘は一度知人と相談すると云って引き下がっている。結局、七日後に、知人のはからいで、請人と帯刀の件について町役人の許可をえ、日田屋九十郎の名儀でようやくその家を借りている。

このことから、大坂では、武士が正式に武士の家を訪問する場合などは、双刀を差して往来することは当然認められたであろうが、頬冠をすることで、身分を隠したつもりで、実は逆に武士の身分を示す行為は行われていなかったかもしれない。母「お順」は大坂に於ける習慣から、諭吉が頬冠をせずに買い物に出ることを、押し止めることはしなかったのではないかと考える。

11頁3行目　水戸の御隠居様（20）

徳川斉昭のことである。水戸藩第七代治紀の第三男として寛政十二年（一八〇〇）江戸に生まれ、兄の第八代斉脩に子がないため藤田東湖・会沢正志斎らの強烈な推薦運動により、その嗣子となった。これ以後藩内は門閥派と改革派の長い派閥闘争が続いた。文政十二年（一八二九）十月斉脩が死亡、斉昭が相続した。斉昭は藩政改革を断行し成果をあげ、幕府の天保の改革にも大きな影響を与えると共に後期水戸学派の象徴的人物として、国内の改革派や攘夷論的人々の尊崇を受けるようになった。

斉昭が天保十三年（一八四二）暮れに行った寺院梵鐘の強制供出に対し、寺院等の反対派が幕府へ運動した結果、弘化元年（一八四四）五月退隠謹慎の処分を受け、駒込の別邸に幽閉された。家督は長子慶篤が相続し、支藩主らが後見役となった。この処分に対する藩内の反発も強く、嘉永元年（一八四八）斉昭の幕政関与が許されたが、藩内の派閥争いはその後も長く続いた。

斉昭は老中阿部正弘に対して、たびたび海防強化と攘夷方針の推進を建白。嘉永六年ペリーの渡来により、一挙に先見性が評判になり、諸侯の要望もあって、幕府は斉昭を幕政に参加させた。しかし強硬意見は実施されず、幕府官僚の間に反水戸感情が定着し、開国派堀田老中と対立した。安政五年（一八五八）井伊直弼の日米修好通商条約の無断調印を非難すべく不時登城したため、七月五日一橋派大名と共に「急度慎」の処分を受けた。

幕府の処分に反対する藩士らが京都に運動し、改幕の密勅（戊午の密勅）が下されたことから、幕府批判の勢力が強大となり、幕府は安政の大獄の弾圧を行ったので、その反動が、万延元年（一八六〇）桜田門外の変となった。斉昭は幕府から罪を解除されることなく、同年八月十五日蟄居先の水戸城で六十一歳で死去した。

11頁3～4行目　越前の春嶽様（21）

第十六代越前国福井藩主松平慶永のこと（隠居後春嶽の号を通称に用いた）。田安家三代斉匡の八男、天保九年（一八三八）十一歳の時将軍家慶の命で福井藩を相続した。安政五年（一八五八）三十一歳の時、安政条約の無断調印を糾弾するため、徳川斉昭らと不時登城して、井伊大老を詰問したため、幕府から隠居謹慎の処分を受けた。万延元年（一八六〇）八月謹慎が解除され、文久二年（一八六二）七月勅旨により幕政に加わり政事総裁職に就任し、以後薩摩、宇和島、土佐藩の改革諸侯及藩士と共に政界に活躍した。明敏な資質と近侍御用役に中根雪江らの人材を得たことで家中の信望を得た。

幕府の天保改革令に呼応する形で率先倹約を施行。天保十二年家禄の半減借上を免除し、その代りに家中・在町へ十年間の日懸銀調達を依頼し、十四年には、自ら伝来の家財を提出して領内豪商の協力を求め、藩札の整理を成功させる等、着実にその成果を挙げた。

幕府の薪水給与令に応じて海防への注意が令されると、弘化四年（一八四七）より家臣を下曾根金三郎の許に派遣して、西洋砲術を学ばせ、嘉永元年（一八四八）八月には江戸より鋳砲師を呼び、藩内の三国において洋式大砲を鋳造させている。翌年藩内に文武奨励を命じ、洋学者を招聘するなど率先して時勢に応じた対策をこうじた。

このような動きと共に、水戸の斉昭に心酔し、その意見を聞き、嘉永六年のペリーの浦賀来航に対し、厳しく幕府の軟弱な対応を責め、斉昭の幕政参加を要求した点など、攘夷論者に好感を以て迎えられている。

藩主主導の下に藩内をまとめ、見事に藩政改革を成功させ、藩内の協力体制が十分整えられていることを示すこれらの動きが、上士の不必要な格差強調に対し、不満を鬱積させていた中津藩の下士間に、特に評判になったものであろう。春嶽はその後、開国論や公武合体論を主張し、幕末政界に大きな影響を与えた。

11頁7行目　江川太郎左ェ門（22）

江川家は伊豆韮山の世襲代官である。ここに登場するのは最も有名な三十六代英龍である。享和元年（一八〇一）父英毅の二男に生まれ、幼名芳次郎、号を坦庵と称した。兄英虎が病死したので嗣子となり、天保六年（一八三五）代官職を相続した。家の財政難立て直しに努力した父の影響を受け、節倹に努めた。「夏は蚊帳を用いず冬も袷一枚で過ごした」との噂の傍証はないが、寒中火鉢を傍らに置かず、生活に極めて倹約家ではあったが、吝嗇家ではなかった。そのことが過大に噂となったのであろう。

民政に心をくだき、たびたび管内の民情視察を行い、人材の登用に努め、早くより海防に留意し水戸藩抱えの蘭学者幡崎鼎《はたざきかなえ》や渡辺崋山らに師事して西洋の事情や砲術を学んだ。蛮社の獄で容疑者の一人にあげられたが、閣老水野忠邦の配慮で難を免れている。天保十二年幕府は高島秋帆の江戸での砲術公開で西洋砲を購入し、江川にその流儀を伝授させ翌年砲術教授を許可したので、幕臣をはじめ海防砲術に関心を持つ多くの門人が入門し、一躍有名になった。

天保十四年には幕府の鉄砲方兼帯となり、軍事顧問として改革を押し進めたが、水野の失脚で中断した。嘉永六年（一八五三）ペリーの渡来時には勘定吟味役格として海防の廟議に参画した。安政元年（一八五四）品川台場六基を完成させ、湯島の鉄砲鋳造場・韮山の鋳造場でも大砲の製作にあたり、韮山に反射炉を設けた。翌二年一月江戸本所の屋敷で五十五歳で没した。

11頁16行目　帆足萬里（23）

帆足万里（安永七年～嘉永五年〔一七七八～一八五二〕）は豊後日出《ひじ》藩の家老となった通文の子で、十四歳で三浦梅園の弟子脇愚山に学び、二十一歳及び二十五歳の時東遊し中井竹山・皆川淇園らの門に出入し、また筑前の亀井南冥・昭陽と親しく交流した。文化元年（一八〇四）藩学教授となる。また家塾を開き門弟を教えた。中津と日出とは距離も近く、かなりの中津関係者が入門したり、交流を持ったようである。中津藩の儒者野本白巌・山川玉樵らが入門したのは、両名の父野本雪巌・山川東林が万里と交流があったためで、万里は両名の墓の碑文を記している。藩医村上玄水との交流もあり、横井豊山・藤本箭山・高谷龍洲・大江春翠らも学んでいる。

『帆足万里』によると、万里は門弟の特性を伸ばす努力をしたとして、福澤百助は読書型、野本白巌・中村栗園は実行家型の代表的な人物としている。万里の説として「鉄砲と算盤は士流の重んずべきものである」と記しているのは、万里の著書『東潜夫論』にみえる「今の士人算術を胥吏の事なりとて学ばず、珠算は誠に胥吏の事なれど、筆執りも胥吏の事なり。然ればとて文字かかぬ人もなし。書数は同じことにて算術しらぬ人は無筆と同じ。行届かぬことのみなり」の主張を指している。

万里は梅園の理学を継承し、晩年にはオランダ語を独習して西洋の自然科学を学んだほか、数学・医学・仏典にも通暁し、実学の必要を力説したという。

13頁2行目　旦那寺（24）

福澤家が宗徒として所属する所謂旦那寺（檀那寺）は、中津市桜町の浄土真宗本願寺派の寺院明蓮寺である。福澤家家譜によると、初代兵助・兵左衛門は明蓮寺に、朴右衛門と奥平家に初めて召抱えられた友米は、金谷の三昧《さんまい》（墓所）に埋葬されている。諭吉の祖父兵左衛門政房・父百助・兄三之助は共同墓地龍王浜に葬られている。最初は明蓮寺に埋葬されていたが、墓地に余裕がないことから、埋葬地が金谷の三昧・龍王浜となったのであろう。今日明蓮寺に残る飯田・福澤両家の名を左右に刻む先祖代々墓は、独立した墓地を持てない程の小士族であったことを示しているのかもしれない（『考証』）。

福澤家が、後年墓を東京に移したのちは、前記飯田・福澤両家の名を刻む小墓石と、昭和五十四年八月十一日に中津の郷土史家嶋通夫により発見された「釈妙蓮信女」の墓石のみが、本堂に向かって左側、墓地中央に存在し、僅かに福澤家との関係を物語っている。

13頁3行目　塾中ょ諸國諸宗の書生坊主が居て（25）

高輪真澄の調査研究によると、幕末から明治初年にかけて中津は浄土真宗の宗学の一大拠点であった。本願寺史上最大の法論である三業惑乱（宝暦十三年〔一七六三〕から学林〔のちの龍谷大学〕が説く身体で阿弥陀仏を礼拝し、口でたすけたまえといい、心にひたすら浄土への往生を願うという説法に、在野の学僧らが強く異議を唱え、激しい論争が続き騒動にまで発展した。そこで文化三年〔一八〇六〕幕府が裁定を下し、在野派の主張が認められた）の結果として、宗学の権威は地方に分散し、各地の学者が特色ある学説を以て門下を育成し、幾つかの学派が形成された。

そのなかで、空華派道隠の門下で、中津東南二里の今津浄光寺の月珠が豊前派を形成したので、ここに諸国の学僧はじめ、関心ある学者や学生が集まるようになった。そのためか、幕末明治初期の中津を中心とする浄土真宗の寺院には、福島の長久寺の道隠・善譲・吐月・円月ら有名な学僧が集中していた。明治時代今蓮如といわれ本願寺の執行を務め、また諭吉とも親交のあった、博多萬行寺の七里恒順は、新潟県の生まれで、二十歳の安政元年（一八五四）中津の月珠のもとに入門している。安政三年（一八五六）月珠の死後も中津に留まり、宣正や長久寺田丸慶忍に師事した（『七里和上言行録』）。

諭吉は幼少の時幾つかの塾に入門したというから、こうした寺院の学塾に入門した可能性も考えられる。また諭吉が生まれた時父百助が、この子は大きくなったら坊主にすると言ったと、毎度母に聞かされたというが、この父の言葉は、こうした中津の浄土真宗の活気ある雰囲気を抜きにしては考えられない。

16頁13行目　何々様下執事（26）

諭吉の兄三之助が、家老に宛てた手紙の宛名の脇付を、藩の慣習とは異なり少し学者風に「下執事」と書いたので、先方から慣習通りに、「御取次衆」と書き改めてこいと突き返されたという。「下執事」は確かにその使用例は少なく、相当身分の高い人に対してのみ使われたようだ。佐藤一郎の示教によると、頼山陽が親交のあった公卿日野資愛（正二位大納言、南洞または儀同と号す）に宛てた天保二年（一八三一）四月七日の手紙に、「南洞相公下執事」とあるのを僅かに発見する程度である。ただし、この場合も外封には「日野様御執事」とあるという（『頼山陽書翰集』下巻）。

中津藩では天保九年、縁辺事件（大身衆の山崎織衛が、上士の供番衆との間に格差をつけるため、供番格の子女は大身衆家に嫁ぐことができないようにすべきだとした）で、供番衆に強い反対を受け、隠居させられた事件に引き続き、従来足軽の役務であった門番役を下士の役務とし、その名称も「御門番衆」を「開閉番」と改正し、格差を拡げて下士達に、強く反感を抱かせる事態が生じていた。そうした背景を考えると、三之助の行動は、意識的な一種の「褒め殺し」的行為であったと考えられる。家老の方で、三之助の意図を理解して突き返したか否かは不明であるが、恐らく変わった用語を嫌って突き返したものと思われる。

参考①　中津の福澤宅〈関連項目＝1章註（6）〉

享保二十年（一七三五）中津藩の藩士屋敷の幅員規定では、「大身八畝、給人五畝、供小姓三畝半、小役人三畝、組外二畝半、組通り二畝、中間一畝半、皆六尺二寸竿ヲ用フ」となっている。図面の屋敷は間口二間半奥行き十五間即ち一・二五畝（三七・五坪）の中間並の細長い土地で、家屋は母屋が、奥に八畳、その前方を三畳四つ割りにしてその一つを土間にしたもので、道路面には土塀があったと思われるが門はなく、道路近くに一坪の厠を、母屋の奥庭には六坪程の掘立小屋程度の細工部屋兼用の納屋風の建物がある、極めて手狭な住宅であった。

『考証』上（五三頁）によると、百助の大坂勤務中の福澤家留守宅は、「血槍屋敷」との怪談じみた作り話を仕立てて、近所の子供らが悪戯で出入りするのを防止していたという。諭吉の祖母「お楽」は単身中津に居たので、家屋の修理が不十分で、母「お順」の実家の橋本家に住んでいたようである。

旧宅の荒廃は甚だしく、諭吉家族の帰国にあたって、大規模の修理が必要になり、講によりその修繕費が賄われた。前記図面（六頁）に福澤が、「此宅に育せらるゝこと凡十五年、同町橋本氏の家を買て引移る。但諭吉が一兄三姉と共に眠食して母の保護を蒙りたるは此旧宅なり。今既に痕なし」と記していることから、嘉永二・三年（一八四九～五〇）頃に、現存の旧邸即ち母の実家橋本家の家を購入し移転したことがわかる。

橋本家は、十五石二人扶持の学者の家で、土塀を設け、家格上は門を設置できないので、木戸の名目で簡単な門を造っている。家屋は道路より一間半退いて母屋を建て前庭とし、裏に厠と二階建ての土蔵のある三畝二五歩六勺（一一五坪余）の屋敷で、旧宅の三倍である。移転理由は不明であるが、橋本家では母の妹「しより」が、藩儒手島物斎の弟忠次郎を養子に迎えたことや、諭吉の兄三之助の、結婚適齢期となってきたことが、主な理由でないだろうか。

旧邸の母屋は二三・七五坪で、間口五間・奥行き三間半の寄棟造・茅葺で、南面及び北面に桟瓦葺の庇を付け西面を葺下して下屋《げや》としている。間取りは、東側一間を通り土間とし、前半を玄関土間、後半に下屋を取込んで台所土間としている。床上部の上り口にそれぞれ小縁をつけ、西側奥の座敷は十畳のうち一畳を床の間とし、北奥に一畳分の仏壇と押入れを付け、玄関寄りに四畳半の部屋、東側は六畳二部屋とし、西北奥は一間幅の納戸としている。母屋の北に一・五坪の物置と厠の突き出しがある。また裏庭には二間×一間半の瓦葺の二階建土蔵がある。

中津の家を守ってきた母と兄の遺児「お一」とが、諭吉に伴われ東京に移転した後は、叔母の渡辺弥市一家が移り住み、その後居住者が替わった。旧藩主奥平家は諭吉の功績を記念するため家を買い取り、明治四十三年これを長く保存するようにと中津町に寄贈した。大正九年（一九二〇）中津町は隣家を買収除去し、構内の一部に休憩所兼管理人宅を設け、簡単な遺品陳列館を建設した。大正十四年邸宅前の土地を買収し、家屋を撤去して小公園とし、昭和五年（一九三〇）公園の一部に二階建洋館の小展示館を完成させた。昭和四十三年福澤旧邸保存会が設立され、以後同会が中心になって、旧邸の文化財指定運動と施設の充実が図られた。昭和四十六年六月二十二日「史跡福澤諭吉旧居」としての国の指定をうけた機会に関連施設の一層の充実が図られ、昭和五十年小展示館を廃止して、旧邸の東側に現存の二階建の記念館が完成した。

昭和六十二年旧邸の老朽化が激しくなったことから、全面的な解体修理工事が行われ、平成二年（一九九〇）四月工事が完成した。解体で、母屋の吊束《つりつか》の墨書銘により、享和三年（一八〇三）に建築されたことが判明した。建築当初は、東側に土間を通した食違四間取り型平面で、座敷の南側と居間・台所の北側に縁を設け、北西端に厠を突出させていた。明治十年代までに台所の大改造が行われ、裏の土間部分に庇を出した拡張も明らかになったので、今回の修理でその部分は削除された。また居間に炬燵用の、炉が切り込まれていたことも判明し、これも復旧された。

参考② 大坂における換金〈関連項目＝1章註（4）・（9）〉

藩の財政運用、特に大坂における租税米や国産物の換金状況について、『江戸と大阪』を参考に、その概略を略述する。

諸藩では、蔵物、主に米穀売却に、金融の便利の地である大坂に屋敷を設けた。蔵屋敷の関係者には留守居・名代・蔵元・銀掛屋がある。留守居は屋敷の代表者、名代は表面上屋敷の持ち主であるが、大抵名義上の持ち主であった。蔵元は蔵物の出納を掌る役で、最初は留守居が兼ねていたが、のちには町人が担当するようになった。銀掛屋は略して掛屋と言われ、蔵物の代銀を授受する役で、蔵元を兼務する者もあった。掛屋を両替商が勤め、大名から扶持米を受けたり、帯刀を許可されるなど、種々の特権を受けている者が多かった。鴻池屋善右衛門などは、諸家からの扶持米が一万石に上ったといわれる。

平和な時代にあって大名の収入は、開墾による田畑の増加はあるが、一般の生活水準の向上に追いつくものではなく、特に参観交代制度（現代は参勤交代と書くが、観は下の者が天子・将軍等にお目にかかるという意味である。そこで本文はあえて観を用いたい）の莫大な費用の増加が、藩財政の主要な赤字要因となっていった。旧い格式を守る必要から、種々節約等の工作が行われたが、到底追いつくものではなく、結局借金で事をすます以外に方策がなかった。家臣への俸禄からの借り上げ、領内の百姓商人からご用金名義の借金、最後は豪商からの借金となる。大坂での借金は、蔵屋敷立入町人一同に、国元より家老や藩主の名代等を派遣して、出入町人を招待した席上で、調達方を依頼するのである。その上で、蔵元が中心になって、貸金の割当の相談が行われ、一決すると、立入中から留守居に通知され、江戸等へ送金されるのが通例である。金利は三～五朱で、表面は信用貸しであるが、実際はその秋冬の廻米を返済の引当とし、売上代金から清算される。利子は少ないようだが、その他の貰い物が多く、貸主は甘い儲けをするかわり、場合によっては貸倒れの危険もあった。

参考③ 諭吉の漢学師匠〈関連項目＝1章註（13）〉

中津における学問の師匠については、服部五郎兵衛・白石照山の両名が挙げられているが、そのほかに野本白巌にも師事したという（詩集）。その時期は明確ではない。

服部五郎兵衛（二〇〇石供番）の系図

正純──政敏（五郎兵衛）──政肇（五郎兵衛）──浅之助
　　　文政五年参府供番　　　＝奥平直記正中女
　　　天保八年奏者番
　　　物頭兼帯
　　＝木村権右衛門重明女
　　　　　　├文治郎直清（小幡篤蔵養子天保五年）
　　　　　　└又四郎復城
　　　　　　　＝福澤百助女　鐘

政敏・政肇の生年月日が不明なので父か子か断定はできないが、後年諭吉は政肇を深く信頼している点から、師匠は政肇の可能性が高い。政肇の弟直清が、天保五年（一八三四）縁辺事件で小幡篤蔵が隠居を命ぜられた時、その妹の婿養子になっている点からみて、諭吉との年齢差は可なり大きいと思われる。諭吉が最初の教師に何故服部を選んだか定かでない。近所でもあり、福澤家も同じく奥平壱岐の統率する組（北門組）に所属していたのではないかと推測される。

もう一人の師匠である野本白巌は、寛政九年（一七九七）生まれ。天保年中、藩政弛緩の傾向を見て同志と改革を議し、藩主に建白したことが、家老山崎主馬に忌まれ、蟄居隠居の処分を受けた（『豊前人物誌』）。弘化四年（一八四七）秣村に移り塾を開く。嘉永二年（一八四九）には更に宇佐郡四日市に移住。安政三年（一八五六）死亡している。野本白巌と諭吉の関係等については、小久保明浩「中津における福澤諭吉の修学とその世界」（『年鑑』9）の総合的な研究があり、福澤周辺の重要人物も白巌に師事した点など多くの貴重な指摘がなされている。資料不足の関係で諭吉との関係が推測の域に留まらざるを得ないのは誠に残念である。

野本白巌の系図

- 晃（亮右衛門）号雪巌 文化八年学館再興に付 暮々銀二枚被下 天保五年十二月死七十四歳 ＝ 片山東籬弘女
  - 理（武三）号白巌 天保六年二月家督 同十三年蟄居隠居 弘化元年蟄居御免 ＝ 松川源五右衛門女
    - 女 小幡玄厚妻
    - 女 木村仁右衛門妻
    - 魚（三太郎） 天保十三年家督 七歳 半知
  - 耕（第二郎）号万春 文政十二年御儒者召出

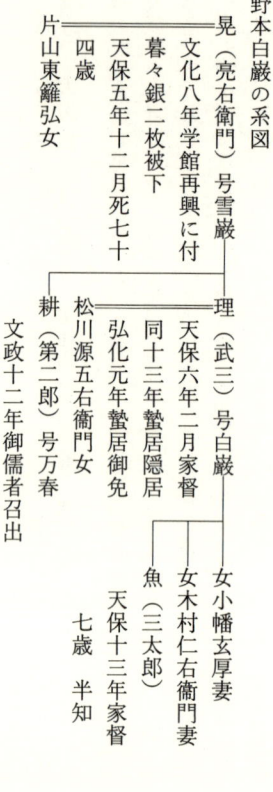

2、長崎遊學

19頁2～3行目　横文字を見たものもふぁつた（1）

中津藩はもともと蘭学の伝統を持ち、一部ではあるが、蘭医学等の研究を実践している者もいるだけに、洋学に関しては、現実的に多額の費用が必要なことや、語学の研究の困難さ等といった話題が展開されていたと思われる。したがって、藩庁に出勤する兄三之助が、にわかの耳学問であるにしても、かなり正確に洋学の知識を得ることはできたはずである。

更に兄三之助の妻は、叔父藤本寿庵の二女お国である。また、その長男元岱は洋学に関心を抱いた中津の医師団の一人である。この従兄弟元岱から、蘭学に関する知識が多少なりとも伝えられたことも十分考えられる。

19頁4～5行目　丁度ペルリの来た時（2）

嘉永六年（一八五三）六月三日、ペリー艦隊が浦賀に渡来し開国要求の国書受領を強要し、幕府はやむなく九日に久里浜でこれを受領した。この情報は九日発の急飛脚で十八日晩に中津に到着している。

一、今晩江戸表より去る九日出急飛相達候　依て左之通り　今日諸伝に相成候付　御目付衆より御持参書にて御伝へ相成候写

当月三日相州浦賀表へ　異国船四艘　内蒸気船弐艘渡来致候由　右は公儀江願筋之義も御座候趣　依て諸方様江は　此節改て御固メ等被為蒙仰候御方も御座候由此方様にては当時大手御勤番中故別段御場所御固メは不為蒙仰候御義に可有之旨申参候間　為心得御伝申候

六月　（「山崎家日記」）

右の情報が到着すると翌十九日には、目付山家吉十郎が早速中津を出発出府し、山崎主馬も予定を早め二十三日に出発することが命ぜられた。各藩それぞれ出府する者が多いせいか乗船の確保が困難であったという。

同二十三日家老の寄合で、長崎へ三輪丈助・横山喜内の二人を派遣すること、長崎出動隊の派遣準備の手配も相談されたようである。

七月十八日にロシアのプチャーチンが軍艦四隻を率いて長崎に来訪した。この渡来については二十日に中津に第一報が届いている。

一、去る十七日長崎へ異国船入津之沙汰私方飛脚ハ不参候得共、昨夜半小倉中原屋より江戸へ注進飛脚小倉表通候趣申来候よし、五・六艘も参候哉之風聞、長崎役菅沼正助様抔内々一左右次第出立心掛に有之候。続々取沙汰御座候

長崎奉行は江戸の指令を仰ぎ、八月二十日国書を受領したが、ロシアは返答を長崎で待つとして待機した。ところが将軍家慶が死去したので返答が遅延することを九月十六日ロシア側に通報した。ロシア船は十月二十三日長崎を退去した。

中津藩では、長崎役の菅沼正助が七月二十四日夜長崎に出向いているが、長崎奉行より出兵の連絡がないので、九月二十二日戻っている。ペリー渡来以後の中津藩には、あまり切迫感が見られない。勿論幕府より、異国船に備えて防備体制を充実せよとの通達が藩内に布達されてはいるが、それに応じての具体的行動の記録は見出せない。

19頁6行目　砲術を学ぶものは皆和蘭流ょ就て学ぶので（3）

『中津藩史』によれば、大筒・石火矢は享保五年（一七二〇）江戸より中津へ三百目・五百目・一貫目の三挺が回送され、昌高時代には薩摩藩より十数門が贈与され、更に江戸藩邸内で数門を鋳造して中津に送られたという。砲術の流派は、長谷川流・荻野流・磯流があったという。しかし師範家としては長谷川・磯の二師範系を記している。

天保十年（一八三九）、従来の甲陽軍法に洋式兵器を加味することを考えて、藩は兵学者、八条半坡に兵学師範を命じていた。嘉永三年（一八五〇）藩の甲州

流の軍学者、島津良介が佐久間象山の洋式砲術を知り、自ら率先して江戸在勤の藩士の主だった者十四名と共に、一時に佐久間象山に入門した。これを機に藩に象山を招聘することになった。ここから前藩主昌高の蘭学好みの影響もあって、一気に洋式砲術への動きとなったものと思われる。嘉永六年（一八五三）ペリーの渡来で一層洋式砲術の必要が痛感される時勢となった。［2②］

20頁6行目　家老の倅で奥平壹岐（4）

奥平壱岐正衡は幼名与八郎・十学、家禄七〇〇石、中津藩の最高家格大身衆の一員である。家譜によると、祖父正名は文化五年（一八〇八）家老に就任、八年以来江戸詰家老となり、文政元年（一八一八）十一月思召不叶御役御免中津勝手を下命され、十二月中津帰着、翌年二月依願隠居した。父正韶（幼名宰太郎、十学・与兵衛）は世子時代の文化十年父に伴われて出府し、藩主昌高の下で将軍の日光社参の御供などを無事勤務したことで藩主より裃を頂戴している。文政二年二月に家督相続、文政五～六年・八～十年の二期家老を務めたが、十年五月思召不叶御役御免となり、更に十二年一月有故隠居、家督を倅十学（正衡）に譲り、隠居後天保十年（一八三九）十二月御目見御免となった。藩主昌暢時代は、失意の時期となっている。

正衡は文政十二年（一八二九）家督相続し十学を称した。年齢は不明であるが、諭吉より十歳程年長というから、一八二四年頃の誕生と仮定すると、六歳前後で相続したことになる。弘化二年（一八四五）孝明天皇の御即位御祝の使者として八月上京、無事大役を果たして十一月中津に帰着している。中津市立図書館所蔵の奥平壱岐家の家譜書上は以上で終わっている。

その後の壱岐については、『自伝』の記述から安政元～二年頃（一八五四～五）長崎で砲術を学んだことや諭吉が江戸に呼ばれた時、江戸家老であったことがわかる。文久三年（一八六三）藩主の養子に宇和島藩の伊達儀三郎が決定すると藩内に壱岐排斥運動が生じ、結局家老を罷免され、禄二百石が削られた（『中津歴史』）。その後については薩摩藩に移籍運動をおこし、中津藩の反対でそれが失敗し、一時藩内で不遇をかこったとか、曖昧な噂しかなく、明治になってから、慶應義塾出版社より、中金正衡の名で『衛生手引き草』等の著書を刊行していることのみが知られていた。

近年になり、壱岐の子孫である中金武彦氏が提供してくださった資料等から、ようやく、中津藩と縁を切った後の動向が明らかとなった。［2③］

20頁8行目　山本物次郎（5）

長崎の光永寺に奥平十学の小者のような形で居候をしていた諭吉は、十学の世話で長崎地役人で、砲術家といわれた山本物次郎の家に移転した。その時期は「山崎家日記」に見える奥平十学の動向から、安政元年（一八五四）六月頃かと推測される。（山本の住む小出町とは大井出町のことで、桶屋町から諏訪神社の方に向かい、町筋は古町・今博多町・大井出町・出来大工町と続く。この大井出町と出来大工町の間に俗に新町司町という通りがある。ここに今も山本家の井戸が残されている。）

山本については、『長崎郷土誌』に以下の記述がある。

山本重知　通称物次郎、初め高島秋帆に就きて砲術を修め大に得る所あり。自ら大砲を鋳る。町司より奉行所触頭となり、大砲隊差図役に補し、後奉行支配定役勤方役に任じ、安政元年七月竹内貞基大木藤十郎と出島蘭人により汽船運用の術を修め、同四年（一八五七）七月所蔵の大砲二門を幕府に献ず。後製鉄の法を蘭人に学び、飽ノ浦製鉄所創業に際して尽力する所多し。

「町司」とは同書の地役人の項の説明によると、長崎土着の者を役人に登用したのが地役人で、長崎代官・御鉄砲方・書物改役・町年寄・乙名・遠見番・唐人番等がその主なもので、下級役のなかに、「町司」がある。慶長八年（一六〇三）に新設された職で、初め目付役と称し、のち町使とか町司と改めた。常に陸上にあって兵備警察の職掌を勤めたという。

また長崎地役人としての山本に関しては、『長崎幕末史料大成』3に散見される。

安政二年（一八五五）正月　御役所附触頭助として横山喜三郎とともに、「松平肥前守家来出島ェ相越候砌検使立会共懸リ切」を命じられている。

安政四年（一八五七）四月二十二日条には「於田上野原新鋳立大砲打試同二六日稽古打いたし候段山本物次郎申出候」とある。

文久元年（一八六一）四月条に「御役所附触頭　山本物次郎　其方儀大砲献

納いたし且西洋砲術兼々心掛門人共教導方骨折候趣相聞奇特之事ニ候猶此上とも弥相励門人共引立方可致候」とある。

右の史料から、山本が地役人の砲術家として門人を指導していたことが確認できる。さらに山本家に諸藩の砲術研究家が来た理由の一つは、洋式砲術家高島秋帆の秘蔵写本を調査研究するためである。

新式の西洋砲術を創立した高島秋帆が、天保十二年（一八四一）五月江戸郊外の徳丸原で洋式砲術の演習を披露し、幕命で、江川担庵・下曾根金三郎に高島流を伝授して長崎に戻っている。しかし蘭学を極度に嫌った大目付の鳥居耀蔵が、謀反の罪状で秋帆を江戸禁固に処し、その時没収した砲術に関する書籍記録類の重要なものが、門人であった山本の手に入り、それが山本家の秘蔵の写本であるという（『諭吉伝』）。

宇和島藩の船乗・船大工より士分に取り立てられ、のち艦船・大砲などの洋式武器製作の研究を命ぜられた前原巧山（嘉蔵、喜市）は藩命で数回長崎に研究のため出張し山本家を訪れている。

安政元年八月　藩命により長崎出張。諫早より長崎の間で英艦警備引き上げの諸藩兵に会う（六日幕府英艦平穏の状を布告　二九日英艦長崎を去る）。此度は山本物次郎宅へ寄宿し竹内右吉郎宅へ通ひ、蒸気機関の事学ぶ。豊前中津藩福田何吉郎殿同宿。山本物次郎の勧めで、出島出入り大工金四郎と交際、新知識の教授を受け、作成した図面等を山本に提供す。十月二七日帰国。

文久元年（一八六一）十二月初め薩摩訪問の帰途、茂木経由で翌年正月元旦に長崎に入り、二宮敬作宅訪問後「夜山本へ参り候処大悦にて久々に参りくれ大慶其内□え朝に参候ハ、此地同宿に居候福田諭吉郎外国見聞役被仰蒙朝六時出帆此方大混雑成と被申候」。翌日山本と市内見物。五日長崎発諫早・肥後長州・熊本・佐賀関経由で帰国。（『前原一代記咄し』）

豊前中津藩福田何吉郎・福田諭吉郎とは福澤諭吉の誤記であろう。

諭吉が山本家に移ったのは安政元年の五・六月頃と推定する。なぜなら「山崎家日記」によると、奥平十学（壱岐のこと。家老職に就くまでは十学と称す。以後、十学と記述する）は安政元年六・七の二ケ月連続で国許の月番を勤務している。十学の小者である諭吉のみが十学の親戚の光永寺に滞在するには、居辛いことである。その点を考慮して十学が、山本家に食客として世話をしたことは十分考え

光永寺山門

福澤先生使用之井

られるのである。

21頁18行目～22頁1行目　蘭學医の家ぇ通ふたり和蘭通詞の家ぇ行つたりして一意専心原書を學ぶ（6）

長崎での蘭学修業については、奥平十学の勧めで薩摩藩の松崎鼎甫にアルファベットを教わった後、楢林という蘭通詞や医者の家、更には石川桜所の門人等からちょいちょい教わったと「大坂修業」の項に記している。また『福翁百余話』（以下『百余話』と略記）「築城書百爾《ベル》之記」には、「横文ヲ学ブトテ定リタル師家ニ入門スルコトモ叶ハズ、時トシテハ蘭学医ノ玄関ニ至テ其門弟子ニ素読ヲ受ケ蘭医ハ石川桜所楢林健吉松崎鼎甫其外ナリ。又或ハ荷蘭ノ通詞楢林栄七等ニ依頼シテ、其閑暇ノ時ニ「スペルリング」ヲ学ブ等、甚ダ不自由ナリキ」（『全集』⑥四二一頁）と述べている。

諭吉が長崎でどの程度実力をつけたかは明らかではないが、原書を学ぶと言っていることや、自ら辞書を筆写している点を考えると、不規則な学習ながら、辞書を利用して原書を理解する段階にまで学力がついていたと考えられる。

奥平十学の紹介で初歩を教わった松崎鼎甫は、薩摩藩の医師で、嘉永七年（一八五四）五月七日に適塾に入門している。

楢林栄七・楢林健吉の両名について、渡辺庫輔は「長崎阿蘭通詞事略」（『崎陽論攷』）で以下の疑問を呈している。栄七とは別家楢林家五代の栄七郎高之のこととすると、高之は嘉永六年の生まれであるから、諭吉が長崎に居た安政元年には二歳の幼児である。むしろ山本物次郎と同じく大井手町に住んだ父栄左衛門高明ではないだろうか。また健吉については、栄建高秀の女婿健吉のことであろうが、妻常生は京都に住み、ここで婿健吉を迎えている。したがって別人で、宗建（注では蒼寿かとしている）ではないかとしている。蘭医健吉については不明である。

栄左衛門高明は天保元年（一八三〇）の生まれで、高之の父であり、嘉永六年には小通詞助、安政四年（一八五七）には大通詞となっているし、幼名は、初め孝太郎、ついで栄七郎、更に栄左衛門を称しているから、彼に教えを受けた可能性は高い。万延元年（一八六〇）に三十一歳で病死している。

医師石川桜所は、文政七年（一八二四）陸奥国登米郡桜場村に生まれ、名は良信、陸舟庵と号した。伊東玄朴に師事して西洋医術を学び、ハリスの熱病を治して有名になった。文久二年（一八六二）仙台侯の侍医となり、のち幕府に召され侍医長となり、戊辰の役では終始慶喜に従い、水戸で職を辞し、郷里に戻ったが、明治四年（一八七一）兵部省に出仕累進して陸軍軍医監となった。同十五年五十八歳で死去した。［3（3）］

22頁9～10行目　奥平壹岐と云ふ人ぇ與兵衛と云ふ実父（7）

奥平壱岐正衡の父正詔は、幼名十学、のち与八郎・与兵衛と称した。文政二年（一八一九）家督相続し同十二年一月隠居を下命されている。この間五年一月末から一年余と八年五月より十年五月までの満二ケ年、家老を務めたに過ぎない。

正衡の祖父正名は文化五年（一八〇八）家老に任ぜられ、八年一月江戸在番家老として出府以来、文政元年十一月思召不叶ということで家老を罷免されるまで、八年もの間江戸家老をしている。藩主昌高の信任が厚かったと推測される。そのためか、正詔は世子時代の文化十年正名が中津に用件で帰国し出府する時、藩主昌高より倅十学（正詔）を召連れるように下命され、十一月正名に伴われ出府御側詰を命じられ、五ケ年間毎年頭の将軍家への御目見拝礼を許されている。文化十二年日光御供先方定本陣詰、文政元年十一月には長々内向相勤候付ということで、裃を頂戴している。彼もまた昌高の信任を得ていたと推察される。

その頃藩主昌高は、文化十四年譜代大名として最高の溜間詰に列せられている。しかし同年七月には中津は大風雨・洪水に加え大潮に見舞われるという大被害を受けたため藩経済は逼迫し、藩札の正貨交換量を制限せざるを得ないという困難な財政状況に陥り、藩札の価格は著しく下落していた。

正詔が家老を再勤した文政八年五月は、藩主昌高が隠居して家督を息子の昌暢に譲った時であり、隠居の理由は、自由に蘭人等と接触したかったためだといわれている。隠居昌高は文政九年に中屋敷に居宅を新築して移っている。しかし昌暢を擁する藩新首脳と藩財政建て直し政策で対立が生じ、体よく中屋敷に移らせられて、藩政への影響をなくすためであったとも考えられる。

文政十年五月奥平正詔は思召不叶と家老を罷免され、十二年一月には隠居を命ぜられている。その理由は不明である。

与兵衞様昨日御慎被蒙仰候　御初入之節尚又昨年御着儀之節共に伺御機嫌
御登城無之不届に被　思召候よし　依て十学様御事御差扣被蒙　仰候段為御
知有之候（「山崎家日記」）

嘉永五年二月二十六日条のこの記述は、何か新藩首脳との対立を感じさせられる。正詔（与兵衛）としては無念の思いで隠居生活を送っていたところへ、ペリー渡来の報に蘭学砲術研究の必要を感じ、新時代の指導者として息子の正衡に長崎で蘭学研究を開始することを勧めたのではないかと思われる。

22頁13行目　従兄《いとこ》の藤本元岱（8）

町医師藤本寿庵の妻は諭吉の父方の叔母で、その長男が元岱、二女お年が諭吉の兄三之助の妻である。元岱は洋医学を志し、種痘の普及に貢献した。のち箭山と改名。明治十一年（一八七八）六十三歳で死亡。息子両名は共に慶應義塾に学んだ。

元岱は『豊前人物志』によると、小壮の頃帆足万里に学び、大変な秀才と評されている。諭吉の半年遅れで緒方塾に入門、数年修学して中津に帰り、洋医学に従事する。文久元年（一八六一）二月、村上玄秀・原岡平泉・西千枝・神尾雄策らと中津上勢溜《かみせいだまり》に医学館を開き、牛痘の効験を知らせ、解剖を行うなどの新しい試みを行った。しかし藩庁の許可を受けなかったことで閉門の譴責を蒙ったという。また詩書に巧みで、書は頼山陽の筆致に酷似していたという。

後年諭吉は元岱の種痘普及の活躍について生々しく記している。

在昔長崎寄留荷蘭のドクトル・モンニッキの手を経て之を輸入し、始めて日本国人に植たるは嘉永二年（千八百四十九年）のことにして（中略）新奇法の実施に反対説少なくして伝播の速なりしは我国の幸と云ふ可し。例へば老生の親しく目撃せし所を以て云はんに、郷里豊前中津藩地方に於ても嘉永二、三年の頃、生の従兄藤本元岱（後に箭山と云ふ）なる者が肥前佐賀に微行して、武家某氏に就き幸に痘種を貰請けて帰来、直に之を其娘に植たるを始として、夫れより傳へ又傳へて藩中の士族は無論、百姓町人に至るまでも皆これを信じて疑はず、忽ち新法流行の勢を成したるが如き、畢竟我全国上流社会の輩が率先して自から試み、又その功徳を説きしが故なる可し。（藤本元岱の手を以て痘種を中津に入れたるは嘉永二年か三年か詳ならず。藤本の始めて娘に植ゑたる其娘は本年在命なれば五十三歳なり。尚ほ当時藤本一流に就き種痘を受けて今日現存する人は甚だ多くして、嘉永三年までの実証は明なれども、嘉永二年の者あるは未だ之を聞かず。故に中津地方の発端は嘉永三年即ち西暦千八百五十年なる可し。）（中略）天然痘に罹り（中略）近親の子女中に斃れたる者は甚だ少なからず。叔母の家にては其子の兄弟六人の中、五人共に毎度の痘難に掠め去られて、僅に末女一名のみを残し、今日も老生の従妹として存命する者あり。（明治二十九年五月、ジェンナー百年記念日にちなんで掲載した時事新報社説「種痘発明」、『全集』⑮四二八頁）

安政二年（一八五五）一、二月の頃、奥平十学（壱岐）の父与兵衛が、諭吉を中津に呼び戻せと、元岱に母病気の贋手紙を書かせたのは、真実味を加える手段の一つであったろう。

明治十一年八月元岱が死去した時、能書家であった元岱遺愛の銅雀台古瓦硯が藤本家より諭吉に贈られている。

藤本家が町医であったため寿庵以前の系図は不明である。朝吹英二の懐旧談によると、藤本家は中津の鍼医の家という。『中津藩歴史と風土』「記註撮記」を見ると藤本寿才―元益及び寿烈と、藤本玄達―玄簡・玄内兄弟の二組の家族がある。寿の文字は寿庵に類似しているが、玄達家は鍼医である点で共通している。いずれも宝暦十二年～寛政十年（一七六二～一七九八）の史料で、寿庵と直接繋がる年代の史料が未発見であり、断定はできない。

23頁14～15行目　母の従弟《いとこ》の大橋六助（9）

母方の祖父橋本浜右衞門は、増田久敬の弟である。久敬の長男久行が増田家を相続し渡辺重名の五女と結婚、その間に生まれた子が増田宋太郎である。久行の弟六助は、大橋家の養子となった。大橋家は、中津藩下士に俊司家・吉郎家と氏兵衛家の三家があり、そのいずれであるか特定し難い。

六助は『中津藩歴史と風土』「分限帳」によれば、「十三石三人扶持　供小姓格」である。明治五年の「中津分限帳」に「大橋仲太郎　父六助　籾十五石三人扶持」とある。仲太郎とは奇男のことであろう。住所は福澤家と同じ留守居町だが、地図によって違いがある。留守居町の南側としたもの（慶応～明治初年　中津士族名入り地図　福澤旧邸の向側）、北側としたもの（安政四年改め「武鑑」福澤諭吉の名入り　福澤旧邸の隣家）等がある。いずれにしてもごく近所に住んでいたことは確かである。

24頁5行目　鐵屋《くろがねや》惣兵衛（10）

町人の氏名を資料の中に見い出すことは、有力町人か特別な事件に関係した人物でない限り、なかなか難しい。中津藩の資料『市令録』三冊の中に出てくる「鉄屋」姓の氏名は次のとおりである。

○寛保二年　鉄屋　横山伊右衛門定恆　改名六左衛門
○延享二年　鉄屋　横山六左衛門
○寛政七年　鉄屋　横山栄蔵　古博多町組
○文化八年　鉄屋　横山六左衛門　定寛
○文政十二年　古博多町鉄屋　源八
○安政四年　古博多町鉄屋源助倅　豊治郎
○安政二年　桜町鉄屋庄兵衛娘　こと
○文政十年　新博多町の町人　鉄屋三郎右衛門
○享保二一年　鉄屋助八祖父惣右衛門
○小笠原様御入国の節　古博多町鉄屋　四郎兵衛
○明和二年　鉄屋三次
○寛政十一年　萱津大江宮能興行　鉄屋純斉
○明和元年　古博多町　鉄屋四郎右衛門
○享和三年　鉄屋六左衛門倅政治郎

「鉄屋」を称する家が他の町にもあって、残念ながら「鉄屋惣兵衛」の名は特定できない。鉄屋惣兵衛は長崎に出向する商人である。安政四年、古博多町の「鉄屋」は大町人でもあったので、その家族か、鉄屋の使用人の一人ではないかと思われる。

24頁9行目　岡部同直（11）

下総古河藩の藩医玄民の子。諭吉より一年遅れで適塾に入門し、のち江戸に帰り官医となり、日本橋箱崎町に住む。諭吉とは親交があり両者の親友高橋順益の結婚の際には、同直は媒酌人、諭吉は高橋の親戚として共に列席している。

25頁小見出し　諫早まて鐵屋と別る（12）

長崎にいられなくなった諭吉は、中津に帰るのが嫌で、江戸に行く決心をしたが、奥平十学（壱岐）の手前、表面上はおとなしく国許に帰るように見せかけ、中津から来ていた鉄屋惣兵衛と共に長崎を出発したのは安政二年（一八五五）二月の中旬である。諭吉は緒方塾に入門した時、入門帳に三月九日と記載しているから、『自伝』の文中に三月中旬と記しているのは、思い違いである。

諫早から中津への道順としては、一見佐賀経由が順路のようにも思えるが、中津の者は諫早の手前から北上し、大村―嬉野―大川野―浜嶋を経由し唐津湾まで出て、海岸線を東行して博多に出て、二日市―下秋月―川崎―犀川―豊津―椎田と東南に進み、中津に入るのが一般的であった。それは、唐津湾岸の怡土《いと》郡（現在の糸島郡）に二九ヶ村一七、九〇八石余の飛び地を与えられていたためである。この道程は中津藩の資料『惣町大帳』にある「長崎奉行所出向」の道程を、郷土史家の嶋道夫らが研究発見したものである。恐らく諭吉が兄に伴われて長崎に出向いた時もこの道筋を西行したものと思われる。

鉄屋の進んだ道は、諫早から別れ大村湾沿に東北上する道で、長崎街道とよばれている。諭吉はこの分岐点を東行して諫早の町中を流れる本明川を渡り、慶巌寺脇へ通じた道を河口に向かったのであろう。

『諭吉伝』によると、「昔私が諫早を通ったとき其近在の宇戸という所の藤瀬という酒屋で大に酒を飲んだことを覚えている」と語っている。伝記編纂時丁度医学部に在学中の藤瀬直孝（昭和三年医学部卒）がそれは自分の家だということで、提供した店の写真が、同書に掲載されている（一巻八九頁）。その店は四面橋の通りの一本裏にある。加藤三明の調査（「福澤先生の史跡探訪十二　諫早」）によれば、藤瀬家の店は竹下酒店に代わり、店も大正年間に建て直されたという。その家も平成初年には取壊され駐車場になっている。

この藤瀬という酒屋で諭吉は一年間の禁酒を破り大いに飲み、夕方河口近くの本明川に面した光江津から、丸木船に乗船して、翌朝佐賀に上陸したのであろう。

26頁9行目　和蘭の字引の譯鍵と云ふ本を賣て（13）

集中力と内職に精を出す器用さを持った諭吉のこと、おそらく、こうした小辞書のような単語帳を作り、所持していたのではないだろうか。江戸へ出るには、旅費が不足していることもあり、少しでも金にしようと、単語集を手放したのではあるまいかと推察する。

『訳鍵』とは文化七年（一八一〇）刊行の、乾坤二巻、別冊「凡例・附録」（のち『蘭学逕』と題し単行本とした）の全三巻コンサイス版辞書である。各頁二段組・各二一行で、一語に多義を併記し、他の辞書より補充する等の工夫が加えられている。広く利用され、需要が増加したので、幕末に越前大野藩から広田憲寛編で、安政四年（一八五七）の序文を掲せる『増補改正訳鍵』全五巻（完成したのは安政末か万延元年）が刊行された。

『訳鍵』は両書共三冊又は五冊本である。長崎に出て初めて蘭学を学び経済状況も豊かではない諭吉が、一年を経過するかしない間に、相当高価なこの『訳鍵』を入手したり、筆写したとは考えられない。しかも『訳鍵』を売却して掻き集めた金が二分二朱か三朱という。『訳鍵』の相場は不明であるが、安価過ぎる気がする。

『洋学史事典』によると、「阿蘭陀語和解」という写本蘭日単語集ともいうべきものが、長崎の蘭通詞達の間で作られ、語彙の増加に努めながら使用していたという。

外国語の研究を深めるには辞書は必需品である。多くの語句が掲載されている大辞書と、日常使用する単語や語句が掲載されている小辞書がある。大辞書は高価である。特に蘭学開始の当初は、横文字の印刷は技術的にも困難で、また筆写料も高価につくため、特別の学塾か機関に備えられるのみであった。次第に蘭学研究者の数が増加するにつれ、頻度の高い語句を網羅した小辞書の要望度が高まっていた。

大槻玄沢の門人稲村三伯（海上随鷗《うながみずいおう》）が、玄沢の紹介で、ハルマの蘭仏辞典の蘭語を和訳した元長崎通詞石井恆右衞門の協力を得、宇田川玄随・玄真・岡田甫説らと共に集成校閲して、寛政八年（一七九六）以降二～三年をかけて三〇余部を順次刊行したのが、わが国最初の蘭和大辞書『波留麻和解《ハルマわげ》』である。印刷部数も少ない、極めて高価な入手困難な辞書であった。

海上随鷗の弟子藤林普山が、入門生に『波留麻和解』を筆写させると、非常に時間がかかり途中で止める者が多かったのを見て、親友の小森玄良と相談し、半分の三万語ほどを抜き出して使用してみたところ、すこぶる好評であったので、師の許可を得て百部を刊行したのが『訳鍵』である。

26頁11行目　丸木舩と云ふ舩が天草の海を渡る（14）

諫早は有明海に臨む街であり、ここから佐賀まで船行するのは、有明海でなければならない。したがってここの天草の海は間違いとされている。地名辞典によると、有明海の名称は明治二十年代の地図に出てくるのが初めてで、それ以前は一定の名称がなかったようで、熊本県の三角から島原半島に向かう海を島原海と呼んだ例もある。福澤の間違いと簡単に片付けずに、今後の調査も必要であろう。

諫早—佐賀間に丸木船が通ったという。佐賀から柄崎（武雄）—嬉野—彼杵—大村—永昌—長崎の道筋より、今のJR長崎線沿いに肥前山口付近から鹿島—多良（太良）—東目—諫早—永昌の方が近いが、多良峠が険しいのが欠点で、諫早から佐賀・久留米方面に船便が利用された。『久留米市史』によると、輸入生糸を扱う五箇所商人らは、諫早より船便を利用し、久留米に陸揚げし山家で本街道に合したという。「明安調方記」には諫早—住吉（久留米）間二四里「一〆八百文二丁立」と運賃を記している。

佐賀—諫早間の船便については、河井継之助の九州旅行記に佐賀より乗船して、「船屋根なく夜四ッ過出　諫早へ五ッ過着乗客五人、小舟にて数艘出たり、中には楠の丸木船も数々あり、是一番早き由」と楠の丸木船があることを明記している。

京都の医師新宮涼庭の文化十年（一八一三）の「西遊日記」九月十五・六日条

に、「入佐賀城（中略）出城半里至本荘街買舟。二鼓解纜舟載十四人。下蘆萩叢中一里此間多蟹。走砂之声颯颯不絶（中略）十六日見日出大如傘。黎明達諫早食茶店」と十四人乗りの船も通っていたこと、有明海特有の遠浅であることも記している。丈夫で材料の得やすい楠（現在佐賀県の県木である）の丸木舟が造られたと思われるが、相当の人を乗船させていることを考慮すると、所謂独木舟ではなく、船底部分の材料を虫害に強く大木を得やすい楠にした簡単な構造船ではなかったか。現在は諫早の付近では、丸木船は絶滅してしまって確認できない。

29頁1行目　讃岐の金比羅様（15）

古くから、船舶交通が盛んであった瀬戸内海では、東西に流れる潮流の離合の中心が、塩飽諸島付近であったため、目標とされた象頭山を日和山として、山にかかる雲形で天候を予知することが行われてきた。その山の一角に早くより神社が建立され、神体金比羅神が、香川県琴平の松尾寺の伽藍守護神として信仰された。それが塩飽をはじめ瀬戸内の船乗仲間の信仰を集め、やがて近世の航行の発展にともなって、全国的に金比羅信仰をひろめることになったといわれている。

運漕廻船業者による夥しい寄進奉納品は、流し木・流し初穂・石灯籠といった特殊な風習を造った。特に江戸時代中期以降、一般町人の遊山旅行の習慣が高まるにつれ、大坂を中心に、瀬戸内の主要都市を結ぶ渡海船の中から、早く大坂―丸亀間を往来する金比羅参詣船を出現させ、十八世紀後半からは、客の人気が集まり渡海船造りという乗客用の屋形船となった。もっとも屋形つきの渡海船は大坂―下関などの長距離船には以前より使用されていたという。

29頁5〜6行目　十五日目に播州明石に着た（16）

奥平十学（壱岐）の卑劣な偽手紙に憤慨して、江戸を目指して長崎を飛び出し、諫早で中津の商人鉄屋と別れ、佐賀までは丸木船、あとは陸行三日で小倉の安宿に宿泊し、翌日関門海峡を渡り下関の船宿に到着した。

そこで船場屋寿久右衛門と交渉、船代のみ支払い、船中の賄い代金は大坂に到着後中津藩蔵屋敷で支払うという条件で乗船する約束が成立した。馬関より春の遊覧客などを乗せた乗合船で大坂を目指した。十五日目に明石に着いた時、我慢できず下船して、大坂まで十五里を陸行し、翌日の夜十時過ぎに玉江橋脇の中津藩蔵屋敷に到着したという。

突然飛び出した江戸行きであるから、貧乏旅行というより、無謀な旅行そのものであった。したがって、飲めや謡えの船中の空気が下船の直接の原因となったようである。

まず長崎から下関までの旅程をあげる

第一日　中津商人鉄屋惣兵衛と長崎発、諫早（永昌）で急に江戸行きを告げ、鉄屋に中津への手紙等を依頼するとともに、下関の船宿名を聞き出す。諭吉は諫早の酒屋で、一年に亘る禁酒を中止し存分飲んで、同港より丸木船で佐賀を目指す。船中泊

第二日　朝佐賀上陸。小倉を目指し歩行　途中一泊

第三日　前日に続いて小倉を目指し歩行　途中一泊　船場屋宛の中村諭吉紹介の偽依頼状を書く

第四日　小倉着　宿を求めるが断られ、やっと探し当てたが、病人と同間で一泊

第五日　百姓の内職の渡船で関門海峡を渡り、下関着。船場屋寿久右衛門をたずね、自作の偽手紙の効果があったか、大坂行の乗船了承される。船場屋に一泊

瀬戸内航路は古くから開け、沿岸庶民が盛んに往来し、この航路の利権を確保する所謂海賊が中世には大きな力を持っていた。近世に入り、船舶の大型化と、日本海岸を北海道から南下して、大坂に至る西廻航路が開けてから、一層内海航路は盛んになった。下関―大坂間の大型廻船の中には三日で航行するものがあったという。然しそれは瀬戸内海の沿岸航路（地乗り）ではなく、「沖乗り」という鞆浦より田島―弓削島―御手洗島―倉橋島を通る航路がとられている。諭吉の乗った船は「地乗り」船であろうから、何日かかるか推測できない。

下関―大坂間の距離と似ている中津―大坂間の船便の日数を、「山崎家日記」に見ると、嘉永五年（一八五二）一月八日の条にある。

生田利衛門様昨夜大坂表より御着に相成候、竹田津より御上陸、去冬二九日大坂表御乗船のよし。

嘉永四年十二月は小の月即ち二九日迄であるから、八日間で到着している。

長崎を出る時の諭吉の所持金は以下の通りである。

> 内から呉れた金が一歩《いちぶ》もあつたか其外ょ和蘭の字引の譯鍵と云ふ本を賣て掻集《かきあつ》めたところで二分二朱ゟ三朱しかない、それで大坂まで行くょハ如何《とう》しても船賃が足らぬと云ふ見込み

旅の費用がどれくらいかかるのか、案外明確なことは判っていない。『江戸の旅』によると、幕末では一泊百文台の旅館はないという。最低で大坂まで陸行十五日として三貫文、それに有明海、下関海峡の渡海費、昼食費を考えると、長崎を飛び出した時の懐中、二分二朱では大坂まで無理である。そこで鉄屋の偽手紙を計画したのであろう。これが失敗していたら、不本意ながら諭吉は中津に帰らざるを得ず、のちの洋学者、福澤諭吉はなかったかもしれない。

船場屋寿久右衛門宛の偽手紙は、そうした切羽詰まったうえの行為に違いない。諭吉の筆跡は、いかにも書生らしい筆跡である。商人であり、年齢も諭吉より年上の鉄屋は書慣れた筆跡であったと思われるから、懇意な取引をしていた船場屋の主人としては、諭吉が差し出した紹介状が、鉄屋の自筆でないことを見破っていたのではないだろうか。

船場屋にしてみれば武士の諭吉に、偽筆だとは言えず、応対しながら、諭吉の説明の真偽を確かめようと試みたことだろう。そこで話題にでた兄の氏名、商売上大坂の中津藩蔵屋敷に福澤三之助という人物が勤務していることを知っており、諭吉の態度等から、船場屋は福澤家の人間と信用して、船中の賄い代金を中津藩の蔵屋敷で受け取ることを承知してくれたのである。

鉄屋と同道して下関の船宿の名を聞きだしたり、諫早から丸木船で佐賀に渡り小倉に出て、下関海峡を渡り船便で大坂まで行くことなどは、諭吉の出発の時からの計画であったと思われる。

29頁11行目　更紗の着物と絹紬《けんちう》の着物（17）

更紗は近世初頭南蛮貿易開始の頃より船載され、鎖国後も蘭船により輸入されていた。『日本経済史辞典』によると「守貞漫稿」には「天保頃多く渡り価廉、三都とも男女下着に用ひ、京坂にては襦袢に製し男用す」とある。広く用いられていたことがわかる。模様染した木綿布地で、模様は小紋のように細かくはなく、主に草花・点線を図案化した幾何学的紋様の連続したものが多い。江戸後期頃からは国産も出廻り、それらは「和更紗」と呼ばれている。

絹紬は蚕繭から取れた絹糸ではなく、櫟・楢・柏の葉を食する蛾の造る黄褐色の繭（俗に山繭などと呼んでいる地方もある）から取れる糸を原料に織った織物。撚のない柞蚕糸を経とし、これに扱糊を施し、撚のない柞蚕糸の浸したものを緯として織った平織で、絹布より丈夫な点が愛用された。

船中の食事代のかた（担保）に出し、船頭は不承知ながら、同船の商人風の男が、一応の価値ありとして保証人となることを申出たことからみると、絹紬も更紗も、相当の価格のものであったに違いない。

諭吉が長崎に留学する際に、母がこれらの着物をわざわざ新調してくれるほど、福澤家には経済的な余裕はなかったはずだ。恐らく父百助が大坂時代に着た着物と思われる。

30頁10行目　お侍だから船賃は只で宜かつた（18）

渡船賃の無料であったことは、「増税法案」（『全集』⑮三六六頁）のなかで増税の困難な事例として、「彼の士族の一流の如き、古来曾て一銭の租税を払ひたることなく、王政維新四民同等の世の中と為りて、道を行くに橋銭を取らるゝさへ奇異の感を免れざりしは一般の情にして」と述べている。

また「軍備拡張掛念するに足らず」（『全集』⑮四〇三頁）でも、封建制度の弊害の一例として「橋普請川普請などの費用は一切人民に負担せしめながら、士族が橋を渡り川を渡るには橋銭舟銭を払はざるのみか、渡舟混雑の折には如何なる急用あるも人民は後にせられて士族を先にするの常なり」と、武士は橋銭や渡河船賃が無料であったことを述べている。

河川の渡しの船賃が無料になった経緯については、『水口町志』上巻「助郷の村々」の中で、横田川の渡船について、寛政元年（一七八九）泉村が助郷高九二五石を免除された代りに渡し役を負担したことを説明している。そのなかで、明和元年（一七六四）には、その頃持船三艘、人足一日平均二五〜六人ずつで、武士の通行に際しては水量に応じ一人当り一文から二〇文までの渡し賃を取ってい

た。また、大名行列の通行にはいくばくかの祝儀を包んでもらったようで、これらの収入により五年間に一艘の割で船を新造していたという。

「最近は武家御侍様方上下共賃銭一向下しおかれず候」（中略）「御無理とは存じ候へども、下々の儀に御座候へば止むなく無賃でお渡しせねばならない」と本来は有銭であった渡し賃は、慣習として武士は無賃となっていた。しかもそれはほぼ全国的になっていたのが実情であったようだ。参考までに、同町史所収の横田川の公定の渡し賃の定めは次の通りである。

当申四月より来ル丑三月迄五ヶ年之間船賃銭二割増之上江二割増、都合四割増之

水主弐人乗　旅人壱人ニ五文　同参人乗　同壱四文　同四人乗　同弐八文

乗物壱梃　弐人前　但持人足は別段之事　山駕籠壱梃　壱人前　但し右同断

乗掛壱駄　弐人前　軽尻壱駄　壱人前

右之通可取之、若於相背者可為曲事もの也

万延元年申閏三月　奉　行

30頁12行目～31頁1行目　脇差ハ祐定・刀《かたな》ハ太刀《たち》作《つく》りの細身《ほそみ》（19）

脇差は祐定という。安政三年兄の後を継いで福澤家を相続して再度大坂に出る時に、諭吉が借金返済のため家財道具や父の蔵書を売払った時、二尺五寸で拵付も能くできた刀「天正祐定」を四両で売ったと記している。恐らく父百助の遺愛の双刀で、諭吉が長崎に出るにあたって、兄は大刀を所持し、弟の諭吉には脇差の方を与えたのではないだろうか。

刀の銘「祐定」は室町時代の備前長船（現、岡山県邑久郡長船）の刀工で、鎌倉時代に始まる長船派の流れを汲むもので、文明～天正期（一四六九～一五九二）に多くの同銘の刀工により製作された。室町末より戦国時代にかけて、戦乱の多発により、刀の需要が盛んになったため、数打物が打ち出され、品位の下った物が多く、それらは末備前と称されている。

祐定家は余程人気があったものとみえ、永正～大永年間（一五〇四～二八）の与三左衛門尉祐定・彦兵衛尉祐定及び次郎左衛門尉勝光・宗光兄弟や、降って天文年間（一五三二～五五）の源兵衛祐定が有名である。

刀剣は片刃を刀、両刃のものを剣という。刀には太刀・大刀・脇差・小太刀・短刀など種々の呼称があるが、大体その長さで区別されている。二尺以上は大刀と太刀がある。太刀は刃を下にして腰に吊るすので佩《は》くといい、大刀などは刃を上にして帯に指した。したがって腰に付けた佩表と指表とは逆になるので、中心《なかご》の銘も反対になっている。一尺七・八寸以上二尺以下を大脇差、小さい刀を小太刀と呼ぶ。一尺三・四寸以上一尺七寸以下を中脇差、一尺以上一尺三寸以下を小脇差、一尺以下を短刀と称している。長さは柄の中に差し込む中心《なかご》と刃の部分の境にある区《まち》から計られる。

江戸時代武士の刀・脇指はともに鞘は黒塗りで、金具は図柄・地金ともに揃いを用いるのが正式であったという。太刀作りといっても、太刀は儀式用に公家などが使用する程度であったから、一般の武士、まして諭吉が正式の太刀を佩いていたはずはなく、大刀とは反対側に銘のある刀を指していたと考えられる。

32頁小見出し　長崎遊學中の逸事（20）

「丁度上方邊の大地震のとき私ハ先生家の息子《むすこ》に漢書の素讀をして遣つた跡《あと》で表の井戸端で水を汲《く》んで大きな荷桶《にない》を擔《かつ》いで一足踏出《ひとあしふみだ》す其途端《とたん》にガタ〳〵と動揺《ゆれ》て足を滑《すべ》り誠に危《あぶ》ない事がありました」。山本家にいる時のことであるから、安政元年（一八五四）六月から翌年初めまでの期間のことである。上方・西国の地震というと、十一月四日の地震の記事が、『大阪市史』『加賀藩史料』『前原一代記咄し』に、五日の地震は『大阪市史』『加賀藩史料』『諫早文庫日記』に、七日の地震は『諫早文庫日記』に、九日と十二月十八日は『新長崎年表』にそれぞれ記載されている。「山崎家日記」では十一月五日は「今七ッ半時分俄に大地震有之候」同七日に「今五ッ過また〳〵大地震有之候一昨日よりの地震で豊後府内に被害ある由」、九日に「昨夜も地震有之」と記している。

臼杵図書館所蔵の臼杵藩『日記』によると、十一月五日申の半刻過ぎの地震で城中は所々破損し、城下も方々大破し、津波も襲来した。夜中にも度々地震があった。六日は余震はあったが、やゝ静まった。

七日は辰半刻に大地震が再度襲来し、城中并に諸役所も大破。櫓、塀・門・崖崩れも夥しく、城下は在町共大破。御殿の御内所が破損したため庭先に仮小屋を拵え避難するといった状況で、余震は十二月二四日まで連日続いたという。

肥後阿蘇山の南、白川水源・吉見神社の石の鳥居が十一月五日に倒れたことが、復元された鳥居の柱に刻まれている。太平洋岸の臼杵から中部の阿蘇地震では相当の震度であったことが判る。長崎もかなりの震度であったことが窺える。

33頁10～11行目　隣家ょ杉山松三郎（杉山徳三郎の実兄）(21)

『諭吉伝』第一巻第三編「長崎に於ける苦学」には、兄は早く死んだが、弟徳三郎は、明治初年には東京の石川嶋の造船所に勤めていた。後九州で炭鉱を経営していたが、晩年長崎に隠居して、昭和初期に九十歳近い高齢で死亡したと記されている。

杉山家は山本家と懇意にしていたので、兄弟の父が死去したのち山本の邸内の別棟に住んでいたという。

参考①　中津における蘭学〈関連項目＝2章註（1）〉

藩内の洋医学者間に洋学研究が必要視されているだけで、幕末ペリー来航で国防論が盛んになるまでは、蘭学好みは藩の経済難を招くことになるとして、敬遠される機運があったのではないだろうか。したがって下士間では、ほとんど問題にされなかったのが実情であろう。

ペリー渡来以降の中津藩の様子を、大身衆家の一つ山崎家「山崎家日記」に見ると、ペリーが嘉永六年（一八五三）六月三日に浦賀に渡来した第一報は六月十八日に中津に到着し、二十一日には幕府大目付の布達が届いている。藩庁は従来通りの方針で、特に防備云々を言って騒いでいる様子は見えない。七月十一日、藩内には例年通り、盆中の祭礼に関する布達が行われている。ペリー渡来を、遠方の大事件ではあるが中津に直接関係ないと考えたと推測する。

しかし七月十八日にプチャーチン搭乗のロシア船が長崎に入港すると、七月二十日にはその報が入り、翌日長崎御用達よりその急報が届くと、二十三日には江戸へ急飛脚が仕立てられ、二十四日には長崎役菅沼正助が長崎へ出発している。八月七日将軍家慶死去の報が届き、十月二十六日には、藩主昌服が病気のため帰国中止が布達されるなど、藩内に多少あわただしさが感じられる。

七月、幕府が米国国書の翻訳を諸藩主にも示して、広く自由な意見の諮問を行った。この件について多くの藩では、重大な問題として藩内で種々協議のうえ答申書を提出しているのであるが、中津藩ではこの幕府の諮問のことについて藩内へ布告された形跡は見あたらない。

中津藩蘭学の開祖といわれている、藩医前野良沢の蘭学研究を保護奨励した藩主昌鹿や昌高がいたので、江戸の蘭学研究が盛んであっただけでなく、国許中津でも洋医学者の活動が活発であった。安政初年までの蘭学研究者は次の人々である。

○**村上玄水**（一七八一―一八四三）は中津藩医で、倉成龍渚・野本雪巌に従学し、一時兵法まで学んだ。文化三年（一八〇六）広島の蘭医中井厚沢の勧めで家業の医学研究に専念することとなったという。宇田川玄真の『医範提綱』等を参考に蘭医学の研究を行い、文政二年（一八一九）中津で人体解剖を実施。中津の医者としては辛島正庵以下松山修山・大江軍司・根来東俊・根来東林（麟）・大江貫如・小幡恵意・藤本元岱・藤野玄成・田代一徳らが参加し、解剖の詳細な記録「解臓記」が残されている。片山東籬・佐久間玉江の写生図が「解剖図説」として出版された。解剖が非難され、二年間登城禁止となっている。

○**坪井信道**（一七九五―一八四八）蘭学者。倉成龍渚に江戸で漢学を学んでいたので、文化十二年倉成の中津帰国を追って中津に来ている間に、辛島家で『医範提綱』を見て、洋医学の必要を痛感して、蘭学に転向したといわれている。

○**大江春塘**（一七八七―一八四四）は藩医大江梅英の子で、文化十二年（一八一五）近習医師となり藩主昌高の命で長崎に六、七年留学した。のち江戸に出て昌高の側近医師となり『バスタード辞書』刊行に尽力した。中津に定住後は、村上玄水とともに、藩内に蘭学の影響をあたえたという（『豊前人物誌』）。

○**八条半坡**は天保十年（一八三九）に藩の兵学師範を命じられている。

○**辛島正庵**（一七七九―一八五七）中津の種痘医療に中心的活動をした医師。六歳の長男を痘で失ったことが動機になったという。嘉永二年（一八四九）藩医辛島正庵を筆頭に西周哲、横井玄伯、神尾雄朔、藤野東海、藤本元岱、小幡竜洲、松川清庵、原岡平泉、久松方庵らが痘苗を得るため、長崎に赴いている。同年後半に中津で種痘が行われた。文久元年（一八六一）上勢溜に医学館が建設された時の中心人物でもある。

中津は、文化十三年（一八一六）の飢饉で八万俵の損耗、翌十四年の洪水大潮による大損害、文政十年（一八二七）の藩士への借上、十一年の洪水、天保五年（一八三四）の江戸上・中屋敷の焼失、六年の銀札所改革加印札発行、七〜八年の飢饉に炊出米千石の救助、九年の虫害による凶作損耗七千五百俵、十年家中への非常借上と、毎年のように災害が続いているのを見れば、多大の費用を必要とする蘭学研究に、国許の藩首脳陣が反対や消極的態度を取った理由も十分考えられる。

諭吉が、中津は田舎のことで、横文字など聞いたことも見たこともなかったと述べているのは、貧乏な下士の間では、多額の費用と時間を必要とする蘭学などは無縁のものとした状況を素直に表現している。

参考②　中津の砲術修行年表〈関連項目＝2章註（3）〉

中津の砲術修行等に関連する記事を、安政元年の『惣町大帳』①・『中津藩歴史と風土』第八輯②・「山崎家日記」③・『中津藩史』④より年表式に拾う。

嘉永二年（一八四九）七月　浜野覚蔵に砲術修行のための長崎留学が命じられた。②

三年三月　藩から浜野に対し砲術稽古が命じられ、十二月「石火矢筒損失候得共二十二両御渡被成候」の記事がある。②

六年十一月　奥平十学（壱岐）が砲術修行に長崎に赴く。［2④］（後出三二頁）

六年十二月十九日　幕府が十月に布達した砲術修行奨励の命令がようやく藩内に伝えられている。③

安政元年（一八五四）一月、地金唐銅三十貫目分代金・大砲の鉄玉や・大砲鋳造費や鋳造燃料用の炭が十名程の中津町人より献納されている。①

元年二月及び四月に山崎家世子直衛が砲術数打の稽古を行う。③

二年十月十一日　十学大砲稽古打。③

二年十月十八日　十学二百日の長崎への再度の留学許可を得て出発。③

三年十月二十三日　十学三貫目大砲打。③

三年十月二十九日　山崎主馬大江にて諸流の砲術打見物。③

三年　三百間突堤先に砲台を設置。④

万延元年（一八六〇）兵制係・調練係を置き、野戦砲・小銃隊の別手隊二組を編成し、さらに上士の子弟で散兵至急隊を組織、非常に備える。④

文久元年（一八六一）浜野覚蔵（長崎修行）・服部五郎兵衛（鹿児島修業）らにより中津高畑工場で山砲が鋳造され、宮永村に弾丸・硝薬製造所が設置され、その後浜野覚蔵が門人中野松三郎を伴い、長崎より独乙製新式砲二門を購入して三百間先の台場に据え、長谷川流師範の松井団蔵が高浜の遠見番所へ旧式砲を据え門人の訓練を行った。④

中津における砲術に関する史料は極めて少ない。また藩として砲術が盛んであるとの印象は弱い。その中で、大身衆の当主奥平十学（壱岐）が率先、長崎に砲術研究に留学したことは注目される。

参考③　奥平壱岐の行動〈関連項目＝2章註（4）〉

中金武彦氏提供の「中金氏系図」①、壱岐自筆の日記「適薩俗記」②、中金武彦氏調査の「勝海舟日記」の関連記事③を併用しつつ、「山崎家日記」の壱岐の動向を示す断片的記事を基本に年譜的に列記してみる。

弘化四年（一八四七）　三月九日　奥平恆麿妹　十学との縁組許可願提出

嘉永五年（一八五二）　二月二十五日　父与兵衛　藩主御初入の節及び昨年御着の節共に御機嫌伺に不出不届に付　十学に差控下命

嘉永六年　六・十一月　大身衆月番担当（十一月二十二日以降桑名登月番）

安政元年（一八五四）　二月　藩主厄年払御守札献上費用割付、十学長崎滞在中に付除外

六・七月二ヶ月連続して月番

安政二年　六月十九日　先侯昌高公重病平癒祈禱料割付に特に加える

安政三年　十月十一日　小祝浦にて大砲打
十月十八日　長崎表へ銃術修行二百日滞留願済にて翌十九日出立報知

安政四年　九月十二日　十月母方祖母死去に付忌服引込届け
十月二十三日　於小祝浦三貫目大砲打
十一月二十八日　家督以来二十八年目にして初めて家老任命①

安政五年　十二月二十一日　大輔と改名①
一月十五日　壱岐と改名①
一月江戸出府生田紀太郎と交代下命①
四月二十一日　江戸着①
八月十七日　病気に付き連番御免願い、公辺御目見済後出発下命①

安政六年　四月十八日　家老依願退職①

万延元年（一八六〇）　六月二十八日　家老任命　七月十九日大坂御用拝命　八月九日中津発大坂立寄り十月二日江戸着

文久元年（一八六一）　三月二十八日　江戸定府下命、四月五日中帰（一時帰国）江戸発五月一日中津着
七月四日　中津出発九月三日江戸帰着
十一月十四日　家内江戸着①

文久二年　十一月六日　参覲制度改革に伴い定府御免、五年詰下命

文久三年　一月三日　将軍家奉拝①
三月十六日藩主昌服へ二月二十八日伊達儀三郎の養子決定の通知到着
三月　中津下士間に壱岐が養君（幼少の養子）を擁し我意を恣にするものとの壱岐排斥運動発生
五月　江戸家老免家禄二百石召上げ②
月日忘失　儀三郎様御祝御用掛下命①
七月　壱岐夫人自害（中金正彦資料）

元治元年（一八六四）　一月二十日　藩重臣らの将軍拝礼に壱岐参加

慶応元年（一八六五）　七月十四日　勝、薩摩藩儒坪井芳洲に壱岐の事依頼③
八月六日　勝、薩藩堀直太郎に壱岐の事依頼③
八月十三日　勝、薩藩小松帯刀へ壱岐の事依頼の封書出す③
十一月十二日　小松より勝に、壱岐の事承知の返事あり③
冬　壱岐中津藩の禄を辞退。二本榎の邸より麹町貝坂に移転③

慶応二年　一月十三日　勝に壱岐の父死去の報知あり③
七月二日　薩藩使者堀直太郎中津で家老山崎・奥平志摩と面談
十月十六日　薩洲公、某を中津に遣し交渉し、壱岐を客臣として、江戸の田町の薩邸内に寓居を賜り転居す。②
十二月二十日　中津藩より隠居退身の命伝えられる。②
この頃　壱岐中金家を創立②

慶応三年　一月十六日　中津藩にて壱岐養子に奥平兵庫（壱岐従兄弟）次男皎二郎を願出の相談あり
三月七日　中津藩　壱岐養子に皎二郎（後音人と改名）を許可
三月十二日　壱岐　薩藩命で京都に出発　母妻娘三人同行②
五月三日　小松の指示で大坂に下り江戸堀南邸に移る②
九月二四日　上京、松山藩へ移籍の事内定、十月二日下坂②
十月十日　木場伝内より松山藩移籍の申渡書受領②
十一月七日　松山邸へ引っ越す。②

明治四年（一八七一）　一月十日　中津藩奥平音人家の家禄二百石を返却復活を下命

明治十七年　五月九日　壱岐東京で死去。四谷笹寺に埋葬①

※奥平壱岐の子孫中金武彦氏より、貴重な資料の提供を受けることができた。詳しくは『三田評論』一九九二年八・九月号を参照されたい。

参考④　諭吉の長崎行きと奥平壱岐〈関連項目＝1章註（13）、2章註（1）・（4）・（5）・（6）〉

十分な予備知識もなく、初めて蘭学を学ぶために、いとも簡単に長崎行きを決心した理由は何であったのか。諭吉は兄の勧めと、「中津の窮窟なのが忌《いや》で〳〵堪《たま》らぬから文学でも武藝でも何でも外《そと》ニ出《で》るヿが出来《でき》さへすれバ難有いと云ふので出掛《でか》けた」（『自伝』）と記しているが、中津を飛出したいと考えるに至ったと思われる記事が、嘉永六年の「山崎家日記」にある。

事件の発端は天保十一年（一八四〇）五月、藩が七ヶ所の城門の守衛を足軽より下士に属する小役人の役に改めたので、下士の不満が高まっていた。そこへ藩が嘉永六年（一八五三）十一月九日、次のような布達を出した。

今般内郭七ヶ所先年之通り小役人勤ニ被仰付候ニ付　夜中通路之節御門番と呼来候所已来は開閉番と呼可申候　尤是迄御門番衆と呼来候ものハ是迄通り相心得可申候

この布達に対し下士は、いたずらに上下の格差のみを拡大させ明確化しようとする藩上層の格式力みだとして、強く反発した。その結果、同年十二月九日朝、小祝浦に火災があった時の板木打の警報連絡が遅れたことから、城内で不満の下士達が不穏な集会を行っていたことが発覚した。

昨夜子〔小〕祝出火ニ付　北門にて板木打之事に付薄々承候得ば、七ッ所御門番方内々寄合彼是騒擾之模様　今日は惣七ッ所御番所交代不致　本引込には不相成候得共先引込之姿　表向は代番に相成申し　昨日より出番面々其儘御番所に詰居候よし　今晩七ッ門御番人七人程直に慎に被仰付候哉に相聞候　北御門番にて昨朝板木打之人は中間鉄平為□とか申人に御座候よし　両人共為引候哉ニ相聞候（「山崎家日記」十日条）

下士の集団示威行動に対し、藩はその首謀者に十二月十八日次の処分を申渡した。

一、今晩左之面々御門御固番一件ニ付　永之御暇減格禄隠居退身被仰付候内三原喜多衛御組下ニ御座候、田辺源之丞勘ヶ由様之　中山八左衛門大手御組下ニ御座候　いつれも　昨夜御届申出候　中山八左衛門今朝迄届を申参候

永之御暇　白石五郎衛門　永之御暇　大内行蔵
親返しにて　武田景蔵　減格以前　田辺源之丞
立去　衣川儀衛門嫡子　隠居退身　篠原小十郎
同　断　三原喜多衛
同　断　中山八左衛門
同　断　磯田参左衛門

〆八人右之通りに被仰付候

永之御暇となった白石五郎衛門とは、諭吉が最も尊敬信頼した白石照山のことである。この時激しく藩の処置を非難したというから、騒動の首謀者と認められたのであろう。従来照山の処分については、嘉永六年説と翌安政元年説があって、定かではなかったが、この記述で、処分日を嘉永六年十二月十八日と確定できる。

諭吉は照山に師事して、「漢學者の前座ぐらい」（『自伝』）まで学力がつき、学問に興味を覚えてきていた時だけに、格式力みの理不尽な藩の処分で恩師を突然奪われたことに、激しい憤りを感じ、上士に強い嫌悪感を覚えたに違いない。その激情が収まらない時期に、兄から長崎行きの勧めがあったので、即刻これに応諾したものと推測される。

他方、兄三之助が長崎行きを勧めたのは、時勢が蘭学を必要としているからというだけでは疑問がのこる。蘭学研究には本人の能力資質のほかに、相当の学費が必要である。当時の福澤家や叔父の中村家にはその余裕はない。したがって長崎に先に出ている奥平壱岐の方から要求があり、経済的保証か援助の条件が示されて、それに応じる形で諭吉の長崎行きが実現したと考えるべきであろう。その意味で奥平壱岐の長崎行きを留意しておく必要があるだろう。

壱岐は大身衆家の当主で当時は十学と称していた。何時長崎に出たかを示す明確な資料はない。十一軒の大身衆が、藩内の家臣を分担支配し、そうした要職にある当主が長期にわたって藩地を留守にするのは異例のことである。十学が長崎に出ていることを示す史料は、「山崎家日記」安政元年（一八五四）二月二日条に、藩主の厄年御払いの御初穂料を大身衆に割付けた記事に「十学様は当時長崎へ御出被成御留守に御座候」と除外されている。老中でない大身衆の勤めの月番を、十学は嘉永六年六月と十一月に勤めているが間隔が短い。翌年六、七月は連

続勤務している。十一月二十二日以降は別の人物が勤務している。月の途中で交替する変則状況である。大身衆当主の留学は前例がないので、月番の時は帰藩勤務することで、黙認され、留学期間をできるだけ連続させるための変則勤務になったと考えれば、十学は嘉永六年十一月に長崎に出発したと推測できる。

宿泊していた向陽山光永寺（現長崎市桶屋町所在）は十学の母の里であり、叔母が住職羅雲の妻である。『自伝』の記述から十学は単身留学していたようである。親戚とはいえ単身留学では、何かと不便を感ずることが多かったと思われる。そこで、中津の支配組員の中から、蘭学研究の便宜を与える代わりに、身辺の世話をする小者を要求した時、野本真城門下の人々の間から、利発な諭吉を推す声が出たことは十分考えられる。

諭吉は兄に伴われて、安政元年（一八五四）二月長崎に出て十学のいる光永寺に赴いた。最初に和蘭の文字を学んだ時のことを「私が始めて長崎ニ来て始めて横文字を習ふと云ふときは薩州の醫学生ニ松崎鼎甫と云ふ人がゐる其時は藩主薩摩守ハ名《な》高《たか》き西洋流の人物で藩中の醫者などは蘭學を引立て松崎も蘭學修行を命せられて長崎は出て来て下宿屋ニ居るから其人ニ頼んで教へて貰ふが宜からうと云ふので行た」（『自伝』）と記している。

ここに登場する松崎は嘉永七年（一八五四）五月十五日に大坂の緒方塾に入門している。おそらく長崎から直に大坂に赴いたのであろう。諭吉に松崎師事を勧めたのは十学である。このことから十学が蘭学修学の先輩として薩摩藩の人々と交流があったことが判る。

また諭吉は十学の世話で、砲術家山本物次郎の食客になっている。その時期を明記したものはないが、前述のように十学は安政元年六・七の二ケ月間中津に帰国して月番を勤めている。諭吉一人が用事もなく光永寺に残ることは、本人も寺も、誠に迷惑なことであろう。そこでこの月番勤務を機に、諭吉を山本家の食客に世話した可能性が強い。

山本家に移った諭吉は「有らん限りの仕事を働き（中略）上中下一切の仕事私一人で引受けて遣て居た」その傍ら、「蘭學医の家は通ふたり和蘭通詞の家は行つたりして一意専心原書を學ぶ」うち、次第に学力も向上するなか、安政二年初め、突然母病気の偽手紙で中津に呼び戻される事件が生じた。諭吉はこれを十学の仕組んだ卑劣な行為と思い込んだが、争っても勝負にならぬと、江戸へ飛び出し蘭学研究を続けることを考え、一月末長崎を立ち去った。長崎滞在一年で、苦学覚悟の蘭学研究の続行を決意するまでに、諭吉の蘭学力は高まっていたのである。

3、大坂脩業

35頁1行目　緒方先生の塾ェ入門（1）

緒方洪庵（文化七〜文久三年（一八一〇〜一八六三））は備中足守藩木下侯の家臣佐伯惟因の三男で、幼少時一時田上姓を名乗った。文政八年（一八二五）父が大坂で蔵屋敷の留守居役となったので、伴われて大坂に出た。翌九年大坂の蘭学医師の中天游に従学した時、祖先の緒方姓を称し名も三平と改めた。文政十一年一時帰藩したが大坂に再遊、天保二年（一八三一）江戸に出て蘭学者坪井信道の門に学び、六年大坂に戻り中天游塾で蘭学を教え、七年師天游の子を伴い長崎に蘭医学の修業に出た。この時から洪庵と称した。

天保九年大坂に戻り、瓦町に蘭学塾「適々斎塾」を開いた。弘化二年（一八四五）過書町に移り、嘉永二年（一八四九）同志の医師達と共に大坂で種痘を行った。『扶氏経験遺訓』『虎狼痢《コレラ》治準』等の名著の出版により、洪庵の名声が一段と高まり、文久二年（一八六二）幕命で江戸に招かれ「西洋医学所頭取兼帯の奥医師」に任ぜられた。翌三年家族を江戸に呼び寄せたが、六月十日、突然の大喀血で急死。享年五十四歳であった。「適塾」は門人の中から、幕末明治維新期に活躍した多くの人材を輩出したことで、特に著名になった。

諭吉の適塾入門は「適々斎塾姓名録」に「安政二年三月九日中津藩中村諭吉」と署名した上に、「福澤諭吉」と貼り紙されていることで明らかなように、中村姓は幼少時、叔父中村術平の養子にされていたためである。安政三年（一八五六）兄福澤三之助の死後、諭吉は復籍し福澤家を相続した。

長崎から江戸を志して大坂まで来た諭吉は、兄から母に無断で江戸に行くことは認めないと留められ、大坂で蘭学者を探して洪庵のことを知り、適塾に入門しているから、兄は勿論諭吉もそれまで洪庵のことは知らなかったというべきであろう。

前野良沢に始まる中津藩の蘭学は、日本の蘭学の中心として発展した。この継承者であり、洪庵の恩師である坪井信道は、江戸の漢学恩師、中津藩の儒者倉成龍渚を慕って中津に滞在中、藩医辛島成庵家で『医範提綱』を見たことが機縁となって、洋医学即ち蘭学の道に入ることになったという。洋学の指導者として後年大活躍する諭吉が偶然のことから、洪庵の門に入ったことは、中津藩と蘭学（洋学）との関係に不思議な巡り合わせさえ感じられる。

35頁4行目　石川櫻所と云ふ蘭法医師（2）

文政五年（一八二二）陸奥国登米郡桜場村に生まれ、名は良信、陸舟庵と号した。大槻俊斎・伊藤玄朴に師事して西洋医学を学び、更に長崎に赴き蘭人に就き研修したのち仙台藩医員、幕府医員となり、法眼となる。徳川慶喜の侍医となり、法印に陞《のぼ》り、香雲院と号した。戊辰役後仙台に帰郷したが、慶喜補佐の罪に問われ入獄一年で赦免された。

明治四年（一八七一）兵部省に召され軍医権助となり、林紀・石黒忠悳らと共に陸軍医事制度を施行。のち軍医監となり従五位に叙せられ、十三年二月二十日

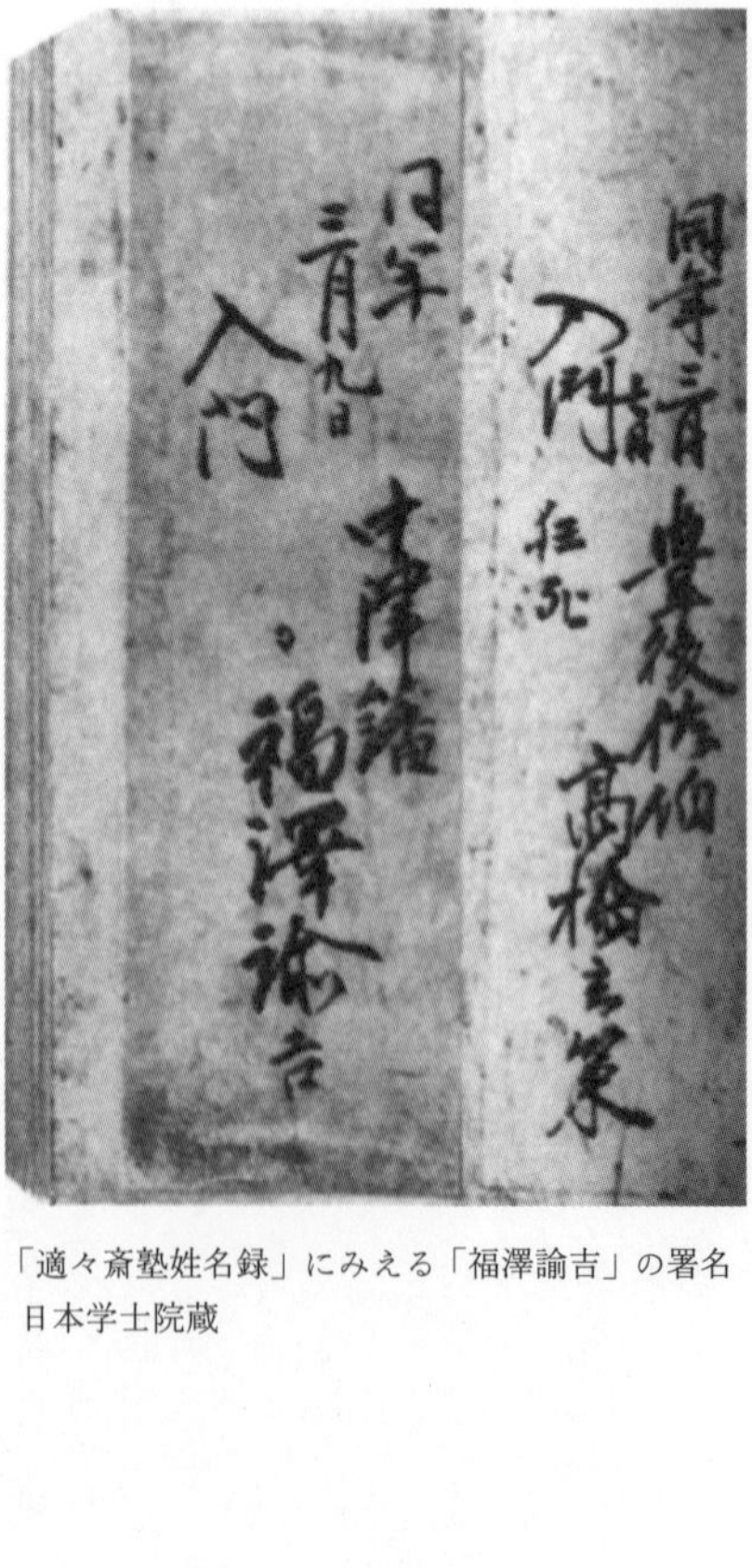

「適々斎塾姓名録」にみえる「福澤諭吉」の署名
日本学士院蔵

五十九歳で死去。著書に『内科簡明』『養生訓』がある。詩文をよくし、『著雲閣詩鈔』がある。

35頁8～9行目　始めて規則正しく書物を教へて貰ひました（3）

安政元年（一八五四）長崎に出て、十学（奥平壱岐）の親戚にあたる光永寺に寄宿し、十学の身辺雑用の世話をしながら、諭吉は初めて蘭学を学び始めた。和蘭通詞や蘭方医の書生等から断片的ながらも教えを受け、その後十学の世話で砲術家の山本物次郎の家に食客として住むことになり、我流ながらある程度の力をつけている。翌年二月、母病気の偽手紙事件で、長崎を立ち去らねばならなくなり、江戸行を志したが大坂に勤務していた兄に留められて、適塾に入門。基礎から学習することになったのである。

当時の適塾での蘭学修業の順については、『考証』に述べられているように、「ガラマンチカ」Grammatica「セインタキス」Synataxis（英語のgrammar, syntax）が先ず教えられ、一応自力で原書を調べる基礎ができると、原書を解釈しその成績で上級へ進むというのが、当時の蘭学塾学習の一般的な規則であった。諭吉が長崎での不規則な学習で、我流の読解力を修得し、それを適塾の教育で正確に修正されたのである。「始めて規則正しく書物を教へて貰ひました」という記述がそれを示している。諭吉が大坂に来て改めて正規の教育を受けたことが、蘭学理解の上に果たした効能は極めて大きかった。

中津時代、藩の習慣として、幼少の時に漢学を学ばされた。学者の間でも問題にされるような難しい意味を教えられても、子供には到底その意味を十分理解し得なかったに違いない。諭吉は学習を嫌い塾にも行かなくなった。精神的挫折感といった暗いものではなく、単純にわからない、面白くないから、塾に行くよりは家事の手伝いをしたり、内職を教える近所の下士の家に行くといった具合になったのであろう。

ところが、十四、五歳になって、周囲の子供は皆本が読めるのに自分だけ読めないことに気づいた。亡き父は藩の中では学者といわれた程の人物であるのに、子の自分がこの状態では恥ずかしいと、再度塾に通い、年少者の中に入って初歩より学習し直し、自ら進んで学業の復習を試みたのである。年少者向けに、多少やさしくという配慮がなされた講義を聞いて、以前は全く解らなかった講義も、今度は真に内容を理解しながら次第に上級に進むことで、学問に興味を覚えるようになったと思われる。

またたく間に進歩し、やがて本格的に漢学者を志す段階に到った時、恩師白石照山が藩から永の御暇となってしまったのである。［2（6）］

35頁16行目・36頁1行目　岸直輔・鈴木儀六（4）

岸直輔は、適塾の入門帳によると、嘉永六年（一八五三）癸丑四月十四日の条に、「加州金沢藩士岸権兵衛倅　岸　直輔」とあるが、若くして死亡したためか、経歴等の詳細は不明である。

岸は緒方塾で諭吉より約二年の先輩である。諭吉が「予て世話になっていた」と記しているから、入塾当初に基本の文法や成句法を親切に指導してくれたか、初級蘭語会読の担当先輩として面倒をみてくれたのではないだろうか。

一緒に岸を看病した鈴木儀六は、適塾入門帳によれば、「安政二年（一八五五）八月九日入門　加州金沢鈴木三左衞門倅」となっている。諭吉より半年後の入門である。

鈴木儀六は、藩老玉井頼母の臣の（鈴木）三左衞門の長男で、嘉永三年江戸へ出て医学を修め、ついで大坂の適塾に移っている。その後文久元年（一八六一）江戸本郷邸の療治方御用となり、ついで壮猶館・軍艦方・種痘所などに歴任したが、特に金沢医学館及び理化学校ではスロイスを助けて尽力し、また高岡の「洋学南校」の教師として活躍した。（「緒方洪庵と加賀藩」）江戸に六年いたが、緒方塾に来るため一・二年間は写本を専ら行ってその費用を稼いだと『自伝』「緒方の塾凡」中の小見出し「冩本の生活」（七四―七六頁）に記されている。

36頁4～5行目　遺骸を大坂の千日の火葬場ょ持て行て焼て（5）

今日では大阪南の繁華街千日前と、火葬場とは全く関係ない異質のものであるが、元和七年（一六二一）大坂城落城後、市街地再開発計画の一環として、それまで市中に散在していた墓地の一部が、荒れ地であったこの地に移転統合された。寛永十四年（一六三七）には、浄土宗の法善寺が移築されたり、慶安二年（一六四九）現在の竹林寺前身の浄業院が新築され、それぞれ千日回向が行われた。特に法善寺は千日寺と呼ばれ、寺に参詣する人々が、千日寺の前と呼びならわしたことから、地名となったという。

　明治三年（一八七〇）まで、この地は墓地・火葬場・処刑場などが集中していた。しかし明治三年処刑場が廃止され、七年墓地と火葬場が天王寺村に移転してから、跡地に見世物・寄席などが立ち、一大歓楽街に発展して今日に及んだという。

　岸直輔の死亡した安政三年（一八五六）には、当然のことながら火葬場は千日前にあったので、ここで遺体を茶毘に付し、遺骨を岸の故郷の加賀の金沢に送ったのである。

緒方洪庵肖像（緒方家蔵）

36頁10行目　緒方先生の深切（6）

　安政三年（一八五六）二月、前月腸チフスに罹った先輩の岸直輔を看病した諭吉は感染発病した。このことを聞き知った緒方洪庵が、中津藩蔵屋敷に伏せっている諭吉の病気見舞いに訪れ、自分では心配が先になって冷静な診断ができないからといって、友人の医師に診察を依頼して、洪庵自身は専ら療養法を指示している。そのお蔭で諭吉は一命を取留めた。洪庵の親切に感謝して「先生に対して肉親のような親愛感を抱くようになった」と記している。こうした師弟関係が、諭吉をして一層勉学に精励させる大きな働きをしたことはいうまでもない。

　しかし洪庵が病気の塾生を見舞ったという例はこれ以外に見あたらない。諭吉は前年三月九日の入門である。適塾に入門して約一年しかたたない諭吉を、洪庵が何故見舞ったのか、おそらく先輩の腸チフスを看病しての発病であったことと、進歩の著しい新入生として注目していたからだろう。

　長崎在住の一年足らずの間に相当の学力を身につけて、適塾に入門したであろう諭吉である。とはいえ、いきなり自力で蘭書を読む会読クラスに入るだけの実力があったとは考え難く、素読のクラスから出発したと推測される。そこで「ガランマチカ」や「セインタキス」の素読クラスの課程を学び、間もなく会読のクラスに進んだのであろう。

　諭吉が記しているように、三ケ月首席を続けると上のクラスに進めるというが、一年程で翻訳ができる上級に進むということは大変な実力の向上が必要であり、素読から第一等〜九等・等外と会読のクラスを、かなり早く上って行ったのであろう。特に初級での進歩の著しさは、会読を指導した先輩も驚嘆するものがあっただろう。その頃の指導役が、看病した岸直輔ではなかったろうか。

　安政三年は諭吉にとって厄年ともいうべき年であった。二月に腸チフスに罹り一応恢復したものの、ちょうど同じ頃兄もリョウマチスを患い大坂勤務の任期が切れた五月頃、兄弟揃って病気静養で中津に帰っている。七月諭吉は全快して大坂に帰塾。九月三日には兄が中津で死亡し帰国、そして福澤家の相続。その中で何とか再度大坂に留学したいと考え、親戚の反対の中母に直談、その了解を得て、家財道具や父の蔵書を売り払い、借金を返済して大坂に出たのが、十一月末か十二月初頭である。したがってこの一年は、ほとんど学習ができなかったといえる。家財等を売り払うことにしたのは、金がかかる洋学修業に借金を残していては、親戚や近所の人々から母が非難されることを慮ったためであろう。

ようやく大坂に戻った諭吉は、その間の事情をすっかり洪庵に打ち明けたところ、同情した洪庵は、奥平壱岐から盗写したペルの『築城書』の翻訳を命ずる名目で、内塾生として寄宿料を免除してくれた。洪庵の好意があっても、周囲の学生の目もあり、諭吉にその実力がなければ、その特典を与えられなかったはずだ。とすると、諭吉の実力は、蘭書の翻訳ができるほどの力を持つまでになっていたと考えられる。

在塾一年でどうやら翻訳ができるまでの実力をつけたという、諭吉の上達ぶりは、下級生の指導役を勤める先輩達の間で注目されていたに違いない。当然最上級の塾生達は直接緒方の講義を受けている。その席上で、入門して来た中村諭吉（福澤諭吉）は、できる塾生との話題が出たはずだ。

36頁15行目　梶木町の内藤數馬と云ふ医者（7）

安政三年（一八五六）諭吉が腸チフスに感染した時、緒方洪庵が、特に選んで執匙を依頼した内藤数馬は、洪庵の種痘活動に共鳴して参加した一人であるというから、仲間の中でも信用できる医者であろう。

諭吉は内藤を梶木町の医者と記している（梶木町は江戸時代までその町名があったが、今は北浜三丁目となっている）。淀屋橋南岸、御堂筋東側の土佐堀川際の二本先の横町で、適塾から西の方に向かって二つ目の角、御堂筋の先までが梶木町であった。天保十一子年九月改正大新板『当時流行町請医師見立』（『緒方洪庵と適塾生』口絵写真）をみると、上段前頭四枚目に緒方耕〔洪〕庵が、中段に森順造・春日寛平・中川立徳・清水多門とあり、その次に「堂しま内藤数馬」、「中島中二丁目に開業の本道の医人」と記されている。

37頁15行目　安政三年の七月（8）

安政三年（一八五六）諭吉は五～六月頃、兄弟一緒に中津に帰り、病後の静養に努め、単身大坂に戻った時期を、『自伝』草稿には確かに七月中旬と記述している。

夫れでは私は又大坂ヨ参りませうと云つて出たのが其歳即ち安政三年の七月モウ其時は病後とは云はれませぬなか〳〵元氣が能くて七月中旬大坂ヨ着たところが連載の『時事新報』では

「それでは私はまた大阪に参りましょう」と言って出たのがその歳、即ち安政三年の八月。モウその時は病後とは言われませぬ、なか〳〵元気が能くて大阪に着いた（傍点は著者添付）

とあって、七月は八月に訂正されている。

「福翁自伝に関するメモ」にも「八月大坂に再遊、九月兄の不幸の知らせ、直に中津に帰れば家督相続福澤の主人たり」とある（『全集』⑲二六九頁）。

この頃の資料として福澤が記したものに、福澤家相続直後に、奥平壱岐を訪ねた際、ペル『築城書』を借りて一ヶ月程で盗写したことを、二十五年後の明治十四年の「築城書百爾之記」（『百余話』、『全集』⑥四二二頁）に、次のように記している。

中津ニ帰省シテ病後ノ養生凡二ヶ月、同年七月初旬復タ大阪ニ行キ

ここでは七月に大坂に戻ったことになっている。しかし八月説を裏付けるような記述があった。松崎欣一の調査で発見報告された中津藩の史料「安政三年御留主日記」である。

一、八月四日中村術平悴諭吉鉋術執行壱ヶ年大坂表へ罷越候ニ付　執行金拝借被　仰付度願書御徒目付ヲ以申達候処　御規定之通金三両拝借被　仰付候讃岐方被　仰渡御徒目付へ申渡候処御受申出候（傍点筆者）

これは安政三年八月四日付で提出された諭吉の留学願書である。ここには緒方塾に砲術修業と書かれている。（願書提出の中村術平は諭吉の叔父であり養父である。）しかしこの願書は諭吉が大坂へ旅立ってから提出されたとも考えられるので、やはり八月説をにわかには採用できない。

諭吉は三度目の大坂へ向かうに当たって、（兄の病死、福澤家を相続後）やはり留学願書を提出している。その時留学願書を書く時に何と書いたらよいかと質問して、前例がないから砲術修業のためと書くようにいわれ、実際と食い違うのはおかしいと思いつつも「砲学修業」としたと、『自伝』（四四頁）に記している。

叔父が提出した願書（前出、二度目の大坂行き）の内容を見ていたならば、三度目の大坂行きに（養子先から復縁し、福澤家相続後）、願書の書き方を質問するはずがない。つまり八月四日提出の願書は見ていないと判断できそうだ。結果、諭吉の二度目の大坂行きは、八月四日以前と推測できる。諭吉の大坂出発は四日前、すなわち七月中に出発したとするほうが、自然ではなかろうか。とすれば自伝草稿に、「七月中旬に大坂へ到着した」と記す七月説が妥当と思われる。

藩へ申請した拝借金は、家主三之助の病気療養中のことであるから、福澤家の経済的事情を考えた叔父の、諭吉の留学援助の送金のためと考えられる。

事実諭吉は中村家の養子でありながら、実際のところ手元で養育されずに福澤の家族の中で育てられていた。これはある意味、夫を亡くし、子供を抱えた家庭を援助するために中村術平が選択した、養子縁組みであったのかもしれない。

［3（23）］

38頁2行目　兄が病死（9）

兄三之助は、文政九年（一八二六）十二月一日長男として大坂で誕生、天保七年（一八三六）六月十八日父の急死で、中津に帰り、十月十五日数え年十一歳で家督を相続。幼少ということで、家格も供小姓に下げられ、勤方も免除された。九年一月に御用所取次を命ぜられ、弘化元年（一八四四）十月十日郡方御勘定人当分仮役、三年（一八四六）十二月二五日に元〆方御勘定仮御役となり、翌四年本役となったところで、記述は終わっている。（「福澤家系図」）

『自伝』に描かれた三之助は、漢学一方の人であるが、帆足万里の影響を受けて数学に熱心で、算盤の高尚なところまで進んだ。父譲りの好学の士であったようである。諭吉が将来は大金持になりたいと答えたのに対し苦い顔をして、「死に至るまで孝悌忠信」と答える、生真面目な人物であったようだ。

三之助は、安政元年（一八五四）春、諭吉を連れて長崎に出張した後の四、五月頃、亡父と同じく御廻米方大坂在番を命じられている。無事に任期を務めれば、家族の呼び寄せが許可され、数年後には昇格も十分あり得ることであった。それが病気のため最初の任期途中の安政三年四、五月頃帰国せざるを得なくなり、一時は病気回復の兆しもあったが、九月三日死去してしまった。子供は、安政元年生まれの娘「お一」がいるが、幼女では婿を迎えて家督相続という訳にもいかず、妻を離縁し、弟諭吉が福澤家に復籍して相続することになったのである。

兄三之助については、「福澤家系図」に記された簡単な記述と、『自伝』の中に記されていること以外には、その生涯が短かく（享年三十一歳）、知るところが極めて少ない。

中津藩「山崎家日記」の弘化二年七月十七日条に、叔父の東条利八が筑前の飛び地に在勤中に、養母が重病となったので中津に呼び戻すことが許可され、その使いとして、三之助が筑前へ急派された記事と、書簡三通（内一通は断簡）があるのみである。書簡のひとつは明治になってから、諭吉が兄の友人から貰いうけ大事に軸物にして保存したもので、現在義塾に保管されている。

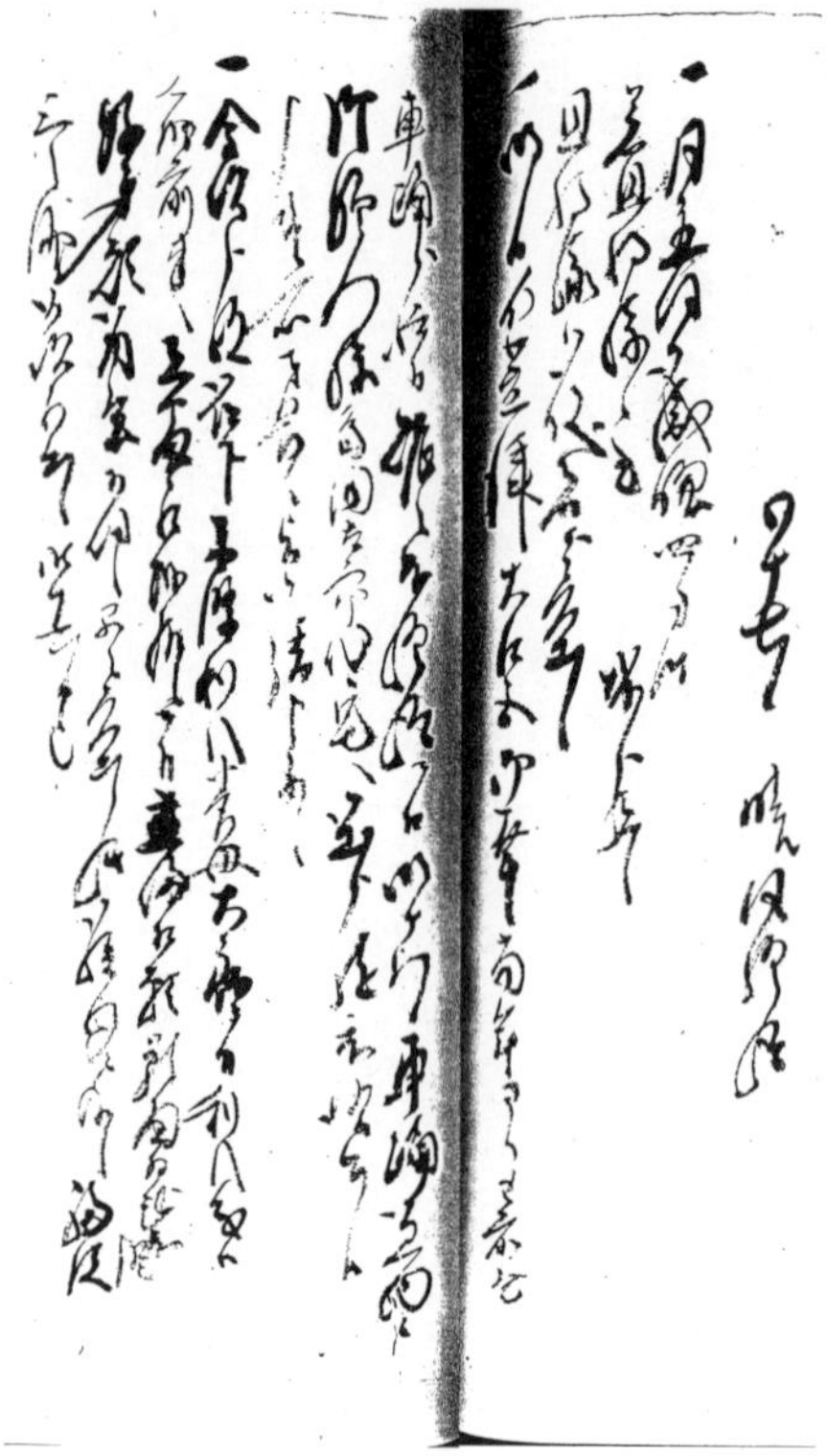

「山崎家日記」弘化二年七月十七日条

38頁7行目　福澤の主人ょなつて（10）

安政三年（一八五六）九月三日、福澤家当主の三之助が病死した。娘は一人あるが幼女では婿養子を迎え家督相続させることもできず、弟は叔父・中村家の養子になっている。しかしまだ養家の家督を相続していない。そこでこの弟を戻して実家を相続させるのが当然ということで、知らぬ間に親戚相談のうえ福澤家に復籍相続させられた、と記している。

武士の家督相続は、原則として実子が藩主の御目見を受け、世子として認定をうけるか、生前に養子願いを出し、藩主の許可を受けていなければ、家督は相続できないことになっている。しかし厳密にその原則を実施すると、断絶となる家が出て藩士達の間に不平や不満が生ずるので、実際問題として、死後に末期養子願いが提出されれば、それを認めることが慣習として行われてきたのである。

「山崎家日記」に次の相続事例がある。

文久二年（一八六二）十二月二日条に、「古賀清太夫義　久く病気の所　養生相叶不申死去致候ニ付　左の通御内意申上候」。①清太夫本人より、大病に付き養子願書　②好身之者（親戚）より　清太夫の死去届　③清太夫生前に願い出た養子への家督許可願、の三点が同時に提出されている。翌年一月二十四日の条には、「古賀清太夫跡　一昨二十二にて五十日に相成候に付　今日家督可被仰付旨被仰渡候」とある。

古賀家の例に従うと、①兄が死亡した日に三之助名義で、諭吉の末期養子願書と、②三之助の願出通り親戚より諭吉に相続許可の内願書が同時に提出され、③五十日の喪の明けた十月二十三日に、家督相続許可が発令される手続きを取ったのである。諭吉は成年に達しているので、家格はそのまま継承された。

38頁18行目　恐ろしい剣幕《けんまく》で頭《あたま》から叱られた（11）

安政三年（一八五六）九月、兄の死去により大坂から中津に帰った時、諭吉は既に福澤家の相続者にさせられていた。平凡に下級藩士としてそのまま中津に止まる気持ちにはどうしてもなれなかったことを、詳しく記している。その理由は色々あるだろうが、根本的には中津の、特にその上士達の、格式力みによる過度の封建性に加えて、緒方塾における自由闊達に学問のできる雰囲気と、本格的に蘭学を通じた西洋文明の理解が始まった点を考えると緒方塾で学ぶことに興味と将来の夢を抱くようになっていたのである。

大坂三遊［3（8）・（9）］に反対した叔父が誰であったのか、諭吉は記していない。叔父といえば、先ず父方と考えるのが自然であろう。とすると、中村術平か東条利八のいずれかである。中村の叔父はこの年の八月に、諭吉の緒方塾への留学金支給を藩庁に願い出ている。したがってここで真っ向から諭吉の大坂行きに反対するとは考えにくい。そうなれば東条の叔父ということになる。この叔父の藩での活動については、藩士書上もなく、兄三之助が弘化元年筑前の飛び地に勤めていた叔父を、義母病気ということで中津に呼び戻しに出向いたことを知るだけである。東条家は代々藩の勘定方に勤務しているから、利八も多分勘定方の下役に就いていたものと推測される。家格は小役人、恐らく養子として生真面目に藩務に励んだ人であろう。それだけに、甥三之助の真面目な勤務振りには好感を抱き、既格という下士最高の家格に、福澤家の復帰昇格を期待していたのではあるまいか。

諭吉が藩務を拒否して、父百助の歩んだ勘定方役務とは全然関係ない蘭学という、将来の役職が不透明な学問に励むことは、福澤家の家格復帰に支障を来すと考えて、反対したのであろう。

39頁9行目　寄邊汀《よるべなぎさ》の捨小《すてお》舟《ふね》（12）

ひょうたんのひらき初ハひやてやり

英国女王のもとへ条約日延のことを申遣しけれハ　返事に

だいてねもせず　手切れもくれず　よるべなぎさの捨小舟

桂川甫周筆の「太平春詞」一八丁表（『蘭学の家　桂川家の人々』最終篇　二四八頁）に右の川柳が記されている。これについて富田正文は『考証』上（一〇八頁）で柳河春三あたりの戯作であろうとし、福澤はこれらの川柳を桂川家での柳河や、神田孝平らとの交遊の時に聞き覚えた言葉であろうと考証している。

また『自伝』「攘夷論」の小見出し「事態いよ〳〵迫る」の終わりに「瓢箪（兵端）の開け初めは冷（火矢）でやる」（一二九頁）とあるのも、諭吉が桂川家を中心とした幕末洋学者たちとの交遊の際、心に刻みこまれていたのが記された、と述べている。

39頁12行目　母ニとつくり話した（13）

安政三年（一八五六）に腸チフスに罹り、緒方洪庵の療養指示により一命を取りとめた五、六月頃、病身で退役した兄三之助と共に揃って静養のため帰国。母の下で元気を取戻し、諭吉は八月に大坂に戻っている。ところが九月三日に兄三之助死亡が、大坂の諭吉の許に連絡され、中津に戻った時には葬式も既に終わり、中村家の養子になっていた諭吉は実家に戻り、福澤家の当主として、藩務を勤める段取になっていた。

心から中津の古い門閥制度を嫌って長崎に飛び出した諭吉にとっては、このまま中津で生涯を送ることは、何としても我慢はできない。もう一度大坂に出て、蘭学を続けたいと、それとなく叔父の意向を打診してみると、真っ向から反対され、切羽詰まった諭吉には母への直談の道しか残されていなかったのである。

諭吉は母に対して、修業している蘭学の状況を説明し、もう少し修業を続ければ、どうにか物になる自信がある。このまま中津にいても、門閥制の強い藩内では、大したことはできず、自分の才能を伸ばすことなど、及びもつかないことなので、中津で朽ち果てるのはいやだ。ここの所は我慢して、私を手放しては貰えないか。亡くなった父は私を坊主にすると仰ったそうですが、どうぞ寺の小僧になったと諦めて、淋しいだろうが、幼少の孫娘と二人だけで暫く我慢してほしいと申し出たのである。

この申し出を聞いた母は、驚き戸惑ったことであろう。しかし、最も尊敬し信頼していた亡夫の言葉を持ち出している所に諭吉の必死の気持ちを直感したに違いない。当然その言葉に、学者の道を進めず藩の俗務に生涯を費やした亡夫の無念の気持ちが込められていることを知っているお順の脳裏に、亡夫の夢を諭吉の将来にかける気持ちが、ひらめいたかも知れない。

母お順にしてみれば、長年住み慣れた勤務地大坂で、幼少の子供五人を残して夫に先立たれ、故郷中津に帰ると、生活は下級武士の貧乏生活、しかも住むべき家は、長い留守の間に台風害等で大損害を受け、応急処置だけが施されて放置されていて、とても満足に住める状態ではなかった。そこで近親知己の人々の好意で再修理のための講が組まれ、修繕費が工面されどうやら生活ができる程度の応急修理を施して、不自由ながらその家で中津の生活をはじめた。

長男の成長を待ちつつ、講の借金を返済する苦しい内職の生活が何年も続いた。漸く長男が成長すると、亡夫の後を継ぐように、勘定方の役に就き、手狭で荒れ屋の家から、広い向かい側の自分の実家橋本の家を買い取って(この家が現存の

福澤百助旧蔵『上諭條例』 諭吉誕生の日に入手し、命名の由来となった

福澤旧邸である）移り住み、三之助も結婚して可愛い孫娘も誕生した。それまでに三人の娘も嫁に出し、三之助は廻米方となり大坂に赴任した。

安政三年、頼む三之助の病気が急に悪化して、幼少の一人娘を残して九月三日急死。

家督は弟の諭吉にということになれば、若い兄嫁を福澤家に残しておくことは気の毒であり、諭吉が結婚するにも支障になると、兄嫁を離縁して孫娘はお順が世話をしながら、諭吉の結婚を待つということが、親戚らとの相談で決定した。兄嫁にとって不幸ではあったが、最も妥当な措置として、お順も納得していたと思う。

母は、諭吉が今日までに経験した重大な挫折感を想いおこしたであろう。それは、漢学者の前座ぐらいにまでなったとして、将来を夢見ていた諭吉が、恩師白石照山が藩から突然永の追放をうけ、そのため諭吉の前途は潰されて、長崎へ飛出したことである。

次に長崎に出て何とか少しずつ蘭学を身に着け始めた時、諭吉は奥平十学（壱岐）家の御隠居の一言で、長崎から追放される非情な措置を受けた。苦渋を乗り越えて、ようやく大坂の蘭学塾での明るい前途が見える所まで突き進んで来た諭吉である。この息子に、三たび挫折感を与え、最も嫌う門閥制度の強い中津藩の藩務に追い込めることは、人生の夢を全部奪い去ることになる。ここでわが子の夢を潰すことは、死ねと要求するのと同じであることを、直感的に理解したのであろう。そこで答えは、「ウム宜しい」との言葉であった。

母の本音「兄が死んだけれども、死んだものは仕方がない。お前もまた余所に出て死ぬかも知れぬが、死生の事は一切言うことなし。どこへでも出て行きなさい」と言い切る強い言葉に、諭吉は励ましを感じると共に、期待を裏切ることはできないとしっかり心の中に刻み込んだことであろう。

「朱に交じわって赤くならず」とは、諭吉自らの性格だというが、母の絶対の愛情に包まれているという感謝の気持ちが、生き方を方向付けたものというべきであろう。母との直談は、諭吉の生涯の中での極めて大きな節目であったことは間違いない。まさに偉大なこの母にして、この子諭吉が存在したのである。

40頁13行目　明律の上諭條例（14）

愛児の誕生の日にこの書物の入手を喜んで、その書名をとって「諭吉」と命名したというのは、父百助が政治・社会学方面に強い関心を抱く学者であったことを示している。

同書は現在中津市立小幡記念中津図書館にも所蔵されている。

安政三年（一八五六）十一月に大坂へ三たび出るについて、諭吉は家の借金を返済するため、父の蔵書も売り払ったが、その時真先に本書を売り払ったようだ。奇しくも慶應義塾創立百年の昭和三十三年（一九五八）、「大正三年三田会」により中津の旧家にあった本書が、義塾に寄贈され、図書館に貴重書として大切に保管されている。

「明律」と「上諭条例」は別の書物で、後者は清朝の世宗の雍正十三年（一七三五）から乾隆帝の乾隆十五年（一七五〇）までの詔勅、勅令、政令を年度順に配列し、それを項目別に編纂したもので、一般の漢学者は余り関心を寄せない種類の書籍であると『考証』上（二六頁）に詳細に述べられている。

40頁18行目　大雅堂（15）

池大雅は、江戸時代中期の画家で、享保八年（一七二三）京都銀座の中村氏の下役の子に生まれた。幼少の時父を失い、画扇を売って生活していたという。土佐光芳に師事したともいわれるが、南画に興味を抱き各地を旅行して風景を写生するとともに、伝統的な障壁画の手法とのつながりを考慮して、独自の南画の様式を創出、三十代末頃からが画風の完成円熟期で、障壁画から絵巻に至る広い形式の作品を残している。

九霞山樵・三岳道者・霞樵などと号したが、大雅堂が最も有名である。作品は、画面空間の明るく透明な広がりの中に、山水や人物がのびのびとしたリズムで描き出されており、日本南画家の代表者といわれている。書も明の書風に学んで唐様に属する独特の書風をつくり上げた。安永五年（一七七六）五十四歳で死去。京都浄教寺に葬られている。

代表作としては、襖絵では、高野山遍照光院の「山亭雅会図」、宇治万福寺の「西湖図」「五百羅漢図」。屏風では東京国立博物館蔵の「楼閣山水図」「銭塘観潮・西湖春景図」。掛軸では同上博物館蔵の「倣王維新漁楽図」等がある。

中津に臨済宗妙心寺派の自性寺という奥平家の菩提寺がある。延享二年（一七四五）五代藩主昌章（自性院殿真涼道如大居士）追福のため、萬松寺を自性寺と改名した。この寺の住職が、宝暦十四年（一七六四）京都より池大雅夫妻を伴い来て、寺の書院十畳二間の戸襖・中襖等に作品を描かせた（現在四十七点が遺されている）。十代藩主昌高がこれを賞して、書院に自ら「大雅堂」の扁額を掲げた。このためか、中津では、特に大雅の作品が藩士間に好まれたようである。

百助も、大雅堂の柳下人物の掛軸を所持していたという。

41頁2〜3行目　白石と云ふ漢學の先生が（中略）臼杵藩の儒者になつて居た（16）

中津藩上士らの無用に上下格差を拡大明確化しようとした動きに反発し、嘉永六年（一八五三）十二月九日、下士達が不満の集会を城内で開いていたことが発覚した。藩当局では、不当な集会として調査した結果、白石照山がその首謀者の一人であることが判明したので、早速同年十二月十八日に中津藩から追放する処分を断行した。

中津藩から追放された照山が、翌安政元年（一八五四）五月豊後の臼杵藩に雇われるまでの行動は不明である。臼杵での照山の動向は、「臼杵藩学史」に詳しい。

臼杵藩は外様五万石で幕末の藩主は稲葉観通（弘化元〜文久二年（一八四四〜六二）十月十二日卒）、久通（文久二年十二月六日家督継承〜明治四年（一八七一）廃藩）で、照山が臼杵藩に雇われた頃は、観通が家督以来藩学の振興を図っていた時でもある。

そのころ臼杵新町の長屋に居を構えていた照山の学力を認めた月桂寺の徹傳和尚が、藩主の学問奨励の方針に合致するものとして、照山を藩に推挙した。臼杵藩としては、藩外から学者を招いた最初の人物だという。

諭吉が亡父の書籍を買い取って貰うべく臼杵を訪れた頃は、照山の最も厚遇されていた時である。

文久二年十月、藩主観通の死去により、絶大な庇護者を失い、十二月藩主交代に伴う反動から臼杵藩を追放されている。

『下毛郡誌』によれば、その後天領の豊前四日市に至り、同地の旧門下生で医師渡辺方策の尽力で、郷校の教師欠員の後任となるよう求められ、ここで教授していた。明治二年（一八六九）中津藩より帰郷を求められ儒官教授方となり、私塾晩香堂も開き多くの門下生を教えた。［1（13）］

41頁4〜5行目　臼杵藩に買て貰《もら》ひ（17）

諭吉が家督を相続し、大坂に出るに当たって、四十両という福澤家にとっては多額な借金返済に、頼みとしたのは父の蔵書千五百冊程であった。一部は中津で処分したが、何十両という金を出して、書物を買う者がないので、その大部分を一括して白石照山の尽力で臼杵藩に買って貰っている。その書籍は今日、臼杵市立図書館に所蔵されている。

四書備考　一四冊	萬氏経学五書　十二冊	易経遵註行文便蒙　四冊
御撰資治通鑑綱目三編　六冊	硃批文選　十二冊	肆業余稿　一冊
諧鐸　六冊	随園詩話　九冊	人生必読書　四冊
敢語　一冊	△江邨銷夏録　六冊	△刊謬正俗　一冊
民間備荒録　二冊	菜根譚　二冊	修辞通　一冊
読弁道　一冊	烽山日記　一冊	△筠廊偶筆　一冊
佩文斎廣羣芳譜　巻四七　一冊	篆体異同歌　三冊	△古文観止　六冊

臼杵図書館ではこの他に、「読礼通考」三十二冊を含めて、福澤旧蔵本として扱っている。富田正文もやはり、同書を旧蔵本のひとつとして、一括していた（『中津史料採訪の収穫』）。ところが佐藤一郎は臼杵市立図書館蔵の「読礼通考」第二冊二五丁表頭書欄外に、「荘田平五郎氏寄贈」の押印を発見して、福澤家が所蔵していた本と別の書物であろうと指摘している。なお△印の四種十四冊が、『諭吉伝』第一巻（三三頁）記載の書目に落ちていて、今度佐藤によって追加されたものである。

百助旧蔵本については、「臼杵図書館蔵「福澤先生遺籍」解題初稿」が詳しく、佐藤はその中で、百助の蔵書を、十八、九世紀の豊前・豊後の学問方向と結びついており、唐本が圧倒的に多いことは、本格的な学問態度の結果であり、「当時の上士を含む武士階級の蔵書の水準をはかるに超え、ひとかどの学者の域に達していた」と評している。

41頁6〜7行目　易經集註十三冊ハ伊藤東厓先生ガ自筆で細々《こまぐ》と書入をした見事《みごと》なもの（18）

「易経集註」というのは、宋の程頤（伊川）「易伝」と朱熹「周易本義」の二注を合せ刻したもので、その便利さから、明以後流行した。わが国でも寛永年間に薩摩の大儒僧南浦文之が、宋儒の新註に訓点即ち文之点を加えた経伝が出版され、以降数種の「易経集註」が刊行された。（阿部隆一「福澤百助の学風」上『全集』②附録）

百助旧蔵本は、「寛文甲辰暦九月吉日　野田庄右衛門開板」の刊記のある二十四巻序目一巻十三冊本で、松永昌益が宋元明の朱子学者の註疏を集め、訓点を加えた便利なものである。その書き込みの多くは東涯の注で、自筆は伊藤家に伝えられ、今は天理図書館の古義堂文庫に蔵されている。百助本はその忠実な移写本で、伊藤家の一族か直門人かが自筆本より伝写したものであろうと推定している。

41頁13行目　中津の藩札（19）

藩札は、江戸時代に諸藩が藩内通用を原則として発行した紙幣である。最初に幕府から許可・発行されたのは、寛文元年（一六六一）の越前福井藩発行の銀札である。幕府発行の貨幣が金・銀・銭であった関係から、金札・銀札・銭札等があって、特に銀札は銀目建の西日本で多かった。藩札会所を設置して発行されるのが一般である。始めは城下町でのみ通用したが、貨幣経済の進展に伴って、流通範囲は農村地域にも広がり、更に他領にまで流通したものもある。

中津藩の藩札発行などに関する資料は少なく、享保十五年（一七三〇）に初めて一匁・五分の銀札が発行されたという。宝暦二年（一七五二）新紙幣が発行され、藩札会所も設置された。銀札一匁につき七十文遣と公定されている。発行藩札の種類については明確でないが、一貫目から一分まで多種の藩札が発行されたようだ。

藩札発行額について、十五年毎に幕府に届け出ることになっていたとして、文化六年（一八〇九）の届けが『中津歴史』に記されている。二分札・三分札・五分札・一匁札・五匁札・十匁札等で総札数九〇八、二八六枚、総銀高八一七貫三九〇匁という。

この藩札は、藩公定の価格通りに流通したとは考えられず、藩の経済状態に応じて高下し、幕末になると、藩札価格は一般に下落したようである。

中津の藩札相場変動については、飯田平作編述「奥平家旧藩事情」（慶應義塾図書館蔵）に、大体の傾向が記されている。

42頁2〜4行目　奥平壱岐と云ふ人が長崎から帰て居たから（中略）久々《ひさぐ》の面會（20）

諭吉が長崎を去った安政二年（一八五五）春以後、奥平十学（壱岐）が、なお長崎に留まっていたことは、「山崎家日記」安政二年六月十九日条に、前藩主昌高の病気恢復祈願の御守札の御初穂料の割り付書に「別て割合壱身方廻状に入十学様へ御廻申候」と記されていることから推定できる。次に八月一日条、「今日於御詰所御月番十学様へ御目付より左の通御伝書差出」、十月十一日条には、「今日十学様於小祝大砲御稽古打有之趣」とあることから、八月一日以前に中津に帰っていたことが判る。

続いて十月十八日条に「十学様長崎表へ銃術御執行二百日之滞留御願済にて明日御出立被成候　右御知に付御文届被遣候」と、再度長崎に赴いたことも判る。仮に「山崎家日記」の記述通り二百日追加滞留を、中津出発からと解釈して計算すると、翌三年五月十二日に当たる。しかし五月以降に、十学が長崎滞留を終えて中津に戻ったという記事は「山崎家日記」に見いだせないが、九月十二日条に、「十学様御事長崎表御祖母様御死去に付御定式御忌服御引込御廻状達候　去る八日也」、十月二十三日条「今日於小祝十学様御願にて三貫目大砲打有之候」との記述が見えるので、五月半ばには中津に帰着していたのではあるまいか。

他方諭吉は安政三年は中津に二度帰国している。最初は兄弟揃って五、六月頃、

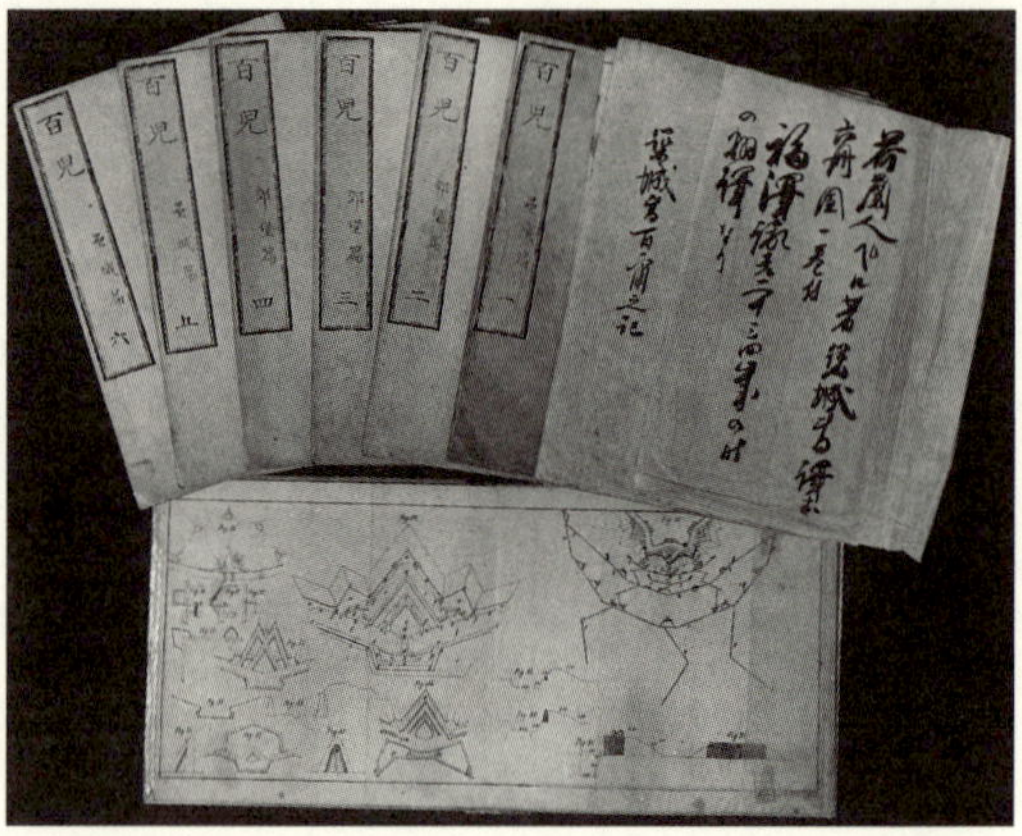

「築城書百爾之記」ならびに『築城書』訳稿

二度目は兄が死亡した後の九月十日頃である。

二度目の帰国時に諭吉は何故十学を訪問したのであろうか。恐らく、感情的には訪問はしたくなかっただろうが、福澤家は北門家と呼ばれている奥平十学家の組下に属していたと思われるから、家督相続の挨拶に訪問せざるを得なかったものと考える。組下の者は、役職の移動や、公私の旅行等まで、全て組頭の大身衆家に届け出て、その許可を得ることになっていた。したがって、家督の相続・領地外への留学等は、十学家の了解なしには済まされない仕組みになっていたのである。

十学は、長崎の追い出し事件の事など何処吹く風で、洋学談義にはなを咲かせ、自慢気に長崎で二十三両の大金で入手したペルの『築城書』の原書を見せ、諭吉が思い付きで「せめては図面と目録とでも一通り拝見したいものですが、四、五日拝借は叶いますまいか」とその借用を申し出ると、簡単に許可してくれたのである。

早速盗写に取りかかり、藩士として勤務の日は人目に付かぬように夜中にそっと写本作業を続け、二百ページ余りの原書を付図まで盗写し、読合せまで済ませて返却している。その間二十日から一月足らず。約束の返却期間が大幅に遅れたにも拘わらず、十学の方は一向気にせず黙って受け取っている。諭吉の学力の進みをねたんだ様子は全く感じられない。このことは諭吉に、昨年の長崎での偽手紙事件を十学の計画と考えたのは、自分の勘違いであったと思わせたのではあるまいか。[2（4）・（7）]

42頁5行目　和蘭新版の築城書（21）

奥平十学（壱岐）が長崎で二十三両で入手した築城書というのは、C. M. H. Pel; Handleiding tot de Kennis der Versterkings-kunst's Hertogenbosch, Gebroeders Muller, tweede druk, 1852. 下級士官のために作られた築城学の教科書で、野戦築城と永久築城との二編から成る、福澤最初の訳書、緒方洪庵が邦訳を命ずるということで、内塾生として寄宿費を免除してくれた原書である。刊本としては広瀬元恭抄訳の『築城新法』（文久元年（一八六一）「二編」刊行）と大鳥圭介訳の『築城典刑』五巻五冊（万延元年（一八六〇）刊行）がある。後者は幕府陸軍所刊として再刊され、慶応四年（一八六八）には『堡障略典』と改題され、兵学校でも刊行された。これはわが国の邦字鉛活字印刷書の最初といわれている（『福澤諭吉著訳書の原拠本』）。

「先生と奥方との恩恵好意」に感激し、「実際に翻訳はしてもしなくても宜いのであるけれども、嘘から出た誠で、私はその原書を翻訳してしまいました。」と記している。また『百余話』「貧書生の苦界」（十六）「築城書百爾之記」の中で、「江戸ノ藩邸ニ召サレタルトキニモ、右ノ原本訳書共ニ携来リテ、時アレバ当時ノ砲術家ナドヘ示スノミノ事ニテ」（『全集』⑥四二四頁）と記していることから、ペルの『築城書』は緒方塾在学中に翻訳が終了したものとされていたが新史料の発見により、在塾中には完成しなかったことが明白になった。

これは佐志傳「福澤最古の訳稿「經始概略」等について」の中で、中津の郷土史家稲葉倉吉が『豊前郷土史論集』に「福澤先生の著学問のすすめと經始概略に就いて」という貴重な論文を発表していることを発見したからである。（子孫の正邦氏に資料の閲覧と研究発表の承諾を依頼したところ、福澤研究センターに関係資料が一括寄贈された）その資料の調査結果によると論文に取り上げられた「經始概略」の訳稿はまさにペル『築城書』であった。しかも子孫の稲葉正邦氏より寄贈された寄贈本には、福澤家本には無い漢文で書かれた「經始概略例言」が含まれていた。それには諭吉が江戸への招命を受けたのは安政五年秋、十月に江戸に到着した後、旧業を継続して安政六年二月に翻訳が完了したと明記されている。

43頁9行目　藤野啓山と云ふ醫者（22）

中津藩蘭医として活動した記述が次の史料に見られる。

藤野啓山（東海）

嘉永三年（一八四八）十二月条に

一、御門外帯刀御免、是者家業出精に付　藤野啓山（第一輯一一二頁）

翌年三月十日条に

一、内治外治共相勤候様被仰付候、藤野啓山（第一輯一一二頁）

万延元年（一八六〇）四月二十八日条に、

一、市中帯刀　牢内御用御免　藤野啓山　尚又洪水之節　土俵人番　出火之節三ヶ条御免　是者昨年異病流行之節出精に付（第一輯一一二頁）

文久元年（一八六一）正月十八日条に

一、医学館御普請ニ付御用掛リ被仰付候　藤野啓山（第三輯二六一頁）

（中津藩資料叢書『市令録』）

活動が認められ、次第に藩に重用されてきていることがわかる。

特に重要視されるのは、嘉永二年三月に、辛島正庵を筆頭に藤本元泰（岱）らが長崎に痘苗を貰いに行ったり、同年十二月に神尾雄策と二人で種痘を導入することを藩に願出て、無料で藩内に実施したこと等である。

啓山が安政三年（一八五六）以前に何処で蘭学を学んだかはっきりしないが、おそらく長崎で西洋医学を学んだのであろう。

啓山の長男貞司（のち玄洋　天保十一年〜明治二十年）は安政五年四月十二日に緒方塾に入門している。（諭吉の塾長時代である。）のち長崎で蘭医ボドウインに学び、慶応三年藩の選抜生として「大坂医学校」にも学んだ。明治二年（一八六九）中津に帰り、廃藩後小倉県令に建議して病院兼医学所を設け、その指揮監督にあたった。明治十年請われて下関に医院を開き薬湯場を併設する等、治療法の一つに患者の精神的活性化を試みた。明治二十年大阪に招かれ開業したが、病を得て下関に帰り、同年四月二十九日死亡した。

44頁小見出し　醫家ニ砲術修業の願書（23）

この願書のことを『百話』（六十二）の中にも記している。

「今を去ること四十余年、諭吉が長崎遊学の後、大阪緒方洪庵先生の門に蘭学を学ばんとて藩庁に出願せしとき、異国の学問修業は不都合なり、砲術ならば許さんとの内諭を得たり。蘭学医の門下に鉄砲の稽古とは是こそ不都合ならんと思ひしかども、洋学の主義など弁論して藩庁と争ふては大変なりと観念し、乃ち内諭に従ひ、私儀大阪表緒方洪庵方に入門砲術脩業云々の願書を呈して、匆々藩地を駆出したることあり。」（『全集』⑥三〇五頁）

大坂再遊の時は、勿論兄の了解と、母も養父も賛成してのことと思われるから、前記引用の末尾にあるように「匆々藩地を駆出」すことはないはずである。したがって、『百話』の記述は兄三之助の死後、福澤家家督相続後の大坂行き、十一月のことと見なければならない。とすると、諭吉の大坂適塾留学、即ち砲術修行の願書は藩に二度提出されたことになる。

右の推測が許されると、最初の八月の願書については、養父中村術平によって提出されて諭吉は願書の文面を知らなかったと考えねばならない。諭吉が安政二年長崎を飛び出した時は、三之助が諭吉を大坂に留め、兄弟一緒に蔵屋敷の長屋で生活したこともあって、学費や生活費は兄が支弁していたであろうが、二度目の大坂の時は諭吉が自弁するか、中津からの仕送りが必要である。とすれば、養父中村家からの仕送りの可能性が強い。そこで、前記の留学費支給の願書が藩庁に提出されることになったのである。諭吉は叔父の砲術修行云々の願書を知らなかったと考えられる。ゆえに自ら適塾に蘭学修業の為の留学願書を提出しようとした時、「先例がないから、砲術修行と言うことにして願書を提出」しろと教えられ、矛盾を感じながらも、その通り書いたと記したのであろう。［3（8）］

48頁7〜9行目　文久元年の冬洋行するとき（中略）大酒飲《おほざけのみ》だと白状して（24）

文久元年十二月二十二日（一八六二年一月二十一日）竹内下野守以下三十六人が

乗組んだ文久遣欧使節団。石炭補給のため十二月二十八日長崎に寄港、使節一行は上陸し、一月一日に出航。

『諭吉伝』は、緒方塾の同門川北元立の酒井良明への談話として、長崎滞在の緒方塾の同窓生数名が諭吉を招待したところ、金は沢山貰っているからとて、逆に諭吉から皆が御馳走になった、と記している。

山本家訪問のことは、『自伝』に記すのみであるが、宇和島藩の前原巧山の懐旧談『前原一代記咄し』に、興味深い記述が出てくる。

文久二年（一八六二）正月の長崎立ち寄りの記事には、

元日（中略）我山本へ参り候処大悦にて、久々に参りくれ大慶其内作（昨カ）之朝に参候はゞ此地同宿に居候福田諭吉郎外国見聞役被仰蒙　朝六時出帆此方大混雑成と被申

右の前原の記述には氏名の誤記などはあるが、諭吉が大晦日に山本家を訪問し、大酒飲みであったことを白状して歓待を受け、突然の早朝出帆に大騒ぎとなったことを裏付ける等、福澤の長崎交際関係史料の少ない部分を補う一つの有力な資料といえる。（傍点筆者）

前原は文化九年（一八一二）九月宇和島の商人の子に生まれ、父の死後細工師となり、安政元年（一八五四）藩主伊達宗城の計画する火輪船製造に当たり、その技術力をかわれ、御舟手出勤に登用され、長崎に三度の遊学を命じられたり、薩摩藩に伝習に派遣されたりしている。（明治二五年（一八九二）八一歳で死去。）

前原長崎遊学の時期はいずれも諭吉の長崎遊学時期と重なっている。

（一）安政元年（一八五四）三月九日〜五月。
（二）　〃　　六月〜閏七月十五日。
（三）　〃　　八月〜十月二十七日。
（四）文久元年（一八六一）十二月鹿児島伝習の帰途長崎に立ち寄り、一月十二日に宇和島に帰着。

第三回目の遊学の記事に、「此度は山本氏へは初より宿を致し万端御世話に相成、豊前中津藩福田何吉郎殿同宿にて、毎日写本誦本など致候」とある。福田何吉郎とは、やはり福澤諭吉のことであろう。（傍点筆者）

51頁17行目　遂ニ私が塾長ニなつた（25）

諭吉が緒方塾の塾長になったのは安政四年（一八五七）である。福澤一太郎宛書簡、「拙者が二十四才之時ハ、大坂ニ而緒方蘭学塾之塾頭ニ而、八十名斗り之学生を支配いたし居り、其翌年出府。奥平の屋敷ニ居り」（明治十九年一月三一日付）と述べ、「福翁自伝に関するメモ」でも、「（安政三年）十一月頃大坂に再渡、先生に依頼して恩を受く／翌年塾長と為る」と明記している。

塾長について、「塾長になったからといって、元来の塾風で塾長に何も権力のあるではなし、ただ塾中一番六かしい原書を会読するときその会頭を勤めるくらいのことで、同窓生の交際に少しも軽重はない」とか、新入生が「先生家に束修を納めて同時に塾長へも金弐朱を呈すと規則がある」（『自伝』）と説明している。

残念ながら諭吉の塾長就任時期は、月日まではわからない。『百余話』「物理学」に、緒方洪庵が黒田侯の大坂通過の際旅宿に伺候した時、ワンダーベルツの原書を拝借して来たその時のことを「長崎にて購はれたる原書一本を暫時借用して宅に帰り、急ぎ諭吉（当時諭吉は塾長）を召して云々の次第を告げたるにぞ」（『全集』⑥四二九頁）と、当時塾長であったことを明記している。

黒田侯とは「今の華族黒田のお祖父さんで」と記している。幕末維新期の黒田藩の藩主は、長溥《ながひろ》（文化八年（一八一一）生　天保五年（一八三四）家督　明治二年（一八六九）二月隠居　明治二十年三月没）と、長知《ながとも》（天保九年生　明治二年二月家督　明治四年廃藩　明治十一年隠居　明治三十五年没）の両名がいる。『自伝』が口述されていた明治三十〜三十一年頃の当主は長知の子長成（慶応三年（一八六七）生—昭和十四年（一九三九）没）であるから「今の黒田のお祖父さん」とは長溥のことであろう。

長溥は安政四年二月二十八日就国挨拶に江戸城に登城しているから、大坂通過の時期は、三月中・下旬と考えられる。

参考①　諭吉の三度目の大坂遊学〈関連項目＝3章註（8）・（13）・（20）〉

安政三年（一八五六）は諭吉にとっては多難な一年であった。特に兄の死去に

よって、運命は大きく変化せざるをえなくなった。九月三日の兄の訃報で急ぎ帰国してから、大坂に戻る間の中津での行動を、『自伝』の記述順に従って、列挙してみよう。

①九月三日兄死去の報をうけた諭吉は早速帰国。
②帰国してみると、中村術平の養子になっていた諭吉は、すでに福澤家の相続者に決定されていた。
③五十日の忌服。
④家督相続した以上は、藩務に出仕しなければならない。
⑤不満は残り、大坂再遊を決心し、叔父に打診すると、叱られ可能性の無いことを知る。
⑥母を説得して許可を得る以外に策は無いと、直談してその許可を得た。
⑦再遊可能で、四十両の借金返済のため、父の蔵書を始め家財道具を売り払う。
⑧父の蔵書は、恩師白石照山の世話で臼杵藩に、一括買い取ってもらう。
⑨その間、ご機嫌伺いに奥平十学（壱岐）を訪問した時、ペルの築城書を見せられ、二十～三十日の間に、寸暇を惜しんで盗写してしまった。
⑩医者の藤野啓山がオランダ語のスペルが読めるというので、三～四晩通って、読み合わせを完了して、奥平壱岐に原書を返却した。
⑪大坂に出るにあたり、藩に正式に願書を出す必要があり、砲術修行のためという妙な理由で緒方塾への修行願いを提出。
⑫いよ〳〵出発という時母の病気で、二週間程看病し、漸く出発。大坂着は十一月頃であった。
⑬安政三年の十一月末頃から、緒方塾の内塾生となった。

以上、十三項目のうち日時が確実なのは、①兄の死亡年月日のみである。準ずるものとしては、③五十日の忌服期間と諭吉の家督相続が許可されたであろう忌明けの十月二十三日である。

⑨で諭吉は久し振りに十学と対面したが、十学は先年の偽手紙による追い出し事件のことなど全く無かったように、蘭学談義に華を咲かせた。したがって⑩、返済日は十一月の十三～二十三日の間といえる。［3（20）］

⑬を十一月に大坂に到着したとすると、中津と大坂間は通常七～十日かかるので、⑫は遅くとも十一月二十三日には中津を出発していなければならない。

明治十四年（一八八一）十一月に諭吉が記した「築城書百爾之記」（『百余話』（十六）「貧書生の苦界」『全集』⑥四二三頁）に奥平十学の原書を盗写した状況を述べた後に、「此原書ノ写取リヲ以テ尚ホ足ラズ、翌安政四年巳ノ早春大阪再遊ノトキ、写本ヲ携ヘテ緒方ノ塾ニ入リ」と記している。大坂到着の時期を直接示してはいないが、緒方の内塾生となったのが、年末の十二月ではなく、切りのよい安政四年正月からと考えるのは、十分可能性のあることである。⑫母の看病を考慮すると大坂到着の時期を少し遅らせる必要がある。（傍点筆者）

もう一つ、諭吉が大坂に留学願いを提出した時、四十両の借金はすでに返済されたと思うのが妥当だろう。とすると、借金を返済するために父の蔵書を、臼杵藩にいる白石照山を介して同藩に買取って貰った⑧の時期は何時かということが問題である。［3（16）・（17）］

臼杵まで和書とはいえ相当量の書物を、陸路持参することは大変である。臼杵までの往復は、仮に船を利用したとしても、四、五日は必要である。寸暇を惜しんで奥平十学の蔵書を盗写している時期で無いことは勿論、遊学許可の下り次第大坂に出たいとしている盗写終了後の時期でも無さそうである。とすれば臼杵行きは忌明け前と考えるのが自然であろう。この推定で行くと、母との直談も、当然忌中の間と考えたい。また諭吉の大坂三遊の意思は、九月に中津へ帰国した当初からのものであり、叔父にその不心得を叱られたのも、帰国後間もない頃のことと推測する。［3（11）］

参考②　歴代塾長一覧〈関連項目＝3章註（25）〉

塾長とされている十五名について、①出身地・②適塾入門時期（入門番号）・③塾長在任期間等を中心に、簡単に略歴を記すと次のようである。

1大戸（緒方）郁蔵　②洪庵が瓦町に開塾直後・その才能を見込まれ義弟として緒方姓を名乗り、長く洪庵を助けた。
2久保　良造　①大和宇田郡松山・②（二二番）初期
3奥山　静叔　①肥後山鹿・②（三四番）初期・③蘭文筆写と按摩稼ぎをしながら苦学、その精勤が認められ塾長となった。長期間在塾し、弘化三年（一八四六）六月退塾

4武田　斐三郎　①伊予大洲藩士の子・②弘化二年（入門帳に記載無し）・③奥
山に次いで塾長を勤めた。やがて江戸に出て伊東玄朴に師事す。
（浦上『適塾の人々』・『洋学史辞典』）

5久坂　玄機　①長州番・②弘化四年六月入門（入門帳に記載無し）③嘉永元
年三月〜二年三月帰藩（『緒方洪庵と適塾生』・『防長医学史』）

6村田　蔵六　①防州吉敷郡・②（五二番）初期　③嘉永二年（一八四九）三
年帰国・宇和島藩に出仕（浦上『適塾の人々』）

7飯田　柔平　①防州降松・②（一一番）初期・③嘉永三年（一八五〇）以降

8伊藤　慎蔵（精一）①長州萩・②（一三八番）嘉永二年二月八日・④嘉永
四年七月頃〜安政二年　安政二年十一月越前大野藩出仕

9栗原　唯一　①京都・②（一七九番）嘉永三年・水戸藩に出仕

10渡辺　卯三郎　①加賀大聖寺　②（一三一番）嘉永元年　③嘉永六年〜安政
元年・帰郷

11松下　元芳　①筑後久留米・②（二八九番）嘉永七年五月七日

12福澤　諭吉　①中津藩・②（三二八番）安政二年三月九日・③安政四（一八
五七）〜五年秋・十月中旬中津藩江戸藩邸で蘭学塾開塾

13長与　専斎　①肥前大村・②（三〇一番）嘉永七年六月二八日・③安政五年
（一八五八）〜六年暮　帰郷

14山口　良齋（良蔵）①浪速・②（三六四番）安政三年二月一日

15柏原　学而　①讃岐高松・②（三〇六番）嘉永七年七月二三日・③文久二年
頃足立藤三郎（六〇七番）寛が文久二年四月二五日緒方塾に入
門した頃もう一人と交代で塾長を勤めたという。（『諭吉伝』①
二二七）

4、緒方の塾凡

53頁3行目　故郷ニ在る母と姪《めひ》（1）

兄三之助の妻お年は、父方の叔母お国と医師藤本寿庵との間に生まれた娘である。兄夫婦には「お一」という女児（安政元年（一八五四）生）のみで男子はなかった。そこで、中村術平家の養子となっていた弟諭吉を復籍させて、福澤家を相続させることになった。兄嫁は若く、そのまま福澤家にいると、今後の諭吉の結婚にも影響するので、離縁することになったと思われる。お一は祖母お順の手元で養育することに、親戚の相談が決まり、帰国した諭吉に、その旨が伝えられた。維新後諭吉は東京に住み、しきりに母に東京で一緒に生活するように勧めたが、近所に娘（諭吉の姉）もいて、とにかく母は容易に故郷を離れることを承知しなかった。

丁度その頃、諭吉は武士身分を辞退して平民になっていたが、中津では福澤家が士族として再興されるという噂があったことや、これは憶測に過ぎないが、諭吉の妻は上士の娘、しかも江戸定住の藩士であることも、東京移転を渋る原因の一つになったかも知れない。

しかしたび重なる諭吉の説得に、母もようやく明治三年（一八七〇）になって、東京移住を承諾し、お一と一緒に三田の義塾構内に一戸を構えて生活した。その家は諭吉が最初に住んだ、暗殺の難を逃れるために密かに床下を高くして逃げ道を作った家の隣りで、場所は東門（旧「幻の門」）を上った旧図書館のあたりである。

明治七年五月お順が七十一歳で死去した後、姪のお一は叔母服部鐘の養女となり中津に引き取られた。その後お一は中津の和田区田尻の塩田開拓者田尻清五郎の二男竹之助と結婚、三女を産み、明治二十六年四月二十日病没した。

53頁4行目　藩から貰ふ少々ばかりの家禄（2）

福澤家の家禄については、『考証』上（二〇頁）に詳しい。福澤の「旧藩情」に記されているように、中津藩士は、上士・下士に大きく分かれ、その格差は極めて大きく、下士も、祐筆・中小姓（旧厩格）・供小姓・小役人・足軽に分けられている。

福澤家は、四代友米政信が明和五年（一七六八）奥平家へ初めて七人の者として仕えて、ようやく足軽の上の十一石二人扶持の「小役人」となった。次の五代兵左衛門政房は寛政十二年（一八〇〇）に、宛行が二石増し、都合十三石となった。六代百助、即ち諭吉の父の代になって、大坂蔵屋敷に勤務して、数年間出精したということで、文政十三年（一八三〇）に家格が「供小姓」に上り、天保五年（一八三四）に、「御厩方」に昇進した。百助が如何に藩中で、その勤務を高く評価されたかである。ところが、天保七年大坂で勤務中に急死した。享年四十四歳であった。当然のことで長男三之助が十一歳で家督を相続したが、藩の規則で、相続者が未成年であるため、家格は一段下げられて、「供小姓格」となったが、宛行高はそのまま十三石二人扶持が支給された。安政三年（一八五六）兄三之助が病死すると、中村術平家の養子であった弟の諭吉が、復籍して相続した時、諭吉は既に成年に達しているので、家格・宛行はそのまま供小姓格十三石二人扶持の家督を相続することが許された。

松崎欣一「史料に見る中村諭吉と福澤諭吉の家禄」によると、中津藩の禄高は「籾高」支給で、籾十三石を米七石八斗に換算して支給されたに過ぎず、そのうえ万延元年（一八六〇）の支給高は借上や割引があって、実際は五石二斗二合九勺しか支給されていないという。

福澤は「旧藩情」で中津藩の実態を記している。

> 藩にて正味二、三十石以上の米あれば尋常の家族にて衣食に差支あることなく、子弟にも相当の教育を施す可し。
>
> 之に対し下士は中以上の処にて正味七、八石乃至十余石に上らず。夫婦暮しなれば格別、若しも三、五人の子供又は老親あれば、歳入を以て衣食を給

するに足らず。故に家内力役に堪る者は男女を問はず、或は手細工或は紡績等の稼を以て、辛うじて生計を為すのみ。

また、兄弟が何人もあった諭吉は幼少の頃の生活状況を次のように語っている。

其少小のとき何を飲食せしやと云ふに、常食は先づ麦飯と南瓜の味噌汁か、魚類は稀に雑魚を食うに過ぎず。殆ど下等の養ひなり。（「明治二十五年三月二十六日慶應義塾演説筆記」）

海に臨む町での食生活に、魚がそれも雑魚が稀にしか食卓にのぼらぬことは、如何に質素な食生活であったか偲ばれる。

53頁5〜6行目　塾長へも金弐朱を呈す（3）

「塾長になってから表向きに先生家の賄を受けて、その上に新書生が入門するとき、先生家に束脩を納めて同時に塾長へも金弐朱を呈すと規則があるから」という記述に関して、『洪庵・適塾の研究』「福澤諭吉が適塾および緒方洪庵について書き遺したことども」に述べている。

適塾展（昭和五十五年）に、「河州若江郡中小坂村　芦田長門倅　芦田愛次郎（嘉永六年五月　入門番号二六三番）」が適塾入門のさいの費用を父の医師芦田長門が記録していた「芦田長門の扣録帳」が出展された（東大阪市芦田四郎氏蔵）。これには次のようにある。

緒方入門式之事
一金弐百疋　先生
一金五拾疋　塾頭
一金五拾疋　塾中
一銀三匁　先生扇子代

金一両＝四分、一分＝四朱、一分＝金一〇〇疋であるから、福澤の記している塾頭の取り分二朱は「金五拾疋」にぴったり一致する。

同書によれば、江戸の伊東玄朴塾でも同額が塾長に進呈されたという。

『江戸物価事典』により安政年間の銭相場は一両が銭六貫六八〇文。二朱を換算すると、八三五文となる。安政四年三月には福澤が塾長になっていて、塾長を辞めた時期は安政五年の秋というから、塾長期間の満一年間の入門生数は合計四十九名である。

安政四年三月下旬　四名　四月　四名　五月　二名　六月　一名
七月　一名　八月　六名　九月　五名　十月　二名
十一月　二名　十二月　無し
安政五年一月　無し　二月　六名　三月　無し　四月　六名
五月　三名　六月　二名　七月　四名　八月　一名

塾長への金額は六両二朱、銭に換算して四〇貫九一五文が諭吉の収入になっていたことになる。その大部分が本人の記述通り飲み代になったのであろうか。

53頁6行目　規則があるから（4）

適塾の規則については、確実な条文等が不明である。『自伝』に記されている適塾の様子が、緒方洪庵の義弟緒方郁蔵の南塾の学則「独笑軒塾則」と一致するところが多いので、適塾と南塾とは大体同じ規則と考えて間違いないだろうといわれてきた（『適塾の人々』）。

独笑軒塾則第三条は「一、席次組順は入門之前後に関せず、年齢の少長を問はず、唯学力の優劣に応じて毎月旦之を改め、若し学力抜挺して組頭を務むる事三ケ月に充れば、之を登級せしめ、怠惰欠席して勝敗なき事三ケ月に充れば、之を下級せしむる事」とあり、課業の等級は、塾長・塾監・一〜六等と級外に区分されている。大体『自伝』の記述と一致する。また門限が一応存在したことなど、その考え方が承認されている。

適塾入門時の納付金も、南塾と合致する。また渡辺卯三郎関係文書の中から発見された安政六年（一八五九）九月の「適塾生等級名簿」の等級も九等から成り、その下が無等と員外に別れていることなど、『自伝』の記述の正確さが実証されると述べている。

梅渓昇は、『百話』の「国は唯前進す可きのみ」で、「緒方に入門して掲示の塾則を見れば、其第一条に学生の読書研究は勿論のことなれども、唯原書を読むのみ、一枚たりとも漫に翻訳は許さずとあり」と記しているのに対して、「独笑軒塾則」第一条には「雖学蘭学　常守我朝之道　不可失国体」と大きく相違していることを取り上げ、適塾塾則の制定、幕府の洋書翻訳取り締まりの布達が出された嘉永三年（一八五〇）頃、入門者の急増傾向とあいまって、適塾の塾則が制定されたのではないかとしている。また「独笑軒塾則」の第一条は、攘夷運動の盛んになってきた文久元年（一八六一）の時勢を反映したものと推測している。

53頁8行目　國の母ゟ手織木綿の品を送て呉れて（5）

「旧藩情」に中津藩の上下士族の間に明確な分界の存在する事例を幾つか記している。その一つに、小禄で経済的に貧困な下士は、内職によって生活費の不足分を補給せざるを得ない状況であったことを具体的に述べている。

上士族の内にも小禄の貧者なきに非ざれども、概して之を見れば、其活計は入に心配なくして唯出の一部に心を用るのみ。下士族は出入共に心に関して身を労する者なれば、其理財の精細なること上士の夢にも知らざるもの多し。二人扶持とは一箇月に玄米三斗なり。夫婦に三人の子供あれば一日に少なくも白米一升五合より二升は入用なるゆゑ、現に一月二、三斗の不足なれども、内職の所得を以て麦を買ひ、或は粥或は團子、様々の趣向にて食を足す。之を通語にて足《た》し扶持と云ふ。食物既に足るも衣服なかる可からず。即ち家婦の任にして、昼夜の別なく糸を紡ぎ木綿を織り、凡そ一婦人、世帯の傍に十日の労を以て百五十目の綿を一反の木綿に織上れば三百目の綿に交易す可し。之を方言にて替引《かへびき》と云ふ。一度は綿と交易して次の替引の材料と為し、一度は銭と交易して世帯の一分を助け、非常の勉強に非ざれば此際に一反を餘して私家の用に供するを得ず。娘の嫁入前に母子共に忙しきは、仕度の品を買て之を製するが為に非ず、其品を造るが為なり。或は之を買ふときは、其これを買ふの銭を作るが為なり。

母が相次いで福澤家の三人の姉の嫁入り支度に苦闘した状況が描かれているようだ。

福澤が大坂に出た後は、「お順」と姪の「お一」との二人暮らしである。食べるだけは藩の扶持米で不自由はないものの、依然として家事の合間を利用して、手のかかる孫の面倒を見ながら、福澤のために季節々々の着物を替引きで稼ぎ出し、仕立てて送ってくれたのである。その苦労を十分に知っているだけに、母の絶大な愛情を十分感じていたに相違ない。

博多織りの絹織物に対し、豊前地方は小倉織りと呼ばれる木綿織物で生地の厚手の袴地・帯地が特に盛んだったようだ。紋様・縞等にいたっては、博多織りと殆ど同じだといわれている。のち四国地方にも伝播したといわれている。

53頁13行目　牛鍋《うしなべ》（6）

福澤の自筆原稿は「うしなべ」とルビをつけている。江戸時代では、牛肉を食べる習慣はない。それが明治時代になって、文明開化の風潮の一つとして、牛肉が一般に食べられるようになり、その呼び方も「ギュウナベ」となったようだ。

開国以来外国人がわが国に定住しだして、彼らが先ず困った物の一つに、牛肉が容易に入手できないことであった。『明治事物起源』によると、米国又は中国より牛を輸入して横浜や横須賀で屠殺してその需要を充たしていたという。この習慣が次第に日本人の間にも広まり、文久二年（一八六二）には横浜に牛鍋屋ができたとされている。明治三・四年頃、弁慶橋通り元岩井町上総屋政右衛門の牛肉店開業の引札（広告）には、『うしなべ御一人前三百文』と記しているとある。

福澤は、牛肉屋の得意の定客は「町の破落戸《ごろつき》と緒方の書生ばかり」と記しているが、象山はこう記している。

扨又被為掛尊意　遠路之所牛肉一捲胡桃仁《じん》（種子の皮を除去した中身）一箱御送被成下　千万感荷奉多謝候（中略）牛肉は誠に珍品此表容易難得候所　何共難有奉存候。近日有名大家相尋候筈に御座候か、先早速是に差出し申度

（天保十年（一八三九）十二月十七日付八田嘉助宛佐久間象山書翰）

蘭学仲間では、時には、珍品として牛肉が食べられていたのかも知れない。

ここで福澤が、特に「うしなべ」とルビを付けているのは、すでに「ギュウナベ」として、日本人の食生活に定着した時代に、明治初頭の新しい言葉を使って当時の時代感を示す意図からであろう。

「難波橋」は大坂の中の島の東端の天神橋の下流の境筋に架かる橋で、その呼び方もやはり「ナニワバシ」とルビを付けている。南には難波・難波島などがある。ちなみにその呼び方は寛政元年（一七八九）の大坂市街地図（浪華書林刊行）によると、「ナンバ」・「ナンバシマ」と記してある。呼び方にも時代の差がある

のは興味深い。

54頁13行目　難波《なんば》煮《に》（7）

適塾の難波煮はいかなるものであったのか。

『広辞林』（昭和八年百二十版）には、「難波煮」（ナンバニ）として、「料理の名、小鯛とずゐきとを合せ煮たるもの。」とある。

『広辞苑』（昭和三十九年の第一版第十二刷）には、「難波煮」（ナンバニ）として、「小鯛とずいきとの甘煮《うまに》」とある。

『国語大辞典』（昭和五十六年第一版第二刷）には「難波煮」（ナンバニ）として、「魚や野菜などを、ぶつ切りにした葱といっしょに薄味に汁を多くして煮た物。」とある。また「南蛮煮」（ナンバンニ）の項もあり、「①難波煮のこと。②野菜・魚・鳥などを油でいためて煮たもの。③唐辛子を加えて煮たもの。」とある。

『日本語大辞典』（昭和六十三年の第二刷）には、「南蛮煮」（ナンバンニ）として「野菜・鶏肉などをそのまま、または油で揚げ、ネギ・唐辛子などといっしょに煮たもの。」とある。

材料や調理方の定義のはっきりしない料理であるから現在では想像しがたい。

55頁5行目　松岡勇記（8）

福澤とは、適塾時代からの友人で、在塾中の交遊状態は、裸の奇策の話や、手塚の遊女の偽手紙の一件等、親密な間柄であったことが生き生きと記されている。松岡宛福澤書簡は、明治十四年十月二十三日付（書簡番号六一八、『書簡集』③）・二十六年七月二日付（一七七九、『書簡集』⑦）の二通が知られるのみであるが、他の適塾の友人との文通で、その動静を報じているから、時々文通していたようだ。二十六年の書簡は、松岡から贈られた夏蜜柑でマーマレードを作ったことを報じ、松岡家でも試作を勧めるなど、その親密さがうかがえる。

松岡家は清和源氏の流れを汲む名家。勇記は長州藩の医師松岡頼明、通称丹下の二男として、天保五年（一八三四）十二月六日江戸明船町に生まれた。福澤より六日先の誕生である。嘉永四年（一八五一）には郷里萩の叔父経平（歌人・医師）の養子となり、郷里萩に帰る。同七年九州日田の広瀬淡窓の咸宜園に学び、安政三年（一八五六）二月十八日大坂の適塾に入門した。適塾在学期間は不明だが、文久元年（一八六一）八月二十日には藩地萩で明倫館医学館都講となっている。慶応三〜四年（一八六七〜八）頃藩命によって長崎に出て、長与専斎・青木周蔵らと共に精得館にて蘭方医術を学んだ。

明治五年（一八七二）八月家督相続、九月栃木県立栃木仮病院長となり、同病院内に医学塾を開き、病院教則を制定し、予科・本科に分けて諸教科を教授し、自身は解剖学と洋書の教授を担当しつつ、病院の診療一切を総覧したという。洋学はドイツ語というから、ドイツ医学の輸入初期の教育を受けたものと思われる。

明治六年十二月、栃木県令を通じて文部大輔田中不二麿に「医道改正建言」を提出している。翌七年五月病院長を辞任して七月陸軍軍医に登用されたが、明治九年十月軍医を依願退職している。明治十一年三月茨城病院長に就任。十二年九月には、茨城医学校開業式に、校長兼教頭として挨拶しているから、以前の栃木県立病院の医学塾の経験から、開校に尽力したのであろう。

明治十四年頃東京で開業医となっている。十七〜二十三年再び北海道根室の病院長を勤めたのち、一時東京に移り、間もなく郷里萩に戻り、医師会会頭などを勤め、傍ら医学研究会を主催して後進の育成に尽力していたが、二十九年四月三日急性肺炎に罹って死亡。（「松岡勇記について」『手帖』14）

55頁14行目　階子《はしご》段《だん》（9）

福澤はしばしば家族旅行を行っているが、明治三十年（一八九七）前後の関西方面への旅行は二度ある。

二十九年　四月　浜松・宇治山田・四日市・名古屋・静岡・帰宅（大阪には廻らず）

三十年　十一月　名古屋・京都・大阪・奈良・大阪・広島・宮島・岡山・京都・静岡・帰宅　六〜八日と大阪三泊　十二日も一泊

三十年の旅行は『自伝』口述の最中でもあり、適塾塾長になった安政四年（一八五七）から満四十年に当たる。三泊もしていることから、四十年前の昔を懐想したのは、明治三十年の二度目の旅行のときと見るのが妥当であろう。

適塾の建物は、昭和五十一年（一九七六）十一月より、解体修理工事がおこなわれた。表側の階段は、解体前は南の中庭の方より登るようになっていた。しかし調査の結果以前この階段は北側より登るようになっていたとして、方向が逆向きに付け替えられた。建築の専門家の意見であるから、否定はできないが、適塾生の寄宿していた二階は、南側の方が明るく、北側から下りるようになっていると、南東の隅は塾生の出入りに無関係の場所となるので、最も快適な場所となり、塾長の専有場所となった可能性が強いこと。更に緒方夫人が、奥から東側の縁側伝いに出てきて、上り口で声を掛ければ、塾長であった諭吉にも聞こえやすい。それが逆（現状）であると、階段の下から、二階の諭吉に聞こえるように呼ぶには、相当大声で呼びかけるか、或いは、自身が階段を上り、二階に首を出して呼ぶ必要がある。どうやら古い時期に改造が行われたのを、適塾以後に改造されたとして、適塾以前の時代までに戻されてしまったのではないだろうか。階段は現状とは逆になっていた方が、諭吉の失敗談に現実味がでてくるようだ。

58頁1行目　熊膽《ゆうたん》（10）

「クマノイ」とも「ユウタン」ともいう。日本薬局方に載せられている生薬の一つ。日本に住む哺乳類クマ科のツキノワグマまたはヒグマの、冬季の胆嚢を乾かしたもの。胆嚢を半ば乾かしこれを二枚の板のあいだに挟んで圧搾しながら風乾したもの。黄褐色か黒褐色で半透明で固く、味は極めて苦い。成分は胆汁分泌促進剤・興奮剤・鎮痙鎮痛剤で、急性疾患・小児病に用いる。

熊胆を採取するのは、熊が冬眠の準備を完了する晩秋か初冬であろうから、時期は安政四年（一八五七）の秋冬の頃と推測する。

58頁4行目　田中發太郎（今ハ新吾と改名……）（11）

天保八年（一八三七）十一月、加賀小松の漢学者湯浅木堂の二男として生まれた。幼少の頃、同町の町医師田中謙斎の養子となり、安政三年（一八五六）三月二十五日適塾に入門している。安政六年の適塾生等級表には、三等生の筆頭になっている。

文久二年（一八六二）加賀藩に帰り、翌年軍艦方御用、慶応元年（一八六五）金沢藩医学教師となり、ついで卯辰山養生所・金沢医学館を経て金沢医学所教長となった後、明治十七年（一八八四）石川県最初の私立病院「尾山病院」を開設した。明治三十三年（一九〇〇）一月六十四歳で死去した。

適塾の入門は福澤より一年遅れている。丁度その時は諭吉は腸チフスに罹り、漸く一命を取り留め、五、六月に中津に帰り、快復後大坂に戻ったが、兄の不幸で直ぐまた帰国し、適塾に戻ったのは、安政三年の末頃であった。したがって、田中と親しくなったのは、その後と考えられ、おそらく熊の解剖を依頼されたのは、安政四年の秋冬の頃と思われる。

田中と福澤の交遊を示す書簡としては、明治十三年九月十二日付で交詢社巡回委員が金沢を訪問した時に世話になった礼状と、同日付で田中の母親死去についての悼文（『書簡集』③、五三〇・五三二）、十四年十月四日付で『時事小言』を贈呈するとの内容のもの（同、六二）、そして十五年八月三十日付阿部泰蔵が創立した明治生命の保険勧誘のために金沢出張に関して、金沢で斡旋を依頼した書簡（同、六七六）計四通がある。いずれも宛て名を「田中信吾」としている。ここで「新吾」と記しているのは誤記である。

58頁6行目　沼田芸平（12）

沼田芸平は文政十二年（一八二九）五月二十九日信州下水内郡戸狩村の農業兼酒造業の沼田源十郎の次男に生まれた。幼少の頃飯山藩医石田順英に学び、その勧めで数年間漢方医島某に従学したが、江戸の詩人小野湖山の勧めで、江戸に出て安井息軒の門に入り儒学を学び、梁川星巌らの玉池吟社に出入していた。佐久間象山が松代に蟄居するや、訪問し、蘭学の必要を知り、象山の勧めで緒方洪庵の適塾に安政三年（一八五六）十月十四日に入門。

芸平は文久元年（一八六一）まで適塾で解剖外科を学んで帰国した。その後熊本藩医寺倉周偵や佐倉藩医佐藤尚中らを訪ねて、医術の修行を重ね、文久三年郷里に医院を開いた。北信地方に最初に西洋医術を持ち込んだ人といわれている。

明治十一年（一八七八）大区区長会議（当時県では俗に「県会」といわれていた）に芸平と顔戸の平井庄左衛門が選出され、新しい政治の指導者として、人望を集めた。やがて明治十三年飯山に寿自由党が結成されると、その青年達の中心人物である平井庄左衛門は、福澤を崇拝し、芸平とも親しい関係から、芸平は自然北信自由党の指導者的立場に置かれることになったという。岡本周吉すなわち後の古川節蔵とは親交があったといわれている。明治二十三年八月二日六十二歳で病死。

58頁14〜15行目　與力や同心（13）

「与力」とは、元来加勢することを意味する言葉で、そこから次第に加勢する人を指すようになった。江戸時代では諸役職の奉行や番頭・物頭らの下に付属する役人をいう様になった。与力は上級武士で同心は下級武士である。与力は何人といわず何騎と称し、同心は何人と称している。大坂には、大坂定番に二組各三十騎、大坂町奉行に二組各三十騎、大坂船手に六騎の与力が配属され、下級役人に同心が配属されていた。

『大坂の町奉行所と裁判』によると、大坂町奉行所の与力の役職は、同心支配・寺社役・地《じ》方役《かたやく》・川役・金役・石役・御蔵目付・小買物役・御極印役・御普請役・塩噌役・火消役等十八もの役職に分かれていて、芝居相撲等の見分は、地方役が司ることになっていたという。「武鑑」では東西町奉行所の与力三十騎・同心五十人宛となっているが、実際はその三倍程の人員がいたという。

大坂町奉行所所属の与力同心が天満及び川崎に住居があったのに対して、大坂城代配下の所謂城付の与力同心は、京橋口・玉造口の両定番配下に分かれていた。城付の与力同心は町奉行組与力同心と異なり、文学武芸を練習していたという。

町奉行所付と城付の与力に格差があったとはいい難いが、支配関係が異なるから、調停の交渉には、かえって効果があったものと思われる

59頁3行目　高橋順益（14）

高橋順益は福澤の親友の一人で、丹後宮津藩本荘家の藩医高橋隆珀の子息で、初め純平のち順益と称したが、何時からかは明らかではない。嘉永七年（一八五四）八月六日に適塾に入門しているから、福澤より半年早い入門である。

適塾時代の交友振りは、芝居見物の失策・遊女の贋手紙・禁酒をした福澤にもっともらしい理屈をつけて煙草を吸わせるように仕向けた等、なかなかの悪戯ぶりを発揮した人物として描かれている。

その後も交情は深かったようで、文久元年（一八六一）福澤の結婚の周旋をしたり、三年十二月の順益の結婚の時は、福澤が親戚として列席している。木村芥舟「福澤先生を憶ふ」にも、いつも高橋と福澤が二人で木村家に遊びに来たと記されている。またワーフルという菓子を焼くのに失敗し、福澤が高橋の悪口を抑えるため、後で鰻を奢った話等も記されていて、適塾時代と変わらぬ親しさで交際していたようで、余程気の合う友人であったことが窺える。その頃順益は宮津藩医として十人扶持を貰い、福澤の近くが良いといって、新銭座に近い芝源助町に住んでいた。

慶応元年（一八六五）四月五日、老中の藩主本荘宗秀が、長州征伐の名目で京都に進発する将軍に扈従することを命ぜられると、本荘も五月十八日江戸を出発、中仙道経由で急ぎ上京し、閏五月九日京都に到着、将軍上京中の京都工作の任にあたった。順益も藩主に随行した。

順益は藩主に先行して江戸に戻ると、感冒に罹り、治癒しない間に、六月二十二日江戸に帰府した藩主を迎えねばならず、無理をして病気が悪化した。伊東長春院・坪井信良・渡辺春汀等が調剤、島村鼎甫・隈川宗悦等の医者仲間が看護したにもかかわらず、慶応元年八月十五日死亡。享年三十四であった。十七日浅草誓願寺中の安養院に葬られ、福澤・石井謙堂等が野辺送りをしている。

福澤らは順益の医師としての家名を残すため、中村清太郎・石井謙堂らと協議決定した案が通夜の日発表された。それは夫人のお腹の子が男子であった時は、隈川宗悦に一時医業と家財を任せ、成長の後に隈川から譲り受け高橋家を引き継ぐこと。産後は夫人の、身の処置は自由である等の方針であった。

60頁1〜2行目　松下元芳（15）

松下元芳の養父養安は、久留米藩百五十石取の藩侍医で、弘化二年（一八四五）、弟牛島養朴や子元芳・済民等を緒方塾に送り、蘭方医術を学ばせたという。牛島養朴は弘化三年五月十五日（七三番）の入門。元芳は嘉永七年（一八五四）

五月七日（二八九番）・弟済民は文久二年（一八六二）六月十二日（六一一番）の入門である。

元芳の履歴は詳細ではないが、十四歳で日田の広瀬淡窓の門に入ったという。咸宜園の『入門簿』によると、天保十五年（一八四四）三月六日に飯田秀達の紹介で入門している。『九州天領の研究』「咸宜園と洋学」によると、天保二年（一八三一）の生まれである。また『久留米藩十志士殉国録』によると咸宜園で学んだのち、中島泰民に蘭学を学び緒方塾に入門し、塾長にまでなっている。元芳が緒方塾を去ったのは、福澤が塾長になった安政四年（一八五七）三月以前であろうが、その後の動向は殆ど明確でない。

慶応年中には、今井敬義が久留米藩に英学を興そうとの考えから、元芳を江戸赤羽の藩邸に滞在させて、慶應義塾で英語を学ばせたと記している。（『久留米市史』）しかし松下が英語を学びに来ていたのは、「慶應義塾」と呼ばれる以前、鉄砲洲時代である。結局今井の英学塾建設計画は実現しなかった。したがって松下が来ていたのは、「福澤塾」時代と訂正されるべきであろう。

福澤はその才能を惜しみ、出府を促し、又長崎の医学校からの招聘もあったが、いずれも藩内の漢方医の勢力が強く、蘭方医排斥運動が長く続いたので、藩外に出ることが禁止され、不遇のうちに元芳は明治二年（一八六九）十二月九日に死亡。

福澤は明治六年七月に、緒方の同門である平山良斎宛書簡で、「松下芳庵も三年前本国にて死去」と記している。おそらく松下の死去を知ったのは明治三年に入って暫くしてからのことであったろう。

60頁2〜3行目　御霊と云ふ宮地ェ行て夜見世《よみせ》の植木を冷かして（16）

御霊神社は、大阪市中央区淡路町と平野町の間にあり、祭神は天照大神・八幡大神・鎌倉景政の三座という説（『大阪府誌』）とか天照大御神荒魂（瀬織津媛神）・応神天皇・津布良彦神・津布良媛神、相殿に源正霊神（鎌倉権五郎景政）を祀る（大阪市『東区史』）との説がある。天正年中亀井能登守の邸宅の邸神であったともいわれている。

元禄年間、朝廷より御霊大明神と贈号され、徳川時代には、大坂城代就任の際には当社に参拝することが恒例になっていた。

明治六年（一八七三）に郷社・大正二年（一九一三）に府社に昇格した。付近の商人の厚い信仰を受け、七月十六・七日の夏祭には神輿渡御があり大変な賑わいを呈する。浄瑠璃芝居がこの境内で興行されたので、今はその記念碑が建てられている。

御霊神社の夏祭神輿渡御式七月十七日、例祭十月十七日の、「夜店」についての説明がある。

当社の一六夜店は古くから行はれ有名である。現今も平野町通の西は京町橋より東は内平野町に至るまで、書画骨董・日用品・飲食物・植木店等の店が賑やかに軒を竝べ、行人肩を摩して雑沓し、市内夜店中一流のものである。
（大阪市『東区史』第四巻）

これは植木屋を冷かす話と符合する。

60頁15〜16行目　砂持《すなもち》と云ふ祭禮（17）

福澤が酒の機嫌からか、砂持の参加者が頭に掛けている灯籠を打ち落として、チボ（掏摸）と言われて、急いで逃げた際、過書町の緒方塾が近いのに、玉江橋詰めの中津藩屋敷に逃げ込んだのは、塾に迷惑を掛けたくないとの思いと、中津藩の蔵屋敷は、一種の治外法権の場所であったためと思われる。

砂持祭礼とは砂持神事の略。古くは元禄二年（一六八九）八月十四日に芭蕉が越前敦賀の気比《けひ》神宮に夜参した際の記事がある。

「往昔、遊行二世の上人（他阿上人、真教）大願発起の事ありて、みづから草を刈、土石を荷ひ、泥渟（水溜り）をかはかせて、参詣往来の煩なし。古例今にたえず、神前に真砂を荷ひ給ふ。これを遊行の砂持と申侍ると、亭主のかたりける。」（奥の細道）

寺社の造営にあたり多数の氏子・信徒が砂・土を運び、その後に様々の余興が行われたことから生じた祭礼習慣のことである。

大坂の場合、琵琶湖の水が多量に放出され、大坂の諸川に土砂が溜まるのが心配されたとき、大坂町奉行新見伊賀守正路の配慮で、幕府から銀六百目を出し、町民の寄付銀二三五七貫目を加え、天保二・三年（一八三一・二）にわたり、安治川口・木津川口・淀川本流及びその支流の大浚《おおさらえ》を行った。町民は大坂の衰微を救済する川浚《かわさらえ》と解釈し、町々が競って隊を組み、幟を打ち立て、鳴物入りで砂持（土砂）を運搬したという（『江戸と大阪』）。

文政年中（一八一八〜二九）朝日神明宮の砂持では駒下駄をはき、頭に好みの行灯を冠り灯をともし、数十人連れ立って「砂持せぬは鼻〔腹〕黒じゃ」との掛声をして市中を夜遅くまで踊り歩いたという（「新群書類従」一演劇『皇都午睡』）。

61頁5〜6行目　葭屋橋《よしやばし》と云ふ（中略）手前の處を築地と云て（18）

天神橋のすぐ下流で、東横堀川と出会う西側は「東横堀川上之口新地」と呼ばれ、天明三年（一七八三）春の埋め立てによってできた新地で、俗称蟹島新地とか築地といわれた。『大阪府誌』は「紅楼翠閣相連なり眺望の景優遊の具備わり」とあり、『東区史』には「明治十年頃まで築地には旅館兼料理屋が軒を連ね、浜側には料亭や町芸者置屋があり、明治二十五年ごろまで営業していた」とある。大坂の遊興地の一つであった。

この築地と東横堀川を跨いで京橋通りを結ぶ橋が「葭屋橋」である。寛政元年（一七八九）、弘化二年（一八四五）の大坂地図には片仮名で「ヨシヤバシ」と記されている。葭は「アシ」「ヨシ」いずれにも読むが、福澤は自筆で「よしや」と振りがなを付けている。

62頁2行目　江戸から来て居る手塚と云ふ書生（19）

適塾入門帳の安政二年（一八五五）十一月二十五日の入門生に「常州府中　手塚良仙倅　手塚良庵（三五九番）」とある。これが「遊女の贋手紙」の主人公として記している「手塚と云ふ書生」であろう。常陸府中藩とは水戸藩の分家、府中（石岡）松平家で、御家門　大広間詰（定府）二万石の小藩である。当時の藩主は頼縄《よりつぐ》で、天保四年（一八三三）十一月襲封し播磨守となり、翌月侍従に任ぜられて、明治元年（一八六七）十二月致仕している。江戸の上屋敷は小石川吹上にあった。（現在の文京区小石川三丁目）

手塚良庵は、父良仙が藩医であったというから、藩邸もしくはその近くに居宅を持っていたものと思われる。良庵の動静は不明であるが、漫画家手塚治虫は良庵の三代目の子孫だという。先祖良庵の伝記漫画『陽だまりの樹』に当時筑波大学教授の副田義也の解説がある。それによると、良庵は江戸で開業医として活躍し、幕府軍歩兵隊の軍医となり、明治政府の下でも軍医として勤務、西南の役で九州に従軍医として活躍したが、赤痢に罹り大坂の病院に後送されて死亡したと記されている。

63頁16行目〜64頁1行目　山田謙輔と云ふ書生（中略）海老蔵のよばひを見る（20）

適塾入門帳によると山田謙輔は、「安政三年（一八五六）四月二十四日　肥後芦北郡　山田謙輔（三七五番）」となっている。福澤が腸チフスに罹り養生して殆ど大坂を離れていた年頃の入門生である。位牌作りの悪戯は恐らく翌四年頃のことと思われる。

大坂の芝居、特に団十郎の親、海老蔵の出演した芝居については、次のように記されている。

安政三年から四年にかけて、市川団十郎の親の市川海老蔵が、中や角の芝居へ来て、尾上多見蔵や山下金作・中山南枝・嵐吉三郎・実川延三郎・市川鰕十郎らが加わり、「勧進帳」や「けいせい長者鑑」や「近八」「藍挟雁金五紋」「伊賀越乗掛合羽」などを上演していた。

この海老蔵は七世市川団十郎のことで、江戸や京坂の劇壇でも評判の高い役者であった。（中略）天保三年（一八三二）三月子の海老蔵に八代目団十郎の名を譲って自ら海老蔵と改称したのが四十一歳の時であった。（中略）天保十三年（一八四二）質素倹約の令に反し（中略）お咎めで江戸十里四方追放と極ったので、下総の成田で蟄居し、翌十四年十一月大坂に来て角座で「菅原」「盲景清」を見せた。（中略）嘉永二年（一八四九）追放赦免となって、九年振りの嘉永三年二月江戸に帰り、嘉永六年再び大坂へ出た。

海老蔵は荒事に和事、さては累《かさね》や高尾の若女形《おやま》も出来る。文筆の才もあるという出来物であった。

（『維新の大坂』）

後年芝居見物もするようになり、その時の海老蔵の先代ということで、福澤もその名をはっきり思い出したに違いない。

65頁15行目　鍋嶋の濵（21）

ある夏の夜安酒を飲みに出掛け、十二時過ぎての帰り途、難波橋の上から、下流の茶船で三味線を鳴らして騒いでいる者があるので、僻みと、酒の酔いも手伝って、飲み屋でせしめてきた小皿を投げると、三味線に当たってしまったので、急いで逃げ帰ったという記述。

その時は塾の門限を破って飲みに行ったというから、内塾生になった安政四年か五年（一八五七・八）の夏ということになるが、四年三月には既に塾長になっているから、塾長自ら当直の門番を脅かして規則を破ることはないと思われる。恐らく安政二〜三年夏のことと考えたい。

飲んだ場所は鍋島の浜。難波橋を通って帰ったというから、橋の北岸堂島川か堂島の北の蜆川岸であろう。淀屋橋を中の島に渡り直進すると、堂島へ架かる橋が大江橋である。その北詰めの東の蜆川に架る難波小橋の東袂に、「小城藩」と「鍋島藩」の蔵屋敷がある。恐らくその付近が俗に鍋島の浜と呼ばれていたのであろう。

65頁17行目　茶舩（22）

大坂の川船としては、二十石積水夫（加子）二人乗の上荷船、十石積水夫一人乗の茶船がある。共に諸廻船の積荷を市中の諸浜へ積届ける荷船と説明されている（『江戸と大阪』）。これは町奉行所に冥加銀を上納した船の登録上の名義である。

しかしここで福澤は遊興の船という意味で「茶船」を使用している。

茶船には荷船という意味の他に、饗食物を売る船とか川遊びに用いる小舟という意味もある（『広辞苑』）。御茶屋が料理屋とか遊女芸者を揚げて遊ぶ舟という意味にも使用されている（『国語辞典』）。

なお福澤最初の出版書である『増訂華英通語』の中に（『全集』①一九三頁）Pleasureboat 槎の単語に、「チャブチ」と振りがなが付けられている。［7（1）］

67頁16〜17行目　酒ハ自然ニ禁したれども烟草ハ止みさうょせず（23）

福澤の酒好きは相当なもので、各所に飲酒の話を記している。具体的な話は「緒方塾時代」までの項目のなかに多く述べられている。

節酒については、明治二年（一八六九）八月二十四日付　服部五郎兵衛宛書簡で、母の上京を説得して欲しいと依頼した後の追て書の部分に記している。

小生義も近来ハ益ゝ勉強いたし候得共、読書之上達不致ニて汗顔之至。八十歳までも存命ニ候ハゝ、少しハ面白き真味を嘗候場合可至、相楽居候。追ゝ読書いたし候ニ随ひ、飲酒の大悪事たるを知り、三、五年前より漸ゝニ遠さけ、今日ニ至り候ゐて、一日の量一合五勺ニ過きす、此様子ニ候得て、追ゝ真の下戸ニ可相成存候。右之故を以て、身体ハ益ゝ強壮相成、唯今ニゐも一ト臼の米をつき候位ハ、への如きことニ御座候。何卒大兄ニも酒ハ御謹ミ被下度、酒を飲ミ候ゐて、人間の仲間へは這入られ不申。篤ト御勘考可被下候。

もっとも、節酒を勧める早い文面としては、明治二年二月二十二日付の、中津の親戚東条・藤本・渡辺宛の書簡がある。（『書簡集』①）

福澤が節酒の必要を自覚するに至ったのは、「追々読書いたし候に随ひ、飲酒の大悪事たるを知り、三、五年前より漸々に遠ざけ」と、慶応二、三年頃に読んだ書物によって、節酒の必要を痛感したのであろう。

『西洋事情二編』巻之一の冒頭の「備考、人間の通義」にある。

酣酔《かんすゐ》潦倒《らうたう》、長鯨の飲を為す如き、唯独り其人の一身を害して他の妨げを為さゞるに似たりと雖ども、其挙動既に世間に公明なるときは、悪風を流し人心を誘ひ、遂には世俗一般の弊端を醸す可きが故に、国法を以て之を止めざる可からず。（『全集』①四九五頁）

著作の参考に読んだ洋書に影響されたのではないだろうか。［15⑥］

68頁6行目　城の東ょ桃山と云ふ所（24）

大阪で桃山・桃林といえば、大阪城の南真田山の南面の桃山と東区小橋東之町の産湯の桃林をさす。真田山を、「大阪市東区小橋寺町の南にあたり一大桃園あ

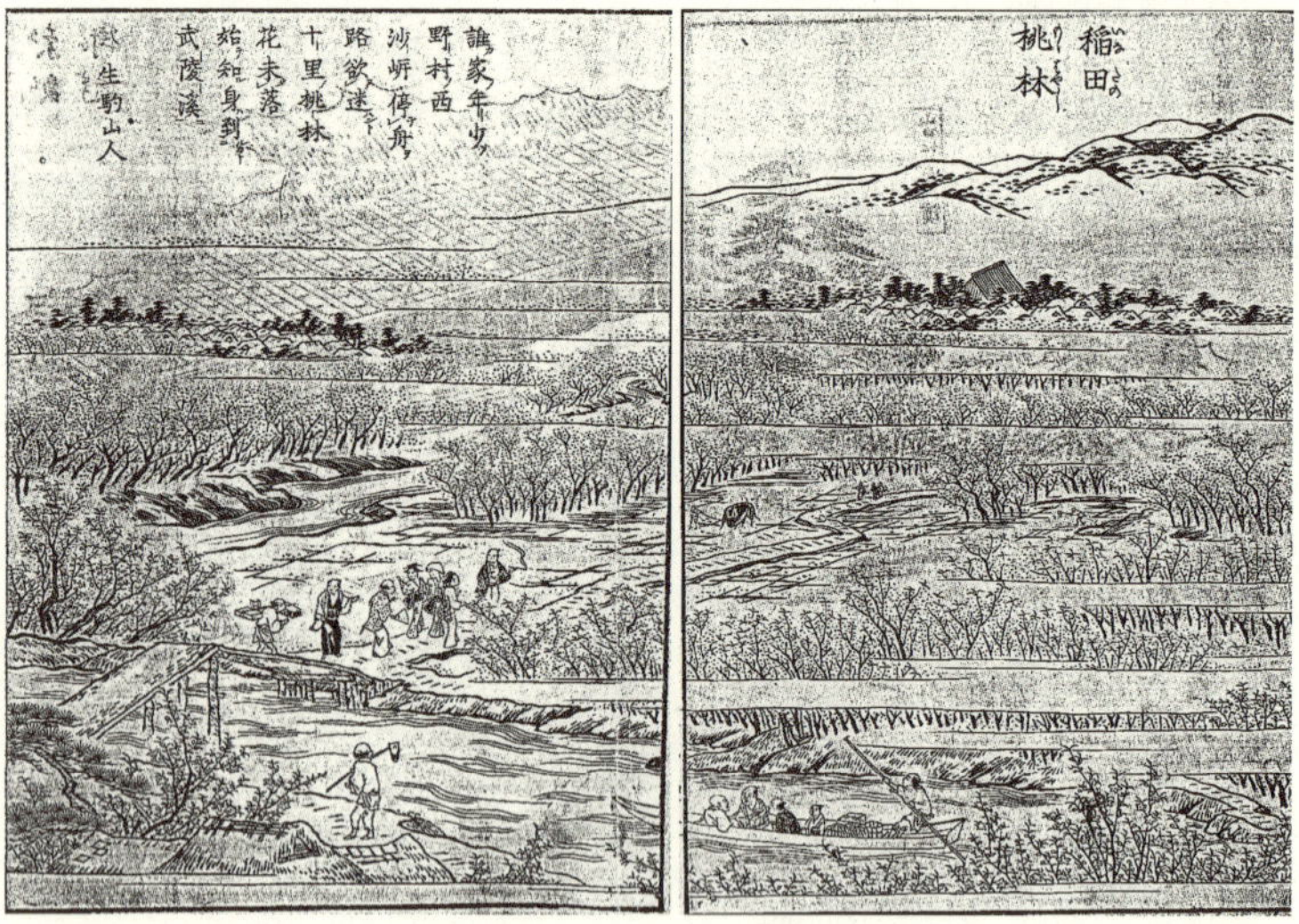

『大和名所図会』より「稲田桃林」

り、称して桃谷、又桃山という。花時の風景最佳にして遠く之を望めば、紅雲彩霞の靉靆たるが如く」と記し（『大阪府誌』第五編名所旧蹟誌）、産湯を、「産湯稲荷社（東区小橋東之町にあり、豊玉明神を祀る）附近は、俗に桃山と称し、明治三十八、九年頃までは、大桃林があって、大阪屈指の行楽地であった。しかし日露戦役後、桃林は切拓かれて家の敷地となり、景観も情趣も跡形もなく失せ果てた」と記している（『東区史』第四巻）。

両所の桃林は現在の天王寺区小橋町近郊で、大阪城の南に当たる。『自伝』の桃山とは方向が異なるから、東方に桃山を探さねばならない。

大阪城の真東の東大阪市稲田町と楠根町の間に、「稲田桃林跡」と記載されている（「大阪市街図」昭和四十八年度版大阪人文社発行）その付近に桃江橋というバス停があることから、『中河内郡誌』を見ると「稲田桃　往昔此地は桃の名産地なりければ、花の盛りには、楠根川に船を浮へて花見の宴を張り、桃花を愛せしが今はたゞ数株の桃樹を川畔に残せるのみ」とある。更に『大和名所図会』を見ると、稲田桃林と題した絵に生駒山人の漢詩「誰家年少野村西　沙岸停舟路欲迷十里桃林花未落　始知身到武陵渓」が記されている。

「大阪城の東方で、その距離は大体二里（八キロ）」、稲田・楠根地区は、大阪城までは、直線距離にして五キロ余あるから、福澤の記憶と大差ないものと考えられる。

「桃では桃山、天王寺産湯、稲田村が知られ、特に桃山は桃谷とも称し、見渡す限り桃樹がつらなっていたし、その南に野中観音という十一面観世音の御堂があった。」（『大阪文化史論』）。「稲田村」は恐らく前記の稲田・楠根地区であろう。

生駒山人とは、森文雄のこと。正徳二年（一七一二）生まれ、河内国の豪農の儒者で、名は文雄字世傑、通称龍蔵。任侠を好み諸侯に仕官せんとしたが、父の許可を得られず、退いて学問に励み、著書に『延暦史断』がある他、漢詩『生駒山人集』で有名となった。宝暦二年（一七五二）四十一歳で死去。

68頁12行目　長與専齋が道頓堀の芝居を見ょ行て居る（25）

桃の季節のある日、十四・五人の仲間と桃山に花見に行き、飲み食いして宜い機嫌になっている時、ふと西の方を見ると、大坂の南が大火事である。南といえば、今日は長与が道頓堀の芝居見物に行っている、長与を助け出せと、酔った機嫌にまかせて、二里ばかりの道を道頓堀に駆けつけてみたが、芝居小屋は三座（角座、大西座、中座）とも焼け落ち、火は北に延焼中だったと記している。

三芝居小屋とも消失したのは、安政五年（一八五八）二月二十五日（太陽暦に直すと四月八日）で、「昼九ツ時、角の芝居から出火して、芝居小屋が残らず消失したことがある」（『維新の大阪』）、このことから福澤らが稲田の桃林に花見に行ったのは、この日である。

また火災については、周防岩淵の歌人近藤芳樹の「近藤芳樹日記」（多治比郁夫「近藤芳樹と緒方洪庵」）にも記述がある。

火事に気付いたのは夕方近くで、西の空、大阪城の天守の左手に火災の煙がハッキリ見えた。そこで急いで駆けたとしても、現場に到着したのは日も暮れた後であったろう。一働きして塾に帰ったのが「八時」というのは、八ッ時（二十二時）ではなく夜の八時のことで、消火の手伝が面白いというのでもう一度出掛けたのではないか。消火の手伝といっても、当時は延焼防止が主であった。

この大火の報は、早速江戸にも伝えられたものと見え、『藤岡屋日記』安政五年（一八五八）二月二十九日条に「大坂出火」として、詳細に記されている。

当月二五日未刻過、道頓堀角の芝居より出火致し、少ゝ西風有之、所ゝ江飛火致し東は樋之上辺迄、芝居ハ角・中・竹田・若太夫不残焼、太郎（衍）左衛門橋辺より島之内江飛火致し、日本橋辺迄焼抜候様子、追ゝ火勢強く相成申候、芝居見物に怪我人等有之候由。未だ火事最中ニ御座候得共、大坂表より申参り候間、不取敢御注進奉申上候、以上　　二月二九日

京屋弥兵衛

69頁14行目　例へば赤穂義士の問題が出《で》て（26）

緒方塾生の間に、議論を闘わせて、相手を理論的に説き伏せて楽しむという遊びが盛んに行われたと記している。（現在日本人は議論・討論は得意ではないといわれているが、）幕末期の洋学塾の若い学生層の間で、一種の遊びとして行われたが、社会的に広まらなかったのは、封建制社会が要因ではないだろうか。福澤が赤穂義士の忠臣か否かを討論した例証をあげているのは、恐らくその論題がしばしば取り上げられたからであろう。

赤穂義士論については、『学問のすゝめ』第六・七編で述べている。第六編「国法の貴きを論ず」は、国法を犯して私に罪人を裁決することの非を説き、その例証として、浅野の家臣を義士と唱えるのは、私裁を行った者を正義の士としているのは、大なる間違いであると断じている。

ついで第七編「国民の職分を論ず」では、政府の暴政・誤りを正すには暴力を用いてこれを強要すべきものではない、正論を主張して政府に訂正を迫り、それが貫徹すれば、「其功能は千万人を殺し千万両を費したる内乱の師よりも遥に優れり」と断じた後で、日本では討死した者・切腹した者を、忠臣義士として褒め讃える傾向があるが、世に益するところ少ない者が多い。文明のためにならぬ死という点では、主人の使いに出て一両の金を落として、お詫びに自殺した権助の死と同一であると論じた。これが、楠公や赤穂義士の死を権助の死と同等とするものとして、所謂〝楠公権助論〟として一時非難が高まった。

楠公について、福澤はその後も時折り触れているが、赤穂義士については述べているものは少ない。その一つに、明治三十一年（一八九八）三月十五日『時事新報』論説「儒教主義の害は其腐敗に在り」（『全集』⑯）で（異学の祖と認められた）荻生徂徠の四十七士の処分に付き、「忠は一人の忠にして法は天下の法なり、一人の忠の為めに天下の法を枉ぐ可らずとの説を主張して、大石以下を死に処せしめたるが如き、理義明白にして、其見識は四十七人《しじふしちにん》斉伏刃《ひとしくやいばにふす》、皇天無意《くわうてんこころなきか》助忠貞《ちゅうていをたすけんに》など悲憤慷慨その死を悲しみたる林家一輩の到底企て及ばざる所、経綸の実は所謂異学の徒に在りしを見る可し」（『全集』⑯二七七―七八頁）と述べている。

70頁7行目　兄の家来が一人ある（27）

「旧藩情」は下士身分の生活を、その封禄だけでは、家族をかかえて武士としての生活を維持するにも不足で、とても家来を雇用することなどできないのが実情であるとしている。しかし江戸・大坂などには、実務担当者として相当数の下士が絶対に必要である。当時の慣習として、長期間の勤務でない限り、単身赴任が一般である。そこで藩は、江戸・大坂の勤務者には、身の回りの世話する者を雇うだけの勤務手当てを支給したのである。福澤家の場合、兄三之助の家来となっていたのは、『自伝』「長崎遊学」小見出し「大坂着」（三一―三二頁）で記しているように、父百助の時にいた中津の武八である。親子二代の家来であるが、詳細は不明である。

71頁11～12行目　和蘭の文典が二冊ある（28）

『和蘭文典』と呼ばれ、箕作阮甫が翻刻したオランダ文法書（オランダ語によ

る）をいう。

前後編二冊から成り、前編は『和蘭文典前編』と題し、天保十三年（一八四二）の刊行で、*Grammatica, of Nederduitsche Spraakkunst, uitgegeven door de Maatschappij*: tot nut van't algemeen. Tweede druk. Leyden (1822).（共益会版オランダ文典、二版）の翻刻、後編は『和蘭文典後編成句編』と題し、嘉永元年（一八四八）刊で、*Syntaxis, of Woordvoeging der Nederduitsche Taal, uitgegeven door de Maatschappij*: tot nut van't algemeen. Leyden. (1810).（共益会版オランダ語構文論）の翻刻である。前後編とも、安政四年（一八五七）の再版がある。

原書は文政末から天保初年にかけ（一八二九〜三〇）、坪井信道や伊東玄朴の塾で使用された。文法重視の学習風潮が強まり、本書が翻刻されてからは、オランダ語学習上必須のテキストとして、広く各蘭学塾で使用されたという。［5（19）］

72頁5行目　真書で寫す（29）

真書とは、「細字を書くに用いる穂先の細い筆」のことである。この筆について福澤は興味ある記述を残している。

真書筆《しんかきふで》の製造は今を去ること百餘年、大阪の人谷村某の発明にして、爾後その用法漸く世に弘まり、寛政年間には筆匠も真書製造の術を得て筆屋商売の一品と為り、以て今の盛に至りしことなり。抑も此筆は習字の用に適せず、又書翰を認め帳面を付るにも用ひず、唯一種写字の用あるのみにして、細字の草稿板下たに用るの外は、恰も之を活字版の代用と云ふも可なり。谷村氏が初て狸毛を用ひて之を作りたるは偶然の発明なりと雖ども、此新発明を以て筆商売の世界に一品を増し、之が為に儒林文壇の便利を致したるは、写本流行の明証と云ふ可し。（中略）東京の筆墨鋪高木氏の老主人に聞くに、寛政以前何れの頃か年月は詳ならざれども、大阪の手習師匠（闕疑）谷村某と云る人が、或る日同所の塩町を通行するとき、橐籥屋《ふいごうや》の戸前に狸毛の棄てゝ堆なるを見て之を乞ひ、様々に工夫を運らして遂に真書の細筆を作り得たり。蓋し橐籥に用る狸の皮は粗毛を去て細毫を残すが故に、橐籥屋の棄るものは正に筆に入用なる分部〔部分〕なり。往古王代には狸毛筆の名あれども、千年以来これを聞かず。寛政の頃までは専ら鹿毛のみを用ひしことなるが、谷村氏の発明より之を真書に用るのみならず、諸種の筆に用ひて狸毛の用天下に普通なりと云ふ。

（『通俗国権論』第四章「内外の事情を詳にする事」、『全集』第④六二一―二頁）

73頁2行目・8行目　ヅーフと云ふ写本の字引・ウエランドと云ふ和蘭の原書の字引（30）

長崎出島の蘭商館長のヘンドリック・ヅーフが、フランソワ・ハルマの『蘭仏辞典』第二版によって日蘭辞書を作成したもので、彼の帰国後天保四年（一八三三）に完了すると、清書されて一部が幕府に献上された。当時最大の蘭日辞書として、学者間で盛んに利用されたが、三千頁、収録語数約五万という大著の筆写本であったため、簡単に入手できるものではなかった。反面辞書の筆写は蘭学書生のよいアルバイトでもあった。のち幕府の官医桂川甫周が改訂して、『和蘭字彙』として安政二〜五年（一八五五〜八）に前後編として江戸で刊行された。

ウェーランドは、一七五四〜一八四二年（宝暦四〜天保一三）のオランダの語学者で、その主著書に『オランダ語辞典』*Nederdutisch taalkundig Woordenboek*（十一冊アムステルダム、一七九九〜一八一一年刊）がある。本書には言葉の基礎に関する詳細な前書がつけられている。『オランダ語文法』一八〇五年（文化二）刊と共に版をかさねた。その他に『入門オランダ語文法』（一八〇五年刊）『学校用オランダ語文法』（一八〇五年刊）『芸術辞典』（一八二四年刊）『オランダ同義語辞典』（一八四五年刊）『簡明オランダ語辞典』（五冊一八二六〜三〇年刊）『オランダ文学辞典』（二冊一八四三〜四四年刊）『新蘭仏小辞典』（三冊一八一〇〜一一年刊）『蘭仏オランダ語綴り入門』（一八一〇年刊）などがあるという。

福澤はウェーランドの辞書を六冊と記しているから、一八二六〜三〇年（文政九〜天保元年）刊の五冊本『簡明オランダ語辞典』であったかもしれない。

74頁小見出し　寫本の生活（31）

ヅーフ辞書が緒方の塾生の勉強に不可欠のものであり、辞書の写本代が、塾生の生活の重要な助けになっているとして、具体的な金額を記している。

写本代は、半紙一枚横文字三十行で十六文、日本語の註を写すと一枚八文、一日に十枚蘭語を写せば百六十四文、日本語註は八十文になる。これは大坂（適塾）の相場で、江戸はそれより高いとも記している。

在塾費は月二貫四百～八百文で足りるから、一日十枚写せば一六四文稼げるので、在塾費の一日分に余るとしているのは、一日に十枚の写本はさほど無理ではないことを言外に含めている。〔十枚で百六十文の筈が四文多いのは、当時の銭の勘定が「文銭九十六枚をもって百文に通用させたので四文の余剰が生ずるのである」と富田正文は岩波文庫版『自伝』に註記している八六頁〕。

この他に適塾では原書をかなり読みこなし、しかも綿密な性格の学生アルバイトとして、相当高額の写本が行われていた内容を嘉永四年（一八五一）、福井在住笠原良策宛の橋本左内書簡から知ることができる。次は笠原から緒方塾にある原書『扶子遺訓』写本の要求に対する左内の返書である。

一知半解之原書読は不宜と被存候故、少し読め候者に御頼み申、其中にても…（中略）…綿密底之人に相頼み申候…（中略）…為写方は貴旨之通り筆料等は筆者と相談之上後便可申上候。尤も表向洪庵方江御頼不被下とも、写取候事容易く出来申候。

原書行数四十八行字数廿九字八字五六字位ニ御座候。依て横面之方は少々つゝの長短出来候得共、此義、致方も無御座候。紙は大美濃、写料は大抵原書一枚六分、通例之値段に御座候

六分とは勿論銀貨表示である。

76頁10～11行目　長崎ょ居るとき塩酸亜鉛があれば鉄ょも錫《すゞ》を附けるゝとが出来ると云ふゝとを聞て知て（32）

長崎に遊学した安政元年（一八五四）から翌年の二月頃までの約一年の間に福澤が接触した人物の中に、造船技術の研究のために派遣されていた、宇和島藩前原功山がいる。

功山の『前原一代記咄し』によると、安政元年六月須藤假右衛門ら四名が、蒸気船研究を命ぜられ、長崎に出張して来たが、目的の蒸気船は出島の水門囲いの中にあり、見ることができなかった。山本物次郎自らが調査研究することで、同船の機械の調査が許可されると、眼病の山本は図面引きが困難との理由で、功山をその家来として同行させたので、調査することができた。この長崎滞在の折り、八幡町の奥の光源寺の住僧が、新発明物の数々を拵えていることを聞き、以前懇意にしていた有田という者の紹介で、ブリキの技術を教授して貰うことができたと記している。

福澤は山本家に寄宿している時期でもあり、前原からブリキの製法を聞いたかもしれない。〔3（24）〕

蘭学者宇田川興斉の安政四年四月二十日付　武谷椋亭等宛書簡が「武谷家所蔵蘭学者書翰の紹介（二）」に、紹介されている。

鍍金について、

奥平様にても頻に御調へ御取掛之由に御座候。御同方様にては鍍銀は出来鍍金の方は今少成兼候趣承及候。或人之噂に青酸加里之製法未だ十分出来兼候哉にも承及候。

西洋の新科学技術の研究が各藩で盛んに行われる中、中津藩も例外で無かったことを知ることができる。

78頁小見出し　黒田公の原書を冩取る（33）

緒方洪庵は筑前福岡藩黒田家の御出入り医師ということで、ある時藩主の大坂通行の時、中ノ島の筑前屋敷に御機嫌伺いに伺候して、電気に関する最新の原書を拝借してきたとき、先ず福澤を呼んでその本をみせた。早速、最新の電気説の部分だけでも写し取ることを提案し、塾生総掛りで交代で写本している。

適塾生総掛りで写本したことは、『百余話』「物理学」（十七）にも記されている。

今を去ること四十餘年、安政三、四年、諭吉の年二十三、四歳の頃と覚ゆ（中略）此書を黒田侯の両三日滞阪中、塾に留置くことに取成し、乃ち塾中の同胞に談じ、奇書奇なりと雖も空しく見ることも読むことも許さず、唯借用時間の許す限り之を写取る可しとて、（中略）二昼三夜凡そ六十時間、一

分時の休息なく、文字も図も見事に謄写して校正を終りたるは書中エレキトルの部分なり。

（『全集』⑥四二九頁）

黒田侯とは第十一代の長溥としている。長溥は文化八年（一八一一）三月、薩摩藩主島津重豪の第九子として生まれ、文政五年（一八二二）黒田斉清の養子となる。八年元服、美濃守に叙任し、天保五年（一八三四）襲封した。中津藩奥平家の隠居昌高とは兄弟で、実父・養父の蘭学好みの影響を受け、積極的な開明策をとった。文久二年（一八六二）以降、公武合体の方向で周旋したが、慶応元年（一八六五）以降は藩士の動きに不信感を抱き、勤皇派を徹底的に弾圧し、佐幕的態度に徹底した。明治二年（一八六九）二月致仕し、家督を世子慶賛（のち長知）に譲り、二十年三月七十七歳で死去。［3（25）］

79頁1行目　筑前屋敷（34）

福岡藩蔵屋敷は、現在の大阪中之島三丁目に在り、渡辺橋と田蓑橋の中間である。中の島の南を流れる土佐堀川には、筑前橋が架っている。筑前藩の蔵屋敷の門は、現在は天王寺公園内にある市立美術館の南の入り口として移築保存されている。

79頁8〜9行目　英國の大家フハラデー（35）

Michael Faraday（一七九一〜一八六七　寛政三〜慶応三年）は、有名な英国の化学者・物理学者。十三歳で製本業者の奉公に出たが、そこで見ることのできた書物を読み、自然科学に興味を抱くようになった。電気化学の研究で有名だったデービ（Sir Humphry Davy）の講演を聞いて、手紙を書いた。デービはファラデーが理解力と注意力に優れていることを知り、欠員のできた王立研究所の助手に採用したことが、ファラデーの才能を伸ばすことになった。会社などの依頼研究のなかから、ベンゼンの発見（一八二五）等実験化学分野で業績をあげた。

ついで物理学特に電磁気学の研究を行い、電磁誘導現象を発見（一八三一）。続いて、電磁場の概念の確立・電解物質における「ファラデーの法則」の発見（一八三三）・真空放電における「ファラデーの暗部」の発見（一八三三）・磁気光学における「ファラデー効果」の発見（一八四五）・反磁性物質の発見（一八四五）などの輝かしい業績をあげ、一八六二（文久二）年王立研究所を引退し、五年後に中風に罹り、一八六七（慶応三）年死亡した。

福澤がファラデーの学説に接したのは、安政四年（一八五七）、それは「ワンダーベルト」と云ふ物理書で、最新の英書を蘭語に翻訳したもの。現物を後に福澤が黒田家に問い合わせたところ、維新の動乱の際にでも紛失したのか、所在不明と言う返事があったということでその書名等は明確にできなかった。この程、義塾福澤研究センターの元事務長、西洋書誌学専門の東田全義の長年にわたる調査の結果が発表された（「ワンダーベルトと云ふ原書」『手帖』113号）。その結論は左の部分である。

書誌学的まとめ

「ワンダーベルト」の忠実な書誌記述を示しておこう。

Burg, Pieter van der (1808~1889)

Eerste grondbeginselen der natuurkunde, strekkende tot leesboek voor alle standen, hoofdzakelijk tot zelfonderrigt voor jonge lieden, en tot handleiding voor onderwijzers ; door P. van der Burg. 3e geheel omgew. druk. Gouda, G. B. van Goor, 1852~54. 4v. in 1 (806p)

この書の全体は十節から成っていて、末節はGalvanismus（ガルヴァーニ電気＝福沢の言うガルハニ）とあり、第六百五十五頁から始まっている。炭一件の記事は第六百六十一頁、竹の灰吹様の挿図は第六百六十七頁である。その後の調査で付加できることは著者Burgのこと。彼は、オランダの学校教師の第一級免状保持者として、理系の学校用教科書を多く著している。日本における物理学史上Burgの著書として記録されているのは、そうした学校用教科書として書かれたSchets der natuurkundeであって、このgrondbeginselenは、一般人の独習書および教師用参考書向にした拡張版であると表題紙に記されている。

81頁6行目　昨日までの書生が今日は何百石の侍（36）

適塾生が無目的ではあるが、猛烈な意欲で勉強した理由の一つは、蘭学生を取り巻く大坂と江戸の雰囲気が異なっているためだと説明している。即ち大坂は蘭学書生は就職や収入とは無関係にただ一途に勉強に励むのに対し、江戸では、国防のための洋式兵制の必要性が力説され、蘭学者を召抱え洋学の研究を進めようとする藩や、洋書の翻訳を依頼するものも多く、つい小成に甘んずる者ができやすいと述べている。暗に学問をしっかり身につけるには、大坂のような環境が良かったと、それとなく示唆しているのではなかろうか。

「昨日までの書生が今日は何百石の侍になったということもまれにはあった」としているのは、緒方塾の塾長となった二人の先輩のことが念頭にあっての表現だろう。

一人は村田蔵六（大村益次郎）である。嘉永二～三年（一八四九～五〇）塾長。村田は適塾を辞して郷里周防国（山口県）吉敷郡に医業を開いたが、業績不振で医業を止め出府し、嘉永六年宇和島藩（愛媛県）主伊達宗城の招きに応じて、洋書翻訳をするために赴任した。年が明けた安政元年（一八五四）二月十三日西洋兵書翻訳・蘭学教授雇ということで、新知百石とほかに月々米六俵が支給され、藩の軍制改革にも参画し、安政三年藩主に従って江戸に出ると、麹町一番町に私塾鳩居堂を開いた。十一月十六日、宇和島藩士の資格で蕃書調所教授方手伝・翌四年十一月講武所教授となった。万延元年（一八六〇）生国長州藩の要求で、宇和島藩を辞して、長州藩雇士となった。

第二の人物は嘉永二年二月に入塾した長州萩出身の伊藤慎蔵である。文政九年（一八二六）長州萩の浜崎の町医者の子に生まれ、嘉永二年緒方塾に入門、嘉永五年飯田柔平の後を受けて塾長となった。福澤が適塾に入塾した時の塾長である。安政二年（一八五五）十一月末に適塾を辞して大坂を去り、十二月四日に、蘭学教師として越前大野藩に赴任した。

『若越新文化史』には、安政二年十二月四日に「大坂緒方洪庵門人伊藤慎蔵大野藩に着任す。翌年二月禄百石を給し蘭学教授とす」とある。大野藩主土井利忠は、天保十四年（一八四三）漢学の藩校「明倫館」を創立し、嘉永六年（一八五三）ペリーの渡来に刺激され、藩主が率先して砲術の勉学を奨励したことから、藩内に蘭学を学ぶ気運が高まり、伊藤を招聘し、邸宅を与え、同所を「蘭学所」とした。安政三年二月二十六日「蘭学教授」として禄百石を支給し、両親を呼び寄せ永住するようにと、別に「金五十両」を与えたという。蘭学所には、大野藩士のみならず、隣藩勝山藩をはじめ、遠く宇和島藩・佐賀藩からも入門者がみられ、伊藤は明治維新まで大野藩に仕えた。

明治二年（一八六九）兵庫県洋学館教授。三年大坂開成所大助教。五年東京工学寮八等出仕で七年辞任している。

82頁8行目　花岡と云ふ漢醫の大家（37）

福澤が適塾に在学した頃の合水堂塾は、良平（鹿城）の子華岡積軒（文政十～明治五年（一八二七～一八七二））と青洲の養子南洋（寛政九～慶応元年（一七九七～一八六五））が後見をしていた。

華岡塾も緒方塾も、当時の医学界にその名を馳せていた大家であったから、両塾に学ぶ医生もあり、必ずしも「互に睨み合って」ばかりいたわけではなかったようだ。福澤もそのことは承知していながら、洋学の優位性を高唱したいあまり、「ただ当の敵は漢方医で、（中略）漢医学生はこれを笑ふばかりでなくこれを罵詈して少しも許さず」と自分の気持ちを強く表現したのであろう。〝適塾〟の記述にはその意味で、医学塾としての面が多少脱落していると言えよう。したがって福澤の親友の一人、長与専齋の『松香私志』と併せて読む必要があろう。

紀州の名医華岡青洲（宝暦十～天保六年、一七六〇～一八三五）は、天明二年（一七八二）京都に遊学し、吉益東洞の子南涯に古医方、大和見立にオランダ流外科学を学び、五年父の死により、帰国してその跡を継いだ。内科・外科を一緒にして生体の理を究めるべしと、広く民間療法をも採用して、和漢蘭折衷の医方、特に漢蘭医学を折衷して外科学の改善を図り、前人未踏の全身麻酔による乳癌摘出の難手術に成功して、世界の医学史にその名を留めている。

弟良平（のち中洲、安永八～文政十年（一七七九～一八二七））も、寛政八年（一七九六）吉益南涯に学び、堺に開業すると、卓越の技倆で知られ、兄弟揃って華岡の医名を高めた。文化元年（一八〇四）故郷に帰り、青洲より華岡流外科を学び、和泉堺の小林寺町に開業し、文化十三年（一八一六）、大坂の中の島に合水堂塾をひらいた。その盛名を慕って多くの医学生が入門した。

参考① 目的なしの勉強〈関連項目＝4章註（36）〉

『自伝』「緒方の塾風」最後に、適塾における懸命な勉強が何を目的にしたものであったのかについて記している。小見出し「大坂書生の特色」・「漢家を敵視す」・「目的なしの勉強」（八〇―八三頁）の三箇所である。

第一の「大坂書生の特色」、安易に世俗的な目的設定の場所がなかったことから、純粋に学問の興味を追求できたとしている。いわば環境に恵まれていたという。

白眼視される洋学を敢えて志す者の心情を、「維新以来政界の大勢」（『時事新報』明治二十七年三月二日）のなかで述べている。

> 世に棄てらるゝこそ益す本人の気品を高尚にするの媒介にして、啻に凡俗に向て屈せざるのみか、人の己を知らざることいよ〳〵甚だしければ、いよ〳〵其人の不学無術にして固陋なるを発明し、頑固陋隘の俗物、共に語るに足らずと、独り自から高くして他を眼下に見下し、唯ます〳〵進んで西洋文明の佳境に入らんことを勉るのみ。是即ち開国以前の洋学者流に有為の人物多き所以にして、其実は洋学を以て人を陶治したるに非ずして、天賦非凡の人物なるが故に洋学に従事したりと評して穏当なる可し。
> （『全集』⑭二九五頁）

第二は、攻撃の主点は漢方医学であって、それから波及して儒学を非難している。ところがこの項目については、明治三一年九月二八日、長与専齋翁還暦祝賀に贈った文章に、『福翁自伝』の校正中の一文であるとして引用している。（「奉祝長與専齋先生還暦」）

> 四十年前、吾々緒方の門下生が大阪の市街を闊歩しながら、竊に他の漢方医流を罵倒して自から得々たりし其事実を写したるものなり。固より少年血気の漫語放言、今更ら之を記すも赤面なれども、亦以て当時蘭学生の心事を窺ふに足る可し。
> （『全集』⑯四八八頁）

これは、最も苦しい実力研磨の会読の授業が終わって、町に出て一杯機嫌の時の鬱憤晴らしの怪気炎である。福澤諭吉の漢学非難は、明治になってからの主要な論点であるが、それは、徒に西欧文明を非難する保守頑迷な、福澤の言うところの腐儒の徒に対するものであった。

第三の「目的なしの勉強」では、読者である青年に対しての忠告である。目先の小さな目的を気にしすぎることや、無目的とはいえ、漫然と迂闊に本ばかり見ているのは最も宜しくないという。福澤は長崎に出て蘭学を学び始め、山本物次郎家に住み込み、砲術修業には最も便宜を得やすい環境にいたにもかかわらず、砲術家になろうとはしなかった。大坂に出て緒方塾に入ったが、ここでも、医者になろうとはしなかった。この時代何を目的に蘭学の苦しい学問に打ち込んだのか、答えは出ていない。

明治二十八年十二月十四日の「還暦寿莚の演説」にも説明している。

> 洋学者の目的如何を問へば、是れと取留めたる方略成算あるに非ざれども、唯西洋の書を読み其文物習俗を聞見し、其富国強兵の現状を明にして千思万慮、理論より推すも又実際に徴するも、西洋の新主義に非ざれば一国の独立を維持するに足らずと信じて、之に附するに文明開化（シヴヰリジェーション）の名を以てし、苟も此主義に背き又これを妨るものは、事物の性質を問はず、其大小軽重に拘はらず、一括して除き去らんとしたることなれば
> （『全集』⑮三三五頁）

もっともこの目的がここまで明確になったのは、西欧文明を実見し、肌で感じてから後のことであろう。しかし事物の表面だけを見て満足せず、その成立の基礎にあるものは何かという好奇心・推察力の深さと鋭さとは、蘭学修業によって養われたものではなさそうである。むしろ中津における白石照山によって叩き込まれた漢学という学問に育成されたものではなかったかと考えたい。［1（13）・③］

5、大坂を去て江戸ニ行く

84頁1〜2行目　江戸の奥平の邸《やしき》から（中略）私を呼ゞ来た（1）

緒方塾の福澤に、江戸藩邸に呼寄せる命令が届いた時期については、従来きわめて漠然としていたが、佐志傳の報告（「福澤最古の訳稿「経始概略」等について」）によって、範囲の絞り込みができるようになった。

中津で家老の奥平壱岐の蔵書ペルの『築城書』を借用盗写し、その写本を適塾に持ち戻ってから翻訳を始め、ようやく江戸に移った翌年の安政六年（一八五九）二月に翻訳が完成したので、書名を『経始概略』と命名している。この翻訳原稿には、漢文の例言がつけられ、翻訳の経過を説明した部分に日付が記されている。

　業未だ半ばならずして去年の秋會《たまたま》君より洋学に従事せよとの命有りて、江都に召され、十月邸に至り乃ち復た旧業を継ぐ。今茲二月始めて脱稿するを淂〔得〕たり。（原漢文）

右の記述から、福澤のもとに江戸召致の命令がきたのは、安政五年の秋（七〜九月）であり、江戸に出頭したのが冬十月と明確になった。藩に正式に大坂の緒方塾への遊学願いを提出し、その時福澤は江戸家老勤め奥平壱岐家の組の所属と考えられ、遊学先の適塾塾長となっているのを知っての発令である。大坂の蔵屋敷を通じて本人に直接命令が伝えられたと思われる。

次に藩命の出た日を逆算してみると、福澤が一度中津に戻って母に会ってきてから大坂を出発していること等から、江戸出府の期限までには相当余裕があったと思われる。

江戸に到着したのは十月中旬。召命を受け大坂出発までが三日、中津往復と滞在した期間を含め二十日余、大坂に戻り適塾を訪れて、岡本周吉らの同行を決めるまでが四、五日、大坂出発まで二週間とみると約二ケ月。したがって藩の召命を八月上〜中旬に受け取ったものと推測される。［3（20）・（21）］

84頁2行目　岡見彦曹〔三〕（2）

彦三の実家岡見家（以下実家と略記）は、中津藩江戸定府の岡見半太夫家（寄合格四百石）から、元文六年（一七四一）に分家し、初代清隆以下幕末まで、清賢・清淳・清通・清致と続いた、供番格三百五十石の家である。彦三は四代清通とは五歳違いの弟である。文政二年（一八一九）誕生、弘化四年（一八四七）表小姓十五石六人扶持に召出され、供番格百石八人扶持として分家し（時期不明）、文久二年（一八六二）七月四十四歳で死亡した。養子金次郎（倫平）も八月死去したので、彦三の実兄清通の子彦蔵（秀作、一八六〇〜一九三二）を養子に迎え、彦三の未亡人らく（英珠院）が家を守った。

実家の歴代は、オランダ好みの藩主昌鹿や昌高に寵用された開明派家臣で、主君のためにたびたび大金を献納している。この事情は長尾正憲「岡見彦三と福澤諭吉について」に詳しい。

嘉永三年（一八五〇）藩の砲術師範島津良介の主唱で、十四人の中津藩士が佐久間象山の門に一時に入門しているが、彦三もその仲間に加わっている。

嘉永六年六月、ペリーの渡来が刺激となって、蘭学教師招聘の許可が出ると、彦三は杉田成卿塾の門下生仲間の杉亨二を、藩邸の長屋の一軒に招くことに成功した。ところが杉は、「奥平屋敷に居る内、面白く無い噂を聞いて不快を感じて即日屋敷を出て（中略）幕府に勝麟太郎と云ふ名高い人が赤坂田町に居たから」勝塾に移ってしまったという（『杉亨二自叙伝』）。

藩に招いた教師を藩士が陰口をたたいて追出したという、誠に非礼な事件である。

安政二年（一八五五）六月、藩内開明派の中心として大きな影響力を振っていた隠居の前藩主昌高が七十五歳で没した。これで中津藩江戸藩邸の開明派勢力は急激に弱まり、蘭学教師を招こうにも、応ずる者はいないはずだ。

彦三はそうした中、漸く安政二年十月、江戸の地震で、住宅に困っている松木弘安を説得して、私的な関係という形で、彦三の築地小田原町の持屋を提供し、藩士に洋学を教授して貰うことができた。

しかし薩摩藩士・松木弘安が、安政四年四月に、藩主島津斉彬の侍医として、藩主の参観交代による就国に随行したので、彦三はまたもや、洋学教師探しに苦労することになった。

次項の註（3）にあるように、杉亭二の藩邸飛出し事件から丸五年。時勢は確かに大きく変化しはじめている。保守派勢力の強い中津藩でも、開明派家老として奥平は排斥され、後を相続した奥平十学（のち壱岐）も、家督相続より二十八年目の安政四年十一月に、はじめて家老職に就任し、翌年四月に江戸家老として着任してきた。江戸家老就任の主な理由は藩が江戸城大手門の警衛を命ぜられたのと、壱岐が長崎で洋式砲術を学んだことではないだろうか。

時を同じくして、藩士の福澤諭吉が、蘭学塾の名門大坂の緒方塾の塾長になっている。そこで学者の確保ができるというので、彦三は早速奥平壱岐に、福澤を蘭学教師として江戸に呼ぶ事を提案したと推測する。

彦三にしてみれば、藩内の、特に国許の保守派の勢力が強いだけに、もし反対されるとなると、蘭学塾の夢は消えてしまう。対策を講ずることは絶対に必要であった。そこで打ち出したのが、福澤が教師として教授する蘭学塾を当分の間「家塾」として、保守派から標的にされないように興して維持することであった。

「家塾」とは、（『慶應義塾百年史』上巻十三頁の註、以下『百年史』と略記する）「私塾と藩学」即ち今日の私立と公立の中間に位する学塾で、幕藩に仕えている学者が、幕藩の意をうけて、自宅に設けた塾のことである。

84頁5行目　松木弘安杉亭二（3）

「奥平家が私を其教師に使ふので其前松木弘安杉亭二と云ふやうな者を雇ふて居たやうな譯けで」と、一見松木の方が先に雇われていたような記述であるが、杉の方が先に中津藩に雇われている（『百年史』上巻六三頁注）。

杉亭二は『明治維新人名辞典』によると、文政十一年（一八二八）杉泰輔の子として長崎の本籠町に生まれたが早く父母に死別し、祖父に育てられ、当時長崎にいた緒方洪庵や村田徹斎に学び、のち村田の江戸勤番に従って江戸に出て、杉田成卿に学び、中津藩の岡見彦三と相識るようになった。嘉永六年（一八五三）岡見に依頼され、藩の蘭学教師となったが、中津藩士の無礼な噂を耳にして、与えられた藩邸の家を即日飛び出し、勝海舟の塾に移り、その塾頭を勤めた。勝の推挙で、老中阿部正弘の侍講となり、万延元年（一八六〇）蕃書調所教授方手伝、元治元年（一八六四）同教授方並となる。西洋の統計学の重要性を知り、維新後徳川家の駿河移封に従って駿府に移り、府内で初めて統計（政表）調査を行った。明治三年以降十八年末まで、統計の専門官として政府で活躍した。学者としては、明六社社員として多くの学術論文を発表し、学士院創立とともに会員に推された。明治三十六年法学博士、正五位勲二等に叙されたが、晩年失明し、九十歳で死亡。

杉は中津藩と関係した頃のことを、『杉亭二自叙伝』に次のように記している。

○奥平邸の人となる

其後奥平の藩に金持で築地小田原町を一町持て居た岡見彦蔵、武田権兵衛と云ふ人があつた、岡見は砲術仲間で下国と懇意であつたから、杉田へ来て、余に奥平の屋敷に来て教授して下さいと言つた。（中略）それから先生へ話した所が、宜しいと言う事であつたから奥平の築地の中屋敷へ往く事になつた。奥平では月二両の手当で、一軒の宅を与へられ、一僕を置いて、爰に居住し、邸内の若い人に蘭学を教へた、矢張ガランマチカとセーンタキスで、以前は写したものだが此時分には版になつた、それから又物理学の本などを教へた。

○勝房州と相識る

奥平屋敷に居る内、面白く無い噂を聞いて不快に感じて即日屋敷を出で、知人であつた深川冬木町館林藩医立花正甫の家に仮寓した。其頃、幕府に勝麟太郎（のち安房）と云ふ名高い人が赤阪田町に居たから行つて見やうと思つて、立花と一緒に往つて面会した。

中屋敷内に一軒を与え、家僕まで提供した杉亭二に対し、間接的に悪評を流し、中屋敷を突如飛出す事件を生じさせた原因を明確に示す史料は見当らない。

幕府がペリーの提出した米国国書の訳文を諸侯に示して嘉永六年（一八五三）七月一日、意見を諮問したとき、隠居の奥平昌高が、積極的開国論を上申したのに対し、孫の藩主奥平昌服が攘夷鎖国論を上申し、藩論が分裂対立していることから、今まで江戸で押えられていた保守派が、藩主の意見に勢いを得て、杉亭二非難の噂を、中屋敷内で口にしたものと推測される。

安政元年（一八五四）四月、洋式砲術訓練に迎えていた佐久間象山が、吉田松陰の米艦への密出国事件に連座して、四月投獄され、更に翌二年六月に、開明派の中心昌高が死去し、藩内開明派の勢力は弱化した。

右のように、中津藩開明派にとって、条件の悪化している安政二年十月、岡見彦三が松木弘安に蘭学教授を依頼し、承諾を得ている。

松木弘安（寺島宗則）は、天保三年（一八三二）薩摩藩郷士長野祐照の子に生れ、伯父松木宗保の養子となり、伊東玄朴・川本幸民らに蘭学を学び、蕃書調所教授手伝を経て藩主島津斉彬の侍医となった。文久元年（一八六一）幕府遣欧使節に通訳兼医師として随行した（福澤も同行）。慶応元年（一八六五）薩摩藩留学生として、五代友厚らとともに英国に留学し、翌年帰国。寺島陶蔵と改名、藩開成所教授となり、明治新政府に入り、参与・外国事務掛・外国事務局判事・神奈川府判事（のち県知事）などを歴任、外交関係の要職を務めていたが、外務卿から文部卿・元老院議長・駐米公使・枢密顧問官・伯爵・宮中顧問官となり、明治二十六年（一八九三）六十二歳で没した。

『寺島宗則関係資料集』下巻「寺島宗則自叙年譜（天保三～明治二十年）」によると、弘化三年（一八四六）江戸に出て、戸塚静海に医学を、川本幸民に蘭学を学び、嘉永五年（一八五二）伊東玄朴の塾に移り、安政元年（一八五四）伊東塾の塾長となったとある。

安政二年十月二日の大地震によって、たまたま松木が住宅に困っていたのを機に、岡見彦三が、自分の持家を無料提供する代わりに、数名の中津藩士に蘭学を教えて貰うことにして、中津藩関係の蘭学教授所を開設したのである。

安政三年には、蕃書調所が開設され、松木はその教員「教授助勤」となっている。前記「自叙年譜」、同年八月条（薩摩藩士の宇宿彦衛門宅に宿泊）。

宇宿の官宅に至り、食了て十時頃眠に就かんとする時、風雨益烈しく、（中略）屋瓦尽く飛揚し、雨漏ること屋外に異ならず。瓦泥落来りて頭を傷けんことを恐れ、桶を頭上に蔽ひ、比隣の瓦なき小屋下に避けたるに、海岸の庭上に大物あり。（中略）五百石余の大船なり。海水岸堤より高く□り、船は庭上に吹揚げられたるなり。風稍斂まり、夜半三、四時頃築地の住居に帰り、景況を問ふに、海水道路に溢れて室に入り、床より上るを以て畳を去り、生徒は階上に在りしと云ふ。

この記述の築地の家とは岡見の貸家で、数名の塾生が寄宿していたことがわかる。したがって、松木はなお中津藩の塾生を教育しながら、蕃書調所に出勤していたことが確認される。

安政四年、松木は藩主島津斉彬の侍医となり、藩主に従って帰国することになり、蕃書調所は、藩の依頼で、一時休暇の許可を得た上で、四月一日江戸を出発している。この時中津藩の蘭学教師も辞任したものと思われる。

藩内に洋学校復活を強く希望する岡見彦三は、藩主昌高が島津重豪の次男であること、彦三の兄嫁も薩摩藩士の娘であることから薩摩藩士に親近感を抱き、特に藩内事情を打明け、私的な形を装い中津藩士を松木の私塾に通わせるよう説得したのであろう。松木も熱意を了解し協力してくれたのであるまいか。蕃書調所に出勤するに至っても中津藩士を小田原町で教え続けてくれたのがその証である。［5（2）］

84頁7～8行目　江戸詰の家老には奥平壹岐が来て居る（4）

壱岐は安政四年（一八五七）国許で家老に任命され、翌五年江戸家老として、四月出府して来たことがわかっている。

蘭学に理解を持つ奥平壱岐の江戸家老就任は、蘭学塾を何とか復活させたいと願う岡見彦三にしてみれば、大きな味方を得たわけである。福澤が緒方塾の塾長であることを知り、藩邸内に蘭学所を開く計画を壱岐に相談したと推察する。壱岐も、長崎留学中に入手した貴重なペル『築城書』を安政三年に快く貸し出した程であるから、岡見の計画を承認し早速福澤に対して、江戸召致命が発せられたのであろう。［5（1）・（2）、2④、3（20）・（21）］

85頁3行目　中津に帰つた其時は虎列拉の真盛《まつさか》りで（5）

福澤が江戸藩邸からの召命を受けたのは、安政五年（一八五八）の秋で、江戸に行く前に一度中津に帰っている。

福澤が中津に帰った時期は、「虎列拉の真盛り」であった。このコレラ流行は、安政五年の五月、長崎に入港した米軍艦ミシシッピイ号の乗組員から、病原菌が持ち込まれ、それが忽ち長崎から始まって、全国に大流行したのである。

中津のコレラ流行は、中津藩史料叢書『市令録第三輯』安政五年九月七日の記事に、「一、流行病ニ而惣町死人九拾七人、病人弐拾八人、極難之者弐拾三人右之通書上候処、御救米出ル、大帳ニ委《くわ》し」と、死亡者が異常に多かったようだ。

非役であった福澤が、その勤務地が江戸になるので、暫く帰国もできなくなる、別れの挨拶だけの単純な帰国ではなかった。

藩の制度としては公式に洋学教授という地位は認められてはいないが、実質的に、儒者と同等と見られる役職で、下士としては恥ずかしからぬ地位を得たのである。亡父の念願でもあった学者の地位に達することができたのは、福澤家を相続した安政三年のあの時、叔父などの反対の中で、ただ一人母が大坂再遊の願いを無条件で許可してくれたお蔭である。その強い感謝の念を一日も早く母に告げたいとの思いが第一であったろう。

また母にしてみれば、孫娘と二人切りの寂しさを我慢したことが一時的でも解放されるという喜びよりも、諭吉が期待以上に努力して、亡夫の宿願を代わって達成し、立派に家督相続者として成長したことを褒めてやりたい思いが一杯であったろう。

今回の帰国は諭吉の最初の大きな親孝行であり、かつて大坂行きに反対した叔父をも含め、親戚一同から心からの祝福を受けたに違いない。

85頁10〜11行目　岡本周吉即ち古川節蔵（6）

岡本周吉は、芸州山県郡川小田村（現広島県山県郡芸北町）の庄屋岡本家に生まれた。安政三年（一八五六）八月に適塾に入門、五年十月福澤が江戸に出る時に、誰か江戸に同行する者はと呼び掛けると、即座に応じて江戸に出て、中津藩からも僅かの手当てを貰って築地鉄砲洲の中屋敷における福澤塾（後の義塾）の塾長を勤めながら蘭学を学んだ。岡本の実力を認めた福澤は、のちに広島藩にその登用を勧めたが、採用されなかった。福澤の世話で旗本古川特三郎志道《ゆきみち》が死亡すると嗣子がなかったので娘政の婿養子となり、古川節蔵となった。

福澤が最初の渡米をしている間、塾の留守を守った。留守中福澤の翻訳を引き継ぎ、世界各国の国勢調査書を翻訳した。スタチスチック（統計）の訳語に苦心して「政表」と訳し、以後かなり後までこの訳語が使用されていた。

福澤は帰国後これを校閲して、万延元年（一八六〇）『万国政表』と題して古川の名義で出版した。

その後古川は幕府海軍に入り、幕府瓦解の頃は長崎丸の艦長として活躍し、榎本艦隊に先んじて江戸から脱走した。陸中宮古の海戦で敗れ、南部藩に降伏し江戸に護送され、芸州藩屋敷に明治三年（一八七〇）まで監禁されたが、赦免後は数学や測量術に長じていたので、福澤の推挙で新政府の海軍に出仕し、築地の海軍学校の教官となった。この時正雄と改名した。

その後工部省に転じ、明治六年一月には、一級事務官正院六等出仕としてウィーン万国博覧会に派遣された。帰朝後辞職して『古今雑誌』を刊行し、日本の独立心を説いたり、児童用の教科書や教育用具をつくった。特殊教育事業の開拓や、明治四年に出版した少年の読み物『ちゑのいとぐち』に、始めて句読点を施すなど、注目すべき業績を残している。

明治八年津田仙・中村正直・岸田吟香らと楽善会を組織し、盲人聾唖者の教育を始めた。これが古川の死後、十三年訓盲院と称した学校として開院し、のちに東京盲唖学校となった。古川は明治十年五月二日四十一歳で死去した。

86頁4〜5行目　同行の原田は（中略）大槻俊斎先生の處へ入込んだ（7）

原田磊蔵（天保三〜大正七年（一八三二〜一九一八））は備中宍粟郡（現岡山県総社市宍粟山方五七三）の天城池田藩の藩医原田玄寿の二男（一説には三男）として、天保三年（一八三二）十二月十五日に生まれた。名を適《かのう》、号を秦陽または蠖堂といった。漢学を鴨井龍山に学び、適塾入門帳には、安政三年（一八五六）三月二十日入門となっている。

福澤と江戸に同行し、江戸で別れて下谷練塀小路の大槻俊斎に住み込み修行した。のち帰郷し医業を開いていたが、明治三年（一八七〇）岡山藩医学館で蘭医ロイトルに師事し、四年に上京して陸軍医官となり、その後、各地に転勤、一等軍医を最後に退役し、栃木県佐野で医院を開いていたが、日清戦役で再度軍医となり、東京陸軍予備病院分院長となった。大正七年（一九一八）十二月二十日八十五歳で死去。（「原田磊蔵」（「適塾門下生に関する調査報告（10）」、『適塾』24号））

原田が師事した大槻俊斎（文化三〜文久二年（一八〇六〜六二））は、陸前桃生郡赤井村の生まれで、文政四年（一八二一）江戸に出て、手塚良仙・足立長雋らに医学を学び、天保八年長崎で蘭学を学び、十一年江戸に帰り、下谷練塀小路（現台東区上野五丁目の南端）で医院を開業した。弘化三年（一八四六）高野長英事件で疑われ閉門を命ぜられたこともあったが、伊東玄朴らと種痘を施し、種痘所建設運動の中心となって活躍した。

安政四年、川路聖謨の神田お玉ケ池の別宅の借地を申し入れ、翌五年五月種痘所を建設した。十一月には種痘所が類焼して、伊東玄朴と大槻俊斎の家を仮種痘所とし、翌年和泉橋通りに再築している。

万延元年（一八六〇）十月種痘所が幕府の直轄となると、幕府の御番医師並びに種痘所頭取に任ぜられた。同所は翌年西洋医学所と改称され、引き続き頭取をつとめていたが、文久二年（一八六二）、胃ガンのため五十七歳で没した。

86頁6行目　鉄砲洲の奥平中屋敷（8）

各藩は江戸に上中下の屋敷を幕府より与えられていた。寛永頃（一六二四〜四三）の江戸図によると、中津藩上屋敷は日比谷御門内正面に角屋敷が与えられていたが、のちの中屋敷木挽町九丁目（汐留屋敷）に移動させられた（現中央区銀座八丁目十五番地）。延宝九年（一六八一）七月五日には築地鉄砲洲中屋敷を支給された（現在の中央区明石町九番地の聖路加国際病院新館のあたり）。

上屋敷は藩主とその家族を中心に、江戸詰めの主要な役職者がその邸内に住居を構えていた。しかし幕末近くには、たびたび上屋敷が火災に遭ったため、危険と損害とを分散する意味から、江戸定府といって、代々江戸住みの主要な者には、市中に私邸を持つことを許した。中屋敷は、江戸詰めの閑職者や無役の士卒が、邸内の長屋等に住んだ。

奥平の中屋敷は、約八十間四方の四角の土地の、東北隅に位置する三十間と三十五間四方が榊原徳太郎の屋敷になっている鍵型の屋敷で、西側に正門、南側小田原町に面した掘割は、江戸湾に続いていた。西側に表門を挟んで屋敷北東角より南川岸迄から川手を東に折れて十二軒分の長屋があり、それと平行するように、榊原家との境界部分を背に数軒分の長屋がある。小田原町に面した掘割の川縁に、お釣り殿と呼ばれる独立の家屋、その北側に（のちに福澤が塾舎として借用した）五軒続きの長屋等がある。これらは、蘭学好きの旧藩主昌高が晩年中屋敷に住んでいるので、その関係の建物ではないかと思われる。（傍点筆者）

この中屋敷には、蘭学の開祖といわれる前野良沢が住んでいた。明和八年（一七七一）三月四日、杉田玄白らと、千住小塚原（骨ケ原）で死刑囚の腑分《ふわけ》（解剖）を実見した。漢方医学の伝える人体の内臓とは大きく異なり、持参した蘭書クルムスの解剖書ターフル・アナトミアの人体解剖図と一致し、その精密さに感動す

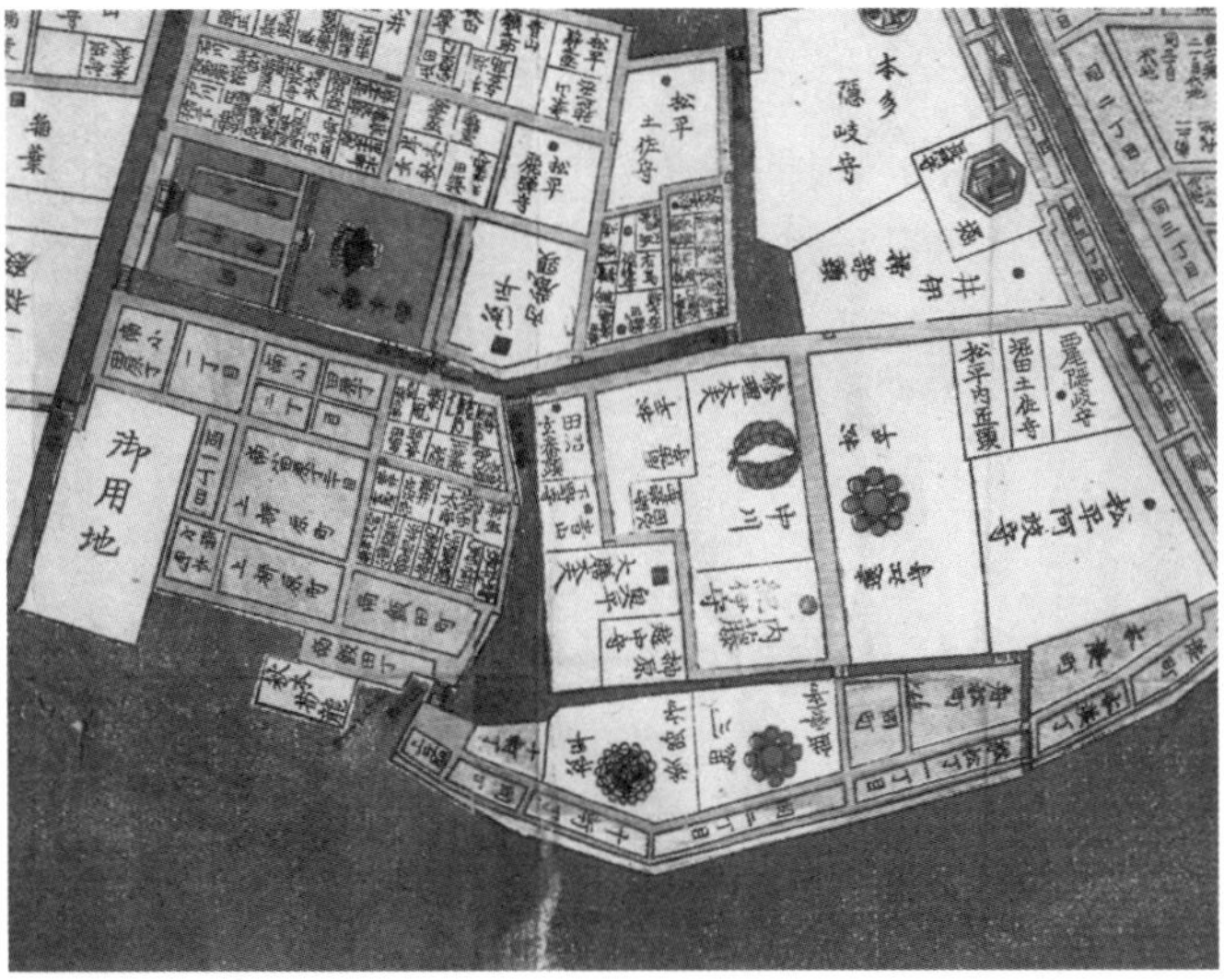

江戸切絵図「築地八丁堀日本橋南之図」鉄砲洲付近

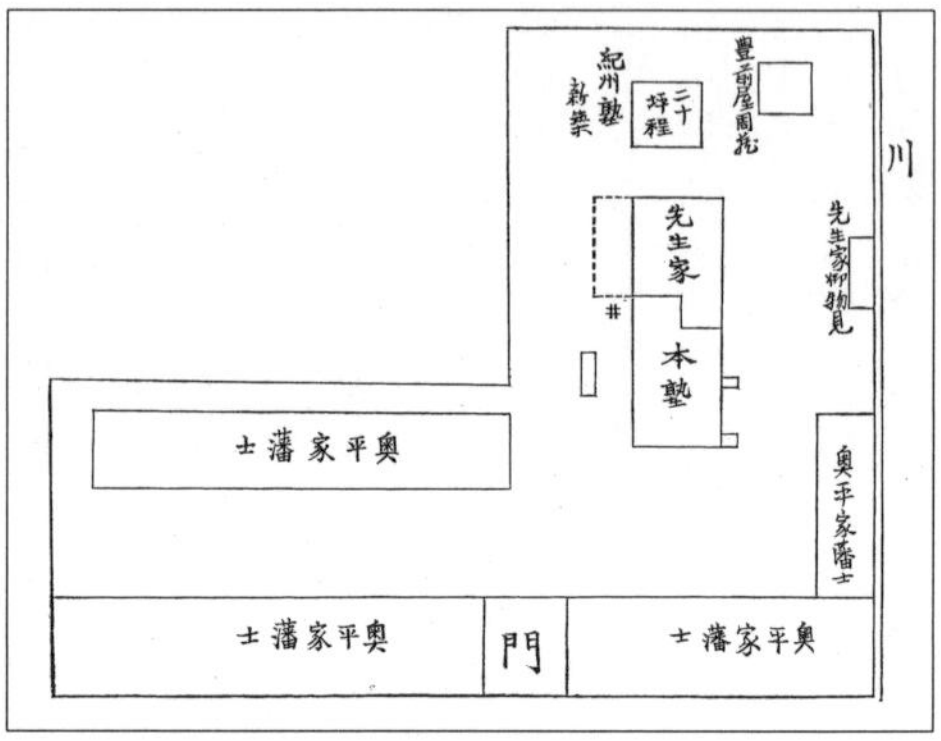

奥平中津藩中屋敷図面

ると共に、医学のためにもこの書を翻訳する必要を痛感し、オランダ語を少し知る前野を中心に、この中屋敷の前野の家で、『解体新書』の共同翻訳作業が始まった。これがわが国の蘭学の始まりといわれている。

歴史的意義のある同じ中屋敷に、八十八年後の安政五年（一八五八）福澤諭吉が、蘭学塾を開いたのである。しかも、前野良沢・杉田玄白—大槻玄沢—宇田川玄真—坪井信道（中津藩儒者倉成竜渚の門人で、中津滞在中洋医学研究に目覚めた）—緒方洪庵と教え継がれた、いわば蘭学の正統を継承した場所だけに、福澤も因縁を感じたに違いない。福澤が出府当初に住んだ長屋は、榊原家との境を背にした長屋の一軒であろう。その広さは、六畳の座敷と三畳程の台所、二階が一五畳程の間取りである。

中津藩下屋敷は幕末に、佐久間象山の軍事教練を受けた際、この屋敷が操練所として利用された。［5②］

86頁6〜7行目　藩中の子弟が三人五人づゝ学びに来るやうになり（9）

福澤が教え始めた蘭学塾入塾生は、中津藩士が三、五人また他から五、六人という程。掛川藩士・足達寛の談話で、彼と塾長役の岡本周吉、緒方塾の友人山口良蔵が出入りしていたことが知られていたが、伊東弥之助の研究により、佐倉藩士沼崎巳之助・済助兄弟、弘前藩士成田多蔵らの名が知られるようになった。中津藩士が、かつて佐久間象山に砲術を学んだ頃は、相当の数であったのが、五年程後で、三、五名に減少したことは、藩の方針が、杉亨二飛出事件後大きく変化したためと考えられる。

福澤が教えていたこの頃の塾の名称はない（慶應義塾創立は安政五年）。しかし福澤自身、「洋学所」と記したり、蘭学所とも呼んでいた。また文久三年（一八六三）に始まる入門帳裏表紙には、「不可無堂」や、「不可無館」と記されたものがある。草創期の慶應義塾の資料が極めて少ないのは、藩内保守派を刺激しないようにした岡見彦三の秘策があったからではないかと推測する。［5②］

86頁11行目　島村鼎甫（10）

島村鼎甫は天保元年（一八三〇）備前上道郡沼村（岡山市上道北方）の津下古庵の二男に生まれ、のちに島村家を継いだ。若くして姫路に出て仁寿山校に学び、ついで大坂に移り、儒学を後藤松陰に学んだ。嘉永五年（一八五二）適塾に入門。入門帳は、二四六番目「備前　嶋村貞蔵」と記している。月日は不明であるが、二三六番の入門生が季夏、二四八番の入門生が十月と記しているから、恐らく九月頃の入門かと思われる。安政五年（一八五八）七月二十二日には実兄の津下来吉も入門している。

鼎甫は在塾期間一年で、全科を卒業した秀才といわれ、京都の赤沢寛輔の塾の塾頭に招かれた。のち江戸に出て伊東玄朴に師事し程なく阿波蜂須賀侯の侍医となったというが（『近世名医伝』）、玄朴の門人帳にその名は見られない。

文久二年（一八六二）緒方洪庵が江戸に招かれ、西洋医学所頭取となった時、洪庵の推挙により、石井信義と共に医学所教授職に任ぜられている。医学所は明治元年（一八六八）新政府によって医学校となり、その二等教授となる。翌年十二月には学校名も大学東校と改まり、大学小博士、島村は五年に文部中教授となったが、翌年病気のため退官した。

その後も福澤と親しく交際したことは、『考証』に詳しい。晩年は多病で、明治十四年二月二十五日に死去。享年五十二歳であった。著書に『生理発蒙』『創痏新説』などがある。

87頁1行目　生理発蒙（11）

一八五五年に出版されたオランダのLiback（李貌）の生理学書を島村鼎甫が

翻訳し、慶応二年（一八六六）初冬『生理発蒙』として出版した。島村の代表的翻訳書である。本文十三巻と図式一巻　計十四巻本で、巻一・二は生理学総論、巻三〜六は植物性機能、巻七〜十一は動物性機能、巻十二・十三は生殖、発育、人種、体器老廃等について述べている。水銀圧力計を図示したり生物電気発生についても記している。

福澤が相談を受け解釈した部分は、巻九「眼官」下の二十五枚裏より二十七枚表までの部分と思われる。

87頁小見出し　英學發心（12）

安政六年（一八五九）六月横浜開港早々、福澤は開港場を見物に行き、これまで必死で勉強してきた蘭学が、殆ど役に立たぬことを経験させられ、落胆するとともに、開港場で使われているのは英語であることを知った。西欧文明を摂取するために苦闘をしてでも、初歩より、英語を学習する決心をしたのである。幕末の洋学者が、英学に転換した時の心境を、このように明白に記述したものが少なく、福澤諭吉の英学への転換が有名になっているが、蘭語から英語への転換は時代の趨勢であった。

福澤の場合、就職に余り関心のない大坂で、純粋に蘭学一筋に打ち込んできただけに、横浜の蘭語不通の衝撃は極めて大きかったはずである。そこで、深刻に悩んだうえ、心機一転、第一歩から英語に挑戦したのであろう。

英語の学習は、天保八年（一八三七）のモリソン号事件を契機に、幕府は長崎の通詞に命じて、オランダ人から英語を学習させたことに初まる。阿片戦争の結果に脅威を感じて、英語教育の強化を考えている時、嘉永元年（一八四八）、米人マクドナルドが密航して北海道に上陸して来た。彼が長崎に移され、米国に送還されるまでの間、通詞達は彼に英語を学んだ。森山栄之助や堀達之助ら十四名である。

漂流漁民で、米国で教育を受けて日本に帰国してきた中浜万次郎や、米国に帰化し、ハリスの下で、神奈川領事館通訳として活躍した、ジョセフ・ヒコ（浜田彦蔵）からも教えを受けた。

英語学習は、ペリーの渡来以来、次第に拡まっていったが、何といっても、その歴史が浅く、多くの洋学者が英語に切替えたわけではない。しかし現実にペリーやハリスらを目前にすると、次第に英学への転換を試みる者が増加してきたのは確かで、その多くは、時勢に最も敏感な江戸在住の蘭学者達であった。福澤以前に英語を始めた事例を挙げてみよう。

松木弘安（寺島宗則）

安政六年（一八五九）外国奉行より、横浜税関の訳官を命ぜられ、横浜に移住した記述の後に、「二三年前より英書を独学せりと雖も其文法書を読み又英米人と少しく談話し得たるは在浜の時に在り」とあるから、英語学習開始が横浜開港以前であったのは確実である。（『寺島宗則関係資料集下巻』「寺島宗則自叙年譜」）

中村正直

昌平黌に学びながら蘭学の勉強を行っていたが、安政二年（一八五五）には英語に接していたとして、英人モリソンが著した英漢対訳辞書に蘭人が蘭語を副えた三語対照の辞書を借りて、これを謄写している。（高橋昌郎『中村敬宇』）

西　周

『西周全集』第三巻「西家譜略（自叙伝）」によると、文久二年（一八六二）和蘭留学に出発したことを述べた部分で、次のように記している。

初メ余安政元年（一八五四）藩邸ヲ去テヨリ和蘭学ニ従事シ後同二年ニ手塚先生ニ従学シ略和蘭書ヲ読ムニ至リ後師ノ勧メニテ中浜万次郎氏ニ就キ英語ノ呼法ヲ学ヒ略其文字ヲ読ミ得ルニ至レリ、時ニ安政三年（一八五六）幕府蛮書調所ヲ興スニ逢フ、時未ダ英書ヲ読ム者無シ、師余ヲ調所頭取古賀謹一郎殿ヘ薦メ四年（一八五七）五月調所ノ教授手伝並出役ヲ命セラレタリ、此時同時同級ニ命セラレタル者三人、津田真一郎（今議官真道）、浅井勇三郎（幕府家人今没ス後大井尚吉）余トナリ、

安政三年（一八五六）冬に、手塚律蔵の勧めで中浜万次郎に英文典の呼法を学び、四年初めには箕作阮甫・手塚律蔵らと西が共に英書を講義したとなっている。これによって、蕃書調所は安政四年初めには英語の授業が行われていたことが裏付けられる。

津田　仙

佐倉藩出身で幼名千弥のち仙弥と称した（津田梅子はその娘）。一時桜井家の養子となったが安政三年（一八五六）復籍した。安政四年江戸に出て、同藩の手塚律蔵に蘭学を学ぶ。その頃同窓の西周が中浜万次郎の持ち帰った英語の小文典『初等英文法問答』*The Elementary Catechisms, English Grammar* を入手していたので、これを借りて筆写したという。更にピカードの『英蘭辞書』*A New Pocket Dictionary of the English-Dutch and Dutch-English Languages*（1843）を頼りに英文法研究に入ったという。（『津田梅子』）

87頁12〜13行目　五國條約と云ふものが発布ょなつた（13）

安政五年（一八五八）六月に、ハリスの強硬な要求に屈して、日米修好通商条約が締結されてから三ケ月程の間に、日蘭・日露・日英・日仏の修好通商条約が相次いで締結された。これらの条約を一括して「五ケ国条約」という。

安政元年わが国と最初の和親条約を締結することに成功した米国は、アジア特に対清国との貿易関係が緊密化するに伴い、日本との和親条約には通商貿易・上陸止宿等の権利が認められていないことへの不満と、予想以上に日本の産業文化の程度が高いことを知るに至って、通商条約締結を要求する輿論が高まった。そこで寧波の米国副領事をしていた、タウンセンド・ハリスを初代日本駐箚米国総領事に任命して、安政三年七月下田に派遣した。

ハリスは外交関係に全く無知といってよい幕府当局者と、困難な交渉を積み重ねると、安政四年十月漸く通商条約締結交渉のための江戸出府が認められ、十二月井上清直・岩瀬忠震ら全権委員との間に交渉が開始された。前後十三回に及ぶ交渉によって、安政五年一月十二日条約案が一応議了した。

攘夷論を唱えて幕府方針に反対する勢力を抑えるため、老中堀田正睦は、調印を延期して自から上京し、天皇の勅許を得ようとした。当時京都では攘夷論者の朝廷への働きかけが強く、外国事情の知識も不十分で、通商条約締結を許可しなかった。一方江戸では、病弱な将軍継嗣に、攘夷論者で水戸の徳川斉昭の実子、一橋慶喜を推薦しようとする攘夷派と、聡明で開明的な慶喜を押す開明改革派との、複雑な慶喜人気が高まってきていた。

特に京都を利用した攘夷派の動きに、不安を感ずる幕府保守派は、井伊直弼を大老に担ぎ出した。結果強引に将軍継嗣を紀州藩主の徳川慶福に決定したため、一橋派大名をはじめ一部幕府開明派の役人等と、大老を擁する幕府保守派とは鋭く対立することとなった。この政治的混乱の中で、幕府は人心の動揺を避ける狙いから、条約の調印を延期してきた。他方清国においては、広東におけるアロー号事件に端を発する英仏軍との戦いで、天津条約が締結された。英仏艦隊が勝利の余勢をかって日本にも通商条約を要求すべく渡来するとの情報があったため、ハリスは強く幕府に条約調印を迫った。しかし幕府は容易に態度を決定できなかった。交渉に当たっていた岩瀬忠震らは、しきりに条約調印の必要を力説した。六月十九日井伊大老は、できるだけ調印を延期するよう命じた。しかし岩瀬らが、万策尽きた時のわが国の方針を質問すると、その時はやむを得ないと条約調印の内諾を与えた。そこで即日岩瀬等は横浜に戻るや、日米修好通商条約十四箇条及び貿易章程七則の条約書に調印した。

日米通商条約が調印されたので、鎖国中にも貿易を許可されていたオランダは勿論、かねて交易を望んでいたロシア、続いて清国に勝利して権益を拡大したイギリスとフランスが、相ついでわが国に同種条約の締結を求めてきた。幕府は欧州列国の通商条約要求を予測していたので、国内の反対運動があったにもかかわらず、列国と条約を締結した。内容は大体日米条約を基本にしたものであった。「五ケ国条約」或いは「安政の仮条約」と呼んでいる。仮条約というのは、朝廷の許可を伺いながらその許可のない間に、幕府が独断で調印してしまった、不完全な条約であるとの意味をもった呼び方である。

この条約締結により、国内市場は貿易による急激な影響を直接受けることになったのみならず、幕府は国内政治でも、感情的な攘夷論者、幕府に反対するために政略的に攘夷論を唱える者、外国貿易の必要を理解する者等が織りなす複雑な関係を処理する必要にせまられた。こうした時代の流れからくる内外情勢の混乱状況に対して、幕府は一貫した見通しや政策を持たず、いたずらに権威の維持復活のみを図る、その場凌ぎの対応策に走ったため、いよいよその指導力を失い反幕勢力の尖鋭化を招くこととなってしまった。反面特定一ケ国との特殊関係化を阻んだことが、かえって植民地化を防ぎ、国際化の道を歩む結果をもたらした。その意味で、「五ケ国条約」の調印は、新しい大きな時代の転換点ともいえる。

87頁13行目　横濱は正しく開けた許《ばか》りの處（14）

米蘭露英仏の五ヶ国条約が締結され、神奈川港は翌安政六年（一八五九）六月から開港されることとなった。

東海道に面する神奈川を開港場とすると、当然のことながら、外国人と日本人の接触は容易に行われ、攘夷論者が外国人に暴力を振るって排除しようとする恐れがある。神奈川の海は遠浅で、陸上は開港場としても狭いという欠点があるが、すぐ南の横浜は海も深く土地も広いので、関係諸施設を建設するには好適で、街道からも離れていて警備上も、外国人の安全を保ちやすい。そこで安政五年十月横浜を開港場とする方針を定め、横浜は神奈川の一部であるから条約違反ではないと、外国側を了解させようとした。しかし、外国側は神奈川が良港でないことを承知しながらも、条約違反として幕府の方針に反対した。それは、外国人を長崎の出島のように日本人から隔離する意図があると疑ったからである。それは確かに外国人との間の事件発生を避けたい幕府が、横浜に固執した本音であった。かくて井伊大老の命令で、安政六年二月二十七日既定方針を押し通すことにした。

外国側の反対を抑え既成事実を作るために、六月までに新開港場の建設を完了する必要があった。戸部村に神奈川奉行所、横浜村に運上所（税関事務及び外国関係事務管掌の役所）、その北方近くに二箇所の波止場を設置し、運上所南方に外国人居留地、北方に日本商人の移住地を設置するというのである。

幕府は早くから江戸町奉行を通じて、江戸市民に横浜開港のことを予告したり、同地への移住または出店には保護奨励金を支出することを告げて、商人らの協力を望んだ。積極的に勧誘に応じたのは極く一部に過ぎなかったので、三井のような豪商に対して強制に近い勧誘や保護奨励策をとって、横浜への移住・出店を図った。建設工事が着々進行する状況をみた外国商人の中には、この地に開店する者が次第に増加してきた。

幕府は開港期限の安政六年五月二十八日に、外国との自由貿易を許可する旨を布告した。その時の開港場の様子は次のとおりである。

横浜御開港場・運上役所並御役宅・外国人仮官所等多分出来相成、当月二日御開港相済、町方之分五ヶ町表通り其外脇に入込候町家も追々出来相成、呉服太物類並塗物箱類・鳥屋・薬種店・荒物酒店其外諸商店、当月朔日より昨七日迄凡百軒余見せ開致、賑々敷市中に相成申候。（『維新史』「海警年表」）

外国公使は横浜開港を条約違反として、これを認めることを拒否していたが、外国商人達は、横浜が良港で、諸般の設備も整っていることから、かえって領事館側の態度を非難するようになっていた。万延元年（一八六〇）十二月オランダが領事館を横浜に移転する議を決してから、各国も次第に横浜開港を公認するようになった。

横浜は開港場として着実な発展を見せ、今日に至ったのである。

88頁2行目　独逸人でキニツフルと云ふ商人の店（15）

ドイツ人でキニッフルという商人は正しくはルイス・クニッフラー Louis Kniffler（1827-1888）といい、『初期日独通交史の研究』によると、バタビヤ居住の商人であった。かねてから日本との貿易にドイツ政府が積極的に乗り出すように建言していた。一八五八年（安政五年）十一月五日（五ヶ国条約締結後）、政府に提出した報告書は強い調子で、日本との交易関係を開くべきだと進言している。

四百万以上の人口を有する日本の地理的状態から見て、毛織物、綿織物等の一大販路となるばかりではなく、（中略）日本人は科学方面において驚くべき進歩をなし、かつ絶えず非常な努力と熱心とをもって、その知識の拡大につとめ、教養ある外国人と接触しようとしているから、物理学、化学、光学等に関する機具および標本、薬品、機械類、鉄および銅製品、武器、ガラス器、皮革製品、さらにまたこれら以外の物が日本においては、確実にまたきわめて有利に売却し得ることは疑いない（中略）自分はオランダの保護の下に個人で貿易を行い、かつ商社の支店を設置しようとする決心をしている。（中略）近々積荷をもって日本に向い、ある期間中滞在しようと思っている。（中略）自分は祖国のために日本において働き得る機会に際会したならば、全力を尽してこれを行うものであることを付言する。

ドイツ（当時はプロシア）政府は、海軍力の弱体から、極東への進出が遅れたが、商務省や外務省からの要求が強まり、ようやく日本への貿易に乗り出す方針を定めていた時である。

クニッフラーの日本での活動については、奈良充浩「独逸商館キニッフル（横浜居留地）の考証」（『手帖』56号）によって新しい発見が紹介され、さらに内海孝「福澤諭吉とキニッフル」（『手帖』84号）によって詳細な報告がなされている。

これらの報告によると、クニッフラーは一八二七年（文政十年）の生まれで五〇年（嘉永三年）ハンブルクの商社に入社し、五三年（嘉永六年）バタビアに着任している。右の報告書は五年後に政府に提言したもので、その後彼は五九年（安政六年）一月長崎の出島に来ている。その後クニッフラーは商社（Kniffler & Co.）を設立し、同年七月一日（日本暦安政六年六月二日）横浜開港の日に入港したオランダ船「シキルレル」に搭乗して横浜に到着している。

開港早々の横浜に来ている外国人は掘立小屋のような家で商売をしていると『自伝』にあるので、その当時クニッフラーの店が何処にあったかは不明のようだ。開港の翌年五月十六日付の「居留商人名前」にはすでにその名前が見受けられないため、彼は割合短期間で横浜を去ったものと見られている。しかし「クニッフラー商会」は営業を続けているようで「The China Directory」の一八六三年（文久三年）版の日本の欄にはその商会名が記されていて、そこは居留地五十四番即ち現在の横浜市中区山下町五十四番地で神奈川県警分庁舎の建つ所である。

88頁19行目　森山多吉郎と云ふ人が江戸ェ来て（16）

森山多吉郎（文政三〜明治四　一八二〇〜一八七一）は幕末に蘭英二国語に堪能な通詞として活躍した。始め栄之助と称し、のち多吉郎と改名した。嘉永元年（一八四八）米国青年マクドナルドRanald MacDonaldが偽装漂流者として、本国送還のため七ケ月間長崎に滞在した。その間彼より通詞らは英語を学び、森山が最も優秀な生徒であったといわれている。

嘉永三年幕命により『エゲレス語辞書和解』の編集に参加している。安政元年（一八五四）ペリー再来の条約交渉時には、その語学力をかわれ主任通訳官を勤めた。

ハリスが総領事として来日してからは、専らその応接通弁にあたった。安政年間には、多忙な公務の傍ら、小石川金剛寺坂の自宅に英学塾を開き、津田仙弥（のち仙）・沼間守一・福地源一郎らを教えた。万延元年（一八六〇）の遣米使節団が携えた米大統領宛、英文書翰は森山の手になるものであるという。

文久元年（一八六一）、竹内下野守一行の遣欧使節団が派遣されたのち、賜暇帰国する英公使オールコック（Alcock）が、両都両港開港市の五年間延期を欧州諸国に説得承認させる運動をした時、外国奉行支配通弁頭取の森山と、調役の淵辺徳蔵を帯同することを要求した。

帰国後は通弁役頭取・外国奉行調役・兵庫奉行付組頭等を歴任したが、幕府の滅亡と共に下野し、明治四年（一八七一）三月五十一歳で東京で死去した。

住宅のあった、金剛寺坂は現在の文京区春日二丁目五番地と二十一番地の境の坂道である（『東京市史稿』）。嘉永七年の尾張屋版切絵図『小石川絵図』にある黒沢豊太郎の土地が居宅であったと思われる。福澤が早朝か深夜に築地鉄砲洲から通うのにはやや遠い距離である。

89頁6行目　人が来て居て行かない（17）

森山の指定で、早朝に教えを受けるため訪問すると、「人が来て居て行かない」（傍点筆者）と教授を断られている。森山の所に来訪客がいて、対応で授業ができない、「人が来ていていけない（駄目だ）」という意味である。

この部分は速記者の、「人が来て居ていけない」の書き違いか、「いけない」を「行かない」と聞き間違えたのであろう。

福澤は表現の中で「駄目だ」「〜できない」という意味を「いけない」と使っている場合がある。例えば次の箇所の使われ方である。

緒方塾に蘭学の修業に参りたいと願書を出すと、懇意なその筋の人が内々知らせてくれるに「それはイケない」砲術修業と書いて出せと教えてくれた。（『自伝』「大坂修業」四四頁）

90頁小見出し　蕃書調所ニ入門（18）

福澤の蕃書調所への願書は不明である。中津藩の学生を教える立場から、蕃書調所に通学して英語を学ぶ時間がない。したがって、調所への入学は辞書を借りることが主要目的であったから、辞書の持ち出しが許可されないならば意味がなく、当然のことながら、一日の入学で退学してしまったのである。

その代わり、横浜に行く商人に依頼して、ホルトロップの英蘭辞書を入手している。代金は藩から支出して貰ったというから、奥平壱岐や岡見彦三の好意が窺える。

開国後幕府は軍事・外交上から、洋学を専門とする機関が必要となり、老中阿部正弘の下で「洋学所」の設立が企画され、安政三年（一八五六）十二月、古賀謹一郎を頭取とし、箕作阮甫・杉田成卿ら十数名の蘭学者等の教授陣をもつ教育研究機関「蕃書調所」を設け、翌四年正月より、幕臣・御家人の希望者に蘭学教育の発令をした。調所の場所は、九段坂下竹本図書頭屋敷の家作（千代田区九段南一丁目六番地九段会館北側隣接地）を当てた。一月十二日の開業日には幕臣とその子弟一九一人が入学している。

ところが、折り悪しく初年の冬から、ハリスが日米通商条約締結交渉のために出府して、暫く江戸に滞在することとなり、他に適当な宿泊所がないため、やむを得ずこの蕃書調所を宿所に使用した。その間蕃書調所の仕事は一時番町の和学所で行われ、和洋学問研究所が同居するという、当時としては珍しい現象が生じたのである。ハリスが蕃書調所に滞在した期間は、安政四年十月より翌年一月までと、五年三月から五月までである。

五年五月二十日、幕府は蕃書調所の入学資格を陪臣、即ち諸藩の家臣にまで拡大した。それには「蘭英両文典の句読終了者」という条件をつけ、「其主人〃〃にて厚く世話致し、手重ニ不相成様取扱可申候」と通達した。福澤が入学を志願した安政六年には、蕃書調所は九段下に復帰している。

90頁10行目　箕作麟祥のお祖父《ぢい》さんの箕作阮甫と云ふ人（19）

箕作阮甫（寛政十一―文久三年　一七九九―一八六三）は美作（岡山県）津山藩医貞固の次男で、十二歳で家督相続し、京都の吉益文輔に漢方医学を学び藩医となったが、文政六年（一八二三）藩主に随行して江戸に出て、宇田川榛斎に蘭方医学を学び、天保五年（一八三四）一時八丁堀に開業したが、火災に遭い藩邸に戻り蘭書の翻訳に専念し、多くの医書を刊行した。天保十年蛮社の獄で小関三英の後任として、幕府天文方蕃書和解御用を命じられ、外交文書の翻訳にも当たった。

安政二年（一八五五）隠居したが、蕃書調所設立に尽力し、杉田成卿と共に初代教授に任命された。この教授職は教頭または学長職で、実際の授業は担当せず、両人は交代で隔日出勤して、外交文書や洋書・雑誌などの翻訳を行い、五の日には全教授職関係者の総会を主催した。調所の基礎の確立に尽力し、文久二年（一八六二）には幕臣に列した。著書に『八紘通誌』・『泰西名医彙講』・『海上砲術全書』・『水蒸船説略』などがある。

娘婿の省吾（文政四―弘化三年　一八二一―四六）は、陸中（岩手県）は水沢藩の下士佐々木家の生まれで、藩の蘭方医坂野長安に蘭学を学び、坂野の称賛する箕作阮甫を慕って江戸に出て、阮甫の門下に入り頭角をあらわした。天保十五年（一八四四）二月その才能を認められ、師家の養子となり、世界地理学者として活躍した。著書に『新製輿地全図』があり、また世界地誌として広く読まれた『坤輿図識』の中心的編集人であった。弘化三年（一八四六）『坤輿図識補』五巻の翻訳に着手したが、肺病に罹り闘病しながらどうやら訳了したが、同年十二月十三日死去した。

箕作省吾の子麟祥（弘化三―明治三十年　一八四六―九七）は津山藩江戸藩邸に生まれ、蘭学の他に英学をも学び、文久元年（一八六一）蕃書調所英学教授手伝並出役、三年開成所教授見習、元治元年（一八六四）外国奉行支配翻訳御用頭取などを歴任、慶応三年（一八六七）フランスに行き翌年帰国、一等訳官、翻訳御用掛・大学中博士となり、明治八年（一八七五）司法省に出仕し民・商法などの編纂に活躍し、二十三年以降貴族院議員・法典調査会主査委員・行政裁判所長等を勤めた。三十年十一月に五十二歳で死去。

明治三年の「大学規則並中小規則」で、欧州近代教育制度の採用方針を示し、特にフランス流の分科制度を採用し、明治五年施行の学制制定にも影響をあたえた。法典編纂委員としても活躍し、わが国に初めてフランス法を移入紹介したことなど、近代化に及ぼした影響と功績は大きいものがある。［4（28）］

90頁18行目　ホルトロップと云ふ英蘭對譯發音付の辭書（20）

蕃書調所の辞書は外部へ持出しができないので、江戸と横浜の間を往復している商人に依頼しておいたところ、蘭英・英蘭の辞書一部二冊の辞書を持ってきてくれ、それがホルトロップ辞書で、値は五両であった。辞書の原名は *John Holtrop's English and Dutch Dictionary, the first volume*: English en Nederduitsch Woodenboek van J. Holtrop, eerste deel, 1823 という小さな辞書であるという。

西周の『自叙伝』安政三年（一八五六）には、蘭学の師手塚律蔵の命令で、この年の冬頃から、中浜万次郎に就いて英語を学んだが、中浜の家で「和蘭英対訳字書ホルトロップあり、専ら此辞書の力に依」って学力をつけたと記している。中浜も恐らくこの辞書は日本に帰国してから入手したものと思われる。

91頁小見出し　英学の友を求む（21）

英語学習の決心をして、教師に就いて学ぼうと試みたが、教師が多忙で、通学学習は不可能となれば、あとは独学しか方法がない。一人でするよりも、仲間数人で一緒にやる方が、途中で落伍する可能性も少なくなるというので、数人の仲間を誘っている。その時の反応は色々であったと、神田孝平《たかひら》・村田蔵六・原田敬策の三人の対応振りを紹介しているのは当時の洋学生の実態を示していて、興味深いものがある。

〔神田孝平〕（天保元—明治三一年　一八三〇—九八）は美濃国（岐阜県）不破郡岩手村の領主竹中氏の家臣神田孟明の子で、幼少の時父を失い、弘化三年（一八四六）叔父に依頼して京都に出て、京都町奉行伊奈斯綏に仕える傍ら漢学を学び、伊奈氏が勘定奉行に転任したのに従って嘉永二年（一八四九）江戸に出た。塩谷宕陰・安積艮斎・松崎慊堂らに漢学を学んでいたが、嘉永六年ペリーの渡来に刺激されて、蘭学に転じ、杉田成卿・伊東玄朴に学び、安政二年（一八五五）手塚律蔵の又新塾に移り、西周・桂小五郎らと相知ったという。

「翁（孝平）嘗て福澤諭吉氏と倶に長崎に遊学し、和蘭文典書に精通せる長崎人某に就き深く文典を研究し、大に得る所ありしと云ふ」（『神田孝平略伝』）と記してあるが、福澤の長崎遊学時代には、神田は江戸にいたから、これは神田乃武の記憶違いであろう。神田が福澤諭吉と知り合うようになったのは、福澤が江戸に出て来た安政五年（一八五八）十月以降である。しかし蘭学生の社交の中心であった桂川家での交際は、その謹直で緻密さと磊落洒脱さを併せ持つ神田と、陽気で悪戯好きながら、真面目で努力家の福澤とは、恐らく気心の合う良き友人関係を結んだに違いない。

〔村田蔵六（のち大村益次郎）〕（文政七—明治二年　一八二四—六九）は嘉永三年（一八五〇）適塾の塾長を辞し帰国して医業を開いたが、業績ふるわず、他方時勢の影響から、西洋兵学の研究に転じ、六年宇和島藩の招きに応じて宇和島に移り、翌安政元年（一八五四）同藩の蘭学・兵学師範として、新知百石を与えられた。安政三年藩主伊達宗城に従って出府し、十一月私塾鳩居堂を開き、同月十六日宇和島藩士の資格で蕃書調所教授方手伝となり、翌年講武所教授となった。

安政五年十二月、国許の父病気ということで帰国。翌年六月十三日江戸に帰着している。帰国中、桂小五郎らと交際を深めていたこともあって、江戸の長州藩邸で前年より開かれていた月三回の蘭書会読会に誘われ、七月から参加している。福澤が英学研究をと、誘いをかけた頃の村田は、講武所・鳩居堂・加賀藩への出張教授と多忙を極めていた時期である。そのために頑固に福澤の誘いを拒否したのであろう。翌万延元年（一八六〇）四月、長州藩より、強く帰藩を求められ、これを承諾して、長州藩士となると、時間的に多少の余裕ができたのか、この年横浜滞留の米人ヘボンに師事して英語を学んでいる。

〔原田敬策（のち一道）〕（天保元—明治四十三年　一八三〇—一九一〇）は岡山新田藩（維新後鴨方藩二万五千石）浅口郡大島村（現笠岡市大島町）藩士原田碩斎の長男に生まれ、山田方谷・広瀬淡窓らに漢学を学び、江戸に出て伊東玄朴の象先堂に入門、蘭学及び洋式兵学を学び、塾頭となり、安政三年（一八五六）四月川本幸民・手塚律蔵らと共に蕃書調所教授手伝出役となる。翌年十一月講武所教授方、文久二年（一八六二）洋書調所教授方となり、外交文書の翻訳に当たった。

文久三年十二月池田筑後守長発の遣欧使節団に加わり渡欧、使節帰国後もオランダに残り兵学校に留学、慶応二年（一八六六）帰国、軍艦役海軍生徒取締・開成所教授。維新後は新政府に出仕し兵学校頭取・兵学大教授・法制局一等法制官・砲兵会議議長・元老院議官などを歴任。のち貴族院議員に勅任された。

参考① 岡見彦三と洋学塾〈関連項目＝5章註（2）、7章参考⑬〉

福澤諭吉にとって岡見彦三は精神的、経済的支援者であったと思われる。福澤が中津藩蘭学塾の教師として江戸に呼び寄せられた安政五年（一八五八）から、遣欧使節一員として使命をはたし、見聞を深めて帰国した文久二年（一八六二）十二月、彦三の死に遭遇するまでを追ってみると二人の関係が見えてくる。例えば藩中屋敷で蘭学塾教師をしながらの咸臨丸アメリカ行き。身分違いの上士階級の娘と結婚、幕府外国方に出仕しながらの遣欧使節団参加。すべて中津藩の蘭学塾教師時代のことである。これら一連の行動は、当然岡見の支援なくしてはあり得なかっただろう。

中津藩中屋敷における蘭学塾運営は、『自伝』のなかで「奥平家が私を其教師に使ふので其前に松木弘安杉亨二と云ふやうな學者を雇ふて居たやうな譯けで」と記したように担当する教師は安定していなかった。これは藩内の政治的状況の変化によると思われる。岡見はなんとしても蘭学塾を継続するために藩内保守派から、塾を守らねばならないと考えたのである。そこで福澤に藩内状況を説明し納得させたうえで、蘭学教授を依頼したのではないだろうか。藩の蘭学塾をできるだけ目立たぬように、また刺激せず、保守派政争の道具に使われないように当分の間、無名の「家塾」として時勢の好転を待とうというのが、岡見の方策だったと思われる。藩の許可を得た蘭学塾でありながら、塾の名前をつけないまま「無名塾」として、福澤にその教授を求めたのであろう。勿論福澤も快く同意したにちがいない。この「無名塾」を通して、岡見の並々ならぬ洋学藩校設立の熱意が、福澤をしてロンドンから島津祐太郎へ手紙を書かせた内容に現れている（文久二年四月十一日付島津祐太郎宛福澤書簡）。また、福澤のオランダ語から英語の修得に替わった時期も、岡見に江戸へ呼ばれた以後のことである。

「無名塾」の福澤はオランダ語を教えながら英語を学び、そして英語を教え始めたのである。こうしてみると岡見彦三は、洋学を教える「無名塾」時代の福澤にとって、また慶應義塾にとっても恩人と呼ぶべき人物ではないだろうか。

彦三自身は洋学塾の実現を見ることはできなかったが、明治十八年（一八八五）に岡見家は彦三の遺志を継ぎ頌栄女学校を設立している。その開校式に臨んだとき福澤は、学校経営の心構えとして〝家は潰れても学校は必ず継続せよ〟と、勧めたと伝えられている。福澤を大坂から呼び寄せ、学校経営（慶應義塾）の発端を作ってくれた岡見彦三の念願を思うと、学校経営実現に際しての言葉として、最も相応しい発言であろう。

ここで一つ解決したい疑問点が残る。それは、岡見家が代々主君奥平家に対して、大金を献納していたことである。例えば、

一、文化五年頃（一八〇八）藩主の希望を受け、上屋敷の隣接屋敷三口約一千坪の土地を藩名義で購入し、代金を立て替えた。

二、勝手不如意ということで、文政九年（一八二六）と十二年に、各三千両を藩に献上した（文政八年昌高公隠居、十一年国許中津暴風雨の大被害）。

三、天保五年（一八三四）上屋敷類焼を機に、岡見家（実家）で使用していた上屋敷の土地を藩に差し出す代わり、上屋敷外への居住（外宅）が許され移転した。

四、弘化三年（一八四六）、嘉永三年（一八五〇）の二度にわたり、彦三の兄清通は洋式砲術訓練用に洋式砲や六ポンド大筒を献上した。

五、慶応四年（一八六八）実家に国許中津移転の命令が下されたが、江戸を離れては収入が減少して岡見家の維持ができないと、在府を望むが許されず結局、「主従の縁切り」ということで、二千両を差し出し暇を得た。

これら、岡見家の財力はどのようにして蓄えられたか、今後の研究に期待したい。

参考②　慶應義塾の創立 〈関連項目＝5章註（8）・（9）、7章参考⑬、10章註（34）〉

慶應義塾大学の創設は安政五年（一八五八）築地鉄砲洲（東京都中央区明石）、豊前中津藩主奥平家の中屋敷に始まったとされている。

現在この場所には慶應義塾大学創立百年を記念して、昭和三十三年四月「慶應義塾開塾の地の碑」が建てられている。

『自伝』の中に、時の年号〝慶応〟を洋学塾の呼び名とした記述がでてくるのは、次の箇所である。「鐵砲州の塾を芝の新銭座ニ移したのハ明治元年即ち慶應四年。明治改元の前でありしゆゑ塾の名を時の年号ニ取て慶應義塾と名つけ…」（「王政維新」一八二頁）つまり、この記述は、大坂適塾塾長の福澤に、当初江戸の藩士に対して蘭学を教授するよう藩命が下った安政五年（一八五八）から、慶応

四年（一八六八）までの十年間は、洋学塾の名前がなかったことになる。この間を、研究上の立場から現在の義塾では、〝無名塾の時代〟として、塾のあった地名をつかって、前期鉄砲洲・前期新銭座・後期鉄砲洲・後期新銭座という呼び方をしている。慶應義塾はその後、明治四年（一八七一）に三田に移って現在に至っている。

慶應義塾発祥の地記念碑

無名塾の時代

前期鉄砲洲　安政五年秋（一八五八）　築地鉄砲洲　中津藩中屋敷　二階建て長屋の一軒

前期新銭座　文久元年（一八六〇）　芝　新銭座（場所・不明）二階建て借家

後期鉄砲洲　文久三年（一八六三）　築地鉄砲洲　中津藩中屋敷　藩主隠居所五軒続きの長屋一棟

慶応義塾と命名

後期新銭座　慶応四年（一八六八）　新銭座　旧越前丸岡藩　有馬家所有の土地

三田　明治四年（一八七一）　三田　旧島原藩　中屋敷のあと地

新銭座の借家から鉄砲洲の中屋敷に再度移転した時期については従来、文久三年（一八六三）とされている。これは、緒方洪庵の急死の報を受けた（文久三年六月十日）様子を「新銭座から下谷まで駆け詰めで緒方の内に飛び込んだ」（『自伝』一五六項）と、長男一太郎が「十月十二日江戸鉄砲洲奥平屋鋪に於いて誕生」（「福澤家系図」『全集』㉑）の記述から所謂、後期鉄砲洲への移転は、この六月一〇日以後、一〇月十二の間とされてきた。

移転先の場所は、前期鉄砲洲とは別の、五軒続きの長屋一棟であった。この建物は前藩主昌高が（安政二年死去）隠居所として、使用していたものである。ここには「お釣り殿」という建物まで含まれていた。この時門下生が七人しかいないにもかかわらず、福澤に与えられた後期鉄砲洲の塾に、少々不自然さが残るので、中津藩の状況を探ってみると、この頃三十三歳になる藩主昌服には嗣子がなかったため、宇和島藩前藩主伊達宗城の三男儀三郎（九歳）を迎える交渉が成立した。

一方、国許では保守派下士層が、奥平壱岐の施政に不満を抱いて、江戸家老職の罷免を要求する「亥年の建白事件」が発生した。

文久三年三月十五日、不満下士層の代表として、水島六兵衛・岡本小弥太・浅沼惣之助の三名が、非役家老奥平図書を訪ね、壱岐を弾劾する建白書を提出したのである。建白書は『中津歴史』下に掲載されている。

此度伊達儀三郎様御事弥々御養君御治定ニ相成候由奉承知候此儀ハ衆議御一定之旨と奉存候得共道路之浮説ハ御内実ハ君公御隠居之思召も被為在候哉ニ相唱候万一左様之御事柄有之候てハ御家の御大事不容易儀ニて難申立事ニハ奉存候得共是以て奸曲壱岐殿兼て奉醸候儀にてハ有之間敷哉と奉恐察候其故ハ当時不容易御時勢中未だ御壮年之御方様御隠居等被仰立候てハ幕府ハ勿論天朝ニ被対候ても御不忠ニ被為当天下之人ニ御言訳も無之次第ニて其上壱岐殿へ御伝役被仰付候ハバ御養君を奉擁御壱人権を専ニし令を国中ニ下し候御心躰明白顕然ニ御座候（一六五―六頁・傍点筆者）

要旨は開明派の老宇壱岐が養子を迎え、現藩主昌服を隠居させて幼君（義三郎）を擁して、藩政を独占しようと野心を抱いている、というものである。

結果、大身衆は、下士の集団的行為の不法を咎めることなく、集団出府を思い留めようと説得し、専ら主張の取り次ぎのみに終始した。四月十七日、奥平図書、生田四郎兵衛の両名が藩主に会うため、中津を出発して、京都へ向かい報告した。結果、藩は下士達の主張を認める形で、壱岐の江戸詰め家老の罷免は決定され、禄二百石削除の処分が行われた。

侯六兵衛等ノ忠告ヲ嘉シ則先壱岐ノ京都ニアルモノヲ遂フテ之ヲ江戸ニ帰ラシメテ而シテ後更ニ諭シテ其職ヲ停ムル後イキ妻之ヲ慙ヂ独自ラ屠腹シテ死シ壱岐亦本藩ヲ脱走セリト云（『中津歴史』下　一七二頁）

引用には正確な日時、理由は明記されていないが、養嗣子の交渉は、江戸家老奥平壱岐が中心になって進められたのではないかと思われる。

この時、藩主が京都に在府した理由もここで述べおく。

藩主昌服は安政五年（一八五八）六月、中津から江戸に参観交代で出府して以来、大手門守衛等の役を勤めていたためか、文久三年三月一三日には、当時京都に上洛中の将軍東帰の守衛のためで上洛を命じられた。三月一八日江戸発、四月二日入洛したところ、急に一〇万石以上の大名三家ずつで、三ヶ月間京都守衛に当たる制度ができた。丁度在籍した中津藩（米沢・広島藩の三藩）は最初の当番として、四〜六月を勤務することになった。この時期が「亥年の建白事件」が提出された時と重なるのである。

当時参観交代の制度は、前年（文久二年）の改革で、藩主家族の国許帰住が許され、在府家臣の多くも国許へ引き移ることになっていたが上記の理由から中津藩は、藩主が帰国を果たしたのは七月、家臣は八月であった。つまり、藩主昌服は五年もの間、国許を離れていたことになる。これでは前述の江戸家老罷免騒動をもたらす、家臣が長きにわたり藩主に面謁できない不満が国許に生じた、と考えても不思議ではない。いってみれば、藩主の五年間に渡る在府期間に合わせたように、壱岐が江戸家老を務め、藩政に大きな影響を及ぼしていると考えるには充分であろう。しかも、嗣子問題もこの時期に事が進んでいるのだから尚のことではないだろうか。

ここに興味深い史料を発見した。

『藤岡屋日記』の文久三年九月二十三条（二百四五頁）である。

有馬遠江守殿御渡御書付

万石以下屋敷・長屋、其外貸置候者、并由緒不知浪人、又は聢と致し候請人も無之中間・小者等、一切差置申間敷候、右ニ付而は何れも組支配之者江急度申渡、銘ゝ厚く世話致し、此節より厳敷相改候様可被致候若胡乱之者差置候段、外より相顕候ニ於而ハ急度可被及御沙汰候条、可被得其意候。

右之通去ル酉年相違候処、今以内弟子等之名目ニ而、由緒不知浪人者ニ同居為致候族も有之哉ニ相聞、以之外ニ付、身元等不慥成躰之者一切差置申間敷候、若由緒有之候か、又は身元等聢と相分居、地面之内江差置、又は同居等為致候ハヾ、生国并名前・歳附等相糺、有無とも頭支配より早ゝ大目付并御目付相違し、自今以後毎年四月書出可申候、尤此度御番方江御府内昼夜廻り被仰付候間、胡乱成もの見掛次第召捕、又は討捨、時宜ニ寄、疑敷場所ニ於而は踏込、遂穿鑿候筈ニ候間、頭支配ニ而精ゝ世話致し、取締行届候様可被致候、若隠置候者有之ニ於而は、急度御沙汰ニ可被及候。

右之趣、万石以下之面ゝ江可被相達候事。

亥　九月二三日

一　万石以上之面々、家来末々ニ至迄、身分紛敷もの、同居等不差置様、厳敷申渡、且家来共之内、用向有之国元より出府、市中江戸逗留致し居候者も有之、不取締ニ付、自今可成丈、屋敷内ニ差置候様可被致候。

右之通、万石以上面々江可被相達候。　九月二十三日

これは、参観交代制度と大名家族の江戸定住制度の改革により、（三年に一度の参観交代、在府百日の大幅改革）諸藩の藩邸は、在住家族が激減し、藩邸内に空屋が多くなっていたからである。

この幕府命令の少し前に京都では、天皇の大和行幸の名目で、朝廷が攘夷を実行する幕府に圧力を掛けようとしていた。薩摩藩は会津藩の勢力を利用してその計画を中止させるクーデター（八月十八日の政変）に成功した。薩摩・越前・土佐・宇和島等の政治的発言力がにわかに強まることとなった中津藩では、再び壱岐の勢力回復を阻むために、藩主昌服の隠居を図る壱岐の策略防止の一方策として、前藩主の隠居所として使われていた中屋敷の建物を、一介の下士出身の福澤に貸し与えたのではないかと推測する。したがって、これら個々の史料、一、参観交代制度の改革による江戸に空き屋が増えての幕府の命令。二、中津藩嗣子問題に関する奥平壱岐の係わり。三、壱岐の江戸家老排斥問題、をつなぎ合わせてみると、前藩主の隠居所という、特別な場所を家臣である福澤に洋学塾として与えられた意味は大きい。福澤自身、藩の洋学塾を目指しながら、広義、個人の洋学塾（私学）経営を決心させた過程と思惑、ひいては慶應義塾の創設時期を考える上で、最も重大といえるだろう。

この一連の推論が許されるならば、ロンドンからの島津祐太郎宛書簡にあるような意気込みで、欧州から帰国していらい藩の情勢に落胆していた福澤に、市中から隔離された環境と、広い校舎が手に入ったことになる。これにはさすがの福澤自身にも、戸惑いがあったはずだ。しかも、このいかにも政治的な意図が秘め

られた行為を福澤はどのように受けとめたことだろう。奥平壱岐の家老罷免から（妻の自害、隠居退身、家督相続の養子等）藩の移籍と、保守派の勢力が強まっているだけに、新学塾を藩校にしたいと願う福澤は、まずはこの洋学塾の藩校実現を断念して、与えられた環境の中、まずは新構想に賛同する同志の教育と欧米式教育が続けられる学生数の維持との、考えに至ったのではではないだろうか。

その後の奥平壱岐は江戸家老職罷免と家禄減給を不満とし、薩摩藩への移籍を希望して薩摩藩も一千石で壱岐を迎えようとしたが、中津藩の反対を受け最終は慶応三年九月に、壱岐の親戚が家老を努める伊予松山藩の移籍で、一件は決着している。［2③］

＊参観交代　参観とは、下の者が天皇や将軍にお目にかゝるとの意味で、勤め働くといった意味と異なるので、観の字を用いた。

6、始めて亜米利加ニ渡る

94頁5行目　咸臨丸（1）

咸臨丸は幕府がオランダに注文製造した木造軍艦で、わが国初の太平洋横断に成功した記念すべき軍艦である。トン数六二五トン、船長一六三フィート、幅二四フィート、一〇〇馬力、蒸気螺旋仕掛、三檣のスクーナ・コルベット艦である。オランダ、ロッテルダムの海事博物館で一八五六年（安政三年）六月十日付の総帆図・十二月二十二日付の汽缶図・翌一八五七年（安政四年）四月十五日付のスクリュー拡大図等の咸臨丸の設計図が発見された。押印されている造船所のスタンプ等から、キンデルダイクのフォップ・シュミット造船所で建造されたことが明確になった。

竣工したヤッパン号（咸臨丸）は、長崎海軍伝習所の第二次教授団の団長となるカッテンダイケ以下七十二名の乗組員によって、一八五七年三月二十六日（安政四年三月一日）ロッテルダムを出航し、九月二十一日（陰暦八月五日）長崎に到着した。その際の検問書類の日本語訳も発見された。

船之大サ　　六百二五トン　馬力百馬力
指揮役　　ウェイセボイスセンフハン　カッテンディス
役掛竝士官人数　　士官六人
乗組惣人数　　七二人

咸臨丸のトン数については、諸説があって定まっていなかったが、木村喜毅の長崎関係の日記の一つ「丁巳孟秋　私蛙余録」（『木村摂津守喜毅日記』所収）八月五日条に、

四時過孫三郎就次郎御誂船出役相許□にて立寄委細申聞　御船六百二十五トン、〇船将カッテンレイキ、〇士官七人乗組六十四人、第八月二十六日爪哇出帆（我七月七日也）。

とあり、木村の記録の正確さが追証された。

幕府はペリー渡来後間もない嘉永六年（一八五三）九月、大船建造の禁を解除し、外国艦船の購入や建造注文に方針を転換、安政元年（一八五四）オランダに数隻の軍艦を注文した。最初に建造された軍艦は初めヤッパン号と呼ばれていた。

ヤッパン号は安政五年十二月十一日幕府から「咸臨丸」と改名することが伝えられた。命名の意義については、「日本海軍艦船名考」に「咸はみなと訓ず、気の相交り和する義なり、臨はのぞむと訓ず、咸臨は君臣互に親み厚く情洽きの至りなり、易経に咸臨貞吉とあり」（『幕末軍艦咸臨丸』）と説明している。

安政六年二月、幕府は長崎伝習所の閉鎖方針をオランダ教授団に告げ、幕府伝習生は四月長崎を引揚げ、木村喜毅も五月七日長崎を出立して江戸に帰った。したがって、咸臨丸も江戸の海軍操練所の所属となった。九月には、浦賀にできた船舶修繕所で船底塡隙の修理を完了している。浦賀工場で修理された最初の軍艦であるという。

米国派遣より帰国後の咸臨丸は長崎への御用金輸送・露艦対馬来寇事件の際の談判委員送付等、一般の操練所所属の軍艦用務を行っている。

慶応四年（一八六八）江戸城開城の時、一部の軍艦を徳川家に残す要求で、四月二十八日咸臨丸も残されることになった。しかしすでに軍艦というよりは、運送船としての機能しか持っていなかった。榎本武揚の八月十九日の艦隊江戸脱走の命令に従って、江戸湾を出たところで強風に遭い、曳航綱も切れたので、大檣を切倒して辛うじて沈没を免れ、伊豆の下田港に漂着した。

僚艦の蟠龍丸に曳航されて駿河の清水港に入港すると、乗船していた旧幕府兵、銃砲、器械等を陸上《りくあげ》して船体の修理を加えていた九月十八日、新政府軍の軍艦が清水港に襲来した。蟠龍丸はいち早く逃れたので、新政府軍は抗戦不能の咸臨丸を砲撃し、副艦長春山辨蔵以下七名が戦死した。戦死者の死骸が海中に投棄されてあったのを、土地の侠客山本長五郎（清水の次郎長）が、官賊の如何を問わず、戦死者の遺骸は放置すべきではないと、ひそかに収拾して向島の松の木の下に埋葬し、小さな碑を建てた。艦は官軍に拿捕され、江戸湾に曳航された。

咸臨丸は軍務官によって修理が加えられ、明治二年（一八六九）函館戦争が終

鈴藤勇次郎画「咸臨丸難航図」（木村家蔵、横浜開港資料館保管）

わった後に民部省から大蔵省の所管に移され、八月さらに北海道開拓使に移管され、沿岸の物資輸送に従事した。明治四年開拓使は、咸臨丸と新たに購入した英船辛未丸とを民間の回漕会社に移管した。咸臨丸の経歴はここまでで、最終消息は不明であったが、明治四年九月十九日に仙台藩片倉家の北海道移住者を乗せて小樽に向かう途中、突風にあおられ、現在の木古内町泉沢の更着岬で破船沈没したことが明らかになった。

明治二十年戦死者の旧友らによって、墓の改築と共に興津の清見寺内に記念碑が建てられた。「骨枯松秀」の篆額は脱走陸軍の指令官ともいうべき大鳥圭介、撰文は北海道で新政府に抵抗し、函館奉行となって降伏した永井尚志（介堂）、その背面に榎本の大書した「食人之食者死人之事」が彫られ、同年四月十日に建立された。二十三年福澤が興津付近に遊んだ時、清見寺のこの記念碑を見て、翌年「瘠我慢の説」を記している。［15③］

『幕末軍艦咸臨丸』の詳細な研究の後も、咸臨丸に乗船して米国に帰ったブルックの日記等（『万延元年遣米使節史料集成』四・五巻所収、以下『遣米使節史料集成』と略記）や、オランダ造船関係の資料（「咸臨丸ヤッパン（Japan）号に関する新史料」『三田評論』七〇三号）等が発表され、さらに『咸臨丸海を渡る』等の研究書が刊行されている。

94頁6行目　長崎ニ行て蘭人ニ航海術を傳習して（2）

鎖国政策を守ってきた幕府の海軍力は、当然のことながら、絶無に近い状況であった。海軍力保持強化の必要を痛感した幕府は、早速オランダ商館長ドンケルクルチウスに軍艦の購入を依頼した。オランダ側は、これまでの日本との交易特権を守るためにも、この際最大限に協力すべきと考え、安政元年（一八五四）七月五日商館長は、クリミヤ戦争勃発により、現在軍艦は勿論兵器の他国への売却ができない事情を説明した上で、近日日本を訪問する軍艦スンビン Soembing 号を利用して海軍技術の伝習を提案をすると共に、幕府の注文に応じて軍艦建造を承諾した。

七月二八日長崎に到着したスンビン号の艦長ファビウスは、海軍創立の適切な献策書を、長崎奉行水野忠徳に提出して、九月七日までの滞在期間を利用して、とりあえず長崎警備の地役人と、長崎警備を担当する佐賀・福岡両藩士に、簡単な伝習を行った。

翌安政二年六月九日、スンビン号が再度長崎に来航した時、オランダ政府は同艦を幕府に寄贈し、軍艦操縦術の伝習を行うことを申し出た。これが長崎海軍伝習所の始まりで、日本の近代海軍創設への第一歩となった。

スンビン号寄贈の申し出を受けた幕府は、七月二十九日長崎在勤目付永井尚志に、

阿蘭陀献貢之蒸気船を以、運用其外伝習方之儀は（中略）運用其外伝習の為被遣候者共之指揮且掛引等、総て之進退取締方引請取扱可申

と命じ、同時に永持亨次郎・矢田堀景蔵・勝義邦を指揮官要員として永井の下に入らしめ、三十七名の伝習生を派遣した。これに長崎奉行支配の者を加えて、オ

ランダ人より直接伝習を受けることとなった。幕府はこの第一期伝習生（安政二年十月～四年二月末）に次いで第二期伝習生（安政四年一月～五年五月上旬）・第三期伝習生（安政四年九月～六年四月）を引き続き派遣した。

咸臨丸での実習は、木村摂津守の意向もあり、安政五年二月頃より毎月運行実習を行い五島経由対馬方面、三月は平戸・下関・豊後水道・鹿児島・天草経由の九州一周、四月は天草の富岡訪問、五月は薩摩訪問が行われた。五月の航海は、幕府が購入した帆船鵬翔丸の江戸回航を薩摩まで見送るものであった。この船で勝を除く第一期生の残留組と第二期生が江戸に引き揚げ、第三期生と勝のみが長崎に残った。しかしこれ以後、長崎に始まる全国的コレラの大流行や将軍家定の死去による服喪等もあり、航行実習は行われなくなった。

安政六年二月、伝習は一応その目的を達成したのと、予期せざる障害が生じ、伝習生達が早々に江戸へ帰らねばならなくなったとして、幕府側からオランダ弁務官に伝習終了の予告がなされた。四月予告通りに幕府伝習生は全員長崎を引き揚げた。教師団が長崎を離れた九月まで、諸藩の伝習生のごく限られた人数が、出島で講義を受けるにとどまった。

オランダ側は伝習中止の原因を、家定死後の新幕閣が保守化し、多額の費用を要する事業を好まなかったためとみている。しかし海軍伝習という国家事業を、オランダ一国に依存していることに対する列国の批判が次第に強まってきたことが、幕府の変化の大きな要因であったことは否定できない。武器輸出が、単に貿易上の問題だけでなく、その国への政治的影響も極めて大きいものがあるからである。

94頁6～7行目　此度使節ゟワシントンェ行く（3）

安政五年（一八五八）六月十九日に締結調印された日米修好通商条約の第十四条に次の一文がある。

右条約の趣は来る未年六月〔五〕日より執行ふへし。此日限或は其以前にても、都合次第に日本政府より使節を以て亜墨利加華盛頓府に於て本書を取替すへし。

この批准書交換の使節を米国に派遣することは、ハリスとの交渉の中で安政四年末より五年初頭、日本側より提案されたものである。

安政五年八月、水野忠徳・永井尚志・津田正路・加藤則著の四名が遣米使節一行に任命された。

アメリカ側より迎船配置の都合から、その時期と派遣使節人数の照会が外国方にあったのに対し、時期は来年二月頃、約八十名と返答した。水野・永井は岩瀬と同じ外国方で、共に長崎に勤務した通商関係通の幕吏である。特に永井は長崎海軍伝習の初代総督として、伝習所の充実発展に努力した人物である。

日本からワシントンへ使節を派遣することは、日米修好通商条約締結の批准書交換のためと、条約文に明記されているが、隠れた目的は、以前貿易の市場調査を考えた岩瀬の香港行きに代わるものではないかと思われる。

94頁7行目　日本の軍艦もサンフランシスコまで航海（4）

井伊掃部守政権となってからの幕府の方針に大きな変化が見られ、積極的に開明方針を進めることに批判が高まってきたなかで、安政五年（一八五八）八月二十五日、水野忠徳・永井尚志・津田正路・加藤則著の四名が遣米使節一行に任命された。

四名はここで、アメリカ行きについて別艦仕立ての意見具申を行っている。上申書は、使節が正式の供揃えをするには猶人数が不足する。そこで米人を臨時に雇入れ彼らに和服を着せることは、外国使節来日の際に、日本人に洋服を着用させる事態を招くので、それは国内情勢から見て、攘夷論を煽り好ましくないとして、別艦を派遣し、その水夫らを臨時の従者に仕立てることを提案した。それはわが海軍の実地訓練になり、且つ三年も海軍伝習を受けた日本の国威を示すことにもなると述べている。これには、幕府の権威を国外に強調し、国内の攘夷論者の反幕論調を弱めたいと希望する井伊政権の狙いを巧みに満足させつつ、別艦派遣を承認させようとする意図がある。

九月十日老中から、短期間の訓練しか経験していない海軍に、未知の太平洋航海は危険ではないのか、失敗があれば、後の海軍の育成に支障が生ずるとして、その再考が促されている。この指摘に対して外国方は小野友五郎ら優秀な乗務員が揃っていて、心配の必要はないことを強調して答えている。その効果があったのか、「覚　蒸気船一艘別船仕立可被差遣候間乗組人数等取調可被申聞候事」と指令が出ている（これが日本人乗組員による、初のアメリカ航海である）。

他方幕府は米国派遣を六年二月頃と返答しておきながら、五年十一月より使節迎船派遣時期の延期をハリスと交渉し、遣米使節派遣時期を七年二月（陰暦一月）まで延期することを承認させている。横浜開港問題が当面の問題として処理される必要があったためである。長崎海軍伝習所も、井伊大老の就任以来の政治的動揺等の影響で、伝習が十分行えぬ状況が続いたうえ、オランダ一国から海軍伝習を受けることへの、諸外国からの不満の問題もあったらしく、安政六年一月で長崎海軍伝習所は閉鎖されている。

伝習所総督であった木村喜毅は、九月十日軍艦奉行並に任じられた。その二日後に神奈川奉行新見正興・勘定奉行兼外国奉行兼神奈川奉行村垣範正・目付小栗忠順らが遣米使節に任命された。十一月二十四日木村図書（喜毅）は「亜墨利加国へ為御用被差遣候間可致用意候」（『幕末維新外交史料集成』第三巻六五九頁）と別艦派遣の準備をするよう下命され、二十八日に軍艦奉行に任命された。

ここに正使一行とは異なる別艦派遣団が確定されることとなったのである。

別艦派遣一行にどの軍艦が使用されるかについて、幕府当局の方針が二転三転し、変更の時期も必ずしも明確ではない。勝海舟の『海軍歴史』には、安政六年品川湾に停泊中の観光・朝陽・蟠龍・鵬翔の四艦中、最新式の朝陽丸が最適と考え、準備を行っていた所、十一月十八日に至り、軍艦奉行に新任された井上信濃守より、積み荷の関係から、積載量の大きい観光丸に変更すべしとの命令が出された旨が記述されている。

観光丸から咸臨丸に変更になったことを示す史料として他には、咸臨丸に同乗渡米した米人ブルックの、「横浜日記」（『遣米使節史料集成』第五巻所収）がある。安政六年十二月二十五日条に、遣米使節正使や軍艦奉行木村摂津守と横浜で会談し、咸臨丸を視察している。良く整備されていて大変気に入った等の記事がある。このことから米国側の指摘で、観光丸から咸臨丸に変更し、その時期も二十二日か二十三日であることが明らかとなった。以上別艦派遣は、多くの紆余曲折を経て、ようやく咸臨丸に決定したのである。

出発準備は短期間で、関係者の苦労は大変であったろうが、船の整備の必要もなく、積載荷物の移動だけだったので、万延元年（一八六〇）正月十三日に品川を出発できたのであろう。十七日神奈川でブルックも乗船して、十九日米国に向け一路太平洋に乗り出したのである。

94頁8行目　艦長ハ時の軍艦奉行木村摂津守（5）

木村喜毅は天保元年（一八三〇）二月五日生まれ、十三年浜御殿奉行見習、弘化元年（一八四四）両番格、嘉永元年（一八四八）に昌平黌試験乙科に及第し、浜御殿添奉行となり、安政二年（一八五五）二月講武所出役、九月西丸目付に抜擢、本丸勤務となる。三年十二月長崎在勤を命じられ四年五月長崎に赴任、海軍伝習所取締として沿海航海も経験する。六年伝習所の閉鎖で残務処理後六月江戸に戻る。六月外国御用立合兼神奈川開港御用を下命される。海軍の実情を最もよく知るということで、九月十日軍艦奉行並に任命された。同年十一月木村のアメリカ派遣が発令され、二十八日に軍艦奉行に昇進し従五位下摂津守となった。

万延元年（一八六〇）一月九日
今度亜墨利加国江被遣候　御使之面々御用中若病気等に而何も差支候節者其
方　御使相勤候心得に而可被罷在候

（『幕末維新外交史料集成』第四巻三九頁）

木村摂津守

海軍の制度が未完成の時でもあり、司令官、艦長という任命もない。咸臨丸に同乗したブルックは、木村を提督、勝を艦長と記している。

万次郎と事務長が今日私に、提督の身分について説明した。アメリカでは彼の肩書きが何となるか考えつかないので、彼らは提督の任務の幾つかを私に話した。第一、彼は神奈川奉行と同格である。彼は日本の全海軍を指揮し、士官を選択し、将軍の承認をもって任命する。私は彼がアドミラル（海軍長官）であると結論を下した。

（「咸臨丸日記」二月二十八日条、『遣米使節史料集成』第五巻一〇六頁）

木村の呼び方については、ブルックが言うように、長官または司令官とでも呼ぶべきかもしれないが、咸臨丸で米国に赴いた人々の中で最高の位の人という意味で、福澤は木村のことを艦長と表現しているのであろう。

木村が軍艦奉行の指名を受けるに至った事情を示す史料は不明である。

94頁8行目　勝麟太郎（6）

勝麟太郎（海舟）は、文政六年（一八二三）一月晦日小普請組勝小吉の長男として江戸本所亀沢町の本家男谷家に生まれる。天保九年（一八三八）家督相続。中津藩出身の剣豪島田虎之助の下に剣術修行に専心し、十四年頃免許皆伝となる。弘化二年（一八四五）頃より蘭学を学び、嘉永三年（一八五〇）には赤坂田町に蘭学塾を開いた。安政二年（一八五五）一月異国応接掛手付として蘭書翻訳に従事していたが、長崎で海軍伝習が開始されるに当たり、蘭学の心得ありということで、七月重立取扱（指揮官）として蒸気船伝習の命を受け、小十人組百俵に昇進、第一期伝習生として長崎に派遣された。

一応の伝習を受け、一期生等が引揚げ（安政四年（一八五七）三月）た後も長崎に残り、伝習所閉鎖時（同六年（一八五九））まで伝習生の先任者として、後輩の教育助手的な役を務めた。

江戸に帰ると、軍艦操練所教授方頭取を命ぜられたが、米国への別艦派遣については、当然のことながら、現場首脳の一員として、乗組員の人選などに意見を徴せられた。勝は早くより、欧米科学の先進性を認め、その学習のために外国への留学を望んでいたようで、安政三年五月・七月の佐久間象山との往復書簡などで、蘭国或いは哇巴（爪哇《ジャワ》カ？）等の地名をあげている。外遊の念願叶って（公式には単に米国派遣命令）咸臨丸の艦長として乗組むことになった。実際のところ艦長任命の辞令がないことに不満であったようで、時に年少で官位の高い木村軍艦奉行への態度にそれが現れたようである。晩年における木村の思い出話は有名である。

咸臨丸の艦長にするのでも、どうか行きたいという事ですから、お前さんが行ってくれればというので、私から計ったのですが、何分身分を上げる事もせず、まだあのころは、切迫していないものですから、ソウ格式を破るという工合にゆかないので、夫が第一不平で、八当りです。終始部屋にばかし引込んでるのですが、艦長の事ですから相談しないわけにも行かず、相談すると「どうでもしろ」という調子で、それからまた色々反対されるので、実に困りました。はなはだしいのは、太平洋の真中で、己は之から帰るから、バッテーラを卸してくれなどと、水夫に命じた位です。

（『海舟座談』附録その一）

米国より帰国後は蕃書調所頭取・軍艦操練所頭取・軍艦奉行と海軍関係の要職に就任。元治元年（一八六四）には諸太夫安房守二千石となったが、十一月には罷免され寄合となった。慶応二年（一八六六）五月軍艦奉行に再任されて以後は、反幕派諸藩との政治的交渉に登用された。開国論を主張し、幕府役人の官僚的態度を平気で批評したり、内部機密的なことも平気で諸藩士に語り、相手を驚嘆させて自己の主張に巻き込むといった面を持ち、特に幕府に批判的な諸藩士らに、好感を抱かれていたことが、慶応四年の鳥羽伏見の戦いで、幕府を朝敵として討幕軍が編成される状況となって、朝敵の汚名を除去し、徳川の家名を残す処置を目標とする慶喜に登用され、江戸開城の交渉など、幕府の代表として活躍することとなったのであろう。

明治五年（一八七二）五月、海軍大輔に任命され、明治政府に出仕するようになってからは、六年十二月に、参議兼海軍卿となったが、八年依願退職した。二十年五月伯爵となり、翌年四月には枢密顧問官となった。三十二年一月死去。七十七歳である。

明治二十一年『海軍歴史』・翌二十二年『陸軍歴史』・二十四年『開国起源』を編纂完成している。日記・手記・建言書類・年譜・清譚と逸話の史料類とともに、

『海舟全集』（十冊）が刊行されている。

94頁12行目　艦長の従者を併せて九十六人（7）

木村摂津守の記した渡米記録「奉使米利堅紀行」（『遣米使節史料集成』第四巻所収）に見える咸臨丸搭乗者名である。

運用方は佐々倉桐太郎・濱口興右衛門・鈴藤勇次郎　測量は小野友五郎・伴鉄太郎・松岡磐吉　蒸気は肥田濱五郎・山本金次郎　公用方は吉岡勇平・小永井五八郎　通弁官は中濱萬次郎　指揮官は勝麟太郎　少年士官は根津欽次郎・赤松大三郎・岡田井蔵・小杉雅之進と医師二人、舶夫・火焚六十五人、予が従者を併せて九十六人とす。

『自伝』の記述と一致している。

明治三十一年福澤は咸臨丸で同行した長尾幸作（のち土居咲吾と改姓名）の養嗣子土居準平からの問合せに対し、佐々倉以下小杉までを、勝を除いて同じ順番で記し、続いて牧山脩卿・木村宗（宋）俊の名を連ねて答えている。

外に水火夫合して六十五人。将長は木村摂津守、指揮官は勝麟太郎、木村の家来は大橋栄次、秀島藤之助（実は鍋島藩士）と尊厳と老生と四人なり

（明治三十一年六月二十八日付、土屋準平宛書簡）

牧山・木村は医者である。またサンフランシスコで客死した水夫源之助の名も挙げている。しかし、未だ九名が不明である。

勝の編集した『海軍歴史』では、木村・勝と士官十七名、水夫火焚らの兵六十五名、医師及びその従者・大工鍛冶ら九名、総計九十一名としている。史料による人数の相違等があって、にわかにその人数を確定し難いが、『幕末軍艦咸臨丸』・『万延元年のアメリカ報告』・『咸臨丸海を渡る』等の研究結果によって、人名が明確になってきた。

『遣米使節史料集成』第七巻、「総説」六九―七五頁の、第一表「資料人別残存状況」（別艦一行）によって、水夫五十名、火焚十五名、木村・福澤の列記した以外の氏名が明らかになった人々は、医師門人田中秀安・中村清太郎の二人、従者扱いで鼓手の斉藤留蔵、大工長吉・鍛冶役菊太郎の五名である。まだ三名が不明であるが、水夫茶番二名という記録（斉藤留蔵「亜行新書」、『遣米使節史料集成』第四巻所収）もあり、これを認めると、残りの不明者は一人である。木村・福澤説の九十六名説が承認されそうである。

氏　名	搭乗時資格と役務　略歴・その他
佐々倉桐太郎	操練所教授方・運用方。浦賀奉行組与力・海軍伝習一期生。天保元年（一八三〇）江戸下谷結城家に生まれる。のち佐々倉家の養子となる。維新後海軍に入り、兵学寮監長、兵学権頭となり明治八年（一八七五）死亡四十六歳。
浜口興右衛門	操練所教授方・運用方。浦賀奉行組同心・海軍伝習一期生。文政十二年（一八二九）八丈島に生まれ、浦賀奉行所同心浜口久左衛門の養子となり、江川の推薦で長崎海軍伝習に参加。幕末には大番格軍艦役並まで昇進、主に造船関係に従事。維新後横須賀製鉄所勤務、明治二十年（一八八七）海軍少技監主幹（高等官五等）、二十二年退官、二十七年十月十五日六十五歳で死去した。
鈴藤　勇次郎	操練所教授方・運用方。江川太郎左衛門組手代・海軍伝習一期生。文政九年（一八二六）前橋藩の刀工藤枝家の二男に生まれ、鈴木家の養子となる。安政二年（一八五五）出府し幕府に仕え、鈴藤と改姓、江川門に入り砲術を学ぶ。八月江川に推薦され長崎に赴く。慶応二年（一八六六）軍艦役勤方、四年軍艦役と昇進したが、病気のため榎本軍に参加できないことで八月自害した。四十三歳。有名な「咸臨丸難航之図」（八二頁参照）は彼の描いたものである。
小野　友五郎	操練所教授方・測量方。天文方手付・海軍伝習一期生。文化十四年（一八一七）十月常陸笠間の小守家の四男に生まれ、天保四年（一八三三）小野家の養子となる。十六、七歳頃より算術を学び、江戸詰めとなり研鑽を重ね、嘉永五年（一八五二）十二月幕府天文方出役となり、安政二年（一八五五）長崎海軍伝習に派遣された。蘭人教師の数学授業も彼一人だけが理解することができたといわれている。咸臨丸で渡米から帰国後は、文久三年（一八六三）勘定組頭・翌年勘定吟味役に昇進、慶応三年（一八六七）一月軍艦武器等購入

のため米国に派遣、六月帰国した。この時福澤も同行した。八月勘定頭取・十月勘定奉行並に昇進したが、四年一月罷免・四月入獄六月主家預けとなる。維新後明治三年（一八七〇）民部省鉄道掛、十年鉄道寮を退官後は、製塩業に従事した。明治三十一年八十二歳で死去した。

伴　鉄太郎

操練所教授方・測量方。箱館奉行支配調役並・海軍伝習二期生。生年月日不詳。明治九年（一八七六）に五十二歳という説から推測すると、文政八年（一八二五）生まれということになる。安政三年（一八五六）長崎海軍伝習所に入り、五年五月伝習終了、江戸に帰府。翌年十二月操練所教授方に任命。帰国後は軍艦頭取・軍艦頭に昇進。維新後沼津兵学校一等教授となったが、同校が兵部省直属となり、海軍省に移り明治九年（一八七六）海軍少佐水路局副長となる。明治三十五年八月海軍大佐で病死した。推定年齢七十八歳である。二十年夏頃より、勝の『海軍歴史』の下調べをしている。彼の作成した「咸臨丸航海図」は慶應義塾図書館に所蔵されている。

乗組員との集合写真（前列右端が福澤）

松岡　磐吉

操練所教授方・測量方。江川太郎左衛門組手代・海軍伝習二期生。江川家の家臣というのみで、生誕年は不詳。安政三年（一八五六）長崎海軍伝習所に派遣、同六年まで長崎に滞在したと推測される。帰府後は咸臨丸副長として活躍した。

慶応四年（一八六八）正月大番格軍艦役並勤方となり、榎本艦隊に参加、明治二年（一八六九）五月の函館海戦の時、蟠龍艦長として朝陽を撃沈させた。結局戦いに敗れ、東京に檻送され、四年獄中で病死した。

肥田　浜五郎

操練所教授方・蒸気方。江川太郎左衛門組手代見習・海軍伝習二期生。

天保元年（一八三〇）正月、伊豆加茂郡八幡野村に生れ、江戸に出て伊東玄朴に蘭学を学ぶ。安政三年（一八五六）江川門から選ばれ、長崎の海軍伝習所に派遣、蒸気機関の研鑽で頭角を現し、教師カッテンダイケより称賛される程の成績を挙げた。帰国後も軍艦操練所関係に勤務、元治元年（一八六四）軍艦操練所教授方頭取となり石川島造船所拡張のための必要機材調達のためオランダに渡り、慶応二年（一八六六）正月帰国した。維新後明治二年（一八六九）八月民部省出仕・四年理事官として岩倉大使一行に随行、七年海軍主船寮頭兼海軍大丞、十五年（一八八二）海軍機関総監、十八年には宮内省御料局長官となった。彼はまた理財に長じ、華族銀行の創立・日本鉄道会社の創立等理財事業にも才能を発揮した。明治二十二年交通事故で負傷し、五十九歳で死去した。福澤諭吉の碑文がある。

山本　金次郎

操練所教授方・蒸気方。浦賀奉行組同心・海軍伝習一期生。

文政九年（一八二六）浦賀の生まれ、奉行所の同心。長崎に派遣され、数学が得意であったためか機関方として頭角をあらわす。帰国後操練所教授方として勤務したが、元治元年（一八六四）三九歳で死去した。

吉岡勇平良太夫　公用方

天保元年（一八三〇）磐城国東白川郡中石井村の農家に生まれ十七歳で江戸に出て苦労し、長崎奉行牧志摩守（嘉永三〜六年（一八五〇〜五三）奉行勤務）に仕え祐筆として、主人に従い長崎に勤務したことがある。安政元年（一八五四）幕府御家人吉岡家の養子となる。同三年幕府に出仕、表台所人無足見習にはじまり、養父の跡を継いで表台所人となり、五年江川太郎左衛門手附出役、翌年八月軍艦取調役となり、咸臨丸に搭乗した。渡米時の記録に「亜行日記」（『吉岡良太夫伝』所収）がある。

帰国後は軍艦取調役・慶応元年（一八六五）新御番、翌二年長崎奉行支配組頭・三年大坂町奉行支配組頭を歴任、別手組頭取取締に任じ二の丸御留守居格布衣となった。鳥羽伏見の敗戦で、別手組五十人を率い海路江戸に戻った。

慶喜の水戸退引の時は警護して水戸に下った。江戸に戻り、徳川家が駿河七十万石となったことに不満を抱く分子が、吉岡の許に集合していたので、明治元年（一八六八）十二月官軍に捕えられた。牢獄の番卒に酒を飲ませその隙に脱獄。浅草東光院に隠れ、各地へ逃亡旅行を重ね、再度東光院に戻った三年四月捕縛され、十一月処刑された。享年四十歳である。

小永井五八郎　公用方

推定天保元年（一八三〇）佐倉藩の重臣平野家に生まれ、幼少の時より江戸に出て野田笛浦・古賀謹一郎・羽倉簡堂らについて儒学を修め、安政五年（一八五八）旗本小永井家の養子となる。軍艦操練所勤番下役であったため咸臨丸に搭乗することになったのであろう。帰国後元治元年（一八六四）七月七日、木村が桂川の新居を訪問した折、小永井・福澤が同道し、共に小船を浮べ納涼を楽しんでいる（『木村摂津守喜毅日記』）。

役職は徒目付・大坂調役。維新後は一橋家・尾張家に儒者として招かれたが、後浅草新堀に儒学私塾濠西精舎を開き、門下からは市村瓚次郎等を出した。明治二十二年（一八八九）十二月六十歳で死去。

中浜　万次郎

軍艦操練所教授方　通弁主務。

文政十年（一八二七）土佐国幡多郡中ノ浜の漁民の次男に生まれ、天保十二年（一八四一）正月仲間四人と出漁中台風で鳥島に漂流、半年後米国捕鯨船に救助され、米国の小学校に通学。学校終了後、水夫・鉱夫として働き、金を蓄え帰国を計画し、嘉永三年（一八五〇）米船で沖縄沖まで来て、準備したボートで摩文仁に上陸。鹿児島・長崎と転送取調を受け、五年（一八五二）六月土佐藩に引渡され、十月郷里に帰着した。土佐藩では彼の外国生活の経験を貴重とし、中浜の姓を与え、英語教師に任用した。嘉永六年十一月幕府に召され普請役格として江川英龍の手付となった。安政四年（一八五七）操練所開設とともに、教授方となった。

咸臨丸渡米の際の通訳としては一時福地源一郎が候補になったが、帆船運行の経験が買われ決定した。帰国後は、文久元年（一八六一）咸臨丸で小笠原島に行き、日本領土であることを確定したり、薩摩・土佐藩の英語教師をした。明治二年（一八六九）新政府の徴士として開成学校中博士となったが、三年渡欧の途次病気帰国、以後療養生活を送り、明治三十一年十一月七十一歳で死去。伝記に中浜東一郎『中浜万次郎伝』、寺石正路『中浜万次郎漂流奇談』等がある。

根津　欽次郎

操練所教授方手伝。小普請組・海軍伝習三期生。

生年月日不詳。小普請組小笠原弥八郎配下より、安政四年（一八五七）長崎に派遣された。相当有能な青年であったのであろう。帰国後の万延元年（一八六〇）七月、咸臨丸乗組員の時、暴風時の対策が適切であったとの功績で賞されている。慶応二年（一八六六）小十人格軍艦組より軍艦頭取、さらに軍艦役勤方に昇進、維新の時は榎本艦隊に参加、開陽丸機関方として活躍。明治になり許されてのち、明治十年（一八七七）海軍大尉で死去、年齢は不詳である。

赤松大三郎則良　操練所教授方手伝。先手組与力弟　蕃書調所句読教授出役・海軍伝習三期生。

天保十二年（一八四一）江戸深川住の吉沢雄之進の二男に生まれ、弘化四年（一八四七）祖父赤松良則家を継ぐ。ペリー渡来時実父は浦賀奉行付きとして活躍、翌年下田に移転し、大三郎ら兄弟も下田に移る。安政二年（一八五五）父の勧めで蘭学者坪井信良に師事、四年その学才を認められ、蕃書調所句読教授出役、引続き軍艦操練所教授方となり、九月長崎海軍伝習所に派遣された。帰国後文久三年（一八六三）オランダ留学を命ぜられ、造船技術の研究を行い、慶応四年（一八六八）帰国し、沼津兵学校一等教授となる。明治三年（一八七〇）勝の勧めで海軍に勤務。明治六年オーストリア大博覧会に派遣され、九年主船寮長官、横須賀造船勤務、海軍省副官。十四年主船局長。二十年男爵・海軍中将。二十四年横須賀鎮守府司令長官となり、翌年予備役後は貴族院議員となり、大正九年（一九二〇）九月八十歳で死去した。渡米時の記録に「亜墨利加行航海日記」（『遣米使節史料集成』第四巻所収）が、伝記に赤松則良述・赤松範一編注『赤松則良半生談―幕末オランダ留学の記録』がある。

岡田　井蔵　操練所教授方手伝。浦賀奉行組与力弟・海軍伝習二期生。

天保八年（一八三七）一月幕臣岡田定十郎の四男に生まれたが、早く両親を失い、兄に養われる。兄が浦賀奉行所組与力となったのに従って浦賀に移転。十六歳で昌平黌に学び、安政三年（一八五六）長崎に派遣され、六年まで同地に留まり、機関方として研鑽した。帰国後は海軍関係に勤務、維新後明治四年（一八七一）造船少帥・十七年海軍一等帥に昇進、二十二年艦船設計係を退所。三十七年七月、六十九歳で死去した。

小杉雅之進（雅三）　操練所教授方手伝。海軍伝習三期生。

天保十四年（一八四三）小杉直方の三男に生まれる。兄直吉が長崎奉行所役人で、雅之進に海軍伝習生になるよう進め、安政四年（一八五七）伝習所に入り、蒸気方（機関方）の教育を受け、万延元年（一八六〇）の咸臨丸渡米に採用され、帰国後、江戸の操練所に教授方として勤務した。慶応四年（一八六八）新鋭軍艦開陽丸の機関長となり、榎本武揚に従って北海道に脱走し、明治政府軍と戦ったが敗れ、津軽弘前の最勝院に幽閉され、名を雅三と改め、明治五年（一八七二）罪を許され東京平民となった。

明治七年八月、榎本武揚の勧めで、明治新政府に仕官し、内務省駅逓寮（水陸の運輸・内国商船管掌の事務担当）、同十四年農商務省（管船局・汽船検査事務）、同十八年末逓信省（船舶検査員・司検官）等を歴任、大阪船舶司検所長を最後に二九年六月退官した。翌月特旨を以て位一級を進め、正六位に叙せられた。

同年九月大阪商船会社に監督部長として再就職し、三十一年暮同会社を辞任し、四二年八月二十一日、六十六歳で死去。

伝記としては『遣米使節史料集成』第七巻、『咸臨丸海を渡る』と、新資料を発見追加した橋本進『咸臨丸還る―蒸気方小杉雅之進の軌跡―』がある。

牧山　修卿　医師

天保五年（一八三四）八王子に生まれる。父は平戸藩出身の医師。十三歳で江戸に出て儒学を学び、十六歳の時父の病気を機に洋医学に志し、坪井信良に学び、長崎に遊学、嘉永四年（一八五一）十月緒方洪庵の適塾に入門。在塾二年江戸に帰り、竹内玄同に師事した。

安政三年（一八五六）父の跡を継いで松前伊豆守の近習医となった。文久三年（一八六三）幕府の西洋医学所創設のとき肝煎として活躍。維新のときは松前にいたが、東京に戻り、明治二年（一八六九）医学教授試補となり七年まで文部省に籍を置いたが辞任、医師として活躍。

木村　宋俊　医師

大橋　栄次　松平伯耆守付医師というのみで、経歴等全く不明である。

秀島　藤之助　木村喜毅家臣

木村家用人で、『木村摂津守喜毅日記』慶応四年（一八六八）七月十七日の記事に木村の隠居願書を持たせ肝煎佐野欣六郎方へ遣わした記事を最後に、その後のことは不明である。

木村家臣　佐賀藩士・藩海軍伝習一期生。

生没年不詳、佐賀藩士で、安政二年（一八五五）、スンビン号での予備伝習・ペルスライケンでの第一期伝習・カッテンダイケに依る第二期伝習にも参加。恐らく藩の斡旋で木村の家臣として搭乗したのであろう。帰国後は、藩主に英語の必要を建言して、中牟田倉之助と共に長崎に英語研究に派遣されている。佐賀藩海軍士官として前途を嘱望されていたが、元治元年（一八六四）九月十二日乱心による刃傷事件を起こし、それ以後のことは不明である。

長尾幸作（土居咲吾）　木村家臣・洋医学修行生。

天保六年（一八三五）十月備後国尾道に生まれる。父俊良の勧めで二十一歳（安政二年（一八五五））で京都に登り広瀬元恭に、更に六年江戸に出て坪井芳洲に蘭学を学ぶ。英語学習の必要を感じ、木村に依頼して咸臨丸への搭乗を許可されたという。最初の従者名簿に記載がないことから、福澤より後に同行が許可され追加されたのであろう。

帰国後七月尾道に戻る。文久二年（一八六二）中国に密航し、翌年正月上海で鎖港談判使節として仏国に派遣された池田長発を訪ね、欧州に同行を求めたが、拒否され、日本に送還された。広島藩では、表面上は服役中死亡ということとし、土居咲吾と姓名を改めさせた。明治元年（一八六八）八月、三原の藩主浅野忠英が英人を招いて洋学所「松浜英学所」を開いたが、本藩が本格的に「洋学所」を経営するので、土居咲吾に洋学所教場取締方を命じ、御小姓組に登用した。三原洋学所は開校の翌々月、藩の方針の変更で、広島に移転することとなった。

土居も広島に移動したようで、明治四、五年頃には長江町で英学塾を開いている。その頃父長尾俊良の死去により医業を継ぎ、明治十八年五月病没した。五十一歳である。

渡米時の記録に「亜行日記鴻目魁耳」（『遣米使節史料集成』第四巻所収）が、伝記に『咸臨丸海を渡る』がある。

中村清太郎　医師門下生

田中　秀安　両名とも経歴等全く不明である。

斉藤（森田）留蔵　木村家臣（鼓手）

弘化二年（一八四五）下野壬生藩士斉藤俊一郎の弟に生まれた。木村の従者としては不明であったが、明治三十四年（一九〇一）に雑誌『旧幕府』五巻三号で、福澤諭吉に教えられたとして、渡米当時十六歳の少年で江川の手付であった斉藤留蔵（後森田家の養子となる）の存在が確認されている。帰国後は文久元年（一八六一）軍艦砲術方となり、翌年朝陽丸に乗組んで小笠原島の開拓に出張している。

明治以降と思われるが、三度まで渡米し、前後十年余滞在し、牧場の研究を行い、米国の農科大学に学び、明治二十一年帰国、伊豆山に牧場を開いたが失敗し、二十七年上京。三十七～八年栃木県鹿沼に移り、大正六年（一九一七）一月同地で死去した。七十四歳という。（死亡年齢が正確とすると、誕生は弘化元年である）

渡米時の記録に「亜行新書」（『遣米使節史料集成』第四巻所収）がある。

94頁15行目　甲比丹ブルック（8）

米国測量船の船長ジョン・マーサー・ブルック（Lieutenant John Mercer Brooke）は一八二六年（文政九）フロリダのタンパ湾にあった陸軍基地に生まれた。父は陸軍少将であったが、十四歳でメリーランドのアナポリスに新設された海軍士官学校に進み、卒業後地中海に配属され、一八四九年（嘉永二）本国に帰ると、合衆国沿岸測量隊に編入された。一八五三年（嘉永六）深海測量器の発明

キャプテン・ブルック

で功績をあげた。北太平洋探検隊に所属し、アジア各地の測量の一環として、三十三歳の時わが国を訪れたのである。訪れた目的は、開港された日本の港の幾つかを測量するためで、到着の日時は不明である。

ブルックの一八五九年十月九日（安政六年九月十四日）より六十年二月十日（万延元年一月十九日）までの「横浜日記」と、一八六〇年二月十日（万延元年一月十九日）よりサンフランシスコ到着前日の三月十六日（二月二十五日）までの「咸臨丸日記」が、『遣米使節史料集成』第五巻に、清岡暎一（福澤の孫）の訳により収録されている。

咸臨丸に同乗して帰国したブルックは、一八六一年（文久元）ワシントンで、太平洋測量に関する報告書作成の準備をしている最中に南北戦争が始まると、海軍を退き、南部のために海軍の砲術と測量部の長官となった。主な功績は、軍艦の設計やブルック・ガンと呼ばれる南軍最強の大砲の開発であった。一八六五年（慶応元）戦争が終わると、州立大学の物理学・天文学の講義を担当した。しかし南軍であったためか、才能を生かす場がなく、一九〇六年（明治三九）八十歳で死去。

94頁16行目　ヘチモコパラ号ニ乗て航海中薩摩の大嶋沖で難船（9）

『考証』によると、ブルック船長らが最初乗っていた船は、米国測量船フェニモア・クーパー（Fenimore Cooper）号。九十六トンのスクーナー船である。同船が難船した事情については、ブルックのかつての秘書ジョセフ・ヒコ『アメリカ彦蔵自叙伝』にその記述がある。クーパー号が横浜港滞泊中の一八五九年八月七日（安政六年七月九日）、乗組員が暴風に対する処置を誤り、船を座礁させ船体を大破させたと記している。その時ブルック船長は江戸に行き不在中であった。

何故福澤がこの事件を薩摩の大島沖の事件と誤解したのか、現段階では、全く見当がつかない。

次に暴風による座礁の日時であるが、『藤岡屋日記』安政六年七月九日の条には、海上風雨の記事は全くなく、七月十二日には芝辺に八ッ時頃雷雨となり、竜巻が発生したことを報じているが、その雷雨は、

一　増上寺方丈損じ、松木根こそぎ。一　横浜村より初めにて、損候由。

とあり、七月二十五日の条には大風雨と地震の被害が記されている。

安政六未年（一八五九）七月二十四日、江戸表は晴天にて、朝四ツ半頃少々降り出し、八ツ時頃早手（疾風）風雨降出し止。八ツ半頃より大降にて降通し、夜中大降也。同二十五日雨天、朝四ツ前より大降大風、昼頃より大嵐大降、夜に入大降、夜五ツ時大地震、夜中大風吹通ス也。

また『大日本古文書　幕末外国関係文書二十五』（以下『幕末外国関係文書』と記す）の安政六年（一八五九）七月二十七日の神奈川奉行並在勤目付の老中への上申書に、米国測量船遭難の報告がある。

一昨二十五日朝卯中刻より風雨有之候処、追々荒模様相成、辰刻頃より次第に暴風吹募、降雨は勿論、怒浪激潮烈敷、碇泊之船々悉危難之体に相見、就中、亜米利加測量船之義は、船形も小く、殊に岸遠に掛り居、一時覆没にも可及候処、百術相凌、右危急は免れ候得共、追々海岸え被吹寄、猶傾き、積荷悉く刎捨候に付、支配向其外、船々救助之ため出役為致置候もの共、不取敢人足等駆催し、右刎捨荷品掛揚、本船は海岸え繋留、荷品一同番人申付、乗組士官其外一同上陸為致、其以前用意申付置候異人貸家等え差置、其余右

船水夫之内、両三人海中え落入、既に可及沈溺といたし候もの有之候処、夫々助ヶ揚ヶ、右をも介抱手当之上、前書仮止宿所え引渡し、且士官其外乗組一同、前夜より風波湊方而已に困労罷在、飢渇難堪様子に付、不敢取食物手当および、猶鶏并鶏卵等人数に応し被下方取計、其外寐食無差支様、夫々取計遣し候処、一同難有、尤船将出府に付、右の趣、早々御地え可申遣旨、右船将次官之もの申聞、云々（後略）。

この記事で測量船クーパー号は七月二十五日の台風の時には、やや沖合に停泊していたが、転覆の危険が生じ積荷を投棄て沈没防止に没頭している間に、次第に海岸に吹寄せられ、岸に乗り上げ破損したことがわかる。前記『アメリカ彦蔵自叙伝』にあるクーパー号の座礁の日時が間違いで、八月二十三日（安政六年七月二十五日）の大風雨によって生じた事件であることが明らかになった。

海中に放棄された数名の水夫と荷物は、日本側の救助船や人足により、無事救助回収され、予て準備されていた貸家に収容されたのである。

横浜の何処に打ち揚げられたかまでは不明である。

94頁17行目〜95頁1行目　甲比丹以下（中略）之ニ乗て帰國したゝと云ふ（10）

ブルック船長や米国水夫らが咸臨丸に同乗して、米国にむけて航行することが決定するまでには、多少の紆余曲折があった。

別艦に外国士官を搭乗させるという話はそれ以前からあったようだが、長崎の海軍伝習で、沿海航海訓練に搭乗して、その技量の程もオランダ人教官らから聞いている木村摂津守にしてみると、日本人だけの航海に多大の不安を感じたのは当然である。今度の航海は、確かに日本海軍の実力を世界に示すという意義はあるが、それ以上に、失敗することが日本の海軍の将来にもたらす悪影響を考える時、航海は絶対に失敗させられない。

そこで、木村は多少の反対はあっても、米国士官や水夫の搭乗を必要と考えたと思われる。木村が米国行きを下命されたのは十一月二十四日である。適当な人材の推薦をハリスに依頼し、ブルックの推薦を受けたのが、十二月十日頃である。

別艦は最初、スクリュウ船ということで、朝陽丸に決まり、小さいというので観光丸に変更され、米国側の意向で咸臨丸にと三転した。

ブルックの「横浜日記」安政六年条より（日付は日本暦に直して記した）。

①十二月十二日

ブルックが、ドール領事に自分が日本の別艦に搭乗してもよいとの意思を告げ、ドールがそれをハリスに連絡したことが十二月十二日にブルックに通知された。

②十二月二十二日

ブルックは江戸から来ているハリスと会い、初めて別艦に搭乗して米国に帰る決心がついていることを直接彼に告げ、船について、ドール領事から、観光丸は弱い船体の船であるから注意して修理する必要があることを聞いたので、新式のスクリュウ船を派遣すべきだとの意見を述べたところ、ハリスもブルックの意見が尊重されるべきだというので、ドール提督がブルックの意見を神奈川奉行に伝えるためにそのことをノートしたことを記している。

③十二月二十五日

昨日の朝奉行から十二時に会いたい、という伝言を受け取った。私は出掛けて行って使節の長、日本船の艦長、一等士官等に会った。我々は航路や、カリフォルニアで流通している貨幣等に関して大分話し合った。（中略）彼らは派遣しようとするスクリュー船に関していろいろな質問をした。今日私はポーハタン号の機関長と共にその船を訪れた。（中略）船は大変気に入った。船は良く整備されている。サン・フランシスコまで穏やかな航海のできることを希望する。

別艦は咸臨丸に確定し、横浜でブルック一行を乗船させる約束をしたのであろう。

95頁16行目〜96頁1行目　桂川の手紙を貰て木村の家ぇ行て其願意を述べた所が木村でハ即刻許して呉れて（11）

木村喜毅は安政六年六月、外国御用立合・神奈川開港御用等を、九月に軍艦奉行並を命じられ、十一月二十四日には渡米が命じられ、二十八日に軍艦奉行に昇進したのである。福澤が木村の渡米を知ったのは、恐らくこの頃、桂川家で聞知ったものと思われる。

出入りしている間に、木村が米国に行くことを耳にし、桂川家が木村家と親戚関係と聞いて、早速桂川家から紹介状を貰い、新銭座の木村家を訪問し米国行きの家臣として随行を依頼したものと思われる。当時異人の国に、外国製の軍艦とはいいながら、広い太平洋を小さな舟で未経験の大航海に随行を希望する者は少ないことであったから、木村家でも、早速随行を許可したのであろう。

桂川家は甫周（宝暦元年～文化六年、一七五一～一八〇九）が、前野良沢や杉田玄白らの『ターフェル・アナトミア』の翻訳事業に最初から参加した一人で、明和六年（一七六九）すでに幕府の奥医師に任じられていたことや、代々有能な蘭学医師を輩出したことから、自然蘭学者仲間の中心的存在となり、その家は洋学界のサロン的存在となっていたといわれている。

福澤が出府した安政五年当時の桂川家の当主は七代甫周国興（文化九年～明治十四年、一八一二～八一）で、妻は木村喜毅の姉である。甫周の家は築地小田原町にあり、福澤のいる鉄砲洲・中津藩奥平家中屋敷とは、掘割一つ隔てた所である。恐らく江戸出府直後から、桂川家にはたびたび出入りしていたのではないだろうか。［3（12）、11⑤］

99頁6行目　艦長の奮發で水夫共ニ長靴を一足づヽ買て遣《やっ》て（12）

咸臨丸乗組の水夫・火焚らの船中での履物は、「筒袖の着物は着て居るけれとも穿物は草鞋だ」とある。水びたしになりがちな船中で、滑り止めにも効果的な、安価で実用的な草鞋が用いられたのであろう。しかし陸上を歩くには、いかにもみすぼらしく野蛮に見えたことであろう。

木村は水夫・火焚らのために長靴を各人に一足ずつ買い与えている。水夫（帆仕立方）石川政太郎の「安政七申歳正月十三日　日記」（『遣米使節史料集成』第四巻所収）三月二六日条、

アメリカ人より今日は我国王之日（日曜日）故、皆々休業候様被申、夫故四ツ時ニ皆々仕事仕舞、休日致、所々ヲ見物ニ行支度ヲなす、尤先達より木村様より長クツヲ壱人前壱足宛々被下、又勝様より合羽同モヽ引共被下、是ヲ今日割〔分〕ケル、尤水主四十八人ニ相成リ候故、いろは四拾八字の合印ヲ入、皆々江渡ス、

船中で米人水夫らが履いていた靴は、日本人水夫らの目には、かなりの贅沢品に見えたのだろう。水夫嘉八の日記「異国の言の葉」（『遣米使節史料集成』第四巻所収）の二月二十七日、（サンフランシスコ到着の翌日）、上陸した時の感想に、「日本江渡り居り候通りの着類にて男女は不及申、四五歳計の小児迄沓をはき」と記しているほどである。靴を四十八人分も揃える際、各人の足の大きさの違いをどうしたかは疑問である。おそらく足袋の文数を便りに揃えたのだろう。購入の日時や人物は不明であるが、船長ブルック送別のため三月十三日にサンフランシスコに出張し、数日滞在した中浜などが、木村に依頼され購入してきたのではあるまいか。

100頁4行目　桑港ニ着いた（13）

咸臨丸のアメリカ到着が近づいてきた二月二十三日、木村摂津守は次のような文書を艦内に提示した。（赤松大三郎「亜墨利加行航海日記」、『遣米使節史料集成』第四巻所収）

今般之航海は開闢以来未曾有之大業に有之候処、各方日夜辛労の力に寄（依て）不日着船ニも相成、実以大慶之至ニ候、就而は是迄御国地航海迚も乗組のもの銘々謹慎は素より申迄は無之候得とも、此度は外国江罷越候義ニ付聊事たりとも御外聞に相成候而は以之外之義ニ付、一同一際謹慎有之、皇国士人之端厳なる風習を彼国人江相示し度事ニ候。万々一後日不取締等之風聞有之候而は、一同千辛万苦の勒〔勤〕労も徒労に相成、所謂功一簣に虧と申如ニ候而は残念至極ニ候。右等は改而申入候迄は無之候得とも、今般大業之航海後来之基本ニも相成候事ニ付、篤と勘考有之度事ニ候。

かくて、万延元年（一八六〇）二月二十六日咸臨丸は、日章旗と総督木村摂津守家紋の旗を掲げて無事サンフランシスコに入港した。

この将官旗の掲揚について、勝海舟「航米録」によるとして、将軍家の旗を掲揚すべしとの勝の主張に対し、許可なしに勝手に掲揚すべきでないと木村が反対し、長い論議の結果木村家の家紋「松皮菱」の旗を掲げることに決定した。現在の将官旗であるから、当然の帰結ではある。この決定に対して、勝はそのことを不満気に「終に我が議行われず」と記していることが『咸臨丸海を渡る』に記さ

れている。この勝の反対は、木村に対する不満の現れとの印象を与える気がする。

サンフランシスコ湾に進入した咸臨丸からは、港を抱えるように延びる湾口の要衝の砲台がのぞまれた。船は「レ、ヨマチ」（『奉使米利堅紀行』）と呼んだヴァレーホ街埠頭（Vallejo Street Wharf）の沖に投錨したのである。太平洋上で二月七日対話を交わした米商船フローラー号が、一足先にサンフランシスコに到着して、咸臨丸が近々入港して来ることを告知していたのであろうか、咸臨丸は大変人気があったようだ。

木村は先ず、ブルックと共に、軍用方の佐々倉桐太郎・浜口興右衛門と公用方吉岡勇平と通弁方中浜万次郎の四名を上陸させ、着船手続きを行わせた。この四名はブルックの勧めもあってか、その日は艦に戻らず、市内に一泊して、翌日十一時ごろ帰艦している。[6（4）]

100頁7〜8行目　勝麟太郎と云ふ人ハ（中略）至極船ニ弱キ人で（14）

勝麟太郎は、当時の海軍の最も経験豊富な士官であった。

正使一行が搭乗する米艦の他に、海軍伝習所の成果を示す意図で別艦（咸臨丸）派遣話が具体化される時、当然その指揮官要員として、人員選定や出航準備の実務上の中心人物として活動した。しかし当時の幕府では、海軍の組織や規律が確立されておらず、艦長の指揮権等は全く考慮されていなかった。そのため、木村図書は安政六年十一月二十四日、軍艦奉行並という身分で「亜墨利加国へ為御用被差遣候間可致用意候」と命じられ、同月二十八日軍艦奉行、二十九日摂津守になっており（『幕末維新外交史料集成』第三巻、六五九—六〇頁）、勝は十二月二十六日佐々倉桐太郎以下吉岡勇平までの十四名の士官らと共に、「右者亜国へ御仕出相成候別船観光丸乗組伺之上申渡候間此段及御達候」との命令（同前第四巻、三六一—三七頁）の伝達が報告されたにとどまって、指揮権を付与するような通達はなかった。（派遣船は、のち咸臨丸に変更）

このことは勝にとっては大きな不満であったが、権限付与等は望み得べくもないことであった。しかし同船者達は当然のように勝を指揮官と見、勝もそうした役を担当するものと覚悟していたようだ。それで安政六年十一月に、

船中の規則は船将より令するなり、我輩教頭の名有りて船将に非ず、然れども運転針路其他航海の諸術は又指揮なさざること能はず、故に今仮に則を定め諸士へ告示す。

との前文をもつ「船中申合書」を搭乗要員に示している。（『海軍歴史』巻の七）

ところが、乗船の直前勝は体調を崩し、船が浦賀を出航すると直ぐ、自室に閉じ籠り病床に伏せることとなった。日本人乗船員の日記の中に勝の名が出てくるのは、石川政太郎の日記二月十六日条に、勝より褒美として十両水夫火焚一同に下されるというくだりが最初である。これに対して、ブルックの日記には頻繁にその様子が記されているので略記する。（日付は日本暦で示した）

一月十七日横浜で咸臨丸に乗り組み浦賀に移動した時、ブルックは勝が体調を崩していることに気付く。十八日には、「艦長は今日いくらかよいようだ」と記している。浦賀出航の十九日には「艦長は下痢を起し、提督は船に酔っている」と記し、二十二日までは病気であると記しているが、二十四日に「今日非常に美しい虹が見えた。艦長もしばらく出てきた」とはじめて室外に出たと記している。しかし二十五日には「艦長はまだ寝台にねたきり」という状態である。

薬や葡萄酒が贈られた効果があったのか、二月五日「私が彼のキャビンの扉を開けた時、彼は寝床の上に坐っていて、非常に感謝しているようであった。大変静かな人で、私は彼の声を聞いた事がない。士官達は彼を非常に畏敬しているが、滅多に彼に近寄らない」とブルックが勝の部屋を見舞っている。

二月七日になると、「今日、麟太郎艦長が出てきたが、まだ弱々しくデッキには立てない」とようやく多少動けるまでに病気が恢復してきたことを窺わせる記事になっている。翌八日には勝は起きてきてブルックにワシントンへ行ってみたいと話したという。九、十日とまだ部屋に閉じ籠っていることが多かったようだ。

日本人士官の怠慢に我慢ができず、ブルックは勝に対して、士官達が協力しないなら、この船の面倒は見ないと告げたので、勝が士官達を説得して、ブルックの指揮に従うことになったという。

『海舟座談』の木村談話にある「艦長の事ですから、相談しないわけにも行かず、相談すると、「どうでもしろ」という調子でそれからまたいろいろ反対もされるので、実に困りました、甚だしいのは、太平洋の真ん中で、「おれはこれから帰るから、バッテーラをおろしてくれ」などと、水夫に命じた位です」。これは士官達の不平を抑える勝一流の駆け引きで、この説得時のことであったかも知

れない。しかし日本人士官達の日記にはそれらしい記述は見当たらない。

この頃から元気とはいえないまでも、ブルックと用件を話し合ったりできるようになったらしい。勝はサンフランシスコまでの行程の三分二を、病気と船酔いで自室に閉じ籠り士官達と親しく接触することなく、むしろ敬遠状況で、艦長の役目を実質的には果たせなかったのである。この状況からすると船に弱い人と福澤に見えたのは当然である。［6（6）］

100頁16～17行目　祝砲だけは立派ょ出来た（15）

勝の祝砲に成功したら俺の首をやると、からかい半分の制止に対し、佐々倉が発奮して見事に成功したので、「勝の首は貰うが当分本人に預けて置く」といって皆を笑わせた話を引き合いにしている。このような話をここに記したのは福澤に、多少勝に対する嫌悪の感情があったためだろうともいわれている。勝と佐々倉の問答は、緊張をほぐすのに役立ったであろうが、サンフランシスコ入港時の将官旗の問題に見られる、木村に対する勝の微妙な反抗的言動を知る福澤にしてみれば、内心その人柄に嫌悪感を抱いても不思議ではない。

軍艦が他国の港を訪問した時、相互に空砲を発して、挨拶を交わすという礼式は、すでに長崎でオランダ人教師より海軍伝習時に教わっていた。

国王　百一発、太子　三十三発（中略）アドミラール　十九発、ロイテナントアドミラール十七発（中略）船一隻以上の指揮官十一発、同一隻之指揮官九発（中略）和蘭国にて外国へ対して之礼は国王たりとも二十一発に不過、洋中に於て外国船に行逢ふ時も放発す。港内にても同上アドミラール帰船之節祝砲発す、参り掛は不放。和蘭領事官は十一発。右は各国不同、魯国の如きは尤異他と云。本港入津之魯船へ領事官の至りし時十一発なるべき処、纔七発放せしと云。（木村喜毅「伝習雑記」〔慶應義塾図書館蔵〕、「和蘭祝砲之式」）

国によって多少の相違があることも記されている。

咸臨丸の祝砲は二月二十八日正午を期して発射された。訪問艦が先に発射して、それに対して米国側から応砲されるのが正しいのだが、何故か逆に咸臨丸が後で応砲している。初めてのことでもあり、米国側と打合せた結果そうなったのだろうか。

嘉八の日記「異国の言の葉」二十七日条

此日ハ少々雨降亜人与祝炮の懸合ニ士官之御方々上陸被成候処、未タ亜国ニてハ日本之軍艦参り候事を存不申由

さらに二十八日条には、

昨廿七日より日本軍鑑参りし沢〔訳カ〕、御船乗組に相成居候カビタン・フロークスより、シャンンフランシスコのフレゲット、其外海岸掛りの諸官人中ニ懸合、御船よりも御奉行様コマンダ士官之御方御上陸ニて御掛合済に相成申候て、弥明廿九日巳ノ中刻祝炮相打候に相極り

と祝砲の日付を間違えている。大事なことなのに、何故か木村の日記には祝砲のことが欠如している。（傍点筆者）

正午亜国台場より祝砲二十一発いたし候に付御船にても同様応砲いたし候と吉岡の日記は正しく明記しているが、嘉八の日記は相変わらず日付けが一日ずれたままで、二十九日条に佐々倉が祝砲打を指揮したことを明記している。

巳ノ下刻祝炮を廿壱炮打、即祝炮指揮は佐々倉桐太郎様、

101頁12行目　毎日風呂を立てゝ呉れる（16）

咸臨丸のサンフランシスコ到着は、同地米人の大変な歓迎をうけた。勿論その一因には、米国が最初に日本を開国に導いたことに加えて、クーパー号のブルック船長や水夫らの指導援助により、勇敢な冒険へ挑戦した称賛と、日本軍艦が初めて太平洋横断の大航海に成功したことがあった。それにも増して、日本人乗組員に対するブルックの極めて好意的な評価も、また大きな原因になっていることは否めない。米国士官や水夫の助けを借りたとはいえ、

日本の水夫たちは海上生活になれ、航海技術に精通している。マストの上高くあがり実に敏活に帆の操作をしている。航海中別に処罰を受けた者はなく、すべて円滑にそして愉快に航海がつづけられた。（サンフランシスコの新聞記事）

と褒めすぎと思われる表現で、船内を見学した記者達に搭乗員の能力を紹介している。さらに木村や勝を始めとする日本人士官達の、礼儀正しい聡明な態度が、米国人に好感を抱かせたのであろう。

こうした好意に満ちた雰囲気のなかで、メーア島の海軍造船所で咸臨丸の修繕をすることになり、暫く同地に滞在することになった時、

毎日〱魚を持て来て呉れたり或は日本人は風呂ェ這入るとが好きだと云ふのて毎日風呂を立てゝ呉れる

という次第になったのであろう。またそのことが日本人達の気持ちを落ちつかせ、米国に対する親近感をより強く植えつけることとなったと思われる。ポーハタン号で遅れてサンフランシスコに到着した正使一行が、メーア島に到着した時、幼少の頃から木村と親しかった勘定組頭の森田岡太郎が、木村の旅宿に一泊した三月十日の日記に感慨深く述べている。（森田岡太郎「亜行日記」二『遣米使節史料集成』第一巻四七―八頁）

今夜余ハ摂州方ェ滞留、摂州ハ余が少年ノ頃ヨリ知己ノ学友ニテ、一タノ清話実ニ雀躍ニタヘス、シカシ互ニ暫時又別離ナルヲ嘆ズ、今日初テ摂州方ニテ仮ニ造シ風炉〔呂〕ヘ入、四方帆木綿ニテ幕張シ、俄コシライノ浴室ナリ、江戸ヲハナレ今日初テ江戸風ノ居〔据〕風炉〔呂〕ニ入。

風俗習慣の異なる緊張した生活の中での、日本式の風呂は、特に気持ちを安らげるのに役立ったものと思われる。

101頁15行目　馬車を見ても始めてだから実ょ驚いた（17）

万延元年（一八六〇）二月二十七日日曜日の午後一時、サンフランシスコ市長のテッシュメイカー（Teshemacher）が、市参事会員らと共に咸臨丸を訪れ、歓迎の挨拶を述べた。市長は木村摂津守に対して、市内のホテルで休息するよう勧めた。木村はその勧めに従ってブルックや勝・山本・小野・肥田・岡田・牧山・中浜らを伴って上陸し、迎えの馬車でインターナショナル・ホテルの歓迎会に望んでいる。木村の家来として同行したことを斉藤留蔵が日記に記している。

人の往来は皆車道の左右よりす、車は皆鉄輪〔輪〕大小同じからず、或は馬を駕す、其数二或は四馬を駕す、其人を載するものは蓋を設け、「コーツ」下名を付く、其形我国の駕の如し。（『遣米使節史料集成』第四巻、三八〇頁）

福澤が馬車に驚いたのもおそらくこの時ではないだろうか。吉岡の日記では、「陸は馬車を用い諸物を運輸し極て便捷とす又人は往来に用る所の馬車あり、大なるは両馬小なるは一馬を以てす」と記している。

馬車については、嘉八の日記「異国の言の葉」二十七日の条にホテルの前で見た情景の記述がある。

門口にハ馬四五疋宛に後ロの方ニ牛車の様成物の上に神輿の家根なき様成を黒塗ニ致し、四方に窓を付、其内に四方に腰懸を拵〔抵〕ひ人の拾人位も乗る様に相成居、大砥馬弐疋にて一タ〔駄〕の車をひき、馬の目には向より外様《ほかざま》の見へざるやうに目かくしを当て、ケ様の馬車ホテル抔の門口にハ朝早くより四五疋宛待居候

馬といえばわが国では、武士の騎乗か、農耕用や荷物運搬が一般であったため、馬車は珍しいものとして注目されている。福澤には、多少大袈裟に驚きを表現して、西欧文化との格差を読み取らせる意図があったのではあるまいか。

102頁10行目　烟草盆（18）

刻煙草は、キセル（煙管）を用いて喫う。葉が糸状に細く刻んであるから、これを指先で丸め雁首に軽く詰め、雁首部の煙草を炭火等に着けて軽く吸い点火する。炭火のような火種を常に側に用意して置くことが必要である。そこで、火種を入れた極小型の火鉢と、燃えた灰を雁首から叩き落とすための灰落とし（一節付けた竹筒を利用、中に少量の水を入れ火災防止とする）を小型の箱に纏めて入れておき、持ち運びに便利なようにしたのが、煙草盆である。

勿論米国のホテルにあるはずがない。ストーブの赤く焼けた部分に雁首を付けて煙草に火を付けたが、今度は灰落としがないので、懐紙にくるんで之を揉消し袂に入れ、消火不十分で、袂から煙が出るという失敗になったというのである。

103頁7～8行目　社會上の習慣凡俗ハ少しも分らなゐ（19）

長い鎖国社会から、初めて欧米の実社会に飛び込んだのである、洋書や長崎の出島から得られる断片的な知識等では想像できない場面に出会うことが多かったことは当然である。正使一行や、咸臨丸搭乗者が共通して驚いたことは、物価の高さと風習、ダンスや来客時に夫人が客と談笑しているのに、夫がお茶を勧めた

り、御馳走を運ぶなど、日本とは逆の接客に対してである。

男女七歳にして席を同じくせず、式の儒教主義で育ってきた日本人には、男女が人前で手を取り腕をくんで踊るダンスは、楽しみというより、不謹慎で忌むべき習慣に見え、おかしくて笑いを我慢するのに苦労している。身分の上下関係が不明瞭で、時に礼節に欠ける感情を抱くこともあって、オペラの発声法にも、ただただ驚くばかりで、音楽として楽しむ気にはなれず、歓迎宴や芝居に招待されることは苦しみだと、記している者もある。

物価の高さといえば、日本で二十四文か三十二文の牡蠣が半ドル（換算して一分二朱）、反面機械生産品は、人力採集の牡蠣に比較して安価であることに福澤は注目している。

ホテルヘ案内されて行て見ると絨氈が敷詰めてある其絨氈はどんな物かと云ふと先づ日本で云へば餘程の贅澤者が一寸四方幾千と云ふ金を出して買ふて紙入ヘするとか莨入ヘするとか云ふやうなソンナ珍しい品物を八疊も十疊も恐ろしい廣い處ヘ敷詰めてあつて（本文編一〇一―二頁）

一次原産品か絹織物や工芸品など手工業産品しか輸出できない国と、大量に工業生産品を輸出できる文明先進国との差を、直感的に感じているのである。

後進国の日本人が、珍しくて興味を持つだろうと、アメリカ人は半ば自慢気に案内してくれる新式工場について、その科学的生産理論は、緒方塾の勉学ですでに承知しているといって、福澤は余り興味を示していない。それは、塵棄場や海岸に捨ててある鉄の多さに、工業力の差を感じて、日本に同様の工場を造るなど、当時の日本の実情では、全く不可能であると片づけてしまっているためであろう。

先端技術が次々に開発され、それが直ちに実用化されていく欧米社会と、日本の封建社会とは、どこがどのように異なるのか、理解するにはどうすれば良いか。疑問は次々と拡大するが、何から考えるべきか、その糸口を簡単には発見できないままでいる。

福澤の視点が、他の同行者らと異なるのは、この風俗習慣を、そのまま珍しい経験だったと片付けてしまわないで、進歩した文明社会と、日本の相違点を、比較検討する研究課題として捕らえた点である。このような探究心が、のちの欧州旅行での旺盛な西洋文明研究の要因となったと考えられる。

103頁16行目　安達ヶ《あだちが》原《はら》ヘ行たやうな（20）

安達ヶ原というのは、昔福島県安達郡の安達太良山の東麓の原野で、そこの黒塚という所に鬼が住んでいたとの伝説がある。平安中期の歌人平兼盛の「陸奥《みちのく》の安達ヶ原の黒塚に鬼こもれりといふはまことか」という歌に託して、謡曲「黒塚」がつくられた。行者が行脚の途中安達原で行暮れて、草屋に宿をかりた。主人の老媼が実は人食いの鬼女であることがわかる。逃げ出ると鬼女が追いかけて来て襲い懸かったが、法力で調伏したという筋である。

子豚を丸ごと食卓に出され、さあ、これを食べて下さい御馳走ですよといわれても、これではまるで、安達ヶ原の鬼女みたいなものだ。日本人の感覚としては、なんともグロテスクで気味悪く、驚いたとの意味である。

西洋人が肉食であることは、長崎に一年程遊学し、ある程度の予備知識をもっていたはずである。肉食の経験も、適塾在学時に、時々安価な酒を飲むために、牛鍋屋に行っている。又航海中、二・三度豚肉が配給されたこともある。したがって、御馳走に肉を予想していても、イキナリ子豚の丸煮がテーブル上にデンと置かれたのを見て、思わずギョットして出た言葉としてはピッタリである。

サンフランシスコ湾は、金門橋を中心に、南北に長い入江で、湾の北端にメーア島海軍基地が在る。湾はこの北端で東に細長く折れ曲がってアンチオックに達している。この河の様な湾の南がリッチモンドで、対岸にバレーホがある。木村を招待したオランダ人医者の住んでいるベネシヤは、バレーホの南の湾岸にある小さな町である。医師ヘルファーへが、日本とオランダの古い交易関係からか、日本人に親近感をいだき、木村摂津守を是非自宅に招待したいと申し出て、三月二六日に車（馬車であろう）で迎えに来たのである。

士官二人と木村の供をして同家を訪れた福澤にとって、欧米人の家庭を訪問するのは初めてのことであったが、その接客作法が、日本とは全く逆で、夫人が客間にすわりこんで客と応対している間に、主人が、色々ともてなす習慣に驚いている。

105頁3～4行目　華盛頓《ワシントン》の子孫は如何《どう》なつて居るか（21）

アメリカは共和国である。各個人が候補者の主張や人物によってその人物に投票し、その票の最多の者を当選者とする方法で、大統領を始め、地方行政の首長や議会の議員が選出され、その議会によって政策が決まり、政治が行われる。福澤ら洋学者は、知識としては知っていても、実態がいかなるものであるのかは、想像できなかったに違いない。実際に米国で、五十日余り過ごしてみると、日本の武士階級に相当する支配階級がない。上下関係といった身分制度の習慣もない。かといって社会が乱れ、治安が悪いという様子は全く感じられない。ある意味で、知識と実力を持つ者が自由に活動できる、人々に活気を与える、社会のようにさえ見えた。

何故なのか、人々の意識はどうなのか、全く見当がつかないと、正直に告白している。ワシントンの子孫について尋ねてみると、日本人のように家系・祖先といったものに余り関心を持っていないことを知らされ、これが日本の封建社会と、民主主義社会との相違点の一つかと、鮮明に印象づけられたのである。

これまでの書物の研究では、欧米人の思考や社会の習慣は、簡単には判らない。この点を明らかにしなければ、文明社会の構造や、追随の基本は何なのかを、もっとじっくり考えるために、彼らの使う言語、英語と生きた社会研究等、今後絶対に必要なことを漠然とながらも発見したのが、福澤の米国行きで得た重要な成果であったといえそうである。

福澤が質問したワシントンの子孫については、『亜米利加体験』に詳しい。

106頁7～8行目　ウエブストルの字引を一冊づゝ買て来た（22）

中浜万次郎と二人で、サンフランシスコでウエブスター辞書を一冊ずつ購入してきたのが、日本に辞書輸入の最初だと福澤が記していることから、英語学者らによって研究が進められてきた。岩崎克己が中浜万次郎旧蔵の辞書を発見し、抄略版であることが明らかになったと、その成果を『考証』「帰朝後の一年有半」は述べている。福澤の蔵書は、洋式製本の老舗に研究材料として提供して遺されていないとの話が『諭吉伝』に伝えられている。

一八六〇年四月四日（万延元年三月十五日）付の新聞サンフランシスコ・ヘラルド紙に記事が載った。昨日店を訪れた日本人客の一人が、流暢な英語でウエブスター辞書を売っていないかと尋ねて、書店の主人を驚かせた。辞書の値打ちをよく知っていた様子で、この客は咸臨丸艦長の通訳官で、故国で大きな学校を開いて、そこで英語を教えているとの内容であった。この人物は中浜万次郎であると、多くの研究者の推測だが、果して十四日に中浜はサンフランシスコにいて、辞書を購入する時間があったかと吟味すると、やや確実性に欠ける。

福澤が購入した日時は、「それを買てもう外ょは何も残るヿなく首尾よく出帆して来た」の記述から、咸臨丸がサンフランシスコにもどった五月一日（閏三月十二日）以降、出港に就いた五月八日（閏三月十九日）の間、帰国の直前であろう、と推測されている。

持ち帰った辞書が、日本に英英辞書輸入の第一号であるか否かは、疑問が残る。次にこれを何時何処で入手したのかに焦点をあてて研究したのが、『亜米利加体験』にある「ウエブスターの辞書」である。

中浜万次郎が持ち帰った辞書は二種類、一冊は、帰国の翌月同郷の後輩細川潤次郎に贈呈した、W・G・ウエブスター編集、C・A・グッドリッチ協力の四九〇頁の要約本、他の一冊は、グッドリッチ単独編集六一〇頁の要約本である。

107頁5行目　甲比丹ゟ話して居ました（23）

咸臨丸の渡米に対する、米国人の歓迎振りや親切は大変なものであった。米国の親日歓迎ムードを興すのに、最も大きな働きをしたのは、同乗したキャプテン・ブルックであった。取材に押しかけた新聞記者達へのブルックの説明は、日本人に対して実に温かい説明で、サンフランシスコの人々の、興味と親近感とを一層駆り立てる大きな働きをしていたのである。

ブルックのこうした好意ある日本人観は、米国海軍軍人としての卓越した知性と国際性、国家への崇高な忠誠心の成果である。咸臨丸が搭乗米国人として彼のような人物を得たことは、日本にとって、誠に幸運であったと言わなければならない。

サンフランシスコの義勇兵による歓迎が、実はブルックの話で実現したことを、慶応三年（一八六七）二度目の渡米の時、ブルックに再会して初めて聞いたのである。

107頁6行目　桑港を出帆して（24）

咸臨丸一行は閏三月十九日サンフランシスコを出航して日本にむかった。丁度ポーハタン号の往路を逆行する形で、ハワイ経由の航路を取ることになった。航海の平安を願ってのことであろう。帰航にあたり五人の米水夫を雇入れている。その人名は『トミーという名の日本人』によると、咸臨丸に同乗して来たG・スミス、F・コール、A・モリソン、J・バーグ、T・フォルクの五名とポーハタンの船員某の六名であるという。

四月五日から七日までホノルルに滞在、石炭と水の補給のためである。サンフランシスコを見た後の福澤のハワイの印象は、文明化のおくれた土地で、三十年後も余り変わっていないだろうと、その評価は低い。四月六日木村に従って王族に表敬訪問している。

四月七日ホノルルを出航した咸臨丸は、一路日本に向い、往路とは比較に成らぬほど穏やかな航海を楽しんだ。「亜行日記鴻目魁耳」から船中ののんびりした様子が知られる。

十一日、夜明月デッキ上月ヲ見吟咏スル凡半時、寐ニ附ク

十五日、今晩モ名月三更迄賞月ス、洋中箇ノ〔一箇の〕一塵無ク目ニ触ル丶ハ唯天ノ一方ニ朗々タル輝月（中略）帰程ヲ数ヘ屈指スルコト一日ニ幾度ナルヲ知ラス、

十六日、天度漸ク大東洋ニ入ル、（中略）午後福沢氏ノ嘱ニ依テ越中トクビ揮〔褌〕二枚ヲ縫フ日暮亜人向余奇語ヲ吐ク、其一二語ヲ記ス「ヲトコ　バヾサン　ワタシ　ミテミテハナシイッピヨカ　ワタシワナシジキととワカロー」「ノチホトハナシナイヨカ」

十七日、午前暑ニ堪ヘスシテ涼ヲ追ヒ持莚ケッチンノ所ニ至リ涼ヲ納ル、其処中浜万次郎・牧山修郷〔卿〕・秀嶋藤之介〔助〕三名モ亦余ガ莚ニ来坐ス、皆頻ニ指闘ヲ作シ後牧山亜国ト皇国トノ和信ヲ結ヒ終并呑セラル丶ノ説ヲ吐、三四輩一議論ヲ起ス、中浜氏又一説ヲ以テ応ス、其説大ニ当ル、茲ニ蜜事有ル故記セス、

「天度漸く大東洋に入る」とは日付変更線を過ぎて東半球に入ったことを意味して、ようやくその辺が理解できたようだ。福澤の褌を縫うとは、数少ない福澤に関する記事の一つである。

牧山の説は、彼我国力の差の大きさを実感したものであるが、国際政治の視野が欠けているようだ。中浜の説が不明なのは残念だ。

五月五日浦賀に到着、翌日神奈川を経由して夜品川沖に帰着し、七日上陸したのである。

長かった鎖国体制が崩れた最初の異国訪問であったが、米国人の好意的な態度、特に四十日にもわたって滞在したメーア島での交流は、咸臨丸の搭乗員と米国人との親密感を深めた。木村は「奉使米利堅紀行」閏三月十二日の条に述べている。

予コモトールの家に至り別を告しに、予の為に特に朝餉を設しとて、夫妻・児女并甲比丹も来り一卓にて倶に食せり。（中略）其別るゝに臨て家人皆門外に出て手を握り、惜別の様子彼我凄然たり（清書本、惜別の情恋々捨かたく互に裳を沾したり）。

水夫嘉八の「異国の言の葉」の閏三月十一日の条には、

亜国のマーヤアイランドに始て上陸をなし旅宿せし処、殊ニ三十七日も住別、言葉ハ通せすとも万端実意に心を添貰いし事故、名残おしく事而已思ひ此後御帰帆の節、如何成うきめにや逢ん、（中略）若御船くつかゆる事もあらん、どの大洋にて薪水食料のつくる事もあらんかと心痛而已にて一同感涙を流し、何共此事言語に絶し亜人も名残を惜めバ、猶更心魂に徹して涙た弥増る計り、亜国之男女共も日本人を深切に致し呉候事、実以親子の如し

と記しているように、強い親密感と別離を惜しむ情を記している。

107頁14行目　鳥の羽で拵へた敷物を持て来て是れが一番のた宝物だと云ふ（25）

ハワイの王宮を訪問した時見せられた一番の宝物を、福澤は鳥の羽で拵えた敷物といっているが、これは福澤の間違いである。また水夫嘉八の日記「異国の言の葉」の四月六日条に、「此屋敷ニ百六拾年以前より鶴一羽に一枚宛有之候羽根

を以て指物形チに拵へし物あり、実以珍物なり」と記されている。

この羽毛を集める作業は大変な仕事で、一枚の肩掛けを作るためには、八万羽の鳥の羽毛を集め、専門職人が四・五世代もかけて作るというもので、非常に手間と時間をかけてようやくできるという珍しい物である。ハワイのオアフ島のビショップ博物館（Bishop Museum）のカタログにはauhu ulaとして示されている。

佐志傳の調査によると、或る特定の鳥の、黄色や赤色の羽毛を、一羽につき二・三本ずつ取って作られるもので、肩掛けcape・マントcloak・兜helmetなどの種類があり、これらは戦士のみが着用を許される、名誉ある衣装であるという。

108頁小見出し　少女の寫真（26）

サンフランシスコで米少女と並んで写した写真は、あまりにも有名である。帰国船中の福澤の茶目っ気や、初めて外国を訪れたにしては、余裕を持ってその社会に溶け込もうとする態度を示す写真として、よくひきあいに出されるエピソードの一つである。

福澤と写真館の少女

訪れた写真館は写真の枠にWM SHEW/113 MONTG Y ST./SAN FRANCISCOとあることから、有名な写真家ショウの撮影であることが知られている。福澤の写真については、従来ダゲレオタイプ写真といわれていたが、中崎の研究で、アンブロタイプの写真であることが判明した。（中崎昌雄「咸臨丸の福澤諭吉と写真屋の娘―ダゲレオタイプとアンブロタイプ」）

福澤ら六人で写した集団写真は、万延元年三月二九日～閏三月二日までサンフランシスコに滞在した間に写したもので、少女との写真は、咸臨丸の修復後サンフランシスコに戻って来た翌日と翌々日のいずれかに撮影したものであろうと『考証』は述べている。また少女と並んだ一枚の他に、単身の羽織袴姿、二種の写真の有ることも紹介し、写真館や少女のその後も、詳細に説明している。

福澤が単身で写真館を訪れたのは、咸臨丸の修復が成ってサンフランシスコに戻った、閏三月十二日から出発の前日の十八日までの間で、ハッキリ雨の日とことわっている。

同行者の日記から雨天の日は、閏三月十三日から十六日までの四日間であることがわかるので、撮影の日時が限定できる。十六日午後福澤は吉岡と買い物に行き、途中市長へ別離の挨拶に出向く木村と会い、同行しているから、この日は除外して考えるべきだろう。

少年（福澤の羽織を着て扇子を手にしている）

この日の写真は羽織袴の正装、上半身の写真である。咸臨丸や正使達の写真には、上半身の写真は殆ど見かけない。顔を大きくして貰うことが、母に送った時に喜ばれると諭吉の考えがあったのかもしれない。事実後年、中津に送っている。少女との写真は着流し姿である。いかにも打ち解けた感じで、「丁度雨の降る日」であったから、濡れた羽織袴をちょいと乾かしている間の写真であったと想像される。

ところで福澤家には、この時写されたと思われる写真がもう一葉保存されている。それは、米国少年の写真である。子細に写真を見ると、少年は洋服の上に福澤の羽織を羽織って、扇子を持っている。この少年が側に寄って来たので、福澤の方から声を掛けたのかもしれない。中崎研究によれば、ショウの子供は少女（当時十三歳という）があるだけというから、この少年が誰かは不明である。ショウの弟ヤコブの子であるかもしれない。

少年は見知らぬ服装の、少し英語を話す日本人に興味を感じ、会話が始まったと想像してみたくなる微笑しい光景である。特に扇子が、米国では珍しい竹と紙でできていて、自在に開いたり閉じたりと興味を抱いたことであろう。

109頁小見出し　不在中桜田の事変（27）

勝が水夫らを上陸させようとした時、浦賀奉行の捕吏が船中に取り調べに乗り込んで来て、「数日前、井伊大老が桜田門外で殺された事件があったので、水戸人は厳重に取り調べねばならぬ」というから、「アメリカには水戸人は一人もいないから、すぐ帰れ」とひやかして帰らせたと『氷川清話』に記している。『考証』上は、この話を耳にしてから福澤が木村家の出迎え人に会ったことも考えられると、記している。

五月五日浦賀に帰着した咸臨丸の人々の「日記」等には、搭乗員全体の動きを記したものはない。半年振りの故国への帰着であるから、感激のみが記されている。その中で比較的詳細なのは、赤松大三郎「亜墨利加行航海日記」である。

九時十分浦賀港投錨、(中略)十時後桐太郎御届兼上陸いたし候事、興右ェ門、金次郎同時上陸候事、(中略)風□□に付浜五郎、雅之進、五八郎上陸候事、水夫火焚其外共交合上陸入湯為致候事、摂津守殿より着船御祝として左の通被下候　覚　金三両三分　水夫小頭五人　金拾七両弐分　水夫三拾五人(中略)明朝四ッ時当港出帆之旨御達し有之候ニ付夫々ゟ通達いたし候事、(中略)七時上陸之者一同帰船いたし候事

水夫嘉八の日記「異国の言の葉」は感情的である。

是より直様蒸気を焚立候やら、碇をおろす用意やら上より支度の用意やら、其騒動なる事一方ならず、追々御船進みて相州浦賀の湊ゟ、巳ノ中刻御入津に相成、其騒動なる事、言語に絶し是より上陸思々になして酒宴を催し、金銭をつかふ事、さなから砂の如し、

水夫頭の石川政太郎は六日横浜で桜田事件を知ったとしている。

朝陽丸・鵬翔丸両船張番ニ而鉄炮方・刃術方都合拾五人つゝ乗組居候て、此時如何哉と様子を尋ネ候処、去ル三月三日、登城、(中略)水戸家中党輩ニて十八人其登城崎〔先〕ゟ達〔立〕出、右殿之首打取、(中略)夫より大騒ニ相成、夫故其之全儀〔詮議〕之為、当番ニ相勤居申候之咄し有（「安政七年日記」）

赤松の日記には、九時十分錨を下し、十時に佐々倉桐太郎が先ず着船届けのため上陸し、続いて肥田・小杉・小永井らが上陸し、その後に水夫・火焚らがまじりあい上陸したとだけ記して、入港草々浦賀奉行の者が乗船してきたとは記されていない。事件の内容が内容だけに、乗船して来たならば必ず記述があるはずだ。正月に日本を出発して帰国した船であるから、特に大騒ぎをして取調べのために飛び込んできたとは考え難い。したがって、勝の談話を福澤が小耳にはさんだ可能性を問題にすることもなさそうである。

110頁7〜8行目　幕府の外國方（今で云へば外務省）ょ雇はれた（28）

渡米中福澤の人物を見た木村は、その後福澤と長く交り、福澤も生涯の恩人として終生、敬愛する人物として接した関係である。幕府に仕える気があるのならば、先ず木村に相談しただろうし、森の所属する軍艦方や海軍操練所などが、最も就職しやすい勤務先であったはずだ。

それなのに外国方に出仕したのは、当時わが国はオランダ語が盛んで、それ以外の言語を読める者が不足し、外国が幕府に提出する文書には、オランダ語の訳文を付けることになっていた。まず英語の文章を訳してみて、不明の箇所を添付

してある蘭文を見ることで、英語の意味を正しく知ることができる、英語の研究には誠に好都合である。このことから、福澤は外国方入りを志望したのではないだろうか。

外国方への就職時期は、『諭吉伝』や『木村摂津守喜毅日記』によると万延元年（一八六〇）十月六日頃が考えられる。この就職により、中津藩洋学校教師と幕府外国との、二つの職務を持つことになった。

当時福澤の許に入門している学生数はそれほど多くなく、大部分が蘭学を学び、英学を志すものは一部であったろうから、外国方に出仕している間は、塾の授業を岡本周吉が担当し、帰宅後に、蘭学の上級生と英学志望の学生を教えることは可能である。特に英学は福澤も未だ十分に教育できるほど実力を持ってはいない時であるから、まさに「教うるが如く学ぶが如く共に勉強する」状況であったと思われる。［5（18）・（20）・（21）］

参考① 長崎伝習所〈関連項目＝6章註（2）〉

長崎海軍伝習は幕府の学生が中心であったが、諸藩の家臣にも開放されたので、佐賀・福岡・薩摩・長州・熊本・福山・津・掛川・田原藩から多くの伝習生が派遣された。伝習はペルスライケンらオランダ人による第一次教師団から、船具・蒸気・造船・算術・築壁・砲術講釈・航海・運用・天測実技・稲佐調練等の学科が教えられた。オランダ語の判るものは殆どいないため、岩瀬弥七郎以下十四名の通詞が学科別に担当したが、通詞自身が軍艦関係の術語を知らず、学生達は科学・数学の基礎知識がなく、伝習は困難を極めた。

教官・学生の努力と慣れによって、少しずつ成果が現れてきた。安政二年（一八五五）における航海は、最長で三日、五島までという状況であったのが、安政三年になると、九州沿海の航海をたびたび試みるまでになっている。中国の太平天国の乱の影響で、わが国への貿易要求が高まり、外国船の来航が頻繁になったため、江戸湾の無防備を心配する声が強くなった。幕府は、オランダに注文した軍艦が完成到着することを機に、長崎伝習の第一期生と、観光丸をもって、江戸に軍艦操練所を開設する計画を立てた。伝習監督の永井尚志に、その担当を命じた。

安政四年一月上旬幕府は伊沢謹吾・榎本釜次郎ら第二期伝習生十二名を江戸より派遣し、長崎地役人ら総計九十六名が新たに加わって伝習を受けることになった。新造艦の到着を待ちきれず、規定方針通り三月四日、第一期伝習生らを江戸に引き揚げさせた。オランダ人教師らは、学生は未熟であるから延期を提案したが聞き容れられなかった。この時勝義邦（海舟）ら数名の一期生が居残り第二期生と引き続き伝習を受けた。そのため長崎では練習船なしの伝習が暫く行われたのである。

四月九日長崎在勤目付として赴任した木村喜毅に、十八日永井の後任として伝習監督が命じられた。ヤッパン号（咸臨丸）の到着により九月十五日、オランダ人教師団はカッテンダイケらに交代引き継ぎが行われた。幕府も年少者を中心に人選した第三期生を九月に長崎に送り、第二次オランダ人教師団による伝習を受けさせた。

第一次オランダ人教師団長は航海科出身で、科学者・理論家であったのに対し、第二次教師団長は運用科出身で、その教育方針の大筋では余り違いはないが、数学の素養のある小野友五郎は一次教官からは模範生とされ、その素養のない勝は頭角を現すことはできなかった。しかし運用科にはやや経験・老練さを重視する傾向があり、勝は二次教官には役に立つ学生長として重んぜられたようだ（藤井哲博『長崎海軍伝習所』）。

参考② 使節派遣の背景〈関連項目＝6章註（3）〉

十八世紀後半になると、わが国の周辺に外国船舶がしばしば来航し、幕府はそのことに次第に神経質になってきていた。文化元年（一八〇四）にロシアのレザノフの交易要求を拒絶するや、その報復として樺太・エトロフ・利尻らの侵略が行われた。文化五年オランダ国旗を掲げた英国船フェートン号が突然長崎に入港し、オランダ人を人質として薪水食料を強要して退去するという事件が発生、その責任を負って長崎奉行が自殺するという事件も発生した。そののち幕府は文政八年（一八二五）二月、長崎以外に入港を図る西洋船舶に対しては、これを打払うこと（無二念打払令）をオランダを通じて海外諸国に伝えさせることで、対外紛争の発生を防止する方針をとった。

しかし天保十一年（一八四〇）阿片戦争が発生し、清国側の形勢の悪さが報ぜられると、大きな衝撃を与え、にわかに国防論が高まった。それと同時に、対外情勢に対する幕府の認識も改まり、外国との間に無用の紛争を避ける意味合いから、老中水野忠邦によって天保十三年七月、先の無二念打払令を緩和し、侵略の意図のない難船等に対しては薪水を補給する「天保の薪水給与令」に改められた。外国との接触の機会が増えることが予測されたので、水戸藩主徳川斉昭は、攘夷論を基本とする国防力の強化を主張した。また老中の松代藩主真田幸貫は、軍事技術の強化を主唱し、家臣佐久間象山をして、洋学兵制の研究に専念させている。天保改革の悪評のため水野が失脚すると、多額の費用を必要とする国防強化の機運が弱まる反面、ただ感情的な打払令への復帰を望む声だけが大きくなってきた。

水野の後を受けて幕閣を率いた阿部正弘は、全国的に国防力を強化する必要と、財政難から軍事力強化に反対する諸藩との対立の中で苦悩しながら、漸進的に幕政を改革するために、弘化二年（一八四五）海防掛を新設し、阿部自らその一員に加わった。こうした状況の中で、嘉永三年（一八五〇）四月松代藩士の佐久間象山が、江戸湾警備のため設けられた諸砲台を実見すると、殆ど全部の砲台が実効性がないので、外国船は自由に江戸湾内に進入してくるであろうと警告し、早急に西洋砲術の研究と軍艦配備の必要性を幕府に提案している。

象山の意見の実現は莫大な経費を必要として、幕府採用にならなかったが、嘉永六年六月ペリーの艦隊が浦賀に来航し、江戸湾内にまで進入すると、改めて象山の意見が着目され、実行すべきとする幕府有司も現れてきた。

象山は安政元年（一八五四）四月三日の川路聖謨宛書簡で、

> 先頃（米艦）六十日の滞船中彼れには本邦の御不届を飽迄見透かされ此方にては何以て彼の事実を御探索御座候事も無御座又彼の所長を聢と御学び取りも無之空しく横浜を引取らせ候は惜むべきの限と奉存候」
>
> （『佐久間象山全集』四）

先進国の進歩した技術学習の機会を失ったことを残念がっている。吉田松陰の米国事情探索の密航を支持したのも同じ意図からである。したがって安政三年七月十日付け、長崎伝習所に学ぶ勝義邦（海舟）への書翰で、

> 此邦にては兎ても十分之御修業御出来かね被成候に付哇巴〔爪哇《ジャワ》カ?〕へ御留学の事御願御座候趣誠に不朽の御壮図と感嘆且奉建羨候（中略）いづれにも欧墨諸州の如く諸学術を明かに致し候はんとには其州へ留学又は差遣又彼州よりも師範のもの被召呼天下普通に其諸科を御開き御座候様に無之候ては遂に行届き申まじく候。（『佐久間象山全集』四）

と先進国への留学の必要を力説している。

圧倒的な軍事力を背景とする欧米諸国の強圧な貿易要求に対して、早晩開国交易を許可せざるを得ないことを予見する開明的幕府官僚が出てくるのは当然である。

参考③　渡米船上の福澤

木村摂津守に従って万延元年（一八六〇）一月十二日に品川沖に停泊している咸臨丸に乗り込み、翌日午後品川を出航し、横浜に三泊・十六日浦賀に到着。石炭・飲料水等の積込み、翌十九日午後三時出航、途中何処にも寄港せず、二月二十六日サンフランシスコに到着した。福澤はこの珍しい体験をする今度の旅行について、何故か日記を残していない。「万延元年アメリカハワイ見聞報告書」にも航海中のことは何も記していない。従って、航海中の言動が僅かに語られた『自伝』の記述と、同行者の日記等をあわせみることで、船上の福澤を探ってみる。

木村摂津守の家来といっても、譜代の家来は相当年配の大橋栄次*である。福澤はつい先日無理に頼み込んで家来にして貰ったばかり。同じく押掛け家来の秀島*は、九州の佐賀藩出身で、蘭語がある程度できて蒸気学・究理・砲術の専門家である。芸州出身の長尾*は医学志望で江戸に出て坪井芳州に師事しながらも、英語学習の必要を感じ始めた人で、これも押掛け家来である。

さらにもう一人の家臣斉藤留蔵*は木村が後年思い出した人で、鼓手として同行させた十六歳の年少者である。一月十二日、中浜*・鈴藤*・肥田*等と共に江川の調練場から乗船してきたという。長尾の日記「鴻目魁耳」によると同室者七人という。残る二人は不明である。同室の斉藤の日記「亜行新書」一月二十四日条に

> 波濤大に狂激し、夥しく船中に注入し甲板上三四尺に至る、甲板の一段下は我等の居処にして水の深さ凡一尺乃至一尺五六寸

と記していることから、福澤らの船中の部屋は、その位置を知ることができる。

長尾・秀島は蘭学の知識を持ち、英語の必要性を感じ始めているという点で、共通する。その他の士官等はその経歴から見て、福澤が接近したと思われる人物は、まず医師の牧山修卿*が考えられる。牧山は福澤よりは半年年長で、父が外科医を開業していたので、十六歳の時父の病気を機に医業を志し、坪井信良に蘭学を学び、ついで大坂の緒方塾に二年程学んで、安政三年（一八五六）父の跡を継いで十二月には松前伊豆守崇廣の近習医となったという。適塾入門帳は

嘉永四年（一八五一）十月入門　江戸新銀町　牧山龍甫男　牧山熹朔

と、福澤と入れ違いに適塾を去っている。

小永井五八郎*は、咸臨丸に、公用方吉岡勇平*の下役として乗船した。江戸に出て野田笛浦、古賀謹堂に学んでいる。福澤にすれば、亡父の友人野田笛浦の弟子ということで、近親感を抱き交際を始めたかもしれない。

船が出航したその日から海は大荒れで、出航早々の嵐に、不慣れな日本人の大部分は船酔いに悩まされ、食事の準備もできず、欠食状態で、終日揺られるという悪条件下の航行であった。

二十五日「天地四方皆山ノ如キ鯨波、生命愈アヤウキカ如ク、一時船波低〔底〕ニ沈ムカ如ク、寐床水ニ浮フ」（「鴻目魁耳」）

二十六日　青空も見える快晴で、「初テ船中喜色ヲ発ス、（中略）同床の七士飲酒、前数日ノ危急践氷（危険）ノ思ヒヲ忘スレ、衆談各得意ヲ唔シ日暮頻ニ笑談」（「鴻目魁耳」）したという。福澤の「始終私は同船の人ニ戯れて是れは何の事はない生れてからマダ試みたとはないが牢屋ヱ這入て毎日毎夜大地震ヱ遇て居ると思へば宜いじゃないかと笑て居る位な事」というのは、こうした談笑時であったろう。

一月二十八日

針路東北東、風西北西、昨夜より之暴風にて浪船上ぇ打上る事不絶、終日窓も閉たる儘にて衣類枕席等皆潮に湿ひ器物損傷するもの少からず、暮に至り風西に転し天気少く和《やわら》きたり。（公用人吉岡勇平「亜行日記」『吉岡良太夫小伝』所収）

右のように吉岡の日記は、風波による浸水とか動揺の激しさの記述は多いが、器物の破損を伝えたのはこの日だけである。銀貨狼藉がこの日（一月二十八日）の出来事であった可能性が強い。銀貨狼藉の事態は、現金輸送のためで、送金為替の知識がなかったからである。（二度目の渡米時には、不十分ながら為替を利用したが失敗。その時の経験をもとに『西洋旅案内』に丁寧に為替の説明を記している。）

二月に入る頃より、帆船の操縦に、多少日本人も慣れはじめたが、天候も幾分治まる傾向が見え始めた。

長尾の日記「鴻目魁耳」には、

二日「前月危急ノ日ニ二倍シ大波濤相起ル、然レトモ大半ケヲンテ（cen ter舵カ）ヲ取ル故前ノ如ク恐惶〔慌〕ニ至ラス」

三日「風波愈甚、殆ト板上ニ丸ヲ置如ク、孤艦七転八倒船裏ノ諸具且人モ皆然リ、」

四日「前条ニ同ジ、最早西製船ノ倒没鯨波ニ沈ムコト決シテナキヲ悟リ、大ニ恩〔思〕ヲ安ス」

と記している。「私が西洋を信ずるの念が骨に徹していたものとみえて、一寸とも怖いと思ったことがない」と福澤が記している態度が、ここにきて、長尾の不安感を払拭するのに、多少の影響があったかも知れない。

二月六日、後方に見えていた船と次第に接近し、最初はポーハタン号かと思ったが、七日いよいよ接近してみると、サンフランシスコ行の香港からの米国商船で、大勢の中国人を乗せていることが、互いにメガホンで話合って判明した。しかし福澤は「一度帆前船に会うたことがあった。ソレは米国の船で、シナ人を乗せて行くのだというその船を一艘見た切り、外には何も見ない」と簡単に記している。

二月十一日

飲料水の検査が行われ、「奉使米利堅紀行」では猶十個のケートルが残っていることが確認されたとあるが、ブルックの「咸臨丸日記」では、十個のタンクは使い果たしたが、十三個のタンクにはまだ水が入っていると記している。

二月十七日

水夫嘉八の日記「異国の言の葉」によると、

此頃より水がつきかけ、若水なき時は一同渇命に及ひ候事故ゼンドイスに船を寄る、然は是よりセントイスに御立寄に相成候ハヽ、千里余の御損ぶんに相成、若亦水尽れは一同死せん、如何ハせんと御奉行様始コマンタン（commander）士官の御人々御相談之上ワートル（water）最早何程有之候哉とケ

ートル一々御改被成、ワートル倹約も仕候ハヽ、未タ十六七日分は有之由にて、夫より昼夜水桶に錠をおろし、小永井五八郎様鍵を預り甚厳重なり。

咸臨丸の航路は、太平洋航海経験の深いブルックによって、決定され、ポーハタン号よりも先にサンフランシスコに到着したいと考えていたことは確かであるから、全行程の三分の二を乗切った所で、飲料水が半分残っている状態なら、ハワイへ航路を変更する必要を全く考えていなかったに相違ない。

米国人水夫が水を使い過ぎると抗議を受けたブルックの、「水を使うたら直に鉄砲で撃ち殺してくれ、これは共同の敵じゃから、説諭も要らなければ理由を質問するにも及ばぬ」という返答は、契約とか共同の義務といったものに対する米国人の態度を明確にする好例といえる。果して事実であったかどうか。福澤の記述にも多少の誇張と作為があるような気がする。

『咸臨丸海を渡る』に紹介されている話として、（『中浜万次郎の生涯』）

米水夫フランク・コールが自分の下着を洗濯しているところを、公用方の吉岡勇平が見つけ、いきなりその顔を足げりにしたのがきっかけで、彼は仲間を呼んで来てピストルを構えたので、吉岡も刀の柄を握って睨みあった。勝や中浜、それにブルックまで出て来た。事の次第を聞いたブルックが米人達を押さえ、日本側に向かって、よろしい、斬って下さいといったので、事は収まり、勝とブルックとの握手でめでたく和解となった。

というのである。これは後日、噂話等を適当に編集した書物に依ったものであろうと著者はしている。

最後に、いつでも問題にされる福澤のこの航海に対する評価である。この航海がブルック以下、米国人水夫の同乗がなかったならば、咸臨丸が無事に米国に到着できたかどうか、すこぶる疑わしい。船酔で日本人水夫が全く動けない時、アメリカ人水夫は命令に直ぐに応じて、全く普段と変わらぬ勤務をしたお蔭で、危難を乗り越えることができたと感心する者、まだまだ航海に不慣れなことを痛感した者等、驚異の目をもって米国人水夫の活躍を見たのである。福澤も、そうした点に気が付かぬ筈はない。しかしそのことを福澤は全くふれていないと、評されている。

安政六年の冬即ち目ニ蒸気船を見てから足掛り七年目、航海術の傳習を始めてから五年目にして夫れで萬延元年の正月に出発しやうと云ふ其時少しも他人の手を藉らずに出掛けて行かうと決断した其勇氣と云ひ其技倆と云ひ是れだけは日本國の名譽として世界に誇るに足るべき事実だらうと思ふ

新文明、西洋科学の知識を積極的に取入れようとした気持ちと鎖国制度下の日本人の積極性こそが、明治三十年代の新興国日本を生み出した原動力であると強調したのは、当時の青少年を奮起させ激励しようとしたものと考えられる。

＊印の人物については前出の註（7）を参照。

参考④　日付け変更線〈関連項目＝6章註（15）〉

太平洋を西から東へ通過横断するとき、経度一八〇度線を日付け変更線としている。咸臨丸で米国に行った場合、当然この仮想線を横切る。太平洋を横断航海する経験のなかった当時の日本人にとって、この線は、一般的に知られていなかった。しかし外洋航海の測量学を学んだ者は、東経又は西経何度と、一八〇度の意味を学んでいるが、咸臨丸の搭乗員とポーハタン号搭乗員との間にはその記述に差がある。

咸臨丸は二月四日と五日の間に日付変更線を越えたが、木村の日記は、二月三日東経一七六度〇分、四日一七九度三〇分、五日一七七度三八分、六日一七四度三一分と五日以降の西経を東経と誤記している。九日に至って気づいたようで、西経と正しく記入している。数値に気を取られて東西経度の変化を注意していない。測量記録担当の赤松の日記には、二月四日東経一七九度四二分（実測）一七九度三〇分（推測）、五日西経一七七度〇六分（推測）一七七度三八分（実測）と東西経度を正しく明記している。

長尾の日記「鴻目魁耳」は、二月五日の条に「我皇国ヲ去ル千八百余里、今日来ルコト凡全路ノ半ヲ終ル」、水夫石川政太郎の「安政七年日記」、二月三日の条に、「異人ノ咄しニ、江戸トアメリカノサンフランシスコンへ凡中場《半ば》ニ当、」と記している。東西半球の境界を過ぎたという意味を、行程の中間点を過ぎたと解釈している。したがって、日本人は日付変更をしていない。帰途には、木村の日記は四月十四日西経一七七度五八分、十五日は東経一七九度二二分と日付はやはり誤って記している。

山口一夫の研究によるとポーハタン号搭乗者村垣の『遣米使日記』二月二日条

に、「東経一七七度三十六分、今夕六時頃子午線を過て西半球に入しといふが目に見るものは何の限りなければしらず」。翌三日は西経一七七度五十分と正確に記している。しかし日付は変更していない。東廻りで帰国した九月二十八日には「二十八日即ち二十七日也、東を指して地球一周すれば一日を増し、西を指して一周すれば、一日を減すと聞しが、今日御国に帰りて聞ば二十七日也。されば一歳のうちに一日を得しは一生のとくなり」と記しているが、日付は変更していない。正使一行の殆どの日記は、帰国した時一日の食い違いを認めているが、名村元度だけは「亜行日記」で、二月二日子午線を越えた翌日も二月二日として、日付を変更している。

参考⑤　桑港に於ける福澤の見聞〈関連項目＝6章註（13）〉

主としてサンフランシスコを中心に、西洋文化を見聞してきたのである。福澤の行動は、木村摂津守の従者という身分のためか、その間の行動は同行者の日記等にも殆ど記されていない。『自伝』の記述や、『全集』⑲「万延元年アメリカハワイ見聞報告書」（藩関係者に提出したと推定される写本）から、推測し得るのみである。

月日	記事
二・二六	桑港に入港、佐々倉ら四士官ブルックと共に上陸、着港届提出。
二・二七	桑港市長ら歓迎挨拶に来艦、市長に誘われ木村、勝等上陸市内のホテルにて饗応を受ける。〔福澤も随行か。〕
二・二八	入港儀礼の礼砲交換を行う。
二・二九	水夫源之助・富蔵海員病院に入院。
三・一	軍楽隊来訪、艦上で演奏。長尾治療のため入院。
三・二	木村及び勝ら七士官、市役所の歓迎会に出席、続いてホテルでの歓迎宴に臨む。源之助病院で死亡。
三・三	咸臨丸修理を受けるためメーア島に移動。同島の宿舎未整備につき長官カニンガムの勧めで、木村は長官宅にブルックと共に一泊。
三・四	三階建宿舎一軒提供さる。終日荷物等移動。咸臨丸修理作業開始。
三・六	木村宿舎でブルックの送別宴を開く。医師及び水夫・火炊等の宿舎に一棟借用。
三・九	ポーハタン号桑港着、午後メーア島に廻航。水夫富蔵病院にて死去。
三・一〇	木村宿舎で正使らの歓迎会開く。水夫等宿舎に日本風の据風呂を設ける。
三・一一	木村正使ら一行と桑港市の歓迎会に出席のため桑港に赴き、同ホテルに宿泊。メーア島でカニンガム長官事故で負傷。
三・一二	木村、長官見舞いのためメーア島に引き返す。
三・一三	ブルック帰郷のためメーア島出発、勝等彼を桑港迄見送るため同行。
三・一五	昨日咸臨丸の士官の一人ウエブスター辞書購入の記事、桑港の新聞に報道さる。
三・一六	ポーハタン号メーア島より桑港に移動。ブルック、パナマ行汽船で出発、勝等士官達桑港で彼を見送る。
三・一八	ポーハタン号桑港を出帆。
三・二六	木村オランダ人医師に招かれる。福澤随行。先日木村より長靴・勝より合羽を水夫等に支給あり、この日各人に配付。
三・二九	福澤、肥田浜五郎等士官五人と桑港に出張、写真撮影す。閏三月二日まで滞在
閏三・三	長尾幸作メーア島のインデペンデンス号を訪ねる、後に福澤も来艦し同道宿舎に帰る。
閏三・四	木村、咸臨丸修繕費用に付カニンガム長官に照会。日本人荷物を咸臨丸に積込開始。
閏三・六	福澤、料理中の天麩羅鍋を倒し危うく火事になりそうになる。
閏三・七	木村等キャプテン・マッキズガル家の舞踏会に招かる。
閏三・九	咸臨丸修理完了。木村点検の後工事関係水夫等に褒賞。夕方木村、長尾を伴い長官宅訪問、そこへ福澤来る。三人同道艦に立ち寄って帰舎。
閏三・一〇	鈴藤勇次郎ら宿舎を引き揚げ咸臨丸に戻る。
閏三・一一	米側咸臨丸修復費等の受理を固辞す。依ってマッキズガルと相談、当地寡婦団体に寄贈し謝意を示す。咸臨丸試運転。木村、カニンガ

ム長官らを招待。
閏三・一二　木村・勝等カニンガム家に招待さる。咸臨丸メーア島出帆桑港に移動。
閏三・一三　病気の水夫及び看護人ら八名下船、海員病院に入院、後日帰国。
閏三・一六　木村、勝と共に桑港市長に挨拶のため上陸、途中から福澤随行。ユニオン倶楽部で饗応を受ける。
閏三・一九　咸臨丸、桑港を出帆帰途に就く。

●二月二七日

市長自ら咸臨丸を訪問し、木村に対し長い船旅で疲れているだろうから、取り敢えず陸に上っての休息を勧めた。（木村日記）。そこで、馬車でホテルまで案内してくれた。福澤が馬車に驚いたのもこの時ということで、この日に福澤が木村のお供をして、上陸したと推定される。［6（17）］

●三月二日

何れも日本人は大小を挟して穿物は麻裏草履を穿て居るソレでホテルへ案内されて行て見ると絨氈が敷詰めてある其絨氈はどんな物かと云ふと先づ日本で云へば餘程の贅澤者が一寸四方幾千と云ふ金を出して買ふて（中略）ソンな珍しい品物を八畳も十畳も恐ろしい廣い處へ敷詰めてあつて其上を靴で歩くとは扨々途方もない事だと実へ驚いた、けれども亜米利加人が往来を歩いた靴の侭で颯々と上るから此方も麻裏草履で其上へ上つた。上ると突然酒が出る徳利の口を明けると恐ろしい音がして先づ変な事だと思ふたのはシャンパンだ

歓迎宴にのぞんだ時の雰囲気である。この日も福澤は木村に随行したと考えられる。［6（19）］

●三月三日

修理のため咸臨丸は、メーア島の海軍造船所へ移動し、約四十日間滞在した。風呂好き・魚好きの日本人のためにと、毎日風呂には這入れるし、魚も持って来てくれる。時にはサンフランシスコに誘ってくれるという大サービス。

●三月二六日

メーア島近くの蘭医家を木村のお供で訪問。接客習慣と、子豚の丸煮に驚く。

ベネシアの医師方へ正午前より摂津守招かれ、松岡・小永井・木村医師及び奉行家来一人随行す。（「咸臨丸航米日誌」、『幕末軍艦咸臨丸』所収、以下「航米日誌」と略記する）

此地に住する医師ヘルファーへといふ者、元来和蘭人にして、度々余を訪、船に来れり、ある日車を以て余を迎、己の宅に招待せんとて再三に及しゆへ、余士官両三輩を伴ひ一日ベネシアに至り（中略）彼家に至れハ夫妻大に喜ひ種々饗応せり、帰路ハ余馬をかり広き野道を走りしか、花草乱開、錦茵のことく、春和の景物いと興ありき（「奉使米利堅紀行」）

福澤が伴われたのは、蘭語通訳としてであろう。［6（20）］

●三月二九日

サンフランシスコ通いの蒸気船へ午後四時浜口・肥田・岡田・根津・小永井及び奉行家来福澤諭吉取込罷越す（「航米日誌」）

閏三月二日までの三泊四日のサンフランシスコ滞在である。

この顔触れから想起されるのは、サンフランシスコの日本領事館で発見された（明治三一年）、ショウ写真館撮影の福澤を含む六人の写真である。福澤は右端前列に腰掛けて写っている、木村の家来という資格ではあるが、一行中でも存在はある程度認められているようだ。「福澤諭吉取込」は、名指しで同行を求めたという意味だろうか、ある程度英語が使えるので、通訳代りに誘ったと考えられる。

長尾幸作の日記閏三月三日条

インデペンデンス号に行き I. H. Breden. Iordany. yardnr 二人ト部屋ニ至リ種々談話ス、酒二盃ヲ飲ム、後福沢来ル同道シ帰ル、其道揚器機場ヲ見ル（「鴻目魁耳」）

同六日条

晩飯ニ福沢氏サメ魚ノ天ふら揚ケヲナス、鍋倒大火起ル、（中略）石室ノ故更ニ其患ナシ、其席吉岡氏来ル、満室仰天且一奇大笑ス

閏三月九日条

夕方長尾が木村とメーア島の士官集会所を訪れた時、

福澤来ル、同道三人艦（咸臨丸）ニ行きアドミラールカメルニ沙羅沙（更紗）ヲ張ル、間ナクシテ同帰宅夜入湯

滞在を楽しんでいるようだ。

閏三月十八日の条に

午前余上陸、ブロックスハウス（Brooks' House）ニ至ル、同道福澤・吉岡・小野其余水夫三四輩（中略）ブロックスノ楼ニ登ル、然ル処何昌球尋来、
余帰国ノ期ヲ告ケ別ニ餞シテ小刀一ヲ投」

とある。いよいよ明日出航ということで、日本への土産物をという気持ちで、モンゴメリー街のブルック商店の付近に出掛けている。桂川家の娘「みね」への石鹸は、或いはこの時求めたのかもしれない。

『華英通語』の購入日、それに『ウエブス辞書』の購入日である。［6（23）、7（1）］

正使一行に加わった森田岡太郎は「亜米利加航海　出入簿」（『遣米使節史料集成』第一巻所収）の香港滞在中の九月十二日の条に、七十五セントで「英華通語二本」を購入したと記している。

また『ウエブス辞書』は、「これが日本にウェブストルの字引の輸入の第一号、それを買ってモウ外には何も残ることなく、首尾よく出帆して来た。」と記していることから、出発間近い日に購入したものと推定できそうだ。

参考⑥　メールアイランド滞在〈関連項目＝6章註（16）〉

太平洋航海中にブルックからの注意もあり、三月二日咸臨丸の修復依頼を米国に申し出た。米国側には早速了承されて、艦は三日にメーア海軍造船所に移動している。閏三月十二日修復を終わって、島を出てサンフランシスコに戻った。この四十日間の日本人の動き等を、『亜米利加体験』・『咸臨丸海を渡る』両書を参考に、咸臨丸修復関係を中心に簡単な一覧表にする。（日付は、旧暦で日付変更線通過による変更はなされていない）

三・二　航海中所々破損に付ブルックへ相談、修復の儀造船所へ掛合。差支なしとて明日造船所へ廻船に決す。

三・三　八時抜錨。造船所着。勝とブルック両名、長官へ挨拶のため訪問。長官来艦木村より更めて修理依頼、長官了承す。

三・四　咸臨丸を浮ドックに入れ船底修理作業より開始。乗組員用に空屋一棟を提供され移動す。

三・八　船底修理出来午後咸臨丸を浮ドックより出し岸壁に係留す。甲板上の船具・帆・帆綱等外し修復す。

三・二三　前後檣取替ることとす。飲料水積込。車仕掛の噴水筒で一時間一三〇石汲入る。前檣材滑車にて引上。

三・二五　後檣取替え済。

三・二八　晩迄石炭積込続く。

三・二九　朝迄に石炭積込み終了。

閏三・二　道具類一部、積込み開始。

閏三・四　木村修復費の請求を米側に請う。必要な測量機器等購入のため、勝・小野・伴・小永井ら桑港に出張。

閏三・九　咸臨丸修復完成に付き中浜をして米職人等に謝意を表明。

閏三・一一　修復完了に付き、蒸気機関試運転。米側修復費の受取辞退に付き、当地寡婦のために寄付することとす。荷物積み込み完了。借用宿舎清掃全員乗船終了。

閏三・一二　咸臨丸メーア島出帆桑港に至る。

この修理期間中、日曜日の作業は休んでいる。作業中は日本人水夫・火焚等や士官が交代で、作業を手伝い、その経験が後日の近代海軍建設に大いに役立っている。

7、欧羅巴各國ニ行く

111頁1行目　華英通語（1）

『華英通語』は、英単語と会話短文に漢字で発音と訳語をつけた清国人子卿の著書である。可児弘明の「華英通語スタイルの辞書」によると、一八四八年のシエラネバダ山脈の西側斜面の山中で砂金が発見され、ゴールドラッシュの情報が、同年中に中国の広州に伝わり、広東省民のアメリカ移民のラッシュとなった。カリフォルニア州議会が、外国人の採掘免許を引き上げ、鉱区から外国人を締め出したが、移民の流入は止まらず、アフリカ黒人に代わる奴隷労働力として、外国船が香港の他に広東・廈門・福州・寧波・上海らの港に来て、中国人の移住を盛んに行い、サンフランシスコに頻繁に運び込んだという。

福澤は、この『華英通語』を最初のアメリカ訪問の際サンフランシスコの店頭で見つけ、持ち帰っている。中国文字にカタカナで日本訳と発音を書き加えて刊行したのが『増訂華英通語』である。福澤諭吉最初の出版物である。

日本語にないVの字の発音に近づけるためウワに濁点を付けたり、日本に存在しない物や適当な訳語を思い付かない言葉は残して、判れば直ぐに追加して増補にするなど、相当苦心している。

『増訂華英通語』巻頭の「凡例」は当時の習慣にならって漢文で記されている（これ以後はできるだけ大勢の人々に読まれるように平易な文章を心掛け、序文も漢文を排して日本文とした）。その凡例に「万延元年庚申仲秋」とあるから、刊行も万延元年（一八六〇）八月頃と推定されている。表紙見返には「万延庚申／増訂華英通語／快堂蔵板」のみで、奥付もなく出版所も不明であった。伊東弥之助の研究により、木村摂津守家から刊行されたことが明らかにされた。蕃書調所の検閲記録である「開版見改元帳」（『日本科学技術史大系』1　通史1所収）に、木村家の用人嶋安太郎名義で申請されていることをも確認している。また和田博徳の調査（『福澤先生の処女出版『増訂華英通語』の原本』）で、華英通語の中国語は広東語であることが明らかになったと、富田正文は『考証』上で新研究の成果も紹介している。

アヘン戦争後の中国は、大量の移民がアメリカに送られたことから、英語の必要が急激にたかまり、『華英通語』が編纂された。可児論文は「アメリカに渡った中国移民めあてに輸出されたものか、あるいは移民が携えていったものを、福澤が入手したのであろう」としている。今日でも中国では「華英通語」式の辞書が刊行されていると記している。

ところで、原書『華英通語』の元版本は和綴じ本であり、洋紙ではなく、唐紙系統の用紙と思われる。したがってアメリカで出版されたのではなく、広東か香港あたりで出版されたと考えられる。

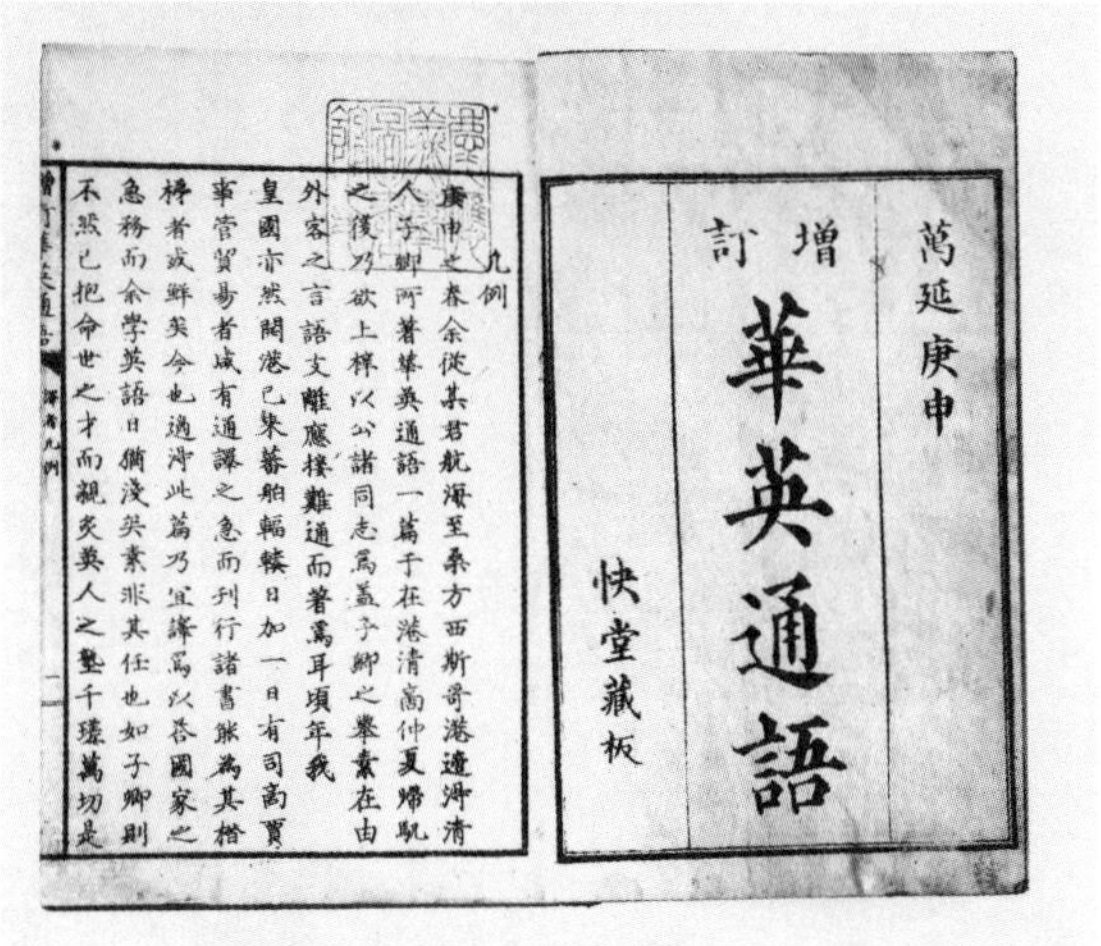

『華英通語』（初版本）

用紙や木版印刷と思われる点から、可見説を支持できるが、咸臨丸とは別に米国軍艦で渡米した正使一行の随員の一人、森田岡太郎の記録「亜米利加航海　出入簿」（『万延元年遣米使節史料集成』第一巻三三六頁）の九月十二日（香港滞在中）条に、「一　七拾五セント（朱書弐分壱朱）英華通語二本」という記載がある。この記述が、『華英通語』が香港で出版されている可能性を示している。

『増訂華英通語』が最初二冊本で出版されたのは、原本の二冊本にならって出版したものと考えていいだろう。二冊本『増訂華英通語』は発行部数も僅かであったようだが、訂正追加が行われていることは、福澤の出版物に対する姿勢を考える上で重要な意味を持っている。

事実美濃版本についで、半紙版一冊本の改訂版が出され、その後も何度か改定されているところから、かなり重宝がられ、よく売れたのであろう。

111頁4行目　私は其使節ェ附て行かれる機會を浔ました（2）

福澤は「文久元年辛酉十二月廿日夕七ツ時西航の命を蒙り、同二十二日正午芝田町上陸場より乗船。（中略）二十三日　朝六時品川出帆」と「西航記」（『全集』⑲）の冒頭に記している。遣欧使節随員の命をうけた、翌々日の乗船という慌ただしさである。その理由は次の資料から、品川藤十郎に差し支えができたための補充人事であったことがわかる。

「遣欧使節關係文書」（『全集』㉑）の「遣歐支度銀雑用銀支給の件」

支度銀壹貫貳百九拾匁宛　　手附飜譯方　　奥平大膳太夫家來
雑用銀一ヶ月壹貫三百五拾匁宛　　福澤諭吉
唐通詞　　太田源三郎

右は英佛其外國々ぇ爲御使竹内下野守松平石見守被差遣候節召連候積り申上置候通詞品川藤十郎儀差支之儀有之候に付、諭吉儀右代りとして召連、源三郎儀は神奈川表より召連候間、（省略）

品川の支障の理由は『幕末教育史の研究』によると、英艦オージン号が長崎に寄港せず、香港まで直行することになったので、長崎オランダ通詞の品川藤十郎の代わりに急遽、神奈川唐通詞の太田源三郎と福澤の両名に随行が命じられたとしている。

随行員福澤の身分は、通詞であるが、しばしば翻訳員と混同されているのは、緊急採用に起因するのであろう。

使節随員の人選は、柴田貞太郎が中心に行い、箕作と福澤の自薦運動が行われたと、「仏英行」（柴田剛中日載七・八より）（『日本思想大系』66「西洋見聞集」）は述べている。柴田自身、漢方医よりも洋学医の派遣を主張している点などから、松木・箕作が福澤の採用を推薦したのであろう。

111頁7行目　金も四百両ばかり貰たかと思ふ（3）

文久元年（一八六一）の手当金前借り支給の額である。

金二百九拾貳両　　福澤諭吉
但壹ヶ月銀壹貫七百目十八ヶ月分

右は英仏其外ぇ被差遣候に付、御手當請取方迚も行届兼候間、書面の金子引替金の内より操〔繰〕替拝借相成候様仕度（省略）（『全集』㉑「遣欧使節関係文書」）

そのほかに、「六国経歴日数も相掛り候事故」ということで二十五両の拝借金を支給したいと外国奉行よりの伺が出されたが、福澤諭吉へ「爲御手當金拾五両被下候旨仰渡候」と減額に決定した文書もある。これらは、東京大学史料編纂所所蔵の幕末外交文書に依ったものである。

この場合、合計しても三〇七両で「四百両ばかり貰ったかと思う」の記述とは相当の開きがある。

ところが、『続通信全覧　類輯之部　九　修好門』（七六四頁）の金額をみると、「金三百九拾弐両　福澤諭吉」となっている。

文久二年五月八日にロンドンから出した今泉宛書簡に、「江戸出立之節ハ三百金斗持参致候得共」と記していることや、幕府支給金の中から百両を郷里の母に送金していることから計算が合う。やはりこれは幕末外交文書の金額二百九拾貳両は誤記とみるべきだろう。『全集』の「二百九拾貳両」の記載も訂正せねばならないだろう。

このほかに、藩からも多少の手当てを貰ったことは、四月十一日に藩の重役島津祐太郎に宛てたロンドンからの書簡に、「江戸ニ而頂戴仕候御手当金ハ、不残書物相調、玩物一品も持帰さる覚悟ニ御坐候」と記していることで明らかである。

111頁12行目　中津の者共が色々《いろ〳〵》様々《さま〳〵》な風聞（4）

中津の風聞とは福澤が咸臨丸で渡米中、米国で死んで遺体を塩漬けにして江戸に持ち帰ったという噂である。藤村潤一郎の研究「中津風聞」（『手帖』23号）に、小倉藩御用達で、中津藩の御用達も兼ねる飛脚中原屋の文書（小倉図書館所蔵）の中に、次の福澤死亡の記事が報告されている。

公儀より異国へ御指立之御使者、於外国百人斗り毒害かメ殺し候歟、無疵ニ而服〔腹〕を立割塩漬ニ致、江戸表ゟ指送り候由。右人数之内、中津御家中福澤何某と申学者も参居、同様之由ニ而、中津ゟ江戸表より飛脚至〔到カ〕来之由。右ニ付中津御家老奥平主説〔税〕殿、急出府船〔ニ脱カ〕より致候由、今朝承り申候。尚又聞繕イ可申上候。

小倉図書館の目録では文久三年（一八六三）とされているが、年代については疑問であるとされている。

噂は渡米中ということであるが、一行の中に三名の死者が出たのは、万延元年（一八六〇）三月二日サンフランシスコの海員病院で水夫源之助が最初で、三月十日に同じく水夫の富蔵が、四月一日に峯蔵が死亡している。この情報から、福澤死亡の噂が出てきたのだろうが、何時日本にこの事が伝えられたかは不明である。

『藤岡屋日記』同年四月十九日の条に、咸臨丸がサンフランシスコに無事到着した連絡に対する礼状が、正使からハリス宛に出された記述がある。咸臨丸の水夫らが病死したことも、幕府に連絡された可能性が考えられる。早ければこの頃、「中津風聞」が出てきたともいえる。諭吉の身を案じている母にとっては、誠に残酷な誤報である。

ところで、明治時代に外務大臣も勤めた、長州出身の青木周蔵『青木周蔵自伝』によると、十七歳の時（万延元年三月）中津に遊学して福澤の母の妹婿の橋本塩巌に教えを受けていた時がある。

同年〔安政七、万延元年〕或は其翌年〔文久元年〕のことなりき。橋本氏は偶然、予に語りて曰く、予の親戚に福澤諭吉なる者あり。今回、幕府より北米合衆国に派遣せらるる使節に随ひ、同国に赴くこととなりたるを以て〔文久元年、竹内下野守保徳の使節団〕、告別の為め、現に中津に在住する母〔於順《おじゅん》〕に一書を贈り、添ふるに金百両及び自己の写真を以てしたり。と云ふ。予は未だ曾て写真なるものを見たることあらざれば、今より福澤の宅を訪ひ、彼〔諭吉〕の書翰と共に請ふて一見せんと欲す。足下同行せずや。

と同行を誘われたので橋本に従って福澤邸を訪問したところ、福澤の母は写真を見せてくれたと記している。青木の記述の北米使節随行は欧州派遣使節の誤り。この記述から、福澤が百両の金と一緒に写真を送ってきたことは、「中津風聞」によると、文久元年末のことであって、母を安心させるための行動を示唆している。

112頁15〜16行目　英書ばかりを買て来た（5）

幕府の蕃書調所等が外交、貿易、軍事、学制、製造等の老中指示の線に沿って、必要書籍の購入を依頼し、使節団が仏英両国で購入した書籍は、一七六部三三八冊にのぼっている。要望の大部分が、軍事・交易・器械等に関するもので、福澤の希望するであろう各国の歴史・経済・国内法律等に関するものは少ない。

フランスでは、三月十六日、随行員達が新市場を見学した後、ドゥラロク兄弟の書店に行き、購入したという。松木や箕作が、選書に関与していると推定されるが、福澤が関与したかは不明である。関与しなかったとしても、松木らから、購入した書籍の話は、当然聞いていたと思われる。

英国での書籍購入は、松木が森山多吉郎宛四月十一日書簡で書いている。

英国之著書甚盛にして、或る翰林院、さとしをしと申に到見候処、六百万巻之蔵書有之と申事にて、驚入申候。乍併英国はフランスとは違ひ、諸人著書を為すに、官の助を得ざるが故に、書価甚貴く、フランスの倍価に困入申候。

（『寺島宗則関係資料集』下巻）

英語を理解する福澤は、恐らく今回は松木らに同行したものと思われる。なぜなら四月十一日福澤も島津祐太郎宛書簡に、英書を購入してきたと書いている。

この時いかなる書籍を購入してきたかは不明であるが、福澤自身その包み紙に、ロンドンの大火後で値が高い、と書いているから、『英清辞書』は確実であろう。

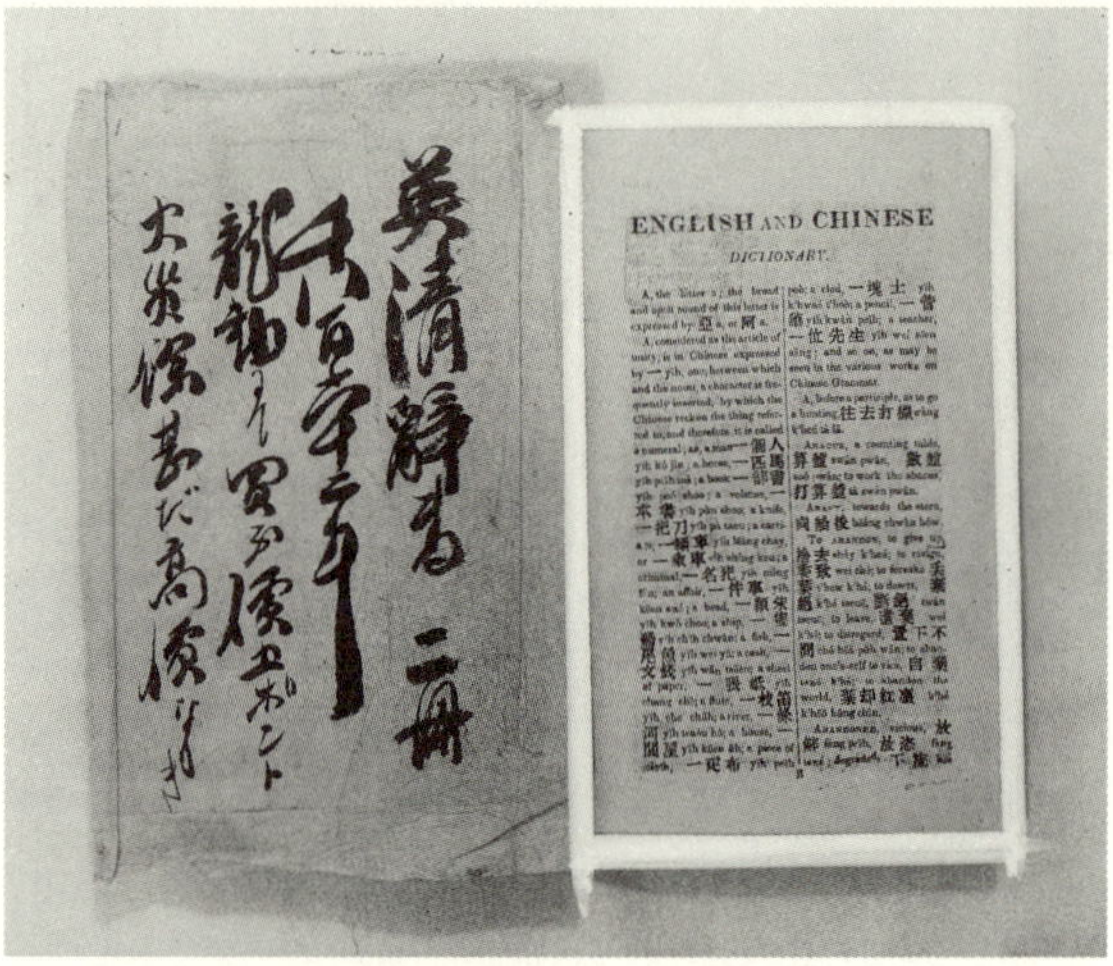

ロンドンで購入した『英清辞書』

その他に、『西洋事情』の種本となったチェンバーズの教育叢書『経済学』、同じく「人間の通義」の典拠となった法学者ブラックストーン著『英法講義』を購入してきたことも、確かなようだ。富田正文が『考証』の中で、福澤は百科辞典などを購入してきているのではないかと推測していることは炯眼であると思われる。
[7⑬]

112頁18〜19行目　使節一行（6）

　遣欧使節一行の履歴については、一部を除いて余り明らかでない人が多い。以下に『自伝』の記載順に略記する。

〔**竹内下野守**（**保徳**）**正使**〕（文化四〜慶応三年（一八〇七〜一八六七））。幼名は清太郎、父富蔵（二百俵）の後を受け勘定方に出仕。阿部正弘の人材抜擢策で立身した有能官吏である。御勘定より勘定組頭格・勘定組頭・勘定吟味役と進み、嘉永七年（一八五四）箱館奉行（二百俵高加増）、万延元年（一八六〇）勘定奉行に就任。その間文久元〜元治元年（一八六一〜六四）は外国奉行、遣欧使節正使を無事勤めたことで、三百石の加増を受け五百石高となった。元治元年五月大坂町奉行に転じたが赴任せず、元治元年八月西丸留守居に転じ、慶応元年二月に横浜製鉄所御用取扱を命じられたが、三年二月死去している。

　ペリー渡来の直後、品川沖に計画された台場普請及び大筒鋳立掛に任命されている。財政難の下での台場建設では、相当苦心したようで、後の箱館奉行時代には、同役の堀利煕と共に海岸防御を説き、奉行所を亀田付近に移す案を立て、安政元年（一八五四）十二月には弁天岬その他に台場を建設する必要を具申し採用された。同地の砲台建造は後の五稜郭建設につながった。安政二年の米国船乗組員の上陸止宿問題で、乗組員の休憩以外の上陸止宿は許可しないとの幕府の方針を守り、箱館で米捕鯨船乗組員の執拗な要求を拒否しているが、それが両国間の重大問題となる可能性があることを江戸に通告するなど、外交感覚を持ちあわせた人物であった。

　文久元年の初めに中央に呼び戻され、三月外国奉行兼務となり、露国との国境画定協議のための正使に選ばれた。国境問題の交渉では、北緯四八度付近の地勢に応じた国境の設定で早く妥協することが、北辺の安定に必要との考えを示し、同僚役人らの説得に努めたが、目付京極高朗や森山多吉郎の反対で国境確定交渉を中止した。民政・財政の練達の士として人望も厚く、福地源一郎は「温良の徳、自ら容貌に露れ、物に騒がざる君子風の良吏」と評している。

　大坂町奉行勤務の時期は、禁門の変（元治元年（一八六四）七月十九日）・外国艦隊の下関攻撃（同年八月四日）・将軍の征長親発発表（同年八月二日）と内外騒然とした時である。その最中の元治元年八月十三日に、西丸留守居の閑職に転ぜられている。政策上の失敗か意見の対立があったためであろうか。

　なお欧州に従者として随行した高間応輔・長尾条助の両名については不明である。

〔**松平石見守**（**康直、慶応元年康英に改名**）**副使**〕（天保元〜明治三七年（一八三〇〜一九〇四））。旗本松井軍次郎の嫡男、元治元年（一八六四）十一月二十日本家松井松平康泰（磐城棚倉藩六万四百石）の養嗣子となり就封した。松井家はもと石見浜田十万石の城主であったが、文政〜天保の間、藩主康任が老中主座在勤中の天保七年、親戚の但馬出石藩の財政難と家臣間の藩内抗争で、幕閣の主導権争いにまで発展した（仙石騒動の）関連で隠居謹慎となり、嫡子康寿は封禄を六万四百石に減石され磐城棚倉に転封となった。そのため家臣に家禄を支給できず、やむなく家族の人数に応じて扶持米を支給する面扶持《つらぶち》制度をとり、窮乏を凌ぐ苦境に立たされていた。康直はしきりに転封を内願し、慶応元年（一八六五）三月、一旦宇都宮への転封が発令されたが取消され、十月天狗党の追討の功績ということで二万石の加封となり、翌年武蔵川越に転封となった。

幕吏としては、安政二年（一八五五）二月寄合火事場見廻に始まり、肝煎・講武所頭取兼務・安政六年外国奉行兼神奈川奉行・万延元年神奈川奉行専任となり、文久元年八月遣欧使節副使・十二月二十八日外国奉行（三百石加増）・勘定奉行・大目付・町奉行となったが、元治元年本家棚倉藩を相続するにつき辞職、帝鑑間席となった。

慶応元年一月奏者番兼寺社奉行・老中（慶応元年四～十月・十一～四年二月）を勤め慶応四年二月五日依願退職した。

安政六年以来、神奈川奉行勤務で外国公使等との交渉経験も長く、比較的好感を持たれていたようである。仏公使ベルクールは、「口数やゝ多いが妥協精神もあり、外交団中では評判が高い」と評している。しかし福地の『懐往事談』によると、香港で一行中の一人が洋靴を買求めて履いていたのを見咎めて「国風を紊るを以て是より日本に追返すべし」とまでいったという堅物の一面を持っていた。老中就任以来、中断時期はあったものの、得意の外国掛の分野を担当してきたが、幕府の改革に慶喜が積極的に乗り出したころから、勝手掛に廻った。慶応三年五月に慶喜の幕政改革による初代の会計総裁に任命されているのは、欧州風の財政制度への切替えを期待されたのかもしれない。

従者の市川渡・野沢郁太郎が遣欧使節一行の克明な記録を残しているのは、康直の指示があったためと思われる。

〔**京極能登守**（**高朗**《たかあき》）**目付**〕（文政七～元治元年（一八二四～一八六四））。幼名啓之助。兵庫　能登守、越前守と称す。二千石の旗本で、小川町・猿楽町に居住（同姓同名に讃岐丸亀藩主京極高朗《たかあきら》がある）。役歴は、土屋備前守組進物番出役・使番をへて万延元年（一八六〇）十二月目付御勝手掛兼外国掛就任。遣外使任命にともなって諸太夫となり、帰朝後二百石加増された。

文久三年（一八六三）四月二十三日目付を辞任し寄合席となったが、翌月より神奈川奉行・長崎奉行・騎兵奉行を勤めて、元治元年（一八六四）六月目付に再任。八月大目付となったが、十月二十九日死去。

樺太国境交渉で、正副両使節が妥協しようとした時、強く反対したので、国境画定は行われずに終わった。柔軟性にかける一徹な、保守的人物であったらしい。福地は『懐往事談』に「至極実直の人」と記している。

〔**柴田貞太郎**（**剛中**《たけなか》）**組頭**〕（文政六～明治十年（一八二三～一八七七））徒目付の家の出身で、十歳で父を失い、天保十三年（一八四二）徒目付となる。大変な努力家で、嘉永五年（一八五二）にはすでに蘭学を学び始め、以後文久遣欧使節として派遣されるまでに、外国事情・国防関係書を多数研究していたという（『大君の使節』）。安政元年（一八五四）評定所留役助、翌年留役に昇進、安政五年九月外国奉行支配組頭五百俵（足高二百俵、役料二百俵永々御目見以上）・翌年神奈川開港の実務で活躍し、欧米外交官との交渉・外人殺傷事件の処理・貨幣兌換問題等に努力し、外国奉行竹内下野守の信任をえた。文久元年（一八六一）二月布衣百俵加増となり、遣欧使節に随行した。

帰朝後は、外国奉行並・文久三年三月大坂御用派遣（金七枚時服三、年々二十人扶持）・五月御用派遣・六月京都表御用・十一月外国奉行（百俵、日向守）箱館表派遣となり諸太夫となった。慶応元年（一八六五）五月百石加増・閏五月横浜製鉄所建設準備特命理事官として渡仏、十一月帰朝した。慶応三年大坂町奉行兼外国奉行・七月兼兵庫奉行に任命され、兵庫開港に尽力し、同四年四月十七日御役御免となり、上総国に退隠した。明治政府には出仕しなかったが、外交関係につき諮問を受け、度々上京、東京淡路町に寓居を構えていたが、明治十年八月二十四日、五十五歳で死去。

『大君の使節』（一〇一頁）によると、使節団の構成から見て、正副使節や目付の次の位置にあり、年齢的にも若手随員との中間に位して、纏め役を期待されたようだ。三使以下の人選は、柴田が中心になって、自薦・他薦の志願者の中から選考したという。『西航巡歴』（七頁）の中で、福澤も柴田に自薦運動をした可能性があるとしている。

苦労と努力で出世した人だけに、正使竹内下野守の信任もあり、開明派の青年のよき理解者で、福地源一郎なども、目を掛けられた一人であったという。欧行時のロンドンからの書簡は、「事情探索等の儀も役々申合せ精々勉強致し候得共、建白の制度、氷炭の相違これ有り、三四十日位の日合にて探索行届く可き訳これなく、詰り役々一同赤手にて帰り候様の場合に至り申す可き哉と心痛いたし居申候」と、過大な任務に対する困惑の一面をのぞかせて、その誠実な人柄をよく示している。

〔日高圭三郎　勘定役〕日高圭三郎為善（天保八〜大正八年（一八三七〜一九一九））『柳営補任』で役歴を見ると、御勘定・慶応二年（一八六六）二月鉄砲製造奉行・同三年六月大砲組指図役頭取・同四年四月大砲組之頭とある。

万延元年（一八六〇）遣米使節派遣の時も、徒目付として、従者二名をともなって随行している。『万延元年遣米使節史料集成』第七巻によれば、米国行の日記類は「亜行覚」「米行日誌」「亜行御用留」の三種が、雑誌『海防』に発表されている。その他に「日高圭三郎筆記」「香港新聞抄録」「由緒書・親類書」「先祖書」の自筆本がある。「由緒書・親類書」は米国出張を命ぜられるに当たり幕府に提出されたものである。「先祖書」は使節派遣に関係する部分のみが同右書に紹介されている。履歴全体については、今日まで不明である。

「米行日誌」の観察がかなり詳細であったのに欧州出張の日記類が不明であるのは不思議であり残念である。種苗会社よりチュウリップの球根十箱其他種々の種子を取り寄せたと『大君の使節』（一〇六頁）にある。

〔福田作太郎　勘定格徒目付〕福田作太郎重固（天保四〜明治四十三年（一八三三〜一九一〇））は、弓矢槍組同心の父覚右衛門の長男、弘化元年（一八四四）家督相続、安政元年（一八五四）函館奉行手附出役となり、万延元年（一八六〇）十月徒目付に転役するまで函館奉行配下に所属していた。文久元年（一八六一）十月遣欧使節随員任命の含みで、勘定格徒目付となった。（「文久遣欧使節の徒目付福田作太郎をめぐって」）

帰国後は、文久三年八月神奈川奉行支配組頭・元治元年（一八六四）六月鉄砲製造奉行・慶応二年（一八六六）二月歩兵指図役頭取・九月歩兵頭並介（於大坂）・慶応三年五月歩兵頭並会計御用取扱・四年二月勘定頭取兼歩兵頭となっている。

慶応四年六月徳川家駿遠領地請取を下命され、軍艦回天で出張し、民生を処理、静岡藩の用人並・使番。明治二年（一八六九）新政府に出仕し、出納権大佑を始めとし、民部・工部・逓信・内務の諸省に勤務して、主に電信事業に関与し、明治二十四年八月内務省衛生局次長を最後に官を退いた。晩年は、鳥羽伏見戦死者建碑式に出席したり、徳川慶喜・家達両公爵の授爵祝賀会発起人などを勤めたりした。明治四十三年十一月七十八歳で死去。

遣欧使節の任務の一つ欧州情勢調査研究の、個人報告書の纏め役を勤めたらしい。東大史料編纂所蔵「福田作太郎筆記」（全二十七冊）は、「英国探索」「荷蘭探索」「仏蘭西国探索」「孛漏生国探索」「葡萄牙国探索」「魯西亜探索」等に分かれている。使節団員の観察報告を国別に纏めて百科全書的に集大成したのであろう。

松木弘安は、「寺島宗則自叙年譜」文久元年（一八六一）の最後で、

余と箕作秋坪とは病院学校等に治療教育及び組織の方法を探究せり、其他各分任あり帰宿すれば之を筆記し終に集て大冊を成せり。然れとも帰朝後之を読むの暇なかりしなり。或云ふ福澤の著せる西洋事情多くは此聞見録に基けるものなりと。

『西洋事情』が「福田作太郎筆記」に依拠しつつ書かれたとの説があると記している。

水品以下川崎までは『大君の使節』と『文久二年のヨーロッパ報告』に記されている以外、あまり記されていない。

水品楽太郎（生没年不詳）は当時三十一歳で、調役並となっている。元治元年（一八六四）七月外国奉行支配調役勤方、慶応元年（一八六五）フランスへ使節として派遣、同年五月本役となっている。（『柳営補任』）

岡崎藤左衛門（生没不詳）は当時二十七歳？　調役並となっている。外国奉行支配調役並、文久三年（一八六三）九月神奈川奉行支配組頭、同年御役御免、小普請組岡田将監支配、同年十二月開成所取締役、元治元年（一八六四）六月外国奉行並、同年七月御役御免、勤仕並御留守居支配、慶応四年（一八六八）一月兵庫奉行（元外国奉行並）、同年二月御役御免勤仕並寄合となっている。他に「梅処」と号していたことが知られる。（『柳営補任』）

高嶋祐啓（生没年不詳）は当時三十歳？（芳賀説）、または三十八歳（宮永説）とされ、「幕府漢方表医師」。福澤も「御医師ただし漢方医なり」としている。その経歴等も不明である。『自伝』の失敗談のなかに、「医師は人参と思って買って来

て生姜の粉であった」とある医師とは、高嶋であったかもしれない。

川崎道民（天保二〜明治十四年（一八三一〜一八八一））は佐賀藩士松隈甫庵の四男で、のち川崎道明の養子となった。蘭学を学び佐賀藩医となり、万延元年遣米使節では御雇医師として渡米した。「尾蝿欧行漫録」によると、佐賀藩の支藩「蓮池藩」（鍋島直紀五万二千六百石）の藩士となっている。しかし『鍋島閑叟』では「医師川崎道民の名は『佐賀藩海軍史』などには万延元年遣米使の随員として記されていない」とある。遣欧使節の名目は神奈川奉行名村五八郎、箱館奉行立石得十郎らの通詞として随行している。二度目の外遊中写真撮影の技術を習得し、帰国後藩主鍋島直大らを撮影したという。明治五年（一八七二）活字印刷の新聞を発行したが、二ケ月で廃刊。

益頭《ましず》駿二郎（駿次郎）尚俊（文政一二〜明治三三年（一八二九〜一九〇〇））は、万延元年（一八六〇）の遣米使節に、勘定組頭（森田岡太郎）支配の普請役として随行している。その時彼は「亜行航海日記」（『遣米使節史料集成』第二巻所収）を記し、従者として随行した加賀藩士佐野鼎は「奉使米行航海日記」を記している。また、この欧州行では「欧行記」（『遣外使節日記纂輯』第三巻所収）を記しているが、彼の役歴は不明である。

上田友助（東作　生没年不詳）は当時四四歳で（宮永氏）、定役元締であるという。『柳営補任』によると、上田友輔なる者が、慶応三年（一八六七）七月六日に外国奉行支配調役並より、同調役に任命され、同年八月一八日に遊撃隊に転出しているから、恐らく同一人物と思われる。彼の養子絅二（乙骨亙）の子が、義塾文学科創立の際その相談にあずかった上田敏である。敏の幼少時にはまだ祖父が欧州から持ち帰った土産の品が家に幾つか残っていたという。

森　鉢太郎（生没年不詳）は当時二十八歳といわれ、役職は定役ということであるが、その履歴については不明である。

福地源一郎（天保一二〜明治三九年（一八四一〜一九〇六））は儒医福地苟庵の長男として、長崎の新石灰町に生まれ、幼少より漢学を学び偉才振りを発揮した。安政二年（一八五五）更に通詞名村八右衛門の門にも入り、蘭学を学び始め、記憶力の良さから急速に実力をつけ、師名村家より請われて一時その養子となり、稽古通詞を命ぜられたが、名村家の門弟等との不和から、名村家を去り福地姓に戻った、安政五年（一八五八）のことである。このためか、同年二月、海軍伝習生であった矢田堀景蔵に伴われ、咸臨丸に乗って江戸に出て来た。

　その才能にまかせ、漢蘭の異質な学問を同時に学び、遊びも覚え、一時は江戸に居られず、宇都宮にまで流れたが、江戸に戻り結局同郷の先輩森山多吉郎の塾に入り英語を学び始めた。安政六年三〜四月のことという。蘭英両語ができることから、森山の推挙で外国奉行支配の御雇通詞となった（七月）。外国方の実力者水野忠徳の下で、神奈川で活躍していた。福澤が森山の許に暫く通ったときは、福地が在塾時期であったという。また水野に従って米国への使節派遣に加わることを希望していたが、水野がその役から外されたため、渡米はできなかったと、自叙伝『懐往事談』に記している。

　文久元年（一八六一）九月には外国方定役となり、横浜より江戸に戻り結婚して小石川金剛寺坂に新居を構えた。十月に使節を欧州に派遣することとなり、ようやく福地も通弁として参加が許可され、一年に近い西洋旅行の体験を積むことができた。彼の旅行報告書は四〜五巻に纏められていたが、維新の動乱の中で紛失してしまったという。

　外国奉行支配調役並格・通弁御用頭取助と出世した慶応元年（一八六五）四月、横須賀製鉄所設立のために、前回共に欧州に使した柴田日向守（貞太郎）の配下に加えられ、仏英に派遣され、翌二年一月十九日帰国した。この旅行で、西洋文明の見聞をさらに広め、読書もできて大いに得る処があったという。特に仏国でフランス語を学び、国際法を研究したという。幕末の政局に対して種々の意見具申を試みたが、いずれも採用されず、鳥羽伏見の戦に敗れ海路帰府したのちは、主戦論を抱いていたが、意見具申もせず、慶喜の意向で恭順・非戦と決まると、外国方として新政府への引継ぎ準備を進めるとともに、幕府崩壊後の生活のため、『江湖新聞』を刊行するに至った。

　幕府を辞した福地源一郎は、その後新聞人として或いは大蔵省御雇、さらには同一等書記官として岩倉大使に随行して洋行するなど、その才能を随所に発揮して、活躍を始めたが、明治七年（一八七四）官を辞し東京日日新聞社に入社し、福地桜痴の筆名で、本格的に文筆活動を開始。更には演劇関係にもその才能を発揮した。

　その西洋新文明の紹介等、福澤諭吉と対比される活躍を進めながら、天分の赴くままの身勝手な行動のためか、人々の信頼を今一つ得ることができず、事業も失敗することが多く、所謂才能に長け過ぎて才に負けた生涯を送る結果になった。明治三九年（一九〇六）六十四歳で死去した。

以下の五名についてはその履歴等は殆ど知るところがない。主として『大君の使節』と『文久二年のヨーロッパ報告』により、その履歴を略述する。

立　広作（弘化二〜明治十二年（一八四五〜七九））は当時は十七歳で通詞として随行した。彼は栗本鋤雲らと共に、箱館でメルメ・ド・カションに仏語を学んで居るので、使節団の中では、実際に役立つ仏語通詞として期待もされているが、同時に今度の仏国行きで、良い勉強ができるだろうといわれている点から、数少ない仏語通詞としての成長が期待されていた人物であったようである。

太田源三郎（天保六〜明治二十八年（一八三五〜九五））は、長崎出身の唐通詞で傍ら英語を学び、安政六年（一八五九）神奈川奉行所勤務となる。欧行当時は二十七歳である。オールコックの記述によると、オージン号出航の前日になって、にわかに渡欧を命じられ、一夜の準備で、横浜沖から乗艦したという。福澤と同日に発令された人間である。

維新後一時越前藩に招かれ藩士に英語を教えた。明治六年（一八七三）東京府六等出仕、ついで工部省の鉄道局権頭となった。翌七年大久保利通に随行して清国に行ったこともある。明治二十八年六十一歳で死去した。

斎藤大之進（文政五〜明治四年（一八二二〜七一））は上野国の豪農の出身で、天保年間諸国を巡歴したのち幕吏として佐渡・長崎に在勤した。安政末年には外国方に入り、文久元年（一八六一）の東禅寺事件当時、宿衛の任に当たり奮闘して、のち英国政府より賞をうけている。翌二年旗本に列せられた。欧行当時は四十歳という。帰朝後は神奈川奉行所改役となった。維新後は明治政府に出仕し、明治四年（一八七一）五十歳で死去、従五位を追贈されている（君塚進『柴田剛中欧行日載』より）。

高松彦三郎（四三歳？）十人目付とあるほか詳細不明。

山田八郎（生没年不詳）は斎藤と同年当時四十歳であろうと推定されている。役職は小人目付であるが、その履歴は不明である。

松木弘安（寺島宗則）　翻訳方（天保三〜明治二十六年（一八三二〜九三））は薩摩藩士長野祐照の次男として、薩摩国出水郷脇本に生まれ、天保七年（一八三六）親戚松木宗保の養子となり、養家が長崎居付のため長崎に移る。幼少より蘭通詞堀専二郎・西啓太郎に就いて蘭学を学び天保十四年（一八四三）鹿児島に移る。弘化二年（一八四五）養父の死去により医師として家督を相続、名を弘安と改めた。

翌弘化三年、医学修業のため江戸に出て戸塚静海塾に入門、又川本幸民にも師事して蘭語を学ぶ。嘉永五年（一八五二）伊東玄朴の塾に移り、修業続行のまま藩医を命ぜられた。義母の病気のため一時帰省を願い許可されたが、安政元年（一八五四）再度江戸に出て伊東塾に入った。

安政二年頃中津藩の岡見彦三に誘われて、中津藩士に蘭学を教えた。安政三年四月蕃書調所が創設され助教となり、四年藩主斉彬の侍医に転じ藩主に随従して帰国した。

安政六年また江戸に出て蕃書調所の官宅に入った。横浜に移り訳官を勤めるとともに、英書の研究を始めた。万延元年（一八六〇）江戸に戻り引き続き調所（翌年開成所と改称された）教官を勤む。業務は学生教授でなく、江戸城に出向いて外交文書の翻訳を行うのが主務であったという。文久元年（一八六一）遣欧使節派遣のことを聞き、岡崎藤左衛門を訪ねて同行を請い、医師兼訳官として随行を命じられた。

帰朝後は、文久三年藩の命令で鹿児島に帰国。薩英戦争が勃発したため、汽船と共に英軍に拿捕され、七月横浜に連行された。清水卯三郎の斡旋と、英国側の黙認により脱走。清水卯三郎の郷里熊谷在の下奈良村吉田市左衛門の別室に暫く潜居。元治元年（一八六四）七月江戸に戻った。

同年十二月江戸を発して翌慶応元年（一八六五）長崎経由三月鹿児島に帰着すると、早速英国留学のための密航を命じられた。五月五代才助・森有礼らと共に総勢十五名の藩士が英国留学生として派遣された。慶応二年英国より帰国し、寺島陶蔵と改名。三年三月鹿児島に戻り、鹿児島洋学校（開成所）で教鞭を執っていた。

明治元年（一八六八）鳥羽伏見の戦となり、引き続いて官軍東征による動乱の中、新政府要員として、参与外国事務掛・外国事務局判事・横浜裁判所在勤を命ぜられ、のち神奈川府判事・神奈川県知事となった。二年七月には外務大輔となり、五年には条約改正取調御用・大弁務使となり英国在留、十月特命全権公使に任命され、翌六年、参議兼外務卿に任命されている。

　十二年には文部卿を兼務することとなったが、十三年二月には兼務の文部卿を免除されている。元老院議長に任命され、十五年七月には、特命全権公使で米国に派遣され、十六年九月に帰朝している。十七年伯爵を授位。十八年九月、東京学士会会員、十二月宮中顧問官。二十一年には枢密顧問官となった。明治以降は主として外交関係の要職を歴任して来たが、二十六年六月七日六十二歳で死去。

箕作秋坪　翻訳方（文政八～明治十九年（一八二五～八六））は美作国（岡山県）津山藩の儒者菊池文理の二男で、江戸に出て箕作阮甫の門に入り、阮甫の養子となる約束で、緒方洪庵に入門。嘉永二年（一八四九）江戸に戻り、嘉永三年に阮甫二女と結婚。嘉永六年蕃書和解御用を命ぜられ、安政二年（一八五五）家督相続して藩医となる。

　安政四年外国奉行手付、六年蕃書調所教授手伝、文久元年（一八六一）末に遣欧使節の随行を命ぜられた。帰国後外国奉行支配翻訳御用、慶応二年（一八六六）小出大和守使節に随行してロシアを訪問。維新後は家を長子奎吾に譲り隠居して三叉学舎を開く。明治八年（一八七五）東京師範学校摂理、十八年教育博物館長兼東京図書館長、十九年辞任し間もなく病没した。その間明六社の一員、東京学士会会員となり、明治初期の知識人として活躍した。

　『自伝』には氏名が明記されていないが、竹内下野守の従者は、高間応輔・長尾条助。松平石見守の従者は、野沢郁太郎・市川渡。京極能登守は、黒沢新左衛門・岩崎豊太夫《ぶんだゆう》。柴田貞太郎の従者には永持五郎次がいる。また、賄方並小使として、佐野鼎・杉徳輔（孫七郎）・石黒寛二・岡鹿之助・原覚蔵（一介）・佐藤恒蔵秀長・重兵衛らがいる。以下、それぞれの履歴を記す。

高間応輔（生没年不詳）の履歴についても不明。当時四八歳（宮永説）と推測されている。

長尾条助《（丈輔）》（生没年不詳）履歴不明で、当時三十二歳。

野沢郁太（生没年不詳）は当時四十二歳と推測されている。「遣欧使節航日録」（『遣外使節日記纂輯』第二巻所収）を残している。

市川渡（文政七？～没年不詳（一八二四？～不詳））は当時三九歳と推測されている。岩瀬肥後守忠震の家臣であったが、副使松平石見守の従者として渡欧し、旅行記録「尾蠅欧行漫録」（『遣外使節日記纂輯』第二巻所収）を残している。両名共詳細な日記を記しているのは、主君松平石見守の指示があったためともいわれている（『大君の使節』二〇頁）。

　明治二年（一八六九）文部省中写字生（判任官）となり、四年編集寮に移り、その後福地源一郎の『東京日日新聞』の編集・校正に従事した。国学や漢学の素養が深く、『三音四声字貫』の校訂や『雅俗漢語訳解』の編集にあたった。

黒沢新左衛門（文化六～明治二五年（一八〇九～九二））は当時五十三歳という。その履歴は不明である。

岩崎豊（文）太夫（生没年不詳）履歴不明。当時三十五歳と推定されている。東京帝国大学医学部眼科教授となった河本重次郎の『回顧録』には、「岩崎文太夫」として、欧州に随行したことが記されている。豊太夫・文太夫どちらが正しいか、断定はできない。

永持五郎次（生没年不詳）柴田貞太郎の弟永持亨二郎（目付）の子であるが、その履歴については不明。

加賀藩士佐野貞輔（鼎）（天保二～没年不詳（一八三一～不詳））加賀藩士。号は子鈞。駿河の生まれ。江戸で洋式砲術家下曾根金三郎の塾に学び、塾頭も勤めた。一時旗本秋山安房守に仕えたが、安政元年（一八五四）八月加賀藩に士分を以て迎えられ、洋学校「壮猶館」の蘭式砲術稽古方惣頭取となった。安政五年頃江戸に出ていたが、外国行のためか、長崎修業の名目で、賜暇を得て万延元年（一八六〇）益頭俊次郎の従者として渡米している。その時「奉使米行航海日記」「万延元年訪米日記」「航海日記」等を残している。明治になって、造幣局長を勤め東京の共立学校（後の開成中学校　現開成学園）設立に関係した。

長州藩士杉徳輔（孫七郎）（天保六～大正九年（一八三五～一九二〇））植木五郎衛門の次男として吉敷郡御堀村（現山口市）に生まれ、杉孝之進盛倫の養嗣子となる。幼少時松下村塾に学んだが、のち藩校明倫館に学び、万延元年（一八六〇）藩主の小姓役として江戸詰の後、国許に帰った。

　文久元年（一八六一）九月藩命で江戸に出て、賄方兼小使として渡欧した。帰国後は他藩人応接掛・奥番頭格・直目付役・軍参謀・副執政など重職を勤めた。

維新後孫七郎と改名、明治三年（一八七〇）山口藩権大参事。廃藩後は宮内大丞・秋田県令・同六年宮内大丞に再任。十年宮内大輔となり、翌年には侍補も兼ね、子爵となる。明治三九年枢密顧問官。四一年より議定官をつとめ、大正九年（一九二〇）五月八六歳で死去。

佐賀藩士石黒寛次（生没年不詳）当時三十九歳と推定されている。嘉永六年（一八五三）中牟田倉之助の推薦で、藩の精錬方に任命され、京都より呼び戻されたという。火術に必要な原材料の研究と併せて化学工業用の薬品や機械の製造を命ぜられた。石黒は主に百科全書を訳して新奇な機械を考案した。安政二年（一八五五）佐野栄寿左衛門・石黒寛次・田中儀右衛門らは、長崎海軍伝習に派遣された。

藩は遣欧使節に藩士を参加させるため、文久元年（一八六一）九月石黒寛次・岡鹿之助・中牟田倉之助の三名に江戸出府を命じたが、使節の出発が延びその間は蕃書調所に通学させるという熱心さであった。しかし使節の随員を減少するため、石黒・岡の両名が、賄方兼小使で、随行することになった。

帰朝した石黒は、海陸の兵備・兵術の進歩・殖産興業の盛況・社会施設の整備・英仏両国の強大さなど、広い分野にわたって西洋の事情を藩内へ報告した。これを受けて、藩は蘭学を廃して英学を奨励する藩方針の転換をおこなったという（『幕末教育史の研究』三）。その後については不明。

佐賀藩士岡鹿之助喜植（天保三～明治四十四年（一八三二～一九一一））安政二年（一八五五）より三年暮まで長崎で海軍伝習を受け帰郷。安政四年、文久元年（一八六一）六月にも長崎に行っている。石黒寛次と共に欧州派遣を命ぜられ、使節出発を待つ間蕃書調所に通学して英語の学習を行っていたが、使節随員削減のため、賄方兼小使としてようやく随行が許可された。慶応三年（一八六七）十二月藩船の皐月丸乗組を命ぜられるなど、海軍勤務を続けた。明治二年（一八六九）十二月海軍軍人となり、のち海軍所二等船将となったという。

阿波藩士原　覚蔵（一介）（生没年不詳）は、賄方兼小使として随行している。当時二十四歳というその履歴は不明である。

杵築藩士佐藤恒蔵秀長（文政七～没年不詳（一八二四～））賄方兼小使で随行。当時三十八歳という。欧州随行は、今度も伊勢屋の推挙かと思われる。その他履歴については不明。万延元年（一八六〇）外国方御用達伊勢屋平作の推薦で正使の賄方として渡米したときの『米行日記』がある。

伊勢屋八兵衛手代の重兵衛（生没年不詳）は当時二十六歳と推定されている。万延元年（一八六〇）正使渡米の際も伊勢屋から賄方として派遣されている。重兵衛についての履歴は不明である。

113頁11行目　一切取揃へて舩ニ積込んだ（7）

使節団一行は、未知の外国では食物が異なり不自由だろうからと、参観交代の大名行列のようなつもりで、一切の必需品の持参を考えた。渡米した経験者から不必要という反対もあったが、米国と欧州とではまた事情が異なるとして採用しなかった。西洋諸国の実情に無知で、新知識の採用に強い抵抗があったことを示す適例でもある。

使節の荷物が極端に多いことは、米国行きの時から、すでに外国側で評判になっていたようだ。今度は訪問先が複数で、幕府から訪問諸国への贈呈分はやむを得ぬ量としても、使節一行の旅行中の食料や、携帯品は極めて多種多様にのぼった。

「竹内下野守松平石見守京極能登守使節一件附録　六」（『幕末維新外交史料集成』第五巻四五〇頁）をみると、行李類の数だけでも大変だ。明荷（行李）は長さ三尺、幅一尺六寸、高さ二尺七寸の大きさで、柴田貞太郎七箇・水品楽太郎・岡崎藤左衛門・上田友輔・森鉢太郎・益頭俊次郎・福田作太郎が各四箇ずつ、高嶋佑啓・箕作秋坪・松木弘安・川崎道民が医師ということで薬籠共で各人五箇ずつ、日高圭三郎五箇、斎藤大之進が三箇、高松彦三郎・山田八郎が各二箇ずつ等、身分の相違を考えても、上級者の荷物が多過ぎる。

賄方の随行も決まり、次の物が用意された。

醤油　極上醤油四合入　フラソコ五百本（但しコロッフにて口を仕チャンを練右口へ流し空気入らざる様仕出来上り）。

主食の米　日数百日分　一、白米弐拾六石弐斗五升　此玄米参拾壱石壱斗八升七合五夕（但し壱割五分減）

糠・味噌　籾糠拾五俵（是はフラソコのヤデニ相成候）。尾張味噌百貫目　味噌弐拾貫目入瓶五ッ　右瓶之蓋五枚木品椴　味噌瓶入箱五ッ木品一寸板

（巾一尺七寸四分深サ二尺）。

「チャン」とはタールを蒸留するときできる有機物で、密封用の塗料や木材の塗料に用いられる。その他乾物では椎茸三斗・干瓢三貫目等三十八品目に及んでいる。

諸道具類としていかなる物が持ち込まれたか定かでないが、鉄行燈四ツ・鉄燈蓋皿并燈心押共四組・弓張提灯十張等が、「使節携帯雑具代価及運賃別記」に見られる。西洋文明を知らないとはいえこうした燈火道具類までも大量に持参したのである。

近世初期の大名が参観交代や公式行事などの時、隊伍を整えてゆく行列は、戦時に備えての臨戦行軍形式であったが、次第に形式化し、大名の家格・石高・家風などで、規模・装備が異なった。武家諸法度では、一応騎馬の従者が、二十万石以上は二十騎以下、十万石以下はそれに準ずると定められていた。歩行の従者や小者足軽等が加わると、総勢は相当多人数になった。

例えば加賀の前田家（百二万石）は二、五〇〇名・薩摩の島津家（七七万石）は一、二〇〇名以上に達した。幕府は何度か従者の数を減少するようにと命じてはいるが、大名同士の面子と、豪華な行列が、幕府への忠誠心の表現だと、容易には減少しなかった。一万石級の小大名で、馬上三、四騎、足軽二十人、中間人足三十人と定められていたが、実際は、一五〇〜三〇〇人の行列になっていたという。

先頭に、通行人を追払うか下座させる先払いを立て、続いて槍・鉄砲・挟箱・具足櫃が行き、その後に藩主が、駕籠または馬上で供侍にかこまれ、その後を近習者・諸道具類が続く。さらに藩の足軽・中間と荷物運搬の宿駅の人馬が続くというのだから、大変な人数になる。

従者の多い大名は、一つの宿駅では収容しきれず、前後の宿駅に分散して宿泊した。旅行中に大名が使用する食器や煙草道具・休息用の脇息等に寝具類、それに入浴用の風呂桶までも運んだ。

113頁13〜14行目　下宿《げしゆく》ハ成る可く本陣ニ近キ處ニ頼む（8）

三月九日、パリに到着し、まず接待員に「人数も荷物も多いから、下宿はなるべく本陣に近い所に頼む」と言っている。パリの旅館には一行を収容できる宿がない危惧のためであろう。

アジアの旅館の規模は小さかった。使節の中には、膨大な荷物は梱包したままで、艦内や貨車中に置いたままであった。今度パリには、全部の荷物を携行して来たので、相当の部屋数が必要と考え、仏側接待員に注文したのである。世間を知らない田舎者と、福澤は呆れているのであろう。

これまで宿泊してきた旅館の収容力などをみると、最初の寄港地香港のコマーシャル・ホテルを市川渡の「尾蠅欧行漫録」は、「家屋は磚牆三層の西洋造り（中略）房室の総数凡二十許もあるべし」としている。封建的階級制度の強い当時であるから、主従が相部屋というわけにもゆかず、全員は無理として、使節とその従者の一部、上級士官の一部が上陸宿泊したのである。したがって福澤のように、一日しか上陸の機会がなく、あとはオージン号に残留していた者もあった。

次の宿泊地シンガポールでは、まず三使節とその従者の一部と、上級士官までの十余名が上陸して、馬車で西洋人街の中にあるロンドン・ホテルに宿泊した。ホテルは、元個人の邸宅であったため二階建てで部屋も湯殿も広いが、部屋数は少なかった。そのためか、福澤ら十余人は上陸して、休息・入浴し、夜の食事を終えてオージン号に戻り、代わってオージン号に待機していた者が上陸し旅館に使節らと共に一泊、翌日朝帰艦している。（野沢郁太「遣欧使節航海日録」）

セイロン島西南部のゴールの旅館は「ソンションハウス」。香港の旅館と同程度の大きさで、幅六間・長さ十間程の二階建て煉瓦造りの建物。これは全員宿泊できたようだ。

カイロの宿舎については、当時の市街のほぼ中心部にあった「土耳古《トルコ》の官舎」であったことと、「石造二階建ての宏壮な建物」（市川渡）というだけで、その規模等については明確でない。

地中海に入ってマルタ島を訪れているが、上陸したのは三使節と随員四人のみである。旅館はダンスフォード・ホテル。その規模についても明らかでないが、軍事基地的性格の町であるから、ホテルとは名ばかりのものであろう。

地中海最大の港湾都市マルセイユに到着して、旅館ホテル・デ・コロニーに宿泊。「旅館は四層造にして房室都て九十許り有之食物の調味など至て丁寧也」と市川は記述する。これまでとは相当規模が異なっている。

次は再度立ち寄ったパリのグラントテルGRAND HÔTELである。市川渡はまた書く。「五層の大廈尽く石造にして大理石柱各周り四尺、又同石を以て壁にも成したり。其他結構壮麗之を以て推知すべし。房室の数百六十あり、是迄経歴の館舎是に比すべき無し」益頭駿次郎の「欧行記」は「七階作にて部屋四、五百あり」と記して、多少階数・部屋数に違いはある。パリは、これまで使節が宿泊してきた旅館とは比較にならぬ大旅館であった。

113頁18行目　ホテルデロウブル（9）

夕刻七時、日本使節一行はパリ、都心の王宮前のルーブル・ホテルに案内された。

福澤は珍しくホテルの様子や、使節一行の失敗談などを「西航記」三月十日の条に記している。

昨晩巴理斯に着。旅館ホテル・デ・ロウブルに止宿す。館は王宮の門外に在り。巴理府最大の旅館と云。六層楼を分て六百室となし、旅客止宿する者常に千人より下らず、婢僕五百餘人、其他衣肆、浣衣婦、匠工等、此館に属せる者ありて、日用の事物は悉く館内にて便ずべし。館内の各処に婢僕の居室あり。爰より各室に伝信機《テレガラーフ》を通じ、客室内より婢僕を呼ばんと欲する時は、伝信機の線端を引て號《アイヅ》をなすべし。

さらに十一日条に「楼窓より臨めば毎朝帝宮護衛兵の交代するを見るべし」と記している。窓からリボリー通りの向こうに宮殿が見えたのであろう。

このホテルは、『西航巡歴』（三二頁）によると、一八五五年にルーブル宮殿の北側リボリー通り沿いの、パレ・ロアイアル広場の東側に建てられた。一九〇〇年にホテルはルーブル百貨店になり、更に現在はルーブル古美術店になっている。建物は大体ホテル時代の様相が残されている。ロの字型に建てられ、中央が吹き抜けの中庭となっていて、屋上の高さにガラスの屋根が葺かれていたが、今もその面影が残されている。（ホテルは広場の向かい側で、ホテル・ルーブル・コンコルドと名称を少し変更して存続している。）

ホテルの様子は「尾蠅欧行漫録」に詳しい。

旅館は乃城闕（宮廷の白色の門）前の少く広場の所に在て、縦凡三十間横六十間許、四方連房にしたる五層の磚牆造にして、外周は皆是借店にて、百店尽く具備せり。此四面に門を開きて旅客駕車にて直に中庭に入也。此内周には酒店有。（中略）中庭の上最高の屋根には玻璃板を張て透明の便にす。正面より左右に鉄欄の附たる石階あり、傍に数百草花を雑植す。此より次第に螺旋すれば一大長廊下（石階長廊共に鮮美の花氈を敷けり）に出。此左右に房室有て戸外に鎖鑰あり。（中略）房室通計九百許有之

と記し、ホテルより見える市街の夜景まで描写し、「都て如此市中の壮麗士人男女衣服華美なる、実に宇内に冠絶したる最上の楽土と謂はんも可也」と評価している。

パリの新聞には、「ホテルの中で一般の宿泊客から離れて行動できるように配慮されていた点を喜んだ」（『亜欧見聞』三六〇頁）とある。

115頁2行目　龍動ニ居るとき（10）

使節一行は、四月二日カレーより仏軍艦コルス号で英国南岸のドーバー港に到着し、港の旅館で昼食を摂り、午後六時汽車でロンドンに到着すると駅には英国政府の出迎えの人は誰もいない。日本から同行してきたマクドナルドの案内で、儀杖兵の一隊が馬車を先導してクラリッジ・ホテルに到着した。パリの役人や物見高い見物人の出迎えに慣れた一行にとって、英国政府の態度に冷酷なものを感じた者が多かったようだ。

事実使節団は四月中、英国政府から交渉に応じてもらえず、儀礼的に親善使節として、五月十五日までの一ケ月半もの長期滞在を余儀なくされたのである。

その原因は、使節の到着以前に駐日公使のオールコックの意見を持って、ロンドンに帰着したオリファントを通じて、幕府から開港開市延期の代償が殆ど示されていないことを知らされた。その後オールコックの交渉で内容が変化したか否かは、彼が帰国してくるまで判明しないので、使節との交渉に対応できないというのが、英国外相ラッセルの考えであった。

その上ヴィクトリア女王は、夫君逝去のため、スコットランドの離宮に引き籠もって謁見できなかった。オールコックが、通詞の森山多吉郎と外国奉行支配調役の淵辺徳蔵を伴って、ロンドンに到着したのは一ケ月後の五月二日であった。

五月八日オールコックは旅館に使節を訪れ、予備会談を行った。英国は日本の延期要求を大幅に呑んで、五ケ年間延期することは承認するが、その代償として、条約の他の条項を厳重に実施しなければ、何時でも延期承認を取消して開港開市を要求する、という基本線で話を纏め、成立した。翌九日ラッセル外相との間に開港開市の五ケ年延期他「ロンドン覚書」が調印された。使節の重要使命の一つは達成され、欧州諸国もこの線で調印することはほぼ確実なものとなった。

115頁3〜6行目　在日本英國の公使アールコックが（中略）言語ニ絶えたる無禮（11）

この「オールコックの無礼」は、文久二年（一八六二）五月英国を訪れていた幕府遣欧使節団に、英国人による日本での無礼な行動に対し、同じ英国人が告発した件について触れている。

無礼な行動とは、幕府軍艦の停泊線内に侵入した、当時の駐日大使エルジン卿の件と、英国公使であったオールコックが、江戸、芝の増上寺にある徳川家の霊廟、所謂「お靈屋」近くまで騎馬で乗り付けた事件である。

この外国人による日本人の習慣を無視した無礼な行動が、同じ英国人により告発された点を福澤は「胸が下がった」と表現した。告発状が使節団に示された時期、使節の一行はラッセル卿を訪問し、翌日には「ロンドン条約」に調印。また翌々日の十日には、オールコック自身にも会うなど多忙なスケジュール下にあった。この間、告発状を公務で忙殺されていた森山多吉郎が記録し翻訳する余裕はなく、文中、「見た」と記述しているのは、福澤がその任に当たった可能性を十分に考えられる。

明治二十五年（一八九二）刊の木村芥舟『三十年史』に、明示されていないが、一八六二年六月五日（文久二年五月五日）付でニューカッスル外国人掛役人であるジョーロジカルカラセラーが、日本国内の無礼な行動を起こしたことについて英国女王に提出した告発状を使節団一行に示されたとして、告発状が記されている。

115頁11行目　待遇の最も濃《こまやう》なるは和蘭の右ニ出るものハなし（12）

「各國巡回中待遇の最も濃なるは和蘭の右ニ出るものハなし」と記しているほどの大歓迎振りである。

徳川幕藩体制下の日本は、鎖国体制を基本政策として、強力な中央集権国家の下に、二百五十年にわたる安定を保ってきた。欧州のオランダだけが長崎で貿易を許されたのは、幕府の方針に迎合してキリスト教布教政策をとらず、貿易を幕府の要求範囲に止め、急激な拡大策をとらなかったからである。

オランダの消極的な態度のため、その学問的影響は、国内経済が発展して、諸大名間にオランダ好みの風潮が生ずるようになった明和八年（一七七一）頃から、ようやく江戸で蘭学研究が始まる状況であった。それが、嘉永六年（一八五三）のペリーの渡来以後、相次いで欧米諸国の貿易拡大圧力が日本に加えられたが、オランダはその時すでに肩を並べて貿易拡大を競うだけの力もなく、ひたすら権益を守ることに精一杯の状況であった。

しかしそれでも、安政年間における幕府のオランダへの依存度は高く、海軍伝習の教官派遣を依頼したり、軍艦を注文したりした。安政五年（一八五八）五ケ国条約が締結され、イギリス、フランスも本格的に通商に参加すると横浜が主貿易港となり、長崎に依存したオランダの存在価値は低下した。こうした中で、遣欧使節団が派遣されることになった。したがってオランダは、対日貿易の減少傾向に危機感を抱き、少しでも、対日外交国の中での発言力を高めておきたいと考えたのである。

そこで、オランダ政府はいち早く日本使節接待委員を決定し、日本使節団がフランスに到着して間もない三月十二日（一八六二年四月十日）には、パリにオランダ接待委員が出向いて日本使節団と接触している。『大君の使節』によると、三月十二日付で、オランダ外相から英仏両政府に、日本の要求に対する交換条件について審議の協議方を申し入れてきた。その要旨は、すっかり落ち目になった対日オランダ勢力を恢復したい意図が明白であった。

この日和蘭接待委員が日本使節団に会った、市川渡の日記。

今日旅寓にて和蘭茘田《ライデン》の医師和福満《ホフマン》に逢う。年齢五十有余。此人漢籍を学び、又頗る日本語を解す。依て筆談及一・二説話す。靴を隔て痒爬の想は免れざれども、又聊羇情《＊きじょう》を慰めたり。
（＊旅情と同義）

訪問したのは当時ライデン大学の教授で、植民地省の翻訳官であったホフマンである。接待委員長はヨードンであるが、接待委員には、ホフマンを初めとし、これまで日本人と接触したことのある、長崎商館長を勤めたドンケルクルチウス、長崎海軍伝習の第一期教官を勤めたペルス・ライケン、同二期教官で、のちに海軍大臣になっていたカッテンディケらが加わっていた。

ペルス・ライケンは、佐賀藩から従者として参加した石黒寛治や岡鹿之助を海軍伝習所で教えている。ドンケルクルチウスは、福澤が長崎に遊学中の長崎商館長である。

遠い異国の地であり、こうした僅かな関わりが、人の気持ちを和らげるだけに、オランダ政府の人選は成功したと思われる。それに加えある日、淵辺徳蔵が散歩に出て喫茶店で休んでいると、馬車で通りかかった王妃の目にとまり、招かれて王宮の見物を許されるというもてなしを受けた。こうした濃やかな接待は使節団の人々に、第二の故郷の感情を抱かせたのであろう。

しかし使節との交渉は、なんとか欧州での対日折衝の主導権を取り返したいオランダが、開港開市延期の期間を五年では長すぎると主張したため、内容は一向進展せず、延期承諾の確答を得ぬままに終った。

119頁小見出し　樺太の境界談判（13）

樺太の日露国境問題は、かなり以前から問題になっていて、両国の主張もはっきり食い違いをみせていた問題である。

ロシア代表イグナチェフとの交渉も、七月二十六日の第一回交渉より、「彼我従来の主張をもって対立した」と『懐往事談』に詳細に記されている。

ロシアは従来全島説を主張し、一貫して日本の五十度説を拒否し続けてきただけに、ここで初めて四十八度説が妥協案として提出されたことを使節は重視した。竹内はこの際四十八度説で妥協して、早期に日露国境を画定することが日本にとって重要であろうと考え、松平石見守・京極能登守らに相談したところ、松平は了承したが、京極は、五十度より一歩も譲歩すべきではないと、強硬に反対した。組頭の柴田貞太郎が妥協案調印に反対、更に外交顧問ともいうべき森山多吉郎が妥協に反対したことから、結局ロシアの妥協案を拒否して、樺太の国境はあらためて両国の全権が現地を視察して交渉することになった。八月十九日開港市延期及び貨幣改鋳の件は承認され、覚書に調印して交渉を終了させた。

120頁13～14行目　露西亜ニ日本人が一人居ると云ふ噂を聞た（14）

使節団は、ロシアの迎艦スメロイ号に乗り込んだとき、船室に日露辞典『和魯通言比考』が備えてあるのを見て、驚くと共に、「和魯通言比考ト題シ橘耕斎彙緝トアリ作者我邦人ニ非サルヲ得ンヤ此三四年前ノ著書ナレバ彼地ニ現存スル亦疑無カルベシ」（市川渡）と日本人の存在する可能性を記している。これはロシアに到着してみて、宿舎における調度品等に、刀掛・日本式枕（結髪を崩さぬよう、木箱の上部に首筋を受ける小さな枕を乗せた物）・風呂場の糠袋等外国人では気がつかぬものまで備えられていたことから、一層強くその存在を確信したようだ。

121頁小見出し　露國ニ止まることを勧む（15）

福澤はある日ロシア接待委員の一人から、別室に呼び入れられて、使節団から抜け出して、ロシアに止まるよう勧誘された。ロシアで大いに活躍すれば金持ちにも成れるというのである。今まで訪問した欧州諸国では、未知の国日本に行って見たいから、同行させてくれという話はあったが、日本を捨てて自国に止まれと勧められたのは始めてで、どうも政治的意図から、日本人を利用しようとする気がして不気味に感じ、これを拒否している。他にもこうした誘いがあったか否かは、勿論誰も口にしないので不明であると記している。

123頁小見出し　生麦の報道到来して使節苦しむ（16）

使節団が再度パリを訪問した時、フランス政府の態度が大きく変化していた。その取扱として、帰国乗船のとき、ロシフォール駅から乗船場までの十町ほど（一キロ余）の間の道の両側に兵隊を並べ、その間を使節団一行を歩かせた行為を福澤はフランス政府の威圧行為と見て、「其苦々しい有様と云ふものは実ニ堪らない」として、その原因を生麦事件の情報がきたためとしている。生麦事件は文久二年（一八六二）八月二十一日に発生していて、二十日程でパリに情報が到着したとするのは、当時の電信事情から見て早過ぎると、『諭吉伝』でも疑問とされていたが、『大君の都』は、八月十四日にロンドンからパリに届いた情報は、五月二十九日に発生した、第二次英国公使館襲撃事件であり、この襲撃事件がフランス政府の態度を変化させた原因であるとしている。山口一夫は、フランス政府が態度を急変させた理由を、八月十四日に報告の到着した東禅寺襲撃事件以外にも原因を考えてみる必要があるのではとしている。

そもそも開港市期限の延期問題を幕府が提案したのは、久世広周・安藤信正幕閣の台頭によってである。過激攘夷派を支持する世論を鎮静化させなければ、外国貿易は破局に直面する。開港市の延期と国家の安全と貿易の永続を真に希望していることを、イギリス公使のオールコックとフランス公使ベルクールに理解させ、欧州使節の派遣を実現したのである。

英仏両公使が信頼した久世・安藤老中は、第二東禅寺事件をはさんで罷免され、信用した幕府は瓦解した。こうした一連の事件が、フランス本国の態度を変更させる可能性は十分あったと思われる。

参考① 諭吉の結婚〈関連項目＝8章註（10）〉

福澤諭吉の結婚については、『考証』上の「幕府雇用と結婚」に詳細である。福澤は万延元年（一八六〇）五月米国から帰国し、文久元年（一八六一）十二月遣欧使節の随員として出航するまでの間は、外国方の出仕、鉄砲洲の中津藩奥平家中屋敷の長屋から新銭座の借家への移転と結婚など、身辺に大きな変化があった。外国方出仕時期は長尾正憲の研究により、万延元年十一月中旬であったこと、結婚は、「福澤諭吉子女之伝」の記述により文久元年冬であるとしている。

福澤家は十三石二人扶持供小姓格という中堅下士であるのに対して、妻の「錦」は、同じ中津藩の上士出身しかも用人格の土岐太郎八の次女である。土岐家は『諭吉伝』によると三百石の名家で、江戸定府の家老職を勤める大身衆に次ぐ用人格の立派な上士の家という。土岐家については、残念ながら藩士家譜が残っていないので、詳細は不明である。

「福澤諭吉子女之伝」と、同巻の「宗祖竜鱗公之肖像　土岐家秘蔵」（『全集』(別)一四六頁）の箱書の注によると、土岐家は中津藩士の最高家格の大身衆の一つ奥平主税家（七〇〇石）の子太郎八が寛政七年（一七九五）別家、創設した家で、代々江戸詰めで用人役を勤めた。初代太郎八は弘化四年（一八四七）七十六歳で死去している。「錦」の父は三代太郎八で、やはり用人役を勤め「俗気を脱して品行高き人物なり」と福澤は評している。「錦」の母は淀藩の井上氏の娘であるという。

本家の奥平主税家については、嘉永三年（一八五〇）の定宇に始まる「家譜書上」があるが、『中津藩史』によると、田峰菅沼氏の支流で島田城主の菅沼刑部次郎定常の三男の綱正が、慶長七年（一六〇二）に分家を創立し奥平家昌・忠昌両公に仕え、元和元年（一六一五）奥平姓をたまわった。以後正重・定之と相続している。定之（『中津藩史』には定元、「家譜書上」は定之。この方が正しいと思われる）以後は「家譜書上」が残っている。歴代当主は、定之・定胤・定軌・綱方・定義・定宇・定行・定穀と続いている。定義は弘化元年（一八四四）に七十七歳で死去。その弟定寿については次のように記している。

定寿　新四郎　母右同（斉藤又左衛門行忠女）
天明七丁未年（一七八七）十一月二十一日表小姓上席被　召出候。依之当人
家より委細之義書出可申候

この定寿が初代土岐太郎八である。定義・定寿兄弟の父は綱方で、定富　定喬　市内　主税　太郎八　後主税と称した。初代定寿が土岐太郎八と名乗ったのは、父の名乗りを貰ったのであろう。土岐家についての資料には、「宗祖竜鱗公之肖像」の箱書、『全集』別巻の注（一四六頁）がある。

「竜鱗公」というのは天明年間から天保頃まで生存してゐた土岐家の先祖の一人で、名は定寿といひ通称を新四郎、後に藩主奥平昌高の意により太郎八と改め、隠居の後に龍鱗斎と称した人である。前掲「福澤諭吉子女之伝」に拠れば、家老奥平主税の子で、別家して土岐と称したとある。龍鱗斎の子を定経といひ、定経の子の定業が福澤夫人の父土岐太郎八である。

奥平主税家と土岐家の関係を簡単に示せば左の略系図になる。

奥平定之──定胤──定軌──綱方─┬─定義──定宇──定行──定穀
　　　　　　　　　　　　　　　　└─（土岐）定寿──定経──定業（太郎八）

福沢は「旧藩情」の中で、

（上下士族の区別は）殆ど人為のものとは思はれず、天然の定則の如くにして

之を怪しむ者あることなし（中略）（したがって上士と下士とは）何等の事情あるも縁組したることなし。此縁組は藩法に於ても風俗に於ても共に許さゞる所なり。（中略）今日試に士族の系図を開て之を見れば、古来上下の両等が父祖を共にしたる者なし、祖先の口碑を共にしたる者なし。恰も一藩中に人種の異なる者と云ふも可なり。（『全集』⑦二六六―七頁）

と説明している。

藩の慣習で許されない上下士族間の結婚をしたのは、土岐太郎八が、特に望んで遺言に福澤との結婚を娘に命じたためといわれている。いかに太郎八が福澤を高く評価していたか知ることができる。この異例の結婚を実現するためには、親戚を納得させる理由が必要である。福澤が幕府の外国方に出仕しているので、幕臣とみなし、それで親戚等の了解を得ることができたのではあるまいか。幕臣というのは、諸藩士に比して一段も二段も高く見なされていたからである。

結婚は同じ中津藩士で幕府に出仕している、島津文三郎夫妻の媒酌で行われた。その様子について、夫人の姉今泉たうが「其結婚はいかにも質素簡単なもので、鉄砲洲の屋敷内に住ひ先生の家に出入してゐた豊前屋周蔵夫婦が専ら斡旋しました。先生の居られた鉄砲洲の長屋といふのは岡本周吉さんなどが一緒に居り、丸で書生の合宿所のやうなもので迚も家庭を持つやうな家では有りませんでした」と語っている（『諭吉伝』第一巻、三〇三―四頁）。

媒酌人の島津文三郎は、藩の砲術師範を勤めた砲術家である。江戸で洋式砲術の評判を聞き、自らその確認をするため、嘉永三年（一八五〇）佐久間象山を訪ね、従来の和式砲術の遅れを認め、直ちに藩に進言して、藩士十四名を一度に象山の門に入門させ、以来長く象山と交際した。島津は講武所に出仕していた。福澤と同じく陪臣として幕府に仕える身分であったから、媒酌を依頼したのであろう。また式が極めて質素であったというのは、内心賛成できない親戚らの気持ちを多少考慮したと思われる。また、結婚を機に、同藩士の目を避ける意味もあって、ほぼ同時に藩邸外の新銭座へ移転したのではないだろうか。［8（10）］

参考②　ヨーロッパ諸国に使節派遣〈関連項目＝7章註（2）・（6）〉

安政五年（一八五八）六月日米修好通商条約が調印されると、引き続きオランダ・ロシア・イギリス・フランス諸国とも修好通商条約が締結され、長崎・箱館・神奈川の三港が開港された。さらに新潟（安政六年十二月）・江戸（文久元年〔一八六一〕十二月）・兵庫と大坂（文久二年十一月）がそれぞれ開港開市されることとなった。こうした幕府の方針に攘夷論者の強い反対運動が起こった。井伊大老は幕府の権威を高め国内安定を図る意味から、京都を中心に活動する志士達に強烈な弾圧政策を展開した。安政大獄といわれる弾圧は成功するかに見えたが、万延元年（一八六〇）三月、桜田門外の変で大老が殺されたことから、幕府は国内策を一転して、公武合体策へと大きく変更せざるを得なくなった。このため内外相矛盾する政策をとることで、政局は一層混迷するに至った。

国内策は、幕政非難の空気を柔らげるため、大老の政策に批判的であった久世広周を老中に再任。貿易による物価騰貴から、幕府・藩を始め武士・庶民に物価騰貴による悪影響が及んできたので、反幕攘夷派がそれを理由に世論を煽り、攘夷派勢力が拡大してきた。幕府はこうした空気を鎮静化させるため、万延元年三月に、主要五品（雑穀、水油、蠟、呉服、生糸）を神奈川に直送販売することを禁じ、江戸の需要を満たした後に輸出すべしと「五品江戸廻送令」を発布した。しかし肝心の神奈川奉行は外国側の反発を恐れ、この法令を厳守せず、巨利をむさぼる輸出商の横行が見逃された。

当時諸藩の税は、武士に支給される俸禄が米で納入される体制であったため、農民等に自由に耕作物の転換を許さなかった。外国側は、対外貿易は一時的には国内経済を乱すが、それが刺激となって産業が発展するとする、欧州経済社会の理論を絶対のものとして、貿易制限を要求する日本側主張を否定した。

また攘夷派を抑えるため、公武合体策で朝廷を幕府側に引き込み、反幕的攘夷勢力を弱体化させようとした。先ず万延元年四月十二日朝廷に和宮の降嫁を奏請した。天皇は和宮はすでに有栖川宮と婚約があるとして、拒否の意向を示された。これに対し五月二十六日老中連署で、重ねて降嫁を奏請すべしと所司代に命じ、朝廷関係者へ種々の働き掛けも行った。その結果六月二十日、幕府が攘夷により嘉永初年の状勢に復帰させることを確約すれば、降嫁を許可するとの意向を示された。七月二十九日幕府は、今は外国と事をおこす時ではない、国内協力して国力強化策を進め、十年以内には通商条約を拒否する覚悟であると奏上した。そこで天皇も和宮を説得され、八月十八日降嫁が勅許された。

ところが、十一月十日、幕府がプロシア・スイス・ベルギー三国とあらたに条約を締結すると、十二月一日に天皇は和宮の降嫁を破談にせよと命ぜられた。そこで所司代は、現段階では外国と対決すべきではないと説明し、和宮の東下の時期延期を幕府から願出させることで事態を収めた。

このような国内情勢の中で、朝廷や攘夷派の不満を解消させるには、近い将来江戸・兵庫・大坂の開港開市の延期（新潟は開港場として不適当なため代替港を選定）を、諸外国に認めさせる具体的成果を示す必要があった。

開港延期要請のため欧州に使節を派遣するに至った事情は、『増訂明治維新の国際的環境』（以下『増訂国際的環境』と略記する）を参考にすると、幕府が開港開市の延期を提案した最初は、万延元年（一八六〇）六月二十一日の英国公使オールコックとの会談の時で、それは朝廷から幕府に、攘夷を条件に和宮の降嫁案を示された時である。オールコックは幕府の貿易拡大悪影響論に反対して、江戸だけは延期を容認するが、その他の港市の延期には反対の意向を示している。それは国内経済の中心である大坂・兵庫の開港市に大きな期待をかけていたためである。

幕府は開港市問題を、外国公使との交渉によって解決しようと考えて、国内事情を説明した。七月十一日の日英会談の際、オールコックは、貿易開始に伴う一時的物価騰貴が、その国の生産意欲を刺激して、経済が活性化し、国家の利益となるとする、欧州社会の経済理論を主張した。強力な幕府の交易反対派の説明にも一理あることを認め、一つの打開策として、日本が欧州に使節を派遣して、直接事情を説明することを勧めた。これは、幕府の外交が、専ら米国に依存し、米国は日本の実情に同情的な傾向を示していたからでもある。

例えば、万延元年十二月五日に米国の通弁官ヒュースケンが麻布中の橋で殺傷された事件の時、イギリス・フランス・オランダ公使らによる幕府による外国人の保護不十分との抗議に対して、当事国である米国のハリスは、ヒュースケンを光林寺に葬った後に、犯人探索を求めるという温和な態度を示したのはその一例である。

そこでイギリスとしては、こうしたアメリカの親日的外交態度に不満を持ち、これを是正したいという考えを抱いていた。開港市延期問題の処理という当面の問題だけでなく、幕府の外交基本方針をイギリス依存にさせるためには、使節を欧州に派遣させ、欧州ひいては世界での国力を実見させ、日本人の認識を一変させることが必要だと考えたのである。英国主導で使節受入れの交渉が進み、フランスの協力を得て、文久元年（一八六一）十月十七日に往路は英国が、帰路は仏国が担当することで決定した。イギリスよりオージン号が提供されて使節は十二月二十二日に乗船し翌二十三日品川を出航したのである。

正使に勘定奉行兼外国奉行竹内下野守保徳、副使に外国奉行桑山左衛門尉元柔・目付京極能登守高朗を任じた。のち、桑山に代わり神奈川奉行兼外国奉行松平石見守康直を副使に任じた。三使及び随行の役人ら三十六人は、英国公使館員マクドナルドの付添いで、一年近い訪欧の旅となったのである。

参考③　遣欧使節随行旅行〈関連項目＝7章註（2）・（6）〉

福澤にとって二度目の外遊であるヨーロッパ旅行には、「西行記」と題する日

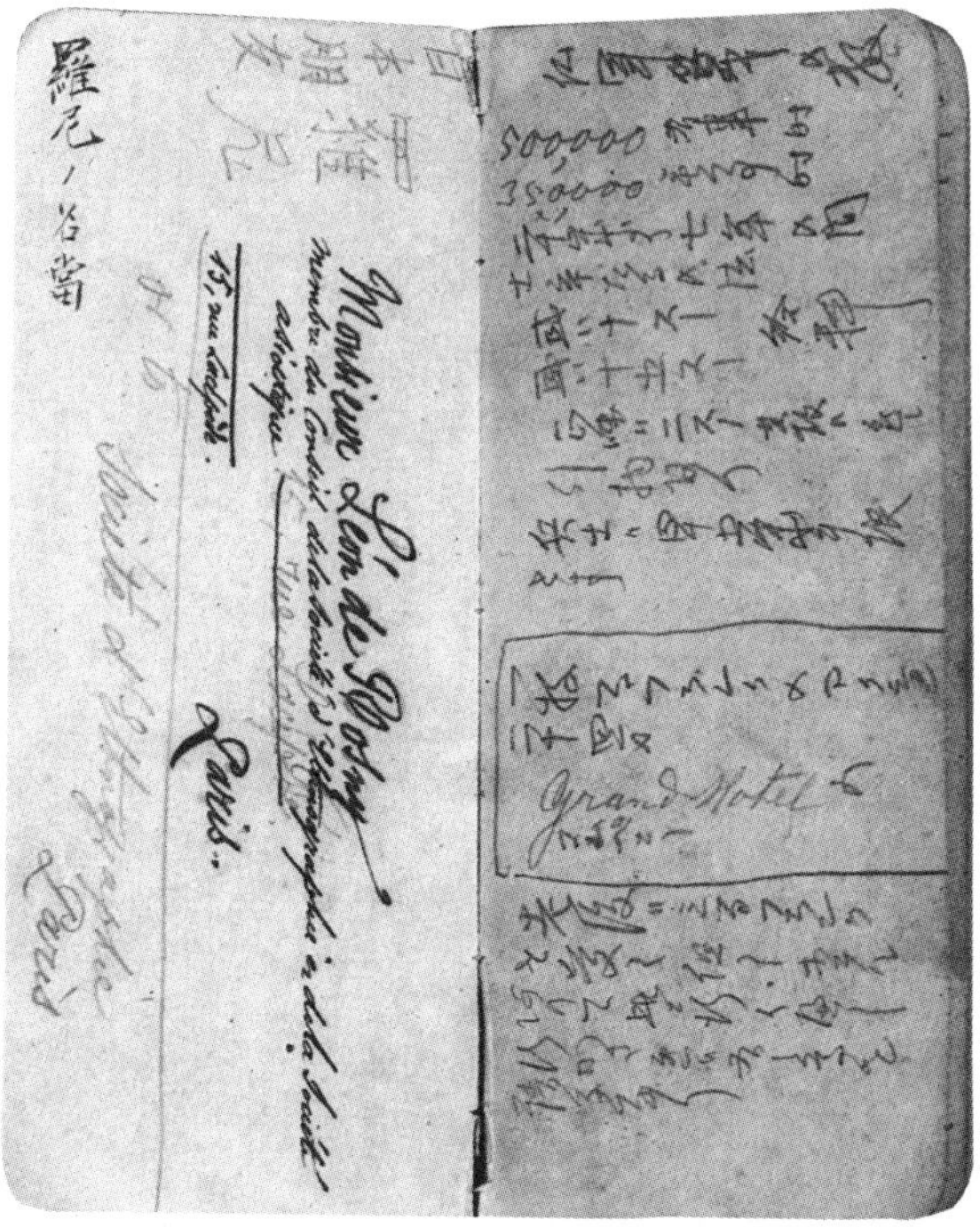

「西航手帳」

記と、パリで買い求め、見聞をメモした「西航手帳」と呼ばれる無題の手帳とがある。いずれも、内容について多くの研究がある。最初の咸臨丸でのアメリカ旅行については、「万延元年アメリカハワイ見聞報告書」という藩庁か藩重役に提出した報告書の写しの他には、日記等を残していない。

外國の人に一番分り易い事で殆んど字引にも載せないと云ふやうな事が此方では一番六かしい、だから原書を調べてソレで分らないと云ふ事だけを此逗留中に調べて置きたいものだと思って其方向で以て是れは相当の人だと思へば其人に就て調べると云ふとに力を尽して

『自伝』の「欧羅巴各國ニ行く」の「事情探索の胷算」（一一八—九頁）の文章はパリで買った手帳にメモしてきたのである。

異文化に戸惑っているだけとは異り、質問のポイントは大体はっきりしている訳だから、その成果は当然である。その点は芳賀徹も指摘している。

福澤は一回の観察を、他の多くの者のようにそのときかぎりで終わらせず、その後にもことあるごとに別な面から考量し、あるいは他の見聞・知識と比較し関連づけて、把えなおしてゆく。すなわちかれの知識は、足し算的に並列的にふえてゆくのではない。掛け算的に立体的に構成され、かれなりの統一的なヴィジョンに綜合されてゆくのである。（中略）福澤のもっとも注目すべき能力の一面といえるだろう。（『大君の使節』四〇頁）

旅行中「見ようと思うものは見、聞こうと思うことは聞いた」、「何でも有らん限りの物を見ようとばかり」してきた福澤の成果が、その後の『西洋事情』以下の著作を生み、偉大な啓蒙家として福澤を活躍させたのである。その意味でこの欧州旅行は、福澤をしてその才能を発揮させるための旅となったのである。

参考④　長崎に寄港〈関連項目＝2章註（5）〉

使節を乗せたオージン号は文久元年（一八六一）十二月二十三日品川を出航したが、遠州灘沖合からの暴風雨のため、帆走できず予想以上に石炭を焚いた。その補給ということで、香港直行の予定を変更して、二十九日長崎に入港したのである。

「西航記」二十九日条に「朝長崎え着。上陸し、山本氏を訪ふ。朋友長与専斎、結城玄東、其他京摂の際にて交りたる知己二十余名に遇ふ」三十日条「長崎に泊す」とある。

上陸した福澤は、七年前の長崎遊学中半年余り世話になった山本物次郎宅を大井出町に訪ね、当時は禁酒していたが、実は大酒飲みであることなどを白状しながら、大いに酒豪振りを発揮して、山本を驚かしている。

福澤の山本家訪問のことが適塾同窓生の間に知れ、早速長与専斎ら二十人程が集まり、一夕の宴を開いている。このとき金は持っていると逆に福澤の御馳走になったと川北元立の懐旧談もある（『諭吉伝』第一巻八九頁）。

参考⑤　ホンコン寄港

一月六日十一時に香港に入港。ヴィクトリア港に停泊中の艦船数を記している。それは市川渡「尾蠅欧行漫録」も同様であるが、福澤の「仏蘭西の軍艦は碇泊するものなし。唯だ商船四隻あり」という『自伝』の記述が注目される。香港は英国の極東における海軍根拠地でもあるから、フランスは「商船は四艘入港している」とは、香港が欧州諸国の対支貿易の重要拠点となっている点を鋭く見抜いているといえよう。

また「香港の土人は風俗極て卑陋、全く英人に使役せらるゝのみ」と、港湾に水上生活者即ち蛋民《タンミン》の存在することを記している。現地人に対する表現が、「アメリカハワイ見聞報告書」ホノルル人評「人物極て疲陋、全く白人に制せられ、島内にて売買抔致し候〔は〕鴎〔ママ〕羅巴亜米利加支那人のみにて、土人の店をひらき候は一ケ所も無之」と同様の論評である。欧米人の支配力の強大さを痛感している。

八日上陸して病院や英兵宿衛所を見学した福沢は、「西航記」十日の条に「初香港に着せしとき、龍動新聞紙を得たり、紙中云ふ、近日英米の間戦争あるべし」と南北戦争で両国の間が険悪になったことを述べている。

事既に平げりと雖ども、爾後の景況未だ詳ならざれば、不日本港に至るべき英国の飛脚船を待つて開帆せんとす。

○右の故を以て食料石炭の備は已に便じたれども尚香港に停泊す。

（『全集』⑲一〇頁）

と燃料・食料等出航準備が整っているのに、なお出航の気配のないのを見て、（八日か）入手した新聞の記事から）英米間に紛争があり、一応解決とはいうものの、そのことで出航延期になっているのだろうと推測している点は、他にみられない福澤の炯眼である。

参考⑥　シンガポール寄港

一月十九日、無事シンガポールに入港。上陸すると、旅館に音吉という漂流日本人が訪ねてきている。音吉は尾州（愛知県）知多郡小野浦村の船子で、天保三年（一八三二）十七名の乗組員と共に、江戸に向かう回船宝順丸が太平洋上で遭難し、十四ケ月の後、アメリカ西岸に漂着した。生存していたのは音吉ら三名。一八三四年夏ハドソン湾会社の英国人によって救助され、一八三五年十二月ロンドン経由マカオに到着。三人はマカオでキリスト教の伝道師ギュッラフによる、聖書の最初の日本語訳の仕事を手伝うことになった。一八三七年（天保八年）七月、広東にあったアメリカのオリファント商会の出資者の一人チャールズ・キングが、音吉らを利用して日本との交易を開始するため、「モリソン」号に彼らを乗せてマカオを出航した。

モリソン号は一八三七年七月三十日（天保八年六月二十八日）浦賀沖に到着。しかし無二念打払令により砲撃を受けたため浦賀を退去。モリソン号は、帰途鹿児島湾に立寄り再度音吉らの上陸を試みたが、ここでも漂流民の上陸が拒否された。キングは長崎で、もう一度漂流民の上陸許可の交渉を考えたが、音吉らは、二度の上陸拒否のショックで帰国を諦め長崎行きを拒み、マカオに戻ったのである。

一八四〇～四三年（天保十一～十四年）アヘン戦争の間、音吉らの行動は明らかでない。嘉永二年（一八四九）閏四月に浦賀及び下田に測量のため来航した英艦マリナー号に中国人、林阿多と名乗る通訳がいたが、これは中国に住み着いた音吉であった。音吉はその後上海に落ちついていたようだ。

クリミヤ戦争によるロシア艦隊捜索のためか、イギリス極東艦隊司令官スターリングが安政元年（一八五四）閏七月十五日突如長崎を訪れた。この時も音吉は英国艦隊に雇われ通訳として乗船していた。音吉は今度は堂々と日本人を名乗って通訳を行っている。英艦は幕府の対応の悠長さに我慢し切れず、強く要求して、八月十三・十八・二十三日の三回、司令官と長崎奉行との会談が立山番所（奉行公邸）で行われ、日英和親条約が締結され、艦隊は八月二十九日長崎を去った。時の長崎奉行は水野筑後守忠徳であった。この時水野が音吉に経歴を尋ねると、モリソン号で打払われた後、米国その他諸所に行き四年程して中国に戻り、上海でマレーシア人と結婚し、すでに男子二人女子一人の子供があること、今は英国デント商会に勤務して十年程になり、英艦に通訳として雇われ来日したと答えている。その後音吉は、一八六二年一月（文久元年十二月）上海より妻の郷里シンガポールに移った。一八六三年一時上海に戻ったが、翌年にはまたシンガポールに戻っている。

福澤は音吉と会った時、顔に見覚えがあるので尋ねると、九年前英国軍艦で長崎を訪問したことがあると答えた。丁度福澤が長崎の山本物次郎家に居た時である。当時音吉については、日本人なのに英夷の便宜を図る者ということで、悪評が立っていた。日本人の来航を知って、懐かしい思いから旅館を訪ねて来た音吉に、日本への帰国をどのように語ったか、福澤は何も記していない。

モリソン号での訪問時は、未だ無二念打払令の施行されていた時であったが、今は状況が大きく変り、中浜万次郎のように、漂流者が幕府に用いられている時代である。音吉はシンガポールで欧州人の居住区に住んで、中堅層の生活をし、特に不自由や圧迫を受けている様子もない。本人が何をおいても帰国したいというほどの強い帰国意志を示さず、日本は開国したとはいえ、未だ封建色が色濃く残っていて、必ずしも帰国して自由に活躍できる環境にないこと等を考えたはずだ。福澤は敢えて音吉の帰国問題に深く触れなかったのだろうか。

音吉は、日本人としての意識を強く持ちながらも、英国の生活に慣れ、中国に長年生活している。そのような人物から中国の現状と、欧州の中国対応策を聞くことが、今日の日本が西欧諸国に対応する上に、貴重な示唆を得ることになると福澤は感じたからこそ、熱心に中国の十数年の激変した国内事情を問い質しているのである。福澤の広い視野から生ずる鋭い感覚を見ることができる。

参考⑦　カイロ訪問

シンガポールを出航したオージン号は、セイロン島のトリンコマリーとゴール、アデン等に寄港し、紅海経由で二月二十日スエズに入港。翌日エジプトの首府カイロを訪問している。

スエズ港に到着した福澤は、同港にトルコ・イギリス・フランス三国の軍艦が停泊していると記している。当時のエジプトは、トルコを宗主国とする属国であったが、十八世紀末ナポレオンの遠征以来フランスの勢力が扶植され、十九世紀中葉以降はイギリスが勢力を強め、軍隊が駐屯して支配権を強化していた。スエズ港は遠浅のため外洋船は着岸できず、川蒸気船に移乗して桟橋に上陸する必要があった。上陸して汽車でカイロに向かう。福澤は汽車は初めての経験であり、砂漠も初めて見た（汽車の話は遣米正使一行から聞いていたのであろう）。列車そのものよりも、むしろその速さに関心があったようで、正確に途中停車時間を計り、走破距離と時間を計算している。関連情報を要領良く纏めて理解するのが、福澤の思考の特色である。

この鉄道について、パリ滞在中三月二十四日の日記に、スエズ〜アレキサンデリアの鉄道がカイロを境に北が英国・南が仏国の商社に属していると記している。しかし『亜欧見聞』（一八三頁）はこれを、いずれも英国の商社の経営になるものであると福澤の誤りを指摘している。

使節らは二十四日までカイロに滞在し、さらにマルタ島に移動した。英仏の間で、日本使節の訪問を互いに自国を先にするよう主張して、調節がつかず、両国の調停の結果を待つということになった。福澤はカイロの市内見物を、「人口五十万、貧人多く市街繁盛ならず、人物頑陋怠惰、生業を勉めず。法律も亦極て厳酷なり」と批評をしている。他の日本人は、市民の貧困と、王宮や巨大遺跡の豪華さの余りの格差に、支配者の庶民統治に行き過ぎがあったと、日本的儒学教義による民治意識から批判している。しかし福澤は『学問のすゝめ』初編の「愚民の上に辛き政府あり」との西洋の諺を、この時すでに実感しているようだ。

参考⑧　パリに到着〈関連項目＝7章註（8）・（9）〉

二月二十一日カイロ三泊、アレキサンデリアから英国官船に乗船。二十八日地中海の西方にある英領のマルタ島に寄港し四泊した。移動が緩慢である。『文久二年ヨーロッパ報告』によると、カイロで英仏の大使らが、自国を先に訪問させようと対立したこと、本国もその対応が遅く、結局使節らの意向によって、フランスを先にすることが決まったとしている。フランス側は使節が何時来るかについて、十分の情報をもたず、急に訪問されても準備ができないから、多少時間稼ぎをする必要もあったとしている。三月二日、正午荒天の中をマルタ島を出航し五日ようやく地中海の港マルセイユに入港した。ここに二泊し、七日汽車で出発、八時間をかけてリヨンに到着。翌日が日曜日で汽車が運転されず、待望のパリに到着したのは、江戸出発以来、実に七十五日目の三月九日夜であった。

福澤はリヨンについて、「此地舟楫の便利なしと雖ども、鉄道諸方え通じ交易甚だ盛なり。人戸稠密、市街壮麗なるは「マルセイル」よりも優れり。府内の人口四十万余、土人多く絹帛羅紗等を製す」と「西航記」に記している。二日に過ぎぬ滞在だが、早速その地の産業・人口等を調査し、予備知識を豊富にして、以後の見学に役立てる準備をしている。

使節一行は車窓に見える南仏の田園光景に、農業国である母国の風景を思い出して、気分的に安らぎを感じたようである。福澤もパリまでの田園風景には心を和ませるものを感じたのか、「西航記」三月九日条に珍しくその詩情を記している。

土人皆農作を勉め、麦田を耕し、葡萄を植へ、田畔には木綿を樹へ、山腰に至るまでも間地あることなし。然れ共此地方は米作を主とせざるが故に水田なし。土地は都て薄瘠にして、往々山林あれども、多くは皆雑小樹にして絶て大木を見ず。但し数日以来偶ま春晴、桃杏梨桜正に開花、路傍の風光最も可愛。（『全集』⑲二〇頁）

参考⑨　フランス政府と使節との交渉

『増訂国際的環境』によると、開港・開市延期交渉のため、欧州に使節を派遣するに当たって、安藤老中が使節に与えた訓令では、交渉で何らかの代償を要求されるであろうが、わが国の根本的方針として、開港開市を見合わせるべく努力するように指示している。

一体之事情得と申談、仮令両港両都益候而も、外国人利益可有之訳には無之、口々我人心を動揺為致候而已に而、詰り和親にも障り候間、右両港両都は、開港は以後見合可申、左候はゞ、人心折合、和親永続之基とも可相成旨を以精々申談、是非相整候様、精力を尽し可及談判候

使節は三月九日パリに到着し、十五日ナポレオン三世を訪問したのち、十八・二十一日はフランス政府の委員グロおよびノヴェルと、三十日は外相トゥーヴネルと商議した。使節は、物価騰貴・人心不折合を理由に開港開市の無期延期を求め、仏側はキリスト教禁止令の廃止・負傷した在日公使館旗手等への償金や遺族への扶助料の支払・公使の日本国内の旅行の自由保証・公使館用地の譲渡・横浜居留地の拡大等々の代償を要求し、会談は行詰った。

三十日にフランス外相と会見、改めて開港開市の十カ年延期を提議したが、認めるところとならず、イギリス・オランダ両国等との協議の必要があるとして、帰途再商議することとなった。

参考⑩　ロニーとの接触

ロニー（Leon de Rosny）は一八三七年八月五日にラオスに生まれた。彼の父 Joseph Prunol de Rosny が考古学者だったためか、最初植物学を研究していたが、早くから異国の言語に興味を抱き、古代支那語を学び、ついで独学で日本語をも研究し、一応読み書きと会話ができるまでになっていたので、一八六二年の日本使節のフランス訪問に際しては、フランス政府より通訳官に任ぜられた。自らの課題である日本研究に、絶好の機会が与えられたことを喜び、使節の滞仏期間は勿論、欧州滞在中には、オランダ・ロシアにまで出向いて、特に蘭英語を知る松木・箕作・福澤の洋学者と密接に接触した。

ロニーが研究した民族学は、一八世紀の啓蒙時代にフランスに生まれた学問で、一八三九年に巴里民族学会が誕生し、一時中断していたのが一八五九年にアメリカ及び東洋民族誌学会として復活組織されている。

この学会で活躍していたロニーは、一八六三年東洋語学校の日本語講師となり、一八六八年日本語講座が開設されるやその初代教授となった。さらに八六年には高等研究院の副指導講師となり、仏教及び極東のその他の宗教についても講義している。五九年には民族誌学会を創設、七三年には初めて東洋学者国際会議をパリで開催し、初代会頭として活躍した。日本文化愛好者として有名であるが、片々たる語学研究が多く、実証性や史的総合的把握に弱く、マニア的な気風から抜け出し得なかったようである。一九一四年七十七歳で死去。

ロニーが愛蔵していた日本人からの書簡等コレクションの内、数十枚の写真と一冊の貼込帖が、昭和五十八年（一九八三、慶應義塾一二五年の記念すべき年）に日本に持ち込まれ、アルバムだけは、芳賀徹の好意により、義塾の所蔵する所となった。そのアルバムの史料解説は、「ロニィ宛渡欧洋学者書簡」（『年鑑』13号）に詳しい。

福澤の書簡、和文四通・英文二通、松木・箕作と三人連署、更に川崎道民・太田源三郎を加えた五人連署の和文書簡各一通がある。

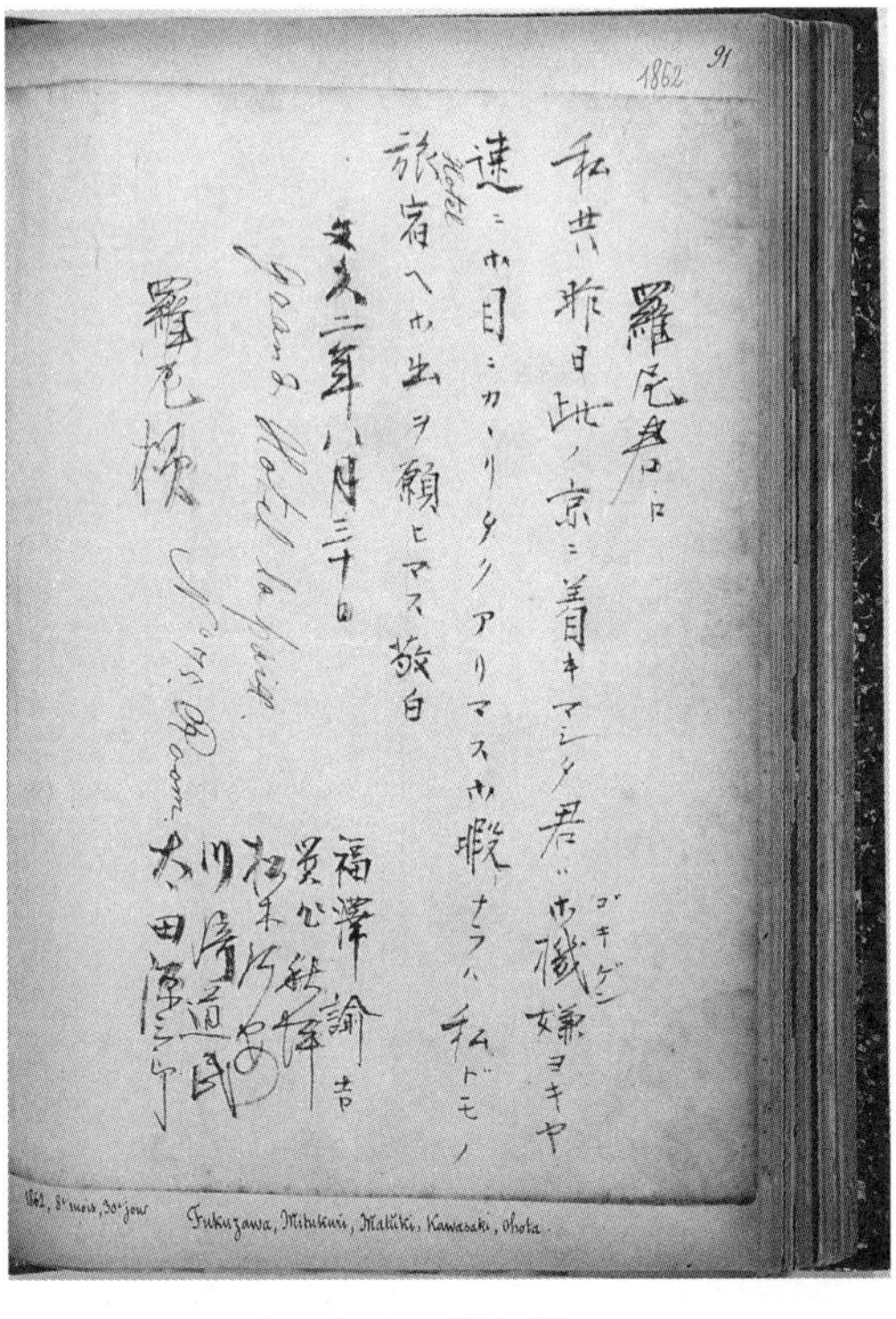

ロニー・アルバム
（文久2年8月30日、福澤・箕作ほか3名の連署）

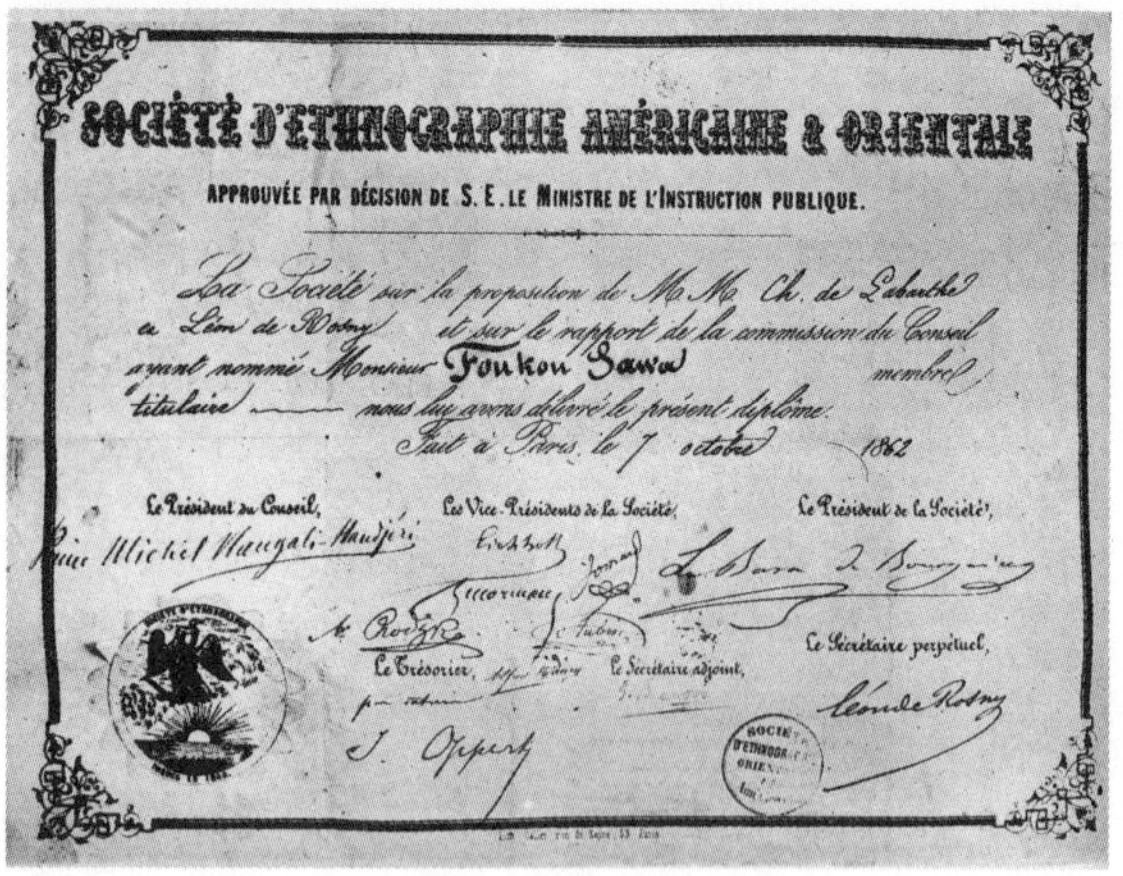

福澤諭吉の民族誌学会会員証

右の書簡の発信場所と日付は左記のとおりである。

○四月十三日付の松木ら三名連署のロンドンよりの和文書簡。
○五月二十一日付のハーグよりの和文書簡。
○七月八日付のベルリンからのロニー宛福澤書簡（和文）。
○七月二十一日付のペテルスブルグからロニー宛福澤書簡（和文）。
○八月三十日付の再度のパリ到着日の五人連署の書簡。
○閏八月二十六日付のリスボンからの英文書簡。
○十二月十八日（陰暦十月二七日）付のセイロン島のゴールからの英文書簡。

福澤を中心とした日本使節団とロニーとの接触記事は「西航記」・「西航手帳」に詳しい。

福澤・松木・箕作の三名は欧州滞在中、相当頻繁にロニーと会っている。西洋人には当然でも日本人には理解し難い問題を質問したであろう。ロニーも、この絶好の機会を利用して、日本の事情を理解したいと考えたであろうから、日本からやって来た三人の洋学者に接触するチャンスを喜んだろう。両者の利益が一致して、双方で会合の機会を増やす努力が『自伝』の次の文章に帰結するのである。

> 日本は其時丸で鎖國の世の中で外國に居ながら兎角外國人に遇うヿを止めやうとするのが可笑しい（中略）箕作秋萍と松木弘安と私と（中略）此三人だけは自然別なものにならぬ何でも有らん限りの物を見やうと斗りしているとソレが役人連の目に面白くないと見え殊ニ三人とも陪臣で然かも洋書を讀むと云ふから中々油断をしないと何ら見物ニ出掛けやうとすると必ず御目附方の下役が附て行かなければならぬと云ふ御定まりで始終附て廻る（中略）其下役が何か外に差支があると私共も出るヿが出来ない（中略）ソレでも私共は見やうと思ふものは見。聞かふと思ふ事ハ聞た（一一六―七頁）

参考⑪　幕府とオールコックの交渉

駐日英公使オールコックは幕府との交渉で、開港開市の延期の代償に、江戸・新潟のみ延期を認め、その代りに対馬での開港を求めるというものであった。しかし、攘夷派の勢力を今抑えなければ、幕府の存立が危険になり、内乱状況となって、外国貿易どころではない危険な状況に直面していることを幕府が訴えたので、貿易途絶という危険を回避するためには、幕府の要求を認めることもやむを得ないとした。

幕府が深く依存しているハリスの親日的な外交方針が、オールコックに大きな譲歩をさせるのに、間接的影響を与えたことは見逃せない。

彼〔ハリス〕は、前年すでに江戸の住民の大多数が武士で、排外感情を有することから、外人の居留に不安があること、および同地が商業都市でも工業都市でもなく大きな貿易が望めないことから、江戸開市の延期を説いたことがあった。いままたここで彼は、大坂は畿内にあり、同地方への外国人出現は一部日本人に嫌悪をもってみられ、兵庫は単に大坂の外港にすぎぬから、大坂が開かれねば兵庫開港の意味はなく、新潟は重要性に乏しいとして、いずれも予定の期日に開くことは適当でないと説き、開港以来物価が一〇〇～二〇〇パーセントも騰貴し、これが収入の固定している武士の生活への重圧となり、この階級から最も高い不満の声が聞えるに至ったという現状から、幕府の要求のやむをえないことを認め、日米関係にもっとも利益を与えるような行動を他国代表と一致してとることの自由な権力を附与するよう、本国政府に要請した。(『増訂国際的環境』)

開港開市の延期要請に対してハリスの対日態度は、イギリス・フランスとは対象的であった。

そこでオールコックは、従来の方針を変えて、ひとまずフランスを説得して、開港市を延期すれば、英国主導態勢確立ができるとの思いを抱いたのである。オールコックは帰国の途路パリに立ち寄り、譲歩の線で仏政府首脳の説得に成功し、五月二日ロンドンに帰着した。イギリス外相ラッセルも、オールコックの見解を全面的に了承したのである。

参考⑫　ロンドンでの福澤の動向〈関連項目＝7章註(10)〉

イギリス滞在が、外交交渉の都合で一ケ月半にも及んだのは、福澤にとっては、思わぬ拾い物であった。その間のロンドンでの見学先は次のとおりである。

4・2　ロンドン着。カラレージホテル泊。
7　ロンドンブリッジ駅見学。
8　キングスコルレージ病院訪問。
9　電信局見学。
13　チェンバーズ博士と共にセントメリー病院訪問。帰途博士宅訪問。
16　博覧会会場見物。
17　テームズトンネル・グリニッチ天文台・海軍局見学。
18　(テームズトンネル説明)
21　チェンバーズ博士と共にキングスカレッジ・盲唖院訪問。ジョンソン博士と会う。(天文台及び海軍学校の説明)
22　ジョンソン博士と共にショーロジ(セント・ジョージ)病院・養唖院・養癲院訪問。(養唖院の教育法。院生と会話実行、養盲院機構説明記事。院長ジョンソン博士より養癲院等に就き詳細な説明受ける。)
27(26)　クリスタルパレス訪問。
5・1　ロンドン塔の武器庫見学。説明あり。
4　ロンドンドック見学。構造・ロンドンの全ドック建造費と経営者の説明あり。
12　ウーリッジの砲兵工廠でアームストロング砲製作を見学。
14　テームズトンネル行、帰途セントポウル寺院を観、ブリティッシュミュージアムに行く。
15　ロンドン出発オランダへ赴く。

「西航記」の記事から、英国で影響を受けた人物を挙げると、医師のチェンバーズ博士とジョンソン博士がいる。Saint Mary's病院の帰途チェンバーズ氏の家に立ち寄りお茶を飲んだり、ジョンソン博士について、病院訪問説明に、「院の総督をジョンソンと云ふ。余殊に此人と善し」とあることから、病院の機構構成や、病弱者の社会生活に寄与するための特殊教育方法など、医術以外の社会福祉関係の役割やその活動意義といった分野も、懇切に説明して貰ったのではないだろうか。

日程の三分の一は外出見学をしている。これは福澤の旺盛な研究心だけではなく、随行員各自に欧州文物制度等、調査の課題が課せられていたからであった。また福澤は松木・箕作と同行が多く、単に親友関係であるからだけでなく、やはり調査分野が重複していたとみるべきだろう。柴田貞太郎が中心になって、探索係の報告を纏めたものが、「福田作太郎筆記」であるといわれている。その探索に主要な役割を果たしたのが福澤諭吉であることは既に多くの研究者の指摘する所である。特に「英国探索」において、基本部分を占める蘭人医師シモン・ベルヘンテの講義内容は、「西航手帳」にも蘭文で二十一頁にわたって記されている。欧州の政治機構・国際関係等について、一層の理解を深めたことは確実である。

ベルヘンテの履歴については、十二年前にフランスより英国に移住したオランダ人医師という以外殆ど不明である。ベルヘンテの講義内容や「福田作太郎筆記」と福澤の関係については、長尾政憲「福澤諭吉「西航手帳」蘭文記事」・「福澤諭吉の政治思想形成過程についての一考察」や松沢弘陽「英国探索(福田作太郎筆記五)」に詳細に述べられている。

福澤肖像（ロンドンにて）

参考⑬　島津祐太郎宛福澤書簡

英国に到着して間もない四月十一日、福澤は中津藩の重役島津祐太郎宛てに書簡を送っている。

この書簡は『大君の使節』や「英国探索始末解題」（『西洋見聞集』）で詳細に論考されているように、西欧文明の啓蒙家福澤諭吉の生涯の基盤形成を暗示するなど、遣欧使節一行の活動や意義を考察する上にも、重要な意味を持つ書簡として注目されている。

これまで辞書等では理解できずに兼ねて疑問としていた「事情風習」を、実見したり直接質問することで、完全とまではいえないがほぼ理解できそうだと、成果の大きさに、希望と喜びを告げている。

太西洋航路の途中に寄港したアジアの国々が欧州諸国の貿易拡大に伴って、植民地化されてきた一端を実見して来た福澤には、故国日本が取るべき対応策について、種々考えさせられたのは当然である。

今般諸外国之事情篤ト相察候所ニ而も、本邦も此まで之御制度ハ無拠も、御変革無之而ハ相済間敷、左候節ハ、諸藩も其分ニ随ヒ、夫ゝ改制有之ハ必然之義、

わが国の洋学学習制度の根本的改革の必要性に気づき中津藩が先頭に立って、改革に尽力することを力説している。

御家ニ而も、肥前侯江先鞭を着けられざる様、大変革之御処置有之度、私義も微力之所及ハ勉強仕、亡父兄之名を不損様仕度丹心ニ御坐候。右ニ付、先ツ洋法を採用するにハ、実地之探索ハ勿論候得共、迚も壱人ニ而僅之時日ニ尽しかたく、後ハ書籍取入レ候より、外手段無之、既ニ当府ロンドンニ而英書も大分相調候得共、尚又和蘭江参候ハヽ、十分ニ買取候積ニ御坐候。

福澤は自らの性格を、「事をなすに極端を想像す」と言いながらも、いたずらに理想に走り現実を忘れることはない。改革を行うに当っては、冷静な漸進主義で、着実に改革を押し進めて行くのである。その福澤が今ここで「父兄の名を辱めない」と、興奮気味の大変激しい表現の文言である。

佐賀藩は、古賀穀堂を中心とする人材登用と国産奨励政策が効を奏し、陶器と石炭の専売を、領外および長崎の出張所を通じて行い、外国との交易から多大の利益を得ていた。その傍ら、長崎警備に必要な西洋式大砲の鋳造を研究し、洋式反射炉を築造し、製鉄事業を起こし、幾度かの失敗を克服しながら、嘉永五年（一八五二）には三六ポンド鉄製砲鋳造に成功して、翌年には幕府より注文が来るようになった。安政四年（一八五七）には小銃製造方を設置、翌年にはオランダより銃砲製造機械を輸入して小銃製造規模を拡大、長崎海軍伝習の開始に伴い、一段と西洋兵器の輸入製造機運が高まり、軍備の急速な整備が行われていた。しかし、福澤にしてみれば、それはあくまでも西欧技術の模倣追従に過ぎないのである。

佐賀藩に追従しても無意味である。西欧文明国と対等に交際する上で必要なことは、まず基礎科学知識を学び、その基盤の上に自らの社会の向上発展を進める力を育成することが必要と確信を得たのである。それには儒学教育偏向を打破することが、日本にとって欧米先進国との交際の中で生きて行くためには乗り越えなければならぬ作業と気付いたのである。

国際社会に入ることになった日本のために、わが国洋学の開拓者前野良沢を輩出した中津藩だからこそ、西欧諸国が採用している教育を樹立しなければならないと、主張しているのである。

西欧式教育法といっても、即理解されるものではない。そこで福澤は、富国強兵の基本になる人材育成の急務と言う表現を用いている。

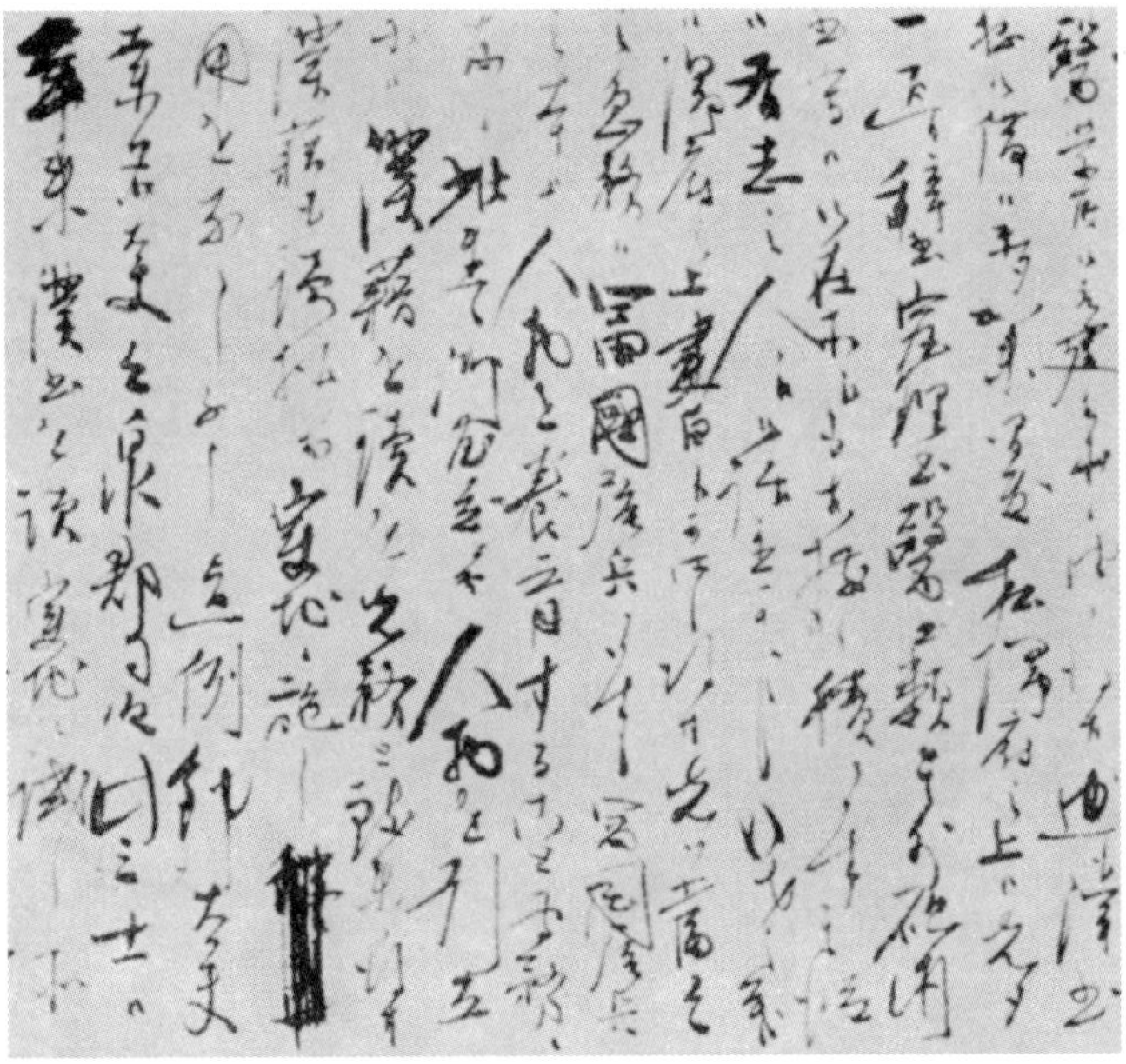

島津祐太郎宛福澤書簡（部分）

い才之義ハ帰府之上建白も可仕候得共、先ツ当今之急務ハ富国強兵ニ御坐候。富国強兵之本ハ人物を養育すること専務ニ存候。此まで御屋敷ニ而人物を引立にハ漢籍を読を先務と致来候得共、漢籍も読様ニ而実地ニ施し用をなし不申、適例鈡〔中金〕太夫、桑名太夫、今泉郡司殿、此三士ハ年来漢書を読、実地ニ試候所、絶而用を為さず。（中略）左候得ゝ富国強兵之本、人物を養育するハ、必ス漢籍を読にも在らさることゝ被存候。大人ハ中津ニ而人望を得候ことゝ而、事を始候ニも稍や、容易之御場合可有之、何卒右之件と御考慮被下、可行事候ハヽ、一日も早思召立、実地ニ施し用を為し候人物出来候様致度奉存候。右ハ私帰府之上申上候而も宜敷義候得共、帰帆之期も未タ聢ト不定、且思付候ニ付一日も早くと存し、業ト申上候義御坐候。拝具。

締めくくりに従来の人材育成策では効果を挙げられないとして、具体的に、藩の家老等の実名を挙げてその根拠としている。福澤の必死の覚悟が、この数行の文言に明確に記されている。

従来行われてきた儒学教育では、漢籍によって教育を受け、思考能力や推察力が高まってから、洋学の道に入っている。しかしそれでは、儒教の先入観に妨げられ、部分的な知識を得るだけに止まってしまう。自らの文化の上に社会科学的領域を効果的に組み込んで、自国の後進性を改良しようとすることは望めない。

では社会科学的基礎知識を教育するといっても、一人の教師では無理な話である。分野ごとの専門知識を持った者が、協力して初めて実践できることである。この趣旨に賛同し協力する者から育成してゆく。中津藩のために、更には日本の明日のために、本気で新式の洋学教育に専念し、あわせて同志を育成する決心を固めたのである。

参考⑭ 洋学と教育

万延元年（一八六〇）初めて咸臨丸で渡米した福澤は、多年洋学を研究してきたので、西欧文明の実態を相当に理解している心積もりで上陸したが、その期待は大きく裏切られ、西欧社会の日常の生活や習慣、制度に余りにも未知の分野が多く驚嘆した。『自伝』「始めて亜米利加ニ渡る」の項で「社会上政治上経済上の事は一向分らなかつた」と正直に告白している。［6（17）・（19）・（20）・（21）］

そこで、帰国後英語の研究に努力するだけではなく、より効果的な研究に便利と思われた、幕府の外国方に勤務したのである。［6（28）］

遣欧使節団には、攘夷論を鎮静させるために、開港市延期の承認を提盟各国から得ることと、ロシアとの間に樺太の国境を確定する外交目的の他に、文久元年（一八六一）十月に、課された五項目の任務がある。

一、各国貿易之規則得と承糺し品物之取引巨細研究可致事
一、外国接遇之儀ニ付参考ニ可相成儀ハ得と取調、其他城郭并台場軍艦等の儀具ニ取調可申事
一、諸産物諸器械製造方、大砲小銃之製作、金銀貨鋳建立之仕法等得と研究之事
一、各国之軍制研究之事

一、各国政事学制軍制は別て心懸取調可申事（倉沢剛『幕末教育史の研究』より）

福澤が先年の米国訪問の時に気づいた、西欧諸国の情勢を十分理解するには、いかなる書籍を揃えるべきかという答えを欧州行きの際にすでに持っていたとは考えにくい。

凡そ書籍上で調べられる事は日本ニ居ても原書を讀で分らぬ處は字引を引て調べさへすれば分らぬ事はないが外國の人ニ一番分り易い事で殆んど字引ニも載せないと云ふやうな事が此方では一番六かしい、だから原書を調べてソレで分らないと云ふ事だけを此逗留中ニ調べて置きたいものだと思て（後略）

福澤は欧州行に当ってこのように、西欧文明の広く深い理解を心掛けていたのである。

ここで注目されるのが、欧州から帰国直後の文久三年（一八六三）か翌元治元年（一八六四）初頭に記述したと思われる「写本西洋事情」の欧州「学校」の項目である。

欧羅巴諸邦にて都府は固より村邑に至る迄も学校あらざる所なし。学校は政府より建て教師に俸給を与へて人を教ゆる者あり、或は平人にて社中を結びて学校を建て教授する者あり。此法英国に最も多し 人生れて六、七歳、男女皆学校に入る。（中略）初めて入る学校を「ロースクール」と云ふ。初歩学校の義にて、此処にては先づ文字を学び、漸くして自国の歴史、地理、算術、天文、窮理学の初歩、詩、画、音楽等を学ぶ。此の如くすること七、八年、諸学漸く熟して又大学校に入る。此学校にても学科以前とは異ならずと雖ども、稍ゝ高上の教えを受く。

近代教育の方法を簡明に記している。

緒方塾もそうであったように洋学の学習方法は、『洋語教授法史研究』の指摘しているように、蘭語の単語に逐一訳語をつけて、その短文の意味を推測し、漢文の白文に返り点と送り仮名を付けて読む手法、いわゆる文法知識を駆使して蘭語を翻訳するという「文法＝訳読法」が行われてきた。こうして数少ない原書の解読ばかりが行われて、基礎教養の育成は無視され、技術・医術・砲術・航海術の伝習面だけに走ったのである。辞書を引き、文章を読むことができさえすれば、あとは各人が所望の書物を自力で読むという方法である。結果として、「蘭学」という限定された洋学知識としての西欧文化の理解範囲が極めて限定されていた。

そこで福澤は日本の洋学学習法改革は、欧州の教育法の採用にあると気づいたのではなかろうか。先ずより広い分野の原書を持ち帰り、語学教師ではなく、原書による社会科学教育のできる「学問の教師」を育成することを意識して、社会・法律・経済・歴史といった諸分野の基礎知識を備えて説明している。

参考⑮　接待員ホフマン〈関連項目＝7章註（12）〉

ホフマンは一八〇五年（文化二年）に、有名なシーボルトと同じウュルツブルクに生まれ、中学時代から、言語学と写生に興味を持っていたが、天性の美声の故に劇場の歌手として社会に出た。芸術家の常として一八二五～三〇年の間はドイツ各地を放浪していたが、三〇年七月アントワープの旅亭で、極東旅行の話をしている人を見かけ、その人に、「貴下が極東へ御出でになったとすれば、ドクトル・フォン・シーボルトをご承知ですか」と質問したところ、それがシーボルト当人であったという偶然の巡り合わせから、彼の仕事を手伝うこととなった。

シーボルトの従者の中国人郭成章から支那語とマレイ語を学び、更に日本語に興味を抱き独学で研究をすすめた。ホフマンの実力を認めたシーボルトは、著書『日本』に必要な日本文資料の翻訳を一任した。その作業の副産物として、ホフマンは『日本文典』および『日本語辞典』を編集したのである。

この困難な編集作業を激励し高く評価したのは、シナ学の創始者レミュウザーの継承者といわれ、シナ学の全欧州の顧問の位置にあったスタニスラス・ジュリアンであった。一八四六年（弘化三年）ロンドンのトーマス・スターントンが、キングス・カレッジに支那語講座を設置するに当たり、ジュリアンに教授要員の相談をしたところ、ホフマンを推薦したので、招聘が決まった。オランダの学会では、初めてホフマンの価値を知り、彼がイギリスに行くことはオランダの重大な損失であるとして、政府に対策を講ずるよう要請すると、政府は非常勤植民省の日本語通訳官に年俸一、八〇〇グルデンで任命した。ホフマンも研究時間が十分取れるので、政府の申し入れに応じた。

一八五五年（安政二年）彼はライデン大学の正教授となり、国王から特別加俸を支給された。こうした重要人物が接待委員に加わって、ロッテルダムの歓迎会の会場に「和蘭京ハ日本尊客ノ為ニ恭建」・「よく御出」と仮名交り文の旗を建てたり、使節一行の官職姓名を日本文で印刷し、オランダの訳を附した名簿・日蘭両国親交記念牌などを使節団に進呈した。アムステルダムのトレッスリング石版会社で複製された「御開港横浜図」に、マウリー大尉の神奈川及び横浜図を附刻して十六頁の説明を加えた小冊子『横浜』を出版したことなどは、ホフマンがいてこそ初めて可能になった演出である。

中国語の研究から日本語研究に入ったという点では、フランスのロニーと軌を同じくするが、ホフマンの方が欧州では有名であった。

ホフマンが名声を高めた『日本文典』は一八六八年（明治元年）の著作。晩年健康を害したが、最後の大事業である『日蘭辞典』の草稿をほぼ終らせ、その印刷を見ることなく一八七八年（明治十一年）一月十九日、友人ジッヘレルの家で七十二歳で死去した。（「ヨハン・ヨゼフ・ホフマン」『幸田成友著作集』第四巻）

参考⑯　オランダ滞留中の使節と福澤の行動〈関連項目＝7章註（12）〉

「西航記」のオランダ滞在の記載は、極めて簡単である。オランダ語を理解する福澤は活発に行動できた筈であるのに、その記録が殆どないのは残念である。使節の行動は、『文久二年のヨーロッパ報告』に詳しい。

使節団のオランダ訪問は、言うまでもなく、オランダ政府から開港開市の延期の承認を得ることである。使節は何度か外務大臣等と会談を重ねているが、その交渉内容を使節もオランダ政府も一切明確にしていない。しかし結論は、オランダ政府は日本使節に対して、開港市延期の承認を与えない厳しい態度のまま、使節をプロシアに送り出して、延期反対の態度を取り続けたといえる。その反面ロッテルダム到着の歓迎式場に、三使節の家紋の染抜の旗と、日本文字で歓迎の文が掲げられていて、日本人を喜ばせたのである。こうした演出はその後至る所、行く先々で繰り返されている。印刷所・鋳物工場等では、日本文字混じりの歓迎を表す文章やメダルが、その場で印刷鋳造されている。日本人の心を開かせようと国を挙げての歓迎ムードなど、一見不可解に見えるがこれらはオランダ政府の意図であった。

使節らは五月十七日にハーグに到着し、十九日より、オランダでの活動を開始している。二十三日、使節等十三名の者が、最初に上陸したロッテルダムを再訪問している。同地は長崎に建設した製鉄所の機械を製作した関係の深い貿易港ということで、選ばれたのであろうか。

フェイエノールトでは「オランダ蒸気船会社の鉄工場」をはじめ、鋳物・旋盤・圧搾機・轆轤台・穿孔盤等の工場を見学後、マース河の北岸に戻り、ポンプ工場・聾啞学校・大病院・ボーイマンス博物館・ウエステレイクの蒸気ポンプ工場らの盛り沢山の見学後、ヨットクラブに寄った。ヨットクラブの主人より、「今後日蘭の交誼を厚くし、日本商船の旗がロッテルダム港にはためく事を望む」と挨拶を受けている。最後に駅近くの動物園を見学している。

五月二十八・二十九・六月一・二日の三泊四日のアムステルダム訪問は、竹内下野守以下十八名で、福澤も随行している。

先ずコスター氏のダイヤモンド研磨工場・孤児院・国立美術館を回って、ダム広場の王宮・古い教会も見学している。

二十九日は河辺の巨商の茶・砂糖等の倉庫を尋ね、海員宿泊所・乾ドック・蒸気工場・国立造船所・税関等を見学。

使節は商事会社重役・市長及び書記・英仏領事・商工会議所会頭・陸海軍将官

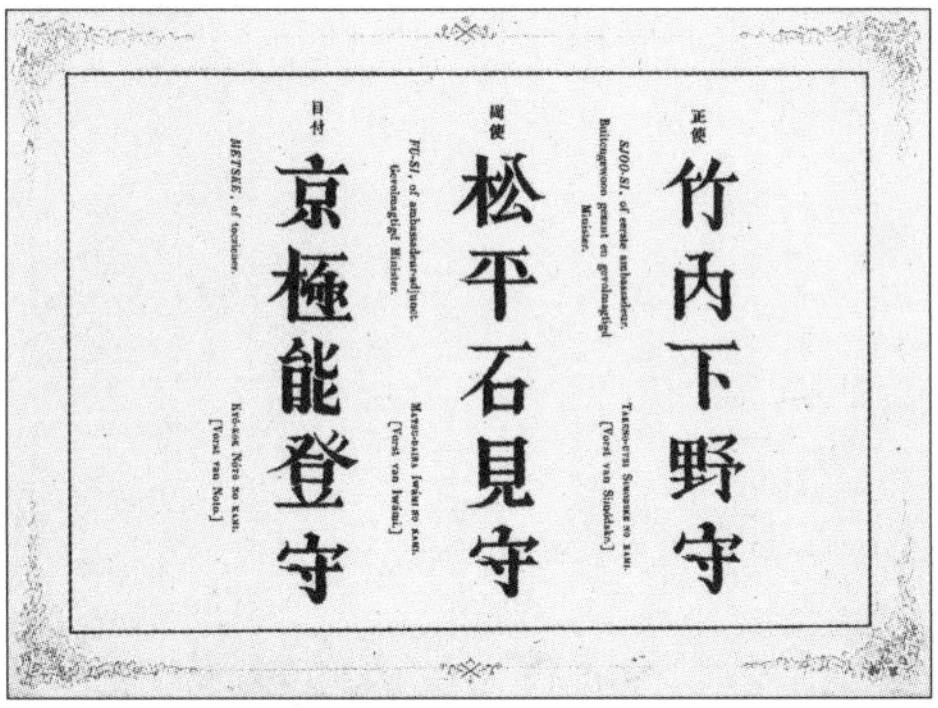
正使 竹内下野守
SJOO-SI, of eerste ambassadeur, Buitengewoon gezant en gevolmagtigd Minister.
副使 松平石見守
FU-SI, of ambassadeur-adjunct. Gevolmagtigd Minister.
目付 京極能登守
METSKE, of toeziener.

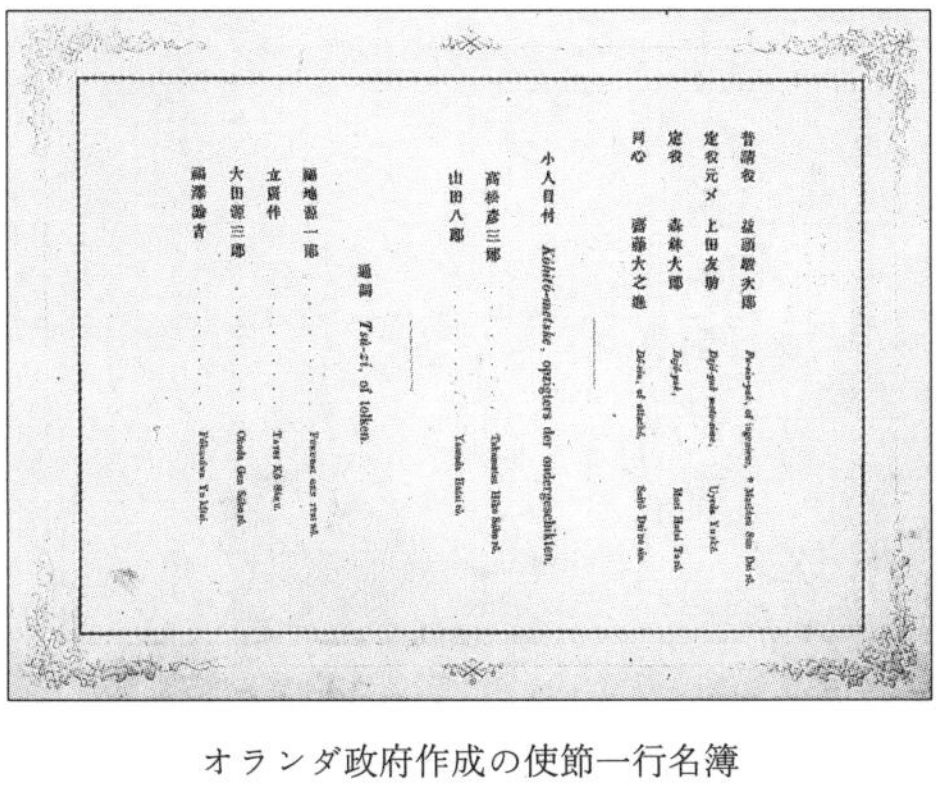
普請役 益頭駿次郎
定役元〆 上田友助
定役 森鉢太郎
同心 斎藤大之進
小人目付 Kōbito-metske, opzigters der ondergeschikten.
高松彦三郎
山田八郎
通詞 Tsū-zi, of tolken.
福地源一郎
立廣作
太田源三郎
福澤諭吉

オランダ政府作成の使節一行名簿

オランダで使節に贈られたメダル

らが婦人同伴で招かれていた「オランダ商事会社」の晩餐会に招待された。食後中庭の園遊会で、遅くまで歓談して帰館したという。地元の紳士紳商達に、土地を外国人にも自由に売買するか？　土地を買い占めて砲台を築いてもよいのか？　など、使節らの珍問を発していることが『自伝』に記されているが、この時の会話ではないだろうか。

六月一日は王立電報局・トレッスリング石版印刷会社・砂糖精製所・盲唖学校・動物園等を見学。ハーグに戻る二日は、市内の中国の漆器を扱う骨董屋・織物店・市役所と回って帰館。市長・接待委員・軍将官らとお別れの昼食会を終え、建設中の「水晶宮」の時計店・ビール工場等を見学した後、列車でハーグに戻っている。

商業都市のロッテルダムやアムステルダムの訪問では、個人の商店や工場を案内され、商工会議所の役員や一般商人との接触機会が多く設定されている。オランダの、使節の来訪をきっかけに、何とか落ち目の対日貿易の拡大を図りたい努力が窺える。しかし英仏等を回ってきた使節団の人々は、オランダの産業や文化レベルに特に関心をいだいた兆候を見せていない。オランダ側の意図が空回りしている感がある。

六月十二日の日記はライデン大学に行ったとしている。

「西航記」には「十五日銅器械局に行く。十六日養痴院に行く。詳なることは別冊に記す」とあるが、「西航手帳」には六月十五日として、「痴呆者のための施設と学校、それは健康な頭脳とよい知力を欠いたすべての子どもたちのためのものである」と、関係者と思われる人名が記されているだけである。別冊が手帳を意味するか、他に詳細に記したものがあったのかはわからない。

使節一行は六月十九日ハーグを出発。ユトレヒトに到着し「造幣局」を見学してメダルを贈られている。二十日、使節は再度「造幣局」を訪ねたが、随員らは幾つかのグループに別れ、諸所を訪れた。福澤は馬車で「学校」「病院」を見学している。「舎蜜局」で有名な舎蜜家（化学者）ミルドルに逢っている。午後四時旅館に帰り、夜は市庁舎の音楽会に出掛けている。二十一日朝ユトレヒトを発し、ベルリンにむかった。途中デュッセルドルフまではオランダ招待委員が見送りに同行したという（「西航記」）。

「西航手帳」には、「荷蘭政治」として政治の仕組み・国会の議員数や給料・市長および市会議員等についてのメモが、五頁にわたって記されている。これはベリヘンテの講義か、または、五月二十四日の議会訪問に随行した時の説明や、福澤からの質問の答えを、書いて貰ったものかもしれない。

福澤にとってのオランダ訪問は、その自由な語学力を利用した、理解の不足分の整理と確認の時間と思われる。欧州各国の政治・社会機構・風習等について一段と理解を深め、後日の「写本西洋事情」や『西洋事情』となって発表されたのであろう。

参考⑰　プロシアでの福澤の動向

プロシアにおける使節の政府との交渉については、『初期日独通交史の研究』

に詳しい。

プロシアとは、米公使ハリスの斡旋で、両都両港の開港市条項を除いて、日普修好通商条約が締結されているので、使節らはまず六月二十四日外務省・宮内省と打合せて、二十五日国王の謁見が行われた。ついで開港市延期要求以外に各国と交渉を下命されていた不開港繋船禁止・貨幣改鋳・蚕卵紙輸出禁止問題の協議は、二十八・三十日に行われた。蚕卵紙の急激な輸出は、欧州の蚕の病気による一時的な問題であるとして、輸出禁止をしないこととなったが、他の二項目は日本側の主張を了承する線で、七月五日「ベルリン覚書」が調印された。これで、一応の使命は終了した。当時のプロシアは、農業国から工業国へ急速に転換発展し、首都ベルリンは四十万都市に成長していた。使節らは七月十日までの二週間を、プロシア国民や政府の好意を感じつつ、活気溢れる新工業都市ベルリンの見学に費やした。

六月二十一日ケルンに一泊した使節団は、二十二日朝七時頃旅館を出て駅に行き、ベルリン行きの列車に乗った。汽車は北ドイツ平野を一路東に向かい、途中ブラウンシュバイクで一時下車して昼食を摂り、再び列車に搭乗してベルリンに到着したのは夜九時頃で、宿舎はシャーロッテン・ストラッセ Charlotten str.（ウンテル・デン・リンデンと交わるフリードリッヒ通りの一本東の通り）の街角にあるホテルブランデンブルクである。流石の福澤も、この旅行を「終日走行し心身太労す」（西航記）と記している。

福澤は六月二十四日武器庫、二十九日にはシャリテ病院を訪問。「西航記」には「病院 Chorisie（Charité が正しい）に行く。別林最大の病院、政府より建る者なり。臥床千五百、医五十人、一歳の入費二十万ターレルと云」とある。

六月三十日は養唖院を見学。

獄屋ぇ行く Zellengefangnis と云。建造最も壮大。石室四層楼、（中略）一人毎に各ゝ室を分てり。身体壮健なるものは皆な獄内にて手業をなす。此賃銀、半は官に収り獄屋の入費となり、半は官府に預り、其人出獄するとき之を与て産業の資となさしむ。〇獄内に学校五所あり。一週間二度、悉く罪人を出し教授すること、尋常の学校に異なることなし。平日も書籍を与へ暇時あれば復読せしむ。〇獄の外屏の内に小園あり。毎日半時間づゝ罪人を出して身体の運動をなさしむ。（「西航記」）

監獄内囚人の教育程度に応じて、五つに分けて行われていることに注目している。「写本西洋事情」にもこのことは記されている。刊本『西洋事情』では、ヨーロッパで学問の一番盛んなのはプロシアであるとして、この獄舎内での教育を挙げている。恐らく囚人らが社会復帰した時に役立つための実学教育を見学して、新興工業国の教育の原点を見たように感じたのであろう。

七月一日傷病兵養護院・二日製鉄所・三日ペン製造工場を見学している。当時プロシアで機関車・車輌・機械・兵器等のメーカーの代表的なものは、ボルジッヒとクルップの二社であったという。

「西航手帳」に Albert Borsig と記されたペン工場の見学で特に福澤の関心をそそったのは、女性の生産参加ではなかったろうか。フランスで見学した電信局も女性の参加を見たが、今新興国プロシアの軽工業での女性労働者の活動を見て、将来日本も西洋文明の摂取がすすむと、こうした光景の予見を見られると推測したのではあるまいか。

七月五日の大学病院見学（ベルリン大学。当時はフリードリッヒ・ヴィルヘルム大学と呼ばれた）。この病院は一八一〇年創立の大病院で、ベルリン大学と提携し、基礎医学の研究では他の病院の追随を許さぬ施設と人材を擁していたという。『自伝』「血を恐れる」の項目の中で、ベルリンの病院で子供の眼の手術を見せられ、気分が悪くなり、手術途中で逃げ出したことを記しているのは、この病院でのことと思われる。

七日には議事堂見学を行っている。

議会制度の理解は、当時の日本人にとっては、極めて困難なことであり、福澤以外には理解できる者はいなかったのか、他に訪問を記したものはない。使節団の主な関心は、七月二日に見学を許された国王自ら指揮する歩兵・騎兵の操練の見事さにあったようだ。益頭駿次郎は国力・軍事力で、「英仏の外は当時孛漏生《プロイセン》国にこれ有る可く哉に相見へ」と、その実力をはっきり認めている。

慶應義塾図書館に、Die NATURGESHICHTE と題する四冊の図鑑がある。この図鑑は福澤がおそらくプロシアで買い求め土産として木村摂津守家に贈ったもので、木村家より義塾に寄贈架蔵されている。植物、哺乳類・鳥類・両棲類、魚類、貝類及び昆虫類の四冊本である。福澤はベルリンで参考書を買うことはなかった。ドイツ語は解らず、こうした図鑑ならば誰でも興味を持ち、喜ばれるだろうと考えて、持ちかえったのであろう。

　七月十日ベルリンを出立した。

参考⑱　シーボルト夫人と会う

　六月二十一日使節団は、ドイツ領に入って、ケルンで一泊した。その晩使節団は、日本に来ていたシーボルトの夫人ヘレーネとその子供達の訪問を受けた。「西航手帳」に「Hendrik von Siebold コールンにてシーボルトの妻及其二女一子に遇ふ」（『全集』⑲一二頁）の記載がある。

　福澤は幕府外国方に勤務していたから、日本人妻お滝との間においね（楠本阿稲・伊篤・伊禰）という娘があることや、外交官の間では余り評判が良くないこと、幕府の顧問を解免されたことなど、シーボルトの動静についての知見はあったはずだ。いずれもドイツで夫の消息をもとめる妻子にとって、好ましい情報ではない。「西航手帳」は極めて事務的で、話題を推測させるなにも記されていない。

　シーボルト（1796-1866）は、南ドイツのバイエルンのヴュルツブルクに生まれ、同地の大学の医学部を卒業、一時医者となったが、自然科学と東洋研究の情熱から、文政六年（一八二三）和蘭商館付医官として日本に赴任した。翌年長崎郊外の鳴滝に医学塾を設け、実地診療と洋医学生に臨床教育を行い、多くの日本人門下生を教え、日本の蘭学界に大きな影響を与えた。日本の博物学的・民族学的研究を目的としていたので、多くの門下生の助力を得て、精力的に資料を収拾した。文政九年商館長の江戸参府に随行。

　文政十二年帰国に際し、伊能忠敬の日本地図など禁制品持ち出しが発覚した、所謂シーボルト事件のため、十二月国外追放となった。オランダに帰国したシーボルトは、日本で得た資料を整理して種々の著作に専念した。安政五年（一八五八）日蘭通商条約の成立で、追放令が解除されると、翌年オランダ貿易会社の顧問として、長男アレクサンダーと共に再渡来した。日本植物の収集調査も目的の一つであった。

　文久元年（一八六一）五月幕府の外交顧問として江戸に招聘された。在日オランダ政府代表の地位を得たいとか、遣欧使節団に顧問として参加したいとの希望を持っていたが幕府の信任を得ることができずに九月顧問を解雇され長崎に戻った。使節団がオージン号で長崎に寄港した時、シーボルトは艦を訪れているが、ちょうどその時長崎の町に出ていた福澤は逢う機会がなかった。

　シーボルトは文久二年日本を離れ、バタビヤ経由でオランダへ帰国。翌年オランダ政府の官職を免ぜられドイツに戻り、慶応二年（一八六六）ミュンヘンで死去。七十歳であった。日本に関する著作は多く、『日本』・『日本動物誌』・『日本植物誌』は代表作である。

　父に伴われて日本に来た長男アレクサンダーは、日本語を勉強し文久二年三月から明治三年（一八七〇）七月まで駐日英国公使館に勤務し、七月より日本政府雇となり、十一年外務省雇・ベルリン駐在日本公使館書記官等を経て、二十年以降は居所自由の在外勤務となった。晩年まで日本政府の外交の枢機に加わっていた。一九一一年（明治四十四）療養先のイタリアで六十四歳で死去。

　二男のハインリッヒは明治五年一時帰国していた兄とともに来日し、オーストリア・ハンガリー帝国公使館に勤務し滞日二十七年の長きに及んだ。一九〇八（明治四十一）五十六歳で死去。兄弟共に父の感化を受け、日本と関係深い生涯を送っている。

参考⑲　ロシア訪問〈関連項目＝7章註（13）〉

　七月十日ベルリンを出立した使節団は、汽車でオーデル河口に近いステッチンStettin（現在ポーランドのSzczecin）に向かった。昼食後オーデル河を下り、河口に近いスウィンミュンデで、ロシアの迎艦スメロイ号二、二〇〇トンに移乗し、北海を船行して十三日クロンスタットに到着。船内で一泊して翌十四日迎えの河蒸気船で首都ペテルブルグに到着した。

　一行はネヴァ河畔の王宮「冬宮」（現在のエルミタージュ美術館）に隣接する予備宮殿に案内された。使節は滞在中此処に泊まって首都及び近郊の地を見学したのである。従来「大理石宮殿」が宿舎に当てられたといわれていたが、（当時）岡山大学教授保田孝一の研究「ペテルブルグの福澤諭吉」（『年鑑』17）により「予備宮殿」であることが明白にされた。

　ペテルブルグは一七〇三年ピョートル大帝が建設した市で、一七一二年から一九一八年までロシア帝国の首都であった。当時はアレクサンドル二世（一八一八年生、一八五五〜一八八二在位）の世で、一八六一年近代化改革の一として農奴解放令が発布されたところである。七月十七日使節は外務省を訪れ皇帝との謁見の打合せ等を行い、十九日「冬宮」で謁見が行われた。

八月二十一日使節は「サスケセヒ」の別宮（エカテリーナ宮殿か）に皇帝を尋ねて告別の挨拶を行い、二十二日は各国公使館に挨拶廻りをして、二十三日荷物を先に発送し、二十四日朝の列車でベルリンにむけ出発した。

使節は開港市延期問題に対するオランダ政府の正式回答が未着であるため、しきりにオランダ公使に督促したが、ペテルブルグ出発までには回答は到着しなかった。そこでベルリンに回答が到着しない時には、ハーグを再度訪問して確答を得たいとの意向を固めてペテルブルグを出発したのである。

福澤肖像（ペテルブルグにて）

参考⑳　ロシア名をヤマトフ〈関連項目＝7章註（14）〉

ロシア名をヤマトフと称するこの日本人は、遠州掛川藩士立花四郎右衛門の二男として、文政三年（一八二〇）に生まれた。姓を立花・橘・増田と称し・名も久米蔵・粂蔵・康哉・弘斎・甲斎・耕斎など色々に記されている。不明な点の多い人物である。したがってその履歴・伝承も混乱している。若い時職務上の過失から脱藩したとか（『国史大辞典』）、砲術に熟達していたのを妬まれるので脱藩したとか（『大人名辞典』）、女性問題から脱藩したとかの諸説がある。

一度は出家し坊主になったが還俗し、単身諸国を浪々し、無頼の徒とも交わり、法網に触れて数回投獄されることもあった。その後悟るところがあって、再度仏門に入り、池上本門寺の幹事に挙げられたが、その寺務の紛雑を嫌い寺を去り、雲水となって全国を行脚し伊豆の戸田村（静岡県田方郡戸田村）の蓮華寺に寄寓していた。

安政元年（一八五四）十一月から下田で日露和親条約締結の交渉が行われていたが、十一月四日の伊豆の大地震による津波のため、ロシア艦のディアナ号が大破し、修理のため移動中難船したので、十二月より戸田村でロシア人指揮の下に、新たにスクーネル型二隻が建造された。

戸田でのロシア艦の造船期間中、耕斎は戸田村の蓮華寺にいて、中国語通訳ゴシケヴィッチと知り合い、日本地図や簡易辞書『節用集』などを与えた。このことが警備の水野出羽守の家来に知れ、耕斎は戸田村字入浜の民家に監禁された。しかし隙をみてここを脱走した耕斎はゴシケヴィッチの許に走り匿われた。

十二月二一日和親条約の調印が結ばれるとプチャーチンは新造艦ヘダ号で帰国した。しかし二七〇余名が残留していたので、プロシア船籍の米商船グレタ号を雇って、六月一日下田を出航帰国の途についた。

耕斎は密かにドイツ船籍のグレタ号に、ゴシケヴィッチのトランクに隠れて積み込まれ、国禁を犯して国外に脱出したという話も伝わっている。ところが、その時はクリミヤ戦争で英露が戦っていた時であったため、グレタ号は洋上で英艦に捕らえられた。ゴシケヴィッチと耕斎は香港経由でロンドンへ送られ、クリミヤ戦争の終了した翌安政三年（一八五六）四月解放されて、ペテルブルグに到着したというのである。この抑留中に、両人によって『和魯通言比考』が作られ、安政四年（一八五七）ロシア外務省アジア局から刊行された。四六判本文四二三頁、常用漢字に楷書・行書・草書と平仮名の読みがつけられ、語彙は一万六千語以上。仮名や漢字は耕斎が手書して石版刷にしたものという（『ペテルブルグからの黒船』）。またこの書はペテルブルグ帝室アカデミーから、学問・芸術分野に優れた業績に授与されるデミー賞が授与されたという（『海を越えた日本人名事典』）。

『ペテルブルグからの黒船』によると、ロシアに到着した耕斎は、外務省アジア局に登録され、翌年通訳官として勤務するとともに、ロシア正教会で洗礼を受け、ウラジーミル・ヨシフォヴィッチとの洗礼名を与えられ、ヤマトフと改名した。外務省官吏としてヨーロッパ各地やインドへも赴いているという。使節団の前には姿を現わさなかったが、ロシアを訪れたロニーは日本人を見かけたというから、ペテルブルグにいて、背後で種々接待の指図をしていたのであろう。

ヤマトフはロシア婦人と結婚し二人の男子があり、一八七〇年からは、ペテルブルグ大学東洋語学部で日本語の教授を務めた。その後ロシアを訪れた日本人の世話などをしたことが伝えられている。岩倉使節団の訪露の時も接待の一員に参加していた。その時大使一行から、日本も維新以来キリスト教の信仰も自由になったからと帰国を勧められ、明治七年（一八七四）帰国し、増田甲斎と改名し、仏門に帰依、東京の芝山内の小室で念仏読経の日々を送り、明治十八年（一八八五）五月三十一日死去。享年六十六歳であった。墓は芝白金丹波町（現、港区高輪）の源昌寺にある。

参考㉑　樺太領土の扱い〈関連項目＝7章註（13）〉

樺太の国境談判問題は、アジア局長のイグナチェフが第一回会談から、日本側の提案に否定的態度をとり、談判の難航が予測された。

日本人が初めて樺太に足跡を印したのは天明・寛政の頃（一七八一〜一八〇〇）といわれている。樺太の先住民たちは小舟を操り、宗谷海峡を渡って、蝦夷地（北海道）に渡来し、日本人と交易をはじめた。その後松前藩の漁師らは樺太に渡り、漁業を行ったが、主にアイヌ人を撫育して漁場を開かせ、日本人は大泊（現コルサコフ）や富内《トンナイ》付近まで進出していた。しかし夏季だけで、冬が近づくと蝦夷地に引き上げていた。

一方ロシア人は文政頃（一八一八〜一八二九）から漸次樺太に住みつくようになり、天保以降原住民を撫育しながら次第に南下してきた。国境画定の提案は、嘉永六年（一八五三）七月長崎に来たロシア使節プチャーチンによってなされた。幕府は大目付筒井政憲・勘定奉行川路聖謨らを長崎に派遣し、十二月〜一月にかけて交渉が行われた。ロシアは樺太は大泊以北が自国領であると主張し、日本は北緯五十度を以て境界とすべしと主張して、結局両国使節が実地調査の上で決定することとなった。

安政元年（一八五四）六月幕府は堀利熙・村垣範正らを樺太に派遣し、北緯五十度付近を調査させ、ロシアの来会を待ったが現れなかった。十月プチャーチンが下田に来て、日露和親条約が締結されたが、樺太問題は依然妥協が成立せず、両国雑居の地ということで、国境の決定は先送りされた。

安政六年七月十五日、ロシア東部シベリア総督ムラヴィヨフが、修好通商条約の批准及び樺太の国境画定交渉のため神奈川に来た。幕府は若年寄遠藤胤統をはじめ外国奉行村垣範正らに交渉を指示した。ムラヴィョフは前年清国と強硬に交渉して、黒龍江一帯の地をロシア領とする条約の締結に成功したので、同様に高圧的態度で、樺太全島の領有を主張したが、三奉行や外国奉行はその提案を不当として、要求を拒否すべしと幕府に答申した。これを受けて幕府はロシアの提案を拒否したため、国境問題はまたもや持ち越しとなった。

参考㉒　露都での福澤の動向

使節団一行のロシアのクロンスタット入港は七月十三日、ペテルブルグを出発してベルリンに向かったのは八月二十四日で、ロシア滞在は約四十日間である。

七月十四　ペテルブルグに上陸、「冬宮」に隣接する「予備宮殿」に宿泊。室内調度品に刀掛・高枕（木枕）・煙草・糠袋等日本風の物品が多く備えられていた。

二十一　帝王宮「冬宮」を見学。

二十二　午後植物園に行く、外国より移植の品種には暖房設備施す。

二十五　使節に随行し、カラスノエシロ練兵場に軍事訓練を見る。

二十六　宿舎対岸の塁郭内の造幣局・寺院・ピョートル大帝が初めて造った船収蔵の宝蔵（福澤は大帝が初めて造った船と記すが、大帝がモスクワで始めて船旅をしたときの船のようだと山口は記している）等を見る。

二十八　税関・電信局等見学、英仏に比して小。電線一万五千里、来年五千里増加の由。国立のため、国庫利益大、電線の耐用年数八～九年。
二十九　エラゲン島、夏園に遊ぶ。夜コウチェレフ侯の別荘に行く。
八月　一　北京より陸路帰国した医師コルニエブスキ来訪す。旅行談及び長髪賊の乱発生のことを聞く。
二　体育及び商業学校に行く。ペテルブルグの学制の大略を聞く。
六　国立の磁器局・玻璃局に行く。オランダ通詞より、ロシアに外国人帰化は許可するが、ロシア人の外国行きは別に証書を必要とし、外国への帰化は不可能なる旨聞く（福澤、自分に露国への亡命を勧められたので質問したか）。
七　鉱山学校に行く。八年制専門学校、鉱山模型利用の教育に注目。
八　旅館上空に気球飛来。（七日との説もあり）
九　博物館にてマンモスを見る。以前洋書で知り今現物を見るを得た。
十　医学校及び軍人用病院（国立）見学。石淋摘出手術を見て気分悪くなる。
十二　医師スミッスよりアフリカの風習等を聞く。同地より帰国のヘン氏よりの伝聞の由。
十三　「西航記」では十四日の項に、図書館に行く。蔵書九十万冊内ロシア出版の書は六万冊のみ。
「西航手帖」（『全集』⑲八五頁）には「八月十三日書庫」とあり「一四四〇独逸にて出板　ラテン語の書此を欧州第一の版本なりと」との記述が、平成八年義塾が入手した「グーテンベルク聖書」を実見して記したものであることが明らかとなり、併せて、同図書館に「小人目付山田八郎・通詞福澤諭吉・翻訳方兼医師箕作秋坪・同心斉藤大之進」の署名も発見された。
十四　皇帝即位記念日につき、晩エラゲン島に行き花火を見る。
十六　江戸で英国公使館襲撃事件のあった旨を聞く（第二東禅寺事件か）。
十七　クロンスタットに行く。砲台・海軍局（大ドックあり）・製鉄所等見学す。
二十四　ペテルブルグ出発。
二十五　ロシア国境を通過。

見学場所を他国と比較すると、軍事施設や軍隊調練などが印象的である。近代社会の活気ある実態を見るという面からすると、ロシアは多少物足りない気がする。しかし日記や手帳の記述は、丁寧というかゆっくり余裕を持って記述されている。

参考㉓　ロシア渡航者一覧〈関連項目＝7章註（15）〉

遣欧使節団の訪問以前に、ロシアに渡航した者としては、文化九年（一八一二）、ディアナ号によって拿捕されカムチャツカに連行された、淡路の回船業者高田屋嘉兵衛（翌年釈放）や、安政二年（一八五五）橘耕斎のように、自ら希望して密出国した者もいるが、それは極めて特異な例で、一般には、漁業や運送船で航行中に遭難してロシアに漂着した者である。その中には、勧められてロシアに帰化した者、数年滞留して帰国した者らがいる。これら漂着者の中では、大黒屋光太夫と津太夫が有名であるが、その他にロシアに残って日本語学校の教師や日露辞書の編纂に携わった者もいた。「年別渡航者名一覧」である。


元禄八年（一六九五）伝兵衛　ロシアに渡った最初の漂流日本人。

宝永七年（一七一〇）サニマ　日本語学校助手。

享保十四年（一七二九）若宮丸で漂流。権蔵、世界最初の露日事典編纂。

天明三年（一七八三）神昌丸で漂流　庄蔵・新蔵イルクーツク日本語学校教師。大黒屋光太夫は寛政四年（一七九二）根室に帰国（最初の帰国者）。寛政五年（一七九三）将軍光太夫を引見。

寛政六年（一七九四）若宮丸漂流　レザノフに随行世界一周する者、ロシアに帰化する者あり。

文化四年（一八〇七）エトロフ島番人中川五郎次ロシア船の襲撃で拿捕され、九年帰国。

文化九年（一八一二）高田屋嘉兵衛、ディアナ号に拿捕されるが翌年帰国。

文化十二年（一八一五）督乗丸漂流　小栗重吉　初の和露字典編纂。

安政二年（一八五五）橘耕斎密航　『和魯通言比考』編纂・大学日本語学教授、明治七年帰国。


（『海を越えた日本人名事典』）

右の記録以外に、多くの遭難漂流者があったと思われるが、帰国を許可された者は少なく、正確な数は不明である。ロシアが帰化或いは残留者の中から選出して、日本語教育を行わせていることは、早くから日本に深い関心を抱いていたことを示すもので、福澤が残留を勧められた時、政治的なものを感じたというのはもっともなことである。

参考㉔　ベルリン再訪

ベルリンに立ち寄ることになった事情については、『初期日独通交史の研究』によれば、開港市延期に強く反対していたオランダが、幕府使節との交渉に明確な回答を与えなかった。そのため使節はベルリン滞在中に明確な返答を送るよう、オランダ側に要求していた。しかしオランダの回答は遅延してロシアにも送られてこなかった。そこで再度ベルリンに立ち寄り、場合によっては、ハーグを再訪問してでも明確な返答を受取りたいとオランダ側に返答を強く要求していた。

日本使節団のこのような希望を知ったプロシア政府は、前回の使節団の接待に要した多額の費用に辟易し、できれば海路ハーグへ直行するか、陸路の場合でも、ベルリンに立ち寄らないよう、努力する指示を駐露大使にしていた。オランダも、使節のハーグ再訪を嫌い、パリへ返答を送る意向を、駐露オランダ大使に伝達させていた。

使節としては、オランダの返答を確認しなければ、折角欧州まで来た意味がなくなる。結果、関係のないプロシアへの迷惑にもかかわらず、ハーグを再訪問することにして、ロシアを出発し、ベルリンに立ち寄ったのである。

プロシア政府接待委員のオイレンブルク伯爵は、折角日本使節団が好感情を抱いているのに、今回の待遇が一変したのでは、却って悪感情を植えつけ、将来両国の交易にも支障を来すことになるとして、前回同様の待遇で扱った。

参考㉕　オランダとの交渉

オランダ政府は、イギリスが相談なく五年間の延期を承諾したのを遺憾とし、次の意見を持っていたという(『増訂国際的環境』)。

日本政府は反動派を恐れているが、列国の断固たる態度はこの不安を一掃するのに必要であり、もしあまりにも多年の延期が日本政府に認められるならば、彼らの戦わねばならぬ偏見は減少するどころか、かえって助長されるであろうとし、この見地から、同政府は、一年にして一港を開き二年にして第二の港を開くというような方法を考慮しており、また日本への輸入関税が軽減されるべき品目のうちに、石鹸のごときものが加えられることを希望した。(中略)そこで和蘭駐在英公使やオールコックが和蘭外相を説得した結果、同国の意向も緩和されてきて、八月中旬(旧暦七月十五日過ぎ)に至り、条約規定の実施を要求することがよいと考えた場合には、そうする権利を保留しつつ、開港延期に同意するにいたった。そこで使節がベルリンに着く八月二十六日、「日本政府に於て条約中其他之規則を尽く篤く厳重に取行ふことを守るべき」事を条件に、開港市延期を承認する旨を伝えた。

使節はこのオランダ政府の返答の文言に曖昧な点があるとして、再度ハーグを訪問し協議することを求めた。曖昧な文言というのは、「請ハれたる延引を其意ニ応じ当今許諾せり」という文言にあった。これまでオランダは、日本の五ケ年延期は長すぎるとして、イギリスが五年との方針を勝手に定めたのに反対さえしていた。そうしたことを知る使節としては、延期を当今の間という曖昧な表現で、五年間の延期を承認したとは、簡単に了解できず、もう一度その真意を確認して置くべきだとの考えに立つのは当然と思われる。しかしオランダ政府は、再協議の必要なしとして訪問を拒否し、パリに直接返答を送る旨を伝えてきた。

使節らはオランダ政府のこうした態度に、最も古くから通商関係を持ってきた国の、突き放すような態度に対して、予想を裏切られた思いを持って二十八日ベルリンを出発し、翌二十九日夜九時過ぎにパリに到着した。

オランダ政府の再返答書は閏八月二日付けで、使節に届けられた。返書は冒頭に、「余か返答の十分とせさりし由を聞て　罄《むなしゆう》す」と使節の再質問を意外だとしている。オランダ政府が開港市延期を承諾したのは、「誠実なる親睦好意のいたす処なり右の縁由を和蘭政府にて否となし且請ハれたる延引を其意ニ応じ当今許諾せり何となれは五年の後日本政府にて故障なく開く為既に十分整ふべきや否切実ならされハなり。故に今当今といへる語は請ハれたる五年の期限よりも尚多くの時間を籠めり」と延期を五年、場合によってはそれ已上をも承認するのだと説明している。

この再返答書は、五ケ年は当然で、場合によっては、それ以上の期間も承認する意向があるのだとして、日本の不審感を払拭しようとしている。

参考㉖　パリ覚書

使節らはイギリス・オランダ・プロシア・ロシアの四ケ国を訪問して、八月二十九日再びパリを訪れたのである。

イギリスに帰る途中のオールコックは、パリに四月二十九日に立寄り、ナポレオン三世やフランス外相等と会見し、開港市延期を承認することが、日本の貿易を途絶の危険から避ける意味で重要であると説明した。これによって、フランス政府も延期承認の方針を了承した。

その甲斐もあってか、前回の際は、日仏の主張の間には、相当の開きがあったが交渉は閏八月九日に「パリ覚書」が調印された。

しかしその条約の内容は、『増訂国際的環境』によると、大体はロンドン覚書の線にそったものであるが、二、三の点で相違を見るという。イギリスとは、使節が帰国して幕府に上申すべき項目として、酒及びガラスの減税となっていたのを、パリ覚書では、酒およびフランス製品の減税となって、フランス商品により重点が置かれた表現になっている。

さらにイギリスでは、日本の繭・蚕卵紙の輸出は、原料不足から日本の絹織物の価格を一層引き上げ、国民生活に悪影響を及ぼし、開港市延期の効果が相殺されるとして、「ロンドン覚書」で削除された項目は、ちょうど欧州では蚕病の流行でフランス蚕業が危機に臨んでいただけに、繭・種紙の外国人への売却禁止の削除を明文化するように強く要求して来た。使節はそれが結局日本国内の原料不足と、絹織物の価格騰貴を招き、国内の貿易反対論を刺激することになると反対したが、フランス側の了解を得ることができず、辛うじて「無拠右品輸出之儀は、彼方政府望之段可申上と迄之事に押纏」めることでようやく妥協したのである。

参考㉗　パリ再訪の福澤〈関連項目＝7章註（16）〉

使節団は八月二十九日夜パリに到着。

グラントホテルと云る旅館に宿す。此旅館は今般新に落成せるものにて、大きさホテルルーブルに等し。七層楼。室の数七百七十。別に大会食所あり。三百五十人一時に会食すべし。建造十八ケ月にて始て成り、二千三百万フランク本邦二百三十万両許に当るを費せりと云。（「西航記」）

晦日マデレーヌ寺院の見学。

八月晦日福澤・箕作・松木・川崎道民・太田源三郎の五名連名で、一足先に露国よりパリに帰っていたロニーに、旅館にいるから来訪を待つとの書簡を送っている（ロニーアルバム）。

閏八月朔日中国人唐学塤来訪。

『考証』上「ロニーと唐学塤」によると、彼は三年前から英国ロンドンに留学し、同地でも度々使節団を訪問しているが、今度フランス語を学ぶため一年程の予定でパリに来たのだという。服装等もすっかり西欧風で、学校に通う他に個人教授をも受けているという。学費も国元の父兄から年二百ポンドの送金があるという。誠に恵まれた留学生である。こうした条件で留学ができれば、相当成果を挙げて帰国できるだろうと、恐らく福澤は、内心羨ましく思うとともに、留学は斯くあるべきだと考えただろう。

現在は西欧との外交状況も良好で、英仏の援助で長髪賊を征伐中であり、シナの皇帝は幼少だが、叔父恭親王が摂政となり、イギリス人（実はアメリカ人）ワルドに八千の兵が近代的軍事教育を受けていることや、漢口の商人が米国から二隻の船を購入したこと等、福澤は中国の国内情勢を聞き出している（この新教育軍隊は洋槍隊と呼ばれ、のち有名なゴルドン将軍が隊長になった）。この種の情報としては、おそらく福澤は日本人で最も早く知った一人であろうと、指摘されている。淵辺の日記には翌日も唐学塤は使節団を訪問していると記されている。

閏八月二日ロニー訪問（「西航手帳」）。ペテルブルグで橘耕斎を見かけたことを告げている。橘耕斎が意識的に使節団との接触は避けてはいたが、自由に行動していることが判る。続いて手帳には、フランス学士院の構成分野や欧州各国の図書館の蔵書数、仏皇后の家族名など記している。

アカデミーの話題は、前日唐学塤が来訪しているから、欧州での学問特に学会の構成や社会的評価、研究者にとって図書館の利用が如何に重要か、学者の研究成果が高く評価され、その成果は国民の共有の知識となり、後進の学者に効率よく、より高度の研究が進められるという社会機構になっているかということについて説明を聞いたのではあるまいか。

またこうした話題から、松木や福澤が、ロニーの主催する東洋民族誌学会の会員に推薦されることになったのであろう。後年福澤が、東京学士会を創設することに努力した遠因も、この辺にあるようにも思われる。この他に、手帳の記述にフランスの兵制、退役後の保証制度・鉄道の税制等についての説明がある。

翌三日、図書館とフランス学士院の見学。(「西航記」)

閏八月十一日もロニー訪問。

いよいよパリを出発して帰国の途に着く前日、夜を徹して語り合ったようで、「手帳」は四頁にわたって、欧州国際政治状況が詳細に記されている。ロニーの説明を福澤が書取ったものであろう。一見平和に見える欧州諸国が、それぞれ自国の安全と勢力拡大を狙って、複雑な関係を展開していることが、当時の日本人にどれだけ理解されたかは定かではない。

参考㉘　帰途リスボンに寄港

閏八月十四日フランスの軍艦ライン号でロシュフォールを出航した使節団の一行は、ビスケー湾を横断する時、暴風雨に見舞われ、旧式の気帆船は揺れも激しく、船中にまで海水が流入する始末で、ほぼ全員が船酔いに悩まされた。加えて船中で支給される食物も悪く、随行者達の日記には、その不満が多く記されている。フランスが老朽船を使った理由を、福地源一郎は『懐往事談』で、当時フランスはコーチシナに植民地を建設する傍ら、メキシコとも緊張関係にあって、軍艦が不足していたので、使節団にスエズ以遠は英国郵船を利用して貰えないかと打診してきたが、使節団は、商人と同船するのを嫌い拒否したため、老朽船を使用せざるをえなかったと記している。

閏八月二十三日
最後の訪問国ポルトガルの首府リスボンの港に入港。

苦しい十日間の船旅を経て、リスボンにおける使節団の動向については、高瀬弘一郎「文久遣欧使節に関するポルトガル側の記録」(『三田評論』)が官報や当時の新聞記事を詳しく紹介している。

「西航記」閏八月二十三日条
○晩第六時上陸。本日は王妃の誕日にて港内の官船及同所に停泊せるサルヂニーの大軍艦四艘皆旗章を飾て祝礼をなせり。葡萄牙王年二十歳、サルヂニーの王の女(年十五歳)を娶り、六日前婚せり。右四艘の大軍艦は即本国より王女を送るものなり。皆王妃の誕日を祝するなり。夜に至り市中戸毎に燈を張り港内の船よりは祝砲を放つ。皆王妃の誕日を祝するなり。○日本人の旅館はブラカンザホテルと云。楼上よりリッサボンの港内を望むべし。リッサボン都はターグ河の河口に在て直に海に臨めり。市中の地形高低等しからず。ターグ河の彼岸は稍や屈曲して湾をなし、市中の高処より眺すれば遠近の景色甚好し。
二十四日
王妃の姉と結婚しているジェローム・ナポレオン(フランス王従兄弟)夫妻が、旅館に使節を訪問。
二十五日
使節は外務大臣と二時間余り会談している。
二十六日
国王とアジュダ宮殿で謁見。
ポルトガルは三百年前、日本と交渉を持ったヨーロッパでの最初の国だということを忘れていませんから、貴下は私が両国の関係ができる限り伸展し、両国民に裨益する決意だということを貴下の皇帝(将軍)に保証していただきたい。
使節の挨拶に対して、ポルトガル国王は、古く関係のあったことを強調している。
二十七日
使節らは、当地の条約締盟各国公使館を訪れているが、随行員は暫く入ることのできなかった入浴のため、市内の大衆浴場を訪れている。
福澤はこの日ロニーの手紙に英文の返事を書いている。それには自分はフランス語がまだ読めないから、今後日本に関する情報を英語に訳して知らせてほしい。自分はフランス語の勉強をしているから、翻訳の手数を掛けるのもそう長くはないと、フランス語の勉強の意欲があった興味深い記述を残している。
ホテルに届いた書簡の中に、ロニーが常任幹事を務める「東洋民族誌学会」の会員証書が入っていたのではないかと思われる。（同証書は、昭和二十五年〔一九五〇〕に福澤家より諭吉関係資料が一括寄贈された際発見され、「民族学と福澤先生」〔「史学」二十四巻二・三号〕に詳細に研究されている。）

証書の発行日が十月七日（陰暦閏八月十四日）ロシフルトから乗船した翌日になっているから、リスボンに郵送すれば十分間に合うと、郵便で送り届けられたものと推定される。

「仏国民族誌学会員名簿」（『寺島宗則関係資料』所収）によると、松木と箕作とは文久二年（一八六二）度の名簿に登録され、福澤は文久三年度に会員として登録されている。松木・箕作の両名は、医師ということで、最初のパリ滞在中に入会が認められたのかも知れない。

閏八月二十八日午後「日葡覚書」が調印。

これで使節のポルトガル訪問の任務は無事終了した。こうした公務の間に、使節等はポルトガル政府の案内で、サーカスや歌劇場等を見学している。高瀬報告によると、

九月一日

使節は随員を伴って国立印刷所（Imprensa Nacional）を訪問。同日福澤は造幣局も訪れている。

貨幣局に行く。局の装置、皆他諸邦の如く、蒸気機関を用て金銀貨幣を造る。此局は二十六年前初て建り。其以前は人力を用て貨幣を製したりしに、英国より機関を買ひ機関師を雇ひ全く英国の制に傚へり。英国より来れる機関師は方今も此局に居る。葡萄牙政府より給料六百ポンドを取る。初め英国より来りしときは職人二名を連れたりと云。〇貨幣局毎日金銀貨を造る。高平均三千ポンド。〇葡萄牙には製造局甚少し。蒸気機関を用るは僅に二十年余なり。十二年前瓦斯局を建て、八年前鉄路を造れり。皆英国商社の造る所なり。方今鉄路三所あり。内一所を政府にて英商社より買たり。〇国中の兵卒三万ありと云へども、実は一万二千より多からず。平時リッサボン府の常備兵三千員。〇軍艦も大船は僅に二艘、其外に火輪船は五、六艘あり。火輪船は自国にて造るを得ず、皆英国より買たるものなり。〇凡て葡萄牙人は他国にて造れるものを傚ひ、製するは巧みなれども日新の発明少きは日本支那の如しと云。（「西航記」）

後半部分は、「西航手帳」に「九月朔日ホテルにて聞く」と同じ内容である（『全集』⑲一〇〇頁）。福澤の情報探索の鋭さと効率良さが、ここでも確認できる。

ポルトガルは、大航海時代の隆昌は既に遠い夢となり、ナポレオン軍の侵入に脅かされ、植民地ブラジルを失い、加えて政権争奪の内戦で凋落の一途をたどっていた。十九世紀半ばから資本主義社会の仲間入りをし、ブルジョワ商人を代表する刷新党と大貴族に統率される歴史党の二大政党が、交代しながらの議会政治が軌道に乗りはじめていた。同じイベリア半島にある隣国スペインとは風土と国民性とが異なり、海を隔てたイギリスと親しみ、経済文化の面でその影響を多く受けたといわれている。

「手帳」に記載されたホテルはイギリス人の経営であった。福澤の記述する情報はまさにそうした大勢を鋭く感知しているのである。

九月三日使節団はリスボンに待機していたフランス艦ライン号に乗り込み出航した。

参考㉙　日本帰着までの百日

九月三日

使節団は最後の訪問国ポルトガルとの交渉を終わり、リスボンを出航、地中海を一路エジプトのアレクサンドリアを目指す。行きのフランス〜リスボン間の船中の食事は少なかったこともあって、下役一同が待遇改善を願い出て、パン及び鶏卵干魚等がリスボンで積みこまれた。食物のことで不足を口にするのは慎むべき習慣のある武士が、それを要望したからには、船中の食事は相当不足していたのであろう。

地中海の航海は順調であったが、マルタ島を過ぎた頃より、風向きが悪化し、船足は遅く震動は激しく、船室の荷物は倒れ、破損し、高波は室内に流入する状況。二十一日より食事は一食分を減らすという状況であった。市川渡は日本出発の際、渡米したことのある知人から、食料等無用の物は携帯しない方が良いとの忠告で、全く非常食を持参しなかったことを、この事態に直面して後悔している。

九月二十六日

シチリア海峡・マルタ海峡を通過。ギリシア南部のクリーティCrete島（北緯

三五度東経二五度）南方の航海予定が、風に流されて島の北を回ってアレクサンドリアに入港した。昼前であった。港にはトルコ軍艦が入港していたので、祝砲の交換を行った際、ライン号の水夫二人が誤って負傷し、翌日一人が死亡するという事故が生じている（使節から見舞金千フランが贈られた）。使節らは市中のトルコ官舎に案内され、そこに宿泊した。

二十七日

一行の荷物は、スエズに送るため、汽車に運ばれ、夜八時頃、十人程の先発隊がスエズに向け出発した。福澤同行。列車は蒸気機関に故障が生じ、修理後カイロに到着。「昨夜より車中に在て、途中アラビアの地方、言語不通、食を得ず、飢窮甚し」（「西航記」）と記している。

二十八日

夕方四時半先発隊はカイロに到着し、夜十時頃スエズに到着。夜明けを待って荷物の積込み。本隊の使節等は、夕方アレクサンドリアを出発。

二十九日

午前五時スエズに到着、八時頃ユーロップ号に乗り込み、荷物の積み込みを待って、夕方五時スエズを出航。ユーロップ号は、二年程前フランス政府が英国商社から一五〇万フランで購入し輸送船として使用していたもので、三千トン・五百馬力・三本マストの蒸気艦、乗組員は六百名、四ケ月前から、帰国する日本使節を待ってスエズに停泊していたという。市川渡の日記は、四ケ月もの停泊で、船底に牡蠣が付着し、使節団の荷物が過大で、船の運行速度は時速十二里のところ、七〜八里に落ちたと記している。かなりの老朽船であったことは確かである。

十月七日

アデンに到着。十二日まで停泊し、午後四時出航。風向きは不良で、蒸気を炊くことが多かった。

二十五・六日

両日は風浪激しく、船の動揺も大きく、荷物が転倒して器物は破損し、一行の大部分が船酔いに悩まされた。

二十六日

夕方セイロン島の南部のゴール港に入港、十一月朔日まで停泊。

「西航記」十月晦日条

香港出版新聞紙を得たり。紙中日本の条に云。日本の大名及び其家族江戸を出立する者尚持続して止まず。之が為め珍器奇貨多く市に出て其価甚だ賤し。〇大名の江戸を去るは唯だ国中の変革にあらず、外国との交際におゐても昔日に異なることあるべし。方今日本人の情は外国人に対し戦を挑まずと雖ども、全く戦志なしとは思ふべからず。

この日本情報は、市川渡の日記に、「日本新聞数件を聞得たり諸侯国詰等の事件也」とある。入港と同時に来艦した英国少年士官らによって伝えられたようだ。益頭駿次郎「欧行記」十月二九日条には、十二月一日（陰暦十月十日）付新聞は諸大名藩士らの帰国の最中だと記している。その他蒸気船を、幕府が一隻大名が二隻購入したこと、神奈川で英人一人が殺され婦人は負傷を免れたこと（生麦事件）、幕府が上海へ蒸気船で渡航し税務・商法等の調査を行ったこと等が記されている。

こうした情報から見て、入手したのは英字新聞と思われる。参観交代制度の変更に依る諸大名及び家臣の帰国に福澤は注目して、それは国内体制の変化に止まらず、日本の外交方針そのものの変革時期を示すものと「西航記」に記している。

十一月一日

ゴールを出航したユーロップ号は、九日シンガポールに入港した。

十四日「西航記」

仏蘭西船エコに移る。初使節シュエズを発するときエウロッパ船に乗り直に日本に到るべき取極なりしに、新嘉坡児に至り交趾在留仏蘭西水師提督の命にてエコ船に乗換べき趣を使節に談判あり。エコは小船にて使節一行の人に十分ならざれども、此船に乗れば本港より直に日本え達し帰着速かなるべく、エウロッペン船にては先づ交趾に行き、水師提督の命次第にて諸方え航海すべければ、日本え帰ること必ず延引すべしと云へり。由て其意に従ひエコ船え乗換のことを取り極たるに、又此船も直に日本に至らず、交趾香港等え入津する由なれども、乗換の議既に定れるに由り再び之を拒むを得ず。

二度にわたって公使館東禅寺が襲撃され、生麦事件でイギリス人が殺傷されたという変事があったにもかかわらず、オージン号の士官らが、日本使節団を訪問して、両者の親善を深めている。オージン号乗船時の待遇と比較して、ユーロップ号での待遇とに差があるだけに、イギリス人への親愛の情が余計に増したことであろう。

市川渡も日記十一月九日条で、「衆大いに疑惑せり」と記している。やはりフランス側の待遇に不満をもっていたようだ。フランスがこの態度に出たのは、一八五九年サイゴンを占領したのち漸次コーチシナに植民地を拡大していたのと、太平天国乱中の清における権益の保護に、兵力を必要としていたからであるという。

移乗したエコー号は、一、四〇〇トン・船長二三〇フィート・三五〇馬力の外輪快速船ではあるが、ユーロップ号よりも相当小型船である。日本に直行する話であったが、乗船すると、コーチシナに寄港するということであった。船中の居住性も悪く下甲板の奥の船尾の室は昼でも燈火なしでは何も見えず、「六人入の吊り牀の炎暑亦知るべし」と、市川渡は記している。

十一月十八日

サイゴン（現ホーチミン）南部のサンジャク（現フンターオ）着。仏軍艦から石炭と食料と水の補給を受ける。気帆船で速力は速いが、天候が悪く波も高く、その中を盛んに外輪を廻すため、大量の海水が甲板に散布され、それが船室にまで流入するという状態であった。苦闘すること一週間。

二十五日

夜香港に入港。

往路に立ち寄った時よりも市街は一層発展している様子で、道路や宅地が盛んに開拓されていると、益頭駿次郎「欧行記」は記している。また市川渡も十一月晦日の条に書いている。

昨夕仏国の一軍艦入津新聞を得たり、曰、前に新嘉坡まで邦人の駕し来りし欧羅巴（船名）本船出発の後同港を出帆せしに、洋上大風雨有て檣折れ舵摧け殆危難儀に遇ひ、中途より再び新嘉坡に回り去し由。我邦人の本船に駕し換て来りしは一奇幸と謂べし。

十二月一日

朝香港を出航。エコー号は、台湾の南をまわって悪天候ながら太平洋を北上し、長崎寄港も考えられたが、天候の好転が見込まれ、使節等の要望もあって、江戸に直行することになった。

十二月十日

横浜に到着。一時停泊の後、夕方品川沖に帰着した。

十一日

軍艦操練所の迎えの船数隻に分乗して、三八〇余日振りに、全員無事で芝の波止場に上陸したのである。

参考㉚　使節の帰国と幕府

まる一年に及ぶ大旅行を無事に終え、使命の一つである開港市の延期の承認を取りつけ、日露の国境確定問題は妥協をみなかったものの、欧州諸国の実情探索については、相当の成果を挙げて使節団は無事帰国した。使節を始め、随員の多くは、新知識を如何に今後に生かしてゆくか、大きな抱負を抱いて帰国してきただろう。しかし、時勢は余りにも急変していて、むしろその成果についても、迂闊には口に出せないという状況であった。

福地源一郎は帰国時の落胆振りを、『懐往事談』に記している。

海陸の軍備又は外国交際の模様ども物語るべきかなどゝ、帰路の船中よりして種々の想念を懐き、余が地位の卑き分際にては将軍家御直の御尋は思ひも寄らざれども、御老中方若年寄衆に至りては親しく御面会あつて西洋の事情を尋ねらるべき歟。（中略）其実真情に至りては通弁翻訳の任を承はつたる我等ならでは外に陳述し得る人は有るべからず、是ぞ我等が一躍登庸せらるゝの好機ならん、（中略）と心用意に巡回日記または見聞の類を整頓して、以て第一の将来品と楽みたりしは、我も人も蓋し同一の感想にてありしなり。然るに其翌日を以て登城なし帰府の御届に及びたるに、他人は知らず、余が如きは細君老僕の家に在りて余を俟たるの外は、二、三の学友が来り訪へるのみにして、日々外国方の役所に出で、幕使復命の公用に従事せる間にも、帰宅して休息せる間にあつて余に対ひ、海外の事を一言だに問へる者は無かりき。

その上福地に同行した組頭の柴田貞太郎は、福地のことを語学の師匠でもある森山多吉郎に対して、

営中に於て西洋諸国の事情を説き鎖攘の是非を論ずる様の事ありては宜しからず。成るべきだけは出勤させぬ様にして自宅調の用事を命じ置べし

と注意する状況であった。

　したがって、幕府が使節団に対しても、大袈裟にこれを慰労する訳にはいかなかったようだ。幕府役人の動向を割合詳細に記している『藤岡屋日記』をみると、文久二年十二月十五日条に「仏蘭西・英吉利其外国〻御用仕廻ィ罷帰候　御勘定奉行外国奉行兼帯　竹内下野守・外国奉行神奈川奉行兼帯　松平石見守・御目付京極能登守」らが将軍に帰国報告に登城したこと、「入御之節御通がけ」に柴田貞太郎・柴山（森山）多吉郎・日高圭三郎・淵辺徳蔵・福田作太郎・高島祐啓らが帰国挨拶のため拝礼していることが記されている。

　慰労昇進等については、十二月二十八日に柴田貞太郎が、外国奉行支配組頭から外国奉行並に昇進になっている。翌二十九日に松平石見守と京極能登守が、「仏蘭西国・英吉利国其外国罷越、骨折候ニ付」ということで、三百石・二百石の加増になっているが、正使の竹内にはこの時何の沙汰もなく、翌文久三年（一八六三）一月十一日に三百石の加増がなされ、別に金拾五枚時服四と別段金拾枚が支給されている。この順序の狂っている理由は不明である。

　三月二十六日福澤を含む十二名に賞与が行われたことを『藤岡屋日記』は次のように記している。

〇三月二十六日
　金七枚時服三　外国奉行並　柴田貞太郎
　　仏蘭西其外国〻江罷越、骨折候ニ付被下之。
右於芙蓉間、老中列座、河内守申渡す之
　金三枚時服二　御勘定　日高圭三郎
　　同格、御徒目付　福田作太郎
　　御目見持格外国奉行支配調役並　水品楽太郎
　　岡崎藤左衛門
　金七枚ヅ、
　同断ニ付、被下之。
右於躑躅間、豊前守申渡之、若年寄中侍座。
金拾両　小人頭　高松彦三郎
　進物取次上番格御普請役　益頭駿次郎
　同断ニ付、被下之。
右於焼火之間、有馬遠江守申渡之。
同
　同断ニ付、被下之。　奥平大膳太夫家来　福澤諭吉
右於檜之間、豊前守申渡之。
　金弐枚時服二　寄合医師祐庵養子　高島祐啓
　同断之節、差添罷越候ニ付、被下之。
右於躑躅間、同人申渡之、若年寄中侍座。
金（銀か）七十枚時服二ヅ、　松平三河守医師　箕作秋坪
　松平修理太夫家来　松木弘安
　松平肥前守医師、道明倅川崎道民
　同断ニ付、被下之。
右於檜之間、同人申渡之。
仏蘭西其外国〻江罷越、遠境絶滅之御用無滞相勤、骨折に付、出格之訳を以、年〻為御而当、御扶持方拾五人扶持被　下之。　柴田貞太郎
右於芙蓉間、老中列座、河内守申渡之。
　十人扶持　日高圭三郎
　七人扶持　福田作太郎
　水品楽太郎
　岡崎藤左衛門
　同断ニ付、被下之。
右於躑躅間、豊前守申渡之。
　五人扶持　益頭駿次郎
　同断ニ付、被下之。
右於焼火之間、豊前守申渡之。
　銀五十枚　福澤諭吉
　同断ニ付、被下之。
右於檜之間、豊前守申渡之。
　七人扶持　高島祐啓
　同断の節、差添罷越候ニ付、被下之。
右於躑躅間、同人申渡之、若年寄中侍座。
銀七十枚ヅ、　箕作秋坪

同五十枚
同断に付、別段被下之。
右於檜之間、同人申渡之。

松木弘安
川崎道民

8、攘夷論

124頁3～4行目　老中の安藤對馬守が浪人ニ疵を付けられた（1）

坂下門外の変は、遣欧使節らが日本を出発して間もない文久二年（一八六二）一月十五日に、登城する安藤信行（のち信正・信睦）老中を、宇都宮藩攘夷派の指導者大橋訥菴らと水戸藩士らが提携して襲撃した事件である。万延元年（一八六〇）三月に桜田事変があったことや、事前に計画が発覚し、大橋が逮捕されて、幕府側が警戒していたため、浪士達は全員殺され、安藤は軽傷だけに止まった。

事件は成功とはいえないが、その政治的影響はきわめて大きく安藤老中が恢復して登城した時は、幕府内部の情勢も変化し、まず過激攘夷論者の反幕感情を和らげるべきだという空気が強まり、四月に安藤は老中を免職された。幕府は引き続いて二度までも発生した幕府要人襲撃事件で、その権威は著しく低下し、中央政府として、激動する情勢を安定させるための明確な対策も建てられず、過激攘夷論が急激に広まる情勢の対策に苦悩することとなったのである。

124頁4行目　乱暴者の一人ガ長州の屋敷ニ駈込《かけこ》んだ（2）

安藤老中襲撃に失敗して、屋敷に駆け込んだのは、川邊左次衛門である。

当日浪士らは潜伏場所から坂下門に集合することになっていたが、水戸浪士の川邊左次衛門は、時間が早過ぎ、同志は誰も来集していなかったので、怪しまれるのを避けるため、一時門前を離れた。平山兵助ら一味は、一人が訴状を捧げる振りをして供先に近づき、短銃を放って駕籠脇を混乱させ、残る五名が同時に切り込んだが、安藤に僅かの疵を負わせただけで、六名とも斬倒されてしまった。川邊が戻った時は既にことが終わっていた。かねて「丙辰丸盟約」等で、長州藩の桂小五郎の名を知っていた川邊は、外桜田の長州藩邸に桂小五郎を訪ね、後事を託し、斬奸趣意書を渡し、自殺しようと考えた。桂はその時外出中で、その帰邸を待ち懐中していた「斬奸趣意書」を示し、一挙に加われなかった謝罪の意を含め自害することを申し出た。桂は自害を思い止まり共に後事を図るようにと勧めたが、川邊は承知せず自害した。

長州藩では、川邊の死を秘密にするか、幕府に届けるか議論が分かれたが、届け出ることに決まって、即日自殺始末書を幕府に提出した。桂らは川邊を武士として葬るよう願い出たが、幕府は「大法有之事に付難相成」ということで、罪人として埋葬を許可しないばかりか、桂と伊藤俊輔（のちの博文）が事件に関係しているのではないかと疑い、その身の監視方を長州藩庁に命じたため、藩はその請書を提出させられた。桂らへの嫌疑は容易に解けなかったが、長州藩がこの時長井雅楽の「航海遠略策」（後出、参考④参照）で、公武間の周旋を幕府から依頼されていた時でもあったため、長井の周旋で、三月十八日に至って御構なしということになった。この川邊が桂に提出した「斬奸趣意書」が世上に伝えられるに至った。

124頁5～6行目　長州藩も矢張り攘夷の仲間ニ這入て居るのかと斯う思た（3）

福澤が日本を離れる文久元年の十二月頃までは、まだ長州藩は長井雅楽の「航海遠略策」を藩の方針として盛んに運動していたので、外国方に勤務していた福澤らには、その内容が積極的開国論として受取られ、長州藩は公武合体主義であるとみていた可能性が強い。したがって、『自伝』の安藤老中襲撃犯の仲間が長州藩邸に駆け込んだという情報で、福澤は初めて長州藩が攘夷論に変化していることを知り、攘夷論の広まりの大きさを知った事件として、強い印象を受けたのである。［8④］

124頁6行目　日本國中攘夷の真盛り（4）

大老が暗殺され、幕府の弱腰が見えてくると、攘夷論者の要求は急速に強まり、やがて安藤老中襲撃事件となり、幕府の権威は著しく低下し、志士らは安易にテロ行為によって自分達の要求を貫徹させようとする風潮が強まった。それが文久二年（一八六二）から数年間に見られる攘夷に名をかりた異常な暗殺行為の横行現象を生んだのである。

年代	件数
安政四	1
五	0
六	1
万延元	1
文久元	1
二	20
三	26
元治元	21
慶応元	6
二	0
三	10
明治元	7
二	4
三	1
四	5

『維新暗殺秘録』「維新暗殺史年表」より

慶応年間からは、政界の大変動期であるにもかかわらず、次第に暗殺事件の件数が減少しているのは、政界が安定して行く傾向にあることを示しているようにもみえる。

文久二年からの三年間が最盛期で、外国人を目標にした生麦事件・武州井戸ヶ谷村でのフランス陸軍中尉カミュス殺害事件・鎌倉での英国軍人殺害事件が発生している。また多くは上方で発生している。しかし学者や町人が殺されることも、年一・二件は起きている。勿論脅迫や、計画が失敗して未遂に終わってしまい、事件として記録に残らなかった事件も、かなりの数に達すると思われる。いずれにしても、異常に不気味な雰囲気の時期であったことに間違いはない。

124頁11行目　外國貿易をする商人が俄ヵ店を片付けて了《しま》ふ（5）

外国貿易の開始にともなう急激な物価変動に対応できる態勢がとれず、大きな打撃を受けたのは、油と生糸産業であった。特に意外に日本の生糸の質が良いことと、丁度欧州の蚕に病気が流行して、欧州での生糸の生産量が激減したこともあって、生糸の輸出価格が高騰した。そのため国内の生糸関連産業は特に大きな影響を受けることになったのである。

『横浜市史』によると、桐生地方の生糸絹織物価格は、安政六年（一八五九）十月頃には、同地のそれまでの平均価格の三倍になっていたという。こうした価格の急騰は、当然それまでの生産地や、大消費地江戸での品薄と価格の上昇を招いたのみならず、企業そのものをも破壊し、多くの関係職人らの失業状況を招いた。

国内市場の安定保護のためには、何らかの貿易の統制・制限が必要である。国内の問屋等からの強い要望があり、江戸町奉行は、主要五品をまず江戸市場を通した後に輸出市場に出すことを考えて、万延元年閏三月十九日「五品江戸回送令」を発令した。これに対して、神奈川奉行は、外国側からの抗議と、横浜貿易が江戸の問屋に支配されることを嫌い、江戸問屋と横浜の貿易商人らとの協定成立に反対したため、幕府の貿易規制策は無力化した。

文久三年九月二十四日幕府は糸問屋に対して、「五品江戸回送令」の励行を下命した。今回は万延元年の如き、町奉行と神奈川奉行との対立はなく、江戸糸問屋による国内統制を行おうとした。しかし各藩が、生糸貿易に直接間接に乗り出してきたので、統制がとれない状況を呈した。その間攘夷派浪士が、貿易業者は国賊であるとして、問屋等を切り捨て、貿易改所前にさらし首にする等との脅迫が行われ、十月二十五日に糸問屋立合所の弥兵衛宅に浪人が乱入する事件が発生したので、問屋による横浜への貿易生糸の廻送は年末まで中止され、生糸輸出量は大幅な減少をみた。

124頁16～17行目　浪士の鋒先《ほこさき》が洋学者の方ヵ向いて来た（6）

洋学者を攻撃目標とした暗殺行為は、殺害された者がなく、脅迫は事件として記録されず余り知られていない。

洋学者を国賊として非難し、これに天誅を加えると脅迫した事件としては、『藤岡屋日記』文久三年八月七日条に、「日本橋え張訴之次第」とした「諷諫状」の写しが記されている。勿論攘夷論の立場から、幕府の政策を全面的に非難して、「此書付、往来之人ニ無遠慮披見可令諷諫者也」としている。洋学者等を非難している部分を示す。

一、攘夷之事ハ第一之御国是ニして、右を其儘差置候而は、天下之人心ニ戻而已ならず、終ニハ黠虜（悪賢い奴ら）之術中ニ陥り、歳を経ずして彼髪左衽之俗と化し、彼ニ貢を贈り属国と成行ハ必定之儀ニ而、印度之前轍ニ而相知れ可申、可恐可驚之事ニ候。然ルニ外国方と称する有志、并洋学を為す輩、彼が心術を話《(マヽ)》らず、唯虚唱《(マヽ)》ニ幻惑しひたすら皇国を卑しめ、醜夷而已を尊張《(重)》し、甘んじて奴僕となるハ、悪ても猶余ある国賊也。又廟堂の官吏、右等之浮説ニ聞迷ひ、戦へば急度負ると而已心得居、又ハ自己之胸中ニ策なきとて、失《(マヽ)》て天下に必勝之策なしと極候ハ愚と言べし。或は軍艦を造るの、炮台を築のと、道具立計致し、夫ニて戦の出来ルものニ而は有まじ。(中略)只持者之精神気活にて、鈍刀ニ而も莫大の働も出来る者也。戦も其如く、人心之向背と士気の振発とに可寄。尤彼が技も捨よと言ニハ非ざれども、其真似而已致し、我所長を失ひ候は、可慨嘆事ならずや(以下略)

事と次第によっては、志士らの凶刃がいつ振るわれるやも知れない空気であることには違いない。

もう一つは、西洋医学所を焼討するという脅迫状である。同年十一月十日夜に、日本橋に張り紙されていたもので、焼討の理由がはっきりしない。

此度国賊平均致し候ニ付而は、近々西洋医学所焼払候間、風次第ニ而市中まで延焼難計候条、兼而用意可致置候。尤も医学所焼失中、消防人足差出しニ於而は、逸々於途中に切捨候間、可得其意候。此段町役人ども江申渡ス。

天誅組　同志中

これが攘夷論者の仕業か、漢方医師の反感によるものか、今一つ不明確である。

125頁3行目　手塚律蔵（7）

手塚律蔵は文政五年（一八二二）周防国熊毛郡小周防村（現山口県光市）に生まれた。父手塚治孝、母瀬脇氏夫妻の二男。手塚謙蔵・雪航、金刺好盛・同顕、瀬脇旧太郎・光寿・律蔵・節蔵などとしばしば姓名を改めている。晩年は瀬脇寿人と称した。天保年間に長崎で高島秋帆に西洋兵学を学び、秋帆の処罰後は江戸に出て坪井信道の塾で蘭学を学ぶ。嘉永四年（一八五一）佐倉藩に出仕し、本郷元町に又新堂という塾を開いた。門人には、西周・神田孝平、桂小五郎（木戸孝允）・杉亨二・大築節蔵等がいる。安政三年（一八五六）蕃書調所が創設されると、教授に任命された。

『明治維新人名辞典』によると、万延元年（一八六〇）長州藩主毛利慶親に初めて引見され、その後長州藩邸に出入りしていたが、文久二年（一八六二）十二月長州藩邸で、議論が合わず、帰途藩士に襲われると、後難をおそれて江戸を出て、佐倉に移ったという。日比谷の堀に飛び込んで助かったという話は、この時のことで、福澤が欧州から帰国した直後の事件である。「幕末外交文書譯稿」（『全集』⑳四九一―二頁）を見ると、翻訳或いは校訂者として、福澤と並んで手塚の名が見える。一八六二年一月二日（文久元年十二月三日）の訳稿が最後である。恐らく、福澤帰国後は佐倉に隠遁したため、外国方に出仕していなかったのであろう。

維新後には、開成所教授を経て明治四年（一八七一）外務省に出仕し、六年『読売新聞』を創刊した。八年ウラジオストック貿易事務官として駐在、十一年同地で病気に罹り帰国途中の船中で病死した。五十七歳である。著訳書に『伊吉利文典』『海防火攻新説』『洋外礮具全図』『野戦兵嚢』等がある。

125頁6〜7行目　東条禮蔵（8）

東条礼蔵については、『洋学史事典』及び「適塾門下生に関する調査報告」によると、長州萩藩の右田毛利氏の家臣医であった東条永玄の長男として、文政四年（一八二一）萩に生まれ、永庵（のち英庵）と称し、安政五年（一八五八）長州藩より兵学者に転向を命ぜられた時から、礼蔵と称した。

天保十一年（一八四〇）藩蘭学医青木周弼に蘭学と医学を学び、その勧めで、弘化元年（一八四四）緒方洪庵の適塾に入門した。同入門帳によると、「長州萩東条永庵　名　英」とある。入門番号は九番というごく初期の入門生である。翌二年には、江戸に出て、伊東玄朴・川本幸民に学び、医学とともに兵学をも研究した。弘化四年藩が西洋書翻訳御用掛を置くと、これに任命され、嘉永五年（一八五二）まで西洋兵書の翻訳に従事した。その間嘉永三年には松代藩の要請で、ベウセルの砲術書の講義を江戸藩邸で行った。その後長州に帰り、六年学力優秀で、陪臣より長州藩医に抜擢され、医学・蘭書翻訳・西洋兵学の研究を行ったという。

安政元年（一八五四）江戸に出て浦賀奉行所御雇として、蘭語・兵学を講義した。中島三郎助・佐々倉桐太郎らの他に、桂小五郎（木戸孝允）・木村軍太郎らも教えを受けたといわれる。三年四月蕃所調所教授手伝に任命された（『幕末教育史の研究』一）。安政五年三月十九日より、江戸藩邸で始まった月三回の「蘭書会読会」に、坪井信友・手塚律蔵・村田蔵六（大村益次郎）らと共に参加した。同年十一月萩に帰国した時藩命で兵学者に転向、名も礼蔵とあらためた。六年一月再度江戸に出て、軍艦操練所に出仕し二十人扶持を受け、四月幕臣に抜擢された。そのためか、以後長州藩との間が不和となり、藩との関係を断った。

元治元年（一八六四）九月には、開成所教授職並となり、蘭書翻訳・蘭語教授に当たった。幕府倒壊後は徳川家に従って静岡に移り、同学問所二等教授となった。同所廃止後は東京に戻り、木戸孝允らの勧めもあったが、官途につかず、明治八年（一八七五）七月五十五歳で死去した。

「幕末外交文書訳稿」（『全集』⑳五九四―六三一頁）には、一八六三年八月二日から一八六四年一月二十日（文久三年六月十八日〜十二月十二日）の間、翻訳又は校正者として東条礼蔵の名が出ているから、この時期には両人は一緒に外交文書翻訳等の仕事をしたことがわかる。

東条の家に突然暴徒が襲撃したというが、関係が悪くなったという長州関係者が襲撃したのかもしれない。以前の住人である蜀山人とは、江戸中期の幕臣で、文人学者として著名な大田南畝（寛延二〜文政六年（一七四九〜一八二三））のことである。洒落本の著者として文芸界の総帥的存在であり、松平定信の寛政の改革が始まると、一時文筆活動を中絶し、勘定所の古記録等の取調べに専念したが、定信引退後の享和（一八〇一―三）年間頃より、蜀山人の仮号で詠んだ狂歌が、以前にも増して人気を得て、却って南畝の名よりも蜀山人の方が有名になった。

その住所が現在の何処であるかについては、『大田南畝』に詳しい。

125頁13〜14行目　専ら著書翻譯の事を始めた（9）

欧州から帰国後の最初の著訳書は「写本西洋事情」と推測される。

元治元年（一八六四）甲子五月九日駒井真栄并白石、芥川、河島、那須、南利、佐田之七士急写速終シタルヲ同年師走中瀚於崎陽再写。

鹿児島大学所蔵の写本にある右の記事から、従来、慶応元年（一八六五）秋か冬の著作と考えられていた「写本西洋事情」が、二年近くも早い時期に流布していたことが明白になった（『考証』上二三一頁注）。元治元年三月二十三日に福澤は郷里中津に向け出発し、小幡兄弟ら六人を伴って、六月二十六日に江戸に帰府している。したがって、「写本西洋事情」が記されたのは三月二十三日以前と考えられる。福澤は文久二年（一八六二）十二月十一日、遣欧の旅を終えて無事帰国上陸したが、三年二月十九日には生麦事件の賠償要求書が突き付けられ、以後外国方はその応接に多忙をきわめている。五月九日小笠原長行が賠償金を支払い、ようやく戦争の危険は回避された。三月十三日藩主奥平昌服は、上京している将軍の帰府の出迎えのために、警備の家臣を伴って京都に向け出発した。その上六月まで京都守護が命じられている。

その間に文久三年四、五月頃から藩内は江戸家老奥平壱岐の排斥運動で大騒ぎとなっている。

五月十四日には、宇和島藩の伊達宗城の子儀三郎が、奥平家の養子に正式に許可された。江戸家老の奥平壱岐排斥運動が決定的となった。

前年諸藩では参観制度の改革に依って許可された藩主家族及び家臣の国許住居許可による移転が行われた。奥平壱岐排斥運動や、参観交代制度の改革と藩士の江戸退去等で、八月頃までは、福澤は落ちついて著書翻訳などの余裕はなかったとみられる。以前から割合頻繁に出入りしていた近所に住む木村摂津守の日記を見ると、福澤は三月五日の次は八月三十日に木村家を訪問したと記されている。約半年間も福澤が木村家を訪問していないということが、福澤の多忙さを裏書きしているように思われる。

126頁2〜3行目　新銭座ヨ一寸住居の時（新銭座塾ニ非ず）（10）

安政五年（一八五八）十月中旬、藩命によって江戸に出てきたとき、先ず築地鉄砲洲の中津藩奥平家中屋敷の長屋の一軒が与えられ福澤の洋学塾が始まった（前期鉄砲洲時代）。慶應義塾では、その所在場所によって呼び方がある。ここでいうのは、前期新銭座時代である。［5②］

前期新銭座への移転の理由及び時期については、必ずしも明確ではないが、『百年史』（上二〇三頁）には、中津藩士福地宜一の談話に、福澤が幕府に出仕することになったためと語っている事例を挙げている。幕府出仕時期については、長尾政憲の研究「福澤の幕府出仕について」(『手帖』50・51号)によって、万延元年(一八六〇)十一月中旬であることが明らかにされている。借家料節約から、移転したとは考え難く、むしろ福澤の結婚が、中津藩として例外的な上下士間の結婚であったため、近隣の好奇心の的にされるのを避ける意味で転宅をしたと考えられる。移転の時期は、「福澤諭吉子女之伝」にあるように「文久元年の冬」であろう。その家は、上下併せて二十畳程の家であるというが、場所と期間は明らかでない。[7①]

127頁3〜4行目　文久三年の春英吉利の軍艦が来て(11)

生麦事件は、文久二年(一八六二)八月二十一日に、京都に引き上げる薩摩藩主の実父久光の行列が、神奈川宿の手前の生麦において、馬上のイギリス人が島津久光の行列の供先を横切ったとして、薩摩藩士によって無礼討ちにあい、イギリス人リチャードソンが重傷を受け、後死亡した事件である(薩摩藩は犯人は逃亡して不明ということで処理したが、実は精忠組の奈良原喜左衛門が実行者である)。この事件に対し、イギリスより賠償金支払いの強い要求があり、当時の政局と関連して、大問題となった。[8(17)・⑧・⑨・⑩・⑪・⑫]

127頁11行目　私と杉田玄端高畑《(畠)》五郎其三人で出掛けて行て(12)

文久三年(一八六三)二月十九日、英国政府から突きつけられた生麦事件の償金要求書簡の翻訳のため、杉田と高畠の三名で徹夜で翻訳したと記しているが、これは福澤の記憶違いである。富田が指摘しているように、「幕末外交文書訳稿」(『全集』⑳)には杉田の名はなく箕作秋坪・大築保太郎・村上英俊の名がある。「訳稿」を見ても、翻訳者として杉田が並んで作業したと見られるのは、文久元年末までである。しかし慶応元年(一八六五)に外国奉行支配翻訳御用頭取となって、また外交文書の翻訳に加わったようである。

杉田玄端は、『洋学史事典』によると、本姓は吉野氏、名は徳太郎。文政元年(一八一八)江戸に生まれた。天保五年(一八三四)杉田立卿の門に入り蘭学と医学を学ぶ。同九年杉田成卿の弟として、立卿の養子となり、玄端と称した。弘化二年(一八四五)分家、四谷塩町に開業したが、宗家の継嗣が無く、翌年、杉田伯元の子白玄の懇請によりその嗣となった。嘉永六年(一八五三)小浜藩医、安政五年(一八五八)蕃書調所出役教授手伝、翌年には同教授職並、万延元年(一八六〇)に洋書調所教授職、文久二年(一八六二)養父白玄の隠居により、家督を相続、同年開成所教授。

文久三年より外国方横文御用となり、慶応元年(一八六五)外国奉行支配翻訳御用頭取になり、公務の余暇には英語を修学し、加藤弘之・市川兼恭らと、ドイツ語学習の先鞭を付けた。

明治元年(一八六八)杉田一家は駿河に移り、同年沼津兵学校が創立されると、陸軍付医師頭取となり、次いで附属病院・沼津陸軍医学所が設置され、その頭取となった。明治五年沼津兵学校が東京に移されると、沼津病院が廃止されたが、沼津に止まって私立病院を開いた。同八年東京神田佐柄木町に移り、翌九年、同志と共立病院を創立した。明治十三年東京学士会院会員に推薦。著訳書としては、『地学正宗』『民間内外科要法』『化学要論』等がある。明治二十二年七月七十二歳で死亡。

高畠五郎は、文政八年(一八二五)五月、阿波徳島藩の藩医高畠深造の六男に生まれ、幼名玖二五郎、長じて五郎と称し、維新後は眉山と号した。大坂の儒学者斉藤五郎に学び、嘉永元年(一八四八)斉藤没後、生前の勧めに従い江戸に出て古賀謹一郎の門に入る。翌二年伊東玄朴の象先堂で蘭学を学び、三年には佐久間象山に洋式砲術を学んだ。六年ロシアのプチャーチンが長崎に渡来し、古賀が応接に赴く時、これに同行して長崎に行く。安政三年(一八五六)四月、蕃書調所教授手伝を命ぜられ、外交文書の翻訳及び教授に当たる。同六年七月外国奉行所管の外国方に移り、専ら外交文書の翻訳に従事した。西洋砲術の知識をかわれ、文久三年(一八六三)陸軍所出役を命ぜられた。元治元年(一八六四)開成所教授職並となり、幕臣となる。

慶応二年騎兵指図役勤方・翌三年には外国奉行支配組頭となり、さらに岩鼻(群馬県)代官に任命された。

明治三年新政府のもとで兵部省出仕となるが、一時静岡藩に戻り、再度新政府に出仕して諸官を歴任し、主として海軍省の蘭文翻訳、殊に海軍刑法制定に関す

る文献の翻訳に当たった。明治十七年九月死去。享年六十歳である。［8⑩］

128頁小見出し　佛國公使無法ニ威張る（13）

英国が強硬に生麦事件の賠償要求をしたとき、フランス公使も、全く同感であるから、英国と同歩調をとるとの書簡を寄越したという。その書簡は、『全集』⑳、幕末外交文書訳稿「生麦事件に関するフランス公使の申入れ」（五七九頁）と題された文書であろう。福澤訳・村上英俊校となっている。

○皇帝政府（フランス政府）は其存意を大君政府に告げ、之に由て英国の請求に応ぜんとする大君政府の良意を妨る暴戻人の説を排除する為め、益〻良き道理を得せしめんことを希望して、次件を決定したり。即ち江戸海に仏蘭西の旗章を飜し、不列顛女王殿下の諸名代人、其求る所を指図するときは、方今の難事を首尾能く落着せしむる為め、両政府心を合て一致し、仏蘭西政府は正理に従て断然と大不列顛女王の政府を助け、十分平和の時に於て、天地の正理或は条約の正理等、都て道義を顧みず、少しの案内もなくして、文明なる大君政府より其罰を施さずして差置ける臣民の鮮血を得んため、栄誉の求をなすべし。

フランスが突然当事者のような強い態度を示した理由には、幾つかの複雑な狙いがあったと思われる。①英国がこのまま強硬態度を貫いた場合、英国人と他の欧州人との区別がつかないので、フランス人が誤って攻撃される危険がある。②英国と協同歩調で、幕府への圧力を増大させ、賠償金支払の承諾を早めることができたという印象を英国に持たせる。③戦争回避にフランスが大いに貢献したと、英国や在留外国人、幕府に印象付けることで、貿易市場の権益を守ることができる。④特に幕府内部に、フランスの理解と援助を得ることは、英国の強大な圧力を和らげ、それが日本の国益保護に有益である、との考えを持たせるためである。事実、幕府内に親仏派と呼ばれる幕吏グループが活発に動き出したのは、この頃からである。

128頁13行目　閣老は皆病気と称して出仕する者がなし（14）

生麦事件賠償金交渉中の出来事である。

文久三年（一八六三）二〜五月の将軍の上洛時に江戸に残留していた老中を、就任順に示せば、松平信義・井上正直・太田資始の三名と老中格の小笠原長行の四名である。幕議はこれに若年寄が加わり行われるのである。その全員が欠席という異常事態の発生は、幕府の混乱振りを示すものである。『藤岡屋日記』に問題になっている老中・若年寄の欠席が見られるのは五月上旬である。その欠席日は次のとおりである。

	四月	五月
老中松平信義　豊前守	月番	01 03 04 05 06 07 09 10 11
井上正直　河内守	18 19 23 24 25 26	月番 04 05 06 08 09
太田道醇　備中守	（4.27任）	01 03 04 05 06
同格小笠原長行図書頭		01 03 05 06
若年寄諏訪忠誠因幡守	18 19 21 25	05 06
有馬道純　遠江守		05 06

128頁18行目　呉黄石《くれくゎうせき》（15）

呉黄石は『日本人名大辞典』によると、広島の岩見屋町の医師山田隆貞の長男として、文化八年（一八一一）九月に生まれた。初め山田泰元と称したが、のち弘化・嘉永頃に、呉姓に改めた。恵美三伯に漢方医学を学び、のち伊東玄朴に師事して洋医学を学んだ。文政七年（一八二四）父に従って江戸に出て、父の死後幕府医官佐藤慶南に師事した。天保五年（一八三四）広島藩浅野家に仕え、ついで天保八年藩主浅野長訓の侍医となり、傍ら江戸青山久保町（現在の神宮前五丁目）に開業した。

黄石の妻は箕作阮甫の長女せき、せきの妹婿は福澤の親友箕作秋坪である。黄石は相当早くから蘭学者や蘭医学者と交わり、姻戚関係からか、安政四年（一八五七）箕作阮甫・戸塚静海等と種痘所設置を計画し、安政五年頃より種痘所に勤務した。

蘭学にも通じていることから、しばしば洋式兵制の採用を藩に建言していた。文久三年（一八六三）幕府の歩兵屯集所に軍医として勤務、元治元年（一八六四）

三月、筑波山の変に軍医として従軍。慶応元年（一八六五）職を辞して広島に帰った。明治三年（一八七〇）修道館医学校の助教授を勤めたが、廃藩を機に辞任隠居して東京に移住。旧藩主浅野長訓の病気治療にあたったほか、赤坂で開業していたが、明治十二年六十九歳で死去した。

次男文聰は元治元年正月二十六日、長男の白石は弟より遅れて慶応元年閏五月五日に、福澤の塾に入社している。この点からも、黄石と福澤とは親しく交際した仲であったものと推測できる。

130頁3〜4行目　小笠原壱岐守・浅野備前守（16）

生麦賠償金問題の際、中心になって活躍したのが、当時老中格の小笠原長行《ながみち》と神奈川奉行の浅野氏祐である。小笠原については「その時に唐津の殿様で」と記しているが、やや正確を欠いている。

『国史大辞典』によると、小笠原長行は、肥前唐津藩六万石の藩主長昌の長男として、文政五年（一八二二）五月唐津で生まれたが、父長昌が翌年二十八歳で死去すると、幼少のため相続できず、長く部屋住み生活を過ごした。その間藩主は長泰・長会・長和・長国（松平光庸の次男）と、四人の養子を重ね、その間に長行は天保九年（一八三五）江戸にあって朝川善菴に経史を学び、広く文人と交った。安政四年（一八五七）ようやく長国の養子となり、従五位下図書守に叙任された。既に三十五歳に達していたので、帰国して養子のまま藩政を執った。藩地に在ること四年、農兵制を立て海防鋳砲に努めるなど、治績を挙げたことから、幕府は慣例を破り、世子のままで、文久二年（一八六二）七月奏者番、同年若年寄、九月老中格に歴任し、役米一万俵を支給し外国御用取扱を命じた。文久三年一橋慶喜を扶けて生麦賠償金問題に尽力した。

生麦事件の賠償金支払い後、英艦を借用し、井上信濃守・水野忠徳・向山栄五郎らと共に、兵力を引率して六月一日大坂に至り、入京の構えを見せるなど、思い切った態度を執った。

その影響を受けて、それまで東帰願いの不許可方針を取っていた朝議は、急いで将軍の東帰を認めると共に、長行の入京を止め、老中格を罷免し、大坂城代邸宅に幽閉させた。慶喜が小笠原の率兵上京の情報を事前に京都に報じて、京都の攘夷派を牽制したため、将軍の東帰許可がなされたようである。七月小笠原は江戸に移され閉居を続けたが、元治元年（一八六四）九月、慎が解除され壱岐守と改称した。

また長行は生糸・絹織物の政府管理交易を強く希望するフランス側の意向に沿うように、幕府管理貿易を進めることで、フランスとの関係を親密にする、所謂親仏派旗本の中心としても活躍した。

慶応元年（一八六五）九月、慶喜の推挙もあって、小笠原長行は再度老中格に就任し、十月には老中となり、条約勅許・兵庫港先期開港問題、ついで長州藩処分問題等を担当し、二年二月には広島に赴き長州藩と折衝したが、談判は決裂し、六月長州再征となるや、九州方面監軍となり、小倉に赴いた。しかし戦況不利の中で将軍家茂死去の報を聞き、長州藩兵の小倉城攻撃の前夜、小倉を脱出して長崎に逃れ、ついで大坂に還った。十月江戸で罷免され逼塞を命じられた。

しかし十一月九日老中に再任され、十二月外国御用取扱となり、翌三年正月上坂し、兵庫港開港問題を協議し、六月また江戸に戻り、外国事務総裁を兼ねたが、四年正月外国事務総裁を免ぜられ、二月には老中も辞任し、また唐津藩世子をも辞退した。

三月には、江戸を脱出して会津に走り、ついで仙台より榎本武揚の指揮する幕艦に搭乗して函館五稜郭に入った。その後函館を脱出して東京に潜伏し、明治五年（一八七二）七月外国より帰朝したと称して自首したが、特に罪に問われることはなかった。爾来深川に閑居し、明治十七年子爵叙位。明治二十四年七十歳で死去。長男長生は、明治六年唐津小笠原家を相続し、海軍に入り海軍中将となった。

もう一人を横浜奉行の浅野備前守と記しているが、浅野備前守といえば、町奉行・作事奉行等を勤めた浅野長祚のことで、弘化四年（一八四七）五月より嘉永五年（一八五二）閏二月まで浦賀奉行を勤務した以外、外国に関連する役は勤めていない。町奉行・作事奉行等を勤務し、慶応二年（一八六六）八月御役御免となり、翌年三月致仕している。役人よりも、梅堂と号して活動した文化人として有名で、中国書画の研究家の第一人者といわれている。したがって浅野備前守は福澤の記憶違いで、横浜奉行即ち神奈川奉行を勤めた浅野伊賀守（後美作守）氏祐のことであろう。

『柳営補任』によって浅野氏祐の役歴をみると、小姓組より安政六年（一八五九）御使番、万延元年（一八六〇）目付、文久二年（一八六二）七月大目付、同十月神奈川奉行、文久三年（一八六三）五月十五日神奈川奉行兼外国奉行、同七月五日大目付兼神奈川奉行、同七月二十八日に神奈川奉行在職中に不束のことがあったとして、御役御免・勤仕並寄合となり、同年八月九日更に隠居蟄居に処せられている。

生麦賠償金支払談判では決裂の危機を、熱心な説得と、フランス公使への協力要請による調停で、どうやら交渉継続を図るなど、重要な働きをしている。小笠原長行らと共に、親仏派の幕吏の一員であったので、京都の攘夷派より嫌われ、文久三年の安政大獄関係者追罰の中に繰り込まれて、処分を受けたのであろう。

慶応元年（一八六五）隠居の身分のままで役務に復帰し、五月陸軍奉行並、二年九月二十七日外国奉行、同年十月十五日勘定奉行、三年三月二十二日勘定奉行兼陸軍奉行、同年四月七日若年寄並兼陸軍奉行、慶応四年一月二十三日若年寄国内御用取扱となっている。

慶応元年陸軍奉行並に復活してからは、仏陸軍教官の招聘に尽力し、また若年寄としては、最後の幕政を担当した。慶喜が水戸に落ちたときはこれに同行している。おそらく有能な幕府官僚として慶喜より厚く信頼されていたのだろう。残念ながらその後の消息については明らかではない。［8（11）］

130頁小見出し　麑嶋湾の戦争（17）

イギリスは生麦事件の解決策として幕府に十万ポンドの賠償金を要求すると共に、薩摩藩に対しては、軍艦を派遣して、犯人の逮捕処刑と償金二万五千ポンドを要求することを代理公使ニールを通して表明していた。幕府が文久三年（一八六三）五月九日償金を支払ったので、六月十九日ニールは幕府に対し、三日以内に軍艦で薩摩に赴き、予ての要求実行を予告し、幕府の制止を無視して、二十二日、次表の七隻の艦隊で横浜を出航した。

艦名	ゆらいやらす	ばーる	ばーしゆーす	あーがす	れすほす	こくえつと	はぼつく
艦長	じょすりん大佐	ぼーしす大佐	きんぐすとん少佐	むーあ少佐	ぼっくさ少佐	あれきさんだ少佐	ぷーる大尉
馬力	5250	400	200	200	200	100	60
砲数	46	21	6	4	4	4	3
噸数	2371	1469		975		670	
速力		11		10		11	
定員	600	245	172	170	103	78	50

艦隊は六月二十七日午後二時過ぎに鹿児島湾口に達し、投錨した。この日を予測していた薩摩藩は、艦影を見付けると、早速非常防衛体制に就いた。二十八日英艦隊は、犯人逮捕処刑と賠償金要求書を交付して、二十四時間以内の返答を要求した。

薩摩藩側は、イギリス人がわが国の慣習である大名の往来に対する交通制限を無視した点について、条約に何ら規制されていないと主張して、非はイギリス人側に有ると主張し、その談判のためニールの上陸を要求した。二十九日イギリス側は薩摩側にいかなる計略があるかも知れぬとして、上陸提案を拒否し、英艦上での交渉を主張した。薩摩藩では、交渉の使節が、イギリス艦に赴く時を利用して、英艦に突入してこれを乗取る策もあったようだが、厳重な警戒のため実行されなかった。夕方になって、外国人といえども大名行列を侵すことはならぬと、条約文で明確に規定しなかったのは、幕府の手落ちで、薩摩藩に責任は無い。したがって賠償金支払は、イギリスと幕府で検討されるべき問題であるとの見解を示した。ニールは、薩摩藩の強硬な態度にこれ以上の折衝は不必要として、キューパアー提督に対し、実力行使を要求した。提督は翌日から、実力行使を旗下の艦隊に下命し、薩摩藩が最近購入した次表の外国商船の捕獲を命じた。

船名	原名	船形	船質	馬力	噸数	製造国	造年	購入年	価格
天祐丸	いんぐらんど	蒸気火車	鉄船	100	746	英国	1856	万延元年	十二万八千$
白鳳丸	こんてすと	同	同	120	532	米国	1861	文久三年	九万五千$
青鷹丸	さじじぐれ	同	同	90	492	米国	1860	文久三年	八万五千$

薩摩藩はイギリス側の行動を七月二日未だ宣戦布告もない時期の行動で不当行為であると非難して事実上英国が実力行使を始めたものとして、正午過ぎ英艦に対し砲撃を開始した。この日は前日以来の暴風雨で、しかも旗艦のユーリアス号は、幕府が横浜で支払った賠償金を弾薬庫前に格納していたので応戦体制を整えるのに手間取った。又パーシュース号は砲台の前面近くに停泊していたため、錨を引き揚げる暇なく、錨綱を切断して難をさける状態で折角拿捕した汽船は却って邪魔になるので、これを焼却した。

当初こそイギリス側に相当の死傷者を出したが、砲撃戦となれば、射程距離も長く、砲術にも習熟しているイギリスに有利、薩摩は一方的に各砲台を破壊され、鹿児島市街も火災を起こし大損害を受けた。

薩摩藩の抵抗が意外に強く、イギリス側も燃料弾薬等が欠乏し、死傷者も多く出たことから、戦争の継続を断念して、三日南下して谷山沖で船体の応急修理を施し、四日山川沖から引き揚げ、九日横浜に帰港した。［8⑫］

133頁4行目　其周旋を誰ニ頼む（18）

薩英賠償金支払交渉の口火をつけたのが清水卯三郎であると記述しているが、『薩藩海軍史』等には、清水のことは何も記されていない。大久保が清水に依頼して談判が開始されることになったというのは、誤りであろう。したがって、この話を福澤が誰から聞いたかは不明である。

英艦隊の砲撃を受けた薩摩藩では、彼我の兵器性能と技術の格差を明確に知ることとなった。何時、英艦隊の再度の攻撃があるかも知れないので、取り敢えず砲撃で破壊された砲台等の修復を行う一方で、再度の戦争を避け、新式兵器の充実を図ることとした。無謀な攘夷論の非現実的であることを自覚したのは大きな変化である。イギリスは表面上、幕府に対して速やかに薩摩藩に命じて事件の解決を図るように要求して、直ちに薩摩再攻撃の態度は示さなかった。

133頁5行目　清水卯三郎（19）

清水卯三郎は、『洋学史辞典』や『国史大辞典』によれば、文政十二年（一八二九）三月、武蔵国蓑沢（現埼玉県羽生市）の酒造業清水弥右衛門の三男に生まれ、十一歳の時叔父根岸友山の家に預けられ、出入りの人より漢学・数学・薬学を学んだ。安政元年（一八五四）ロシアのプチャーチンが下田に来航した時、幕吏筒井政憲の従者として、ロシア人より聞きかじりでロシア語を習んだ。また箕作阮甫の家に住み込み阮甫や養子の秋坪より蘭学を学び、安政四年海軍伝習を志願して長崎に赴いたが、志かなわず翌年江戸に戻った。安政六年横浜開港に伴い、商店「たなべや」を開き主として大豆販売を行った。

文久三年（一八六三）の薩英戦争の時は英艦に乗り込み戦争を実見している。慶応三年（一八六七）パリの万国博覧会に織物・漆器・錦絵・和紙等を出品し銀牌を得、日本茶屋を開き欧州人に非常な人気を呼んだ。帰国の際印刷機・陶器着色用薬品・鉱物見本などを購入して帰り、明治元年（一八六八）浅草森田町に瑞穂屋商店を経営、西洋文物の輸入販売に努めた。松木は蕃書調所の訳官として横浜に出張した時、清水と知り合ったという。

松木を潜伏させた清水の親戚奈良村の吉田市右衛門については、小室正紀の「幕末地域社会と慶應義塾」（『手帖』72号）によると、四代目市右衛門（文化十三〜明治元、一八一六〜一八六八）であるという。清水卯三郎の祖母の実家である。吉田家の本家四方寺村の吉田六左衛門家も含め、その関係者の多くが義塾に学んでいる事実も報告されている。

卯三郎は新文明採用に積極的で、明治二年には『六合新聞』を刊行。また明六社の創立時会員である。仮名文字の推進に尽力し、『明六雑誌』に「平仮名ノ説」を発表（明治七年）したり、『かなのみちびき』（明治十六年）を刊行するなどした。また歯科機械の輸入・模造・改良販売も行い、『歯科全書』（明治十八年）『歯科提要』（明治二二年）等の図書を刊行した。幕末・明治初年の動乱期において、進歩的な商人であった。明治八年の讒謗律及び新聞条例の施行にともなって、福澤が

『明六雑誌』の廃刊を提案した時、これに賛成した一人である。明治四十三年一月、八十二歳で死去。

134頁小見出し　松木五代埼玉郡ニ潜む（20）

五代と松木は薩英戦争の引き金となった拿捕の商船指揮を二人でしていた。船の乗組員が下船させられた時、二人は退船を拒否したが、イギリス艦に移乗させられた。「寺島宗則自叙年譜」（『寺島宗則関係資料』下所収）にあるように、知り合いの米人ウエンリードに依って、イギリス軍の管理下から逃れ、清水卯三郎の手引きで、埼玉郡に潜伏した。松木らがイギリス軍艦に拿捕されたのか、自らの意思で乗込んだのかは明確ではない。幕府が懸命にその行方を探索していたことは、『馬関・鹿児島砲撃始末』の「神奈川奉行京極能登守ト英国公使トノ応接」の記事で判る。

京極高朗は横浜英字新聞に

　両人を擒に致し連来り候様記載有之候に付驚入相尋候、右は如何相成候哉、拙者共限り為心得尋度候

とあることから、種々尋問したが、イギリス側の返答は

　両人共軍艦より「バッテーラ」にて乗出し、夫より上陸致候哉、又小舟にて何れへ漕去候哉聢と相分り不申候

との答えで要領を得ないものであった。元医者で横文を良く読み、日本使節に従って欧州各国に行ったということから、それが松木であること、この二人が七月十一日の夜神奈川に上陸したものと京極は推測している。

福澤が松木に久しぶりに会った時は「新銭座に居ました」と記しているが、松木に会ったのは元治元年（一八六四）のことで、既に鉄砲洲に移転した後の筈である。松木の「自叙年譜」には次の記載がある。

　　文久三年

　七月十一日横浜ニ至レバ旧知タル米人「ウエンリード」来艦スルニ会ス其周旋ヲ以テ夜ニ至リ小艇ニテ川崎駅ノ河流ノ下ヨリ上陸シ此駅ニ一泊シ次日江戸ニ入レリ英艦ニ在ル時清水卯三郎モ亦在リ余等一時潜伏シ鹿城ノ状ヲ知テ帰ルニ如カズト決シ清水ノ郷里ニ至ル可シト約セリ江戸ニ於テ清水ト会シ其ノ親族ナル熊谷駅ノ一村四方村ニ住スル吉田六三郎ニ見エ暫時身ヲ托センコトヲ乞ヒ数日ノ後其一族ナル下奈良村吉田市右衛門ノ別室ニ寓ス可シトノ好意ヲ得テ此ニ転寓ス

　　元治元年

○七月肥後七左衛門ノ報ニ云フ藩命アリ帰藩スベシト同月二十六日白金曹ノ家（妻の実家）ニ帰ル翌日金杉ノ一楼松本屋ニテ薩藩家老岩下佐治右衛門ニ会ス今ノ名ハ岩下方平ニシテ元老院議官ナリ初ハ未ダ公然帰藩ノ状ナキヲ以テ藩人ヲ訪ハズ藩人モ亦来ラズ然レドモ爾後漸ク往来セリ右ノ岩下及留守居新納等屢々訪来レリ又福澤諭吉箕作秋坪ニ訪ハル二年前共ニ欧行シ帰朝後未ダ一面セサルノ旧友ニ逢フ其歓想フベシ冬白金ナル曹ノ家ヲ橋本某ニ売却シ高輪藩邸ノ官舎ニ転ズ　　（傍点筆者）

福澤は箕作と共に白金の曹の家を訪問して、二年振りで、三人で鼎談したのである。恐らく松木が江戸に戻ってから、余り日を経ない頃と思われるから、七月末か八月初頭であったろう。

この薩英戦争に関する『自伝』の記述には、福澤の記憶違いか、間違いが多い。

139頁小見出し　緒方先生の急病村田藏六の変態（21）

『緒方洪庵伝』によると、文久三年（一八六三）六月十日、緒方洪庵は下谷御徒町の医学所頭取屋敷で、昼寝から目覚めた時、突如多量の喀血があり、そのため窒息死した（五十四歳）。

文久二年、江戸の蘭学医伊東玄朴らによる、洪庵を幕府の奥医師に召出そうとの運動があり、洪庵は病弱でもあり初めは辞退していたが、玄朴の強い説得もあって、拒否できなくなり、「医学のため、子孫のため、討死の覚悟」と江戸行きを承諾し、八月五日大坂を後にし十九日江戸に到着した。二十一日には早速奥医師に任命され、閏八月四日には西洋医学所頭取兼任となった。医学所の整備という不慣れな仕事に多忙の日を送り、住居も九月十九日下谷和泉橋通の西洋医学所内の頭取屋敷に移った。十二月からは、医学所内の頭取屋敷の改築が始まり、翌年三月に完成した。文久三年二月二十五日には西洋医学所が医学所と改称され、その内容も次第に整備されてきていた。

屋敷の改造が完成するにともない、三月大坂から夫人と六人の子供及び従者を呼び寄せ、ようやく不自由な生活から解放された中での突然の死であった。

緒方洪庵の弔問に訪れた福澤は村田蔵六に会ったので、下関の長州藩が外国船を攻撃したことを、「馬関でハ大変な事を遣たぢやないか何をするのか氣狂共が呆返つた話ぢやないか」と非難したところ、村田から厳しく反撃されたと記しているが、その冒頭の部分で、「和蘭の商船が下ノ関を通ると下ノ関から鉄砲を打掛けた」(次註)としている記述と、一四三頁の「下ノ関の攘夷」の項で、「和蘭船を撃つばかりでなく其後亜米利加の軍艦ゟも発砲すれば英吉利の軍艦ゟも発砲すると云ふやうな訳けで」とあるのは間違いで、砲撃された商船はアメリカ船のみで、これが最初で、ついでフランス・オランダの軍艦が攻撃されている。イギリスの艦船は攻撃されていない。この点の福澤の記述は正確ではない。

村田蔵六(大村益次郎)については、5章の註(21)「英学の友を求む」でも簡単にふれたが、福澤の適塾での大先輩で、嘉永三年(一八五〇)適塾を辞し帰国して医師を開業していたが、時勢を見て西洋砲術の研究を始め、同六年宇和島藩に砲術教師として招聘された。安政三年(一八五六)宇和島藩主に従って江戸に出て、鳩居堂を開き、又蕃書調所教授方手伝、翌年講武所教授となったが、安政六年七月頃より、長州藩邸の読書会に参加するようになり、文久元年長州藩より求められて帰国し、長州藩士となり御手廻組に加えられ、同年末江戸詰めとして兵学指導に当たった。文久三年には帰国して軍制改革を指導した。慶応二年(一八六六)の長州再征の時は参謀として幕府軍と戦い、一躍有名となった。

文久三年六月の緒方洪庵先生死去の時は、丁度江戸に出てきていた時だったようで、攘夷論を旗印に幕府に反対する長州藩兵を指導している最中であったから、福澤が長州藩の外国船砲撃等の行動を批判したことに、強く反発したのであろう。

維新後政府軍の指導に当たり、上野の彰義隊攻撃の指揮をとって成功し、明治二年(一八六九)兵部大輔となり、御親兵の設置とフランス式近代陸軍軍制の樹立に努力した。彼の徴兵制の主張は、封建制に慣れた武士層の反感を買い、明治二年九月四日、京都木屋町の宿舎で浪士に襲撃され重傷を負い、それが原因で十一月五日四十六歳で死亡した。

139頁11行目　下の関から鉄砲を打掛けた(22)

文久三年(一八六三)四月二十日になって、攘夷実行の日を、五月十日と決定することを奏聞し、朝廷は四月二十一日これを布告した。

長州藩では、期日決定の前から、攘夷実行の準備を進めていたが、期日が決定すると、世子毛利定広は帰国の許可を得て、四月二十一日京都を発し藩地に帰った。攘夷論を信奉している過激派藩士らもこれに同行した。既に配置についている守備兵の中に彼らを加えることは、部隊内部に混乱を生ずるおそれがあるので、過激派の久坂玄瑞らを敵情視察の名目で別働隊として下関の光明寺に派遣した。

攘夷期日の五月十日夕刻、たまたま横浜から長崎経由上海に向かう米国商船ペンブローク号が下関海峡に差しかかり、潮待ちのため田ノ浦沖に投錨した。守備隊長の毛利能登は、使いを派遣して訊問したところ、米船が日本人水先案内を乗せ、且つ神奈川奉行浅野氏祐の長崎奉行大久保忠恕宛の書簡を託されていることから、砲撃を躊躇したが、光明寺に屯集する過激派は米船攻撃の方針を決定し、藩の軍艦庚申丸が三田尻より下関に来航したのを好機とし、夜間久坂らが藩の軍艦庚申丸に乗込み、癸亥丸と共に米船を襲撃した。不意の砲撃に驚いたペンブローク号は、急ぎ錨を揚げて豊後水道に逃れた。

これとは別に、五月十七日横浜を出航し長崎に赴くフランス軍艦キンシャン号が、二十二日夜海峡の豊浦沖に仮泊した。これを見た長州藩側は、翌二十三日払暁より前田・壇の浦・専念寺の砲台が、一斉に砲撃を開始し、長州藩の軍艦も攻撃に加わった。フランス艦は砲撃理由を尋問するため端艇を下したが、砲弾に粉砕されたので、応戦しながら玄界灘に逃れ、二十四日長崎に入港した。この時丁度横浜にむけ出航しようとしていたオランダ軍艦メヂュサ号は、フランス艦が下関での攻撃にあったことを知ったが、オランダは鎖国時代からの和親の国ゆえ、砲撃されることは無いだろうと判断して、二十六日払暁下関海峡に入った。しかし長州藩の砲台や軍艦から砲撃され、しかも潮流が逆であったので、速力が出ず、応戦して長州藩の砲台や軍艦に多少の損害を与えはしたが、メヂュサ号も相当の砲弾を受け死者も出る状況のなかで、ようやく豊後水道に脱出することができた。

アメリカ商船ペンブローク号砲撃の報は、五月下旬横浜に伝わり、アメリカ公使は直ちに幕府に対し厳重な抗議をおこなうと共に、横浜に停泊中のアメリカ軍艦ワイオミング号は、報復のため五月二十八日横浜を出航し、豊後水道から下関に赴き、六月一日砲撃する長州藩の砲台には応戦せず、その快速を利用して亀山砲台近くに進出して、ここで同砲台を砲撃沈黙させ、庚申丸・壬戌丸を撃沈し、癸亥丸を大破させ、横浜に帰港した。

フランス軍艦砲撃の報は五月晦日横浜に達した。フランス側は即日軍艦タンクレード号を出航させ、旗艦セラミス号と豊後水道で合流して下関に向かい、六月五日下関海峡に入り各砲台を砲撃しただけでなく、陸戦隊を上陸させ、前田・壇の浦の砲台を占領し砲台を破壊して帰艦した。オランダも幕府に対して、下関での砲撃の責任は幕府に在るとして、長州藩主に対する厳重な処分を要求した。

141頁18行目　脇屋卯三郎（23）

元治元年（一八六四）十月に、神奈川奉行支配組頭であった脇屋卯三郎が、長州藩の親戚に出した書簡「誠に穏やかならぬ御時節柄心配のことだ、どうにか明君賢相が出て来て何とか始末をしなければならぬ云々」、を幕府の役人に発見され、これは将軍を蔑《ないがし》ろにするものだとして、捕縛切腹させられた事件がある。

神奈川奉行の次官という要職にある人物の事件であるが、その詳細は旧会津藩士北原雅長著『七年史』（明治三十七年刊）等には、簡単に処分の結果のみが記されているに過ぎない。

江戸の各種の情報を記録した『藤岡屋日記』元治元年八月二十六日・十月十九日条に、脇屋の逮捕と処分に関する記事がある。

〔逮捕に関する記事〕

神奈川奉行支配組頭
一通尋之上、揚座敷江遣　脇屋卯三郎
子四十八

右於評定所、酒井若狭守・水野出羽守・有馬出雲守・根岸肥前守・池田播磨守・松平石見守・小笠原刑部立合、出羽守申渡之。

八月二十六日

神奈川奉行支配組頭
百五十俵高
布衣　御役料二百俵、役金七十両
牛込御徒町　脇屋卯三郎

右種姓を尋るに、元御茶水火消与力二男ニ而、四番組御徒江養子ニ入、夫より御徒目付江出、夫より御勘定ニ成、評定所留役江出、夫より神奈川奉行支配調役と成、当時組頭也。

右卯三郎御咎メ之儀、内実風聞を相尋候ニ、長州ニ頼まれ、異人和睦を取扱ひ、今度異人長州へ押寄せ、仮ニ合戦の模様到、大敗ひ(マヽ)の形致し、降参和睦致して、大樹公御進発之節、異人ニ後詰致させ、挟ミ討ニ致し候目論見之よし。

右ニ付、二十五日ニ不時ニ登城為致候而、直様営中ニ而御召捕ニ相成、評定所へ引渡、夜五ッ時ゟ御吟味ニ相始り、同夜九ッ時相済、御預ケニも可相成之処、格別之科人ニ候間、牢屋敷石出帯刀を御呼出しニ而、大切之科人ニ候間、厳重ニ守護致し候由、被仰渡候由。

正道に行ず曲りて脇屋行　こゝろぞくらき中黒の紋
義助にあらぬ始末を獅子寺の　脇屋より出る心(身)中の虫

神奈川奉行所の次官ともいうべき高級役人が、幕府に反抗する長州藩と外国とを連合させ、長州征伐に出陣する将軍を前後から挟み打ちにしようとする陰謀を企てているという。誠に信じ難い嫌疑がかけられている。

『肥後藩国事史料』によると、元治元年（一八六四）八月二十三日条に桑名藩の留守居役の高野一郎左衛門が、勘定奉行の小栗上野介に、外国側が朝敵である長州藩と勝手に和親を結んだことを非難して、幕府の処置如何を尋ねたのに対し、小栗が以下のように語ったと記している。

長州外夷と和親を結候者今日始り候事に無之既に拙者先年亜米利加え渡海仕候節長人亜国と已に和親を結居申候處帰国仕候得者長州事京師に取入り頻ニ攘夷之説を表ニ唱へ京師之威光を假り態と幕府を困窮せしめ其虚に乗じて幕府を仆シ已れ天下之権を取り開国を成んと巧ミ居候處不計も天朝よりも被見捨昨年已来之事と相成国内ニて者外夷と和親を結ぶ事異論を生じ候歟此節外夷長州え罷越候ても表ニハ戦争之形を見せ候上公然と和親を結之手段ニ有之候處実戦と相成最早長州内外え之頼を失候得共根源和親を内々結居候歟合戦之後再和親之談判と相成申候（二一九頁）

長州と外国の連携説が早くから幕臣の間に存在したのである。

脇屋が外国と長州の秘密連携策に協力したという、一寸考え難い嫌疑が掛けられる素因が、当時幕府の内部には存在していたのである。

逮捕即日揚屋入となった彼は、十月十九日に切腹、家断絶の処分を受けた。『藤岡屋日記』にはその申渡書として次のように記している。

其方儀、毛利大膳父子之所業如何之世評等、承知及ぶ上ハ仮令是迄応信を結び候共、文通可断ハ勿論之処、都て神奈川奉行支配運上処下番花房新衛門任願、長州清末ニハ内縁も有之、無下ニ難相断候迚、大膳家来遠藤太市郎及面会、音物等貰受、横浜表夷情風聞之趣意等咄聞、殊ニ大膳父子入京御差止、又は大和五条表変動相生候太市郎等度ヽ立入候而は嫌疑ニ存、一旦可相断と存候へ共、尚坂田八郎より願受、難黙止存、度ヽ書取致し為問合、街談巷説而已とは乍申、其都度ヽ申遣、又一ヶ条書ニ致し、京都并横浜表之事情、筑波山之事情等問合請候節、推考之儀等取交申遣、其上（中略）東西に事起、又外事も内実切迫、何卒万民父母だニも明君出顕、四海平穏ニ致し度抔、不容易儀認遣候段（中略）旗本之身分ニ有之間敷義、不届之至（二三三—四頁）

ということで、「於牢屋鋪、切腹」と断罪された。脇屋と同時に長州藩の遠藤太市郎と奥平数馬も「中追放被仰付候へ共、難手離物ニ候」との処分となったと記している（十月十九日申渡、二三四頁）。明確な背任行為が証明されないままの処分であったようにみえる。

以上、非常識ともいうべき嫌疑で、厳重な処分がなされる幕府の態度を見て、福澤は、そこに役人間の派閥争いといった陰湿な行動を見て、いつ誰かの機嫌を損ねれば、事簡単に罪人に仕立て上げられる恐れがあることを感じ、折角のメモを焼却して、万一に備えたのであろう。

脇屋卯三郎の幕臣としての経歴を『柳営補任』によって見る。

安政二年（一八五五）十一月十二日御徒目付より下田奉行支配調役に任命。同六年六月八日外国奉行支配調役に任命され、同日設置された神奈川奉行所の支配調役の勤務を命じられた。万延元年（一八六〇）十二月神奈川奉行支配組頭勤務となり文久二年（一八六二）には支配組頭本役となり、元治元年（一八六四）一月十六日には、「出精相勤候ニ付、布衣百俵高御加増被成下」となっている。それが、同年八月二十五日に「御詮議之儀有之　揚リ座敷江被遣」となり、十月十九日には切腹・家断絶ということになっている。

142頁12行目　御小人目附（24）

目付の下僚に徒目付があり、その下役に御小人目付がある。人数は百人程という。

将軍の御成先の警衛とか、情報確認とか、職務は多岐にわたるが、主に探偵向きの用事を担当する。徒目付の補助の他に、特に拝謁以下の者を糺察した。異変の立会、牢屋見廻り、勘定所・町奉行所・普請場・養生所・講武所等への出役をする。又隠密調査等をも行い、その報告を目付に提出したり、伝馬町の牢屋の検視などは、その主要な役目の一つである。

142頁19行目　細川藩の人にソレを貸したとがある（25）

脇屋卯三郎が処罰切腹させられた事件後（前註）、福澤が外国方として自ら訳した文書の要点や知り得た重要事項の要点を、薄葉の罫紙に書き記して自宅に所持していたものを、急いで焼き捨てたが、それ以前に親戚の者に書き写して知らせたり、細川藩の人に貸したことがあるので、それが発覚しないかと心配したのである。

文久三年四月九日条の「在府本藩太田黒権作は先月末より本月五日に至幕英交渉の状況に関する福澤諭吉の談話を報告す」と、元治元年九月五日条の「英仏米蘭四国公使本日より品海に入り開港に関する幕府の決答を迫る」の二つのことである。

第一の史料は、京都の攘夷論的圧力に、将軍が苦慮しながら、何とか開国の方向で纏めたいと努力していること。薩土長の三藩の領土に対しては、幕府の支配力が及んでいないとか、将軍が京都から帰府したならば、当然将軍の命に反抗してきた三藩に対しては、相当の処罰が加えられるべきで、その際は英国海軍は軍事的協力を惜しまない。等のことが記されているから、三月十七・八に行われた竹本甲斐守と同隼人正両外国奉行が、横浜で行った英仏公使との会談で、両国から軍事提供という重大問題が提供された際の情報に関するものと推測される。しかしメモによって急ぎ記述したためか、メモの内容が、外国側の意向か日本側の意向かの区別が不明瞭で、文意の理解しがたい報告になっている。

元治元年（一八六四）八月五日〜八日にわたる英仏米蘭四ケ国連合艦隊の圧倒的な軍事力により、長州藩砲台が占領破壊された。そのため、八月八日長州藩は和議を申し入れ、十四日に至り海峡の外国船の航行自由を保証すること。砲台等の修理増強を行わないこと。賠償金を支払うこと等の条件を認め、講和条約が調印された。連合艦隊は成果をあげて横浜に帰港した。

九月五日四ケ国代表は軍艦で江戸に戻り、六日には老中らと会談し、償金及び下関開港のことを協議した。幕府は支配下の藩の起こした不祥事という意味で、償金は幕府が支払うことを了承し、下関開港のことは、阿部老中が京都より帰府するのを待って、協議決定して返答することを約した。その後数次の会談で、幕府は九月二十二日、三〇〇万ドルの支払いか、下関の開港を行うかの一方を選択することを約束した。その後条約の勅許に努力したが、外国側には評価されず、慶応元年（一八六五）三月十日になって、幕府は償金を支払う方を実行することを決定した。

福澤の情報の第二の史料は、九月七日に行われた各国士官らを牧野老中邸に招いた時のもので、京都よりしきりに攘夷の要求があるとのことだが、それは世界情勢に合わぬものゆえ、幕府より説得することが大事であること。兵庫より下関の方が良港であるから、ここを開港場にしてほしいこと。賠償金は幕府が支払うこと等が話されたと告げているもので、条約交渉の内容を告げているものではない。『木村摂津守喜毅日記』によると九月六日「本日各国公使応接之由」、七日「各国公使今日も応接ノ由」と記している。恐らく四十名もの士官を招待した為、福澤等まで通訳の応援に駆り出された時の様子を知らせたものであろう。

この関連は拙作「『肥後藩国事史料』に見える福澤諭吉の二つの外交情報」（『手帖』78）を参考にされたい。

143頁小見出し　下ノ関の攘夷（26）

文久三年（一八六三）五月十日、攘夷期限を皮切りに、下関海峡通過のアメリカ、フランス、オランダ三ケ国の艦船に砲撃を加えた長州藩に対して、アメリカ、フランス艦による報復攻撃が六月に行われた。しかし海峡の通行を妨げられる状態が続くのは不可として、イギリスを加えた四ケ国が六月十日協議し、この状況を打開するための処置を採ると共同覚書を採択決議した。しかし方法について意見が一致せず、実際に対策は講じられずに時を過ごした。

元治元年（一八六四）正月賜暇休暇でイギリスに帰っていたオールコックが日本に戻ると、軍事力を用いても、日本の状況を打開すべしとの方針が本国から指示されたことと、幕府がフランス公使に、連合国が長州藩に特殊権益を要求しないのならば、その攻撃を黙認するとの意向を示したこともあって、下関へ連合艦隊派遣を決定し、幕府に通達した。そこへ丁度前年末フランスに鎖港談判使節として派遣されていた池田長発が、パリ協約を結んで、七月十七日横浜に帰国して来たので、連合国は、幕府の協約に対する措置を確認するため、暫時出航を延期した。結局幕府はこの協約破棄を明確にしたので、連合軍は七月二十七、八の両日にわたり、十六隻の軍艦を出航させた。

艦隊は八月三日姫島に集結し翌四日下関攻撃の態勢をとった。この時イギリス留学中の伊藤俊輔（博文）・井上聞多（馨）らが長州藩攻撃のことを知り、急ぎ帰国して、イギリス公使館に赴き、攻撃延期を申し出たので、イギリスの軍艦は彼らを乗せ長州に送った。伊藤等は攘夷の無謀を藩当局に入説したが、藩は容易に了承せず、ようやく説得が成功した時は既に艦隊が姫島を出発した後であった。かくて五日より八日までの四日間、前田砲台をはじめとして、沿岸砲台が砲撃され、さらに陸戦隊により破壊されたので、八日長州藩は宍戸刑馬（高杉晋作の変名）を使節としてイギリス旗艦に遣し、和議を申し出、十四日講和条約に調印した。条約の要点は、海峡の自由通航と償金支払いを承認することであった。

連合国は償金は幕府から徴収することとして過大の要求を吹掛け、代案の下関の開港を実現しようと考えた。九月六日より二十二日まで江戸で交渉が行われ、幕府は償金三〇〇万ドルを六回の分割払いとすることを一応認め、下関開港は拒否した。第一回の支払いは慶応元年（一八六五）三月に行われ、第三回分まで支払ったところで、改税約書の締結によって支払い延期を求めて承認を得た。しかし幕府が滅亡したため、明治政府に引き継がれて残金支払いが終わったのは明治七年（一八七四）であった。

144頁2行目　池田播磨守と云ふ外國奉行を使節として（27）

下関攻撃の講和条約三〇〇万ドル償金問題の最中に、鎖港ということにし、鎖港談判使節に外国奉行池田播磨守を派遣したように記している。

池田播磨守は、池田筑後守長発《ながのぶ》の誤りである。池田筑後守長発は文久二年五月～三年五月（一八六二～一八六三）までと、同年七～九月まで目付を勤務し、九月十二日には外国奉行となり、十一月鎖港談判使節に任命されて十二月二十八日フランス艦ル・モンジュ号でフランスへ出発した。池田播磨守とは頼方のことで、安政五年十月～文久元年（一八五八～一八六一）と元治元年七月～慶応二年六月（一八六四～一八六六）までの二回、町奉行を勤めている。

文久三年（一八六三）十月八日外国奉行池田長発がフランス公使ド・ベルクールに横浜鎖港談判交渉を求めたが、公使は面会を拒否し、通弁官が応接した。翌日仏通弁官より、下関の仏艦攻撃と九月二日の井戸ヶ谷におけるフランス陸軍中尉カミュス殺害事件についてフランス政府の諒解を求めるために、使節を欧州に派遣することの提案書が送られてきた。幕府はこの使節に表面上鎖港談判使節の名目を付け派遣することで、国内に対して鎖港方針撤回不都合の口実になるとして、この線でフランスと交渉し、ル・モンジュ号提供の了解を得たので、十一月二十八日、池田長発を正使・同河津祐邦を副使に任命し、使節は十二月二十八日出発した。

使節らは元治元年（一八六四）三月マルセイユに上陸、同十六日パリに到着したが、フランス政府は横浜鎖港は全く問題としないとの態度を取ったため、五月十七日までの交渉では、逆に使節は帰国後三ヶ月以内に下関海峡の通航の自由を確保することと、フランス艦への攻撃の賠償金を支払うことを約束する「パリ協約」を締結し、欧州各国や米国訪問等の予定を変更して、翌五月十八日パリを出発、急ぎ帰国してきたのである。

意外に早く帰国した鎖港談判使節が、その使命と逆行するかに見えるパリ協約を締結してきたことは幕閣にとっては、極めて迷惑なことであった。折角横浜鎖港を掲げて薩摩藩を抑え、庶政委任を取り付け、幕府威信恢復の方向が見えて間も無い時だけに、幕威の恢復のみを願う幕臣にしてみれば、まだ前記の方針変更の効果が出ていない時だけに、薩摩藩の巻き返し策を誘う危険があるとして、池田長発の言動を抑え、彼の禄高の半分六〇〇石を削り、隠居蟄居の厳罰処分にした。連合国に対しては二十四日、パリ協約の破棄を正式に表明したものと思われる。この幕府の表明をうけて、連合艦隊は下関に出動して長州藩を攻撃するに至ったのである。

確かに万延元年（一八六〇）の桜田門外の変以降、反幕的攘夷論が強まり、文久三年（一八六三）八月十八日の政変までは、京都を中心とする過激攘夷論の圧力のため、幕府は国内策として攘夷実行ができることを将来の目標に掲げ、攘夷策を最小限度に実施することで、京都勢力の圧力を弱め、対外方策としては開国方針を維持してきた。

京都の攘夷勢力を排除した八月十八日の政変が開国論の薩摩藩によって行われた時、幕府はここで対国内方針を開国策に変更すれば、幕府の権威低下に繋がると考え、京都に勢力を強めてくるであろう薩摩藩を抑え、京都が将来も反幕派に利用されない態勢を作るために、開国論に反対し、幕府の権威を恢復した後に内外一致の政策として開国策を打ち出すことを考えたようである。

幕府が横浜鎖港を主張しはじめ、談判使節を派遣したのは文久三年十二月である。

池田長発は元治元年五月フランスとの間に、パリ協約を結び、直ちに帰国の途に就き、七月十七日に横浜に帰着した。幕府は池田が予定より早く帰国してきたのみならず、使命以外の協約を締結してきたため、予定が大きく崩れた。それは幕府が池田の渡欧の期間の間に、京都で薩摩藩の開国論を潰して幕府の主張が京都に受け容れられる情勢を作った上で、内外方針を開国策に転換する作戦であったからだ。

連合艦隊が下関攻撃策を決定したのは、元治元年七月で、その時鎖港談判使節がパリ協約を締結して帰国したので、艦隊の出発を一時延期して、幕府が協約破棄を明確にした後に出航した。下関攻撃の結果長州藩が降伏して、八月十四日の講和条約で三〇〇万ドルの賠償金が支払われることとなった。

144頁10～11行目　江戸市中の剣術家は幕府より召出《めしいだ》されて（28）

文久二年（一八六二）島津久光が勅使を擁して関東に下る頃から、幕府でも、軍制改革の気運が強まり、旗本が禄高に応じて兵士要員を差し出し、これを幕府が集団訓練するという兵賦制が試みられたが、差し出された兵員の質が不揃いで、実質的効果が挙がらないので、幕府が直接兵士要員を採用して訓練することとし、その費用を旗本より拠出させる兵賦金制度に変更された。

幕府は西洋兵制に倣って歩・騎・砲の三兵を以て親衛常備軍を編成するとの方針を決定し、閏八月二十七日持弓先手弓組を鉄砲組に改め、九月五日講武所の弓術・犬追物・柔術の稽古を廃止し、十一月二十八日兵賦制を発足させ、十二月一日には講武所奉行大関増祐を陸軍奉行に、町奉行小栗忠順を歩兵奉行に任命し、兵賦制を金納制に改め、十二月十八日には陸軍総裁を新設した。

他方十月十八日、講武所剣術教授方松平主税助が、浪士の懐柔策として、幕府指揮の下に浪士を組織し、これを上洛する将軍警護の名目で京都に送り、京都の攘夷派に対決させる案を建言して、十二月これが採用された。幕府は府下の浪士を糾合して「浪士組」を編成し、松平主税助らを取締りとした。府下の浪士は勿論国事に関心を持つ村役人層の二、三男で、これに応じた者が多かった。こうした改革が攘夷の気運と相俟って、武張った尚武の気風を形成するのに大きな影響を与えたと思われる。

「浪士組」は一つの主義の下に集められたものでないため、危険分子も参加している。攘夷論者の清河八郎の如きは、これを利用して京都で一旗揚げる計画で参加し、文久三年二月二十三日上京すると、翌日同志一一八名の連名で、京都守衛尊攘遂行の志願書を学習院に提出して、京都の志士らと提携する始末であった。驚いた幕府は、イギリス艦隊の横浜渡来を理由に急遽清河らを東帰させた。この時清河らと意見を異にして京都に残ったのが「新選組」である。江戸に帰った「浪士組」員の中には、攘夷の先鋒を名として、府内の富裕な商人らから金品を強奪するなどの暴行を働く者も少なくなかった。このため幕府は四月十三日清河を麻布一の橋で暗殺し、その党三十八名を捕縛した。残余の浪士組を、「新徴組」に改編して、庄内藩の麾下に入れて江戸の警備にあたらせた。

幕府が急いで兵士要員を多数採用したため、不都合手違いもみられたようで、『藤岡屋日記』の文久三年二月二十三日の記事によると、大砲組要員採用の調査を担当した歩兵頭中山鏆郎と騎兵頭貴志弥三郎が、大砲役差図方に吉田秀司十五歳と大八木与三郎十三歳の少年を任命するよう申請して採用された。しかし壮年の大砲組員の中から、そんな少年から差図を受けるのは不本意だと苦情が出て、是が調査ミスであったとして、上記中山・貴志両名はその責任を負って切腹するという事件になったことが記されている。

参考① 攘夷の背景

攘夷論が急激に強まり、幕府首脳陣が相次いで襲われることになったのは、幕府と水戸前藩主徳川斉昭との、時勢に対する意見の対立が、遠因の一つに挙げられる。外国勢力が接近してくる情勢の中、長年の鎖国体制のもとで、なお泰平気分から抜け出せずにいる武士達を覚醒させるように、幕府に改革を強く求めたのが斉昭であった。外国問題に関心を抱く諸藩主らがその許に結集しはじめていた。対して、急激な政策変更は、徒らに社会を混乱におとし入れるものだとして、斉昭の発言を、幕府政治への不当な介入であると強く非難する幕府保守派とが対立していた。

ペリーの渡来に始まってハリスの通商条約要求まで、譲歩せざるを得なかった幕府の態度を不満とする、感情的な攘夷論者の間で、斉昭及び水戸藩攘夷論者への人気が高まっていた。やがてその中からは、公然と幕府非難を叫び、その過激な主張を幕政に反映させるため、京都の力を利用する動きが出てきた。その中で、堀田老中は、攘夷派が拠点とする京都の反幕攘夷の気運を鎮めようと、条約の勅許を求めて安政五年（一八五八）一月京都に赴いた。このため京都は激しい政争の場となった。この事態に対して、幕府の保守強硬派が押す井伊直弼が大老に就任し、強圧政治を推進することとなり、幕府は勅許の無いまま同年六月日米修好通商条約を調印した。更に条約調印を非難する水戸の斉昭・松平慶永らを処罰したのを始めとする、所謂安政の大獄と呼ばれる弾圧政治が始まった。

井伊大老は、反幕の中心は水戸藩にあるとみて、同藩に強い圧力を加えた。このため、水戸藩士の中から反動的に京都に運動し、八月には京都から幕府改革の「戊午の密勅」を引出し、井伊大老を攻撃する態度に出た。これが大獄を一層拡大させる要因になった。当時若年寄であった安藤信行は、この時水戸藩対策の担当者にさせられた。万延元年（一八六〇）三月の桜田事変で柱を失った幕府は、自ら定めている武家諸法度の方針に反し、直弼の死を負傷と偽って井伊家の断絶を防止し、彦根藩を慰撫して、水戸藩との抗争事件に発展するのを回避する方策をとった。この事態を糊塗する態度がかえって反幕過激派の気勢を著しく高めたことは否めない。そこで幕府は大老の強圧政策に批判的であったため老中を罷免されていた久世広周を老中に再度任命し、公武合体策を標榜して、過激攘夷派の感情を融和させることを図った。

外国貿易の開始による一部国産品の品不足から生じた物価騰貴は、攘夷論者の開国反対の絶好の論拠となり、幕政批判の攘夷論が庶民の支持を得るという情勢となった。幕府はこの事態を打開するため、雑穀・水油・蠟・呉服・生糸の五種の商品を先ず江戸で販売し、余った分を輸出するという「主要五品江戸回送令」を万延元年閏三月に発布したり、和宮の将軍家茂への降嫁を願って、公武の一和を図るなどの政策を打出した。しかし水戸藩過激派は、安藤信行が老中として幕府の中枢にいるから、久世内閣は、井伊内閣の方針を継承するものとして、反幕攘夷の運動方針を変えなかった。

参考② 坂下門外の変〈関連項目＝8章註（1）・（2）〉

安藤信行等幕府首脳者を襲撃する計画は、日光の輪王寺宮を擁立して筑波山に義兵を挙げる計画とか、水戸藩側が薩摩・長州藩と提携して兵を挙げるという計画が、いずれも困難になった代わりに浮上してきた策である。老中斬奸計画は文久元年（一八六一）十月頃から具体性を帯びて検討されるようになった。

首謀者の大橋訥菴は上野国高崎宿の兵学者清水赤城の四男で、江戸へ出て佐藤一斎に儒学を学び、江戸日本橋の太物商の大橋淡雅の婿養子となり、日本橋で思誠塾を開き子弟を教育していた。安政四年（一八五七）尊皇論を主張する「闢邪小言」を刊行した。宇都宮藩主の戸田忠温に招かれて講書したが、仕官はしなかった。宇都宮藩士だけでなく、水戸をはじめ関東の攘夷論者らの指導者的存在となっていた。幕府の和宮降嫁策に反対していて、安藤老中襲撃の「斬奸趣意書」も起草したといわれている。大橋は斬奸と同時に関東の幕府領を占拠するとか、会津藩を盟主に担ぎ出すといった大規模計画に発展させたいとの諸意見に対して、それは実現性がないとして決行日を文久二年一月十五日と決定した。

襲撃者として決定したのは水戸藩の平山兵助・小田彦三郎・川邊左次衛門・黒沢五郎・高畠総次郎の五名に、宇都宮側の河野顕三と越後の川本杜太郎が加わった七名である。彼らは文久二年正月順次江戸に潜入していた。大橋の門人で宇都宮藩士の岡田真吾が日光山に拠り檄を諸藩に飛ばして義兵を挙げ、奸臣排斥と攘夷実行を朝幕に建白したい旨を大橋に訴えた。大橋はその趣旨に賛成して、一橋家の近習番山本繁三郎を正月八日に訪問して、岡田の上書の取り次ぎを依頼した。山本はことの重大さに驚き、早速久世老中に訴えたので、久世は南町奉行に指示して、十二日夜大橋を逮捕させた。義士らは、ことが失敗に帰し、未発に終わることをおそれ、警戒厳重な中で敢えてことを起こしたため、切り込んだ浪士は全員討取られ、安藤は僅かに負傷しただけで終わってしまった。

参考③ 水戸藩の攘夷

安政大獄の幕府圧力が強まる中で、安政五年（一八五八）八月に朝廷より水戸藩に下された改幕の勅諚（「戊午の密勅」）は、水戸藩の攘夷論者らの大きな支えとなり、その返還を迫る幕府の命令にもかかわらず、勅諚を国許に移して、幕府に抵抗する姿勢を示した。このために水戸藩内は、幕府の命令に従うのが三家の本分であるとする佐幕論と、斉昭の意志に従うべきだとする攘夷論の両派に分かれて混乱していた。その反動として万延元年（一八六〇）三月の桜田門外の変が発生した。

この水戸藩過激派の活動が、政情不安の原因であるとして、幕府は、朝廷から水戸藩に対して、先の勅諚を返還するよう発令されるよう強く願い出て、万延元年六月にそれが実現した。しかし八月に斉昭が謹慎の処分の解けないまま死亡したので、これが攘夷派藩士を強く刺激し、勅諚返納問題は難航した。そこで幕府は十月に、勅諚返納を暫く延期することを水戸藩に伝え、一応この問題を決着させた。（この勅諚は文久二年（一八六二）十二月十五日に幕府の許可を得て諸大名に布告された。その時は既に幕府が攘夷の勅命を布告した後である。）

幕府は万延元年桜田門外の変以来、公武合体方針のもと、和宮の降嫁の実現に努力した。幕府の正式の降嫁要請に対し、天皇は、和宮は既に有栖川宮との間に婚約の内談があり困難であると、不許可の意向を示された。京都所司代の酒井忠義は、水戸藩への「改幕の勅諚」の返納命令が出ることで、水戸攘夷派の運動の根拠が無くなると判断したためか、国内人心一致のためにも是非降嫁の許可をと、九条関白に降嫁を再要請（六月三日）すると共に、反対者に圧力をかけ、強く朝廷に和宮の降嫁を迫った。

参考④　航海遠略策〈関連項目＝8章註（3）〉

天皇は岩倉具視の献策もあって、幕府が近い将来において外夷を排除する方針をとるならば、和宮の降嫁を許可するとの内意を示された。当面の事態収拾のみを考える幕府は、七月に公武一和ができれば十年以内に攘夷を実現するのが幕府の本意であるとしたので、文久元年（一八六一）十月十八日に和宮の降嫁が正式に許可された。

全国の攘夷論者の幕府に対する不満の空気が高まる情勢のなかで、文久元年二月、ロシア艦隊が対馬を占領せんとする事件が発生した。外国軍隊による日本領土占領という事態に直面して、対馬藩は勿論幕府にもこれを実力で排除する力はない。しかも国内は幕府の態度に対する不満が高まっている状況である。ここにおいて、長州藩の直目付の長井雅楽が、京都の無謀な攘夷論を転換させ、挙国一致体制を樹立するために、公家の間に、同年三月「航海遠略策」を持ち出した。

「航海遠略策」とは、幕府が国是としている鎖国政策は、本来の日本の対外政策ではない。奈良・平安の昔より、遣隋・遣唐使節等が派遣されたように、海外に出向いて国威を輝かすことがわが国本来の在り方である。したがって、朝廷は幕府に対し、積極的に海外に国威を輝かす国家になるよう激励されれば、幕府も喜んで努力するであろうというものである。

長井の京都での入説は上級公家の賛成を得、更に江戸に下向して、幕府にも入説することとなり、七月久世老中に、八月安藤老中に入説された。幕府としては、願ってもない説ではあるが、そのとき幕府は和宮の降嫁願いの条件として、攘夷方針を押しすめることを申し出たばかりなので、幕府からこの説を朝廷に申し出ることは出来ないとして、十二月に出府して来た藩主毛利慶親に対して、特に朝廷側から幕府に遠略策方向の指令が出るように周旋するよう依頼した。この依頼は、朝廷と大名との関係に神経質であった幕府としては、異例の依頼であり、これで外様大名が公然と朝幕間の政治周旋に活躍する前例を開くことになった。

しかし運動は、文久二年一月の安藤老中襲撃事件もあり、朝廷内部に強い反対運動が生じ、五月には長井に対する非難が強まり、六月五日長州藩は上京中の長井に帰国命令を出すに至って、局面は大きく逆転することになったのである。

参考⑤　京都における攘夷論の抬頭〈関連項目＝8章註（4）〉

ペリーの渡来以来、外国の圧力に服している幕府の態度をみて、武士の風上にも置けぬ態度として、これを非難する感情的攘夷論が、次第に幕府批判の政治的意味合いを加えてきた。安政五年（一八五八）米欧との通商条約が締結され、翌年外国商人らが横浜に進出して来ると、攘夷論者の感情は一層刺激された。

幕府や藩当局による内からの改革に期待出来ないとなると、下士や学者の間からは、幕政を変化させるために、自分達の主張の拠点として、従来政治的には無力であった朝廷の意向に従った主張であるとして、幕府に思想的圧力を掛ける動きが出てきた。そうした動きが次第に強くなってきたところへ、政治問題として、将軍継嗣問題と通商条約問題が発生した。幕府は特に後者の問題を解決するためには、京都に条約調印の許可を求め、反幕的な攘夷論を抑える必要があった。このことは逆に攘夷論者をより政治的に結集させ、次第に大きな政治力となって幕府に圧力をかけることになった。こうした事態に危機感を抱いた井伊大老が、強圧政策によって攘夷論者を弾圧したため、その反動として、政治的使命感からのテロ行為が頻発する地盤ができてしまったのである。

参考⑥　「西航記」と「写本西洋事情」〈関連項目＝8章註（9）〉

『木村摂津守喜毅日記』をみると、福澤は文久三年（一八六三）九月からは、月に四～五回木村家を訪問しているから、幾分暇ができたのであろう。十二月七日条には、「福論来談、西航記一本持参」とある。「西航記」は福澤の欧州旅行日記の名称だが、「西航記」（『全集』⑲）の冒頭の富田の註記によると、福澤の自筆本は二冊から成っていたが、今は前半のみが残っている。「他に数種の写本が知られてゐて、彼此比較すると帰朝後に自筆本に加筆訂正して写本を作らせた跡がわかる」と記している。この記述から推測できることは、福澤の貴重な経験を知りたい洋学者仲間に、従来知られていなかった欧州諸国の種々の制度・習慣等、福澤がアメリカ訪問の時に気が付いた誤解や不明部分の記述を、説明的に修正しながら提供して、読者の感想を聞きながら、追加訂正していたのではないかということである。

鹿児島大学所蔵の「写本西洋事情」の筆写年月が、福澤が木村家に「西航記」を持参した日時と接近していることから、十二月七日に木村家に持参した「西航記」は、福澤が欧州旅行で記述したままの「西航記」ではなく、まさに日本では未知の西洋の諸制度・風俗・習慣等の諸事情の説明書に近いものに修正加筆されていた可能性も考えられる。この推測が許されると、旅行記（「西航記」）が或る段階まで増補改定されるに及んで、「写本西洋事情」と改名されたと考えられる。

参考⑦　欧州帰国後の福澤塾〈関連項目＝7章参考⑬〉

福澤は文久二年四月十一日ロンドンから島津祐太郎宛の書簡で、是非藩校として新教育方法を採用すべきだと訴えた。自ら新教育の専任者として藩校の中心に立って活躍する夢を抱いて帰国したが、藩内は予想もしない藩状に変わっていたのである。

その第一は、洋学藩校の創立に最も熱心な協力者であった岡見彦三が七月に死去していた事。第二は、家老奥平壱岐（十学）の排斥運動が起こされ、壱岐は親戚が家老を努める伊予の松山藩に移籍するという事件が起きていたのである。

欧州から帰国以来、中津藩の情勢に落胆していた福澤は、ここにきて藩校化することを断念し、新構想に賛成する同志を教育し、複数教員による欧米式教育機構の新学塾を創出したいと考えるに至ったのではないかと思われる。福澤の教育方針の大きな変換点になったものと思う。［5（2）・②］

参考⑧　生麦事件賠償金支払い過程〈関連項目＝8章註（11）・（14）〉

その賠償金支払い関係については、『増訂国際的環境』に詳細である。同研究を参考にしながら事件の経緯等を簡単に説明する。

賠償金要求書は文久三年（一八六三）二月十九日に、イギリス書記官から外国奉行阿部正外に手交された。この要求提出の予告があったので、幕府はイギリスによって将軍の上洛が妨害されるのをおそれて、将軍は上京予定を早め、海路を陸路に変更して、二月十三日に江戸を出発して、三月四日京都に到着している。

イギリスの要求は、犯人逮捕処刑と償金十万ポンドの要求で、回答期限を二十日間としている。幕府は将軍不在を理由に、三十日後の将軍東帰までの回答延期を要求したが、イギリス側は、事前に重大事項であることを予告したにも拘わらず、幕府がそれを無視したとして、その要求を拒否した。幕府は早速関東の大名や旗本に必戦の覚悟と準備を命じ、三月六日には彦根藩以下十一の藩に江戸・横浜の守備を下命している。その上で翌七日、重ねて三十日間の延期を要求したが、代理公使ニールは十五日間の延期を承認したにとどまった。

三月十四日に至り、幕府は将軍の東帰が延期される情勢から、回答期日を更に三十日間延期するよう、イギリスに懇請した。その頃フランス公使が、日英間の問題から、神奈川奉行が横浜の庶民に退避を命じたことで、諸外国側が雇っている日本人が退職脱走していることや、攘夷派浪人の攻撃対象が、無差別に各国外国人に及ぶ危険があるので、英仏協調して、この問題の解決に当たる必要があるとして、両国公使間で協議が行われた。

その結果外国が一致して賠償金支払延期を拒否し、全面的に日本と戦争を開始するか、回答期限を延期すると同時に、反幕勢力打倒のための軍事力の提供を幕府に承諾させるかのいずれにするかが協議され、全面戦争に入るのは、後者の提案が幕府に拒否されたときにすべきだとの合意に達した。そこで三月十七・八の両日、外国奉行竹本正雅らと横浜のイギリス軍艦上で会議が行われ、期日延期を認めると共に武力援助を申し入れた。竹本は重大問題ゆえ将軍の意向を聞く必要があるとして、京都往復の間の回答延期を要求し、三月十九日より十七日間の延期を提案し、英仏側もそれを認めた。

竹本は二十一日京都へ出発した。京都では攘夷論の勢いが強く、将軍の権威が弱いとの情報が流れる中で、イギリス・フランス側は、四月二日、幕府に対してこれ以上の回答日延期はできない旨を伝えたが、幕府は竹本が予定通りの日程で江戸に戻れないとして、延期を要求し、結局四月二十一日まで延期することが了承された。

四月五日竹本が、翌六日小笠原長行が江戸に帰着した。八日竹本は横浜にイギリス・フランス公使を尋ね、将軍の意向を伝えた。それは、武力援助は今その時期ではない。償金支払いの明確化はかえって国内混乱を招く危険がある。したがって、将軍が帰府して、在留外人保護の準備ができ次第償金を支払う。但し幕府の財政難もあり、分割払いで目立たぬように支払いたい。というものであった。不満はあったが、外国側も分割支払い案を承認した。

回答期限の四月二十一日、幕府は外国奉行菊池隆吉等をニールの許に派遣し、二日間の協議の上イギリス主張の十日以内に十四万ドルを支払い、残りの三十万ドルは毎週六万ドルずつ支払うとの案を、毎週五万ドル支払うことに変更決定した。四月二十八日に、来る五月三日より七回に分けて償金を支払う協定書に調印が行われた。

五月二日に至って、幕府は、将軍後見職の一橋慶喜が、帰府途中から償金支払いを七日まで延期するよう下命してきたとして、またまた延期を求めたので、イギリスは三日迄の延期を認めた。期日までに小笠原が横浜を訪問し、公使らと会談することになっていたが、五日小笠原の病気ということで、横浜行きは一方的に中止された。一橋慶喜は、八日の夕方神奈川に到着し、償金が未だ支払われていないことを確認したのち、江戸に急行し、翌朝江戸に到着した。しかし、前日まで病気と称していた小笠原が、八日早朝品川沖を出航して、八日夕方遅く神奈川に到着し、即日イギリスに償金支払いを通告し、九日要求償金四十四万ドル全額を一時に支払った。これで難航した償金問題は、一挙に解決した。

参考⑨　生麦事件賠償金支払いにおける小笠原の行動〈関連項目＝8章註(14)・(16)〉

生麦事件賠償金支払い直前の、小笠原長行の一連の行動には、不自然さが残る。交渉のため慶喜が江戸に到着するまでは、朝廷が指示する、償金不払いの路線が守られていたのである。

賠償金の未払いを確認するだけのために、帰府の途中、慶喜が横浜に立ち寄ると、突然慶喜と入れ違いに海路横浜に出向いて、賠償金を支払っている。前日まで病気と称して幕議に出勤しなかったのにである。

これは、賠償金支払いの反対気運が強い京都の攘夷論者の中にあって、慶喜が上級公家に運動をして、密かに戦争回避の内諾を得ていることを、小笠原は承知して、両者の間に予め打ち合わせができていたからだと思われる。京都対策に慶喜を失脚させないための責任回避が配慮され、小笠原が独断で賠償金を支払った形にするとの幕府の意図がここに窺える。

四月上旬竹本正雅が京都より戻り、小笠原長行が江戸に到着するまでのイギリスとの談判の様子を、福澤が熊本藩士太田黒権作に語ったという資料が、『肥後藩国事史料』三巻の文久三年（一八六三）四月九日条に記載されている。

「兵端を開可申抔とは実に於英国不本意の至に付緩々御論判可被遊何時迄も御待可申上尤日本え軍艦差向候儀一旦外国えも相達置候事故此儘御返事も相待不申引取候ては何分にも海内え対して英国之面目を失ひ候に相当申候間何時迄も御返事相待可申上候」

その記術は意味不明瞭の所や、誤解している点もあり、この報告通り福澤が語ったとは言い難い点が多く、あくまで英国の態度は脅かしにすぎないとか、攘夷の中心である薩土長の三藩を討伐する時は喜んで海手からの攻撃に協力する考えだとか、「江戸焼払抔申儀毛頭野心無御座候」と、イギリスが見掛けよりもおとなしい態度であるとの説明になっている。幕府首脳陣が全員欠席して閣議が開かれないといった幕府当局者の混乱振りと余りにかけ離れた福澤情報であるだけに、違和感が感じられる。

この他に注意されるのは、小笠原長行の帰府後は、外国方に十分情報が入らないと記している点である。

六日小笠原図書様御着府後は日本語通用之英夷え直に御応接にて一切論吉抔は漏聞不仕由に御座候

福澤が外交問題の情報を、熊本藩に流すようになったのは、資料的にはこの時が最初であるが、どんな経過から行われるようになったのか検討する必要がある。また文久三年七月九日の林玄助（正明）を始めとして、保理井大助・岡田摂蔵・横井平治太郎・上野三郎輔・国友次郎・宮川又三・北川文之助・本田信太郎・本田艾次郎・村上辰次郎等十一名もの熊本藩士が、翌三年三月までの間に大挙福澤の塾へ入門していることの理由を研究しておく必要がある。

なお、福澤は、償金の支払われた五月九日を、『自伝』では二箇所（一三〇頁五行目・十三行目）に十日と誤記している。

参考⑩　大築保太郎と村上英俊〈関連項目＝8章註（12）〉

文久三年（一八六三）三月四日付「生麦事件に関する賠償金要求」の翻訳者として名を連ねていて、福澤が忘れていた者は、箕作秋坪・大築保太郎・村上英俊の三名である。

大築保太郎（のち尚志）は佐倉藩士で、天保六年（一八三五）の生まれ。手塚律蔵の門に入り蘭学を学んだ。蘭学者として幕府に召抱えられ、直参となったので、維新後徳川氏に従って静岡に移った。『柳営補任』によると、富士見御宝蔵番格歩兵差図役勤方から慶応四年（一八六八）正月に歩兵差図役頭取となり、同年二月に歩兵頭並となっている。

維新後軍人の道に進み、明治十年（一八七七）西南戦争で戦功を挙げ、十四年砲兵局長・十九年少将に進み砲兵会議議長を勤め、二十年には砲兵監となっている。日清戦争には臨時東京湾守備隊司令官となり、三十二年陸軍中将に昇進した。退役後三十三年六月に六十六歳で死去。弟の拙蔵（節蔵）は兄に習って手塚門に学び、のち手塚律蔵より請われて養子となった、手塚節蔵である。

大築と福澤が一緒に翻訳をしたのは、文久三年三月四日付の文書が最初である。丁度手塚律蔵の佐倉への引退と交代するような形になっている。

村上英俊については、『仏学始祖村上英俊』に記述されているが、確実な資料が少なく、特に前半生の詳細は不明である。

文化八年（一八一一）四月、下野国那須郡佐久山（栃木県太田原市）の本陣佐野屋の当主で、医師の村上松園の長男に生まれる。文政七年（一八二四）一家は佐久山から江戸に移り、京橋柳町で医者を開業した。父は英俊に医師を継がせるため、篠山藩医足立長雋に師事させ、文政十年宇田川榕庵につき本格的に蘭学を学んだ。父が死去した後、天保十二年松代で町医師を開業した。移転の理由は、英俊の妹が、真田幸貫侯の寵愛を受け、世子幸教を生んだことから、松代に招かれたためと思われる。暫くして、藩医となる。

英俊が仏語研究を開始することになった機縁は、蘭医として研究中、化学方面に興味を抱き、蘭書にしばしば引用されるスウェーデンの科学者ベルツェリウス（今日の原子記号、化学式の表記法を創始した学者）の『化学提要』を、一五〇両の大金を投じて藩に購入して貰うこととなり、到着した原書は、蘭語ではなく仏語であった。勿論仏語を読める学者は当時皆無で、独学で取り組まざるを得ない状況になったようだ。結局真田家にたまたまあった蘭仏辞書を筆写し、一年半近くの苦労の末、嘉永二・三年頃から、どうやら解読できるようになったという。

嘉永四年藩の江戸定府の医師となり、次々と仏語関係の書を著し、私塾達理堂を開きフランス語を教授し、幕府の蕃書調所の教授手伝いにも任命され、わが国の仏語学開拓の第一人者となった。明治十年（一八七七）達理堂を閉鎖、十五年は東京学士会院会員に選ばれ、十八年にはフランスよりレジョン・ドヌール・シュヴァリエを受章、二十三年八十歳で死去。

参考⑪　生麦事件賠償金支払い談判決裂の危機〈関連項目＝8章註（17）・（18）〉

外国方に出仕しているから、福澤は生麦事件の賠償金支払いの延期交渉がどうなっているかの、おおよその様子は判るはずである。もっとも小笠原長行が東帰して以後は、小笠原は日本語の分かる英国人と直接交渉をするようになったから、情報が十分入ってこないと告げている（『肥後藩国事史料』文久三年四月九日条太田黒権作報告）。

『増訂国際的環境』を参考に、何とか事態の打開方策を見いだすべく種々苦労した幕府役人らの動きをみると、次の通りである。それまでも幕府は色々口実を設けて期日を引き延ばしてきたが、四月十七日神奈川奉行の浅野氏祐が、これ以上の延期は困難であると報告したことで、幕府は支払いの方向で交渉して、今少し時間を稼ぐことを考えた。二十一日、生麦事件は将軍が攘夷の方針を承諾した以前の事件である、したがって京都の方針に従って、今から鎖港の談判を進めるに当たっては、それ以前の事件を解決して置く必要があるということで、償金支払い方針を打ち出したのである。

この方針に従って、二十一・二日に外国奉行菊池隆吉・柴田剛中を横浜に派遣して交渉し、賠償金を分割払いにすることはようやく了承された。そこで四月二十八日イギリスとの間で、五月三日より七回に分割して支払うことの協定書に調印が行われた。

一橋慶喜は二十二日京都を出発して江戸に向かっていた。慶喜は道中から江戸の老中に、賠償金支払い拒否を指令した。このため幕議は混乱したが、結局五月二日神奈川奉行浅野氏祐をして、予定の日に賠償金が支払えないような不時の事態が発生したから、七日まで延期して欲しいとの小笠原の書翰を渡して、外国側に期日の延期を申し出た。これに対しニールは、それは幕府の協約違反だとして激しく非難し、「直ちに必要なる手段をとる」として延期を拒否した。浅野はニールの決意を江戸に伝えるための時間の猶予を要求したので、結局さらに十二時間の猶予を認めた。

日英関係は断絶の状態に入った。軍事力に訴える、しかしその際、他の欧州人をも同じ危険に晒すことになるだけに、実力行使には移れない。そのような中で神奈川奉行らの戦争防止の活動は、フランス公使への周旋依頼のみである。奉行らは、五、六の両日フランス公使ドゥ・ベルクールと会談している。日本人の誰かが責任を取って賠償金を支払っても、幕府に対する攘夷論者の圧力は回避できないどころか、かえって幕府の立場を窮地に追い込むことになると、幕府の苦境の立場をフランス公使に伝えている。フランス東洋艦隊司令官のジョーレスは、開戦となった時幕府が在留外国人の保護に誠意を示さなければ、欧州諸国は日本に宣戦布告せざるを得ないとして、横浜をフランス軍が中立地として管理する案まで提案した。しかしそれはイギリスの拒否で、具体化されなかった。

七日浅野らは江戸に赴き、老中が自ら横浜に出張して、即刻事態を解決しない限り他に方策の無いことを力説した。幕議は明日、一橋慶喜が帰府するから、京都の情勢や意見を聞いた上で再評議すると言い、横浜に出向く意思を示さなかった。そこで浅野らは小笠原が独断で償金を支払い、続いて兵力を引率して上京し、京都の攘夷派を排除する秘密計画の実行を決断させた。浅野は七日夕刻横浜で、フランス公使及び提督との密談で、この計画の協力を求めた。

ベルクール等は早速ニールを訪ね、浅野らの計画を告げると、小笠原との会談に応ずるように勧めたが、ニールは、償金未払いの間は断絶状態であるから、老中との会談はできないと拒否した。そこで小笠原が幕府の鎖港方針による、外国人早期立退要求の意思を伝達するための会談策を提案するとした。八日朝、浅野はベルクールから了承を得た。そこで小笠原は早朝品川沖に停泊する蟠龍丸に搭乗し、横浜に向かった。同日夕刻一橋慶喜は神奈川に到着し浅野を引見して、償金の未払いを確認すると、直ちに江戸に向かった。同日夜、小笠原は横浜に到着すると浅野に償金の全額支払いを命じた。九日償金の引渡が行われ、イギリスとの戦争は回避されたのである。

参考⑫ 薩英戦争経過〈関連項目＝8章註（17）〉

島津家の分家佐土原藩主島津忠寛は、本家の存亡を心配して、家老樺山舎人らを派遣して、薩摩藩にイギリスとの講和談判を行うことを入説させた。内心講和談判の必要を感じていた薩摩藩では、島津家の面目を守りつつイギリスと講和する方策として、賠償金の支払いを佐土原藩名義で行い、犯人の逮捕処刑だけを約束することで局を結ぶことを考えた。

交渉は先ず文久三年（一八六三）九月二十八日と十月四日の二度行われた。薩摩藩は岩下佐次右衛門を正使に、重野厚之丞が応接掛、佐土原藩の樺山と能勢が補助という形で会談に臨み、ニールとの二度の会談が行われたが、両回共互いに相手側の弱点を衝くことのみで、妥協するに至らなかったが、幕府の要望と佐土原藩の勧めで、十月五日第三回の会談が行われ、ようやく賠償金を佐土原藩名義で支払うことと、薩摩藩が犯人の逮捕処分を行うことを承諾した旨の文書を提出することで、大体の了解が成立した。

賠償金支払いは薩摩藩の内にも強い反対があったが、島津久光が、支払いの方針を許可し、賠償金を幕府より借用する方針を立て、十月十六日大久保一蔵（利通）を江戸に派遣した。大久保は、幕府より借用できなければ会談は決裂すると主張して、老中板倉勝静に強く迫り、ニールも十月十九日、幕府に薩摩の償金支払いの遅延を厳しく詰問したので、幕府は致し方なく薩摩の要求を許可し、十月二十九日の第四回会談で、十一月一日に支払うことを約束した。支払い期限の十一月一日、樺山が佐土原藩主島津忠寛名義で、宗家に代わって償金二万五千ポンド、日本の金で六万三百三十三両を支払い、岩下らより、犯人逮捕処刑を確約した書面を交付した。また英国が和親回復の上は、薩摩藩の要求に応じて軍艦購入の周旋を約束する旨の文書を提出して、この問題は全面解決となった。

薩摩藩が大久保を江戸に派遣した理由は明白ではないが、強引な駆け引きに長じている大久保をして、出来れば薩摩藩の宿願を達成したい考えがあったためと推測される。宿願というのは、薩摩藩は鎖国時代、長崎貿易に支障の無い範囲で、琉球を通じた密貿易を認められていた。それが開国以後は、幕府の厳重な統制があるため、密貿易の利益が上らず、横浜での貿易の利益も大きく制限されて、そのため藩経済は苦境に追い込まれていた。そこで薩摩藩は、文久二年七月十二日に琉球を通じた勝手貿易が許可されるよう希望したが、幕府は許可しなかった。そこで九月二十日の談判の際、イギリスと日本の和親条約は、幕府とだけ結ばれたのではなく、薩摩藩も条約の利益にあずかり得るべきだとの条約の解釈を承認させようとした。これに対してニールは、条約の規定を守る限り、薩摩も条約の利益に預かる権利をもつと答えている。

　この返答を利用して、薩摩藩は賠償金を幕府より借用し、その返済方法は、横浜で藩として貿易参加の許可を得て、その利潤から賠償金を返済する提案と、幕府が許可しない時は、再度戦争の可能性を強調して借金はするが、その返済はしない案との両面作戦を執った。結果後者案をかちとることに成功したようだ。

参考⑬　攘夷日決定〈関連項目＝8章註(22)・(26)〉

　下関事件の主要な原因となった攘夷期日決定の経緯を略述すると、文久二年（一八六二）薩摩藩が兵力を率いて京都に乗り込み、公武合体方針を主張したため、それまで京都で優勢であった攘夷論が一時抑えられた。しかし久光が大原勅使を擁して江戸に赴いた留守中に、京都で長州藩が中心になって、攘夷派勢力を結集し、朝廷を左右するようになった。その結果文久二年冬、再び三条実美らを勅使として江戸に派遣し、攘夷方針の奉承を幕府に要求した。幕府は、将来武備を充実したうえでとの前提条件付で、攘夷を行うことを約束した。武備充実のためには、国内体制の整備は勿論であるが、外国貿易による利益を元手に、新鋭武器を購入したり、兵員の近代化が必要であることも説明されている。したがって武備充実には相当の年月がかかることは当然で、勅使に随行してきた長州藩関係者や勅使もその点を了承したはずである。

　ところが、文久三年将軍の上洛を直前に控えて、一橋慶喜や松平春嶽が上京すると、京都側は、先の前提条件を無視して、攘夷決行の日時のみを即刻決定するように幕府側に強要した。これに対し、公武合体のためにはできるだけ妥協論を主張してきた松平春嶽が、前提条件を平気で無視する三条実美らの攘夷要求は、徒らに幕府に無理難題を強制するもので、到底実行できないと主張して、それが聞き入れられないなら、将軍は政権を朝廷に返上して江戸に帰り、攘夷方針は、それを主張した朝廷が自らの責任で実行すべきであるという、政令帰一論を主張した。

　しかし、幕府の老中や慶喜は、そこまでしなくても、将軍が上洛さえすれば、その威力によって、攘夷論を抑えることができるとして、春嶽の説を採用しなかった。しかし感情的攘夷論に酔う京都は、幕府の予想に反し、ただ将軍の権威をおとし、幕府を困難な場に追い込むことのみを求めた。したがって、政権の保持のみを考える幕府は、朝廷の意思に妥協せざるを得なくなり、幕府は四月二十日に至って、五月十日を攘夷決行の日と奉答するに至ったのである。

9、再度米國行

146頁3行目　亜米利加の公使ロベルト・エーチ・プライン（1）

初代駐日公使ハリスは、日本を通商開国に導くために長年努力し、不慣れな外交に種々の指導助言を与え、幕府からも深い信頼を得ていた親日的外交官であった。彼は文久二年（一八六二）三月、帰国することになり、二十八日江戸城で将軍に帰国の挨拶をしている。ハリスの後任として赴任したのが、プライン Robert H. Pruyn である。

文久二年四月十九日、大統領の信任状を幕府に提出したプラインは、五月二日幕府に対して、航海術練習の急務を説き、米国船に日本人水夫を搭乗させては如何かと提案して軍艦注文の話を出したようだ（『維新史料綱要』巻四、六四頁）。

生麦事件が発生すると幕府に同情的態度を示し、日本の風習では大名行列に対して、庶民はもとより武士も下馬して敬意を表すのが例であるから、イギリス人にも不行届の点があると、イギリスの賠償金要求は過重であると評している。

八月二十九日のプラインと板倉・水野両老中との会談で、軍艦建造・銃器購入等の問題が話し合われ、閏八月二十一日に軍艦建造を米国に依頼する商談がほぼ決定している。翌日参覲交代制度の改革が発表された。この改革は大名の負担の軽減によって生ずる経済的余裕を、軍備充実に廻すというもので、幕府にも、海軍軍備の充実を図る機運が高まっていた時であったから、信頼度の高いアメリカ公使プラインの勧誘に、幕府が早速応じたものと見ることもできる。

文久三年四月七日、アメリカ公使館に使用していた麻布善福寺の火災で、プラインは江戸を離れ、横浜に移った。その直後の五月十日に、長州藩による下関海峡通過の米国船ペンブローク号砲撃事件が発生した。アメリカは六月一日直ちに軍艦ワイオミング号による報復攻撃を行った。続いてフランス、オランダの軍艦への攻撃が続発したことから、イギリス、フランス、オランダと共同歩調をとらざるを得なくなって、イギリス主導の下での諸国協調策に転換したようだ。

慶応元年（一八六五）三月プラインは強く公使館の江戸復帰を要求したが、幕府は善福寺の復旧工事未完成を理由に、その要求を拒否している。三月十九日彼は幕府に、病気療養帰国の挨拶のため将軍への謁見を要求したが、ちょうど江戸城が火災直後で狭隘を理由に謁見は謝絶された。四月一日後任に公使館書記官のポートマンに代理公使を命じ、帰国してしまった。［9①］

146頁6行目　富士山と云ふ船が一艘出来て来て（2）

富士山《ふじやま》艦は慶応元年十二月七日（一八六六年一月二十三日）に無事横浜に到着した。

右船は帝国日本政府のため日本在留のアメリカ・ミニストル・レズィデントの命を経、合衆国政府の免許を以て船主ジョーセフ・ゼーコムストックの検査にて当城下のウェストルウェルトおよびソンによりて製造したるなり。右船長さ二百七フート、幅三十四フート、艙の深さ十五フートにして船脚水に入ること只十一フートなり。

右船はブリグ形に装い、ハウスプリット（船頭にて帆を張る斜上の柱）、ジフ（右の柱に継ぐ第二の柱）、フライケングジブルーム（また右柱に継ぐ第三の柱）あり。すべて第一等軍艦の作りなり。その速かなること蒸気の力ばかりにして真の測量にて凡そ三十三「ノット」を得たり。我が国海艦目録中、幾多の遅き船に代え右船の如きものを両三艘を有せざる事、長大息なり。

フジヤマの武器三十ポンドのパロット自在砲一門、船頭にあり。三十ポンドのパロット砲二門船頭の砲あり、百ポンドのパロット自在砲中央にあり、九寸のダルグレンセルコン四門砲門にあり、二十四ポンド二門、十二ポンド二門砲門にあり、総計十二門なり。（勝海舟全集13『海軍歴史』「富士山艦の明細書」三九〇頁）

146頁10行目　派遣《はけん》の委員長ニ命ぜられたのは小野友五郎（3）

幕府の海軍力充実の動きは早く、安政二年（一八五五）の長崎海軍伝習にはじまり、井伊大老の命令で、同四年に築地の軍艦教授所（のちに軍艦操練所）が創設され、文久二年（一八六二）の幕政改革の際にも、海軍の充実策が採られたが、実効を見るにはなお相当の期間が必要であった。

慶応年間に入って、幕府は自ら米国に委員を派遣して、軍艦を選定購入することになった。その選定委員には、軍艦の建造知識や経験を持った者が必要であり、小野友五郎は適任者であった。小野の長崎の海軍伝習所以来の経歴を、簡単に辿ってみる。

安政二年小野は長崎の海軍伝習第一期生として高等代数学・航海術・運用術・造船学・測量術等を学び、オランダ人教師の洋算の説明も理解した。これを理解したのは和算の専門家としての実力を持っていた、数名の学生だけといわれている。伝習生は安政四年江戸に戻ると、軍艦操練所の教官となった。

万延元年（一八六〇）咸臨丸の米国派遣の時、測量方として活躍した。小野の能力は、咸臨丸に同乗したキャプテンブルックを驚嘆させるものがあった。

咸臨丸の渡米成功は、日本の航海技術の水準を大幅に向上させる上で大きな成果を挙げたことは勿論である。サンフランシスコ到着後、海軍造船所において、長期にわたる徹底的な修繕作業を体験して、その工事手法と過程を士官等や水夫に習得させたばかりでなく、時には共同作業で大きな自信を与えた。帰国すると木村摂津守を始めとして、関係者は、幕府に対して、江戸近辺に造船所建設の必要を建白してその建言が採用された。十一月には小野が主任で、蒸気船の建造許可が下りた。そこでは小型蒸気軍艦模型の水槽試験が行われた。

小野は文久元年（一八六一）十一月二十九日から翌年三月二十日まで小笠原島行きを命ぜられている。この留守期間中は、助手として、操練所教授の赤松大三郎が、設計変更に伴う基礎計算のやり直し作業を引き継いだ。その間二月に長崎で機関部の設計にあたっていた肥田より、設計図面が届けられた。小型蒸気船の設計が完成すると、船名は千代田と決まり、その起工式が行われた。

国産の蒸気船を建造した中心人物であったという経験を持つ小野が、先渡金の清算交渉と購入軍艦の選定という、複雑で重大な任務を処理するには、最も適当な人物と考えられたことは間違いない。

小野は文久元年七月小十人格軍艦頭取として幕臣に登用され、海軍関係の業務に専念していたが、文久三年十二月に勝手方勘定奉行組に移籍し勘定組頭に任ぜられ、元治元年（一八六四）六月には勘定吟味役となっている。

146頁18行目　コロラドと云ふ舩で其舩ニ乗込む（4）

小野使節団は、慶応三年（一八六七）一月二十一日横浜に入港したコロラド号に荷物を積み込み、小野らは同日乗船、福澤は翌日に乗船した。

福澤は二度目の米国行で「慶応三年日記」を残している。これは見返しに「寅（慶応二年）十一月十二日亜行の命を蒙り同廿九日御暇拝領物被仰付候事」と、書き込みとホワイトハウスの間取図も記されている。

「慶応三年日記」によると一月十七日に江戸を出発、夕方神奈川に到着一泊、翌十八日横浜弁天通の鹿島屋に小野の下役の神野信之丞と共に宿泊。二十一日午後入港したコロラド号に一行の荷物を積み込み、二十二日留守宅をはじめ諸方への書簡等を認め発送を依頼し、コロラド号に乗り込み翌二十三日横浜を出港した。

福澤は十八日横浜に到着、早速送金等の手続きを命ぜられた。送金為替や乗船手続は尺振八と神野信之丞と三人で、初めての経験に戸惑いながら、漸く二十一日に諸手続を完了している。小野らに送金の仕組みと受領手続を説明し、手形を小野・松本とアメリカ公使に各一枚を預けた。二人は旅館で昼夜酒を呑み酔払い、為替の手続き説明など全く了解できない状況であったという（「小野友五郎松本寿太夫両人の申立に対する弁明書」『全集』⑳）。また両替商の三井の手代に、両替相場を無視して、安い時の弗で交換しろと命じた「或る役人」の姿を見たのもこの時のことであると思われる。

最初の太平洋定期航路やコロラド号については、『亜米利加体験』に詳細である。その中で、慶応四年六月三日刊の「日々新聞・十二輯」にある船中の様子の投書記事を、福澤の投書ではないかとして紹介しているのには興味をひかれる（一七七頁）。［9③］

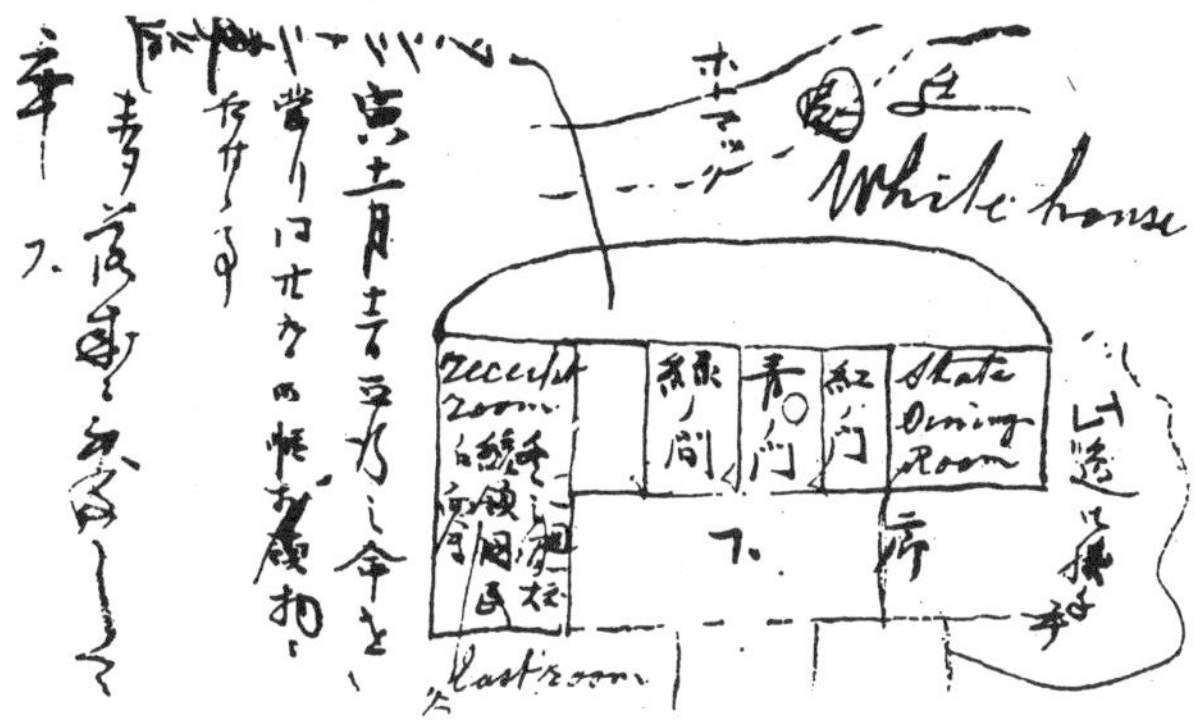

「同」表紙裏　ホワイトハウス間取図

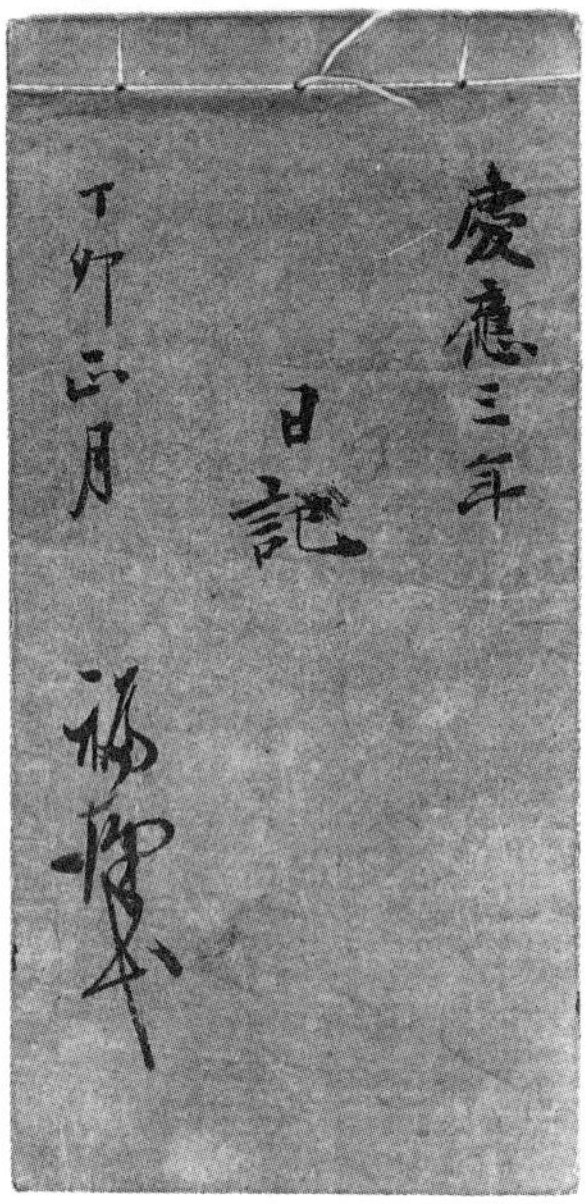

「慶應三年日記」表紙

147頁2行目　桑港ェ着た（5）

一行は前回の咸臨丸の航海とは比較にならない程の快適な航海を続けて、二月十六日朝サンフランシスコに到着した。七年ぶりのサンフランシスコの市街の様子はすっかり変っていた。日本使節も一流といわれるオクシデンタルホテルに宿泊し、二十六日にパナマに向け出発するまでの十一日間をここで過ごした。その間の行動については、『亜米利加体験』に詳しい。

ところで、「慶応三年日記」二月十八日条に、「カピタンマッキヅガル来る。木村よりの贈物届く」との記述がある。マッキヅガルとは、七年前に世話になったメーア島の海軍造船所の長官である。小野も顔馴染みの人物だけに、事前に連絡がなされていたのであろう。木村（咸臨丸の司令官）が、マッキヅガルに贈り物をしているということは、小野使節一行がサンフランシスコを訪問し、彼に会うことを知っていたことを示している。これは使節の行動予定を当然福澤から知らされていたためと考えられる。〔6⑥〕

木村は、軍艦選定に多少でも役立つようにと考えて、マッキヅガルらに逢って、種々話を聞くことを勧め、咸臨丸渡米の時に世話になった人々への贈り物を渡すように依頼したようだ。ワシントンに到着した翌日の三月二十五日に、咸臨丸に同乗したキャプテンブルックが来訪した時も木村の贈物を渡している。更に四月十一日には「咸臨丸乗込の勘定方なりし亜人来り、木村の贈物遣す」とある。また「日記」の末尾にメモが記されている。

〔その七〕木村奥方よりの贈物

玉　銀の茶花　香箱　ちん　鉢物

右ブルックスえ

雛箱　香箱　鉢物

右マッキヅガルえ

七年前の渡米の際に関係した人々に対する、感謝の気持ちを示す心のこもった贈物と、特にその夫人達が喜ぶであろう品物が加えられていたことは、木村が欧米風の社交術を心得た人物であることを想像するに充分である。マッキヅガルも、木村のこうした心遣いを感謝して、出発前日の二月二十五日に小野一行を自宅に招待している。

「慶応三年日記」二月十九日に興味深い数字がある。「メカニックの店にて試るに、體の重さ百四十一ポンドあり」。

『自伝』には、

私の身の丈けハ五尺七寸三四分体重ハ十八貫目足らず年の頃十八九の時から六十前後まで増減なし十八貫を出たこともなければ十七貫ニ下たこともなし

とある。米国での体重測定の数値百四十一ポンドは六三・九五八kg、十七貫であり、前記の記述と合致している。

147頁5行目　三月十九日ニ紐育ニ着き（6）

使節一行は十日間滞在したサンフランシスコからニューヨークに行くため、二月二十六日朝、月三度運行するパシフィックメール社の定期船ゴールデン・エージ号に乗船し、パナマ経由で三月十九日夕方ニューヨークに到着した。数日同市に滞在した後、三月二十四日ワシントンに到着している。この間の福澤の動向については、『亜米利加体験』に詳しい。

サンフランシスコ出発に当たり、横浜から乗船したコロラド号の給仕をしていたチャールスというイギリス人を、福澤の希望で小使いとして臨時に雇入れたので、一行は十一名となり、ゴールデン・エージ号に乗船した。

この小使がのちに大金を持ち逃げするのである。小野は小使いを三等船客として雇い上げるよう指示したが、サンフランシスコで世話してくれたブルックス（サンフランシスコの親日家の商人）が福澤に、小使いとはいえ同行させる欧州人を、難民か奴隷のように扱うのは問題だと注意したので、小野に進言して二等船客に格上げしたのであろう。三等船客については『西洋旅案内』に次のように記している。

下の客（三等船客）は船の舳の方にて、水夫など丶打交り、寝床もあるかなし、食物の粗末なるは勿論、つかひ水とても自由にならぬ位にて、極下輩の者ならでは其難渋に堪ざるべし

ゴールデン・エージ号は一、八九六トン、時速十二ノットの木造外輪船で、沿岸沿いに南下し、熱帯に入り、三月四日アカプルコに寄港して石炭を補給し、十一日パナマに到着している。七年前の遣米正使のポーハタン号の航海は十七日間を要したが、今回は十四日間で到着している。

直ちに上陸して汽車に乗り、東海岸のアスピンウォールに到着すると、桟橋にはパシフィックメール社の定期船ニューヨーク号二、二一七トンの木造外輪船が桟橋に横付けになって待機していた。直に乗船してその日の夕方同港を出港北上し、順調にニューヨークに向け航海している。その船中の「慶応三年日記」三月十五日（日付変更線で日付を変更していないので、三月十四日（西暦では四月十七日）の条に記している。

ロシヤアメリカを合衆国にて買ひしとの第四月一日出板新聞紙を読む。価七百万ドルラル。

「ロシアアメリカ」とは、当時ロシア領であったアラスカのことである。船客が残した新聞から、見付け出した記事であろう。福澤のいつもの情報探索の素早さが、ここでもみられる。アメリカがアラスカを、七二〇万弗で購入し、正式に米国領土となったのは一八六七年十月十八日であるから、新聞の四月一日は、売買契約が成立した日であろう。このことは使節らに報告されたようだ。小野らがワシントンで国務長官のシューアードを訪問した際、長官から「最近アメリカは日本からあまり遠くないこの辺の土地を買いました」と地球儀のアラスカ付近を指示して話した時、小野は「日本に近い土地を買収されたことによって、日米両国はますます近い間柄になるでしょう」と気のきいた返事をしている。

148頁小見出し　吾妻艦を買ふ（7）

小野友五郎使節団を米国に派遣した目的は、早急に使用できる軍艦を購入するためで、「ストンウォール」という甲鉄艦がそれである。この艦は米国の南北戦争の末期に、南部海軍のためにフランスで建造されたもので、南部陸軍の名将リー将軍と並びうたわれたトーマス・J・ジャクソン将軍のニック・ネームにちなんで命名された。南北戦争に間に合わず、ハバナでスペイン政府に渡され、それを米国が引き取ったという経歴の軍艦である。皮肉にも軍艦を購入しておきながら、幕府が崩壊した直後に日本に回航されて明治新政府に引き取られると、「東艦」と命名された。明治初期の日本海軍の代表艦として、明治二十一年（一八八八）

に廃艦になるまで、主として沿岸警備任務に就いていた。［9（9）・⑧］

148頁2行目　其外小銃何百挺か何千挺を買入れた（8）

『咸臨丸航海長小野友五郎の生涯』によると、小野は甲鉄艦ストンウォールの購入価格（四十万ドル）が、前渡返済金とほぼ同じでは、幕府各部署要望の買い物ができなくなると、米国政府と交渉して、代金の四分三を支払い、残額は船が日本に回航された時支払うとの了解を得て、十二万五千ドル分を、陸軍方・海軍方・勘定方の要求品物を購入することにしたという。

先に日本に到着した「富士山丸」の代替備砲として、南北戦争中の北部海軍で信頼性の高かった十一インチ・ダールグレン砲とその台車・附属品一式を、約七、八〇〇ドルで購入した。帰途サンフランシスコで十六連発式元込のヘンリー・ライフルを銃弾込み三百梃を一万五、〇〇〇ドルで購入している。これは銃身が短い海軍の接舷攻撃用を購入したものと推測されている。

長州藩が入手した新式銃のために苦戦した経験に鑑み、陸軍方の要求は、七連発の元込式のスペンサー銃千梃と銃弾とを三万四千ドル、銅薬莢製造機械を四千ドルで購入している。これら銃の購入に当たっては、四月二十三日に来訪した北軍の英雄ユリシーズ・S・グラント将軍より、種々説明を受けていたので、最新鋭銃に的を絞って購入したのである。

その他には、ニューヨークで、二万ドルにも及ぶ化学技術書を購入したというが、その書名等は記されていない。次は陸軍が希望した書籍・機械等の目録である。

銕鑛取開之図并書類・銕鑛熔解方之図并書類・大小砲銕銅鋳造之図并書類・同器械之図并書類・大砲器械之書并図・小銃製造器械一式・センテリングマシネ砲心を見る器械・ツルニオラス・ワルンニン・ク・マシネ銃耳仕上之器械・大砲仕上器械類・銅製ハトロン製作之器械　以上（『続通信全覧』）

開成所が必要とする書籍購入については、小野と福澤との間に意見の衝突があり、福澤は選定作業から除外されただけでなく、帰国後小野らの申告により謹慎を命じられ、福澤個人の荷物まで差押えになった。［9⑦］

148頁6行目　船の日本に着たのは（中略）明治元年であるが（9）

アメリカで購入した軍艦ストンウォール号が、横浜に回航されて来たのは、慶応四年（一八六八）四月二日である。［9（7）］

鳥羽伏見の戦いに敗れた将軍慶喜は江戸に逃げ帰り、新政府軍は旧幕府軍討伐の兵を江戸に向け進撃させた。江戸に帰った慶喜は、強硬論を抑えて恭順の方針を指示し、勝海舟が中心となって和平解決の方策を進めた。恭順和平の条件を山岡鉄太郎が、三月九日駿府（静岡）の総督府に西郷隆盛を訪ねて報告し、寛大な処分を願い出た。

そこで西郷は江戸に出て勝海舟と会談し（三月十四日）、慶喜の水戸での謹慎・江戸城の明け渡し・軍艦軍器は寛典の発令の上相当の員数を残して征討軍に引き渡すとの条件で了承した。この寛大方針を新政府側も正式に了承した（二十日）。征東陸軍は東海道・東山道から、江戸の町に入るところや横浜を抑え、十九日には、横浜に裁判所を置き、東久世通禧と鍋島直大を正副総督に任命した。二十三日佐賀・薩摩・久留米の諸藩の軍艦が横浜に入港したが、新政府側諸藩の海軍力は、幕府に劣り心配であった。

『子爵中牟田倉之助伝』は甲鉄艦の入港当日の様子を次のように記している。

四月二日、子爵が孟春丸の甲板にありて四方を展望せる時、威風堂々たる一隻の甲鉄艦が檣頭高く日章旗を翻しながら、海波を蹴って入港せるものあり。子爵、咄嗟の間に心を決し、該艦に乗り込めば、旧幕府の海軍士官二名艦上に在るを見る。其一名は長崎伝習所に於て共に学びたる岩田平作なり。曰く、此艦は幕命を奉じて亜墨利加合衆国より購ひ帰りたるものなりと。旧幕府の艦隊彼處に在るが故に、今また皇国未曾有の甲鉄艦が新たに之に加はらば、或は制し難きに至る虞あるを以て、子爵は他の二船将と相議し、各藩二十人の兵を出だして該艦に乗込ましめ、全く之を捕獲し、神奈川奉行の指示あるまで品川に回航することを禁止す。（中略）自ら馳せて品川宿の本営に抵り、旨を述べて指揮を請ふ。（中略）横浜に帰れば誰か料らむ、甲鉄艦の檣頭日章旗を見ずして米国々旗の翩翻たるあらんとは、怪んで質せば、子爵の不在中に、横浜駐箚の米国領事該艦に来り、代金未済なるが故に所有権は尚米国の手にありと主張し、日章旗を撤し朝幕の両交戦団体に対して局外中立を標榜するため、米国々旗を引揚げたるなりといふ。

四月四日東海道先鋒総督の橋本実梁以下が江戸城に赴き、徳川家処分の申渡しを行い、十一日を期限に江戸城を明け渡すことが命ぜられ、旧幕府側代表の田安慶頼が、命を慶喜に伝える旨を答えて平和裡に事態収拾の方向が定まる気配が見えてきたそんな時であった。

ストンウォール号が日章旗を掲げて入港してきたのは、米国出航時にはまだ、日本が動乱の最中ということを知らないためであった。横浜駐箚米国領事が、代金未済と局外中立を理由に甲鉄艦の引渡を拒否したのは、過激攘夷論を主張してきた長州藩や薩摩藩が中心の明治政府側の方針に、不信の念を抱いていたこともあり、イギリス、フランス、オランダ等の諸国と申し合わせて宣言した局外中立の約束に従ったためと思われる。

新政府側はその後しきりに局外中立の早期解除を求め努力した結果、十二月二八日に解除が宣言された。この局外中立問題については、『維新の内乱』や『戊辰戦争論』に詳細に記されている。

同日米国側から、ストンウォール号引渡交渉の開始要求が新政府側に為され、明治二年（一八六九）十一月に未払金が支払われ、鋼鉄艦が引渡された。『復古記』一四巻の「蝦夷戦記」二月二十五日条に記録がある。

〇二十二日達書

甲鉄艦
各通　武蔵丸

今般、残余之脱賊為追討、其艦函館へ被差向候条、来る朔日、当港発碇可致旨　御沙汰候事

二月　軍務官

二月に要員を乗り込ませたのであろう。

新政府の会計を担当した三岡（由利）にしてみれば、基立金の徴収が思うにまかせず、かといって、軍資金は提供しない訳にもいかず、甲鉄艦の購入に資金を工面することは、大変苦労が大きかったことであり、福澤の話を聞いて驚いたのは当然と思われる。

148頁7行目　由利公正（10）

由利公正（旧姓名三岡石五郎・八郎）は、越前福井藩士三岡義知の長男として、文政十二年（一八二九）福井城下毛矢町に生まれ、嘉永四年来福した横井小楠の講話に感銘を受け、藩経済の仕組み等に興味を抱き、自力で種々藩内の調査を行っていた中、嘉永六年父の死去により、家督を相続した。

福澤との関係については、従来ほとんど問題にされず、福澤の著作の中で三岡は、「民選議院設立建白書」連名の一員として扱われているに過ぎない（『全集』⑤『時事大勢論』二三八頁）。しかし明治五年突然欧米に行くことになった時、由利は、長男三岡丈夫（安政五年生まれ）を米国に伴い留学させている。丈夫は明治十一年採鉱学を学んで帰朝。西洋の産業知識の摂取にいち早く関心を示し、長男に修学させている点など、福澤と共鳴するものが見出される。［9⑬］

149頁14〜15行目　御《ご》國《ゝく》益《ゑき》掛《かゝり》と云ふものが出来た（11）

幕末に財政難に苦しむ幕府が、種々の対策を講じた中に、「国益」という名称のつく役人に、「国益主法掛」がある。『増訂幕末の新政策』「国益主法掛について」の項目に詳細に説明している。

「国益主法掛」の設置は、慢性化している幕府の財政難を打開する途を開発する目的を持つ、大規模な情報収集機関として設置された。万延元年（一八六〇）四月に、老中首座の久世大和守広周が、大・小目付・町奉行・勘定奉行・同吟味役等の人々の中から、その新政策の推進役を選任した。が実際に業務を開始してみると、自由な人々の意見となれば、非違を糺すことを役職とする目付関係者では十分機能しないことが判り、目付関係者を免除するなどして、ようやく十二月になって、主法掛付の職員として、八名が任命されている。

国益主法掛の主な業務は旗本御家人らへの諸士救済策としての拝借金と、百俵以下の者への下賜金・同年十二月の物価引下令の発布。荒れ地起返候補地の調査・国益会所の取立計画・美濃地方の陶器輸出策の検討。国産拡充のための機械試作等がある。その他玉川上水源の模様替えや糸価の調節等が研究されている。

また諸大名よりの国産品の江戸販売や輸出申請・捕鯨業の申請・墨製造願い・桑綿製造願い等が検討されたという。勘定方が中心の主法掛であるためか、主たる狙いは幕府収入の増加という点にあり、日本全体の振興といった視野はほとんど見られぬ幕府私政的なものであった。

祖法といえども必ずしも墨守することはないと、時勢の変化を積極的に容認する方針がうたわれたが、実際は役人らの保守的な考えや慣習から抜け出せないためか、明確な効果も表せず、国益主法掛は文久二年（一八六二）八月四日に廃止されている。『徳川慶喜公伝』は廃止理由を冗員淘汰のためと記している。外部から幕府役職に就任させられた政事総裁職の松平春嶽によって、幕府私政改革の一環として、参覲交代制度や大名妻子の江戸住居制の改革といった、大胆で影響の大きい計画が実行されたのと対照的である。

新川というのは、新河岸川のことで、荒川とほぼ平行して流れ、東京都北区の岩淵水門で荒川に注ぎ隅田川となる。江戸時代初期から昭和初年まで、川越と江戸を結ぶ船運が盛んに行われた。

下肥は江戸近郊農村の重要な肥料であるが、日常生活と不可分の物であるという点で、アメリカ独立戦争時の紅茶不買運動と類似性がある失政であるとして、洋学者の戯評になったものである。

小野は咸臨丸で渡米帰国した後は、軍艦操練所員となり、文久元年七月には小十人格軍艦頭取の幕臣に任ぜられ、小笠原諸島の回収測量に出向したり、同三年四月には、海岸警衛取調を命ぜられたりしていたが、「国益掛」が廃止された後の十二月に勝手方勘定奉行組に移り、勘定組頭となり、元治元年（一八六四）には、勘定吟味役、七月には軍制掛などの役職についている。しかし洋学者の戯評につづいて、「今度の一行中にも例の御国益掛の人が居て」と記しているのは、目前の効果しか考えない小野友五郎が、無用とされた「国益掛」の役人のようだと評する意味で使用しているようだ。

152頁7行目　デイ〳〵（12）

江戸時代に、江戸での物売りの売り声から、その品を売り歩く人を指すようになった。「手入れ、手入れ」が「デイ、デイ」と変化したといわれ、雪駄直しの人を意味するようになったといわれている。差別を受けた職業でもある。

雪駄は、竹皮草履の裏に牛革を張りつけた草履で、丈夫で湿気が通らないようにと、千利休が創意したとの説がある。元禄以降は、踵の部分に金物（チャラカネ）を付けたものが一般になった。

ここでは、洋学なども誰でもできる職業ではない。それに攘夷思想は一般の人々からは、毛嫌いされる仕事であるという意味で、デイデイを挙げている。また大きな屋敷のお出入りになったとは、洋学者が幕府に出入りするようになったとの意味である。

153頁3行目　西洋旅案内と云ふ本を書ゐて居ました（13）

文久三年か、元治元年初頭に「写本西洋事情」を著し、更にそれを増補して、慶応二年（一八六六）冬、『西洋事情』初編三冊を刊行したのである。『西洋旅案内』は八月に脱稿し、初冬に刊行している。

慶応二年四月七日、幕府は学術修業や商売のために海外に渡航することを自由にした（現在とは比べようもない程の制限のある渡航であるが）。それら旅行者の西欧社会に対する知識は皆無に等しい。福澤といえども、いまだに米国社会生活の理解が不十分と痛感させられ、早速欧米渡航用に説明しておくべきと考えて、啓蒙的案内書を著したのである。福澤としては、西欧文明をできるだけ平常心で理解することの期待と大きな意義を感じての著作活動である。

『旅案内』の目次

巻の上　総論　船賃払方の事　為替金の事　通用金相場の事　船中の模様
　経緯度の事　世界中時候の事　印度海飛脚船の立寄場所
巻の下　太平洋飛脚船の立寄場所
附録　商法　コンシュル勤方の事　両替屋の事バンク　商売船雇人の事チャトルパルチ　積荷請取状の事ビル・オフ・レイヂング　商売船質入の事ボットムリロヲン　荷物送状の事インウォイス　売捌勘定書の事エッカヲント・セイル　災難請合の事インシュアランス

『西洋事情外編』の著述内容と類似しているといえる。

『旅案内』「船賃払方の事」で、米船の船賃が割安なのは、賄いが粗末で、酒代が食費に含まれていないことを注意している。酒好きの福澤ならではの忠告は、なかなか楽しませてくれる。また、「為替金の事」で、手形三枚（オリジナル・デュプリケート・トリプリケート）が揃わぬ時の、金子引換え手続きの面倒さを説明して、三枚共間違いないように持参することが便利と書くのは、福澤自身の苦い経験から出た注意である。［9⑤］

下等船客とは実のところ、米国への中国人移民らがその主体なので、それとない親切な説明といえる。『旅案内』巻之下「付録」末尾に災難請合のこと（生涯請合・火災請合・海上請合）とあるように、保険という言葉が一般化する前、福澤は保険のことを「請合」と訳していた。概して『旅案内』は商用向けの説明が多く記されている。外国に出掛けた日本人が、欧米人からできるだけ野蛮な国民とみられないようにとの、福澤の愛国心的な配慮があるように思われる。

153頁4行目　天下の形勢は次オニ切迫して（14）

福澤が再渡米する直前の、慶応二年（一八六六）の後半頃から、国内情勢は急速に変化し、幕府の勢力が著しく弱まった。長州藩征伐軍の形勢不利の状況下、七月二十日将軍家茂が大坂城で病死し、代わって京都にいた一橋慶喜は、徳川宗家を相続するのみで、将軍職を相続しなかった。それは長州再征に反対する勢力が、次第に強大になってくる形勢を見て、まず幕府内部に自分の政治基盤を強化するためである。家督は相続するが将軍職は継承しない、譜代大名や旗本の保守派役人層から、慶喜を将軍職にとの希望の世論を高めた上で就任すれば、幕府内部の指導力強化と安定が望めるとの狙いがあったためであろう。

しかし、慶喜が前将軍の喪に服している間に、朝廷内部に反幕派勢力が台頭してきたので作戦を変更し、会津藩等から朝廷に働き掛けさせ、服喪解除を早く発令させ、朝廷内部の反幕派を押さえる策を採らざるを得なかった。

福澤たちが米国から帰国した六月は、ちょうど島津久光、伊達宗城、山内容堂、松平春嶽の四侯周旋が行われ、政局は複雑で、どのように展開するのか見通しが立たない不安な状況であった。保守的傾向が強くなった江戸幕府に入って来る情報を、福澤がどのように判断したかわからないが、薩長を攘夷の反幕勢力と見ていたようである。したがって四侯会議はまさに天下の公論に名を借りた権力闘争の場と見えたことであろう。幕府も本心は攘夷論であるが、国力の弱さを自覚していて、過激な行動に出ないから、外国と衝突する危険は少ない。身の程知らずに外国と戦争を試みる薩長が天下を牛耳ることになれば、外国から本格的に攻撃され、日本は敗北し、植民地にされてしまう危険は極めて大きく、政治状況は、まさに国家滅亡の危険な崖縁に向かって一歩ずつ進んでいるように感じていたのではあるまいか。

154頁12行目　品川の臺場の増築（15）

文久二年（一八六二）八月の生麦事件の償金要求のため、翌三年二月、イギリスの軍艦が品川沖に来たことから、江戸湾岸の防備を再考する空気が強まり、品川～藤沢間の東海道の変更案が考慮されもした。品川台場は、十一基が完成して初めて、台場相互に補完し合って防護線が完成する計画であるのに、その一部、五基しか完成していない、しかもそこに備えられた大砲は旧式であった。品川台場の防禦力は、西洋軍艦の攻撃力には到底対抗できない。たとえ多少の改革を加えてみても、進歩の著しい外国兵力に対抗できるものではないと、厳しい批判が一部の洋学者の間から出ていたことは事実である。そこで海岸検分を下命された望月大象と小野友五郎は、同年五月、その不備を補うために、海岸に適当な大砲を据える砲台を増築又は補強するように上申した。しかし御殿山下の砲台（四番台場）と浜御殿庭の砲台の二ケ所の増築が行われたのみであった。

この台場は嘉永六年（一八五三）六月、ペリー艦隊が突然江戸湾に来航したのを機に、海防策の一つとして、西洋式砲術家ともいわれていた伊豆韮山の代官江川太郎左衛門の品川沖二、四キロに十一基の台場を構築する計画を採用し一部の反対を押し切って俄に造られた。八月には勘定奉行松平近直・同川路聖謨・勘定吟味役竹内保徳及び江川らを、内海台場普請及び大筒鋳立掛に任命した。品川御殿山の一角を取り崩した土砂と、伊豆・真鶴・三浦より採掘される石垣用の石材を、船で運搬するため、多量の人員と運搬船が用意された。総工費七十五万両の費用と労働力とを掛けて突貫工事を行い、翌安政元年（一八五四）五月までに、第一・二・三・五・六番台場は完成したが、資金難と建設資材の調達困難ということで、工事はそこで一旦中止された。

幕府の政策は開国方針に見えるが、実際のところ本心は攘夷策を希望する者が大勢を占める状況下、なまじ小手先の軍事力の強化が、危険な攘夷実行に走らせることにも成り兼ねないとして、福澤たちは心配していたのである。

参考① プラインに軍艦を注文する〈関連項目＝9章註（1）〉

まず『続通信全覧』によって軍艦「富士山」購入の経過の大略を見ると、米国に軍艦を注文する話が表面化したのは、万延元年（一八六〇）十一月頃からで、老中から外国奉行に、イギリス、アメリカ両国に同時に軍艦を注文したならば、両国が競争してより優れた軍艦を製造するのではないかと諮問している。そこで注文に賛成の軍艦奉行等の意見が答申されると、文久元年（一八六一）七月九日、久世・安藤両老中名義で、ハリスに対し軍艦二隻（フレガット一艘・コルフェット一艘）を注文したいとの意向が伝えられた。しかしその頃アメリカでは南北戦争が一八六一年四月（文久元年三月）に始まっていたので、軍艦の建造が遅れる旨の話があって、軍艦注文の話は具体化しなかったらしい。

時同じく日本との通商条約締結に成功、その親日的態度から、絶大な信頼を受けていた初代駐日米国公使のハリスが、文久二年三月末帰国し、代わってプラインが次の公使として赴任してきた。彼は赴任早々の五月二日、航海術練習の急務を勧めたことから、軍艦注文の話が復活してきたようである。

プラインが、南北戦争中であるにもかかわらず、軍艦製造に積極的態度を示した理由には二つの考え方がある。一つに、当時アメリカ政府の規則では、公使等外交官は直接商業的交渉にたずさわれないことになっていたが、この際日本の信用を利用して、アメリカ業者の中間に立ち、謝礼を稼ぐことを意図した。もう一つは、折角の日本の希望を裏切らないために、個人で労を取ることを申し出て、期待に応じようとした。後任公使らは、プラインが規則違反をしていたとして、前者の考えを示持していた談話などがある。とにかく商取引の経験に乏しい幕吏らは、一途にアメリカ公使の地位を信用したプラインの申し出に応じて、軍艦を注文するに至ったのであろう。

参考② 軍艦が来るまで〈関連項目＝9章註（2）〉

文久二年（一八六二）八月二十九日の板倉・水野両老中とプラインとの会談の席で、軍艦建造と銃器購入の話が出たことは、翌日の木村喜毅の「日記」に「兵部少（輔脱カ。若年寄稲葉正已）殿へ御逢、亜国へ御誂船之義相伺」とある。注文の話は順調に進行したようで、同「日記」閏八月十日条に「小野友五郎春山弁蔵御誂船之義ニ付、亜国公司（使）へ為訊問相越、夕刻罷越申聞」とある。小野は前年（文久元年）幕府に登用されている。小野らは専門委員として、ある程度具体的に注文の要点を指摘したと思われる。閏八月二十一日軍艦三隻及びライフルカノン製造蒸気器具・ライフルカノン砲・元込狙撃銃と馬具五十具の注文がなされた。

文久三年六月四日付のプラインの書簡は、幕府が京都の過激攘夷論に圧倒されて、次第に鎖国方策を取らざるを得なくなっている状況を指摘して、これは軍艦が完成したとき果して幕府が受け取れる状況にあるのか、その時になって拒否するのではないかと、米国の軍艦製造者にしてみれば不安がある。そのために軍艦を完成させる資材調達に十分な資金を与えなければ、高額な金利の借金をしてでも資材を購入せざるを得なくなる。それは結局、幕府が高額な軍艦を購入させられることになるのだから、代金を先払いしておくことが有利で、得策であると忠告している。

予算総額や先渡金額の全貌が大体明確にされたのは、この文久三年八月十一日。プラインの書簡に附された代金計算書がある。

亜国へ軍艦御誂相成候に付代料御渡し方
一コルヘット　弐艘
一ゴンボート　壱艘
右代料総高凡八拾六万ドル
内
弐拾万ドル　戌（文久二年）九月四日渡済
弐拾万ドル　千八百六十三年第一月一日御渡之積り　我十一月十日渡済
弐拾万ドル　同第三月一日同断内十二万枚　亥二月十二日善福寺にて渡済
八万枚　同二十二日　同断

残銀は落成後海路雑費共一同御渡之積り

○ライフルカノン購入代

三万二千枚之内

一　壱万六千枚　内 六千枚亥正月　日善福寺にて渡 壱万枚同日神奈川表にて不残請取横文旨之

八千枚　内 弐千枚亥弐月十二日善福寺にて渡 六千枚亥二月二十二日善福寺にて渡

残銀は落成後於

○ヤーケルカラヒエン軍用馬具代銀

但　ヤーケル十挺 カラヒエン三十挺 軍用鞍五十掛

壱万五千枚之内

一　五千枚戌十二月十七日善福寺にて渡す

一　五千枚亥二月二十五日善福寺にて渡す

○大砲累中繰抜器械入費銀

五千枚の内　一三千枚

（『続通信全覧』八六二—三頁）

内金としてはメキシコドルで軍艦費六〇万ドル、その他の兵器代三万七千ドルが、残銀は完成時に支払われることになっていたのである。

軍艦建造の話が決定すると、まず建艦費として内金二十万ドルずつを文久二年の九月・十一月と翌年二月と三回渡している。

文久三年十二月に横浜で竹本甲斐守正雅との会談の際、次の質問状が出ている。

最前見込よりは船形も大きく相成、備へ附候大砲之数も相増し候に付、従て代料之儀も少々相増し可申哉の趣被申立候由致承知居、其後右三艘之内一隻は貴国客歳第六月中成功に付、造船所を出帆いたし不遠来着すべき趣、同年第九月一日附第八十四号書簡を以て申越さるれば、最早已に来着すべく存候處、其後何等の信便を得ず、右之通り許多の歳月を経、代銀も大半相渡せし後いまだ一艘の落成を見ず（中略）其許の存意をも承り度

予定した軍艦より大型に装備も増設され費用も増加している。この変更は、幕府の注文軍艦が、外洋航行に向かない小型艦で、それでは外洋に臨む日本軍艦としては役に立たないので、アメリカ政府側が外洋単独航行に耐えられる大型船に変更したのである。

元治元年八月一日、プラインより注文の軍艦が竣工して日本に向け出帆したと、報告がなされている。しかしそれ以後幕府側へは何の連絡も無いまま、軍艦富士山の後も到着していない。

プラインは、ゴンボートは既に完成しているが、日本国内の内乱（長州征伐）のため大統領命令で出港が延期されている旨を答え、急に米国に帰国することになり、乗船の都合で別離の挨拶の時間が無いことを告げ、公使館書記官ポルトマン（Portmane）に代理公使を命じたと慶応元年（一八六五）四月一日付で連絡して、日本を離れている。軍艦注文の仲介者がいなくなったのである。

コルフエット二艘は断返しいたし度候間右ゴンボート代価之外は被差戻為成之ゴンボートは必用之折柄に付一時も早く来着有之候様周旋頼入候

と、余りの遅延を理由に、注文取消と代金返却を申し出ている。

ポルトマンは幕府の契約取消申し出に対し、この事態は、「兎に角プライン不正の所業有之候より右様之事も出来候事に有之」と責任を認めながら、支払金の処置については、本国からの連絡を待って明確に返答するが、「代料にて返上いたし候は難相成候」と伝えている。

ポルトマンが外国奉行江連加賀守尭則と慶応元年八月一七日、会談している。届いたプラインの書簡は、契約破棄には何もふれず、注文の継続を希望していた。そして軍艦建造遅延の理由は、南北戦争で人手不足と人件費の高騰が大きな原因であったが、現在は内乱が治まったから、人件費・材料費共安くなる見込みなので、できるだけ努力すると報告している。

これに対し、江連加賀守は、十月二十三日の米国公使館側との会談で、幕府としてはアメリカ政府に依頼したのであって、公使プライン個人に依頼した積りはない。六十万ドルを預かったまま長期間放置して置き、何の連絡も無いのはおかしいと、アメリカ政府の窓口プラインの態度を非難している。また完成したとはいえ、日本側は取消したのであるから、軍艦「富士山」の代金だけは前払金で清算し、残金は払戻されるべきであると主張している。ポルトマンは、アメリカでは公使ら外交官が直接商売をすることは禁止されているのに、プラインが懇意の者に依頼して受注しているので、政府は直接関係していなかった。しかし公使が介入していたからには、それを放置できないので、製造させたのである。と答えている。

軍艦用前渡金六十万弗から、この「富士山」の代金と軍艦建造費、武器等の購

入費前渡金の残金として一万二千七百二弗四十セント、三十一万二千八百十七弗七十二セントが残った計算になる。

この残金の返金要求の話が停滞していた慶応二年（一八六六）七月二十五日、海軍奉行と軍艦奉行から、今幕府は軍艦が必要な時であり、アメリカは南北戦争も終了し、軍艦が商船に改造売却されるという時期であるから、アメリカ政府に交渉して、軍艦を購入すべきではないかと意見が申し立られたのである。

これを受けて、八月六日老中連名で、アメリカ公使ファルケンブルグ（van Valkenburgh）に、八隻程求めたいとして、本国政府に打診してほしい旨を申し入れた。結局返金問題は軍艦購入に形を替えて、翌慶応三年一月、小野友五郎らをアメリカに派遣することになったのである。

余談であるが、ドルは最初の頃は、「ドル・ドルラル」等と片仮名で記されたり、中国の貨幣単位である「元」で記されたりしているが、慶応年間からは「弗」と記され始めている。福澤が『全集緒言』で、外国書の翻訳の文字に苦心した話を記した中に、「或る学友が横文にあるドルラルの記号$を見て、竪に似寄りの弗の字を用ひ、ドルラルと読ませたるが如き面白き思付」（『全集』①一〇頁）としている。

幕府が米国に注文した軍艦富士山《ふじやま》の購入経過に関する史料としては、『続通信全覧類輯之部　船艦門』に「米国製造軍艦富士山號一件　一〜三」があって、一応の経過は辿れるが、細部にはなお不明な点が残る。その他には勝海舟の『海軍歴史』と『咸臨丸航海長小野友五郎の生涯』がある。

参考③　小野使節団の一行〈関連項目＝9章註（4）〉

軍艦「富士山」一艘が慶応元年（一八六五）末に到着した。そこで幕府はこの軍艦一艘と武器及び機械類の代金を前渡金から清算し、残余金で新規に軍艦を購入するため、慶応二年十月十二日に、勘定吟味役小野友五郎と開成所頭取並松本寿太夫を正副使とし、随員に福澤諭吉・津田仙弥・尺振八・小笠原賢蔵・岩田平作・神野信之丞・小野の従者関某・石川某らを任命した。経歴等の判明している人物について略記する。

松本寿太夫春房（三之丞）　**副使**（天保二年（一八三一）—没年不詳）

『藤岡屋日記』によると、旗本斉藤摂津守の江州の所領の百姓の生まれで、学問を好み江戸に出、先手同心株で養子に入り、三十俵二人扶持は両親へ渡し、自分は二千五百両の借金をし、この金で学問所教授方へ出、それより長崎奉行支配調方・神奈川定番御用出役・徒目付となり、万延元年（一八六〇）の遣米使節新見豊前守一行に加わったという。その時の役は、外国奉行支配定役で、吉田佐五右衛門と松本三之丞の両名が随行している。『万延元年のアメリカ報告』によると吉田の方が十歳年長である。松本は「支度金四両　雑用金一ヶ月四両宛」であるが、吉田は「別段御手当て一ヶ月金十六両」が支給されている。一行への褒美金支給には、「神奈川奉行支配調役並　吉田佐五左衛門（外国奉行支配定役之節相越候）・外国奉行支配定役　一人（松本三之丞）」と姓名が注記の形で記されている。これらの点からみて、吉田の補佐役的地位であったようである。また松本は帰朝後に交付金を授与されているが、その時の身分として、「元支配定役　御徒

軍艦受取使節団一行（前列右端が福澤）

目付」となっているから、徒目付に転役したのであろう。

『柳営補任』によると長崎奉行支配組頭勤方—元治元年（一八六四）五月二十二日箱館奉行支配組頭—同年十月十九日小十人組—慶応二年（一八六六）三月晦日蕃書調所頭取並—同年十月十二日亜墨利加国へ為御用被遣、同三年八月二十九日開成所頭取並と名称変更—同年十二月大坂町奉行並—同四年二月四日勘定奉行並—同年三月御役御免とある。『亜米利加体験』（一七六頁）によると御役御免後謹慎中に脱走してそのまま消息を絶ったという。小野使節団の副使ということで、米国出張中の福澤の行動に関する弾劾文（『全集』㉑所収〔アメリカ出張中の福澤に対する弾劾の一件書類　その三〕）を小野と連名で幕府に提出したのであろう。

津田仙弥　通弁（天保八年（一八三七）—明治四十年（一九〇八））

津田の伝記については、『津田梅子』に詳しい。下総佐倉藩の勘定頭元締小島善右衛門の四男に生まれ、幼名を千弥のち仙弥・仙等と改めた。少年時代は武芸を好み、特に剣術に秀でていた。折から伝わった西洋砲術にも熱心であった。嘉永四年（一八五一）三月元服し、藩命で加農砲隊に加わり江戸海岸防衛に当たった。多少の砲術の予備知識を持っていて、六年ペリー艦隊の渡来を眼前に見て、その優秀さに驚き、西洋研究の必要を痛感して、安政四年（一八五七）春江戸に出て同藩の手塚律蔵の蘭学塾に入り蘭学を学ぶに至った。

たまたま同窓の西周が、中浜万次郎が米国から持ち帰った英語の小文典を入手したのを写し取り、ピカード（H. Picard）の英蘭辞書（一八四三年版）を頼りに英文法の研究に入った。ハリスの病気治療に当たった蘭方医伊藤貫齋が英語塾を開いたことを知り、ここに入門した。安政六年（一八五九）横浜に移り、松木弘安等と共にイギリス人医師に英語を学んだ後、万延元年（一八六〇）江戸に戻り森山多吉郎の塾に入った。

仙弥は文久元年（一八六一）七月幕臣津田大太郎栄七の婿養子となり、末娘初子と結婚し、翌年四月外国奉行通弁となった。元治元年（一八六四）十二月に生まれた次女が津田梅子である。慶応三年（一八六七）の渡米時には、西洋文明に感心することが多かったが、特に農業が「学理的」に行われていることと、身分制度の無い平等社会に深い感銘を受けた。彼はこの時の土産に、ヘンリー・ハツホンの医学書を持ち帰り、後明治五年（一八七二）桑田衡平によって翻訳『内科要摘心』と題して出版された。慶応三年十月に大政奉還となり、世状の激変するなかで、江戸を離れて、各地で英語の教授をしていたが、幕府の滅亡とともに、官職を退いた。

明治二年築地にできた唯一の外国人旅館「ホテル館」に勤め、日本にはサラダ用の野菜の無いことに気付き、維新後地価の暴落した麻布本村町に土地を購入して菜園を開き、米国より野菜種・果樹等を輸入試作した。明治四年一月「ホテル館」を辞め、北海道開拓使の嘱託となった。住居も向島から三田の綱坂下に移り、麻布の農園で西洋野菜の研究栽培に苦心し、成功を収め農場も次第に拡大された。八月黒田清隆開拓次官が招いた米農務局長ケプロンが顧問として来朝し、九月十日の芝浜の延遼館の歓迎会には、津田も招かれた。この席で農業問題とともに黒田の持論である女子教育論が話題となり、これに刺激されて仙弥は、当時八歳の次女梅子を、日本最初の女子留学生としてアメリカに送り出すことを考えたようである。

明治六年ウィーンの万国博覧会に日本代表の一員として参加した時、オランダ人園芸家ダニエル・ホーイブレンと知り合いその指導を受け、帰国後農業改良の三方法を記した『農業三事』を明治七年出版し、一躍有名になった。これに力を得た仙弥は明治八年七月、同志と相談して農学校創立を計画し、九年一月に学農社農学校を麻布本村町に開設した。これと同時に『農業雑誌』も創刊し、西洋の新学説や実験の紹介・農業経営の改善法・農業と政治や経済の関係の評論等、幅広い啓蒙活動を展開し、一時期全盛を極めたが、その方法に科学的疑問が投げかけられ、いままでの反動で急激に衰退し、明治十七年廃校のやむなきに至った。

仙弥は明治六年キリスト教（新教メソジスト派）に入信したが、晩年青山学院・フレンド女学校の創立に関係するなど、教育界で活躍するとともに、日本での禁酒運動の先駆者にもなった。明治四十年四月二十四日七一歳で死去した。

尺振八　通弁御用御雇（天保十年（一八三九）—明治十九年（一八八六））

『洋学史事典』によると、尺振八は、下総高岡藩井上氏一万石の藩医鈴木柏寿の子として天保十年（一八三九）、江戸佐久間町に生まれ、始め仁寿と称しのち振八と改めた。安政五年（一八五八）、御家人である従兄弟尺兼治の養弟となり尺姓を称した。安政末年頃、昌平黌に入ったが、田辺太一の勧めで杉田玄端に蘭学を学び、次いで万延元～文久元年（一八六〇～六一）頃、中浜万次郎に英語を学んだ。文久元年外国方通弁の命を受け米国公使館で通訳に従事する傍ら、プラインやポルトマン等米外交官等に付き、一層英語の実力を深め、文久三年末フランスに派遣された横浜鎖港談判使節池田長発一行の通詞御用出役として随行した。

慶応三年（一八六七）のアメリカ行きは二度目の外国行きであり、プラインらの通詞をしていたことから、一行に加えられたのであろう。維新後は明治三年（一八七〇）本所相生町に英学塾共立学舎を開いた。明治五年九月大蔵省翻訳局長となった。著書にはスペンサーの教育論の翻訳『斯氏教育論』（明治十三年刊）や『明治英和字典』（明治十七―二十二年刊）がある。字典編纂中の明治十九年十一月転地先の熱海で病死した。四十八歳である。

小笠原賢蔵　軍艦組（生没年不明）

『咸臨丸航海長小野友五郎の生涯』によると、小笠原は軍艦操練所での小野の弟子という。慶応三年（一八六七）の米国行に、海軍方から出張を命じられた。最初は小十人格軍艦組一等の小笠原と岩田平作と西川寸四郎の三名であったが、出発直前の十二月に西川は「此節格別御用多」ということで、派遣免除になっている。通詞の尺振八と交代させられたようにみえる。この派遣人選には、小野の意向が重視されていたのであろう。

小笠原は、米国で購入した軍艦「ストンウォール」に搭乗して、慶応四年（九月明治と改元。一八六八）四月横浜に到着した。戊辰戦争の最中で、新政府軍が、この甲鉄艦の引渡しを求めたが、アメリカは局外中立をたてにその要求を拒絶した。局外中立が解除されたのは十二月二十八日で、勿論その前に搭乗していた小笠原と岩田は上陸している。早速小笠原は幕府海軍に復帰して、榎本武揚らと共に江戸を脱走した。

明治二年三月、旧幕府軍は、海軍奉行荒井郁之助を司令官として、回天・蟠龍の二艦と、久保田（秋田）藩より奪った汽船高雄の三隻で、北上して来る新政府海軍力の中心と推定される甲鉄艦を奪取する奇襲作戦を企てた。計画では、商船高雄が甲鉄艦に接舷してこれを乗取ることとし、成功すれば、小笠原が甲鉄艦の艦長になる予定で、同船に小笠原と新選組・彰義隊らの壮士を搭乗させ、同艦の様子を知る小笠原の指導のもとで、乗取作戦の訓練を行った。

かくて三月二十四日夜半箱館を出港して宮古港に向かった三艦は、途中嵐のため互いに連絡がとれず、払暁港外に達したのは、回天のみであった。艦長甲賀源吾は甲鉄艦が未だ戦闘準備をしていない様子を見て、奇襲戦法を試み、単独で甲鉄艦を攻撃接舷したが、回天は外輪船であるため相手艦との接舷部分が小さく、それに甲鉄艦との甲板の高さが相違していたので、移乗が思うにまかせず、併せて甲鉄艦搭載のガットリング機関砲の攻撃を受け、甲賀は甲鉄艦の弾丸に撃たれて戦死し、作戦は失敗に終わった。そこで司令官荒井は後退を命じ港外に逃れ、港外で遅れて到着した蟠龍・高雄と遭遇して共に箱館に向かった。

新政府海軍は早速回天等を追跡した。速力の遅い高雄の艦長古川節蔵（緒方塾から福澤の誘いに応じて安政五年（一八五八）共に江戸に出て来た岡本周吉）は、追跡を逃れることは困難と判断して、宮古の北三十四㎞の羅賀浜に自ら船を乗上げ、乗員は上陸して南部藩に降伏した。そのため小笠原は艦長古川節蔵と共に江戸に送られ投獄された。その後については不明である。

岩田平作　軍艦組（生没年不明）

岩田は小野と同じく安政二年よりの第一期長崎海軍伝習生で、浦賀奉行組同心として派遣され、下士官要員として「帆前運用方」の教育を受けた。同四年伝習を終了して江戸に戻り、軍艦操練所に勤務した。文久三年（一八六三）正月順動丸に松本良順・中島三郎助・佐々倉桐太郎らと共に搭乗して、松平春嶽を大坂に送っている。慶応二年（一八六五）八月三日小十人格となっていることが、『木村日記』に見える以外は不明である。

神野信之丞　勘定吟味方下役（天保九年（一八三八）―没年未詳）

父は新潟奉行支配定役神野東十郎で、父の死後兄亀之助が相続していたが、安政二年（一八五五）死亡したため、十二月兄の跡を相続し、小普請組に入り万延元年（一八六〇）閏三月勘定吟味方下役として勤務していた。小野の下役として選ばれて、アメリカ行きに際し、出張勤務中役扶持を三人扶持に引き上げ支給して欲しいと出願した。これに対し

前々外国へ為御用罷越候もの夫々御取立にも相成候事に有之候得共、方今宇内之形勢一変致し、既に英仏へは在留之御役人をも被差遣各国へ留学之ものも相越、学業商業修行之為には百姓町人に至迄海外行御差免にも相成候折柄、向後外国へ為御用被差遣候儀は度々可有之、其節々出立以前御取立等に相成候ては実以際限も無之次第

と外国行きを特別扱いする時代では無いとして、勤務振りによって帰国してから考えるべしとの意見があったが、下役として一人しか随行しないので、仕事も大

変だから、特に出役を本役とし、扶持も三人扶持にすることを許可することが認められている。小野の強い支持があったためであろう。帰国後については不明である。

関某・石川某　小野従者

右の両人は、その名が『咸臨丸航海長小野友五郎の生涯』に記されてはいるが、経歴等については不明である。

参考④　福澤の再渡米の目的

文久二年（一八六二）の欧州旅行は福澤にとって、日本との格差を明確に印象付けられ、その差を縮めることができなければ、植民地となって被支配民族の地位に甘んじなければならないことを痛感させられた旅行であった。同藩の重役島津祐太郎に宛てたロンドンからの書簡に、（7章参考⑬参照）自分が中心になって、藩学の英学塾を盛大なものにして行く決意と、できるだけ多量の英書を購入したことを告げている。

当時のわが国一般の洋学塾は、原書が極めて高価なためもあって、塾備え付けの教科書は一種一冊のみで、原書の種類も極めて少なかった。それを学生が各自筆写して授業に備えるという状態で、語学教育に毛の生えた程度の教育がなされていた。それに比べ福澤塾の場合は、幸い福澤がロンドン滞在中にできるだけ多くの書籍を購入していたから、他の塾に比べて、幾らか教科書の種類が多かったようである。

対外貿易の拡大傾向に応じて、英語学習を望む洋学生が増加しているのを見て、これら洋学生に欧米人と対等に交際できるだけの教養人としての教育を施す必要がある。それには、できるだけ欧米並の教育水準に近い教育を行いたい。学生各自に必要教科の各種教科書を持たせることは、原書の値段と、学生の大部分が、貧乏な下級士族の子弟であることを考えると、是非塾で何とか資金を作り、必要な教科書を相当部数揃えて、それを学力相応の学生に貸与し、より効果的に各種教科を教えるようにしたいと考えた。多量にしかもできるだけ安価に教科書を購入するためには、英米いずれかに行く機会の到来を探していた。その点で旧知の小野が首班でアメリカに派遣されることは、好機であったはずである。

その福澤塾への月別入門生人数

	一	二	三	春	四	閏四	五	閏五	六	七	八	九	十	十一	十二	冬	計
文久三年				1	3					3					1	2	10
元治元年			8	2					8	3		6	3	6			36
慶応元年	3	4	4		10		6	4	5	3	5	5	2	7			58
慶応二年	4	3	4		10		2		2	3	4	5	6	17	5		65

『考証』上に記されているように、慶応三年（一八六七）頃には、英学生育成を事業として考える藩も出てきた。そこで紀州藩や仙台藩に働き掛け、藩からの資金援助を依頼して、大口の資金を預かると共に、福澤自身も、できるだけ資金を集め、総額五千両程の書籍購入資金を持って渡米したのである。

参考⑤　福澤と為替〈関連項目＝9章註（4）〉

三月十九日夕方、船はニューヨークに到着した。使節らは二十三日にワシントンに移動する予定であったが、送金為替の換金等に手間取ったことなどがあって、福澤らは翌日の二十四日ワシントンに到着している。

今度の船旅は、太平洋定期航路の利用で、大量の現金を手荷物として持参するのは危険性が大きい。そこで前年の欧州旅行の際に聞き知った、送金方法に為替を利用することとなり、実際の手続きを福澤に一任された。幕府より小野に支給された金額は、往復の旅費として一万弗・百日の滞在費として八千弗である（『続通信全覧』修好部「小野友五郎松本寿太夫使節一件」以下「使節一件」と略記する）。福澤は往路の運賃とサンフランシスコの滞在費等を差し引いた、約一万二、三千両の公金と、自分の所持金の大部分を為替に組み、ニューヨークで受け取ることとしたのである。

『全集緒言』によると、横浜の外国商社ウォールスフォールに依頼したという。この会社は、西川孝治郎によって、横浜の亜米一番館にあった火災海上保険代理業のWalsh, Hall & Co.であることが明らかにされている。

為替を組み、受け取った三枚の手形を見ると、先方がイングランド銀行となっていたので、アメリカに行くのにイギリスの銀行となっているのは間違いではないかと質問している。受領した三枚の手形は、二枚は小野と松本に渡し、三枚目は横浜のアメリカ領事に依頼して、次の船便で送って貰っている。

ニューヨークに到着すると、早速換金するよう命ぜられたのであるが、これが難航して、三日もかかってようやく換金できたのである。その事情を「小野友五郎松本寿太夫両人の申立に対する弁明書」（『全集』⑳所収）（以下「福澤弁明書」と略記する）によると、「旅宿の番頭」に尋ねて銀行に行ったところ、手形三枚が揃わねば支払えないとのことであった。ホテルに戻り、主人へ依頼して請人になって貰って、又銀行に行き交渉したが、ロンドンの本店に紹介し、許可があれば支払う、その間半月程かかるとの返事で、ここまでの交渉に二日を費した。そこで換金方法を色々考え、以前横浜領事館に勤務していたフヒッセンという人に依頼し、ようやくその紹介した両替屋で換金して貰うことができたという。

山口一夫の『亜米利加体験』に依ると、山口の東京銀行勤務の外国為替専門の友人にこの間の事情を説明して、その意見を尋ねたところ意見は次のような推定であったという。

銀行が突然来店した見馴れない客に不信の念を抱いたためではなかろうか。その頃ニューヨークの銀行では為替取引はふつう郵便を利用して行われており、本人が銀行に出向くのは異例のことであるうえ、当時のニューヨークではほとんど見られなかった日本人が、先方からみれば異様な服装をして現われたのであるから、銀行が驚いたのも無理はない。

福澤がフヒッセンに連絡したのは、恐らく接待員のR・S・シルトンと相談の結果であろうと思われる。山口説では、ホテルの社長レイランドはニューヨーク屈指の富豪であるから、彼が保証すれば、銀行が本店に問い合わせるとは考えられない。したがってホテルのスタッフか誰かを、福澤が「ホテルの主人」と思い違いをしていたと考えられる。また「両替屋ドンケルシャーマンコムペニ」については、マンハッタン南部地域はオランダ商人の支配下にあったことから、オランダ系の金融機関ではないかと推測している。

臨時雇いのイギリス人チャールスに五百弗を持ち逃げされたことについては、「福澤弁明書」によると、小野等が代金も渡さず小買物を命じたり、荷物の引取・運賃の支払い等を命じ、その金額が五百弗程になったので、換金した金額の中から、早速五百弗を渡したところ、それを持ち逃げされたという。その結果、荷物の引取等が一日遅れて、翌日ワシントンへ到着する事態になったとしている。

参考⑥　使節のワシントンにおける行動〈関連項目＝9章註（6）〉

「慶応三年日記」を基本にし、『咸臨丸航海長小野友五郎の生涯』の記事に●を附して補記した。約四十日間の滞在日程表である。

月・日	事項
三・二十二	明早朝ワシントンえ出立の積もり（在ニューヨーク）●小野ら七名、米国政府差廻しの特別列車でニューヨーク発①ワシントンに行き、ウオームレーホテルに宿泊。同夜キャプテン・ブルック来訪。
二十三	荷物受取のことで、尺・神野とニューヨークに残る。
二十四	朝ニューヨルク出立。夕七ツ半時ワシントン着。旅館ウオームレーに宿泊。
二十五	キャプテンブルック来訪。木村の贈物渡す。此人戦争中南部②に帰し功あり。
二十八	外国事務宰相え謁見。インデペンデントの檄文本文草稿を見③る。1st May 今夕宰相の宅え行く。●小野ら国務省を訪問、国務長官に老中連名の公式書翰に、英訳文を添え伝達。大統領謁見の日時を告げられる。国務省内を案内され、日米修好通商条約正本を見る。
四・一	ホワイトハウスのブリュールームにて、大統領に謁見。●大統領夫妻に謁見。小野口上書読上げ、尺振八通訳。将軍への挨拶状を、国務相を通じ渡される。シルトン案内でホワイトハウス見学。
二	夕方シューワルド長官宅え招待、各長官及びプロシャ大使も同席。
三	午後小野、津田と三人にてシルトン宅を訪問。日曜
四	四ツ半時より、外国事務執政・海軍事務執政と談判。夜ブル

ック別離の挨拶に来る。明日レキシントンえ帰る由。
●ブルック度々来訪し、小野に各種軍艦の長短を説明助言す。
ブルック日本購入の軍艦の回航艦長として日本に赴き、幕府のため働きたいとの希望を述べるも、今回の軍艦購入は政府対政府の関係にしたいので、回航艦長も現役士官にしたいことと、日本でイギリスの海軍伝習が行われる予定であり、適当の職場のないことを説明して、ブルックの希望を断る。ブルック事情を了解して帰郷す。

五　ニューヨークより書林 Appleton & Co. 社員来り終日多用。

七　夕刻大統領の散歩に逢う。

八　朝アナプレス（アナポリス）海軍局へ行く。モニトル船・トルレット（torpedo 水雷艇か）の運転等を見る。ポルトル提督宅にて朝昼両度食事。
●日本への譲渡軍艦係を特命されたジェンキンス准将等と意見交換。アメリカ側はモニター艦を勧めるが、小野は通常の装鉄艦を希望。アメリカで新造をと勧められたが、その考え無しと拒否。ワシントンとフィラデルフィヤの工廠の予備艦を見せようということになる。

九　早朝アナプレス発、ワシントンに戻り、ワシントン海軍局でモニトルを見る。別にストンウォール号も見る。
●ワシントンの海軍工廠に行き、装鉄艦ストンウォールを見つける。航洋性も良く、単独で日本に回航できることを確認す。一行はホテルに戻り協議、ストンウォール購入に意見一致し、その要目調査をジェンキンスに依頼す。

十一　咸臨丸乗込の勘定方（事務長チャールズ・ロジャー）来訪。木村の贈物遣す。
●国務省にストンウォール購入を正式に申し入れ、価格・回航費を照会す。
●その後価格四十万弗、回航費十万弗とのこと。全額約五十万弗の内、四分三を現金で支払い、残金を日本回航の時に支

払うことで、購入契約成立す。（契約成立日不明）

十六　プラインと前渡金清算終了
●プラインより、米ドル五〇一、四八二ドル九二セント受領。手持ち金で、グレーン砲とその台車・附属品一式、蒸気消化ポンプ一式、スペンサー銃千挺、銅薬莢製造機等購入（受領及び武器類購入日不明）

十九　ワシントン海軍局に行き、再度船見分。

二十一　金時計購入。

二十三　グラント将軍来訪。

二十四　サンフランシスコへ三名出立に付、議論有り。

二十五　松本寿太夫・小笠原賢蔵・岩田平作三人、ストンウォールへ乗込の義決す。

二十六　コロンビアスクールへ行く、チュストンと共に。④
●盲唖学校・ジョージ・タウン大学傘下のカレッジ参観。（日時不明）

二十八　イギリス留学中の福澤英之助宛書簡出す。〇特許局及び議事堂に行く。⑤

二十九　荷作り、荷数八個。

晦日　アップレトン社より書付来る　洋暦六月一日

五・二　大艦を破壊する大砲発明の Edward Fay 来る。

三　夕方六ツ時小笠原・岩田・尺と共に汽車でワシントン出発。

四　朝六ツ時ニューヨーク着。

①荷物受取りで、使節一行と一緒に出発できず、尺・神野・福澤がニューヨークにもう一泊している。小野のワシントンへの出発が三月二十二日で、政府差廻の特別列車であったという。福澤の「慶応三年日記」は「明早朝ワシントンえ出立の積り」とあり、小野は延期不可と頑強に主張して予定通り二十三日朝出発。福澤等は一日遅れて出発した旨「福澤弁明書」に記している。

日程②福澤はブルックに、木村夫人から預かった贈り物を渡している（前出、註（5）参照）。これに対しブルックは福澤に、木村夫人へということで、自分で

描いたフェニモクーパー号の水彩画を贈っている（『万延元年遣米使節史料集成』第五巻末尾の写真及び佐志傳「解題」）。『自伝』「初めてアメリカに渡る」の項目の中［6（23）］、サンフランシスコの義勇兵による咸臨丸歓迎の話は、ワシントンで聞いた打ち明け話である。

日程③省内を見学して廻り、皆が日米修好条約の正本に注目している間に、皆が気に留めない貴重な古文書である「インデペンデントの檄文本文草稿」を福澤は見ている。合衆国独立宣言の草稿のもとになった、ジェファーソンの肉筆草稿で、フランクリンとジョン・アダムス副大統領が僅かに加筆訂正している歴史的資料である。この貴重な資料に気付いたのは、福澤が米国史を研究していたためであろう。

国務長官訪問の様子は、ニューヨークヘラルドの記事が紹介されている山口一夫『亜米利加体験』に詳しい。

日程④コロンビア・スクールについては、山口の研究によれば、当時コロンビアの名を冠した学校は二つあり、小野も訪問しているColumbia Institution for the Deaf, Dumb, and Blindであろうとされている。この学校は一行が訪れた三年前にグランマー・スクールから昇格してカレッジになっていたという。『小野友五郎の生涯』によると、小野はこの他にジョージタウン大学に行きその傘下の各カレッジを見て廻ったと述べた後に、「福澤、津田はこの他に普通小学校の授業も参観している」と記しているが、福澤の記録にはそのことは全く出てこない。

日程⑤手紙を出したというロンドン留学中の福澤英之助とは、中津藩士和田慎次郎のことで、早くから鉄砲洲の福澤塾に学んでいた古い門下生である。慶応二年（一八六六）幕府が幕臣の子弟を英国に留学させた時、門下生の和田を福澤英之助と改名させ、自分の弟として留学生の中へ送り込んだ人物である。英之助は帰朝後は横浜に住み貿易商を営んだ。英之助には子供がなかったので、今度福澤家に男子が生まれたら、その子を養子にして、赤子の時より養育したいと依頼していた。その懇望を容れ、将来本人が成長した上の意思に従うという条件で、四男大四郎を一時英之助の家に預けたことがあった。明治十六年（一八八三）頃のことである。

参考⑦　幕府前渡金の返済〈関連項目＝9章註（8）〉

小野らはワシントンに到着すると、真先にアメリカ国務省に行き、プラインから前渡金の返済額を確認したうえで、政府と前渡金精算の交渉を始めた。

其事ニ就ては出発前ニ随分議論しました却て是れが宜しい此方では一切萬事亜米利加の公使と云ふものを信じ抜いてイヤ亜米利加の公使を信じたのではない日本の政府が亜米利加の政府を信じたのだ。（『自伝』一四七頁）

この態度に出る方が、アメリカ政府の規則に違反して、前公使プラインが個人で商取引に関与した弱点を突くことになり、優利と考えたためであろう。

『小野友五郎の生涯』によると、幕府からの受領金については、専門の会計士に依ってきちんとされていて、キャンセルした二隻分の材料手配代金と、「フジヤマ」号の回航抑留費は支払うことで、プラインと交渉を決着させた。その結果幕府の支払った前渡金メキシコ銀六十三万七千弗（利息込アメリカドル換算・一〇一万五、一八〇ドル九四セント）から「フジヤマ」及び兵器代金・抑留費アメリカドル五一万三、六九八ドル二セントを差引いて、五〇万一、四八二ドル九二セントを受領することにしたという。

この精算残金と、「フジヤマ」到着時の清算報告額との数字に大きな相違があるように見える。しかしそこには、米国の南北戦争による経済状況の激変があげられる。

『アメリカ史1』の「南北戦争と再建」によると、当時のアメリカの通貨制度は混乱を極めていて、各州が独自に通貨の発行権を持っていた。多種多様な州法銀行券が氾濫していたが、南北戦争の多大な戦費調達の必要から、連邦政府による不換紙幣の発行を認める貨幣法が成立し（一八六二年一月二十五日）、次いで連邦政府による通貨発行権の独占を認める国法銀行法（一八六三年二月二十五日）が承認されて、ようやく合衆国の銀行制度の確立と安定が見られるようになった。その間北部社会は、激しいインフレーションの波にさらされ、物価は二倍に、実質貸金は半分になってしまったという。

そのため幕府の前渡金六三万七千ドルが、利子を含むとは言いながら、百万米ドルになってしまったのである。

福澤は前渡金を何回かに分けて、八十万ドル渡したと『自伝』（一六三頁）に記している。『海軍歴史』（『勝海舟全集』13）の船譜に依ると、初め「富士山艦代価の談判」の項では、

　最初二艘の軍艦を注文せし時、その費用として六十万弗を渡し置きたりしにより

と記しているが、次の「小野友五郎米国に赴き装鉄船を購入す」項では、

　手附金内渡し八十万弗の処、残り金円その儘にてありしに付き、（中略）本文金円差額の生ぜしは最初渡したる総貨八十万弗なれどもかの国に於て時相場の違い、即ち紙幣正貨の差および利金などにて大約四十万弗を増加したる由。

と、前渡金に違いがある。前渡金八十万ドル説は、小野使節出発頃の通説であった可能性もある。

参考⑧　軍艦購入〈関連項目＝9章註（7）〉

　使節団の主題である軍艦購入談判は、三月二十八日の国務省に長官を訪問した時から始まった。小野が長官に渡した老中の書簡には、軍艦譲渡交渉使節であることが明記されていた。

　以書簡申入候我　大君殿下於軍艦武器譲受其外之為め、小野友五郎松本寿太夫を特選して全権を任ぜられたり、就ては同人共其職掌を相遂げ候様貴所において可然被取扱申立候儀は逐一信用有之度余等において希望致し候　拝具謹言（『続通信全覧』）

　四月一日の大統領の謁見等の儀礼的行事が終わり、四月四日より、国務省・海軍省の人々と本格的交渉が開始された。

　以前咸臨丸に同乗したブルックが何回か使節を訪問し、アメリカの軍艦事情については、モニター艦を勧められるだろうが、それは甲板が低く、大洋の航海性に欠如している。甲鉄艦の方が日本への回航には適している等の貴重な助言をしてくれた。幕府はプラインに依頼した軍艦の新建造が大幅に遅れたことから、今度は既製の軍艦の購入方針を基本にしていた。その意味で、ブルックの助言もあり、甲鉄艦購入の意欲を持つようになったようである。

　四月八・九の両日、日本への譲渡軍艦の係を特命されたジェンキンス準将らと共に、アナポリス及びワシントンの海軍局を尋ね、九日にストンウォール号をワシントン海軍局で見いだした。小野ら一行は、早速ホテルに戻り、甲鉄艦の購入に就いて協議し、海軍方の小笠原・岩田も賛成で、ジェンキンス準将に、同艦の要目の調査を依頼した。

　四月十一日国務省に「ストンウォール」購入の正式申し入れを行い、十六日プラインと前渡金の清算交渉をしている時、「ストンウォール」の価格が四十万ドルであるとの通知がもたらされた。日本への回航費を十万ドルとすると、それでは、日本出発前に、陸海軍奉行を初め各役所より要望のあった書籍・機械等の購入ができないので、米国と交渉し、船価と回航費の四分の一を、日本に帰航した時に支払うことで、了解を得ることができた（『小野友五郎の生涯』）。

　代金の一部後払の約束ができ、ストンウォール号はアメリカ海軍現役士官ジョージ・M・ブラウン少佐を回航艦長として、ケープタウン廻りで、慶応四年（一八六八）四月二日横浜に到着した。しかしその時は既に幕府が倒れ、江戸に新政府軍が到着し、江戸城の明渡し交渉が行われていた時であったので、新政府側がこれを引き取ろうとしたが、アメリカは局外中立を理由にその引渡しを拒否した。

　海軍力では決定的に劣勢に立たされている新政府軍としては、何としてもこの軍艦を入手する必要があったので、種々局外中立の解除に向け努力して、十一月四日に至ってようやくその解除をアメリカに了解させることができた。当然のことながら、小野との交渉で未払いとした代金の支払いなしには、軍艦の引渡しには応じられない。そのため新政府は財政難の中で、何とか工面して、明治二年（一八六九）二月にようやく軍艦を引き取ることができた。

参考⑨　原書購入方針で小野に反抗

　小野友五郎が福澤に、幕府も原書を購入し、日本で高価に販売したいから、日本で要求されている原書を選定するように下命したのに対し、福澤は、日本のためには、できるだけ安価に良質の原書を持ちかえり、希望者に安価に提供すべきであるとして、幕府たる者が商人同様の行為をすることに強く反対した。それでも幕府の商売のために選書させられるならば、利益の分け前を要求すると、ごね

てみた。このため小野の機嫌を損じ、帰国後幕府に福澤非難の意見書を提出され、福澤は謹慎を命ぜられた。その上小野の主張で福澤個人の荷物までも差押えられる事態になった。

『全集』㉑「アメリカ出張中の福澤に対する弾劾の一件書類」（以下「一件書類」と略記する）に記されている差押え荷物がある。

一、箱　大小　数　弐拾
　内　書籍・地図類・地球（儀）・小児手車（乳母車）・革文庫（内黒羅紗切入）・掛時計・此外手廻り品

地球儀・乳母車以下が各一箱とすると、書籍・地図類の箱数は十四〜五個あったのではないだろうか。

『全集』㉒「小野友五郎松本寿太夫両人の申立に対する弁明書」（以下「弁明書」と記す）によると、福澤に原書選定を命ずる理由を、前渡返済金五十万ドル余の内三十万ドルを軍艦購入の内払金とし、残金は購入艦の回航費や小銃の購入費にあて、その残金を、小野の判断で幕府の利益になる処置を取ることが許されていた。書物を購入し日本で高価に販売すると幕府の利益となるから選書を命じたという。

この記述を、福澤の行動と合わせて見ると、四月四日の米国外国事務執政並に海軍事務執政との談判で、軍艦購入の大綱が決まり、その翌日福澤がアップルトン書店の販売員と会っている。これを見た津田が、小野に、書籍購入を提案したので、早速福澤に選書の命令を下したのではあるまいか。この命令に反対した理由を福澤は、「弁明書」で、次のように述べている。

政府にて町人同様の商売は御不都合に可有之、且御使の御身分も有之、亜国政府え被対、假令ひ事実は不相分候とも御不本意の義と存候間、（中略）私義御国の御法は深相心得不申候得共、欧羅巴諸政府におゐて（中略）彼の品を買て此に売り其間の利を取ると申す事は絶て無之との義承知仕候義御座候。一體政府たるもの丶趣意は、国内の商売工業竝に外国の交易を保護し、法を犯す者を罰し、曲を蒙る者を救ひ、人々生を安じ業を営み候様、其取締を為すこと即ち政府の職掌にて、（後略）（『全集』⑳一八頁）

アメリカ後任公使らがプラインの行動を、非難していたことを、承知している小野だけに、最も痛い所を突いた反論であった。それだけに感情的に福澤に反感を抱き、幕府に強く非難の報告をしたものと思われる。

小野の書籍購入計画は、事情を知らぬアメリカ役人の好意によって実行され、相当の原書が持ち帰られたが、幕府にどれほどの利益をもたらしたかは疑問である。しかしこうした考え方は、まさに幕府私政の因習に固執する幕府役人の悪弊で、その改革が要求されていた事柄の一つであった。小野は長崎の海軍伝習で新知識を学んではいるが、保守的役人根性の強い性質の持主であったため、福澤との激しい衝突となったのであろう。

参考⑩　小野友五郎の福澤弾劾事件

この事件に関しては、『考証』上（二五二頁）、西川俊作「慶応三年にアメリカから福沢諭吉の購入してきた図書をめぐって」（『年鑑』13所収）を参考に、その概要を説明する。資料は、「弁明書」、「一件書類」がある。

小野の主張点は、①外人小使いの公金持ち逃げに関する責任。②原書購入にコムミッションを要求した件。③私物の荷物の運賃を公金で支払った件の三点である。

非難点①については、アメリカ人小使いの使用については、船中の待遇指示に背いて二等船客とした。金子は持たせぬように注意したにもかかわらず、諸支払いの代金として五百ドルをこの小使いに渡したため、持ち逃げされることになったことを、福澤は何も詫びていない（「一件書類」）。これに対して「弁明書」では外国為替の説明をした時、小野は昼夜酒に酔っていて、説明を理解せず、換金が容易にできない事情も無視して、勝手にワシントンへの出発を急いだり、雇外人に買い物を命じて代金を立替えさせる等の行為をしたため、外国人が不信感を抱き、持ち逃げするに至ったと述べている。

②の原書選定問題について。通弁の津田仙弥の提案が国益稼ぎになるとして、福澤に選書を命じた所、不届きにも卸値と小売値の差額を手数料として要求をしてきた。幸いアメリカ人の諸事世話で、書籍の購入はできたが、福澤の間銀を要求する所業は究明する必要がある（「一件書類」）。

「弁明書」は、『自伝』でも明記しているとおり、外交使節が商売人同様の行為をすることは、欧米では一応禁止されていることを理由に、帰国の上、高値で書籍販売する行為を非難し、日本のために安価のままで販売することの必要を主張した。小野がその趣旨を理解しない了見の狭い役人根性であるために、福澤の反対に強い反感を抱いたことは明白である

③帰りの荷物の運賃について。荷物が増加していて、飛脚船の運賃等が嵩むので、船賃の調査を福澤に命じておいたのに、調査もせず、荷物の半分は福澤の私物を、一括飛脚船に積み込んで、幕府公金で支払ってしまったので、横浜に帰着後、福澤分は幕府に返納すべきである。福澤の荷物の運賃は凡そ千ドル以上で、勝手に御用意金から支払ったのは不当であるから、神奈川へ帰着した時、小野らより神奈川奉行へ、その荷物を差押えさせておいた。飛脚船と帆船の運賃の差を調査するようにと命じておいたのに調査せず、独断で荷物全部を飛脚船に積み込んでしまった。横浜に到着すると、各人の荷物の運賃を確認するため、荷物全部を運上所（税関）で調査してから引き渡すとしていたのに、福澤が通関手続きなしで、「荷物を持ち直ちに上陸できる」と言ったため、荷物の運賃を確認できなかった。これは自分の荷物の運賃を、公金で支うための福澤の悪意ある工作である（「一件書類」）。

「弁明書」は、荷物の運賃の問題については、全く無視している。

これには理由が隠されているようだ。七月十一日付の、神奈川奉行水野若狭（良輔）の小野宛書状に、

御使其外御用にて海外え罷越候面々荷物の儀は、商業又は小遣等にて相越候ものとは格別の譯柄に付、別段怪敷見請候義も無之候へば、是迄出入共厳酷に改方等いたし候義は無之候得共、追々御申聞の趣も有之候間、此度陸揚の上、任御頼支配向より御支配向え為引合、箱類寸法貫目巨細取調、品柄をも一応為相糺候處、書籍地図類之外はいづれも聊づゝ取合手廻り品等にて、廉立荷物引留可申所謂〔ママ〕無之候。（『全集』㉑二八八頁）

神奈川奉行所としては、特に問題とする荷物ではないが、申し出があったから特に福澤の荷物だけを留置したとしている。これは公用出張者の荷物を検査したりすることは異例の処置であることを物語っている。したがって一行の旅費や荷物の運賃を個人の負担とすることはないのが慣例とされていることを示している。福澤は欧州出張でそのことを承知していた。今回の帰国に際して小野の指示が、福澤への嫌がらせで慣例違反の処置であることを承知しているので、公費で荷物の運賃も支払い、特に個々の荷物の運賃等にかんする小野の指示を無視したのであろう。旅行中、日本では原書の値段が高価で、且つ品不足であるので、日本の学者や学生が喜んで購入する書物を持ち帰り販売すれば、相当の利益になると考え、福澤にその選書方を命じようとした。ところが福澤から、高価に販売するという意図に真っ正面から反対されたため、両者の間に感情的対立が生じた。帰国直後小野は副使の松本寿太夫と連名で、福澤の渡米中の言動の弾劾書を提出したので、福澤は上司の外国方より七月十四日謹慎を命ぜられた。

小野の指示で神奈川奉行所に福澤個人の荷物二十個が、留め置かれている。福澤は、個人の荷物を所有主に無断で抑留した小野の行為を、「海内にあるべからざる暴行」として、上司である外国奉行に訴えた。しかし「今日に至るまで埒明不申、去迚事実小生に罪科もなきことなるべし」と、紀州藩や山口良蔵ら友人等から依頼を受け、おまけに金を預かって購入して来た書物を、渡せない不満を訴えながら弁解している（九月七日付山口良蔵宛書簡）。小野に対しても、荷物差押の解除運動を木村家の用人大橋栄次等に依頼して行ったが、事態は依然として進展しなかった。

十月十五日には、京都で将軍慶喜の大政奉還願いが受理され、その報知が十七日に江戸に到着し、幕府内部は大混乱に陥った。このままでは悪くすると福澤の荷物差押など忘れ去られ、解除されない恐れさえ生じてきた。そこで、福澤が紀州藩の浜口儀平や井上従吾右衛門らの重役に依頼して、荷物差押解除運動を強化した時、軍艦頭取出役をしていた中島三郎助が、福澤の謹慎引籠りを知り、早速稲葉老中に話し、謹慎を解除し、出仕させるよう運動してくれたのである。二十六日に謹慎が解除された。二十七日出仕した福澤は、早速荷物差押の解除を願い出たが、小野と直接交渉するようにとの指示だけだった。

その後十二月一日に至って、老中兼外国事務総裁の小笠原長行《ながみち》より、小野・松本宛に、福澤の差押荷物を外国奉行に引き渡せとの命令が出たが、福澤が荷物を引き取ったのは、月末の頃であった。

幕府から福澤には、謹慎以外に別段の処罰があったり、荷物の運賃徴収があったという資料は全く見られない。これは小野と福澤の感情的対立事件として処理されたもののようである。

参考⑪　再渡米時の購入書籍

福澤が購入してきた書籍名については、『全集』④の『福澤文集二編』の「三田演説第百回の記」に記している。

此度は前に比すれば資本も豊にして、多分に英書を買入れ、一私塾生徒の用に供して不自由なき程のものを携帰たり。即ち其書類は辞書の外、英氏の経済論、「クヮッケンボス」の窮理書、文典、米国史、「パーレー」及び「グードリチ」の萬国史、英国史等、何れも皆古今未だ曾て目撃せざる所の珍書にして、（以下略）

「英氏の経済論」とはWayland: The Elements of Political Economy, Boston, 1865. である。福澤が米国より購入してきて、仙台藩に納められた図書名が金子宏二研究により、明らかとなり、更に西川俊作・沢田ミチ子共同研究（西川俊作「慶応三年にアメリカから福澤諭吉の購入してきた図書をめぐって」『福澤諭吉年鑑』13）で、購入当時に近い米国販売用の書籍カタログの価格検証等、その大略が判明した。

購入図書の傾向としては、以下の七グループに分類できるという。

ウエーブスター辞書	六点	九〇冊	物理化学	三点	八一冊
英語読本英文法書	九点	二五四冊	軍事関係書	六点	九冊
歴史地理	八点	一二二冊	経済法律書	四点	六冊
代数幾何	七点	一三三冊	計	四三点	六九五冊

辞書は各種のウェブスター辞書を主とし、「大辞書」（四二冊）で三千頁の絵入りのものを始め、家庭辞書二四冊物等がある。辞書の有効性を痛感している福澤だけに、自信を持って購入してきたのであろう。特に絵入り辞書は、英文だけでは隔靴搔痒の思いをする事項の理解に役立つという経験からの選択であろう。英語読本は、アップルトン社出版のマンデビルのリーダー（第一～五、四〇冊平均）二百余冊を主に、文典はR・C・C・スミスの教科書四五冊とやや上級のもの二冊とクワッケンボスの「英文法」五冊がある。

代数幾何と物理化学は福澤が重視した学科である。『自伝』小見出し「教育の方針ハ数理と獨立」（一八七頁）にも特記している。歴史地理は、その知識がなければ、西洋諸国のことは理解できないと、『西洋事情』で主張していて、義塾の中心学科目とされている、と西川論文は指摘している。

軍事関係書は、仙台藩の大童が、武器購入の名目で、藩から金を引き出し、それで洋学教育用の教科書を購入してくることになっていたので、「武器の売り物は多いが、素人ではその良否を判定出来ない」と申し訳の印に購入してきたものであろう。経済法律書が少ないことについて、西川論文は、

福澤は既にチェンバーズ版のバートン『経済学』を読みその前半を『西洋事情外編』として訳出していたが、経済学原理そのものはかれにとっても「新奇」な科学であり、かりに仙台藩に多くを送っても利用者もないため無用、と考えたのではあるまいか。

と解説している。福澤が、再渡米の時に持参した書籍購入資金は、五千両程といわれている。その内訳を見ると、福澤塾の使用に工面した金額は約二千五百両、藩校のために紀州藩や仙台藩に勧め、友人知己の依頼を受けて預かった金額を合わせて二千五百両という。

仙台藩のために購入された書物の代金を、米国の書籍カタログを利用して推算して提出した計算書「覚」が、ほぼ正確な価格になっていることも明らかにしている。

アップルトン書店の記事は、福澤の「慶応三年日記」によると、僅かにワシントン滞在中の四月五日の店員来訪と同月晦日の書付到来のみである。福澤が仙台藩に提出した計算書の説明文に次のように記されているという。

一、弐百五拾ドル

此はワシントン滞留作（乍カ）電信機にてニューヨル（ク）まで申遣し、同所より書林の手代呼出し注文申付、ニューヨルクよりワシントンえ一度品物取寄せ、出立の節又候ワシントンよりニューヨルクえ荷物差送候蒸気車賃銭其外荷揚等一切の入用

未知の外国の客から、いきなり電信で注文があったからといって、大量の見本を持参して、店員がわざわざワシントンまで出向くとは考え難い。これは、福澤がニューヨークに最初に滞在した時、アップルトン書店を訪問し、教科書等大量注文の意図を説明し、後日日取りと場所を連絡して、見本を持参して貰うことが約束されていたと見るべきであろう。その結果四月五日の書店員の来訪で、書籍

の選定がなされたのである。福澤が日本に持ち帰った荷物は二十個、ワシントンでの荷物は八個というから、残りの十二個は大部分が教科書であったと思われる。

参考⑫　米国帰国直後の謹慎〈関連項目＝9章参考⑨・⑩〉

福澤らの欧州旅行は、政府の使節団の一員としての旅行で、諸雑務は相手国の接待員等によって処理されることが多かった。つまり、自分で経験した社会生活上の実務事項の経験は極めて限られた範囲に止まっていた。

ところが、今度のアメリカ旅行については、先ず日本からアメリカへの為替による送金がスムーズにゆかぬ、苦い経験から始まり、旅客船や荷物の運賃支払い、宿泊の旅館の予約や宿泊料金の支払い等々、日常の生活経験は、欧米社会を真に理解するための貴重な初経験となった。福澤が経験した疑問等の理解や解決方法の多くを、今後外国人と交際しようとする日本人に、早速理解させて置く必要がある。これは重要な課題であると、気付いたのである。

そのため福澤は外国奉行からの謹慎中に『西洋旅案内』を書いている。その謹慎は、『自伝』の説明によると、ただ役所に出仕することを差し止めるだけで、あとは外出も自由という形式的なものに過ぎず、暇ができて有り難いくらいのことと記している。したがって、一見この間に著述した『西洋旅案内』上下二冊は、暇つぶしの著作と、軽視されるおそれもある。しかし「福澤諭吉の著作と著者の想定した読者層」で進藤咲子氏が指摘しているように、「漢字平がな交じり文総振りがなの文章表記を持った作品は、慶応三年冬の『西洋旅案内』から明治六年一月の『改暦弁』までの五年間に集中していて、『西洋旅案内』は一般庶民や児童向けの作品の最初として、注目すべきものである。

我　日本国も近来は追々外国人と親しくなり、殊に去年の夏は、外国に勝手に行くべしとの　官許《おゆるし》もあり、同時に太平海の飛脚船は出来、いよ〳〵双方の交り厚かるべき兆《しるし》にて、この後日本人の外国へ往来するもの必多かるべしと思ひぬれば、其輩《ともがら》の手引のため

と序文に記しているように、今後増大するであろう日本人渡航者の便宜を図ることを意図しての著作である。

参考⑬　福井藩由利公正の改革〈関連項目＝9章註（10）〉

越前福井藩士の由利公正は、ペリーの渡来により、江戸警備のため江戸に呼び出され、外国艦隊を実見して、彼我実力の格段の差異に驚き、帰国後は銃砲及び弾薬製造に従事したが、改善や規模拡大の必要を痛感しながらも、藩の財政難のために、効果ある改革ができないことを痛感していた。

安政五年（一八五八）三月京都出張を命ぜられ、上京中は橋本左内の許で過ごし、四月共に江戸に下った。当時越前藩は左内の指導もあって、積極開国論を藩論としていたので、彼は藩産物の江戸又は外国への販路拡大による藩財政建て直し策の可能性を漠然とながらも探っていた。ちょうど在藩していた賓師横井小楠の助言等を得つつ、財政改善案を模索し、庶民の生産意欲を高め、産物の増産分を藩外や海外に販売するため藩当局に、殖産資金五万両の提供を願い出たが、容易に許可は下りなかった。

十二月外国貿易の実地調査のため長崎に派遣され、同地に越前藩蔵屋敷設立の手筈を整えて、六年五月帰国しても、五万両貸し下げの許可が下りなかった。横井小楠の仲介もあって、同年十月にようやく藩札の貸し下げが許可された。

外国貿易では、生糸が有利であるが、国内商人の資本力が弱いため、外国商人に買い叩かれる弱点があった。これを、流通資本力を持つ会所が一括売買することで、外国商人に対抗する力を持ち、販売商品の利益幅の確保が図れる。会所の運営を全面的に商人に任せ、会計監査だけを藩役人が行うという、従来に無い庶民中心の経営方式を採用した。生産品に生産者の名札を付け、不良品の責任を明らかにすることで信用を高めたことと相まって、長崎での輸出は好評を得た。安政六年には二十五万両の売上、翌年には四十五万両と急増し、この評判は一層藩内の生産意欲を高める好影響を生んだ。

由利提案の特色は、不景気の原因を藩内流通の正金の不足にあるとして、藩内での販売商品の増産と、流通の活性化を図る刺激対策を樹立しようとした点にある。一般に藩が主導で行う増産計画は、生産物を強制的に安価に増産させるもので、生産者は苦労と損失を伴うものであったのを改め、他国や外国に販売できそうな産物を、生産者が選定産出する。そのための資金は、月八朱の金利で会所が

貸し出し、生産品は時価で会所が買上げ、纏まった量を有利な条件で藩外に販売し、利益を確保しようとするものである。民営中心の「総会所」を置くことで藩内生産力の強化を図る。共同生産組合的組織で生産意欲を刺激し、品質確保による顧客の信用度を高めて、継続的販売力の向上を図る。この新方式が、成功の原因となっていたのである。

慶応三年（一八六七）十二月十八日、由利は朝廷の召命を受けて上京し、徴士参予に任命され、次いで二十三日御用金穀取扱を命ぜられた。藩財政改革の成功実績を知る横井小楠や坂本龍馬らがその実行力を買い、皆無に近い新政府の財政基盤を固めさせようとの期待から岩倉具視等に推挙したのである。

慶応四年正月三日の鳥羽伏見の開戦に続く徳川慶喜追討の発令で、軍資金の調達等が問題となった時、開明的な五ケ条の誓文の基本方針（三百万両の会計基立金の徴収・太政官札発行による金融資金の補給策等により、庶民が殖産興業に励み、外国貿易に積極的に参加する気運を生じさせようとの、積極政策）を示したのである。

一、庶民志を遂げ人心をして倦まざらしむるを欲す。
一、士民心を一つにし盛に経綸を行ふを要す。
一、知識を世界に求め広く皇基を振起すへし。
一、貢士期限を以て賢才に譲るべし。
一、萬機公論に決し私に論ずるなかれ。

明治四年（一八七一）七月、東京府知事に任命され東京に出た由利は、府庁の吏員の淘汰・代書人設置による事務能率の効率化・府下の治安確保のための巡査制度の採用・五年二月二十六日の銀座・築地方面の大火を機に、防火都市としての再建のため、道路幅の拡大と中心市街の煉瓦街化方針を提唱した。最初の構想より縮小はされたが、三六メーター道路の設置と銀座の煉瓦街再建策を決定推進した。五月突然知事在職のまま欧米視察を命じられ、米国から英国に渡りロンドンに滞在中の十二月府知事を免職され、六年二月帰国した。八年元老院が創設され同議官に任ぜられたが、翌年十二月議官を辞任した。

また七年一月には、副島種臣・後藤象二郎・板垣退助等と共に、民選議院設立の建白を行ったり、小坂鉱山の経営に乗り出すなど、在野活動も開始している。その後十八年一月には元老院議官に再任され二十年子爵となり、二十三年貴族院議員となり、十月には麝香間祗候を命ぜられている。他方民間銀行の設立や、生命保険事業等の分野にも活躍した。

由利は、明治二十七年有隣生命保険株式会社を設立し、社長に就任し、三十九年辞任している。明治四十二年四月二十八日八十一歳で死去。死後従二位、旭日大綬章が贈られている。

福澤との関係について。明治十一年九月に、次男由利石枩を義塾に入社させている。石枩はのち神谷家の養子となったが、十九年に死去している。その弟惇は十歳で夭折しているが、その次の弟の真男（後由利公通）も、十六年義塾に入社し、幼稚舎・本塾と学んでいるから、十年代の初頭から、接触があったのではなかろうか。

明治十一年夏、酒井の案内で、福澤・中上川・猪飼麻次郎らが板橋の加賀屋敷内の由利家を訪れ、福澤の希望で、会談している。国家発展のためにはもっと税金を重くすべきとの由利の主張と、福澤の国内産業発展のためには鉄道敷設の緊要論に、互いが賛成したと福井藩士の酒井良明の懐旧談（『諭吉伝』第三巻「産業論」二〇四頁）に記している。

福澤が交詢社の創立を計画し社員募集を行った十二年暮には、由利も応募し、翌年一月二十五日の発会式の日、常議員に選ばれている。十五、六年には常議員副長をつとめ、以後二十四、五年次を除き二十七年次まで連続して常議員となっている。

創立当時の常連の重なる人で、私の記憶に残っている人は、福澤先生、宇都宮君、小幡君、肥田浜五郎君、由利公正君等で、

と犬養毅が昭和五年（一九三〇）一月交詢社創立五十年の祝賀会の挨拶で、語っている（『交詢社百年史』）ことからも、福澤との交友関係は長く続いたものと思われる。その関係か明治十六年十一月、中上川彦次郎の妹お国と、由利の長男三岡丈夫が結婚している。三岡丈夫は四十二年には義塾の本部事務員に迎えられ、会計部主任（兼維持会基本金募集主任）として、大正四年（一九一五）度まで勤めているから、由利・三岡家と福澤を含む義塾社中との交際は、長く続いたものと考えられる。

10、王政維新

155頁3～4行目　鉄砲洲の奥平の邸は外國人の居留地ゝなる（1）

江戸開市による居留地は、慶応三年（一八六七）六月の布告により、築地鉄砲洲一帯にほぼ決まり、十一月一日「外国人江戸ニ居留スル取決」が公布された。『築地居留地』（都市紀要四）によると、文久二年（一八六二）十月十四日付のバタビヤ新聞に、浜御殿を外人の旅館にする案が提示されたが、外人側から辞退したとの記事があり、その頃から、築地が有力候補地となった。元治元年（一八六四）三月十日築地中通り辺よりの出火で、軍艦操練所等が消失したことから、この付近を居留地にとの意見が強まった。ところが、慶応二年十一月九日夜神田元乗物町（一説には永富町）より出火し、神田・日本橋一帯から、京橋・築地に延焼する大火がおこったことから、一時幕府は鉄砲洲に居留地を決定するのを躊躇したが、開市の時期が迫り、慶応三年五月七日町奉行井上清直・外国奉行朝比奈昌広《まさひろ》・同柴田剛中《たけなか》（十九日に江連堯則《えづれたかのり》に交代）を居留置取調掛に任命。六月に鉄砲洲を候補地とすることでイギリス・フランス等の了解を得た。

慶応三年六月二十六日アメリカから横浜に帰着した福澤は、二十七日品川で塾生に迎えられて帰塾した。この時点で福澤が鉄砲洲の土地が居留地に指定され、その立退き期限や条件等について、何処まで知らされていたかは不明である。しかし『築地居留地』の「鳥取藩江戸風聞書」の要旨によると、十月五日に、幕府が次の布告を出したことが記されている。

江戸鉄砲洲九カ町、即ち船松町壱丁目、本湊町、南本郷町、南飯田町、上柳原町、南小田原町一丁目、二丁目、南八丁堀四丁目、五丁目を以て、外人居留地の区域となす旨を布告し、この範囲内における武家地は取払い、地ならしをして町屋とする。この区域内における一般市民中希望者は外人と相対にて家を貸し、外人を居住させて差支えない。

鉄砲洲中屋敷も更地にされるので、現在借用中の建物を藩から貰い受けるのに好都合であることを知ったものと思われる。［5（8）］

155頁5～6行目　有馬と云ふ大名の中屋敷を買受けて（2）

福澤は慶応三年（一八六七）十月二十七日にようやく浦賀の与力中島三郎助の周旋で謹慎が解け、外国方に出仕することになったが、（後期）鉄砲洲からの立ち退きがせまっていたため、謹慎中も移転先を探索していたと思われる。入社生の増加が一層高まることが見込まれるだけに、移転先は相当の広さが必要である。幸い中屋敷は更地にして引き渡すので、現存の建物を貰い受け移築することはできそうである。したがって四、五百坪の屋敷地が欲しい。しかしそうした情報は、福澤自身の耳には余り入ってこないので、旗本の木村家や江戸定住の藩士知人に依存せざるを得ず、しかも日限はせまっていた。福澤は相当心配したことと思われる。

慶応三年十二月中旬には、幸いにも木村家の用人大橋栄次の周旋で、新銭座に、越前丸岡藩有馬家の所有する四百坪の屋敷が売り物に出ていることを知り、早速購入の交渉を大橋栄次に依頼したところ話が纏まり、月末の十二月二十五日に代金を支払うとの約束が決まった。その二十五日には、薩摩藩邸の焼討事件が発生し、大橋が、事態が明確になるまでしばらく代金納入を引き延ばしてはといってくれたが、金銭に律儀な福澤は、武士の約束だ変更はできないと主張して、代金支払いを強行し、早速（後期）新銭座の土地に、塾舎の移転工事を始めた。福澤が、アメリカで購入してきた多種多量の教科書を使って、新しい英学教育を発足させることに、如何に大きな夢を抱いていたかを示す行動である。新銭座への移転工事を差止めに来た朋友に、福澤は次のように語っている。

今僕が新ニ普請するから可笑しいやうニ見えるけれども去年普請をして置いたらドウする（中略）仮令ひ焼けても去年の家が焼けたと思へバ後悔も何もしない少しも惜しくないと云て夙々と普請をして果して何の災もなかったのは投機商賣の中たやうなものです。（『自伝』一七二頁）

偽らざる当時の福澤の気持ちであったろうと思われる。

さて、『自伝』には十二月二十五日に三百五十五両で購入した新銭座の四百坪の土地は有馬という大名の中屋敷であったと記されている。しかし、新銭座に大名有馬家の土地があったという明確な証拠がなかった。

ところが昭和六十三年（一九八八）二月、偶然に『内閣文庫所蔵史籍叢刊　諸向地面取調書』の安政三年（一八五六）度『諸屋敷帳』の越前丸岡藩有馬家の記述部分に次の資料があるのを発見した。

一、　上屋敷　芝宇田川町　弐千弐百弐拾五坪五合　有馬日向守
拝領中屋敷　駒込植苗木縄手　五千六百六拾壱坪
拝領下屋敷　下渋谷　千　坪
右者松平美濃守江貸置
借地　芝新銭座　百九拾坪
右者御天守番之頭今井右左橘拝領屋敷百五拾坪　小普請蜂屋兵橘
拝領屋敷四拾坪借地地続に付壱囲に囲込

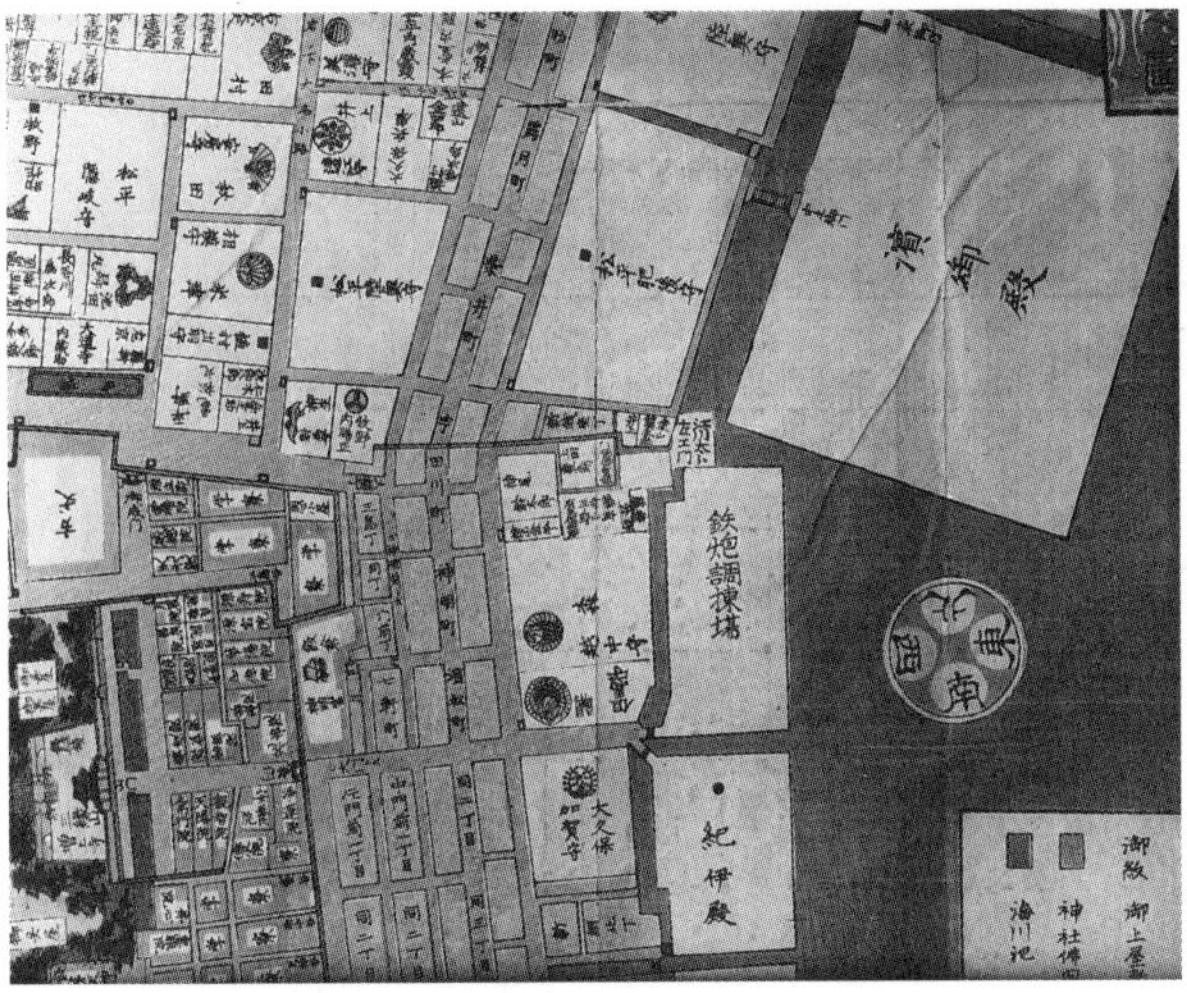

芝新銭座絵図

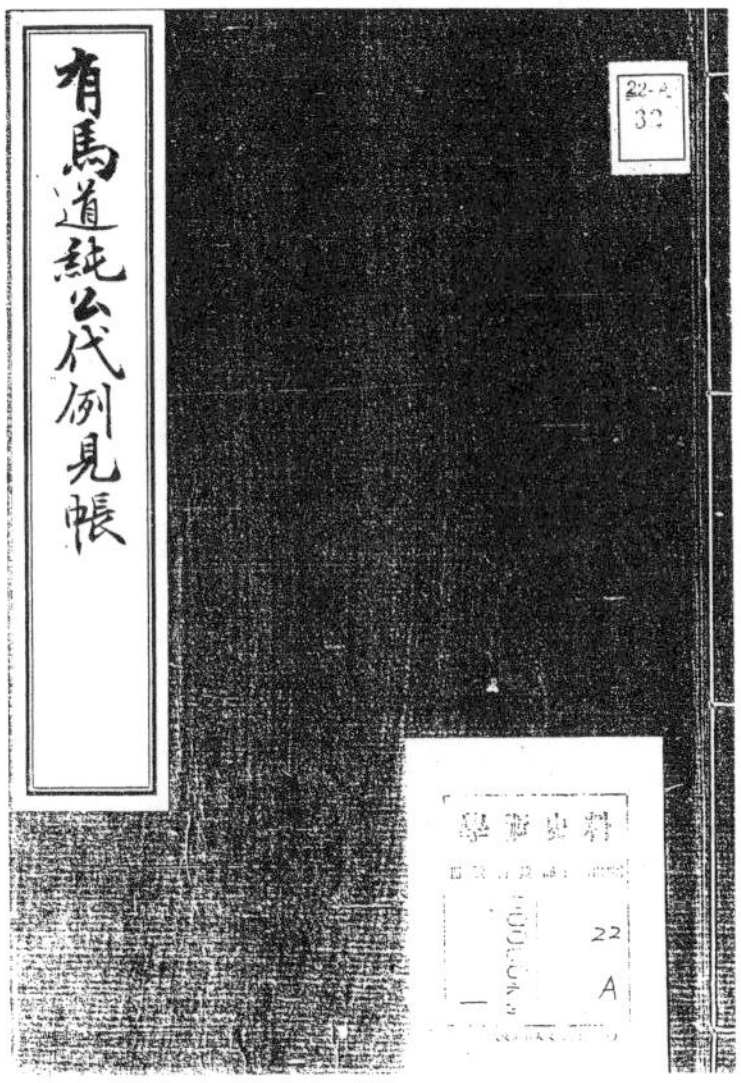

「有馬道純公代例見帳」表紙

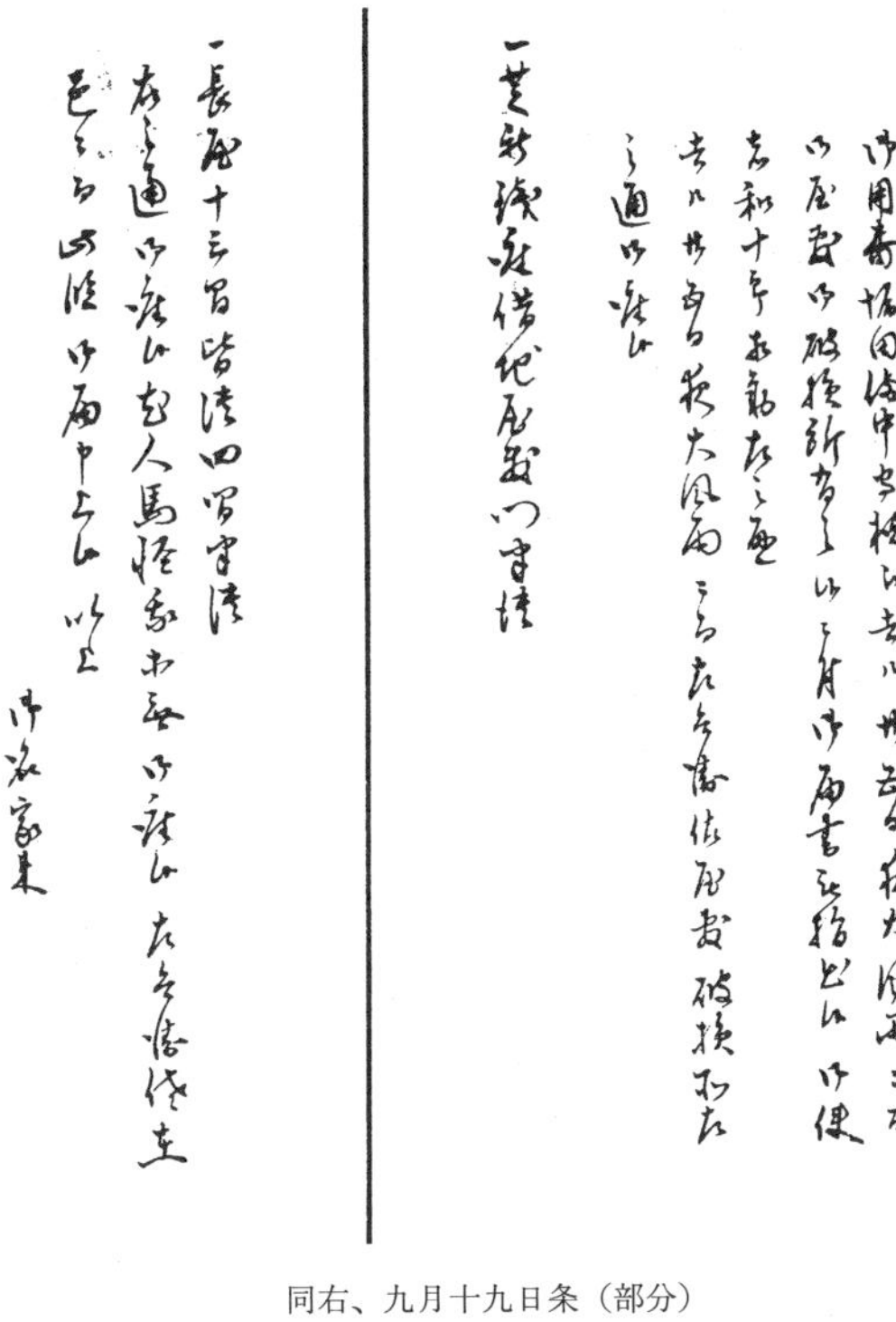
同右、九月十九日条（部分）

更に福井県立図書館の郷土史資料の「有馬道純公代例見帳」を見ると、九月十九日条に次の記述があった。

御用番堀田備中様江　去ル二十五日夜大風雨ニテ、御屋敷御破損所有之候に付　御届書被指出候　御使者和十郎相勤左之通

続いて末尾に、新銭座屋敷について明記されている。

一芝新銭座借地屋敷門半潰

一長屋十三間皆潰　四間半潰

『自伝』の「屋敷の地坪は四百坪長屋が一棟ト土蔵が一つある切り」と合致する。これが福澤が購入した有馬家（丸岡藩）の土地と推定して間違いない。したがって、『諭吉伝』（一巻五九〇頁図版説明）で江川の調練場の西隣、森越中守の屋敷の北側に隣接する旗本鈴木鉦三郎・黒野左兵次・今井右左橘の邸宅の辺と推定されていたことが、はっきりと断定できるようになった。明治三年（一八七〇）五月七日付の藤野善蔵宛の書簡に、

蒸気車道出来のよしにて立退如何と心配いたし居候処、江川の住居、道の中心に当り義塾地面の東七、八間の処まで故障なし。一大幸、御安意可被下候

と在ることと、昭和六十一年（一九八六）に、明治四年慶應義塾が三田へ移転した後に入居した近藤真琴の経営する攻玉社を訪問調査した際に、同校の天ヶ瀬氏より、明治十年近藤が東側、即ち鉄道線路寄りの土地家屋を買い増したことを教示されたこと等とも合致する。また攻玉社所蔵の「芝区新銭座町十・十一番地境界測量図　縮尺百二十分一　大正九年八月測量　笹森清定印」とある測量図によると、近藤が福澤より購入した土地は、同測量図の「十一番地第一号地　四百八十九坪」であったとの新事実を知らされた。なお、攻玉社は大正十二年（一九二三）の関東大震災で焼失するまで、この新銭座にて教育を行っていた。

155頁7行目　伏見の戦争が始まつて将軍慶喜公は江戸へ迯げて帰り（3）

討幕派が幕府側を挑発する策の一つとして、薩摩藩邸に無頼の徒を集め、江戸市中の治安攪乱策が慶応三年（一八六七）十月下旬頃から次第に激しくなり、十二月二十三日には江戸城二ノ丸の炎上事件があり、同夜には江戸市中取締り担当の、庄内藩巡邏兵の三田同朋町の屯所に発砲する事件が発生した。そこで二十五日、庄内藩等による薩摩藩邸攻撃が決行され、その報が二十八日早くも大坂に伝えられた。

この薩摩藩の挑発的行為に刺激され、大坂の会津・桑名の藩士や幕府旗本等は、奸薩摩藩討伐を名目として、慶応四年一月一日大挙大坂を発し、京都に押し寄せた。待ち受けていた薩摩藩兵が幕府軍に大砲を撃ち込み、鳥羽・伏見の戦いが始まり、幕府軍の敗北となって、大坂に逃げ落ちてきた。慶喜は六日夜酒井忠惇・板倉勝静両老中、会津藩主松平容保・桑名藩主松平定敬らを従え大坂城を脱出、翌朝幕府軍艦開陽に移乗して、十一日夜品川沖に到着し、翌日江戸城に入った。

156頁13行目　私より以下の者が幾《いく》らもある（4）

中津藩の身分制度については、上士身分の家柄であった黒屋直房の『中津藩史』と、下士出身福澤の「旧藩情」（『全集』⑦）の二つの資料がある。『中津藩史』によると、(一)大身・大身並・寄合、(二)供番・家中・小姓、(三)儒者・医師・祐筆、(四)中小姓・供小姓・小役人、(五)組外・組（足軽）・帯刀、の五階級に区別され、更に(一)(二)を上士、(三)の儒者と医師とを上士に準ずる者とし、祐筆と(四)とを下士、(五)を卒と大別している。

これに対し「旧藩情」は(三)の儒者・医師・祐筆をすべて上士としている点が『中津藩史』とやや異なっている。この両資料を統合し、その藩士数を示したものが、『中津藩歴史と風土』第十五輯の「領域とその支配」に表示されていて、藩の構成を良く示している。

藩士格			享和三年（一八〇三）	嘉永五年（一八五二）
第一級	大身	上士	一六戸	一三戸
	大身並		一	一
	寄合		〇	二
第二級	供番		一五六	一五二
	家中		四二	四三
	小姓		七九	八二

級	職	身分		
第三級	儒者	（上士に準ず）	七	二
	医師		三二	四九
	祐筆	下士	一二	〇
第四級	中小姓		二三	二三
	供小姓		一四七	二五四
	小役人		二八六	二二〇
第五級	組外	卒	一三六	
	組		二〇二	
	帯刀		一三〇	

享和から嘉永ほどの五十年間で、上士の戸数に余り変化はないが、下士の戸数が相当増加しているのは、藩の業務が複雑化したため、新たな人材登用が必要となり、分家や卒族格から相当数の取立てが行われたことが主な原因ではないかと考えられるが、嘉永五年の表示に、組外以下の戸数が記されていないので、断定はできない。

福澤は自らの経験から、上下士の相違点を、①権利を異にする。②骨肉の縁を異にする。③貧富を異にする。④教育を異にする。⑤理財活計の趣を異にする。⑥風俗を異にする。の相違点を列記し、その格差意識の大きさが根強い伝統となっていた点を、詳細に且つ具体的に記述している。

下等士族は何等の功績あるも、何等の才力を抱くも、決して上等の席に昇進するを許さず。稀に祐筆などより立身して、小姓組に入りたる例もなきに非ざれども、治世二百五十年の間、三、五名に過ぎず。（『全集』⑦二六五頁）

その格差が厳重に守られてきたことを強調している。

『中津藩史』には、例外的に家格の昇進した実例として、次の二例を挙げている。

実際政治の中枢たる用人職は供番以上にあらざれば就任すること能はざるの制規なるを以て、文化元年（一八〇四）小姓格の島津祐太郎を内用人に登用せんが為め、供番に上進せしめたる希有の例なきにあらず。（中略）天保五年（一八三四）財政逼迫の際、黒沢庄右衛門が御茶の間坊主（組外）の身分を以て、斯道に異常の手腕あるを認められ救治・改革の衝に当らしむる為め、組外より中小姓に進め、元締勘定人に任じたるも一躍小姓組に昇りて、元締役に就任する事能はざりき。（四七六―七頁）

藩内の弊害を率直に訴えるなど、福澤が島津祐太郎を最も信頼していたのは、その人物を見抜いていたためであることがわかる。また『中津藩史』には、家格と職務の相関表を記していて、藩内の職務の複雑さを具体的に知ることができるが、藩の実態を知るための諸記録が極めて少ないことが、藩の動きを解明することを困難にしていることは残念である。

156頁19～20行目　江州水口の碩学中村栗園（5）

中村栗園は文化三年（一八〇六）生まれの中津の町人出身の儒者である。中津藩の画員片山東籬の子という説もあるが明らかではない。中津の儒者野本雪巌に学び、更に豊後の帆足万里の門に入った。帆足には諭吉の父百助が従学している。したがって栗園は百助の後輩にあたる。栗園はその後亀井昭陽にも従学したが、その古学には馴染まず、また中津では、彼が町人の出ということで、彼を学者として相手にはしなかったためか、上方に出てきた。

栗園は篠崎小竹の推薦で水口藩の中村介石の養子となり、藩の儒者となった。その時期は不明だが、百助の死去した天保七年（一八三六）には既に水口藩の儒者となっていた。篠崎小竹は豊後出身の医師加藤吉翁の次子で、天明元年（一七八一）大坂に生まれた。大坂の商人で学者であった篠崎三嶋に学び、その才能を認められてその養子となった。のち江戸に出て尾藤二洲・古賀精里らに学び、老養父の許に帰り、子弟を教授し名声をあげた。仕官を好まず、かえって大坂在勤の諸侯の方が教えを受けにきたというから、諸藩に知人が多かったものと思われる。

意見や立場を異にしていても、福澤は栗園に対して、同郷の父の親友の一人という以上に、その生真面目な性格に親密感を抱いていた。諭吉との交渉については、明治十一年（一八七八）一月二十一日付、中村栗園宛福澤書簡をはじめ、『福澤文集二編』巻一（『全集』④四八六頁）に「中村栗園先生の書簡」（年月日不記福澤宛漢文書簡）と、明治十一年一月二十五日付福澤の「中村栗園先生に答」（四九一頁）の文が収められている。ここで意見を闘わせた中村栗園の附属書簡四通（明治十一年一月四日付（その一）、同二月十一日付（その二）、それと同封されたという書簡（その三）、及び三月八日付（その四）（『全集』㉑三六三〜七頁）が収められて居り、互に意見を交換し、同意すべき点の多いことを栗園が認めながら、諭吉になお一応の異見を示しているなど、その親交の様子を知ることができる。

［1（8）、11（8）］

158頁1〜2行目　藩政を改革して洋学を盛んにするが宜いとか兵制を改革するが宜いとか云ふ（6）

兵制や学校の改革とは、江戸藩邸の安政五年（一八五八）以降の改革についてのことである。

『百年史』にも記されているように、甲州流と西洋流の訓練が行われたという。西洋流の操練は、嘉永三年（一八五〇）七月に、藩の砲術師範である島津良介が、佐久間象山の西洋砲術を学習する必要を痛感し、早速藩に建白し、藩を挙げてその教えを受けたが、安政元年（一八五四）、象山が吉田松陰の密航未遂事件に関連して処罰されたため、その後中断した。安政二年五月、幕府は諸藩に対し洋式砲術を奨励していたから、当然の流れとして、中津藩でも洋式砲術の訓練が行われたと考えられる。

『中津藩史』によると、高輪の下屋敷で新式の大砲が鋳造されたり、万延元年（一八六〇）には兵制係・調練係等が新設されたり、それまで兵事に関係させなかった下士等で野戦砲・小銃隊等を編成したというから、江戸藩邸でも洋式調練が行われたと思われる。

> 本藩の軍学は甲州流を宗とするも、何時代に初まりしかは不明なり、只福地正世を同流の祖として相伝するより見れば、同人が貞享二年（一六八五）昌章公に召抱へられたる関係上、其以後に濫觴せしものならん（中略）当奥平家ノ軍法ハ甲州流ニシテ所謂信玄ノ軍法ナリ。故ニ臣下タルモノハ、平素師範ニ就キ甲陽軍鑑ノ会読ヲシテ其意味ヲ研究ス。（『中津藩史』五五二―三頁）

甲州流は、中津藩の古くからの兵学である。新規に伝えられた新式砲術と、戦国期か徳川初期の兵法が、同時に行われていることは、藩内になお保守・革新の兵法が形だけ伝承されていることを物語っているようだ。砲術と同様に学校改革も、洋学教育と同時に漢学尊重の教育方針が、実質よりも形式だけ無批判に伝承されているようにもみえる。

158頁10〜11行目　家老の隠居があつて大層政治論の好きな人で（7）

中津藩の家老は、大身衆と呼ばれる十一家の中から任命される。『中津藩史』（四七三頁）によると、文久三年（一八六三）当時の大身衆は次の十一家である。

奥平　図書	本姓阿知波雨山家	二千六百石
奥平與四郎	夏山家	二千三百石
生田四郎兵衛		千八百石
夏目勘解由		八百石
奥平　求馬	本姓　桑名	千五百石
山崎　直衛	山崎家支流　勝宗の二男家	千二百五十石
奥平　市内	菅沼家支流　定常の三男家	九百石
奥平　壱岐	中金家支流　定次の二男家	七百石
逸見　志摩		八百石
奥平　兵庫	雨山家支流定次二男　父の隠居相続	七百石
桑名　登	桑名家支流　勝乗二男　父の隠居相続	八百石

福澤に話しかけた、政治の好きな家老の隠居というのは誰であるのだろうか。「江戸の御老中が詰《つま》らないとか云ふやうな慷慨談を頻りに云て居る」ことから、国許中津の家老の隠居と推測できる。

福澤が長崎に出る前に家老の家を訪ねるということはまず考えられず、その後中津に帰国した時とすると、安政三年（一八五六）五〜七月。九〜十一月。安政五年九月。元治元年（一八六四）三〜六月の四回のいずれかになる。

そのうち大身衆の家を訪問したことが明らかなのは、安政三年九月に兄三之助が死亡し、大坂から急ぎ帰国した時である。

その頃福澤は、長崎から自分を追い出したのは奥平十学（壱岐）だと思い込んでいたようで、したがって、五〜七月の帰国の時は、十学家を訪問するなど考えられない。しかし、兄三之助の死亡によって、新しく福澤家を相続させられた以上、奥平壱岐家の組に所属すると考えられ、下士の新当主として挨拶に参上する必要があったのである。訪問してみると、十学は、長崎追い出しのこと等全然気にしている様子はなく、懐かしそうに、高価なオランダ語の原書を入手した自慢話をして、寸借用にも気軽に応じてくれたのである。こうして見ると、原書を返済に訪問した時にでも、十学の父与兵衛と談話する機会があったとも考えられないことはないが、なお疑問は残る。奥平十学（壱岐）の父与兵衛は、藩主流と意見が合わず、若くして隠居させられた人物であるから、政治に対する関心や不満を抱いて、その一端を福澤に漏らしたともいえるが、普段から時々接触している間柄ならば可能性はあるが、福澤は大坂の緒方塾に学ぶ下士の一青年に過ぎない。ご隠居様が話相手とするには一寸と考え難い。

次は、元治元年の三～六月の、小幡兄弟ら六人の秀才を江戸の英学塾に入塾させるために帰国した時期である。その前後の政治情勢をみると、公武合体・開国策を主張して長州藩の過激攘夷論と対立していた薩摩藩が、文久三年（一八六三）の「八月十八日の政変」を成功させ、一日にして京都から攘夷派が排除された。公武合体ということで、薩摩藩の意見に賛成する諸藩が招集され、更に将軍と一橋慶喜にも上京が命ぜられた。将軍に先立って上京してきた慶喜は、京都が薩摩藩の意向が支配的になることを嫌って、横浜鎖港論等を主張して対立した。

薩摩藩の提案で設置されることとなった朝議参豫会議が、元治元年一月開催された時、久光は藩主経歴がなく朝廷に参内できる官位がないため、参豫会議会員の推薦で官位を受けることになっていた。この久光不在の最初の参豫会議で、慶喜はこの会議の性格を朝廷の諮問事項を協議する会議と規定することに成功し、薩摩藩の意向が支配的になることを抑えた。

これに反発した薩摩藩は、朝廷に運動して、将軍が上京参内した一月二十一日に、幕府の鎖港方針とは逆の、開港方針の推進を強く暗示される勅諚を下された。諸侯会議の合議による協力政策の推進を願う越前・土佐藩の周旋もあって、幕府が前年末にフランスに派遣した鎖港談判使節の帰国までは、幕府の対外方針を否定するような主張はしないとの協定（二月四日）ができた。二月十四日気を強くした幕府は、先の一月二十一日の勅諚には無い鎖港談判について、わざわざその成功を期したいとの文言を明記した請書を提出した。近衛忠房は、この文言に疑義ありとし、それに応じて久光が鎖港反対論を主張したため、将軍の請書が不受理となるという事件が生じた。これは久光の協定（二月四日）破りということで、十九日鎖港方針を一層明確にした幕府の請書が再提出され、幕府と薩摩藩の対立が一層明確となる事件があった。

福澤は文久二年に遣欧使節の随員の一人として欧州諸国を訪問してきているだけに、意見を聞いてみたいと考えても不思議ではない。特に元治元年の帰国は、藩の上士の中で最も福澤が信頼している島津祐太郎を頼ってのことであったと思われるから、島津の紹介で家老の隠居と会談する機会が生じても不思議ではない。しかしこのご隠居が誰であったかは、残念ながら、史料不足で特定は難しい。

＊参豫会議　会議名を決する時、参与では関与する度合が強過ぎるので、軽く意見を聞くという意味を含めて、参豫と決したのでそのまゝ使用した。

159頁7行目　御紋服拝領（8）

藩士の功績に対しては、家禄の増加や名誉の証としての物品の下賜等の賞与があるが、その中の「御紋服下賜」はやや軽度の賞与の一つである。藩主家の家紋の入った羽織や裃《かみしも》を下賜するもので、これを着用することで藩内は勿論、場合によっては他藩に対しても、その名誉を示すことができる。これに対し藩主家の所蔵を示すものがない手沢品を下賜することもあるが、それは藩主やその家族個人の親愛感を示すもので、他人に対しての公的な証明がないので、受領した者の家伝として語り継がれる程度である。しかし褒章等は家の名誉として系譜等にそのことを記し子孫に伝える事例は、往々諸家の系図等に見られる。

福澤は御紋服拝領の時期や理由について何も記してはいない。もともと藩に対しては淡白であったことも記している。

私は何も奥平様に向て悪い事をしたことはない。一寸《ちよい》とでも藩政の邪魔をしたことはない、只命令の儘に堅く守ているのだ。（中略）之を不深切と言へば仕方がない。今も申す通り私は藩ニ向かって悪い事をしないのみか、一寸《ちよっ》とでも求めたことがなかろう。（『自伝』一七八頁）

藩に対して直接貢献するような努力をしたという自覚がないとすれば、藩の名誉になるような行為とは何であろうか。

福澤は遣欧使節の随員として、一年間にわたって欧州諸国を視察する役目を無事果して帰国した。その労をねぎらう意味で幕府は、文久三年（一八六三）三月二十六日に、柴田貞太郎以下十二名の随行役人が「仏蘭西其外国々江罷越、骨折候に付被下之」ということで賞与が与えられ、福澤にも金拾両が下賜されている。幕府から賞与を受ける程の活躍をした、つまり中津藩の名誉を輝かしたことになる。それに加えて、国許に創立された医学所に必要な蘭書類を購入してきたことを含めて、御紋服拝領となったのではあるまいか。当の福澤にしてみれば、当然の業務を尽くしただけという考えで、特に中津藩から褒賞されるとは思いもしなかったはずだ。

その羽織を一両三分で売って、鉄砲洲の中屋敷に帰っている。御紋服拝領は、新銭座から移転した文久三年（一八六三）秋以降のことと推測できる。

161頁8行目　出兵の御用だから帰れと云て呼還しに来た（9）

藩が江戸の福澤塾の学生に帰国を命じたのでこれに反対したと記している。それは藩命に違反することであり万一の場合、福澤が学生らの当面の生活費を提供する必要があるばかりでなく、将来にわたっても大きな責任を荷うことになるので、どうもこの藩命には疑問が感ぜられる。しかし状況としては、第一回の長州征伐時よりも、再征の時のほうが、中津の危機感が切実であったから、留学生の帰国命令が出された可能性が強いようだ。

『慶應義塾出身名流列伝』（以下『名流列伝』と略記する）に見える、元治元年（一八六四）福澤に伴われて中津から江戸に出てきた六名の青年の一人、三輪光五郎の略伝記事に、

慶応二年（一八六六）夏、将軍家長州征伐の事あり。藩公奥平氏は徳川氏譜代の家なれば、勢ひ徳川氏に與して長州を抑ふるところなかる可らず。茲に於てか藩士の外にあるもの悉く帰還せらる。氏亦同年七月国に帰り、隣国の変に備ふるの身となれり。既にして戦熄み、同三年再び出京して義塾に入る。

とある。前述のように江戸の留学生の帰藩命令を直接証明する資料は見当らないが、石河幹明が『諭吉伝』の編纂時、資料不足の義塾の古い時代の調査に、三輪の協力を依頼し、その懐旧談等を利用しているから、その信憑性は高いと思われる。やはり帰国命令が下り、福澤が帰国に反対を示したのはどうやら事実と考えねばならない。「山崎家日記」慶応二年六月一日条に、幕府布達の写しが記されている。

万石以上家来或は扶持人等、主人屋敷に無之外宅にて文学武術師範致し候者は、向後其主人等より家族并塾生等人別生国歳附且入塾の訳に至迄、都《すべ》手《て》都《つ》度《ど》々増減委細に取調べ、武家地え道場差出置候者は御目付え、町地面に指出候者は町奉行え書出候様可被致候　右之赴可被相触候。　四月

この諸藩家臣の他所への修行出向者の取り調べ命令が、藩学生の間に誤った風説として伝えられたとも考えられる。[11（5）]

長州征伐は一次・二次と行われ、結末も不明確に終わっていることから推測されるように、一橋慶喜と島津久光の対立抗争が絡まって、複雑な経過をたどった問題である。

第一次長州征伐の時には、中津藩にも出陣が命令され、熊本・小倉藩と共に下関口の配備に着くことになった。『中津藩史』（四〇〇頁）によると、元治元年十一月九〜十五日の間に、二、一三四名の中津藩兵が、小倉領の企救郡黒原（北九州市小倉北区黒原、日豊線城野駅東方）に出陣したが、全く戦うことなく、翌慶応元年一月一日解兵命令を受け、五日までに全員中津に帰陣したという。「山崎家日記」にも、特に戦場に出陣の緊張感を感じさせる記述は見当らない。

再征伐についても、慶応元年十一月十五日に上ノ関口応援のための出陣の予告が伝えられた。慶応二年六月十四日幕府の軍監森川主税が中津に到着し、翌十五日に第一軍が海路豊後竹田津港（国東半島の北端竹田川の河口の竹田津。現在の西国東郡香々地町）へ派出されたとある。同十七日に第二軍が陸路宇佐へ派遣された。この日森川軍監が上ノ関へ渡ろうとした時、長州藩軍艦が田野浦（門司港の東二キロ余）及び門司を攻撃し、兵三百程が上陸し米及び大砲を分捕り、門司・田野浦の民家を焼き討ちしたとの報が入ったため、中津警備のため、幕府（恐らく軍監）の許可を得て、第一軍を宇佐に、第二軍を今津浦（中津東約九キロ犬丸川川口）に転陣させた。七月五日長州兵が再度小倉付近を攻撃したため、第一軍を今津浦に第二軍を中津城下の海岸に移動させた。

八月二日小倉藩は長州軍の攻撃に敗れ、自ら城を焼いて豊前香春《かわら》に逃れた。いよいよ中津が攻撃される危険が切迫したとして、同日第一軍を小犬丸村（今津浦の南西一キロ）に引き、中津防禦の態勢をとると共に、幕府に援軍の派遣を要請したので、幕府は豊後の七藩に対し、中津藩を援護するように命じた。

九月四日朝廷から、将軍の死去を理由に、解兵するようにと布告された。幕府

は十月十五日に解兵の命を出したので、十月十七日に小犬丸及び中津城下の海岸に駐留していた、第一・二軍合わせて三三二名の中津兵を帰還させ、長州再征に出陣した藩兵は実戦を経験することなく帰藩した。

162頁5～7行目　幕府ょ雇はれて（中略）旗本のやうな者ょなつて居た（10）

福澤の幕府外国方への出仕等については、『全集』㉑の「福澤の幕府出仕関係文書」（二七九頁）がある。その後新資料を紹介した長尾政憲の詳細な研究「福沢の幕府出仕について（一）・（二）」（『手帖』50・51号及び『福沢屋諭吉の研究』一一四―一三一頁）が発表された。それによると、福澤が初めて幕府外国方に雇われた時期は、本多美作守忠寛の家来の黒沢孫四郎が、慶応三年（一八六七）二月に「外国奉行支配翻訳御用御雇」を命ぜられた時の辞令に、前例として付けられた下札に、次の記述があることで、その時期を確認できる。

万延元申十一月　奥平大膳大夫家来福澤諭吉　外国奉行支配翻訳御用御雇被
仰付　御扶持方弐拾人扶持御手当金拾五両被下之

福澤の訳稿が、一八六一年一月一日（万延元年十一月二十一日）から始まっていることは、二十一日以前に採用されたことを示すものであり、また、雇いの事例になっていることは、福澤が陪臣として外国奉行支配翻訳御用に雇われた最初の例であることを示している。更に長尾は、安藤信行（のち信正）老中が万延元年十一月五日に外交事務専掌となり、八日小栗忠順が外国奉行に任命され、十月十七日に焼失した本丸が十一月八日に再建され、九日に本丸に復帰したことと関連して、翻訳方の増強が行われた時に、福澤が雇われたのであろうとしている。

『諭吉伝』に依ると、福澤が外国方に出仕するに至ったのは、おそらく木村喜毅の推薦によるのであろうとしているが、伊東弥之助は「前期新銭座住居のころ」（『手帖』16号）で、当時外国側からの文書には蘭文が副えられていることもあって、英語学習の利便のために、外国方への就職を希望したのではないかと記している。

福澤が召し出され幕臣となったのは、長尾によると元治元年（一八六四）十月六日とある。『大日本維新史料稿本』の「幕府沙状書」には、福澤は緒方塾の先輩であり、文久二年にョーロッパへ共に派遣された箕作秋坪（津山藩士）と共に外国奉行支配翻訳御用に召し出され（「被召出」）

何も御切米百俵ツツ被下　勤候内百五拾俵之高ニ御足高被下　御手当金拾五
両ツツ被下之

とあると報じている。『全集』（㉑二七九頁）には中津藩士の記録として十月四日に報知されたとあり、『木村摂津守喜毅日記』には六日に「召出」されたとある。そして中津藩としては十一月二日に、幕府に対し福澤の「出仕請書」を提出している。

また慶応二年（一八六六）十二月七日付で下役の者が昇任する際の例証としての「書抜」に、箕作、福澤の「召出」の記事が引用されており、「外国奉行支配翻訳御用御雇」であったものが

被　召出　外国奉行支配調役次席　翻訳御用

となり、「場所高百五拾俵御役扶持弐拾人扶持」が給されたと朱書されているというから、小野友五郎の一行としての渡米の発令書にある肩書はその発令の日、慶応二年十一月十二日（「慶應三年日記」表紙見返し、『全集』⑲一四七頁）か、その直前のことであろう。翻訳方の強化は、イギリス、フランス、ポルトガルの三国がオランダ語添文の期限が、元治元年七～九月で切れるためであると長尾は指摘している。

慶応四年正月、鳥羽伏見の戦いに敗れた慶喜は、江戸に逃げ帰り、江戸城明け渡しの事態となった。外国方の存在意義もなくなる。閏四月五日限りで廃止となり、外国奉行江連加賀守尭則《たかのり》は開成所奉行となり、外国方も開成所に移り、福澤も「開成所奉行支配調役次席翻訳御用」となった。しかし徳川家が駿府七十万石に封ぜられ、徳川家達（田安亀之助）が駿府に移ることになった時、旧幕臣一同に対し、駿府に随従移住するか・新政府に出仕するか・或いは幕臣を辞して帰農するかを選択するよう命じた。福澤は勿論幕府を見限っていたし、新政府に出仕して役人になる気はなく、退職を希望した。『木村摂津守喜毅日記』六月八日条に「福澤子来、御暇願差出候由」と所謂帰農届けを願い出たことが明記されている。［12（6）］

福澤にとって、幕府の外国方への出仕は、英学研究の便宜を得たばかりでなく、貴重な欧米体験と実地調査で得た成果は、誠に大きいものがあった。福澤をつく

り上げた、その出発点に、幕府の外国方への勤務で得た知識が大きく寄与したことは確かである。

162頁9〜10行目　御家人の事を旦那と云ひ旗本の事を殿様と云ふ（11）

江戸時代、将軍直属の家臣で、知行高が一万石未満の者を直参《じきさん》と呼び、その中で将軍に御目見できる者を旗本、できない御目見以下の者を御家人と呼んだ。その区分は、長い年月の間に次第に変化したため、整然とした区別はなくなっていった。旗本のうち特に、中世以来の名門の後裔は、高家《こうけ》・交代寄合《こうたいよりあい》と呼ばれ、格式は大名同様にあつかわれた。

寛政年間（一七八九〜一八〇一）の旗本総数は、約五千二百名、御家人数は、正徳年間（一七一一〜一六）で約一万七、二四〇名といわれ、御家人の数は旗本の約三倍強である。知行取は旗本の四三%を占めたが、大部分が蔵米取である。また御家人にも約一%弱の知行取がいた。旗本の知行地は、大部分が江戸を守るという意味から、江戸周辺を主に関東一円において与えられていたが、一ケ所に纏まっておらず、数ケ所に分散して与えられたのが一般である。しかも大部分の旗本は江戸詰であって、二、三百坪〜二千坪の旗本屋敷に居住した。知行地詰めの家臣はごく少数で、大部分の家臣は江戸の屋敷に勤務していたので家臣の生活費も多く掛かり、早くから経済難に陥ったといわれている。

旗本・御家人の幕府への勤務としては、老中・若年寄などの支配の下に、軍務的な番方と、行政・司法・財務などの役方に大別されるが、全員が役務に就くわけではなく、全体の四〇%前後の者は非役で、寄合組や小普請組に編入され、寄合肝煎・小普請支配の配下に所属させられていた。旗本の軍役に差し出す人数は、石高によって定まっていて、旗本全員の軍役人数と御家人の数を合わせると、俗にいう旗本八万騎になるという。泰平が長く続いたため、次第に役方が重んぜられ、人材が抜擢採用される傾向が生じた。

御家人は例外的に知行取もあったが、大部分は蔵米取で、旗本の下僚として勤務した。御家人の家格は三種に分かれ、譜代・二半場・抱入れの三種がある。譜代の非役の者の相続は、旗本同様小普請組に編入された。二半場者は退役後は目付支配の無役と称し、家督相続が許された。抱入れは退役と同時に扶持を離れ御家人の身分も失なうことになっていたが、実際には、退役後も倅を抱入れとして召し抱えて貰うのが一般であった。

旗本・御家人等は、幕府武力の中心として、強固な士気と高い気品を誇りとし、大名に対しても譲らぬ自負心を持っていたので、幕府も特にその品位を高め、武士階級一般の模範となるよう指導に努めていたが、次第に泰平に慣れ、生活も奢侈となり、遊惰に流れるようになった。

御家人は扶持も少なく経済的に困窮する者が多く、なかには、その席を株として売却する者もあった。旗本株売買の例としては、勝義邦（麟太郎）の父方の祖父は越後の農民出身の盲人であったが、江戸で検校となり金を蓄え、三万両で旗本男谷家の株を買い末子の平蔵に同家を相続させ、平蔵の三男小吉が勝家の養子に入り、その長男が勝義邦である。旗本株も売買される程であるから、御家人株は、より多く行われた。

旗本や御家人当人の呼び方は、旗本を殿様、その夫人を奥様と呼び、御家人は旦那様、その妻を御新造さんと呼んだ。勿論御家人でも扶持の多いものは下女の一人も雇うことができたが、旦那・御新造さんクラスでは、雇人を使うことは経済的に不可能であったといわれている。

162頁19〜20行目　先づ諸大名を集めて獨逸聯邦《といつれんぽう》のやうにしては如何《いかん》と云ふ（12）

文久二年欧行の船中で松木弘安と箕作秋萍と私と三人色々日本の時勢論を論じて其時私が「ドウダ迚も幕府の一手持ハ六かしい先づ諸大名を集めて獨逸《といつ》聯邦《れんぽう》のやうにしては如何《いかん》と云ふと松木も箕作もマアそんな事が穏かだらうと云ふ。

ここで「先づ諸大名を集めて獨逸聯邦《どいつれんぽう》のやうにしては」といっている福澤の狙いは、幕府の古い官僚制体制の保守的独裁政治体制を、既に時代に合わなくなったとみて、これを改革する事例としてドイツ連邦を例示したものではないかと思われる。徒らに感情的暴論に走る攘夷論者の主張を抑える方策として、一部の改革論者の間に取り沙汰され始めている主張に、賛意を示す発言とみるべきであろう。

雄藩連合の諸侯会議体制が、現実論として、政界にある程度の発言力を持つようになったのは、福澤らが欧州に旅立った留守中の、文久二年（一八六二）松平春嶽らによって、幕府私政の廃止という、会議政治論が主張されるようになってからである。福澤は、こうした先見性のある意見が、一部の雄藩士等の間に主張されていることを知っていたのであろう。

一方、『明治維新と郡県思想』で浅井清は、文久二年のことであるから、「徳川時代に於て将来の我国を聯邦組織にせんとする思想として、最も古いものとして知られて居る」と、その歴史的意義を指摘している。しかし、文久二年は未だドイツ同盟を組織していた時で、国法学上、慶応三年（一八六七）北ドイツ聯邦ができて以後が、聯邦国Bundesstaatである。したがって、『自伝』を著した明治三十年（一八九七）代のドイツを以て、文久二年頃と同じものと考えて話したとすれば誤りであるし、ドイツ同盟の意味でドイツ聯邦と書いたのならば、この話は聯邦思想を示すものではないと説明している。

浅井のこの指摘は重要ではあるが、いまとなっては「独逸聯邦」がどちらを指しているかを明示することはできない。それは『西洋事情 初編』の目次においては、「日耳曼《ゼルマン》総論 普魯士《プロシャ》」の項目を掲げて、これを記述する予定であったし、初編の備考・政治の記述の中に、「千八百四十八年仏蘭西《ふらんす》の共和政治は、其法律の苛酷なること、当時立君独裁と称したる墺地利《おーすとりや》よりも尚ほ甚し」とオーストリアとプロシアを別国として扱っている。これは北ドイツ聯邦が成立する以前の状況にもかかわらず、既にオーストリアが、プロシアとは合一ではない状況になっていることを見極めているとも解釈できる。したがって、欧州政治の大体の状況をかなり的確に把握しているが、それは制度的な理想を主張したものではなく、実態を見ての説明であることを示しているようにみえる。

『幕末維新外交資料集成』第五巻の庚申（万延元年、一八六〇）十二月十四日付の「独乙同盟ノ数国ト条約スベシトノ勧メヲ再応拒絶セル閣老ノ返翰」では、今突然多数の国と一挙に条約を結べる状況ではないとしている。これはドイツ同盟の内容を政府である幕府でさえ、未だ理解していないことを示している。したがって浅井は、欧州の国際関係のなかで、特異の国家群として存在したドイツ同盟の実態が一応理解されるのは、相当後のことである実態からみて、福澤のいう聯邦を、余り厳密に規定することは、福澤の意図を曲解することになる恐れがあるとしている。

167頁9行目 其罪南山の竹を尽すも数へがたし（13）

幕府が長州藩を処罰するというが、その罪は如何なる内容なのかと外国側から質問を受け、「その罪南山の竹を尽くすも数えがたし」と答えている。福澤は漢学者流の文句がゴテゴテ書送られているのを見て、もう手の着けようのない政府だと、愛想を尽かしている。

『肥後藩国事史料』慶応二年（一八六六）六月二十四日の条に引用されている「尊攘録皇武令」に、「慶應二年の夏なるべし、フランスへ御示之ケ条、文字不分之處多し」と表紙に注記した十四ケ条に及ぶ長州藩の罪状が記されている。

そこで、長州藩の罪として掲げる十四ケ条の要点を先ず略記する。


第一、攘夷論を以て天下を支配しようとした点。

第二、幕命に違反して、無事通航の外国船を違法に攻撃したのに、その行動を正当化しようとしている点。

第三、家康以来の和親国オランダ船を攻撃した点。

第四、幕府の糺問使を暗殺した点。

第五、攘夷公卿三条実美以下の者を伴って帰国した点。

第六、藩主父子の軍令状を持って御所を攻撃した点。

第七、不届きな家臣を処罰しないのみならず、逆に割拠の企てを進めている点。

第八、一次征長で謝罪状は出したが、朝廷・幕府の許可がないのに、勝手に許可済の如く言紛らわし、気儘な行動を取っている点。

第九、外国軍に反撃され降伏するとき、外国艦船攻撃は、朝幕の命に従ったのみと虚偽の弁解をして、外国と親交を結んでいる点。

第十、態度究明のため大坂へ末家等を呼び出しても出頭しない点。

第十一、老中が広島に出向いて末家を呼び出しても出頭しない点。

第十二、身分の疑わしい一門の名代と称する者が、五月一日の期日に病気と称して、出頭しない点。

第十三、申渡した処分を藩主に伝えず、庶民の嘆願書を利用して延引策を取っている点。

第十四、一門の名代というので呼び出しても出頭せず、身分に疑惑があるにより、吉川家等に通知の上拘束すると、実力行使なら実力で対応すると、幕命を不遜な態度で拒否している点。

外国側が最も聞きたいことと思われる、日本側の開国方針の基本線がどうなっているのか、長州藩の攘夷論と幕府の対外方針とはどう対立しているのか等々の点については不明である。

その第六条に、意味不明瞭で、前後の文脈も繋がらない「大逆無道南山の竹を以」の文言がある。これが『自伝』に言うところの幕府の返答のようだ。

問題の〝南山の竹〟云々の文句の記されている第六条である。

爾時征討ノ師ヲ向ラレ罪ヲ鳴シテ征伐セラレナハ一言半句ノ申訳ナカルヘシ然ルニ格別ノ仁恕ヲ以テ自改期を待レシ其洪恩を辯ヘス猶非望ノ企止マス去子年（元治元年一八六四）大膳父子ノ軍令状ヲ持テ鉄騎戎装京師江乱入シ禁闕ニ向テ発砲シ長門ヲ瞭発シテ軍卒ヲ卒海路鞆マテ出張セシムレハ源平已還未曾有ノ大逆無道南山ノ竹ヲ以ケル書盡シキ一ク毛髪ヲ抜テモ足ラス不容天地之大逆其罪六

この「南山ノ竹ヲ以ケル書盡シキ一ク毛髪ヲ抜テモ足ラス」との文の意味は不明で、写し間違いがあるものと思われる。『大漢和辞典』による、「南山之羽括」の意味としては、南山の竹を取って矢筈を作り、羽を付けて立派な箭とすることと記している。恐らくここでは、朝廷に反抗する者には、いかなる犠牲を払ってでもこれを討伐する必要があるという、強い決意を示す意味に使用しているものと思われる。

長州藩が攘夷の暴論を主張しているのは、幕府の支配下にあることを不満として、倒幕の行動に出ているのである。したがって彼らが外国の奸商と連絡を取りつつ武器購入等をしていることは、国家にとって極めて危険な行為であることは、アメリカの南北戦争時の軍艦「アラバマ」提供の事例からも明白であるとの指摘に続いて、

将又長州（賊）の罪を鳴らし海外へ御布告被成候義は、今般十四ケ条の罪状各国ミニストルえ御達しにも相成候得共、前段申上候通り長州よりも遊説の書生をも海外へ指遣候義に付、此者どもは自国の為筋のみを謀り、牽強附会の説を主張し、百方辯論して御国政府の御処置を誹謗仕候は必然の義と「今般十四ケ条の罪状」と明記して、その行為が日本の外交に極めて悪影響を及ぼしていることを指摘し、これを防止するには、条約締結相手国に幕府の役人を派遣し、常に正確な情報を相手国側に提供すると共に、誤った情報はこれを訂正する等の不断の努力が必要だと力説している。

以上の点から「長州再征に関する建白書」（『全集』⑳二〇八頁）に、前述の比喩を記載した福澤が『肥後藩国事史料』引用の、長州藩の罪状十四ケ条の史料を見て確認していると推測できるだろう。

168頁11行目　佐野榮寿（常民）（14）

佐野常民《つねたみ》は文政五年（一八二二）十二月二十八日に肥前佐賀郡早津江村（現在の佐賀県佐賀郡川副町）の佐賀藩士下村充贇《みつよし》の五男に生まれ、天保三年（一八三二）藩医佐野常徴《つねあき》の養子となった。藩校弘道館に学んだのち、江戸に出て、古賀侗庵に師事したが、医学を学ぶため、弘化三年（一八四六）京都に遊学し、広瀬元恭の下で蘭学・化学を修め、嘉永元年（一八四八）秋八月、大坂の緒方洪庵の適塾に入門した。入門帳には加賀大聖寺藩の渡辺卯三郎の次に記入している。同年二月には伊予大洲の武田斐三郎《あやさぶろう》が、翌年には杉亨二と伊藤慎蔵など、後年名を成した俊才が続いて入門している。その後、再度江戸に出て戸塚静海・伊東玄朴に就学し、嘉永四年、長崎に転学した。

嘉永六年、佐賀藩の精錬方の主任となり、名も栄左衛門と改め、さらに安政二年（一八五五）長崎で海軍伝習が行われると、佐賀藩の命で伝習生として参加し、わが国最初の蒸気車及び蒸気船の模型製作に成功している。また海軍取調方付役として、文久三年（一八六三）には蒸気船凌風丸を建造した。慶応三年（一八六七）パリ大博覧会には、藩命を受けて藩代表として渡仏し、産業・軍事面を視察し、帰国後は藩の兵制改革に活躍した。

明治三年（一八七〇）諱の常民を本名とし、新政府に入って兵部少丞、のち工部大丞兼燈台頭を経て、六年弁理公使としてウィーン万国博覧会に副総裁として列席した。八年元老院議官・十三年大蔵卿・十四年元老院副議長・翌年同議長・二十一年枢密院顧問官・二十五年農商務大臣等を歴任した。

他方、明治十年には西南戦争を機に博愛社（後の日本赤十字社）を創設したり、また竜池会（後の日本美術協会）をおこし、美術工芸の発展にも寄与した。明治二十八年には伯爵となり、明治三十五年日本赤十字社創立二十五周年記念式典で、名誉社員となった。同年十二月静岡県沼津で八十一歳で死去。

緒方塾の同窓会的な会合にはよく出席したらしく、福澤とは緒方塾の同門でもあり、平生から交際があったようである。義塾図書館には、佐野の蔵書印のある美濃版『増訂華英通語』上下二冊本（初版本）があるのも、その一端を示すものであろう。

170頁2行目　大廣間《おほびろま》。溜《たまり》の間。雁《がん》の間。柳の間（15）

江戸時代、諸大名は、親藩・譜代・外様の三様に区別されるが、江戸城本丸御殿に登城した際の詰の間、あるいは控の間（殿中席）により、七部屋に細分されている。部屋は固定したものではなく、役職や幕府の扱いで移動することがある。

〔大廊下席〕御三家は上之部屋、それ以外は下之部屋詰で、加賀・越前・津山藩の他に将軍家の庶子を養子にした家は、庶子一代限りで旧席に戻る。家数十一家で、将軍家ゆかりの大名家に与えられた特別待遇の殿席といえる。

〔大広間席〕家数二十六家で、家門・外様の大大名の殿席三十万石以上の大名で、国持ち大名と呼ばれるもので、官位は従四位以上である。

〔溜之間席〕変動の多い殿席で、家門の一部と、譜代で長く老中を勤めた重鎮の大名等の殿席である。定詰七家、溜間格十五家で、譜代大名の最上の殿席である。在府の時は毎月十・二十四日に登城し、老中に会い、政務に就いて老中と討議したり、将軍に直接意見を上申することができる。彦根・会津・高松の三家は常溜といわれ、代々溜詰である。姫路・松山・忍《おし》・桑名は、俗に飛溜といわれ、特命により命ぜられる。また当人一代に限り溜間格とされる場合がある。

〔帝鑑之間席〕主要譜代大名の殿席。従五位の大名が殆どで、「古来御譜代席」といわれている。家数六十九家である。

〔柳之間席〕五位以下の外様の席といわれ、中程度の外様の殿席である。家格としては低い方である。家数は八十七家を数える。

〔雁之間席〕中堅の譜代大名。従五位の者が圧倒的に多いが、従四位の者も含まれている。家数は四十二家である。御取立の御譜代席といわれている。

〔菊之間席〕従五位以下の小譜代大名の席。雁之間席同様御取立の御譜代席といわれているが、取立の時期に相違があるのか不明である。家数三十五家。

他に無席と呼ばれる六家がある。御三家付の犬山・今尾・田辺・新宮・松岡家と毛利家の支藩岩国藩である。

（『維新史』付録の「諸藩一覧」）

170頁7行目　加藤弘之と今一人、誰であつたか名を覚えませぬが（16）

ここでの加藤に関する記述は、開成所に会議所が置かれ、意見の集約等に開成所教授職の者が関与していた時のことで、加藤の性格上、将軍への上申が行われたのであろう。

「加藤弘之、津田真一郎（真道）なども御目付か御使番かになっていた」とあるが、その時期は、『柳営補任』の加藤の部に、

慶應四辰正月二五日開成所教授職ヨリ　同月二八日公議所御用取扱ニ付本勤之義御免

とあり、更に西周助・津田真一郎について共に慶応三年十二月に目付に転役になり、

同四辰正月二八日公議所御用取扱ニ付本勤之義御免

と記されている点を考えると、加藤が新政体としての会議政治体制に関して意見を述べたことが認められ、公議所御用取扱専任を命ぜられたのであろう。したがって彼が前将軍に「御逢を願った」日時は、二十五日と二十八日の間ではなかったかと推測される。

加藤弘之は天保七年（一八三六）但馬国出石城下谷山町（現在の兵庫県出石郡出石町谷山）の出石藩士加藤正照の長男に生まれた。幼名は土代士、のち弘蔵。実名は成之・誠之。明治元年（一八六八）より弘之と改めた。弘化二年（一八四五）藩校弘道館に学び、嘉永五年（一八五二）江戸に出て、先ず甲州流兵学を修め、続いて佐久間象山に入門、安政元年（一八五四）大木仲益（のち坪井為春と改名）に蘭学を学び、万延元年（一八六〇）蕃書調所教授手伝となり、この頃より次第

に兵学より法学・哲学に転向した。またドイツ語を学び始めた。元治元年（一八六四）幕臣となり、開成所教授職並となった。慶応四年（一八六八）目付・大目付・勘定頭を歴任したという（『柳営補任』には大目付・勘定頭の任命記事は見られない）。（『国史大辞典』）

次いで明治政府に召し出され元年（一八六八）十月政体律令取調御用掛・二年会計権判事・学校権判事、七月大学大丞。三年侍読。四年七月文部大丞、十月外務大丞。五年五月天皇の畿内・山陽・西海道巡行に随行、八月宮内省四等出仕。六年明六社の会員。七年二月左院一等議官。八年元老院議官となったが、やがて辞任した。明治十年二月、東京開成学校綜理、四月東京大学法学部・理学部・文学部綜理（十四年七月職制改革により東京大学綜理）。十二年一月東京学士会院会員。十九年一月元老院議官。二十一年五月文学博士。二十三年五月帝国大学総長、九月貴族院議員。二十六年三月帝国大学総長辞任。二十八年七月宮中顧問官。三十三年男爵。三十八年五月法学博士。三十九年七月帝国学士院長、十二月枢密顧問官に任ぜられ大正五年（一九一六）二月、八十一歳で東京で死去。

明治時代の代表的な官僚学者である。『加藤弘之』の中に福澤と加藤の対比が次のように述べられている。

> 福澤が生涯官途につくことなく、常に総理大臣・伊藤博文ら政府大官の下風に立つことを、およそ甘んじないばかりか、のち次第に政府的立場に立つようになり、官民の和合協調を説くようになってからも、むしろ彼ら政府要人を指導するだけの気概に終始したことを見るならば、弘之の官僚主義的卑屈さに、むしろ胸苦しさを覚えざるを得ないのである。それは、福澤の「独立自尊」意識と、弘之の「封建時代の老人」の立身出世主義意識との相違として、認識把握することもできよう。

明治初期の加藤には、天賦人権論の『立憲政体略』・『真政大意』・『國體新論』等の代表三部作を始め、多くの啓蒙著作があるが、明治十四年（一八八一）には、この代表三部作の絶版を表明して、主張の変更を宣言した。それに代わって翌年主張したのが『人権新論』で、進化論的権利説を発表した。これが福澤門下の矢野文雄や馬場辰猪ら自由民権論者をはじめ、東京大学教授の外山正一などからも反駁をうけた。この他に『人権新説』『強者の権利の競争』等の著書がある。

福澤と加藤は共に明六社の会員である。福澤は『時事新報』の漫言「真言秘密は以て夫婦喧嘩を和するにたらず」・「儒教の主義は私の著書に及ばず」で間接的に触れている程度で、加藤を直接論評はしていないが、その主義主張の相違を、互いに認め合っていたのであろう。特に対立した様子はない。

加藤弘之の伝記的文献としては、『近代日本の思想家』、『日本の思想家』所収の「加藤弘之」の項及び『加藤弘之』等がある。

171頁17～18行目　津田真一（真道）（17）

津田真一は文政十二年（一八二九）美作国津山藩の料理番津田文行の子として津山に生まれた。嘉永三年（一八五〇）家を弟に譲り江戸に出て、同郷の箕作阮甫に蘭学を学び、佐久間象山・平田篤胤の門も訪ねる。翌年伊東玄朴の象先堂に入塾。安政四年（一八五七）蕃書調所教授手伝並となる。文久二年（一八六二）西周とともにオランダに留学し、性法（自然法）・万国公法・国法・経済学・政表（統計学）等を学び、慶応元年（一八六五）帰国して翌年開成所教授職となった。明治二年（一八六九）新政府の徴士刑法官権判事。三年刑部少判事次いで中判事。四年外務権大丞兼任となり、日清修好条規締結に際しては伊達宗城《むねなり》を輔佐した。明治六年陸軍省に転じ陸軍刑法制定に尽力、九年元老院議官、十二年東京学士会院会員、十三年民法編纂委員、十八年高等法院陪席裁判官を勤めた。二十三年衆議院議員、三十三年男爵、三十五年法学博士となる。翌年九月、七十五歳で死去。

『柳営補任』では津田は西周と共に、慶応三年に開成所教授職から目付となり、翌四年一月二十八日に、西周と加藤弘之との三名が、公儀所御用取扱に付本勤御免ということになっている。しかし『西周全集』第三巻「履歴集」（八二五頁）を見ると、

> 慶應三年丁卯五月二十一日　奥詰
> 同年十二月十二日晩　供奉《ぐぶ》下坂　十三日朝大坂着
> 同年十二月二十八日　奥祐筆所詰
> 明治元戊辰正月元日　於大坂御目付
> 同年同月七日　大坂出奔九日若山着　十九日由良出帆
> 同年同月二十二日　江戸着

同年二月十三日　目付格奥詰
同年四月十一日　水戸供奉
同年閏四月十五日　帰府　十六日御目付
同年六月十八日　御役御免勤仕並寄合（以下略）

となっている。『柳営補任』目付の記事の

慶應三年十二月　日於大坂奥詰より　四年正月二十八日　公議所御用取扱に
付本勤之儀御免　同二月　日　奥詰

と、前半は一致するが、公儀所御用取扱との記述は、西の履歴には記されていない。江戸の混乱によるものか、西本人が大事と考えなかったためか、俄に断定はできない。『西周全集』第二巻所収の法学・政治編の五「議題草案」は、同書解題にいうように、慶応三年（一八六七）十一月の日付があり、「別紙議題草案」は私議憲法案で、「議題草案」に添付され、共に慶喜に提出するべく記されたもので、このことは慶喜が慶応四年一月二十八日に、特に西と津田真道・加藤弘之の三名に徳川家の中央政権復活の構想を検討させる意図があったためとも思われる。その後の東征軍の進軍状況や、京都の情勢は慶喜の予想とは異なって、極めて幕府にとって厳しく、幕府内部も相当の混乱状況であることから計画を放棄し、水戸への隠居を覚悟したのではないか。福澤が、開戦となればサッサと逃げるから賄いは不要と言ったのも、城内に本気で戦う気迫がなかったからと記しているのは、当時の城内の気配を正確に伝えているものであろう。

津田は明治六年（一八七三）の明六社の創立時からの会員で、『明六雑誌』に多数の文を発表している。代表作としては、『泰西国法論』（四冊）、『表記提綱』等がある。伝記には、津田道治『津田真道』、「会員津田真道の伝」（『東京学士会院雑誌』一五の六）等がある。

171頁18～19行目　私ゝも御使番ゝなれと云ふ奉書到来と云ふ儀式で夜中差紙が来た（18）

福澤に差紙がきたのは、慶応四年（一八六八）三月四日である。大童信太夫宛福澤書簡三月六日付に、

私義も一昨日御用召なるもの来り、無拠病気引いたし居候。旁以外出も些六ケ敷困り申候

と記している。表面上は病気ということで辞退したために、やはり公然と出歩くことはできなかったのであろう。この時福澤と同時に差紙がきて、三月五日付で御使番に任命された者は次の十一名である。

慶応四辰三月五日勤仕並寄合ヨリ、元中奥小姓高六千三百石
同月十四日辞　神保　弾正忠
同日同断ヨリ、元御小姓　高千石
同月　日辞　進　佐渡守
同日同断ヨリ、元御小納戸　高六千石
同月　日辞　中根　錬三郎
同日同断ヨリ　元御小納戸　高千八百石
細井　辰之丞
同日寄合ヨリ　高七千石
富田　継太郎
同日同断ヨリ　高五千石
松平　侶之允
同日銃隊差図役頭取ヨリ　高千五百石
同月御目付介　小菅　銕太郎
同日奥詰銃隊差図役頭取　高弐千石
倉橋　恵三郎
同日御留守居支配ヨリ　高弐千四百石
同月御目付介　成瀬　吉右衛門
同日御留守居支配ヨリ、元中奥御番　高七百石
同月御目付介　三好　大膳
同日同断ヨリ　高弐百石
山角六郎左衛門
（『藤岡屋日記』十五巻四八二頁）

大体は千石以上の者である。御使番に成ることは当然出世ということであろう。『国史大辞典』に依ると、御使番とは江戸幕府の職名で、始め使役《つかいやく》と呼ばれ、戦時中の伝令・指示・戦功の監査・敵方への使者などを任務としていたが、平和

が続き軍事的職務が不必要となってからは、全国統治上の視察・監察が主な役目となった。また目付役と共に火事場の視察・報告・指揮・大名火消・定火消役の監察・考課などに当たった。若年寄支配で役料五百俵、役高は千石高。慶応三年（一八六七）には役金五百両が与えられたという。

また「差紙」は尋問あるいは命令の伝達のため、役所への出頭を命ずる召還状のことである（主として裁判関係）。別に、役職任命のための出頭命令書も差紙と呼ばれている。裁判関係の召還状という悪い意味があるのを嫌って、役職任命の時は「奉書到来」と呼んだのではなかろうか。奉書は勿論上意を奉じて下知する文書、即ち下知状である。その手続きについての詳細な説明は不明であるが、『松平春嶽全集』第一巻の「前世界雑話稿」に、役替等の御用状につき次の文書がある。

諸太夫布衣御用召候事。誠ニ制規正し。如何となれば、御役替ハ老中斗り承知して、三奉行又奥御右筆組頭も承知いたさゞる程の秘密なり。今の如く諸新聞に、風説を記載する如きニあらず。先月番の老中退出前に、奥御右筆組頭を呼び、明日御用召有之候故、召状認可差出候。諸太夫以上何人、布衣以上何人、大名何人と可心得旨被申渡。大名、諸太夫以上、布衣以上ニ区別あり。大名諸太夫以上ハ月番老中宛の御用召状也。布衣以上ハ若年寄より御用召状也。右御用召状認、御右筆組頭老中前へ差出、老中の差図にて何守殿を為認申候。若年寄の分は月番若年寄之取扱にして、御右筆組頭へ老中同様の振合也。夫より御右筆組頭より、御用召状収受する方へ、以《つかいをもって》　使送る、殿中に居り候者ハ、直ニ御用召状相渡候事も有之。

呼び出し前日の役人退出時に至って、初めて手続き事務関係者に知らされることを記している。これは幕府の内部の手続きで、これがどのような礼式で受領されるのかは記していない。奉書は、呼び出し日の前夜に届けられるのが例になっていたようで、命令の内容も使者から内々に伝えられるので、実際出頭する時には、任命される役職等は大体知らされていたようである。したがって、福澤のように、受理する意図のない場合は、表向きは病気ということで、辞退することも可能であったようである。

171頁20行目～172頁1行目　ソロ〳〵鎮将府と云ふやうなものが江戸ニ出来て（19）

官軍（上方勢）が這入り込んでソロ〳〵鎮将府と云ふやうなものが江戸ニ出来て慶喜さんは水戸の方ェ行くと斯うなつたので

と、「鎮将府」ができてから慶喜が水戸に移住したように記しているが、厳密にいえば、四月十一日に江戸城は開城となり、その日に慶喜は上野を出発して水戸に向かい、十五日に水戸に到着している。五月十九日になって、江戸鎮台が置かれ、それが七月十七日に廃止されて、「鎮将府」ができたのである。慶喜が七月二十三日に駿府に移転したのを、水戸へ引退したと思い違いしたのであろう。また「ソロ〳〵鎮将府というようなものが江戸に出来て」との表現は、新政府が江戸市民の不必要な反感をなるべく刺激しないために、支配形態の変更を慎重に行っている様子を記したものとも思われる。

江戸城は平穏裡に明け渡された。既に横浜を支配下に置いた東征軍は、外国事務処理のため横浜裁判所を置き、東久世通禧《みちとみ》を総督に任命し、二十三日には海軍先鋒大原俊実（のち重実《しげみ》）が横浜に来て、市民の安撫に務めた。

四月四日東海道先鋒総督兼鎮撫使橋本実梁・同副総督柳原前光《さきみつ》が勅使として江戸城に入り、田安慶頼に対し、徳川家の家名存続・慶喜の水戸引退謹慎等の処分条項を伝えた。七日慶喜は請書を提出し、十一日寛永寺を出て十五日水戸に退隠した。大総督宮有栖川宮熾仁親王も十四日には江戸に入り、二十一日江戸城に入城し、ここに大総督府を置いた。こうして江戸は総督府の軍政下に置かれ、二百七十年に及ぶ徳川政権は完全に滅亡した。

新政府は七月十七日、江戸を東京と改めた。鎮台及び関八州鎮将を廃止し、「鎮将府」を置き、駿河以東十三ケ国を管理させ、三条実美を鎮将とし、軍務は大総督が掌握することとした。又江戸府を東京府と改称し、烏丸光徳を知事とした。これで、「鎮将府」は民政機関となったが、その管轄区域は江戸鎮台府と同じであり、江戸府の事務は市政裁判所の一部を借りて事務を行うにすぎなかった。

鎮将府は、七月二十七～八月五日の「鎮将府日誌　第一」より、十月の第二十七までを発行している。これは『改訂維新日誌』第六巻に収録されているが、政府の沙汰書・布告等の他、諸藩からの鎮将府への戦況届書を主とするもので、一種の官報である。十月十三日天皇が京都より江戸城に行幸され、城を東京城と改めここが皇居となった。これを機に十八日「鎮将府」は廃止された。「鎮将府日誌」に代わって十月からは、「東京城日誌」が刊行された。

172頁2〜3行目　芝の新銭座ニ屋敷が買てあつたから引越さなければならぬ（20）

慶応三年（一八六七）一月、小野友五郎の使節団の一員として再渡米し、六月二十七日に帰国してみると、築地鉄砲洲の土地が外国人居留地に決定しており、早急な立ち退きが迫られていた。幸い越前丸岡藩の有馬家の四百坪の屋敷を慶応三年十二月二十五日に三百五十五両で購入することができた。土地購入手続きが終わると、新年早々福澤は新銭座に塾舎の移転工事を始めた（後期新銭座）。

慶応二年十一月頃、紀州藩の出資で、鉄砲洲の屋敷に福澤名義で増築した建物は当然新銭座へ移築させたと思われる。その他に、鉄砲洲で中津藩から借用していた五軒続きの長屋一棟や御釣殿は、前藩主昌高の隠居所として作られた立派な建物である。外国人居留地は更地として引渡すことになっているのを幸いに、無料で払い下げられたのではなかろうか。［10（1）・（2）］

江戸は戦乱になる危険があり、世間では普請工事など全く行われず、福澤だけが塾舎の移築工事を敢行したような時だけに、大工・左官等の手間賃は安く、「奥平屋敷の古長屋を貰って来て、凡そ百五十坪も普請したが、入費はわずか四百両ばかりで、一切仕上げました」と、普請は順調に進み、四月頃に完成した。

新銭座への移転について、『木村摂津守喜毅日記』に関係する記事が幾つか記されている。慶応四年二月十四日の条に、「福沢来談　一夕福沢新居ヲ訪　肥田一席、学校借家之議アリ」との記事がある。

　まず諭吉の住居だけが出来て、塾舎の方は適当な貸家でもあったら、それを借りようかというような考えもあったらしい。しかし、中津藩の中屋敷が外人居留地になるについては、その邸内の建物もいずれ取り払われることであるから、その長屋の古材を譲り受けて塾舎にしようということになったのであろう。（『考証』上）

居留地として提供する土地は、更地とすることは、前から指示されていることであるから、福澤が自宅の移転を済ませてから、借家を探したり、中津藩に長屋の払い下げを交渉する手順が取られたとは考え難い。また、『諭吉伝』に次のような三輪光五郎の談話がある。

　かくして一切の（新銭座移転の）建築費僅に四百両で、図の如き建築が出来上つた。其建物は一切奥平の古長屋を貰つて来て建てたやうにいはれてゐるが、奥の方に在る二階建の講堂（明治二年の芝新銭座慶應義塾之記の塾舎平面図参照）は、豊前屋周蔵が三田聖坂の附近に貸長屋を建てやうとして、どこからか買つて来た古長屋を譲受けて建てたものである。鉄砲洲の塾であつた奥平の長屋は平屋であつたといふ。（第一巻、五九五頁）

この記述に登場する豊前屋が、貸長屋を建てようとして買ってきた古長屋のことを、『考証』は貸家と判断したのではないだろうか。

百名の寄宿生を収容できる塾舎ということが福澤の念頭にあって、奥平家の中屋敷から貰ってくるだけでは不足なので、いずれ豊前屋周蔵が所有する貸家用の材料をも入手したいといったことが、木村家を訪問した時に話題になったのではなかろうか。事実その豊前屋の所有であった長屋は、早速翌二年（一八六九）初

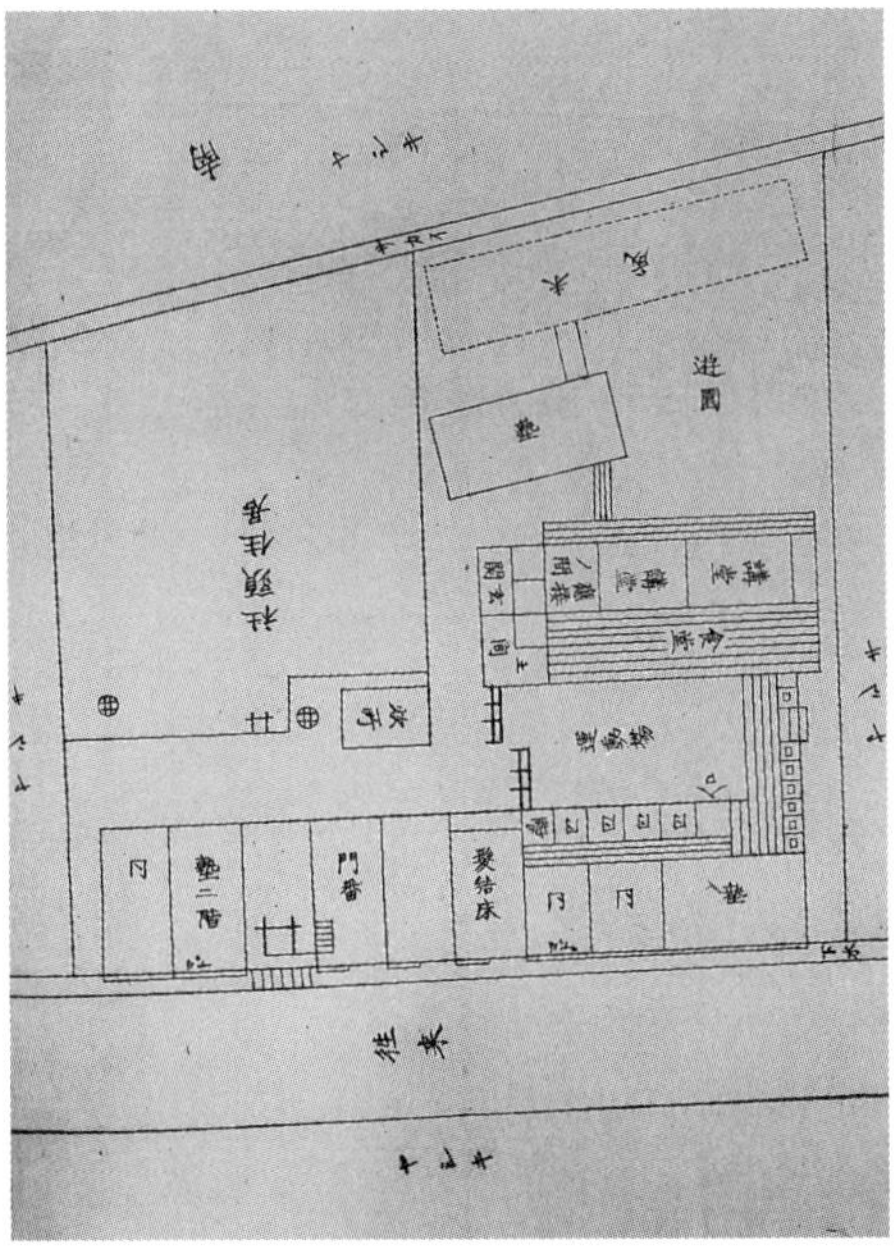

新銭座屋敷平面図

めに新銭座塾内に増築されている。

慶応四年二月中旬に福澤の居宅が先ず建てられると、福澤は数名の学生と共にここに移住し、その後の移築工事の督励・監督を行った。移築の完了に伴って順次学生が移住したというよりは、その頃は学生の最も少ない時期で、移築のため授業ができぬことは殆どなく、移築後に入社生が増加したと思われる。

『木村摂津守喜毅日記』三月四日条に「本夕ゟ福沢塾生、此方表座敷ニ暫時差置呉候様申聞、直ニ多人数参候事」とあることで三月初めに相当数の学生がいたことがわかるが、これは塾舎が満員になったためではなく、官軍の江戸入城などで、治安が心配されるので、臨時に木村家に用心棒の代わりに、塾生を間借りさせたのであろう。

また六月二十一日条に、

　夕刻ゟ福沢招集、一酌喫鮮、塾寮其他新営、頗宏壮

とあるのは、奥平の長屋を貰い受けての移築が一応完了したので、その披露を行った時の記事であろう。今度の新銭座への移転は、福澤にとっては、まさに大きな賭けであった。幸いにも、平穏裡に江戸城開城となったので、全く損害もなく、慶応四年四月には、福澤塾は最も教育内容の充実した、高度で最大の英学塾として、出発できたのである。

173頁5行目　近處ゟ紀州の屋敷（今の芝離宮）があつて（21）

この紀州藩芝邸宅を福澤が避難場所とした点に関して、『諭吉伝』（第一巻六一〇頁）に、塾員草郷清四郎の左の談話が記されている。

　丁度其時に先生の奥さんは妊娠中で、今の中村未亡人即ち長女のおさとさんが生れようといふ臨月でありました。ところで此邊に戦争が始ると、妊娠中の夫人を家におくのに困るから、どこへか避難させたいものだと先生がいはれましたので、私と小泉信吉と二人が、今の芝離宮になつてゐるあの鉄道線路の側が紀州の下屋敷であつて、そこに二重の土手の間に大きな洞穴のやうになつている所がありました、それで戦争が始まつたら其中へ奥さんをかくまつておけば、鉄砲玉の来る気遣はないからそれがよからうと思ひ、先生も一緒に見に行かれまして、これならよからうといふことになりました。

新銭座からそれほど遠くはないが、戦争がはじまれば陸路は危険と考え、舟を新銭座の浜に係留しておいて、いざというときに海路この潮入りに逃げ込もうという計画を立てていたようである。

『南紀徳川史』第十七冊の城郭邸園誌第二江戸芝邸（九二六頁）には、次のような紀州屋敷の説明がある。

　弘化三午年（一八四六）七月十三日御願之通り芝海手清水御下屋敷家作共其儘御拝領、芝御屋敷と唱ふ　清水家より御相続に付てなり。十二月十二日受渡し相済

　　坪数　壱万四千七百七拾八坪……

　明治元年（一八六八）十二月十七日赤坂麹町両邸と共に当邸御拝領之儀御願之處、同二十五日御願之通り下賜……

　明治三年五月　八十七坪銕道用地として御差上

　同年十一月芝浜松町藩邸兵部卿宮有栖川宮御借用被成尤御引移り日段取等御同家より掛合可有之旨於辧官谷森少史を以て被相達　依て該地壱万四千六百九十一坪御差上

弘化三年に御三卿の清水家より引継いだもので、明治三年有栖川宮家の使用となったことを知ることができる。

東京都南部公園緑地事務所発行のパンフレット「旧芝離宮恩賜庭園」によると、延宝六年（一六七八）時の老中大久保忠朝が、四代将軍家綱から下屋敷として賜り、約八年程の歳月を掛けて作庭し、「楽寿園」と命名している。明治八年宮内庁が買上げて、翌九年に芝離宮となった。大正十三年（一九二四）昭和天皇の御成婚記念として、東京市に下賜され、「旧芝離宮恩賜庭園」として公開され今日に至っている。

紀州藩芝邸宅の北東角が、現在は東京浜松町海員会館となっていて庭園から区切られているが、同庭園の古い図面によると、ちょうど会館の部分に塩入部分が描かれていて、ここが波避けを兼ねて石垣で囲われていたと思われるから、福澤の言う「石垣の二重になっている部分」とはこの塩入りの部分のことと思われる。今は会館が建ち石垣部分を窺い知ることはできない。

173頁17行目　増山と云ふ大名屋敷（22）

増山（マシヤマ、マスヤマともいう）家は、幕末には伊勢国長島（三重県桑名郡長島町）の二万石の大名で、四代将軍家綱の生母お楽の方の弟の青木正利が、三代将軍家光に仕えていたのを、母方の増山氏を称せしめ、正保四年（一六四七）相模国高座郡で一万石の大名に取立てられ、万治二年（一六五九）二万石で三河国西尾城主となった。養子正弥の代の寛文三年（一六六三）常陸国下館に転封され、更に元禄十五年（一七〇二）に長島に転封し、幕末に及んだ。（『国史大辞典』）

所領は木曾・長良・揖斐の三川のデルタ地帯に立地するため、多くの新田開発が行われたが、同時に度重なる洪水・高潮による被害を受け、その対策に苦労させられた藩である。幕末時の藩主は増山正修《まさなが》である。

長島藩の江戸の上屋敷は、奥平家の上屋敷の東北の掘割を隔てた隣屋敷である。現在の中央区築地五丁目の北西角で、国立がんセンターの北の一角にあたる。

174頁7～8行目　塾生は丁度慶應三年と四年の境が一番諸方ょ散じて仕舞つて残つた者は僅ょ十八人（23）

慶応三・四年（一八六七・八）の境というと、十二月二十五日に、越前丸岡藩有馬家の土地四百坪の購入と、鉄砲洲の中屋敷の古い長屋等を貰って、これを移築した時期である（後期鉄砲洲）。

政治状況が急変し、江戸の人心が大きく動揺した時である。塾に残って勉学を続ける塾生の数が激減したのは当然である。当時の記録として、入社帳はあるものの、在学生の状況を示す資料がないので、どれほどの学生が在学していたかを正確に把握することはできない。『百年史』（第一章第四節「塾舎と塾生」、第二章第一節「慶應義塾の命名と独立の精神」）に、入門生徒の傾向を基礎に推測した記述がある。慶応三年九月～四年八月の一ケ年の入門生の月別数である。

九月	十月	十一月	十二月	一月	二月	三月	四月	閏四月	五月	六月	七月	八月
6	2	4	5	2	0	4	6	2	3	2	9	10

四年二月が最も少ないからといって、在塾生が十八名となったのがこの月とも断定できない。元治元年（一八六四）福澤に誘われて中津から一緒に江戸に出て来た三輪光五郎は当時の様子を次のように語っている。

先生が今度沢山の原書を持つて帰られたといふので、一同非常に喜んで待つてゐたところが、荷物は容易に届かない。数個月の後、塾が新銭座に移つてから漸く届いたのは茶箱のやうな大きな箱が八つか九つで、いづれも一杯本が詰まつてゐた。（『諭吉伝』第一巻、五一一頁）

三輪と同時に入門した小幡兄弟ら六人は、中津藩の長州再征に呼返しの藩命を無視しろと福澤に勧められた者達であり、塾の中心教師として育成されていたので、恐らくそのまま塾に留まっていたものとみて間違いはあるまい。

福澤は江戸が戦場になりそうだと考えて、家族を安全な場所に一時避難させることを考えたとき、新銭座にほど近い紀州藩の芝の下屋敷の海側の塩入り場所を紹介したのは、慶応二年十一月入門の草郷清四郎と小泉信吉であったという（同前、六一〇頁）。同時に入門した小川駒橘・和田与四郎（のち義郎）・小杉恆太郎らの五名も共に在塾していた可能性が大きい。

上野の戦争のあった慶応四年五月十五日に、福澤は戦場の砲声を耳にしながらも、砲弾が届くはずはないと、時間割通りに、ウエーランドの経済書の講義を行った。その日に確実に在塾したのは、慶応三年正月入塾の土佐藩の森春吉である。森は上野の様子を探ろうとして、二、三の仲間と、程近い愛宕山に登った時、突然の大きな砲声に驚いて、同行の丹後の宮津出身の中村某が腰を抜かしたと語っている。（同前、六〇九頁）このことから中村某とは、慶応三年五月八日入門の中村田吉か、同年六月十九日入門の中村清純のいずれかであろう。

安田靫彦画
「ウエーランド経済書講述図」

他に講義を受けたと考えられるのは、江戸に東征軍が進撃していることを承知で慶応四年三〜五月に、敢えて入門して来た次の学生達である。

三月十日　松野　央　江戸愛宕下三斉小路
三月十日　市塚伝次郎　麻布我善坊
三月十日　内田勘左衛門　芝金杉二町目
三月二十三日　飯田勇太郎　赤坂大沢町
四月一日　伊東八十郎　主人伊達陸奥守
四月一日　早矢仕道三　（父或は兄弟）早矢仕有的　生国江戸
四月二日　阿部泰蔵　三河吉田藩
四月十日　肥田玄次郎（昭作）主人江川太郎左衛門　肥田浜五郎厄介
四月二六日　栗田浩照　芝源助町　主人堀田相模守
同日　村山瀧蔵　生国伊豆下田　住所江戸
閏四月十五日　内田晋斉　生国上総　領主井上河内守
閏四月二十七日　長谷川銑三郎　父新六郎
五月四日　細井雄四良　生国信州高遠　父要人
五月十五日　蜂須賀謙吉　生国三州岡崎　主人本多美濃守
五月十四日　後藤牧太　生国三州岡崎　父後藤慶隆

174頁12行目　有らん限りの原書を買て来ました（24）

最初にアメリカに行った時（万延元年（一八六〇））、ウェブスターの辞書を購入している。次いで文久二年（一八六二）約一年間を費やして欧州諸国を巡遊してきた時、イギリスで購入してきた英書については、『英清辞書』と『西洋事情』の種本となったチェンバースの教育叢書『経済学』、同じく『西洋事情 二編』巻の一「人間の通義」の典拠となったブラックストーンの『英法講義』以外は、不明である。

次に西欧式の教育法採用を考え始めたのが、何時頃であったかも定かではない。欧州旅行中か、帰国して一、二年の内であったと推察される。その第一の理由は、『西洋事情 初編』巻之一の「学校」の項で説明されている。（キングスコルレージ学校の見学を元にしたと思われる。）

人生れて六七歳（中略）初て入る学校を小学校と云ふ。先づ文字を学び、漸くして自国の歴史、地理、算術、天文、窮理学の初歩、詩、画、音楽等を学ぶ。斯の如くすること七八年、諸学漸く熟し、又大学校に入る。此の学校にても学科以前と異ならずと雖ども、稍や高上の教を受く。且此所にては尽く諸科を学ばずして、各と其志す所の一二科を研究す。（『全集』①三〇三頁）

今日のわが国の学制と基本的に同じ制度が具体的に説明されている。いうまでもなく、明治時代に欧州の教育制度を採用したからである。幕末の制度とは大きく相違していた。『西洋事情 初編』巻之一の「小引」（短い序文）である。

洋籍の我邦に舶来するや日既に久し。其飜訳を経るもの亦尠からず。然して窮理、地理、兵法、航海術等の諸学、日に闢け月に明にして、我文明の治を助け武備の闕を補ふもの、其益豈亦大ならずや。然りと雖ども余竊に謂《おもえ》らく、独り洋外の文学技芸を講窮するのみにて、其各国の政治風俗如何を詳にせざれば、仮令ひ其学芸を得たりとも、其経国の本に反らざるを以て、啻に実用に益なきのみならず、却て害を招かんも亦計るべからず。（同、二八五頁）

先端技術や機械を十分使いこなす基礎知識を持たずに、文明の利器を使用すること、所謂生兵法は大疵のもとで、弊害を生ずる危険があると指摘している。諸科学の基本的知識を効率良く教育して、国民の知的水準を引き上げることの必要も指摘しているのである。第二に、福澤の中津帰国中の元治元年（一八六四）五月に写本された『西洋事情 初編』巻之一とほぼ内容を同じくする「写本西洋事情」が、鹿児島大学に所蔵されていることが明らかになった。これで「写本西洋事情」は福澤が小幡篤次郎ら六人の俊秀を誘いに国許に帰る前に著されたことが裏付される。したがって中津への帰国は、藩の青年を教育して教師に育て、欧米流の複数教師陣による、総合的基礎分野の教育を実行しようと意図していたと考えて、ほぼ間違いない。ただ福澤が、英語の教科書を多量に購入したいという考えを抱いたのは、何時頃なのかは、はっきりしない。

従来の洋学塾は、教師は一人、塾生の多い場合は、上級生が下級生を教える半学半教の制度が採られている。その教える分野は狭く、いわば特殊技術の伝習所的性格であった。こうした学塾から、欧米並の学校に脱皮するには、先ず教師陣営の構築と、塾生に学問分野の適当な教科書を使った教育を行う必要がある。教科書を複数所持することを求めれば、入学してくる塾生は絶無になり、現実に学塾は成立しなくなる。この矛盾を解決するには、学塾で多種類の教科書を多数備え、学生に教科書を貸与して授業をすすめる方法を考えついたのである。

「有らん限りの原書を買」ったの表現には、福澤の欧米流教育実践の意欲と期待と願望が含まれているのである。〔7⑬・⑭、9④〕

二度目のアメリカ行きで福澤が購入してきた書籍名は、その一部が知られるのみであったが、先年『早稲田大学図書館紀要』20号より『年鑑』8に再録された、『「藩学養賢堂蔵書目録」について――慶応三年福沢諭吉将来本――』の貴重な研究により、仙台藩の藩学養賢堂に納められていた洋書目録が、福澤と親交のあった仙台藩江戸留守居役・大童信太夫の委託を受け、米国より購入してきた洋書目録であることが金子宏治によって明確にされた。これで、殆ど不明であった慶應義塾分の書籍も大体推測することができるようになった。〔9⑪〕

この金子研究を更に深めたのが、西川俊作「慶応三年にアメリカから福澤諭吉の購入してきた図書をめぐって」（『年鑑』13）である。同研究は、いかなる本を幾らで購入したかという極めて実証的な研究である。

西川論文は、福澤が洋学研究の苦い経験から、辞書類を大小複数部揃えたことや、代数・幾何・物理・化学の教科書購入の意図に注目している。それは福澤のいう「数理の学」が重要視され、塾の初期カリキュラムの中心に置かれていた。これは単なる語学校ではなく、最も西欧文明を摂取する意欲の現れた学塾であった。義塾の教育目的を証明するものとして尊重されるべき指摘である。〔10㉟〕

175頁9行目　上野ニ籠らぬ前ニ市川邊ニ小競合《こぜりあひ》がありました（25）

慶応四年（一八六八）一月十二日に慶喜の東帰を迎えた江戸城内では、連日活発な論議が展開された。前閣老や幕臣の大部分は主戦論を唱えながら、その多くは抽象論に留まり、具体的な作戦上の手段・計略を主張する者はなかった。また殆どの譜代諸藩は、藩の運命を賭けてでも、東征軍に実力で抵抗しようとする者はなく、東征軍が接近すると、これに協力するものばかりであった。兵力を以て戦うためには、如何に平素の十分な準備と訓練が整っていなくてはできないことかを証明している。したがって幕末には武家集団としての軍事力を失った藩が一般的となっていたということができる。

慶喜は最初のうちは、事を軽く観ていたようで、自分が引退し、後継者を指定してそれに将軍職を譲れば事は解決するとの考えを抱いていたようである。しかし京都にいて、新政府側の状況を承知している松平春嶽から、このような甘い考えは通らないことを忠告され、当初の考えを変更し、二月十二日には江戸城を田安慶頼に託した。自らは上野寛永寺の大慈院に屏居し、鳥羽・伏見の戦争を指揮した大河内正質（上総大多喜藩主、老中格）以下旧幕府軍十七名の戦関係者を処罰し、全面恭順の方針を明示した。

慶喜は恭順和解を確実にするため、寛永寺の公現法親王（能久親王・のち伏見宮・北白河宮）に周旋を依頼した。法親王宮は二月二十一日江戸を発足、途中小田原に暫く滞在し、三月六日駿府に大総督有栖川宮熾仁親王を尋ね、徳川家の救解を要請された。この時近藤勇の新撰組崩れの鎮撫隊が、東山道軍に抵抗したのが、幕府の正規軍の抵抗と誤って報告されたために、謝罪周旋願いは採用されなかった。

次いで慶喜の恭順方針に賛成した勝は、東海道軍の参謀西郷隆盛宛の書簡を、使者山岡鉄舟に持たせ、駿府に派遣した。山岡は三月九日駿府で西郷に面会し、西郷提示の七ヶ条より成る徳川家処分の原案に対し、その第一項の慶喜を備前岡山藩預けとすることにのみ反対し、その他の条項についてはこれを承諾したので、西郷はその線で処分実行に努力することを約束した。これで事態が平和裡に収拾される見通しができたので、三月十四日、三田の薩摩屋敷で西郷と勝の会談が行われ、徳川家の謝罪条件についての協議が成立した。その原案が三月二十日朝廷の会議で承認され、慶喜の死一等を減ずることが決定した。西郷はこのことを大総督宮に報告し、橋本実梁《さねやな》東海道鎮撫総督と柳原前光《さきみつ》副総督が、四月四日に江戸城に入城して、徳川家処分の勅旨を伝達することとなった。

四月四日勅使一行は、江戸市民の意表を突いて、武装なしで江戸城に入り、十一日に江戸城を明け渡すように命じた。そこで徳川家では、鳥羽・伏見の戦の責任者として、七日に元若年寄の永井尚志を閉門に、同平山敬忠・元大目付滝川具挙を永蟄居に、元勘定奉行小野広胖《ひろとき》（前の友五郎）を永預に処し、江戸城内居住の諸役人を田安家に移動させた。

四月十一日幕府は徳川家処分命令に従って尾張藩に江戸城を引渡し、同時に所蔵していた銃砲七百七十挺余（いずれも旧式銃）を肥後藩に引渡した。海軍副総裁の榎本武楊・陸軍奉行並（二月二十六日任）の松平太郎が江戸城に立籠る計画を立てていたが、石戸石助の密告で、上野の寛永寺に籠っていた慶喜の知るところとなり、驚いた慶喜が早速松平らを呼びつけ、奉行並の職を罷免すると共に、城を明渡すように命じたため引渡しが穏便に行われた。

この密計が事前に抑えられたので、四月十一日に主戦派の大脱走が起きた。それは統率ある脱走ではなく、大小様々の集団で行われた。その大多数は、市川・国府台付近に集まったが、木更津に脱出したものも多かった。脱出者の主体は解散した場合は失業する、徳川家の洋式軍隊に雇われた者達のようで、旗本らに煽動されやすい人々であった。

『戊辰役戦史』上によると、最も大きな集団となったのは、大鳥圭介を首領とし、のちに日光方面に移動する集団である。その主なものでも、伝習第一大隊（五～七百名）、同第二大隊（約六百名）及び砲二門と第七連隊の半分（三百五十名程）等々がある。更に会津藩の農兵隊や桑名藩士隊などに、近藤勇逮捕斬殺後の新撰組崩れの百名が加わるという大集団で、二～三千名と記している資料もある。大鳥圭介を総督とし、土方歳三を参謀とした集団を、前・中・後の三軍に編成して日光に向かったという。

これとは別に、撤兵頭福田道直を長とする撤兵隊五大隊が、大坂から福田の指揮によって江戸に逃げ帰り、この隊が四月九日より、多分船行で木更津に移動し、ここを根拠に、房総で旗を挙げ、榎本艦隊とも気脈を通じ合っていたらしい。同じく大坂より逃帰した人見勝太郎と伊庭八郎を頭領とする一派三十名は、上総請西《じょうさい》藩（旧貝淵藩、現在の木更津市請西）一万石の藩主林昌之助忠崇《ただたか》に、徳川家再興を入説し、同藩の協力を得て活動した。

四月十二日木更津に集合した撤兵隊の連中は、自らを「義軍府」と称し、木更津の東一キロの泉著寺を本営とし、近隣諸村の人馬を使役して活動した。また四隣の大名にも同調を求め勢力を強化した。新政府軍の下野方面の作戦を牽制するため、四月二四日船橋を占領して更に西進を続け、中山の法華経寺を本営とし、船橋・柿崎・真理谷等に陣を張った。

この頃、流山・松戸方面で田安家が新政府軍と協力して、武装解除の折衝を行っていたので、「義軍府」の中山駐屯の大隊長江原鋳三郎周甫（素六）と交渉したが、江原は容易に説得に応ぜず、ために新政府軍は閏四月一日～三日に、船橋に進軍して圧力をかける方針を決定した。こうした新政府軍の動きを察知した「義軍府」は、一日機先を制して中山から市川・国府台に攻撃を掛けた。このため一時岡山・津藩兵は敗れて市川を退き、辛うじて江戸川の右岸に逃れることができた。

体制を整え直した新政府軍は、閏四月三日、八幡《やはた》・船橋方面の攻撃に出て、銃撃戦が行われ、圧倒された「義軍府」軍は、正午頃から漸次退却を開始したので、やがて新政府軍は船橋を占領した。「義軍府」軍は散発的に反撃したが、それも暫くで、次第に退却していったという。

右のような状況から、市川付近の小競り合いというのが、何時のことであるかを確定することは困難であり、これに参加して夜は塾に帰って寝ていたというが、その学生を特定することも困難である。

175頁小見出し　古川節蔵脱走（26）

岡本周吉は天保八年（一八三七）三月四日に安芸国山県郡川小田村（現在の広島県山県郡芸北町）の庄屋岡本建雄の家に生まれた。広島藩の山口実造塾に漢学を学び、その後大坂の後藤松陰に師事し、安政三年（一八五六）八月十二日二十歳で緒方洪庵の適塾に入門、蘭学を学んだ。安政五年福澤諭吉が江戸藩邸での蘭学教授を命ぜられ、江戸に出発する時、その誘いに応じて江戸に同行し、築地鉄砲洲の中津藩中屋敷に福澤と同居、福澤を助けつつ蘭学の研鑽に勤めた。福澤塾の初代塾長となり、中津藩からも多少の手当てを受けていた。

プ・ア・デ・ヨング著「スターチスチセ・ターフル・ファン・アルレ・ランデン・デル・アールデ」を翻訳途中の福澤が、万延元年（一八六〇）咸臨丸で渡米することになったので、残りの翻訳を岡本に引き継がせた。帰国後完成した訳書を岡本を翻訳者として、福澤自らは校閲者とし、仙台の儒者大槻磐渓の序文を添え、万延元年九月出版したのが『万国政表』である（この『万国政表』については、『福澤諭吉の横顔』所収「万国政表――原表と翻訳」に詳細に紹介されている）。

福澤は岡本の実力を認め、広島藩に彼を取り立てるよう推挙したが、身分が士分でないとして拒否されたので、旗本の古川家の養子に周旋した。旗本古川特三郎志道《ゆきみち》が死亡し、相続する男子がなかったので、岡本節蔵を婿養子に迎えた。文久二年（一八六二）欧州からの中津藩士宛福澤書簡に、古川の名があるから、福澤が欧州に出発した文久元年末には、既に養子になっていたことが知られる。

『諭吉伝』によれば、古川節蔵（のちに正雄）は小幡篤次郎らが入塾する元治元年（一八六四）頃まで、福澤塾に関係していたという。古川節蔵の名で明治八年（一八七五）に私学錦裔塾設立のため東京府に提出した「私塾開業願」に記した履歴によると、元治元年幕府海軍に出仕したという。

その後、運送船長崎丸の艦長をしていた古川は、福澤の制止を聞かず江戸を脱走した。同じように、榎本武揚も四月十一日に館山に脱走したが、勝海舟の説得で十九日一旦品川に戻り、その後八月十九日再度八隻の軍艦を率いて北走している。古川の脱走がそれ以前というのは、長崎丸で六月一日佐幕兵を乗せ、三日に奥州小名浜に送ったことを指すのであろう。

榎本軍に参加して活動した古川は、明治二年三月宮古湾で、甲鉄艦奪取作戦に参加して失敗し、逃走を試みたが、船の速力が遅く逃げ切れないのを見て、南部藩領の羅賀浦に乗り上げ、船を焼き南部藩に降伏した。四月東京に護送され和田倉門内の糾問所に収容され、のち広島藩預けとなり、三年初頭に釈放され、海軍兵学寮十一等出仕となり、イギリス海軍中佐ネイルの著書『運用術全書』十二巻付図一巻を翻訳出版した。この頃名を正雄と改めた。

海軍兵学寮は一年足らずで辞任し、この頃より義塾社中と共に『絵入智慧の環』（八冊、明治三年八月～五年五月）・明治四年十一月『ちゑのいとぐち』等を出版している。翌五年九月の官員録には太政官正院七等出仕となっている。六年ウィーンの万国博覧会に出張を下命され、七月帰国している。七年一月には『古川正雄の洋行漫筆』を出版している。

ウィーンで知り合った津田仙と親交を結び、共に明六社に加入し、八年には定員となっている。また同年三月十五日には自宅の神田錦町三丁目に錦裔塾を開くため、私塾開業願を提出している。五月にはイギリス人医師フォールヅのもとに津田仙・中村正直らと楽善会を組織し、盲人教育活動を行う組織を結成し、古川が会頭となって、東京府に訓盲院設立を出願したが、外国人中心の事業とみなされ不許可となった。その頃、津田らの影響を受けて、九年一月二十六日夫婦揃って洗礼を受けキリスト教徒となった。そこで、会の組織を日本人中心に改め二月再出願して許可を得た。年末には皇室より三千円の御下賜金が出た。六月私塾錦裔塾を弘道学舎と改め、メソジスト派の宣教師ソーパーを校長とし、英語学を中心とするキリスト教的教育を行った。こうした事業がようやく軌道に乗り始めた明治十年五月二日、古川は病死した。享年四十一歳である。

福澤の最初の弟子岡本周吉、のちの古川正雄についての伝記はなく、その事蹟については、伊東弥之助「古川正雄の生涯」（『三田評論』昭和四十二年八・九月号）および野村英一「古川正雄」（『手帖』42号）に詳細に記されている。

176頁小見出し　發狂病人一条米國より帰来（27）

塾に学び米国に留学した仙台藩の書生一条某が、仙台藩が朝敵となった維新直後に帰国してきたが、発狂しているのでそのまま放置している間に、ふとしたことで、福澤に会いたいと言いだし、横浜の奉行の寺島宗則の許可を得て、新銭座の塾に送られてきた。

朝敵藩の病人を看病して居ながら何も風波もなけれバ苦味もないソンナ事が塾の安全であつた譯でせう。（『自伝』一七七頁）

維新内乱の最中ながら、塾が無事に過ごせた理由の一例として、記している。この不思議な状況が展開したのは、福澤が官賊両者に偏頗な考えを抱かず、「戦争するなら銘々勝手にしろと、裏も表もなくその趣意で貫いていた」からだと説明している。『入社帳』には「一条」という入社生の名は見当たらない。

この病人と一緒に米国から帰国してきたという柳本直太郎は、名古屋市長にもなった実在の人物である。

柳本は嘉永元年（一八四八）三月生れの越前福井藩の足軽柳本久兵衛の子で、その才能が認められ、藩から文久元年（一八六一）三月英語学習を命ぜられ、翌二年蕃書調所に入り、慶応元年（一八六五）横浜で外人相手に英語の修業を行った。三年四月アメリカに留学した。足軽の身分で洋行した事例は稀であった。明治になって華頂宮の在米留学の世話役を勤め、帰朝後は文部省・東京外国語学校長等を勤め、明治二十七～三十年の間名古屋市長を勤めた。大正二年（一九一三）三月十三日六十六歳で死去したという。

柳本は慶応二年二月十二日『入社帳』に署名入社している。また越前藩家老本多修理の『越前藩幕末維新公用日記』の明治元年（一八六八）十月二五日条に、柳本が江戸よりこの日京都に到着した記事があるから、遅くとも十月上旬にはアメリカより帰国していたことは確かである。一条某が帰国したときを、寺島宗則が横浜の奉行をしていたときと記している。『寺島宗則』末尾の略年譜によると、柳本や一条が帰朝した明治元年後半には、神奈川府判事か県知事になっていたようだ。

ところで最近、仙台市博物館に寄託されている大童信太夫関係文書の中に、「福澤先生」宛の仙台藩米国留学生の借用証のあることが判明したと逸見英夫が報じている。（「一條十二郎と大條清助」『手帖』一〇六号）。

逸見によると、慶応三年六月三日に福澤が一條十二郎に五十ドル、大條《おおえだ》清助に百ドル、その借用書が残っているという。この両名は『高橋是清自伝』によると「仙台藩を脱走同様にして修業に来ている」人物だとされている。福澤はその翌日サンフランシスコを出港し、六月二十七日に帰国している。六月二十九日には福澤は大童に次の書簡を送っている。

一　御藩中之大条、一条両人、サンフランシスコ江在留、方今之有様誠ニ可憐次第、併し両人とも辛抱ニ勉強いたし候義ハ感服ニ御座候。此度彼地出帆之節も聊周旋いたし、指当り饑渇之患ハなき様取計置候。此亦拝眉御話可致候。

そして大童の日記によると七月九日に福澤と逢っているから、仙台藩から購入を依頼された武器は「断然見合せ」たことの説明と共に、預った金子の中から両名に与えた金子の受取りに当たる借用書を渡したものであろう。

この一條十二郎と大條清助のうち、一條は慶應義塾入社帳にその氏名は見当らず、大條は「同年（慶応二年）三月廿六日入塾　仙臺藩　大條清助」とある。この病人大條清助を連れて帰国した柳本直太郎は「同二月十二日入門」しているから、まさに「同時に塾に居た」のである。したがって『自伝』に「発狂病人一条」とあるのは、「発狂病人大條」とすべきであろう。

176頁12行目　丁度仙臺藩がいよ〳〵朝敵ょなつたときで（28）

仙台藩では嘉永六年（一八五三）頃より洋式兵器の採用が行われ、安政三年（一八五六）には藩が積極的に洋式兵制の訓練に力を加えるようになった。藩主伊達慶邦は代々の藩砲術家大槻十郎太夫を「西洋銃術付属」に、真田喜平太を「同取扱」に任命し、大槻竜之進を大番士に抜擢して、江川太郎左衛門の下に入門させ、家中に洋式砲術の伝習を命じた。領内各地では洋式訓練が盛んになった。

このため藩内の尊攘派の勢いがいよいよ強まり、佐幕派との対決が激化したが、但木土佐を中心とする佐幕派が、文久三年一月二十八日の藩主の裁断で、藩の方針は「内勅無視」に決定し、遠藤文七郎は閉門・大条孫三郎は蟄居・佐々雅楽は奉行職罷免。攘夷派の急先鋒の桜田良佐・同敬助・戸津宗之進等は四月十四日入牢となり、仙台藩の尊攘派は消滅の形となった。以後但木土佐の主導により、仙台藩は佐幕的傾向を強めていった。このため仙台藩は中央政界が、薩長連合により大きく変化し、幕府の権威が弱まった事態に適当な対応ができなくなっていた。

慶応四年（一八六八）正月の鳥羽・伏見の戦いで、幕府は朝敵として追討を受けることとなり、勢いづいた薩長側は、仙台藩を自陣に抱き込むためか、強引に朝廷の命令を下した。『戊辰役戦史』（上）によると、一月七日諸藩に対し旧幕府追討の命が下されたが、十七日には仙台藩主伊達慶邦に対し、独力で会津藩を討伐すべしと命じて、錦旗二流を下した。その際の命令書に「出願の趣きは神妙の至り」とあったが、仙台藩は請願した覚えなしと訂正を求めたという。

仙台藩は、四月十二日藩主伊達慶邦が手兵を率いて仙台を出て白石城に入ったが、勿論会津を討伐する目的ではなく、寛大の処分で解決することを希望しての行動であった。閏四月二日慶邦は会津藩に降伏を勧め、嘆願書を提出させる使者を出すために、突然戦闘中止の命令を発した。これに対し、総督軍の参謀で、最も傲慢として、仙台藩士らに嫌われていた長州藩士の参謀世良修蔵は、仙台藩兵に会津進撃を下命している。こうした参謀の態度に反発し、閏四月十九日仙台・米沢両藩は直接太政官の命を請うて進退したいとの要望書を総督府に通告している。参謀側の機先を制する横柄な動きと、保守的な仙台藩の対応のずれが、両者の対立を深め、このような事件を起こしてしまった。

閏四月十九日を境に、仙台藩は薩長を敵と決め、会津を援助することを明確にした。かくて同月二十三日仙台・米沢両藩主の主唱により、奥羽二十五藩の重臣が白石城に会合して、奥羽列藩同盟を結び、奥羽鎮撫総督軍と闘うこととなったのである。

178頁1〜2行目　大坂ょ明治政府の假政府が出来て其假政府から命令が下つた（29）

大坂に明治政府の仮政府ができたというのは、関東親征の方針を明示すると共に、国内刷新の機運を高めるために、天皇が大坂に二ヶ月足らず駐輦《ちゅうれん》されたことをいう。その事情は次のとおりである。

鳥羽・伏見の戦いに勝利した政府軍は、慶応四年（一八六八）一月十七日に初めて官制（七科の制）を制定して、新政府の基礎を樹立した。即ち総裁に有栖川宮熾仁《たるひと》親王・福総督に三条実美・岩倉具視の両議定のもとに、神祇・内国・外国・海陸・会計・刑法の各事務総督と掛、それに制度寮総督と掛にそれぞれ議定及び参与が任命された。

総裁の宮が早速大久保利通に将来の国是について諮問され、大久保は人心一新と新政府の意図を明示するために、先ず石清水社に天皇が行幸され、速やかな国内平定を祈願され、その足で大坂に留まられ、朝政の一新と海外諸国との交際の道を開き、陸海軍の整備を進め、急ぎ中央政府の体制を整備するよう提案した。そこで、一月二十三日の廟議に大久保案が図られたが、賛否両論に分かれ、改革慎重論も多く、容易に結論が出ないので、岩倉と三条が協議し、遷都ではなく、天皇が東国親征の形を示されるために先ず大坂へ行幸され、暫く留まられ、形勢によっては親征の軍を関東に進められることを提議し、二十七日の廟議に諮問されようやく採用決定された。

二月三日天皇は有栖川宮熾仁親王に関東親征の令を下し、三月二十一日親征大坂行幸のため京都を出発、二十三日大坂の本願寺掛所に到着され、ここを行在所とされた。三月二十六日と閏四月五日に、海陸軍の諸藩兵や軍艦の操練を観閲されたり、閏四月一日には英国特派全権公使パークスを引見し、国書を受領された。東北地方や北海道は未鎮定であったが、一応閏四月七日、行在所を出発され、翌八日京都に還幸された。

そこで九月十九日、議事体裁取調所を設置して、議定の山内豊信（容堂）を総裁とし、取調掛に、秋月種樹・福岡孝弟《たかちか》・大木喬任《たかとお》・鮫島尚信《ひさのぶ》・森有礼《ありのり》・神田孝《たか》平《ひら》らを任命している。

神田・柳川・福澤の三名に新政府の召命が出た時、神田がこれに応じ、柳川は江戸で勤務したいと言い、福澤は未だ新政府を信用できず病気を口実に辞退している。

『木村摂津守喜毅日記』の慶応四年（一八六八）六月十日条に、

一、夕福澤来　本日督府之命ヲ以早々上坂ヲ被申渡候旨也

とあって、召命が出たのは、神田の任命の三ケ月前であることが判る。

神田は文久二年（一八六二）二月には蕃書調所数学教授出役として、西洋数学科を新設した時の中心教師であり、元治元年（一八六四）開成所寄宿寮頭取出役・慶応二年教授職並・同四年三月開成所頭取となっている。その著書には、『経済小学』（慶応三年刊）『和蘭政典』（明治元年刊）等がある。

柳川春三も元治元年には開成所教授となった洋学者であるが、国学・和歌の分野にも造詣が深い。文久三年から開成所の教授等が行った横浜の外字新聞の翻訳出版の『日本貿易新聞』や『日本新聞』の事業に中心になって活躍した。それに続いて刊行された『西洋雑誌』は日本における最初の雑誌であり、翌年刊行の『中外新聞』は、日本人のみの手になる新聞の嚆矢といわれている。慶応四年四月には、開成所頭取に任命されている。仮名文字論者でもあり、多芸多才の文人として、洋学者との交際範囲の広い人物である。明治二年（一八六九）新政府より大学少博士に任ぜられた。翌三年二月二十日三十九歳で死去している。

こうしてみると、新政府は外国事情に詳しい人物を採用するのが狙いで、召命を発したようで、福澤は幕末に三度も海外に出て、広く西欧文化や社会機構等を視察した有能な学者であるから、最大の期待を寄せていたのではないだろうか。会議政治の運用のためであるならば、オランダに留学して専門分野の研究後帰国し、将軍慶喜の求めに応じて、公武合体を主軸とする日本国憲法ともいうべき「議題草案」を起草提出している西周もいた。政府より召命を受ける可能性が最も強いと思われるが、明治政府に出仕したのは、明治三年山県有朋に呼ばれ兵部省に出仕したのが最初である。

福澤は出仕を辞退した。

福澤にとってこの時期は、幕府に帰農届けを出し、義塾教育に専念する体制を整えたのである。ところが、政府から召命がきた。福澤としては、未だ新政府が開明的方針を進める政府とは信用できない時であるだけに、迷うことなく早速辞

退の返答を出したのであろう。〔10（18）、12（6）〕

178頁18行目　細川潤次郎（30）

細川が福澤を訪ねたのは文部省ができる前だという。文部省は明治四年（一八七一）七月に設置されているから、それ以前に福澤を訪ね、政府の学校の世話をするよう申し入れて、福澤に拒否されている。その時期を明確にはできない。細川は開成所学校に関係していることや、旧藩主山内容堂の維新政府における役職と関係しているようだ。

『山内容堂』に付された年譜により容堂の明治元年以降の官職履歴を辿ると、福澤が神田・柳川と一緒に召命を受けたのが、明治元年六月で、細川の訪問はその後とすると、容堂が明治元年十二月〜二年七月の学校知事に在任中のことと考えられる。会議政治論者の容堂として考えるならば、『西洋事情』に示された福澤の欧米文化受容の精神に共鳴する点が多かったのではないだろうか。

細川潤次郎は土佐藩の儒者細川延平の次男（『明治維新人名辞典』は長男としている）で、天保五年（一八三四）二月二日生まれというから、福澤より約十ケ月の年長である。福澤と同時期の安政元年（一八五四）長崎に遊学して、和蘭通詞に蘭学を学び、次いで高島秋帆に兵学・砲術を学び、安政五年（一八五八）これまた福澤と同時期に江戸に出て、幕府の軍艦操練所で航海術を修めたという。軍艦操練所が諸藩士に開放されたのは万延元年（一八六〇）六月というから、その頃に入所したのであろう。更に中浜万次郎に英語を学んだという。中浜が万延元年サンフランシスコで英語の辞書二部を購入して帰国し、そのうちの一部を翌月細川に贈ったというから、中浜から相当期待された英語の弟子であったようである。その後文久二年（一八六二）土佐藩の致道館の蕃書教授となり、藩政改革にも参画したという。『明治維新人名辞典』によると、山内容堂の講師となり、藩政にも参画し、軍艦取調・海軍諸科の講習に尽力したという。福澤と似たような場所や時期に、蘭学や英学を学んでいるが、両者の接触はなかったようだ。

維新後の明治二年（一八六九）開成学校権判事・同判事に任ぜられ、同校の諸規則を草し、また新聞紙条例・出版条例の起草にも当たったという。明治四年（一八七一）工部少丞となり、米国に派遣され、帰朝後印刷局長・法制官などを歴任している。

その後の細川の履歴を略記する。

明治五年（一八七二）中議官。二等議官。

六年　印刷局長、大書記官権大内史、一等法制官。

九年　元老院技官。

十年　刑法草案審査委員。

十二年　治罪法草案審査委員。

十三年　元老院幹事・中央衛生会長・陸軍刑法審査総裁・日本海令草案審査委員。

十四年　司法大輔兼議官。

十七年　会社条例編纂委員長。

二十三年　貴族院議員。

二十四年　貴族院副議長。女子高等師範学校長。

二十五年　枢密顧問官兼家族女学校校長。

二十六年　枢密顧問官兼文事秘書官長。

三十年　東宮太夫。

三十二年　神宮皇学館教官・学習院長心得。

三十三年　男爵。

四十二年　文学博士・学士院会員。

明治・大正期の法制学者・文学者として活躍した。大正十二年（一九二三）七月二十日、九十歳で死去している。著書に『十洲全集』『隠逸全伝』『山内一豊夫人伝』『近遊日録』『新国紀行』等がある。

179頁小見出し　英國王子ゟ潔身の祓（31）

イギリスヴィクトリア女王の第二王子エディンバラ公 Duke of Edinburgh は、当時軍艦 Galatea の艦長で清国訪問後、わが国に来航することになった。王子来訪のことは、明治二年（一八六九）四月頃、パークスより政府に伝えられた。初めての外国要人来訪というだけでなく、天皇と対等の礼儀を以て引見方が申入れられたことは、尊王攘夷思想が広く朝野に存在する当時として、政府が簡単に処理できる問題ではなかった。先ず対等ということで、賛否両論が対立した。先に王子が訪問した清国では、王子に特別の礼遇を与えることを拒絶したために、一私人の資格で訪問していた。

パークスは、日本政府が清国とは異なって、開明的態度で処遇することを強く希望していた。政府は六月七日に至って、「諸般不行届の場合も可有之候得共、御滞在中　天皇陛下の離園濱殿に於て御接待可申積に付」と、その期待通りの返答を送った。その後パークスは、王子の身分を損ずるような儀式上の提案があれば拒否することを、日本政府に注意している。六月二十五日、政府は王子の来日に付き、「御交際之条理を以御取扱相成候間、右御趣意相辯へ下々に至迄心得違無之様」との布告を出している。

攘夷論者達の政府方針への反対意見に対しては、岩倉・大久保らが懸命に説得を試み、その鎮静化を図る一方、接待準備の協力を依頼し、約一ヶ月間浜御殿の延遼館内に、イギリス公使館書記官ミットフォードを住まわせ、万一の遺漏のないように勤める程の気のつかいようであった。パークスもまた、東洋流の夷狄観を示すような扱いに対しては神経質に「対等の礼」をとらせることに注意していたようだ。皇居御苑内の滝見茶屋で行う予定であった謁見の場を、本殿大広間に変更させたり、「客船将着の数日前に、神祇官においてカラカミのマツリを行い、神供を賜い、関係諸官員において、おのおの職に着く事。その神酒は又横浜館舎にて客ら到着の日に之を給する」という参朝次第に、問題をつけたり、大広間上段の間に列ぶイギリス側の人員を、王子と通訳の他に、公使及び中国・日本艦隊司令長官をも加えることを要求したり（結局上段には天皇と王子及び通訳官のみということで、決着が付いた）等の曲折があった。

七月二十二日ガラティヤ号が横浜に入港した。王子は海上勤務中ということで、暫く艦長の資格で在艦し、二十四日朝、同艦檣頭にイギリス王室旗が掲揚されると、在港諸国艦及び神奈川砲台はイギリス国旗を掲げ、礼砲を発し王子の安着を祝い、続いてガラティヤ号も、菊花の紋章旗を掲げ、礼砲を発して天皇への敬意を表した。王子は二十五日に天皇乗用の馬車で東京に向かい、その行列は、天皇同様の尊敬の礼を以て送迎され、浜御苑延遼館に到着した。

エディンバラ公到着の日より退京の日まで、延遼館の入口には菊花紋章とイギリス王室旗とが掲げられた。二十八日は王子が天皇に謁見のため参内する日で、謁見の式次第はイギリス側との折衝でようやく作成され、エディンバラ公の承認を得て確定し、それにもとづき執行された。王子の行列が皇居に向かう沿道では、二階の窓は閉ざされ、将軍や天皇に払われたのと同じ敬意が示された。行列がいよいよ皇居に入ろうとする所で、「祓麻事《はらいぬさのこと》の儀式」が行われた。英文の接待次第書によると、「ヌサと称する儀式」の註に「ヌサとは大麻で作られた総で、（人体を）軽く打ち、悪しき力を払い去ること」と記している。イギリスではこの儀式には別段の注意を払わず、行うことを諒解していたらしい。しかし岡義武は、日本人の間では、重要な意味を付していたとして、『自伝』の「英國王子ょ潔身の祓」の項を註として全文引用している。

当時わが国側では、実はこれを単純な、形式的なものとみてはいず、これをもって、宮城に入り又天皇に謁見しようとする「夷人」を祓い潔めるものとして、重要な意味を付していたのである。攘夷的心情を抱くひとびとにとっては、この儀式はせめてもの慰みとして受けとられていたのである。（一二五頁）

パークス伝は、公式謁見や滝見茶屋での対面が友好裡に無事終了したことについて一二九頁に以下のように記している。

訪問は完全な成功であった。そして、その成功たるや、六〇年代の日本を知り且つ中国が類似の問題について当時および其後も長く頑迷であったことを記憶している者のみが、それを正しく評価することが出来るのである。

その歴史的意義の大きいことを強調している。

八月三日王子は天皇の宸筆を届けた三条実美の見送りを受け、延遼館から小蒸気船で品川に回航していたガラティヤ号に乗込み、領客使伊達宗城等が同乗して横浜まで見送った。英艦隊は八月十一日横浜を出航、大阪・神戸・長崎に寄港ののち、芝罘《チーフー》に向かった。

エディンバラ公訪日問題に対して新政府が示した態度と措置とは、一つの強い印象を与えずには置かない。それは、新政府が開国和親の方針を貫いて行く上でふみ出した新らしい大きな一歩であったといわなければならない。しかも、この大きな一歩は尊攘思想の一段の後退を同時に示すものといってよい。（一三三頁）

と、岡義武は結んでいる。

イギリス国王子エディンバラ公の来日については、『黎明期の明治日本』所収の「エディンバラ公の来日と当時の攘夷思想」に詳しい。

181頁1〜2行目　亜米利加の前國務卿シーワルトと云ふ人が令嬢と同伴して日本ニ来遊（32）

シーワルトはアメリカの国務卿を勤めたことのある人で、南北戦争の時活躍して、リンカーン遭難の日に、一味に襲われ負傷した人物だというから、それはシュワード William Hehri Seward のことであろう。

福澤はこのシーワルトと慶応三年（一八六七）にアメリカで会っているだけに、彼が強固な奴隷制度廃止論者であることを知っていたと思われる。その彼が実際に日本の社会を見て、「こんな根性の人民では気の毒ながら自立は六かしい」と批評したことを厳しく受け止め、日本社会には、未だ封建制度や階級制度の風習が強く残り、役人（武士）のみが実力もないのに無法にいばり、一般庶民は徒らにその権威に盲従しているのは、国民に独立心のないためだと指摘されたものと考えた。

そこで福澤は、日本のために今自分にできることは、洋学の紹介すなわち著書翻訳のことに努め、欧米文明を輸入し正確に理解させることである。西欧的な合理的教育により、国民の知的水準の向上を図ることによって、独立心のある国民を早く育て上げることが必要と痛感し、文明開化のための教育実践に一層努める決意を固めたものと思われる。鎌倉海岸で百姓が福澤を見掛け馬から飛下りたのを見て、これを強いて乗馬させ、法令も変ったことを教えたのも、国民に独立心を育成せんとの気持からの行動と考えられる。

『西洋人名辞典』によるとシュワード（一八〇一年五月一六日—七二年十月十日〔享和元—明治五年〕）。アメリカの政治家で、弁護士となり（一八二二）、ホイッグ党最初のニューヨーク州知事（三九—四三）、のち上院議員（四九—六一）となった。強硬な奴隷廃止論者で、リンカーン大統領により国務長官に任命され、リンカーン遭難の後副大統領ジョンソンが代わって大統領になっても、国務長官を継続担当した（六一—六九）。南北戦争の完遂に奔走しただけでなく、ナポレオン三世のメキシコ占領企図を挫折させ、ロシアからアラスカを買収する（六七）等、戦時及び戦後の微妙な外交の処理に当たったとある。

慶応三年福澤が小野友五郎一行に加わって渡米した時のことを「華聖頓ニ落付て取敢えず亜米利加の國務卿に遇ふて例の金の話を始めた」（『自伝』一四七頁）と記している。その国務卿が来日したシュワードである。旧知の間柄である、早速面談したものと思われるが、関係資料が不十分で、詳細は不明である。

182頁3行目　子を思ふの心より坊主ニしやうなど丶種々《しゆぐ》無量《むりよふ》ニ考へたことがある（33）

福澤は子供の時、亡父が、諭吉が大きくなったら坊主にすると言っていた話を、母親からよく聞かされていた。封建制度の枠が決まっている社会では、下士の子供の将来には、自ずから一定の限度がある、それを乗り越え、本人の能力に応じて出世ができるものとしては、寺の坊主になる以外に道がないと考えた父の、子供の出世を願う愛情からの発言であったと判って、名文句を、『自伝』「幼少の時」（六頁）に記している。

父の生涯。四十五年の其間。封建制度ニ束縛せられて何事も出来ず空しく不平を呑んで世を去りたるこそ遺憾なれ又初生児の行末を謀り之を坊主にしても名を成さしめんとまでに決心したる其心中の苦しさ、其愛情の深き私ハ毎度此事を思出し封建の門閥制度を憤ると共ニ亡父の心事を察して獨り泣くことがあります私の為ニ門閥制度ハ親の敵で御座る

こうした感情は、未だ子供を持たぬ若い間は、理屈としての理解にとどまっていたが、実際に子供を持ってみて、その子の将来が暗いというだけでなく、攘夷政府が樹立され、早晩欧米諸国との複雑な問題を起こし、その圧力を受け、悪くすればアジア諸国のように、何処かの国の植民地にされる危険さえ感じられる状況に追い込まれるかも知れない。そうした前途の暗い思いに陥った慶応の末年に至って、初めて身を以て亡父の言葉の深い愛情に気づいたのではあるまいか。それが、「子供の行末を思う」で、

いよ〳〵外人が手を出して跋扈乱暴と云ふときにハ自分ハ何とかして其禍を避けるとするも行く先きの永い子供ハ可愛さうだ一命ニ掛けても外國人の奴隷にハしたくない或ハ耶蘇宗の坊主にして政事人事の外ニ獨立させては如何

（中略）自分ニ宗教の信心ハなくして子を思ふの心より坊主ニしやうなど丶種々無量ニ考へたことがある（『自伝』一八一―一八二頁）

と考え悩んでいる。この苦悩の告白は、福澤が如何に慶応末明治初年の日本の状況に不安を感じていたかを、雄弁に物語っているといえよう。

182頁7行目　塾の名を時の年号ニ取て慶應義塾と名つけ（34）

『百年史』は、開校以来十年にして初めて、塾名を時の年号をとって「慶應義塾」と命名した理由や意義について、次のように記している。

創設事情は藩命によって藩中の子弟に蘭書を教えるということであって、その家塾的性格は、幕末に近づくにつれ薄くなってはいるものの、十年間の福澤塾には依然付きまとっていたもののようであり、福澤の武士としての身分も、幕藩二重につながれており、塾舎も中津藩の枠からぬけでていなかった。「慶應義塾」の誕生は実はこのような封建的条件からの解放を意味する。（上巻二三五頁）

「家塾」という語の意味は、幕府や藩の儒学者または学識の高い藩士等が、幕府や藩の内意を受けたり、場合によってはいろいろな経済的な保護を受けて、自分の私宅に設けた塾をいう。藩校と私塾の中間的学塾の意味である。新銭座に創立された塾が、「家塾」から独立して「私塾」になったという意義は大きい。

しかし「慶應」という当時の学塾の校名とは趣を異にする、「時の年号」を採用した点についても以下のように記している。

いよいよ発足することになったが、それに先だって、何か塾名がほしいということになり、いろいろ意見も出たが、人にも物にもさしつかえのない、時の年号を取って、かりに慶應義塾と命名することにした。（中略）塾名をえらぶに当り、人名とか地名とか、教育の主義主張とか、従来学校名をえらぶありきたりの規準を避けて、時の年号を取ったということは、一見むぞうさにも見えて、実は思い切った英断で、わが国学校史の上に慶應義塾以前には、時の年号を校名に冠したものはほとんどその例をみないもので、この名称をえらんだ人たちの心意気がしのばれる（『百年史』上巻二四四頁）。

「義塾」という呼び名については、「これも従前、ほとんど使用例をみないもので」といいながら、中国における「義塾」の本来の語義である「公衆のため義捐の金をもって建営する学塾で、学費を収めないものをいう」と説明している。

従来わが国にはなかった共同結社によって建営される学塾組織の構想があり、現に塾寮の落成も目前にせまり、教授の顔ぶれの目算も立ち、西洋近代の学問を盛った新舶来の教科書も山ほどあり、同志者の心構えも結束も新たに堅いというわけで、このような陣営と組織と内容とをもった学塾を呼ぶに最もふさわしい呼称がほしい。これまで存在しなかった学塾を呼ぶにはまた、これまで使用されたことのない文字をもってこれに当てるにこしたことはない。「義塾」はまことにそれに打ってつけの文字であったといわねばならぬ。

福澤が「義塾」なる語に盛った内容「彼の共立学校の制」とは、イギリスのパブリック・スクールの組織であろうと推定されるが、パブリック・スクールは、（中略）公共の目的で設立されたもので、法律的には基本金のもとに設けられた公共団体によって運営されている私立学校である。要するに、中国伝来の「義塾」なる皮袋に、英国の近代私立学校という新しい酒を盛ったものである。（同前、上巻二四四―五頁）

慶応四年（一八六八）四月塾の命名の際、塾の主義精神を知らしめるために頒布した「慶應義塾之記」に主張している「吾党の士、相与《とも》に謀って、私に彼の共立学校の制に倣ひ一小区の学舎を設け（中略）今爰に会社を立て義塾を創め」とある文意から、新学塾の内容・機構・教育方針等に踏み込んだ説明を行っている。しかしこれは「義塾」の解釈に重点を置き過ぎているので、「慶応」という時の年号採用の意義が簿れてしまう。もうすこし時の年号「慶応」を採用したことについて考察してみる必要があると思う。

福澤は、幕府の本心は攘夷にあると断言し、幕府にはまだ表面上は和親の態度を採っているところがあるが、上方に勢力を振るう薩摩藩や長州藩を中心とする過激攘夷論者にいたっては、冷静に外国と自国の実力の差を認めようとはせず、たとえ日本を焦土にしてでも攘夷実行をと叫ぶ、狂気集団だとして、強い嫌悪感を表している。

それにもかかわらず、苦労を重ねてようやく理想の学塾を創設したその学塾名に、不快極まる「慶応」という時代の名称を、校名としてわざわざ採用するだろうか。むしろそこには別の意義を含ませていると考えるべきであろう。その意義・意図とは、世に誇った新銭座の塾の特徴と深く関係していると考える。

そこで注目されるのが、明治二十二年（一八八九）五月五日の植半楼で開かれた「義塾旧友会の席上に於ける福澤先生演説の筆記」（『全集』⑫一三一—一三三頁）の内容である。

塾の起源は固より荷蘭学なりしかども、横浜開港外国交際の次第に盛ならんとする時に当り、蘭書を読むのみにては迚も物の用に足らざるを悟り、蘭書は一切廃棄して英學に変じ、且従前の學風は単に技術を西洋に取るの趣意にて、醫術より入りて兵事に及ぼし、築城、鋳砲、造船、操練等は最も世人の注目する所なりしかども、吾々の一類は尚ほ一歩を進め、西洋の學問を社会の人事に適用せんとて竊に志を起したるこそ、当時に在ては恰も非望に似たれども、同志の信ずる所、皆その方向を共にし、既に西洋學を単に技術とせざる時は、彼の国の歴史を読むは勿論、政治、経世の學問もあらんとて頻りに其書を求めて、米国出版の万国史竝にポリチカル・エコノミー等を得たり。（中略）塾中既に経済を講じ修身の書を読み又法律の原理等を知る、恰も我平生より信ずる所の學問に根拠を得たる心地して、最早や天下に恐るゝ所のものなく、全日本国の古学者流を相手にするも、之を一手に引受けて壓倒す可しなど云ふ意気込にて、真一文字に進行する其最中に、（中略）遂に維新の騒亂と為り、国中に安閑として読書などする者はある可らず。舊幕府の開成校も忽ち廃して狐狸の巣窟と為り、江戸の洋學者輩も何れへか離散して行く所を知らず。前後凡そ二年ばかりの間は洋學中絶の姿なりし其時に、本塾のみは毫も之に動かず、官軍東下、都鄙遠近の戦争最中に塾舎を新築し、悠々書を読み理を講じて一日も休業したることなきは、時勢上より見て聊か奇を好むに似たれども、畢竟洋學熱信の致す所にして、即ち我洋學の行年百十九歳なるものをして、一日も其命脈を中絶せしめざりしは本塾の名誉にして、其名誉は特に今日此席に會同したる吾々に属して、日本国中他に争ふ者ある可からず。

時の年号を塾名の一部に採用したのは、維新動乱の真最中という悪条件を克服して、中津藩の洋学研究のためにというよりは、日本のために、一日も早く新教育法の学塾を発足させねばならぬとの使命感と、藩の先輩前野良澤の洋学創始者の伝統継承の意義をもこめて、発足させた学塾に、敢えて時の年号を採用して、「慶應義塾」と命名したのであろう。強いていえば、「義塾」よりも、「慶應」という時代を示す文字の方に命名者の意気込みがより強く込められていると考える。

［5②、7⑬・⑭、10（35）・（36）］

182頁11行目　生徒から毎月金を取ると云ふことも慶應義塾が創めた新案である（35）

福澤諭吉の新学塾慶應義塾はわが国で初めて、授業料制度を始めた。学塾創立二十五年史ともいうべき、明治十六年四月に記した「慶應義塾紀事」の「会計之事」の項目で、次のように述べている。（『百年史』付録二三九—二四〇頁）

初ノ程ハ、奥平藩ノ建物ヲ借用シ、教師モ各自己生活ノ道アリテ、生徒へ教授ノ如キハ唯斯道ノ為ニスルノ熱心ヲ以テ自カラ労スルノミニシテ、嘗テ利益ノ邊ニ眼ヲ着ケタルコトナシ。或ハ束脩月金ナド名ケテ生徒ヨリ些少ノ金ヲ払ハシムルノ慣行ハアレトモ、固ヨリ以テ塾舎営繕ノ費用ニモ足ラズ、唯時ノ事情ニ従ヒ社中朋友偶マ銭アル者ガ銭ヲ費スノ有様ニシテ、明治元年マデ日一日ヲ送リタルコトナリ。（中略）（維新）騒乱ノ為ニ教員ノ者モ一時自己ノ生計（多くは諸藩主よりの給与）ヲ失ヒ、復タ如何トモス可ラズ。是ニ於テカ社中大ニ議ヲ起シ、古来日本ニ於テ人ニ教授スル者ハ所謂儒者ニシテ、此儒者ナルモノハ衣食ヲ其仕ル所ノ藩主ニ仰ク歟、若クハ出入ノ旦那ヨリ扶持米ヲ収領シ、或ハ揮毫シテ潤筆料ヲ取リ（中略）極メテ曖昧ノ間ニ心身ヲ悩マシテ人ノ為ニ道ヲ教ヘタルコトナレトモ、今ヤ世界中ノ時勢ハ斯ル曖昧ナルモノニ非ズ、教授モ亦是レ人ノ労力ナリ。労シテ報酬ヲ取ル、何ノ妨アランヤ、断シテ旧慣ヲ破テ学生ヨリ授業金ヲ取ルノ法ヲ創造ス可シ、且束脩トハ師弟一個人ノ間ニ行ハル可キ礼式ナレトモ、今ヤ衆教員ニシテ、教ル者ハ皆師ニシテ学ブ者ハ皆弟子ナリ、或ハ塾中今日ノ弟子ニシテ明日同塾ノ師タルコトモアラン、束脩ノ名義甚タ不適当ナレバ、改メテ之ヲ入社金ト名ケ、其金額ヲ規則ニ明記シテ、之ヲ納ルニ熨斗水引ヲ要セズトテ、生徒入社ノ時ニハ必ス金三円ヲ払ハシムルコトニ定メタリ。当時世間ニ例モナキコトニシテ、且三円ノ金ハ甚タ多キニ似タレトモ、一ハ以テ軽躁書生ノ漫ニ入来スルヲ防キ、一ハ以テ塾費ニ充ントスルノ趣旨ナリキ。

当時の慣習にない入社金（入学金）や授業料の制度を初めて採用したのだが、この新制度が、世間に受理される明確な見通しがなくて、事を断行するとは考えられない。

慶應義塾の発足直後の、慶応四年三月「入社姓名録　第一」と明治二年八月「入社姓名録　明治二巳年　第二」の入社定めと、慶應義塾結社の意図や教育内容を紹介した「芝新銭座慶應義塾之記」の、慶応四年七月初版と、明治二年八月の再版の、日課表とを対比してみる。

（入社姓名録第一）（慶應四年三月）

定

一　会社ニ入る者ハ其式として金壱両可相納事
一　入塾之節ハ塾僕江金弐朱可遣事
一　外宿之社中ハ毎月金弐朱可相納事
一　入塾之証人ハ本人在塾中其一身之事故悉く可引受事

慶應義塾会社

（入社姓名録第二）（明治二年八月）

定

一　会社ニ入る者ハ其式として金三両可相納事
一　受教の費ハ毎月金二分ツヽ可相納事
一　盆と暮と金千疋ツヽ可相納事　但し金越納るゝ水引のしヲ不及用
一　入塾之節は塾僕へ金二朱可遣事
一　入塾之証人ハ本人在塾中其一身之事故悉く可引受事

慶應義塾同社

明治三年（再版）には、はっきり〝受教の費〟と、授業料（月謝）を明示している。授業は日曜休みの七曜制を採用。

『芝新銭座慶應義塾之記』の「日課」

（初版）日課（慶應四年七月）（『百年史』上二八一―二頁）

一　エーランド氏　経済書講義　火木土曜日　十時ヨリ　福澤　諭吉
一　クァッケンボス氏　合衆国歴史講義　月水金曜日　十時ヨリ　小幡篤次郎
一　同　窮理書講義　月木曜日　一時ヨリ　村上辰次郎
一　パルレイ氏コンモンスクール　万国歴史会読　火金曜日一時ヨリ四時迄　小幡甚三郎
一　クァッケンボス氏　窮理書会読　水土曜日　一時ヨリ四時迄　永島貞次郎
一　コヲミング氏　人身窮理書会読　月木曜日　一時ヨリ四時迄　松山　棟庵
一　コルネル氏ハイスクール地理書素読　日曜日ノ外毎日九時～十時　小幡篤次郎
一　ヘ〔ぺ〕イトルパルレイ氏万国歴史素読　日曜日ノ外毎日九時～十時　永島貞次郎
一　スミス氏　窮理初歩　日曜日ノ外毎日九時～十時　村上辰次郎
一　文典素読　日曜日ノ外毎日　九時～十時　小幡甚三郎　松山　棟庵　小泉　信吉

（再版）日課（明治二年八月）（『百年史』上二六〇―四頁）

一　ウエーランド氏　脩心論講義　水土曜日　十時より　福澤　諭吉
一　テーロル氏　万国歴史会読　月木曜日　夜六時より　小幡篤次郎
一　ウエーランド氏　経済書会読　月木曜日　一時より　小幡篤次郎
一　ピンノック氏　仏国歴史会読　火金曜日　一時より　小幡甚三郎
一　クワッケンボス氏　合衆国歴史会読　火金曜日　一時より　永島貞次郎
一　同氏著小本　合衆国歴史会読　水土曜日　一時より　阿部　泰造・小泉　信吉
一　チャンフル氏　各科小引書会読　水土曜日　一時より　肥田鉉次郎
一　ペートルパルレー氏　万国歴史会読　火金曜日　一時より　松田　晋斉
一　同書会読　水土曜日　一時より　永田健之助

一　ハイスクール　地理書会読　火金曜日　一時より　馬場　辰猪
一　グラマスクール　地理書会読　火金曜日　一時より　藤野　善蔵
一　ハイスクール　地理書会読　水土曜日　一時より　木村　且又
一　文典会読　月木曜日　一時より　久米　養輔・海老名　晋
一　クワッケンボス氏　合衆国歴史講義　毎朝八〜九時　小幡篤次郎
一　経済説略素読　毎朝八〜九時　小幡甚三郎
一　クワッケンボス氏窮理書素読　日曜日ノ外毎朝九〜十時
阿部泰造・馬場辰猪・松田晋斉
一　ハイスクール　地理書素読　日曜日ノ外毎朝九〜十時　永田健之助
一　文典并雑書素読　日曜日ノ外毎朝九〜十時
木村且又・森春吉・久米養輔
橋口宗儀・片山淳之助・浜野定四郎・和田郁之允・小杉恒太郎
一　算術稽古　月火木金曜日　十〜十二時　荒井岩次郎

童　子　局

一　ペートルパルレー氏万国歴史素読　毎朝八〜九時　小泉　信吉
一　雑書素読　毎朝八〜九時　海老名　晋

汐留出張所

一　歴史並窮理書素読及講義　福澤　諭吉・小幡篤次郎・永島貞次郎
日曜日ノ外毎朝九〜十一時小泉　信吉・肥田玄次郎・藤野　善蔵
一　地理書並雑書素読　｛海老名　晋・三輪留三郎／吉川泰二郎・小川　駒橘
日曜日ノ外毎朝九〜十一時
一　文典素読　日曜日ノ外毎朝九〜十一時
秋山恒太郎・稲垣　銀治・安井哲之助
一　会読及講義　一時より　担当者　不定

この一年間の義塾教科内容の充実振りは驚嘆する程の変化である。義塾は語学塾的な私塾とは比べ物にならぬほどの、充実した教科と、教員の多さであった。入塾して来た学生にしてみれば、内容度の濃い授業を受けることが明白であり、外国人から個人指導を受けるよりも、格段の差を持つカリキュラムで、しかも原書の教科書の貸与という大きな特典があることも、大きな魅力であったと思われる。金銭面に曖昧な束脩制度でなく、欧米流儀の金銭面に明確な授業料制度を採用しても、矛盾を感ずる学生はいなかったと思われる。〔10⑦〕

185頁3〜4行目　新銭座の塾を立てると同時ょ極めて簡單《かんたん》な塾則を拵えて（36）

慶応四年（一八六八）四月、わが国最初の近代的学校教育法を実施する学塾として新しく出発した「慶應義塾」の案内書ともいうべきものに、『芝新銭坐慶應義塾之記』という木版印刷物がある。その構成は、①「慶應義塾之記」（わが国洋学の伝統を継承し、更に近代化された学塾組織に脱皮して新教育機関として出発した意義を宣言した）。②塾中の「規則」及び「食堂規則」。③学科と担当教師と日割りを示した「日課」。④塾舎平面図。⑤慶応四年七月十五日に福澤の記した「中元祝酒之記」よりなっている。いま②の塾中の「規則」を引用しよう（福澤研究センター資料（2）『慶應義塾社中之約束』より）。

○　規　則

一、会社人々務テ義塾ノ学問ヲ盛ニセンヿヲ欲シ其風習ヲ整粛ニセンタメ則チ決定スル所ノ紀律左ノ如シ
一、眠食都テ清潔ヲ心掛ベシ
一、金銀ノ貸借ヲ禁ス
一、門ノ出入ハ夜五ツ半時ヲ限ル
一、夜中音読ヲ禁ス
一、毎朝早起夜具ヲ片付私席ヲ掃除スベシ
一、戸障子壁其外銘々ノ行燈ヘモ楽書一切無用タルベシ
一、表長屋ノ窓ヨリ物ヲ買ヒ或ハ往来ノ人ト談話スベカラズ
一、社中ノ人ハ元来文ヲ事トスルモノナレハ何等ノ事故有トモ抜刀不致ハ勿論仮令ヒ刀ヲ拭候節モ私席ニテ無用タルヘク必塾中ノ執事ヘ相届講堂ノ傍人ナキ処ニテ鞘ヲ脱スベシ
一、外人ヘ応接ハ必ス応接ノ間ニ於テスヘシ或ハ知己学友等不得止向ハ私席ヘ按内イタシ不苦トイヘトモ隣席ノ妨相成ヘクニ付遠慮スベキ事
一、塾中出入ノ商人等ヘ要用有之節ハ食堂ノ上リ口ニテ其用ヲ弁スヘシ都テ

塾僕ノ外下人ハ一切塾中へ入ルベカラズ
一、講釈会読素読一切講堂ニ於テシ私席へハ可成丈互ニ近ツクコトナカルベシ
一、講堂ノ掃除ハ三人ヲ一組トシ一週日ノ間是ヲ引受終レハ次ノ組合ニテ又一週日ヲ引受ベシ
但講堂ノ掃除トハ毎朝払暁ニ窓戸ヲ開キ塵払ニテ障子其外ヲハタキ帚ニテハキイタシ晩ハ又窓戸ヲ閉スル事ナリ椽側其外ヲ拭フ事ハ塾僕職分ナリ

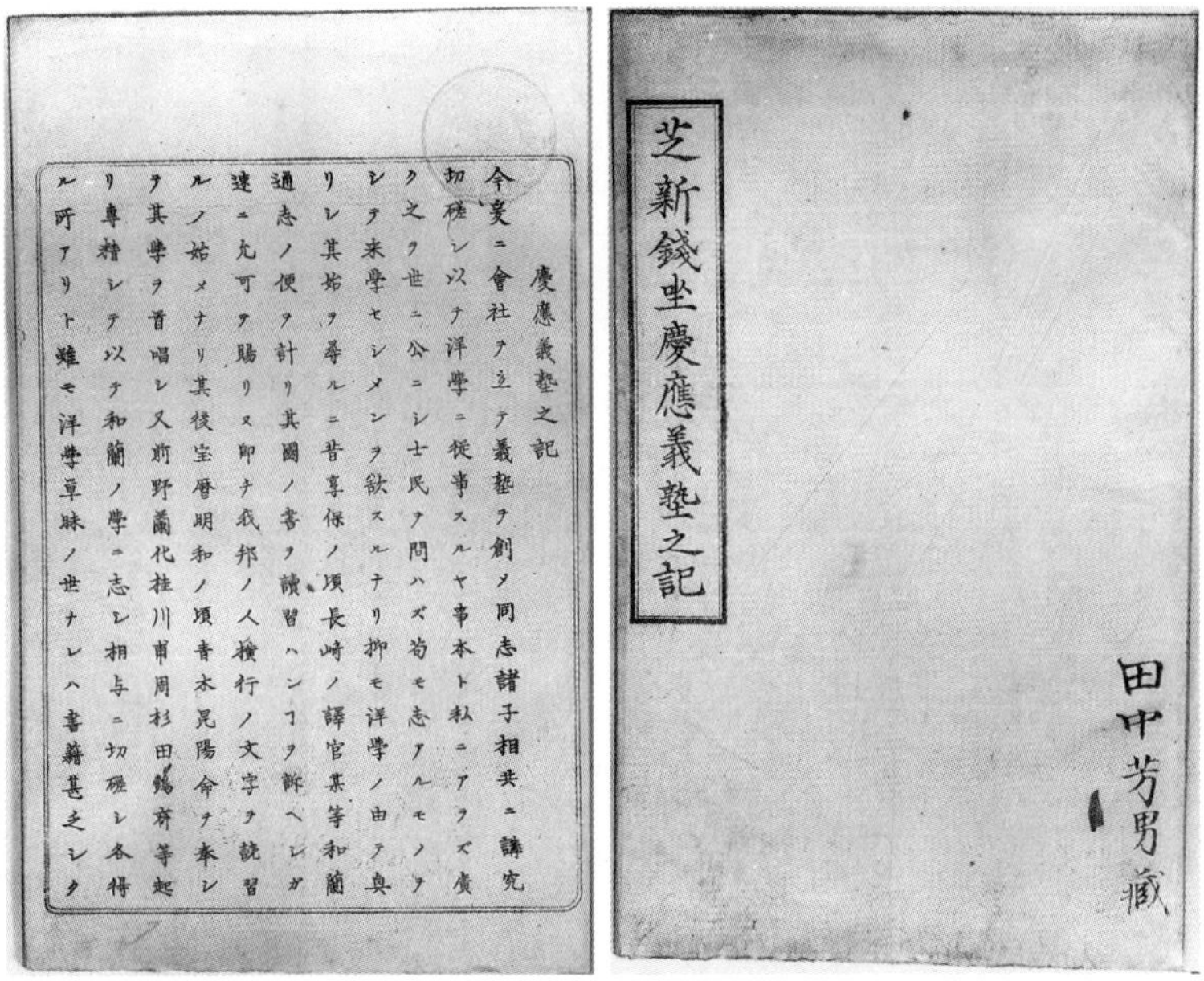
芝新錢坐慶應義塾之記

田中芳男藏

慶應義塾之記

今爰ニ會社ヲ立テ義塾ヲ創メ同志諸子相共ニ講究切磋シ以テ洋學ニ従事スルヤ事本ト私ニアラズ廣ク之ヲ世ニ公ニシ士民ヲ問ハズ苟モ志アルモノヲシテ来學セシメンヲ欲スルナリ抑モ洋學ノ由テ興リシ其始ヲ尋ルニ昔享保ノ頃長崎ノ譯官某等和蘭通志ノ便ヲ計リ其國ノ書ヲ讀習ハンコヲ請ヘレガ遂ニ允可ヲ賜リヌ即チ我邦ノ人横行ノ文字ヲ讀習ルノ始メナリ其後宝暦明和ノ頃青木昆陽命ヲ奉シテ其學ヲ首唱シ又前野蘭化桂川甫周杉田鷧斎等起リ専精シテ以テ和蘭ノ學ニ志シ相与ニ切磋シ各得ル所アリト雖モ洋學草昧ノ世ナレハ書籍甚乏シク

『芝新錢坐慶應義塾之記』表紙　冒頭部分

一、外人応接ノ為毎日一人ツヽ順番ヲ立応接ノ間ニテ書ヲ読ミ傍ニ其用ヲ便スヘシ
一、会読講義素読終レハ直ニ掃除スベシ但此掃除ハ外来ノ社中ニテ引受べシ
右之条々相守若シ不便ノ事アラハ互ニ商議シテコレヲ改ムベシ

○食　堂　規　則

一、食事ハ朝第八時昼第十二時夕第五時ト定ム
但シ日ノ長短ニ従テ次第ニ其差アルべシ
一、食事ノ報告第一拆ヲ聞テ各〻用意シ第二拆ヲ聞テ食椅ニ就キ第二柝ヨリ食終ルマテ西洋一時ヲ限トス此時限ニ後ルヽ者ハ其次第ヲ食堂監へ申出べシ但シ期ニ後レテ食スル者ハ食後自分ニテ掃除スベシ
此掃除トハ自分ノ用ヒシ食椅并ニ其辺ノ汚穢ヲ払ヒフキンニテ拭フ事ナリ
一、自席ニテ飲食スルヲ禁ス飲食ノ器ヲモ坐右ニ置べカラズ
一、三度常食ノ外私ニ食堂ニテ飲食スルモノハ必其跡ヲ掃除スベシ
一、日曜日ハ業ヲ休ミ午後第二時ヨリ食堂ニテ飲食勝手次第但シ大酒ヲ用ヒ妄ニ大声ヲ発スルハ厳禁ナリ
一、食椅ヲ食堂外へ持出シ或ハ他ノ用ニ供スベカラズ但シ読書正坐ニ倦ミ暫食椅上ニテ書ヲ読ム事ハ不禁
一、午後晩食後ハ木ノボリ玉遊等「ジムナスチック」ノ法ニ従ヒ種々ノ戯イタシ勉テ身躰ヲ運動スベシ
右之条々相守若シ不便ノ事アラハ互ニ商議シテ是ヲ改ムベシ

この規則は、一人の人物が原案を起草したのでなく、「規則」の末尾にあるように、随時相談して改定作成されたことは、その不統一さに伺い知ることができる。洋学塾の規則らしく、七曜制や一日二十四時間制度を使用しているが、門限を「夜五ッ半」、「食堂規則」第二条の昼食時の最後を「西洋一時ヲ限トス」と、その表現は不統一である。塾中での抜刀の規則を設けているのは、居合を運動代わりとしている福澤の立案箇条かもしれない。

「食堂規則」に食椅に就くとあるから、座食ではなく、テーブルに椅子で、恐らく床は板敷きであったと思われる。緒方塾などの経験と欧米の学校やホテルの食堂を実見してきて、その衛生的な点に共鳴して、こうした設備を行ったものと

思われる。また「読書正坐ニ倦ミ暫食椅上ニテ書ヲ読ム事ハ不禁」とあることは、講堂及び各自の部屋が、畳敷の和室であることを示している。自席での飲食を禁止しているのも、緒方塾の経験から、その不衛生さ故、禁止としたのであろう。「食堂規則」末尾、食後の運動を奨励しているのは、欧米の学校を実見してきた、特にプロシアの影響であろう。全体として、できるだけ衛生的に、身辺の清潔を保持することに留意されているのは、緒方塾が医学塾であった影響が残っているようだ。

「規則」十一・十三条にみえる「塾僕」というのは、慶應義塾の独特の呼称で、「用務員」に当る。昭和三十五年（一九六〇）十一月一日より、規則を改定したことが、『慶應義塾報』十五号に記されている。

今般傭人（又は傭員）の呼称変更と身分差別の撤廃により、十一月二十九日の常務会において、昭和三十五年十一月一日付をもって、下記のとおり諸規定の改訂が行われた。なお、これらの件については、今後事務職員と同等の待遇を受けることになる。

慶應義塾職員就業規則一部改正（昭和三十五年十一月一日）

任免規定第一章第四条中　傭人とあるを用務員と改める。

186頁16～17行目　波多野承五郎などは小供の時から英書ばかり勉強して居たので日本の手紙が讀めなかつた（37）

福澤は明治十二年（一八七九）一月二十五日の「慶應義塾新年発会之記」に、維新前後の日本国教育会の状況を回顧している。

社中商議して慶應三年卯十二月、鉄砲洲を去り、芝の新銭座に地をトして新に学塾を営み、土木功を竣めたるは実に明治元年四月某の日にして、（中略）此新築の塾を慶應義塾と名けたるは、当時未だ明治改元の布令のなきを以てなり。

此時に当て旧幕府の旧物は既に廃して、新政府の新令は未だ行はれず、大学未だ立たず、文部未だ設けず、恰も文物暗黒の世なりしかども、我社中は暫て日本文学の命脈をして一日も断絶せしむるなからんを期し、（中略）現に四月十五日上野の彰義隊を撃つの日にも、本塾の講堂にては偶ま「ウェーランド」氏の経済論を輪講するの定日に当り、砲声を聞き烟焔を見ながら、講席を終りたることあり、（『百年史』上三七七―八一頁）

明治四年七月文部省ができ、翌年八月「学制」が発布されて、ようやく日本国の教育の進むべき方向が示された。したがってその間、近代教育の方向をしっかり意識して教育してきたのは、義塾のみであるとの強い自負心が、福澤をはじめ義塾社中に漲っていたことは確かである。

先ず漢学によって、ある程度の知的思考訓練を積んだ上で、洋学に進むというのが、洋学学生の一般であった。ほとんど漢学基礎教育を経験しないままに、洋学を始める学生が出てきたことを喜んだ福澤の記憶に強く残ったのが、波多野承五郎である。

昭和四年（一九二九）の『三田評論』十一月号に「明治初年『慶應』の塾風」として、波多野の遺稿が掲載されているが、それには、四百坪の土地にできるだけ詰め込んだ新銭座の校舎から、一挙に三十倍近い一一、八五六坪もある三田の旧島原藩中屋敷に移った塾の様子を興味深く伝えている。波多野は十五歳で寄宿舎童子局に入っているが、いまの寄宿舎らしい区画の間取りにはなっていなかったという。

御殿の表書院が、さしづめ大教場に宛てられ、其他の広い座敷もそれ〳〵教場になって居たが、塾では之を講堂と名づけて居た。御殿の中央、殿様の御居間と思はれるところがあつた。其處は塾監局と言ふので塾務を処理するところであつた。（中略）其時分までは、寄宿舎は勿論、講堂でも皆畳が敷いてあつて、教場では一人々々寺小屋流の机によつて回読（会読カ）をしたり、講義を聴いたりして居た。（中略）最も振つて居たのは寄宿舎の各室に夜具棚があつて、それに戸が取附けてないと云ふことであつた。これは福澤先生の考案で、戸があるから不潔になる、昔の塾部屋は不潔なものと定まつて居たが、慶應ではさういふことは許さない。

寄宿舎には食堂があつた。これは舊御殿でもなく、古長屋の引き移しでもなく、新築のものであつたやうだ。全部板敷の大広間で、其處に白木造りの粗造な卓子《ていぶる》と、同じく白木造の腰掛が並べてあつた。尚、卓子の上には、棚が吊つてあつた。この棚に箱膳を載せるのである。箱膳と言ふのは、高さ四五寸（一寸は三センチメートル）で八寸方位な箱に冠蓋《かぶせぶた》が附いて居る。此中に茶碗と箸とを入れて置き、食事の時は、此箱膳を棚からおろして、冠蓋を引っくりかへして食事をするのだ。飯は飯櫃に入れて、四人に一個の割合で出してある。汁や菜は食堂の一隅にある賄所から自分で買つてくる。

英語の授業の説明もある。

其頃の塾の英語は、余程變梃古であつた。それは邏馬字で綴つた英語を文字通りに読んだからである。例えばPeopleをペオプル、Vegetableをベゲテブルと発音すると言う猛烈なものであつた。（中略）畢竟、英語の教師を雇ひ入れずに、自己流の読み方をして居たからだ。それが、明治の五年か六年かはつきり覚えて居ないが、今の太田子爵の先代（太田資美）が資金を出して、米人カロザースと言ふ人を英語教師として雇ひ入れてくれたので、塾の英語は俄に発達するやうになつて来た。

波多野は旧藩主の資金で雇入れた外人教師に学ぶというので、余計熱心に勉強したのであろう、その成績は、「学業勤惰表」でみると、明治五年三～六月は八等であるが、六年一月は二等、三～十二月は予備三等、七年一～四月は正則三等、四～七月は正則四等となり、明治九年十二月に卒業している。同期卒業に箕浦勝人・藤田茂吉等がいる。

波多野は安政五年（一八五八）十一月二十七日、波多野半蔵の長男として、遠州掛川に生まれた。明治五年（一八七二）三月十八日、十五歳で慶應義塾に入社している。入門帳には、木更津県士族となっているのは、掛川藩が明治二年五月に、上総芝山（現千葉県山武郡芝山町・千葉市の東北）に転封になり、明治四年一月に芝山藩を松尾藩と改称している。したがって廃藩の時は松尾県となったが、四年十一月に木更津県に統合されたからである。九年十二月に正則を卒業している。

明治十五年には芝区より市会議員に挙げられた。

その後『時事新報』の記者となり、和田日出吉『福澤諭吉と弟子達』によると、その健筆を買われて、十七年六月外務省に出仕したという。二十一年に天津総領事に、帰国後は外務省書記官となり、二十八年辞任、二十四年十一月朝野新聞を買収して社長兼主筆として、論説を張った。中上川彦次郎に協力するため、新聞を北川禮弼に託し、三井銀行本店調査係長となっている。その後部長・理事・監査役・三井合名参事となる。その傍ら王子製紙・東神倉庫・北海道炭鉱汽船などの諸会社の重役を兼務した。又大正九年（一九二〇）には、栃木県から、衆議院議員に選出された。

義塾との関係は、明治十五年から十七年まで理事委員となり、二十二年から義塾運営の最高決議機関として評議員会が発足すると、第一期以来、死亡した昭和四年まで十二期四十年間、評議員を勤めた。その間大正二～十四年までの三期間、評議員会議議長に推され、医学科増設に尽力した。明治二十二年の大学設置資金募集の世話人として尽力後、三十年九月には、義塾の一貫教育制度に付き、福澤先生に先立ち学生に、改革の詳細な説明を行い、それを前提に先生が「慶應義塾学生改革に就いて、又英語英学の外に学問なし」との題で演説を行っている。

昭和四年九月十六日、波多野は七十二歳で死去しているが、多彩な活動をした人物ながら、売名的なことを嫌う性格で、多方面の人より頼りにされた人物であった。伝記らしいものは残されていない。著書は、『高山彦九郎』、『古渓随筆』、『梟の目』、『食味の真髄を語る』『古渓遺稿』等がある。

旧掛川藩は義塾とは特殊な関係を持っている。『百年史』によると、明治三年芝山藩で洋学校建設の企てがあり、義塾との間に交代で教師を送る約束ができて、小谷忍（慶応元年七月一日入社　丹後宮津藩）・和田義郎（慶応二年十一月二八日入社　和歌山藩）・小野毎太郎（慶応三年八月四日入社　小田原藩）・海老名晋（慶応三年八月一日入社　日向延岡藩）・後藤牧太（慶応四年五月十四日入社　岡崎藩）・荘田平五郎（明治二年一月六日入社　豊後臼杵藩）・村尾真一（明治二年九月一日入社　但馬豊岡藩）らが相次いで出講した。廃藩が近く行われるに当たって、藩主太田資美は、謝礼の意味を込めて、外国人教師雇入れの資金を義塾に寄贈した。それにより、六・七月には、アメリカ人カロザスとグードマンの両名を雇い入れたのである。太田も、四年十二月十二日には、義塾に入社している。

189頁小見出し　義塾三田ニ移る（38）

慶応四年（一八六八）四月、福澤は自力で芝新銭座に〔5②〕一大塾舎を建て、他の学塾とは趣を異にする、時の年号を採って、「慶應義塾」と命名し、新文明の教育を施行する学塾として発足させた。その歴史的意義のある場所から、建学僅か三年にして移転を決心するに至ったのは、色々と事情が生じたからであろう。

その結果麻布古川端の龍源寺から、綱坂または三田通りを経由して、赤羽橋・増上寺大門を通って、新銭座に通う塾生が、島原藩の中屋敷は、高台で海をも見下ろせて空気も良く、健康地である。市街地からは隔絶していて、教育的環境も良いと推奨したことから、全員の意見が、島原藩邸を移転の第一候補地に選んだという。

売りにも出ていない他人の土地を勝手に移転候補地に選んだのは、当時の東京には大名の空き邸宅が多くできていて、荒れ地になっていたためである。福澤が最初に自分だけの移転を考えたのは、「慶應義塾」と命名した記念すべき土地に愛着があったためかもしれない。しかし大勢の塾生の健康のためを考えて、この際広大な三田の藩邸に移転することが、義塾の飛躍的発展を図るにも好機だと考え、島原藩邸の入手に全員で努力することになったのであろう。

かくて土地約一万二千坪弱を借用し、建物七六九坪は、坪一円の割りで払下げ

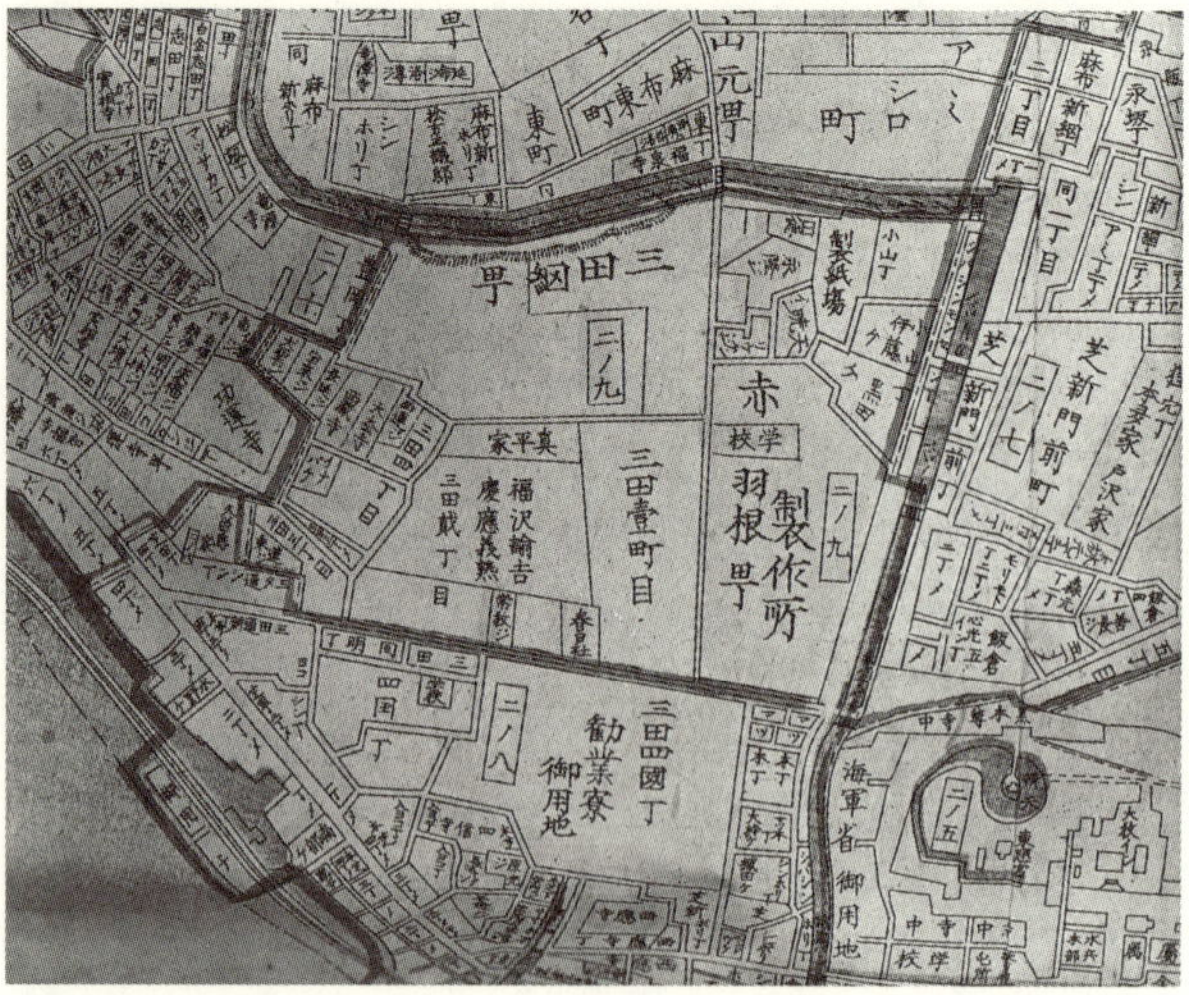

三田付近絵図

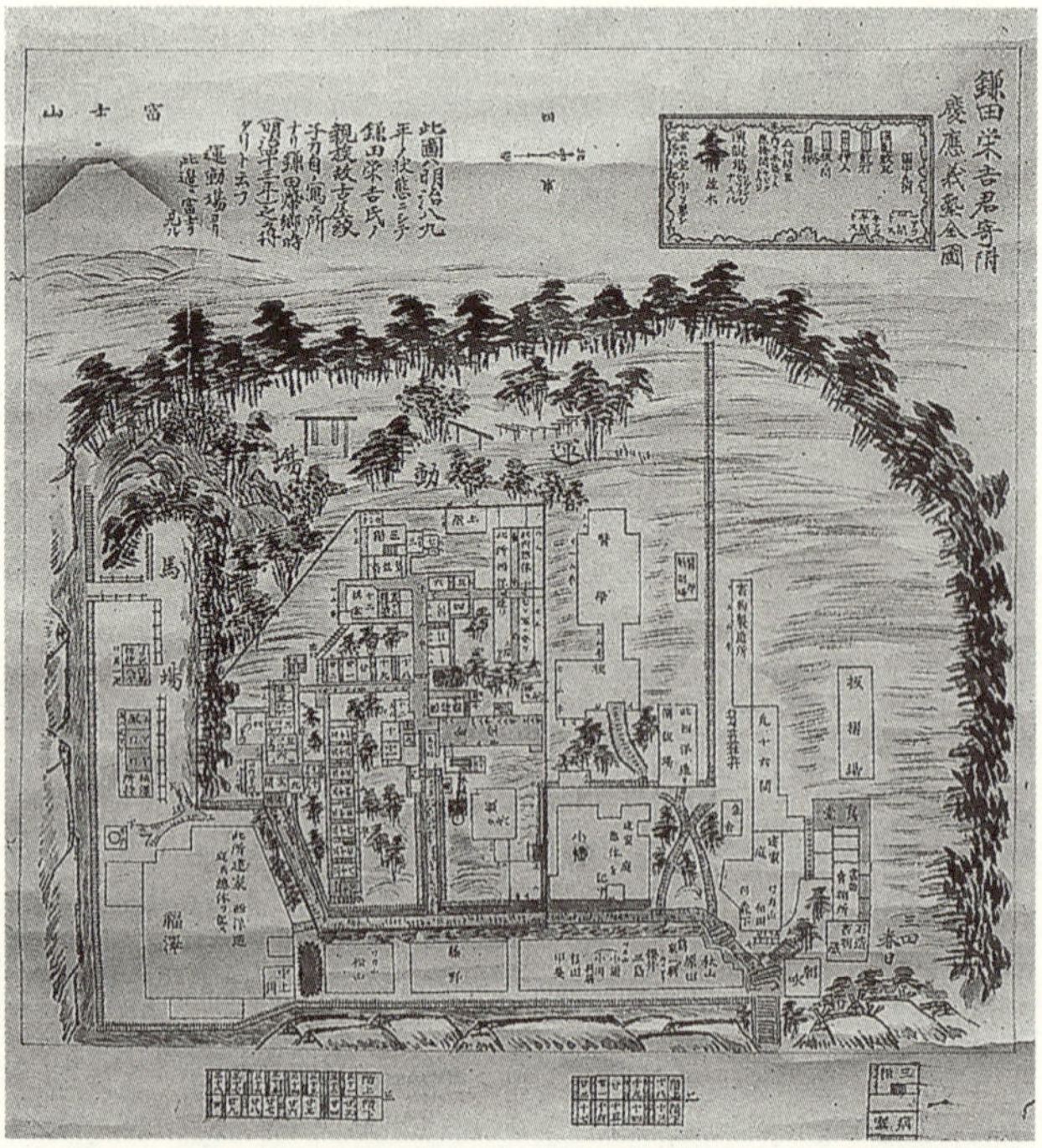

三田構内図（明治8・9年）

三田　旧島原藩中屋敷黒門

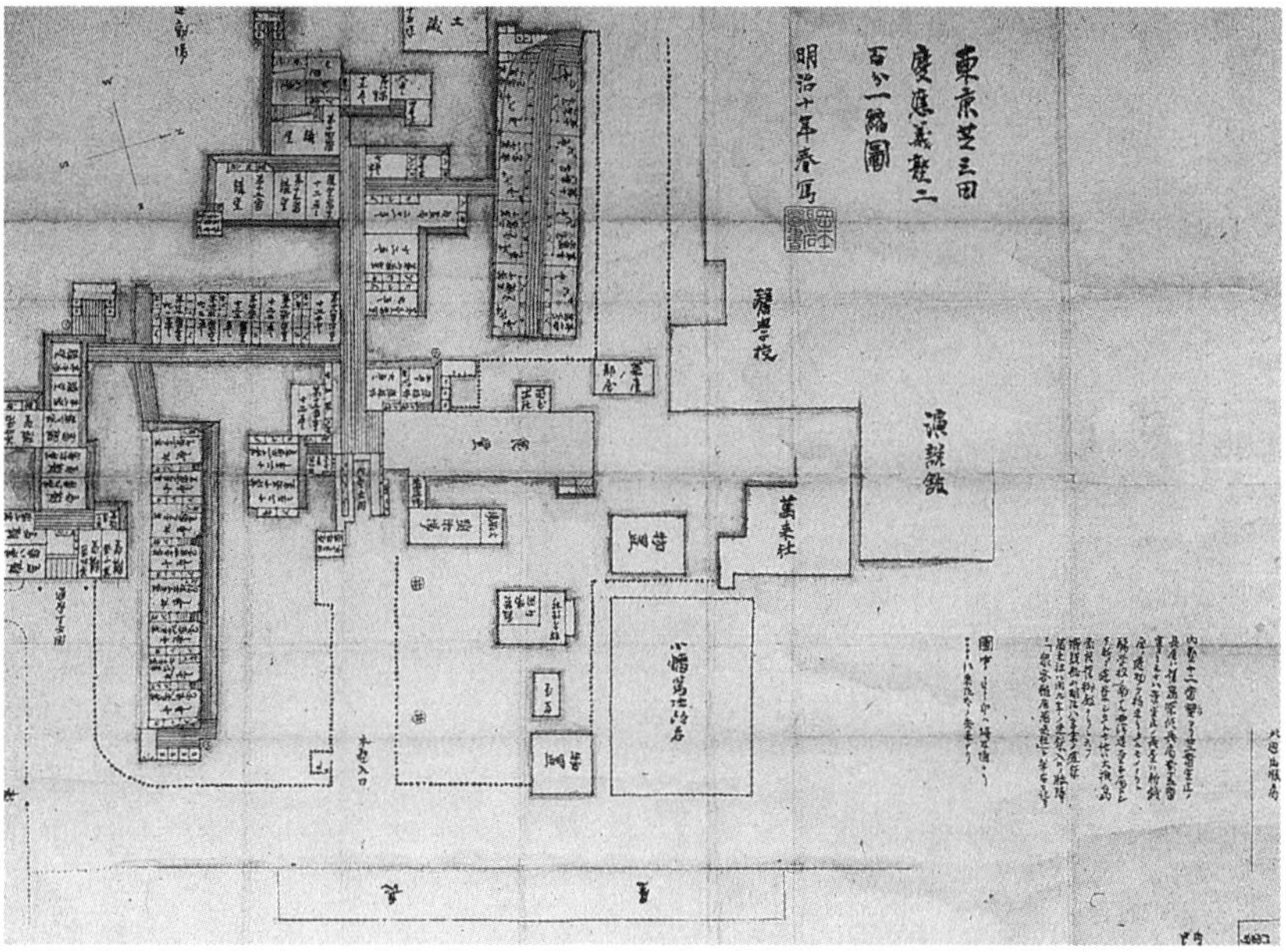

三田構内図（明治10年）

を受けた。十二月十九日からは早速移転準備が進められた。勿論相当数の塾生の移転であり、また使用中の校舎等の移築の都合もあり、移転にはかなりの期間を要したものと思われる。荘田の日記によると、明治四年（一八七一）三月十六日が「新銭座塾総体引越に付、朝八時頃より彼方に行く」とあり、三月二十七日に試験が終了しているから、この間に主要人員の移転が大体終了したものと思われる。

189頁18〜19行目　其前年五月私が酷《ひど》い熱病《ねつびやう》ニ罹り（39）

朝吹英二の談話には、福澤が五月五日に一太郎・捨次郎の二子を伴って、水天宮の祭礼に行き、帰宅して発熱したという話がある。しかし、藤野善蔵宛（五月七日付）の書簡文面等は、熱病を患っている病人と思わせる様子が見えない。摂州三田藩主九鬼隆義宛（十月十四日付）の書簡には、五月中旬より熱病に罹り、六月七、八日頃までが人事不省だったと記しているから、十日過ぎ頃から発熱したのであろう。

心配して治療に当たったり世話をしてくれたりしたのは、当時横浜にいたアメリカ人医師シモンズ Duane B. Simons・イギリス公使館付医員ウイリス William Willis の外人医師の他に、伊東玄朴の養子伊東方成・緒方塾出の友人石井謙道と島村鼎甫・旧幕時代の海軍軍医の隈川宗悦・丸善商社の創業者早矢仕有的らである。

安政三年（一八五六）福澤は、緒方塾の先輩岸直輔の腸チフスの看病をして伝染したことがあるが、『全集』⑲の「腸チフスに関する覚書」には「明治三年五月東京にて同病」と記していることから、『諭吉伝』は第十五編、新銭座時代の「第七　先生腸チフスに罹る」と病名を腸チフスとしている。しかし二度目に腸チフスに罹った時は、軽く済むのに、明治三年（一八七〇）の病状は、相当の重症であることに富田正文が疑問を抱き、種々資料を集め、専門家に質問した結果、元慶應義塾大学医学部教授の石田二郎より、発疹チフスであることが間違いなかろうとの返答と、福澤自身が記した明治二十二年（一八八九）二月二十七日のシモンズ追悼会における福澤の弔文「ドクトル・セメンズ（シモンズ博士）を弔す」の中に、

今を去る二十年、身、熱病に罹りて、ドクトルの診察を受けたることあり。
当時の事情を案ずるに、病症は発疹チフスと申し、頗る危険なる容體にて、

と明確に記していることから、その時の病名は発疹チフスと断定した。

富田は福澤が発疹チフスに感染したのは、水天宮の祭礼で二人の子供を連れて人混みを歩いた時に感染した可能性が大であるとも推測している。病気について

は、『考証』上の「二九　危うく一命を取りとめる」に詳細に記されている。

190頁16〜17行目　ポリスとは全体ドンナものであるか（中略）取調べて呉れぬか（40）

福澤は新政府からポリス制度の調査を依頼されたのである。

ソレカラ私ハ色々な原書を集めて警察法ニ関する部分を翻譯し綴り合して一冊ニ認め早々清書して差出した所が東京府でハ此翻譯を種ょして尚ほ市中の実際を斟酌し様々ニ工夫して断然彼の兵士の巡廻を廢し改めて巡邏と云ふものを組織し後に之を巡査と改名して（略）

この記述は福澤の思い違いである。最初兵士が市中警備に巡回するのを「巡邏」と言い、それが、警察制度になって、「邏卒」と呼ばれ、それがのちに「巡査」と改められた。福澤が原書を翻訳して提出した時期は、「諸藩の兵士が鉄砲を担いで市中を巡回している時」というから、おそらく東京府兵時代の明治四年（一八七一）初頭ではなかったかと推測される。

福澤の提出した報告は「取締の法」と題された一編の綴りで、その頃司法大輔であった宍戸璣の死去したときその遺筐の中から発見され、発見者警察医長山根正次により、『警察協会雑誌』に山根の序文付きで発表されたものが、『全集』⑳に「取締法」として収録されている。山根正次の序文では、広沢参議の命を受け福澤が訳したとあるが、福澤側の資料の中には広沢の名は出てこない。また太田臨一郎は、福澤がこの翻訳に利用した主要原書の一は、G. Ripley and C. A. Dana (ed): The New American Cyclopaedia, 16 vols., N. Y., 1866–67 であろうと考証している。そして太田はこの百科事典は福澤が二度目の渡米の際、出版社のニューヨークのアップルトン書店から購入したもので、「福澤氏図書記」の蔵書印が捺され図書館に架蔵されているという（太田臨一郎「ニュー・アメリカン・サイクロペディアをめぐって」（『手帖』7号）。

192頁小見出し　地所拂下（41）

今まで過密状態であった新銭座の三十倍の広さを持つ三田の島原藩邸は、周囲の市街地からは高台となって隔絶されている。東南側からは東京湾を眼下に一望でき、西側には遠く富士山の夕日に浮かぶ姿を見ることができる。健康的であり、学校用地としては絶好の環境を備えた土地であることが判った。それだけにこの土地が借地で、所有者の政府の都合で、何時立ち退きを命ぜられるかも知れないことは、何としても不安であった。そこで土地払い下げの要望を当局の関係者に訴え続けたのである。

新政府は東京の広大な武家地を上地させ、それで官庁を始め必要施設の用地、軍関係の兵営・練兵場・火薬庫といった施設用地に充てることができた。しかしそれは初期の一時期だけであって、やがて藩邸・旗本屋敷共に、自由に処分できる土地は少なくなって、思わぬ経費が掛かることから、処置方針を大幅に変更する必要が生じてきた。

明治三年（一八七〇）政府が府藩県治体制から、旧藩主の私邸と藩役所的仕事をする邸宅の二ヶ所以外を上地したことで、秋冬の頃には一時的に空き屋敷も多少増加したので、兵部省、特に陸軍が、膨大な用地を希望してきた。そのため四年七、八月頃には、上地は代替地を提供するか、相当な代金で購入するという形に変化してきた。

他方無償で貸与してきた官吏の住宅等は、維新当初は住人不在で屋敷は放置されていたものが多く、損傷も激しく、家宅使用人からの修繕要求が多くなってきて、その費用は無視できない膨大な金額になってきた。そこで政府側も方針を改め、荒れ果てた屋敷地を低価で払い下げ、私有地となったそこから地租税を徴収する方が得策ということになってきた。長年無税とされてきた武家地に地租税を課すという大変化である。

明治四年九月四日、東京府は、従来無税であった武家地・寺社地・朱引内の町地を含め、家税を廃止し、代わりに地租を徴収すると予告し、翌五年二月、徴収するために地券を発行することとした。その時に定められた「地券発行地租収納規則」に、払下標準価格が公示されている。

第五　従来貸附地ノ分ハ、其坪数ヲ点検シ、是迄ノ拝借人へ低価格ヲ以テ可払下筈ニ付、地位ヲ上中下ノ三等ニ分ケ、左ノ低価標準ヲ以テ払下代金高取極、上納可為致事

低価標準　一、上等　千坪ニ付金二五円　一、中等　同断ニ付金二十円

一、下等　同断ニ付金十五円

（都史紀要十三『明治初年の武家地処理問題』二四四頁）

規則は二八条に及ぶ詳細なものであるが、更に実施上の細部に付いて、東京府と租税寮との間に質疑応答書が作られている。その中に、

一、学校義塾商社協救社教育所或ハ物産製造所等之為メ、元武士地拝借相済居候向は前同断低価格払下之事　　（同前、二五〇頁）

という一条がある。某々学校という代わりに、「義塾」の名称を使用する学校が輩出され始めた（明治五年までの「義塾」数は、『百年史』の義塾と名のつく諸校一覧によると、慶應義塾以下に九校（明治四年を含む）を数える）この時期に、「質疑応答書」に特に「学校」と並べて「義塾」と記しているのは、「慶應義塾」を意識したためなのか、「学校義塾」と並用して学校一般を意味する語句として使用したものか、判断に迷うところである。

『諭吉伝』が「地所を買受けて私有地としたのは翌年（五年）五月のことである」としていることに対して『百年史』は、明治六年三月十三日付の払下地代の領収書の写真等、他の論証と合せて示し、疑問を提示している。

前記『明治初年の武家地処理問題』によると、地券発行は大変な事業で、「市街地でも武家地の地券は（五年に）一挙に交付されたのではなく、武家地は、明治六、七年（一八七四・五）頃までかなりの期間を要し」たと記しているから、東京府の払い下げ代金の事務処理が終了したのは、『百年史』掲載の領収証の日付が明治六年三月であっても、『諭吉伝』のいうように、前年（五年）中に仮手続きを済ませていた可能性は高いと思われる。

『考証』上（三六二頁以下）に島原藩では、三田の屋敷を取り戻すべしとの意見も出て藩内が対立している間に、義塾に建物が払い下げになってしまって、返還要求運動が中止されたことが記されている。

193頁1行目　當時政府ニ左院と称して議政局のやうなものが立て居て（42）

明治四年（一八七一）七月十四日に廃藩置県が断行され、二十九日には当然のことながら、太政官職制は改正され、正院・左院・右院を以て太政官が組織された。この三院制は八年四月十四日に、元老院・大審院を置き、左右両院が廃止される時まで続いた。以下に、この三院制の流れを略述する。

慶応三年（一八六七）十二月九日の王政復古のクーデターで、新政府側が自ら政権担当の意思を示し総裁・議定・参与の三職を置き、政治体制の整備を図り、慶応四年閏四月二十一日に交付した「政体書」により、太政官制度が樹立された。議政官は明治二年五月十三日廃止され、代わって上下の二局を置き、上局に議定、参与・史官・筆生を置き、下局に議長・議員を置き各藩の推薦した貢士と朝廷が選任した徴士、及び公家の徴士を置いて、租税・駅逓・造幣・条約・宣戦講和等のことを審議させることとした。

太政官は天皇の東京行幸に伴い、明治二年三月から東京に移され、一時神祇官を太政官と並立させる二官六省制がとられ（二年七月八日）、行政官と上局会議を廃止し、下局の後身である公議所を廃止して集議院を設けたが、民部・大蔵省等の行政権が拡大し、立法・議政の権は行政権内に吸収されて、僅かに集議院に形だけが残ることとなった。

次いで廃藩置県の断行に因り、上述の明治四年七月二九日の職制改革が行われ、太政官の規模は拡充され、正院・左院・右院が設けられ、三院八省の制となった。七月二十九日の官制改革については、次のような記述がある。

太政官の官制を改めて、太政官を正院とし、左右二院を設置した。正院は天皇臨御し給ひ万機を総判し、大臣納言が之を輔弼し奉り、参議が之れに参与し庶政を奨督することに更定し、左院は法制を議定し、右院は諸省長官の機務を審議する所であるが、事実は左右両院は名のみの存在で、権限は全く正院に集り、参議が大政を専決することになった。この時以後所謂「参議政府」が始まるに至った。（『明治史総覧』一巻一章二四一頁）

正院は天皇が臨御して万機を総判する最高官庁で、新設された太政大臣（一名）が天皇の輔弼の任に当たり、納言が太政大臣とともに天皇を補佐し大政に参与した（八月納言を廃止して左右大臣を置くこととした）。この二官を補佐して庶政に参与する参議が置かれ、これより参議が大政決定に大きな影響力を持つこととなった。

八月官制等級が改められたが、太政官を本官、諸省を分官、寮司を官省の支官とした。官等を十五等に分け、文官三等以上を勅任・七等以上を奏任・八等以下

を判任とした。武官は四等以上を勅任とした。納言・樞密史を廃して左右大臣・正権内外史を置き、左右二院の議員を改めて議官と称し、正副議長を置いた。神祇官を改め神祇省とし、樺太開拓使を北海道開拓使に併合したり、集議院を廃止して左院に所属させるなど、旧制度を改革した点が多かった。

太政官職制の左院職制によれば、左院は、議長（参議より兼任又は一等議員より任ず）議事を判断する。一〜三等議員は諸立法のことを審議する。書記は文書を検査し議案を草することを担当するとある。左院事務章程には、議員が諸立法の事を議す所とされ、新たに制度条例を創立したり、従来の規定等を改正する等の時は、定員の過半数の出席により審議の会議が成立し、議長・議員が衆議を尽くして審議し、多数決で決定し、正院に上達する。可否同数の時は議長の決定によるとなっている。議事の章程及び左院の開閉は太政官の裁断によって行われるし、議員の任免も正院の判断によることになっている。

左院の制度は、「江藤新平の下で立案され、フランスのコンセイユ＝デターの制にならったものである」とある（『国史大辞典』稲田正次の説明）。四年十二月二十七日の左院事務章程の改正では、議員の黜陟転任の権は正院にあるも、左院の意見を参考にして決すべきこと。議事の内容により行政官員に諮問の必要ある時は正院に要求許可を得て出席を求めることができること。議事章程と左院の開閉は正院の裁定によるが、これを三十日以上閉鎖することはできないこと等が定められている。これは、左院の地位の強化を示すものである。

稲田の『明治憲法成立史』上巻には、明治六年（一八七三）一〜五月頃、民選議員の設置を立案した「国会議員規則」が左院内部で編述されたことが記されている。

> 高度の制限選挙制ながら民選議院となっており、選挙法の規定も先ず備わっている。国会議員には法律予算の議定権が与えられ、国会議院の議定を経なければ法律及び予算は制定されないとの主旨の規定もある。（中略）議事手続の規定は苦心の跡は見えるが不備である。しかしともかくも、近代的立法機関について一応整った規定を備えていることは、当時の日本としては高く評価されてよいのではないかとおもう。（一二八頁）

未だ時期尚早ということで実施には至らなかったという。

しかし左院の国憲編纂の要望が強く、七年二月、伊知地副議長より正院にその必要の伺書が提出されると、五月正院は「伺之通御聞届相成候条編纂之上上申可致事　但掛り議官の義は本院に於て撰定の上名前可届出事」と指令されたので、松岡時敏・尾崎三良・横山由清の三議官を選定し届出て、国憲民法編纂の仕事が左院の事務に加えられた。国憲編纂は困難且つ重大であるとして、左院内では島津久光を総裁にという案もあったが、これは実現しなかったという。かくして政府の主要政策に関係していた左院であったが、不安な政局打開のため元老院・大審院の設置や地方官会議の開催等の重要政治方針改革の協定、明治八年一月末の木戸・大久保・伊藤の所謂大阪会議が開かれた結果、四月十四日に、

> 朕今誓文の意を拡充し茲に元老院を設け以て立法の源を広め大審院を置き以て審判の権を鞏くし又地方官を召集し以て民情を通し公益を図り漸次に国家立憲の政体を立て汝衆庶と倶に其慶に頼まんと欲す。（一四三頁）

との詔勅が布告され、同日付で、左右両院の廃止が布告された。

193頁7行目　東京府の課長ニ福田と云ふ人（43）

井上和雄の「出版界の異彩萬屋兵四郎」によると、『官員録』明治七年（一八七四）版の東京府大属（七等出仕の次位）の中に「イシカハ福田敬業」、八年五月改正の版にやはり「大属」、八月改正版では「七等出仕」と記されているとしている。しかし九年六月改正版にはその名は見えず、

> 曾て金沢の書肆池善平氏に尋ねたるに、「萬平は福田氏、鳴鷲と号して詩文及び書道に堪能なりき。維新の際書肆を廃業し、加賀藩に招せられ知行百五十石を食み、尋で石川県大属に任ぜらる。後東京にて七等出仕を拝命したり」ということであった。

とあることから、福田敬業と、萬平こと萬屋兵四郎とは同一人物であろうと推測している。

福田敬業については、石川県の郷土史家今井一良の「知られざる加賀藩士萬屋兵四郎こと福田敬業」が最も詳細である。以下今井論文を中心に略述する。

福田敬業は文政元年（一八一八）三月二十八日、信州北佐久郡北大井八瀬村（現小諸市八満）の医師小林良作の子に生まれ、九歳で江戸に出て勉学中に、天保八年（一八三七）父が死去した。同十二年秋父三峰山の山王観宝律師に就学、弘

化三年（一八四六）十一月、江戸本所竪川通徳右衛門町の薪炭商萬屋こと福田兵四郎正光の婿養子となり、嘉永二年（一八四九）家業を襲ぎ、七代兵四郎と称した。嘉永五年一条忠香（安政六年左大臣となった）より、家に皂莢《さいかち》の老木があることから、「老皂堂」の染筆を得たので、安政五年（一八五八）より始めた出版業の店名を「老皂館」と称した。

ペリー渡来以来、にわかに関心の高まった西欧関係の書籍として、英米宣教師の著した漢籍に訓点を付して出版することを始めた。対岸の本所緑町に住み、極めて親しくしていた佐倉藩の蘭方医師三宅艮斎訓点の『西医略論』全四冊を手始めに、『地球説略』『聯邦志略』等を、箕作阮甫訓点で出版した。また『官板バタビヤ新聞』（文久二年一月）『官板海外新聞』（文久二年八月）をはじめ、『中外雑誌』『六合叢談』『中外新報』等の新聞雑誌や、慶応元年（一八六五）の開成所翻刻の『萬国公法』らのほか、『英和辞書』『英吉利文範』等も出版している。

慶応三年五月九日、加賀藩に出仕、合力米二十人扶持被仰付、六月御儒者格で津田玄蕃支配下を命ぜられている。おそらく安政元年（一八五四）から出仕している洋学者佐野鼎の推薦によるものだろうといわれている。福田は江戸勤務で、慶応四年前田家の本郷の邸内に移り、明治二年（一八六九）正月、新知百五十石役料百石を賜り、頭並公用人として、東京定府を命ぜられている。六月版籍奉還に伴う職制改革で、金沢藩大属、三年七月会計掛兼務、四年七月の廃藩置県で八月九日致仕し、上野池端に転居。明治五年東京府典事、七年大属。八年七等出仕となり、十二月七日退官している。その後ごく短期間、東京博物館に出仕し、十四年三月上野の内国博覧会審査官・特別報告委員を命ぜられた。明治二十七年八月二十三日、七十六歳で死去している。

福澤と何時知り合ったかは明確ではないが、蕃書調所御用達の老皂館の主人ということであれば、洋学者とは当然接触があったものと考えられるから、既に幕末頃からの知り合いと見て間違いないものと思われる。

参考①　幕末政局の混乱〈関連項目＝10章註（3）〉

ペリーの渡来によって、安政元年（一八五四）日米和親条約が締結され、ハリスが総領事として伊豆の下田に赴任し、彼の説得によって、安政四年十二月三日から始まった日米通商条約の商議は、十三回もの会談の末、安政五年正月十二日に一応妥結終了した。協議が長期間を要したのは、米国側は日本全国に多くの開港場と主要都市の開市を要求したが、幕府は急激な貿易による国内経済の変化と社会的混乱をおそれ、開港市場をできるだけ少なく、しかも遠隔辺鄙の地を希望したためで、結局下田（神奈川開港の後六ヶ月で閉鎖）・箱館（今の函館）・長崎・新潟・兵庫の五港と江戸・大坂の両都市を、それぞれの期日に自由貿易場として開放することで決着した。

幕府の権威が未だ強大だと信じている堀田老中は、自ら京都に出向いて条約の勅許を願い出れば、簡単に許可が下り、京都で反幕論を主張している感情的攘夷論者を抑えることもできると考えた。しかし事実は反対で、朝廷の許可は下りず、かえって反幕論者の勢いが強まり、朝廷の公家も攘夷論を主張する状況を呈した。そこで井伊大老は、外国との衝突を避けると共に、幕府の独裁力を顕示するため、独断で条約に調印し、これに反対する過激攘夷論者らを弾圧処罰する安政の大獄を断行した。

開港により物価が上昇し、庶民の生活が混乱すると、悪の根源は外国貿易にあるとする攘夷論者の宣伝が信用され、武士階級のみならず、一般庶民の間にも外国人への憎悪感が高まった。このため幕府は文久元年（一八六一）江戸・大坂・兵庫等の開港市の延期を要望した。それにイギリス公使オールコックが、日本における外交団の主導権を握る必要もあって、幕府の要望に理解を示し、欧州に開港市延期交渉のための使節派遣を勧めた。その勧告に従い幕府は同年十二月遣欧使節団を派遣した。この使節団に福澤は随員として参加している。使節団は文久二年五月九日にイギリスとの間にロンドン覚書の調印を行った。これを基準に、フランス、オランダ、ロシアの諸国も開港市延期を了承した。覚書の主眼点は、一八六八年一月一日（慶応三年十二月七日）まで開港市を五ヶ年間延期する、但し期限の半年前に期限通りに開港市することを発表するというものであった。

外国側は幕府の対外策に疑念を抱くと共に、フランスが幕府に接近するのに対抗して、イギリスは反幕的な薩長勢力に接近する動きを示すこととなった。慶応元年九月に、幕府の開国策に疑問を抱くイギリスの主導で、老中からの制止を無視して、イギリス、フランス、アメリカ、オランダの四国公使らが突然大坂湾に来航して、幕府に通商条約の勅許・兵庫港の先期開港・関税率の改正の三点を要求して、幕府の対外方針を確認しようとした。幕府老中らは外国の要求を拒否すれば、外国側が直接朝廷と交渉を開始し、幕府の存在が無視されることになるとして、この際幕府の決断で兵庫港の先期開港を許可すべきだとの方針を内定した。

　ところが朝廷は、開港断行を主張した老中らの態度を非難し、その罷免を幕府に命じたので、幕府役人らは朝廷の態度に反発し、将軍職を慶喜に譲り家茂は江戸に帰ることと、条約を勅許することの要求を、紀州藩主徳川茂徳《もちなが》をして関白に願い出させた。朝廷は幕府の強烈な不満表明に驚き、将軍の辞職不許可と帰府を差止めた。慶喜や松平容保らの説得もあり、将軍は十月四日入京し、条約及び兵庫港先期開港の勅許を奏請し、朝廷は五日夜に通商条約のみ勅許し、兵庫の先期開港は不許可とした。イギリスはこの状態になお不満の意向を見せたが、条約勅許にこぎ着けた幕府の努力を認めるべしとのフランス公使のとりなしで、一応四国公使らは江戸に戻った。

　慶応二年（一八六六）の後半は、将軍家茂の病死。一橋慶喜の徳川宗家のみ相続と、十二月五日の将軍宣下。更に同二十五日の孝明天皇の崩御等、重大事件の連続で、ロンドン覚書に定めた、半年前の両都両港の開港予告に必要な勅許の手続きが大幅に遅延した。そこで幕府は主要諸藩の意向が開国にあることを明らかにしたうえで兵庫開港の勅許を願い出ることを考え、同三年二月十九日に尾張・越前・薩摩・土佐・宇和島等九藩に三月二十日までに兵庫開港についての意見の答申を求めた。

　ところがイギリス公使から、兵庫開港の幕府の意向確認に大坂に赴くとの申し出があり、そのため幕府は予定を早め三月五日に兵庫開港勅許の奏請をした。しかし朝廷は十九日に、諸藩の意向を聞くためと称して、尾張・紀州等の二十四藩に開港可否の意見を四月中に申し出ることと、諸侯会議のための上京を命じた。このため幕府は勅許のないまま四月二十八日大坂城で、イギリス、フランス、オランダ三国代表を引見せざるを得なくなり、「幕府としては締盟諸国との交誼を親密にし、条約を忠実に履行する」ことを告げた。すると翌二十九日朝廷は「兵庫開港之儀差許之儀御沙汰有之候迄必々差許無之様心得可有之」と幕府が開国方針を明示することを差止めた。

　四月中旬、島津久光・伊達宗城・松平春嶽の三名が、五月一日には山内容堂が上洛してきた。久光は長州藩処分問題を解決したのち兵庫港問題を決定すべきだとして、幕府側の大幅譲歩をねらっていたが、春嶽らの努力で、両事案を同時に解決することとなり、五月二十一日に幕府を交えた五者会談で、長州藩を寛大に処分すべきことを朝廷に奏上し、長州藩及び末家に願書を提出させることとし、続いて兵庫港問題は開港すべきを上奏し、勅命で開港を下命して貰うことが決定し、久光が朝廷に申し立てることとなった。ところが翌二十二日久光は自分の意向が正しく生かされていないとして参内を拒否した。

　期日も迫っているので、慶喜は五月二十三日参内を強行し、春嶽・宗城も、二条摂政の強い要求で参内し、二十一日の協議決定の線で両件が上申され、二十四日朝ようやく勅許を得た。そこで幕府は十二月七日の期限通りに兵庫開港と江戸・大坂の開市による外人居留を許可する旨を、六月六日布告した。新潟港は代港が定まらず見送られ、大坂は動乱のため具体的対応がとれず、明治になって、外国側の要求で開港に切り換えることとなった。幕府の手で居留地が決定されて明治政府に引継がれたのは、江戸のみである。

　他方京都を中心とする政局は、①弱体化した勢力をなんとか回復し、政権の安定を図りたい幕府。②朝廷の権威を利用して、弱体化した幕府をこの際一気に打倒し、代わって政権の掌握を狙う、薩摩・長州藩を中心とする倒幕派。③内乱を避けて挙国体制を作り、朝廷を中心にしながら、幕府の古い独裁政治体制を廃止させ、諸侯（雄藩）会議によって各藩に政策を論議させ、発言に責任を持たせながら、政権の安定を図ろうとする越前・土佐藩等の公武合体派。この三勢力の激しい駆け引きが行われていた。

　文久三年（一八六三）八月十八日の政変は、薩摩藩と京都守護職の会津藩の協力によって成功し、京都に権力を振っていた長州藩中心の過激攘夷派勢力が、一日にして追放された。代わって開国論を主張する薩摩藩の公武合体論を基調とする政策が京都を支配するかに見えた。年末から翌元治元年（一八六四）初頭にかけて京都に参集してきた島津久光や会議政治派諸侯は、幕府や一橋慶喜等とは協調融和ができず、不満のうちに、薩摩藩は方針を大きく変えて反幕方針を採るようになった。

　他方元治元年一月二度目の将軍上洛を行った幕府側は、前回の上洛時の失敗を教訓に、専ら会議派諸侯の主張を抑えることで、一応庶政委任の勅命を得ることに成功して、まずまずの成果を挙げたと満足して帰府した。そのうえ三月二十五日には、一橋慶喜が禁裏守衛総督に就任して、有力大名の京都での活動を監視制限できる情勢作りに成功した。

幕府と薩摩藩等有力諸侯との対立を見た長州藩は、勢力回復の好機として、禁門の変（元治元年七月十八、九日）を起こしたが、予想が外れ、薩摩藩が幕府側に立ち長州軍を側面より攻撃したため敗戦となり、長州藩の京都での勢力回復策は失敗に終わった。そこで朝廷は、七月二十三日、長州藩が御所を攻撃したことを咎めて、征長命令を下して、征長総督に尾張藩の徳川慶勝を任命したが、慶勝が将軍親征を主張して総督就任を固辞したので、幕府の威厳に係わるとして、幕府が強く就任をもとめたので、征長に関する全権を委任されるならとの条件を持ち出して、それが認められると、総督に就任し、薩摩藩の西郷隆盛を参謀とした。しかし、この状況は詳細な事情は不明であるが、その後の動きから見て、薩摩藩の画策があったために、条件付きで総督に就任したように思われる。

同じ頃、イギリス、フランス、アメリカ、オランダの四国は、先年の長州藩の下関海峡における外国船砲撃事件の非を咎め、攘夷派勢力を打倒するために、アメリカ、フランス、オランダの三国に、イギリスが加わり四国連合艦隊を以て、八月四～七日の間長州藩を攻撃した。武力に格段の差があり、長州藩は防ぎ切れず、八月八日に和議を申し入れ、十四日に、連合国側の要求どおり、海峡通行の自由と賠償金支払いの講和条約を承認させられた。

尾張藩の徳川慶勝を総督とする征長軍は、参謀の西郷隆盛が長州藩内の恭順服罪派と連絡をとり、戦わずして長州藩降伏謝罪の意を認め、長州藩の処分は、京都で諸藩等の意見により決定すべきだとして、何ら処分を行わず、幕府が長州藩主父子を江戸に招致するように下命したのを、長州征伐の全権は総督の尾張藩に委任されたとして、幕命を拒否しただけでなく、征長軍内に反対意見があったのも無視して、十二月二十七日強引に解兵を命じ、現実に高杉晋作ら過激攘夷派が藩の降伏に反対し、下関の会所を占領している状況をも無視して、一月四日には征長軍を広島より引払ってしまった。

勿論幕府は征長総督の前尾張藩主徳川慶勝のこうした処置に反対し、朝廷に対して長州再征許可の運動を行った。長州藩としては、長州再征が藩の存亡に係わる重大な危機と考え、これに抵抗するための武備充実に、外国から新式銃砲を購入しようとしたが、公然と武器購入ができない立場にあった。その時土佐藩士の坂本龍馬は、薩摩藩が非戦の策を採ったのは、今国内が分裂抗争することを好まず、長州藩をも穏和に扱って、国内協力体制を樹立することを希望していると考えた。そこで薩摩藩の名義によって長州藩のために武器を調達することを提案してみたところ、薩摩藩は直にその要望を容れ、慶応元年（一八六五）八月下旬には、長州藩に武器が届けられた。

これで薩長同盟成立への精神的信頼感ができ、坂本の周旋で慶応二年正月に幕府に対する攻守同盟とも言うべき薩長同盟が成立した。薩摩藩を中心とする反幕派の勢力が強化される情勢を見た坂本は、土佐藩が予て主張している諸侯会議論を提案して、土佐藩も中央政界の主要藩としての地位を確保できるようにと考えた。龍馬は慶応三年二月、土佐藩の有力者後藤象二郎と長崎で会合し、土佐藩が雄藩連合体制を主唱すべきことを説き、賛成を得たので、両人は前藩主の山内容堂に入説するため、六月九日長崎を出帆した。その船中で坂本が後藤に示した新しい国家体制構想が、有名な「船中八策」である。即ち「天下の政権を朝廷に奉還せしめ、政令よろしく朝廷より出づべき事」をはじめとし、上下二院制の議会制を採用し、開国方針の下で、憲法ともいうべき「無窮の大典」を撰定し、朝廷直属の「御親兵」を設けること、貨幣制度を整備して物価安定を図る等の基本体制を執るべきことを述べている。

坂本と後藤が上京して来た六月十三日は、容堂は病気のため帰国した後であった。そこで後藤は在京の土佐藩首脳の了解を得ると、六月二十二日同藩の福岡孝弟・寺村左膳らと共に、薩摩藩の小松帯刀、西郷隆盛等と会談し、四ケ条より成る薩土盟約を結んだ。

一、国体を協正し万世万国にわたって恥ぢず。
一、王政復古は論なし宜しく宇内の形成を察し参酌協正すべし。
一、国に二帝なく家に二主なし政刑ただ一君に帰すべし。
一、将軍職に居て政権を執る是れ天地間あるべからざるの理なり宜しく侯列に帰し翼戴を主とすべし。

明白に幕府の存在を否定する趣旨のものである。七月三日後藤は容堂の承認を得るため帰国の途についたが、その際西郷に十日程で兵力を率いて上京してくると約束している。西郷はこの盟約を渡りに船を得た如しと喜んでいる。しかし後藤の再上京は二ケ月後の九月四日で、しかも単身上京であった。

兵力を背景に建白を強要することに反対する容堂の意見で、土佐藩論は徳川家の政治参加を認める雄藩会議政治論に変更されたのである。勿論西郷は後藤の新大政奉還論に反対した。しかし後藤は薩摩藩を説得して、土佐藩の幕府への建白を妨げないとの了解を得て、十月三日福岡孝弟と共に、板倉勝静老中に建白書を提出した。会議政治による朝廷中心の新政治体制の採用を提唱したのである。

将軍慶喜は、従来の幕藩体制に反対する機運の相当強いことを理解したが、雄藩会議政治体制の運営方法によっては、幕府が十分主導権を掌握して行くことができると判断した。それは幕府留学生の西周・津田真道らの帰国報告等を受けているとともに、福澤の『西洋事情』をも読んで、欧米の会議政治については相当の知識を持っていたので、薩摩藩等の意表を突いて、十月十四日大政奉還願いを提出した。翌日朝廷はその請願を受理し、会議体制成立までは従前通り徳川家に政務を処理すべしと命じている。『徳川慶喜公伝』四によると、高家大沢右京大夫基寿が、十四日政権返上の上表・位記・口宣を提出したところ、上表は留め置かれ「位記は返上すべき謂なければ」というので返還されたと記している。

これに対し薩長を中心とする討幕派は、兵力を京都に結集した上で幕府を排除する計画を進めていたが、兵力上京が予定より遅延したため止むなく討幕実行を中止し、十月十七日には、大政奉還賛成派の小松帯刀と討幕実行派の西郷隆盛が、共に薩摩に帰り、藩論を再検討することとなった。

幕府及び土佐藩では、討幕派の巻き返しが行われる以前に、諸侯会議を一日も早く開催し、会議政治の実績を作るべく運動し、十万石以上の諸藩主に上京を命じ、朝廷も十万石以上の藩の在京重臣に、外交事務及び三条実美らの処置についての意見聴取を行っている。ここまでは、少なくとも江戸では、幕府中心の政治状況が続き、従来の政情が大きく変化するとの危機感を抱いている様子は余り見られない。

討幕派は慶応三年十一月八日、岩倉具視が京都市内に帰住を許された頃から、同志の正親町三条実愛《さねなる》（のちの嵯峨実愛）・中山忠能らとの連絡が容易になったので、朝廷内部での勢力拡大に務めた。十一月二十三日薩摩藩主島津茂久が率兵着京すると、その翌日、幕府の大政奉還の真意には疑問があるにも拘わらず、奉還許可を勧めたとして、二条摂政ら佐幕派公卿を非難し、その活動を押さえた。

月末に長州藩・広島藩等の兵士が西宮に到着するや、十一月二十九日大久保一蔵（利通）は討幕の行動を起こすために、正親町三条実愛に、朝廷が自ら政権を担当する決意であることを表明することを要求した。十二月一日躊躇していた中山忠能もようやく同意したので、政変断行の準備に入った。薩摩藩が政変断行を急いだのは、事態がこのまま推移すれば、慶喜を中心とする幕府の体制改革が進み、先の長州征伐で弱点を見せた陸軍の強化策が進められるのみならず、絶対の優勢を誇る海軍に、小野友五郎らが米国で買い付けた甲鉄軍艦が増強されれば、幕府の軍事力に圧倒される危険があるので、それ以前に政変を敢行することを考えたためと思われる。

京都では十二月九日の王政復古の政変が断行された。従来慶喜の宮廷工作のため、十分な成果をあげることができなかった経験から、王政復古の大号令を発布し、従来の朝廷の官職を廃止し、代わって総裁・議定・参与の三職の下で、公議を徴し庶政を更革するとの沙汰書を下し、討幕派の宮・公卿と薩長派に同調する五藩主及び藩士が三職に任命された。九日夜の小御所会議で、慶喜を朝政に参加させないのは不公平だとする容堂の意見を押さえ、空名に近い政権返上ではなく、官位も領地も返納すべしと、厳しい条件を要求した。

十日辞官納地の命が伝えられると、旧幕府側はこの新政府の方針に憤慨し、些細なことから戦端が開かれる危険があったが、前尾張藩主徳川慶勝と松平春嶽の説得により、慶喜の請書提出延期の申し入れを受理することで、小康状態を保つことができた。その後京都での紛争を避ける意味で慶喜は会津・桑名の兵力を率いて大坂に移った。

慶応四年一月三日、鳥羽・伏見の戦が発生すると、新政府は、その日の内に旧幕府軍を反政府軍とし、朝廷軍の印である錦旗を京都防衛軍に付与し、四日には仁和寺宮（のち東伏見宮・明治十五年小松宮と改称）嘉彰《よしあき》親王を征討大将軍に任命し、五日には橋本実梁《さねやな》を東海道鎮撫総督とする等、一気に旧幕府討伐体制を整え、敗走する旧幕軍を追撃して大坂を攻略し、戦闘の主導権を握った。九日には、東山道鎮撫総督に岩倉具定を、北陸道鎮撫総督に高倉永祜《ながさち》を任命し、三道より江戸へ軍を進める体制を作った。東海道軍はまず桑名城を攻撃して一月二十三日これを開城させると共に、尾張藩の前藩主徳川慶勝をして、二十日に佐幕派家臣の首脳を処罰させ、これで、東海道は前方に駿府の直轄領はあるが、軍事力はさほど大きくはないので、箱根小田原藩大久保家十一万石まで、進軍に大きな障害となる大名はなくなった。

二月に入ると、六日東海・東山・北陸の三道の鎮撫使を先鋒総督兼鎮撫使とし、九日有栖川宮熾仁《たるひと》親王を東征大総督に任じ、三道の先鋒総督を指揮統制することとした。参謀に薩摩藩の西郷隆盛や宇和島藩の林玖十郎等を任命し、主力を東海道軍に置いて、三道同時に江戸に進軍を開始した。大総督宮は十五日京都を出発している。

沿道は弱小譜代藩で、政府軍に反抗するものは少なく、藩の存続を図るため恭順を申し出て、兵糧の提供や、運送に協力する藩が多かった。二月二十八日小田原藩が政府軍に反抗の意思のないことを申し出て、月末には岡山藩兵が小田原に入った。これで東海道軍の江戸進撃の可能性が高まり、大総督府は三月六日、来る十五日を江戸城攻撃の日と定め、海軍総督に指令して、横浜に進出せしめることとし、東海道先鋒総督府参謀の木梨精一郎を横浜に送り、外国側に征東軍の江戸進撃のことを通知した。かくて三月十二日には東海道軍の前衛隊が早くも品川に到着している。

これに対して江戸では、一月十二日に慶喜が江戸に逃げ帰り、敗兵も月末にようやく江戸に到着したが、京都情勢にたいする対応策が明確でなく、再上洛を匂わせる一方で恭順を表明するということで、江戸城内の論議は容易に一定しなかった。主戦論は感情的で、具体性に欠け、統一意見とはならなかった。慶喜は恭順論を主張し、これに賛成する勝海舟や大久保忠寛を登用して、京都側から寛大処分の線を引き出そうとしたが、京都側の意図は旧幕府側に厳しく、容易に謝罪を認める空気ではなかった。

徳川家の救解運動の依頼を受けた松平春嶽から、京都の厳しい態度を知らされた慶喜は、二月五日に、恭順謝罪して、朝裁を受けることを明言し、会津・桑名藩主等に江戸退去を命じたり、十二日には自ら江戸城を出て上野寛永寺に入り謹慎の意を表したので、主戦論は減少の傾向を見せた。三月九日勝義邦（海舟）の使者として、山岡鉄太郎が、前年末の薩摩藩邸砲撃の際、幕府側に捕らえられていた薩摩藩士益満休之助を伴って、駿府（現在の静岡）に西郷隆盛を訪ね、慶喜の誠意と江戸市民の動揺状況を陳述し、寛大処分を懇願した。

隆盛は慶喜を備前藩に預け、江戸城を明け渡す等の七ヶ条の謝罪条件を示した。鉄太郎は家臣として、主君の他藩預けの一条だけは我慢できないと強く反対したが、他の六ヶ条は承諾したので、隆盛もその心情を了解し、慶喜の処置に付いては、旧幕臣の希望にそうように努力する旨を約束した。かくて服罪条件を具体的に討議することとなり、三月十三日、西郷は江戸に入り勝と交渉し、十四日の三田田町の薩摩藩邸で、慶喜を水戸藩預けとし、他の六ヶ条を幕府が正式に受諾することが決まった。これで十五日に予定されていた江戸城攻撃は中止され、隆盛は駿府に戻り、大総督宮の承諾を得て、京都にその旨を報告し、朝議も二十日慶喜を寛典に処すことを承諾した。

幕府の変化に対する不満から、江戸に残り慶喜守護を名目に、実は薩摩藩兵と対決を図った彰義隊、大鳥圭介の指揮の下に市川へ集団脱走した伝習隊の反抗の他に、江戸を脱出して地方でゲリラ戦を企てる旧幕兵や旗本も少なくなかった。こうした不安な状態を速やかに治めることと、諸外国との外交関係を復旧することが、新政府の当面の課題であった。そこでまず三月十九日急ぎ横浜裁判所を設け、東久世通禧を総督に任命し、外交問題の処理に当たらしめ、翌月四月二十日には旧幕府の神奈川奉行所及び運上所の業務を引継ぎ、二十一日には、横浜取締の武蔵金沢藩主米倉昌言《まさこと》を罷免した。しかし江戸は町奉行石川利政・佐久間鐇五郎（信義）にそのまま江戸市中取締を命じると共に、諸藩兵をして市内要所の警備を命じている。

閏四月十五日大総督府は諸藩兵に市中巡邏を命ずると共に、田安慶頼に旧幕府の罪人を調査して、軽罪人を赦免するよう命じている。一橋茂栄（元尾張藩主・茂徳《もちなが》）等は江戸の人心の不安なのは、徳川家の処分が未定であるためだと指摘し、江戸城を仮に田安家に管理させ、慶喜を江戸に帰住させる等の効果的方策を実施するよう願出ている。しかし政府は江戸城を徳川家に還付する考えはないが、厳罰主義で処理することは、江戸の人心を刺激するので、その処分決定発表には慎重にならざるを得なかった。

関東監察使三条実美は、閏四月二十四日江戸城で、大総督宮と京都の意向を告げて協議し、徳川家の相続人を田安亀之助（のち徳川家達《いえさと》）とすること、徳川家を駿府七十万石とすること等の方針を決定したが、機を見て順次発表することとした。まず閏四月二十九日田安亀之助を江戸城に呼び寄せ（幼少〔文久三年（一八六三）生〕で病気中ということで、一橋茂栄が名代出頭）、三条実美より田安亀之助の宗家相続許可の朝旨を伝えた。五月一日大総督府は、蚕紙生糸改所を江戸と横浜に置くことと、田安慶頼指揮の下での江戸市中巡邏の廃止を決定した。五月三日には、旧幕臣で朝廷に帰順した者を朝臣とする旨を布告して、旧幕臣の不満解消の一方策とした。六日には横浜の外国官副知事兼神奈川裁判所総督の東久世通禧に、築地鉄砲洲の旧幕府運上所を引継がしめ、開市事務を行わしめる等、新政府側の支配権を次第に拡大している。

　五月十二日には、地方行政官庁としての江戸府を設置し（二十四日には烏丸光《みつ》徳《え》を江戸府知事に任命）、十五日には彰義隊の討伐が行われた。十九日には大総督府下の行政官の管轄下に江戸鎮台を設け社寺・市政・民政の三裁判所を置いて、旧幕時代の寺社・町・勘定の三奉行所に代えた。一種の軍政が敷かれた形である。大監察使から関八州鎮将となった三条実美は、二十四日徳川家達を駿府七十万石に封ずる旨を伝えた。

　「江戸府」と「江戸鎮台」との政治機関の重複感があった制度を整備するため、六月五日江戸府知事烏丸光徳を「江戸鎮台輔」に任命した。江戸鎮台府の支配範囲は、江戸市中に限らず、広範囲の地域を統括する機関とする意図があったらしく、六月二十八日には、その範囲を駿河・甲斐・伊豆・関東八国及び陸奥・出羽の十三ヶ国に及ぶこととした。慶喜が水戸に蟄居しているためか、関東特に水戸近傍に動揺が絶えないところから、徳川家達は、慶喜を駿府に移住させることを、七月十日に大総督府に願出て、その許可を得たので、慶喜は二十三日駿府に移った。これで、徳川家処分は一応終了した形になった。

　維新の内乱が、最小限度の騒乱で終了した理由については、種々の要因が考えられ、簡単に断定できない。例えば新政府軍が陸路江戸に進撃したのに、その間殆どの譜代藩が徳川家擁護のために決起しなかった等、大きな疑問点が未だ解明されていないように思われるが、幕府側と薩長側の間にあって、諸侯会議派が調停したことが、かなり大きな役割を果たしたことを認めざるを得ない。勿論幕府側が事態を楽観視していたことが、幕府滅亡の時期を早める結果をもたらしたことは否めないが、最後の将軍であった慶喜が、水戸家の出身で宗家を相続した養子であったが故に、特に家名存続にこだわったことから、恭順無抵抗の態度を採らざるを得ないと判断したのが、大きな要因になっていたように思われる。

　福澤にとって、江戸が戦乱の巷にならなかったことは幸運であったが、政治的抗争が、如何に強引であり、手段を選ばず相手の弱点を突いたり、勝てば官軍の強引な理屈の押しつけがまかり通る事態を見聞してきただけに、政治になるべく関係しないことが安全と考えたのは当然である。しかし福澤は欧米の実態を見聞して来て、日本の将来にとって最も必要なものは、西洋文明を育んだ科学的な洋学教育の採用である。その具体的方策を試行する態勢ができたが、そのことが果して新時代に受入れられるだろうか。幕府が滅亡し、今後日本が大きく変化することは間違いないが、その変化がどのような方向に変化するのか、予想を立て難い情勢だけに、この時期、特に意識して政治から隔絶するよう努力したように思われる。

参考② 後期鉄砲洲への移住〈関連項目＝10章註（2）、8章註（10）〉

　中津の藩内が安定していなかった文久三年（一八六三）九月二十三日、藩府は江戸市内の安定を図るために、諸藩士が勝手に江戸市中に住居するのを禁止し、また参観交代制度の改革もあって、各藩邸に空屋が多くできた。その頃攘夷論が盛んになり脱藩をも含めて志士達の幕政批判の動きが盛んになったので、治安を守るためにも各藩に藩士の監視方を命ずる幕命が発せられた。この幕命をうけて、保守派の支持を固めたい中津藩の首脳陣が、前藩主で鉄砲洲の中屋敷に住んでいた昌高の隠居所を、芝新銭座の借家住いの福澤に貸与して、ここを隠居所としては使わないことの証明として、保守派勢力固めに利用したものと思われる。

　藩内に欧州式英学塾の建設を夢見て欧州から帰国した福澤にとって、この移住命令は誠に不気味な藩命であったと思われる。欧州で気付いた教育方法は、藩のためというより日本の今後採用すべき教育方法であることを信じる福澤は、我慢してこの藩命に服している。藩内保守派も、時勢上洋学塾の存在を認めざるを得ない情況であることを考え、藩校化は不可能でも、当分の間、新制度の学校発足の準備をすることを福澤は決意したものと思われる。

　時間はかかるが、英国のパブリックスクール形式の洋学塾を創設すべきだと決心し、その理解を得て同志を募るために、「写本西洋事情」を著し、元治元年（一八六四）春中津に帰り、最も信頼する上士、島津祐太郎の援助の下で、藩内の俊秀六人を説得して、江戸に同行させるのに成功した。これまで入門していた門下生をも含めて、全学生の氏名を藩に届ける必要（文久三年九月二十三日の幕命）から、同時にそれを入門帳としたと推測される。

	一	二	三	春	四	閏四	五	閏五	六	七	八	九	十	十一	十二	冬	計
文久三年				1	3					3					1	2	10
元治元年			8	2					8	3		6	3	6			36
慶応元年	3	4	4		10		6	4	5	3	5	5	2	7			58
慶応二年	4	3	4		10		2		2	3	4	5	6	17	5		65
慶応三年	10	14	7		12		7		6	5	10	6	2	4	5		88

この福澤の洋学塾は、英学学習を目ざす入門生に喜ばれ、評判が高まり、塾生数も堅実に増加したのである。その情況を上記入門帳の月別に表記した。

また外国人居留地の場所が具体的に問題になってきた慶応二年（一八六五）十一月九日夜の神田元乗物町（一説に永富町）からの出火で、奥平中屋敷の一部も類焼したことが、慶應義塾図書館所蔵の「慶應二年幕府届書」の十一月九日条にある。

奥平大膳太夫　鉄砲洲中屋敷北向表長屋壱棟　稲荷社壱ケ所類焼
榊原越中守　鉄砲洲居屋敷表門住居向長屋共不残類焼

しかしこの火災のことは『自伝』等には全く記されていない。

参考③　水口藩と中村栗園〈関連項目＝10章註（5）〉

水口は滋賀県南部の甲賀郡のほぼ中央にあり、豊臣時代には中村一氏・増田長盛・長束正家らの城下で、軍事・交通の要点として重んぜられていたが、徳川氏の世となると、慶長六年（一六〇一）東海道が整備されるに伴って、宿駅の一つに指定され、徳川氏の直轄領として代官支配地となり、代官屋敷が置かれた。三代将軍家光が上洛した寛永十年（一六三三）、将軍の宿舎にとの目的で方形の特殊な城が築かれ、その工事の代官として小堀遠江守政一（遠州）が作事奉行を勤めた。代官支配は一応加藤明友（賤ヶ嶽七本槍の一人加藤嘉明の孫）が務め、二万石で天和二年（一六八二）に石見国吉永（現在島根県太田市）よりこの地に封ぜられるまで続いた。

加藤氏は先ず明友が甲賀郡二万石の領主として水口を統治した。二代明英は一時下野国壬生に二万五千石に加増されて移封されたが、十八年後の正徳二年（一七一二）再度水口の旧領と、加増の五千石分を日野町と蒲生郡・坂田郡から与えられた。以後十二代の明実の明治四年（一八七一）の廃藩の時まで統治した。

藩財政は他藩と同様に次第に困難となり、経常収入を恒常化するために、水口と日野町の豪商に租税米約七千石を独占的に引受させ、その代りに年約六千両を藩に上納させる「御仕送仲間を組織させたりしていたが、安永九年（一七八〇）には、藩の借金は既に一万七、八千両に達し、更に幕末の安政二年（一八五五）には四万五千両、廃藩の明治四年には三十万両に増加していたという。

こうした苦しい経済状況のために、天保十三年（一八四二）十月十五日に一揆が発生している。この藩状を打開する必要を主張する細野亙を中心とする改革派が生まれ、中村栗園もその中心の一人であった。特に文久二年（一八六二）の参観交代制度の改革により、在府の藩士が帰藩してくると、改革派の勢力が強化され、藩は尊王攘夷的傾向を強め、元治元年（一八六四）の禁門の変に際し、京都警備に出兵している。

『水口町志』は栗園の活躍を次のように記している。弘化三年（一八四六）閏五月、米海軍司令官ビッドルが、軍艦二隻を率いて浦賀に来て通商を求めたが、幕府はこれを拒否し、その翌月フランス艦隊が長崎に、八月には英国艦隊が琉球にと相次いで渡来した。しかし家老達は未だその必要はないとして、彼らの意見を却下した。これを見て栗園と藩士細野亙が軍備の必要を家老に建白した。嘉永五年（一八五二）細野が「世界図説」を著して林子平の著書と共に藩主に上呈したが、家老岡田九郎右衛門ら保守上層部の士から、林の著書は幕府の禁書とする書籍であり、人心を惑わすものと反対された。

翌六年六月ペリーの渡来で、幕府が七月一日米国国書に対する意見を広く諸藩に求めた時、水口藩では、保守派重臣中には、その可否を論ずるだけの意見を持つ者が居なかったので、用人岡田勘右衛門と、中村・細野の三名に見解の上申を命じた。中村・細野の両名は、意見書を提出すると共に、八月二日登城して、海外情勢を説明して、軍備充実の急務であることを力説した。その説得力のある主張に感化され、藩は両名に、藩内士卒の強化・兵備充実策の検討を委任することとした。

安政二年（一八五五）細野が死亡したので、自然それ以後は中村栗園が、藩内を統率することとなった。藩校「翼輪堂」は、同年六月、栗園の建議によって建てられたもので、藩校での教育の力点は「練心胆論」で、

練心則知慮出焉、練胆則勇決生焉、可以充廟堂之用、可以応軍国之務（中略）練心胆以文武之道、文学熟而武芸精、是乃心胆之所練

と、精神鍛練の必要を力説している。

「翼輪堂」の校舎には、藩主の別殿が荒廃していたのを修理して当てられた。壮年科の学科終了後は、「皇国学・漢学・洋学・書算・医・等各其人の好みに随ひ専門の学に従事すべき事」と学校規則節目に記しているから、未だ皇国学と洋学が矛盾するものとは考えられていないというよりは、洋学を軍備のための技術学と考えていたことを示している。

事実栗園主催の藩校翼輪堂に学んだ城多董・豊田美稲《うましね》らは梁川星巌にも学び、攘夷論の志士として、栗園らに天下の攘夷論者の動向を連絡報知していたと共に、諸国を漫遊し、特に中国地方の志士と親しみ、栗園を同志結集の頭領にと依頼したが、栗園は未だその時期に非ずと拒んでいる。また慶応元年（一八六五）十二月には、豊田は備前の旅館で、刺客に襲われ横死している。

城・豊田らの行動が、藩の青年達を刺激して、水口藩を攘夷論の藩として強化するのに大きな働きをしたのである。その際、栗園はそれら攘夷論者の血気にはやるのを戒め、中心人物らの暴発を抑えて、藩全体を尊王討幕へと統一強化させるのに、中心的な大きな役割を果たした。その結果、水口藩は勤皇心の厚い藩として、文久三年（一八六三）八月の蛤御門の変には、下立売御門の護衛に出動したのを始め、元治元年（一八六四）七月にも、再度下立売御門、続いて竹田街道・蛤御門の守衛等を命ぜられている。

次いで八月三日の天誅組の挙兵の時は、幕府から多羅尾代官を援助して天誅組の鎮圧を命ぜられ、一応少数の兵を出したが、藩士の多くが天誅組に同情的であるところから、口実を設けて兵力を引き上げている。慶応二年（一八六六）に長州再征の幕命が下った時も、藩主加藤明実の病気等の口実を設けて従軍を免れ、その代わりに京都市中の警護に当たっている。

二万五千石の小藩水口藩にとっては、こうした藩の活動費は、藩の財政に極めて大きな負担になる。当然のこととして、藩内への増税という事態をもたらすこととなった。それは領民の不満を増大させる大きな危険の発生を予測させた。そこで、それを未然に防止するために、栗園らの計らいであろうか、慶応二年十一月二十二日より年末まで、藩主の領内廻村が行われ、領民に藩主自ら協力を依頼することで、領民の不満の暴発を防止するための先手として、この鎮静策が採られている。藩政史上画期的なことである。

こうした藩政上の功績があったためと、京都の新政府側の覚えが良いことが相まって、慶応四年閏四月二十一日、新政府の「政体書」の施行による府・藩・県の三治制が敷かれ、水口藩主加藤明実は藩知事に任命され、旧領地の他に、野洲郡の佐幕藩として活動した三上藩遠藤氏（城主格一万二千石）の所領をも管轄することとなった。

その水口藩の大参事に中村栗園が任命されている。栗園は、かかる要職を長期間勤めるべきではないとして、在職三年で辞任している。「学制」が公布されるや、小学校の教育に、孝弟の徳目が軽視されていることを心配し、徳育教育の必要性を滋賀県令籠手田安定に提案した。ようやく文明開化の指導者として名声を博してきた福澤に対して、協力を希望したようだ。時代の大きく変化した明治時代に入っての、福澤と栗園との交渉については、『考証』上（四七頁）に詳細に記されている。

明治十一年（一八七八）明治天皇の北陸巡幸の際に、特に拝謁を許され、栗園はその際『孝経翼』一巻を献呈している。同十四年十二月二十日、七十六歳で死去した。

参考④　長州征伐に関する建白書〈関連項目＝10章註（13）〉

「長州再征に関する建白書」（『全集』⑳二頁）の執筆は、『肥後藩国事史料』の記述時期から推測して、慶応二年（一八六六）六月頃に行われたと考えられる。『木村摂津守喜毅日記』を見ると、慶応二年七月二十九日条に、「朝福沢来、建白書一示、鮮魚数尾ヲ献」とあり、また九月六日の条には「第九時半壱岐殿御旅宿へ相越御逢有之、福沢ノ見込書等も上ル」とある。この「建白書」・「見込書」が、「長州再征に関する建白書」を指していると考えて誤りはなかろう。

将軍家茂が慶応二年七月二十日に大坂城で死去している。長州征伐の戦況がはかばかしくないだけに、江戸の幕府関係者には、将軍死去の報知は、大きな危機感を与えたと思われる。外国方に関係している福澤としては、攘夷論を主張する長州藩に、薩摩藩までもが応援しているように見えるだけに、幕府の対応は、国

家の安危に直に重大な影響を及ぼすものと痛感した。そこで幕府首脳筋への建白に有効な手蔓を持たぬ福澤としては、思い余って木村に意見書を託した（七月）のであろう。

「長州再征に関する建白書」の注によると、尾佐竹猛所蔵の写本の末尾には、

昨年八月中より書き記した「西洋事情」と題する一本を写させて添附するから御覧願ひたいといふ意味の文言が記されてあつた。惜しいことに尾佐竹本は戦災に失れて今は見る由もないが、その「西洋事情」とは本全集第十九巻一七六頁に収めた写本「西洋事情」のことであらう。

と記されている。

「写本西洋事情」については、最近鹿児島大学所蔵本の発見により、既に元治元年（一八六四）に伝写されていることが明らかになっている。とすると、この尾佐竹本の末尾に記された「昨年八月中より書き記した「西洋事情」」とは、刊本『西洋事情』ではなく、「写本西洋事情」と見るべきであろう。

参考⑤　古川節蔵と反乱軍〈関連項目＝10章註（26）〉

古川節蔵の江戸脱走前後の事情について少し詳細に述べる。古川は慶応三年（一八六七）既に幕府軍艦役並勤方となっていて、長崎丸の艦長を勤めていた。旧幕府は、慶応四年四月十一日の江戸城明渡しと同時に、海軍力も引渡すことになっていたが、榎本はそれを拒否し、同日夜艦隊を率いて館山へ退去した。新政府側はこの行動が徳川家の家名存続に悪影響を及ぼすとして、強く田安慶頼や勝を責めたので、勝は十六日単身館山に赴いて榎本を説得し、翌十七日艦隊は一旦全艦品川に戻った。徳川家の所領がきまれば、相当の武力所持を許可することを新政府側が承諾したので、四月二十八日富士・翔鶴・朝陽・観光の四艘が政府側に渡された。

四月二十九日田安亀之助の徳川家相続が決定し、五月十五日彰義隊が上野で敗れ二十四日には徳川家は静岡七十万石に移封されることが発表された。この禄高では旧幕臣を維持することは不可能であるから、新政府の処置に対する不満を抱く旧幕臣の中から、会津藩を頼って北走する者が続出した。榎本はこうした空気の中で、八月十九日、海陽丸・回天丸・蟠龍丸・千代田型艦の四隻の軍艦と、咸臨丸・長鯨丸・神速丸・美加保丸の四隻の運送船を率いて仙台に向かった。

古川が福澤の制止も聞かず脱走した、その時期は明確ではない。品川脱走後、房総・伊豆付近の海上で、幕府の脱走兵の人見勝太郎の一隊と策応していたという。人見勝太郎一派の動向について『戊辰役戦史』（一九二頁）には、

撤兵頭福田道直《みちなお》を団長とする撤兵隊（五大隊）は旗本の士から成り、最も精鋭と称せられた。鳥羽伏見戦では大坂城に温存され、直接戦闘に参加しなかったが、福田の指導によって悉くが脱走した。その脱走は、四月九日から行動を開始し、一部あるいは全部が木更津に舟行したようである。（中略）福田脱走より少し遅れて幕府遊撃隊（元来、将軍側近護衛の剣客百名であるが、伏見に戦い敗帰した後、どうなったのか詳かでない。）の一員人見勝太郎等と伊庭八郎等を頭領とする一派約三十余名が、同じく房総に脱走して来た。これは福田等とは合流せず、木更津から四月二十八日上総請西《じようせい》藩（林昌之助忠崇《ただたか》、一万石）を訪い藩主昌之助に面会、徳川家の再興を力説した。

とあるから、四月初め頃の行動ともとれるが、人見・伊庭や林忠崇らの伊豆・箱根方面の活動のなかで、古川や長崎丸の動向を示す資料がないことから、この時期は未だ古川は人見らを支援する活動はしていなかったとみるべきであろう。

長崎丸は『海軍歴史』の船譜「政府洋製諸船」によると、一番（元治元年（一八六四）十二月二日於八丈島破船）と二番（三四一トン、文久二年（一八六二）建造、翌年受領の新鋭艦）があり、古川が艦長となったのは後者である。請西藩主林忠崇が人見・伊庭の主張に同意して出兵し、閏四月十二日伊豆の真鶴港へ上陸、小田原・甲斐黒駒・沼津と一時的に攪乱したが、五月二十八日には館山に戻っている。その時の兵員の海上輸送には、大江丸が使用されているが、長崎丸の動向は記述されていない。しかし加茂儀一の『榎本武揚』「戊辰の役」（一〇九頁）には、長崎丸が五月二十九日に館山に到着したので、

六月一日には長崎丸で百四十余の脱走兵を奥州に送ったが、政府はこれらのことを知って黙っているわけもなく、速かに艦船の引渡しと、激徒潜伏のおそれのある昇平丸と旭日丸とを献納するよう

命じたと、古川が榎本に先んじて旧幕兵を乗せて奥州に脱走したことを明記している。

その後古川は高雄丸の艦長となり、陸中の宮古湾に停泊の東艦捕獲作戦に参加

し、失敗して、政府側軍艦に追撃され、古川以下の乗組員は南部藩に降伏して捕虜となり東京に護送され、糾問所で取調べられた。

前掲書によると、旧幕時代の辰の口の牢獄は、兵部省の糾問所付属の仮監獄となっていた所で、現在の大手町和田倉門の外濠に面した所だという。福澤が古川と会ったのは、霞が関の広島藩の屋敷と『自伝』に記しているから、糾問所から同所に移されていたのであろう。古川が、広島藩出身ということで、広島藩の下屋敷に移されたという説もある。広島藩にいる福澤と懇意な医者というのは星野康斎のことで、平成二年（一九九〇）に発見された明治三年（一八七〇）二月五日付の星野康斎宛の福澤書簡には、

> 古川（節蔵旧氏名岡本周吉）小笠原（賢蔵）両人之義、四、五日前ゟ大ニ御模様相替り、飲食居住共結構相成候旨、難有拝承仕候。全く御厚意之御周旋を以て右之次第、不知所謝、千万難有奉存候　（『福澤諭吉書簡集』①一五八頁）

と記されていることからも、明白だと解説している。大久保忠宗の研究「二人の幕臣のために――新資料・星野康斎宛福澤書翰――」（『手帖』67号）では福澤と懇意となった理由は、長崎で共に蘭学を学んだことにあるとの所蔵者の丸山宏氏（星野の娘の孫）の話を紹介している。

参考⑥　明治政府官制〈関連項目＝10章註（29）・（42）〉

大坂行幸の実現が刺激になってか、古い因習を一新するためには、京都に固執するのでなく、江戸に遷都され、一気に国内刷新の気運を高めるべしとする、東京奠都論や政体改革論が盛んになってきた。三月十四日に五ケ条誓文が発布され、「広ク会議ヲ興シ万機公論ニ決スヘシ」と、欧米流の三権分立の制度が採用されることが明示された。この綱領を基にして、実際に政治を運用するための具体的施行規定を、土佐藩の福岡孝弟（藤次）と佐賀藩の副島種臣《そえじまたねおみ》（二郎）らに研究作成させた。両名は『令義解』『職原抄』『雲上明覧』『大武鑑』等を始め、福澤の『西洋事情』及び米人ブリッジメンの『聯邦志略』等の諸書を参考にして考案したのが、閏四月二十一日に公布された政体書である。その官制を下段に鈴木安蔵『明治維新政治史』（三四五頁）から図示した。

- 太政官（中央政府）
  - （立法官府）―議政官
    - 上局
      - 議定（行政官たる輔相兼任）
      - 参与
      - 史官、筆生
    - 下局
      - 議長（行政官たる弁事兼任）
      - 議員（貢士）
  - （行政官府）
    - 行政官
      - 輔相
      - 弁事
      - 権弁事
      - 史官
    - 神祇官
      - 知官事
      - 副官事
      - 判官事
      - 権判官事
    - 会計官、軍務官、外国官（何れも右に同じ）
  - （司法・検察官府）―刑法官（右に同じ）
- 地方官（地方機関）
  - 府
    - 知府事
    - 判府事（京都、江戸、大阪）
  - 藩―諸侯（四十万石以上大藩、十万石以上中藩、一万石以上小藩）
  - 県
    - 知県事
    - 判県事（旧幕府の直轄領たりし所）

政体書は欧米の三権分立の精神をうたってはいるが、当時のわが国の有識者が、その政治思想を十分理解し、運用に万全を期すことは無理なことであった。その議事は直に施政として実行されるから、議政官と行政官とは、実際は一官の如き観を呈することとなった。ただ下局は議事所たる機能を幾らか発揮した。五月に下局は貢士対策所と名称を変更し、毎月三回、諸問題を審議したが、ややもすれば、議論が空論に走り、或いは妄りに衆説に雷同する者が多い等、成果が上がらないのは、当時としては、止むを得ぬことであった。

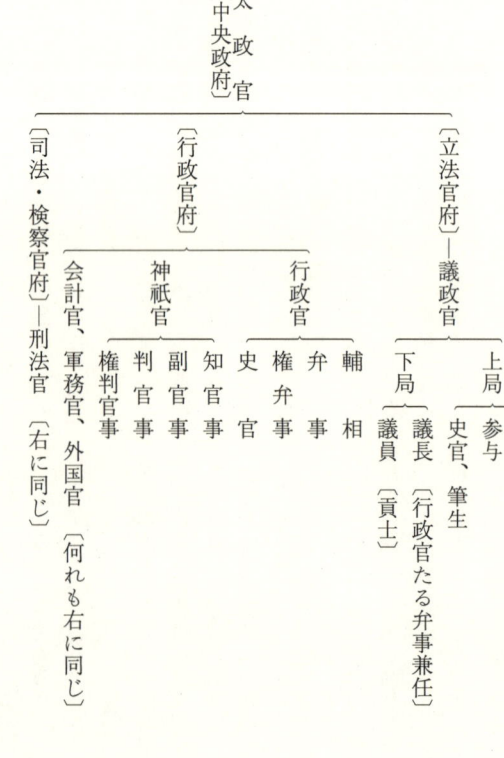

参考⑦　開成所と束修〈関連項目＝10章註（35）〉

慶応四年（一八六八）ともなれば、開国十年、多くの外国人が来国し、また日本人も外国に旅行したり、留学して帰国する者も次第に増加しはじめた時である。学習に対する方法習慣の違いがあることは、既に先進者の間では認識されていたと考えられる。わが国の洋学校としては、幕府の「蕃書調所」の後身「開成所」が、最も充実した洋学機関である。倉沢剛『幕末教育史の研究　一』によると、

元来西洋学之儀ハ横文耳学問ニ無之、人之申置候儀を人ニ解諭し候事故、叮嚀ニ講義仕候ハヾ、横文字を不学候共各国之事情文物相分り候儀ニ付、以来開成所ニて日講相始候様仕度、且世上一般西洋学と申候ハ、横文字を習ひ候事と心得候哉ニ候得共、右様之訳には無之、横文字一字も不覚候共、各国之事情文物等相分候て、即西洋学出来候儀ニ付、別紙御触案之通、諸向江御達御座候様仕度奉存候、……寅十月　（二〇八頁）

と、慶応二年（一八六六）十月、開成所から老中へ上申した。そこで老中より大目付・目付に十二月二十八日に、

於開成所、西洋地理学、窮理学兵学歴史等、日講有之候ニ付、有志之者ハ罷出聴聞可致候　右之赴向ゝへ可被達候事。

と、広く一般に開成所の洋学を公開し、横文字を読めない者にも、日新実用の知識を広めようということになった。そこで慶応二年十二月に海軍奉行並・陸軍奉行並・山口駿河守および開成所頭取から、老中に対して上申している。

此程開成所学政改革之義申上候ニ付てハ、兼て陪臣入学之者、御直参之者と取扱方差別相立候様、被仰渡候趣も御座候ニ付、其辺勘弁仕候処、開成所寄宿寮、先般陸軍方より差戻相成、全く明寮ニ御座候間、右を藩士稽古所ニ仕、是迄之通、日ゝ教授方之者、今般申上候学政改革之手続を以、御直参之向教導仕候ハ丶、彼是互ニ相競、双方とも有用之人材、追ゝ出来可仕と奉存候。就てハ以後入学相願候者ハ、一ケ年壱人ニ付何程と申束脩為差出、右ハ其主人とゝより時節を定メ開成所江為相納候様仕候ハ丶、自然有名無実之者立入候弊も無之、往ゝハ有志篤学之者而已相揃、第一御場所御取締ハ勿論、双方互ニ相競勉励仕候処より、追ゝ非常之宏才碩学之徒も出来仕、当御場所之御成功相顕れ可申と奉存候。　（二〇九頁）

開成所では、この上申書に次のような下げ札を付けている。

本文修行人より束脩取立候儀、漢土ハ申ニ不及、王朝之大学寮ニも既ニ先例有之、且西洋諸国学校何方ニても、書生より束脩差出候儀ニ御座候。殊ニ当節長崎表済美館におゐても、束脩取立候儀も有之、左候得ハ、猶開成所御取立相成候迚も、敢て御失体之筋ニハ有之間敷と奉存候。　（二一〇頁）

大目付・御目付は老中に、

藩士入学生之主人とゝより、束脩為差出候ハ丶、生徒之もの師弟之礼節相立授受之道開け、有名無実の徒少く、実地考査之もの而已相成、往ゝ人材御教育之御一助ニも相成可申被存候。　（二一〇頁）

と賛意を表明している。

これら一連の老中への上申文書のいうところは、まさに教育を受けるものが、教育者に支払うべき代価を、日本流の「束脩」という言葉で表現していることである。他方開成所を巡る学生達の間には、洋学を学習するためには、相応の代価を支払うべきものだという意識が、受入れられつつあることも示しているといえる。

こうした状況を、外国方に関係しているから、福澤は当然承知していて、それならば、私塾としての慶應義塾の経営方法を、幕府より一歩進んだ形で実施しようと、維持経営費用を授業料という形で学生等に負担させることにして、これならば世間も認めると確信したのであろう。しかしちょうど維新の大動乱の時期にぶつかり、その適用を多少延期する配慮をせざるを得なかったようだ。

参考⑧　三田への移転〈関連項目＝10章註（38）〉

新銭座の塾（後期新銭座）は、慶応四年（一八六八）四月（明治改元は九月）、百名の寄宿生を収容するという、当時としては規模の大きな学塾としてスタートした。当時は強硬攘夷主義の言動を取るかに見えた新政府軍が江戸を占領している時であるだけに、洋学塾には必ずしも好適な情勢ではなかった。しかし江戸城が平和裡に開城されたこともあって、入社する学生の数は、早くも七月頃より次第に増加し、毎月十名を超える傾向が見えてきた。

明治二年（一八六九）二～四月には二十九・三十三・四十二名と入社生が急増しているのに、五～七月は十八・八・三名と激減しているのは、二月頃に敷地最奥部に二階建校舎を増築して、一時収容力を増大させたが、直にそれも一杯になったためである。八月汐留の奥平家本邸の長屋の一棟を借用し、最初は講堂としてのみ使用していたが、間もなく寄宿舎としても使用するようになった。このために収容能力がまた増加して、年末迄毎月二十名前後の入社生を収容できた。しかし十二月に、汐留の奥平本邸の一部が類焼したために、他に寄宿舎を確保する必要が生じ、とりあえず芝増上寺山内の広度院（約三十名収容）と、奥平家に関係のあった麻布古川端の龍源寺（約五十名収容）に寄宿舎を確保した。その時期は明確ではないが、火災から余り間を置かぬ時期であったと思われる。

義塾の評判が高まるのと比例して、新銭座の塾舎は窮屈になり、三年九月には、近くの江川長屋を借用して、なんとか入社生を収容するという状況であったことは間違いない。その頃福澤は新銭座の土地が湿気が強く、土地が臭いような気がすると自分だけの移転を考えた。しかし非衛生的なことは当然塾生にとっても好ましいことではないので、この際塾全体を移転させようということになり、移転候補地の探索が始まった。

当時の東京は、武家地・寺社地・町地とに区分され、明治三年の調査では、武家地は一、一六九万余坪という広大な面積であった。東京が首都となる際に、この広大な武家地が極めて有効な役割を果たしたのである。封建時代の慣習として、土地は為政者の所有物であって、武家地は無税であるが、為政者により自由に処分されるものと考えられてきた。諸藩に支給されていた土地は、個々の邸宅面積が大きく、新政府の役所や公共の施設を設置するのに極めて有効に使用された。これらの土地が、政府の命令一本で、特別の抵抗もなく使用できたのである。

大名の邸宅は、文久二年（一八六二）の参観交代制度の改革に伴って、藩主家族や、大部分の家臣らが国許へ移住し、江戸の藩邸は留守を預かる僅かな人数が残るだけで、邸宅は荒れ放題の状況を呈した。一方旗本屋敷は、徳川家の駿府移封に伴って、多数の旗本が静岡に移住したり、江戸郊外に移住した。勿論江戸に残り、いち早く生活のために新政府に出仕する者もあったが、街全体としては、武家地は荒廃した状況であった。

それが明治二年三月頃から、各官庁が東京で仕事を開始すると、当然のことながら官庁勤務者が東京に集まり、官吏には旗本屋敷が支給された。貧乏公家や下級藩士あがりの新官吏には、旗本屋敷は広大過ぎて住み難いとの苦情が出る始末であった。そこで一応官吏の地位身分によって等級を設けて住宅が割当られ、三年二月には細かく標準を設け直し、「諸官員拝借邸規則」が定められた。

新政府は東京を首府とする考えから、慶応四年（一八六八）七月には徳川家に対し、郭内の武家屋敷の売却を禁止し、将来官庁その他の使用に当てる方針を採った。郭内とは江戸城を中心とする外濠縁にある大体十五の「見附」に囲まれる範囲である。即ち神田橋・常磐橋・呉服橋・鍛冶橋・数寄屋橋・山下門・幸橋・虎の門・赤坂・四谷・市ヶ谷・牛込・浅草の各見附に至る諸門に囲まれた内側をいい、外側を郭外と呼んで、郭内が重んぜられた。そのため八月には、東方の両国川筋と南方の芝口新橋川筋を境とする区域を、郭内に準ずる区域に指定した。

その上で、八月十五日に大名に対して、郭内では大小藩には屋敷一ヶ所、郭外では十万石以上の藩には二ヶ所、十万石以下の藩には一ヶ所の屋敷の所有を許可することとした。旗本に対しては九月二十三日に、「郭中屋敷は家作とも被召上候事。郭外屋敷地は被召上家作の儀は出格御慈悲之思召を以被下候事」と布告した。政府諸機関の設置場所や、諸藩士で政府役人になった人への住宅確保のための措置であった。

慶応四年七月江戸は東京と改められ、十月天皇の東幸により、江戸城が皇居とされ、諸官庁も東京に設置されることとなった。明治二年一月に郭内の建物の取り壊しを一切禁止し、建物の上納が命じられた。二月に天皇が東京に移住され、首都としての機能を明確にするためにも、郭内の範囲を一層拡張したが、実際問題として、武家地の荒廃が酷いので、六月には、

　万石以上以下邸宅手狭にて隣地拝借又は添地等相願度分は東京府へ可申出事。
　　但、相当の地代上納可致候事（六五頁）

と布告した。それでも猶武家地は相当部分が、荒れたままで、家は修理もせず放置されている状況であった。九月の兵部省の報告書によると（『明治初年の武家地処理問題』九五―六頁）、

一、凡六百拾軒　藩知事邸宅　　一、凡そ弐千軒　諸官員邸
一、凡八百五十軒　民部省大蔵省兵部省勤の者邸　　一、凡三十四軒　中大夫邸

一、凡二百三十三軒　下大夫邸
一、凡六十七軒　上士邸
一、凡千八百八十四軒　弁官支配邸
一、凡三千四百十三軒　弁官支配付邸
一、凡千軒　諸藩え御貸渡相済候邸
一、凡二千軒　同願中、其外邸

旧藩邸として六百軒以上が使用され、千軒以上が各藩に貸し渡され、八千五百軒程が官吏用の家屋となっている。諸官庁の必要とする邸宅が増大する傾向が見えてきたので、武家地や武家屋敷を各官庁が勝手に調達すると、混乱が予想されることから、十一月に、武家地に関しては一切東京府の所管とすることと決定された。

政府の役所が増加し、特に東京における軍用地の要求が増大する状況から、多くの旧大名地を取り上げる必要が生じた。そこで明治三年六月東京府から太政官に提出された伺い書が承認され、藩に一ケ所以外の藩邸を上地させることを命じた。これによって諸藩邸が多く上地された。

福澤が塾全体の移転を図ることになったのは、丁度そうした状況の時であった。移転候補地とした藩邸の旧所有者島原藩は、譜代七万石で藩主松平忠和は徳川斉昭の子である。

参考⑨　島原藩の土地取得〈関連項目＝10章註（41）〉

義塾が芝三田の旧島原藩中屋敷の貸下方を東京府に願い出た時の次第を『自伝』は、

時の東京府知事ニ頼込《たのみこ》むハ勿論私の平生知て居る佐野常民その他の人ゟも事の次才を語りて助力を求め塾の先進生惣掛りまて運動する中ニ或日私ハ岩倉公の家ニ参り初めて推参なれども御目ニ掛りたいと申込んで公ニ面會色々塾の事情を話して詰り嶋原藩の屋敷を拝借したいと云ふ事を内願して是れも快《こゝろよ》く引受けて呉れる

と、岩倉が気軽に依頼を承知してくれたように記している。岩倉を初訪問した時のことは、明治三年十月二十二日付の阿部泰蔵宛福澤書簡に記されている。（『書簡集』①一七七頁）

（熱海湯治から）帰府後直ニ屋敷之事を承候得ども、今以埒明不申。九分九厘まで出来候得共、何分兵部省より御用地と申義、表向ニ呼候義出来兼、今日まて因循いたし候次第（中略）依る一策を案し、私自から岩倉様之玄関江参り、罷出御目通り、思ふさまニ屋敷之事を御頼申候処、Wellcome《(Welcome)》ニる、急度不日ニ相済候様可致御請合なり。依る其外を聞合候処、実ハ此度之屋敷替ハ政府ニもインテレスチングニ思ひ、兵部省之御用之有無ニ不拘、別段ニ可相渡廟議あるよし。就るハ岩様の御声掛り、猛虎一声衆議忽可決と申事ニ御座候。尤岩倉公之御逢ハ昨日之事ニ候間、何れニも数日之手間ハかゝり可申奉存候。

島原藩邸が兵部省からも用地として候補に挙がり、義塾と競合関係になっていたように見える。

兵部省といえば、佐野常民は明治三年には兵部省丞を勤めている。福澤にとって佐野は緒方塾の先輩で、以前からの知り合いであったようである。また、福澤の最初の出版書である『増訂華英通語』の初版本（美濃版本、現在慶應義塾図書館蔵）を所蔵していた程で、福澤には相当好意を抱いていたものと思われる。

兵部省としては、他にも候補地があり、島原藩邸が絶対に必要不可欠の物ではなかったのであろう、岩倉らから口添えでもあれば、兵部省の要求邸宅は変更できるというので、岩倉にも一応話したうえで、福澤を訪問させ、そのお声掛りで、島原藩邸宅を義塾に貸与することに決定させたのではあるまいか。福澤は有名人にはなってはいるが、岩倉とは身分違いで、突然の訪問は非礼でもあり、そうした点には神経を使う福澤の行動として、不自然さが感じられるので、ここは佐野らの下工作があっての訪問ではないかと推測される。

『百年史』によると、島原藩邸貸下の許可が下りたのは、荘田平五郎の日記によって、明治三年（一八七〇）十一月晦日の少し前ということが明らかである。福澤は閏十月二十八日に母を迎えるために中津に向け出発している。恐らくこの日までには、島原藩邸貸与のことがほぼ確定していたのではなかろうか。許可書は左の文面である。

芝金杉川口町善兵衛借地　福　澤　諭　吉

其方儀近来広ク洋書ヲ訳述シ許多之生徒ヲ引立稗益不少候ニ付、出格之訳ヲ以三田二丁目島原藩上ケ邸壱万千八百五拾六坪、願之通拝借之儀御許容相成候。尤相当之地代可相納候。此段申渡候事。

但同所ニ有之候家作悉皆御払下相成候間、代金七百六拾九両弐分一朱可致
上納事

庚午（明治三年）十一月　　東京府

参考⑩　江戸城引き渡し後の治安〈関連項目＝10章註（40）〉

幕府が滅び新政府が江戸を掌握し、首都としての機能を完備するための、（明治初期の東京の市中取締りというべきか）警察制度等については、東京都の「都史紀要」の『市中取締沿革』・『東京府の前身　市政裁判所始末』・『明治初年の自治体警察　番人制度』や、太田臨一郎「ニュー・アメリカン・サイクロペディアをめぐって」（『手帖』7号）等を参考にしながら、その概略を述べる。

慶応四年（一八六八）正月の鳥羽・伏見の戦いに幕府軍が敗れ、慶喜が海路江戸に逃げ帰り、新政府は直ちに東征軍を江戸に向け発進させた。これに対し慶喜は恭順の方針を固め、その意向を帯びた大久保一翁や勝海舟の努力もあって、進撃してきた東征軍との間で、平和裡に江戸城の引渡しが行われた。しかし幕臣の中にはあくまでも抵抗を主張し、上野の山内に屯集する彰義隊の如き勢力も、なお多く存在した。

そうした空気の下で、直ちに市中取締りを官軍の手で行うことは、江戸の市民感情を必要以上に刺激して、治安を悪化させる危険があるので、総督府は四月二十一日旧幕府の町奉行石川河内守と佐久間鐇五郎に、市中取締りを命じた。町奉行所もまた閏四月三日に、従前と同様であるとの町触を出して、市民の鎮静化を諭している。

江戸市中取締筋之儀町奉行え御任せ被遊候旨、大総督宮様より被仰出候間、一際勉励可致旨田安中納言殿より被仰渡候に付、取扱振之儀相伺置候処も有之候得共、右は追て御沙汰有之候迄、前々之通り相心得可申旨猶被仰出に付ては、公事訴訟筋之儀は勿論、都て民情において不安儀有之候はゞ、無懸念月番町奉行役所え可訴出、右は御時節柄を憚差控居候間、改て相触候事

（『市中取締沿革』八一頁）

一ケ月後の五月三日、旧幕方の市中巡邏を止め、官軍方にて巡邏を行うこととしたため、彰義隊を始め官軍に反抗する者が、上野の山内に集合していて、自然官軍巡邏の者との間に衝突することがしばしば見られた。五月十四日官軍は明日これを攻撃することを予告し、十五日早朝より諸藩の兵を以て上野山内に攻撃を加え、一日にしてこれを鎮圧した。

上野の戦争が終了した五月十九日、官軍は江戸に鎮台府を置くと共に、それまでの旧幕府の町奉行・寺社奉行・勘定奉行を廃止して、「市政裁判所」「社寺裁判所」「民政裁判所」を置き、民政を行わせることとした。六月二十八日には江戸鎮台府の管轄地域が駿河・甲斐・伊豆と関東・東北地方にまで拡大された。市政裁判所の機能や職員は従前通りであったが、治安状態は平時的警察体制では十分成果を挙げることは望めない状況であった。

六月二一日市政裁判所は、

町中所々へ盗賊押込、又は抜刀を以往来人ヲ相威シ金銭奪取、手荒之及所業者有之（中略）右様及悪業候者有之候ハヾ、早速召捕又ハ疵付打殺候共不苦候。尤死体并召捕候者共月番裁判所へ召連可訴出其品ニ寄屹度御褒美可被下候。

（『市中取締沿革』九四頁）

と旧町奉行所と同様の対応方針を示している。「辻番」は大名・旗本が多く江戸を去ったことから、自然廃止の姿となった。「自身番・木戸番」も費用が嵩むことから、地主の困窮もあり、六月その閉鎖が認められている。しかしこの制度が市中の警備に大きな力となっていたことから、七月には町人から、「町兵」の制度を設けるようにとの出願がなされたが、許可にはならなかった。

鎮台府としては、東北地方の戦乱中で、江戸の治安維持に兵力を割く余裕がない状況を見た五千石取の旧旗本大久保与七郎が、内藤新宿にある自分の下屋敷を詰所として手兵を以て市中の取締を行いたいと願い出て、これが大総督府より許可され、七月十日には市中に触出されたと大久保の伺書に、記されている。

両町并近辺より注進次第速に出張、狼藉者穏便に取押、其筋え差出可申候。若彼より法外之所業仕候節は、不得止切捨打留候とも可仕、此方よりは決て過激の義不仕様、兵士共え精々申付、厳重の規律体認為仕置、晩成のもの宿内一両度づつ巡邏仕候はヽ、宿方も相助、一統安堵家業も営可申、取締も相付候義と奉存候。

（『市政裁判所始末』一九七頁）

裁判所では、「市政裁判所兵隊規則」を定め、裁判所の見廻りと協力すること、市政裁判所判事の指図に従うこと等を規定している。

七月十七日江戸が東京と改められ、鎮台府が廃止されると、有栖川宮は東征総督として、また東北方面の軍事専任として、駿河以東十三ヶ国を管轄されることとなった。江戸には鎮将府が置かれ、八月十七日従来の南北市政裁判所を廃止して「東京府」が開かれ、烏丸光徳《からすまるみつえ》が知事に任命された。

市政取締は、市政局の断獄方とその支配を受ける捕亡方の担当となったが、人数が少ないので、諸藩や旧旗本から兵隊や隊長を出させ東京府付属として、市中取締に当たらせた。これに前述の大久保与七郎の家来からなる市政裁判所付兵隊も加えられた。市中取締兵の担当警備区域を六つに分けて担当したので、八月二十五日市民に命じて屯所、関門を設置し、名主が其処に詰めて協力するように申し渡している。

九月二十二日会津藩が降伏し、東北地方の戦争が終息すると、十月に鎮将府は廃止されて、十一月頃より官軍が続々東京へと引揚げてきて、府下はまた混雑してきた。東京府は軍務官に対して三百人弱の兵員の増加を要求し、忍藩の兵員二百名が市中取締に任命され、十二月五日には関東地区の一橋・田安家以下三十の藩に命じて、市中取締の兵員を提出させ、担当区域も四十七区に分けている。

明治二年（一八六九）五月頃には、関東の小藩に加えて、阿波・彦根・越前・筑前の大藩が追加されている。これらの市中取締兵は、兵部省の命令で任用され東京府の取締りに当たっていたので、不便な点が多かった。そこで東京府は十一月に政府に対して、

当府入用之兵員は見込ニ付兵部省え可申達其上ニて同省より諸藩兵士撰兵之上当府え送り相成候儀は是迄之通り、其上にては約束号令進退駆引より賞罰黜陟ニ至迄、総て当府え御委任被仰付度奉存候。（『市中取締沿革』一九二頁）

と、東京府の兵士の形にすることを求め、太政官の許可が下り、十二月には、先の市政裁判所兵隊規則や市中取締規則よりも整った府兵規則ができた。

三年五月東京府は見廻り同心を改称した捕亡方を廃止して、府中取締は府兵一手で行うこととして、「府兵局」を設けた。四年（一八七一）二月五日制定の「東京府職制」の中の「府兵局」には、

此局ニ在テハ府兵ヲ指揮シ、市街ヲ巡邏シ、盗賊不良ノ徒ヲ探索捕縛シ、或ハ所々警衛ノ事ヲ掌ル。（『市中取締沿革』二一七頁）

と定め、警固卒を置くと定めた。更に六月廃藩置県が行われたので、諸藩より供出する兵で組織されていた府兵制度が維持できなくなった。そこで新たに邏卒三千人を募集して、東京の警察に充当することとなった。二千人は旧鹿児島藩から、残り一千人は諸藩より採用され、府兵と入替え市中の取締に充てたのは十一月である。

明治四年十一月の邏卒募集の時に「取締組大体法則」と「取締規則」を定め、府兵の例を踏襲して府下を六大区に分け、各大区に取締出張所を設け、総長以下の役を設けた。翌五年四月邏卒一千人を増加し、五月取締組の名称を公式に「邏卒」と改めた。八月になって、東京府に所属していた邏卒を司法省に移管し、同時に司法省内に警保寮が置かれ、ここに警察制度はおおいに整備された。

第一条　頭　権頭　本省卿輔ノ指揮ヲ受ケ全国警保ノ事を総提シ、大小警視以下ノ諸員を管督シ、寮務ヲ宰処ス。

（以下助　権助　大属　権大属　中属　権中属　少属　権少属　大警視　権大警視　少警視　権少警視　大警部　権大警部　少警部　権少警部　巡査の階級を記す）

巡査　等外

第一　番人十員毎ニ巡査一員ヲ以テ定員トナシ、各小区ニ分派シ、小頭及ビ番人ノ其職ヲ尽スヲ監ス。

第二　昼夜一度ツヽ、其区内ヲ見廻リ、或ハ不時ニ見回リ、時々其情状ヲ警部ニ報ズ。

第三　犯罪者アレバ直ニ逮捕シ、又番人ヲシテ逮捕セシム。

第四　其外違式詿違ノ箇条ヲ犯ス者ハ、番人ヲシテ之ヲ小区屯所ニ拘引セシム。

第五　地方ノ逮部ヲ兼ル時ハ、其職掌章程第八章第九章ヲ照スベシ。

（『番人制度』一四―一七頁）

「警保寮職制」は、ほぼ今日の警察制度に近いものができている。

警保寮は全国の警察を掌握するから、東京の警察が手薄になるので、その弱点を補うために、番人の制度が設けられた。番人設置の意図は、十月の各区の戸長への達しに述べている。

府下取締候儀ニ付テハ、府兵設置以来続テ邏卒ヲ被置、人民保護之筋厚ク御世話被下候得共、右ハ府下騒擾之後出格之訳ヲ以テ取設置候儀ニテ、其実ハ

人民之安寧ハ人民自ラ之を保護スルハ相当之儀ニ付、今般是迄之邏卒御改置可相成候条、自今海外之方法ニ照準シ、各区中民費ヲ以番人取立可申候。

（『番人制度』一一頁）

太政官は明治五年（一八七二）十月十二日頃神奈川県に対し、

今般警保寮職制并東京番人規則等御取調相成候条、其県七等出仕石田英吉取調来候邏卒規則為御参考御入用ニ候間、早々可差出也。

（『番人制度』一三頁）

と命じている。石田は神奈川県に奉職中、横浜のポリスの実際を経験した上、五年の夏には、九等出仕の粟屋和平と共に香港に派遣され、香港・上海・澳門等のポリス制度を調査してきたのである。横浜では五年に『邏卒勤大問答』と題する半紙版の和本が大築拙蔵訳本として、横浜活版社から出版されている。警察制度の整備の必要が感じられている現れであろう。

五年九月には、川路利良らが欧州に派遣され、警察制度の調査を行い、帰国して行政警察と司法警察を明瞭に分けることを提案し、その意見が容れられ、七年には警保寮を内務省に所属せしめ、又同年警視庁を設け、邏卒を改めて巡査と称し、巡査規則及び心得を制定した。特に、東京の行政警察事務は警視庁に移された。

11、暗殺の心配

196頁14〜15行目　三田の屋敷の門を這入て右の方ニある塾の家ハ明治初年私の住居で（1）

義塾が広大な三田の旧島原藩の中屋敷に移転した当初の福澤の住居が、何処に建てられたかは、必ずしも明確ではない。『諭吉伝』第四巻第四十六編「第八住宅の建築」（五二六頁）の項に、

先生が初めて新住宅を建築せられたのは明治四年三田に移られた後のことであつて、移転の当座は、邸内の西側の方に在つた舊島原藩重役の住んでゐたといふ古家と、それに接してゐた舊道場か何かの板敷の建家を修繕して一時の假住居とせられ、そのうちに表門の坂を登つた右側、今の〔マヽ〕圖書館の在るところに新に住宅を建築せられた。此新宅には狭い一間の三階があり品川灣を一目に見下して眺望がよいので先生はこれを書斎とせられ、下には十二疊ぐらゐの廣間の客室もあつて、後に演説の稽古をしたのも此廣間である。而して其押入のところに揚げ板を設けて萬一の逃げ道とせられた。（中略）塾の発展に従ひ此家を他に使用するの必要が生じたので、明治六七年頃邸内東南隅の崖に面した地所に更に住宅を新築して轉居せられた。

とある。表門に近く新しく建てた家屋に移住したのは、三田移転後余り時間を経ていない頃といえる。

『慶應義塾五十年史』（一二九頁）の「明治初年ノ図面」には、塾の北東角の所謂「幻の門」（現在の東門）を入り、階段を登った右側の東奥に、「先生」と記した独立住宅が書かれている。次に鎌田栄吉寄贈の「慶應義塾全図」（明治八・九年〔一八七五・六〕頃という）に描かれた、朝吹家となっているのが福澤の住居である。場所は旧図書館の所か或いはその春日神社寄りの辺である。

なお明治三年十一月に、郷里中津で姪と二人で暮らしていた母を、ようやく説得して、東京に連れて来て、同じ三田の構内の一軒家に住まわせたその家は、福澤が最初に住んだ家の隣の長屋の一軒だという。恐らく前記「慶應義塾全図」の和田・森下の住居とされている所であろうと思われる。

197頁9〜10行目　開國の初ニ横濵で露西亜人の斬《き》られたことなど（2）

安政六年（一八五九）六月二日横浜では、アメリカの神奈川領事ドールが神奈川青木町の本覚寺に仮領事館を開き、幕府も横浜の開港を布告し、商人の移住奨励策として、当年に限り地代を免除した。六月五日神奈川居留地を定め、在留外国人の遊歩区域を六郷川以西十里以内とし、神奈川奉行の取締り区域とすることを布告した。九日オランダ領事も、成仏寺を仮領事館とした。

江戸では、各国に広大な寺院が公使館として提供されていた。老中等幕府高官が、諸大名以上に外国人に丁重に接する様子を見て、攘夷論者は、それを幕府の弱腰態度として非難した。士農工商の階級意識から、外国商人等への一層の敵愾心を燃やした。七月二日アメリカ公使館通弁官のヒュースケンが路上で暴行を受けた。公使は早速幕府に訴え、犯人処分と爾後の取締を求めたにも拘わらず、九日に再度暴行を加えられた。十一日イギリス総領事オールコックらが厳しく外国人に対する日本人の暴行事件等の取締方を要求したこともあって、七月十七日幕府は外国人に暴行を加えることを禁止し、違反者は処罰する旨を布告した。しかし、状況は変わらなかった。

七月十八日ロシア使節の東部シベリア総督ムラヴィヨフが、日露修好通商条約の批准交換と、樺太の国境確定交渉のため、六隻の艦隊を率いて品川に来航し、二十四日三田の大中寺を宿とし、二十六日より、若年寄遠藤胤統（のち胤緒）・酒井忠毗《ただます》らと愛宕下の天徳寺で国境問題の交渉を開始した。二十七日ロシア軍艦アスコルドの士官・水夫ら四名が横浜に上陸し、横浜町三丁目の青物屋徳三郎方に立ち寄り、出て来た所を、暴徒のために襲われ、見習士官ロマンモフェト及び水兵二人が殺傷された。

犯人特定の有力な証拠品が発見されないため、犯人は容易に逮捕されなかった。

『藤岡屋日記』の安政六年（一八五九）八月十七日条に、次の町触れが記されている。

当七月二十七日暮六時頃、神奈川横浜町ニ於て、何者とも知れず魯西亜人を殺害ニ及び逃去、行衛不相知、其節魯西亜水夫所持金銀ブリッキ箱入之儘紛失之処、其後神奈川太田町堤外海面に右箱銀銭十六枚、金銭壱枚入捨有之候。且右刃傷ニ及び候場所ニ、左之品ヾ捨有之候。

一、麻鼠色之割羽織　壱　一、刀之折れ　七寸程　一、麻裏草履　片足

右之通に候間、末ヾに至迄、遂穿鑿、怪敷もの見及び候ハヾ、最寄奉行所御代官処ぇ訴出べき者也。

右之通、可被相触候　八月

二十八日ロシア領事より犯人逮捕・厳罰が要求されたが、神奈川奉行水野忠徳は現場にも現れなかった。また犯人探索・逮捕のため、町内の戸締・港内出船の停止・横浜での帯刀禁止の要求に対し、奉行所は出船停止は一応発令したが、直ぐに解除し、僅かに事件のあった町内だけ、ロシア人の葬儀の済むまで商人に自発的に商売を遠慮させるだけであった。その後慶応元年（一八六五）水戸の天狗党の一味の訊問により、小林幸八と言う者が下手人だと判明したので、捕縛され、同年五月、横浜で梟首となったと、『幕末外交談』に記述されている。

ロシア側は、日本の高官が旗艦を訪問しての謝罪。神奈川奉行の罷免。犯人逮捕のうえ犯行現場で、ロシア士官立会いのうえ死刑。殺害されたロシア人の墓碑の永久保護等の項目を要求してきた。これに対し幕府は早速八月二十八日神奈川奉行の加藤則著《のりあき》と水野忠徳を罷免し、普請奉行・軍艦奉行に転出させ、九月一日にロシア側艦長ウンコウスキーに対し、正式にロシア側の要求を承認する旨を通告した。

水野忠徳はその後、文久二年（一八六二）の遣欧使節の一員として派遣されることが内定したが、このロシア水夫殺害事件の処理の際の不手際から、奉行は不誠実だと言われ、それが影響して、文久二年イギリスから、水野を遣欧使節団から外すように注意され、使節団から除外されてしまった。

197頁14行目　塙二郎《はなわ》ハ國學者として不臣なり（3）

塙次郎忠寶《ただとみ》は、江戸後期の国学者保己一の四男で、文化四年（一八〇七）十二月八日三番町（現在の千代田区）に生まれ、文化五年（一八二二）父の跡を継いで、和学講談所の御用掛としてその経営管理に当たっていた。文久元年（一八六一）頃、老中安藤信行（のち信正）の依頼を受け、その邸を訪れ、寛永（一六四三）以前の外国人待遇の式令等の調査を行ったのを、前田健助（夏蔭）と共に廃帝の事例を調査したと誤伝され、ために文久二年十二月二十一日に、知人中坊広伴邸での歌会の帰途、九段坂附近で、長州藩士伊藤俊輔（のち博文）、山尾庸三らに襲撃殺害された。享年五十六歳。彼の著書には、『南朝編年稿』四二巻。『近世武家名目一覧』。『近世花押分類』。『集古文書』。『古簡雑纂』十二巻。『現存書目補正考』五巻。『和学講談所書目』等がある。

廃帝説は安政五年（一八五八）に堀田正睦・間部詮勝《あきかつ》等が京都に上る頃に一時噂が流れたが、文久元年頃から再度噂が流れた。出羽国田川郡庄内清河村の郷士清河八郎、武蔵の人安積五郎（のち那珂通高）、薩摩藩脱藩士伊牟田尚平ら、攘夷論の志士らが、水戸で、幕府は天皇が攘夷論を支持されるのが不都合なので、廃立のことを考えているとの説を聞き、その不忠者を排除する運動を起こしたといわれている。『維新史』第二巻には、水戸藩士野村彝之介《つねのすけ》の雑記中に、塙の名を明記した記録を引用している。

一、御譲位一条、五月比より風説有之、調は塙検校悴次郎・前田謙介書記頭取にて加藤総兵衛・高木幸次郎・奥右筆所詰表御右筆格小川忠衛門、右五人え御内調被仰付候よしに相聞候間探り見候處、彌無相違事に有之、扨々不容易云々

また同時期の『鈴木大雑集』文久元年七月四日条にも、廃帝説の資料が引用されている。

一公邊ニて専ら御譲位の御調有之御家へも問合せ等有之候ハ、廿日方之事也
何歟御焼失ニ付調べ候由に候得共催促烈しく候。

清河らは京都に上り、中山家の諸太夫田中河内介と相談し、薩摩藩を蹶起さすべく西下し、十二月三日には肥後の高瀬に同志松村大成を訪ねた。ここで、同じく薩摩藩の同志に蹶起を促すために南下してきた福岡藩士平野国臣に逢い、廃帝説を告げている。平野国臣と清河八郎らは合流して薩摩に入り、島津久光に「尊攘英断録」を提出して、薩摩藩の奮起を促した。

『維新暗殺秘録』によると、塙の廃帝説は、同じ国学者の鈴木重胤が、『日本書紀伝』に、「次郎、前田夏蔵と老中安藤信正の命を以て廃帝の典故を按ず」と記したのが広まったとしている。

次に『藤岡屋日記』の文久二年（一八六二）十二月二十三日条を掲げる。

○　十二月二十三日朝　日本橋擬法珠ニ有之

塙次郎

此者儀、昨年逆賊安藤対馬守と同腹致し、兼而御国躰をも乍弁へ、岡田謙介両人無謂旧記を取調候段、大逆之至り、依之昨夜三番町ニおゐて、加天誅もの也。

十二月二十二日

右之通、板ニ相認、日本橋之擬法珠ニ結び付有之、昨朝番人正蔵見出し候ニ付、今日北御番所江御訴ニ相越す。

文久二戌年十二月二十四日室町壱丁目同専助
通壱丁目　行事　作右衛門

有難き神の御末を廃すとて
おのが身になる　はなハ散りけり

塙が廃帝の調査を行ったと記した鈴木重胤も、翌文久三年八月十五日夕方、江戸本所小梅の僑居で、上ノ山藩主松平信庸《のぶつね》の使者と称する二人連れの刺客に襲われ、抜き打ちにされた。十八歳の息子が駆けつけたが、これも斬り付けられたという。この事件も、同じく日本橋に左のように貼紙された。

鈴木重胤

此もの義、年来皇国の学を奉じ、口ニ正名を唱へ、御国躰を乍弁、奸吏と通じ、正義の士を害せんと致し候条〻、不届至極ニ付、昨夜其宅ニおゐて加天誅もの也。

亥八月

尚〻此者に同腹致し候者、改心不致候ニおゐては、追而必誅戮加ふべし、此札三日之内さらし置可申、若早々取捨候ものハ、同罪ニ行ふもの也。

（『藤岡屋日記』）

『維新暗殺秘録』では更に、犯人は肥前島原藩士梅村晋一郎で、鈴木殺害後直ちに水戸に行き、藤田小四郎に会い、鈴木殺害のことを報告すると、藤田は残るは中村敬宇だとして、薄井督太郎に刺客を命じたため、薄井が八月二十一日に江戸麻布丹波谷の中村家を襲撃し、「塙・鈴木らと幕命を奉じ、承久の故事を調査したとの噂は本当か」と詰問、斬り付けようとした時、隣室より母が飛び出し、「嫌疑の点は確かな証拠が在っての事ならば、母の手で敬宇を処分する。単なる風説によるならば、再調査してほしい」と言ったので、薄井は敬宇を斬るのを中止して引きあげたので、中村の命が助かったのだと記している。

197頁14〜15行目　江戸市中の唐物屋ハ外國品を賣買して國の損害するとて（4）

「國の損害するとて」と記されているのは、「国益にならない」とか「国に損害をもたらしている」といった意味だろう。

文久三年（一八六三）は、長州藩を中心とする攘夷論が盛んで、政治的に幕府に攘夷の実行を迫り、幕府は国内策として、鎖港方針を打出したので、貿易に携わる内外人の不安を強めた。そのため折角開港場で貿易に当たらんとした内外の貿易商人に大きな影響を与えたが、それにもまして恐怖心を高めたのは、九月十五日夜、横浜本町辺に、「報国隠士」の名で、「糸会所取建候三井八郎衛門・大丸屋正右衛門其外組合の者共へ」との宛書で書かれた張紙である。

糸荷を我得手勝手取扱、且神奈川関門番人並に積問屋共申合、謂無く世話料請取、荷物運送迄荷主に拘らず自儘取扱、不正口銭貪り候事（中略）非道にて貯持所の金銀并に開港以来貪り取候口銭

（「嘉永明治年間録」、『横浜市史』第二巻、四〇八―九頁）

開港以来糸価が騰貴し万民に困難をもたらしたのは、貿易商人どもが、権家へ立入り、奸吏へ賄賂を贈るからである。利益を貧窮人に分配しないならば、烈風に乗じて焼き払うというもので、おそれをなした糸問屋では二十日間、この脅迫に対して、特に厳重な取締方を町奉行所に嘆願したという。

同じ「報国隠士」の名で、十月十四日に江戸呉服町自身番屋表に貼り紙がなされていたことが、『藤岡屋日記』に記されている。

万民を苦メ、自分モ不顧国害醸革、三井・大丸・丁吟・丁甚・中三・唐七・柏屋・山形・白木・松居・辻新・其他糸問屋共、困窮人江能〻可申聞。

糸問屋共、悪計ヲエミ、会所を取建、諸人之難儀も不顧、非道ニ貪り取処之金銀、困窮人江配当為致可申、若、欲情ニ迷ひ其儘差置ば、烈風之折焼立可申旨、外と江張リ示処、今其形勢無之、同志之者怒憤之余り、火を放し焼尽さバ、遠近無罪之者難渋可致、依之此書を写取、為証拠隣町申合、彼者共店と江罷越、配当金請取可申、及違背バ、同志之者申合、焼尽しとせん。

報国隠士

横浜に出されたものと同趣旨の貼り紙である。

更に『藤岡屋日記』文久三年十月廿五日条に、横浜貿易に関係ある商人を狙った事件が記されており、続いて翌廿六日条に、上野元黒門町の月行事よりの張紙の報告として明白に外国貿易に関係ある者を非難し、「赤心報国之面と」の名で商家に押掛け店員を殺害した事件の内容を記している。

神田紺屋町二丁目横町
吉右衛門地借　唐物渡世　中村屋　金助

右之者宅江、今暮六ツ半時頃、浪士躰之者四人ニ而罷越、表之方雨戸〆置候処、唐物類見せ呉候様申之、声掛立入、三人見世江上り、壱人は上りロニ罷居、召仕市兵衛事庄五郎外六人程見世に罷在、右庄五郎応対致候処、同人ニ向ひ、其方主人ニ有之候哉之旨相尋候ニ付、召仕之趣相答候処、尚又、横浜表江見世差出有之哉之由承り候間、右躰之義無之段相答候由、然ル処、上りロニ罷居候者、帯し居候刀を抜、庄五郎へ切掛り候様子見受候間、外召仕之者共迄同勝手之方江逃去申候故、其後之子細柄、聢と見留不申候得共、前書庄五郎へ肩先其外数ケ所為疵負逃去申候

此度、為神州挽回、御膝元は勿論、諸国ニ至迄、其意を示し、是迄横浜交易致候は、天下許ニ相心得居候得共、是全肝(奸)吏共之許置候事ニ候間、此先交易は勿論、異国ゟ相渡候無(益)易之品売買之儀は、請売たり共、致候者於有之は、早速吟味之上加天誅もの也。

亥十月

こうした強迫的事件が商人達に与えた影響は強烈なものがあったと思われる。

198頁15行目　三輪光五郎（5）

元治元年（一八六四）春中津に帰郷した福澤が、島津祐太郎らの助言を得て、将来、藩の英学塾の経営に中心となって活躍してくれる人材をということで選んだ六人の俊才の中の一人である。六人とは、小幡篤次郎・同仁三郎（のち甚三郎）・浜野丑之助（のち定四郎）・小幡貞次郎（のち野本貞次郎）・服部浅之助らと三輪である。

中津藩士三輪光五郎については、『慶應義塾出身名流列伝』に記されるのみで、嘉永元年（一八四八）三月の中津生まれとある。父の名は記されていない。中津藩分限帳に依ると、藩士に三輪姓は百石取の三輪十太（父十郎左衛門）家と十五人扶持二十石二斗六升取の家中格三輪一彦（父丈助）家の二軒である（明治五壬申年二月改正　士族卒分限帳写）。そのいずれであるかは確認できないが、小幡篤次郎の姉が、三輪一彦に嫁していることから、或は一彦家の出身ではないかとも思われるが、確認はできない。

江戸に出て、築地鉄砲洲の福澤塾に入り、十五六名の学生と共に英学を修めたり。時に年僅かに十七歳なり。

慶應二年（一八六六）夏、将軍家長州征伐の事あり。藩公奥平氏は徳川氏譜代の家なれば、勢ひ徳川氏に與して長州を抑ふるところなかる可らず。茲に於てか藩士の外にあるもの悉く帰還せらる。氏亦同年七月国に帰り、隣国の変に備ふるの身となれり。既にして戦熄み、同三年再び出京して義塾に入る、

と記されている。

長州征伐に際して藩から征伐参加の帰国命令が出たが、福澤は、学生の帰国を止めている。この時三輪は帰国し、小幡兄弟らは江戸に居残ったことは、『全集』⑲所収の「慶應三年の備忘録」（一八四頁）の記事から推測できる。

九月

一、金百貳拾三両壹分貳朱
丑九月より卯正月迄両小幡兄弟三輪光五郎の爲め費し候高
一、同百両有餘
卯正月より同七月迄小幡恭平貞次郎の為め費し候高

一、同六兩

　同斷の間篤仁の爲め費し候高

　右は九月七日取調に付記念の爲め記し置

江戸に留まった中津藩の学生への仕送りは中止され、その学生らの生活費は福澤が種々の方策を講じて工面している。

　丑とは慶応元年、卯とは同三年のことで三年一～七月分に三輪の名はない。三輪は慶応三年再度出府し、そのまま明治初年まで義塾にいて、出版関係の仕事に関係していたことは、『慶應義塾出身名流列伝』に以下のように記されている。

　明治三年の頃福澤先生は不完全なる活版機械を買求め、自ら率先して植字に従事し、其頃必要なりし経済書地理書等を英字にて組まんと企てられしも、機械の不完全なる為め、終に好結果を奏するに至らざりしが、氏は此の頃桜井常（恒）次郎氏（慶応二年三月下旬入社）と共に此業に従事し、以て同五年（一八七二）の春に及べり。

『福沢屋諭吉の研究』によると、三田に移転した福澤は、邸内北側の長屋を印刷工場とし、ここに職工をも住まわせ、義塾が印刷出版、尚古堂（岡田屋）が販売という分業関係を明確にして、活発な活動を展開したと記している。この時期の出版物の特徴は、児童用教科書関係が充実していたことが指摘されている。この印刷所が義塾出版局となるのは、明治五年（一八七二）八月であるが、三輪はその直前の六月に、築地の海軍兵学寮の英学教授になっている。明治九年兵学寮を辞任し、東京医科大学事務局に移り、同二十四年同校を退職し、明治二十六年には、目黒村のエビスビール会社に入り、倉庫売買関係を担当。三十二年春病気のため一年間休職し、復職後副支配人に、三十五年には支配人となったが、再度の病気のため九月退社した。晩年隠居して、昭和二年（一九二七）四月死去。

　『諭吉伝』第一巻には、「此編（第十一編鉄砲洲時代）の事実は此人の談話に據るものが多い」と記しているから、正確な記憶の持ち主であったと思われる。しかし帰国しなかった小幡兄弟らにその後何らの問題が生じていないように見える点から、慶応二年（一八六六）の中津藩の帰国の命令には、帰国免除の条件がついていたのではないかと思われる。

198頁18～19行目　＝やがて長門《ながと》ハ江戸ニなる＝とゝ何とゝ云ふゝとを面白さうニ唄ふて居る（6）

福澤が中津藩の俊才を連れて江戸に戻る途中、長門の室津に寄港し、髪結い床へ行った時に、土地の子供らが唄っているのを聞いたという歌の文句である。当時の長門の状況を反映しているとみることができる。

幕府を潰して、長州藩が天下を支配するのだといった過激な歌が、子供の間にも口ずさまれたのであろう。

その歌の歌詞は不明であるが、『奥羽越列藩同盟』に、

　会津城下は奥羽越列藩同盟が成ったことで浮かれており、「都見たくばここまでござれ、いまに会津が江戸になる」などの俗謡さえ唄われていた。

と書かれている。藩の士気を高揚させるために、これに似たような歌詞が唄われていたのかもしれない。

元治元年（一八六四）に福澤が中津に帰国するため江戸を出発した日や、江戸に戻った日については、道中用の木槍等を借用したりしたことが、『木村摂津守喜毅日記』に見える。

　三月十九日　福諭来、陸路帰省取極候由。

　三月二十一日　福沢来、弥明廿二晴次第出立之由、木槍一本借遣ス、　福沢へ餞別団扇二絵帋36枚遣ス、栄翁（土屋栄翁、木村家使用人か）持参。

　三月二十三日　福沢今朝出立懸、暇乞ニ来。

　六月二十六日　福澤子範本日帰府之由

　七月四日　福沢子範来談、国産之土宜献呈。

右の記事から、三月二十三日朝出発し、六月二十六日の帰着が確認できる。福澤らが中津を出発し、長門室津に寄港した日時は勿論明確にはできないが、当時の一般の旅行の所要日時から推定すると、江戸～大坂間が十二・三日、中津～大坂間の船旅が一週間程であるから、六月初頭に中津を出発したと見るのが妥当であろう。

199頁4行目　戸田何某と云ふ人（7）

戸田大和守忠至《ただゆき》〔文化六〜明治十六年（一八〇九〜八三）〕は、宇都宮藩主戸田氏の一族として、文化六年（一八〇九）八月十一日に宇都宮に生まれ、天保十三年（一八四二）同藩の家老間瀬家一千石を相続、間瀬和三郎と称した。藩主戸田家では、安政三年（一八五六）前藩主に子がないまま死去したため、その弟で十歳の忠恕《ただゆき》が家督を相続した。和三郎はこの幼主を輔けて藩政改革を行い、豪商川村伝左衛門・菊池教中らに命じて新田開発を行わせ、成果を上げた。

藩内には強硬な攘夷論者が多く、文久元年（一八六一）五月、藩が麻布善福寺のアメリカ公使館の警備を命ぜられた時、問題を起こしては藩の存続に関係することになる恐れがあるので、間瀬が先頭に立って辞退運動を行って、江戸城二の丸火の番勤務に代えることで、善福寺警備を免れた。文久二年正月の坂下門事件では、藩内から大橋訥庵・菊池教中らが逮捕され、藩の立場が不利となった事から、家老縣信緝《あがたのぶつぐ》（六石と号す）らと共に、名誉回復のため、荒廃している畿内の天皇陵の調査・修復事業を、藩の事業として行うことを、丁度東下中の大原重徳勅使に陳述し、その賛成を得て、同年閏八月、藩より幕府に願い出て許可され、藩主忠恕が山陵御締向御普請御用を命じられ、実務は間瀬和三郎が担当することとなった。

間瀬は早速具体案を提出し、これが所司代より武家伝奏に通告された。間瀬は姓を戸田姓に復姓して名も忠至《ただゆき》と改名し、藩主名代として、十月十日上京した。早速議奏正親町三条実愛《さねなる》（のち嵯峨実愛）に実施計画を披露してその許可を得た。更に二十二日朝廷より山陵奉行に任命され、のち従五位下大和守に任命された。

文久三〜慶応元年（一八六三〜六五）の三年間で、神武天皇御陵を初め、大和・山代・丹波等の天皇陵一二〇基の調査と補修を行った。その補修方針としては、時代により差異があるので、強いて画一化することは、かえって古制を失うので避けるべきだとして、旧形を保存して周湟を復し、周堤には柵を設け、御拝所を作り、陵名の石標を建て、神明門を造る等、一陵五五五両の見積で工事を行うこととした。一〇〇陵分の費用は幕府よりの出金を仰ぎ、残余の費用は、藩内の豪商や富農の献金で賄う方針であった。奈良・飛鳥・吉野さらに河内・和泉と調査の結果、荒廃しているものが意外に多いことが判明した。補修工事は先ず神武天皇陵より着手した。宇都宮藩のこうした行為に刺激され、館林藩主秋元志朝《ゆきもと》・津藩主藤堂高猷《たかゆき》らも御陵補修を願い出ている。

慶応元年（一八六五）山陵修補の事業が完了したので、翌年三月宇都宮藩より、本高七千石、新田高三千石が分知され、下野国高徳（栃木県塩谷郡藤岡町）に陣屋を構え、大名に列せられた。慶応三年七月には若年寄となり、十二月十四日には新政府の参与兼会計事務掛となり、四年二月会計事務局判事となったが、閏四月二十一日罷免されている。明治二年（一八六九）権弁事・内弁事・宮内大丞・諸陵頭等を歴任し、明治五年退隠した。その間明治二年五月、家督を子忠綱に譲っている。高徳藩は明治三年八月下総国曾我野（千葉市）に転封し、翌四年七月廃藩となっている。忠至は明治十六年三月七十五歳で死去した。

199頁8〜9行目　中村栗園先生の門前を素《す》通《とほ》りしました（8）

栗園はペリー来航の嘉永六年（一八五三）以来尊王攘夷論を主張するようになった。文久頃からは特に強く勤皇論を主張し、水口藩の豊田謙次らと交わり、藩の尊王攘夷派の中心的人物として活躍し、慶応末年には、藩主を説得して宮廷守護を志願させ、四年（一八六八）正月の鳥羽・伏見の変には、岩倉具視に献策するなどの活躍をした。

福澤は中津藩から蘭学を教えるために江戸に呼ばれ、安政五年（一八五八）大坂の緒方塾から岡本周吉を伴って出府する途中で、栗園の家に立寄っている。栗園が諭吉を大いに歓待し、幼少の時の話などを聞かせたのは、尊敬する親友福澤百助の遺児の立派な成長振りを見た喜びと懐かしさからで、歓待溢れる接待をしてくれたのである。しかし万延元年（一八六〇）桜田門外事変後、京都で攘夷論が盛んになってくると、水口藩は京都に近いこともあって、藩内でも次第に攘夷論者が増加すると共に、その中から過激な主張に染まる者も出てきて、藩首脳部の動きに飽きたらず、実力行使によって保守派の要人に対してテロ行為に出る者が現れるようになってきた。元治元年（一八六四）二月十九日、家老岡田直次郎が、大谷法主勧化の宴に招待されての帰途、暗夜に紛れて凶徒に襲われ殺害された。事件後邸宅の門への貼り紙から、犯人は血気に逸る過激攘夷論者と推測されている。

小藩とはいいながら、一藩の家老が過激派志士に暗殺されたということは、当の水口藩は勿論、近隣の諸藩にとっても、大事件であって、当然近隣の道中でも大きな話題になったものと思われる。事件から一ケ月余して、福澤は中津に帰国するために、水口を通過している。その道中でこの事件の噂を当然耳にしたのであろう。そこで中村栗園の様子をそれとなく尋ねてみて、「近来もっぱら孫子の講釈をして、玄関には具足などが飾ってあるという」噂を聞き込んだのではなかろうか。そのため福澤は往復とも、危険をさける意味で、心ならずも中村家を訪問するのを避けたものと思われる。［1（8）、10（5）］

200頁小見出し　増田宗〔宋〕太郎ニ窺はる（9）

増田家と福澤家との親戚関係系図を示す。

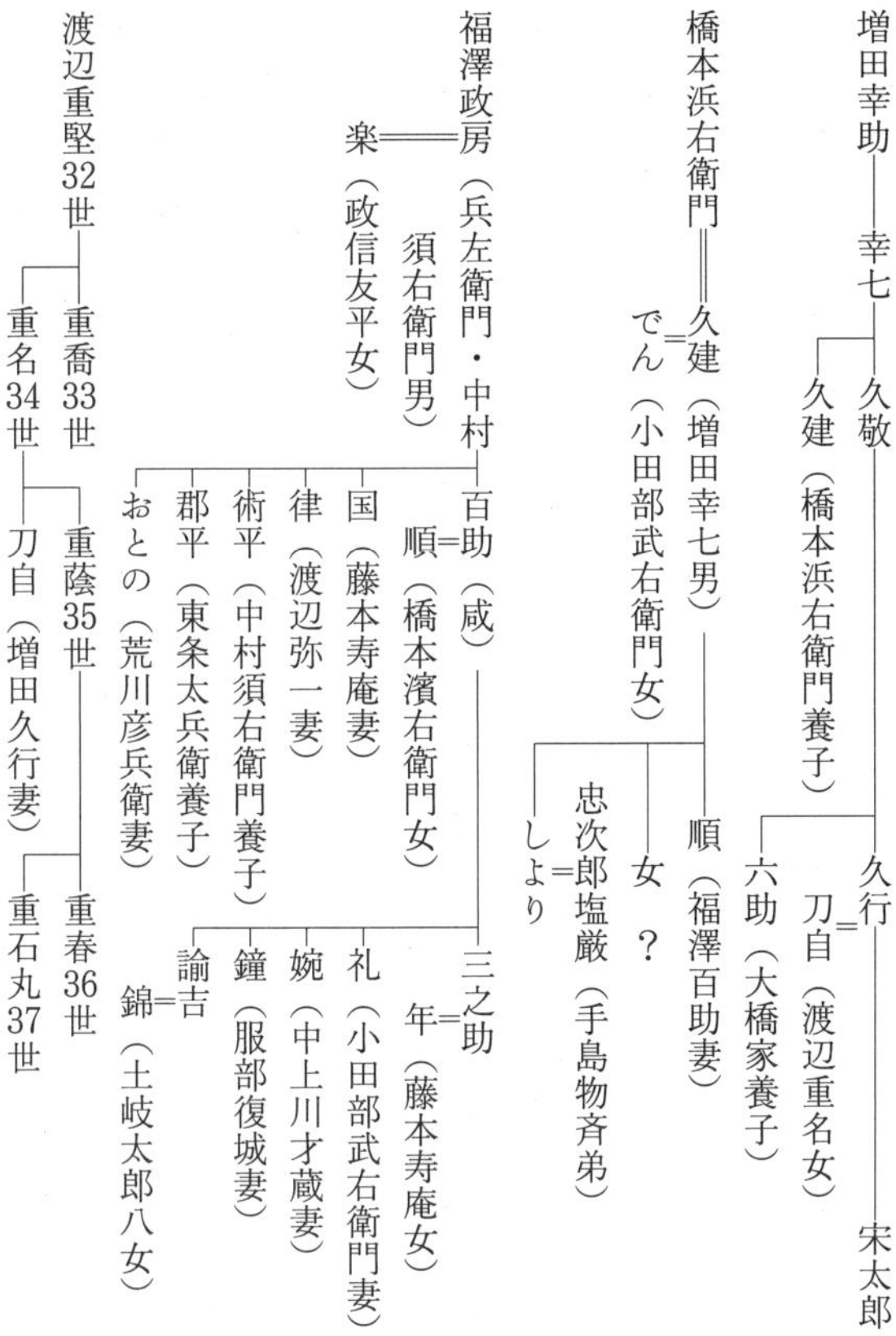

増田宋太郎は嘉永二年（一八四九）六月に、中津藩士増田久行（幸助）の長男に生まれた。宋太郎は諭吉の母方の又従兄弟で、十五歳の年少である。増田の家は、現在の福澤記念館の東側の道を挟んだ向側の角屋敷であった。福澤が長崎に蘭学修業のため中津を出た安政元年（一八五四）には、宋太郎はまだ五歳であったから、福澤にとっては特に子供という印象が強かったことと思われる。

宋太郎の父方の従兄弟大橋奇男記述『増田宋太郎略伝』等を参考に、略歴を記述する。宋太郎は幼少の時は母方の従兄弟に当たる渡辺重石丸《いかりまる》の「道生館」で国学を学んだ。渡辺家は橙八幡古表神社の宮司（『下毛郡誌』には現福岡県築上郡吉富町小犬丸にある吹き出浜古表神社の神官という）の家で、現在は福岡県の最南東で、山国川を挟んで中津市に接している。

重石丸の祖父重名は、黒屋直房著『中津藩史』（六九三頁）によると、はじめ京都に出て漢学を頼春水らと共に学んでいたが、途中から国学に転向し、伊勢の荒木田久老に師事したのち、天明六年（一七八六）に家督を相続し、従五位上野介に任ぜられた。その翌年本居宣長に就学、学大いに進み、九州の三大皇学家の一人と称されたという。天保元年（一八三〇）十二月死去している。

重石丸は祖父重名に国学を学ぶと共に、藩の儒者手島物斉・野本白巌らに就いて漢学を学び、剣術にも興味を抱き、久留米に赴きその技を磨かんとしたが、学友元田直太郎より、文教に専念すべしと忠告され、学業に励んだ。安政四年（一八五七）中津桜町に私塾「道生館」を開いた。慶応三年（一八六七）京都の平田鉄胤に入門の誓詞を送り、篤胤没後の門人となっている。宋太郎はこの重石丸から、平田派の国学の影響を強く受けたものと思われる。

慶応二年長州再征の時、中津に幕府の軍監森川主税が来て浄安寺に滞在し、中津藩兵は豊後の竹田津と宇佐に出兵した。尊王攘夷論を信奉する宋太郎らは、藩が攘夷論の長州藩を攻撃することに反対で、同志富永庄五郎等と相談の上、藩主に大義名分を説き、長州征伐の幕命を拒否するように要求し、もし拒否された時は、直に森川軍監を刺殺し、その首を持って長州藩に合流するということを計画したが、計画は中止されたという。誰が宋太郎等の計画を制止したかは不明である。

『増田宋太郎略伝』には、重石丸が明治二年（一八六九）正月、京都の皇学所御用掛兼講官を命ぜられ、京都に移った。そのために中津の「道生館」は閉鎖され、これを不満とした宋太郎らは、藩に迫って皇学校を再興した。翌三年二月、宋太郎は京都の皇学所に入学し、八月には東京に出た。十一月母の病気で中津に戻ったと、何事もなかったように記している。しかしこの時期に宋太郎を中心とする福澤襲撃計画が立てられたが、偶然が幸いして、計画は実行されず、福澤は一命を失なうことがなくて済んだのである。

201頁5〜6行目　客は服部五郎兵衛と云ふ私の先進先生（10）

服部五郎兵衛については、『考証』上（六五頁）に要領良く詳細に記されている。服部家は、二百石取の上士で、五郎兵衛政肇は、奏者番・元締役を勤め、西洋砲術を鹿児島に赴いて修業した。政肇の祖父政純は文化十一年（一八一四）より文政六年（一八二三）まで大坂御留守居として十年間在坂してのち隠居している。最後の一年程は、諭吉の父百助と一緒に大坂蔵屋敷に居たのである。勤め書には父政敏については、天保十年（一八三九）六月奏者番を御免となっている所までしか記されていない。兄弟は男四名、女二名で、五郎兵衛政肇が長男で、次男文次郎直清は小幡篤次郎の父篤蔵が、縁辺事件で隠居させられたとき、その妹の婿として小幡家の養子になっている。三男は夭折し、四男又四郎（復城）は明治元年（一八六八）福澤の姉鐘と結婚している。

福澤は幼少の頃、初めて五郎兵衛に四書の素読を教わった関係からか、生涯格別に親しく交際したというが、五郎兵衛の年齢は不明である。『小幡英之助伝』所収の小幡家系図によると、五郎兵衛の次の弟小幡直清は、文政五年生まれとあるから、兄五郎兵衛は諭吉より一四、五歳は年長と考えられる。「磊落な人で」と記しているが、相当の酒客であったことは、五郎兵衛宛福澤書簡（明治二年八月二十四日付）で、知ることができる。その書簡の末尾の追伸で、福澤は飲酒の大悪事であることを知り、今は一日の量一合五勺に抑えたので、体調が頗る良好であることを告げ、節酒を勧めている。

　何卒大兄ニも酒ハ御謹〔慎〕ミ被下度、酒を飲ミ候ゑも、人間の仲間へハ這入られ不申

201頁17行目　一行ハ老母と姪と其外ニ近親今泉の後室（11）

母お順が東京に移住したのは、明治三年（一八七〇）十二月十九日である。国許の母を説得して、東京に移住させるために、閏十月二十八日福澤は東京を出発した。

福澤の直接の説得で、母もようやく中津を離れ、共に東京で生活する事を承諾した。母の折角の決意が変わらぬ内にということで、母と姪のお一及び妻の姉の今泉たう、その子秀太郎、中村英吉、山口半七等を伴なって、十二月三日中津を出発、その日は鵜ノ島（現在は宇島）の船宿に一泊し、四日早朝乗船出帆、七日鞆津、十二日晩に同所出船、同夜神戸到着。十七日神戸発十九日横浜港に到着、即日馬車で東京に到着した。

攘夷論が盛んで、外国と戦争の危険があった文久三年・元治元年（一八六三〜四）頃は、志士らの攻撃対象は洋学者にも向けられ、暗殺の危険の時期であった。福澤は元治元年に国許へ帰国している。七年振りの中津では、姪のお一が十一歳になっていた。できれば二人を江戸に呼び寄せたいとの思いが、福澤の脳裏をよぎったことだろう。

　藩の子弟小幡篤次郎ら六名の者を伴ふて帰京した。これより先き先生は江戸に於て夫人を娶り家を成していたので、母堂を呼び迎へる考であったが、次いで再度の渡米となり又維新前後の騒動のため其意を果すことが出来なかった。然るに其騒動も治まり世間が無事になったので、いよ〳〵東京に迎えようと、しば〳〵出京を勧められたけれども、母堂は容易に肯じなかった。

その辺の事情を『諭吉伝』は、暫く実現に時間がかかったと記している。福澤が一時養子になっていた叔父中村術平が、明治二年中津で死亡した。この死去は福澤に、大きな影響を与えたようだ。東条利八・藤本元岱・渡辺弥一宛福澤書簡（二月二〇日付）に、母の東京移住の思いを記している。

　一、叔父様御死去に付ても、尚又被案候は母の義に御座候。当年六十六歳、御同年、兼て達者には候得共、不定の身、何分にも御心添奉願候。私義は何分田舎へ引籠候訳に参不申、都会に住居いたし候に付、聊かながら母始家族保護も出来〔兼脱カ〕候義、其辺は御憐察可被下候。

母が出京に心を動かしたことが判った三月末頃、早速迎えを派遣して、従兄弟の藤本元岱に手紙で協力を依頼した（四月十七日付福澤書簡）。結果は母の道中不安、ということで拒否された。が実のところ、中津で福澤の名跡を立てるという噂が、母の気持を迷わせた理由らしい（服部五郎兵衛宛福澤書簡八月二十四日付より）。

藩主の版籍奉還願いによる、藩制改革が行われる関係で、名跡云々の噂が流れたらしい。勿論江戸で諸般の状況を見聞きする福澤にすれば、あり得ないことは明白であった。そこで、母の知る藩の有力者、娘婿の兄にあたる服部五郎兵衛や奥平家家職を務める簗雅路の父紀平に説得を依頼している。（簗紀平宛六月十九日書簡）ところが福澤は、五月中旬から熱病で体を壊している。

福澤の明治三年十月十四日付の摂州三田藩主九鬼隆義宛の書簡がある。

当五月中旬より悪性之熱病ニ罹り、五月廿日頃より六月七、八日まで之間ハ人事不省。五月晦日頃ハ迚も生路も無之模様ニ御座候

『考証』上（三二五頁）によると、この時の熱病は発疹チフスであったとされている。当然諭吉の病気は、国許の母や姉妹縁者にも報知されたであろう。母にすれば遠く離れた不安から、東京への移住を拒否し続けることもできなくなってきたのだろう。

東京を出発した福澤は、神戸まではアメリカ汽船を利用、大坂で数日を過ごして、十一月十一日中津行きに乗船して、母の許に帰った。

母は、十五年程の大坂暮らしの経験があるとはいいながら、長年生まれ故郷の中津で、三人の娘をはじめ、実家の妹や大勢の親類縁者に取り囲まれた気楽な生活であった。したがって六十代半ばを過ぎた今、見ず知らずの東京へ、息子がいるとはいいながら、喜び勇んで移転するという気持になれないのは当然である。それにもう一つ移住を躊躇させた理由に、諭吉の嫁が江戸定府の、しかも家格違いの上士の娘だということである。夫を早く失い、下士の家で、永い間つましい生活になれた姑の自分との生活習慣の相違が気になったことも考えられる。

恐らく、この母の心配に対して、今度移転する三田の屋敷は広大な大名の中屋敷であり、母に別棟の家を準備していることなど、十分説明してその懸念を解消したものと思われる。

三田の島原藩邸の拝借が許可されると、福澤は塾舎移転の準備を進めると同時に、まず母とお一のための家屋を準備し、明治四年（一八七一）一月下旬には母は三田に移転している。諭吉一家が三田に移ったのは、二月に入ってからである。これで福澤は安心して、晩年の母に十分孝養を尽くしたのである。明治七年三月、母の健康が優れないので、中津の小田部・服部の二人の姉に上京を促す等、気を配っていたが、三月二十九日湯治先の箱根で発病したので、急ぎ東京に連れ戻り、医者の診察・療養に努めたが、残念ながら五月八日に亡くなった。享年七十歳である。三田の奥平藩に縁のある龍源寺に葬られた。

202頁4～6行目　奥平の若殿様を誘引《そゝのか》して亜米利加ニ遣《や》らうなんと云ふ大反《だいそ》れた計畫《けいかく》をして居るのハ怪しからぬ（12）

明治三年（一八七〇）十一月中津から母を伴って東京に戻ってきた旅行は非常に危険で、まさに幸運の連続によって、数度の暗殺の危機を免れたものであった。その暗殺理由は、米国留学を藩主に勧めた福澤は不届きだというものであった。『考証』は暗殺計画の筋書きについて「後年に増田の告白によって知ったという」と書いているだけで、暗殺者増田一味が福澤暗殺の理由として挙げた、若殿様を米国に留学させようとした点には全くふれていない。事実の可能性がないと判断したと思われるが、果たして福澤は、藩主に留学を勧めたのだろうか。検討してみる必要はある。それにはまず、明治初頭の福澤の洋学奨励の態度が参考になる。

紀州藩門下生、松山棟庵の藩の学校経営相談に対する明治二年二月二日付の返書では、従来の漢学一辺倒の教育は間違いであると批判している。

小生敢て云ふ、一身独立して一家独立、一家独立一国独立天下独立と。其の一身を独立せしむるは、他なし、先づ智識を開くなり。其の智識を開くには必ず西洋の書を読まざるべからず、其の洋書を読むには先づ文を以て人を化すべし、其の文を以て人を化するには事を易くし及ぶ所を広くすべし。故に翻訳書を多くし、手習師匠を其儘改革して、事々物々朝々暮々の話しに天地万物世界諸国の事を自然に知る様致度義に御座候。

田舎に無理に洋書を読める教師を招く必要はない、洋学修業希望者は松山が教えるだけで十分で、後は勉学に東京へ派遣すれば良い。それよりも翻訳書の知識で世界に通ずる基本的常識の向上を図る方が大事だと説いている。

明治三年一月二十二日の三田藩知事九鬼隆義宛書簡では洋学学習を勧めている。

御領内ニ学校御開き相成候ハヽ、閣下御自身ニゐ読書御勉強奉祈候。或ハ御閑暇之節ハ、経済論、修身論之講義御聴聞被成度、其佳境ニ至ゐハ、殆ンと眠食を忘れ候程面白きものニ御座候。一身之独立一家ニ及ひ、一家之独立一国ニ及ひ、始ゐ我日本も独立之勢を成し可申。

また、同じく九鬼への二月十五日付の書簡では原書学習や翻訳書の講義を聞くように勧めている。

旧冬ハ御領民騒擾いたし候由（中略）今此貧民を救わんの策ハ、金を与るよりも、智恵を附与する方可然哉ニ奉存候。人ニ智恵を附るニも、先ツ自から知識（此文字訳書中ニも往〻有之候得共甚不当なり。見聞と訳する方可然）を研くニ若かず。知識を研き、見聞を博くするニは、書を読むを専一とす。書を読むハ横文字ニ若くものなし。（中略）御地ニも川本氏あり。閣下も必ス原書御研究之御義ニ可有御座、呉〻も御勉強奉祈候。

いずれも外国留学の必要には触れていない。時節がらまだ藩知事の留学は不可能なことと考えていたためではなかろうか。

以上明治初頭の福澤は、洋学学習を勧めてはいるが、外国留学までは主張していない。したがって増田らの福澤非難は事実の曲解によるものといえる。

この若殿様というのは、奥平昌邁のことである。宇和島藩主伊達宗城の三男に生まれ、中津藩奥平家の養子となっている。文久三年（一八六三）四月二十五日、藩主奥平昌服の養子として汐留の上屋敷に迎えられた時は九歳であった（安政二年〔一八五五〕生）が、十三歳ということにして、幕府の許可を受けた。早速五月に中津へ初御国入りを行い、翌元治元年五月五日に出府し、八月十五日にようやく御目見えを済ませ、二十四日江戸を出発して中津に帰国している。この時まで、福澤は幕府に出仕しているとはいえ、藩では身分が低く、まだお目通りはできなかったと思われる。

昌邁が次に江戸に出府してきたのは慶応元年（一八六五）四月六日で、慶応四年二月二十六日に、前将軍徳川慶喜に対する寛大処置を朝廷に嘆願するために、京都に向け出発するまでの丸三年間は江戸に滞在している。この期間は文久三年（一八六三）に奥平壱岐が排斥され、藩の保守的傾向が強くなった時でもあり、この間に昌邁と面談した様子はない。

慶応四年五月昌邁は養父昌服の隠居により家督相続が許され、奥平家の当主となった。明治二年四月上京してきて、六月版籍奉還願が許可され、藩知事に任命された。七月四日参内し就国の許可を受け、二十九日東京を出発、中津に帰国した。同四年一月明治政府の勉学奨励の方針もあり、東京遊学を願い出て許可され、月末上京して二月二十五日には、身分は藩知事のまま、同藩士七名と共に慶應義塾に入門している。七月十四日には廃藩となり、藩知事は免ぜられている。

昌邁が義塾に入社したのは明治四年二月二十五日、義塾入門帳によれば、滝沢檀三十一歳・稲毛毎次郎二十歳・阿知波浩十八歳・猪飼麻次郎十八歳・奥平昌邁十七歳・渡辺信太郎十七歳・中村恭三郎十六歳・山家繁十五歳と七人の旧家臣と一緒に名を連ねている。旧藩主だからといって、特別扱いではなく、年齢順に署名しているのが注目される。

203頁12～13行目　昔の大名凡で藩地ニ居れバ奥平家の維持が出来なゐ（13）

奥平家は幕末文久三年（一八六三）より明治五年まで丁度十年間中津にいたのである。藩知事とはいえ、先祖以来の君臣関係の感情は、簡単に吹っ切れるものではない。したがって、奥平家が主君の家としての格式を簡単に崩すこともできず、何かと物入りの多い生活を余儀なくされることが予想される。ところが、藩主家の収入は禄高の十分一にされたので、これでは藩主一家が国許にそのまま住み続けることが、経済的にも不可能になることを含んだ表現である。

204頁3行目　藤澤志摩守（14）

藤沢志摩守次謙《つぐかね》は蘭学の名家桂川甫賢の三男で、藤沢九太夫次懐の養子。小普請組より講武所頭取となり、その建言でフランス人による幕府洋式兵制伝習への道を開いた。元治元年（一八六四）歩兵奉行並として筑波挙兵の鎮圧に出向いたが失敗して、逼塞を命じられた。慶応元年（一八六五）七月軍艦奉行に召し出され、三年五月陸軍奉行並から翌年一月勝海舟の下で陸軍副総裁となった。徳川家の駿河移封にともない沼津に赴き、沼津兵学校を設立しその運営に当たった。明治四年（一八七一）九月学校が兵部省に移管されたのを機に、野に下り武術と絵画を楽しみ、明治十四年四十七歳で死去した。

福澤が志摩守の家で集会に参加したのはいつ頃か。

藤沢次謙が福澤らを深川六軒堀の自宅に招いた日時を、安西愈は『勝海舟の参謀藤沢志摩守』で文久三年十月半ばと推定して、その理由を次のように記している。

> 藤沢次謙が志摩守となったのは元治元年三月である。しかし福澤諭吉の自伝は三十余年後の回想だから、志摩守と書いても元治以後のことにはならない。福澤が新銭座にいたのは文久三年秋までというが、あれこれ考え合わせると、右は文久三年十月半ばの夜と判断される。この年の十月望（満月）は陽暦十一月二十五日に当るから、もう夜は冷え冷えとして、ものすごい冬の月が照していたのである。

文久三年十月半ばという推定には、特に明確な理由はない。

右の推定時期について、福澤側の資料から見てみよう。『自伝』は藤沢家より帰宅する時の状況を、「新橋から新銭座まで凡そ十丁もある、時刻はハヤ一時過ぎ然かも其夜は寒い晩で冬の月が誠に能く照して何となく物凄《ものすご》し」と記している。この条件を満たす時といえば、欧州から帰国直後の文久二年の十二月か一月がまず考えられる。六月十日の緒方洪庵の危篤の日には、新銭座より駆けつけたと記している。文久三年九月二十三日の幕命を受け、藩からの命令で早速鉄砲洲に移住し、十月十二日には長男の一太郎が江戸鉄砲洲で生まれているから、十月半ばには新銭座にはいない。

その頃の藤沢主税（のち次謙）の動向を、安西は以下のように記している。

> 文久二年十一月七日、桂川主税は城中菊の間において、養父藤沢九太夫出願のとおり、千五百石の跡式を相違なく下し置かれる旨、老中井上河内守正直から申し渡され、小普請組初鹿野備後守信之支配に属した。無役でも旗本なら御目見以上だから、小普請支配、御目見以下の御家人は小普請組と称する。十一月十三日、藤沢主税は今までどおり、講武所砲術教授方出役を命ぜられ、十二月一日には講武所頭取に任ぜられた。このころ主税を長太郎に変え、国謙の名を次謙と改める。「次」の字は藤沢氏歴代の通名であり、長太郎とは四代目大学次方の称を継いだのである。
>
> 結婚は冬至前の予定であったが、愛様こと浅野三亀の引移りは十二月十五日で、以後三亀はお鏡と呼ばれる。公儀への縁組届出が遅れたためか、慶応元年十二月に認可されている。
>
> 幕府は十二月一日に陸軍奉行を置き、二日に歩兵組編成のため旗本に兵員徴集を命じ、十八日陸軍総裁を設け、二九日歩兵頭・騎兵頭・大砲組頭を置いた。この間に、高杉晋作ら長州藩士が、品川御殿山の英国公使館を焼く。師走二八日に藤沢長太郎は登城し、芙蓉の間で老中水野和泉守から諸太夫（従五位下）に仰せ渡され、歩兵頭に任ぜられた。歩兵頭は場所高二千石で老中支配。藤沢本家では初代備前守以後諸太夫になった者はなく、せいぜい布衣（六位に準ずる）どまりであった。

藤沢家始まって以来の役職に就いたお祝いと、結婚披露等の会合に、親しくしていた福澤の欧州帰国土産話は華を添えるだろうと、文久三年一月頃に宴を開いたとみる方が、安西の文久三年十月説より、可能性が高いのではないだろうか。

福澤と一緒に最後に新橋で船を揚がった戸塚という医師は、安西が推測しているように、戸塚静海であろう。

204頁5～6行目　小出播磨守成島柳北を始め其外皆むかしの大家と唱ふる蘭学医者（15）

文久二年（一八六二）暮れの十二月か翌三年一月頃に、福澤と共に藤沢志摩守次謙に招待された人々の中で姓名を知ることのできるのは三名である。

成島柳北　幕府奥儒者成島良譲の三男として、天保八年（一八三七）二月十六日に誕生した。嘉永七年（安政元年一八五四）一月奥儒者見習となり、安政四年十二月布衣となり文久三年（一八六三）八月差控えを命ぜられたが、慶応元年（一八六五）九月歩兵頭並、十二月騎兵頭並に転じ、三年五月騎兵頭となり十二月辞任している。慶応四年一月二十八日外国奉行に任じ会計副総裁として、総裁の大久保一翁をたすけた。四月隠居願が許され、野に下った。

明治四年（一八七一）には浅草東本願寺学塾の学長となり、翌年大谷光瑩に従って九月より六年七月まで渡欧した。七年、郵便報知新聞の客員となり、九月、朝野新聞の社長となり、言論界で活躍した。明治十七年十一月三十日四十八歳で死去。

戸塚静海　寛政十一年（一七九九）遠州掛川の町医戸塚隆珀の三男に生まれ、郷里で儒学を松崎慊堂に、蘭学を伯母婿の十東井斉に学び、文政三年（一八二〇）江戸に出て宇田川榛斎に師事、文政七年シーボルトの鳴滝塾に学ぶため長崎に赴き、数年滞在した。シーボルト事件（文政十二年）に連座し、数ケ月幽囚された。天保二年（一八三一）帰郷し、翌年再度江戸に出て茅場町に開業し、有名になるに及んで、十三年薩摩藩医に召し抱えられたが、安政五年（一八五八）斉彬の病死にともなって辞任した。同年伊東玄朴らと共に幕府官医となり、将軍家定の健康管理に従事した。法印に叙せられ、伊東玄朴・坪井信道と共に西洋医学の三大家と称せられた。外科を得意とし、文久二年正月の坂下門外の変に際しては安藤信行の治療に当たった。『洋学史事典』によると、文久二年には源助町の役宅（東海道の一本西の日影町通り西側）に住居していたという。明治九年（一八七六）一月二十九日に七十八歳で死亡。

小出播磨守　『柳営補任』によって、役職の履歴を知ることができるのみである。年代順に記すと、小出小弥太（内記、英道高千五百石）は文久元年（一八六一）十月一日平岡石見守組より使番となり、二年十二月二十八日歩兵頭に任命されている。この時高二千石となり、播磨守となっている。この役は二年十二月一日に初めて設けられ、松平備後守乗原も講武所奉行の兼任を命ぜられている。引き続き小出と同時に溝口八十五郎・藤沢主税（次謙）の三名が歩兵頭に任命されている。

藤沢が元治元年（一八六四）六月に、歩兵奉行と同時に筑波勢討伐をも命ぜられたが討伐戦に失敗して、七月御役御免となった後に小出が歩兵頭並に任ぜられ、翌年四月歩兵奉行となり、将軍の長州征伐のための親発の御供で上京、慶応三年（一八六七）九月奉行を辞任している。その間藤沢が慶応三年一～五月の間、歩兵奉行並に再任。小出も慶応三年十月歩兵奉行に再任、翌四年二月九日に辞任しているが、その後については不明である。

204頁20行目　源助町（16）

『自伝』の中で最も芝居がかった見せ場の記述の一つが、芝源助町、深夜の大男との出会いの場である。ＪＲ新橋駅近く国道十五号線を高架橋で斜めに横切る所で源助橋架道橋の名をとどめるのみである。

銀座通りを南に下って高架道の下が昔の芝口橋である。掘割は浜離宮の西側沿いに北上して左に曲がり高架道の下をとおる掘割で海に繋がっていた。現在このあたりは汐留開発にともない、急激な変化をとげた。

福澤はある冬の日（文久二年（一八六二）末か翌年初頭かと推測される）、藤沢志摩守に、深川六軒堀の屋敷に招待され、深夜になったので、川舟で送って貰って、芝口橋で上陸し、ここから新銭座の家に帰った。その道順は、芝口一～三丁目・源助町・露月町・柴井町と東海道を南下する（現在の新橋一～六丁目）。

芝口橋から南の金杉橋までは東海道を中央にして川の字に道が三本平行して通っている。西側の通りの北半を日影通り南半を神明通りという。東方の側道の名は知らない。東海道を挟んだ両側は町家である。その外側、即ち東側今の新橋一・二丁目は昔は汐留町で、北より脇坂淡路守上屋敷・仙台伊達陸奥守上屋敷・会津松平肥後守中屋敷と続き、その南が新銭座町である。今の浜松町一丁目の北端に当たる。

日影通りの西側は武家屋敷であった。地図によって多少屋敷の主人名が変化しているが、源助町西側から南方宇田川町まで即ち日影通り西側の武家屋敷を列記する。

嘉永元年（一八四八）改の近五堂蔵板の「柴愛宕下西久保図」（俗に番太郎絵図という）には、北より、

本多左京・加藤越中下屋敷。遠山左衛門尉・植村啓次郎。松平（伊達）陸奥守中屋敷。有馬日向守上屋敷。

となっている。

万延二年（一八六一）改正の尾張屋板の「芝愛宕下絵図」には、

羽佐間宗玄・本多左京・戸塚静海。遠山金四郎・植村啓次郎。松平（伊達）陸奥守上屋敷。有馬知四郎上屋敷（人文社一九九五年版「嘉永・慶應江戸切絵図」には牧野内膳正上屋敷とある）。

有名なのは、江戸町奉行を勤めた遠山金四郎であるが、戸塚静海は蘭学医師の長老で、ここが恐らく役宅だったのであろう。植村啓次郎については不確実であるが、明治六年（一八七三）キリスト教信者となり、明治大正にわたって牧師として活躍した植村正久の生誕の家ともいわれている。

有馬知四郎とは越前丸岡藩、五万石の藩主有馬道純のことである。この有馬家が上屋敷の近くの新銭座に持っていた四百坪の土地を、慶応三年（一八六七）末に福澤が購入し、そこに塾を移して、初めて「慶應義塾」と命名したのである。

参考① 福澤の暗殺計画〈関連項目＝11章註（9）・（12）〉

増田宋太郎の福澤暗殺計画等については、『諭吉伝』第一巻、十六編第三「中津帰省中の危険」に詳細に記されている。福澤は東京に移住する母を迎えるために、明治三年（一八七〇）閏十月二十八日に東京を出発した。十一月二日米国船で神戸に到着、直ちに大坂の中津藩蔵屋敷に居た従兄弟の藤本元岱の家に宿泊、特に身辺の警戒をすることもなく、十一日大坂を出て中津に向かった。

宋太郎もこの頃大坂にいたが、母病気のため急ぎ帰国する必要が生じ、藤本家の従僕として住み込んでいた朝吹英二を、同志に誘い込み、福澤暗殺を命じて、自身は中津に帰った。暗殺役を引受けた朝吹は、隙を見て実行せんとした瞬間、芝居の閉まる太鼓の音で気力が削がれ、暗殺を中止してしまったという。そのことは朝吹が後日福澤には告白したが、生存者の迷惑になることは口外しないという福澤の主義から黙された。このことは福澤没後の明治四十一年二月、大坂の同窓会で、初めて朝吹本人から、事の顛末が語られると、『大坂時事新報』に掲載され、『諭吉伝』に引用されている。

福澤は中津滞在中は、藩の重役から、藩政についての意見を求められ、雨山家を訪れて意見を述べている。有名な「中津留別の書」を記したのは明治三年十一月二十七日のことである。十二月三日上京を承諾した母と、亡兄の遺児お一、それに妻錦の姉今泉たう及びその子秀太郎や親戚の中村英吉・山口半七らを伴って中津を出発した。

宋太郎は、福澤が中津に現れたので、暗殺計画の失敗を知った。福澤に、特に暗殺の危険を防止しようと用心している様子はない。大坂での暗殺計画もどうやら関知されていないらしく、今度は自身が暗殺を実行することを考えた。そこで一夜密かに庭先に潜み、中の様子を窺ったが、その日は丁度服部五郎兵衛が来訪していて、深夜まで酒を酌み交わしつつ談笑が続いたので、その日は襲撃を諦めざるを得なかった。

増田家は母お順方の親戚であるから、東京移転の日程や行動予定等は、当然増田家に告げられていて、十二月三日がいよいよ福澤の出発日であることは、宋太郎も承知していたと推定される。福澤一行が泊まった中津から一里半程の鵜ノ島（現在は福岡県豊前市宇島）港の船宿の主人は、実は増田宋太郎の同志であった。宿の主人からの連絡を受けた宋太郎らは、これが最後の襲撃の機会であり、中津から離れていて、特に怪しまれることもなく宿に踏み込めるという好条件が整っていた。

そこでいよいよ暗殺実行という段になって、襲撃者仲間が金谷の辻の集合地に集まった時、仲間の間で先陣争いが始まった。その争論が深更にまで及び、隣家の中西与太夫の家にまで聞こえ、中西に止めに入られて、今度は中西と増田らとの間に論争が始まり、その間に夜が明けてしまったという。十二月四日の朝、危険な暗殺計画があったとは露知らぬ福澤の乗った船は鵜ノ島港を出航してしまった。

この時の福澤家一行は、女子供ばかりであり、しかもその福澤は病後の体力のない時であった。そのうえ当の福澤は自分の郷里でもあり、藩の取扱振りに、暗殺の心配等念頭になく、全く無警戒であったというから、誠に幸運に恵まれて命拾いをしたものといわざるを得ない。

中西与太夫については、『考証』上「増田宋太郎に狙われる」に詳しい。

参考② 国許の母の暮らし〈関連項目＝11章註（11）〉

福澤は安政三年（一八五六）家督を相続した後、母は藩から支給される家禄の十三石二人扶持で、工面しながら生活をしていたものと思われる。

当時の福澤家の生活の大体を辿ってみると、安政五年福澤は江戸に召されて築地鉄砲洲の中屋敷に蘭学塾を開いた。藩から尊教師としての手当が支給されたと思われるが、その額は不明である。万延元年（一八六〇）咸臨丸で渡米し帰国したのち、十一月中旬に幕府の外国方に出仕する。これと前後して芝新銭座に独立の二階家を借り、土岐太郎八の娘錦と結婚している。藩の手当の他に幕府より手当をも受けているので、国許へも幾分の仕送りができたものと思われる。

文久元年（一八六一）冬、百両を母の許に送金している。僅かの家禄で生活している母にとっては大金である。堅実質素な生活態度の母のことであるから、不時の備えとしたことだろう。また、福澤は古田権次郎に藩からの春暮の御切米は全部中津で母が受け取れるように手配して欲しいと依頼している。恐らく幕府からの手当等が江戸の生活費で、中津藩の手当は国許に送金されていたのであろう。

昨日不斗思出し、此御時節ニ御扶持抔戴候ゟも如何ニも不相済次第（中略）御扶持方御辞退之趣意相貫き、相済候得ば宜敷義ニ御座候

と、六人扶持辞退の願書を提出している（鈴木力兵衛宛書簡（明治二年八月四日付））。その結果、中津で母に支給されていた扶持が停止されたことが、藤本箭山（元岱）宛福澤書簡（明治二年十一月五日付）に、

寿之助君（藤本の子息）御仕送之義、御不如意ニ付、其御地ニゐ母に弐人扶持御遣し可被下、其代ニ寿之〔助脱カ〕君御世話云ゝ之義承知仕候。（中略）奥平家ゟ被下候小生之御扶持も、先般固辞いたし置候ニ付ゐば、母之手許へ参り候米有之間敷ニ付、貴家ゟ弐人扶持御遣し被下候得ば、少ゝ之欠乏を補可申。

明治二年東京の奥平邸に勤務していた鈴木力兵衛宛福澤書簡（八月四日付）にあることから明白である。

参考③　奥平昌邁の米国留学〈関連項目＝11章註（12）〉

中津藩主が留学しているので、その経過について触れておきたい。

『幕末教育史の研究　三』によると、維新以後諸藩の士族を随従して留学した華族については、資料が不十分で、明治三年（一八七〇）六月の外務省の「海外留学生姓名調査書」、四年七月の留学生帰朝命令時の人名帳から拾い集めねばならず、かならずしも十分ではないとして、徳山藩世子の毛利元功・盛岡藩主弟南部英麿・大垣藩前知事戸田氏共の三名を、明治四年四月以前の例として挙げているのみである。

明治四年七月の廃藩置県以後、政府は旧藩知事ら華族への洋学学習奨励策をとっている。『明治史要』から明治四年の奨学策を拾ってみる。

一月二十九日　華族旧堂上ノ子弟ニ学資金ヲ給与スルヲ停ム。外国留学ハ此限リニ在ラス。

十月八日　華族旧知藩事ニ令シ、其四民ノ上ニ位シ、衆庶ノ標準ト為ルヲ以テ、輦轂ノ下ニ在テ、聞見ヲ広メ、智識ヲ研キ、以テ国家ノ用ニ供セシム。

十月二十二日　華族旧知藩事ヲ御前ニ召シ、詔シテ、其重責ノ地ニ居リ、衆庶ノ望ヲ負フヲ以テ、率先奮励シ、或ハ海外ニ留学シテ、務テ開明ノ域ニ進ムヘキヲ諭ス。是日、宴ヲ賜フ。順次召見二十四日ニ迄ル。

庶民の手本となるために、旧藩知事等華族やその子弟に洋学奨励策を採ったのである。奥平昌邁もこの政府の方針に乗り、福澤と相談の上、九月二十日東京府に対し願書を提出している。

春来願ノ上　闕下ニ在留勧学仕リ、側ラ時機ノ転換其及ス所ヲ熟察仕候ニ、今ヤ欧州ハ文明開化万国ニ冠トシ、治教ノ道モ随テ盛大、殆ンド五州ニ卓越スルノ由伝承仕リ、知事在職ノ砌、洋学校開業ノ儀種々苦心罷在候処、幸ヒ福澤諭吉小幡篤次郎小幡甚三郎等、皆臣カ舊管中津県生国ノ者ニテ、篤ク賛成致呉、粗其体裁モ相立居候事故、何卒於中津県下開業為仕度、右ニ付テハ是迄下賜候家禄ノ内五分ノ一、右学費ノ為永献禄仕度、其上ニテ臣昌邁儀ハ未満弱冠、固ヨリ不肖ノ身ニ候得共、乍不及自費ヲ以洋行仕リ、勧学勉励彼ノ実地ニ慣レ、乍聊知識ヲ拡見聞ヲ遂ケ、他日鴻恩万分ノ一ヲモ奉報度志願ニ御座候。（『専修大学百年史』上巻、五四五頁）

中津市学校の設立も同時に願い出ている。

これはどうも、福澤が明治三年の帰国時に、藩の重役に意見を求められて話した内容、「武器を売却し、その上で、一方においてはドウしてもこの世の中は文明開化になるにきまっているから、学校をこしらえて文明開化の何物たるかを藩中の少年子弟に知らせるという方針をとるのが一番大事である」が影響しているのは確実である。

政府は明治四年十月八日に岩倉具視を団長とする特命全権大使一行を欧米に派遣することを発表し、華族（旧藩知事）に対し、

其四民の上に位し、衆庶の標準と為るを以て、輦轂の下に在て、聞見を広め、智識を研き、以て国家の用に供せしむ。（『明治史要』明治四年十月八日条）

と発令した。政府の推奨方針は藩知事らに強く受け止められ、この時期に華族らの留学希望者を多く輩出したようだ。

中津藩の場合も、政府の勧奨に従って昌邁の留学が福澤を含めて検討されたと思われる。

小幡篤次郎、甚三郎兄弟

昌邁の留学に当り昌邁の補導監督役的な人物として、福澤は小幡甚三郎を推薦した。甚三郎は兄篤次郎と共に福澤が最も信頼した門弟である。維新動乱の時、外国公使館関係者から、公使館の雇人であるという証明書の発行を周旋しようとの申し入れがあった際に、日本人同士の内乱に外国の保護を受けてまで生き延びたくはない。むしろ独立国の男子として同胞の刃の下に斃れることこそ本懐であると、謝絶した気力ある人物である。と同時に、三田移転の計画と実施に見事な指揮をとった現実的な事務能力のある人物でもある。したがって西欧文明にただ圧倒されるだけではなく、その先進文明の中から、今日の日本のために学ぶべき問題や制度を選別して、後日の義塾や日本のために大きな利益をもたらす補佐役を務めてくれるであろうと期待しての推薦であった。しかし残念ながら不幸にして甚三郎は米国で客死した。

　明治四年冬、君の舊主人奥平昌邁君、亜米利加に遊学せんとし、奥平家より君の同行を請ひ、奥平の費用を以て舊主人と共に「ニウヨルク」州のブルックリンに至り、学校に入て勤学すること一年、其間時々余輩へ書翰を贈り、彼の国教授の法の便利なる次第と、我邦にて従来其法の不便なる次第と、其便不便を察してこれを改めざる可らざるとの次第等を詳に記して、文通の度毎に報告せざることなし（『全集』㉑三八七頁）

小幡甚三郎の墓

と「小幡仁三郎君記念碑誌稿」に福澤が記している。

　奥平昌邁と甚三郎は、明治四年（一八七一）末に渡米した。両名の米国での行動の詳細は不明であったが、この程義塾の福澤研究センターが入手した小幡甚三郎のアメリカ留学中の書簡及び関係史料に関する西澤直子の、「小幡甚三郎のアメリカ留学―福澤研究センター所蔵資料紹介―」（『近代日本研究』14）なる広範精緻な調査研究により、不明部分が相当明確にされたので、その成果を基礎に、併せて奥平昌邁の米国留学について略述する。

　明治四年十二月奥平昌邁と小幡甚三郎の二人は横浜を出発

　同五年二月十五日サンフランシスコに到着

　二月十七日同地を出発、大陸横断鉄道で、ソルト・レークで岩倉使節団に合流、（使節団は大雪のため予定以上に同地に滞在）シカゴ迄同行

　二月二十五日シカゴに到着

　二月二十八日朝ニューヨークに到着、三日間滞在した後、コネチカット州のウィンチェスターに到着。

　二人が着いた地区は、家数二、三十軒程の閑静な所で、生活にも不便で、しかも学校は割算を教える組が最上級という有様であった。それは日本人留学生が無駄な高額の留学費を使っている話を聞き、甚三郎が、安価な留学先を求めた結果の失敗であったと認めている。年五、六百両の留学費では無理、厳しく節約して

も八、九百両は必要と、兄篤次郎への書簡に記している。二週間程考えた末、然るべき場所に移る決心をして、当時ニューヨークに留学中の、義塾出身の松田晋斎や佐倉藩の順天堂佐藤尚中・備中福山藩の藩儒江木鰐水の子江木高遠などの助言を得て、暫くブルックリンで個人教授を受けた。

その上で、Polytechnic Institute で学ぶこととした。同校は工業専門学校のようなものと思われる。同校校長のコックランは、日本人の留学生に学問を教えることの重要さを心得た人物で、親切に世話をしてくれる様子から、この学校に腰を落ちつけることとしたという。又甚三郎の四月九日付の書簡によると、米国での生活に必要な、風俗習慣の経験学習のために、同地へ留学中の華頂宮博経親王付き、米人医師の家に、奥平昌邁と離れ二、三日程前から、泊まり込んでいる旨が報告されている。

言葉の不自由に加え、風俗習慣食事等の全く異なる異国の地で、旧主人の世話・監督と種々気配りの必要な気の休まる暇もない生活は、責任感の強い甚三郎にとって重い負担となり、加えて自らも一留学生として、日常生活に相当の無理を重ねた結果、体調を崩すこととなったものと思われる。

三輪一彦・佐々木吉十郎宛甚三郎書簡（九月二十九日付）に、「不相変医者ニ修業仕候」と記しているのは、体調不順で、前記医師の家で時々通院治療を受けているという意味かとも考えられる。甚三郎発病については彼の没後兄篤次郎が明治六年四月四日付で兄弟宛に記した書簡で、去年十一月頃と記されている。病気を心配した昌邁は、費用は構わないから、最良の治療を受けさせたいということで、当時米国随一といわれたフィラデルフィアの精神病院に入院させた。

入院後は江木高遠が付添い、学校長のコックランが医師との連絡役を引受け、バトンなる商人が毎日の病状をブルックリンまで知らせている。甚三郎は極度の衰弱で、周囲の人々の努力にも拘わらず、一八七三年（明治六年）一月二十九日死亡し、ニューブラウンズウィックの日本人墓地に埋葬され、記念碑も建てられた旨が昌邁から日本へ知らされた。

ストレプトマイシンの発見者として有名なラトガース大学の微生物研究所長のセルマン・A・ワックスマン博士から、当時の地方新聞ニューブラウンズウィック・フレドニアン紙一八七三年一月三十日付死亡記事が寄せられた。

日本人学生の埋葬記事

> フイラデルフィア精神病院で死亡した日本人学生オバタ・ジムサブロウ二六歳の遺骸は、土曜日午前十時当市に到着。第一長老教会で葬儀執行、ニウブランスウイックのウイロオグロオブ墓地の日本人区域に埋葬。……なぜ彼が（死亡証明書に書いてある住所の）フイラデルフィアに住んでいたか、また彼がどこか他の学校に学籍を持っていたかどうか（中略）そんなことのわかる資料は何もない。ラトガース大学にも中学にも彼が正規そのほかの学生として登録された記録はない。

ということであった。これは一体どういうことであるのだろう。その空白部分が前記西澤研究により、明白にされたのである。

昌邁は小幡の後任は不必要と告げているが、奥平家は心配で、後任には兄篤次郎を希望した。福澤としては、ようやく軌道に乗り始めた義塾や中津市学校経営のためにも彼を手放すことができず、代わりに同じ中津出身の津田純一を推薦したが出発寸前に昌邁の帰国で渡米が中止になった。

津田純一は明治二年八月十六日に義塾に入門している。父三左衛門は耕烟と号し、文武両道の修業に熱心で、若くして槍剣二道の指南役を勤め、弘化四年（一八四七）近習となり、以後小納戸目付・陣道具奉行・御蔵奉行・元締役兼郡奉行を歴任した。土岐耕雲らと京都で進歩的人材の登用と文武奨励のための改革を心掛けたが、藩首脳陣は猶保守派の勢力が強く、改革案は実現困難であった。明治二年藩の大参事に任ぜられ、昌邁に従って上京し、福澤に接し、大いにその開明的意見に賛同した。

明治七年奥平家より留学費が出されることとなって、津田純一は三月渡米し、ニューヘブン高等学校・エール大学専科・同法科・ミシガン大学法科と学び、十一年三月ミシガン大学法科を卒業帰国した。在米期間中、後の専修大学創立者仲間の相馬永胤・田尻稲次郎・目賀田種太郎・駒井重格・江木高遠・三浦（鳩山）和夫らと親しくなり、同大学の準創立者の一人に数えられる働きをした。『専修大学百年史』により津田の活躍振りを略述する。

明治十二年十二月に専修大学創立者同志が、米国より帰国し、大学創立の準備として、福澤の好意により、義塾で夜間法律科を設け、義塾の建物等を利用して、万来舎で法律学の講義が行われた。その福澤との連絡等に与かって力があったのは津田である。三田の夜間法律科では十三年七月頃まで講義が行われたが、専修学校が京橋区南鍋町の簿記講習所に開設されるに及んで閉鎖された。

津田は義塾夜間法律科や専修学校の講義を担当していたが、十一年十一月福澤や小幡の推薦で兵庫県師範学校長となり、十二年四月には、神戸の中学校校長をも兼務したが、同年七月同校を辞任して上京し、九月東京大学予備門の英語教師となった。十三年十二月外務省兼太政官準奏任御用掛となったが、十四年政変で、福澤に関係する者として免官となった。以後官途に就くのを嫌い、民間教育界で活躍した。『下毛郡史』によると、明治十五年五月青森県弘前の東奥義塾校長・十六年二月石川県専門学校教授・十八年十月三重県師範学校長兼津中学校長・三十一年四月大分中学校長等を歴任している。三十九年朝鮮に渡り韓国興農会社を創立したが、四十四年郷里大分県下毛郡立高等女学校の設立に当たり、校長として呼びもどされ、大正七年（一九一八）老齢をもって退職し、以後中津の小幡記念図書館理事長を勤め、同十三年七十五歳で死去した。

参考④　幕末の奥平家〈関連項目＝11章註（13）〉

幕末になって、鎖国制度が破れ、欧米諸国との交易関係が生ずると、国防の必要が叫ばれたが、各藩は莫大な軍事費を支出する余裕がない状況であった。文久二年（一八六二）幕府の改革を主張した政事総裁職の松平春嶽（慶永）により、参覲交代制度の改革が行われ、大名の家族の国許住居が許され、大名も三年に一度、在府期間も百日程度とすることになったので、今まで藩政の中心的存在であった江戸藩邸は、藩の出張所的な存在に変化した。そのため藩の経済難はやや緩和されたが、軍事力を強化する余裕ができるまでには至らないのが一般であった。

中津藩は文久二年に江戸城本丸大手門の守衛を命ぜられており、更に同年十一月二十四日に西丸大手の守衛を命ぜられ、翌三年三月十三日には、大手門守衛を免除する代わりに、上京中の将軍の帰府の出迎え護衛のために、上京が命ぜられた。そこで四月二日家臣団を伴って京都に到着した。京都では情勢が急変して、四月十八日に新しく十万石以上の大名による三ケ月交代の京都警衛勤務の制度が始められ、丁度中津藩が相当人数在京中との理由で、最初の勤番が命ぜられた。勤番が無事終わり、藩主が大坂経由で中津に帰国したのは七月七日であった。江戸の藩主家族や家臣の家族が中津に引き揚げたのはそれより遅れて八、九月頃になったと思われる。『中津藩史』によると、江戸より移住した藩主家族らのため、八月に中津城内に「松御殿」が新築されたという。

その後長州征伐が行われることとなった元治元年（一八六四）、幕府は参覲交代制度の復旧を下命したが、征長軍への出陣その他の理由を設けて、西日本の諸藩は殆ど復旧命令に従わなかった。中津藩も出兵中を理由に拒否したものと思われる。中津藩は慶応二年（一八六六）の長州再征にも出兵を命ぜられ、藩主昌服《まさもと》は江戸に参覲せず、藩兵の指揮に当たっていた。その後に藩主が江戸参観をしたか否かは明らかではない。

慶応四年五月六日藩主昌服は病気を理由に隠居し、家督を養子昌邁《まさゆき》に譲ることが太政官より認められ、昌服は中津三ノ丸の旧生田邸内に新殿を築きこれに移り、のち宮永村金谷大堤の東端に広大な新邸（後隠殿）を造営しこれに移っている。明治二年（一八六九）二月諸藩の隠居等の未参朝者の上京参朝が命ぜられ、昌服は五月二十二日東京着二十四日参内・六月八日参朝拝謁し、七月八日中津に帰着した。その後、五年七月六日東京定住を決し、旧家臣に別離の一書を下し、七日中津発十七日東京着、芝高輪二本榎の旧下屋敷に移った。

文久三年宇和島藩前藩主伊達宗城《むねなり》の三男昌邁が奥平昌服の養子に迎えられ、四月二十五日汐留の中津藩上屋敷に移り、九歳でありながら十三歳として養子縁組が幕府より許可されている。昌邁は五月二十八日江戸を出発七月十七日中津に到着し、翌元治元年四月二日中津発五月五日江戸に到着、八月十五日西丸へ初登城し将軍家茂に謁し二十四日江戸発九月二十六日中津に帰着している。慶応元年二月十六日には中津を出発し、四月六日に江戸に到着している。将軍家茂は長州再征伐のため大坂に滞在中で留守であったが、そのまま江戸に滞在したらしく、十一月二十六日西丸において従五位下美作守に叙任されている（慶応二年一月十四日「山崎家日記」）。

慶応二年七月三日、昌邁は長州征伐による中津防禦のため、品川洲崎台場の警守の免除と帰国とを願い出て、警守は免除されているが帰国が許可されたか否かは不明である。『維新史料綱要』の慶応三年二月二日条に、長州征伐の状況を理由に昌邁の帰国許可を願い出たが拒否されたと記されている。或いは引き続き在府していたのかも知れない。

以下『中津藩史』によって昌邁の動静をみると、慶応四年二月二十一日に藩主昌服に大坂警護の朝命が下ったが、丁度世子昌邁が、前将軍の慶喜に対する寛大処置嘆願のため、二月二十六日外国船で江戸を立ち、神戸経由で大坂に来て居たので、三月九日病気の養父に代わり自分が守衛の任に当たりたい旨を願い出て、十日その許可を得たというから、二月末までは昌邁は江戸に滞在していたのであろう。大坂警護は、天皇の行幸が大幅に遅れ、その間の五月六日養父昌服の隠居、昌邁の家督相続が許可されたので、五月七日上京参内し、家督許可御礼言上の上、二十四日京都出発、大坂経由で六月十六日中津に帰着している。

明治二年一月二十日薩長土肥の四藩主より版籍奉還願いが提出された。新政府からその地位の確認を得るといった考えから、四藩にならって版籍奉還願いを提出する藩が続いた。中津藩は二月二十五日に版籍奉還を願い出ている。その頃丁度政府が議事所を東京に置き、公卿諸侯の会議を開き国是の一定を図る計画を立てていたから、諸侯に東京参集の命令が出され、昌邁は三月十五日に中津を出て、四月二日東京に到着している。五月二十二日には諸侯らに皇道興隆と蝦夷地開拓について意見の下問が行われ、六月十七日に政府は金沢藩主前田慶寧・薩摩藩主島津忠義以下二百六十二名の藩主の版籍奉還願いを許可し、請願していない者には奉還を命じ、各藩知事とした。

奥平昌邁は家禄として藩の現石の十分の一の五、三〇〇石を支給されることとなった。やがて帰国の許可を得て、七月二十九日東京を出発、八月二十一日中津に藩知事として帰国した。明治三年十一月政府は旧武家（旧藩主）家族を悉く東京に移住するように命じた。このことがあって、昌邁は明治四年一月東京への遊学願が許可されて上京し、二月二十五日、七名の中津藩士と共に慶應義塾に入門している。養父昌服の東京移住が五年まで延期されたのは、病気のためではないかと思われる。したがって五年七月の移住は既に藩内では承知済のことで、「山崎家日記」によると、七月四日に戸長を通じて、昌服の移住に就いての挨拶が回状で通達されたと記している。更に「日記」は五日の条、六日の条に次の記述がある。

上御隠居様　芳蓮院様　御方々様東京へ御引移り明六日御乗船之積に付、今日御餞別御肴料として、金札五百疋献上被遊候。尤旧御仲間様方御一同に致惶学様にて御取計御差出に相成候。御隠居様為御暇乞両御殿庇御出仕被成候。

上方と様今晩□□、運上場より飛船弐艘へ御乗船被遊候、御隠居様暮合より御見立として御出殿被成候。尤御乗船之義御触無之に付、御見立抔に参候者無之恐入候次第也

五日の条にある惶学様とは、大身衆家筆頭の奥平図書（雨山家当主）のことである。藩知事一家の移転に関して、正式に出発の日時が発表されなかったのは、万一の不祥事発生を防止する意味があったかも知れないが、殆ど見送り人がないということは、時勢の変化の大きさを痛感させられる。

参考⑤　桂川家〈関連項目＝11章註（14）〉

洋学の本家と評される桂川家の兄弟や、養家藤沢家の事などについて考察してみる。桂川甫賢の長男甫安は文政九年（一八二六）生まれで、のち先祖の甫周国瑞（寛延四〜文化六年一七五一〜一八〇九）の名を襲いで甫周と改名し、父の死後（弘化三年一八四六）奥医師を勤めた。妻は咸臨丸で福澤を米国に伴った木村喜毅の姉である。甫賢の次男の甫策は、桂川一門が全力で取り組んだ『和蘭字彙』出版事業の実際上の中心として、兄を助けて安政二年（一八五五）より三年間努力し完成させた。その後開成所教授手伝、維新後には大学南校の化学教授。文部翻訳官となり、化学関係の著書を多く著した（『洋学史事典』）。

三男主税は、天保六年（一八三五）四月十一日生まれで、幼少の頃から桂川家に寄宿した兵学者鈴木春山や江川坦庵らと親しみ、兵学・砲術等に興味を抱き、天保十二年の高島秋帆の徳丸原の砲術実演を見学した。安政三年十一月には講武所砲術教授方出役となり、十人扶持が支給された。文久二年（一八六二）海陸御備向軍制取調御用を命ぜられ、親友宇都宮三郎等と洋式兵制改革に努力した。

文久二年閏八月藤沢次懐の病状が悪化し、男子の相続人がないので、桂川家より主税を養子にとの話が纏まり、二十日引移りが行われ、二十三日次懐が死亡したので、十一月七日家督相続が許され、主税が藤沢家千五百石を相続し、名を次謙と改めた。

『柳営補任』に記載されている藤沢主税（後の次謙）の履歴は次の通りである。

小普請組より文久二年十二月一日講武所頭取――同年十二月二十八日（次謙）歩兵頭（任諸太夫備前守。間もなく肥後守と改称）――元治元年六月二十

一日歩兵奉行即日野州辺江為討手被遣――同年七月二十一日御役御免逼塞。寄合より慶應元年七月八日軍艦奉行並――同二年十月十五日軍艦奉行――同三年一月十九日歩兵奉行――同年五月六日陸軍奉行並――同四年一月二十四日陸軍副総裁――（以下不明）。

12、雑記

207頁6～7行目　喰違ニ岩倉公襲撃（1）

明治七年（一八七四）一月十四日午後八時過ぎに、仮皇居となっていた赤坂御所から表霞が関の自邸に帰る途中の右大臣岩倉具視が、赤坂喰違坂（弁慶濠の西北端紀尾井坂の濠端に臨む所）で、土佐出身の元陸軍少佐武市熊吉ら九名に襲撃された事件である。事件については、我妻栄編『日本政治裁判史録　明治・前』所収の「岩倉具視襲撃事件――征韓論者の軽率な報復――」により略述する。

七年一月十四日午後四時頃、中西・中山の二名が岩倉の馬車を外桜田付近で見かけ、人力車を雇って追跡し、岩倉が当時の仮皇居だった赤坂御所に参内したのを確認し、中西が仲間に連絡するため京橋五郎兵衛町の三河屋に報告した。一行は築地の海軍省脇から山下町・霞ケ関を経てドイツ公使館付近で二手に別れ、一隊は麹町表通り、別の一隊は同町裏通りから赤坂喰違に向かった。その頃の喰違付近は樹木が茂り、雑草が人の頭を隠す程の高さに茂り、昼でも薄暗く、殆ど人通りのない場所であった。一行はここに身を潜め岩倉の退出を待った。

中山・山崎の両名は一輛の人力車が紀ノ国坂を上って四谷に向かうのを見て、確認のため人力車を追跡した。その間に二頭立の馬車が近づいてきたので、よく見るとまさしく岩倉の乗車と確認できたので、一同馬車を取り囲んだ。時に午後八時過ぎであった。中西が馬の轡を押え、岩田が馬車の後ろから太刀を突き刺し、島崎も同じく車に突込んだ。馭者の谷直幸は斬り倒された。岩倉は突込んだ太刀で傷を負ったが、羽織を冠って馬車の外に飛び出そうとした時、岩田が斬りつけた。岩倉は和服に博多帯を締めて短刀を佩びていたので、その一撃を短刀で受止め、深傷にはならなかった。彼はそのまま闇の中を道端の濠の中に逃げ込み、水中より頭だけ出して羽織を冠って潜んでいた。

土佐藩士らは、たまたま通り掛かった通行人の提灯を奪って岩倉を探しはじめたが、冬の寒夜に濠の中に居るとは思わず、発見できないのを残念がり、「確かに手応えがあったから、死んだのだろう」といって二手に分かれて引き揚げ、芝の増上寺山門で落合い、使用した刀は京橋木挽町一丁目の板垣退助宅に纏めて投げ込み帰宿した。（この刀は翌日黒岩成存が上野公園の現竜院境内に埋め替えた。）

岩倉はしばらくして土手から這い上がり、宮内省の使用人淵田親則が通り掛かったので呼び止め、背負われて宮内省に到着した。八時五十分であった。宮内省では直に大侍医岩佐純が診察し、手当てを行った。傷は軽傷であったが、寒中長く水中にあったため、「全身氷冷殆ド点温ナキガ如ク、脈搏将ニ絶セント欲シ、心音微々聴クコトヲ得ベシ」という状態であったが、岩佐の治療で幸運にも一命を取り留めることができた。

たまたま事件の翌日に内務省直轄の警視庁が新設された。新内務卿となった大久保利通は、全国の警察権を掌握し、殖産興業（勧業）を中心に天皇への直接責任を持つという、他の諸省卿より一段高い権威を保障されているだけに、首都警察の強化による権威の拡大のためにも、犯人逮捕は新警視庁の面目にかかわる試金石となった。武市熊吉の脱ぎ捨てた下駄の刻印から犯人割り出しに成功して、一月十七日に五人を逮捕し、十九日までに残った犯人全員を逮捕した。犯人らは容易に口を割らないため、拷問に掛けられ、取り調べが終了したが、新律綱領・改定律令に国事犯規定がないため、司法省から伺書を提出して、伺書通りということで、七年七月九日に「除族ノ上斬罪」となった。

207頁7行目　大久保内務卿の暗殺（2）

明治十一年（一八七八）五月十四日、参議兼内務卿大久保利通が、紀尾井坂において、石川県士族島田一郎等六名によって惨殺された。大久保は当時独裁的地位にあったから、国内に大きな政治的衝撃を与えた。大久保は征韓論反対（明治六年）・佐賀の乱（明治七年二月）・熊本神風連（明治九年十月二十四日）・秋月の乱（同年十月二十七日）・萩の乱（同年十月二十八日）・西南役（明治十年二～九月）と連続して発生した士族による反乱の鎮圧に成功し、「有司専制」の巨頭として、不満分子とりわけ士族らから攻撃の対象とされていた。

『日本政治裁判史録　明治・前』所収の「大久保利通暗殺事件――西南戦争の余波と国事犯裁判――」により事件の概要を略記する。暗殺計画の首謀者は島田一郎および長連豪《つらひで》（いずれも石川県士族）であったが、彼らも征韓派にくみし、西郷隆盛一派と繋がりを持つ不満分子であった。明治二年金沢藩士陸義猶《くがよしなお》が藩命で九州各藩の事情視察を行い、薩摩藩の改革に深い感銘を受け、かつ桐野利秋に啓発され、やがて明治七年台湾征討に対する西郷一派の態度を探るため、長連豪を伴って再度鹿児島を訪問、一月余り滞在して一層意気投合し、西郷らと共に行動することとしていたので、佐賀の乱にも傍観的態度を採るに止まった。

島田一郎は足軽島田金助の長子として、藩の洋式兵術練習所に入り銃砲術を学び、陸軍大尉に進んだ。藩兵解隊後上京し、専らフランス式兵学を学んだといわれている。激動する政情のなかで、陸義猶や長連豪と親しくなり、共に国事に奔走するようになり、江藤新平の処分を不当とする建白書を左院に提出したが、問題にされなかったので、実力行使により君側の奸を斃す以外に方法なしとして、帰県して同志を糾合すると、千余名が集まった。県内に愛国社の分社として「忠告社」を設立した。しかし社中は、島田の「腕力」主義に同調しないため、忠告社を脱退し、金沢市内に別派を結集したりしていた。

明治十年西南戦争勃発の報に、島田はこれに呼応せんとしたが、忠告社の幹部らより、到底事の成るべからざるを説かれ、自重を薦められている間に、一部同士が、西郷軍に応ずるため大阪で形勢探索中逮捕されたことや、その後の情報で、挙兵を断念すると同時に、大久保暗殺を決意した。しかし、京都の行在所の警備が厳重なために、即時実行することは断念した。

そこで明治十年四月頃、島田は陸義猶を尋ね、斬奸状《ざんかんじょう》の執筆を依頼したところ、陸は一度はこれを拒否したが、重ねての依頼により、斬奸状を認めた。十一年春に至り、島田らから再度斬奸状を認めるよう要求されて、斬奸状を書き与えたという。大久保が特に暗殺の標的にされたのは、大久保が少警部中原尚雄らを刺客として鹿児島に派遣した西南戦争の原因の噂を信じたためで、石川県士族の間には、島田らの他にも大久保暗殺を考える者が出てきていた。

脇田巧一（石川県平民）・杉本乙菊・松田克之・杉村文一（石川県士族）らは十一年（一八七八）三月頃までに相次いで上京してきた。彼らは、互いに連絡相談し、実行策を練り、その機会を窺っていた。島根県士族の浅井寿篤がちょうど、巡査として西南戦争に参加し凱旋後の慰労休暇中に禁令の貸座敷で遊興したとして免職にされたことを不満としていた時だけに、石川県士族で元巡査の橋爪武に誘われ、暗殺計画に参加することになった。

十一年五月七日頃、島田・長・脇田・杉本・杉村・浅井の六名は、島田・長の止宿先の四谷尾張町二番地林佐平方に集合し、十四日暗殺決行を申し合わせた。この日に決めたのは、四と九の日が参議参朝の日と決められていたのを探知したからである。決行の前日、島田は陸に執筆して貰った斬奸状二通を石川県士族木村致英に預け、明日計画通り暗殺が決行できたと聞いたら、新聞社宛ての斬奸状を投函するように依頼した。

島田らは当日早朝四谷尾張町の林方に集合し、七時半頃には紀尾井町に行き、予て下見していた北白川宮邸裏と、華族壬生基修邸との間の、人通りの稀な小路に潜み大久保の馬車を待ち伏せた。

大久保は八時頃馬車で裏霞ケ関の自邸を出て遭難場所にさしかかった（現在の清水谷公園の南西端付近）。島田らは一斉に馬車を包囲して馬の足を薙ぎ倒したが、なお数間走り、二の太刀でようやく馬が倒れた。直ちに馬車の戸を開き大久保に斬り付け、数人が止めを刺した。時に大久保は四十八歳であった。暗殺成功の上は予定通り皇居に自首せんと、島田ら一同は血刀は現場に放棄して空手で皇居に至り、近衛兵に大久保殺害を告げ縛についた。

斬奸状は罫紙十三枚に細字で記した長文のもので、要路官吏の罪悪として

「公議を杜絶し、民権を抑圧し、以て政事を私する」、「法令漫施、請託公行、恣に威福を張る」、「不急の土工を興し、無用の修飾を事とし、国財を徒費する」、「慷慨忠節の士を疏斥し、憂国敵愾の徒を嫌疑し、以て内乱を醸成する」、「外国交際の道を誤り、国権を失墜する」

の五罪をあげ、姦吏を斬滅しなければ将来の国家が危ういと断定し、木戸孝允・大久保利通・岩倉具視を「姦魁の斬るべき者」とし、大隈重信・伊藤博文・黒田清隆・川路利良を「許すべからざる者」とし、同志が少ないから今回は大久保のみを斃《たお》すが、この事件で、必ずや遺志を継ぐものが出るだろうと予言している。この斬奸状は、島田らの意図に反して新聞には掲載されなかった。わずかに朝野新聞がその概要を伝えたが、即日発行禁止の処分をうけた。

この大久保暗殺事件について福澤は再刊『民間雑誌』明治十一年五月十五日の第百八十五号の社説「内務卿の凶聞」（『全集』⑲六五五―五六頁及び「後記」八一七頁）で、

> 此度の一件は大久保氏一身の為には誠に気の毒なることなれども、世の中には人に殺されて命を亡ふものも甚だ多し。毎年毎月幾人もあることなれば、一身の不幸のみに就て論ずれば、大久保氏に限り特別に気の毒と云ふ訳もなきことなるが

と述べたことが、内務省警視局（警視庁の前身）から不都合と咎められ、編集長に今後そのようなことを記さないとの誓約書を提出するように求められた。編集長より報告相談を受けた福澤は、そのような請書は書けないから、『民間雑誌』の廃刊届けを提出するようにと指示し、両三日の内にその手続きを完了したという。そのためか大久保暗殺事件の当時のこととして、

> 惜ひ哉、事の表裏を見ずして斯る大変に及びたり。若しも偶然の事機に由り、〔島田〕一郎をして大久保家の食客たること一両月成らしめ（中略）一夕庭園の散歩に共にしたることもあらば、一郎は必ず内務卿の裏面を詳にして其敵意を解くのみならず、却て無二の親友と為りて、

と、人の交際が誤解解消に大切なことを強調する話題としている。（『藩閥寡人政府論』第十四『全集』⑧一四九頁、及び明治二十二年二月十六日『時事新報』社説「森文部大臣の死去」、『全集』⑫四七頁）

207頁11行目　居合も少し心得て居る（3）

福澤が明治十年（一八七七）五月に著した「旧藩情」には、封建時代における下士の気風について次のように記されている。

> 下士の輩は漸く産を立てゝ衣食の患を免かるゝ者多し。既に衣食を得て寸暇あれば上士の教育を羨まざるを得ず。是に於てか剣術の道場を開て少年を教る者あり（旧来徒士以下の者は居合ひ、柔術、足軽は弓、鉄砲、棒の芸を勉るのみにて、槍術、剣術を学ぶ者、甚だ稀なりき）。子弟を学塾に入れ或は他国に遊学せしむる者ありて、文武の風儀俄に面目を改め、又先きの筆算のみに安んぜざる者多し。但し其品行の厳と風致の正雅とに至ては、未だ昔日の上士に及ばざるもの尠なからず（（　）内は二行割書）

福澤も藩の風習に従って、居合を習ったようだ。そのことを示すものに旧中津藩士山口広江宛書簡（明治二十三年七月八日付）がある。

> 小生も幸に無異、唯今にても米をつき、又少年の時中村庄兵衛先生に学び得たる居合を以て運動致し、近来は少々上達の様に覚え候得共、何分にも立身新流の先生無之して、悪しき処を直して貰ふ方便を得ず残念に存候。

居合の先生中村庄兵衛については、『中津藩史』の「軍制　兵学　武道」の項の抜合、すなわち居合の項の「立身流抜合師範ノ系図」（五六九―七〇頁）に記されている。

○立身三京（中略）桑島将監┬大石千助貞節（当流ト改ム）―（以下略）
└木村権右衛門（新流ト改ム）┬同安載入道―（以下略）
└下山新左衛門┬高橋紋右衛門―中村喜助―同庄米―生田保
└菅沼五郎左衛門―三浦太右衛門┬今沢杉右衛門―（以下略）
└猿橋代助―（以下略）

中村喜助が藩に提出した勤書によると、中村家は、祖父庄兵衛（宝暦四年隠居）――父團蔵（宝暦四年家督――明和九年死去）――喜助（明和九年（一七七二）家督）とある。福澤の父百助は、寛政四年（一七九二）の誕生であるから、武道師範系図の中村喜助の子庄米は、百助に近い年齢と推定できる。

『中津藩歴史と風土　第九輯』の天保十二～十四年（一八四一～四三）と推定される「奥平中津藩分限帳」の供小姓の部に、十三石二人扶持として、中村庄兵衛・安村源右衛門・福澤三之助と列記されている。安政四年（一八五七）の「中津藩武鑑」には中村庄兵衛は御山奉行・新堀住居とあるから、中村庄米は庄兵衛であり、住居は福澤家に近い新堀町で、留守居町の一本南の通りの服部五郎兵衛家のやや西方であることが判る。また「明治五年（一八七二）二月改　士族卒分限帳写」に「籾一三石二人扶持」の部に「父庄兵衛中村松太郎」とあるから、庄兵衛は福澤が中津を出てから明治初年までの間に死去しているものと推測される。

福澤は大坂の緒方塾時代には、運動の一つとして、居合抜刀を行っているから、その前の長崎へも居合刀は持参していたかとも思われる。前記書簡にあるように、五十七歳になっても、好んで米搗と居合を運動として行っている。『全集』⑳

「居合数抜記録」（三九五—九六頁）の明治二六・七・八年の記録を見ると、

明治二十六年十一月十七日　居合数抜　千本
午前九時十五分より十二時まで六百四十本
午後二時より三時半まで三百六十本
以上
刀　鍔元より長さ　二尺四寸九分　目方　三百十匁
明治二十七年十月廿五日　居合数抜　千貳百本
午前九時十五分より十二時まで　六百八十本
午後二時前より四時まで　五百二十本
刀は二十六年のものに同じ
明治二十八年十二月卅一日　居合数抜　千本
午前八時半少し過ぎより午後一時までに終り休息なし
刀は前年に同じ

年齢的に相当過激な運動量である。体力・気力が抜群に強かったため、むしろ過激に過ぎ、後年（明治三十一年九月二十六日）の脳溢血発病の遠因をなしたといわれている。居合については、『論吉伝』第四巻「先生の健康と摂生」の運動の項や、『考証』に詳しく、その腕前は入神の域に達していたと記されている。

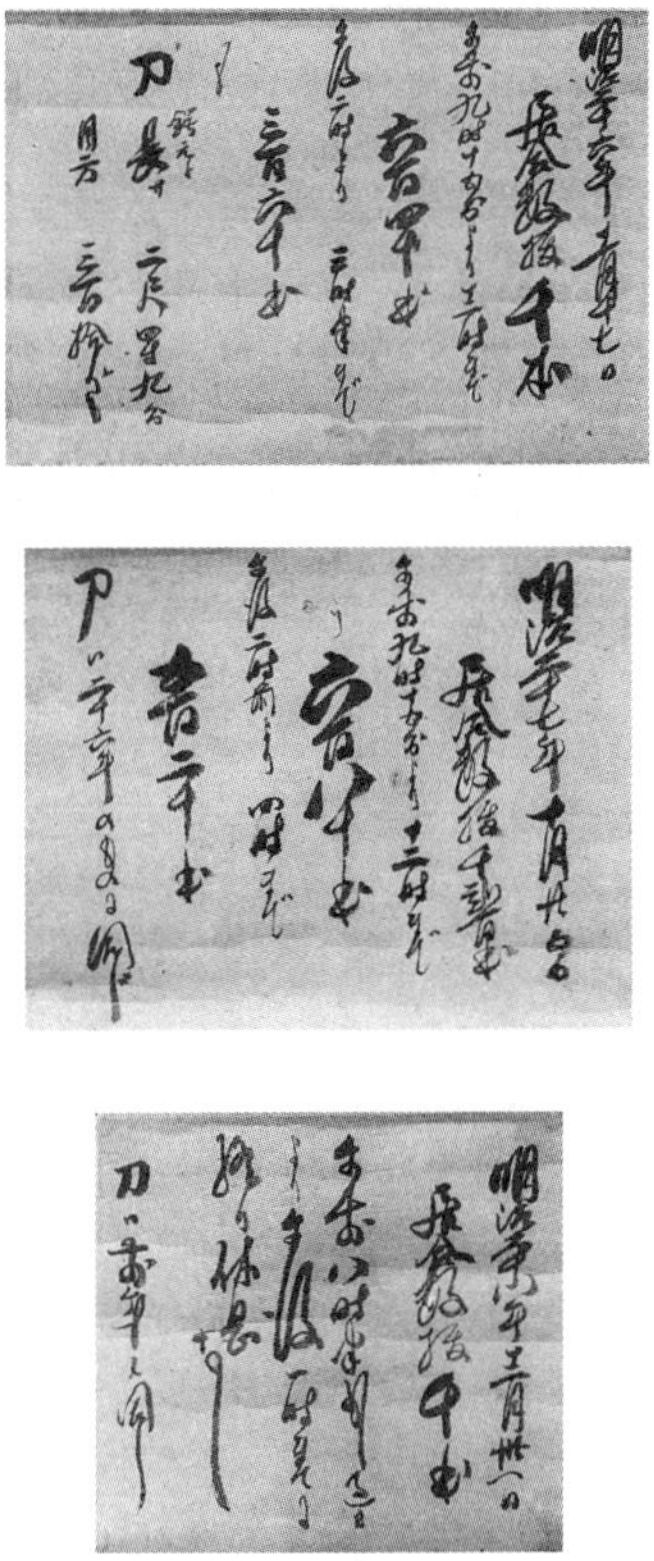
「居合数抜記録」明治26・27・28年

207頁13〜14行目　日本武士の大小を丸で罷めて仕舞ひたひとハ私の宿願（4）

『論吉伝』第一巻、第十五編第六「先生の廃刀と散髪」（六四〇—四一頁）には、

家にあつた刀剣類を残らず売払ひ短い脇差のやうなものを刀にして印しまでに差すことにせられたといふのは慶應三年の秋のことで、（中略）先生は日本武士の帯刀をやめたいといふことが予ての持論であつたので、王政維新となり、徳川家が静岡に移ることになつたとき、帰農して平民となると同時に双刀を廃して丸腰になられたといわれてゐる（『自伝』）から、廃刀の実行は明治元年の五六月頃であつたらう。

と記されている。福澤の帰農は慶応四年（一八六八）六月八日に幕府に御暇願を提出し、八月中旬退身許可となっている。

福澤が二度目の新銭座（後期）移転と前後して、率先して廃刀を実施し、それが塾幹部の間に行われるようになると、これを真似して廃刀する塾生が出てきているが、支配者としての武士身分を表す帯刀の習慣は、一朝一夕に改まるものではない。世間との無用の摩擦を避けるという意味もあってか、本塾の近辺の散歩には丸腰であったが、上野・浅草などの遠方に出向く時は、双刀を帯びる者が多かった。したがって塾生の殆どが身辺に刀を所持しているのが一般であった。そうした状況のなかで、慶応四年四月に定められた「慶應義塾之記」の中の「規則」がある。

一、社中の人は元来文を事とするものなれば、何等の事故有とも抜刀不致は勿論、仮令ひ刀を拭候節も私席にて無用たるべく、必塾中の執事へ相届、講堂の傍人なき処にて鞘を脱すべし。

その規律勧戒の励行は、福澤をはじめとする塾の先輩の非常な努力があったためであろう。前記明治四年八月の四民の散髪脱刀自由令が出る前に、義塾では相当数の塾生が廃刀の習慣に踏み切っていたようである。

私が初めて腰の物なしで汐留の奥平屋敷に行ったところが、同藩士は大いに驚き、丸腰でお屋敷に出入りするとは殿様に不敬ではないかなどと議論する者もありました。『自伝』

一方、母と姪を伴って帰京する福澤に誘われて同行して、義塾に入門した山口克己（のち半七）の懐旧談『山口翁　大分県の耆宿』「廃刀令」に述べられている。

> 廃刀の布告は明治四年なりしが、我輩は其の布告以前自ら廃刀を実行し居たり、然れども刀剣は猶手許に備へ置くの必要ありたり。今其の理由を述べんに、我輩の学資は一ヶ月金　円なりしが、中津藩の給与に係り月末必ず藩邸に出頭して之を受けざるべからず。藩邸の吏人は概ね頑固にして新人を喜ばず、形式に拘ること甚し、故に万一無刀丸腰にて出頭せんか、武士たるものが怪しからぬ事なりと遍照金剛の理屈を並べ立らるゝは尚忍ぶべし、動もすれば学資金の給与に故障を云ひ掛け大坂の為替が未着なりとか中津の指揮を仰ぐとか百方遷延の手段を執らるゝは吾輩の一大事、学資の不渡は学生々活無上の脅威なるを以て、誰も彼も藩邸の出入には羽織袴大小を横へ、昔の武士風俗に立返り厳然威容を整ふるの必要あり、さてこそ刀剣を手許より離すを得ざる次第なり。

藩吏が保守的であったことは明らかで、前記の行動は福澤だから藩主に対して不敬という程度の抵抗を与えただけで済んでいるが、弱小藩士に対しては、学資の支給を遅らせる程の嫌がらせが行われかねない情勢であったように思われる。

増訂『明治事物起源』の「廃刀の始」によると、真先に廃刀を首唱したのは、明治二年（一八六九）に公議所へ「官吏兵隊之外帯刀を廃するは随意たるべき事。官吏と雖も脇指を廃するは随意たるべき事」の二題目を建議した森有礼で、この頃にはまだ反対論が強く、ために外国官権判事を辞任して鹿児島に帰国したが、翌年少弁務使に任じられて米国に派遣された。三年十二月二十四日庶民の佩刀することが禁止され、四年八月九日に、四民の斬髪脱刀の自由（礼服の時は帯刀必要）が許可された。明治九年三月二十八日に至り、大礼服を服した時及び軍人・警察吏の制服着用時以外の帯刀が禁止されたと記している。

207頁16行目　短かゝ脇差のやうな物を刀ょして御印《おしるし》ニ挟し（5）

福澤は慶応三年（一八六七）の秋頃、所持していた刀剣を皆売り払ってしまい、短い脇差を刀のように造り直して挟していた。この短刀を刀の代りに挟す習慣が一般に行われていたことが、『幕末百話』に記されている。

> 脇差を刀にしたという実地の経験をお話ししましょう。（中略）これは貧乏の家中がよく演《や》るやつでして、（中略）貧乏で温《あったか》い水に縁が遠くなると、地獄が近くなるような気がして、腸《はらわた》の苔《こけ》が枯れてしまいそうだ。そこで（中略）質屋へ駆付ける。屋敷の方は病気所労の体ですから、ひそかに外出しまして質屋の番公《ばんとう》を口説きますが、質屋の方でも一杯喰うというなァ武士の魂たる刀を持込むからで、「拙者いかにも病気で金が要って困る。三、四日所労する間、物騒でもあるから預けるのだ、値を高くせい、たった両三日だ」。番頭も火事師のサシコと同様に心得、御殿へまさかに無腰でも登《あが》れまいからと、（中略）無理な金をも貸す。借りた方は皆呑んでしまい、サアいよいよ出仕となるてえと、刀を受出すどころか、鐚《びた》一文もありません。（中略）そこで脇差刀というものを早速に作りますが器用なもんです。脇差を抜いて刃へ手拭をグルグル巻いて、鞘の先へ差して、鞘を長くしましょう。それ、羽織の下から鞘の先だけは見える仕掛け、あたかも刀のように見せかけ、実は帯際の所、手拭巻の脇差の刃なんでさア。（「脇差刀と見せ羽織」）

案外こうした工夫は何処の藩の下級武士の間でも実行されていて、福澤も何処かで、こうしたことを見聞して、手拭巻でなく、本格的に脇差の柄や鞘を刀のように長いものに装備し直して、挟していたのではあるまいか。

『武家事典』に「二本差と一本差」の説明がある。

> 刀の寸法はおよそきまっていて、一尺七寸九分までを中脇差、一尺八寸から一尺九寸九分までを大脇差という。二尺となれば刀といっていた。刀と脇差と二本さすのは士に限ったことになっているが、その士のなかでも自堕落なやつは脇差だけでいる。居間にいる時はどんな人でも脇差だけであるし、ちょっと庭へ出る位のときもそうであるが、門外へ出るとなると、二本さして出なければならない。

福澤の場合は、刀と脇差の二本ではなく、実は刀をやめて脇差二本ですましているというのであろう。

209頁9行目　幕府が倒れると私ハスグ帰農して（6）

「帰農」とは遊民（一定の職業のない浮浪人）を勧めて農業に従わしめるとか、官職に有る者が、その官職をやめて帰郷し、農事に従う、の意味であるが、維新の頃には必ずしも農業に従事する意味でなく、官職（武士勤め）をやめるという意味が主になっている。

慶応四年（一八六八）六月七日付の大坂の親友山口良蔵宛の福澤書簡には次のようにある。

一　徳川様御名跡も駿府ニ定り候よし。小生ハ三月来大病ニ而引籠、何事も存し不申。徳川家江御奉公いたし、不計も今日之形勢ニ相成、最早武家奉公も沢山ニ御座候。此後ハ双刀を投棄し読書渡世の一小民と相成候積、左様御承知可被下候。

「三月来大病」というのは仮病である。これは幕府の「御使番任命」の呼び出しを、病気ということで辞退したのである。同年三月六日付の大童信太夫宛福澤書簡にも同じく、「私義も一昨日御用召なるもの来り、無拠病気引いたし居候」と書いている。この頃は、慶喜の恭順方針と、政府軍が江戸に迫って来た情報も伝えられた時だけに、幕府の前途に光明は見えず、福澤は、幕府に見切りを付け、「御使番」任命の御奉書到来を辞退したのである。『木村摂津守喜毅日記』三月五日条に、「一福沢本日五半召御断申上候由、申聞　高晋小十人格ニ栄進」とあるのがそれである。［10（18）］

四月四日東海道先鋒総督橋本実梁が江戸城に入り、慶喜の死一等を減じ、江戸城の明渡し、軍艦銃砲の引渡し、慶喜の水戸引退等の五条件を命ずる勅旨を田安慶頼に伝えた。十一日には江戸城の明渡しが行われ、慶喜が水戸に赴き、十五日には大総督熾仁親王が江戸に入り、芝増上寺に陣取り、二十一日江戸城に入城し、江戸は完全に新政府の支配下に入った。五月二十四日徳川（田安）亀之助（のち家達）に家名相続が許され、駿府府中（静岡）城主として七十万石に封ずる旨が伝えられた。

また福澤の動向を木村は記している。

六月八日　福沢子来、御暇願差出候由
六月十日　夕福沢来、本日督府之命ヲ以早々上坂ヲ被申渡候旨也

伊東弥之助の「幕臣福沢諭吉の断片資料」によると、幕末の開成所の断片資料の「支配向御暇相願候者名前申上候書付」中の外国方退職希望者の人名の中に福澤の名が見える。

御儒者次席　箕作貞一郎
開成所奉行支配翻訳御用頭取
大目付附属頭取兼帯
同調役　淵辺　徳蔵
同　富田　冬三
同調役次席
同翻訳御用　箕作　秋坪
同
同翻訳御用　福沢　諭吉
御勘定格
同調役並　坂戸小八郎
開成所奉行支配調役並
同　村上　彦輔
（以下同様形式で、十二名が列記される）
右之者共御暇被下置度旨願立候、依之此段申上候　以上
辰六月　（朱筆）江連　加賀
杉浦武三郎
森川荘次郎

福澤が六月十日の明治政府の召命も、病気ということで辞退しているのは、新政府は攘夷主義の政府ではないかと疑念をもっていたからであるという。山口良蔵の父、山口寛齋宛福澤書簡（九月十一日付）に、

小生義も当六月中、上坂いたし候様　朝命有之候得共、病気ニ而御辞退申上、尚又　徳川家之方も御暇相願、八月中旬願之通り御暇相済、自由之身ニ相成申候。

とあるように、八月帰農が許可され、新政府への出仕も辞退して、新設の「慶應義塾」の経営に専念したのである。

福澤の最後の役職名は、「開成所奉行支配調役次席、同翻訳御用」で高百俵、勤務中は更に五十俵増の上に手当金十五両を支給されていたことが判った。「ちょいと旗本のようなもの」と記しているのはこのことである。［10（10）］

209頁18行目　和田與四郎（7）

和田家は、徳川家康の三男頼宣に従って、駿河より和歌山に赴任した古い紀州藩の家臣である。父和田惣左衛門は和田家九代目で、家禄は五十石取の下級藩士である。與四郎は天保十一年（一八四〇）九月八日和歌山に長男として生まれた。幼名を常太郎或いは安太郎、長じて義郎、与四郎又は郁之允と称し、文久三年（一八六三）同藩の江川氏の長女きさと結婚している。

紀州藩の関口流柔術に長じているのを認められ、藩主護衛の奥詰隊に属して万延元年（一八六〇）には江戸詰となっていた。慶応二年（一八六六）長州藩再征に出陣。幕府側不利の戦況の中で、一橋慶喜は朝廷に休戦の沙汰書の公布を願い出て、八月二十一日ようやく御沙汰書が伝達され休戦、九月十九日幕府は諸藩兵に撤退帰藩を命じた。

帰国した和田義郎は、藩の洋学修業行生に応募して江戸に出ることとなり、慶応二年十一月二十八日、広井智吉・小川駒橘・小杉恒太郎・辻得一・畑上徳太郎・小泉信吉・草郷清四郎らと共に、築地鉄砲洲の福澤塾に入塾したが、翌年二月国許に呼び戻された。明治二年（一八六九）三月再度上京し、四年四月まで義塾に復学、義塾の英語教師となる。

その頃国許より、夫人を迎えたものと思われる。芝山藩（遠江掛川から明治二年五月に上総芝山に転封、のち松山藩と改称）の藩主太田資美の開設した芝山塾にも出講するなどしていた。明治六年には『英吉利史略』上下二冊を翻訳出版した。

翌七年一月和田の主催する少年のための学塾が、三田通りの所謂幻の門（現東門）の坂と階段を上った直ぐ右側、旧図書館のあたりにあった長屋の一劃に開いた。その評判を聞いて、志望者が急増して収容できなくなり、一時三田四丁目の現在の演説館の裏の御田消防署付近あたりに移転し、明治九年頃再び旧図書館のあるあたりに建っていた家屋に移り、明治三十年の学制改革によって、西側の崖下（現在西校舎の建つ辺り）に移転した。

明治七、八年頃は和田塾と呼ばれていたものと推測されるが、それが幼年局と呼ばれるようになり（明治十～十二年勤惰表）、十三年一～四月の勤惰表から「幼稚舎」の名称が使われている。和田塾は和田個人の私塾として発足したが、最初から「慶應義塾の分校」に相違はなく、福澤の温かい理解と庇護の下に、本塾の規則に準拠しながら、文部省の定めた学制にも、特にこだわることなく、より程度の高い学塾として、充実した教育が行われた。新入生の入社金を本塾に収めるほかは、その経営、経済面は全く和田個人のものであった。

和田義郎夫妻と幼稚舎生

和田舎長は明治七年から十八年間、夫人及び妹の秀と共に、特色ある幼稚舎を経営して、絶大な信用を博したが、その傍ら義塾の評議員、交詢社や明治生命保険株式会社の役員を兼ね、第一級の紳士として内外の信頼と尊敬を集めていた。明治二十四年の暮れ頃より、多少健康を害し、翌二十五年一月十日、急に脳膜炎症を発し、ベルツ博士の診察を受ける等、人事の限りを尽くしたが、薬石の効なく十五日午後五時五分逝去した。十七日芝増上寺において葬儀を営み、会葬者二千名に及び、大崎村大字白金本願寺（後福澤も埋葬された常光寺）に埋葬された。

明治七年の頃より三田の義塾構内に幼稚舎なるものを設け、特に塾生中の童子のみを集めて之を教へ、課程の業を授るのみならず、朝夕眠食の事までも内君と共に協せて注意至らざる所なし。君の天賦温良剛毅にして争を好まず、純然たる日本武家風の礼儀を存す。在舎の学生曾て叱咤の声を聞かずして能く訓を守り、之を慕ふこと父母の如くにして、休業の日尚且家に帰るを悦ばざる者あるに至る。創立以来の入舎生凡そ千五百名。今は既に有為の一男子として社会に頭角を現はす者多し。（中略）明治二十五年一月十七〔十五〕日世を辞したり。行年五十三。舎生知友唯驚歓惆悵するのみ。同年六月建碑の挙あり。親友福澤諭吉、涙を揮て之を記す。（『全集』⑲七八四頁）

福澤は信頼した弟子に先立たれた悲しみを墓誌銘に記している。

和田の経歴については『稿本慶應義塾幼稚舎史』（吉田小五郎筆）に詳しい。

210頁小見出し　百姓ニ乗馬を強ゆ（８）

明治四年（一八七一）四月十七日に、「平民ノ乗馬ヲ許ス」ことが発令された。

江戸時代に正式に乗馬が許されていたのは、武士階級の上士以上に限られていた。下士階級の武士は、「徒士」とも呼ばれ、参覲交代等の時は当然徒歩で供奉することになっていた。また町奉行配下の与力・同心の人数を示すとき、与力は何騎、同心は何人と言う如く、下士の同心は徒歩で出勤していたのである。

福澤が江ノ島・鎌倉に子供連れで滞在し、七里ヶ浜を通った時、向こうから百姓が馬に乗って来て、福澤一行を見かけた百姓が、旧慣習通りに慌てて馬を飛び下りたので、これを咎めて乗馬させた、その時期を示す資料はみられない。前坊洋の「「箱根」から「豊前豊後」へ」（『手帖』41号所収）等の研究でも、鎌倉・江ノ島に立ち寄ったと明記している小旅行は、①明治三年（一八七〇）九～十月の熱海・箱根・鎌倉の旅行。②明治十年頃、松平春嶽の孫信次郎（のちの康荘）の幼稚舎入舎で、教育監督の酒井良明と一太郎・捨次郎・小幡篤次郎らを連れての鎌倉見物。③明治二十年九月五日より、海水浴のため三八・光の二人を伴い鎌倉に暫く滞在した時。④明治二十一年七月十九～八月十三日、子供らを連れて海水浴に鎌倉に滞在したという。四回の小旅行のことのみが明らかにされている。

前記鎌倉行きの第一回は乗馬許可令発令前であり、後の三回はいずれも、百姓の乗馬許可の発令から少し日時が経過し過ぎている。そこで乗馬許可令発令から間がない頃に鎌倉に赴いていないか探索して見た。

すると明治四年四月以降の資料の中に、「江ノ島滞留も退屈に付き」と冒頭に記した明治四年？と疑問符のついた書簡が、『全集』別巻に掲載されているのに気付いた。この資料は、昭和四四年十一月に、茅ケ崎市の郷土史家藤間善一郎が、「茅ケ崎市郷土会」会報に「福澤諭吉と小沢昌順」と題して発表したものである。

福澤が初対面の茅ケ崎・矢畑の医者小沢昌順の要求により、早矢仕有的宛に記した紹介状で、「六月廿六日藤沢宿若松屋ニ而」と月日が記されている。

江ノ島滞留も退屈ニ付、今日藤〔沢脱カ〕宿まで遊歩罷出候処、此近地小畑〔矢カ〕村医師小沢昌順と申人、旅館江参り、兼而神奈川県命ニ由り種痘いたし居、尚又此程も改而命を蒙りし之処、如何せん年来漢家之雑法なる者ニ而、聢ト医術ニ方向も不立、就而も此度横浜表建立之病院等へ出入する歟、或ハ可然師家へ依り、西洋法之医を学び度、小生ニ知己之者も候ハヽ、世話いたし呉候様と之頼なり。一面識之人ニも候得共、其言を聞けバ其志も厚き様ニ御座候。何卒御面会被成遣、可然様御指揮奉願候。

この紹介状は昭和四十四年の五月に小沢家の古文書の中から発見された。「横浜表建立の病院が前の横浜市立病院であれば、明治七年頃」と紹介状記述時期を推定している。しかし『全集』別巻では「早矢仕はこのころ横浜で医業の傍ら丸善商社を経営していた」ということで、記述時期は明治四年ではないかと推測している。

昭和五十六年三月三十一日刊行の『茅ケ崎市史4　通史編』の「近現代第五章第三節　医療問題と南湖院」の冒頭「種痘と小沢昌順」の項目で、明治三年神奈川県下に天然痘が大流行した際、外国人医師の指導等もあって県下各地で種痘が行われ、明治四年二月十六日まで藤沢宿には「仮種痘館」が置かれ、一人残らず種痘を受けるよう県から再三触書が出されたことや、矢畑村の小沢昌順も三年には県命で一之宮・田村・伊勢原・秦野・大磯の寄場組合五ヶ所で種痘を行っていることを記した上で、福澤諭吉が小沢に書き与えた前記紹介状は、「明治四年に横浜の元弁天に開設される仮病院の医師の早矢仕有的宛」のものと明記している。『横浜毎日新聞』明治四年八月二十一日の記事に、九月朔日より開院する仮病院に早矢仕有的と波多潜哉が常時勤務し、外人医師セメンズも週一回出張診察するとの県の通達が報じられていることからも、小沢の希望に沿った紹介状で、藤沢宿で明治四年の六月二十六日（太陽暦にすると八月十二日）に記されたものと確認できる。故にこの前後が、百姓に乗馬を強制した日時と断定できそうだ。

藤間報告によって、小沢昌順の略歴を補足すると次の通りである。

弘化元年（一八四四）九月父賢順氏長男として生る。慶応元年（一八六五）二十一才にて父の医業を継業す。明治元年（一八六八）二十四才秦野町野村家よりヤヲ女を迎へ結婚。明治十三年三十六才、矢畑、円蔵、西久保、浜ノ郷四ケ村の戸長及び学務委員拝命す。明治十九年四十二才、神奈川県令より種痘施術の功労者として木杯三個を賜り賞せらる。明治十七～三十九年、病人治療の傍ら二十二年間鶴嶺村村会議員として地方自治に貢献す。明治三十九年十二月十九日、六十三才にて病没す。

211頁3行目　九鬼と云ふ大名（9）

大名の九鬼家には、摂津の城主格で三万六千石の三田《さんだ》藩と、丹波の一万九千五百石の綾部藩の両家がある。共に外様大名で柳間詰である。福澤が親しくした九鬼氏は三田藩主の九鬼隆義である。九鬼家は紀州牟婁郡九鬼浦（現三重県尾鷲市九鬼町）におこり、のち織田信長の水軍の将として功績をたて、鳥羽城に拠って伊勢・志摩のうちで三万五千石を領した。関が原の戦では父子が両軍に分かれたが、東軍に属した子の守隆の軍功で加増され、五万六千石となった。彼の死後、次弟が相続したが間もなく死亡。その後、藩内でその弟隆孝と久隆との間に家督争いが起こり、幕府の裁決に依り久隆は寛永十年（一六三三）三田三万六千石に移封され、隆孝は綾部二万石に封ぜられた。

三田藩は隆国の時、寛政十年（一七九八）十二月七日に城主格に昇進している。島津家の一族島津久柄の娘が隆国の生母であることが影響しているのかもしれない。隆国は文政元年（一八一八）藩校国光館を改革充実して造士館とし、文政十二年（一八二九）には、川本幸民の才能を認めて江戸に留学させた。幸民は蘭学者として大成し、蕃書調所の教授となったが、安政四年（一八五七）島津家の要請で一時薩摩藩籍に移った。

幕末の藩主精隆に男子が無いため、綾部藩主隆都《もりたか》の三男隆義を養子に迎えた（安政六年十二月十六日家督～明治二年六月二十日藩知事任命～四年（一八七一）七月十四日廃藩、二十四年一月二十四日死去）。この隆義が頗る開明的で、福澤と親しく交際した。

幕藩制の時期には、三万六千石の小大名とはいえ、外様の藩主である九鬼隆義が、幕府の外国方に出仕する一役人と親しく交際することは考えられないので、幕府崩壊後に交際が始まったものと思われる。交際を示す古い資料は、左の九鬼隆義宛福澤書簡がある（明治二年十一月六日付）。（傍点筆者）

十月八日之尊翰、近藤泰之進殿ゟ落手、謹而拝見仕候。（中略）御出府中ハ毎度御来訪被成下、失敬而已相働候段、御海容奉仰候。御発途之前も御旅宿江罷出、寛々御目通仕、難有奉存候。
御帰国後益御盛被為入、近日ハ洋学校御取建之思召も被為在、就而て外国江書籍御注文之義、取計可申旨承知仕候。当年春頃ゟ時々入用之書類、アメリカ江注文申遣し、元価ニ而手ニ入候間、如何様ニも御取次可仕、尚又一昨日川本氏ゟ、御入用之品々目録送参り候間、当月下旬飛脚船へ可申遣、凡二ケ月ニ而品物着可致奉存候。（中略）洋学校御取建相成候ハヽ、治人の君子を御引立相成候より、為人治の小人を導き候よふ、御注意被遊度。方今世ノ中ニて治国之君子乏しきニあらず。唯欠典ハ良政府之下ニ立チ、良政府の徳沢を蒙るへき人民の乏しきなり。下よりこれを求めされハ、上よりこれを施さゞるも亦宜なり。災害下より起れハ、幸福も亦下より生せん。小民之教育専一と奉存候。呵々。此段貴答申上度、早々如此御座候。頓々首々。

川本氏とは九鬼氏の侍医であった蘭学者川本幸民である。川本を通じて、九鬼との交際の道が開かれたのであろう。

また『明治史要』明治二年の条に、

一月六日　勅シテ、東京ニ再幸シ（天皇京都に御帰還中）、輿論公議ヲ採リ、国是ヲ定メントスルヲ以テ、諸侯中下大夫上士ニ、三月十日ヲ期シテ会同セシム。尋テ改テ四月ヲ限リ、悉ク東京ニ至ラシム。
七月二日、会同事竣ルヲ以テ、勅シテ、列藩知事ヲ慰労シ、各其藩ニ就カシム、其未タ知事ニ任セサル者モ亦帰邑セシム。

とある。九鬼隆義は三月末から七月頃まで東京に滞在しているので、その間に福澤との交際が始まったものと思われる。

九鬼に福澤を紹介した人物は、蘭学者の川本幸民と、儒学者ながら、開明政策を主張した白洲退蔵とが考えられる。川本は幕末までは薩摩藩に出仕していたが、明治元年（一八六八）薩摩藩籍を離れて、三田に帰っている。明治三年十月十四日付の九鬼宛福澤書簡に、「先日川本氏出府」とあるから、その頃は三田に滞在していたものとみえる。それ以前に川本が江戸に何時出て来たかは不明である。

儒学者ながら開明的政策を採用した三田藩の白洲退蔵は、幕末には洋式兵備の必要を唱え、甲冑不要論を唱えて甲冑を売却した代金で、新式銃を購入している程である。川本から福澤の話を耳にし、『西洋事情』を読んでその意見に賛成し、主君に随従して上京した折り、宿の芝の加賀屋が新銭座と近いことから、機を見て福澤を訪問し、親しく交際するようになったと考えられる。

福澤の開明的意見に賛成した九鬼は、東京での数次の会談によって、国許三田において洋学校開設の決心をして、その基本的教育方針等について、種々福澤に質問したことであろう。福澤は、前記書簡の後半に、「治人の君子を御引立相成候より為人治《ヒトニオサメラルル》の小人を導き候よふ御注意被遊度」と記しているのが、その返答で、文明社会発展の基本的要件である独立自尊の人材を育成して、国民全体の知識水準の向上充実を図ることの大切さを注意している。

福澤がここまで立ち入って指摘をしていることは、九鬼の意図に大いに期待していたことを示すものでもあろう。その交際は明治二十四年九鬼が神戸で死去するまで続いた。九鬼が上京する度に気軽に福澤を訪問している様子が、書簡から窺える。清岡邦之助宛福澤書簡（明治二十四年一月二十四日付）では、感冒の大流行で一家も皆感染して大変だと報知したついでに

当邸内ニ寄留せし華族九鬼隆義氏ハ、昨冬神戸へ帰り、直ニ感染して本月廿一日死去

と記しているから、三田の義塾構内に暫く滞在したりする九鬼とは極く親しい仲であったようだ。

211頁9〜10行目　大坂を出立した頃ハ舊暦の三四月（10）

福澤の三田《さんだ》訪問の時期は、明治五年（一八七二）四月である。十日に緒方先生夫人の実家名塩の億川家に一泊、翌十一日三田の九鬼隆義家を訪問して、数日滞在し、十四日に有馬温泉の「そうめん屋」に泊まった時である。この名塩・三田訪問の道中で、行き逢う村人に硬軟両様に話掛けてみて、その反応から百姓に下《した》手《て》に話掛けると、横柄な態度で対応し、封建時代の武士のような態度で接すると、卑屈な態度で応対する弊風を体験し、苦々しい思いをしたと記している。

愚民を支配するには迚も道理を以て諭すべき方便なければ、唯威を以て畏すのみ。西洋の諺に愚民の上に苛き政府ありとはこの事なり。こは政府の苛きにあらず、愚民の自から招く災なり。愚民の上に苛き政府あれば、良民の上には良き政府あるの理なり。（中略）人民皆学問に志して物事の理を知り文明の風に赴くことあらば、政府の法も尚又寛仁大度の場合に及ぶべし。（中略）人誰か苛政を好て良政を悪む者あらん、誰か本国の富強を祈らざる者あらん、（中略）この人情に基きて先づ一身の行ひを正し、厚く学に志し博く事を知り、銘々の身分に相応すべきほどの智徳を備へて、政府は其政を施すに易く諸民は其支配を受て苦みなきやう、互に其所を得て共に全国の大《太》平を護らんとするの一事のみ、今余輩の勧る学問も専らこの一事を以て趣旨とせり。（『全集』③三三—四頁）

福澤が前年十二月より起草した『学問のすゝめ』初編の締括りを、記した直後だけに、三田への道中での百姓の反応が、余りにも対照的で、庶民の自主性の無い態度を情けないと強く感じたものと思われる。

「愚民の上に苛き政府あり」とは、文久二年（一八六二）の遣欧使節団の一員として欧州に赴いた時の、カイロの印象である（「西航記」二月二十一日条）。エジプト訪問の感慨と重なって独立心の無い無学な国民が植民地支配の状況を招いているという記事である。後進国日本の独立完成を常に願っている福澤にとって、この自主性のない庶民の態度は、誠に残念なことの一つに感じられたに違いない。［7⑦］

214頁20行目　官民とか朝野とか忌《いや》ニ区別を立てゝ私塾を疎外（11）

慶應義塾が幕末明治初年の激動の時期を乗り越えて、今日の発展を遂げるまでには、多くの試練を乗り越えねばならなかった。そのうちには、必要以上に私立の学塾を苦境に追い込むような政府の政策もあった。私立洋学校の先頭に立って発展してきた義塾も、勿論多くの経営上の困難に遭遇した。その状況や原因・対応策の詳細は、『百年史』上巻（第四章「維持経営の困難と打開」）や、『考証』下（「慶應義塾維持困難」・『時事新報』創刊と政変余波」）に記されている。

福澤は今後の日本が、欧米先進国等の間に立って国家の独立発展を遂げるためには、西欧諸国と友好関係を維持し、異質文明の本質の理解が必要だとし、英語による西欧の学問学習体制の輸入を考えた。丁度維新の内乱時で、旧幕府は勿論

新政府も洋学修業にまで手が回らず、洋学の伝統が途絶えた状況下にある慶応年間に、洋学の伝統を継承し、将来の国家発展の願いを込めて、新しい学制を採用した。しかも社中による経営組織の学校として出発した新学塾に、慶応四年（一八六八）四月、時の年号を採って「慶應義塾」と命名したのである。［10（34）］

文久三年（一八六三）の入門帳作成以来の入社生数の動向は、下表の通りである。戦乱が収まると、明治元年（一八六八）の入社生は一〇三名と三桁を示し、以後八年の二七三名まで順調に増加している。それは江戸城の平和的開城など動乱が最小限で収まったこと、版籍奉還、廃藩置県により、士族の家禄収入が縮小しながらも、中央集権体制の新官僚組織造りが急がれ、学問、特に洋学の必要が痛感されたこと等が、士族子弟の教育熱を招いたためと思われる。

政府は知的水準の高い士族の子弟を公立の大学南校、東校（東京開成学校・東京医学校の前身）に集中させるため、明治五年三月五日、文部省令により、私塾生徒に公費を支給することを禁止した。

福澤は早速政府のこうした差別的措置に抗議し、「私塾生徒へ公費給与廃止の布達に対する上申書」（『全集』⑲「慶應義塾関係文書」）を提出した。上申書では、従来から私塾による人材養成が立派に行われてきた。義塾の三百名に及ぶ在学生の過半数が公費生で、これが禁止されるとその影響は甚大であると訴えた。東南両校への一回の試験で、合否が決定され勉学の機会が奪われる不合理等を主張し、両校の趣旨にそった試験を私学でも行い、それに合格した者には公費支給の継続を認めるべきだというものだ。試験は文部省の役人立会いも結構とまで譲歩している。それにも拘わらず、文部省は八月十五日の布達で、海外留学生を除く公私学校生徒への公費支給を全面的に停止する決定をした。間接的に私立への入学生を制限するものと言える。

明治五年八月の「学制」頒布により、広く小学校が設立されると、庶民の間に学問の必要が認識されてきた。同時に政府主導で中等教育の充実を推進した。それは不満士族の私塾進学による、反政府的主張の学習を防止しながら、政府の希望する方向に学生を教育しようとの意図に依るものであった。ところが西南戦争後のインフレーションで、只でさえ生活難の士族の生活は一層悪化したため、中等学校進学者数が著しく減少した。義塾にもその影響が現れ、年間入塾者数は九〜十二年（一八七六〜七九）間は百名台に止まった。替わって十三年に二〇四名に達したのは、平民の入社率が五二％と高くなったためである。

年次	入社数	入社生身分百分比		在学数	収入（円）
		華士族%	平民%		
文久3	一〇	一〇〇			
元治元	三六	九四	五		
慶応元	五八	九六	四		
2	七七	九八	三		
3	八四	一〇〇			
明治元	一〇三	八七	一二		
2	二五八	九六	三		（九月より十二月迄）一、八八一
3	三二六	一〇〇			（二月より十二月迄）六、四一〇
4	三七七	九七	二	三一九	九、四六六
5	三一七	八七	一二	三一一	九、〇七八
6	二四〇	八一	一八	三一六	一〇、四四六
7	二五四	七〇	二九	三一四	記録なし
8	二七三	六八	三一	三七三	九、〇五八
9	一八九	六五	三四	三四〇	六、七八八
10	一〇五	五一	四八	二八二	五、二二六
11	一三〇	六一	三八	二三三	四、二九七
12	一八六	六七	三二	二九三	三、七二七
13	二〇四	四七	五二	三三四	
14	三四四	五〇	五〇	四七六	
15	三九六	四二	五七	五七八	

（注）入社数とその身分百分比は明治十六年『慶應義塾紀事』、在学数は明治三十四年『慶應義塾略史』、収入額も同書「会計小史」による。入社生身分百分比の数値が、華士族と平民を加えて一〇〇に満たなかったり、超過する場合があるが、原資料のまま引用した。

215頁6〜7行目　藩の留守居役（12）

藩では江戸と大坂に各一名の「留守居役」を置いた。江戸の留守居役は、藩の外交官的な役職で、幕府や藩主の江戸城内での詰部屋を同じくする諸藩間の連絡事務等を担当した。幕府が藩主を呼び出す時、特に重要な用件の時は、江戸在勤の家老を呼び出して、藩主に江戸城に登城するよう伝えるが、慣例的な用件で藩主を呼び出す際には、留守居役を呼び出して、藩主の登城を命ずるのが一般である。幕府の役務下命等の情報を探り、自藩への任免運動が、その重要な仕事である。

　藩主の外交官的任務を帯びていることから、藩主の江戸出入りの際に、国許から将軍への土産物が献上されるが、留守居にも土産物の残りということで、「献残」と称して品物に金子を添えて付け届けがなされる習慣があったという。

　諸藩の留守居役との普段の交際や接待が、種々の大きな情報源となっているので、その交際費は十分支給されて、相当巨額に達したといわれている。

　大坂の留守居役は、当然のことながら藩の財務官を兼ねる者が多く、出入り商人らとの交際が、藩財政切り回しに大きな影響を及ぼした。

215頁7行目　大童信太夫（13）

　大童の呼び方については、オオワラ（『宮城県百科事典』河北新報社刊）とオオワラベ（『明治維新人名辞典』吉川弘文館・『新撰大人名辞典』平凡社）と呼び方が異なっている。ここでは郷里の『宮城県百科事典』のオオワラ説を取りたい。

　天保三年（一八三二）十一月二十九日生まれの仙台藩士で、同十三年藩主伊達慶邦の近侍となり、その才能を認められ安政六年（一八五九）江戸藩邸の公儀使（御留守居役）に抜擢され、江戸藩邸では洋学志望の青少年の援助育成に務めた。福澤諭吉と親交を持ち、慶応三年（一八六七）福澤の訪米の時、紀州藩と合わせて二五〇〇両の洋書購入費を渡している。勝海舟の塾に学んだ富田鉄之助が米国に留学する際には、高橋是清ら少年を連れて行くよう指示もしている。藩主慶邦の養子に分家の宇和島藩前藩主伊達宗城の二男宗敦を迎えたのも、大童の努力に負う所が大きい。

　慶応三年十月将軍慶喜の大政奉還に伴う政局の激変に、朝廷は十万石以上の諸藩主等に上京を命じたので、仙台藩はひとまず但木土佐と江戸留守居の大童を上京させた。十二月九日には王政復古の大号令が発せられた。上洛中の但木土佐は大童と協議の上、藩主慶邦に再三にわたり上洛を求めたが、藩内保守派の意向により、その態度を不明確にしたまま形勢を傍観することとなった。そこで藩命により但木らは慶応四年二月上京してきた三好監物と交替帰国した。この時大童は江戸に戻ったようである。

　尊皇派の三好は、二月十七日御所に出頭し、会津征討の錦旗を授けられた。更に二十六日会津征討に関して薩長諸藩と打合せを行い、この日九条道孝を奥羽鎮撫総督、沢為量《ためかず》を副総督とすること等が決定された。しかし仙台では、会津征討等には極めて消極的で、征討の勅命を受けながら、これを実行せず、他方徳川家の処分を寛大にするようにと奔走する動きを示した。

　仙台藩の態度が決定しない間に、三月二日奥羽鎮撫使九条総督以下が松島湾内の寒風沢《さぶざわ》に到着、二十三日仙台に入り養賢堂を宿舎とした。鎮撫使参謀世良修蔵らは仙台藩の会津征伐不履行を激しく非難し、その軍兵もまた仙台藩士らを侮辱する態度を示したため、薩長兵に対する仙台藩士民の反感が一層かき立てられた。四月十一日藩主慶邦が一応進発し、白石城に入ったが、閏四月十九日世良参謀が福島の妓楼で仙台藩士により暗殺されたことを転機に、仙台藩は会津を助け、薩長軍と敵対することが明確になった。

　仙台・米沢両藩主の主唱による白石会盟・更には奥羽越列藩同盟へと拡大した同盟軍は、薩長軍との五月一日の白河口戦を発端に、激戦が展開され、戦況は同盟軍不利の状況を呈し、同盟を離脱する藩も現れるなかで、八月二十七日藩主慶邦は、一門以下上層部の諸藩士を仙台城に集め、和戦の議を諮問したが意見が纏まらず、九月二日米沢藩降伏の報告が仙台に届く中で、九月十日頃ようやく慶邦の裁断で降伏が決定された。九月十三日遠藤文七郎を正使として相馬口の四条総督に嘆願書を提出した。九月十八日慶邦は城外の亀岡に退居し、会津藩も二十二日降伏して翌日若松城を開城した。その直前の九月十二日、幕府の陸軍奉行大鳥圭介の幕府軍が会津から仙台に入っていたので、仙台で戦乱再発の危険があったが、出入司の松倉良輔（のち恂）が大鳥軍を松島湾にいた榎本の軍艦に乗り込ませた。同時に仙台藩の過激反薩長派の額兵隊の兵士をも乗船させ、十月十二日函館に出航させると、一応仙台での騒乱は避けることができた。

　その一方で仙台藩の反政府派の責任者の逮捕が始まり、九月二十七日から但木土佐・坂英力等、十月六日には芦名靭負・大槻磐渓らが逮捕された。十月二十一日伊達慶邦・宗敦父子が東京に移され、十一月十日、芝増上寺内良源院に入り謹慎を命ぜられた。終戦処理のため、明治元年（一八六八）十二月若老和田織部（千六百石蒲生領主）が奉行となり、大童は出入司兼金穀係、若生文十郎・太田盛等が郡奉行に任ぜられた。従来の支配者の反省がみられないこの人事に、藩内の尊皇派である桜田良佐らが反対し、氏家道以等をして東京の軍務局に密訴させたため、藩内は混乱し、その結果四月和田織部・玉虫左太夫・若生文十郎らが切腹家跡没収に、更に六月二十九日には芦名靫負・大槻平次（磐渓）が家跡没収入獄、松倉恂・黒川剛（大童信太夫改名）が家跡没収家財欠所に処せられることとなった。松倉と大童は身の危険を感じ逃亡したので、本人不在の儘家名没収に処せられた。

大童・松倉の両名は東京に逃亡潜伏し、その間に福澤と面談したことから、形式的に軽い罪科に服することで罪を許されることが明らかになった。明治三年のことである。その後大童は明治五年大蔵省に出仕し、その後文部・内務省に転じ、更に警視庁・宮城県の牡鹿・黒川・宮城の各郡長を歴任し、明治二十二年五月特赦により家名を再興することが許され、二十五年には正八位に叙せられ、更に三十一年には官を辞して伊達家の家令を務めた。三十二年には従六位に陞任され、三十三年十月二日六十九歳で死去した。

216頁7行目　久我と仙臺家とは親類（14）

仙台伊達家の系図を見ると、政宗から十一代目の藩主斉義（一関藩主田村村資の四男）が文政二年（一八一九）七月伊達家を相続したが、同十年十一月に死去し、実子が未だ幼少であったため、長女徽子に文化十四年（一八一七）生まれの一門伊達宗充の長男斉邦を婿養子に迎え、文政十年十二月伊達家を相続させた。斉邦が天保十二年（一八四一）七月没したので、先代斉義の二男で、文政八年生まれの慶邦が九月伊達家を相続した。慶応二年（一八六六）七月建千代麿が生まれたが、幼少であるので、政宗の長男秀宗が分家した宇和島藩の前藩主伊達宗城の二男宗敦を慶応三年養子に迎えていたが、慶応四年の戊辰戦争で新政府軍と戦って敗れた慶邦は隠居し、養子宗敦も相続を遠慮し、幼少の建千代麿（のち宗基）が明治元年（一八六八）十二月、二十八万石として特に家名存続を許され、伊達家を相続した。

ここまでは久我家と伊達家との直接の姻戚関係はない。両家を関係付けるのは、鷹司家と近衛家である。伊達慶邦の最初の夫人備子《とみこ》こと綱姫は、鷹司政煕の末子で、近衛忠煕の養女として伊達家に嫁しているが、嘉永五年（一八五二）死去している。備子の兄鷹司政通の二女麗子《かずこ》は久我建通の夫人で、その子が久我通久《みちつね》である。伊達慶邦からみて、久我通久は夫人の姪の長男というかなり遠い姻戚関係になる。

奥羽越列藩同盟の盟主として、会津藩・米沢藩等と共に新政府軍と戦った仙台藩も、各方面の戦局不利の状況で、米沢藩降伏の報告が明治元年九月二日仙台に報知された段階で、藩主伊達慶邦は藩重臣を仙台に集め、九月四日から和戦の議を諮問したが、藩論は容易に決まらず、十二日に至って慶邦の裁断により降伏と決定し、十三日遠藤文七郎を正使として、相馬口の四条総督の許に嘆願書を提出した。

そこで、政府軍に抗戦した責任者等の逮捕が始められ、九月二十七日には但木土佐・坂英力等が、十月六日には芦名靫負・大槻磐渓らが逮捕された。但木土佐らは十六日東京へ護送された。十月二十一日には藩主伊達慶邦・養子宗敦父子は東京に移され、十一月十日芝増上寺内の良源院で謹慎を命ぜられた。十二月六日仙台領六十二万石は没収され、特別の恩命で家名存続が許可され、二十八万石を下賜され、十二月一日慶邦の子亀三郎（宗基）が相続した。終戦処理のため明治二年（一八六九）若老和田織部（千六百石、蒲生領主）が奉行となり、大童信太夫・若生文十郎等能吏を挙げて処理にあたろうとしたが、藩内勤皇派の桜田良佐らがその人事を不満とし、氏家道以らをして東京の軍務局に密訴させると共に、反対派吏員の弾劾を始めた。

密訴を受けた軍務局は、三月晦日藩主後見の伊達藤五郎を喚問し、仙台騒動のことを詰問し、更に久我大納言を鎮撫総督とし、六百名の兵を率いさせ四月二日横浜から海路仙台に派遣し、六日仙台に到着した。その久我大納言が総督に選ばれたのは、仙台藩伊達家と親戚になるので、事を成るべく穏やかに処理したいとの新政府の狙いがあるためだという。

久我通久は慶応四年一月三日参与に任命され、二十一日大和国鎮撫総督に任ぜられたが、二月一日に大和鎮台は廃止されている。七月二十三日久我は東北遊撃軍将に任ぜられ出羽に赴き鎮撫総督を応援するよう下命され、八月一日京都を発し二十六日には柏崎に到着している。十月三日には更に庄内に進み鎮撫に勤め、平定したので十一月二日東京に凱旋している。その軍功により、十一月十日三等陸軍将に任ぜられた。

明治二年三月、仙台藩が諸藩の亡命の徒を結集して榎本軍に呼応しようとしているとの密告があったため、晦日に久我が、鎮撫総督として派遣されることとなったので、仙台の藩内勤皇派は一層張り切って、佐幕派能吏の捕縛排斥等に懸命になったのであろう。（『宮城県史2　近世』）明治二年四月十四日の和田織部・遠藤吉左衛門・玉虫左太夫・若生文十郎・安田竹之助・栗村五郎七郎・斉藤安左衛門の切腹家跡没収の断罪が行われた。これが『自伝』に「生首を七ツとやら持って出た」と記された事件で、その後六月二十九日にも第二回の処分が行われている。その主要な者の中に、大童信太夫と松倉恂も含まれていたが、両人は事前に内報する者があって逃亡し、江戸に潜んだことは『自伝』に記された通りである。［12（13）］

『宮城県史3　近代』に、明治二年八月五日に三陸両羽磐城按察府が仙台ではなく白石に設置された理由が注記されている。

二年六月政府は三等陸軍将久我建久を以て三陸の巡察使を兼任せしめ、同じく三等陸軍将坊城俊章に両羽の巡察使を兼任せしめた。次いで同十二日には久我建久の三陸巡察使を罷免し、醍醐忠順をこれに代わらしめたが、同十四日には醍醐をも罷免して坊城俊章に三陸方面をも兼任せしめている。従って事実上久我や醍醐は赴任するには至らなかったと思われる。

『自伝』の記述は伝聞等によったもので、確実性は薄いと考えざるを得ない。

215頁14行目～216頁15行目　冨田鉄之助・但木《たゝき》土佐・松倉良助・熱海《あつみ》貞爾《ていじ》（15）

富田鐵之助は仙台藩着座格富田壱岐（三千石）の四男として、天保六年（一八三五）十月十五日、仙台城下の良覚院町に生まれた。安政三年（一八五六）十一月二十二歳で藩命に依って西洋砲術修業のため江戸に出て赤坂圭斎の門に入り蘭学を学び、四年四月仙台に召還され、西洋兵法講武所主立を申し付けられた。文久二年（一八六二）海軍関係技術修業のため再度江戸に出た。文久三年七月勝海舟の塾に入門した。

慶応三年（一八六七）勝海舟の子小鹿の米国留学に同行を誘われ、大童信太夫の計らいで、仙台藩留学生として留学することとなった。この時大童の指導で横浜で米国人に英語を学んで居た仙台藩の高橋是清・鈴木六之助（のち日本銀行出納局長鈴木知雄）の両少年と、小鹿の従者庄内藩の高木三郎が同行して七月二十三日横浜を出航し八月十八日桑港に到着した。少年二人は米人ヴァンリードの家に住み込んだが、富田らが何処で修業を開始したかは、『是清翁一代記』には記されていない。

『幕末教育史の研究三』第十章第一節の「勝小鹿グループの米国留学」によると、勝・富田・高木の三名は明治二年（一八六九）六月、あらためて政府から留学を命ぜられ、官費を支給された。次いで四年十二月富田と高木は森弁務使に認められ日本公使館に雇われた。『中央之旧仙台藩人譚』の「故富田鉄之助氏」によると、岩倉大使らの米国滞在中の通訳事務を司り、六年二月には副領事としてニューヨークに在勤、六月二十五日正七位に叙せられ、七年六月帰朝を命ぜられたという。

富田と福澤の交際が何時から始まったかは不明であるが、明治七年十月四日、富田と蘭学者杉田成卿（梅里）の長女お縫との結婚式の時、日本人としては珍しい「婚約契約」を結んでいるが（『諭吉伝』二巻四六五頁）、その行礼人に福澤が、証人に森有礼がなっているから、相当親しい間柄になっていたとおもわれる。同年十一月渡米しニューヨーク総領事・清国上海総領事・英国公使館一等書記官等を歴任、十四年三月帰朝、同年十月二十六日大蔵省権大書記官、翌年三月本官に進み、六月二十五日には日本銀行創立委員に任命され、二十一年二月二十一日には日本銀行総裁に任命された。

翌二十二年（一八八九）松方大蔵大臣と意見が合わず、総裁を辞任し、二十三年貴族院勅選議員となり、二十四年七月東京府知事に任ぜられた。二十六年依願退職後は、富士紡績会社・横浜火災保険株式会社等の創業に活躍した。大正五年（一九一六）二月二十七日、八十二歳で没している。

福澤と富田とは終生親しい友人として交際を続けている。明治八年五月開館した三田演説館は、在米中の富田より送られてきた諸会堂の図面を参考に設計されたものである。二十四年六月二十三日開催された仙台藩の大槻磐水の著書『言海』出版祝賀会の次第書に、伊藤博文の次に福澤の祝辞が述べられることになっているのを知り、それでは学者の品位を落とすことになるので好ましくないとして、式次第より福澤の名を除くように要望し、その問題の処理を富田に依頼していることから見て、両人の間柄が相当親密であったことを示しているものと思われる。

但木土佐は、仙台藩着座一番座奉行（筆頭家老）の黒川郡吉岡館主（一五〇〇石）但木淡路弘行の子として、文化十四年（一八一七）に生まれ、嘉永四年（一八五一）以来奉行職に在ったが、藩財政の行詰まりで、それまで藩の蔵元として資金の融通を一手に引受けていた大坂の豪商升屋と意見が合わず、安政元年（一八五四）藩経済方針の転換を迫られ、ために奉行を辞任した。代わって中井・小谷・岩井等城下の豪商達の為替組・融通組の援助により、積極的に国産方を強化する経済方策を推進する芝多民部（芝田郡村田領主二〇〇〇石）が、若老から奉行職に登用された。城下商人の経済力を利用して国産方を振興し、藩財政の危機を克服しようとする積極財政策は、評判も良好であった。しかし準備金以上に手形が乱発されインフレとなり士民生活を圧迫するようになり、安政五年九月、芝多民部は奉行を免職・逼塞を命ぜられ、但木土佐が再度奉行に復職した。

　但木は大槻磐渓の影響を受け、佐幕・開国主義で、洋式兵制の採用、殖産興業の奨励等に力を注ぎ、藩の財政難の実態に則し、文久二年（一八六二）十月には、藩主慶邦の命令として、財政難につき今後五年間は十万石の分限で藩財政を縮小運営することを宣言し、実行に努力した。したがって藩の政治的行動も、消極的となり、中央政界の激変に十分対応出来ず、絶えず受動的にその影響に振り回される結果を招いてしまった。

　他方藩内尊皇派は、桜田良佐・遠藤文七郎を中心に気勢をあげ、八月には姻戚関係になる近衛忠煕が関白に任ぜられた祝賀の使節として遠藤を京都に派遣することに成功し、その際遠藤は独断で、仙台藩主に攘夷決行の意志のあることの建白書をも提出し、更に青蓮院宮尊融法親王（朝彦親王）に、藩主は来年単独で上洛することをも約束した。そこで近衛公を通じて藩主単独上洛せよとの内勅を得て帰藩した。佐幕派の但木土佐はこれを非として尊皇派と激しく対立し、文久三年一月二十八日に藩主の面前で厳しく論破してその主張を押さえ、近衛公の内勅を無視することが決定し、遠藤等は排除され、一応中立方針が採られることになった。しかし遠藤らの京都への建白方針が明確に否定されないままに、中央政局が激変し、仙台藩は単なる日和見主義と解釈され、薩長側から適当に利用されることとなった。

　慶応三年（一八六七）十月の大政奉還後に藩命で上京した但木は、特に薩長の強引な反幕行動に、京都側に不信感を抱いた。慶応四年一月二十日に、仙台藩一手を以て会津を攻撃すべしとの朝命に疑念を強め帰国した。藩内保守派の意向もあって、東北の地に戦乱を拡げることを嫌って、会津藩への寛大処分を要求する動き等をみせたが、勿論薩長側はこれを拒否し、仙台藩の態度を非難する態度を強め、それが長州藩参謀世良修蔵暗殺を契機に、奥羽鎮撫軍と抗戦する結果を招いた。

　戦局は仙台藩に不利で、九月十三日藩主伊達慶邦の裁断で降伏に決定し九月二十七日坂英力・瀬上主膳らと共に戦争責任者として逮捕され、十月十六日東京に護送され、伝馬町の獄舎に収監され、糺問に対しては、藩主に責任なく、仙台藩の動向は総て但木の責任也と答えたという。明治二年（一八六九）五月十九日仙台藩邸に於いて処刑された。数え年五十三歳である。

松倉恂《まこと》は文政十年（一八二七）一月三日の生まれで、父は、仙台藩町奉行松倉二右衛門である。友信・恂等と称し、通称を良輔（助）と称した。弘化四年（一八四七）藩主付右筆となり文久三年（一八六三）には評定所役人となり、兵具奉行・屋敷奉行等を兼ね、軍器改良・銃器購入に務め、慶応三年（一八六七）には軍艦奉行となり、江戸に出て、大童信太夫と協力し、横浜で米国汽船を購入し「宮城丸」と命名し、四年松島湾の寒風沢に回航させたのを始め、銃砲の調達に努力した。その購入資金として、「御金山方」の協力を得て鉛を横浜で売り五万両を得、また村方の庄屋の協力を得、生糸輸出で九万両を得るなど、苦心したという。大童が福澤に渡した銃砲名義で教科書を購入して来た仙台藩の金は、松倉から提供されたものであったかもしれない。

　彼は勝海舟の門にも出入りしていたという。仙台藩が朝廷より会津藩攻撃を命ぜられた時は、東北諸藩の実情から、内戦を防止し会津藩に寛大な処分をする様政府に協力して嘆願すべしとの意見に賛成し、奥羽越列藩同盟の成立に尽力した。明治元年（一八六八）九月、仙台藩が降伏方針を決定せんとした時、九月十二日幕府陸軍奉行大鳥圭介等の旧幕府軍が会津から仙台に脱出して来た。そこへ十月四条総督が仙台に来るということで、藩内では降伏に強く反対する額兵隊の決起も考えられ、仙台が戦乱の地となる危険性がたかまった。出入司をしていた松倉は、寒風沢に入っていた榎本の艦隊に、食料を補給する事で大鳥の幕府陸軍と仙台藩の過激抗戦派の額兵隊の兵を軍艦に乗り込ませ、函館に向け出航させることに成功して、仙台での戦乱発生を防止した。

明治二年一月、戦後処理のため若老和田織部が奉行となった時、大童信太夫が出入司兼金穀係、若生文十郎を郡奉行兼応接係とし、後には松倉も出入司に任ぜられた。この人事に藩勤皇派の桜田良佐等は不満を抱き桜田敬助・三好五郎・中目兵庫・石沢浚平らと図り、藩内の厳重な粛清を新政府に要望した。かくて二年四月の和田織部ら七名の処刑に続いて六月二十九日芦名靱負ら多数の佐幕派の能吏の処罰要求となり、その中に黒川剛と変名した大童信太夫とともに、松倉の名が挙げられている。

松倉は捕吏の来る寸前に密告して呉れるものがあり、逃亡して東京に逃れ、一時は先年交易した横浜の商人らを頼り、野毛・神奈川などに潜んだこともあった。彼の談話によると、少し藩の探索が弛んだ頃から東京の谷中天王寺の末寺に潜み、そこで渋谷に妻子と共に潜む大童らと連絡がとれたとか、会津人が贋金を使用するというので、政府が取り調べのため会津人を全部捕えて取り調べた時、言葉が似ているので捕らえられ、入牢させられた時、大童も捕らえられていて、バッタリ顔を合わせたが、話をする訳にも行かず、会釈して別れたこともあるという。

明治三年閏十月頃から、大童と一緒に、福澤に因る救助活動が行われ、四年に罪が許されたが、其の入牢の様子などを知った福澤の周旋で、仙台藩庁は形式的に一週間だけ「御使者長屋」を改造した牢に入れることになった。白洲は周囲が皆元の部下達であったので、「七日で済むのだべ」と言ったら「ここはそんな事を謂ふところでない」と言われたとか、牢内の待遇が非常に良く、御馳走が出て、酒の差し入れもあったことから、大童と「こんな事なら七日は七年でもいいなあ」と大笑いしたとの談話が伝えられている。

明治五年大蔵省に出仕し、のち愛媛県・岩手県に勤務した。更に仙台区長を勤めたのち、伊達家の家職となり、明治三十七年三月、仙台市姉歯横町西側の自宅で病没した、享年七十八歳である。『全集』⑳「断片メモ」の松倉住所に「口歯横町」とあるのは、「姉歯横町」のことであろう。福澤との交際は、書簡の往復から、明治十年代までは確認できる。

熱海貞爾については殆ど知る所がない。『全集』⑰（八七頁）の明治二年（一八六九）十月二八日付の黒川剛・熱海貞爾連名の書簡の注に、

熱海貞爾はもと白石城主片倉氏の家臣であつたが、蘭学を修め土木の技に長じてゐたので、仙台藩に召出され、維新のとき奥羽平定後函館に脱走し榎本軍に属し、五稜郭陥落の際、また遁れて東京に潜伏してゐた。後に明治政府に出仕し内務省に勤めてゐた。

とあり、『書簡集』第一巻（一四七頁）に

熱海貞爾は仙台藩支藩白石城主片倉氏の家臣。大槻春斎につき洋学を修め、土木の技に長じ本藩に召し出され、養賢堂教授となった。戊辰戦争で仙台藩の降伏後、箱館の榎本軍に加わったが、五稜郭陥落の時には脱出して東京に潜伏、大童や松倉良助（恂）らと行動をともにしていた。大童が処分されたと同じ日に、熱海も「去年九月中令脱走候ニ付、家跡殁収家財欠所被仰付候事」という通告を受けている。

前記黒川・熱海両名宛の福澤書簡は、福澤が両名の潜伏資金の一部にと熱海に蘭書の翻訳の世話をしているもので、大童が大槻らと親交があり、洋学書生の世話をしていた関係から、連絡を取り合っていたことを伺わせる資料で、福澤が明治三年五月中旬の発疹チフスに罹って重症であったことなども、洋学生仲間の線から大童に伝わったものと思われる。

『慶應義塾入社帳』の明治四年六月三日条である。

本人姓名　熱海三郎
府藩県　仙台藩　身分　士族　宿所　築地軽子橋熱海貞爾同居　父或ハ兄弟ノ姓名宿所　熱海貞爾厄介　年齢　十四歳　社中ニ入リタル月日　六月三日　入社証人ノ姓名　福澤諭吉

その保証人は福澤諭吉となっている。貞爾と三郎が兄弟かどうかは不明であるが、恐らく貞爾と近い関係の人物で、貞爾の推薦で義塾に入門したものと思われるか

ら、福澤と熱海の交流はその後も続いたものと推測される。

217頁6行目　藩主ヿ面會した（16）

福澤が仙台藩の宗敦を訪問した時の『自伝』の記述振りを注意してみると、「何でも是は一番藩主を引捕えて談ずるが上策だらう」「日比谷内ヿある仙台の屋敷ヿ行て藩主ヿ御目ヿ懸りたいと觸込んで藩主ヿ面會した」「其藩主という者は伊達家の分家宇和島藩から養子ヿ来た人で」と宗敦を「藩主」と記しているが、後述の略系図や『宮城県百科辞典』の引用にもあるように、藩主にはなっていない。ただ明治三年（一八七〇）十月二十五日から四年七月十四日まで、伊達宗基に代わって藩知事に就任している。殆どの藩が、廃藩までの間は旧藩主が藩知事に任命されていたので、家督相続していないが、宗敦を「藩主」と言ったのであろう。仙台藩士熱海貞爾宛福澤書簡（明治三年閏十月十日）の内容と符合する。宗敦が藩知事になったので、大童信太夫らの解免運動が好都合だというので、周旋に乗り出したと推測される。

『昭和新修華族家系大成』により、先ず本家仙台藩伊達家の系図を略記する。

斉義┬斉邦　文化十四年生　文政十年十二月承　天保十二年七月没 ═ 慶邦　斉義二男　文政八年九月生　天保十二年九月承　陸奥守　明治元年八月止官位　同七年七月没
　　└慶邦　兄斉邦養子

慶邦の子：
- ═茂村　田村邦行長男　嘉永三年六月生　慶応三年六月没
- ═宗敦　伊達宗城二男　明治十七年分家
- ─宗基　慶応二年七月生　明治元年十二月承　大正六年一月没

仙台伊達家分家

慶邦養子宗敦　伊達宗城二男　嘉永五年五月生　明治十七年分家　同四十四年一月没 ── 宗経　明治三年二月生　同四十四年一月承　昭和十一年七月没

次に宗敦の実家宇和島の伊達家の系図を略記する。

宗城　親戚山口直勝二男　文政元年生同十三年養子　弘化元年七月承　伊予守　安政五年十一月隠居　明治二十五年十二月没 ═ 宗徳　宗紀三男　天保元年閏三月生　安政五年十一月承　遠江守　明治三十八年十一月没 ── 宗陳　万延元年十二月生　明治三十八年　十二月生　大正十二年二月没

宗城の子：
- 幸民　真田幸教養子
- 宗敦　仙台伊達慶邦養子
- 昌邁　奥平昌服養子美作守
- 信廣　忠千代　瀧脇信成養子

宗敦は仙台藩伊達家の養子になったが、仙台藩が戊辰戦争で政府軍と戦い敗れたため、相続を遠慮し、慶邦の子宗基（三歳）に明治元年（一八六八）家督を相続させた。したがって本家相続はしていない。

一八四八年（嘉永元）～一九一〇年（明治四三）。華族、貴族院議員。宇和島藩主伊達宗城の二男。幼名経丸。後に総次郎。号は譲堂。一八六八年（明治元）仙台藩主伊達慶邦の養子となり、奥羽越列藩同盟の結成、降伏、減封、版籍奉還と続く維新の難局に対処した。一八七〇年（明治三）伊達宗基のあとを継ぎ、仙台藩知事に任ぜられたが、翌年の廃藩置県により免官。その後英国へ遊学、一八七五年（明治十八）帰国。一八八四年（明治十七）分家して一家を成し、一八八八年（明治二十一）男爵となるとある。（『宮城県百科辞典』の「伊達宗敦」の項目）

慶邦に三十五歳を過ぎても男子が無いので、茂村を養子に迎えたが、慶応三年（一八六七）六月にその茂村が死亡したので、宇和島の伊達宗城の二男に着目して、養子縁組の申し入れを行い、翌年宗敦十七歳の時話が纏まったものとみえる。

大童信太夫宛福澤書簡（慶応三年九月五日付）

昨日御紙面被下、別紙朱書之通り相尋候処、尚又先方ゟ書入返答申参候ニ付、基儘指上申候。往復之書入レ、反故之如く相成、御覧被成がたく可有御座候得共、証拠之為メ原文之儘差出候義ニ御座候。右書面之趣ニ従へば、恆麿様ハ弐十五、六歳なれとも、既ニ御分家へ御出之義、忠千代様を遠江守様之御子とせるハ誤なり。矢張伊予守様之御子なり。御年ハ三歳位、此方様ハいまた何方ﾆも約束なきことゝ被存候。右は美作守附の者え相願、宇和島より来り し女中へ相尋候義に御座候。

書中の「恆麿様」は仙台へ養子に行った宗敦をさす。年齢は二十歳である。「既に御分家へ御出の義」とは、宇和島の分家伊予吉田藩へ養子の話がほぼ決まっていたことを告げている。忠千代様は中津藩奥平家に養子に来た昌邁の弟瀧脇信廣である。遠江守は宗徳で伊予守は宗城、美作守は奥平昌邁のことである。伊達慶邦の最初の養子茂村が慶応三年六月に没しているから、それから早速養子探しがはじまったのであろう。この九月五日付の福澤書簡はその初期のものと思われる。

義塾史学科所蔵の宇和島藩関係資料の「無名記録　明治元年辰年自正月至六月」に宗敦の仙台藩移籍関係の次の記事がある。

四月五日条

一左之通り御用場出席之上御用番衆被仰聞同役へ相触惣月番へ申達す

口　達　御番頭

経丸殿事　兼て若狭守様（伊予吉田藩主伊達宗孝）御婿養子御内約ニ相成居候処、今度奥州様（仙台藩伊達慶邦）より御内談之趣在之、無御余義若狭守様江は御内約無之以前御熟談之上　表向被仰込候はゝ　御所望ニ可被応方、奥州様江御挨拶在之処、弥御願書被差出度旨大坂表において御使者を以被仰入、其後御仕成に相致、以後様付に可相唱旨被仰出候段申来候。此段承知之上前後隊侍中江も承知候様可被申聞候。

四月七日条

一左之通御用場出席之上御用番被仰渡候事

御番頭

経丸様御事先月十八日於京都、奥州様御屋敷え被為入候段申来候。此旨承知之上前後隊侍中えも承知候之様可被相達候。

一昨六日左之通御目付惣触在之事

経丸様御事　奥州様江御婿養子之御願書被差出候処、先月十八日御願之通被仰出候段大坂より申来候。依之為御歓御家中御目見□（供ヵ）明七日五半時御屋形へ罷出御饋ニ付可申候。

これらの記事により、宗敦が慶応四年（一八六八）三月十八日に仙台伊達家へ婿入りしたことが判る。最初の文書から、伊予吉田藩に養子縁組の話がほぼ纏まりかけていた時、仙台から申し入れがあり、本家の要望ということで、宇和島は勿論、分家の伊予吉田藩も祝福して、仙台との縁組に賛成したものと思われる。吉田藩では、藩主宗孝の実家より、嘉永四年（一八五一）生れの宗敬を、慶応四年七月に養子に迎えている。

220頁15行目　所が榎本釜次郎だ（17）

福澤が榎本の親戚の江連尭則《たかのり》より、獄中の榎本の消息が知りたいと依頼されたのは、明治二年（一八六九）八月十一日のことで、入牢最初は家族に手紙も出せない状況であったようだ。榎本の母の気持ちを察して、一肌脱いで周旋することになったのである。福澤の妻の実家土岐家と、榎本の母の実家一橋家臣の林家とが、回縁の遠い続き合いだという。

土岐太郎八には二人の娘があつて、長女たうは後に同藩の今泉家に嫁した。今泉は禄高三百五十石の家で、土岐家とは旧来姻戚関係があつて互に嫁娶を行ふてゐた。此時の今泉の主人半次は病身で子がないので土岐の娘を養女にしてこれに養子を迎へようとし、当時七八歳であつた土岐家の次女きんを今泉の養女として貰ひ受けたところ、其養子となるべき者が早世したので、きんは実家に帰り、其後今泉に養子（名は郡司）が出来た時、却て長女たうがこれに嫁したのである。（『諭吉伝』第一巻三〇三頁）

土岐家が江戸定府であったためか、勤書が中津には伝わっていない。したがって榎本家や林家との明確な関係は不明である。下に榎本武揚の家系を簡単に示す。

福澤が救解運動に乗り出したのは、勿論箱館での降伏時の黒田との交渉関係等の話を耳にしていて、榎本の取った行動に共鳴する所があったためと思われる。榎本の母に書かせた嘆願書、その案文は、『全集』⑳（二〇頁）に収録されている。

榎本は反乱軍の責任者として、新政府側の職務につくことを遠慮したが、黒田から、北海道の開拓に知識を生かすことが、日本のためと説得され、仕官を承知し、三月八日開拓使四等出仕・北海道鉱山検査巡回を拝命している。五月三十日北海道に渡り、鉱物・石炭・産業等を調査し、幌内炭鉱の発見等の成果をあげた。

丁度この頃、ロシアの強引な領土既成事実工作が進められた。政府は北海道まで領有を主張される危険があると感じ、この際まず樺太の国境を確定すべきだとの政府方針を固めた。明治五年五月、樺太境界交渉を委任されたロシア代理公使ビュツォフが着任し、数回の交渉でも、ロシアの態度は全島領有を主張してゆずらず、交渉は中断の形となっていた。日本政府は、明治六年十一月十九日の廟議で、国境確定を早めるため、日本より使節を派遣する方針を決定した。黒田は、榎本の持つ国際法上の知識と、オランダ留学の経験を評価して、強く露国公使に推薦したので、七年一月海軍中将に任命された。次いで特命全権公使に任命され、ロシアに赴任し、明治八年五月七日、樺太全島を露国領とし、代わりに占守（シュムシュ）―得撫（ウルップ）を日本領とする等の「樺太千島交換条約」を、ゴルチャコフ宰相との間に調印し、八月二十二日東京で批准書が交換された。以後榎本は外交官僚として活躍した。

榎本武揚の少年期の詳細は不明であるが、昌平黌に学ぶ傍ら、江川太郎左衛門の塾にも通い、そこで蘭学を学ぶと共に、同塾に引き取られていた中浜万次郎より、米国事情や英語をも学習した。安政二年（一八五五）幕府の長崎海軍伝習の第二期生として同所において、蒸気機関や機械製造を主に学習し、四年軍艦操練所が江戸築地に開かれると、翌年その教授に任命された。

榎本兵衛武明――友三郎武弘――三四郎武昆
本家六代が分家創立　安永五年　享和三年死去六十一歳
延享三年死去六十八歳　死去五十二歳

武兵衛武由
兄に子嗣無、兄の養子となる。
文政八年死去五十八歳

女（文政十年死去）――長女端清（御徒士安香助次郎民尭妻）
＝円兵衛武規（左太夫）
備後国安備郡箱田村郷士箱田円右衛門直知次男
寛政二年生、真与又は良助と称す。好学の士にて江戸に出、天文学を学び、伊能忠敬の弟子となり全国測量に従事。文政元年養子縁組（実は御徒士榎本家株を千両にて購入）天保四年西丸御徒目付。同十一年本丸勤務。万延元年八月死去七十一歳。

次女らく
天保元年生。御鷹匠鈴木金之丞経正妻。明治四十一年死去七十九歳。

長男勇之助武与
天保三年生。文久三年小十人格歩兵指図役並勤方。明治三十三年死去六十九歳。

琴（一橋家馬預林代次郎娘）（林家は諭吉妻実家土岐家と遠縁という）
明治四年死去六十四歳

次男釜次郎（武揚）
天保七年生。

三女歌
目付江連真三郎尭則妻。

武揚
天保七年八月生。明治二十年子爵
明治四十一年死去七十三歳。
＝多津（林洞海長女）
嘉永五年生。明治二十六年死去四十一歳

長男武憲（幼名金八）
次男春之助
三男尚方

海軍技術向上のため、文久元年（一八六一）十一月には米国に留学生として派遣される筈であったが、米国が南北戦争のために留学生の受入れができず、文久二年四月オランダに変更派遣された。留学生は内田恒次郎・榎本釜次郎・沢太郎左衛門・赤松大三郎・田中俊平らで船具、運用、砲術、機関学、火薬製造法、造船、測量等の海軍技術研究の課題が課せられた。蕃書調所教授方の津田真一郎・西周助の両名は、法律・国際法・財政学・統計学等の研究のため同行することとなり、その他に水夫二名、船大工二名、鋳物師一名、時計師一名、鍛冶職一名が追加され、六月咸臨丸で長崎に赴き、同所で医学研究のために伊東玄伯・林研海が加わり、大工一名が病気で下船したので、一行十五名が九月十一日バタビヤ行のオランダ商船で長崎を出発した。途中ジャワの北東海上で暴風雨に襲われ船が暗礁に乗り上げ、ボートに移乗して四日間漂流する等のこともあり、オランダ到着が大幅に遅れ、文久三年四月十八日にロッテルダムに到着している。

津田・西以外の海軍伝習所からの留学生等は、オランダの海軍兵学校で勉強することとなったが、榎本は伊東・林らと共に化学の研究をおこなったり、津田・西が師事したフィッセリングから国際法を学び、特にフランスの国際法学者オルトラン著『海の国際法規と外交』（『海律全書』と言われている）をオランダの学者フレデリックスがオランダ語に翻訳した手書きの草稿によって、海に関する戦時・平時の国際法規について学習した。榎本はこの草稿を日本に持ち帰った。

幅広い研究領域を持った榎本は、文久三年（一八六三）末の池田長発《ながのぶ》鎖港談判使節のフランス派遣の際は、内田と共にパリに赴きフランス海軍省との交渉を手伝ったり、元治元年（一八六四）のプロシア・デンマーク戦の時には、国際観戦武官として、欧州の新式武器・訓練・戦法などを実地に見学することが出来た。また留学期間中しばしば見学した、ドルトレヒトの造船所で注文建造されていた軍艦開陽丸二八一七トンが完成したので、同船に搭乗して、慶応三年（一八六七）三月二十六日横浜に帰国した。帰国後は軍艦役・軍艦頭となり、新鋭艦開陽丸の艦長に任命された。その間に一緒に留学していた医師林研海の妹、即ち幕医林洞海の娘多津と結婚した。福澤と榎本が関係する事件としては、明治二十四年の「瘠我慢の説」［15③］がある。

榎本釜次郎武揚については、『榎本武揚』・『資料榎本武揚』が詳細である。［10⑤12⑥］

参考①　岩倉襲撃事件の政治的背景〈関連項目＝12章註（1）〉

岩倉は明治政府では、三条実美に次ぐ公家出身の要人として重きをなし、右大臣のまま特命全権大使として、明治四年（一八七一）十一月十日木戸孝允・大久保利通・伊藤博文らを率いて東京出発、欧米に赴き、明治六年九月十三日帰国した。一行は政府の開明派の人々が随行した関係から、不在中に保守派の西郷隆盛等による政策転換を防止するため、留守政府要職者との間に、「新規ノ改正ヲス可カラス」やむを得ない場合は全権大使に照会すること。諸官省の長官の欠員補充と官員の増員は行わないとの契約をし、開明派の帰国後の国政主導権確保を図ったうえで、明治四年十一月十二日横浜を出帆したのである。

しかし廃藩置県断行直後の状況では、このような誓約は守れる筈はなかった。徴兵令の発布（五年十一月）地租改正（六年七月）などを中心とした広汎な改革は不可避であり、その改革推進により、政府部内に意見の対立と権力争いの激化が見られるようになった。樺太問題を巡る露国関係や、琉球処分と台湾遠征を巡る清国交渉等の問題も加わり、征韓論争が対立の中心問題となっていた。

西郷等は韓国の排日・侮日態度の強化傾向の打開策として、西郷自らが大使として韓国に赴けば、韓国側が「暴殺は致すべき儀と相察せられ候につき……討つべき名もたしかに相立ち候」（六年七月二十九日付板垣退助宛西郷書簡）と、征韓の名分を求める主張を強め、六年八月十七日参議会議で西郷の大使派遣が決定された。

西郷等は、外征兵士の中心に士族を置くことで、不平士族の不満と生活難の解消を狙い、是に同調した土佐の板垣退助は四民同権・公議政治を主張した。地方民意を強調する点で、旧藩士族を尊重し、薩長中心政府に割り込む意図を含んでいた。そこへ岩倉等が九月十三日に帰国し、西郷等の武断派を抑えるため、大久保利通を参議に就任させることを図った。大久保は十月九日自己の計画通りにことを進めるとの確認書を取ったうえで、十二日参議に就任した。

大久保の主張は、外征よりも国内の制度を充実させ、産業振興・富国強兵を急務としたが、西郷等の方針は士族中心の反官僚政府を目指すもので対立した。閣議で決着がつかず、三条は西郷の辞任による政府の分裂をおそれ、「やむを得ず西郷の見込み通り」に任すと裁定した。ところが大久保・木戸・大隈・大木らが一斉に辞表を提出したので、上奏採決を決める筈の十七日の閣議は岩倉が欠席し、征韓派のみ出席となり、三条に天皇への上奏を迫る結果となった。

十八日朝三条は、煩悶の末病気として辞表を提出したので、大久保が秘策をたて、天皇が二十日三条邸に病を見舞い、ついで岩倉邸に回り、岩倉を太政大臣代理に任命した。岩倉は二十三日の閣議決定に反対の意見を私見として天皇に上奏し、その裁可を得た。このため西郷等五参議が辞表を提出すると、二十四日その辞表は受理され、同日大久保等の辞表は却下された。この政変収拾の筋書きは、天皇の権威を政府強化に巧みに利用しようとする大久保の狙いであった。その結果薩摩藩出身の武官等六百人余が、天皇の慰撫にもかかわらず辞表を出して帰国し、土佐出身の士官等は、板垣の慰撫により、辞表提出者は四十人余に止まるという結末となった。

薩摩の軍人が西郷に従って多数帰国したのに対し、土佐の不満軍人は一度決定した西郷の韓国派遣の閣議が、岩倉の帰国により否定されたことに、感情的に反発し、首謀者武市熊吉元陸軍少佐の下に、下村義明・山崎則雄（共に元陸軍少尉）・岩田正彦・中山泰道・武市喜久馬・島崎直（共に元陸軍曹長）・中西茂樹（元海軍提督府警吏）・沢田悦弥太（元監部御用）の九名が集まり、暴挙を計画し、その機を狙っていた。これが明治七年一月十四日に起った岩倉公襲撃事件である。

参考② 幼稚舎の始まり〈関連項目＝12章註（7）〉

明治初年、福澤は明治元年（一八六八）初秋の『訓蒙窮理図解』を始めとし、翌二年には『世界国尽』・四年には「ひゞのをしへ」・『啓蒙手習之文』、五年『童蒙教草』、六年には『日本地図草紙』『第一文字之教』・『第二文字之教』、七年には「童蒙日課」、八年には「翻訳之文」と相次いで子供向けの教科書の出版や、わが子の教育補助教材的なものを書いている。明治五年八月には「学制」が発布されたが、実際には、少年少女向けの教育は、極めて不備な状況で小学生向きの教科書も無かった。

かねてより子供と大人が混在して寮生活をすることを避けるべきだとの考えを抱いていたが、明治二年頃より次第に年少者の入門が増加して来たので、童子局とその宿舎の童子寮を設けた。更に明治四年の「慶應義塾社中之約束」の中の「童子局の規則」の追加規則に、「塾を童子、中年、大人の三寮に分ち、寮中規則も稍々違ひあるが故に、各寮の人、各寮の室内に入り談話すべからず。」とある、年齢別の寄宿舎制度が採られていたことがわかる。

慶應義塾は年少入社生の増加から、童子局と童子寮を設けた。その教育を青年及び大人とは個別の、年少組教育の責任教員の必要が生じてきた。そこで福澤は、和田義郎夫婦が共に子供好きであり、その「温良剛毅にして争を好まず、純然たる日本武家風の礼儀を存す」というその人格を見込んで、和田に自分の子女をはじめ、未だ不十分な小学教育に不安を感じている人々の子女の学習教育や躾け養育に専念して欲しいと依頼した。

教育方針は、一月十一日～四月十五日・四月二十六日～七月三十一日・九月一日～十二月二十日の三学期制で、学科毎に等級を定め、学力に合う学級に組入れられ、試験の成績によって級を飛び越えることも出来る仕組みであった。学科として最も特徴的なものは、小学校の学齢から英語の授業と、演説の練習が行われたことである。他人の前で自分の意見を発表する習慣をつける配慮からである。

また福澤の児童教育の方針として「獣身先成而人心発達」、筋骨逞しい壮年になれと諭した精神を生かすため、運動を奨励した。特に和田は得意とした関口流の柔術を自ら幼稚舎生に指導した。三十六畳位の道場で、午後毎日の指導である。更に明治十四・五年頃には、特に紀州から関口柔心という先生を招いて教えるという熱心さである。『慶應義塾五十年史』によると、十九年からは、西洋式の体操が授業として採用されている。

参考③ 塾員による「慶應義塾維持法案」の成立〈関連項目＝12章註（11）〉

学生数の減少と物価騰貴は、義塾の経営を困難にした。しかし簡単に授業料の引上げを行うわけにはゆかず、教員等は自らの給料を半減または三分の一に減じても、何とか義塾を盛り立てようと務めた。福澤が、義塾に勤める門下生出身の教員に、地方の学塾に出講すれば、義塾の二～三倍の給料が取れるとして、教師の減少案を提出したが、教員らは、義塾の特色が、学生数に対して教員数の多い点にあるとして、減員には反対した。義塾経営費の不足分は、随時福澤が補給していたが、いつまでも続ける訳にも行かなかった。

『考証』下（四七四～八頁）によれば、明治十年前後の義塾の必要年経費は八千円程であったから、西南戦争後の物価騰貴で五割増と見て、年額一万二千円の支出で、差額の四千円の不足が生ずる。そこで当面十年程の維持資金として二十万円程を借用しようと、次のような方法を考えた。

第一、二十万円を十年間無利息で借入れる。その借入金で実価二十万円の公債証書を買い入れ、これを抵当として貸主に差し入れ、義塾はその公債の利子を得て、維持保存の資金とする。十年後元金を公債証書で返済するという案。

第二、十年間無利息二十万円の借入が不都合ならば、義塾の土地建物その他書籍・器具一切を二十万円で買い取って貰い、福澤はその二十万円を買い主の塾に寄付するとともに塾の世話人となる案。

第三、土地だけを二十万円で購入するというなら、義塾を福澤の私有にする考えは無いから、他に移転させ、移転後の塾の名義は誰にしても良いとの案。

何故二十万円の工面を考えたかといえば、その頃の華士族の禄券として政府が発行した金禄公債が七分利付であったから、二十万円の元金で計算すると一万四千円の年収になる。これならば十分堪えて行けるだろうとの胸算用からである。

明治十一年四月十日にまず徳川家の財政顧問をしていた大久保一翁を尋ね、前記三案を説明し、更に翌日勝海舟を訪問説明して、徳川家の出資方を依頼したが、いまはその余裕が無いとして断られた。つぎに親しくしていた大蔵卿の大隈重信に、政府よりの維持資金借用を相談し、大隈も何とか福澤の希望を叶えようと周旋してくれた。福澤は十一年（一八七八）十一月二十九日付で、無利息二十五万円、十年間の借用条件「私塾維持之為資本拝借之願」を文部卿西郷従道に提出し、その写しを大隈にも送った。政府内部に、福澤は政府に批判的な自由民権運動の理論的指導者であるから、彼の維持経営する塾に援助する必要は無いとの意見があったため容易に許可されなかった。その間大隈の助言を得ながら種々工夫し、「製茶輸出ニ付資本拝借願」等、名目を替えた願書を準備したり、他の閣僚らを説得したり三菱会社商船学校に補助金支給の先例があると抗議を試みたが、伊藤博文・井上馨らが閣議で強く反対したため、大隈もそれを押切ることができなかったのである。

次いで十二年には島津家等有力華族に交渉してみたが、それも断られたので、十三年九月頃に、福澤は維持金借用を断念・義塾廃止を覚悟した（十月二十四日付浜野定四郎宛福澤書簡に「進退を決するハ正ニ今日ニ在る事ト存し、先ツ小幡君ニ話たるハ、凡壱ケ月前之事なり」から推定される）。そこで十月二十四日塾中の先進者を三田の演説館に集めて廃塾の決心を宣言した。これを受け先進者らは自分ら仲間の協力で義塾の維持を図ることとなり、小幡篤次郎が中心となって「慶應義塾維持法案」を作り、十三年十一月社中内外に発表し、広く募金を募ることとなった。

法案の骨子は、塾教員の給料を世間並に近い額に引き上げる費用を月四百円、塾舎の年間営繕費年一千円、年間合計五千八百円の補給をするための維持基金約七万円の寄付を募ることとした。その払込方法は一時金でも年賦でもよいとした。明治十四年五月までの応募状況は一二八名・申込金額四四、三六五円・払込金額約二三、〇〇〇円。福澤が最も多く個人で五、〇〇〇円と、別に中村道太と連名で三、六〇〇円を寄付している。

参考④　明治十四年の政変の影響〈関連項目＝15章註（1）〉

福澤の同類とされた塾員や、交詢社への影響等について略述する。交詢社は福澤の主唱により、明治十三年一月二十五日に結成された社交クラブで、知識を交換し世務を諮詢する事を目的に素直に社名としている。社員募集は、前年の九月頃から始まり、四ケ月後の発会式までに、入社した人員は一七六七名に達していた。これは勿論義塾社中の他に、幅広く福澤が知人への勧誘を行ったためであるが、地方在住者が全体の三分の二に達していると言うことは、地方の知識階級等の要望に応じたことを示している。当時の交通事情から、地方在住者が、随時上京して会合に参加することは簡単ではない。したがって、会員に雑誌を配布し、その問答欄の設定により社員の要望に答える企画となったのである。雑誌は十月五日刊行の二の五号から大判となり、巻頭に論文が掲載される様になり、先ず「条約改正論」が三号にわたって連載された。

当時は自由民権運動など、国民の政治意識が高まっていた時だけに、『交詢雑誌』の記事が福澤や慶應義塾の主義主張と解釈されるおそれがあるので、第二十五号に

（交詢）雑誌の紙幅を広げ毎号必らず論文一篇を載すと雖も、固より我社の持論と云ふにあらず、唯一箇人の論説なれば、彼の新聞雑誌の社説なるものと同視する勿れ。

との「社告」を掲げたり、十四年政変の重要な問題として利用された「私擬憲法案」(『交詢雑誌』第四十五号）の前書に

我国ニ適切ナル憲法ヲ問フトノ質問アリタルヲ以テ、之ヲ社員ニ問ハントスルノ際、恰モ六、七名ノ社員、私ニ憲法ニ擬シテ草定セルモノヲ得タレハ、雑誌ニ掲ケテ回答に換へ、且ハ其箇条ニ就キ質疑アラハ、其人ニ問フテ説明答弁ヲ得、報道スルコトアラントス。諸者幸ニ看テ社説視スルコトナクンハ幸甚。

と交詢社の社説ではないと断っている。しかし『交詢社百年史』によると、交詢雑誌の「私擬憲法案」は同年中に、①『静岡新聞』社説「憲法私議」②『大阪新報』社説「読私擬憲法草案」③『郵便報知新聞』社説「私擬憲法草案」④「国憲

私考」⑤『山陽新報』社説「私草憲法」⑥『東海暁鐘新報』の「各国対照私考国憲案」に紹介されている。『交詢社百年史』は①は江村栄一「説明付き交詢社私擬憲法案」(神奈川県史研究28・29号)。②④⑤⑥は林茂「最近発見されたる憲法私案」(『国家学会雑誌』52巻10・11号)により紹介したとしている。」交詢社の「私擬憲法案」の影響の大きいことがわかる。

『交詢社百年史』(一七七頁以下)によると、政変に依って福澤の一党であるとして罷免された塾員は、矢野文雄(統計院幹事兼太政官大書記官)・牛場卓蔵(統計院少書記官)犬養毅(統計院権少書記官)・尾崎行雄(同前)・中上川彦次郎(外務権大書記官)・小松原英太郎(外務権少書記官、後当時義塾に近づいていないというので間もなく復職した)森下岩楠(大蔵権少書記官)・津田純一(外務省御用掛兼太政官御用掛)らの名を挙げている。これら塾員は皆交詢社員で、矢野・中上川・森下・津田の四名は、交詢社の常議員である。

塾員ではないが、政変で追放となった大隈派と目された小野梓(検査院一等検査官)・大海原尚義(東京上等裁判所判事)・中島盛有(大蔵権大書記官兼太政官権大書記官)・石橋重朝(大蔵省権大書記官)も交詢社員であることを考えると、交詢社にも大きな影響を及ぼしたと考えられる。大隈は明治十五年三月交詢社に入社し四月の交詢社第三回大会では、福澤の首位に次いで、第二位で常議員に選出されている。

第三位には自由党常議員の後藤象二郎が選出されている。これは十四年政変に対する政府批判の空気が影響しているのかも知れない。福澤及び義塾関係者や交詢社にとって、政変は不当で誠に迷惑な事件であった。

『全集』に収録された明治十四年十月十四日付の伊藤・井上馨宛の長文の詰問書簡を始めとする同年末までの数通の伊藤・井上馨両人または井上馨個人宛の書簡と、福澤が子孫のために真相を記した「明治辛巳紀事」の記述から、事件関係を、簡単に年表風に整理してみる。

月　日　　明治十三年(一八八〇)

12初旬　中上川を通じ福澤に井上馨より政府公布日誌発兌の打診あり。その趣旨を記したものあれば一見した上で返答すると答える。

12・24-5　福澤、大隈参議邸で、伊藤・井上馨・大隈と会談。井上より、国民教育のため新聞紙刊行を企画したもの故引受る様要望あり。大隈・井上も同説。福澤返答を保留して帰宅。

明治十四年(一八八一)

1前半　大隈・井上より催促あるにより、福澤井上馨邸を訪問。政府の主義方針不明確では受託し兼ねると辞退したところ、井上より公布日誌発行の目的は近く国会を開くための啓蒙教育のためといわれ、兼ねての意見と同趣旨なるを以て、即席に協力方を承諾す。井上の説に、藩閥は廃止すべきもの、多数を得たる政党に政府を渡す覚悟なり。現政府の政策実行者は大隈・伊藤・井上の三名にして、薩摩藩出の参議は傍観者に過ぎず、国会開設も三十年後と言う有り様故、目今折角説得中なり、全て今度の公布日誌刊行の事は伊藤・大隈二氏と相談して固く契約した事故、三参議は決して福澤を売ることはない。故に福澤も三名を欺くべからずと言う。

1・17-8　井上馨明後日熱海に行き伊藤・大隈と逢う故、先日の受諾の返事確認のため来訪あり。福澤承諾のこと確約す。其際福澤質問して、現在は井上・大隈・伊藤の仲は親密だが、後日仲間割れの心配なきやと言うに、井上三名の間に不和の生ずる事なしと言明す。国会開設の期限を問うにまず三年と答ふ。

2月　福澤熱海より帰京の大隈を訪問、種々内情尋問し、井上の談話と一致に安心す。大隈に国会開設の期限を問ふに、政府議定の時期は秋前、議会の開設は三年との返答あり。

4月頃　福澤、伊藤邸を訪問、新聞紙の件を問ふに、逆にその事情経過等を質問される状況に、やや不審を感ず。

5~6月　矢野文雄福澤邸に来り、大隈・伊藤両参議より国会開設の事奏議あり。その趣旨大同小異なりとの報告受ける。

6・17　福澤公布日記引受に付き、小幡篤次郎・阿部泰蔵・矢野文雄らに内々相談す。(小泉信吉・日原昌造宛書簡)

9月頃　世間不穏の噂有るに付き、福澤中上川をして井上馨に公布日誌刊行に影響無き哉問合せた所、大隈(御巡行随行より)帰京の上で連絡すると返答あり。

10・11　政変により大隈参議罷免さる。

10・12　外務省出仕の塾員津田純一、上野大輔より、福澤最近挙動不審な点あるを以て、辞表提出を迫られる。

10・14　福澤、伊藤及び井上馨宛に、政変に際し、公布日誌引受の経過を述べ、両人違約の詰問状を送る。

10・16　福澤の詰問状にたいする井上馨返書。「新聞紙設立一件のヒストリー御綴被成御附与一読仕候。大略は右の通り。併し第一の主眼とする処、漸進を以て設立と云事は申上置候事と存候。」と大筋は認め、主義だけは異なると主張している。（『全集』17、四八一頁）

10・28　福澤子孫の為、「明治辛巳紀事」を草す。

明治十三年頃から、平民の入社生の比率が士族を上回るようになり、入社生総数も、二百名台から三百名台へと急上昇を見せ始めた。当然のことながら義塾の維持にも幾分の余裕が期待される情勢となった。

十三年末に甥で外務省公信局長の中上川彦次郎を通じて、外務卿井上馨より、政府の「公布日誌」発行計画について内談の申込みがあり、福澤は参議の大隈重信邸で、内務卿伊藤博文・井上馨・大隈重信の三名と会談した。会談は福澤に国民教育の目的で「公布日誌」の発行を担当して貰いたいというものであった。福澤は翌月政府の意図が不明確だとして辞退したところ、井上から政府は近く国会を開く考えであるので、国民を啓蒙するために「公布日誌」を発行したいのだとの意図を打ち明けられ、福澤は政府の英断に賛成し、協力を約した。ところが実は十三年十二月十四日付の伊藤の立憲政体に関する意見書は、（国会は）「急躁ニ事ヲ決ス可カラズ」と述べている。他方、十四年三月の大隈の意見は、「明治十五年末ニ議員ヲ選挙セシメ十六年首ヲ以テ国議院ヲ開カルヘキ事」と早急に国会を開くべしとして、両者の意見は大きく食違っていた。伊藤は大隈の早急開設論には同意出来ないとして、参議を辞任すると反対した。大隈は伊藤とは話合えば合意に達し得るとして伊藤を訪ね説明したが、伊藤は大隈が自分に事前に何らの説明もしなかったことを不満として、大隈の説明に耳を傾けず、ために両者の対立は融けなかった。

この直前の四月二十五日に、交詢社の機関誌『交詢雑誌』第45号にイギリス流の議会制度の採用を主張する「私擬憲法案」が発表された。伊藤ら反大隈派の人々は大隈の背後に福澤がいるものと推測し、十月十一日の「明治十四年の政変」で、大隈参議が罷免されると、政府機関に所属していた福澤に関係深い人々をも罷免するにいたった。政敵として政府側から圧力を加えられることとなった福澤には、全く迷惑な邪推によるものと抗議したが、ことは感情的になっているため、その弁解等は全く効力が無かったのである。

伊藤の周辺でもっとも強く福澤を攻撃したのは、太政官大書記官井上毅である。富田は『考証』下の「『時事新報』の創刊」の項（五四三頁）に書いている。

井上毅という伊藤博文の懐刀は、反《アンチ》福澤というよりもむしろ福澤恐怖症《フォービア》とでもいうべき観念にとらわれていたらしい。井上は更に語を継いでいう――

政府ノ為ニ謀ルノ道、佗《ほか》ナシ、亦彼レ（福澤）ノ為《す》ル所ニ反スルノミ。其方法ノ詳カナル何如《いかん》。一ニ曰、都《と》鄙《ひ》ノ新聞ヲ誘導ス。二ニ曰、士族ノ方嚮ヲ結フ。三ニ曰、中学幷《ならびに》職工農業学校ヲ興ス。四ニ曰、漢学を勧ム。五ニ曰、独乙《ドイツ》学ヲ奨励ス。

堂々たる一国の政府のとるべき態度として、何でも福澤のすることの反対に出ればよいというのだから恐れ入る。（中略）その後の日本政府の文教政策には、この井上の「進大臣」の本文に記されたところと一致する点が見受けられる。

反対すべき第三項の「中学幷職工農業学校ヲ興ス」の具体案は、士族の子弟が福澤の学校へ進まぬようにするためには、国庫補助による中学校・農学校・工学校等を建てて、それらの学校に進学させる。そこでは国文・漢学を主に教え、西洋のことは翻訳書で教えればよいとして、できるだけ西欧文明に関する知識の摂取の機会を少なくしようとするものである。文部省の教育界への締めつけが強化され、道徳教育の強化・官立学校出身者でなければ学校長になれないとする等の、慶應義塾

年	一五	一六	一七	一八	一九
一月	28	43	17	17	22
二月	41	25	25	25	32
三月	34	21	25	21	39
四月	32	27	15	13	28
五月	49	41	27	37	62
六月	38	29	11	15	25
七月	9	16	7	11	8
八月	0	4	5	1	1
九月	59	50	43	49	45
十月	42	33	22	34	77
十一月	35	28	21	28	58
十二月	22	6	4	14	26

や大隈の東京専門学校（早稲田大学の前身）に的を絞った妨害政策が執られているとも述べている。

その他、明治十六年末の徴兵令の改正で、それまで義塾に与えられていた、私学としては唯一の兵役免除の特典が剝奪され、ために十二月下旬の義塾在学生五八八名が、翌年一月中旬までに百余名の退学生を出したとの浜野塾長の報告が、『時事新報』雑報欄に記されている。明治十五～十九年の月別入門生数を表示すると、右の表のように二～三年間は、政府政策の影響が顕著に顕れていることが伺える。

参考⑤　福澤と大童信太夫の関係〈関連項目＝12章註（13）〉

福澤との交際については、『諭吉伝』第一巻第十三編第三「先生の原書買入」、第四「大童信太夫との交際」、第五「大童の危難を救ふ」や『考証』上の「第二回のアメリカ行」の「鉄砲が書物に化けた話」、「人のいのち我がいのち」の「大童信太夫の救解」等に詳細に記されているが、両人の交際開始時期は不明である。最近発見された慶応元年四月十日付の大童宛福澤書簡（『福澤諭吉書簡集第一巻』所収）が最も古いもので、その書出しである。

快晴御同慶奉存候。益〻御多祥奉賀候。先日〻参堂寛〻得拝話、且御馳走罷成り難有奉存候。其節指上候書類御返シ、慥落手仕候。

『書簡集』の註記によると、仙台藩のため砲術書や横浜で出版の外字新聞の翻訳請負に関する書類の返却を受けていることからかなり親しく交際している文面と考えられる。『高橋是清自伝』によると、高橋が十二歳の元治元年（一八六四）大童の意見で、英語は子供の時から学習した方が良いと言うことで、横浜に勉強に出されたと記されている。これなども、或いは福澤の影響かもしれない。

大童信太夫が洋学修業志望の青少年の育成に熱心となったについては、当然洋学（蘭学）者と親しくなり、その影響を受けたためと考えられる。仙台藩には大槻磐渓が健在であり、その大槻と福澤の交際は、文久二年（一八六二）の福澤の欧州旅行の際、大槻家から福澤に、土産として「短眼鏡」を購入して来るように依頼されたのを失念したことを詫びた書簡（文久三年四月一日）があるから、それ以前から交際があったことは確実である。したがって福澤が欧州旅行から帰国後に、福澤の土産話を聞く集まりにでも、大童が誘われ参会して、親しくなった可能性も考えられる。

仙台藩士の福澤塾への入門状況をみると、文久三年初冬の横尾東作が最初、ついで慶応元年（一八六五）二月十六日に竹中信平、二年一月十三日に見白謙次郎・三月二十六日に大条清助。三年八月十三日に千石丙次・同月二十五日に川崎準三郎・九月五日に川崎捨蔵・同月二十一日に飯塚仲次・十一月二十六日に遊佐虎之助と入門しているから、慶応二年には相当親密となり、大童の世話で次第に入門生が増加したものと考えられる。

参考⑥　榎本武揚の反乱〈関連項目＝12章註（17）〉

慶応三年（一八六七）十二月九日に王政復古の大号令が下され、慶喜が政権から除外されたことから、配下の過激派は反幕派との衝突の事態を想定した議論を主張した。このとき榎本武揚は、海戦では薩長軍に対し勝算が有るとの意見を述べている。事実十二月末日薩摩の汽船春日丸・平運丸・翔鳳丸が兵庫港に入港してきた時、榎本は直ちに戦闘準備を整えさせ、翌慶応四年一月一日、幕府との戦闘をおそれた薩摩側が平運丸を出港させようとしたのを、実力で引き返させた。三日暁また薩摩汽船二隻が港外に脱出したので、これを追跡し、翔鳳丸を淡路島沖に追い詰め、自焼させた。こうしたことが彼に薩摩海軍に勝てる自信を持たせ、榎本を強硬な主戦論者にさせたと推測される。

慶応四年一月慶喜が大坂城を脱出東帰した後、九日大坂城が砲火で焼失する際、榎本は城内を整理し、古金二十五万両を富士山丸に積み、十五日江戸に帰着して、これを幕府に納めた。その一部は彼が北海道に脱走した際の軍資金にしたとも言われている。こうした行動が認められたのか、慶応四年一月二十八日（慶喜東帰後）海軍副総裁に任命されたが、慶喜が恭順論を主張すると勝海舟も同調した行動を取ったため、江戸城の無血開城が行われ、徳川家の軍艦・銃砲の引渡しを命じられた。榎本はこれに反対し、四月十二日、品川沖の軍艦等八隻を率いて、館山に移動した。新政府側はこの行動を重大視し、勝に対し、軍艦の引渡しがなければ徳川家の家名は断絶させられると告げた。このため勝は早速単身館山に赴いて、榎本を説得した。その後の政府との交渉で、二十八日徳川家に、有力艦開陽・回天・蟠龍・千代田形の四隻を残すことで、艦船引渡しの件は決着したようだ。

五月二十四日政府は徳川家達を駿河七十万石に封ずることを発表した。勿論七十万石では、多勢の旗本・御家人を養うことは不可能であるので、六月二十二日家達は家督存続可能の家禄を支給し難い家臣の帰農や、浪人として農商の業務に従事して生計を図らしめることの許可を願い出て、政府も一応そのことを許可したが、蝦夷地（北海道）への移住は許可しなかった。実際問題として、政府の許可範囲で生活を維持できる者は少なく、不満の士が増大する傾向であった。七月十日徳川家達は、東北方面の騒擾に水戸にある慶喜が利用される恐れもあるとして、慶喜の駿河移住の許可を願い出て許可された。八月九日家達も江戸を離れ、駿河に就封した。

旗本・御家人は、徳川家にしたがって駿河に移住する者・江戸に残る者・新政府の首都としての東京（七月十七日江戸を東京と改める）に残るのを嫌って地方に移住する者等が出るのは当然であるが、同時に榎本の艦船によって、蝦夷地に移住を希望する者の連携が内々広くできていたのも事実であろう。榎本等不満分子が八月十九日夜、品川沖に停泊中の艦船八隻（開陽・回天・蟠龍・千代田形の四軍艦と長鯨・美賀保・神速・咸臨の四運送船）に分乗して、品川沖を脱出し、東北・蝦夷地を目指した。この脱走は東北諸藩の抵抗戦を有利に展開する為の戦略兵員や物資の輸送を行うには、やや時期的に遅すぎた感があるだけでなく、蝦夷地を実力で占領して、旧幕兵の開拓によって新政府側への圧力行使が出来るまでの戦力を保持することはできなかったと思われる。徹底抗戦を主張していた割りには、新政府側の決意や実力を、慶喜同様多少甘く見ていたようだ。

艦隊は江戸湾を出た所で台風に見舞われ、八月二十二日三嘉保丸は銚子沖で難波。蟠龍と咸臨丸は伊豆沖に流され、故障修理のため駿河湾に入った所を、政府側艦隊に襲われ、蟠龍丸は逃れたが、咸臨丸は九月十八日に拿捕されるという痛手を受けた。散り散りになった艦隊は分散して二十六日頃までに、松島湾口の寒風沢に到着した。榎本は、仙台藩主伊達慶邦や備中松山藩主板倉勝静らと会談し、二本松を攻撃して、会津若松城の救援計画等を論議していたが、東北諸軍の形勢は日に日に悪化し、九月十日米沢藩が降伏した。元老中小笠原長行《ながみち》・桑名藩主松平定敬・元幕府陸軍奉行竹中重固・同歩兵奉行大鳥圭介らも米沢藩の降伏勧誘を拒否し二本松城攻撃策などを協議していたが、福島も危険になったので、一同仙台に逃れた。

九月十五日仙台藩も藩主の決断で降伏を申し出て、政府軍が九月二十八日仙台に入り、青葉城を接収した。仙台藩の和平反対派や、福島より仙台に移動した板倉勝静・大鳥圭介らの主戦派が仙台市街に滞在すれば、仙台城下で紛争が発生する危険がある。仙台藩では、松島湾東北隅の東名浜と寒風沢に停泊していた榎本艦隊に、仙台湾にいた幕府の帆船大江丸と鳳凰丸を合流させ、これに主戦派の軍勢を移乗させ、榎本艦隊に石巻港口の備砲の内二門と、金穀や燃料を積み込み同港を出航させた。艦隊は十月十三日宮古湾に到着し、更に薪の補給を行い十八日北海道に向け出発した。

蝦夷地即ち北海道には、箱館府知事清水谷公考軍が函館・五稜郭に、松前には松前藩兵がいたが、兵備は旧式であり、陸戦は、関東東北の地で戦闘経験を積んだ旧幕軍には叶わなかった。十月二十五日、府知事清水谷公考らは、箱館・五稜郭を捨て青森に逃亡したので、これを占領するとともに、西方の福山城に、降伏した松前藩士を使者として送り、旧幕臣の生活確保と蝦夷地の開拓による北辺の守備強化の目的であることを告げ、協力を求めたが、松前藩でもその使者を斬ったため、土方歳三を主将とする七百名程の部隊を編成派遣してこれを攻撃した。松前徳廣等は福山城から江差・熊石と逃れ、十九日の夜大型和船四隻で、二十二日払暁青森の北三六キロメートルの平館《たいらだて》に逃れ、残された藩士等五百名程は、榎本軍に降伏した。ここに蝦夷地（北海道）は榎本軍の支配する所となった。

この間十五日開陽丸が江差港に来航し、海兵を上陸させたが、既に松前藩兵は退去した後であったので、同夜港に宿泊している間に、烈風のため開陽丸は暗礁に乗り上げ座礁し、数日間の風波に揉まれて遂に沈没してしまった。開陽丸の沈没は榎本艦隊にとっては大打撃で、政府軍の反撃に対抗できなかった大きな原因となった。

榎本軍は松前での戦いで、政府軍を追放した後、江差・福山に守備隊を残し、主力は箱館に引き上げ、十一月二日に、箱館入港のイギリス、フランスの艦長の好意で、政府宛の嘆願書を提出した。その骨子は、徳川家一門の失禄者を救済するため蝦夷地を開拓すると共に、彼等を警備要員として、北地の警備に任じたいので、旧主家に蝦夷地を支給されたいというものである。しかし政府は、脱走反抗の国賊の要求は許可しがたいとして、これを却下する旨を両国公使に返答している。

榎本軍としても、蝦夷地を占領している以上、仮政庁の樹立を必要とし、十二月十五日を期して、士官以上の投票により役職者を選出した。次の氏名はその主要役職者である。

総裁　榎本武揚。副総裁　松平太郎。海軍奉行　荒井郁之助。陸軍奉行　大鳥圭介。同奉行並　土方歳三。会計奉行　榎本対馬・同　川島録四郎。開拓奉行沢太郎左衛門。箱館奉行　永井玄蕃。同奉行並　中島三郎助。江差奉行松岡四郎次郎。松前奉行　人見勝太郎（以下略）

この仮政府なるものは、外国からは、事実上の政権と言われた。明治三年（一八七〇）福井藩に招かれた米人教師グリフィスは、その著『ミカド』に次のように記している。

彼らは共和国を宣言した。またアメリカの先例と習慣にならい、投票によって役人を選んだ。この新生国は函館の近く、亀田砲台に祝福されて、発足した。

榎本軍は箱館占領直後より、仏砲兵大尉ブリューネの指摘で、五稜郭の弱点補強の補修を行ったり、裸城に近い保塁を強化するため近辺に四稜郭とも称された新保塞を構築するなどの努力をしているが、厳寒の時期に向かっていたので、工事は難しかった。これに対し、新政府側は、東北の平定も一段落したので、内地の各藩兵の輸送さえ円滑にゆけば、所望の兵力を自由に動かし得る立場に立った。榎本海軍が、開陽丸や咸臨丸を強風のため遭難させると、政府軍は、諸外国の局外中立を解除するのに成功すると、幕府が米国より購入した甲鉄艦一、三五八トンを入手し、海軍力を強化した。また兵員輸送用に、外国船をチャーターすることもできるようになって、冬季を利用して、その軍事力は圧倒的に強化され、春季の攻撃を格段に強化した。

榎本軍としては、この海軍の劣勢挽回策として、明治二年三月二十五日の宮古湾への奇襲作戦を試みたが失敗し、かえって甲鉄艦のガットリング機関砲で砲撃され、退去せざるを得なくなり、速力の遅い高雄丸が追撃する政府軍の攻撃を受けた。脱走不可能と判断した艦長古川節蔵は船を海岸に座礁させて上陸し、南部藩に降伏してしまった。

政府軍は春の到来と共に、海軍も青森に到着したので、渡海作戦を実行することになったが、榎本軍は主力艦開陽が座礁し、残るは回天一隻に過ぎず、これには甲鉄と春日の両艦で抑えることができるので、大胆な敵前上陸作戦が採られた。

四月八日青森を出航した艦隊は、九日払暁に防備手薄な江差北一〇キロメートルの乙部に奇襲上陸した。其処で政府軍は正午頃より、次の攻撃目標の江差に向かい、抵抗する榎本軍には、陸海共同で攻撃を加えたため、江差の防御体制の未完成のこともあって、江差奉行の松岡四郎次郎は、保持困難とみて同地を放棄して福山城に向け退却した。政府軍はその跡を追うように江差を占領した。

政府軍は清水谷総督・山田顕義参謀の第一次兵団では不十分と考えていたので、輸送船団は青森に折り返し、黒田清隆を参謀とする薩摩・水戸藩兵を主力とする約二千の兵力を江差に輸送した。そこで政府軍は、①海岸沿いを南下し松前城更に箱館方面に進む松前口。②現在の鉄道江差線沿いに東南行して木古内に進む木古内口。③乙部と江差の中間の厚沢部川沿いを東行して本町から中山峠を越えて大野町へ向かう二股口。④厚沢部川の支流安野呂川を北東に遡上して峠を越え噴火湾の海岸落部《おとしべ》、森を経て現在の函館本線沿いに南下し大沼・渡島大野に向かう安野呂口の四方面より五稜郭・箱館を攻撃する態勢をとった。松前城の攻撃は四月十七日陸海軍の協力のもと急速な攻撃が行われ、榎本軍は政府軍の艦砲射撃のため、多大の損害を受け、十七日夜松前城を捨てて退却した。

政府軍は四月二十九日、箱館北西七キロの有川付近まで進出した。この為二股口を守る榎本軍は退路を断たれる危険を感じ二九日夜五稜郭及び箱館に退去したので、政府軍は五月二日には大野村に到着した。海軍も四月二十九日には、茂辺地・矢不来付近で陸軍の支援のため、沿岸の砲台を砲撃し、陸軍は有川を占領した。この夜榎本軍の軍艦千代田形が弁天台場沖の暗礁に乗上げ、艦長森本弘策は蒸気機関を打砕して、乗組員に下艦を命じた。翌五月一日払暁満潮になり、千代田形は自然に離礁し漂流しているのを、政府の甲鉄艦が発見し捕獲してしまった。

五月七日政府海軍は箱館港を強行攻撃し、甲鉄艦及び春日・朝陽の三艦は、榎本軍の回天・蟠龍を砲撃し、陽春・丁卯の二艦は弁天台場を攻撃した。蟠龍は四日以来機関が故障して運行出来ず回天一隻のみでは、圧倒的に強力な政府軍艦に対抗は出来ず、特に甲鉄艦の大砲で大損害を受け浅瀬に乗り上げて、浮砲台として抵抗するのみで、夕方には乗組員も下艦の止むなき状況となった。回天が運行不能に陥ったことは、榎本軍の大打撃で、三百トンの小型軍艦蟠龍のみでは、到底政府海軍に対抗は出来ない状況に陥ってしまった。

政府軍は陸海協力のもと五月十一日箱館・五稜郭に総攻撃をかけ、特に黒田参謀得意の函館半島西南岸からの奇襲上陸作戦が成功して、箱館山を占領し、箱館の町を攻撃したため、守備兵は支え切れず、五稜郭近くに退却せざるを得なくなった。最後の軍艦蟠龍丸は三方から集中砲火をあび支えきれず、荒井艦長は自ら汽缶を破壊し、乗組員を弁天台場に送り込んで、海軍力は全滅した。

箱館山に奇襲上陸した政府軍は箱館市街に突入したとき、一部軍隊が榎本軍の病院に立入ったので、病院は一時混乱したが、政府軍監池田次郎兵衛が駆付け、政府兵を病院より退去させ、患者を手厚く介抱する様係員に指示したことから、病院頭取（院長）の高松凌雲との意思の疎通が出来、翌十二日榎本武揚と松平太郎宛に降伏勧告状を届けることができた。この勧告状に対する榎本らの返答は、予ての願意が受容れられぬ限り降伏を拒否する旨を答えているが、書简之末尾に

別本二冊、釜次郎和蘭留学中、苦心致候海律、皇国無二の書に候へば、兵火に付し、烏有と相成候段痛惜致候間、「ドクトル」より海軍「アドミラル」へ御贈可被下候。

との書簡を添えて、榎本がオランダ留学時入手した『海律全書』を黒田に贈って来た。

政府軍の連日の攻撃に、外部との連絡を全く封じられていた箱館湾の弁天台場は、五月十五日、食料の欠乏を来したためか、永井奉行以下、蟠龍艦長松岡磐吉ら二百四十名が降伏を申し出て来た。一方黒田参謀は十六日に、前日の原書草稿の謝礼として、酒五樽を榎本の許へ贈った。榎本は最早や一千名の部下と共に最後の一戦で玉砕する覚悟に迫られていたので、自らは自刃し、もって部下の助命を懇願せんがため、彰義隊の大塚鶴之丞に介錯を頼み自決しようとした。しかし大塚が自決の中止をすすめたので、降伏謝罪して部下の助命を願うこととした。十六日午後四時白旗を掲げた使者が政府軍に送られ、降伏を申し出たので、翌十七日の午前七時亀田において、榎本と政府軍参謀が会見することとなった。

榎本・松平太郎の両人は、政府軍大野藩兵に護衛され亀田八幡の会見場に至り、政府軍側からは、陸軍参謀黒田了介（清隆）と海軍参謀増田虎之助らが出向き会見が行われ、

一、首謀の者（榎本・松平・大鳥圭介・荒井郁之助）陣門に降伏のこと。
一、五稜郭を開き、寺院に謹慎在罷、追て朝裁可奉待事。
一、兵器悉皆可差出事。

等の降伏条件が命ぜられ、これを承知した。この会見の際榎本から、蝦夷地開拓が、藩の縮小や滅亡による家禄を離れた武士の救済と、北地の守備力の増強、開拓による諸生産物の生産が、大きな国益となること等が訴えられ、黒田も、丁度ロシア人の北辺への勢力拡大の兆候に危険を感じていた時だけに、榎本の生産的意見を採用しようとの考えが生じ、それがその後の両人の友好関係を作ることになったものと推測される。

五月二十一日榎本らは東京に送られるため箱館を出航し、青森より陸路東京に到着したのは六月三十日で、その日に辰口の糺問所に入り、朝裁を受けることとなった。政府は榎本等の処分は、これまでの各藩の首謀者と同じく処刑の方針であったが、黒田が頑強に助命運動を行った結果、ついに処刑を止め禁固処分となり、五年一月六日に至って出獄が許された。

13、一身一家經済の由来

225頁9行目　頼母子講《たのもしこう》（1）

天保七年（一八三六）に行われた旧宅の修繕費は、頼母子講によって調達されたという。頼母子とは組合形式の共済的金融制度の一つで、無尽と同義に用いられている。共に団体に講の名をつけることが多い。頼母子は主に西日本で使用される名称で、中世以来広く行われてきた金融制度で、初期には非営利的な互助的融通組合としてあらわれた。成員中に困窮する者があると、近隣近郷の人々が集まって、少しずつ金穀を拠出しこれを融通して救済し、その後も年数回の講が続けられ、成員は講ごとに定められた金穀を拠出し、未当選の構成員のみが抽選権を持ち、籤により順次当選金を受取り、全員が受取り終わって、その講が解散するという仕組みである。［1（2）］

天保七年に福澤家の旧宅普請の資金集めの頼母子講は、一口二朱の掛金であるが、講が年何回開かれたかは何も記されておらず不明である。講が解散するまでに十年以上も掛かっていること、未亡人が一人で幼少の子供五人を育てながら返済するためには、内職によって掛金を稼ぎ出す点を考えて、金額を抑えると共に、返済年限が長めに設定されたものと推測される。

中津の廻船問屋の大坂屋が、弐朱の掛金を掛捨にしたのを、（諭吉十三・四歳の時）母お順に、「武家が町人から金を恵まれて夫れを唯貰ふて黙つて居ることハ出来ません疾うから返したゐ〳〵と思ては居たがドウモ爾う行かずにヤット今年ハ少し融通が付ゐたから」と言われて、大坂屋へ二朱の返済の使いをさせられたことが記されている。中津の嘉永年間の物価等が明確でないので断言はできないが、頼母子講の掛金の二朱というのが、母や成長した娘らの内職で生計の不足を補ってきた福澤家にとっては、大変重い金額であったようだ。このことで福澤は、節約の大切さ、借金の怖さ、武士としての心構え等を教えられたのである。

頼母子講は団結・懇親を基盤に、困窮者救済や困窮者同士の互助組織として行われたから、本来は無利息・無担保で行われた。余裕の有る者は、抽選金の権利を放棄する意味で、最初の拠出金だけを出し抽選権を放棄する者も多かった。これは掛け捨てと称して、拠出金の受領者に返済の義務はないとするのが一般であった。しかしやがて抽選で頼母子金が当選した後には、年数回の会合に出席せず、掛金の支払いを怠る者が出る弊害を防止する意味から、担保を取って脱落講員を防止するようになった。明治以降も盛んに行われ、庶民金融の王座を占めるものといわれ、昭和初期頃まで行われた。その種類も非常に多く、一般民間の頼母子講の他に、営業的に行われるものもある。組織上、親頼母子（無尽）と親無頼母子（無尽）に分けられる。前者は寺社或いは公共的目的のもので、後者は営業無尽に多い。

親頼母子講（無尽）は、特定の人のため、特別の目的によって設立されるもので、この特定人をオヤ・オヤカタ・講主・宿主・発起人等と呼び、優先的に給付を受ける。他の加入者をコ・コカタ・講員などと呼び、特定人や事業への援助または寄付を主目的とするもので、その他の加入者相互の金融は副次的のものであるから、掛け捨てする者も多い。

寺社造営・修復或いは什器・関係設備の調製のための頼母子講は、第一回は講員の社寺への喜捨で、その後は金融に利用されるが、講日ごとに講員を参詣させることを目的に、特別行事富籤・万人講等が行われたりする。

親無頼母子講（無尽）は、講員相互の共済的金融組織で、発起人は保証と事務担当に当たるのみで、優先的な給付は受けられない。総掛金をとる時期・順序・利回りが問題で、講金（総掛金）の給付手続きは順番法・抽選法・入札法と、割増金、割戻金等の射倖的要素が絡み、不正も行われ易く、「無尽業法」等によって取締られていた。

227頁20行目　下谷練塀小路の大槻俊斎先生の塾に朋友があつて（2）

俊斎の塾にいる朋友というのは、恐らく西洋医学を志す医師と考えられるから、安政五年（一八五九）福澤が中津藩から江戸に呼び出された時、大坂から江戸まで同行した原田磊蔵ではないかと思われる。福澤が大槻俊斎塾に朋友を訪問した時期は、恐らく江戸に出て間も無い時期だろうと思われる。

大槻俊斎は、文化元年（一八〇四）陸前国桃生郡赤井村の生まれで、名は肇、文政四年（一八二一）に江戸に出て、足立長雋らに就いて医学を学び、天保八年（一八三七）長崎に行き蘭学を学び、十一年江戸に戻り、下谷練塀小路の東側に住んだ。尾張屋版嘉永四年の江戸切絵図「下谷絵図」にその名が見える。現在の昭和通り（御徒町通り）の西側で和泉橋の北の神田練塀町の辺である。

天保九年長崎より牛痘苗を得て種痘を行ったといわれている。弘化三年（一八四六）高野長英事件で疑われ、閉門を命ぜられたこともあった。嘉永二年（一八四九）冬、伊東玄朴らと共に江戸で種痘に成功し、その後盛んに種痘が行われるようになったという。安政三年仙台藩に登用され、翌四年種痘所建設のことで江戸の蘭医が俊斎の家に集まり協議し、川路聖謨の神田お玉ケ池の別宅の地の借用を申し入れ、五年五月ここに種痘所を開いたが、同年十一月類焼したため、伊東玄朴と俊斎の家を仮種痘所とし、六年に和泉橋通りに種痘所を新築した。

万延元年（一八六〇）十月に種痘所は幕府の直轄となり、俊斎は幕府御番医師並で種痘所頭取に任ぜられた。文久元年（一八六一）十月種痘所は西洋医学所と改称され、俊斎が引き続き頭取を務めたが、胃ガンに冒され、文久二年四月九日、五十七歳で没している。（『洋学史事典』）

229頁15行目　薩州の屋敷を焼拂はふ（3）

築地鉄砲洲の中津藩奥平家の中屋敷が、江戸の開市により外国人居留地になるので、塾は鉄砲洲より、立ち退く必要が生じた。移転先は、かねて親しくしていた木村摂津守家の用人大橋栄次の周旋で、芝新銭座の越前丸岡藩有馬家所有の土地の購入代金三五五両を支払う約束の日が、慶応三年十二月二十五日であった。たまたまこの日に三田の薩摩藩屋敷と島津家の支藩佐土原藩屋敷とが、幕府より江戸市中取締りを命ぜられていた庄内藩十四万石の酒井忠篤《ただすみ》の兵を主力に、羽後松山藩・羽前上山藩・前橋藩・三河西尾藩・越前鯖江藩らの諸藩兵約二千の兵に包囲され、砲撃焼討ちされた。

幕府の江戸市中取締役の藩兵が、公然と薩摩藩屋敷を砲撃するという事態が生じたのには、雄藩同士の国事周旋争いの中で、幕府の勢力が弱められ、勢力を握った雄藩が幕府を倒すために、非常手段を講じてでも目的を達成しようとする革命事態の中で生じた事件である。

231頁8～11行目　横濱の或る豪商が（中略）監督をして貰ひたいと云ふ（4）

横浜の豪商というのは、高島嘉右衛門、その高島学校というのは、ごく短期間で廃校となってしまった学校である。福澤との交渉状況は、史料も少ない。

嘉右衛門は天保三年（一八三二）十一月に高島嘉兵衛・くにの六男として江戸三十間堀町（中央区銀座）に生まれ、家業の材木商兼請負業に従事したが、安政六年（一八五九）横浜が開港されると、早速同地に外国人相手の物産店を開いた。万延元年（一八六〇）幕府が禁止していた金銀貨の売買を行ったため慶応元年（一八六五）まで投獄され、その入獄中に『易経』を研究した。出獄後横浜に移り、土木建築請負・材木商を営み、外人依頼の建築をも行った。明治二年（一八六九）横浜に内外人の大旅館を経営し、翌年伊勢山下（中区花咲町）に高島学校を設立した。

同年京浜間に鉄道敷設が決定すると、神奈川―横浜間の海面を埋め立て、鉄道敷設地と国道を政府に献納し、残余の土地（現高島町一帯）を自己の土地とした。横浜のガス灯建設にも、田中平八らと共に日本社中を結成し、その代表として、ドイツ商社を抑えて、明治七年（一八七四）敷設に成功した。

九年一時実業界から引退し、易の研究に没頭し、『高島易断』の編述にあたった。二十五年北海道炭鉱鉄道会社の会長に就任して、実業界に復帰し、愛知セメント会社・高島農場等を興した。三十六年には東京市街鉄道会社の社長となり、大正三年（一九一四）十一月八十二歳で死去している。（『国史大辞典』）

生涯事業家として過ごした高島から福澤に、創立した横浜の学校に来てもらえれば、二人の息子の洋行費を提供しようという話を持ち込まれたことを『福翁百余話』にも記している。話の筋は大体同じだが、その表現に微妙に相違点がある。石河幹明の前書きによると『百余話』は明治三十年中の執筆で、その後三十年十一月頃から、翌年五月頃までかかって『自伝』の口述した速記原稿を、自ら丁寧に加筆訂正したというから、「子供の学資金を謝絶す」の項は、三十一年三〜四月頃に語ったと思われる。

『百余話』十九に、「明治の初年或る富豪の人が私立の学校を作りたるに付き、前後夫れ是れと相談に預り、教師の周旋などする中に、自から其主人と懇意の間柄と為り」(『全集』⑥四三四頁)とある。高島は、学校創立前後から、福澤と接触していたことになる。したがって明治四年七月、高島が神奈川県に提出した「学校設立ニ付建白願書」や八月九日付「仮学校取建方奉願上書」が、福澤の主張に極めて類似している理由が理解できる。

高島が福澤の二人の息子の洋行費として、纏まった金額五千円とか一万円(『自伝』)或いは一万円とか一万五千円(『百余話』)を提供するから、再度高島学校の監督経営に来てくれと依頼したのが、福澤に高島学校の経営建て直しを考えての依頼であるとすれば、その時期は、神奈川県権令の大江卓宛に高島学校を廃止する決意を示した明治五年十月二十一日の少し前頃ではなかったかと推測される。高島が提示した高額な留学費は、福澤に前説を放棄させるために考えた金額であるが、福澤にしてみれば、三田での義塾改善充実の実行期でもあり、横浜に出向く考えを持ちえない時である。

明治五年の福澤の動向をみると、二月には『学問のすゝめ』の初編を刊行、八月には書物問屋仲間に加入し、出版事業が順調に成果を挙げはじめている。また四月から上方及び中津に旅行し、その留守の間に、三田の義塾敷地の買い受け手続きを完了させている。その後旧島原藩松平家より、三田の土地を譲り戻すようにと要求されたが、福澤は三田の土地を手放す意思は全くなく、これを強く拒否している。六月には義塾に初の外国人教師カロザスが到着。七月の帰京に際しては、中津から、旧藩主奥平一家を初め、中上川一家・服部復城夫妻らを同行移転させ、その東京での定住の世話をしている。特に奥平家を三田の義塾敷地西側に暫く居住させている。以上のことを考えても、高島の誘いに簡単に応ずることは考えにくいだろう。

233頁16〜17行目　小供を後廻《あとまは》しゝして中上川彦次郎を英國ニ遣りました(5)

『中上川彦次郎伝記資料』十八、「菊池武徳英国遊学」および「帰朝後の四年」(四五頁)によると、初め彦次郎が洋行の希望を述べた時には、福澤は消極的態度であったが、紀州出身の小泉信吉が、国家のために留学して辛苦を嘗めるのは当然、誰か自分に留学費を援助する人はいないかといっているのを聞き、小泉と一緒に留学するのならば、彦次郎の留学費を出してやろうということになった。福澤が紀州藩の重役を説得して小泉の留学費支出に成功すると、明治七年十月十三日に二人は横浜を出航し、英国に留学したという。

福澤は早くから一太郎・捨次郎両人の欧米留学を考えていて、その金額が捻出できるか否かを最初の頃は心配していた。

その後福澤が始めた慶應義塾出版局の事業が、予想外というのか、順調に発展し、相当の利益があり、福澤の著書は大変な売れ行きを示し、福澤の収入も大きく、二人の子供が留学するに相応しい年齢になる前に、甥の彦次郎を留学させるのに十分な経済的余裕をも持つようになったのである。

中上川彦次郎は中上川才蔵とお婉(福澤の姉)夫妻の長男で、嘉永七年(一八五四)八月十三日の誕生である。才蔵の妹善は福澤百助の弟中村術平の妻で、義理の叔母に当たる。彦次郎の二人の妹は、朝吹英二・三岡丈夫(由利公正嫡子)に嫁している。そして小田部家に嫁した姉に男子一彦があったが、明治二十年(一八八七)夭折している。福澤にとって彦次郎は唯一の甥であり、しかも早く一家を挙げて東京に移住し、三田の義塾構内に居住していたので、特に可愛がったようだ。

彦次郎は明治二年五月八日上京して義塾に入社している。時に数え年十五歳である。福澤の長男一太郎は文久三年(一八六三)十月十二日生まれ、次男捨次郎は慶応元年(一八六五)九月二十一日生まれであるから、数え歳六歳と四歳で、おそらく彦次郎は良き遊び相手であったろう。

彦次郎は明治四年以降は教員となり、明治六年秋頃、一年間の約束で勤務した宇和島の英学校の教員生活を終わり、東京に戻って、義塾の教員となっている。

帰京間近い六年七月二十日付、宇和島の彦次郎宛福澤書簡。

出版局も随分盛なり。塾中教員之人も追〻プラクチカルライフに志し、行〻ハ出版局へ入る人も出来可申、海老名君、吉村君抔も昨今半信半疑、出版局へ一心、仕官へ一心、スクールマーストルへ一心、とつおひつ思案最中なり。小生ハ断然商買人たる事を勧メ、先ツ稽古之為メ出版局へ入るべしと説得いたし居候。（中略）幡仁君（小幡甚三郎）死去、代り之人ハ津田氏と極り、秋涼ゟアメリカへ赴く積りなり。

と津田の留学が記されている。彦次郎もこの頃から、英米留学希望が湧き始めたかも知れない。［13③］

234頁9行目　兩人を連れて上方見物（6）

「一は十二歳余り、捨は十歳余り」と特に満年齢で子供の年齢を記している。一太郎は文久三年（一八六三）、捨次郎は慶応元年（一八六五）生まれであるから、当時の年齢の数え方からいえば、十五歳と十二歳である。わざわざ当時の慣習と異なる、満年齢で記述した理由は、これに続いて旅館金場の番頭が、乗船切符の件で、気を利かした積もりで子供の切符にしてきたのを咎めた説明の伏線である。

サア乗り込みというときにその切符を請け取ってみれば、大人の切符が一枚と子供の半札が二枚あるから、番頭を呼んで「先刻申した通り切符は大人が二枚、子供が一枚の筈だ、何かの間違いであろう、替えて貰いたい」と言うと、番頭は落ち付き払い、「ナーニ間違いはありません。大きいお坊ッちゃんのお年もお誕生も聞きました。正味十二と二、三カ月、半札は当然です。規則には満十二歳以上なんて書いてありますが、満十三、四歳まで大人の船賃を払う者は一人もありはしません」と言うから、私は承知しない。（中略）何円か金を渡して、乗船前、忙しいところに切符を取替えたことがある。

これは、僅かとはいいながら、世間を誤魔化し、規則破りは、独立自尊を標榜している福澤にしてみれば、許されない行動である。この事件は、世の中は正直に行動すべきものだということを、子供の目の前で実際に体験させた、大変意義のある教育の実践であったといえる。

福澤が一太郎・捨次郎を伴って、明治九年（一八七六）父子三人の上方旅行について、『考証』下（六三三頁）は次のように記している。

明治九年（一八七六）『自伝』には春とあるだけで正確な日付や宿泊場所などが明らかでないが、諭吉は長男次男の二人を連れて従者もなく、上方見物に行ったことがある。「子供の教育は余り厳ならずしてよき例を示すは則よき教なり」という題で五月二十七日に演説をしたその草稿が残っているから、東京出発は恐らく五月二十八日ではなかったろうか。

三菱汽船で横浜から神戸まで二日の航程と見て、三十日には神戸の船宿金場小平次方に一泊したのであろう。翌三十一日には大阪に出て「西横堀の族（旅）宿」で、門下生武藤吉次郎の著『三府五港細見全図』の序文を書いている。それから先の行動が詳らかでない。

前記『三府五港細見全図』の序文にある、

明治九年（一八七六）五月卅一日夜　大坂西横堀の族（旅）宿に於て本図の編集人に代て早々之を記す　福澤諭吉識　（『全集』⑲七六四頁）

の日付を手がかりに日程を推定している。

武藤は中津藩の出身で、慶応二年（一八六六）三月下旬の入門。父は武藤喜兵衛で家格は供番で十五人扶持と外に三人扶持を貰っている上士の出身である。福澤の上方旅行を知り、事前に序文記載のことを依頼していたのであろう。福澤は他人の著作に序文等は殆ど書いていないので、珍しい事例の一つといえる。その関係が如何なるものであったかは、残念ながら不明である。

238頁1行目　家老ハ逸見志摩（7）

『中津藩史』によると、逸見家は、中津家臣の最上級の、七族五老とも呼ばれる大身衆のひとつ。文久三年（一八六三）の大身衆一覧には、逸見家の当主は逸見志摩とあり、その家禄は夏目・桑名家と共に八百石となっている。昭和十五年時点で、その子孫の所在が不明というから、早く中津を離れたものと思われる。藩士家系書上により、天保七年（一八三六）までの当主名は明らかである。

①主膳正久——②右衛門経好——（縫殿清久　夭折）——③三郎兵衛久長——④丹下久近——⑤三郎兵衛久寛——⑥志摩久賢——⑦兵庫久雄——⑧志摩久忠——⑨武四郎久年——

『中津藩歴史と風土』第八輯所収の「記註撮要安政二年ョリ同六年迄」によると安政四年（一八五七）閏五月二十四日に、家老の逸見志摩が江戸詰めを命ぜられ、六年二月十八日に家老の生田四郎兵衛と逸見志摩の両名が、「御家老職願之通首尾能御免」となっていることが記されている。福澤が江戸に出た安政五年冬には、逸見志摩は江戸家老の一人であったことが判る。藩務に就いたことの無い福澤が、翌年二月までの間に、一五〇両の大金を、口実を設けて掠め取ることは考えにくい。

明治五年（一八七二）二月改正の中津藩の『氏族卒分限帳写』によると、

高九百石地方内百石蔵米　　大身　父志摩
一、米九拾七石六斗八升　　逸見　庸

この「父志摩」が、前記の⑨武四郎久年をさすのか、あるいは次代の相続者がいるのかは、資料不足で断定できない。

中津藩の大身衆の「山崎家日記」の中に断片的な記事ながら、家老逸見志摩の動きを示す記事が発見された。

元治元年（一八六四）五月十八日条

一、従江戸飛脚到来、若殿様道中益御機嫌能、当月五日御着府。午下刻被為入御屋舗候由申参　恐悦之御事候。右為申知如候　已上

五月十八日　逸見　志摩
奥平　主税
生田四郎兵衛
奥平　図書
御家中面々

又『中津藩史』の元治元年、中津藩征長軍の編成に、十一月に出陣した中軍（旗本）の参謀として、逸見志摩の名が見える。この二資料から元治元年には、逸見志摩は家老として、国許中津で勤務していたことが判る。

「山崎家日記」の慶応元年分は欠けているが、同家の『日記』には、二年七月三日条に記事がある。

一、薩州御使者へ今朝御面会に付志摩様御一同に五ツ半時　御出被遊候。御馬口は御厩より壱人、大組より壱人、御小姓四人神奈川右又御雇に相成候。

家老を勤めている行装であろう。翌七月四日の条には、加増発令の周知記事がある。

一、志摩様御事前日以　御奉書　今日御役方数年御差入御出精　御勤被成御満足に思召候　依百石御加増被蒙仰候段、為御知来

おなじく十月十四日条。

一、志摩様御事大坂御用御急被成、御出府立帰り　被為蒙仰候、為御知参候。早速御使守谷与太夫御遣に被成候

大坂から更に急用で江戸出張を下命された報知記事である。これで、慶応二年末に逸見志摩が江戸に出張して来たことが明白である。

国許家老であり、慶応二年というと、長州再征問題で、江戸にいる藩士子弟の呼び戻し命令が出て、それを福澤が押し止めた時期と合致する。此の時期に細かい事情を知らぬ国許家老の逸見に対し、幕府外国方出仕の福澤が妙な口実を設けて、貸し下げを願い出たのではないだろうか。

240頁小見出し　支那の文明望む可らず（8）

一国が西欧文明を積極的に摂取するには、旧思想を否定し、風俗習慣等まで一変する大改革が必要である。保守的な思想を持つ政府が廃止されなければ、新しい文明の実現は困難であるとして福澤は、支那の思想・習慣の上に築かれた現政治体制の頑強な保守性を厳しく指摘している。

『国史大辞典』によると、李鴻章は、

清朝末期の政治家。道光三年（一八二三）生まれ（中略）一八七〇（明治三）年直隷総督（直隷省の長官、通商事務ならびに北洋海軍の指揮権も有する）となり、以来約二十五年、その地位にあった。（中略）彼は直隷総督として、清末の重要外交問題で関係しないものはなかった。彼の外交は概して平和主義で、外国との妥協が多かったので、反対派から軟弱外交として批判された。（中略）一八八二・八四年には、朝鮮国漢城で壬午・甲申の両事変が起こったが、彼は宗主国の立場から、日朝両国に対し威圧を与えるとともに、特に甲申事変前後は、清仏戦争の戦局との関連もあり、日本との衝突を回避し、事変を収拾するにも力を尽くした。（中略）一八九五年四月下関市の春帆楼

で日清講和条約に調印した。また同年八月、直隷総督を免ぜられた。（中略）
一九〇一年十一月北京で死去。七十九歳。

とあり、強力な欧米諸国には妥協的であるが、極東近隣諸国には威圧的で、特に朝鮮国の宗主国として、しばしば日本に圧力を行使した。朝鮮の文明化を積極的に支援した福澤にとって、彼の態度には容認できないものが多かったことは、『考証』下「脱亜論前後」以下の日清関係の項に詳細に記されている。

日清講和条約は明治二十八年（一八九五）四月十七日調印され、五月八日批准交換が行われたが、清国側より日清同盟の必要が主張されたのに対し、六月六日の『時事新報』に福澤は「日清同盟到底行はる可らず」と題する論説で、その理由を、述べている。

日清同盟、東洋の利益を護るとは、両国協同して東洋の文明開化を促し、富国強兵の実を成して、西洋諸国に対する運動を（中略）日清の両医にて其治療を引受けんとするものなれ共、如何せん、支那は依然たる漢方医者にして、日本は文明の学医なり。本来の性質素養全く反対なる二人の医者をして事を共にせしめんとす、何として協議の纏る可きや。

支那が依然として儒教主義を根幹とする態度を固持している以上、積極的に文明化をはかることはできないとの信念を披瀝している。この考え方から、「支那の文明望む可らず」ということになったのであろう。［13④］

241頁7行目　旧大臣等ニ腹を切らせる（9）

中津藩では、家臣団の中で最上の家格の家十一家を大身《たいしん》衆と称し、次の大身並一家と寄合格二家を三格と言い、上士の第一級としている。大身衆の職務としては、家老（江戸家老数名と在国御勝手方家老一名の他に、複数の在国家老）・学事監（一名）及び非常時の軍事体制として、予め家臣等を幾つかの組に分け各大身家に所属させ、その隊長として家臣を統率する仕組みになっていた。

旧中津奥平藩士の数、上《かみ》大臣より下《しも》帯刀の者と唱る者に至るまで、凡《およそ》、千五百名。（中略）上等は儒者、医師、小姓より大臣に至り（『全集』⑦二六五頁）

福澤の「旧藩情」では、大身を大臣と記しているから、「旧大臣」は「旧大身」のことで、福澤が中津藩の慣用に従って「旧大臣」と記したものであろう。

241頁小見出し　藩の重役ニ因循姑息説を説く（10）

福澤が、ここで他藩に見られるように、人材登用を名目に、下士の藩政への発言力の強化を意味する藩政改革論を主張したり、家禄の上下平均化の意見を改めて主張したならば、藩内の不満が増幅されて、藩内紛争が表面化する危険が大きくなったことは確かであろう。しかしそれは九州の一部の藩内の問題とはなっても、天下の大勢を揺るがす程のことはなく、いたずらに郷里中津に、保守革新の対立感情だけを残すに過ぎず、それは中津全体にとっては大きな不幸の種を蒔くことにもなるので、わざと革新的意見を述べず、より深い愛郷心で、因循姑息説を主張したのではなかろうか。［13⑤］

242頁小見出し　武器賣却を勧む（11）

当時のわが国では各藩それぞれ別個の洋式の銃砲を持っていて、その規模は小さく、国防的な見地から見て、まことに不都合な様相を呈していたので、いずれ様式は統一されることにならざるを得ない状況であった。福澤はまさにその線を主張しているのであるが、藩士の意識は、未だ各藩の割拠意識から脱出し兼ねているために、菅沼新五右衛門のような反論が出たのであろう。［13⑥］

243頁13行目　菅沼新五右エ〔衛〕門（12）

中津藩家臣の勤書によると、菅沼新五右衛門家は、供番二百五十石の上士で、三代以下を列記すると、

定継―弥五兵衛定次―新五右衛門定雅―新五右衛門定信―新五右衛門定直―新治定清―七郎右衛門定安―与七郎定寛―猶次定次―伝七郎定鎮―猪太郎定勝―新五右衛門定弘（十四代）となっている。

この十四代新五右衛門は後に名を「新」と改めたが、その子堅次郎が、諭吉の姉小田部礼の次女お百と結婚している。明治十二年（一八七九）六月十一日付菅沼新宛福澤書簡の注等から、菅沼新は中津市学校再興問題や天保義社問題、第七

十八国立銀行の発起人の一人で副頭取をつとめる等で、活躍していることが知られる。しかし幕末の新五右衛門に関する勤書は無い。したがって、その経歴の詳細や、藩内での活躍状況等は不明で、断片的な記事を見るのみである。

『中津藩歴史と風土』第八輯所収の「安政二年ヨリ同六年迄の記註撮要」安政五年家督役替の八月四日条に、「御目付役被　仰付候　津田逸蔵　夏目源五右衛門　菅沼新五右衛門　横山喜内」とあるのが、比較的古い記事である。

『中津藩史』の「昌服公時代」の第一回長州征伐に元治元年（一八六四）十一月九日に筑前黒原に出陣した第一軍の記事に、その名が見える。

隊長　奥平図書　小銃隊長　菅沼弁之亟　物頭　小林五太夫　鈴木力兵衛　小幡新右衛門　目付　菅沼新五右衛門　三輪彦八　使番　桑名源左衛門　服部伝五右衛門　陣場奉行　横山喜内　立木新兵衛（三九三―四頁）

同じく慶応二年（一八六六）の長州再征の記事である。

（九月）十六日卯ノ中刻　長州の三艦中津より西方一里程、小倉領鵜ノ島（現在は宇島）浦を砲撃するを以て、小犬丸村屯営の第一軍をして、小倉領との境堺地へ出張せしめ、後備軍隊長奥平与四郎、物頭菅沼新五右衛門、目付黒屋源七郎、使番三浦弥太惣等を小犬丸村へ派遣す。同日申ノ刻、長州賊艦退帆に付、後備軍引払ひ、第一軍原地小犬丸村へ復帰宿営す。（四〇二頁）

この時は物頭として出陣している。

また「山崎家日記」明治三年（一八七〇）六月七日条には、

小隊長　奥平市郎兵衛　監　察　奥平　二郎
軍　監　河野　斐人　坂　源兵衛　角　喜兵衛
小幡　使人　散　兵　和田英太郎
右番士　井上　剛三　右番士　簗　経　接続官　月岡　三郎
接続官　永島　二戸　教　導　奥平新十郎　左番士　原　作之左衛門
左番士　簗　胖　中隊長接続官　星野　季五郎　接続官　佐々田弥五左衛門
教導　横山武三郎　別手組接続官　桐村　善太　大砲師　石川新十郎
砲　令　服部　甚吉
中隊長　岡見半太夫　別手頭　菅沼新五右衛門

別手頭としてその名を見ることができる。六月四日に行われた小祝での大演習に参加した軍隊の幹部が、慰労の意味で招待された時の、幹部の名簿である。

「明治五年三月改正　士族卒分限帳写」と表記された山崎家の分限帳によると、「高弐百五拾石蔵米　米参拾九石九斗六升　供番　父新太夫　菅沼　新」と記されているから、維新の頃に改名したものと推定される。

246頁4行目　今の貴族院議員の瀧口吉良（13）

滝口吉良《よしなが》は『名流列伝』によると、山口県阿武郡明木村の滝口治三の子として安政五年（一八五八）十月二十七日に生まれ、十四歳の時（明治四年（一八七一））東京に遊学せんとし、父の許可は得たが、祖父吉衛の反対で上京を中止し、郡役所見習いとされ、明治七年には山口県第二十大区第一小区の副戸長、さらに戸長となり、次いで同大区第二小区戸長更に阿武・見島郡書記となった。十四年五月、時事に感ずる所があり、慶應義塾に入学を希望したが、祖父の反対の事を考え、従兄弟で当時横浜の同伸会社支配人の藤井清に相談し、学資金を借用して五月十八日に、密かに郡書記の辞表と事務引継ぎの書類を同僚に委嘱し、深夜萩を飛び出し、下関より船で横浜にいたり、藤井の紹介で福澤に面会し、入塾の許可を得たと記されている。

義塾入社帳によると、明治十四年五月三十日の入社生として、

瀧口吉郎　山口県長門国阿武郡明木村三百十一番地
治三長男　安政五年十月二十七日生　明治十四年五月三十日入社
保証人　山口県阿武郡須佐村　士族　益田英治

入社帳の筆跡は前後同じであるから、本人自筆ではなく、事務の誰れかが記したものと思われる。名前の吉良が、吉郎となっているのは、誤って記してしまったのだろう。

新橋金六町なる藤井氏の玄関番となりて義塾に通学すること三ヶ月、尋いで寄宿舎に入る、十六年四月病を得て帰郷し、静養後家事を見て、十七年三月に至る。たまたま祖父及び父不在の際、他より返済の貸金を受領し、郷友に図りて脱走、上京して再び義塾に入り、所持金は悉く福澤先生に供託し、毎月若干金を受けて学資に充て（『福翁自伝』参照）、十九年七月本科を卒業し

帰郷す。（『名流列伝』）

東京遊学に際し、学資金を借用したり、福澤を紹介してもらったりした従兄弟の藤井清は、義塾の出身者ではないが、福澤の『帳合之法』の研究者である。

明治十一年に藤井清著「略式帳合法附録」といふ書が出た。「帳合之法」の和綴本と同大の木版和紙一冊本で（中略）「藤井清著／略式帳合法附録　全／明治十一年第十一月」と記し、（中略）巻末に「明治十一年十月廿五日板権免許　定価弐拾五銭／著者兼出板人　山口県平民　藤井清　東京第二大区九小区三田四丁目廿六番地寄留」と記し、ウラ表紙の内側に売捌人として慶應義塾出板社を筆頭に七店の書肆名が列記してある。藤井清は慶應義塾出身ではないが、福澤の「帳合之法」に精通し、慶應義塾が兵庫県から委嘱されて開設した神戸商業講習所に帳合の法の教師として赴任し（明治十年十一月）、実地に生徒を教授するに当つて、その教科書としてこの書を編纂出版したのである。

『全集』③の「後記」、「帳合之法」の解題に、右のように記されているから、義塾社中の一員として、福澤とも親しく接触していた人物である。従兄弟の滝口が頼ってきた頃には、藤井は、横浜の同伸会社の支配人をしていたものと思われる。

滝口の略歴は明治二十一年県会議員に当選、二十三年には貴族院議員に選ばれた。三十三年には農商務省の嘱託としてパリ博覧会に臨み、欧米各国の経済状況を視察帰国し、その後政友会に入党、地方の党務に尽力した。三十七年衆議院議員に当選し、大正二年（一九一三）同志会に入った。郷里では防長銀行頭取・萩銀行・朝鮮勧業・萩電灯会社等の諸会社の重役や相談役を歴任し、特に朝鮮の開拓に意をもちいた。また郷里明木には日本最初の村立図書館を創立したり、郡立図書館を萩中学校に設立するなど、郷里の学事振興に尽くした功績は大きい。昭和十年（一九三五）八月十八日年七十八歳で死去。（『山口県百科辞典』）

藤井清宛福澤書簡（明治十九年七月三十一日付）は滝口のことを記している。

滝口氏にも当期卒業致候。多年在塾、一点の譏なきのみならず、塾中一同大に望を属したる人物に御座候。同氏の義に付ては長々御心配の処先づ此度こそ御安心と存候。

250頁小見出し　一大投機（14）

幕府の滅亡・明治新政府成立の大混乱期の慶応四年（一八六八）三月四日には、福澤の許に幕府から「御使番任命の為の差紙」が来たり、六月十日頃には明治新政府から「御用事有之故上洛」の下命があったが、いずれもそれらを拒否している。それだけではなく、徳川幕府へ退職願いを提出した六月八日の前日の七日には、親友山口良蔵宛に書簡を出している。

徳川様御名跡も駿府ニ定り候よし。小生ハ三月来大病ニ而引籠、何事も存し不申。徳川家ニは御奉公いたし、不計も今日之形勢ニ相成、最早武家奉公も沢山ニ御座候。此後ハ双刀を投棄し、読書渡世の一小民と相成候積、左様御承知可被下候。

官途出仕を辞め、文筆・教育活動に生きて行く決心を告げている。ここに福澤の社会啓蒙活動の一環としての出版事業の自営が始まる。

幕府に真っ向から反対する薩長の態度がいよいよ露骨になって来るのに、それを抑える実力が無く、次第に窮地に追い込まれて行く幕府の様子を見て、

コリヤどうも仕様がない表面は開國を装ふて居るも幕府は真実自分も攘夷が為たくて堪らないのだ迚もモウ手の着けようのない政府だと実ニ相想が盡きて同情を表する気がない

然らバ則ち之ニ取て代らうと云ふ上方の勤王家はドウだと云ふニ、彼等が代つたら却てお釣のでるやうな攘夷家だコリヤ又幕府よりか一層悪い（中略）其目的を尋ねて見るとタトヒ此國を焦土ニしても飽くまで攘夷をせなければならぬと云ふ觸込みで一切萬事一挙一動悉く攘夷ならざるはなし（中略）何としても之ニ同情を表して仲間ニなるやうな事ハ出来られない是れこそ実ニ國を滅す奴等だ。あんな不文不明な分らぬ乱暴人ニ國を渡せば亡國は眼前ニ見える情けない事だと云ふ考が始終胸ニ染込んで居たから何としても上方の者ニ左袒する気ニならぬ

と『自伝』（「王政維新」幕府の攘夷主義、一六七―八頁）は記す。

「維新前後無茶苦茶の形勢を見て迚も此有様でハ國の獨立は六かしい」と考えざるを得ない福澤の心情は、誠に暗澹たるものであったろうと思われる。

明確な期待感を持てない時に、官職を一切放棄して、一市井人として出版業を自営し、文字による国民への啓蒙活動をおこなう決意は、『西洋事情』が、意外にも多くの国民に読まれたことに、僅かではあるが明るい期待を抱いたためではなかろうか。

一般的知識人に対しても、西欧文明の正確な基本的知識を提供し、国民の知的水準の向上を図ることも、新時代の指導者育成を目指す「慶應義塾」の大きな責務の一つと考えていたので、出版事業による啓蒙活動にも努力したのである。

出版を何時から事業として開始したかは、明確にできないが、明治二年（一八六九）一月には、業界から素人が勝手に出版事業を行っては困るとの苦情を受けている。既に「福澤屋諭吉」の名で出版業組合に加入して、出版業的活動をしていて、それが他の出版商に脅威を感じさせる動きをみせてきたのであろう。このことは、出版を事業として運営する能力を、明治二年に成立させていたことになる。

参考① 薩摩藩をめぐる京都情勢〈関連項目＝13章註（3）〉

文久二年（一八六二）に薩摩藩の島津久光が多数の藩兵を率いて上京し、公武合体・開国説をもって国事に介入し、一橋慶喜を将軍後見職に推挙したり、京都でしきりに過激攘夷論の中心となり幕府の権威失墜に努めた長州藩勢力を、翌三年の所謂八月十八日の政変によって排除するなどした。ところが幕府は、公武合体策など、幕府に好意的な努力をする薩摩藩が京都に勢力を強めるのを嫌い、特に一橋慶喜が薩摩の開国策を強引に否定して、自ら京都守衛総督となって、雄藩の京都への介入を排除する態度を示したので、薩摩藩は公武合体という藩方針を倒幕方針に変更した。それが元治元年（一八六四）一月の朝議参豫会議での抗争である。

元治元年七月長州藩は禁門の変で敗れ、同志の公家七人を伴って長州に退いた。七卿落ちである。長州藩が朝敵として征討されることになった時、薩摩藩士西郷隆盛は前尾張藩主徳川慶勝を総督とする征長軍の参謀となった。西郷は早速長州藩の恭順派と連絡し、長州藩自らが責任者の三家老を処分し、三条実美ら五卿（文久二年十月生野変に参加するため、沢宣嘉が長州藩を脱出、錦小路頼徳が元治元年四月二十五日病死で五名となった。）の九州移転を承知すれば、寛大な処分で事態を解決することとした。長州藩に貸しをつくって、反幕勢力の仲間作りをする意図的な動きである。

その後も薩摩藩は、幕府が長州再征を強行しようとすると、あらゆる手段をつくして反対するばかりか、慶応二年（一八六五）一月には反幕府同盟ともいうべき薩長連合を成立させ、薩摩藩名義で長州藩の武力強化の為、外国からの武器艦船の購入を行った。これで長州藩の軍事力は急激に強化・近代化された。

幕府の長州再征が、薩摩藩の反対運動と、長州藩の交渉延期作戦で大幅に遅れ、慶応二年六月になってようやく幕府の武力行使がみられた。戦意を失なった征長軍に対し、長州藩側の戦闘意識は旺盛で、しかも新式兵備を備え、幕府側に戦闘不利な状況の中、七月二十日将軍家茂が大坂城中で病死した。享年二十一歳である。

幕府の後継者となった一橋慶喜は、自身へ向けての幕府内勢力の結集と、弱化した幕府勢力の回復策の必要から、家茂将軍の病死を秘し、朝廷から、将軍の相続者としての慶喜の征伐出陣の許可を取った。ところが将軍死去を知ったのか、八月十一日に小倉口の征長軍が解兵したとの報が届いた。そこで慶喜は八月十三日に、情勢の急変を理由に出陣中止の勅命を強引に要請し、ようやく十六日許可を得ると、二十日家茂将軍の死と徳川宗家のみの相続を公表した。つまり将軍職は空席なのである。将軍の空白は幕府内部の慶喜に対する将軍相続要望機運を高めることを狙った措置である。

一方ではこの将軍空白期を利用して、幕府の権威を弱めようとする試みもなされた。八月晦日に反幕派公家から、今後の重要問題協議に、朝廷主導の諸大名召集が要望され、許可された。慌てた幕府は、慶喜が前将軍の服喪につき参内できない事態をなくす、服喪解除の発令を要求したり、老中や譜代藩をして朝廷に働き掛けて、十月十六日、慶喜参内の許可を得た。そこでようやく朝廷内部の反幕派公家の動きを抑え、十二月五日に将軍宣下が行われ、幕府の面目が保たれた。

ところが、幕府に好意的な孝明天皇が十二月二十五日に逝去されたので、幕府はまた一層厳しい状況に追い込まれることとなった。皇太子睦仁親王（即位後明治天皇）の生母は、反幕派公卿の中山忠能の女である。したがって、慶応三年一月の親王の践祚後は朝廷の反幕派勢力の運動が活発化した。時間的に切迫している兵庫開港問題の前に、対内問題としての長州藩処分問題を決着させることが緊急の課題である。長州藩を謝罪なしで寛大に処分させる運動が活発化して、幕府と対立した。しかし朝命で召集された尾張・越前・薩摩・宇和島・土佐等の諸侯会議派雄藩の中に、両問題の同時解決案がでると、慶喜はそれを利用して強引に五月二十三日に参内して、長州処分は寛大に、兵庫開港は許可との方針の勅許を受け、二十四日外国に開港方針を告げ、長州藩には前提条件として謝罪を表明することを要求した。

六月十三日土佐藩の坂本龍馬と後藤象二郎が長崎より上京し、龍馬の提案になるという「船中八策」を基調とする王政復古案が提示された。伊達宗城は時期尚早と慎重であったが、薩摩藩は賛成し、六月二十二日「薩土盟約」が結ばれた。そこで後藤は、藩の実権を掌握している前藩主の山内容堂の賛成を得るため土佐に帰国した。他方薩摩藩は、幕府勢力を京都から排除するため、朝廷守護の名目で、藩主島津茂久《もちひさ》（後忠義《ただよし》）の挙兵上京策を立て、八月十九日大久保一蔵（後利通）を出兵盟約締結のため長州に赴かせている。

最初王政復古策に幕府が応じない時は、薩摩藩の武力行使策に協力するというのが後藤説であったが、容堂は武力圧力を背景とする説得では、幕府の反発を買うのみであると、その方針に反対した。そこで後藤象二郎は単身九月に上京して来た。誠意を以て幕府を説得する方策に変更した。西郷は、容堂説に反対したが、後藤は薩摩藩の小松帯刀を説得して、土佐藩の幕府への建白を妨害しない了解を取り付け、十月三日会議政治の採用を骨子とする大政奉還建白書を幕府に提出した。

慶喜は先にオランダに留学して来た西周助・津田真一郎（のち真道《まみち》）らから、欧米の政治学の知識の報告を受けていたので、自らが会議政治の主導権を掌握して、政権を維持し得るとの自信を持っていたのと、薩長倒幕派の討幕の密勅降下運動が行われている気配を感知し、その矛先をかわす意図もあって、十月十四日大政奉還の願書を提出した。朝廷は翌十五日その願いを勅許した。

討幕の密勅は十月十三日岩倉具視より薩長両藩に下されたが、意外にも慶喜が政権奉還を断行したので、討幕の名義が立たなくなり、二十一日中山忠能から討幕中止が伝達された。ここで慶喜を中心とする会議政治体制が樹立されると、これまで強引に反幕方針を推進してきた薩長両藩は反政府勢力として非難攻撃されるのは必至である。したがって薩長藩勢力を保持拡大するためには、何としても、幕府に兵端を開かせ討幕の名分作りが絶対に必要だと考え、敢えて卑劣強引な浪人に依る江戸攪乱策を採ったのである。幕府側はその罠に嵌まって、江戸市中取締りの任務を負った庄内藩を中心とする旧幕府兵が薩摩屋敷の砲撃事件を起こしたのである。

『国史大辞典』によると、西郷隆盛の指示で、伊牟田尚平・益満休之助が江戸及び関東地方の攪乱を計画し、十月頃江戸に下り、下総の郷士小島四郎（相楽総三）が中心となり、浪士約五百名が集められ、下総・甲府・相模の攻略をおこなったが、いずれも失敗した。しかし江戸では、島津斉彬の養女、十三代将軍家定夫人天璋院の守護、の名目で人員募集許可を申請しその許しを得ることができた。これは浪士を使用した、江戸市内の攪乱策である。江戸の浪人攪乱行動は、慶応三年（一八六七）十月中旬過ぎ頃から始まったと思われる。

参考② 薩摩藩をめぐる江戸情勢

江戸は文久二年（一八六二）の参覲制度の改革による武士人口の減少と、京都が政治の中心になった関係から、将軍が江戸を留守にする期間が次第に長くなった。慶応元年（一八六五）五月十六日に将軍家茂が、長州親征のために率兵江戸を出発して、翌年七月大坂で病死した。跡を継いだ慶喜はそのまま京都に滞留し、慶応四年一月十二日鳥羽・伏見の戦に敗れて大坂より江戸城に逃げ帰った。したがって江戸が将軍の留守であった期間は約二年半に及んだ。

このため主要役人らの多くも上京し留守であったので、江戸市中の取締りも次第に緩み勝ちであった。京都における志士らの横暴に対処するために、募集上京させた浪士らが、幕府の意図に反し、志士らと結託する者も多くみられたので、幕府に忠誠な新撰組以外の浪士等を文久三年四月十五日京都より江戸へ連れ帰った。それら浪士を新徴組に編成して、庄内藩主酒井忠篤の配下のもと、講武所師範役並松平忠敏・中条金之助の取締り下に所属させ、江戸府内の警備に当たらせた。しかし往々市中取締り役の浪士らの横暴事件もみられた。

治安状況が必ずしも良好とはいえない江戸だけに、不穏な真偽不明の所謂怪情報を流布すると、その効果は大きい。『維新史料綱要』慶応三年十月晦日条に江戸鹿児島藩邸ニ在ル藩士及浪士等、火ヲ市中ニ放チ、其混乱ニ乗ジ、輪王寺門主入道公現親王（後北白川宮能久親王）・静寛院宮（親子内親王故大将軍徳川家茂夫人）・及天璋院（故大将軍徳川家定夫人）ヲ奪取セント計ルト、幕府ニ密告スル者アリ。

とある。それが、十一月二日には一石橋と南伝馬町に反幕側と佐幕側の江戸城等への放火予告の張り紙となったらしく、『藤岡屋日記』に記載されている一石橋の貼り紙は、市民に避難を呼びかけている。

在関東之奸吏（中略）大樹公政権を辞し、大諸侯之列ニ成ル、然れ共在関東之奸吏、猶不知倫理を、窃ニ謀りて再び政権を盗んと欲す（中略）天下有志之輩（中略）十一月四日五日之内、天兵を挙、江城焼ル、市中を放火し奸吏を誅ス（中略）早く此事件を会得して財を運び居を移し、此害を免るべし、（中略）知得セョ特示す。

皇国大忠臣有志之輩

「南伝馬町の張り札」の名で、掲示された張札は、事件発生を予告し、その対応策のため佐幕派の決起集合を促している。

薩州之逆賊、土州等江相謀り……於京都は将軍家をして政権を辞さしめ、於関東ハ浮浪之徒をかたらひ、十一月四日五日之内於御府内兵ヲ挙ゲ、諸屋鋪市中を放火し江城を襲ひ、恐多くも和宮様を奪ひ奉、天璋院様を窃取、上野を騒して、日光宮様を捕奉り、品川海ニ浮置し蒸気船ニ奉乗せて薩州ニ奉移之謀略あり、虚説ニ非ず、幕府之危急旦夕ニ迫れり、天下国家之為メ聊も忠義之志在之ものハ、不日ニ相会議して、薩賊を微塵ニすべし

天下真之忠義士

用字の癖等から、貼り紙は同一人の作成のようで、明らかに市民の動揺を狙っている。

十二月二十三日朝、江戸城二之丸が出火災上した。失火か放火かは不明である。『維新史料綱要』によると、同日幕府は前記の貼り紙が予告した事態を心配して、それに備えた。

三千石以上以下勤仕竝寄合ヲシテ銃隊ヲ編セシメ、且諸藩及麾下士ノ静寛院宮・天璋院等非常警守ノ任ニ在ル者ヲ西丸下ニ屯セシメ、以テ変ニ備ヘシム

この時期は、京都で十二月九日に行われた王政復古の大号令により、慶喜が新政府から完全に排除されたことが江戸に伝達されている（十八日）だけに、西丸の火災を薩摩藩の放火と推測する機運が一層高まった。

薩摩藩に対する反感が強まった二十三日夜、江戸取締りのための新徴組の三田同朋町の番屋になっていた蕎麦屋「越後屋」に、薩摩方から鉄砲が打込まれる事件が発生した。『幕末百話』に「三田騒動薩州邸討入」という、三田通新町の鉄物屋美濃仙の主人の懐旧談を掲げている。それには、越後屋への襲撃を、隣家への打ち壊しと思い込み、恐怖で一夜じっとしていたという。薩摩方が砲撃した蕎麦屋越後屋は、同朋町でも南寄りと思われる。

幕府は二十五日早朝より薩摩・佐土原両藩邸を砲撃したのである。薩摩藩邸では、幕府が砲撃して来ることは十分予測していただけに、「殺傷者数十人、薩摩藩江戸留守居役篠崎彦十郎は死亡、益満休之助は捕えられた。伊牟田・小島（相楽）らは品川沖碇泊中の同藩汽船翔鳳丸で西走した。浪士の多くは陸路西上したが、小田原藩などに捕らえられた。」（『国史大辞典』）と記している。

薩摩藩邸襲撃の様子等を、『西郷隆盛全集』第二巻所収の、慶応四年（一八六八）一月一日付の在京西郷隆盛書簡（鹿児島の蓑田伝兵衛宛）は江戸薩摩屋敷焼き討ちの第一報を報告している。

昨夜出羽秋田藩高瀬権平・楠英三郎と申す者、御留守居方役遠武吉二方（薩摩藩京都留守居役）へ参り申し出で候は、（中略）身を御邸（江戸薩摩藩邸）内に相投じ、田町御屋敷へ潜匿いたし居り候て、蒸気船の出帆を相待ち罷り在り候処、（中略）二十五日朝（中略）只今酒井左衛門尉手勢並びに歩兵、上御屋敷を取り巻き、御留守居へ面会致したき段承り候。就いては此の内より御屋敷内へ相置かれ候浪人共引き渡すべきとの趣と相見得候に付き、（中略）暫く邸内を相逃れ呉れ候様承り候に付き、拠なく相去り候折柄、早田町へ掛り候時分より砲声相起こり、品川辺へ参り候節は、最早火の手も起こり候（中略）畢竟二十三日御城出火、翌二十四日迄焼け通し候由に御座候。就いては右出火の起こり、浪士共へ不審相掛け候儀か、甚だ暴動の次第に御座候（中略）全体九日以来の処、大いに旧幕の輩相悪み居り候儀に御座候えば、早く江戸の浪士を倒し候策かと相察せられ候儀に御座候。百五十人計り罷り居り候て決して暴挙いたす賦とは相見得ず、京師の挙動に依り、如何様共致すへくとの様子にて、乙名敷罷り在り候趣は、近比迄相聞こえ居候。

『維新史』によると、江戸城二之丸放火事件は、十二月二十八日大坂に海路到達した大目付滝川播磨守具挙《ともたか》・勘定奉行並小野友五郎改め広胖《ひろとき》らに伝えられ、そ

れが大坂城内の会津・桑名藩兵らの不満に火を点けて、鳥羽・伏見の戦いとなったといわれている。薩摩藩の作戦が成功したことになる。藤井哲博は『咸臨丸航海長小野友五郎の生涯』で、小野らは十二月二十三日に、品川で長鯨丸に乗組み大坂に出発しているので、二十三日の二之丸焼失の煙ぐらいは望見したかも知れぬが、海上からでは事件の内容など知るはずがないと、事件の第一報を齎らしたとの説を否定しているが、当時江戸不穏の原因は薩摩藩士らの行動とする噂が広く伝わっていた時だけに、簡単に藤井説を肯定できない。

参考③　中上川彦次郎留学〈関連項目＝13章註（5）〉

明治十年（一八七七）小幡篤次郎が五月にイギリスに行き、暫く滞在して、十月に帰国する時、彦次郎の留学期間も三年余になるので、両人は一緒に帰国してきた。

中上川は小幡篤次郎と共に、明治十年十月ロンドンを出発し、十二月二十六日横浜に帰着した。福澤は、子供と共に品川駅に出迎えた。列車が一時間程も延着したが、到着すると彦次郎は福澤親子を見かけると、いきなり「てーさん（その頃捨次郎は十三歳）は大きくなったね」と話掛けて、捨次郎の頭を撫でたという。兄弟同様にして来た親愛の情の現れであろう。福澤兄弟が揃ってアメリカに留学するのは、それから六年後の明治十六年六月である。

彦次郎の留学費用が如何程であったかは明らかではないが、彦次郎と共に留学した紀州藩の小泉信吉の場合、明治九年七月二十日付の紀州家家職の三浦安宛の福澤書簡に、

> 昨年一寸御話申上候通り、出立の節千円御遣し相成候得共、（中略）去年拝趣の節、同氏の執行金を七千と積り、内千円を引、残六千、一時に私え御渡し可相成様御話に御座候得共、右は如何様にも御都合次第

とあることから、紀州徳川家から支出された留学費は、四年間で七千円の予定であったことが、明らかになった。したがって、中上川にも同額程度の留学費が仕送られたものと推測される。

彦次郎が七年十二月五日にロンドンに到着した時は、福澤の緒方塾以来の親友箕作秋坪の次男菊池大麓が丁度ロンドンに留学していた時であったので、その世話で、モルトビー家に寄宿できた。彦次郎の留学中の資料は、大正十二年（一九二三）の関東大震災で、焼失してしまったので、知る事ができない。ただ同時期に留学していた小泉の日記等から、断片的に伺い知るのみである。

彼の留学中の研究方針は、一つの専門を学習するというのではなく、将来政治家となるに必要な見識を身につけ、視野を広めるための勉学であったというから、叔父諭吉の欧米旅行時の観察態度に似たところがあったようだ。その他注意すべきは、九年以降暫くロンドンに滞在していた井上馨に、その人物・才幹を認められて、明治十一年イギリスより帰国し参議工部卿に任ぜられた井上馨に抜擢され、工部省出仕として井上の秘書的職務に任用された。更に井上の外務卿転任に従い中上川も外務省に移り、書記官となり、従六位に任ぜられ、十一月には公信局長に就任している。明治十四年政変で、官を辞したのが、その後の民間実業界に活躍する機縁となった。

参考④　日本と清国〈関連項目＝13章註（8）〉

幕末から漸次増加傾向にある日本人渡清者の保護取締りに関し、文久二年（一八六二）以来、長崎奉行が上海道台（わが国の県知事に当たる）と文通していた。明治政府はこの地方当局の交渉を一歩進め、中央政府間の対等条約を締結し、近代的（西欧的）関係を設立しようと、その予備調査として、明治三年（一八七〇）八月外務大丞柳原前光・外務権少丞花房義質《よしもと》等を清国に派遣した。

柳原等は上海に至り、道台の意向を打診したところ、最初消極的であったが、九月天津の通商衙門を訪問した。北京政府の意向として、日本とは従来通りで特に条約を立てる必要無しとの意向であると告げられた。再考を求め説得を重ねた結果、十月に至り、条約締結は重大である、日本から特派使臣を派遣するなら清国政府も欽差大臣をして商議させようということになったので、北京行きを中止して直に帰国復命した。

そこで明治政府は大蔵卿伊達宗城を欽差全権大臣、柳原前光らを差副として、明治四年六月天津に派遣し、清国代表李鴻章と条約交渉を行った。日本側は欧米諸国と同等の権利を得るべく、一八六〇年七月の清独条約の体裁を基本に交渉を進めようとしたが、清国側はドイツ敗北の結果、締結させられた条約に準拠する

ことを強く拒否した。一時は破談をおもわせたが、伊達の譲歩で、清国側提案を土台に交渉をすすめた結果、日清修好条規十八条・通商章程三十三款・海関税則が九月十三日に調印された。

これは両国間に初めて締結された平等的な条約であったが、欧米諸国との片務的不平等条約を相互に承認したもので、互いに治外法権（領事裁判権）を共有したが、最恵国待遇や、清国内地の通商権等を得ることはできなかった。特に注目すべきは、中国の強い要求により、修好条規の第二条に攻守同盟とも採れる条文が挿入されている点である。

両国好ミヲ通セシ上ハ、必ス相関切ス。若シ他国ヨリ不公及ヒ軽藐スル事有ル時、其知ラセヲ為サバ、何レモ互ニ相助ケ、或ハ中ニ入リ、程克ク取扱ヒ、友誼ヲ敦クスベシ

条約書の写しを受けた岩倉は、特に修好条規の第二条が、政府の方針に背反するとして、八月二十九日付で、伊達に帰国命令を発したが、外交に不慣れな伊達は、攻守同盟的な意味を含むものではない、と李鴻章の説明を了承し、その旨を日本政府に報告しただけで、本国政府の確認を受ける前に調印を行ってしまった。

条約が政府の意図と大きく相違しているので、条約批准の前に、訂正を考え、柳原前光を清国に派遣した。柳原は明治五年三月末清国を訪れ、四月李鴻章と交渉したが、調印まで終了した条約文を改正する前例は無く、到底承服はできぬと頑強に反対されると、五月二十日結局第二条はその儘とし、二、三の部分訂正で妥協した。批准を余り引き延ばすことは、台湾の山嶽民が琉球漂流民を殺害した事件もあり、両国間の紛糾拡大に繋るとして、不満ながらも批准を受け入れた。明治六年副島外務卿を清国に派遣し、四月三十日に批准交換を行った。国力の弱小と、外交手腕の差が、こうした不手際な結果を招いたといえよう。

清国がこの条文は善隣友好を意味すると強調して、修好条約の第二条に挿入し、その訂正を強く拒否したのは、欧米文明化を嫌い、同じ儒教文明国である日本や朝鮮の保守主義を刺激し、両国をも西欧文明化に反対させ、欧米勢力のアジア浸透の防波堤にしたい意図からであろう。その考えはその後も一向変化していないと福澤は見ていたようだ。

『時事新報』の明治二十八年三月一日の論説「責、李鴻章にあり」。

抑も日清間に釁隙を生じたるは、先年我軍艦が測量の為め朝鮮の江華湾に赴きたるに際し、無智の韓兵、濫に砲撃を加へたるが為め一場の談判となりたる頃〔明治八年一八七五〕よりの事にして、其後我政府にては朝鮮を純然たる独立国と認めて始めて条約を締結せしに、何故にや支那にては陰に陽に之に反し、恰も朝鮮を属邦なりと吹聴するの政策を取りて日本の感觸を害せしこと一にして足らず。明治十五年大院君の亂に乗じたるが如き、同十七年金玉均、朴泳孝等の改革を妨げて併せて日本にまでも無禮を加へたるが如き、又近くは金玉均の刺客を幇助したるが如き、層一層ます〳〵吾を激せしめて倨傲妄慢を極めたる後、遂に昨年に至りて彼より発砲以て戦を挑みたる次第なれば、戦争は決して偶然の出来事にあらず、遠く二十年前に胚胎したるものにして、其間右に数へたる一挙一動は渾て是れ李鴻章の方寸に出でざるはなし。素より支那には儼然たる北京政府のあるありと雖も、李は直隷の総督にして是れは尋常の官職と趣を異にし、恰も一代限りの封建諸侯の如きものなれば、之を称して直隷王と云ふも可なり。（『全集』⑮八三—四頁）

政府高官の地位にあり、長期に渉って事を専断してきた責任の重大性と、その尊大さと近隣諸国への高圧的な態度の不変を、厳しく指摘している。

参考⑤　因循姑息説の背景〈関連項目＝13章註（10）〉

福澤が藩の重役宅に招かれ、藩政の改革について意見を求められ、因循姑息な説を話していることが、『考証』上の「人のいのち我がいのち」の「軍備全廃・教育奨励の勧説」の項に説明されている。ここでは当時の中津藩の情勢について、『中津藩史』と、「山崎家日記」を参考に考察してみたい。

明治二年二月二十五日に、藩主奥平昌邁が版籍奉還を願出、六月十九日藩知事に任命され、同二十五日に華族となり、家禄として旧藩時の実収高五万三千石の十分一の五千三百石が与えられ、旧家臣等を任用する役禄や家禄は、各藩の実情を勘案して、適宜決定が認められた。これにより、行政費は、旧藩時代と略同額を当てることができた。ところが三年九月太政官より、藩制改正の沙汰が下り、知事の家禄を差引いた残額の十分の一を陸海軍費とし、その残余を行政費と旧家臣の家禄とするようにと指示された。このため各藩は家禄を大幅に削減して軍事費を捻出する必要に迫られた。

『中津藩史』により、明治二年の「藩制」と三年十一月三十日改正の「藩制」を表記比較してみる。

〔二年藩制〕

一等　執政(旧家老)藩政を総覧。

二等　参政(旧用人)。参謀(執政補佐)

三等　別手頭(旧内用人)。大監察(旧大目付)上下の曲直を検し司法事務を司る。議員。少隊長(旧物頭)。知郡事(旧郡奉行)。会計知事(旧元締役)。家知事(旧側取次)。

四等　司事・奥附(旧奥向)。船監(旧船奉行)。監察(旧目付)。校監(旧学校目付)。軍監。徒士頭会計司事(旧勘定奉行)。司事(旧小納戸)。文武教導(旧師範方)。

五等　器械司(旧陣道具奉行)。

六等　儒者。医師。書記(旧筆頭祐筆)。

〔三年藩制〕

大参事　二人(一等格の執政)

権大参事　適宜(二等格の参政)

小参事　五人(三等格の別手頭)・大監察・議員等

権小参事(適宜四等官以下を配置)。

まず藩制の名称等が大きく変わり、一見相当の変化があったように見えるが、適宜と言うことで、実質的には余り変化していない。「山崎家日記」を見てみよう。

明治三年(一八七〇)十一月四日条、

一、御月番与四郎様より御回状相達候、此度御一新に付ては御仲ヶ間様方御勤向万端被仰合候付、明日昼後より、与四郎様御家宅において御寄合被成候旨被仰越候。尚又監察福知繁治左之通申出にて被仰候。

以来大参事御出勤日　三日、七日、十日、十三日、十七日、二十日、二十三日、二十七日、晦日。

但　小ノ月は二十七日より翌月三日に相成候。朝五ツ時御登城七ツ時限り御退出に相成候。

同十一月五日条

一、此節御一新に付御仲ヶ間様方被仰合有之候に付、御月番にて与四郎様御宅にて御寄合有之候。旦那様九ツ時より御出席被遊候。暮に御帰相成候。

同十二月八日条

一、去月十五日御一新に付御減禄被仰出候に付、以来左之通御取高に相成候。尤御勘定所小頭石川忠左衛門へ承り合申候。并御家来渡分も右同人江承り合　上御規定通り写し呉候事。

同十二月十二日条

一、兼て被仰出候次第も有之候秩禄世襲は、郡県之御趣意に背候義には候得共、此迄祖宗之勤功を以世禄被仰付候者は勿論、無故御取上可相成義には無之候得共、此上の世変に寄り何分の場合に成行可申哉。其期に至り困難に陥候ては、甚以不愍之事に付、自今帰農或は帰商等致度向は、勝手次第可被願出候、御調之上子細無之者江は、望に任被仰付候。乍併下地不馴之作業抔に一時に俸禄を相離候ては、俄に生活之道相立兼可申候に付、御繰合次第何とか御扱も可被成、当時専御評議中に有之、尚追々に御沙汰之品も可有之間、何れも其実を可被得候。

同十二月二十五日条

一、旦那様御風邪に付御城の所、三郎兵衛様江御頼に相成候。御用之儀は今日相当表御発に相成候ヶ条書先に申候。

藩内でしきりに大身衆らが会合している様子が伺われる。月番与四郎様とは夏山家奥平与四郎、(二、三〇〇石)のことである。「明治三年日記」は例年と異なり、十二月が二十九日で終了している。そしてその後に、「十二月十七日日記」として、十一枚に及ぶ記事が記載されている。その前書とも言うべき部分に次の記載がある。

一、今日御仲ヶ間御一統様え惶学様豊山様より御奉書御到来にて、九ツ時御登城被遊様御奉書に付御登城被遊候所、於御用所に惶学様豊山様実様御列座にて御相談に相成る此節格名御廃止に相成候に付ては、別紙之通被仰出候。色々御心配も被成候得共何分御六ヶ敷嘆ケ(かは脱カ)敷義に思召候。依て思召御座候御方えは、只今より御代り被成度御用談之由に御座候事。

一、右御同断に付典《ふみのすけ》書様より御廻状　益御機嫌克被為入奉賀上候。扨今日

代参事より談に相成候相当表御廻申上候。私罷出可申上筈候処、乍略義勘ヶ由様には刑馬様より御通相願、直衞様志摩様えは三郎兵衞様より御通御願申上候。定めて御承知とは奉存候得共、誠に残念之義に候得共、致方無御座義に奉存候。

万一思召の為在候御方御座候はば早速御寄合可申、若思召無御座候はば存念無之義を大参事え相通候ては如何哉。其上にて伺候ヶ条は御咄合之上、御一同可相伺奉存候。兎も角も一応思召相伺申候。此段申上度如此御座候

已上

十二月十七日　典書

勘ヶ由様　刑馬様　直衞様　倍《おとんど》様　志馬（志摩）様　三郎様

尚々無人に付早々御順達奉願上候。尤与四郎様市内様えは御承知之事故　御除名仕候。

ここに出てくる氏名は、大身衆の人々と思われるが、系図書上が不備で、全員を明らかにはできない。惶学は雨山家奥平図書家。豊山は桑名登家。典書は奥平求馬家。勘ヶ由は夏目家。直衞は山崎家。倍は奥平壱岐の養子で音人の作字である。志摩は逸見家。市内は奥平家父は讃岐である。刑馬と三郎は今明らかではない。

本文ともいうべき記事の内容は、格名廃止の政府方針を如何に中津藩内で具体化するかに焦点があり、次の案が提示されている。

一、従前の大身、従前の家席を以席順を定む。次に従前の大身並、次に従前の寄合格従前の家席を以席順を定。次に従前の供番石高壱斗壱升に至迄、禄之多少を以席順を定。次に従前の家中、表小姓、書記、中小姓、供小姓、小役人に至迄、壱格限り禄高を以席順を定。同高は家の新古を以前後を定む。尚又前後難決者は鬮取にて定むべし。

従前の家格差を維持明確化することが図られている。

中津藩の家禄の問題について、福澤は、

廃藩の後藩士の所得大に減ずるとは、常禄の高を減じたるを云ふに非ず。中津藩にして古来度々の改革にて藩士の禄を削り、其割合を古に比すれば既已《すで》に大に減禄したるが如くなるを以て、維新の後にも諸藩同様に更に減少の説を唱へ難き意味もあり、且当時流行の有志者が藩政を専にすることなくして、其内実は禄を重んずるの種族が禄制を適宜にしたるが故に、諸藩に普通なる家禄平均の災を免がれたるなり。（「旧藩情」、『全集』⑦二六九頁）

と、既に以前から藩の財政難のために、世禄の削減措置が行われ、ここに来てこれ以上の削減が困難と思われる状況にあったことを指摘している。また藩内下士の間に不満の運動が生じなかった理由を次のように記している。

中津藩に限りて此変を見ざりしは蓋し亦謂れなきに非ず。下等士族の輩が数年以来教育に心を用ると雖も、其教育は悉皆上等士族の風を真似たるものなれば、固より其範囲を脱すること能はず。剣術の巧拙を争はん歟、上士の内に剣客甚だ多くして毫も下士の侮を取らず。漢学の深浅を論ぜん歟、下士の勤学は日浅くして固より上士の文雅に及ぶ可らず。又下士の内に少しく和学を研究し、水戸の学流を悦ぶ者あれども、田舎の和学、田舎の水戸流にして、日本活世界の有様を知らず。（中略）下等士族が教育を得て其気力を増し、心の底には常に上士を蔑視して憚る所なしと雖ども、其気力なるものは唯一藩内に養成したる気力にして、所謂世間見ずの田舎者なれば、他藩の例に傚て之を実地に活用すること能はず。（中略）遂に維新の前後より廃藩置県の時に際し今日に至るまで、中津藩に限りて無事静穏なりし由縁なり。若しも此際に、流行の洋学者歟、又は有力なる勤王家が、藩政を攪擾することあらば、迚も今日の旧中津藩は見る可らざるなり。（同前、二七四―五頁）

下士の実力に比して、上士の実力が空白ではなかったことと、他藩との連携が無く、藩内だけの不満の運動に止まっていたことの二点を、その根本的理由としている。前者は、昌鹿・昌高の二人の洋学奨励の藩主を先頭に、その学術的研究を支持した上士藩士の功績を認めているもので、後者は、近隣に小藩が多い中で十万石の譜代藩であるとの意識が、近隣の小藩とは別だとの意識を強く持たせたことによるのであろう。

「山崎家日記」に見られるように、藩重役等の関心事は、中央政府が要望している藩制改革の線で、旧家格や旧家禄の維持存続を図ることが、果して中央政府から容認されるものか否かが、当面の最大の問題であったはずだ。東京にあって、新知識の指導者的存在となっている福澤に、その辺の感触を探りたい思いが、旧大身衆の筆頭である雨山家の会議の場に福澤を呼びだして、その意見を聞いた主たる理由であったと思われる。

参考⑥　明治初頭の兵制〈関連項目＝13章註（11）〉

慶応四年（一八六四）の鳥羽・伏見の戦いから、一気に幕府討伐の軍勢が江戸に押し寄せ、戊辰戦争で、新政府は幕府から政権を奪取したが、その軍事力は殆ど全部、討幕派諸藩の藩兵で、朝廷直属の軍隊としては、十津川・多田・山科の郷士で編成された少数の「御親兵」があるのみであった。したがって新政府としては、できるだけ早期に、中央政府直属の軍隊を所持する必要があったが、現実問題として人民の支配関係や財政問題から、漸次兵制を樹立して、政府軍を創立していかざるを得なかった。

明治二年（一八六九）七月兵部省が設立され、兵部大輔となった、長州藩の大村益次郎が兵制構想を樹立した。その構想は、武士を解隊し、広く国民から徴兵制により徴募する。これにフランス式軍隊の訓練をほどこし、兵学校や兵器・弾薬の製造所を興し、国防体制を整えるというものであった。しかし大村は九月四日刺客の襲撃で受けた傷が原因で、十一月五日に死亡したため、兵部大丞の山田顕義・黒田清隆らによりその遺策が継承発展させられた。人材養成が急務として、二年九月に大坂に兵学寮が創設され、翌三年四月には諸藩士の入学を許可し、全国的に兵制の規格統一の促進をはかった。

幕末に欧米の新式武器の流入により、わが国の兵器兵制に急激な変化の生じた状況を、『戊辰役戦史』の「総説」部分等を参考に略記する。欧州では三兵と称して歩・騎・砲の三兵が揃って発達していて、慶応二年幕府が仏の教官を招き伝習兵を編成した時も、三兵の伝習を行ったが、わが国の地形・交通網や畜産の状況から、騎兵の発育は望めず、戊辰役当時は、僅かに伝騎として使用されたのみである。

小銃は十六世紀半ばに伝来した種子ケ島銃という火縄銃が、戊辰役当時まで一部に存続していた。欧州では、火縄に代わる白鉄鉱（マーカサイト）の摩擦による発火がまず行われ、これを改良・進歩させた燧石撃発式（フリントと言われた）が一六四〇年頃出来た。これと前後して欧州では早くから施条銃ができていたが、欠陥が多く実用化は遅れた。しかし雷管打も発明され、施条銃と結んで前装施条蚤形弾のエムビールやミニエーが出現した。高島秋帆が天保十二年（一八四一）江戸徳丸原で行った洋式調練の銃は、燧石撃発式銃で、二百年程の遅れである。

しかし戊辰役の時期に欧米諸国の銃器を輸入することで、飛躍的に進歩した。『戊辰役戦史』によると、初期は火縄銃、中期は燧石銃、終期は雷管打施条銃が多く使用されたという。しかし全国諸藩で一斉に変化したのではないだけに、全国的には、新旧各種の小銃が使用されていた状態であった。欧州諸国では、今までの前装銃に代わって、後装の雷管銃が普及すると、旧式銃はアジア等の後進国に売り払われるだけでなく、後進国側でも、新式の後装塡銃を購入しているという状況である。

大砲も小銃と同様早くから伝来していたが、そのほとんどが固定砲架で、運動性の無い大砲で、勿論前装丸玉であった。これらの砲の多くは、平常はその砲としての最大仰角（今日からみると僅少角度であるが）の位置に固定している。射撃距離の修正は火薬量で加減するのを建前とした。特に砲に俯角を与える必要のある時には、砲尾の下に予め出来ている厚板を挿入し、必要に応じて枚数を加減した。発射の反動で砲架が破損する恐れがあるためである。

弾丸は最初丸玉であったが、やがて信管の付いた榴弾（ボンベン）や榴散弾（一八〇三年に発明）、霰弾もでき、戊辰役当時には三種の弾丸が使用された。運動性のある車輛のついた野戦砲は、高島秋帆によって紹介されているが、戊辰役時にも砲兵戦らしい戦闘は行われていない。それは軍隊の上級指揮官が、大砲の使用法をあまり知らなかったためで、歩兵砲二門ぐらいを使用する程度であったが、末期には砲兵隊の真価が判明し、砲兵隊が編成される傾向が見えてきた。

野戦砲は道路事情や牽引馬の問題から見て、移動運搬に不便なため、特別なもの以外は使用されなかった様である。砲はほとんどが前装の施条山砲で、多くは四斤山砲と呼ばれた口径八十六・五ミリかそれ以下で、最大射程は二千六百メートルもあるが、多く千メートル以下で発射され、しばしば歩兵と砲兵が同線の状態で射撃されていた。

臼砲も山砲と併用された。薩摩藩では十三ドイム（センチに同じ）の携臼砲（一～四名で運搬する）と二十ドイムの臼砲（当時の野戦重砲）があり、砲隊では両者が備えられていた。臼砲は後方の小荷駄に持たせ、担送が常であったが、箱根越えの如き山道は、分解して雲助と呼ばれた駕籠舁人夫に担がせた。欧州では砲隊は一隊八門編成が通常で、一門ずつ発射すると間断なく発射できたからであるが、わが国では四〜六門で一隊を編成した。技術と地形の関係からであろう。砲隊には少数の歩兵を所属させ、戦闘時には両翼の、移動運搬時には前後の警護にあたった。

戊辰役当時、佐賀藩と長岡藩だけが、最新式の後装砲のアームストロング砲（口径二インチ半）を所有していた。射程は三千メートル以上はあった様で、本砲二門を江戸の本郷台から不忍池越しに上野の寛永寺に撃込んで、彰義隊を殲滅させるのに大きな成果を挙げたり、会津若松城攻撃にも、城の東側の小田山から城内を砲撃して威力を発揮した。

外国から輸入された銃砲としては、『洋学史事典』に記されているものに次の様な銃砲がある。

アームストロング砲　英国の重砲工廠技師のアームストロングが考案した断隔螺式施条砲で、一八六三年（文久三年）薩英戦争の時火門孔がガス圧で破裂する事故が多発したことから、一時英国海軍では、前装式が採用されたことがある。

エンフィールド銃　一八五三年英国軍が採用した前装式施条銃。使用弾丸がミニエー弾の様に木栓を用いず、自然拡張をするプリチェット弾によるのが特徴。文久年間に紹介され、前装銃時代の最後の傑作といわれ、戊辰役では両軍ともに最も多く使用された銃である。

ゲベール銃　高島秋帆が天保時代に紹介した洋式の歩兵銃。仏軍に採用されたものに準じ、オランダ軍が一七七七年に採用したもの。燧石式発火機による点火を、のち雷管式に改良した。わが国でも天保時代から倣製された。口径一七・五ミリの前装式滑腔銃で、球形鉛弾を用い、発射薬を用いて最大射程は千メートル以上という。

スナイドル銃　一八六四年英国では前装式のエンフィールド銃を低コストで後装式に改造出来る範式の研究に成功、一八六六年に制式として決定したもの。使用弾薬筒はボクサー・パトロンと呼ばれる完全薬莢で、射撃諸元はエンフィールド銃と同じ。明治十三年村田銃が採用される迄は、日本陸軍の制式軍用銃であった。

関口大砲製作所　嘉永六年（一八五三）江戸湯島に設けられた大砲鋳立場では製作法が旧式で、不良品が多いので、韮山の製法に倣って砲身を実鋳し、のち鑽孔する方法を採用することとしたが、動力用の水を得るのに便利な場所として、小日向関口水道町にその地を選び、同地の水道の落差を利用した水車により機械を運転する大砲製作所をここに移転、文久二年より工場の建設を始め、翌年オランダに注文した諸機械の取り付けが終わり、大砲の製作を開始した。製作砲としては、仏式四斤砲・同四斤半ライフルカノン・三十斤ランゲカノン・ボートホウィッツル・仏式十二斤ライフルカノン等各種の青銅砲がある。

『自伝』に記すクルップ砲というのは、『中津藩史』の中津藩の兵学・武道の項によると、「独乙製最新式砲二門」とある。

嘉永前後より新式砲術の機運漸く醸生す、安政三年（一八五六）四月三百間突堤先きに砲台を築きて砲数門を置く、文久元年七月浜野覚蔵・服部五郎兵衛等中津高畑工場に山砲を鋳り更に宮永村に弾丸・硝薬の製造所を設く。爾後浜野覚蔵門人中野松三郎を伴ひ長崎へ抵り独乙製最新式砲二門を購ひ来り三百間岬の台場に据へ付く。

とある。クルップ砲である。

『元帥公爵大山巌』によると、明治初年に日本に輸入されていたドイツの銅製の野砲である。

参考⑦　公債証書

ここに言う「公債証書」というのは、所謂秩禄公債のことである。秩禄公債が発行されるに至る経緯については、『廃藩置県』、『華士族秩禄処分の研究』、藤井甚太郎・森谷秀亮共著『明治時代史』等の諸書を参考に、記述する。

明治政府が、江戸時代の支配階級であった武家階級の秩禄制度を廃止する一環として、家禄・賞典禄を奉還した者に対し、産業資金として政府が交付した公債が、秩禄公債と呼ばれた。江戸時代の封建制度は、幕府が大政奉還を行って（慶応三年（一八六五）十月）名分上の存在を失い、廃藩置県によって（明治四年（一八七一）七月）制度上にも存在しなくなった。そのためこれまで支配階級として、各藩毎にそれぞれ異なる複雑な伝統と、固有の特権を持った武家階級が、順次全国的に統一単純化され、農工商階級と同等に各人に職業の自由が認められるに至った。したがって明治維新は単なる政治革命に止まらず、封建社会から脱皮した経済・社会革命でもあったといわれている。

その政革の経過を略述すると、江戸時代では、武家には徳川氏を最高に、これに所属する高家・旗本・家人と、諸大名・藩臣があり、大名はその出自、居所、殿中席順等により格式を異にし、藩士も藩ごとに特殊の階級に分かれ、その藩政のあり方に相違が見られるという複雑極まる状況であった。それが単純な新階級に整理され始めたのは、明治二年六月十七日の版籍奉還に伴う改革からである。諸大名の版籍奉還の請願が許可され、諸藩主は新政府より藩知事に任命された。同日これまでの公卿諸侯の称が廃されて華族と改められ、更に同月二十五日知藩事の家禄を、実際の禄高の十分の一とすることとし、残余の税収で一門家臣の家禄や藩庁費用等を賄うこととされた。

十二月二日政府は中下大夫、上下士等の称を廃止し、士族・卒族と称することとすると共に、士族・卒族は三世以上の家臣に限り、二世以下の所謂新参者は庶民に編入することにした。三年九月十日の藩制改革により、藩の実収石高で、十五万石以上・五万石以上・五万石以下をそれぞれ大・中・小藩とし、藩実収の十%を藩主の家禄に、残余の十分一即ち九%を海陸軍資とし、その半分は海軍費として政府に納め、あとの半分は藩の陸軍費用にあてることとした。その上で残余(八一%)の歳入を、藩庁費・藩負債の償還費・家臣の家禄給付費等に当てる事とし、家臣の家禄は適宜改正を命じた。

多くの藩では藩債償還のために家臣の家禄を大幅に削減する必要にせまられ、その対策として家禄を上に多く下に薄く削減したため、士族の生活に大きな影響を与えることとなった。その削減率は、藩によって差異があったが、相当大幅な削減が行われた。また当時は、武士は官務に就く以外に、農業・商業等に従事出来ないため、生計上やむなく所謂武家株を売却した上で帰農せざるを得ない者が多かった。

この状況を見た東京府は、士族身分を辞退させる代わりに、就産資金を一時に支給して農商身分に転籍させることを政府に伺い出て、その了解をとって、所謂帰農を出願した者には禄高の五ヶ年分を一時に支給した。翌四年正月にはこの内規を士族身分の者にも適用し、年末までに交付した就産資金給付額は、一〇六万円余に達したという。この傾向を見た政府は、十二月十八日に官吏以外の華士族卒の者の農工商業を営む事を正式に許可する代わりに、就産金の一時支給制度を中止した。

士族階級の生活難の状況から、このままでは、下級士族の不満が内乱にまで拡大する危険が考えられた。政府は中央集権勢力の強化と組織の単純化を実行する方針をとった。まず藩主の下に、細分化され多様化していて、その対応処置にも複雑な措置を必要とする諸藩を、この際一気に統一し単純化し、全国均一的な組織に改正するための廃藩置県の断行意見が急速に高まってきた。政府は三年十一月徴兵規則を布告し、先ず薩長土三大藩を中心に、朝廷親兵を東京に提出させることで、政府の武力を固めることが決まり、四年四月十三日には三藩に親兵差し出しが下命されている。

廃藩置県の断行については、薩長両藩の間で秘密の相談が行われ、同年七月六日頃より具体的な断行策が検討されるなどして、十二日にほぼ固まり、三条・岩倉にも報告された。そこで七月十四日薩・長・土・肥(肥前佐賀)の四藩主が朝廷に召され、四藩がまず率先版籍奉還を主唱したのを嘉賞し、今度の廃藩断行の勅意を翼賛すべしとの勅語が下された。続いて尾張・熊本・鳥取・徳島の四藩主にも勅語が宣せられ、午後には在京の全藩知事が呼びだされ、王土王民の精神に基づき有名無実や多岐にわたる政令の弊害除去の急務を指摘して、廃藩置県が命ぜられた。

廃藩置県の断行により、全国を統一的に治める態勢ができたので、政府は七月二十九日には太政官の機構を改革し、正院・左院・右院の三院制度の下、中央集権体制の強化を行うと共に、大蔵省に民部省を合併し、廃藩置県の後始末を順調に進める態勢を取った。

府県の統合整理が進められ、三府三〇二県を数えた府県を、十一月末には三府七二県に整理統合し、行政の簡素化を図った。しかし最も重大な問題は、旧藩士族の生活に直接大きな影響をあたえる家禄支給即ち秩禄処分の問題である。明治三年(一八七〇)の藩制の改革で、家禄は大幅に縮小されたとはいえ、なお賞典禄を含めた額は、政府支出の三三~二五%に及び、その給与方法は従来通りの米額を標準としていたので、米価の高低に伴う調査や換算に多大の手間を要し、煩雑な事務的負担が必要なため、なんとしても禄制の根本的な整理を実施する意見が高まった。

これは簡単に一片の法令で片付く問題ではなく、一つ間違えば、士族の不満から反政府運動を誘発することにもなりかねない重大問題である。岩倉特命全権大使一行が欧米に渡航したのち、留守政府によって積極的に秩禄処分の具体案が進められ、四年十二月十八日、官務についている者以外の華士族に、自由に農工商に従事することを許した。しかし五年二月、留守政府は三千万円の秩禄処分と鉱山・鉄道等の振興費の外債募集を根幹とする家禄削減案を決定し、大蔵少輔の吉田清成を外債募集を兼ねてアメリカに派遣し、同国滞在中の岩倉等の了解を得ようとした。しかし岩倉・木戸等は、急激な家禄整理は、士族階級を混乱に陥れるものとして、強く反対したのと、イギリス・アメリカでの外債募集の難航のためもあって、留守政府も原案推進を修正せざるを得なくなった。

財政難打開と士族を農工商業等に就業させることが、社会政策上も良策であることを考えた政府は、六年十二月二十七日に賞典禄を除く家禄に七年以降当分の間課税して、陸海軍費に充当することを決定公布するとともに、士族の就産資金を下付する家禄奉還規則を発布して、家禄百石未満の者に限り、家禄を奉還する代償として、永世禄の者には家禄六ヶ年分、終身禄の者には家禄四ヶ年分の資金をば、現金と年八分利付の家禄引換公債証書を半々に下賜し、公債は三ヶ年目より償還し、七ヶ年間で償還を終わることとした。この公債が「秩禄公債」といわれるもので、翌七年十一月五日に禄高百石以上の者にも奉還を許可した。

七・八年の奉還出願者は頗る多く一三万五、八八三人と士族戸数の三分の一に達し、公布の公債証書高は一、六五六万五、八〇〇円、現金公布額九三二万六、八二九円に達した。明治九年（一八七九）より元金償還を始め十六年度に至って満期償還を終えている。奉還された家禄は六〇九万八、〇〇〇円で、家禄及び賞典禄の四分の一が整理されたことになる。にわかに資金を得た士族が、農工商に伍して未経験の職業に従事したため、政府の意図とは逆に、いわゆる武士の商法で事業に失敗するものが多く、禄を離れ産を失い各地に離散彷徨する惨状を呈した。そのため政府は八年七月十五日に「家禄奉還の一時見合せ」を行うにいたった。

家禄を旧来のまま現米で支給することの不便は予て主張されていたが、特に他所に移動した者への支給は不可能であったので、予て士族厚遇論を主張して、政府の秩禄策に反対の木戸孝允説を否定するため、大隈重信を中心とする大蔵省の提案を、木戸以外の首脳陣に了承させた上で、急遽明治九年八月五日

　家禄賞典禄ノ儀永世一代或ハ年限等ヲ以テ給与有之候処、其制限ヲ改メ、来明治十年ヨリ別紙条例ノ通公債証書ヲ以テ一時ニ下賜候条、此旨布告候事

と太政官布告第百八号を以て「金禄公債証書発行条例」が公布された。

その概略を綜合日本史大系⑫『明治時代史』により略述すると、永世禄千円以上のものは金額により年限を十一等に分け、五分利公債証書を、千円未満百円以上は年限を十三等に分け、六分利附証書を、百円未満は年限を六等に分け七分利附証書を下付する。終身禄・無限禄もそれぞれ規約を定めた。明治十年から五ヶ年間据え置き、十五年から毎年抽選法を以て元金を償還するというものである。これで有禄者は公債証書保有者となり、その人員は三一万二、七七五人で給与金額は一億七、一五〇万八、八三二円に達したという。ここに家禄を伴う士族の特権は消滅し、士族と平民とは何ら差異の無い今日の近代社会が生まれたのである。

中津藩の秩禄処分の状況の詳細は不明で、僅かに明治二年九月に政府に提出した「版籍取調帳」が、『扇城遺聞』（赤松文二郎著、二六四頁）に記されている。藩士等の扶持米については、

　家中士族卒族扶持人共　人高六千百八十五人　内三千百七人男三千七十八人女

　軒数　千五百二十三軒

　一　米　四万九千百九十俵二斗二升三勺　右士族知行扶持切米

　一　米　一万八百九十俵二斗五升六勺　右足軽扶持切米

と記され、『中津市史』は、金禄公債の交付により、士族一人がうけとったのは、平均五四八円に過ぎなかったと記しているのみである。

山崎家蔵「士族卒分限帳写」の冒頭の「明治三午年従前之給禄今般改革」によると、給禄改革左之通に御座候として、

従前の給禄	今般改革	従前の給禄	今般改革
一高弐千六百石	現米弐百十八石	一高二千三百石	現米二百九石
一同千八百石	同　百五十七石	一同三五百石	同　百四十五石
一同千二百五十石	同　百十二石	一同九百石	同　百六石
一同八百石	同　八十七石	一同七百石	同　七十四石
一同五百五十石	同　七十一石	一同五百石	同　六十六石
一同三百五十石	同　五十五石	一同三百石	同　五十一石
一同二百五十石	同　四十四石	一同二百石	同　三十七石
一同百五十石	同　三十石	一同百石	同　二十二石

此外扶持切米取の者并右準じ適宜改革可仕候

とある。更に「山崎家日記」明治四年十月二十三日の条には次のようにある。

一　政庁より左の通廻状達　当年初渡米左之割合の通御渡相成候此段相達候
　　也とある。

　　　政庁士族面々へ

　　　士族の分

一取米二百五十俵以上　五十俵　　一取米二百俵以上　四十俵
一同　百五十俵以上　三十俵　　一同　百俵以上　二十俵
一同　七十五俵以上　十五俵　　一同　六十俵以上　十二俵
一同　五十俵以上　十俵　　一同　四十五俵以上　九俵
一同　三十五俵以上　七俵　　一同　三十俵以上　五俵
一同　二十五俵以上　四俵　　一同　二十俵以上　三俵
一同　二十俵以下　二俵

　　卒の分

一同　二十俵以上　一俵　　一同　十五俵以上　三斗
一同　十五俵以下　二斗

一俵は四斗詰である。給禄の減少分が、上に多くなっていることは明白であるが、旧来の家格差がある程度継続されていたことも確実である。

参考⑧　幕末の貨幣制度

江戸時代の貨幣制度は複雑であるが、幸田成友著『江戸と大阪』によると、金・銀・銭と紙幣の四種があり、金銀座は永続的で、金銀貨を発行したが、銭座は或る期間を限り鋳造を許し、期限が切れると廃止するのを常とした。紙幣は幕府では発行しなかったが、慶応三年（一八六七）兵庫に商社が開かれ百両以下六種の金札が発行された。しかしこれが民間に一般に行われる前に幕府が崩壊してしまった。しかし諸藩や寺社組合等が発行した紙幣があり、これは藩が発行したものを藩札、その他を百姓札等と呼んでいるが、これらは使用範囲が限定されていて不便であることや、引換えの確実性如何によって、実際流通の価格と表記値段に相違がみられたので、あまり行われなかった。

金銀貨の法定交換率は金と銀、金と銭の定めがあるから、一応金貨が正貨で銀銭は補助貨幣といえるが、その交換率は実際には相場が立ち価格に変動があった。相場からいえば、古くは銀銭ともに高く、幕末には極めて安くなった。銀貨は古く慶長十四年（一六〇九）には金一両が銀五十匁替と定められたが、元禄八年（一六九五）には銀六十匁替と変更され、これが法定交換率になっているが、実際相場は高下があった。銭も寛永十三年（一六三六）に寛永通宝が鋳造された時一両に付き四貫目（四千文）と規定されたが、天保十三年（一八四二）には六貫五百匁と規定され、次いで当分のうち天然相場に依るべしとされている。

時代の降るに従って、銀・銭貨共にその価格は次第に下向の傾向にあり、文化・文政から弘化・嘉永年間、即ち一七世紀前半では、銀価格は概ね六十～七十匁の間で変動していたが幕末開港以後は相場は急激に大きく変動した。安政四年（一八五七）からは七十匁以上となり、文久三年（一八六三）には八十四匁、慶応年間（一八六五～八）には百匁以上に達した。銭は弘化頃までは六貫五百文位であったのが、慶応二年頃までは六～七貫文で、慶応三年十二月には九貫文以上になっている。物価の言い方は、上方は銀目立で物の名目を表に立て米一石銀何十何匁何分と言い、金目立は関東筋で使用され、金価を表に立て金一両に付き米何石何斗と表現している。金銀銭の相場は両替屋でたてられた。

参考⑨　日米修好条約の通貨条文

ペリーの強要によって日米和親条約が締結され、安政三年（一八五六）ハリスが総領事として下田に到着した。下田の物価の法外に高いのをみて、当時の国内の一分銀を秤量した結果、一分銀三枚が洋銀一弗弱に相当するのに、洋銀一弗と交換していたことに気付き、下田奉行に対し洋銀一弗を一分銀三枚に交換することを要求したので、貨幣を秤量して同種の貨幣と交換、但し改鋳の際の減少分は補償として米政府より五分の増量を行うことで、一応決定した。ハリスは早急に日米通商条約を締結し、この異常な状況を改正する必要を痛感して、江戸に出て直接幕府首脳と談判することを幕府に要求した。

翌安政五年前後十三回の商議で、日米修好通商条約十六ケ条・貿易章程六則の決定を見た。

問題の通貨に関する条文は第五条である。

外国の諸貨幣は日本貨幣同種類の同量を以て通用すへし。（金ハ金、銀ハ銀と量目を以て比較するを云。）
雙方の国人互に物価を償ふに日本と外国との貨幣を用ゆる妨なし。
日本人外国の貨幣に慣れされは開港の後凡一箇年の間各港の役所より日本の貨幣を以て亜米利加人願次第引替渡すへし。向後鋳替の為め分割を出すに及はす。日本諸貨幣は（銅銭を除く）輸出する事を得竝に外国の金銀は貨幣に鋳るも鋳さるも輸出すへし

条約の調印は、堀田の要請が京都の許可を得ることができず大幅に延期されている間に、アメリカ軍艦が下田に来て、アロー号事件によるイギリス・フランス軍と清国の戦争、六月二十六・二十七日に天津条約調印の情報がもたらされ、余勢を駆って軍艦を日本に送り、通商条約の締結を迫るらしいとの情報が幕府を脅かした。

交易開始当初の国内の金銀貨幣の比価は略一対五であるのに、国際比価は一対十五と大きく相違していた。わが国の貨幣制度は、金貨は一両が四歩、一歩が四朱の四進法で、補助貨幣の銀貨は一両が銀六十匁の従量制であった。一分銀は四枚で一両として通用していた。この制度のもとで、既に洋銀一ドルに対し一分銀三枚とされていた前述のハリスとの取決めに従って洋銀四弗を一分銀と交換すれば、一分銀十二枚となり、それを金貨に替えると三両になり、更に洋銀にかえると労せずして十二弗となる。こうした規則の矛盾点を利用して、不当に大量の金貨が国外に流出した。その金額は貿易開始後八ヶ月で三十〜百万両ともいわれている。

この矛盾を訂正するためには、わが国の金銀貨幣の比価を、国際比価に合わせて変更する必要があった。そこで幕府は、安政六年五月二十四日に小判・一分判の改鋳と、二朱銀の新鋳を命じ、二朱銀は品質を落とし、量目を一ドル洋銀の半分とし、二朱銀二枚即ち一分で洋銀一ドルと等価に交換させようとした。しかし従来の交換比率が三分の一になるのを嫌って外国側が反対し、わが方の新貨鋳造能力が小さく、貨幣不足の障害が多発混乱したため、幕府の意図は失敗に帰し、六月二十二日元の交換比率に戻った。

幕府はこの貨幣問題を放置せず、改めて八月十三日に、銀の品位を低下させ洋銀と同位の一分銀を鋳造した。しかし新一分銀は量目は従来の一分銀と同じであるが、品位が劣るため、国民の信用を得ることが出来ず、流通に支障が出てしまった。そのため幕府は、洋銀をそのまま国内に流通させることも考え、一弗洋銀の量目七匁以上のものに「改三分定」という銀座の極印を押し、一分銀三枚相当に通用させようとしたが、国内商人に嫌われただけでなく、外国商人にも嫌われ、もとの一分銀への要求が高まり、市場は混乱するのみであった。

こうした混乱を幕府の当局者の未経験による失策とする従来の見方に対し、それを否定する意見もある。

西川俊作の『江戸時代のポリティカル・エコノミー』「通貨の同種同量交換」の項では、三上隆三『円の誕生――近代貨幣制度の成立』によるとして、市場としては、わが国は金本位制であったが、欧米列強はアジア等の植民地後進国貿易を銀本位をもって行おうとしていたので、国際的な貨幣制度と矛盾を生ずるのは当然であった。日本の基本通貨とされた一分銀の金銀対比（一対四・五）と、国際的な金銀比価の（一対一五・五）とでは著しく異なる金安状況であったために、金貨が大量に国外に流出したのだと説明している。

また、列強の同種同量という筋の通らぬ要求に対し、一貫した理論的に正しい主張をして、交換率の決定には、貨幣の品位を考慮に入れるべきだと幕府は主張したが、結局列強の無理を承知の上で受け入れた。これは外国側に京都の開市と外国人の国内旅行の自由化の二つの要求を幕府が断念させるためであったとしている。

また貨幣制度の混乱解決策として幕府が行った、安政二朱銀の新鋳は、計数銀貨の品位を高め銀価値を切下げて、金銀比価を一挙に国際水準に合わせるもので、二朱銀二枚と洋銀一弗貨と量目も同一、同時に金貨の改鋳もしたのは、金貨の海外流出を防止する正確な方法であるとして、当時の外国奉行水野忠徳《ただのり》の貨幣経済の認識の正しさを三上は評価した。

理論的に筋は通るが、水野の貨幣経済の認識の正しさを強調し、それが実効を挙げていない点は、政治的な代償として列強の要求を受け入れたからではないかと推測しているのに対し、西川俊作は現実に貨幣経済の深い認識があるならば、理論的な正しさよりも、実効ある政策を打ち出すことを求められている時であることを考えると、簡単に三上の主張を全面的に承認できないと評している。

参考⑩　所得税法

所得税の制度は、明治二十年（一八八七）三月の所得税法の制定に始まる。当時国家の進運に伴い歳出の増加が望まれ、また海軍拡張を急務とする情勢があり、他方北海道物産税の軽減が行われ、歳出増加と歳入減収を、一般租税の増長で処理するには、税制の不備なため、負担の不公平が生ずるおそれがあった。そこで、外国の税制を参考として所得税を創設した。

所得税法は、全文二十九条及び附則より成り、各人一ヶ年三百円以上の所得の有る者に対し、累進税率を以て所得税を課した。課税は等級を五種に分け、同居家族の収入は戸主の所得に合算し、法人に対しては課税しない主義を採った。所得額三万円以上は三％、二万円以上は二・五％、一万円以下は二％、千円以上は一・五％、三百円以上は一％の五種の税率である。

各郡区役所管轄内に、所得税調査委員会を設けて、所得税に関する調査を担当させた。北海道・沖縄県および小笠原島・伊豆七島は、官より受ける俸給・手当・年金・恩給金の所得の他は、当分これを施行しないこととした。

その後十年余は、重要な修正は行われなかったが、日清戦争後の経営に多額の経費を要したのと、条約改正新実施の結果、税法上海外の関係を規定する必要があり、更に商事会社の勃興も見られるに至ったので、法人所得に課税する必要が生じ、またその他税率・課税方法等に改正を要する点が生じてきていたので、三十一年政府は所得税法の大改正を行い、翌年二月改正所得税法を施行した。

その要点は、納税義務者の範囲を明確にし、一年以上日本に居住する外国人にも納税義務を負わせ、資産・営業又は職業を有する者の所得についてのみ課税すること。法人所得・公債社債の利子所得にも課税するなど、その後の税制の基本的制度を確立した。

14、品行家凡

253頁5～6行目　莫逆の友と云ふやうな人は一人もない（1）

莫逆の友は、漫然とできる友人関係ではなく、特別印象の強い苦しみや喜びを幾つか共有する間に育ってゆく、一体感を持った関係である。その点を考えると、学友の間にできる友人関係もその例といえる。中津における福澤の学問研究の状態を考えると、幼少の時、世間並に漢学修業を受けたが、当時の儒学の教授方法は、日常生活に必要な一般教養の教育ではなく、いきなり相当高度な言葉の意義の押しつけ、極端にいえば、理解は問題外にして、丸暗記させて、次に進むといったもので、その理解は大人になり、社会的経験を積んで、ある時初めてその意義を了解するといったものであった。

福澤はそうした理解困難な知識の押しつけを嫌って、塾通いを中止してしまった。それを不可として、強制することが学問の本筋ではないと信じた母は、今日でいう登校拒否を容認し、積極的に学問を希望するまで放置していた。その結果、十四、五歳にして、亡き父がひとかどの学者であったのに、その子である自分は、幼少の子供程度の文字しか読めないと、何歳も差のある子供と席を並べて、初歩より学習を始めたのである。当時の教育は教師が年少の子供に対して説明する工夫がされていただけに、年長の諭吉にとって、十分その意義は理解できたに違いない。福澤は学問への興味を深め、理解しつつ次の段階にすすむことで、急速な進歩をもたらしたのであろう。

> 白石の塾にいて漢書は如何なるものを読んだかと申すと、経書を専らにして論語孟子は勿論、すべて経義の研究を勉め、殊に先生が好きと見えて詩経に書経というものは本当に講義を聞き、その先は私独りの勉強、（中略）殊に私は左伝が得意で、大概の書生は左伝十五巻の内三、四巻でしまうのを、私は全部通読、およそ十一度読み返して、面白いところは暗記していた。それで一ト通り漢学者の前座ぐらいになっていた（『自伝』「幼少の時」の「左伝通読十一遍」）。

と記述している。同級生として、共に語る友人ができる前に、上級に進む関係から、「莫逆の友」ができる暇がなかったのではあるまいか。

母は常に父のことを語り、それを聞かされていた息子は亡父が生きているようだったという。母の父への尊敬と愛情が、福澤をして父の残した家風と信じた、「周囲の陋習を見ながら下流社会の常態と視做して歯牙に掛けざりし」（『福翁百話』四十、『全集』⑥二七一頁）を重んじ、学者の道を自らの将来の方向と考えるに至ったのである。

254頁1行目　北の新地（2）

「曾根崎新地」とも言う。場所は現在の大阪市北区の中央部西寄りの、梅田一・二丁目、曾根崎一・二丁目、曾根崎新地一・二丁目の地域で、大阪駅を含め、その南方一帯で、大阪の北部に当たるため、「キタ」の遊所と称された。江戸時代には、曾根崎村と称され、元和元年（一六一五）～五年まで、大坂城主松平忠明の領地であったが、やがて幕府領となり、貞享二年（一六八五）の曾根崎川の疎通に伴い、川沿いの南部が開発され、曾根崎新地となった。

元禄十六年（一七〇三）近松門左衛門の人形浄瑠璃の名作『心中天の網島』で一躍有名になった。宝永五年（一七〇八）曾根崎村は大坂三郷北組に編入され、新地繁栄の為、茶屋や煮売屋の営業株や、諸興行の許可も下り、天保十三年（一八四二）飯盛女付旅籠屋も許され、遊所が黙認された。緒方塾からは、それほど離れてはいないこともあって、塾生の中には、同地で遊興する者もあった様である。明治三十年（一八九七）には全域が大阪市に編入された。（『国史大辞典』）

254頁5行目　吉原とか深川とか（3）

大坂の北の新地の話は、福澤が緒方塾生時代に聞いた話で、塾生間で話題になったことも多かったと思われる。江戸に出て来た安政五年（一八五八）以降は、福澤は小なりとはいえ蘭学（後に英学）塾の塾主であり、一人前の大人の交際がなされたはずだ。福澤の前では、門下生は勿論、朋友も花街の話題は、ほとんどなかったのではあるまいか。適塾時代のことを「同窓生の話によくあることで」と言い、江戸に出て来た後は、「朋友共が私に話をすることが出来ない」と明確な違いを記している。

吉原・深川はともに江戸の遊所である。

「吉原」は江戸初期の元和三年（一六一七）、江戸市中に散在する遊女屋を、現在の中央区日本橋人形町辺に纏め、開業が公認された。その後江戸の市街の発展に伴い、明暦三年（一六五七）の江戸の大火を機会に、浅草（現在の台東区千束）に移転させた。これを新吉原と称したが、江戸の発展に伴って盛大になり、弘化三年（一八四六）には、遊女七千人を数えたといわれるが、安政二年（一八五五）の江戸大地震で多くの死傷者を出し、四千人台に減少したという。

「深川」は江戸初期は隅田川の下流東側の低湿地であったのを、深川八郎右衛門が干拓埋立てを行って開村し、深川村としたと言い伝えられている。江戸の近郊農村として開拓が進み、寛永六年（一六二九）には河口に漁師町ができ、漁業が盛んに行われて、町もしだいに大きくなってきたが、明暦三年の江戸の大火後、江戸の都市再開発が進められるに伴って、本所深川の埋立が盛んとなった。元禄十四年（一七〇一）木場町ができ、材木業が栄え、紀伊国屋文左衛門らの豪商が活躍するようになり、町は一段と活気を呈した。又大火を機会に多くの寺院や神社が移転し、富岡八幡宮の祭りと江戸の大相撲、寺社の御開帳と富籤等が、市民を呼び集めて、観光地として有名になってきた。

享保年間（一七一六〜三五）頃から、富岡八幡宮周辺の花街が繁栄し、江戸市街の南東方と言う意味の式亭三馬の「辰巳婦言」等で、辰巳芸者の呼び名が花町を一層繁栄させ、ヨシワラを凌ぐ程で、芭蕉を始め多くの文人墨客が来遊した。

（『国史大辞典』）

254頁7行目　小本《こほん》（4）

小本《こほん》または蒟蒻本《こんにゃくぼん》ともいわれ、半紙半裁紙三、四十枚に、一、二の粗画を加え、土器色の唐本表紙をつけたもので、大きさと表紙の形と色とが蒟蒻に似ているところより、コンニャクボンとよばれた。内容は洒落本で、滑稽・諧謔を取り入れたものである。洒落が「通人」の主な資格であったためか、のちには野暮に対する通《つう》の意味にも転用された。その結果内容が遊里に関するものが多いことから、廓の通を主題にした読み物と解されていることがある。しかし田舎侍を滑稽の材料として取り扱ったものもある。小本・洒落本の特色は、描写が極めて精細、写実的で全体の大部分が会話からなっている点である。

その起源は、享保十三年（一七二八）の「両巴危言」、同十五年の「史林残花」のように遊女の細見に付けた戯文に発している。江戸明和の始め（一七六五〜）頃に、多田某の「遊子方言」が出てから、これを模したものが続出した。既に黄表紙で有名になっていた山東京伝は、洒落本にも手をつけ、天明六年（一七八六）から寛政二年（一七九〇）までに二十数編の洒落本を出し、洒落本界の第一人者となった。

洒落本が遊里の手引きともなったため、寛政二年幕府がこれを禁止したが、京伝は翌年「仕懸文庫」「錦之裏」「娼妓絹篩」の三部作を出したので、手鎖五十日の刑罰を受け、以後この方面の著作は全く行わなかった。寛政の禁令以降の洒落本作家としては、式亭三馬（安永五（一七七六）—文政五年（一八二二））・十返舎一九（明和二（一七六五）—天保二年（一八三一））らが有名である。

254頁15行目　これが上野か。花の咲く處か（5）

福澤の恩師緒方洪庵が五十四歳で急死し、駒込の高林寺（現在の文京区向丘二丁目三十七）に埋葬された。途中上野の山内を通行したという、その通過道筋は明らかでない。

『江戸懐古録』の「江戸の桜花」では、「桜の名所と言えば、何と言つても指を上野の山内に屈せざるべからず」と断定的に記している。上野の山内というのは台東区上野桜木にある寛永寺の境内となっている忍岡の地を言う。『国史大辞典』によると、寛永寺は、徳川幕府の開祖家康の没後、家康の帰依を得た天海僧正が、日光の東照宮を管理し、川越の東叡山喜多院に住侍していたが、元和八年（一六二二）幕府から忍岡の地を与えられ、ここに寺院の建立を開始し、幕府の援助のもとに、寛永二年（一六二五）その本坊を完成し、東叡山の名をここに移し、本坊を円頓院と称した。

以来、徳川氏は芝の増上寺とともに、寛永寺をも将軍の廟所とした。慶応四年（一八六八）彰義隊がここに拠って政府軍と戦い、一山は殆ど焦土と化し、境内への立ち入りは禁止されていた。維新後境内は官有地と成り、東京府の所管として立ち入り禁止が解除された。

明治九年（一八七六）所管を東京府から内務省に移し、寛永寺境内（上野公園）を始め、浅草寺（浅草公園）・増上寺（芝公園）・深川富岡八幡宮（深川公園）・飛鳥山（飛鳥山公園）を博物局所属公園として開園した。公園は明治十九年（一八八六）宮内省に移管され、大正十三年（一九二四）に東京府に下賜され、現在に至っている。

『江戸懐古録』によると、八代将軍吉宗は、上野が士民遊楽の地として賑わう余り、祖廟が穢されることを心配して、別の土地に士民の遊楽の地を造ることを考え、小納戸の松下当恒に特に命じて、桜樹の苗木を多数培養させて、これを、墨田川・広尾・飛鳥山の各地に移植した。

上野の桜について直接記したものとしては、『江戸砂子』がある。同書巻三の「東叡山寛永寺」の項で、花の名所であることを強調している。

○秋色桜　清水の堂の背後の井の端にある大般若さくら也。小あみ町菓子屋の娘あきといふ者、十三歳の時、御花見に来たりて、井戸端の桜あぶなし酒の酔い　女秋色　此の句いかがしてか　宮の御聴に達し御感ありしとて、此の少女後秋色といふて俳諧の点者となれり。誰いふとなく、此のさくらを秋色桜と呼び来れり。ひとえに俳歌の徳と人いへり。

○吉野桜　屏風坂（東方吉祥院脇の門より福寿院脇を上る坂）の上り口、左の山岸にあり、慈眼大師吉野のさくらの苗木を植をかれしと也。

○糸桜　慈眼堂の前にあり。古鹿子にも見ゆ。

○桜　江都第一の花の名所也。三王の山口よりしろく咲きそめて、中堂の辺しばらく遅し、これは吉野山の例に植えられたり。みわたせば、ふもとばかりに咲きそめて、花もおくあるみよしのの山　の心也。さかりの頃は、さしもの境内幕にせまりて、寸地なし。当山の花の詩歌出つくしかたければのせず。

257頁17行目〜258頁3行目　不図《ふと》（と）した事で始めて東京の芝居を見て（中略）詩が出来ました（6）

福澤の詠じた芝居見物についての漢詩がある。

明治二十年初観賞演劇　　明治二十年初めて演劇を観る
誰道名優伎絶倫　　誰か道《い》う名優の伎は絶倫なりと
先生遊戯事尤新　　先生の遊戯事はなはだ新たなり
春風五十獨醒客　　春風五十独り醒むるの客
却作梨園一酔人　　却って梨園の一酔人となる

『福澤諭吉の漢詩三十五講』第二十二講「芝居見物と箱根入浴」の項目（一七三—四頁）で、詳細に解説されている。

名優の演伎はほかに比べるものがないというが、わたしの生涯に演じて来た演伎などは、もっとも斬新なものである。今日まで五十年、一世の民衆が酔生夢死している間に、ひとり目ざめて警鐘を鳴らしつづけていたつもりのわたしが、いま劇場に入って舞台上の演劇に酔って喜憂する身となるとはおかしなことである。

旧藩時代、祭日に藩士が庶民に交じっての芝居見物は、表向きは禁止されていた。極めて正しい家風を保った家に成長した福澤は、子供の時中津で一回だけ芝居見物をしている。明治も半ば頃になり、福澤の主催する、『時事新報』の紙上にも、世間でようやくやかましくなった演劇改良の説などが、記事として取り沙汰されるようになり、芝居というものを全く見ないで、記事に扱うというのも変なものであるというので、明治二十年（一八八七）三月二十一日に、家人と共に新富座に芝居見物に行っている。福澤が自らがすすんで芝居見物した最初の機会であったと解説している。

最初の芝居見物の時期と場所については、明治三十二年大患の後、芝居見物に出掛けた福澤に同行した『時事新報』の記者の聞書により、「先生は十二歳の幼時、旧藩主の催しに係る中津城内の芝居を見物した事あり」の記事になっている。

天保五年（一八三四）生まれの福澤が、十一・二歳の頃といえば、弘化一、二年（一八四四・五）の頃のことである。『中津藩史』によると、当時の藩主は、奥平昌服《まさもと》が幼少にして奥平家を相続し、弘化二年（一八四五）十二月十六日に従五位下大膳太夫に叙任され、十八日に元服している。この年が豊作でもあったので、領内の北原村や池永村の伝統芸術の人形芝居を、救済の意味を込めて、両座一所に限り興行を許していたのを、特に中津城で興行させ、特に家中の観劇を許可したと記されている。

両座というのは、北原座と池永座の事で、共に御座と呼ばれ、藩主の招きで城内で芝居を演ずることが許されていた。芝居の出し物は十一日は池永座が二十四孝・お染め久松など好評の芝居二・三段を演じ、十三日は北原座の芝居で、藩主が見物し、妹背山と忠臣蔵と踊りが演ぜられたという。諭吉が見物した時も、大体の雰囲気は同じようなものであったと思われる。

二度目の芝居見物は大坂の緒方塾生時代で、友人から酒があると言われて見物したもので、「今の市川団十郎の実父の海老蔵が道頓堀に興行中」であったと記している。

七世市川団十郎が（中略）天保三年三月、子の海老蔵に八代目団十郎の名を譲って自ら海老蔵と改称したのが、四十一歳の時であった。天保十三年（一八四二）四月六日質素倹約の令に反し、（中略）お咎めで江戸十里四方追放と極まったので、下総の成田で蟄居し、（中略）嘉永二年（一八四九）追放赦免となって、（中略）嘉永六年（一八五三）大阪へ出る。海老蔵は荒事に和事、さては累や高尾の若女形も出来る、文筆の才もあると云う出来者であった。（中略）安政五年（一八五八）二月二十五日の昼、角の芝居から出火して芝居小屋が残らず消失した。（中略）海老蔵は角座が九月に竣工して十月の芝居に出演する筈が抜けて、江戸に帰って翌年四月二十八日六十九歳で死去した。

（『維新の大阪』）

このことから、福澤の在坂中、海老蔵はずっと大坂で興行に出演していたと思われる。したがって二度目の芝居見物は特定できない。福澤らが桃山に花見に行き、大坂市中の火事に気づき、親友長与が観劇に行っているというので、今の東大阪市の楠根から駆けつけたのが、安政五年の二月五日であることは確実である。

明治二十年三月二十一日、初めての新富座の観劇は、『諭吉伝』第四巻第四六編（五一五頁）に記されて、定説になっている。鷲谷樗風は著書『維新の大阪』で定説の一年前の明治十九年五月、藤田茂吉著『文明東漸史』を河竹黙阿弥が脚色した「夢物語芦生容画」（ユメモノガタリーロセイノスガタエ）を見物して、福澤が感激して涙を流したと、北川礼弼の談話を証拠に主張している。その話は『諭吉伝』第四巻「逸話」の七九四頁にある「芝居を見て涙を催す」であるが、この項だけが、談話の出典が記されていない。したがって北川の談話とは確定できず、そのために石河はこの説（明治十九年の観劇説）を採用しなかったのであろう。［14②］

259頁11行目　同藩士族江戸定府土岐太郎八の次女を娶り（7）

土岐家は福澤の妻、錦の実家である。

土岐家が江戸定府であったためか、「中津藩士勤書」（中津図書館蔵）の中にその系譜は存在しないが、「福澤諭吉子女之伝」（『全集』別巻一二一―一二二頁）に若干記されている。

土岐家は中津藩上士で大身衆家の一つ奥平主税家（七〇〇石）から、寛政七年（一七九五）に奥平綱方の四男新四郎定寿が別家して土岐家を称したという。新四郎は天明七年（一七八七）に表小姓に召出されている。中津藩主奥平昌男の夭折により、急遽養子に入った島津重豪の二男昌高に仕えた。藩主の命で、太郎八を名乗り二五〇石の江戸定府で用人役を勤めたという。奥平主税家は代々太郎八を名乗っていたが、定寿の長兄定茂からは代々主税を名乗っている。

定寿の妻は中津藩士今泉七郎右衛門の女で、一男一女を生んだ。

長男は二代土岐定經で、太郎八を名乗った。病弱で嘉永五年（一八五二）五十八歳で死去。その妻は小倉藩士の三宅源右衛門の女で、二男二女を生んだ。

その長男は三代定業で、太郎八を名乗り、品行高き人物で、洋学志願の書生等を援助した。妻は淀藩士の井上氏の女で、二男二女を生んだ。長男は早世し、長女は祖母の実家今泉郡司に嫁した「とう」である。二女が福澤の妻「錦」である。謙之助（実は二男、のち賛洋）が四代目として土岐家を相続した。

謙之助は慶応二年（一八六六）十一月に福澤塾に入門している。入社帳には、中津藩士桜川正太郎・堀内仁四郎・鈴木藤益・八田朋之助の四名が連記されているが、八田の上に貼り紙をして、土岐謙之助の氏名が記されている。残念ながら明治二十三年（一八九〇）一月十六日に腸チフスで死亡している。明治二十三年一月十九日付の福澤捨次郎宛福澤書簡によって遺児が三人あることを知ることができる。

「錦」の姉「とう」の嫁した今泉家も、江戸定府のためか、その勤書等は残っておらず不明である。「とう」の夫今泉郡司は既に死去していて、明治三年福澤が中津に母を迎えに帰国して、東京に戻る時には、秀太郎（六歳）との二人暮しであった。東京では福澤家に同居していたと思われる。

今泉秀太郎は明治六年一月に和田義郎の幼稚舎に入社し、七月九日に慶應義塾に入門している。幼稚舎入舎帳によると、「今泉彦四郎弟秀太郎」と記されているが、義塾入門帳には、「姓名今泉秀太郎・府県小倉県・居所及び父兄姓名は空白・年齢九歳・入社年月明治六年七月九日・保証人福澤諭吉」となっている。つまり、秀太郎には兄がいたことになる。そこで調べてみると

兄彦四郎は、明治五年二月改正の「士族卒分限帳」に、

供番　三百五十石米五十六石四斗七升　父郡司　今泉彦四郎

と記されていた。

今泉秀太郎の母「とう」は、後妻であったためか、実子秀太郎と共に、明治十三年に今泉家から分家している。「とう」はシーボルトの遺児「稲」に師事して産婆学を学び、独立して生計をたてた。秀太郎は十七年四月、義塾を卒業し、新聞用の挿絵画家の修業をし、同年末に朝鮮に赴任したが、たまたま甲申事変が発生し、危うく命拾いをして日本に帰り、十八年今度はサンフランシスコの甲斐商店に勤務している。二十三年日本に帰国し、以後時事新報社に挿絵記者として勤務した。

土岐家と遠い縁続きになるのが、一橋家の馬預りの林代次郎正利家で、かつては互いに往来した仲であったという（『諭吉伝』第一巻十七編七一〇頁）。その林家の娘「琴」が榎本円兵衛の後妻で武揚を産んだ。［7①］

264頁小見出し　子女幼時の記事（8）

人間は成長して後に自分の幼年の時の有様を知りたいもので、他人はイザ知らず私が自分でそう思うから、筆まめなことだが、私は子供の生い立ちの模様を書いて置きました。

『自伝』記されているその記録は長く不明であったが、昭和三十九年の『全集』の初版の刊行終了後に「福澤諭吉子女之伝」が発見された。そこで『全集』の再版の時に他の新発見資料とともに「別巻」として追加刊行された。

第一稿とこれを清書したものと二通の文書がある。初稿は毎半葉十行の青罫半紙十三枚に認めたもので、ところどころに貼紙をして修正追加した跡が見受けられる。清書したものは無罫の楮半紙三十一枚に表紙をつけ紙撚りで無造作に綴ぢたもので、その表紙は慶應義塾出版社の刊行書にしばしば使用された白黒斜め縞に「慶應義塾蔵版」の六文字を散らし銀粉を掃きつけた用紙である。左上方に「福澤諭吉子女之伝」と記した題箋が貼ってある。（中略）初稿は無造作に書き流しただけであるが、清書の分は子女一人々々に紙を改めてある。なおこの文書には一太郎、捨次郎、阿三（後に通称をお里といふ）、阿房、阿俊、阿瀧の二男四女のことが記されてあるが、この記録の後に明治十二年三月二十七日生の阿光、明治十四年七月十四日生の三八、明治十六年七月二十四日生の大四郎の一女二男を儲けた。

（『全集』（別）文末註記、一三五―六頁）

265頁11行目　三百何十通と云ふ手紙を書きました（9）

福澤の子供に対する愛情は特に深く、自らも親馬鹿振りを認めている程である。その一端が、一太郎・捨次郎の両名を明治十六年（一八八三年）六月十二日の出発から同二十一年十一月四日の帰国までの五年半におよぶ留学期間中に、諭吉夫婦が両名に書き送った書簡が、三百何十通に及んだと自ら記していることである。この数字は便船が六、七日に一度ということから、五年半の留学期間の日数を割り出した概数ではないかと思われる。子供らの方で留学先で廃棄したものや、その後散逸したものもあったと思われるが、現在明確になっている書簡の数は、『福澤諭吉書簡集』（第三～六巻）に依ると、一太郎・捨次郎両名宛が三十四通、一太郎宛が六十四通、捨次郎宛が十八通の合計一一六通である。

この大量の書簡を中心に、福澤の子女に対する態度については、『諭吉伝』第四巻第四十六編第三「二子の洋行」や『考証』下四九「二子と養子の洋行留学」に詳細に記されている。

一太郎兄弟がアメリカに留学のため出発したのは明治十六年六月十二日で、森村組に勤務の塾員村井保固に伴われて横浜を出航した。

一太郎兄弟は、父と親交を持つようになった米人医師のシモンズが、アメリカに帰国中であったので、彼とも相談する予定であったが、手紙の連絡が遅れたので、二人はひとまず留学先の学校を相談決定するため、六月末ワシントンの日本公使館を訪れている。公使館には、父の親友の寺島宗則（旧名松木弘安）公使と、公使館の書記官をしている塾員の鮫島武之助がいるので、彼らの助言を得て留学先の学校を決めるためである。

相談の結果取り敢えず二人は、オハイオ州オバーリンのニュートン家に下宿し、暫く英語の練習を積んでいる間に、然るべき学校を探すこととした。遅れて連絡を受けたシモンズは、明治初期日本で伊万里や愛知県で医学を教えたことのあるドイツ生まれのアメリカ人医師ヨングハンスを二人の家庭教師として推薦した。

この二人の医師との相談の結果、一太郎はイサカのコーネル大学の農学部に入学し、四年コースの二年に進んだ時、農業実習の厳しい肉体労働があり、一応頑張って実習を行ったが、その苦労から三年の課程に進む気になれず、そこで学業を放棄して、シモンズの居るポーキプシーに引き籠もり、好きな文学・哲学・理学等の名著の読書三昧の生活をおくった。

一方捨次郎は、ボストンのMassachusetts Institute of Technologyの土木工学科に入り、鉄道土木を学び、四年の課程を履修した。帰国は明治二十一年一太郎と共に欧州経由で十一月二日神戸に到着。早速明石鉄道を一日見物し、四日横浜に帰着している。

この留学期間中に両名に当て時事新報と共に、両親からの三百何十通の書簡が送られたのである。諭吉がこのように頻繁に書簡を送り、家庭や親戚の状況を詳細に報告し続けたのは、一つには明治初年に小幡甚三郎が留学先で病没した前例があるだけに、息子二人が寂しさと心配が重なり、ノイローゼになることを心配して、絶えず連絡をすることで、その予防措置とする意図があったのではないかとも思われる。それらの配慮の例を兄弟への書簡の中から一、二紹介してみよう。

○十六年七月十九日両名宛「拙者事、当月六、七日之頃ゟ、少とレウマチス之気味ニ而、背中腰之部痛み、運動も不自由ニ而、一時ハ難儀なりしが、両三日前ゟ快方、痛も全ク消散いたし候。御安心可被下候。都而病気之事ハありのまゝに申進候間、其積りニ而御承知可被成、安心之為ニとて、態ト軽ク申遣ス等之事ハ無之候。」

○十六年八月二十七日両名宛「捨次郎へハ、寺島公使ゟ之話ニ、マセマチック、メカニック云〻との事なれ共、尚事情を察し而自から決する所可有之旨、至極之事ニ存候。学問ハ第二着、何事も健康を保ち得て後の分別なれバ、摂生専一ニ存候。」

○十六年九月七日「ヲーバリン之学校ニて農学之課無之よし。故ニ一太郎ハ来年ニもならバ他所へ転すへしとの義、何れ左様可相成。都而学校ハ従前日本生徒之出入せしことある学校ニ致し度、日本人之スタンダートを知り、其平素之カラクトルを解し居るが為ニ、自から便利なる事ト存候。」

○十六年十月十七日「毎便ニ手紙を認メ、殊ニ捨次郎抔ハ日記までも記し候義、如何ニも大義ならんと存候。学校始り課業忙はしく相成候上ハ、唯毎便無事之一筆ニ而沢山なり。余計ニ精神を労せさる様いたし度候。」

266頁16行目　芳蓮院様（10）

芳蓮院は中津藩主奥平昌暢《まさのぶ》（文政八年（一八二五）―天保三年（一八三二））の夫人である。『中津藩史』は、

一ツ橋徳川民部斉敦女国子姫文政十二年（一八二九）二月五日入嫁明治十九年（一八八六）九月廿四日卒す、清光院に葬る。法名芳蓮院殿華室妙栄大姉。（三五九頁）

と記している。譜代十万石とはいえ、一橋家より夫人が嫁してきた理由には、島津家が多分に関係していたためと思われる。

薩摩藩主の島津重豪は、中津三代目の奥平昌鹿が、蘭学の開祖と言われる前野良沢の蘭学研究を奨励したのを見て、昌鹿の逸材を知り、親しく交際するようになったという。その関係からか、安永五年（一七七六）昌鹿の子昌男と重豪の次女敬姫との婚約が行われたが、天明六年（一七八六）未だ結納も行われない間に昌男が二十四歳で死去した。奥平家では、嗣子の男子がないため喪を秘し、側室の娘八千姫に、島津重豪の次男昌高を婿養子とすることが決まり、八月三日喪を

発表した。昌高は六歳であったが、表向き十二歳ということで、八月二十八日中津藩奥平家の家督相続が幕府から許可され、五代目の藩主となった。

一橋家と島津家の関係は、特に深いものがある。一橋家初代の宗尹の長女反保姫は島津重豪夫人であり、一橋家二代治済の長男豊千代（のち家斉）と島津重豪の娘茂姫が天明元年に結婚し、同七年四月家斉が将軍になったので、島津家の幕府への影響力が強くなった。その島津家の幕府要路への働きがあって、前述の無理と思われる奥平昌高の家督相続が許可されたのであろう。

昌高は実父重豪の血を引いたのか蘭学好みの大名であった。文政八年（一八二五）四十七歳で隠居し、家督を嗣子昌暢に譲る。昌暢は文政十二年二十一歳で一橋家三代の徳川民部斉敦の五女国子姫と結婚。国子姫の姉英《ふさ》姫は島津斉彬夫人である。ここにも、島津家と一橋家との関係が窺える。奥平家にとって、一橋家と婚姻関係を持つことは、名誉なこととして特に尊重され、天保三年（一八三二）十二月に昌暢が病死した後も、未亡人国子姫（芳蓮院）を特別扱いしている。［14⑤］

参考①　福澤の人間性〈関連項目＝14章註（1）〉

福澤は安政二年（一八五五）二十二歳で長崎に遊学するまでの中津時代に、「本当に朋友になって共々に心事を語るいわゆる莫逆の友というような人は一人もない」と断言している。こうしたことを言う福澤の性格を、弟子として長く師事した門人の一人石河幹明は、記している。

> 先生は生まれつき手先きの器用な性質で、子供の時から井戸に落ちた物を引上げるとか、簞笥の鍵が損じたときこれを開けるとかいふ場合には、いろ〳〵に工風して見事に成功し、（中略）だんだん年をとるに従ひ、（中略）雨戸の破損、屋根の雨漏の修繕まで、悉皆一人で引受（中略）あらゆる家事の手助けをされた。（中略）
>
> 先生は少年のときから甚だ無頓着な性質で、世間の見栄などには一向構はなかつた。（中略）卜筮呪詛一切不信仰で、狐狸が付くと云ふやうなことは初めから馬鹿にして少しも信じない。子供ながらも精神は誠にカラリとしたもので、（中略）神仏其他の迷信淫惑に対して先生の精神がいはゆるカラリとして自由磊落であつたのは、実に先天的といふべきである。（『諭吉伝』第一巻第二編「中津の十八年間」三六―四二頁）

これに対し、中島岑夫は『幕臣福澤諭吉』で、第一章「中津に成人す」で、ジンメルが社会学上の類型概念として主張した「他所者」の自己形成に該当するものだと主張している。

> ジンメルによれば、「他所者」とは、旅人のように土地を通り過ぎて去ってしまう人間ではなく、外からやってきて、共同体の内部に定住しながら、土地の人間に完全に溶け込み同化することなく、外から持込んだ異質なるものの匂いを発散しつづける人間、潜在的な旅人であり、別離を同時に内在させている定住者である。

したがって伝統的共同体に同化するために、共同体本来の成員にとって自明の行為を、一つ一つ批判的客観的に吟味学習しなければならない。この共同体の境界に位置する者が「マージナル・マン marginal man 境界人」である。福澤は大坂と中津、漢学と洋学、日本と西洋といった二つの異なる境界領域を生きた。したがって、二面性・二重性に挟まれての生活故、発狂した島崎藤村の父或いは神経を病んだ柳田国男の父のように、帰属感覚を失い、葛藤に巻き込まれる者もあるが、福澤の場合は、むしろ両者の間に足をかけ、両者との対話をエネルギーの源泉として飛躍した「最大にタフな」マージナル・マンであったと位置づけ、福澤の種々の行動を分析している。

また、中津に帰った福澤家の空気を、

> 他の中津人の家にはない一種禁欲的な精神的雰囲気が支配していることに直ちに気づいたはずである。そして福澤家の人々も、家から外へ足を踏み出すと、たちまちそこからは精神的な光景としてはあたかも異郷の地が広がっているような思いがするのだった。彼らは服装や言葉、生活慣習に、まったく大坂風をとどめなくなっても、やはり精神的には中津の地に孤立する一家であった。（中略）むしろ年月とともにしだいにはっきりしていったのは、福澤家と中津人のあいだの精神的道徳的断絶であった。

として、芝居を見に行かないという事例を示している。さらに、

この福澤家の一体感の源泉が、中津の現実の生活の中でよりは、父を中心とした大坂での生活によって育まれたということを抜きにしては、説明しがた

い様である。

父の影響が強く長く福澤家に残ったとして、『自伝』冒頭の「幼少の頃」「儒教主義の教育」の項目も引用している。

一母五子、他人を交えず世間の附合は少なく明けても暮れても、ただ母の話を聞くばかり、父は死んでも生きているようなものです。（中略）私共の兄弟は自然に一団体を成して、言わず語らずの間に高尚に構え、中津人は俗物であると思って、骨肉の従兄弟に対してさえ、心の中には何となくこれを目下に見下していて、

この部分は、まさに

中津に居たとき子供の時分から成年に至るまで、何としても同藩の人と打ち解けて真実に交わることが出来ない。

の記述と同質である。

中島と似た視点から福澤の性格を分析している研究に、大嶋仁『福澤諭吉のすゝめ』がある。大嶋は福澤を、自然環境ばかりでなく、家族をも含めた社会関係一切の環境から自立した「近代人」であると規定し、

日本社会がいまだに共同体の性格を保っているということについては、同意する人がほとんどだと思う。日本人の大半は、現在でも人間関係を家族的に考えているのであり（あるいはそれを理想としているのであり）、人間関係を自分の意志で作り上げるよりは、外から与えられることを期待している。諭吉の考えていた人間関係はそれとは逆であるから、そういう意味で彼は日本人として例外なのである。

根っからの「近代人」と断定して、それはまるで日本人でありながら「外国人」のように社会から外れている「異邦人」に福澤を当てはめている。

そして『自伝』「莫逆の友」に関しては、

諭吉の人生は移動の連続である。現代の転勤族とは違う理由で、とにかく移動、移動である。大阪に生まれ中津で育ち、やがて学問をしに長崎、さらには大阪へ出る。そしてその後は江戸に出て、ついにそこで明治維新を迎え、その間にアメリカにもヨーロッパにも足を運んだというわけだ。新幹線も飛行機もない当時、移動はやっかいだったにもかかわらず、諭吉は移動しつづける。「異邦人」とは「移動人」でもあるとすれば、諭吉の人生はその生きた見本だったと言えるだろう。（後略）

諭吉は『自伝』において、自分には「莫逆の友」はなかったと言っている。忙しい移動人間の業であろう。前にも述べたように、他人に対して容易に心を開くことのない人間だったのだから、友達がいなくて当然である。

これらの諸見解からも、福澤が当時並はずれた人間性を持っていたことが窺われる。

参考② 演劇論〈関連項目＝14章註（6）〉

明治二十年（一八八七）七月二十五日の『時事新報』に、福澤は「演劇改良比翼舞台の説」と題する漫言を記している。

爰に何としても黙止《もだし》難き次第の候と申すは、幕間《まくあひ》の事なり。芝居の開場毎日八時間としたるは好けれども、幕を明けて芸を演ずる時間が四十分なれば、幕を引いたる間は五十分も一時間もあり。例令へ贔屓目《ひいきめ》に勘定しても、八時の中に四時間は即ち幕間なりと、懐中時計の宣告に於いて然り。（中略）蓋し内幕を聞けば、幕間に我他彼此《がたぴし》道具を仕掛け、又楽屋にては役者の化粧、休息、昼寝等にて、随分手間取る様子なれば、是れも余儀なき次第なり。そこで漫言子の妙案を提出せんに、今こゝに大に芝居の建物を改良し、其舞台を左右両翼に構へて、之を比翼舞台と称す。見物の席は其中央に取り、此比翼二箇所の舞台にて、例へば新富座と千歳座と毎日同時に開場せしむることなり。右翼の舞台演じ終り市川団十郎が目を瞋《いか》らして幕となる、同時に芝居掛りの司令官はチョンと木を鳴らして土間桟敷の注意を促し、左向き廻はれと号令して、看客みな膝を立直して背面の左翼に向う。向へば即ち幕明きて尾上菊五郎の現はれ出るあり。（『全集』⑪三一六―七頁）

思い切った斬新な比翼舞台の芝居小屋構想を示しているが、勿論これは実現不可能な発想ではあった。余程幕間の長さに閉口して、思い付いた構想なのであろう。

それが、十一月三日の『時事新報』の「芝居論」になると、その言語用法の巧みさに教えられる点が多いと記している。

芝居は徒に人情を煽動し、往々少年子女の品行上にも影響して世教に害ありとは、古今道徳家の痛論する所にして、自から無稽の言にあらず。淫褻なる

醜體、殺伐なる惨状は、大抵の處に止めざれば、上流の家族にては親子兄弟見物に同行することも甚だ迷惑なり。（中略）即ち芝居の弊害にして、如何やうに攻撃せらるゝも豪も辨解の道ある可からず。　（同前、三九五頁）

と弊害を早急に改革することの困難を指摘しながらも、

爰に我輩が文壇の一士人として芝居の見物に利する所を云へは、鳴物にもあらず、立廻り所作にもあらず、唯有益なりと思ふ所は浄瑠璃の文句と殊に其掛合せりふの妙処に在るのみ。一言一語これを活用して苟もすることなく、剛柔緩急すべて皆有力にして能く喜怒哀楽の情を現はし、看客をして同時に同情の感を為さしむるのみならず、時としては当日即座の機転頓智に任せて縦横自在の言葉を用ふることさへなきにあらず。　（同前、三九七頁）

と記しているのである。

翌二十一年には、（十月の九・十・十三・十五日の四回）にわたって、「芝居改良の説」を『時事新報』に発表している。先年までの改良説は過激で、採用が困難な理想が主体との世間の批判に対し、以下の自説を展開した。

改良を謀るの要は種々様々に脚色の新工夫を運らすに在るのみ、（中略）社会の人心こそ是非の裁判官なれ、如何なる趣向にて大入を得たり、如何なる仕組みにて外れたり、（中略）能く〳〵之に注意するときは、人文の進歩と共に脚色も亦進まざるを得ず。（中略）爰に芝居の為めに幸なるは、封建の時代に大名高家は勿論、その以下にても良家の子女に芝居見物などの沙汰は甚だ少なく、何となく遠慮する有様なりしに、維新以来は大に其風を変じて次第に上流の看客を増したるに付ては、脚色も餘り賤劣婬醜にては客の意に叶はざるが故に、自然に其風を改めて、何れかと云へば漸く高尚の方に進むもの丶如し。（十月九日）

日本の役者が、男子にして女装するは不可なりと云ふ論議に至りては、我輩は唯これを西洋癖の愚として一笑に附するのみ。（中略）又開場の時を夜にして人事を妨ることなかる可しとは、自から一説にして全く非難す可きにあらざれども、我国の文明は至極気楽にして、子女輩は勿論、屈強の男女にも閑散なる楽人は甚だ多し。毎日見物する芝居にもあらず、月に僅一、二回、終日を費すも苦しからず、（中略）又見物の群衆にて空気を腐敗せしめ健康に害あるが故に、空気の流通をよくして且つ開場の時間を短くす可しとは甚だ理あり。流通の点に注意して建物を構造するは飽くまでも賛成する所なれども、空気の腐敗を恐れて開場の時間を短くするとは少しく解す可からざるが如し。（中略）我輩は開場時間の長短に付き、脚色の点より之を論じて、見物人の倦むと倦まざるとに注意するは必要なりと思へども、空気論を根拠にして時間を限らんとするに至りては、一種の少年学者論として同意するを得ざるものなり。（十月十日）　（『全集』⑪五四六―八頁）

従来の過激な改革論を批判し、次に自らの芝居経営の改革案を提示している。

日本の芝居は全体の割合に値の高きものなり。其値高くして見物人は多しとあれば、利益ある事業にして座主も役者も豊かなる可き筈なるに、実際は之に反し、何れの地方にても、芝居の座主役者に富有の者少なく、殊に東京の芝居の如きは常に貧乏を訴へ、之が為めに万事意の如くならず、役者にして芸を研くの暇さへなしと云ふほどの仕合とは不審なるに似たれども、（中略）興行の中り外れは時の運なりとして、（中略）地獄極楽の劇変にして、梨園は窮鬼の伍を成し、唯金主を求めて借財に依頼するの外更に方便なき其金主は如何なる者ぞと尋れば、即ち高利貸の山師なり。（中略）今にして早く其図《はかりごと》を改るは我国梨園の為めに急要の事なる可し。（十月十三日）

第二の改良を要するものは客より銭を取るの法なり。東京の芝居にて大木戸より入る者は多くは下流の客にして、見物の定価を拂ふの外に少々割合の高きものを飲食するか又は周旋人共へ聊かの茶代を投与するに過ぎざれども、是れより以上の上客は大抵皆芝居茶屋に由らざるはなし。然るに此茶屋なるものが、見物の周旋するに公然周旋料を取らずして、茶代の多少を客の意に任じ、（中略）見物中茶屋より種々様々の酒肴茶菓を客に進るの一事にして、其趣は医師が無用の薬剤を病家に売付るものに異ならず。（中略）芝居興行の事をも漸く商売正業の姿に変遷せしめんとするには、其業を営んで、価を収るの法も亦、明白を旨として曖昧の手段を用ふ可からず。（中略）すべての取扱振りを次第に商売風に改めて事を簡易にすること、近年の医師が謝礼菓子料の舊習を廃して薬價診察料の簡易法に改めたると同様ならんことこそ願はしけれ。（中略）梨園社会の風俗卑しくして世に軽蔑せらるゝは、（中略）俳優等が今日尚ほ道楽商売の余臭を脱すること能はずして、（中略）正当の生計を忘れて銭を浪費し、随て他人の銭を貰ふに無頓着なるが如き（中略）

流弊を洗ふて役者に地位を得せしめんとするには、芝居興行の事務を整理して会計の基本を堅くし、勉めて無用の人を省て有用の者に給料を厚くし、其者共をして謂れなき祝儀の金に依頼するが如き苦界を免かれしむること肝要なる可し。（十月十五日）

（同前、五四九—五三頁）

四日にわたって好意的に、伝統文化の保存と発展を図る上で、実行可能な近代化を提案している。これらの記事から、富田がいうように、福澤もしばしば劇場に足を運び、また団十郎・菊五郎・左団次の名優たちも三回も福澤邸を訪れ談笑したであろうことが窺える。（富田正文著『福澤諭吉の漢詩三十五講』一七五頁）

同年福澤は自らの芝居改良論に則った「四方の暗雲波間の春雨」（よものくろくもなみまのはるさめ）という全編十幕の脚本を書き下ろしている。当時の新聞の記事になったが、戯れに創作したもので、二、三の友人に示しただけで、上演されることはなかった。

参考③　福澤の養育論〈関連項目＝14章註（8）〉

「福澤諭吉子女之伝」の冒頭には、諭吉の曾祖父福澤友米以下の福澤家代々の簡単な系譜と、妻土岐錦の曾祖父土岐太郎八以下の人々の系譜が記され、諭吉・錦の結婚時期と両人の身長・体重が記されている。一太郎と捨次郎の記事は、誕生日時・場所を始め幼少時の病気や記憶に残る行動等が、相当詳細に記されているが、阿三以下の記述は簡単になっている。明治五年（一八七二）七月と十年五月二十三日の死胎児のことも記されている。

十二年三月二十七日誕生の阿光以下三八・大四郎の一女二男については、『全集』二十巻「福澤家系図」（二五九～二六〇頁）に記されている。その他の子供に関する記述は次の通りである。

△「おしゅん誕生の記録」と仮題された断片記録（『全集』⑳一三三頁）。

△「三八避難之針」と題された短文と、急いで子供の着物の腰上げをした時抜き忘れた針を、同封保存したもの（全集⑳二六三頁）。

△「明治三一年九月捨次郎赤痢」と題する巻紙に記された記録（『全集』⑲三六四頁）。

これらの記録の他に福澤の子女養育の方針等をうかがえる、次の記録がある。

「ひゞのをしへ」『全集』⑳六七—七七頁。

「福澤大四郎養育に関する取極書」『全集』⑳二六五—二六六頁。

「乳母の心得の事」『全集』⑳三四七—三四八頁。

「留学する二子に与えた心得書」明治十六年六月十日付『全集』⑲五三二頁。

また米国留学中の二子への書簡中には、幼少の子弟三八・大四郎の様子を伝えたものが数通ある。いずれも福澤の子供に対する深い愛情を感じさせるものである。

福澤の子女の養育方針は、できるだけ子供の自由に任せ、健康第一主義とした。教育方針も、よく揮毫した「先成獣身後養人心」という考え方で、早期に無理に文字等を教えることには反対であった。福澤自身が子供の時儒教主義の教育が嫌いで、漢書を教わりに塾に行ってはみたものの面白くもないので、休んでばかりいた。十四、五歳になって、近所の子供がみな字が読めるのに、自分独り読めぬ

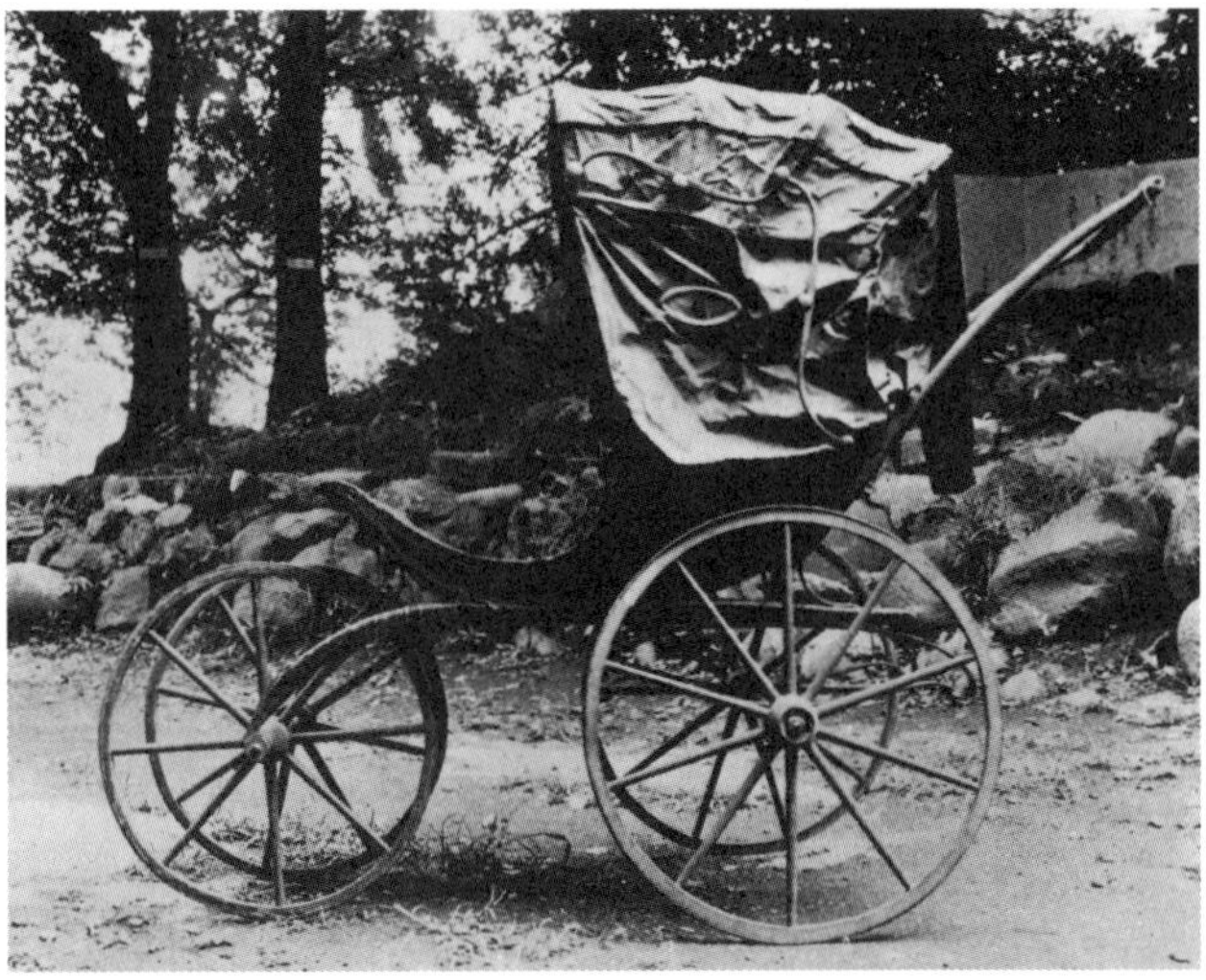

慶応3年（1867）再渡米時のみやげの乳母車

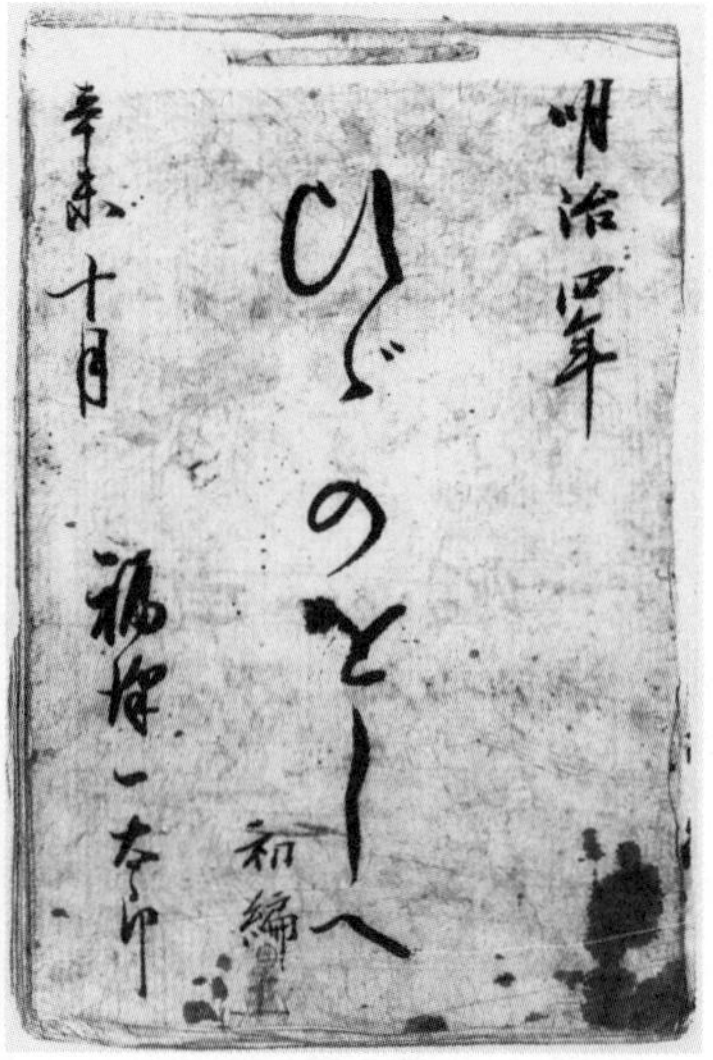

「ひゞのをしへ　初編」表紙

「ひゞのをしへ　二編」表紙

のは恥ずかしいと、自ら学習する気になって、幼少の子供と一緒に学習を始めたところ、教師の説明が良く、学問に自信と興味を抱くようになったという。言わば初歩からの復習が、学力を確実にしその進歩を早めたのであろう。

蘭学についても同様に、長崎に修業に来ている書生らに、適宜不規則に蘭学の教えを受けていたのが、長崎を飛び出し、大坂の緒方塾に入門し、ここで始めて規則的に蘭学を教わった。これも復習である。お陰でその進歩は著しい。

もう一つ付け加えれば、万延元年（一八六〇）咸臨丸で最初にアメリカを訪問した時は、十分西欧文化を理解できなかったが、文久二年（一八六二）の欧州訪問時には、それまで疑問に思っていたことを自分なりに整理して、その解明を図っている。その結果、同行の日本人蘭学者とは格段の深さで、西欧文明の性格を理解して帰国しているのである。欧州文明の理解を深め、文明指導者としての位置を確保したのも、ある意味では、復習効果の賜物である。こうした自信があるから、自分の子供達に対して自由にさせ、ゆっくり理解力ができる時期の来るのを待って、教育を施す方針を採ったのであろう。

「ひびのをしへ」を一太郎・捨次郎の二子に与えたのが、兄弟が満八歳と六歳の時であった。

福澤の「子女の伝」等の言わば「私の文章」や児童文学に関する研究書としては、桑原三郎の『愛の一字――父親福澤諭吉を読む』、『諭吉　小波　未明――明治の児童文学』などがある。

参考④　長・次男の大学予備門への入学時期〈関連項目＝14章註（9）〉

福澤は長男の一太郎と次男の捨次郎を大学予備門に入学させた。勉強が厳しいためか、胃が悪くなり、学校を休んで療養するとよくなるが、予備門の寄宿舎に戻るとまた胃が悪くなり、三度入れて三度とも病気になったので、予備門を退学させ、義塾で英学の勉強をしてから米国に留学させたと『自伝』に記しているが、その時期については明言していない。

佐志傳「福澤諭吉の教育論（二）」にある、「慶應義塾勤惰表」（義塾在学中の進級・成績等を示す）の調査によれば、福澤一太郎・捨次郎兄弟は明治七年二月から初めて和田塾に出席したようだが、「慶應義塾勤惰表」には和田塾の分が記載されていない。しかし「慶應義塾訳書並ニ習字勤惰表」には一〜四月の訳書・習字の等外の組に兄弟の名が見えるという。七年五月以降九年末までの「勤惰表」は遺っていないが、十年一月〜十一年七月までの「勤惰表」の予備童子科第一番から本科五等の組に兄弟の氏名が掲載されている。それが十二、三年の二ヶ年間は、兄弟の名が「勤惰表」から消えていて、十四年一月から一太郎が本科三等に、五月からは捨次郎も、本科一等にその名が見える。十四年末には捨次郎が、十五年七月には一太郎が、それぞれ本科第一等を卒業している。

したがって空白の明治十二～三年の間は、明治三十一～二年に口述した『自伝』の、

既に二十年前の事です、長男一太郎と次男捨次郎と両人を帝国大学の予備門に入れて修学させて居た処が兎角胃が悪くなる。

帰宅させると治り、又入ると又悪くなるのを三度繰り返したので、予備門を退学させ、義塾に入れて卒業させて、十六年兄弟揃って米国に留学させたという記述と合致することから、大学予備門に兄弟の在学した期間と推定している。

明治十三年二月十四日付の森春吉宛福澤書簡に、

此度予備門試業の報告、詳に御示し被下難有、早速子供え拝見為仕候。（中略）先づ試験も無滞相済、尚此上の処幾重にも宜敷奉願候。

とあることと、前年の十二年十月十二日付に、

昨日子供へ御伝言被下云々

とあり、更に十三年（？）三月三日付の浜野定四郎宛福澤書簡の猶々書に、

私方之子供両人も、開成学校ぇ通学いたし候得共

との史料から、従来一太郎・捨次郎の兄弟は、明治十二年十月頃には予備門に入学していたと推測されてはいたが、もう少し早くより予備門に入学していたとしている。

ところで森春吉宛福澤書簡（十三年六月六日付）には、次のように記されている。

昨日は御懇書、捨次郎儀御尋被下誠に難有奉存候。同人事先日より何となくぶら〳〵いたし候に付、是は大変と存じ、直に松山氏へ診察を乞候処、其因は胃弱、少々服薬、先づ読書勉強を止めにいたし暫く養生いたし候はゞ可然、病は珍らしからぬ読書生病と申事に付、専ら其手当致居候儀に御座候。尚御書中の趣に拠れば大試業も近に在り、是非共其間に合候様いたし度、本人も熱心罷在候儀、今日重て松山氏の尋問、其差図に従ひ出校為致度、大試業も大切なり、身体は更に大切なり、進退如何可致哉、唯当惑いたし居候次第、御憐察可被下候。

また森春吉宛福澤書簡（十四年三月二十九日付）には、

捨次郎義、過日来不快にて欠課致居候次第、実は昨年春夏の頃より兎角胃弱にて、折々頭痛を発し、何分にも十分の勉強出来不申、此儘押て学問為致候はゞ遂には廃物にも可相成恐なきにあらず。就ては暫く身体の発育に専ら注意し、所謂遊びの傍に随意の読書抔為致度積に付、此度退校の願書さし出候。

と退学届けを提出したことを記している。恐らく一太郎が一足早く、捨次郎が十四年春頃に退学したものと思われる。

森は土佐藩出身で、慶応三年（一八六七）一月四日の義塾入門生。四年五月の上野の彰義隊攻撃の日に、講義の合間に新銭座の塾舎に近い愛宕山に登り、上野の戦況を探ったりしている、塾生が十八名と最も減少した時の在学生である。明治十二・三年頃には、（東京）大学の事務官をしていたので、捨次郎の大試業直前の欠席を心配していたのだろう。

福澤が、息子の病気を挙げて、大学予備門の学生達の健康管理の改善方を忠告したという文部大輔の田中不二麿は、尾張藩の出身。弘化二年（一八四五）六月十二日生まれで、慶応二年藩校明倫堂の監生、助教並となり、のち参与として藩政に参画し、明治二年新政府の大学校御用掛となり教育行政を担当した。明治四年には岩倉使節団に随行、帰国後に調査報告書「理事功程」を提出している。

明治六年十一月文部少輔・七年九月には文部大輔となり、十二年九月の「学制」の改正案「日本教育令」制定の中心的役割を果たした。十三年三月司法卿に転出し、以後司法・行政の諸役を勤め、二五年子爵を授けられた。三九年八月、一切の公職を辞し、四二年二月一日、六十五歳で死去とある。

福澤との関係は、田中が文部大輔であった明治十一年十二月に、西周・加藤弘之・神田孝平・津田真道・中村正直・箕作秋坪らと共に、福澤をもその私邸に招き、東京学士会院規則大意及び其選挙法案を示して、その意見を問うて賛成を得、最初の学士会員を選出している。したがってその後の会議等で、親しく意見を交換し合う仲となっているから、福澤も自分の子供の病気の事例を挙げて、田中に予備門の教育方法の改善策を伝えたと思われる。

予備門というのは、慶応四年四月に江戸に進軍した政府軍が、旧幕府の学校である昌平黌・開成所・医学所を接収し、これを明治二年（一八六九）に本校（国学・漢学）・開成学校・医学校の三学校として、授業を開始した。本校は国・漢学の対立紛争の結果、三年七月に閉鎖され、大学南校（開成学校）と大学東校（医学校）の洋学系統の学科が中心になって、五年の『学制』制定によって、中学校、次いで専門学校となり、明治十年四月に、官立東京英語学校と東京開成学

校普通科とが合併して、修業年限四年の「東京大学予備門」となり、東京大学への進学者は、すべてこの予備門を経ることとなっていた。明治十九年予備門は、東京大学から分離独立して、第一高等中学校となり、のち第一高等学校となった。

一太郎・捨次郎両名の教育については、「福澤諭吉子女之伝」の捨次郎の項目に明治九年頃までのことを極く簡単に記している。

一太郎の成長は晩く、捨次郎は早くして、兄弟の年齢凡二年の差あれども、心身の働は正しく同様なるが如し。（中略）

故に学問の教育も正しく同時に始め、明治三年（兄七歳弟五歳）の頃より、両人共父母と寝物語に、一二三の数、いろは等を暗誦せしめ、漸く進て日の数、月の数、春夏秋冬、当月は何月、当日は何日などゝ教へ、或は九九の声も半ば暗誦せり。但し未だ書を読たることなし。見るものは唯絵本のみ。翌年（兄八歳弟六歳）いろはの手習、江戸方角を教へたれども、定りたる時間もなく、随意に任ずるのみ。（中略）同年の冬に至ては世界国尽など教へ、手習の傍に少しく字を見覚へたるが如し。（中略）

明治五年の春（兄八歳半弟六歳半）東京築地在留米人「カロザス」の宅に行て、同人の妻より英語の教授を受け、毎日通ひにて凡一時間、三月より八月迄引続き、其後先方に差支ありて之を止め、慶應義塾雇の教師英人「グードマン」の処にて、「リードル」など習ひ、宅にては手習、譯書、窮理圖解、等の素読を母に受け、尚この時の学問も半戯半学なり。（中略）

明治七年二月（兄十歳三月弟八歳四月）三田寺町大松寺止宿英人「ショー」の處に行て英書を学び、宅にては十八史略等を読み、兼て又義塾へ出席して翻訳書手習の教えを受けたり。同年四月より私宅の傍に住居を設けて「ショー」氏を迎へ、之より英学にも稍や規則を立てゝ執行せり。即ち最初は数学、地理の暗記、横文手習「スペルリング」より、漸く進て明治九年の夏（兄十二歳半弟十歳半）に至っては、横文手習、地図の暗記、和文英訳、「クーレンソ」の「アルセマチック」「パーレー」の萬国史、「クールド・ブラヲン」の文典を学び、兄弟の学同様なれども、捨次郎は兼て又「ロビンソン」の「エレメンタリアルゼブラ」を稽古せり。宅にても明治七年より和漢学の教授を半《なかば》諭吉にて引受け、（中略）明治八年より「パーレー」萬国史の講義（これは外国人の教授にて文義を解すること迂闊なるが故なり）。尚明治九年より「サイヤンスライマル」の内「フヒシカルジョーガラフヒー」をも講義せり。稽古の時凡そ一日三時間乃至四時間なり。

（『全集』別一二八―九頁）

参考⑤　中津藩主奥平昌暢夫人栄姫（芳蓮院）〈関連項目＝14章註（10）〉

芳蓮院についての、①『新稿一橋徳川家記』②『山崎家日記』③『福澤全集』及び『福澤諭吉伝』に散見する記事を年表式に纏めて見る。（出典を①②③で示す。①のみが国子姫を栄姫と記しているので、その記述に従った。）

文化八年（一八一一）	十一月十三日	徳川斎敦五女誕生。①
	十九日	斎敦五女七夜兼色直しの祝、栄姫と命名。①
九年	三月二十一日	栄姫箸初めの儀。①
十年	六月十八日	栄姫奥平昌高嫡子恒丸との縁組聴許さる。①
十四年	十一月十三日	栄姫山王社へ宮参。ついでに神田橋邸立寄。①
文政七年（一八二四）	四月二十七日	栄姫麻疹を患う。①
	五月六日	栄姫酒湯の儀あり。①
九年	六月五日	去年領地損耗多大　当年も収納見込不明と、当年冬姉英姫島津斉興子斉彬と婚儀に付き、栄姫奥平昌高子恒丸と来年奥平邸宅へ引移り婚姻の予定を延期。①
十一年	七月二十八日	栄姫奥平昌暢と十一月に婚姻の旨相整。①
	八月五日	栄姫婚姻につき幕府より金三千両を賜ふ。①
	十一月二日	栄姫へ奥平昌暢より結納あり。①
	十一月六日	栄姫婚儀十一月予定を、奥平領分度々損耗に付き、来年二月上旬に延期す。①
十二年	二月五日	栄姫奥平昌暢に嫁す。①
	二月七日	栄姫三ツ目膝直しの儀あり、奥平昌暢と共に一橋邸に来訪。①
	三月二十三日	奥平邸類焼により、栄姫一橋邸に逗留す。①
	四月十一日	栄姫奥平高輪下屋敷へ移る。①
天保二年（一八三一）	十月一日	栄姫女子安産。①

三年　十二月十八日　奥平昌暢十二日死去により、夫人栄姫芳蓮院と称す。①

文久三年（一八六三）　三月十七日　英艦江戸湾渡来開戦の危険ある為、芳蓮院等宇和島藩下屋敷借用転居の由申し来る。②

六月十六日　此節芳蓮院御引越御供下命の可能性あるにより、長棒駕籠にて出府の為合羽屋に駕籠修繕依頼。②

八月十九日　飛脚到来山崎直衛七月晦日江戸到着、直に芳蓮院様御逢の旨報知到来す。②

八月二十六日　江戸より御用状到来、芳蓮院様・黒姫様御国引越の赴申来る。②

元治元年（一八六四）　一月二十日　山崎直衛江戸にて正月元旦芳蓮院様に御挨拶の由報知到着。②

慶応二年（一八六六）　九月四日　長州再征伐に付き、（江戸より？）芳蓮院様より隊長へ思召書下さる。②

四年　四月二日　東征軍江戸進軍に付、芳蓮院様御立退きに付き御機嫌伺い記帳有り。②

六月三日　芳蓮院様先月二十五日蒸気船乗船の予定なりしも、屋敷内混雑の為乗船予定取消の由。②

明治元年（一八六八）　九月二十六日　大坂より芳蓮院様九月十一日江戸発駕十五日横浜にて蒸気船出港・十九日大坂安着の旨来報。②

十月二十三日　大坂より二十三日蒸気船にて出港決定の旨報告。②

十月二十八日　芳蓮院様龍王浜沖に到着。船中泊。二十九日上陸御入城、御着御祝儀記帳。②

四年　六月十五日　祇園会なるも、芳蓮院様御不快に付き御桟敷掛ず。②

五年　七月四日　前藩主昌服様・芳蓮院様御一同東京へ御引移りに付御挨拶状回達す。②

七月六日　芳蓮院様等東京移転で中津より乗船下関で蒸気船に移乗し大坂行き。福澤も同行、七月十七～八日頃東京着。三田の義塾構内の西側旧島原家大名屋敷の一部を差し当たり、奥平家の住居にあてる。②③

十一年　一月元旦　福澤奥平邸宅に年賀に参上。芳蓮院様昌服様に寛々御目通りすと中津島津復生に報告。③

十三年十一月十九日　中津より富岡紡績工場研修の中津子女、三田義塾構内に一泊、本日芳蓮院様に御目見す。③

十九年九月二十四日　芳蓮院死去、十月二日葬儀。②③

以上

年表の記述で断って置きたい点が二ヶ所ある。第一は、『新稿一橋徳川家記』に「国子」と命名された記事が無く、天保三年夫奥平昌暢の死去により芳蓮院と称することに至るまで、栄姫と表記している点。第二点は、文久三年八月二十六日の江戸からの報告で参覲交代制度の改革に伴い、「芳蓮院様・黒姫様御国引越の赴申来る」とあるがそれが取消されたとの資料がないので、表記できなかった点である。

上記中で、興味ある資料は、慶応二年九月四日の芳蓮院の長州再征の隊長に下した次の思召書である。

長州御伐ニ付其方も出張　淡暑の折柄別て大儀ニ存候此度之一件　公儀御一大事は申ニ及ず御家ニおいても御浮沈の場合と存候其方共兼て心掛此時と存候ニ付銘々長す所を以第一　殿様を補佐し次ニ諸士末々ニ至迄大奮発シ諸家ニ後を取不申様取置頼入候事

一老職之者国家のため異論有之候も余儀なき次第ニ候得共つまり御為筋より出候事ニ付相互ニ勘弁いたし相成丈和順候様致候　古より功をそねみ能をうらやみ又は権を争ひ私意より不容意大害を生じ、終ニは主家之興廃にも拘り候程之事出来候義、まゝ物語りふみにも見え候。陣中之義は人気たち居候ものと承り候ニ付別て重役之身分右に類し候様之儀聊も無之様覚悟之程頼入候事。

一隊長之指揮図に当り候節は大将指揮宜ニ相成候、左にもなき節は余多之人命を損候のみならず大将迄の恥辱ニ相成候事故別て其方共之心配心労察入候事に候、何分にも久昌院様以来御武名を汚さず御譜代御家筋御主意相立公儀江御忠節抜群相顕候様一同尽力勇戦候様指揮頼入候。猶委細は利右衛門より可申事

右は荒尾利右衛門殿当方へ罷越候節芳蓮院様より隊長へ御書被下候写

長州藩が隣国小倉領を攻撃する危険の大きい時だけに、心労も大変であったと思われる。荒尾家は供番百石取りの上士である。

芳蓮院の中津帰住は、明治元年十月から同五年七月までの間であるが、その住居は、文久二年に参覲交代制度の改革で大名家族の国許住居が許可されたのに応ずるため、本丸西側に「松の御殿」と称する新殿が新築され、藩主らと一緒に恐らく明治五年七月まで其処に住居したものと思われる。『中津藩史』によると、この殿舎は廃藩置県の際、小倉県中津支庁舎となり、次いで大分県に移管され、藩庁の書記録等が保管されていたが、明治十年三月三十一日に増田宋太郎が決起した時、放火され消失したという。

（藩知事奥平昌邁が、明治四年（一八七一）二月二十五日に義塾に入社した時には）三田の邸内に一戸を構へてゐたが、今度（明治五年七月）中津から移転して来た（奥平）一家の人々も、芝二本榎の本邸の修築の出来るまでは、一時三田の邸内に仮住し、芳蓮院は今の幼稚舎のところに在つた建物に久しく住居して、をり〳〵先生の家をも訪れた。気品の高い言葉の丁寧な立派な老夫人であつたといふ。

『諭吉伝』第二巻二十編第三「旧藩主家のために尽くす」（二一九—二〇頁）には右のように記されている。（三田の幼稚舎の所に現在は大学の西校舎が建っている。）

福澤は、明治十八・九年頃に芳蓮院へ漢詩を呈している。

奉芳蓮院太夫人　　諭吉拝

母儀四世国之媛　七十余年雨露恩　桃李満門春如海　曾無一個不児孫

（芳蓮院太夫人に奉る。四世に母儀たる国の媛、七十余年、雨露の恩、桃李、門に満て春は海に似たり、曾て一個として児孫ならざるは無し。）

福見常白宛福澤書簡（明治十三年十一月二十日）に、

富岡行之工女一同、無事一昨十八日着京、弊邸中之一屋ニ止宿、昨日も芳蓮院様ニ御目見、小生も一寸御尋問、

とあるから、この頃まだ芳蓮院は三田の邸内に居住していたようだ。

婦人の内職として行われていた中津の機織りを、近代化して一段と郷土産業の発展向上を図るために、中津の婦女子らを、近代工場として新設された富岡製糸工場に実習修業に派遣してみてはとの、福澤らの提案が実現したのである。製糸工場実習一行は上京して来て、三田に一泊した時、芳蓮院の激励を受けさせることで、今度の富岡での実習修業の大切さを意識させようとしたものであろう。これらのことから、芳蓮院の藩内への影響力が、明治になっても尚相当大きいものであったことが明らかである。

15、老餘の半生

275頁小見出し　明治十四年の政変（1）

十四年政変については、相手を不利に陥れる怪情報が乱れ飛び、それを十分確かめることなく事実として信用され、有力な参議を排除した特異な政変である。その後の政局に大きな影響を及ぼしていることから、多くの研究がなされている。この種の陰謀事件にありがちな風説を、誰が流し、それがなぜ信用されたのか、または意図的に信用した態度を示しただけなのか判定が困難であるため、なお不明な点が多く残されている。ここでは、福澤に直接関係することと、政府に出仕していた福澤の門下生にまで大きな影響が及んでいるので、その概要を、主として『考証』下と『交詢社百年史』により、略述することに止めておく。

明治十年（一八七七）の西南戦争を最後に、明治政府に対する武力による反抗運動は終わり、代わって自由民権運動という形で、政府批判の言論活動が全国的に拡まる傾向が顕著になってきた。政府としても、明治六年の朝鮮政策の対立から板垣退助（土佐）・後藤象二郎（土佐）・江藤新平（佐賀）・副島種臣（佐賀）らの諸参議が下野し、十年五月には長州の木戸孝允の病死、九月には薩摩の西郷隆盛が城山で自害、翌十一年四月十四日には薩摩の大久保利通が暗殺されるなど、相続く維新の元勲の死亡により、政府内部の薩長閥のバランスは崩れ、政府の威信低下が心配されるようになってきた。

明治十一年四月土佐の立志社が中心になって、「愛国社」の再興が呼びかけられ、運動方針も、「政体ヲ革メテ君臣共治」の政体とし、国会開設請願が決定された。十二年十一月、第三回愛国社大会が大阪で開催された時には、士族中心の政治結社は少なく、代わって福井の自郷社・福島の石陽社・三師社・茨城潮来社等の豪農政社の参加を見た。士族中心から、地租改正反対運動や民会等を体験してきた豪農・農民運動の主導者らによる、より広い民衆の組織的政治活動の傾向が明確にされ、十三年三月の大会では、全国約十万名の請願委託人の代表として、二府二十二県九十六名が大阪に参集するという、大きな流れとなった。多くの政社で、国憲問題が中心課題となり、当時の政府に大きな圧力を与えたことは確かである。

こうした自由民権運動の高揚と拡大が見られるなかで、十三年一月福澤の主唱のもと義塾出身者を中心とする社交クラブ「交詢社」が結成された。社会的指導層や知識層の政治・経済的関心の高まりの影響もあって、会員の増大に伴い、社員による演説会の開催や政治活動が活発化し、新聞雑誌及び政治結社の関係者の入会者は相当の数になった。そうなると、福澤の人気に反感を抱くものが出るのは当然で、十三年には、『中外商業新報』に三度、『近事評論』に一度、『東京日日新聞』に二度福澤意見に反対の論説や、非難中傷記事等が掲載されている。

そうした中で、福澤が十三年十二月の二十四、五日頃、井上馨よりの誘いで、大隈邸に呼ばれ、伊藤博文・井上馨・大隈重信らから、政府機関紙刊行を引受けるよう依頼された。しかし政府の意向が不明確ということで、翌年一月上旬井上馨を尋ねて、辞退の旨を申し出たところ、実は政府が近日国会を開設する予定であるということを打ち明けられ、それは福澤も予て希望していた事柄でもあったので、その場で政府の趣意に賛成し、協力することを申し出た。

これが後に福澤が大隈と共謀して政権を掌握する陰謀を企てているとして、逆に大隈が政府から追放される十四年の政変となった。依頼された機関紙発行の件が勿論中止となっただけでなく、塾員で政府諸機関に出仕していた者までも、福澤の同類として、罷免追放されるという事態を引き起こすことになったのである。

政府の中核をなしている三条太政大臣・岩倉右大臣・参議の伊藤博文らの狙いは、プロイセンの制度を模範とし、天皇の下に強大な権力を掌握し、民権を抑えた薩長藩閥政権の延長線に近い近代国家を意図していたようである。

他方政府側でも、国民の動向に対応するために、十二年十二月に各参議に対し、立憲政体に関する意見書を提出することを命じ、十四年五月までに意見書は一応出揃った。その意見の相違は極めて大きく、簡単に意見を統一することは困難な状態であった。ところが十四年三月に左大臣有栖川宮に提出された参議大隈重信の意見は、一両年の間に英国的な政党内閣制度を導入しようとする、急進的なものので、岩倉・伊藤等の意図するものとは相容れないものであった。

『交詢社百年史』によると、大隈の意見書の内容は二つに分かれ、前半に憲法制定公布と国会開設の時期、国民の間に議会開設の要望が急激に高揚してきている時だけに、人民の期待を先取りする形で、本年中に天皇の制定された憲法を発布し、国会（大隈案では国議院）を開設する時期は、一年乃至一年半の期間があれば、その間に政党も発生し、その主張も世間に行われる主張に落ちつくであろうと予想している。後半は採用さるべき立憲政体について、永久中立官の下に政党内閣制を採用することを論じている。その内容全般は、具体的かつ進歩的と言うより、当時としては、むしろ急進的とも言うべき内容であった。大体において英国流の議院内閣制を採用すべきだと主張している。これは、トッドのイギリス議院政治論を主に参考としたもので、大隈が総裁をつとめる統計院の幹事で、義塾出身の矢野文雄が執筆したものである。

この頃交詢社では、一般の交詢社社員特に地方の社員から、種々の質問がよせられ、その質問にたいして、社員の中の意見や、経験者等からの参考意見が『交詢雑誌』に掲載されていた。この頃、将来わが国に制定が望ましい憲法とは、如何なる憲法であるか等について質問があったので、この問題に関心を抱き研究していた六、七人のグループが、参考意見をということで、十四年四月二十五日に発行された『交詢雑誌』に掲載したのが、「私擬憲法案」である。七章七十九条に及ぶ長大なものであった。

この案は、小幡篤次郎の主唱により、中上川彦次郎・矢野文雄・馬場辰猪の四名が中心となり、それに小泉信吉・江木高遠も加わって討議作成されたものである。勿論交詢社の社説ではなく、社員のグループの私案として発表されたものである。十四年に左大臣に提出された大隈の意見として作成、矢野が記述したものが、交詢社の「私擬憲法案」と類似する点が多くなったことは、ちょうど時期が重なっていることから生じた類似である。

交詢社の「私擬憲法案」が発表された当時は、民権派の新聞雑誌が論評しているだけで、政府部内で問題にならなかった。これは、最初は口頭で意見を申し立てたいとしていた大隈が、有栖川宮より是非文書で提出するようにといわれ、他人に意見書を見せないようにとの条件を付け公表されていなかったためである。しかし大隈の意見が急進的で、特に伊藤博文との大きな相違を心配した左大臣の有栖川宮は、三条太政大臣と岩倉右大臣に、大隈の意見書を回覧して相談した。岩倉は大隈の急進さを心配して、六月上旬頃太政官大書記官井上毅に、大隈意見書を見せて意見を求めると共に、調査を命じた。

井上毅は肥後藩出身のドイツ国憲法の研究家であり、その制度の日本採用を強く希望していただけに、外務省雇の法律顧問ドイツ人ヘルマン・ロェスレルに、イギリス・ドイツ両国の憲法の相違点や特徴等に就いて諮問した。その詳細な答申書を参考にして、イギリス憲法が日本の国情に適合しないとの意見書を提出した。そこで三条・岩倉・有栖川宮の三大臣が相談の結果、三条が伊藤に大隈の急進的意見書の内容を告げると、伊藤は六月二十七日に三条を通じて、大隈の提出した意見書を内密に借出し筆写した。伊藤は井上毅からも意見の具申を受け、大隈の意見が交詢社の「私擬憲法案」とほぼ同一のものであったことを知り、強く大隈の態度に反発を感じたようである。

七月一日伊藤は早速三条に対し、内閣の意見が定まっていないと、人心は一層動揺を来たし、国論が紛糾する原因になると、現状を心配している。意見書は一人の考えではなく、背後の誰かの意見によって記されたものであるだろうから、現在の官職を辞任させて貰いたいとの書簡を送って、翌日辞任の意向を岩倉にも申し出ている。三条・岩倉・有栖川宮の三大臣は、伊藤のこの強烈な態度に驚き、辞表提出を思い止まるよう説得すると共に、大隈に伊藤との会談を命じた。

七月四日と五日の両日大隈と伊藤は会談した。伊藤は、大隈が事前に何らの相談もなしに、これまでの協力を出し抜いて、急進的な意見書を提出し、しかもそれは大隈自身の考えではなく、福澤の意見を簡単に採用したものであるとして、激しく非難するのみで、大隈の弁解に耳を貸す態度はみせていない。大隈は、福澤との談合等はないと否定しているが、伊藤の憤激はおさまらず、その日から出勤しなくなった。岩倉や、有栖川宮の説得もあって、八日から出勤したが、大隈との対立はそのままで、早晩政府内部に決裂が生ずることは免れない情勢になっていた。

そこへ新たに北海道開拓使官有物払下問題が発生し、諸新聞は勿論、民権運動家らの激しい政府非難の運動が展開されると共に、憲法制定国会開設の早期実現の声が高まってきて、政府も最早や無視できない状況になってきた。この官有物払下問題というのは、明治二年北海道に開拓使を置き、政府資金をつぎ込んで開拓の官営事業が行われてきたが、十四年限りで開拓使を廃止して県を置くことになっていたのである。

この期間内に政府がつぎ込んだ金額は一千四百万円にのぼった。したがって官営諸工場・倉庫・牧場・船舶等の諸施設や権利を民間に払い下げるに際して、開拓使長官・薩摩出身の黒田清隆は、同じ薩摩出身の政商五代友厚・住友の大番頭広瀬宰平・旧幕臣で元山口県令の中野梧一等が結成した関西貿易商会に、三十八万七千円という廉価、しかも無利息三十年年賦という、破格の好条件で払い下げることを、七月二十一日の閣議で、左大臣有栖川宮や大隈参議の反対があったにも拘わらず強引に承認を迫り、払下処分を決定すると、七月三十日天皇が東北地方の巡幸に出発される直前に勅許を得た。

七月二十六日、『東京横浜毎日新聞』がこの問題を暴露して以来、各種の新聞雑誌は一斉に政府攻撃をはじめ、八月~九月と政府非難の報道が続き、国益を無視した政治的闇取引が行われるのも、国会が開設されていないからであると、政府批判の演説会が各地で開かれた。特に有栖川宮と大隈だけが払下げ処分に反対したことや、黒田の強引な決定要求が暴露されたことで、薩長藩閥政府批判の運動は異常な盛り上がりをみせ、大隈の人気が高まる情勢展開は、政府に大きな危機感を抱かせることとなった。

その結果、巡幸に随行している大隈の居ない留守政府では、薩長藩閥を中心とする政府の維持を基本とし、大隈の主張する英国風議会制度を否定し、代わってプロシア風憲法の採用により、国会の権限をできるだけ縮小し、政府に強い指導権を集中させる制度を、近い将来に施行することを明示をすることとした。大隈を政府より排除し、評判の悪い北海道官有物払下げを中止することで、まず民心を落ちつけ、黒田ら薩摩出身者への非難を払拭し、薩長藩閥政府の存続強化を図るという方針である。

大隈のいない東京では、伊藤と井上馨を中心に、九月初めには大体薩長出身の参議らの間で大隈排除の方針で意見一致を見たようであるが、八月末に井上馨が京都に静養中の岩倉と相談して帰京している。その後から伊藤・井上の動きが活発化している点を考えると、岩倉との相談が、重大な意味を持ったと思われる。

敵対勢力の大隈・福澤の反政府連合に、豊富な運動資金を提供しているのは三菱財閥であるとの風説は、政府側の結束を固める手段に利用されたのであろう。

十月六日岩倉が京都より東京に戻って来ると、三条・井上馨らが早速岩倉を訪ね、政変を含む今後の政策に就いて意向を確認した。その日の岩倉の日記は

具視答憲法ノ事欽定トナリ士族ノ事就産ノ資ヲ貸与スルニ決シ開拓使処分取消トナルモ徹頭徹尾内閣ヲ団結シテ倶ニ共ニ相謀リ必死力ヲ尽サント欲ス独リ大隈進退ノ事ニ至リテハ伊藤三木（参議）ニ計ラサレハ答フル能ハス

と記している。政変執行に当たり、プロシア風の憲法制定の目的を簡明に示し、猶伊藤に最後の確認を取る必要があるとしているのは、政変後の政府安定の確保を重視しているためである。十月七日に伊藤が岩倉を訪問し、相談の結果、大隈罷免の方針が確認された。岩倉は同日の日記に、伊藤との会談の結果を記している。

大隈進退ノ事ニ至リ数件其確証ヲ挙ゲ、共ニ朝ニ在リテ謀ル可カラサルノ意ヲ述ブ余ハ其事ノ已ムヲ得サルノ理アルヲ以テ遂ニ意ヲ決シ閣議ヲ賛ス

十月十一日天皇が還幸されると、同日夜三条・有栖川宮・岩倉の三大臣を始め、寺島、山縣、伊藤、黒田、西郷、井上、山田の諸参議が列席して御前会議が開かれ、巡幸に供奉して帰京した大隈・大木の両参議は会議には出ていない。会議では、薩長出身の諸参議連署の奏議が呈出され、別段の議論もなく、予定の筋書通りに大隈に諭して辞表提出と、北海道官有物払下げ処分を取消すことが勅裁されていた。天皇から大隈の罷免はやむを得ないが、事情を説明した上で、辞表を提出させるようにとの注意があったため、伊藤と西郷の両参議が夜半過ぎ大隈邸を訪ね、閣議の決定を伝えたところ、大隈は少しも異議を唱えず明朝参内して辞表を提出しようと答えた。国会開催の時期を明治二十三年とすることは、翌十二日になって裁決されている。

その後十月から十一月にかけて、河野敏鎌（農商務卿）、前島密（驛逓総監）、北畠治房（判事）、矢野文雄（統計院幹事兼太政官大書記官）、犬養毅（統計院権少書記官）、尾崎行雄（同前）、小野梓（一等検査官）、牟田口元学（農商務大書記官）、中野武営（農商務権少書記官）、島田三郎（文部権大書記官）、田中耕造（文部権少書記官）らが免官となった。これが明治十四年の政変とよばれるものである。

大隈・福澤・三菱の陰謀なりとの風説の作成者を福澤は「明治辛巳紀事」に、

此作説、果して井上伊藤の工風に出でゝ真実其発起人なる歟。但しは又鹿児

島人が開拓使一條に付福澤縁故の者の挙動を見て大に怒り、又我社中にて作りたる私擬憲法などを見て大造なるものと思ひ、是れも福澤の密策なり、其れも福澤の陰謀なりと、甚しく疑念を生じたる處に、井上伊藤が之に乗じて其憤怒疑念を増進せしめたるもの歟

（『全集』⑳二三八頁）

と、一応推測はしているが、断定はできなかった。

上述の十月十四日付の福澤の詰問書簡に対して、井上馨は、十六日付けの書簡で、「新聞紙設立一件のヒストリー御綴被成御附與一読仕候。大略は右の通り、併第一の主眼とする處漸進を以て設立と云事は申上置候事と存候」と記している。これは後日の逃げ道を造っているようである。［12④］

278頁2〜5行目　井上角五郎が朝鮮で何とやらしたと云ふので（中略）證人ニなつて出て来ル（2）

福澤が井上角五郎の件に関係ありとして、福澤家が家宅捜索されたり、証人として福澤が裁判所に呼び出されたのは、明治二十一年（一八八八）一月末から三月中旬の事である。

井上角五郎の拘引理由は、福澤諭吉の筆跡を真似た書類等を示して、金玉均・朴泳孝らの計画した甲申事変の黒幕に福澤が存在した事を白状させようとする取り調べであった。角五郎は強くこれを否定し、むしろ井上馨参議の指示を受けて行動したものであったことを力説したが、了承されず、結局八月一日に官吏侮辱罪で重禁固五ケ月、罰金三十円を申渡された。控訴して争っていたが、二十二年（一八八九）一月、弁護士より上告を取り下げ服罪せよと勧められ、十五日上告を取下げ服罪し二月十一日の紀元節に、憲法が発布され恩赦が行われ釈放された。［15⑤］

281頁1行目　時事新報と云ふ新聞紙を發起しました（3）

明治二十年（一八八七）一月一日付の時事新報社長中上川彦次郎の本山彦一宛書簡（『中上川彦次郎伝記資料』一二六―七頁）。

抑も時事新報の成立と申は、明治十三年伊藤井上大隈三氏より福澤先生へ一新聞紙を発行し呉れよとの依頼あり、小生も最初より其議に参し、弥よ実地に新聞紙を発行するの計画成らんとするに至り、三氏等も福澤に金を渡して大新聞を発行せしめ、万一後日に至りて戈を倒にするが如き事ありては由々しき大事なりとて、少し尻込み致しはじめたるより、福澤先生も甚だ遺憾に思ひ、好し、彼等の力を借らず独立に一新聞を起すべしとて、専ら其計画の折柄、大隈参議御巡幸供奉留守中、政治海の風波あり、小生は大隈帰京の上、何様の変動あるとも、夫は我々の関する処にあらざる故、断然一新聞発行の事を決定すべし、又此新聞事業には小生自から其責に任ずべしと論ずれども埒明かず、（中略）（福澤）先生は必ず早々新聞を起すべきに付、小生に於ても早々官職を辞するの用意を為すべしとの沙汰あり、依て小生は早々其手順に及び、長官たる井上氏へも、近々新聞発行致候に付辞職の聞済みを願ふと申通じ置きしが、大隈免職と同時に、新聞発行の事も暫時見合せと申事に相成候。小生の落胆立腹一方ならず。

明治十四年の政変前に福澤は断然政府とは無関係に新聞を発行する決心をし、その準備をしていたのだろう。

政変断行直後の十月十四日、福澤は井上・伊藤宛に、突然の政変で甚大の迷惑を受けたことに関し詰問状を送ったその中で、述べている。

大隈君ト伊井二君トノ間ニ、政治上ノ交際ハ破レタルコト明ナリ。老生ハ其破レタル所以ノ原因ヲ知ラズ。（中略）何ソ夫レ変化ノ速ナルヤ。神出鬼没ハ政治家ノ常態、迚モ我々老朽書生ノ測ル可キ所ニ非ストシテ、漫然コレヲ無頓着ニ附スト雖トモ、爰ニ無頓着ニ附ス可ラスシテ、至極迷惑ナリト申スハ、当春来新聞紙発兌ノ事ニ付、他人ヘハ固ヨリ語ラレズ。親友ヘモ二、三の外ハ、之ヲ秘密ニシテ告ケサリシコトナレトモ、去迚コレヲ発兌スルニハ人物モ入用、又間接ニハ、永遠ノ方向ヲモ不知不識ノ際ニ指示致シ置カズシテハ叶ハズ。旁以テ平常ニハ無用ナリト思フ人員ヲモ集メ置キタルニ、今日ニ至リテハ其ノ人物ノ適スル所ヲ失ヒ、甚タ困却致ス事ニ候。

そこで政府とは別に、独力で、これまで集めた人材を利用して、新聞を発行に踏み切ったことは確かであろう。更に続ける。

尚コレヨリモ迷惑ナルコトアリ。近日世間ノ噂ニ、福澤ハ大隈ト連絡ヲ通シテ民間ヲ教唆シ、政府ノ主義ニ戻テ妄ニ国会開設論ヲ唱ル者ナリト云ヒ、尚

無稽ノ極ニ至テハ、福澤ハ土佐ノ立志社ナド、応援シテ、遂ニハ顚覆論ニ陥ルモ計ル可ラスト云フ者アリ。此流言所謂愚俗民間ノ流言ナレバ、犬ノ吠ルニ異ナラズ、頓着ナシト雖トモ、中々以テ官海ニモ流行スル由ニテ、昨今ハ八方ヨリ拙宅ヘ書ヲ投スル者アリ。又井上君ガ御存知ノ事ニ付一証ヲ挙レバ、外務省出仕ノ津田純一ガ、一昨日上野大輔ノ前ニ呼バレ、前記流言ノ通リノ旨ヲ諭シテ、辞表ヲ呈セシメントシタルニ付、老生ハ之ヲ聞キ、夫レハ間違ナラン、今一度上野ノ宅ヘ参リテ篤ト承ハレト申シ、昨朝純一ハ復タ参タル所、上野ノ申スニ、大隈ト連絡云々ハ間違ナリ。唯純一ハ福澤ノ一類ニシテ、其福澤ハ近来何カ訝カシキ挙動アルガ故ニ、純一ヲモ官ヨリ擯ルナリト明言シタリ。抑モ上野ハ何ノ実証ヲ押ヘテ、福澤ノ心事挙動ヲ訝シト云フ歟。其国会論ヲ唱ルヲ以テノ故歟。若シモ其故ナラバ、本年一月以来福沢ガ伊藤、井上トノ関係ヲ語ラン。之ヲ語リタラバ伊藤、井上ノ挙動モ訝シト申ス歟。実ニ棒腹ニ堪ヘザル次第ナリ。（中略）或ハ弊塾ヨリ出タル者ガ、新聞雑誌ニ又演説ニ、随分詭激ナルコトヲ唱ル者モアラン。此一事ニ就テハ篤ト御勘考被下度。塾ノ生徒内外五百名モアリ、其中ニ卒業シテ或ハ官ニ就キ、或ハ商工ニ帰シ、又或ハ東京ニ地方ニ出没奔走シテ、何カ喋々スル者モ多カラン。其中善良ノ君子モアラン、又言語道断ナル者モアラント雖トモ、逐一コノ輩ノ言行ニ付キ、其責ヲ諭吉ノ一身ニ帰セントスルハ、甚シキ無理ニ非スヤ。

あらぬ流言飛語を材料に非難されたことに厳しく反論している。この福澤への悪評がある時に、自力で新聞を発行するとなると、当時の風潮として、政府のイキの掛かった御用新聞か、反政府色の濃い機関新聞のいずれかが一般的であった。それは、慶應義塾が特殊の政治教育機関として見られ、折角の経営に甚大な悪影響を及ぼす可能性が濃厚であった。

そこで明治十五年三月一日『時事新報』は慶應義塾出版社から発刊されたが、わざと福澤の名を出さず、中上川彦次郎が社長、伊藤茂右ェ門が編集長、岡本貞烋が印刷長という顔ぶれで出発し、福澤は社説を担当した。

最初に「時事新報発兌之趣旨」を掲げた。

「趣旨」は、四～五〇〇〇字に及ぶ長文であった。まず義塾が創業以来二十五年にわたり、一貫して英米の書による欧米の近代文明主義を講究する学塾として努力してきたこと、今日社会のあらゆる面で先頭に立って活躍する多くの人材を輩出してきたことと、義塾社中の特色として、「独立不羈」（後に「独立自尊」と表現された）の精神を体得していることを強調している。

『時事新報』と命名した理由は、「専ら近時の文明を記して、此文明に進む所以の方略事項を論じ、日新の風潮に後れずして、之を世上に報道せんとする」とし、

我学問は独立にして西洋人の糟粕を嘗るなきを欲し、我商売は独立して彼の制御を仰ぐなきを欲し、我法律は独立して彼れの軽侮を受るなきを欲し、我宗教は独立して彼れの蹂躙を蒙るなきを欲し、結局我日本国の独立を重んじて、畢生の目的、唯国権の一点に在るものなれば、苟も此目的を共にする者は我社中の友にして、之に反するものは間接にも直接にも皆我敵なりと云はざるを得ず。我輩の眼中、満天下に敵なし、又友なし、唯国権の利害を標準に定めて審判を下だすのみ。（『全集』⑧七―八頁）

「独立不羈」の精神を、当時の一般の新聞とは異なる、不偏不党の主張展開を宣言している。

十四年の政変直後の政情は、十年後に国会開設が平穏裡に実行されるように、政府が官民調和の政策を採用するかと思われたが、政府批判の新聞記事や政治結社の論説があるからといって、これに対抗するために、御用新聞記者や保守主義者をして、「帝政党」を結成させ、反対派総てを不忠・不敬者扱いにしたため、

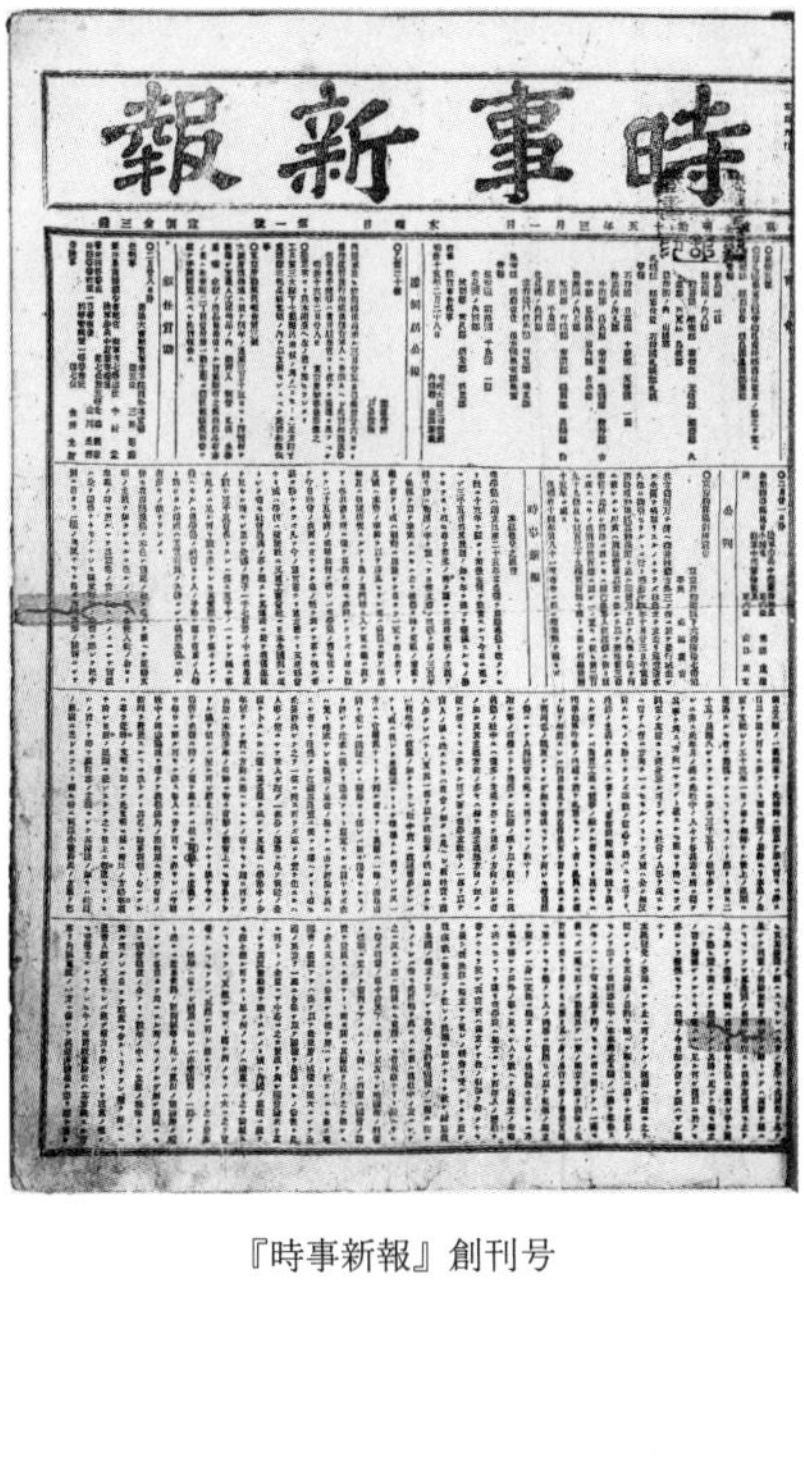
時事新報

『時事新報』創刊号

却って反対派を刺激して、一層対立を激化させた。こうした状況を憂慮した福澤は、「時事大勢論」「帝室論」「藩閥寡人政府論」等の長編の社説を相次いで発表した。「藩閥寡人政府論」は、民権論者からは政府を弁護するものと非難され、政府側からは治安を妨害するものとして六月九日に発行停止を命ぜられた。

『近代日本の新聞読者層』は「明治三十年代前半の読者層―商工読者層を中心に―」の項目で、

> 実業家や会社銀行員読者は他紙では少ないが、『時事』ではかなり大きい比重を占めていることが注目される。
>
> 東京では大阪以上に商家、会社などで購読されていたと思われる。株式、期米、生糸などの商状はもとより、内外金融、為替相場、さらには政府の財政金融政策、財界の動向など、経済情報が「東洋一」と誇称する広い紙面に大量に注ぎ込まれていた。しかもその鮮度は高く、かつ正確であった。
>
> 広告に関する記事を掲げて商人の参考に資すると同時に、各商店に勧めて営業案内を掲げしめ面倒なる手数を厭はずして成る可く広告の道を盛んならしめることを勧めてこれら特徴ある紙面内容と広告から、『時事』が商人、実業家など個人の商工読者のみならず、商家、会社などの法人の商工読者をも対象にしている事が判明する。『時事』は上品な編集振と正確な記事との為に上流社会に信用を得ていた。
>
> 正確・迅速・豊富の三拍子そろった経済政治情報とともに、それらの情報を選択、処理する「独立不羈」という編集方針も、中上層読者に信頼されていた一要因と思われる。福澤諭吉は……「真実独立不羈の新聞社にして、発兌の趣旨に従て固く自から守る外、苟めにも他を敵視したることなし」と回顧している。実際創刊以来この時期にいたるまで「一身一家の独立より之を拡めて一国の独立に及ぼさんとする精神」を根本理とする「独立不羈」の編集方針は堅持されていたようだ。

と評している。まさに『時事新報』はその特色を発揮し、社会の先導役を十分果したといえる。

（4）

284頁1～2行目　本塾出身の先進輩が頻りニ資金を募《ぼ》集《しう》して居ます

資金募集運動とは、明治三十年からの「慶應義塾基本金募集」のことである。

慶應義塾の維持困難の打開や飛躍的発展をはかるためにおこなわれた募金のうち、福澤存命中に数回行われた寄附金募集について、『百年史』から極く簡単に記述する。義塾は創立以来慶応四年（明治元年一八六八）までは中津藩の洋学所として藩邸内の建物を使用させて貰っていた一小家塾であった。塾生からは僅かの塾費を出させていた。芝新銭座（後期）に移転して、中津藩から独立し慶應義塾と名乗り、義塾社中共有の学塾としてからは、会計を福澤の家計から分離独立させ、社中協議の上、塾生から入社金として金三歩、授業料として一人金二歩（一両の半分）を納入させることとした。その後物価の騰貴に伴って授業料も引き上げられ、二円二十五銭（二両一歩）となったが、明治十二年には一円七十五銭（一両三歩）に引下げた。それでも他の洋学塾よりは割高であったという。［5②］にもかかわらず、志望者が他の塾より多かったのは、担当教職員の数も多く、西欧式の数科目の複合教育が行われ、他の洋学塾に比して高度で総合的な教育が、懇切な指導の下で行われ、それが義塾の特色とされていたことによる。しかし教職員の給料は、一人四両あれば死にはしないという計算で定められ、その後次第に引き上げられたとはいうものの、依然薄給であった。他の学校に教えに行けば、二、三倍の報酬が貰えるというのに、好んで薄給に甘んじていたのは、義塾をわが家のように考え、一身の利害を度外視していたためと言われている。

給料が不足すると、福澤が不足分を補給し、何とか維持していたので、福澤家の家計簿には、時に「文学入用」とか「本塾足し金」として、百数十円から多いときで千数百円の金額が記されていた。このような不規則な経営方法では、将来が心配された。そこで明治十一年（一八七八）ごろから、義塾維持資金の借用を、徳川家や政府、さらには翌十二年には島津家等に交渉したが、いずれも不成功に終わった。福澤は十三年九月頃にいよいよ義塾廃止を決意し、その事を小幡篤次郎に打ち明けた。［10（35）］

これを聞いた義塾の先進者達は事重大であると真剣に討議し、義塾存続の方法として、十一月に「慶應義塾維持法案」を作り、維持資金七万円を目標に寄附金を募り、その利子をもって教員の給料の不足分の補塡や、校舎の維持・修理費に当てるための維持資金募集を、早速社中内外に訴えはじめた。［12③］

資金募集に応じた者は明治十四年五月までに約百三十名で、これを「維持社中」と呼び、ほとんどが義塾社中の者であった。申込み総額は四万四、三六五円に達し、払込金額は二万一、九九四円と最初の目標には達しなかったが、十四年以降入社生が増加し、二十一年には一、〇〇〇名を超過する勢いを示したので、独立採算に近い会計状況になり、廃校の危機を脱出した。

義塾の維持を資金募集に依ったので、維持社中の全員に義塾の学事すべての運営を図るという新たな機構を整える必要が生じた。そこで十四年一月二十三日に京浜在住の維持社中が演説館に集合し、兼ねて協議作成中の「慶應義塾仮憲法」を可決した。選挙により二十一名の理事委員を選出し、委員の投票で社頭一名を選出し委員の長とし、教員中より塾長を選び、理事委員を中心に義塾の運営をはかることとした。誠に画期的経営法が実施され、社頭には福澤諭吉が、塾長には浜野定四郎が就任した。

明治五年の学制発布以来、政府は徐々に教育制度を整備し、その結果明治十年代には古い型の私塾は滅び、新しい型の私学が起こり、同時に学問の内容も専門学が要求されてきた。文部省は十三年頃より、教育制度の統括主義を取り、次第にその度合いを強化した。義塾に最も大きな影響を与えたものは、十六年十二月の「徴兵令改正」により教員及び学生の兵役免除の特典が官公立の諸学校に限られ、私立学校として唯一明治十年以来認められていた義塾の兵役免除の特典が取消されたこと。十七年一月の「中学校通則」で、私立学校出身の教員は、官公立の中学校・師範学校の校長もしくは教頭にはなれないことの二点である。明治初年以来義塾は全国の官公立、私立の学校に多数の教員を送りだしていただけに、政府の方針変更は、義塾に取って大きな打撃であった。

義塾の維持発展のためには、整備されつつある官公立諸学校を凌駕するように教育水準を充実向上させるか、このまま次第に時代に取り残されるのを待つかの分岐点に立たされた。この存亡の危機の克服こそは、「慶應義塾」と命名の時からの意図である、時代の先端を歩むべく努力すること、が義塾社中の願望であった。こうして資本金を何とか工面して、義塾を高度な専門学の学塾にすべきだとの機運を塾内に高めた。十七年頃より外国人教師を含む英語教師を増員し、英語教育の奨励と授業強化をおこなう一方で、十八年建坪一三九坪の二階建レンガ造りの新講堂の建築を計画し、二十年八月完成させている。

こうした中で、いよいよ「大学部」と呼ぶ専門学課程の学校を設置する準備のため、二十年十月小泉信吉が大蔵省を辞して慶應義塾総長の就任を受諾した。小泉を中心に大学部設立の資本金募集案が立てられたが、福澤は小泉案に対し中上川への十月一日付書簡で次のような難色を示している。

小泉が金を集るの三策、何れも易からず、全体、人の感情ニ訴て見るニ、慶應義塾ハ福澤塾と云ふニあらされバ、思う事ならん。然るニ、この福澤ハ貧乏ならずして金持の名あり。自分ニ金を持ちながら他人ニ寄附ハ不都合。人ニ金を無心する位ならバ、己れ先ツ身代を空ふして後の事なりとハ、誰れも心之底ニ思ふ所ならん。然るニ福澤が貧乏を恐るゝハ、子孫を思ふ故なり。如何なる事情あるも、一家の独立を犠牲にして塾ニ奉するを得ず。是れ即ち義塾ニ集金の六ケ敷深因なりと存候。即義塾ニ金の集らざるハ、福澤が邪魔ものニ為りたるの姿なり。是れハ世人の心付かぬ事ニゐ、諭吉ハ独り合点せり。故ニ、若しも小泉が尽力して、広く金を集めんとならバ、成る丈ケ塾と福澤との関係を薄くして、時としてハ福澤を利用するも、平時ハ全く無権力之者ニする方肝要と存候。是れニゐも六ケ敷くバ、他ニ金の出処を求めさる可らず。政府ゟ云とハ末代行はれ申間敷、仮令誰れの政府ニなりても、政府之権を執れバ、義塾ニ反せざるを得ず。

福澤年来の主義と精神を開示し、大学資金募集の原則を示している。一方では広く資金を集め、他方では富豪等を説いて高額の寄付を得るという方法は、その後の募金のやり方に貫かれている原則である。

明治二十二年一月福澤・小幡・小泉三人の名を以て、大学資金募集の趣意書と払込方法を発表した。有名外国人教師両三名を新規に雇用し、文学・法学・商学三科の大学部を開設し、各科定員百名の学生を入学させた。そのため授業料の他に毎年二万五千円の経費が必要であるとして、広く資金を募った。

最初は仮事務所を京橋区南鍋町の交詢社内に設け、事務処理を肥田昭作が当たり、評議員会が成立し事務所を義塾構内に移すと、交詢社でも寄付申込みの取次ぎをおこなった。二十三年七月宮内省より社頭福澤諭吉に対し思召金千円の下賜があり、これが募金に好影響を与え、二十三年末までに七万九千円の払込があり、大学部維持の当初の目的は達成されるかに見えたが、三十年秋に新たに「慶應義塾基本金」募集が企画されたので、「大学資金募集」は十月で打ち切られた。払い込まれた合計金額は、十万五、八四二円九五銭である。

明治十四年一月二十三日制定の「慶應義塾仮憲法」に代わって、二十二年八月「慶應義塾規約」が制定されると、仮憲法の理事委員は評議員と改められた。新に塾賓と義塾卒業生及び社頭の特選する者を塾員と定め、評議員の選挙権・被選挙権を持つ事に改められた。十月第一回評議員会が開催され、小泉信吉が塾長に選出された。小泉は大学課程編成委員を門野幾之進・鎌田栄吉ら六名に依頼し、招聘した主任外国人教師と学科課程について協議した結果、正科・別科の上に三学年制の「慶應義塾大学部」(設置学科は文学科・理財科・法律科の三科)を設置することとし、十一月の評議員会で承認された。

正科(六年)は本科(三年四ヶ月課程)と予科(二年八ヶ月課程)に分かれていた。予科は専ら英書の訳読解釈力に務め、本科では講義と自習により知見を広める教育が行われていた。別科は三年四ヶ月課程の訳読を専攻とし、これを総称して(旧)普通部と呼んだ。

大学部への進学には、正科卒業生は無試験で、別科卒業生は数学・英語の二科目の試験を課した。他校からの志願者には、地理学・歴史・物理学及化学・数学・英文和訳・和文英訳・英語書取・日本作文及手跡の諸科目を課すことにした。

入学生の当初の目論見は、三学部各百名、一学年三百名であった。大学部が開設されてみると、実際の入学生数は、普通部よりの進学が予想外に少なく、三学年がそろった明治二十五年の在学生は一〇四名に過ぎず、その後も一向に入学生の増加傾向は見えなかった。したがって大学資金の金利で年間の不足額二万五千円の他に、見込み違いの授業料分の不足を補充するため、資金から補充せざるを得ない状況になっていた。これでは永続出来るはずはない。

そこで「大学部」は廃止し、世間で行われている尋常中学校五年と、高等中学校の二年課程に改めて、(旧)普通部正科の特色である英語の授業を充実させることで学生を確保しようとの意見があった。しかし(旧)普通部卒業をもって義塾卒業とする制度を改め、大学部を卒業した者のみ義塾卒業生とする制度として大学進学者の確保を図るべきとの主張に、福澤が賛成した事で意見が纏まった。

三十年の実施を目標に、義塾学制の大改革案が検討実施されることになった。

改革案は正科(本科三年四ヶ月予科二年八ヶ月)の本科を高等科(三年)、予科を普通科(五年)とし、普通科より高等科へ進学する者は普通科四年から高等科へ進むことにした。別科は三十年四月で廃止された。(『百年史』中巻前一〇五頁)

三十年当時の義塾では、幼稚舎、(旧)普通部、大学部は、それぞれ独立の形を取り、幼稚舎の上級は普通科の低学年と重複しており、普通部は卒業期が三期(四・七・十二月)に分かれていて、大学部に進学するには、十二月を待たねばならないという不都合さがあった。そこでこの重複・不連続を改め、三十一年五月より一貫教育制度を採用し、幼稚舎(小学六年)、普通学科(中学五年)、大学科(文・法・政治(新設)・理財四科五年制と高等科を合併)と改称した。大正九年大学令により、三十七年には専門学校令により大学部が認可された。大正九年大学令により、文学・経済学・法学・医学よりなる、予科三年・学部三年(医学部は四年)、大学院を付設した。

これら一貫教育制度を実施するため、五月より翌年四月迄を一学年とする学期が、明治三十一年教員会議で議決され、教職員・在学生を演説館に集めて発表された。

当時は官立の大学は帝国大学一校のみで、これに京都に大学が創立されるとはいえ、志願者に応じ難い状況を呈していた。義塾は明治二十九年文部大臣の認定を得て、満二十八歳までの徴兵猶予と一年志願兵たるの特典が与えられていた。

学制改革の骨子は、まず東京在住の塾員等を集め数回に分けて懇談会を開き説明された。大学部の必要性の高まりを展望した学制改革を中心に説明し、併せて基本金募集についても説明したところ、多数の賛成と寄付金の申込みを受けた。

塾当局者は勿論、塾員有志が各方面に働き掛けると共に、全国的に地方の有力塾員を維持委員に委嘱し、募金活動を展開した。愛塾心の賜物で、「基本金募集」は明治三十五年四月までに三七万八、一二二円一一銭、払込金額は二一万八、八三四円に達し、義塾経営を支えた。

参考① 新政府の召命を断る

福澤が幕府の雇いから幕臣身分となり、それを辞したり新政府よりの召命等については、『自伝』に記されているが、その年月日の明記は少ない。『諭吉伝』や『考証』、書簡などの傍証史料で月日が確定されたものもあるが、「福澤の幕府出仕について一・二」（『手帖』55・56号）の研究により、かなり明確にされた事項も多い。改めて『木村摂津守喜毅日記』『明治史要』等の記事を纏めて、年表式に略記する。

年号年月日　事　項

万延1 11 — 福澤幕府外国奉行支配翻訳方雇下命二十人扶持手当金十五両。（長尾研究一）

元治1 10 4 福澤幕府外国翻訳方召出下命有。（全集二十一「幕府出仕関係文書」）

10 6 福澤幕府召出、新規百苞被下外国翻訳御用被仰付、百五十苞高ニ御足高被下（木村日記）

11 2 福澤召出に付、中津藩請書（全集二十一「幕府出仕関係文書」）

慶応1 8 — 外国方御用繁劇に付別段手当支給申請高百五十俵手当金十五両（全集二十一「幕府出仕関係文書」・長尾研究二）

12 17 福澤に年末手当金五十両支給（全集二十一「幕府出仕関係文書」・長尾研究二）

慶応2 —— 翻訳御用の福澤に年末手当金五十両支給（長尾研究二）。

慶応3 —— 翻訳御用の福澤に六ヶ月海外出張に付、年末手当金三十両支給（長尾研究二）。

慶応4 3 4 福澤に（御使番への）召命下る。（大童信太夫宛新書簡集四十八番）

3 5 福澤、幕府の召命辞退す。（木村日記）

3 14 △勝・大久保ら薩摩屋敷で西郷と謝罪条件談判（木村日記・明治史要）

閏4 29 △田安家達をして徳川宗家を嗣がしむ。（明治史要）

5 15 新政府軍上野の彰義隊を攻撃す。福澤ウエーランド経済書の講義を行う（自伝）。

6 8 福澤幕府に御暇願提出（木村日記）

6 10 総督府より上洛命令来る（木村日記）辞退す（山口寛斉宛新書簡集五十七番）

6 29 △鎮台府、昌平学校を復興。（明治史要）

7 17 △江戸を東京とし、鎮将府を置く。（明治史要）

7 — 福澤、「慶應義塾之記」起草（全集十九巻）

8中旬 幕府退身願い許可（山口寛斉宛新書簡集五十七番）

明治1 9 8 △明治と改元す。（明治史要）

9 19 福澤と同時に召集命を受け応じた神田孝平、一等訳官・議事体裁取調御用掛となる。（明治史要）

10 27 政府学校御用取調掛に任命。福澤直に辞退。（東京帝国大学五十年史上一一三頁）

11 — 新政府より福澤に再度召命あり（松山棟庵宛新書簡六十番）。

明治2 8 4 中津藩に退身願提出（鈴木力兵衛宛新書簡集七十二番）

福澤に対する新政府の召命等に関する傍証資料は、現在のところ、明治二年（一八六七）以降のものは見られない。その頃は未だ新政府の基礎が十分確立されていない時期で、人材を集めたいと考えていた時期でもあるだけに、内々福澤への働き掛けが行われたのではないかと思われる。今後その様な傍証資料が発見される可能性は十分存在する。福澤が自分の経営する学塾に、この時期「慶應義塾」と、敢えてその当時の旧幕時代の年号を学塾の名に冠した理由について、可なり後までも弁解しているのは、むしろ新政府側にその後も暫くは、福澤の態度を非難する動きがあったためではないかと思われる。

参考②　新政府に出仕した旧幕臣

新政府に仕官した旧幕臣の全貌は不明であるが、『明治維新人名辞典』等を参考に、判明した者を列記してみる。

赤松大三郎（則良）　天保十二～大正九年（一八四一～一九二〇）江川太郎左衛門に師事し砲術と兵学を学ぶ、江戸に戻って、坪井信良に蘭学を学ぶ。海軍伝習生に選ばれ二年間長崎に学び、安政六年（一八五九）江戸に戻り、築地軍艦操練方に勤務。万延元年（一八六〇）咸臨丸で渡米、帰朝後は教授方出役に進み、文久二年（一八六二）オランダ留学を命ぜられ、慶応四年（一八六八）五月帰国した。函館戦争で榎本軍に参加せんとして成らず、遠州見付に移る。十月沼津兵学校一等教授方となる。明治三年（一八七〇）兵部省出仕、七年海軍少将兼海軍大丞に進む。二十年男爵海軍中将となる。佐世保・横須賀鎮守府司令長官となり、二十四年十二月予備役となる。三十年貴族院議員となった。八十歳で死亡した。

荒井郁之助　天保六～明治四十二年（一八三五～一九〇九）

安政四年（一八五七）長崎海軍伝習所に航海術を学び、海軍操練所頭取・講武所取締役を経て、慶応三年（一八六七）歩兵頭となり、翌四年榎本と共に蝦夷地に仮政府を樹立、海軍奉行となる。宮古湾奇襲に失敗して箱館に戻る。のち捕えられ禁獄三年に処せらる。特赦の後開拓使に出仕し開拓使仮学校初代校長となる。明治十二年（一八七九）内務省測量局長となり、初代中央気象台長官となる。十五年辞官後は浦賀ドック創立に尽力した。七十五歳で死去した。

池田謙斉（謙輔）天保十二～大正七年（一八四一～一九一八）

長岡藩士入沢健蔵の二男で、幼少時緒方洪庵門に学び、その才を認められ、幕医池田秀真の養子となる。文久二年（一八六二）幕命で長崎に留学、蘭医ポードウィンに西洋医学を学ぶ。維新の際兵部省医師となり、戊辰戦争に従軍医師として活躍、明治二年（一八六九）大学大助教に進む。三年ドイツ留学～九年帰国、陸軍軍医監兼宮内省御用掛。十年東京大学医学部綜理、十九年宮内省侍医局長官、二十一年日本最初の医学博士となる。三十年陸軍一等軍医正、三十五年宮中顧問官となる。七十八歳で死去した。

揖斐　章　静岡藩士族　生没年不詳

明治元年（一八六八）十二月沼津兵学校開校時に兵学校三等教授。同月軍務官出仕下命、三年准大隊長陸軍少佐・六年大佐、西南戦争で重傷、十三年陸軍少将名古屋鎮台司令官となる。

内田正雄（恒次郎）天保九～明治九年（一八三八～一八七六）

旗本内田主膳の養子　赤松大三郎に蘭学の手ほどきを受け、安政四年（一八五七）長崎海軍伝習生として航海・測量学等を学び、江戸に戻ってから築地軍艦操練所教授方手伝出役となる。文久三～慶応二年（一八六三～一八六六）オランダに留学、帰国後軍艦頭となる。維新後静岡藩士として学校取調御用掛に任じられていたが、明治二年（一八六九）大学少丞・権大丞と進み、大学中博士・文部中教授、五年文部省六等出仕となり、翌年七月公職を辞し、以後著述に専念した。三十九歳で死去した。

江連尭則　幕臣　生没年不詳

文久三年（一八六三）小姓組番士・洋書調所頭取・目付、元治元年（一八六四）外国奉行、慶応四年（一八六八）閏四月開成所奉行。五月大総督府居留地奉行となる。

榎本武揚　天保七～明治四十一年（一八三六～一九〇八）

昌平黌及び中浜万次郎に英語を学ぶ。安政元年（一八五四）箱館奉行堀利熙の小姓として箱館に渡り、樺太探検にも参加。安政三年（一八五六）海軍伝習生に選ばれ、五年帰府して軍艦操連所教授方出役となる。文久二年（一八六二）注文軍艦建造方監督を兼ねてオランダへ留学、兵制・器械学・化学等の他に国際法規も学び慶応三年（一八六七）帰国した。翌年海軍副総裁となり、戊辰戦争の時は強硬論を主張し、八月幕府艦隊を率いて江戸湾から脱走、箱館・江差等を占領、独立仮政府を樹立し、新政府軍と対峙した。黒田清隆の勧告で明治二年（一八六九）降伏し、入獄したが、五年許され、開拓使四等出仕を命ぜられ、北海道開発に尽力した。七年海軍中将兼特命全権公使を任ぜられ、翌年露国との間に千島樺太交換条約を締結した。十二年条約改正取調用掛、次いで外務省出仕、外務大輔を兼任、翌年海軍卿。十五年清国駐箚公使として伊藤博文全権大使を助けた。以後逓信・農商務・文部・外務の大臣を歴任し、その間二十年には子爵となり、二十三年枢密顧問官となった。七十三歳で死去した。

大久保一翁（忠寛）文化十四～明治二十一年（一八一七～一八八八）

天保十三年（一八四二）家督相続西丸小姓より、小納戸・徒頭、安政三年（一八五六）蕃所調所頭取兼務。長崎奉行・駿府奉行より、安政六年京都奉行となったが、井伊直弼に嫌われ西丸留守居、次いで罷免寄合となる。文久元年蕃書調所頭取として復役、十月外国奉行、翌年大目付兼外国奉行となるも、十一月安政大獄関係の追罰で免職差控となる。元治元年（一八六四）勘定奉行として復役したが間もなく免職寄合となる。慶応元年（一八六五）隠居して一翁と称した。慶応四年一月幕府会計総裁に召出され二月若年寄となり、勝海舟と共に幕府の終末の処理に尽力した。維新後静岡県参事を経て明治五年（一八七二）五月東京府知事となり、次いで教部少輔・元老院議官を歴任し、七十二歳で死去した。

小野友五郎　文化十四～明治三十一年（一八一七～一八九八）

常陸笠間藩士、嘉永五年（一八五二）幕府天文方に勤務の傍ら江川担庵に師事、安政二年（一八五五）長崎で海軍伝習生として測量術を学び、四年江戸に戻り築地軍艦操練所教授方となる。万延元年（一八六〇）咸臨丸でアメリカ訪問、帰国後軍艦頭取に進み、文久元年（一八六一）小十人格となり、十二月咸臨丸で小笠原諸島の測量航海を行う。翌年五月石川島で千代田型の造船を指揮。元治元年（一八六四）六月勘定吟味役。慶応三年（一八六七）一月軍艦購入のためアメリカ訪問、六月帰国。十月勘定奉行並となる。四年一月鳥羽伏見の役に兵站掛勤務、敗戦により軍用金十八万両余を江戸に移送。二月逼塞を下命され、四月新政府より禁固一年に処せらる。明治三年（一八七〇）民部省鉄道掛出仕となり、新橋〜横浜鉄道路線をはじめ、各地の鉄道路線の測量に従事、八年鉄道寮七等出仕となったが、官を辞し、塩業改良事業に従事した。八十二歳で死去した。

織田信愛《のぶよし》　文化十一〜明治二十四年（一八一四〜一八九一）

天保十一年（一八四〇）家督相続、安政三年（一八五六）高家、慶応二年（一八六六）陸軍奉行並、翌年海軍奉行並、慶応四年高家再勤、三月依願免職。維新後賢司と改名し北海道開拓使に奉職、のち帝室博物館勤務農業改革に尽力。七十八歳で死去した。

大築尚志　天保六〜明治三十三年（一八三五〜一九〇〇）

慶応四年（一八六八）一月歩兵指図役頭取、翌年兵学校一等教授。明治五年（一八七二）陸軍省出仕、十九年陸軍少将、三十二年中将に進み後備役に編入。正四位に叙せられ、六十六歳で死去した。

大鳥圭介　天保四〜明治四十四年（一八三三〜一九一一）

嘉永五年緒方洪庵塾入門、安政元年（一八五四）江戸に出て坪井忠益塾に入る。四年江川塾に移り兵学を学ぶ。慶応二年（一八六六）江川の推薦で幕臣となり、翌年歩兵頭並となり洋式訓練に当たる。慶応四年戊辰戦争時には主戦論を主張、歩兵奉行となる。四月幕兵を率い江戸を脱走、市川・結城・宇都宮・会津・仙台と転戦したが破れ、榎本の艦隊に投じて蝦夷地に移る。陸軍奉行として箱館を守ったが、同地も明治二年（一八六九）五月陥落降伏して東京で入獄し明治五年（一八七二）出獄す。以後政府に出仕し、開拓使御用掛・少議官・大蔵少丞・陸軍省四等出仕を経て、工部省に転じ、工部技監・工部大学校長・学習院校長・華族女学校長を歴任、二十二年特命全権清国駐箚公使。二十六年朝鮮駐箚兼任となり、翌年枢密顧問官に任命さる。三十三年男爵に叙せらる。七十九歳で死去した。

大給恒《わたる》　天保十〜明治四十三年（一八三九〜一九一〇）

三河奥殿藩主（のち信濃田野口藩・更に龍岡藩と改称）、江戸で服部蘭台・山脇東太郎らに蘭語、入江六郎に仏語等を学ぶ。文久三年（一八六三）若年寄、慶応元年（一八六五）陸軍奉行に転じ、幕府兵制を改革、翌年老中格兼陸軍総裁となり、慶応四年二月これを辞任。明治四年（一八七一）民部省に出仕し、左院少議官となり、後太政官五等出仕、八年七月元老院議官に任ぜられた。西南戦争の時佐野常民と共に博愛社を興し医者看護人らを戦地に送り、負傷者の救護に当たらせた。日本赤十字社の起源といわれる。十一年賞勲局副総裁、二十八年同総裁となり、四十年伯爵となり、四十二年枢密顧問官に任ぜられた。七十二歳で死去した。

小花《おばな》作助　文政十二〜明治三十四年（一八二九〜一九〇一）

文久元年（一八六一）末外国奉行水野忠徳が小笠原諸島に派遣され、同諸島が日本領であることを宣言した時、外国奉行支配定役元締助として水野に従い、咸臨丸で同行した。そのまま八丈島からの移民三十名と共に島に残り島務を管したが、同三年開拓中止により引揚げた。慶応四年（一八六八）二月町奉行支配調役に転じた。明治二年（一八六九）東京開市場調役、東京府権大属を経て、五年東京府権典事となる。此の年新政府の小笠原諸島経営方針が決定し、小花の経験が買われ、八年内務省地理寮七等出仕に任ぜられ渡島し、外国人島民に曖昧であった島の所属を、再度日本領土である事と、開拓を行う事を宣言通告した。翌年十二月同省権少丞に任ぜられて、同島出張所長として赴任、諸島開発に多大の貢献をなした。七十三歳で死去した。

勝　海舟　文政六年〜明治三十二年（一八二三〜一八九九）

弘化二年（一八四五）頃より、永井青崖について蘭学を学び始め、嘉永三年（一八五〇）には私塾を開いた。安政二〜六年（一八五五〜五九）の間長崎海軍伝習生監督としてオランダ人教官より、海軍諸関係学科を学び、万延元年（一八六〇）咸臨丸でアメリカを訪問した。文久二年（一八六二）軍艦奉行並となり、次いで軍艦奉行として幕府海軍の育成にあたった。慶応四年（一八六八）幕府瓦解の時は、慶喜を補佐して新政府側と交渉して、江戸城の無血開城に成功し、徳川家に従い静岡に移った。明治二年（一八六九）新政府に登用され、以来外務大丞・兵部大丞・海軍大輔・参議兼海軍卿・元老院議官等に任ぜられた。明治二十年伯爵に叙せられ、翌年枢密顧問官に任ぜられた。七十七歳で死去した。

加藤弘之　天保七年～大正五年（一八三六～一九一六）

但馬国出石藩の兵学師範の子に生まれ、江戸に出て佐久間象山・大木仲益らに蘭学を学び、万延元年（一八六〇）幕府に聘せられて蕃書調所教授手伝となる。慶応四年（一八六八）二月目付に進む。維新後は新政府に出仕し、政体律令取調御用掛、学校判事・会計判事・制度寮撰修・大学大丞・文部大丞・大外史・外務大丞を歴任すると共に、明治三～八年の間に侍読を兼ねた。十年（一八七七）開成学校綜理、二十三年帝国大学総長となった。三十三年男爵に叙せられ三十九年枢密顧問官に任ぜられた。八十一歳で死去した。

川路太郎　弘化元年～昭和二年（一八四四～一九二七）

幕末の勘定奉行川路聖謨の孫。箕作阮甫・中浜万次郎らに蘭英語を学び、蕃書調所に勤務。文久三年（一八六三）小納戸、翌年小納戸を辞し勤仕並寄合となる。慶応二年（一八六六）に横浜フランス語伝習所第一期生として学び、八月歩兵頭並となり、留学生取締りとして欧州に派遣されたが、慶応四年五月新政府より帰国を命ぜられた。父は夭折し祖父は幕府瓦解に際し自刃した為、横浜に出て貿易商となった。明治四年（一八七一）大蔵省に出仕、翌年岩倉大使らの欧米巡視に通訳として随行。帰国後は外国文書課長となり、大隈重信の愛顧を受けたが、九年退官し、晩年は神戸の松陰女学校校長を勤めた。八十四歳で死去した。

神田孝平　天保元年～明治三十一年（一八三〇～一八九八）

美濃の生まれで江戸で漢学修業の時、嘉永六年（一八五三）ペリーの渡来を機に蘭学に転じ、杉田成卿・手塚律蔵らに師事、のち長崎に遊学。文久二年（一八六二）蕃書調所教授方出役となり、慶応四年（一八六八）三月開成所頭取となった。維新後は、新政府に出仕し、明治元年（一八六八）九月、一等訳官・徴士・議事体裁取調御用掛となる。翌年正月会計官権判事・四月公議所副議長、五月制度取調御用掛、八月集議院判官などを歴任。四年～九年九月の間兵庫県令を勤務。次いで元老院議官・文部少輔・憲法取調委員を経て、二十三年帝国議会開催に伴い、貴族院議員に勅選された。三十一年男爵に叙せられた。六十九歳で死去。

菊池大麓　安政二～大正六年（一八五五～一九一七）

箕作秋坪の二男で、後父の生家菊池家を相続。六歳で蕃書調所に入り、蘭学英語を学び、慶応三年（一八六七）幕府の命で英国に留学したが、幕府瓦解で召還された。明治三年（一八七〇）再度英国へ留学し、数学・物理学を学び明治十年帰国し東京大学理学部教授となる。二十三年貴族院議員・枢密顧問官となり、三十一年東京帝国大学総長、三十四年文部大臣、四十二年帝国学士院長となる。六十三歳で死去した。

小永井五八郎（小舟）　文政十二～明治二十一年（一八二九～一八八八）

佐倉藩士平野重美の末子、安政五年（一八五八）幕臣小永井家の養子となる。万延元年（一八六〇）咸臨丸渡米の際公用方下役として乗組、帰朝後調役等勤務。維新後一時一橋家や尾張藩明倫堂の教頭をしていた。後川田剛の勧誘で文部省の微官となったが、晩年浅草で濠西塾を経営、文墨を楽しんでいた。六十歳で死去した。

佐々倉桐太郎　天保元～明治八年（一八三〇～一八七五）

結城家に生まれたが、浦賀奉行組与力佐々倉家の養子となる。安政二年（一八五五）長崎の海軍伝習生となり、四年江戸に戻り、築地の軍艦操練所教授方となる。万延元年（一八六〇）咸臨丸で渡米、帰朝後も操練所に勤務したが、文久三年～慶応元年（一八六三～一八六五）の間病気で休職した。四年一月軍艦役となったが、幕府瓦解後は浦賀、更に静岡に移転した。明治四年（一八七一）十二月兵部省に出仕し海軍兵学寮の兵学助に任命され、翌年兵学寮監長を兼務、六年三月兵学権頭となったが、八年暮れ、病気辞職し、四十六歳で死去した。

塩田三郎　天保十四～明治二十二年（一八四三～一八八九）

幕府出仕の医師の家で、安政三年（一八五六）父に従って箱館に赴き、英学を名村五八郎に、仏学を仏人に学んだ。文久三年（一八六三）帰府して通弁御用となった。池田長発の鎖港談判使節に随行渡仏。更に慶応元年（一八六五）柴田剛中に従って英仏二国に赴いた。慶応三年外国奉行支配組頭となった。幕府瓦解後は横浜に移住し、仏学の教授をしていた。明治三年（一八七〇）民部省次いで外務省に出仕し、外務権大記となり、鮫島少弁務使に従い英仏普三国に赴き、四年外務大記として岩倉特命全権大使に随行した。六年外務大丞となり、その後外務大書記官・外務少輔を歴任、十八年特命全権公使として清国に駐箚中北京で客死した。四十七歳。

杉浦　誠　文政九～明治三十三年（一八二六～一九〇〇）

壮年時代剣道に励み、また大橋訥菴に文学を学び、詩も好んだ。文久二年（一八六二）洋書調所頭取兼二丸留守居、次いで目付となり、翌年一時長崎奉行となり、目付に再度勤務、更に新番頭格となったが、元治元年（一八六四）六月御役御免となった。慶応二年（一八六六）箱館奉行に任ぜられ四月赴任、三年十月勘定奉行を兼ね、四年四月金穀簿書を清水谷総督に致して帰府し、静岡に移った。維新後の明治二年（一八六九）外務省に出仕し、八月開拓権判官として函館に勤務。五年開拓判官・次いで中判官となり、交通・商業の発達のために尽力した。八年開拓使三等出仕となり、十一年辞職した。七十五歳で死去した。

杉浦　譲　天保六～明治十年（一八三五～一八七七）

甲府勤番の家に生まれ勤番士として甲府二十人町組屋敷に住んだが、文久元年（一八六一）江戸に出て、外国奉行支配書物出役となる。元治元年（一八六四）池田長発に従って欧州に赴き、更に慶応三年（一八六七）外国奉行支配調役として仏国に赴いた。幕府瓦解後一時静岡に逼塞していたが、再渡欧の際知己となった渋沢栄一との関係からか、彼と前後して明治三年（一八七〇）二月明治政府に徴され、駅逓権正として、前島密の外遊中は郵便制度推進に尽力した。四年三月駅逓正、七年一月内務大丞兼地理頭、十年内務省大書記官地理局長となった。四十三歳で死去した。

鈴木重嶺《しげね》　文化十一～明治三十一年（一八一四～一八九八）

幕府に出仕し勘定組頭・同吟味役を経て元治元年（一八六四）勘定奉行並・槍奉行、八月免職、慶応元年（一八六五）佐渡奉行～四年（一八六八）閏四月免職隠居。明治二年開拓少主典、浜松県参事、六年（一八七三）相川県知事～十一年辞任。八十五歳で死去した。

須藤時一郎　天保十二～明治三十六年（一八四一～一九〇三）

幕臣高梨仙太夫長男、十七歳で須藤家を嗣ぐ。英書を学び外国方に勤務、池田長発に従い渡仏、帰国後歩兵指図役、戊辰戦争に従軍。維新後尺振八塾で英語教師、大蔵省御用掛、明治五年（一八七二）紙幣寮紙幣助に進み、廃寮に伴い各種銀行監査役・相談役を歴任。衆議院議員に当選。六十三歳で死去した。（沼間守一の兄。）

関口隆吉　天保七～明治二十二年（一八三六～一八八九）

嘉永五年（一八五二）家督相続、六年ペリーの浦賀渡来の際は攘夷論を主張し、反対派の勝海舟を襲撃して失敗した。慶応四年（一八六八）四月には精鋭隊頭取として町奉行支配組頭となり、閏四月には市中取締役頭となった。明治五年（一八七二）三潴県（筑後福岡県）権参事、八年山口県令に昇進。翌年の前原一誠の乱を直に平定した。のち高等法院陪席判事・元老院議官、十七年静岡県令、十九年同県知事となった。二十二年愛知県に赴く途中列車事故で負傷、これが原因で五十四歳で死去した。

田辺太一　天保二～大正四年（一八三一～一九一五）

幕臣田辺誨輔の次男。十八歳で昌平黌に入り、儒学を研鑽。甲府徽典館教授に登用され、安政六年（一八五九）外国方に新規採用され、書物方出役となり、横浜開港関係事務に携わる。文久元年（一八六一）水野忠徳に随行して小笠原島開拓事務に尽力、外国奉行支配調役並に進む。文久三年横浜鎖港談判使節派遣の際、随行を下命され、外国奉行支配組頭に任ぜられたが、談判不成功のため元治元年（一八六四）七月帰国するや、免職・閉門に処せられた。慶応三年（一八六七）パリ博覧会派遣使節に、公使館書記官として随行。帰朝後慶応四年三月目付となる。維新後静岡に移住し、沼津兵学校教授となったが、明治三年（一八七〇）外務小丞として新政府に迎えられ、以後外交畑で活躍した。十年外務大書記官、清国公使館在勤（一時臨時代理公使勤務）。十五年帰国。翌年八月勅任官、九月元老院議官、のち貴族院勅選議員となる。八十五歳で死去した。

塚本明毅　天保四～明治十八年（一八三三～一八八五）

嘉永三年（一八五〇）昌平黌に入学、安政二年（一八五五）長崎海軍伝習所に第一期生として入所し、四年三月江戸に帰る。五年海軍操練所教授となり、文久元年（一八六一）軍艦組となり、翌年小笠原諸島の測量に参加。慶応元年（一八六五）小普請組となったが、翌年騎兵指図役に召し出され、三年小十人格軍艦役に進み、築地の海軍伝習所通弁掛となる。四年一月軍艦頭並となったが、閏四月辞任し、明治元年（一八六八）十月沼津の兵学校教授として、砲兵科取締を担当、三年九月兵学校頭取となった。明治五年陸・海軍省が設置され、陸軍小丞兼陸軍兵学大教授に任命された。同年太政官地誌課長も兼任し、改暦事務を担当した。その後権大内史兼法制課長・一等編修官・内務省御用掛・内務少書記官を歴任した。五十三歳で死去した。

戸川安愛　天保五～明治十八年（一八三四～一八八五）

大番頭戸川伊豆守安栄（三〇〇〇石）の子。文久元年（一八六一）小納戸、翌年家督相続し、三年目付に任ぜらる。慶応元年（一八六五）病気辞職したが、十月再任、二年七月大目付に進む。対京都強硬論を主張したが、慶応四年正月の鳥羽・伏見戦に敗れ、幕艦開陽で帰府、翌月免職された。明治二年（一八六九）静岡藩権大参事に任じたが、廃藩置県後備中へ帰農した。明治七年仕官して、東京府学務御用となった。十四年病気帰国し、郡長を務め十八年五十二歳で死去した。

永井尚志（玄蕃） 文化十三〜明治二十四年（一八一六〜一八九一）

三河奥殿藩主の子で、三歳で父母に死別、天保十一年（一八四〇）二十五歳で旗本使番永井求馬の養子となる。嘉永元年（一八四八）昌平黌甲科及第で、老中阿部正弘の人材抜擢策で、嘉永六年徒士頭更に目付と進み、安政元年（一八五四）長崎在勤を命ぜられ、更に海軍伝習所の監理を兼務、安政四年第一期生を率いて帰府した。同年十二月勘定奉行に、翌年七月外国奉行に転じ、更に安政六年軍艦奉行に就任したが、八月安政大獄に連座、免職差控となった。文久二年（一八六二）八月再度召出され、京都町奉行に任命。元治元年（一八六四）大目付となり、第一・二次長州征伐の処理に当たる。在京のまま慶応三年（一八六七）若年寄となり、四年正月の鳥羽・伏見戦の敗戦により帰府し、二月免職となった。八月榎本の軍に参加し脱走、箱館で新政府軍と戦い明治二年（一八六九）五月降伏。東京に送られ入獄、明治五年正月赦免された。同年開拓使御用掛、次いで左院少議官。明治八年には元老院権大書記官となったが、九年辞職退隠した。七十六歳で死去した。

中野梧一 天保十三〜明治十六年（一八四二〜一八八三）

幕臣時代は斎藤辰吉、維新後に改名。天保十三年一月八日生、父は郡代掛か代官斎藤嘉兵衛。安政四年（一八五七）父の隠居により家督相続。勘定所評定所留役介、外国奉行支配調役、勘定留役、勘定組頭格、勘定組頭を歴任。維新の時榎本らと共に箱館五稜郭に籠城、明治二年（一八六九）五月降伏。翌三年二月釈放され従兄弟の中野誘の付籍となり中野梧一と改名。四年九月大蔵省七等出仕、十一月十五日初代山口県参事（県令職代行）となる。旧幕臣が地方官に任命された例は少ない。長州出身の実力者井上馨の推薦によるという。五年七月権令・八年八月県令に昇任、十二月辞職し、大阪で実業界に投じた。長州出身の藤田伝三郎と共に、十年の西南戦争で巨利を得、十一年大阪商法会議所創立に参加、副会頭となる。十二年の藤田組贋札事件に連座した。十四年五代友厚・広瀬宰平らと関西貿易商会を創立し活躍していたが、十六年九月十九日、原因不明の自殺を遂げた。四十二歳。

中村敬宇（正直） 天保三〜明治二十五年（一八三二〜一八九一）

幕府与力中村武兵衛重一の長男。三歳より文字を学び、十六歳で蘭学をも学ぶ。安政二年（一八五五）昌平坂学問所教授、文久二年（一八六二）御儒者となる。慶応二年（一八六六）幕府の英国派遣留学生取締として渡英、維新後静岡学問所一等教授となり、『西国立志編』を翻訳した。明治五年（一八七二）大蔵省に出仕。六年私塾同人社を開き、七年宣教師カックランより受洗。八年東京女子師範学校摂理。十四年東京大学教授。十九年元老院議官、二十三年貴族院議員を歴任。六十歳で死去した。

沼間守一 天保十四〜明治二十三年（一八四三〜一八九〇）

幕臣高梨仙太夫の二男。のち沼間平六郎の養子となる。安政六年（一八五九）長崎に赴き英学を学び、後陸軍伝習生として仏式操練を学び、歩兵指図役頭取勤方となり、慶応四年（一八六八）一月歩兵頭並となる。戊辰戦争中、伝習隊中の精鋭二十名を率いて脱走、東北に走り、会津・庄内兵等に洋式操練を教えた。明治二年（一八六九）七月土佐藩に仕え、兵事を教え、五年大蔵省に出仕、司法省に転じ欧米各国を周遊した。帰国後民権論を唱え嚶鳴社を組織した。その間元老院権大書記となり、十二年九月辞官した。以来『横浜毎日新聞』を『東京横浜毎日新聞』と改め、その経営にあたった。晩年は東京府会議長となった。四十八歳で死去した（須藤時一郎の弟）。

服部綾雄 文化十二〜明治十二年（一八一五〜一八七九）

安政六年（一八五九）大番組より天守番之頭に進み、万延元年（一八六〇）三月、二之丸留守居。十二月目付に転じ、講武所頭取兼務。文久元年（一八六一）小笠原諸島巡視に参加。文久二年小納戸頭取、三年長崎奉行となる。慶応二年（一八六六）八月勘定奉行、三年五月海軍奉行、四年一月側衆を歴任、二月若年寄に任命された。五月徳川家に従って沼津に移転、陸軍総括として、沼津兵学校設立に尽力した。明治二年（一八六九）静岡藩権大参事・翌年大参事となって静岡に移転。六年八月東京に移り、太政官左院に出仕したが、八年左院は廃止された。十年学習院設立に伴い、同校教授となった。六十五歳で死去した。

林 研海（紀） 弘化元〜明治十五年（一八四四〜一八八二）

幕医林洞海の子として江戸両国（墨田区）薬研堀に生れ、十三歳で塩谷宕陰に漢学を、文久元年（一八六一）十八歳で長崎に赴きオランダ人医師ポンペに医学を学ぶ。文久二年幕府留学生としてオランダのライデン大学及び海軍軍医学校で前後五ヶ年修業し、慶応四年（一八六八）幕府滅亡の報で六月帰国。静岡藩の静岡病院頭となる。明治四年（一八七一）政府の陸軍一等軍医正、六年五月陸軍軍医監となり、同年オランダのアデン野戦病院に五ヶ月間従軍した。十年の西南役には征討軍団軍医部長として従軍、役後勲三等に叙せられ、十二年陸軍軍医総監となる。十五年有栖川宮熾仁親王のロシア皇帝戴冠式参列の随員を勤め、帰路イタリアを経由、八月三十日パリにて三十九歳で病没した。

林　董《ただす》　嘉永三～大正二年（一八五〇～一九一三）

下総佐倉藩の藩医佐藤泰然の第五子。文久二年（一八六二）幕府御殿医林洞海の養子となり、横浜で外人に英語を学び、慶応二年（一八六六）幕府留学生としてロンドンに留学。慶応四年幕府滅亡で帰国し、榎本武揚の軍に参加、敗れて捕えられたが、間もなく許された。明治四年（一八七一）政府に出仕、岩倉遣外使節に随行。六年工部省出仕、十四年同省大書記官となり、翌年有栖川宮熾仁親王のロシア皇帝戴冠式参列の随員を勤め、帰国後香川県・兵庫県知事等を歴任。二十四年外務次官となる。二十八年清国駐在特命全権公使。三十年以降は駐露・駐英公使を歴任、日英同盟の締結に尽力した功により子爵に叙せられた。三十八年駐英大使に進み、翌年西園寺内閣の外相となり、日仏・日露・日韓の各協約を結んだ。四十一年退官。大正二年七月十日六十四歳で死去した。

林　洞海　文化十～明治二十八年（一八一三～一八九五）

豊前小倉の生まれで、天保五年（一八三四）江戸に出て、足達長儁に蘭学を学び、六年長崎で大石良英等に蘭医学を学び、一時江戸に戻ったが、再び長崎に留学し十四年まで長崎に学んだ。同年江戸に戻ると、佐藤泰然の長女ツルと結婚し、泰然が佐倉に移った後は、その旧宅で医師を開業した。安政三年（一八五六）小倉藩医となり、万延元年（一八六〇）幕府に召し出され、二の丸の製薬所に勤務、文久元年（一八六一）幕府侍医となり、奥医師法眼に昇進した。文久三年将軍家茂の上洛に供奉上京し、その後徳川慶喜に仕え、明治二年（一八六九）沼津病院重立取扱（副院長）となったが、三年東京に呼ばれ、大学中博士・大阪医学校長となる。十二月権大典医・皇太后附となり、明治九年四等侍医、正六位に叙せられたが、その後退隠した。明治二十八年八十三歳で死去した。

原田敬策（一道）　天保元～明治四十三年（一八三〇～一九一〇）

岡山藩士原田碩斎の長子。山田方谷に漢学を学び、江戸に出て伊東玄朴の象先堂に入門し、オランダ語及び洋式兵学を学び、同塾塾頭となる。安政三年（一八五六）四月、川本幸民・手塚律蔵らと共に蕃書調所出役教授手伝を命ぜられ、翌年十一月講武所に出役、文久二年（一八六二）洋書調所教授方となる。翌年十二月池田筑後守長発に従って欧州に赴き、兵書購入に勤め、暫くオランダに留学して帰国した。維新後は兵学校御用掛・陸軍兵学大教授・法制局一等法制官・砲兵会議議長・元老院議官等を歴任し、のち貴族院議員に勅選された。明治四十三年八十一歳で死去した。

伴　鉄太郎　不明～明治三十五年（？～一九〇二）

海軍伝習第二期生として、安政三年（一八五六）から三年間長崎に学び、安政五年咸臨丸で江戸に戻り、築地の海軍操練所教授となり、万延元年（一八六〇）咸臨丸で渡米した。帰国後、同年十一月小十人組となり、文久元年（一八六一）七月には軍艦頭取となった。元治元年（一八六四）十一月開成所取締役を兼務、慶応三年（一八六七）一月軍艦頭並・翌年正月軍艦頭に昇進した。維新後は、沼津兵学校の教授方に招かれ、一等教授となった。明治四年（一八七一）沼津兵学校が兵部省に移管されたのに伴って、海軍省に出仕し、海軍大佐に任ぜられた。

肥田浜五郎　天保元～明治二十二年（一八三〇～一八八九）

伊豆国加茂郡蘭医春安の三男。伊東玄朴に蘭学を学び、安政三年（一八五六）海軍伝習第二期生に選ばれ長崎に赴き主に蒸気機関を研究、六年江戸に戻り軍艦操練所教授方出役となる。万延元年（一八六〇）咸臨丸でアメリカへ航海したとき機関方を担当した。文久二年（一八六二）千代田型軍艦建造の時は、機関部門を担当した。十二月富士見宝蔵番格軍艦頭取、元治元年（一八六四）軍艦操練所教授方頭取、同年九月両番上席に進み、幕府の造船所建設計画とその研究伝習のため、十月オランダに派遣された。慶応二年（一八六六）軍艦頭に進み、富士山艦長となる。慶応四年五月海軍操練所会計方を兼務したが、幕府瓦解の後伊豆に移り、静岡藩海軍学校頭となった。明治二年（一八六九）民部省に出仕、翌年横須賀造船所技師長となる。四年理事官として岩倉特命全権大使一行に随員として加わる。七年主船寮兼海軍大丞となり、十五年海軍機関総監、二十一年御料局長官・帝室制度取調委員となる。翌年四月東海道藤枝駅で誤って汽車に触れ六十歳で死去した。

福地源一郎（桜痴）　天保十二～明治三九年（一八四一～一九〇六）

長崎出身。蘭通詞に蘭語を学び、安政四年（一八五七）矢田堀景蔵に従い江戸に出、森山多吉郎に英学を学ぶ。安政六年外国奉行支配通弁御用雇として翻訳に従事、文久二年（一八六二）竹内下野守一行に随行欧州各国を巡行、更に、慶応元年（一八六五）柴田剛中に随行、横須賀製鉄所設立の為に、主にフランスに滞在し、特に万国公法、すなわち国際法を学習する必要から、ロニーに従って仏語を学んだ。慶応二年一月帰国後、三月外国奉行調役格・通弁御用頭取となった。維新後『江湖新聞』を発行。明治三年（一八七〇）大蔵省御用掛となり、翌年岩倉使節団の一等書記官として随行～七年辞官。東京日日新聞社主筆・社長。十五年立憲帝政党を組織。東京府会議長に選ばれた。二十一年新聞界を去り、演劇の脚本の執筆・史書著述に専念した。三十七年衆議院議員となったが、活動の機を得ず、六十六歳で死去した。

堀　達之助　文政六～明治二十七年（一八二三～一八九四）

長崎の蘭通詞の家に生まれ、弘化二年（一八四五）小通詞末席となる。嘉永元年（一八四八）米捕鯨船員マクドナルドが長崎に移送されて来た時、彼より英語を学び、安政元年（一八五四）二月再渡来した時、通詞として活躍。その後一時プロシアの通商要求書簡独断没収の罪で入牢したが、安政六年十二月赦され、蕃書調所対訳辞書編輯主任に任命された。万延元年（一八六〇）十二月には筆記方も兼任する事となり、外国新聞の翻訳刊行にあたった。文久二年（一八六二）十二月主任となり『英和対訳袖珍辞書』を洋書調所より出版した。のち開成所教授となり、維新後は函館裁判所参事席・開拓使大主典一等書記官になり、明治五年（一八七二）十月以願免職し、長崎に帰った。七十二歳で大阪で死去した。

松本良順　天保三～明治四十年（一八三二～一九〇七）

佐倉藩医佐藤泰然の二男で嘉永二年（一八四九）幕府医官松本良甫の養子となる。幼少より蘭学を学び、安政四年（一八五七）長崎に留学し蘭医ポンペに師事。長崎奉行の支持をえて、洋式病院「長崎養生所」を開設した。文久二年（一八六二）江戸に戻り将軍家茂の侍医となる。翌年六月、西洋医学所頭取緒方洪庵が病没した後、同所頭取に就任、維新の動乱に際し、会津に走り同地に野戦病院を設け、戦傷者の治療にあたった。そのため朝敵として捕らえられたが許され、明治三年（一八七〇）早稲田に蘭疇医院を開設した。山県有朋の勧めで兵部省に出仕し、四年陸軍最初の軍医頭となった。六年陸軍軍医総監、十年陸軍省医務局長を辞任、早稲田に退隠した。二十三年貴族院議員にあげられ、民間衛生に貢献した。七十六歳で死去した。

箕作秋坪　文政八～明治十九年（一八二五～一八八六）

備中津山藩儒菊池士郎の長男、江戸に出て古賀侗庵に学び、蘭学を勧められ、箕作阮甫に師事、その二女と結婚。緒方洪庵に学び嘉永二年（一八四九）江戸に戻り、安政六年蕃書調所教授手伝となり、外国方に属す。文久元年竹内下野守の欧州使節に随行、帰国後幕臣に抜擢さる。慶応二年（一八六六）小出秀実・石川利政と共に日露国境画定交渉のため派遣された時随行尽力した。明治元年（一八六八）家督を長子奎吾に譲り、三叉学舎を開き人材教育にあたった。八年東京師範学校の設立に伴い、同校摂理となり、十二年教育博物館の事を管理し、十八年更に東京図書館長をも兼務したが、翌年辞職し間もなく六十二歳で病没した。

箕作麟祥　弘化三～明治三十年（一八四六～一八九七）

箕作省吾の子。当歳の時父死去、祖父阮甫に愛育される。早くより祖父に学び、文久元年（一八六一）蕃所調所英学教授手伝並となり、三年祖父の死により嫡孫相続で開成所教授見習・外国奉行支配翻訳御用頭取となる。慶応三年（一八六七）徳川昭武に随行してフランスに留学したが、幕府の瓦解で召還された。慶応四年六月新政府に出仕して開成所御用掛を命ぜられ、九月一等書記官となり、明治二年（一八六九）大学中博士、四年同大博士、六年翻訳局長、十年司法大書記、十三年太政官大書記官に昇進した。明治二十一年法学博士となり、司法次官となる。五十二歳で死去した。

矢田堀　鴻　文政十二～明治二十年（一八二九～一八八七）

関東代官荒井清兵衛の弟で、矢田堀家の養子となる。嘉永六年（一八五三）昌平黌乙科に入り測量・数学を学び、海事に関する勤めに当たる。安政二年（一八五五）八月第一期海軍伝習生として長崎に派遣され、主に造船・運転の技術を学ぶ。その才を認められ、文久二年（一八六二）軍艦操練所教授方頭取となる。翌三年三月軍艦奉行並に進んだが、元治元年（一八六四）十一月免職寄合となる。慶応三年（一八六七）九月軍艦頭に再任、ついで軍艦奉行並となり、翌四年一月海軍総裁となったが、閏四月辞任した。のち静岡に移り、沼津兵学校校長を務め、更に海軍省・工部省・逓信省等を歴任したが、晩年は不遇であった。五十九歳で死去。

柳川春三　天保三〜明治三年（一八三二〜一八七〇）

和歌山藩寄合医師で、英仏語にも通じ、国学和歌にも造詣が深く、元治元年（一八六四）開成所教授となった。開成所の洋学者等が翻訳した『日本貿易新聞』『日本新聞』刊行の中心人物として活躍した。明治二年（一八六九）新政府の招きに応じ大学少博士となったが、間もなく免職となった。三十九歳で死去した。

山岡鉄舟　天保七〜明治二十一年（一八三六〜一八八八）

飛驒郡代小野朝右衛門の子、同地で父母を失い、嘉永五年（一八五二）江戸に帰住。安政二年（一八五五）槍術師範の山岡家を相続、翌年講武所世話役、文久二年（一八六二）浪士を募集し「新徴組」を組織した時、浪士取締役。慶応四年（一八六八）三月精鋭隊頭、翌月大目付兼務。維新後明治二年（一八六九）九月静岡藩権大参事、四年茨城県参事・伊万里県令、五年侍従として天皇の側近に勤務、八年宮内大丞、十年庶務内廷課長、十四年宮内少輔。十八年子爵となる。五十三歳で死去した。

山高信離《のぶつら》　天保十三〜明治四十年（一八四二〜一九〇七）

幕臣で元治元年（一八六四）三月目付となり、五月免職となったが、慶応二年（一八六六）八月目付に再任、十一月徳川昭武の傅役となり、作事奉行格小納戸頭取となって、翌三年正月フランス留学に随行した。幕府瓦解により、慶応四年五月帰国を命ぜられた。明治五年（一八七二）大蔵省に出仕し、同年正院六等出仕、七年内務省六等出仕として勧業寮に勤務、十年勧農局用掛兼米国博覧会並びに内国勧業博覧会事務局用掛となった。以後諸職を経て二十一年博物館長に任ぜられた。六十六歳で死去した。

吉田賢輔　天保九〜明治二十六年（一八三八〜一八九三）

幼年期の経歴は不明で、江戸に育ち、田辺石庵・古賀茶渓に漢学を学び、英学をも学んで、万延元年（一八六〇）十二月、蕃書調所に筆記方が設けられるに際し、筆記方出役となり、同所翻訳書記の取締となり、教授が海外新聞を口訳するのを筆記方が筆記し、のちに出版したのが、日本に於ける新聞の始まりといわれている。文久二年（一八六二）外国奉行支配書記・慶応元年（一八六五）同支配調役並・同三年古賀茶渓に推薦され儒者勤方となった。維新後は、旧幕時代外国方で知り合いの関係で、福澤に招かれ、義塾教員の傍ら、福澤の著書の版下清書原稿等を書いている。また尺振八の共立学舎でも、教鞭をとっている。明治五年（一八七二）大蔵省紙幣寮の依頼に応じ、『大日本貨幣史』本文一九巻付録一三巻を編纂している。十五年には文部省に雇われ、『日本教育史』の編纂に従事した。二六年十月五十六歳で死去した。

渡辺　温　天保八〜明治三十一年（一八三七〜一八九八）

父は幕府徒工渡辺重三郎。父の勤務で十歳の頃長崎に居たが、嘉永七年（一八五四）父の下田奉行所下役任命により下田に移る。安政三年（一八五六）下田奉行所書物助となり、蘭書を学び、六年神奈川奉行所書物見習に転じ、横浜英学所で英語を習得、文久二年（一八六二）蕃書調所の英学句読教授出役となり、慶応三年（一八六七）開成所調役同所教授並に進む。柳川春三と親交があり、『新聞薈叢』の編纂を助け、維新の際『中外新聞外編』を刊行し、佐幕的論陣を張る。維新後沼津兵学校で英語を教え、明治四年（一八七一）新政府に出仕し、のち東京外国語学校校長となる。同校を辞任後、八年間漢学に専念し、『訂正康熙字典』全十七冊を刊行した。その後実業界にはいり、東京瓦斯・東京製鋼・横浜船渠等の諸会社の創立に参画し、重役や社長となった。また多年東京府会・牛込区会・東京市会議員を務めた。明治三十一年六十二歳で死去した。

以上五十三名の旧幕臣で、維新後に新政府に出仕している者を見ることができたが、その大部分は、いわば新政府側が、洋学や軍事関係等の技術者として雇用したもので、勝・榎本・大鳥の如く、政府の可なり要職と思われる地位に登用されたものや、政治的関係から、華族に叙任された者もあるが、それはむしろ例外と見るべきであろう。

清見寺「咸臨丸乗組員殉難碑」

参考③　「瘠我慢の説」起草の動機

晩年福澤諭吉が勝・榎本を批判した「瘠我慢の説」を起草した動機については、『諭吉伝』一巻第十七編「榎本助命の運動」の後半に詳細に記されている。

> 先生は明治二十四年に東海道興津の辺を行遊して清見寺に詣でらるゝと、其境内に一の石碑が建つてゐて、（中略）先生は此碑文を読んで其碑の背面を見ると「食人之食者死人之事」と大書し「従二位榎本武揚」といふ姓名が記してあつたのには、どんな感じをせられたのであらうか、それから帰つて筆を執り「瘠我慢の説」を草せられたのである。
> （七一七—九頁）

興津清見寺の「咸臨丸殉難諸氏記念碑」の碑文を見た福澤が、書き上げた「瘠我慢の説」を書き始め、脱稿は同年十一月二十七日と、『全集』⑥の後記に富田正文が記述している。今日これが定説になっている。

清見寺訪問の日時を調べてみたところ、静岡や興津の清見寺の見物に出向いたのは、明治二十三年の十一月上旬のことである。福澤夫妻と三女のお俊四女のお瀧の四人で、静岡——久能山——三保松原——清見寺と回って帰宅した二泊三日の見物旅行であったことが、十一月二十一日付の清岡邦之助宛福澤書簡に記されている。したがって、二十四年の清見寺行きは石河の勘違いかと考えられる。

また『諭吉伝』では、明治二十二年に行われた東京三百年祭の時、祭典の委員長をしていた榎本らを、福澤が時事新報の社説「東京三百年祭」で、徳川幕府が滅んだのは、「政府を維持するの実力なくして強藩の強なるものに倒されたのみ、即ち実力の争いにして、無力者は或は戦死し或は降参し云々」と、批判したのを、記者当時の石河に強い印象を与え、それに「瘠我慢の説」に興津清見寺の碑文の批判が、引用されていたため、石河は碑文が動機となったと誤った印象で記憶してしまったのではあるまいか。

加えて清見寺の碑文が「瘠我慢の説」起草の主な動機ではないと考える理由としては、勝海舟に対する批判が三分の二を占めるのに、一年前に碑文を見た点にあるとするのは、極めて不自然である。動機はやはり他にあるべきだとみた方が納得できる。

そこで二十二年頃からの勝に関する福澤の動きを調査してみると、「瘠我慢の説」を、批判の当人だけでなく、木村・栗本両氏にも直ぐ見せている。勝と木村の関係といえば、まず万延元年（一八六〇）の咸臨丸での渡米が考えられる。そこで木村の著書『三十年史』の序文（明治二十四年十月十六日に福澤が書いている）に気付いた。同書は巷間の誤伝を訂正するためと木村が幕末の外交史の正確な事実を簡明に記述したものである。

『三十年史』の咸臨丸渡米の項（四三四頁）には、

> 萬延元年庚申正月新見豊前守村垣淡路守等を米国に遣し両国政府の批准を以て条約を交換（日米修好通商条約本書の批准交換）せしめ別に木村摂津守勝麟太郎ょ命し軍艦咸臨号に駕し彼国に到らしむ是我邦軍艦を外国に出すの嚆矢とす。
>
> （咸臨丸派遣の理由について）若し彼地にて使節の内疾病ある歟又不時の故障生せし時軍艦奉行其欠を補ハんか為又非常警衛の為め我か軍艦一隻を彼地へ航海すへしとの事より議おこりしなりと云〔海軍史〕

引用の末尾に〔海軍史〕とあるのは、その頃勝が著した『海軍歴史』を参照した意味と推測してみた。

そこで『勝海舟全集』の『海軍歴史』「咸臨艦米国渡航」上・中・下（二二三～三〇九頁）を通観してみると、八〇頁に及ぶ「米国渡航」の記述の中で、木村摂津守の名が出てくるのは、たった三ヶ所だけである。

第一は、「乗員の人名」（二二九頁）の項で、

安政六年十一月二十四日　米利堅国へ軍艦差遣わされ候につき、右へ乗組み候様、操練所に於て申し渡され、同日軍艦奉行並木村図書氏もまた、米国航艦へ乗り組み命ぜられ因りて乗組士官等を定む。

木村は四日後の十一月二十八日に、特別に従五位下摂津守に叙され、軍艦奉行に昇進しているのに、勝は〝軍艦奉行並〟と何か意図的に、昇進の事実を記述していない。アメリカでの木村の活動についても、明確には記述していない。福澤は木村の従僕としてアメリカに同行しただけに、特に咸臨丸で渡航時の印象は鮮明なものがあったに相違ない。同航の勝が、海軍に関して素人の木村に何ができるかといった態度を想起し、今なお木村を無用の長物扱いにしたと感じ『海軍歴史』の記述態度に強い不快感を抱いたのではないかと考える。

第二は、「新聞紙抄訳数則」（二八三頁）のサンフランシスコの新聞記事で、木村以下の主要乗組員の氏名が列挙されている記事、である。

この船の司は木村摂津守、船将勝麟太郎、キャプタン万次郎助（以下略）

当時の幕府は、まだ海軍は草創期で、諸制度は未整備であった。航海派遣に当たり、木村・勝以下の咸臨丸乗組員に対する明確な任務等の指示がないまま米国航海を命じている。したがって木村も勝も、明確な肩書は不明で勝はそのことが不満であったようである。

咸臨丸で米国に同行したアメリカ測量船艦長ブルックの、「咸臨丸日記」（万延元年遣米使節史料集成五巻）二月八日条に、木村の肩書について中浜万次郎から相談され、木村をアドミラル（海軍長官）と返答したことが記されている。ブルックは、木村を「提督」、勝を「艦長」と判断したのである。また木村も「奉使米利堅紀行」（上述『史料集成』第四巻）で勝を「指揮官」と記している。少なくとも勝は洋学を学び、長崎海軍伝習所でオランダ人から直接教育を授けられた人物である。それが『海軍歴史』を書く段になって「船の司」と、曖昧な役名を記している。

第三は、「咸臨丸乗員の賞賜」の項（三〇五頁）に、幕府から帰国後各人が報償を受けた記述である。

金拾枚　時服三　　木村摂津守
亜墨利加国へ罷り越し骨折り候につきこれを下さる。
　　同　人
（賞詞略）出格の訳を以て年々御手当として御扶持方、二十人扶持これを下さる。
右、芙蓉之間に於て老中列座対馬守これを申渡す。

以下勝麟太郎・伴鉄太郎・小野友五郎等二十名に、多少の差異のある賞辞が記されている。

福澤は『三十年史』の序文の中で、日本人が自国の軍艦咸臨丸でアメリカ渡航に成功して帰国したことが

我国の名声を海外諸国に鳴らし、自ら九鼎大呂の重を成したる事実に争ふ可らず。就中木村摂津守の名は今尚ほ米国に於て記録に存し、又故老の記臆《憶》する処にして、我海軍の歴史に堙没す可らざるものなり。（『全集』⑲七七二頁）

と記している。したがって『海軍歴史』の木村に対する記述内容は不満であったであろう。しかしもっとも福澤に不快感を与えたのは、米国が咸臨丸の修繕を行ってくれた記述である。

咸臨船修補一切の費用（凡そ二万五千円余）は大統領殿下より日本大帝のために献呈すべしとの事なり。然れば些少なれども工事にあずかれる諸官員に聊か慰労として若干銀（費用の高）を進呈せんと申し入れたりしに夫も承知せず、よりて甲比丹マッキ氏に謀り右銀円を当地の寡婦中に贈与する事に決す。（「咸臨丸の工事成るを告ぐ」の項（二八一頁））

この修繕費を寄付する行為は木村の発案であった。勿論勝も十分承知しているはずなのに、その実の功労者の名を示さず、事実だけを記して、勝自身の行為とも受け取られかねない記述になっている。

『海軍歴史』が出版され直ちに福澤が同書を読んだことは明確ではないが、勝の明治二十三年九月一日の日記に、「手塚氏、福澤へ『海陸軍史』、『流芳遺墨』届け依頼」（『勝海舟全集』㉑三八四頁）とあるから、福澤が『三十年史』の序文を記述するに当たって、『海軍歴史』を参考に見た可能性は、高いと思われる。

木村摂津守を終生の恩人として尊敬している福澤にとっては、勝が自ら華族・

枢密顧問官の地位に立ちながら、新政府側に仕官する事もせず、清楚隠遁の生活を送っている高潔の士木村喜毅を今なお嫌って、その功績を無視するような態度に、我慢できないものを感じ、ついに平素の批判を込めて「瘠我慢の説」を執筆したのではあるまいか。

「瘠我慢の説」の後半は、榎本に向けられている。これは勝の批判に筆を走らせている間に、昨年見た興津清見寺の咸臨丸殉難者の記念碑に「食人之食者死人之事　従二位榎本武揚」と彫込まれていたことを思い起したに違いない。戦死した幕臣の遺族らの感情を逆撫でするこに気付かず、得意になっている榎本を、批判したのである。勝に対するとはやや異なった批判態度が見える。

氏は新政府に出身して啻に口を糊するのみならず、累遷立身して特派公使に任ぜられ、又遂に大臣にまで昇進し、青雲の志達し得て目出度しと雖も、(中略)脱走の諸士は最初より氏を首領として之を恃み、氏の為めに苦戦し氏の為めに戦死したるに、首領にして降参とあれば、仮令ひ同意の者あるも、不同意の者は恰も見捨てられたる姿にして、其落胆失望は云ふまでもなく、況して既に戦死したる者に於てをや。(中略)

氏が維新の朝に青雲の志を遂げて富貴得々たりと雖も、時に顧みて箱館の旧を思ひ、当時随行部下の諸士が戦没し負傷したる惨状より、爾来家に残りし父母兄弟が死者の死を悲しむと共に、自身の方向に迷うて路傍に彷徨するの事実を想像し聞見するときは、男子の鉄腸も之が為めに寸断せざるを得ず。(中略)氏の本心は今日に至るまでも此種の脱走士人を見捨てたるに非ず、其挙を美として其死を憐まざるに非ず。今一証を示さんに、駿州清見寺内に石碑あり、此碑は前年幕府の軍艦咸臨丸が清水港に撃たれたるときに戦没したる春山辨造以下脱走士の為めに建てたるものにして、碑の背面に食人之食者死人之事の九字を大書して榎本武揚と記し、公衆の観に任して憚る所なきを見れば、其心事の大概は窺知るに足る可し。(『全集』⑥五六七―九頁)

実際の碑背面には、従二位榎本武揚と刻まれているのを、わざわざ榎本武揚としているところは暗に、官位を誇らしげに刻み、脱走仲間の気持ちを逆撫でしていることを示唆したようだ。

清見寺の記念碑は、『幕末軍艦咸臨丸』(三八六頁、四一一頁)によると、明治元年九月十八日、清水港に修繕のため停泊していた咸臨丸が政府軍に攻撃され、副艦長春山辨蔵らが戦死し、海中に浮屍となっていたのを、同地の侠客次郎長こと山本長五郎が引き揚げ、仮埋葬した。のちに山岡鉄太郎が感動して、明治三年の咸臨丸乗組員三周忌に「壮士墓」の墓碑を建て、以後供養が続けられていた。十七回忌を機会に、墓碑を改修し併せて碑表を建てることとなったが、計画が延期し、明治十八年に記念碑が清見寺に建設されることとなり、工事は墓と記念碑の二手に分けて進められた。墓石は十八年九月に完成したが、記念碑は大鳥圭介の篆額、永井尚志の碑文が刻まれほぼ完成した時、それまで清国駐在特命全権公使として北京にいた榎本が十八年十一月に帰国してきて、前記「食人之食者死人之事」の九文字を碑背面に彫刻するため、建碑の日を延期している間に、十九年十月十九日、従二位に叙せられたので、それも追加彫刻したのである。清見寺に記念碑が搬入建設されたのは、二十年四月である。

この記念碑を見た福澤が、碑表面の十九年三月の日付と、榎本の従二位叙任の日付との差違を気付いたか否かは、今となってはわからない。榎本の碑文が人目に付き易く、本堂を背に門側(入口)に向かって据えられているのを見た福澤は、平素の彼の華やかな生活態度が、脱走者仲間や戦死者の遺族への感情を考えない言わば裏切り者とも見られる榎本の、記すべき文句ではない、不適当であると悟らせる気持ちを込めたと推測する。

「瘠我慢の説」が公表されるに至った事情は、『諭吉伝』や『考証』に記されている通りである。福澤が勝・榎本に直接意見を求めたのに対し、

行蔵は我に存す、毀誉は他人の主張、我に与からず我に関せずと存候。各人え御示御座候とも毛頭異存無之候。(同前、五七一―二頁)

と勝からは返事があったが、榎本からは「昨今別而多忙に付いづれ其中愚見可申述候」といってきただけで、ついに返答は来なかった。榎本には福澤の指摘の意味が通じなかったようだ。明治三十年(一八九七)五月九日に行われた「伏見鳥羽東軍戦死者建碑式」の榎本の「祭文」が『同方会報告』第四号(三十九頁)に記されている。

明治三十年五月九日　海軍中将正二位勲一等子爵榎本武揚　旧幕有志一同に代り謹で殉難諸君の霊に告ぐ

その冒頭に、肩書の報告に始まる祭文を碑前に捧げていて、榎本の態度に全く変化が見えない。そこに福澤に返事を出さなかった真意が感じられる。

参考④　保安条例

幕末に日本が欧米諸国と締結した最初の安政条約は、治外法権の下で、滞在外国人は彼らの社会習慣で行動することが正当だとする領事裁判権であった。これは輸出入税にも制限があるなど、日本人にとっては多大の不利益を持つ条約であった。したがって早くより条約改正の要望があり、そのために国内体制の改革や、新規に欧米諸制度の採用を行って妥協点を作って、欧米諸国を条約改正交渉に応じさせることが長年の悲願であった。しかし余りにも急激な変化や、卑屈な譲歩に対しては、国内に大きな反対運動が興された。

明治十三年（一八八〇）井上馨外務卿は税権と法権の一部を回復する計画の下、まず地方行政に関する諸規則につき、外国人の犯罪は日本の裁判管轄下に置くと共に、立法事務には一切外国の容喙を許さぬ方針で一応の条約改正の成案をつくり、七月これを列国公使に提示して、改正交渉を要求をした。英国公使の提案で、欧米公使等の予備会議で検討されたが、列国側は種々の交換条件を提示し、容易に改正承認の態度を示さなかった。そこで井上外務卿は内地雑居を条件とし、領事裁判権の撤去を要求する改正第二案を調整し、明治十九年五月より、再度列国公使会議を開き、数度の協議を重ね二十年四月二十日に至り、ようやくほぼ一致点を見出すにいたった。その要点は、内地雑居を許し日本の裁判所に外国人判事数名を置き、欧米側の領事裁判権の一部を回復すること。輸入品関税を、商品により五分乃至二割五分に引上げ、輸出品に対しては五分税を課すというものであった。

いわゆる鹿鳴館時代以来急激な欧化政策が進められ、欧化政策が極端になると、政府の中にも当然これに反対する保守的反動運動が生じてきた。そうした情勢の中で、二十年七月三日農商務大臣谷干城が裁判管轄条約案に反対し、条約改正は国会開設の明治二十三年以後に行う可しとの意見書を、伊藤総理に提出して、七月二十六日辞職した。このため条約改正反対論がいよいよたかまり、七月二十九日遂に各国公使に、法典編纂の完成するまで条約改正会議を無期延期することを通告せざるを得なくなり、更に九月十七日井上外務大臣は辞任し、伊藤総理が外務大臣を兼任することとなった。この間、雇外国人で法律顧問のボアソナードの改正政府案の欠点を指摘した意見書等が民間に流れたこともあって、自由民権論者の反対運動が極端に強化されてきた。

前年十月頃より政府に批判的な自由民権派は、全国的に勢力結集を図り大同団結運動を進めていたが、谷干城の辞職やボアソナードの条約改正案に対する批判に力を得、「地租軽減、言論・集会の自由、外交失策の挽回」等のスローガンを掲げて展開した。八月十七日には青森県の壮士斉藤進一郎等は東北の有志の総代と称して井上外務大臣に辞職を迫り、九月二日には新潟・鹿児島・熊本・高知・茨城・長崎・千葉・宮崎・神奈川・宮城・岩手・栃木・山口・大分等十七県の有志総代井上敬次郎らが宮内省に至り天皇への意見書の上奏を請求したりした。

また板垣退助は「時弊十四ヶ条」を掲げ長文の政府非難の上書を提出したり、後藤象二郎は十月三日民間政客七十人余を招待して煽動し、「丁亥倶楽部」を設立し大同団結運動をおこした。翌四日には政治団体代表有志が東京で懇談し、大同団結を協議し、九・十日と連合演説会を開いた。十月十六日には愛国有志同盟会の政府反対の示威運動が上野の山上で開かれ、隊伍を組み太鼓を鳴らして市中に繰り出さんとの動きを示したので、警視総監三島通庸は、自ら巡査部隊を率いて上野黒門口に至り、治安妨害を理由に解散を命じ、壮士らと大衝突を起こした。十月二十九日には諸県代表が会合し、十一月十日までに建白書を提出し、各委員を上京させることを申し合わせている。高知県代表は、言論・地租・外交に関する「三大事件建白書」を元老院に提出した。

反政府運動が日毎に激化して来たので、伊藤総理は九月二十八日地方長官を招集し、

　近来建言ヲ名トシテ官吏ニ面謁口陳ヲ求メ、従テ抗論喧擾ニ渉ル者アリ、右等ハ何等ノ名義ヲ用ユルニ拘ハラス、其違反者ハ総テ十五年第五十八号布告ニ依リ処分スベシ

と厳しい態度で取締りを断行するよう訓示すると共に、憲法・租税・外交に関して、政府に豪も施政に瑕瑾なしと強調し、新聞条例や集会条例を改正して、秘密出版等の取締りを強化したが、一向に民権派の政府攻撃の気勢が鎮静する気配が見えないことから、十二月二十五日に至って「保安条例」を発布し、即日施行した。

赤坂の仮御所は近衛師団二個大隊の兵で護衛し、大蔵省は第一師団二個小隊に、

各大臣の官邸は憲兵により護衛されるというものものしさで、陸海軍の火薬庫・弾薬庫・兵器廠は武装兵等により警備され、東京は突然戦場のような雰囲気に包まれたという。

憲兵・巡査らは市内の下宿屋・旅館・待合・料理屋等を検索し、志士・政党員等を物色して各警察署に連行し、五七〇人の容疑者に、三日以内に皇居より三里以遠に立ち退くことを命じた。

保安条例は七条から成っている。条例は、秘密結社や秘密集会の禁止。屋外の集会運動の制限。危険人物の退去命令等を、警察側の判断で処罰実施出来るとしたものである。

退去を命じられた主な人物に、星亨・林有造・中島信行・尾崎行雄・片岡健吉・島本仲道・八木原繁趾・中江兆民・竹内綱・吉田正春・西山志澄・山際七司等がある。尾崎行雄はこれを機会に欧米漫遊の途に上った。星亨も暫く海外に赴こうとしたが、秘密出版事件が漏れて逮捕され、禁固一年十ケ月の刑に処せられ、石川島の監獄に幽閉された。

『自伝』に記されているように、福澤も追放候補にあげられていたが、その後取り消されたという。寺崎修「保安条例と福澤諭吉」(『年鑑』22)に依ると、内務大臣山縣有朋の内命を受けた警視庁では、総監三島通庸を中心に、十二月二十六日一七〇名の退去者名簿が作成され、内務大臣に提出された。それには、最も重い満三ケ年退去者として、東京府(二名分破損)、高知県中島信行等四名、栃木県星亨の七名が記されていた。東京府の二名の不明者については、上申書の冒頭に、「別紙後藤象二郎外百六拾九名之者共ハ」と記してあるのに、後藤の名が名簿に見えないから、この冒頭の破損部分に記されていたと推測している。もう一人の不明者は、『自伝』の記述から、やはり福澤の名が記されていたとしている。

福澤にこの情報を伝えた小野友次郎は、明治十五年(一八八二)十一月三十日に義塾に入社した塾員で、入門帳には、慶応元年三月生まれの静岡県士族とあり、初め麹町区飯田町の静岡県士族の滝川新家に寄留していたが、十七年頃福澤家に書生として住み込み、卒業後には時事新報の経済部の記者となったという。十二月二十六日山縣内務大臣から伊藤総理大臣に提出された名簿の「満三ケ年」の部には、東京府の二名はなく、高知県の中島信行、島本仲道、林有造の三名の他に林包明・竹内綱・吉田正春・尾崎行雄の四名が追加され、大江卓の名が消えている。栃木県は星亨一名のみである。

退去下命の指名簿が変更されたことについて、前に寺崎論文では、三島通庸と親しい山縣が、訂正を指示することは考え難いとしている。これは伊藤総理の秘書官伊東巳代治が三島のところに来て、総理の意向であるから、変更するようにと伝えたためと、警視庁第三局長であった林三介の懐旧談を証拠として挙げている。三島は後藤・福澤が除去されることに不満で、翌二十七日付けで、山縣内務大臣宛に満三年の追放に後藤・福澤の両名を加えるべきを再上申したが、却下され、後藤・福澤の追放の可能性は完全に消えたという。

十二月の保安条例により、高知県出身の義塾在学生の森茂枝・生田定之・三平達枝・桑原寛・岡本勇吉郎・吉田忠宏・大石達馬の七名が命令により退去したが、森・生田・大石の三名は、追放解除後の二十三年一月に復学していることが知られている。他の四名については不明である。福澤は復学を喜んで許可しただろう。

寺崎論文は更に福澤の保安条例についての態度を考察し、時事新報の論説、二十二年二月九日「保安条例の廃止」・四月八日「保安条例」・二十三年二月十一日「憲法一週年期」等で、廃止論を検討している。

> 保安条例の如きは臨時の必要により余儀なく発布するものにして、何時たりとも治安を保つに必要なりと認むる場合には、即日に発して即日に施行するを得べければ、必ずしも平常之を存して臨機の用を待つには及ばざるべし。蓋し世間その不必要なるにも拘はらず、依然として存在するものは独り保安条例に限らざれども、条例の文字たるや頗ぶる不祥にして、恰も昭代の斑点とも云ふべきものなれば、我輩は彼の退去事件の終ると同時に条例も共に撤せられんことを祈り、爾後折に触れて之を想ひ起す度毎に、保安条例は今猶ほ存在するやとて、心中竊に堪へ難きの感を催さゞることなかりき。況んや今は既に憲法も発布せられて、臣民の権利義務も定められ、四海波静なる時世に於ては、速に之を全廃して、万一の場合には臨時に発布せられん事こそ望ましけれ。(明治二十二年四月八日「保安条例」『全集』⑫、九二頁)

福澤が条例の廃止を希望しているのは、自ら一度条例適用のリストに掲載されただけに、その願望は強いものがあった。福澤の本心は予ての主張である「官民調和論」の一貫として、この条例の廃止を希望していたのであろうと結論づけている。

条例廃止要求は、言論集会の自由を圧迫する「暴法」として、民権派の強い要求として、議会開設後、殆ど毎議会で、衆議院に廃止法案が提出可決されるが、貴族院で審議未了や否決されるために不成立となっていたが、明治三十六年、第十二議会で保安条例の廃止法案がようやく両院を通過成立し、同年六月二十五日公布された。

参考⑤　井上角五郎と福澤の証人喚問〈関連項目＝15章註（2）〉

この証人喚問事件は『諭吉伝』第三巻の第三十五編朝鮮問題や『考証』に詳細である。右二書と『井上角五郎先生伝』（以下『角五郎伝』と略記する）・「井上角五郎自記年譜」（以下『略譜』と略記する）を参考に、井上の朝鮮問題関係を中心に略述する。

明治十五年（一八八二）七月頃、朝鮮では親日的政策を採る国王の政策に不満を抱く旧軍隊が、攘夷政策を採る国王の父大院君を担いで反乱を起こし、それに民衆が合流して、日本公使館等を襲撃した「壬午の変」が発生した。花房公使らは危うく難を逃れ英国軍艦で長崎に逃れ、長崎より事件を政府に報告した。政府は直ちに軍隊を派遣し、花房公使をして事変の賠償と、日本軍の駐兵権の獲得や、開港場の権益拡大を要求させた。その結果、八月三十日に日朝間に済物浦条約が成立すると、事態は鎮静した。親日派の朴泳孝が謝罪使として来日し、その帰国に際して福澤に朝鮮の政治改革の顧問として、適当な人物の推薦方を依頼した。

その頃、隣国朝鮮の完全な独立と近代化を希望していた福澤は、後藤象二郎と頻繁に意見の交換をしていたが、問題が他に漏れる面倒を避ける意味で、角五郎に口頭で両者の間の連絡役を命じていたという（『角五郎伝』）。このため福澤は政治顧問に塾員牛場卓蔵を推薦し、その随行者として高橋正信（明治十一年二月入塾）と角五郎を推したのだという。

朝鮮ではハングルと呼ばれる朝鮮仮名文字が、口語を表すときにのみ使用され、女子や子供用として軽蔑され、正式の文章は総て漢文が使用されていた。福澤はこれが朝鮮文化の普及と発達を妨げていることに気付き、これを日本の漢字仮名混じり文のように使うことを考え、試験的に自著『文字之教』の文章を義塾の留学生兪吉濬に、漢字とハングル混用で、朝鮮語に翻訳させていたので、井上に国民教化のためこの新文体で新聞発行を勧めた。しかしそれでは変化が激しすぎ、まず漢字だけの新聞発行を予定して必要な印刷機械一式と、印刷職工をも同伴させた。一行は十二月日本を出発して、十六年一月京城に到着した。

角五郎らが朝鮮に到着した時には、情勢が一変していて、保守的な国王妃閔氏一族が勢力を占めたため、牛場らは活躍できず、四月に帰国するはめになったが、角五郎は新聞発行による朝鮮国民の啓蒙運動の所期の目的達成のため残留した。この時印刷職工指導員として同行した三輪・真田の両名も共に残留した。

角五郎は、日本を訪れ福澤に面談したことのある、当時外衙門の督弁であった金允植と親密になり、ドイツ人外衙門顧問が帰国して空席になっていたところを六月、金の推薦で外衙門の顧問に就任した。さっそく角五郎の提案で教育事務を掌る「博文局」という官衙が新設され、そこで新聞を刊行し、併せて外国事情に関する著述を行った。十一月にようやく『漢城旬報』という十日毎の漢文の新聞を発行した。朝鮮における最初の新聞発行である。この新聞発行に対して特に中国人間に反対が強かった。

ある日清国兵が薬局で人参を求め、代金を支払わず立ち去ろうとしたので、薬局の主人が追いかけその非を咎めたところ、兵はピストルで主人を射殺して立ち去った。被害者の子供が清国軍の兵営に訴えたが、全然取りあってくれなかった。清国兵は規律厳正であり、これは他国人が清国兵を装っておこなった支那に悪意を抱く行為であろうと声明したことを「華兵凶暴」と題する記事で十七年二月発行の『漢城旬報』第十号に、報じた。この様な事件は今回だけでなく、清国兵による横暴事件はしばしば行われているとその末尾に記したため、清国側から強硬な抗議が朝鮮政府に寄せられた。当時の日本政府は、前年の積極的朝鮮支援の態度から一変して、公使館もほとんど角五郎との通信さえ避ける状況であった。角五郎は事件の責任は自分個人にあるとして、十六号で『漢城旬報』を廃刊とし朝鮮政府の役職も辞任して五月日本に帰国した。

丁度その頃ハノイの北バークレーでフランスと清国の軍隊に衝突が生じ、七月にはフランスは清国軍のトンキンからの速やかな撤退と賠償金を要求し、清国がそれを拒否したことから、八月両国は交戦状態に入った。このため朝鮮における清国の圧力が弱まった機会を捕らえて、金玉均・朴泳孝ら親日派有志が独立党を結成し、日本の援助などを得て、清国支配の脱出を計画した。この情勢に日本政府の態度も変化し、外務卿井上馨は角五郎に対し、折角創立した『漢城旬報』を清国側に取られないためにも再度朝鮮に赴くことを勧めたので、角五郎は渡鮮を決意し、八月始めに出発した（十七年八月二日付荘田平五郎宛福澤書簡）。

京城に戻った角五郎は、早速『漢城旬報』を復刻し、清仏戦争で清国が窮地に追い込まれている状況を報道した。朝鮮の親日気運が好転してきた情勢を受けて、日本政府は十一月九日、済物浦条約の朝鮮側賠償金、残金四十万円の支払免除を通報して、一層親日気運の好転を図った。この頃、金・朴ら独立党の首脳は、京城の日本公使館の島村書記官と、クーデター決行の相談を行い、日本側の好意的対応に気を良くし、十二月四日、準備不足ながら決行した（甲申事件）。

十二日竹添公使は、独立派の動きを支持して清国勢力排除に積極的行動をとるか、消極的に独立党を保護するに止めるべきか本国に打診したところ、伊藤博文と井上馨両首脳の相談の結果、後者の方針を採る指示が下された。そのためクーデターは短時日で失敗に終わった。

政変に不安を感じた朝鮮兵等は、それまでの給料遅延分の支払いを要求したが、独立党にその資金の用意はなく、先日まで好意を見せていた日本公使館側も、資金援助の動きを見せなかったので、軍隊は清国軍隊側に投じてしまった。

十二月六日清国兵が王宮を攻撃し、朝鮮軍がこれに応じて日本兵を攻撃するに至り、竹添公使以下在留日本人と共に、在留日本軍の守護のもとようやく仁川に逃れ、亡命の独立党の首脳陣をも潜ませ、千歳丸で十二月十三日長崎に逃げ帰った。

政府では伊藤博文参議が中心になって対応策を講じた。政府は十二月十四日朝鮮と談判の準備のため、外務書記官栗野慎一郎と参事院議官井上毅《こわし》を仁川に派遣し、二十一日には井上馨外務卿を特派全権大使に任命すると、高島陸軍中将・横山海軍少将・安立一等警視らを随行させた。その折り外務卿の要請により、現地事情に詳しいとのことで、特に同行を求められ、角五郎は二十二日横浜より薩摩丸に搭乗して出発した。下関で二大隊の護衛兵を加え、三十日仁川に到着した。

井上全権大使の到着前に、清国は欽差大臣呉大徴が大兵を率いて京城に入ると、今次の事変の責任は日本政府にあるとして、問罪使を日本に派遣すべしと主張している時であっただけに、朝鮮政府も井上全権大使の京城入りを公然と拒否する状態で、交渉に入ることすら困難な状況であった。一行はやむなく京城外に宿所を定めた。数度の入京要求も拒否され、結局井上全権大使は個人の資格で会談を求め、ようやく了解を得て、内衙門督弁の金宏集と外衙門督弁の金允植と会談が実現した。朝鮮側は事実関係の調査が先決と主張して談判に応じなかった。

事態を打開するため、井上全権大使は最後の手段として清国兵が竹添公使らに銃を向け、退去させた点を非難して、清国がその非を認めないなら、清国と交戦の覚悟であると強硬な意図を角五郎に告げ、何とか朝鮮側に談判に応ずるよう説得して欲しいと依頼した。角五郎は深夜単身城門を訪れ、金宏集・金允植に面会を求め、全権大使の講和条件等を告げ、今朝鮮政府は、日清いずれの国とも敵対方針を採るべきではないと忠告した。

これがきっかけとなって、朝鮮政府も井上全権大使と談判を行い、明治十八年一月九日、一応日本に対し謝意を表明し、遭難日本人らに一万円の慰謝料を支払う等の条件で甲申事件の前後処理の条約に調印を済ませた。大使一行は十一日京城を去り、十九日帰朝した。角五郎は金宏集より、再度外衙門顧問に就任するように求められたので、そのまま朝鮮に留まったが、角五郎に疑惑の念を抱く者は、以前に増して多くなっていた。

日本側は十八年二月七日、甲申事件に関する清国の交渉方針、竹添公使らを攻撃した清国軍指揮官の処罰、在朝鮮日清両国軍の撤退の基本方針を閣議で決定し、二月二十四日参議伊藤博文を全権大使に任命した。しかし朝鮮に伝えられる情報は、井上全権大使の対清強硬方針とは逆の軟弱な態度で、賠償金要求さえも出来ないというもので、金宏集や金允植は井上全権に裏切られたとの感情を示す状況になった。

日本政府の方針等を聞き質すために、角五郎は三月東京に戻った。伊藤大使はようやく四月三日より天津で談判を開始したが難航し、十八日に至って、日清両国軍は共に朝鮮より撤兵（四ヶ月以内に）する。将来朝鮮に派兵する必要の発生した時は、派兵を先方に知照（先方に掛合）すること。両国とも軍事教官を派遣しない等の天津条約を締結調印した。

角五郎は条約調印を聞き、直ちに外務省に井上馨参議を尋ね、裏切りを非難したが、井上参議は四囲の事情やむを得ずと言うのみで、自己の非を認めなかった。角五郎は憤慨して、絶交を宣して別れた。このことを福澤に告げた処、感情に激した短慮な行動であるとたしなめられ、冷静に大局的な視野を持つべきだと諭されたという。

角五郎は五月朝鮮に戻ったが、清国政府の圧力が強まっているのを見て、自分を外衙門顧問に推挙した金宏集の立場の苦しさを考慮して、外衙門顧問を辞任し、専ら博文局の新聞刊行に専念した。福澤の提言通り、長期的に朝鮮人民の教育水準向上を図るため、ハングル文字と漢字混用の文体で新聞発行を考え、甲申事変で消失した印刷機械と、ハングル文字の活字を購入するため、七月再度日本に戻った。

角五郎はこの機会を利用して、郷里に七年振りに戻ると、母の縁家の倉井忠の妹すえ（当時十四歳）と九月九日結婚したが、新夫人を実家に残し、東京に戻った。今度は福澤邸ではなく、数寄屋橋外の西村旅館に止宿した。『角五郎伝』（九一頁）はその理由を、井上馨参議一派が、前年の甲申事変は福澤の指図に依るものとの噂を蒔いていて、角五郎の身辺にも監視の目を光らせていたので、福澤に嫌疑の掛かるのを避ける意味から、福澤邸への止宿を避けたのであると言っている。

十八年十一月、ようやく印刷機及び注文のハングル文字の活字が出来た。これを携えて京城に戻り、早速『漢城旬報』再興の準備として、ハングル文字による仁義の道・殖産の術等を今後国民に広く知らせ啓蒙する宣言、「国民教育振作の檄文」を漢字文で発表した。

明治十九年一月新聞表題を『漢城周報』と改めて、第一号を刊行した。刊行間隔を短くし、紙面の大きさも半紙版に縮小したが、論題により、漢文だけのもの・ハングル文字だけのもの・両文字混合の文体と使い分けて編集したことで、一層庶民に好評を得た。以後この文体が広く一般に使用されたことは、朝鮮文化への大きな貢献と言うべきであろう。

二月十九日に角五郎の生母が他界したが、その通知が遅れて四月に到着した。角五郎は墓参に四月帰国し、五月京城に戻った。『角五郎伝』は、これを契機に朝鮮から手を引く決心をし、『漢城周報』刊行から手を引いたと記している。しかし『考証』は、「井上をバックアップした金允植が失脚したので『漢城周報』も廃刊となったと記している。いずれであるかは、いまも明らかではない。

いよいよ日本引き上げ直前、福澤に命ぜられていた、残るもう一つの仕事、朝鮮国内の視察があった。そこで角五郎は陸路馬で釜山まで朝鮮内地を視察旅行する計画を立てた。朝鮮国王は心よく角五郎を内務府の視察委員に任命し、幾何かの役手当を支給し旅行の便宜を提供した。朝鮮では死者の遺体を山野の木の枝に載せ数年そのままにしておく習慣があり、丁度コレラの大流行した直後で感染の危険があったため出発を秋まで延期した。

十一月十八日京城を出発した一行の人数は二十人ほどで、衣服・食料・用具等は三頭の駄馬に載せ、角五郎は乗馬という行装で、十二月二十二日までの三十七日間の旅行は無事目的地釜山に到着した。この視察日記は、後日『時事新報』に連載された。釜山で内務府視察委員の辞表を朝鮮政府に送り、前後四年間にわたる朝鮮生活を終了すると、二十年一月新妻の待つ郷里に到着した。

郷里で在朝鮮時の書類の整理を終えると、二月妻を同伴して上京し、三田の義塾構内に住居を定め、時事新報の記者となり、『交詢雑誌』の編集にも携わった。

その頃アメリカは西部の大金鉱発見を契機に、労働力としての中国人移民が歓迎されていたが、単純労働者の過剰等から弊害が生じたことから、中国人移民禁止令が施行された（明治十五年）。しかし労働力がなお不足するので、日本人の移民は許可されていた。明治十八年（一八八五）の五〜十月にかけ、日本は北海道を除き全国的に暴風雨に見舞われ、特に農村に大被害を及ぼしたので、国内は不景気となり、移民熱が高まった。この状況を見た福澤は、アメリカへの日本人移民を永続させる必要を痛感し、アメリカに歓迎される移民を送るべきだと考え、模範的移民事業の実行指導者を角五郎に命じた。

角五郎は先遣隊を率いて二十年六月二十八日サンフランシスコに到着、シエラネバダ山脈の山裾に土地を求め、果樹園を始め、なお事業拡大を進める協議のため、十二月帰国の途に着き、二十一年一月二日東京で、福澤及び中村道太と協議し、帰米出発しようとした寸前の一月二十七日、突然警視庁に拘引された。

出獄を迎えに来た同郷で時事新報の記者をしていた倉井忠の下宿に一泊し、翌日福澤邸を訪ね、事情を報告している時、丁度後藤象二郎が福澤邸に来訪したので、その場で後藤の秘書として、高輪の後藤家に移住することとなった。二月後藤伯爵の秘書として、伯の主催する大同団結運動に参加し、大同新聞の記者として政治活動に入った。二十三年十一月四日の広島県第九選挙区衆議院議員補欠選挙に当選して以来大正十三年（一九二四）五月の総選挙で落選し、三十五ヶ年に及ぶ議員生活は終った。

その間明治三十二年北海道炭礦鉄道株式会社専務取締役（後三十九年国鉄鉄道となったため北海道炭礦汽船株式会社と社名変更）・四十年株式会社日本製鋼所取締役会長等を歴任し、両社役員を四十三年辞任している。その他京都電鉄・日東製鋼・矢作水力・品川銀行・千代田生命保険相互会社取締役等多くの会社の役員を勤めた。義塾関係では、明治三十一年五月より長く義塾評議員を勤めた。

その他に角五郎が晩年に行った事業としては、わが国の工業化の興隆のためには、諸機械製造を担当する職工の基本的知識や技術を向上させる教育が必要であることに注目し、昭和五年（一九三〇）七月通信教育による国民工業学院を設立し、財界の広い賛成協力を得て、本科・予科通算二ヶ年の通信過程による教育事業を開始した。通信教育制度の経験の浅い当時として、現場からはテキストが就業職工の知的水準に適合しない等の問題が提起され、その都度学則やテキスト改正に苦労してようやく成果を挙げるに至った昭和十三年九月十四日発病し、二十三日に肺炎を併発して七十九歳の生涯の幕を閉じた。

『角五郎伝』によると、井上は備後国深安郡野上村（現在広島県福山市古野上町）の農村吏井上忠五郎と後妻すみ子の末子として、万延元年（一八六〇）十月十八日に生まれた（戸籍は何故か一年前の安政六年十月十八日誕生となっている）。父忠五郎は先妻との間に二男一女があり、角五郎の生母との間に三男が生まれた。元治元年（一八六四）二月長男が流行病で死亡し、同年四月には父忠五郎も病死した。二男は既に他家に養子に出ていたので、三男の三之助が十三歳で忠五郎を称し家督を相続した。角五郎らは後家となった母の手に育てられた。

角五郎は幼少時は病弱であったが、慶応三年（一八六七）八歳の時重い疱瘡に罹り、一命を拾ったのが契機となって、以後体質が一変して丈夫になり、気力も一段と充実し、記憶力が優れ気概の充実した好学の少年として成長した。慶応二年福山藩儒山室汲古に師事しその才能を認められ、特に藩校誠之館に推薦入学を許可され、ここで漢学を修業した。明治四年（一八七一）廃藩置県で誠之館の学制が変更されたのを機に退学し、明治六年村に小学校が出来た時、請われてその教員となった。明治八年広島県立師範学校福山分校に入学、十年末に卒業し、県内の小学校教員となったが、向学心に燃え苦学してでも東京に出たい希望を抱いていたが、明治十二年二月ようやく還暦を迎えた母の許しを得たので早速上京し、同村の先輩で文部省翻訳課出仕の小林義直を本郷西片町に頼り、その書生として住み込んだ。

『角五郎伝』は、十二年に慶應義塾に入社していると記しているが、入社帳にその名が記されていない。初め小林家の近所にあった共慣義塾に暇を見て通い、英学を学んでいたが、その進歩の著しさを見た小林が、将来性があるから何とか正式に洋学塾に入学させることを角五郎の母に勧めた。角五郎は英学を学ぶなら慶應義塾にと考え、七月突然三田に福澤を訪ねたところ、福澤は即座に面会を許し、角五郎の希望と事情を聞くと、漢学の実力を認めて、自分の子供の漢学の家庭教師ということで、家に住み込みながら、義塾で学習することを許可したという。義塾入社帳にその名が記されていないのは上記の事情からであろう。恐らく福澤は、緒方洪庵より、翻訳の名目で内塾生として、授業料の免除をしてもらった昔を想起して、即座に許可したものと思われる。

> 先生は私が紹介状をも持たずして訪ふたけれども、直ちに居間に通して、恰かも旧知の如き態度を以て、先づ何の為めに来たかと問はれた、私は其の事情を述べた、更に何か芸能があるかと問はれた、私は漢籍に就て確信を持つて居ると答へた。先生は之を試みられた後、先生は宜しい此の邸内に居つて子供に漢学を教へ、其の余暇に本塾に通へと云はれた。斯くして先生の食客となつたのである。
>
> 此の時の私は実に無上の幸福を感じた。絶代の偉人の傍らに侍して、有数の学校の中に学ぶ事となつた、私は為めに畢生の運命が定まつた様に思つたのは、決して空想でなかつた。（『井上角五郎自記年譜』）

更に義塾在学中の明治十四年に福澤の勧めで後藤象二郎を訪れその意見を聞いたことが縁となって、後藤邸に自由に出入が許され、福澤との連絡係的役を勤めたという。十五年七月義塾を卒業したが、福澤・後藤両人から、もう少し学問をする様に勧められ、そのまま福澤邸に残り、長男一太郎の英語教師の英人より、経済学等を教わったという。

参考⑥　漸く酒を節す

福澤の酒好きは、自ら頻りに記述しているところで、数え方にもよるが四十数ケ所も飲酒関係の記述がある。それらを大観すると、幼少期、大酒飲みの青年期、節酒を心掛け実行し始めた慶応年間以降の三期に区別できる。

先ず幼少年記である。

第一に私の悪い事を申せば生来酒を嗜むと云ふのが一大欠点。成長した後には自ら其悪い事を知ても、悪習既ニ性を成して自から禁ずることの出来なかつたと云ふことも敢て包み隠さず明白に自首します。（中略）先づ一ト通り幼少以来の飲酒の歴史を語りませう。抑も私の酒癖ハ年齢の次才ニ成長するに従て飲覚え、飲慣れたと云ふでなくして、生れたまゝ物心の出来た時から自然に数寄でした。今ニ記臆して居る事を申せバ幼少の頃月代を剃るとき頭の盆の窪を剃ると痛いから嫌がる、スルト剃て呉れる母が「酒を給べさせるから此處を剃らせろ」と云ふ其酒が飲みたさ斗りに痛いのを我慢して泣かずに剃らして居た事ハ幽に覚えて居ます（「大坂修業」の「書生の生活酒の悪癖」〈四七頁〉）

また他の項でも、

赤面す可き悪癖ハ幼少の時から酒を好む一条で然かも図抜けの大酒（「老余の半生」の「身体の養生」〈二八五頁〉）

家に客を招く時に（中略）母の指図に従て働いて居た、所で私は客などがウジヤ〳〵酒を呑むのは大嫌ひ。俗な奴等だ呑むなら早く呑で帰て仕舞へば宜いと思うのに、中々帰らぬ、（中略）何時でも客をする時には客の来る迄は働く、けれども夕方になると自分も酒が好だから颯々と酒を呑で飯を喰て押入に這入て仕舞い客が帰た跡で押入から出て何時も寐る處に寐直すのが常例でした（「幼少の時」の「晴天白日ニ徳利」〈一〇頁〉）

といった状況であった。

青年期になるといよいよ酒量が増え、大酒を好んだ時代である。

ソレカラ長崎ニ出たとき二十一歳とは云ひながら其実ハ十九歳餘りマダ丁年ニもならぬ身で立派な酒客。唯飲みたくて堪らぬ所が兼ての宿願を達して學問脩行となるから自分の本心ニ訴て何としても飲むことハ出来ず滞留一年の間、死んだ気になつて禁酒しました。山本先生の家に食客中も、大きな宴會でもなれバ其時に盗んで飲むことは出来る、又銭さへなれバ町ニ出て一寸と舛の角から遣るのも易いが、何時か一度ハ露顕すると思て、トウ〳〵辛抱して一年の間、正体を現はさずに、翌年の春長崎を去て諫早ニ来たとき、始めてウント飲んだ事がなる（「大坂修行」の「書生の生活酒の悪癖」〈四八頁〉）

と、死んだ気になって禁酒している。というがその実は一、二度は杯を口にしたようだ。

長崎ニ居るとき光永寺と云ふ真宗寺ニ同藩の家老（奥平十学のち壱岐）が滞留中或日市中の藝妓ゟ女郎か五六人も変な女を集めて酒宴の愉快。私ハ其時酒を禁して居るけれども陪席御相伴を仰せ付けられ一座抔盤狼藉の最中家老が私ニ杯をさして「此酒を飲んで其杯を座中の誰でも宜しい足下の一番好いてる者へさすが宜かろう」と云ふのハ実ハ其處ニ美人が幾人も居る。私が其杯を美人ニさしても可笑しい。態と避けてさゝなくても可笑しい。屹と困るでなろうと嬲るのはチヤント分て居る。所が私ハ少しも困らない。杯をグイト干して大夫さんの命ニ従ひ一番好いた人ニ上げますソレ高さんと云て、杯をさしたのは六七歳ばかりの寺の末子で私が瀉蛙〳〵として笑ていたから家老殿も興ニならぬ（「品行家風」の「小僧ニ盃を差す」〈二五五頁〉）

禁酒中とはいえ杯を干さねばならず、この一杯が酒の味を想起させただけに、その後の我慢は相当の苦しみであったろう。また光永寺の坊主の正月の檀家回りのお供をして、和尚が奥で酒でも飲んでいる供待の間に、供の者にも膳が出され、雑煮などを食わせるのを、有り難く頂戴したという。また節分の晩山本家の隣家の杉山松三郎と共に法螺の貝を吹き経文のようなことを怒鳴ってまわり、「銭だの米だの随分相應に貰て来て餅を買ひ鴨を買ひ雑煮を拵へてタラフク喰つた」（三三頁）ことがあるという。酒を口にする機会ではあったが、おそらく酒好きの癖が露顕しない程度に禁酒を守ったのであろう。（「長崎遊學」の「長崎遊學中の逸事」の項〈三三頁〉）

長崎滞在一年程で、長崎を追い出された時、独り江戸に出るとして諫早の町中を流れる川の対岸に渡った宇戸の藤瀬という酒屋で一年間の苦しい禁酒を破り、思う存分飲んでいる。（「大坂修業」の「書生の生活酒の悪癖」の項、五八頁）。所持金は少なく、江戸までの旅費も無くて、大坂の兄の所までの旅費を何とか工面して出掛けた途中の事ゆえ、果してどれだけの量が飲めたのだろう。

下関から大坂までの船賃は支払ったが、船中の賄い代金が足りず、大坂に到着したら、中津藩の蔵屋敷で支払う約束で乗船した。船は安政二年（一八五五）の二月（旧暦の二月十五日が太陽暦の四月一日）花見の好季節で、物見遊山の乗客が多く、安芸の宮島に上陸はしたが、皆が酒を飲んでいる。飲みたくてたまらぬが、金が無いから我慢して船に帰り船の飯を食うだけである。讃岐の金比羅参りも行きたいが、皆が酒を飲むのを見て我慢する苦しみを思うと上陸もできず、じっと我慢して出船を待つという苦行であった。

下関を出て十五日目の朝にようやく播州明石に着くと、明日まで風待ちだという。聞けば大坂までは十五里。二日行程なので、船中でじっと我慢しているより、歩いた方がよいと決心して、無理に船頭に頼んで上陸してしまった。余程酒の我慢が苦しかったに相違ない。途中、一合十四文の酒二合飲んで、大きな筍の煮たのを一皿と飯四、五杯食べている。

適塾時代は、大部分が、塾長になって後の話と思われる。

塾長ニなつても相替らず元の貧書生なれども其時の私の身の上ハ（兄が死亡して福澤家の当主となり）故郷ニ在る母と姪と二人ハ藩から貰ふ少々ばかりの家禄で暮して居る。私ハ塾長ニなつてから表向きに先生家の賄を受けて其上ニ新書生が入門するとき先生家ニ束脩を納めて同時に塾長へも金弐朱を呈すと規則があるから一箇月に入門生が三人あれバ塾長にハ一分弐朱の収入。五人あれバ弐分弐朱にもなるから小遣銭にハ澤山で是れが大抵酒の代ニなる。（中略）少しでも手許ニ金があれバ直ニ飲むことを考へる。是れが為めにハ同窓生の中で私ニ誘はれてツイ〳〵飲んだ者も多からう扨その飲みやうも至極お粗末殺風景で銭の乏しいときハ酒屋で三合か五合買て来て塾中で獨り飲む。夫れから少し都合の宜い時にハ一朱か弐朱以て一寸と料理茶屋ニ行く。是れハ最上の奢で容易に出来兼ねるから先づ度々行くのハ鶏肉屋――夫れよりモツト便利なのハ牛肉屋だ。（中略）最下等の店だから凡そ人間らしい人で出入する者ハ決してない文身だらけの町の破落戸と緒方の書生ばかりが得意の定客だ。（中略）一人前百五十文ばかりで牛肉と酒と飯と十分の飲食であつたが牛は随分硬くて臭さかつた（「緒方の塾風」〈五三頁〉）

夕方食事の時分にもし酒があれば酒を飲んで初更に寝る一寝して目が覺めると云ふのが今で云へば十時か十時過。それからヒョイと起きて書を讀む夜明けまで書を讀んで居て臺所の方で塾の飯炊がコト〳〵飯を焚く仕度をする音が聞こえるとそれを相図に又寝る。寝て丁度飯の出来上つた頃起きて其儘湯屋に行て朝湯に入てそれから塾に帰つて朝飯を給べてまた書を讀むと云ふのが大抵緒方の塾に居る間殆んど常極りであつた（「緒方の塾風」の「塾生の勉強」〈七〇―七一頁〉）

市中に出て大に酒を飲むとか暴れるとか云ふのは大抵（中略）会読まではにはマダ四日も五日も暇があると云ふ時に勝手次第に出て行たので会読の日に近くなると所謂月ニ六回の試験だから非常に勉強して居ました（「緒方の塾風」の「自身自力の研究」〈七四頁〉）

というのが酒にまつわる平生の状況である。したがって道修町の薬種屋が熊胆を無傷で入手するために、適塾生を利用して解剖させたことに因縁を付けて、酒五升に鶏と魚をせしめて塾中で大いに飲んだとか（「緒方の塾風」の「熊の解剖」〈五七頁〉）、一橋家の藩医の子手塚良庵が女遊びをするのを諫めたところ本当に勉強するようになったので、面白くなく、遊女の贋手紙を作って誘い出し、酒や鶏を買わせて一緒に飲みながら、「お願ひだもう一度行て呉れんか又飲めるから」とからかったりしたのは、酒飲みたさの底意の無い書生の悪戯といえる。（「緒方の塾風」の「遊女の贋手紙」〈六一〜六三頁〉）

もう一つ酒が絡んだ大活躍は、安政五年（一八五八）二月二十五日（太陽暦四月八日）楠根の桃園への花見に、前夜より準備して、弁当・酒持参で出掛けたところ、夕方になって大坂城の南の道頓堀辺の大火の煙を発見し、酒の勢いから友人の長与専斎が芝居見物に行っているから、長与を助けろと言うことになり、二、三里の道を火災現場に駆けつけたところ、芝居小屋が全部焼け落ちていた。更に北の方へ延焼中だというので、火事を見物しようと言うことで、火事の中へ飛込み延焼の危険のある荷物の運び出しの手伝いや、破壊消化の手伝いをすると、握飯を食わせ酒を飲ませるので、これは面白いと八時頃まで手伝って、一同帰塾した。すると酒の事が忘れられず、もう一度行こうと、仲間を誘って消火に出掛けたなどは（「緒方の塾風」の「桃山から帰て火事場ニ働く」〈六八〜六九頁〉）、酒の勢いに乗った善行といえるだろう。

最も自由で、酒量も多くなる二十歳代前半の適塾内塾生時代は、飲代がなく、我慢をしながら勉強に専念した時期であったといえる。それが安政五年（一八五八）秋頃、藩命で、江戸に出て蘭学を教えることになった。時に諭吉二十五歳である。

藩庁から如何程の手当てが支給されたかは定かではないが、大坂時代とは異な

り、ある程度余裕ができただろう。したがって多少好きな酒を飲む機会も多く持てたものと思われる

> 私は安政五年江戸ゟ出て来て只酒が好きだから所謂口腹の奴隷で家ゟない時は飲みゟ行かなければならぬ朋友相會すれば飲みゟ行くと云ふやうな事はソリヤ為て居るけれども遂ぞ花見遊山はしなゐ（「品行家風」の「大言壮語の中忌む可きを忌む」〈二五四頁〉）

一定の節度を守り、酒が強く泥酔しても羽目を外さなかったことが、福澤飲酒の特色である。

> 幼少の時から酒を好む一条で（中略）私の口ゟハ酒が旨くて多く飲みたゐ其上ニ上等の銘酒を好んで酒の良否が誠ニ能く分る先年中一樽の價七八円のとき上下五十銭も相違すれバ先づ價を聞かずゟチャント其风味を飲み分けると云ふやうな黒人《くろうと》で其上等の酒をウント飲んで肴も良ゐ肴を澤山喰ゐ満腹飲食した跡で飯もドツサリ給べて残す所なしと云ふ誠ニ意地の穢なゐ所謂牛飲馬食とも云ふ可き男である（「老余の半生」の「身体の養生」の項〈二八五頁〉）
>
> 長崎でハ一年の間、禁酒を守り大坂に出てから随分自由ニ飲むことハ飲んだが兎角銭ニ窮して思ふように行かず年二十五歳のとき江戸ニ来て以来囊中も少し温かゟなつて酒を買ふ位の事ハ出来るやうニなつたから勉強の傍ら飲むことを才一の樂みゟして朋友の家ニ行けバ飲み、知る人が来れバスグゟ酒を命して客ニ勧めるよりも主人の方が嬉しがつて飲むと云ふやうな譯けで朝でも昼でも晩でも時を嫌はず能くも飲みました夫れから三十二三歳の頃と思ふ獨り大ニ發明して斯う飲んでハ迚も寿命を全ふすることは叶はぬ左れバとて断然禁酒ハ以前ニ覺えがある唯一時の事で永續きが出来ぬ、詰り生涯の根気でそろ〳〵自から節するの外ニ道なしと決断した（「老余の半生」の「漸く酒を節す」の項〈二八六―二八七頁〉）

ただ節酒の決断の時期や理由がいま一つ曖昧である。

三十二、三歳といえば、慶応一、二年（一八六五、六）である。節酒を示す資料としては、明治二年（一八六九）に、中津の親戚や恩師に宛てた書簡が二通ある。それはいずれも福澤が若い時、その家の養子になっていた叔父中村術平の訃報に接した時に書かれたものである。その一つは二月二十二日付の東条利八・藤本元岱・渡辺弥一宛の書簡である。

> 一、叔父様の御不幸に付申上候には無御座候得共、各様方可相成丈け御酒は御謹被成度、兼て御承知の通り私義も頗る大酒相用候生〔性〕質に有之候処、近来段々西洋の書物勉強いたし、彼の説に依り熟ら人間在世の職分を相考候に、修徳、開智、倹約の外、他事無之、大酒を用れば起居都て不行儀相成、啻に身体起居の不行儀のみならず、遂に精心〔神〕をも不行儀に慣れしめ不徳に陥り候ものに御座候。大酒を用れば精心を乱り、人の言もよく分らず書を読候ても十分に解し不申候。書を解すこと出来不申節は、迚も人に知識は生じ不申、人に知識なきときは軽挙暴動、大に世道を害し候ものに御座候。大酒を用れば酒の価は僅の事に候得共、夫れが為め業を怠り、一身の不倹約のみならず国家の大損を招き候義出来申候。右の条々決して私の説には無之、西洋人の深く戒候ケ条にて、洋書中往々読当り、如何にも慚愧の次第に付、私義は近来厳しく酒を謹み、決して大酒相用不申候。何等の事故有之候とも、夕刻又は夜分唯一度、一合歟弐合許り、朝昼抔は仮令ひ珍客来り或は他席へ参り盛饌有之候とも一滴も嘗め不申、何卒各様方も酒を慎むは天に対しての御奉公と被思召、厚く御心得被下度、これも下戸より申上候はゞ自分勝手と被思召候義も可有之候得共、嘗て大酒暴飲の私より申上候義、御信仰可被下候。

次は福澤が幼少の時に「四書ノ素読」（「詩集」『全集』⑳所収）を受けた服部五郎兵衛に八月二十四日に発せられた書簡である。

> 追ゝ読書いたし候ニ随ひ、飲酒の大悪事たるを知り、三、五年前より漸ゝニ遠さけ、今日ニ至り候而ハ、一日の量一合五勺ニ過きす。此様子ニ候得ハ、追ゝ真の下戸ニ可相成存候。右之故を以て、身体ハ益ゝ強壮相成、唯今ニ而も一ト臼の米をつき候位ハ、への如きことニ御座候。何卒大兄ニも酒ハ御謹ミ被下度、酒を飲ミ候而ハ、人間の仲間へハ這入られ不申。篤ト御勘考可被下候。

ここでは「西洋の書物」を勉強して大酒の害を知ったとあるが、その「西洋の書物」とは伊藤正雄の研究「福澤の筆に投影したウェーランドの『経済論』」（『福澤諭吉論考』一三四頁）である。明治元年には福澤が、翌二年には小幡篤次郎が「日課」で担当している「エーランド氏経済書」（註釈二二三頁参照）であることがわかる。しかし酒を飲むことは「人間の仲間」には這入られないと書いた本人が、それを書き送って反省を促した恩師とその一年半後（明治三年十一月）に、

中津の自宅で徹夜で酒を汲み交わしていたという事実がある。ただしそのお蔭で暗殺から逃れるという僥倖に恵まれている。

節酒の努力については、次のように述べている。

先づ才一ニ朝酒を廢し暫くして次ぎニ昼酒を禁したが客のあるときハ矢張り客来を名ニして飲んで居たのを漸く我慢して後ニハ其客ばかりニ進めて自分ハ一杯も飲まぬことニして是れ丈けハ如何やら斯うやら首尾能く出来てサア今度は晩酌の一段ニなつて其全廢ハ迚も行はれないからそろ〳〵量を減することニしやうと方針を定め、口でハ飲みたい。心でハ許さず。口と心と相反して喧嘩するやうニ争ひながら次才〳〵ニ減量して稍や穏やかニなるまでニハ三年も掛りました（「漸く酒を節す」〈二八七頁〉）

書簡の明治二年から数えて三年前の慶応二年前後になり、三十二、三歳という記述と一致する。恐らくその辺が節酒を決心した時期と見て誤り無かろうと思われる。

万延元年（一八六〇）正月に咸臨丸で愈日本を離れるその時には、浦賀に上陸して「さん〳〵酒を飲んで」帰船の時廊下の棚の上の嗽茶碗を失敬しているし、文久元年（一八六一）欧州行きの長崎に寄港した時、山本物次郎家を訪れ、「飲んだも飲んだか、恐ろしく飲んで、先生夫婦を驚かした」と飲んでいる。やはり欧州から帰国して以後に節酒を始めたのだろう。丁度『西洋事情』を著すための勉強をしている間に、大酒の弊害を記した洋書を読んで感ずるところがあったと思われる。明治三年（一八七〇）初冬刊行の『西洋事情二編』巻之一の「備考人間の通義」の項に、

譬へば今爰に一人あり。其心は自暴自棄、其行は放辟邪侈なりとも、私に其悪を蔽ふて外に公にせず、曾て治世の典型をも犯せしこと無くんば、如何に法律を明察にすとも其罪の由て罰す可きなし。却て之と異にして酣醉潦倒、長鯨の飲を為す如き、唯独り其人の一身を害して他の妨げを為さゞるに似たりと雖ども、其挙動既に世間に公明なるときは、悪風を流し人心を誘ひ、遂には世俗一般の弊端を醸す可きが故に、国法を以て之を止めざる可からず。

これは巻頭の例言によると、『西洋事情初編』第一巻で、政治、収税法、国債ら数ケ条を示して、本編の参考としたが不十分であるからとして、

今爰に彼法律書、経済書等の中より撮訳して、先づ人間の通義〔英版ブラッキストーン氏の英律を抄訳す〕及び収税論〔亜版ヱーランド氏の経済書を抄訳す〕の二箇条を挙て、其議論の詳なるを示し、以て第二篇の備考に供す

とある。大酒酩酊するような悪風を放置黙認するのは野蛮人の自由であって、文明人の社会では許されざる風習であるとしている点に刺激されたのであろう。節酒の方は歳と共に次第に進んだと述べている。

兎ニ角人間が四十ニも五十ニもなつて酒量が段々強くなつて遂ニハ唯の清酒ハ利きが鈍いなんてブラデーだのウヰスキだの飲む者があるがアレは宜くない苦しかろうが罷めるが上策だ私の身ニ覚えがある私のやうな無法な大酒家

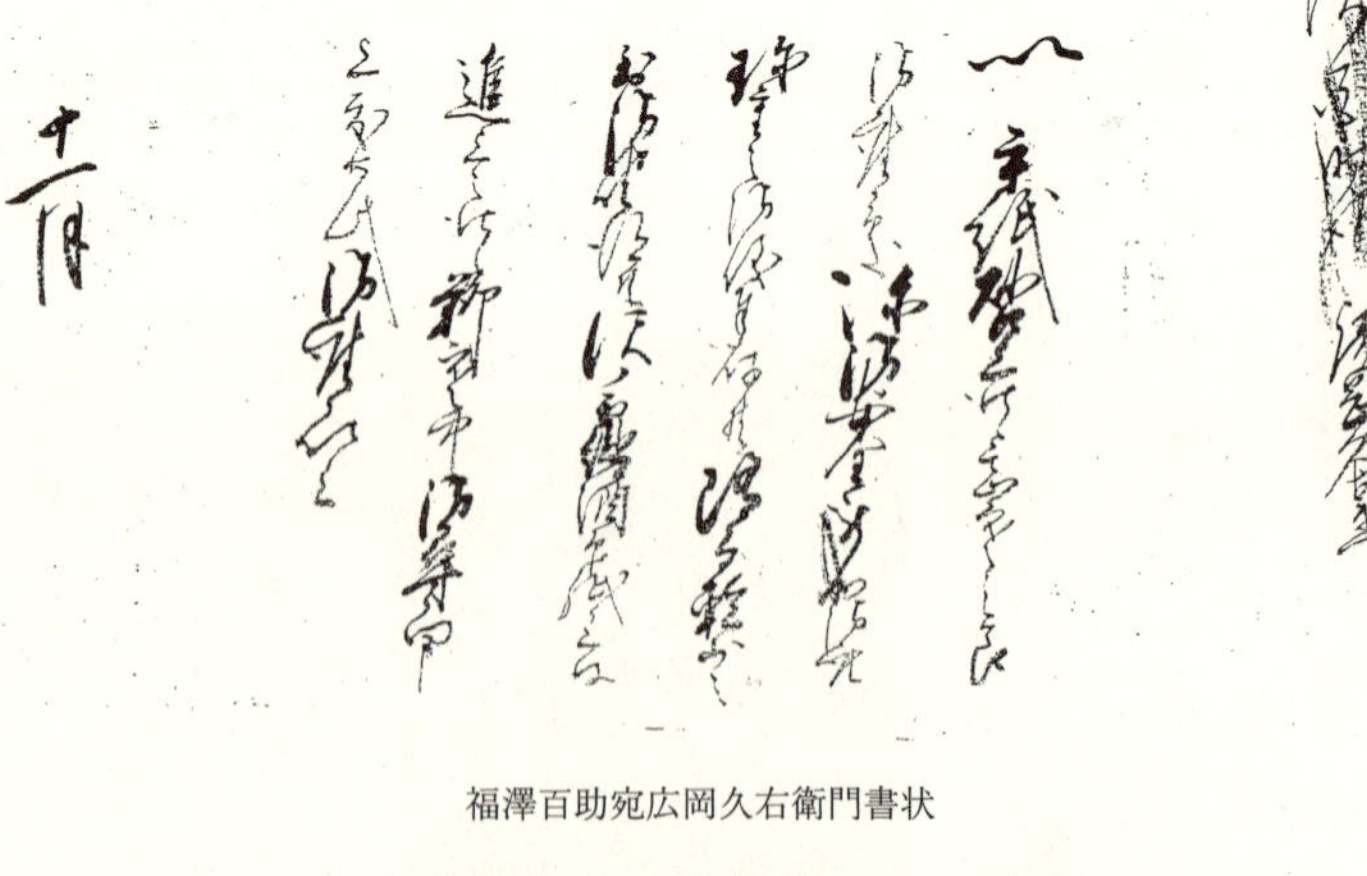

福澤百助宛広岡久右衛門書状

（端裏宛書き）福澤百助様（二本棒引き）　広岡久右衛門

（本文）

以手紙啓上仕候　甚寒之節御座候処、弥御安全被成御座珍重之御儀奉存候　別て軽少之至御座候得共　沢ノ鶴酒印紙三枚進上之仕候　聊寒中御尋問申上度　如此御座候　以上

十一月

> でも三十四五歳のときトウ〳〵酒慾を征伐して勝利を得たから況して今の大酒家と云っても私より以上の者ハ先づ少ない高の知れた酒客の葉武者だ。そろ〳〵遣れバ節酒も禁酒も屹と出来ませう（「老余の半生」の「漸く酒を節す」の項の末尾〈二八七頁〉）

節酒や禁酒の習慣を身につけて欲しいという福澤の希望は、自分の人生の過ごし方を、読者の参考にして欲しいという『自伝』記述の頭初の目的に沿ったものであろう。

最近明治十七年十二月二十四日付の福澤書簡が発見され、『書簡集』第九巻の補遺に納められているが、その発見者大浜郁子が『手帖』一二〇号（二〇〇四年三月）に注解を施している。内容は宮崎蘇庵（天保六年生、佐賀県士族、当時文部省四等属）という人物によって明治十七年に設立された「大日本節酒会」の趣意書に福澤の名前があったのを、「是レハ甚不都合ニ付、早と御除名被下度」といい、福澤の姓名の記された印刷物は「一冊も世上ニ流布不致様、屹ト御注意奉願候」と厳しく申し入れている。これは「節酒」と「禁酒」との問題にからむことであって、福澤は二十五年一月十二日の『時事新報』漫言にも「禁酒会員と為ること難し」において、禁酒会には大賛成だが、会員は生来の下戸が中心であり、漫言子は「飲抜けの大酒家」であって、無理に酒を禁ずるようでは会員の資格がないとの理由で入社を見合わせたという。「行過ぎた飲酒規制への警鐘と、規制する側の人間の矛盾をつく」ものと大浜は指摘している。

福澤は生涯酒を好み、その飲酒は相当量と思われる。上等の銘酒を好んだと記しているが、その銘柄はどこにも記されていない。余談ではあるが、福澤の父百助宛の大坂豪商加島屋から、年末の挨拶に銘酒「沢ノ鶴」の印紙（今日のビール券のようなものでどれくらいの量かは印紙の現物が無いので不明）贈呈状が、中津の親戚小田部家の襖の下張りから出てきている。前頁下段の書状がそれである。

小田部家は福澤の祖母（母方）の実家である。天保年間に既にこのような制度が大坂で行われていたことは、興味深い事柄である。

福澤関係諸略表

福澤家歴代

初代　積善　兵助　宝永六年（一七〇九）五月二十三日卒。妻不詳。

二代　篤義　兵左衛門　享保八年（一七二三）三月十六日卒。妻不詳。

三代　直行　朴右衛門　飯田伝法男　延享三年（一七四六）十二月七日卒。

　　　妻　兵左衛門娘　安永二年（一七七三）十一月三日卒。

四代　政信　友米　天明四年（一七八四）九月十二日卒。

　　　妻　岡喜左衛門娘　文化六年（一八〇九）八月十日卒。

五代　政房　兵左衛門　中村須右衛門男　家督天明四―文政四年（一七八四―一八二一）九月二十一日卒。

　　　妻　友米娘お楽　嘉永五（一八五二）六月十八日卒七十九歳。

六代　咸　百助　兵左衛門長男　家督文政四―天保七年（一八二一―一八三六）六月十八日卒四十五歳。

　　　妻　橋本浜右衛門長女お順　明治七年（一八七四）五月八日卒七十歳。

七代　政弘　三之助　百助長男　家督天保七―安政三年（一八三六―一八五六）九月三日卒三十一歳。

　　　妻　藤本寿庵娘（従姉妹）お年（死後離縁）。

八代　諭吉　百助次男　家督安政三―明治三十四年（一八五六―一九〇一）二月三日卒六十六歳。

　　　妻　土岐太郎八三女　錦　大正十三年（一九二四）六月二日卒八十歳。

福澤家　家格及家禄

四代友米　奥平家出仕　七人者。

明和五年（一七六八）宛行七石七斗六升二人扶持。

明和八年（一七七一）家格小役人。家禄十一石二人扶持に取立。[1（3）、4（2）]

五代兵左衛門　寛政十二年（一八〇〇）家禄二石加増。十三石二人扶持。[4（2）]

六代百助　文政十三年（一八三〇）家格小役人より供小姓格に昇格。[1（2）、4（2）]

天保五年（一八三四）家格供小姓より厩格（下士最高）に昇格。[1（2）、4（2）]

七代三之助　年少相続（十一歳）に付、供小姓十三石二人扶持に降格。[1（3）、4（2）]

八代諭吉　安政五年（一八五八）秋、江戸にて蘭学教授のため出府下命。十月中旬着府。築地鉄砲洲中屋敷に開塾。[5（1）・（8）]

万延元年（一八六〇）十一月中旬、幕府外国方出仕。[6（28）、8（10）]

慶応四年（一八六八）六月八日、幕府に退身願提出。八月中旬許可。[10（10）・（18）、12（6）、15①]

明治二年（一八六九）八月四日、中津藩に六人扶持辞退届け提出。[15①]

父百助略年譜　寛政四―天保七年（一七九二―一八三六）

家督前　好学の士。備後儒者菅茶山に留学希望、前例無しとて不許可。藩儒野本雪巌・豊前日出帆足万里に師事。中津町人出身の中村栗園と親交。[1（2）・（8）・（16）・（17）・（23）]

文政四年（一八二一）　家督。[1（2）]

　五年　四月　同藩橋本浜右衛門長女お順と結婚。[1（2）]

八年　九月　大坂蔵屋敷元〆方　単身赴任。［1（2）］
　家族呼寄許可。［1（2）］
十三年　一月　役方数年出精に付家格昇進、小役人より供小姓に。［1（2）・（3）］
天保五年（一八三四）二月　江戸表にて役方出精勤方巧者に付昇格厩方に。［1（2）・（3）］
　六月十八日　死去四十五歳。中村栗園「哭福澤氏詩以代祭文」。［1（5）・（8）］
七年　七月六日　遺族帰国して中津龍王浜墓地に埋葬。［1（2）・（24）］
　諭吉父蔵書、大部分安政三年（一八五六）に臼杵藩へ売却。［1（8）、3（17）］
　百助自殺説あり。［1（5）］

兄三之助略年譜　文政九—安政三年（一八二六—五六）

天保七年（一八三六）十月十五日　年少家督相続（十一歳）に付家格供小姓に降格。［1（3）、3（9）］
弘化四年（一八四七）　元〆方御勘定役。［3（9）］
安政元—二年（一八五四—五五）　大坂蔵屋敷勤務、単身赴任。
三年（一八五六）五月　リョウマチスに罹る。任期切れもあり療養のため帰国。［3（6）・（8）・（9）］
　九月三日　病死三十一歳。［1（2）、3（9）］
　妻お年（従姉妹藤本寿庵娘）三之助死去に因り離縁。［3（9）］
　遺児お一、福澤家にて祖母お順により養育。［1（2）］

中津福澤旧宅・旧邸

旧宅（留守居町南側）　間口二・五間、奥行一五間。屋敷三七・五坪。入り口門なし。［1①］
文政十一年（一八二八）八月二十四日、暴風雨により大破。天保七年（一八三六）百助死去により家族帰国に当り改築居住（明治十年（一八七七）九月二十四日、諭吉記憶で平面図作図、家屋八畳一間三畳四割り内一を土間玄関、二階有。家表脇に便所、裏奥に細工小屋）。嘉永二—三年（一八四九—五〇）頃、道路向側の橋本家の屋敷購入移転。［1①、13（1）］
旧邸（留守居町北側現存）　橋本家屋敷一一五坪余、本屋建坪三一坪、裏に二階建の土蔵四・五坪［1①］を嘉永二—三年頃、兄三之助購入移転。安政三年（一八五六）以降は、母お順と姪お一のみ居住。［1①］
明治三年（一八七〇）十二月四日、母お順・姪お一東京に移転のため、中津出発。［1①］
明治四十三年　奥平家、福澤旧邸を買上げ、記念保存のため中津町へ寄贈。［1①］
昭和四十六年（一九七一）六月二十二日、国史跡「福澤諭吉旧居」に指定。［1①］
平成二年（一九九〇）家屋解体修理。［1①］

福澤諭吉略年譜　1　天保五―安政五年（一八三四―一八五八）

天保五年十二月十二日（一八三五・一・一〇）大坂蔵屋敷にて誕生。二男三女の末子。父百助予て希望していた『上諭条例』の入手日に誕生したので新生児に「諭吉」と命名。［3（14）］

天保七年

六月十八日　父百助、脳溢血にて急死。水口藩儒中村栗園「哭福澤氏詩以代祭文」を手向く。［1（8）］

七月六日　一家母子六名、郷里中津に帰り、父遺骨を龍王浜墓地に埋葬。［1（2）］

中村諭吉時代

幼少時　諭吉、叔父中村術平の養子となるも、福澤家で養育さる。［3（10）］

天保七年

七月　中津に帰国、文政十一年（一八二八）の台風で大破し応急措置のみの留守居町通南側の旧宅を、修理費用を頼母子講により募り、急ぎ修築移住す。［1（6）、13（1）］

弘化二年

十二月　城内で芝居あり、藩士に見物許可。この時諭吉見物か。［1（11）、14（6）］

殿様の名を記した反故を踏み兄に叱られる。納得しかねるので、叔父の家の社の札を踏み、稲荷の御神体の取り替え等を試みる。

少年期　武士が頬冠して買物する風習を嫌い、白昼も頬冠をせず買い物を行う。母大坂の習慣からこれを黙認したか。［1（19）］

漢学最初服部五郎兵衛に学ぶ、以後何人かに学ぶも興味無く修学中断。［1（14）・③］

手先器用に付、障子張、家内諸物修理に始まり、やがて内職に精励す。［1（18）］

居合術（立身新流）を中村庄兵衛に学び、生涯随時数抜を行う。［12（3）］

嘉永元年（一八四八）頃

十四・五歳頃、勉学の必要を自覚、年少者と並んで本格的に勉学に励む。白石照山に師事し長足の進歩を示し、学者の前座位の学力に達す。［1（13）、3（16）］

嘉永六年

六月十八日　ペリー艦隊浦賀渡来の報中津に達す。［2（2）］

十一月頃　奥平十学（のち壱岐）砲術修行のため長崎遊学に出発と推測される。［2（4）・④］

十二月九日　小祝の火災発見の遅れから、城内での下士集会事件発覚。諭吉の恩師白石照山首謀者と見なされ、十八日藩より追放される。［1（13）、2④、3（16）］

安政元年（一八五四）

二月　奥平十学砲術研究のため、単身長崎の親戚光永寺に滞在。［2（4）・（7）・③・④］

諭吉兄に伴われ長崎光永寺に至る。奥平十学の小者として仕えれば、蘭学学習の便与えるとの約束有ったためか。兄三之助、多少蘭学に就いての知識あり、蘭学研究に相当の費用必要の事も承知。奥平十学の方で便宜提供の話あり、諭吉に長崎行きを勧めた。この時、諭吉、白石照山追放事件で、上士の格式力みに反感を抱いていたので、兄の勧めに二つ返事で長崎行きを承知したものと推測される。［2（6）・④］

二月　諭吉、奥平十学の紹介で、薩摩藩医学生松崎鼎甫より初めて蘭文字を教わる。［2（6）］

五月―六月　奥平十学、二ケ月間の中津での月番勤務のため、長崎を留守にするので、諭吉を長崎の地役人（砲術家）山本物次郎家に食客として世話す。〔2（5）・④〕

八月―十月　宇和島藩の長崎留学生前原巧山、諭吉と山本家に同宿す。〔2（5）〕

諭吉、山本家の蘭学関係事務のみならず上下の用務に出精する傍ら、通詞家や医家の書生等より、断片的に蘭学を学び、小辞書を筆写駆使するまでに学力を付ける。〔2（13）〕

十一月七日　山本家の井戸端で、朝水桶を担いでいるとき地震に逢う。〔2（20）〕

安政二年

一月　諭吉、奥平十学の父与兵衛の命令で作成の、母病気に付帰国せよとの偽手紙で長崎を退去江戸に赴かんとす。十学が諭吉の進歩を妬んでの謀略かと邪推す〔後日の十学の態度から、それは諭吉の邪推と気付いたと思われる〕。〔2（8）・④〕

長崎～下関～明石～大坂行程推測。〔2（16）・（18）〕

二月中旬　諭吉中津の商人鉄屋惣兵衛と同道長崎出発。諫早の手前永昌で、江戸に行くと告げ、鉄屋と別れる。その際、下関の懇意の船宿の名を聞く〔大坂迄の船賃不足に付き、大坂蔵屋敷での着払いの交渉のため〕。〔2（12）〕

諫早の町を流れる本明川を渡った宇戸の藤瀬酒店で、長崎での一年余の禁酒を破り大いに飲む。〔2（12）・（16）〕

諫早より佐賀まで天草の海を丸木舟で渡る。船賃五八〇文〔当時は未だ有明海の名称なし〕。〔2（14）・（16）〕

門司より下関海峡渡航に、百姓の農間稼ぎの安価の渡船を利用す。〔2（16）〕

二月下旬　諭吉下関海船問屋と交渉、船賃大坂着払いの契約で乗船、十五日目に明石で下船し、大坂まで陸行す。〔2（16）・（17）〕

三月初旬　諭吉大坂着、玉江橋際の中津藩蔵屋敷に至る。兄に長崎退去の事情を説明し、江戸行きの意向を告げる。兄三之助、母に無断での江戸行に反対す。〔3（1）〕

三月九日　大坂で、蘭学塾を探し適塾に入門。〔3（1）〕

蘭学を更めて規則正しく基礎より教授される。〔3（3）〕

入塾当初先輩岸直輔〔嘉永六年（一八五三）入塾〕より指導を受ける。〔3（4）・（6）〕

安政三年

二月　岸先輩チフスに罹る。諭吉、岸と同郷の鈴木儀六と共に看病したが死亡。千日の火葬場で荼毘に付し、遺骨を金沢に送る。〔3（5）〕

三月　諭吉、岸先輩の看病で腸チフスに感染発病す。〔3（4）・（6）〕

三―四月　緒方洪庵、諭吉の発病を知り病気見舞いに蔵屋敷を訪れ、診断を医友内藤数馬に依頼し、自らは養生法を指示監督す。諭吉その親切に感激す。〔3（6）・（7）〕

四月　諭吉の病気一応回復。〔3（8）〕

五月　同時期兄もリョウマチスを患い、兄弟共に病気療養のため中津に帰る。〔3（8）〕

七月　諭吉、病気全快し、大坂に戻る。〔3（8）〕

八月四日　中村術平より、養子諭吉の緒方塾での砲術修行と学費の拝借願書を藩に提出。諭吉その事は知らず〔養父の叔父福澤家の家計軽減のため提出か〕。〔3（8）・（23）〕

九月三日　兄三之助中津で死去。諭吉訃報を大坂で受け直に帰国した時は、既に親戚相談の上、諭吉の福澤家復籍相続・兄嫁の離縁・遺児お一の福澤家での養育等の決定事項を告げらる。〔3（9）・（23）〕

九月　諭吉大坂再遊の希望を示すと、叔父より叱られる。〔3（9）・（11）・（23）〕

九月　諭吉、大坂再遊の念絶ちがたく、大坂再遊の希望を母に直談。母即座にこれを許可す。諭吉、母の愛情と信頼感に応えるべき責任を痛感す。〔3（13）・①〕

九―十月　諭吉再遊準備として、兄療養費等の借金四〇両の清算に、父が特に愛蔵した伊藤東涯書入の『易経集註』等二・三点を除き、『上諭条例』を始め父の蔵書や書画を売却する事とす〔昭和三十三年義塾創立百年記念に、大正三年三田会により、中津旧家にあった福澤家蔵書印のある『上諭条例』が義塾に寄贈された〕。［3（14）・（15）・（17）・（18）・①］父百助の唐書中心の蔵書は、中津では買い手なし。そこで、臼杵藩儒となっていた恩師白石照山に依頼、臼杵藩に一括購入して貰う〔現在臼杵図書館蔵〕。［3（14）・（16）・（17）・①］

緒方塾時代

安政三年

十月二十三日　先代三之助の喪明（五十日）により、福澤家相続許可発令か。［3（10）］

十月　福澤諭吉相続挨拶に奥平十学家訪問。十学、得意そうに長崎で入手したペルの築城書を見せる。諭吉の暫時の借用願いを十学即座に許可す。［3（20）・（21）］

十―十一月　諭吉借用原書を、寸暇を惜しみ盗写し、一ケ月程で図面まで写し、読み合せも終了して返却す〔返却遅延に文句なく受領した十学の態度から、贋手紙一件を十学の僻みの工作と考えたは、諭吉の邪推であったと気付いたと推測される〕。［3（20）・（21）・①］

十一月中下旬　福澤諭吉名義の緒方塾での砲術修行遊学願書を提出。［3（23）］
諭吉、大坂へ出発の直前、母病気のため半月程出発延期す。［3①］

十二月頃　諭吉、母と姪お一を残し蘭学継続のため中津を出発。［3①］
諭吉、大坂着。緒方洪庵を尋ね、家督相続事情・大坂再遊希望を母に直談了解を得た事・父の蔵書を売却し借金を清算した事・奥平十学の原書盗写一件等を詳細に報告す。洪庵、福澤の経済事情等を了解し、ペル築城書の翻訳を名目に内塾生とす〔翻訳実力ありと洪庵より認定されたためと思われる〕。［3（6）・（13）・（17）・（20）・（21）・①］

安政四年

三月中旬　緒方洪庵、帰国途中の黒田侯所持のワンダーベルトの原書を両三日借用。諭吉の提案により、塾生総体で三日間交代で間断なく筆写し、エレキテルの部の筆写完了して返却す。［3（25）、4（33）・（35）］。依ってこの時は諭吉適塾塾長となっていたと思われる。［3（25）、4（3）］

安政五年

二月二十五日　塾友と稲田楠根〔現東大坂市〕の桃林に花見に行き、夕方大坂道頓堀の芝居小屋の火事に気付き、友人長与が芝居見物しているからと、消火に駆け付ける。［4（24）・（25）］

六月十九日～九月三日　●五ケ国〔米蘭露英仏〕条約締結す。［5（13）・（14）］

秋頃　江戸藩邸にて蘭学教授せよとの藩命下る。［5（1）］

適塾在塾中　勉学は厳格ながら、友愛と自由に満ちた活気溢れた塾生生活を満喫す。目的なしの勉学［4①］。大坂の祭礼見物や夜店のひやかし、遊女の偽手紙で塾生誘い出し酒を奢らせる［4（16）・（17）・（18）・（19）］。禁酒した福澤に友人親切の振りして煙草を推め、酒・煙草の両刀遣いとなる［4（23）］。賛否両派に別れ討論の遊びに興ず。［4（26）］

九月　江戸への召命を受け、一度中津に帰る。中津はコレラの真最中。［5（1）・（5）］

十月上旬　中津より大坂に戻り、適塾で江戸同行者を募る。岡本周吉即座に希望。江戸行きの塾生原田磊蔵と三人で江戸に向かう。［5（6）・（7）］

福澤諭吉略年譜　2　安政五―文久三年（一八五八―一八六三）秋

（福澤招致前の中津藩江戸藩邸情勢）

文政八年（一八二五）五月　蘭学好みの藩主奥平昌高隠居し、翌年鉄砲洲中屋敷に移住し、安政二年（一八五五）死去す。［5（8）］

嘉永三―安政元年（一八五〇―五四）　藩砲術師範島津良介、藩士岡見彦三ら十四名、佐久間象山に同時に師事す。［5（2）］

嘉永六年（一八五三）　幕府、米国の開国要求の国書に対し諸藩に諮問す。中津藩では隠居昌高が開国論、藩主昌服は鎖国攘夷論で対立していたためか、岡見彦三が蘭学者杉亨二に中屋敷の一軒を提供し、藩士に蘭学教授をして貰う事になったが、攘夷派藩士から嫌な噂を聞き、杉は暫時で中屋敷を去る。［5（2）・（3）］

安政二年（一八五五）一〇月―四年（一八五七）三月　藩邸内には蘭学塾開設に反対論あるため、藩主が姻戚関係があるのみならず、岡見家も薩摩藩士と姻戚関係があるので、特に薩摩藩士の松木弘安に、築地小田原町の岡見の持家を提供し、私的に中津藩士への蘭学教授を依頼し、その了解を得た。［5（2）・（3）］

安政五年　四月　開国派奥平壱岐（十学改め）江戸家老として出府。［5（4）］

江戸開塾

安政五年　秋　岡見彦三、緒方塾の福澤に、江戸藩邸にて藩士に蘭学教授方を下命〔江戸家老奥平壱岐の了解済と推定される〕。［5（1）・（2）・（4）・①・②］

十中旬　福澤、岡本周吉を同行江戸到着。築地鉄砲洲中屋敷の東北奥の二階建長屋の一軒を与えられ、蘭学塾を開く〔慶應義塾の起源〕。［5（6）・（8）・②］

安政六年　二月　福澤ペル築城書の翻訳『経始概略』訳了す。［3（20）・（21）、5（1）］

六月　●幕府、横浜港を開港す。［5（14）］

福澤早速横浜を見学。店の看板や通用の言葉が蘭語でない事を見て、多年の苦学の無駄を知り、一時落胆するも、英語が通用外国語と推測し、更めて英語学習の決心をする。［5（12）・（14）・（15）］

六―七月　英学学習のため森山多吉郎の家に通うも、森山多忙で授教の時間取れず通学中止す。因って蕃書調所に入所してみたが辞書等の貸出出来ず、調所通学を止め、結局横浜出入商人に依頼しホルトロップ英蘭対訳辞書を入手。辞書を頼りに英語を独学す。［5（16）・（17）・（18）・（20）］

七月二十五日　●米測量船フェニモア・クーパー号、豪風雨対策を誤り、横浜港で遭難。［6（9）］

十一月二十四日　●木村摂津守、米国派遣下命され、二十八日軍艦奉行に任命さる。［6（4）・（5）］

十一月末頃　福澤、木村家が、福澤平素出入りの桂川家の親戚なるを知り、桂川家の紹介状を貰い、木村家を訪ね、家来として米国に随行方依頼許可を得る。［6（11）］

渡米中は、岡本周吉に中津藩の蘭学塾の授業を委せる。［5（6）］

十二月下旬　●クーパー号船長ブルックの推薦で派遣船を咸臨丸に決定、ブルック以下米水夫ら咸臨丸に同乗帰国する事を、木村了承す。［6（10）］

咸臨丸渡米

万延元年（一八六〇）

一月十二日　福澤木村に随い品川沖の咸臨丸に乗り込む。翌日横浜より米人ブルック船長や米水夫乗船、十六日浦賀に至る。［6（7）・（8）・（10）・③］

一月十八日　浦賀に上陸、茶屋にて酒宴。翌日午後三時咸臨丸米国に向け出航す。［6③］

航海中　荒天多し。福澤船酔いせず。勝海舟は病気を押して乗船のためか、航海中大半船室に籠もりきり。［6（14）］

二月七日　太平洋上で、米国への中国人移民を乗せた米船に逢う。［6③］

二月十七日　ハワイに寄港せず、桑港（サンフランシスコ）まで直行に決し、水の節約厳重になる。［6③］

二月二十六日　咸臨丸、桑港に無事入港す。［6（13）］

二月二十七日　桑港市長歓迎の挨拶に来艦、ホテルにて休息をと誘われ木村上陸。福澤随行したと推測される。馬車に驚いたのはこの日か。［6（13）・（17）・⑤］

二月二十八日　入港儀礼の祝砲交換〔勝と佐々倉の祝砲問答〕。［6（15）・⑤］

三月三日　咸臨丸修理のためメーア島海軍造船所に移動。［6（16）・⑥］
●桜田門外の変。

三月四日　造船所の三階建宿舎一棟に乗組員移住、咸臨丸修理作業開始。［6（16）・⑥］

三月九日　遣米使節搭乗のポーハタン号桑港着。午後メーア島に回航。［6（3）・⑤］

三月十五日　昨日咸臨丸の一士官〔中浜万次郎〕ウエブスター辞書購入とサンフランシスコの新聞報道。［6（22）・⑤］

三月十六日　ポーハタン号、メーア島より桑港に移動。十八日桑港出航。［6⑤］

三月二十六日　木村、在米オランダ人医師宅に招かれ福澤随行。豚の丸煮に驚く。［6（20）・⑤］

三月二十九日　福澤、肥田浜五郎らと桑港に行き写真撮影。［6⑤］

閏三月九日　咸臨丸修理完了。［6⑤・⑥］

閏三月十一日　木村、咸臨丸修理費支払を申出る。米国咸臨丸の修理費等の受理固辞。依ってマッキズガルと相談、当地寡婦団体に寄付し、以て日本側の謝意を表明す。［6⑤・⑥］

閏三月十二日　咸臨丸修理完了しメーア島より桑港に移動。［6⑤・⑥］

閏三月十三―四日　福澤雨天の日ショウ写真館で少女と二人の写真等を撮影。［6（26）・⑤］

桑港出航日（閏三月十九日）までの間に、ウエブスターの辞書を購入。『華英通語』の購入日は不明。［6（22）・⑤］

滞米中　福澤、書籍上で知り得た西欧文明の理解が極めて不十分であることを、ワシントンの子孫の事等に関心のない事・男女手を取り合ってのダンスの風習・人力に依る収穫物と高級機械織物の価格の異常さ〔牡蠣と絨毯〕・多量の鉄屑の放棄への驚き等から実感し、今後の研究方向を考える上に大きな示唆を得た。［6（19）・（21）］

閏三月十九日　●咸臨丸桑港出航、帰国の途につく。［6（24）・⑤］

四月五―七日　石炭・水等補給のためホノルルに寄港。福澤、王宮訪問の際見た、特殊な鳥の羽で作られた名誉を示す肩掛け等にはあまり関心を示さない。［6（24）・（25）］

四月七日　ホノルル出航、ポーハタン号の逆のコースで、一路日本に向かう。［6（24）］

五月五日　咸臨丸無事浦賀に到着。福澤留守中の桜田門外の変を言い当てる［6（27）］。中津で、福澤がアメリカで死亡した等の噂が立てられた事を聞く。［7（4）］

八月　桑港で購入してきた『華英通語』〔中国で刊行されたものを、米国に移民する中国人が米国に持参したか、米国への移民のために、中国から輸入したもの〕の中国語の部分を日本語に置き換えた簡易英語辞書として、木村家より出版す。［7（1）］

十月上旬　渡米の経験から、西欧文明理解の便を考え、幕府外国方に出仕す〔当分外交文書に蘭文が添付されるので、英学習得には、極めて好都合のため〕。〔6（28）、10（10）〕

文久元年（一八六一）

三月二十四日　●英国公使オールコック、日本の攘夷論を鎮静化させるため、幕府の両都両港等の開港市延期要望を容認する事の必要を認め、自ら欧州に帰り、英国以外の欧州諸国をも説得する事を意図す。同時に幕府にも交渉使節団を派遣する事を勧める。依って幕府、欧州に使節団派遣の方針を決す。〔7（2）・②〕

前期新銭座時代

冬　幕府外国方出仕の福澤諭吉、同藩上士で用人役の土岐太郎八の遺言により、太郎八次女お錦と結婚。新居は芝新銭座の二階家〔場所不明〕。〔7①、8（10）、14（7）〕

十二月二十日　福澤、同僚箕作・松木等と共に、欧州派遣使節団の下級役人の人選担当者柴田貞太郎に運動の甲斐あってか、唐通詞品川藤十郎の代りとして、欧州使節随行の通詞に任命さる。〔7（2）・③〕

十二月二十日頃　幕府より支度金として四百両程を支給さる。米国より帰国しても、中津に帰らず、在府し英学の研究を進め、秋には幕府外国方に出仕す。中津には諭吉米国で死去等の悪質な噂も有るため、米国で撮影の写真と共に支度金の中から百両を国元の母に送金す。〔7（3）・（4）〕

欧州巡歴

十二月二十二日　迎船オージン号に、芝田町上陸場より乗船。翌日朝六時出帆。〔7（2）〕

十二月二十九日　悪天候で予想外に石炭を消費したため、燃料補給に長崎に寄港。〔7④〕福澤上陸し山本物次郎家を訪問、本当は酒豪であると白状、大いに飲む。また長崎滞在の緒方塾時代の友人二〇人等と酒宴。〔3（24）、7④〕

文久二年（一八六二）

一月一日　迎船オージン号長崎出港。〔7④〕

一月六―十二日　香港寄港。病院・英兵宿衛所等見学。市街の様相を観察「土人全く英人に使役せらるるのみ」と評す。英字新聞を見て、英米間の険悪状況を察知する。〔7⑤〕

一月十五日　●坂下門外事件〔老中安藤対馬守襲撃事件〕。〔8（1）・（2）・②〕

一月十九―二十日　シンガポール寄港。漂流日本人漁夫で英艦の通訳として長崎に来た事のある音吉、使節団の旅館に来訪会談す。〔7⑥〕

二月二十一日　スエズ経由カイロ到着。カイロの状況を「貧人多く市街繁盛ならず、人物頑陋怠惰、生業を勉めず。法律も亦極て厳なり」と評す。〔7⑦〕

二月二十三日　●英国公使オールコック、欧米諸国が日本の開港市延期要求を承認するよう説得するため、森山多吉郎らを伴い、一時帰国のため日本を出発す。

二月二十四日　カイロ発。アレクサンドリア・マルタ島・マルセイユ・リヨン等を経由。三月九日夜パリに到着。王宮に近いホテル・デ・ルーブルに宿泊。〔7（8）・（9）・⑧〕

パリ滞在（往路）

三月十六日　松木等パリの市場やドゥラロク書店を訪問。福澤も同行したと推定さる。この頃メモ用手帳〔西航手帳〕購入か。〔7（5）・③〕

三月十七日　パリの病院見学。

三月十九日　福澤、仏人東洋学者ロニーの来訪を受け、談ロシアの対馬占領の事に及び、その間違いを告げる。〔7⑩〕

三月二十日　ロニー昨日の露国の対馬占領の誤りを訂正した新聞記事を見せる。〔7⑩〕

三月二十八日　ロニーと動植物園見物。［7⑩］
四月一日　使節団パリ発ロンドンに向かう。［7⑫］

ロンドン滞在

四月二日　使節団ロンドン到着。クラリッジ・ホテルに宿泊。［7（10）・⑫］

四月七―九日　福澤等市内見物。［7⑫］
福澤この頃、在英蘭人医師シモン・ベルヘンテより、英仏の政治情勢等について、有益な講義を聞き、これを手帳に筆記す。［7⑫］

四月十一日　使節、外務省を訪問し国書を渡す。［7（10）］
福澤、藩重役島津祐太郎宛に、江戸の学塾を、技術伝習所的な語学塾より、合理的な英学塾に編成変えし、福澤が中心となり、専心学塾を経営する決意を告げ、その準備に、出来るだけ書籍を購入したと書簡に認めている。［7（5）・⑬］
松木弘安この日の森山宛の書簡で、「サトシヲシ」と言う大書店で英書を購入して来た事を記しているから、福澤も同行したと推定される。［7（5）］

四月中・下旬　オールコック公使の到着まで、外交交渉休止の情勢につき、福澤ら連日市内各施設見学。専門家に種々質問し、理解を深める。［7（10）・⑫］

四月二十一―二十二日　福澤チェンバーズ博士と共に、キングスカレッヂ・盲唖院を訪問。ジョンソン博士に会い、種々海軍学校等の説明を聞く。翌日もジョンソン博士と、養唖院を訪問し、その機構や教育法等の説明を聞く。［7⑫］

四月二十九―三十日　●駐日英公使オールコック、賜暇帰国の途次パリに立ち寄る。仏政府首脳に対し、日本の事情に付き開港市延期の必要を説明す。仏側延期の必要了解し英国と同調する事とす。［7⑪］

五月二日　オールコック公使ロンドンに帰着。英政府に日本の事情を説明。政府その意見に従い、幕府の両都両港開港市の五ケ年間の延期要求を認め五月九日「ロンドン覚書」に調印。［7（10）・⑪］

五月十五日　使節団重要使命の一を達成、ロンドン出発。オランダに向かう。［7⑫］

オランダ訪問（五月十七～六月二十一日）

三月十二日　蘭政府、接待委員の日本研究学者ホフマン博士等をパリに派遣、日本使節団に接触すると共に、和蘭が欧州諸国の対日貿易等の主導権を獲得するため、敢えて幕府要求の開港市延期期間の短縮を主張するも、英国等賛成せず。［7⑮］

五月十七日　日本使節団ロッテルダムに到着。［7（12）・⑯］
歓迎式場の飾り等最も盛大で、日本文字を駆使した歓迎旗や、使節等の家紋入りの旗、記念のメダル等を作成するなど、使節団員に好感を抱かせる諸工夫に依り、最初は第二の故郷に帰ったようだとの好印象を使節団員に抱かせた。［7（12）・⑯］
和蘭政府、肝心の開港市延期交渉では、容易に延期を認めず、延期期間の短縮要求の動きがあり、結局「請はれたる延引を其意に応じ当今許諾せり」との曖昧な返答に終わる。使節は、次の訪問国プロシアに明確な返答を届けるように強く要請して、和蘭を出発するに至った。［7㉕］

五月二十九日　●第二次英国公使館東禅寺襲撃事件発生。

六月十二日　福澤・松木弘安・箕作秋坪・山田八郎の四名、ホフマン教授の案内で、ライデン大学を訪問す。欧州流の教育の必要を感じ始めた福澤にとっては、意義ある見学であったと思われる。［7⑯］

六月十九日　使節団ハーグ発プロシアに向かう。［7⑯］

プロシア訪問（往路）

六月二十一日　プロシアのケルンに一泊。シーボルト夫人と子供らの訪問を受ける。［7⑱］

六月二十二日　ケルン発、終日の汽車の旅で夜ベルリンに到着。［7⑰］

六月三十日　福澤、刑務所見学。獄中の受刑者の学力に応じて五段階に分け、出獄後の生活に役立つように、実学的教育が行われている事に感心す。［7⑰］

七月一日　●大原勅使、江戸城で将軍に一橋慶喜・松平春嶽の登用を下命。六日幕府は慶喜を将軍後見職に、九日春嶽を政事総裁職に任ず。

七月二―三日　福澤、機関車・車輛・器械・兵器製造工場等を見学す。おそらくボルヂッヒとクルップの二社の工場であろう。翌日のペン製造工場見学では、軽工業会社での女性労働者の活躍から、新興工業国の生産体制に、将来の日本の姿を予想したのではないかと推測される。［7⑰］

七月五日　プロシアとは既に両都両港の開港市条項を除いた通商条約が締結されているので、欧州の日本蚕卵紙の急激な買い付け現象は、欧州の蚕の病気に原因する一時的現象故、日本が輸出の禁止措置を取らないことを決定し、他は日本側の主張を了承して「ベルリン覚書」に調印。［7⑰］

七月七日　岡見彦三病死す。［5（2）］

七月十日　使節団ベルリン発、ステッチンで下車・オーデル河を下り、バルト海に望む港に待機するロシアの迎艦に移乗、クロンスタットに向う。［7⑲］

ロシア訪問

七月十三日　ロシア迎船フィンランド湾に望むクロンスタットに入港。［7⑲］

七月十四日　河船に移乗し、首都ペテルブルグに上陸、ネヴァ河畔の、現エルミタージュ美術館〔冬宮〕に隣接の「予備宮殿」に宿泊す。［7⑲・㉒］

七月十九日　使節、「冬宮」で皇帝と謁見。皇帝開港市延期承諾の旨告げる。［7⑲］

七月二十六日　アジア局長イグナチェフと、樺太の国境問題談判開始。ロシアは最初より日本側提案〔北緯五〇度〕に否定的で、談判は難航した。一時ロシア側より、北緯四八度付近をとの妥協案が提示されたが、目付の京極能登守と通詞の森山多吉郎の強い反対で、妥協を諦め、八月十九日国境は更めて全権を現地に派遣して、協議画定するとの覚書に調印して、交渉を終らせた。［7（13）・㉑］

八月二日　福澤、体育及び商業学校見学。ペテルブルグの学校制度の大略の説明を受ける。［7㉒］

八月六日　福澤、ロシアの蘭語通詞より、露国は外国人の帰化は許可するが、露国人の外国行きは特別に証書を必要とし、外国への帰化は不許可の旨を聞く。恐らくこの頃、福澤に露国に亡命帰化の誘いがあったのではないかと推測される。［7（15）・㉒］

月日不明　ロシアの迎艦スメロイ号乗船時から、日露辞書や、日本人でなければ気付かないような品が準備されてあるので、接待員の背後に日本人の存在が感ぜられたが、日本人に会えず不気味に感じ、福澤は亡命の誘いを拒否す。［7（14）・⑳・㉒］

八月七日　福澤、鉱山学校見学。八年制専門学校で鉱山模型を利用しての教育方法等に注目す。［7㉒］

八月十日　福澤、医学校及び軍人病院見学。石淋摘出手術を見て気分悪くなる。［7㉒］

八月十三日　福澤、図書館訪問。『グーテンベルク聖書』を見る。［7㉒］

八月二十一日　●島津久光、勅使に先立ち江戸発。神奈川の手前生麦〔横浜市鶴見区〕にて、英人殺傷事件を起こす。［7（16）、8（11）、9（1）］

八月二十四日　和蘭政府の開港市延期問題に対する明確な返答がないので、使節は再度ベルリンに立ち寄り、場合によってはオランダを再訪問する予定で、ペテルブルグを出発す。［7⑲・㉒］

ベルリン立寄り（復路）

八月二十六日　使節団、鉄道で、ケーニヒスベルク経由で、二十六日払暁ベルリンに到着す。プロシアとしては、自国に関係ない事で、予定外の多額の接待費を必要とする事は、誠に迷惑な事であったと思われる。［7⑲・㉔・㉕］

八月二十八日　日本使節団としては、和蘭の返答の曖昧の儘では、欧州まで来た甲斐がないので、明確な返答要求のため再訪問せんとす。和蘭政府再訪問を拒否し、パリに直接明確な返答を送る旨を伝えて来たので、パリに直行する事とす。［7⑲・㉔・㉕］

パリ再訪

八月二十九日　ベルリンより汽車で、夜パリに到着。グラントテルに宿泊。［7㉗］

閏八月二日　ロニー、福澤等をホテルに尋ね、ロシアで露国帰化の日本人橘耕斎を見かけた事を話す。また仏学士院の説明をする。［7㉗］

閏八月三日　和蘭政府の両都両港開港市延期承認の公文書を、パリにて受領。［7㉕］

福澤、図書館及びフランス学士院を訪問す。それが契機となり、常任幹事のロニーの推挙で「東洋民族誌学会」の会員に推薦され、入会承認の手続きが採られ、陰暦閏八月十四日に会員証書が発行され、早速リスボンに郵送されたものと推測される。［7⑩・㉗］

閏八月九日　仏国、先にオールコック駐日英公使の説得もあり、日本の開港市延期要求を了承、パリ覚書に調印す。［7㉖］

閏八月十一日　使節団の帰国出発が迫ったので、ロニー福澤らと深夜まで、欧州の国際政治情勢に付いて歓談す。［7㉗］

閏八月十三日　使節団、最後の訪問国ポルトガルのリスボン訪問のため、仏軍艦ライン号でロシフォルトを出発。使節団乗船のためロシフォルト駅に到着するや、一キロ余の間に兵員を並べ、その間を歩かせた。これを福澤は仏政府の威圧行為と感じた。［7㉘］

閏八月二十二日　●幕府諸大名の参観交代制度の改革を発令。［5②］

リスボン訪問

閏八月二十三日　ビスケー湾横断の際、暴風に遭う。ライン号旧式の汽帆船のため、船の動揺激しく、船室内にも浸水等あり苦労す。加えて船中の食事悪く、使節団の不満の多い一〇日間の航海の末、ポルトガルの首都リスボンに到着す。［7㉘］

閏八月二十七日　福澤・ロニー宛に返書を出す。恐らくリスボンに、「仏国民族誌学会員証」が届いていたものと推測される。［7㉘］

閏八月二十八日　「日葡覚書」調印。使節の任務終了。［7㉘］

帰国航海

九月三日　使節団、待機していた仏艦ライン号にて帰国の途に着く。［7㉙］

地中海は悪天候のため難航。アレクサンドリア到着予定より遅れる。［7㉙］

九月二十六日　ライン号アレクサンドリアに到着。スエズに送るための荷物、港より汽車の駅までの移動に、翌日午後までかかる。［7㉙］

九月二十七日　福澤、先発隊に加えられ、夜八時アレクサンドリア駅発。カイロの手前で機関車故障で二十八日午後四時半にカイロ到着。その間言語不通で、カイロにて漸く食事を摂り、午後五時カイロ発、夜十一時スエズに到着す。［7㉙］

九月二十九日　福澤ら先発隊は夜明けと共にユーロップ号への荷物積み込み作業開始、後発隊は午前五時スエズ到着。積み込み作業終了の午後五時スエズ港出港。［7㉙］

十月七日　ユーロップ号アデン寄港。石炭・飲料水等積み込む。［7㉙］

十月二十六日　ユーロップ号セイロン島の南部ゴール港に寄港。寄港中、香港の英字新聞により、幕府が参観交代制度を改革した事を知る。［7㉙］

十一月九日　ユーロップ号シンガポール寄港。往路乗船した英艦オージン号士官等挨拶に来艦す。［7㉙］

十一月十四日　仏の要求で、小型軍艦エコー号が直接日本に航行するとて移乗を要求され、これに移乗、翌日出港す。［7㉙］

十一月十八日　エコー号、サイゴン南部のサンジャクに寄港。仏軍艦より石炭・食料等の補給を受け、翌日出港す。悪天候で難航す。［7㉙］

十一月二十五日　エコー号夜香港に寄港。同港入港の仏艦より、ユーロップ号台風のため破損して、途中よりシンガポールに戻った由聞く。［7㉙］

十一月二十七日　●三条実美勅使この日江戸城で将軍に、攘夷方針の決定と、諸藩より朝廷守衛のための御親兵提出を下命す。十二月五日幕府国力充実後との条件付きで攘夷方針のみ承諾、朝廷守護は幕府が担当するとして、諸藩の親兵提供は拒否す。

十二月一日　エコー号朝、香港出港。台湾の東側を北上、横浜に直行す。［7㉙］

十二月十日　エコー号横浜港に到着、夕方品川沖に移動。洋上一泊。十一日軍艦操練所の迎船に分乗、全員無事上陸す。［7㉙］

帰国

十二月　福澤、坂下門外変で、犯人仲間の一人が長州藩邸に逃げ込み自殺したとの話を聞き、長州藩も攘夷論になった事を知る。［8(1)・(2)・(3)・②］

十二月　手塚律蔵、日比谷の堀に飛び込み長州藩士の追跡から逃れる。［8(7)］

十二―一月　福澤、この頃藤沢志摩守の宴会に招待され、帰宅遅れ、深夜新橋まで舟で送られ上陸。帰宅途中の源助町で壮士らしき人物と行き合い、暗殺の危険防止を考え道路中央を歩み、すれ違いざま互いに走り逃れる。［11(14)・(15)・(16)］

文久三年（一八六三）

一月　中津藩主奥平昌服三十四歳になるも嗣子なきため、宇和島元藩主伊達宗城の子儀三郎を養子に迎えんとの藩方針固まる〔山崎家日記〕。［11④］

二月十九日　英国より、生麦事件の償金要求書が突き付けられ、その翻訳のため、夜中に福澤と杉田玄端・高畠五郎の三人が呼び出され翻訳したというのは、福澤の記憶違いで、箕作秋坪・大築保太郎・村上英俊等四人で翻訳した。［8(11)・(12)・⑩］

春　福澤塾の最初の入社帳には、春入社の伊予松山藩士小林小太郎を初筆とす。但し元治元年六月の入社生まで同一筆で記入されている。［5(9)］

二月二十八日　伊達宗城三男を中津藩主奥平昌服の養嗣子にとの申し入れに対し、伊達家より了承の返答来る。三月十六日中津藩内に布達あり〔山崎家日記〕。［11④］

三月四日　福澤の言う仏政府よりの、無法に強圧的な申し入れとは、この日付の「生麦事件に関するフランス公使の申入れ」という文書の事と思われる。［8(13)］

三月十三日　幕府、中津・大垣両藩に将軍帰府の出迎えのため上京を命ず。［11④］

三月十五日　中津藩内保守派下士等により亥年の建白事件発生す。建白要旨は、開明派江戸家老奥平壱岐が藩主昌服に嗣子のないのを幸いに、宇和島藩前藩主伊達宗城の三男儀三郎を、藩主奥平昌服の養嗣子に迎え、昌服を隠居させ、幼君〔当時九歳〕を擁して藩政を壟断せんとの野心を抱くと建白非難し、下士らが集団出府して藩主に壱岐排除せんとする提訴運動を起こした。［2③、5②、8(9)、11(12)・④］

四月十七日　十万石以上の藩の三ケ月交代の京都宿衛制創始される。中津藩上京中なるを以て四月よりの当番下命さる。依って参覲制度改革に伴う江戸在府藩士の国元帰住は秋となる。［5②、8(9)、11④］

四月二十日　●幕府攘夷期日を五月十日とする事を奉答す。［8(22)・①・⑬］

五月九日　老中格小笠原長行の独断で、生麦償金支払が行われ開戦の危機は回避される。それまで江戸幕府老中等に打開策無く、幕議も開かれぬ状況をみて、福澤は開戦必至と見て、青山穏田の呉黄石家への荷物疎開の準備をする。［8（14）・（15）・（16）・⑨］

五月十四日　幕府より、中津藩主奥平昌服の嗣子に、伊達宗城の子儀三郎を迎えること許可さる。［8（9）］

五―六月　●長州藩、下関通過の外国船を砲撃す。五月十日米商船ペンブローク号、五月十日仏軍艦キンシャン号、五月二十四日蘭軍艦メジュサ号を砲撃。六月一日米軍艦下関の砲台を報復攻撃。六月五日仏艦隊、長州藩砲台を上陸破壊す。［8（22）・（26）］

六月十日　緒方洪庵江戸役宅にて死去。福澤、緒方先生危篤の報に、新銭座より下谷の先生役宅に駆け付る。先生宅で村田蔵六に会い、長州藩の無謀を非難したところ、村田より激しく反撥される。［8（21）、14（5）］

六月二十一日　国元大身衆、下士の集団出訴を抑え、藩情を上京中の藩主に伝え、藩主下士の忠節心を賞し、江戸家老奥平壱岐を呼寄せ、家老職を免じ、禄二百石削除の処分を行い、保守派家老山崎直衛を壱岐の後任江戸家老に任ず。［2③、8（9）］

七月二―四日　●英国艦隊鹿児島湾に至り、薩摩藩と交戦。［8（17）・（18）・⑫］

七月　中津藩主奥平昌服京都勤番を終え直接中津に帰国す。藩主家族も七月帰国す。大部分の江戸定府家臣の家族は、八―九月帰国す。［8（9）、11④］

八月十八日　●薩摩藩、京都で長州藩中心の過激攘夷派勢力打倒の政変に成功。［10①、13①］

八月二十四日　●一橋慶喜、八月十八日政変成功の報に対し、幕府の攘夷方針不変を明言す。以後薩摩藩反幕方針に変化す。［10①、13①］

九月二十三日　幕府、江戸の治安維持のため、諸藩士の江戸市中居住を禁止し、各所属藩邸に居住する事を命ず。［5②］

後期鉄砲洲時代

文久三年（一八六三）

九月二十三日　幕府、各藩士の江戸市中居住を禁じ、藩邸内に移住せしめよと発令す。右により、中津藩は、新銭座居住の福澤を、鉄砲洲の中屋敷の先々代藩主の隠居所であった五軒続の長屋一棟に移住せしめたものと推測される。［5②、8（10）、10②］

十月十二日　福澤一太郎、築地鉄砲洲中屋敷で誕生。［5②］

十一月二十八日　●幕府、横浜鎖港談判使節池田長発らを欧州に派遣す。［8（27）］

元治元年（一八六四）

一月五日　●雄藩会議制度による公武合体策としての朝議参豫制発足す。然し慶喜と薩摩藩の対立激化し、三月二十五日一橋慶喜、禁裏御守衛総督に就任し、島津久光ら会議派雄藩主不満を抱き帰国。ために、京都の政情不安強まる。［10（7）］

一月十九日　幕府、外国奉行の申し出により、我が通詞等の英仏語翻訳未習熟故、暫くの間蘭語訳文の添付期間を延期する事を要請し、関係諸国の了解を得る。これに依り、多忙を究めた英・仏語学者に余裕が出来、福澤も中津に帰国するための休暇が取れたものと推測される。［10（10）］

三月　鹿児島大学所蔵本の『写本西洋事情』が元治元年五月九日に写された旨記入されている事が発見されたので、原本は福澤旅行出発〔三月二十三日〕前の記述である事が確認された。［8（9）・⑥］

三月二十三日　福澤中津へ出発す。島津祐太郎らの助言を得て、小幡篤次郎兄弟ら六人の俊才を塾の中心教員として育成するため、江戸に同行する事を承知させ、六月二十二日同行帰府す。道中攘夷論の盛んな土地通過の危険を心配し、福澤同行の少年三輪光五郎の名を騙る。また江州水口の中村栗園の評判を聞き、門前を通過す。［11（5）・（6）・（8）・（9）］

六月十九日　●英仏米蘭四国代表会議で、連合国艦隊による長州藩攻撃方針を決定、幕府に通告す。幕府中止方を要請するも連合国承知せず。［8（26）］

七月十九日　●幕府と薩摩藩の対立状況をみて、長州藩、勢力回復の好機と考え、京都御所を攻撃し敗退す〔禁門の変〕。長州藩討伐の勅命下る。［10①］

八月四日　●連合国艦隊、長州藩を攻撃、下関海峡の諸砲台、連合国軍に上陸破壊される。同八日長州藩和議申し入れ、十四日海峡通行の自由と賠償金支払いを認める講和条約を承認す。［8（25）・（26）・（27）］

八月七日　●幕府、征長総督に前尾張藩主徳川慶勝を任命す。慶勝、辞退して容易に受諾せず、征長に関する全権委任を条件に九月二十三日に至り漸く総督就任を受諾。［10①］

八月二十五日　脇谷卯三郎、長州の親戚への書簡の文面を咎められ、逮捕さる。十月十五日切腹御家断絶に処せらる。因て福澤外交文書に関するメモを急ぎ焼却す。［8（23）・（25）］

十月四日　福澤、幕府外国奉行翻訳方となる。［15①］

慶応元年（一八六五）

一月四日　●征長総督徳川慶勝解兵反対意見を無視。広島より京都に引き揚ぐ。［10（9）・①］

九月二十一日　●幕府、薩摩藩等の反対運動を抑え、長州藩再征の勅許を得る。［10（9）］

九月二十三日　●英仏米蘭国公使ら大坂湾に来航し、幕府の攘夷論者に圧倒されている状況に対し、開国の事態安定のため、兵庫開港と通商条約の勅許を幕府に要求す。朝廷十月五日通商条約のみ勅許す。［10（9）］

年末頃　中津藩、藩外に在る藩子弟の帰国を命じたので、福澤、在塾生の帰国従軍に反対、帰国を拒否せしめたため、国元よりの仕送り中断。その分の費用調達のため、諸藩に英字新聞の情報等を翻訳販売する事を務めたというが、藩方針に明確に反対する事を、当時の福澤が指示したとは考え難い。藩命には、帰国拒否を許す何らかの条件が添付されていたのではとの疑問が残る。［10（9）、11（5）］

慶応二年（一八六六）

一月二十一日　●薩長連合成立す。［10①］

八月二十日　●幕府、征長戦の形勢不利を見て、一橋慶喜の出陣を取止め、将軍家茂の喪を発表し、慶喜は将軍職を相続はせず、宗家のみ相続を発表す。幕府内部に慶喜への将軍職就任への要望を高め、慶喜の指導力の強化を意図したと思われる。［10①］

十月十二日　小野広胖（友五郎）等、軍艦購入のため、米国出張を下命さる。予て幕府の英米派遣使節に参加し、欧米式の教育法を採用実施するため、基礎教養各種科目の教科書を大量に購入する事を企画していた福澤は、早速小野の米国行の随員に加えて貰うよう依頼し、小野の同意を得る。［9（3）・④］

十月頃　福澤小野使節団の一員として渡米の許可を得た。その時の役職は「外国奉行支配調役次席翻訳御用」であった。［10（10）］

十一月九日　築地鉄砲洲の中屋敷の北側の長屋一棟類焼するも、福澤借用の長屋は無事だったようで、特に記述無し。［10（1）］

十一月頃　福澤塾への入塾希望者増加につき、二〇坪程の二階建て塾舎〔紀州藩の出資〕一棟を増築す。［10（20）］

福澤塾への入塾生数、文久三年より一〇、三六、五八、六五名と年毎に増加す。［9④］

十一月二十二日　福澤京都出張中の木村喜毅に、小野に随行して渡米する旨を報告す。

十二月五日　●慶喜に将軍宣下される。［10①、13①］

十二月八日　福澤、木村より先年の咸臨丸渡米時の米国関係者に、贈物を持参するようにと依頼される。［9（5）］

十二月二十五日　●孝明天皇崩御。［10①、13①］

再度の米国行

慶応三年（一八六七）

一月十七日　福澤、江戸出発。横浜で送金手続等出発準備、一月二十一日手続き終了。［9（4）］

一月二十二日　小野使節団、コロラド号に乗込み出発。［9（4）］

二月十六日　使節団桑港着、オクシデンタルホテルに泊。二十六日まで桑港滞在。［9（5）］

二月十八日　マッキズガル〔咸臨丸渡米時のメーア島海軍造船所長官〕の来訪あり、福澤、木村よりの贈り物を渡す。［9（5）］

マッキズガル、使節団一行を自宅に招待歓談す。［9（5）］

二月二十六日　使節団桑港出発に当たり、コロラド号での給仕をしていた、英人チャールスを雇う、小野は彼を三等船客としてワシントンへ同行するよう指示したが、福澤は桑港の親日貿易商ブルックスの忠告で、二等船客に変更同行す。［9（6）］

三月十四日　アスピンウォールでニューヨーク号に乗換。船中で米国がアラスカをロシアより購入した旨の新聞紙を発見す。［9（6）］

三月十九日　使節団ニューヨーク着。ニューヨーク滞在中に、英人小使チャールスに大金を持ち逃げされる。福澤初めて試みた為替送金の換金手続きに手間取り、使節等は二十二日ワシントンへ出発す。福澤・尺・神野の三人は居残り、換金手続を済ませ二十四日夕方ワシントンに到着す。［9⑤］

福澤ニューヨーク滞在中にアップルトン書店を訪ね、大量に図書購入の予定を説明し、見本をワシントンに持参するよう依頼、同意を得たものと推定さる。［9⑪］

三月二十五日　咸臨丸に同乗したブルック艦長来訪。木村夫人よりの贈り物〔玉・銀の茶花・香箱・ちん・鉢物等〕を渡す。ブルック艦長よりは、木村夫人にと、日本で遭難したフェニモア・クーパー号の水彩画を贈り届けるよう依頼される。［9（5）・⑥］

三月二十五日　●将軍慶喜、大坂城に英仏米蘭公使等を順次引見し、幕府開港市延期期日を遵守する意向を応える。二十九日朝廷、慶喜に、諸藩の意見を徴する必要あるにより、開鎖を明言するを中止せしむ。そのため幕府は困難な立場に立たされた。［10①］

三月二十八日　使節団、国務省仮庁舎を訪問。その際、福澤米国の独立宣言書の草稿を発見する。使節団員等は省内を案内され、日米修好通商条約の正本を見せられる。［9⑥］

四月一日　小野使節等ホワイトハウスにて大統領に謁見す。［9⑥］

四月五日　アップルトン書店の社員、ホテルに福澤依頼の教科書等の見本を持参す。福澤書店員の意見を参考に終日選書。これを見た津田が小野に幕府も原書購入を勧める。小野、日本で高価に売れる図書の選定を福澤に命ず。福澤安価に頒布すべしとし強く反対したため、小野の感情を害し、以後福澤を疎外す。［9⑥・⑨・⑩・⑪］

四月九日　使節団ワシントン海軍工廠でストンウォール号を見て一行で協議、購入に決定、米国側に連絡す。［9（7）・⑧］

四月二十六日　福澤、コロンビアスクール見学。［9⑥］

五月三日　ワシントンでの仕事終了したので、福澤、帰国準備のため使節団より一日早く、この日ワシントンを出発。翌朝ニューヨークに到着。［9⑥］

ワシントン出発時の福澤の荷物は八個、日本で差押えられた荷物の数二〇個。その差の一二個は、ニューヨークで買増した書籍等と思われる。［9⑨・⑪］

福澤の書籍購入資金は、福澤自身が工面した金額二、五〇〇両、紀州・仙台藩及び友人等の預かり金二、五〇〇両、合計約五、〇〇〇両と推測されている。［9④・⑪］

五月十日　使節団ニューヨーク出帆帰国の途に着く。

六月三日　パナマ経由桑港着。翌日同港発日本に向かう。

六月十一日　●幕府、ロンドン覚書により、期限通り半年前に開港市を行う事を公布する事を願い出、五月二十四日朝廷の許可を得。幕府、江戸の居留地を築地鉄砲洲一帯とすることを布告す。［10（1）］

六月二十六日　使節団横浜に帰着。翌日駕籠にて品川に至り、出迎えの塾生と共に鉄砲洲の塾に帰る。［10（1）］

七月十四日　小野友五郎・松本寿太夫連名の福澤弾劾書が提出され、福澤、外国方より謹慎を命ぜられ、福澤個人の荷物を差抑えらる。［9⑨・⑩］

福澤、小野の弾劾書に対し、早速反駁の弁明書を提出す。［9⑨・⑩］

七月十六日　福澤謹慎中に『西洋旅案内』を書く。木村日記七月十六日条に「福澤より留守中一書、亜行記事一本来る」、七月十八日条に「福澤へ旅案内一本返却」とあるにより、この頃に『西洋旅案内』が記述されたものと推測される。［9（13）・⑫］

十月三日　●後藤象二郎、山内容堂の命で、幕府に大政奉還の建白書を提出す。［10①］

十月五日　幕府鉄砲洲一帯を外国人居留地とする旨布告す。［10（1）］

十月十四日　●慶喜、朝廷側の討幕密勅の名目を失わしめるため、土佐藩の建白を受け、大政奉還の願書を朝廷に提出す。朝廷翌日に奉還願いを勅許す。［10①］

十月二十二日　将軍慶喜の大政奉還願受理され〔十月十五日〕、幕府内部は大混乱で、福澤荷物の件等放置される恐れあるにより、紀州藩の浜口儀平や井上従吾右衛門らに、荷物差押解除に口添え方依頼す。［9⑩］

十月二十六日　中島三郎助福澤の謹慎を知り、稲葉老中に入説してこの日福澤の謹慎は解除されたが、荷物差留解除の件は小野と直接交渉せよと指示され、二十八日早速小野に掛け合いの書簡を出す。

［9⑩］

十二月一日　老中兼外国事務総裁小笠原長行より、小野・松本に福澤の荷物を外国奉行に引渡せとの命令出る。福澤が荷物を受領したのは月末頃と思われる。［9⑩］

十二月九日　●王政復古大号令発布の政変断行され、辞官納地が行われなくては、慶喜の政権奉還の誠意は認められぬとして、慶喜は政局より排除される。［10①］

十二月十二日　新銭座の土地購入の交渉大体纏まる。［10（2）・（20）］

十二月二十三日　●江戸城二ノ丸炎上す。同夜江戸治安方を命ぜられ、三田同朋町に設営された庄内藩巡邏兵屯所が、薩摩藩の手先浪人等に襲撃される。［10（3）］

十二月二十五日　庄内藩の薩摩藩焼き討ち事件発生。この日福澤、「武士に二言はない」と、約束の日だとして、木村家の用人大橋栄次に依頼して、新銭座の越前丸岡藩有馬家所有の土地四百坪の購入代金を支払う。［10（2）・（20）、13（3）］

後期新銭座時代

慶応四年（一八六八）

一月三日　●鳥羽・伏見戦で、幕府軍破れ、大坂へ敗走。［10（3）・①］

一月六日　●徳川慶喜、旧幕府重臣と密かに大坂城を脱出、幕府軍艦で江戸に帰り、十二日江戸城に入る。城内、主戦論盛んなるも、慶喜恭順謝罪論を主張す。［10（3）・①］

二月十四日　新銭座に先ず福澤住宅出来る。［10（20）］

三月四日　幕府より福澤に差紙来る。病気を理由に辞退す。［10（18）、13（14）、15①］

四月十一日　●江戸城を開城し、慶喜は寛永寺を出て水戸に退隠す。［10（19）・（25）・①、12（6）］

四月二十一日　●大総督宮、江戸城に入り、大総督府を城内に置く。［10（19）、12（6）］

四月　新銭座への塾舎移転一応終了し、福澤念願の、今後日本の洋学校が採用すべきと考えた新学規による授業開始により、今後の日本の洋学の先頭を切って発足した意義を記念する意味を込めて、社中協議のうえ学塾名に時の年号を採り、「慶應義塾」と命名す。［10（20）・（23）・（34）・（35）・（36）］

閏四月二十一日　新政府、福澤の『西洋事情』等を参考に西欧先進国の制度を大幅に採用した「政体書」を頒布す。［10（42）・⑥］

五月十五日　上野の戦争始まる。砲声に構わず、福澤時間割通りウェーランドの経済書の講義を行う。［10（23）・（35）・（36）、15①］

六月三日　古川節蔵、榎本に先立ち幕府軍艦を率い東北に脱走す。［10（26）・⑤］

六月八日　福澤、幕府に帰農届けを提出。福澤最後の幕府の役職は、「開成所奉行支配調役次席、同翻訳御用、百俵高」であった。［10（10）、12（4）・（6）、15①］

六月十日　福澤に新政府より御用召あるも、未だ新政府の基本方針に信用協賛出来るものを見出せぬため、病気を理由に辞退す。［10（29）、12（6）、13（14）、15①］

七月十七日　●江戸を東京と改め、鎮台及び関八州鎮将を廃止し、駿河以東の十三ヶ国を管理する「鎮将府」を置く。鎮将に三条実美を任命。［10（19）、15①］

七月二十三日　●徳川慶喜を駿府に移住せしむ。［10（19）・①］

八月中旬　福澤の幕府への退身願い許可さる。［12（4）、15①］

八月十九日　●榎本武揚、旧幕府軍艦八隻を率いて、東北に脱走す。［12⑥］

九月八日　●年号を明治と改元。［15①］

十月十三日　●天皇京都より東京に行幸され、江戸城を皇居と定める。［10（19）・⑧］

十月二十七日　新政府、福澤を学校御用取調掛に任命するも、福澤直に辞退す。［15①］

明治二年（一八六九）

年初頭　新銭座塾の奥に塾舎増築す。豊前屋周蔵が購入していた古長屋を譲り受け移築したものかと思われる。［10（20）・⑧］

一月　本屋仲間より要求され、「福澤屋諭吉」名義で出版業組合に加入す。［13（14）］

六月十七日　●諸藩の版籍奉還の請を許し、旧藩主を知藩事とし、旧藩主の家禄を現米総高の十分の一とす。［11（13）・④、13⑦］

八月四日　福澤、奥平家に六人扶持の辞退願書提出。［15①］

八月十一日　福澤、江連尭則より、獄中の榎本の様子探索を依頼され、榎本の救解運動に乗り出す。［12（17）］

八月十四日　この日の入社生を初筆とする「慶應義塾入社姓名録　第二」の「定」に、初めて明確に授業料徴収の事を記す。［10（35）］

八月頃　福澤双刀を廃して丸腰となる〔廃刀令は明治四年発令〕。塾生も見習う者多し。［12（4）・（5）］

八月　新銭座の塾舎満員となったので、汐留の奥平家上屋敷の長屋一棟を借用し、講堂として使用したが、後には寄宿舎としても利用した。［10⑧］

十二月　汐留奥平本邸一部類焼す。そのため、義塾寄宿舎を他に求める必要生じ、芝増上寺山内の広度院、及び麻布古川端の龍源寺に、塾生の寄宿舎を確保す。［10⑧］

この年　塾内に童子局とその宿舎を設置す。［12（7）・②］

明治三年（一八七〇）

五月中旬　福澤、発疹チフスに罹る。六月七―八日まで人事不省。［10（39）］

九月　塾生増加により、近所の江川長屋を借用す。［10⑧］

十月二十一日　福澤、岩倉具視宅を訪問。初対面ながら義塾用地として、島原藩邸借用に付き依頼す。岩倉協力を約す。［10⑨］

閏十月二十八日　故郷の母漸く東京移転を承知す。福澤、迎えのため中津へ出発。［11（11）］

十一月二―十一日　福澤、中津に母を迎えるため神戸に到着、中津行きの船便を待つ間、従兄弟藤本家に滞在す。この間福澤は又従兄弟の増田宋太郎に唆された朝吹英二により、暗殺せんと狙われたが、朝吹その機を逸したため、無事中津に至る。［11（9）・①］

十一月二十七日　福澤、「中津留別の書」を中津旧邸にて記す。［11①］

十一月　福澤、中津藩重役雨山家に招かれ、重役列座の中で、藩の方針に付き意見を求められ、一藩毎の武備の廃止と洋学校設立の必要との意見を述べる。一部福澤の意見に反対意見あるも敢えて反駁はしないでおいた。［13（10）・（11）・⑤］

東京府より福澤に、三田の島原藩中屋敷の土地一万二千坪弱を貸し下げられる。但し建物七六九坪余は、坪一円の割合で払い下げられた。［10（38）・⑨］

十二月四日　福澤、母を伴って中津を出発した夜、増田宋太郎、福澤を鵜ノ島の船宿に襲撃せんとして、同志と金谷の辻に集合す。たまたま仲間に先陣争いが生じ論争中を、近所の中西与太夫に制止され、中西と押し問答の間に機を逸し、福澤等は知らぬまま、早朝に鵜ノ島港を出航す。［11（9）・①］

十二月十九日　福澤、母と姪を伴って無事東京に帰宅す。［11（11）］

明治四年（一八七一）

二月二十五日　藩主奥平昌邁、藩士七人と義塾に入社す。入社帳には年齢順に記入す。［11（12）］

三田時代

明治四年（一八七一）

一月下旬　福澤の母と姪おいち、三田の義塾構内の東北の一軒家に移住す。［11（11）］

二月頃　福澤一家、三田の義塾構内西側の藩の重役の住居と隣接の板敷道場とを改造し仮住宅とし、次いで東北側の旧正門〔幻の門〕を上った右側に新宅建設移住す。建物三階は三畳間〔品川湾を一望できる書斎〕、二階は十二畳〔客間押入れの下が揚げ板で、万一の時の逃げ道となっていた〕。［11（1）］

三月二十七日　義塾総体引越し。三田への移転完了。

四月十七日　●平民の乗馬許可さる。［12（8）］

六月十日　福澤に、明治政府より上京の召命下るも、直に辞退す。［10

(29)、12（6）]
七月十四日　●廃藩置県、断行される。[13⑦]
八月後半　子供連れで鎌倉海岸に滞在。「平民乗馬許可令」の交付を知らぬ百姓、七里ヶ浜で福澤を見て慌てて下馬す。福澤百姓に法令改正を告げ乗馬を強制す。[12（8）]
九月二十日　奥平昌邁の資金で、中津に「市学校」創立の届書提出。[11③]
十一月十日　●岩倉特命全権大使ら欧米視察に東京出発。六年九月帰朝す。[12①]
十二月　奥平昌邁、小幡甚三郎を伴い米国留学出発。[11③]

明治五年
四月　福澤中津帰国の途次、大坂に緒方未亡人を訪問。三田の九鬼侯を訪問するに付き、緒方家より病後ということで駕籠貸与さる。体調好調により途中駕籠を先行させ独歩す。道中村民に話掛けてその反応をみるに、福澤の硬軟両様の態度によって丁重横柄の両端の返答あり、その自主性の無さを苦々しく思う。[12（10）]
七月　福澤関西より中津に赴き、中津より藩主一家と同行帰京、とりあえず奥平家に義塾構内西側低地の屋敷を提供す。[13（4）]
八月十五日　●文部省、海外留学生を除き、公私の学校生徒への公費支給の全面的停止を布達す。私塾に甚大な影響を及ぼす。[12（11）]
八月　義塾構内北側の長屋を印刷工場とし、職工等を長屋に住居させる。のち義塾出版局となる。[11（5）]

明治六年
三月十三日　福澤、三田の土地払下を出願。この日払下の土地代金を納入す。[10（41）]
六―七年頃　福澤、義塾構内東南隅に、住宅を新築す。[11（1）]

明治七年
五月八日　福澤母、義塾構内の家で死去。享年七十一。三田龍源寺に葬る。[1（2）、4（1）、11（11）]
十月十三日　福澤、甥の中上川彦次郎を英国に留学させる。彦次郎この日出発し、十年帰国す。[13（5）・③]
十一月十九日　福澤の勧めで、中津より富岡製糸工場で研修のため上京して来た女子等、義塾構内に一泊。義塾構内に住居していた芳蓮院より激励さる。[14（10）・⑤]

明治十二年
この年　福澤一太郎・捨次郎、大学予備門に入学。両名病気で十四年に退学。[14④]

明治十三年
一月二十五日　義塾出身者を中心に、社交クラブ「交詢社」創立。[12④、15（1）]
十月　福澤、義塾維持資金借用運動を試みるも成功せず。因って資金借用を断念、義塾廃止を覚悟す。[12③、15（4）]
十一月　義塾社中の有志、小幡篤次郎を中心とし、社中及び有志の醵金による「慶應義塾維持法案」を作成発表し、応募者を募る。[12③、15（4）]

明治十四年
一月上旬　福澤、井上馨より、政府が国会開設の意図あるを告げられ、井上の要請に賛同し、政府機関紙発行に協力方を約す。[12④、15（1）]
一月二十三日　慶應義塾維持社中、「慶應義塾仮憲法」を賛成可決す。[15（4）]
四月二十五日　『交詢雑誌』に「私擬憲法案」発表される。[12④、15（1）]
十月十一日　明治十四年政変で、官途にある塾員の免職者多数出る。[12④、15（1）]
十月十四日　福澤、伊藤博文・井上馨に、政変に際し公布日誌引受の経過を述べ、両人の違約に対し詰問状を送る。[12④、15（1）]
十月二十八日　福澤、子孫の為「明治辛巳紀事」を草す。[12④]

明治十五年
三月一日　福澤、時事新報を創刊す。[15（3）]

明治十六年

十二月二十八日　徴兵令改正により、私学唯一兵役免除の特典授与されていた義塾も、特典を剝奪され、翌年一月中旬までの退学塾生百余名にのぼる。[12④、15（4）]

明治十七年

一月二十六日　「中学校通則」発布。私立学校出身教員の官公立中学及び師範学校の校長・教頭就任禁止さる。義塾出身者への影響大。[15（4）]

明治二十年

三月二十一日　福澤、家族と共に初めて芝居を見物す。[14（6）]

十二月二十六日　●保安条例発布即日施行さる。[15④]

明治二十二年

一月　「慶應義塾資本金」募集開始。[15（4）]

五月五日　上野植半楼での慶應義塾旧友会で、福澤、卒業生に、「慶應義塾」と命名した意義を語る。[10（34）]

八月　「慶應義塾規約」制定。[15（4）]

十月　第一回義塾評議員会で小泉信吉を塾長に選出。[15（4）]

十一月十五日　新設の専門課程を、慶應義塾大学部とし、文学・理財・法律の三科とする事とす。[15（4）]

明治二十三年

一月十一日　義塾大学部発足。文学・理財・法律の三科を設置す。従来の正科・別科を大学部に対し基本的知識と教養を育成する「普通部」とす。[15（4）]

七月十六日　義塾大学部設置に付き、御内帑金一、〇〇〇円を下賜さる。[15（4）]

十一月上旬　福澤、家族を伴い静岡・清水へ小旅行。興津清見寺に、咸臨丸遭難者記念碑を見る。[6（1）、15③]

明治二十四年

十一月二十七日　福澤「瘠我慢の説」脱稿。その草稿を勝・榎本両人に示す。[15③]

明治二十六年

年前後　福澤、平素の運動の一つに居合数抜を行う。数抜記録、千本以上〔明治二十六年十一月十七日・二十七年十月二十五日・二十八年十二月三十一日〕。[12（3）]

明治二十九年

九月十七日　塾に徴兵猶予〔満二十八歳迄〕と一年志願兵となる特典与えらる。[15（4）]

十月十五日　「慶應義塾規約」改正、大学部及び高等部卒業生を以て義塾卒業生とす。[15（4）]

明治三十一年

五月十一日　『福翁自伝』脱稿す。

五月　従来の幼稚舎・（旧）普通部・大学部の重複課程を整理し、幼稚舎〔小学六年〕・普通学科〔中学五年〕・大学科〔文・法・政治・理財の四科五年制及び高等科〕の一貫教育制度に改正す。[15（4）]

九月二十六日　福澤脳溢血発病。[12（3）]

明治三十二年

七月　義塾、私学最初の海外留学生派遣制度を決定。この年五名を派遣す。

明治三十三年

五月九日　福澤に皇室より、世益に資する功績により、金五万円下賜さる。福澤直に義塾に寄付す。

明治三十四年

一月二十五日　福澤、脳溢血再発。

一月三十一日　福澤に、両陛下より見舞品下賜。

二月三日　福澤死去、享年六十八歳。

二月六日　皇室より福澤死去により祭粢一、〇〇〇円下賜さる。

二月八日　麻布善福寺にて福澤葬儀執行。

福澤没後の慶應義塾大学

明治三十七年（一九〇四）一月九日　慶應義塾大学は専門学校令による学科課程〔予科二年、本科三年〕を認可。五月、改正実施。

大正九年（一九二〇）四月一日　義塾、大学令により、文学・経済・法学・医学の四学部〔予科三年学部三年（医学部は四年）大学院付設〕を認可。

昭和十四年（一九三九）六月十七日　藤原工業大学、日吉に開校。昭和十九年（一九四四）八月五日、義塾に寄付され、大学工学部となる。

昭和二十年（一九四五）四―五月　空襲・戦災により、日吉地区、四谷地区、三田地区等の施設大部分焼失。

九月八日　日吉構内の施設、アメリカ進駐軍により接収され、昭和二十四年（一九四九）十月二十八日接収解除される。

昭和二十二年（一九四七）十一月　義塾の文学・経済・法学の三学部に、通信教育部を設置し、卒業生には学士号を与え、塾員に加える事とす。

昭和二十四年（一九四九）四月一日　新制大学〔文学・経済・法学・工学の四学部〕発足す。医学部は昭和二十七年度に発足。

昭和三十二年（一九五七）四月　大学に商学部増設。

昭和三十三年（一九五八）十一月八日　天皇陛下臨席の下、慶應義塾創立百年記念式典を、日吉の記念館にて挙行。

昭和五十八年（一九八三）五月十五日　慶應義塾創立一二五年記念祝典を、ウェーランド経済書講述記念日に、日吉記念館にて挙行。

平成二年（一九九〇）四月　神奈川県藤沢市の新校地に、総合政策・環境情報の二学部新設。

平成十三年（二〇〇一）四月　藤沢市の校地に、看護医療学部を増設。

以上

福澤家及び親戚略系図

福澤家　略系図

①積前兵助　宝永六年五月二三日卒
妻不詳

②篤義兵左衛門　享保八年三月一六日卒
妻不詳

③直行朴右衛門（A飯田伝法男）
延享三年一二月七日卒
妻兵左衛門娘

小右衛門（飯田氏を襲）

④政信友米（奥平家出仕足軽切符取より小役人一一石　天明四年九月一一日卒）
B妻岡喜左衛門娘

哲真（豊前善光寺法弟）
女　早世
女　早世
在助（異父の子　岡氏を襲）

⑤政房兵左衛門（C中村須右衛門男）
寛政十二年二石加増都合十三石文政三年致仕　同四年九月二一日死去
妻政信娘お楽（嘉永五年卒79歳）

⑥咸百助（文政四年家督　五年九月大坂廻米方勤務同八年三ヶ年詰下命九年家内召連出坂同十三年供小姓格　天保二年永詰難渋申立同三年永詰難渋再願　同五年三月格式廐方　天保七年死去45歳）
妻お順（橋本浜右衛門長女　明治七年五月八日卒71歳）

Dお国（藤本寿庵妻）
Eお律（渡辺弥一妻）

C術平（文化三年中村須右衛門養子）
F群平（東条太兵衛養子）
Gおとの（荒川彦兵衛妻）

⑦三之助（文政九年十二月一日生～安政三年九月三日死去）――お一（田尻竹之助妻）
天保七年十月十五日　規定により格式供小姓で家督
D妻お年（藤本寿庵次女・三之助死後離縁）

Hお礼（文政十一年十二月十一日生・小田部武右衛門妻）
Iお婉（文政十三年十月二十二日生・中上川才蔵妻）
Jお鐘（天保三年十一月二日生・服部復城妻）

⑧諭吉（天保五年十二月十二日生・中村術平養子兄死去により福澤家相続・明治三十四年二月三日死去67歳）
妻お錦（土岐太郎八三女・大正十三年六月二日死去）

⑨一太郎（文久三年十月十二日江戸鉄砲州奥平家中屋敷で生昭和十三年六月二十四日死）
妻糸（大沢昌督次女・明治四年十月生）
捨次郎（慶応元年九月二一日鉄砲州中屋敷で生・大正十五年十一月三日死）
妻菊（林　董長女）
阿三（後於里と改名）明治元年四月十日生芝新銭座で生・中村貞吉妻昭和二〇年死去）
阿房（明治三年七年二六日新銭座で生・養子（岩崎）桃介妻昭和三〇年死去）
女（死胎・明治五年七月二二日東京三田龍源寺に葬）
阿俊（明治六年八月四日三田で生・清岡邦之助妻・昭和二九年死去）
阿瀧（明治九年三月二日三田で生・志立鐵次郎妻）
男女双子（死胎・明治十年五月二三日東京白金重秀寺に葬）
阿光（明治一二年三月二七日三田で生・明治四〇年死去・潮田傳五郎妻）
三八（明治一四年七月　三田で生・昭和三七年死去・妻清鶴原氏女）
大四郎（明治一六年七月　三田で生・昭和三五年死去・妻馬屋原氏女益子）

A　飯田家系図

古右衛門直久
享保三年四月被召抱
同四年隠居六月死去
七十二歳

妻？享保一五年死去
七十二歳

朴右衛門直行
篠木某男
享保四年家督　延享
三年死去六十七歳

妻小笠原信濃守浪人田
中市郎兵衛娘

古右衛門直方
延享四年家督　明
和八年死去六十一
歳

妻長久寺内娘
高家医師へ嫁男子
残し再婚文化十年
死七十九歳

政信福澤友兵衛
有故信州福澤名跡
立安永五年死去六
十四歳

妻中村須右衛門妹

某
芝原善光寺勇与
上人弟子寛保元
年死二十六歳

とよ
寛延四年死去三
十五歳他家縁付
か墓所不明

きよ
宝暦二年死去三
十四歳他家縁付
か墓所不明

頓太右衛門忠良
明和九年家督文政二
年死去五十歳

妻徳田又四郎厄介娘
実は梅田利左衛門妹
弘化二年死去六十四歳

頓太忠直（頓大夫と改名）
文政二年家督明治二
一年死去八十四歳

妻とち　藤田惣兵衛妹
文久四年死去五十七歳

とい太田円兵衛妻

しつ　文化十一年死去

嘉永元年死去四十三歳

まち中尾清八妻
明治二年死去六十二歳

とら向野忠治妻
文化七年生

忠久（母方伯父大木伝兵
衛急養子）明治十年
死去

とせ中村友八妻
文政元年生　明治十
二年死去

とち　黒岩五郎妻
天保十二年生明治四
年死去三十三歳

頓平　天保十四年生夭折

小とち　藤田仙次郎妻
弘化二年生　岡田治
兵衛に嫁男子一人生
離縁藤田に再婚　明
治二十五年死去四十
八歳

覚之助　弘化四年生嘉永
五年死去六歳

忠方　耕吉耕作と改名
嘉永三年生

妻中村友八三女やす

頓八　幼名小右太
大木伝兵衛養子
嘉永五年生明治二年
死去十八歳

頓吾　後政太　安政元年

新太郎　明治九年生

妻尾林聴雨二女あつ

春雄　明治十三年生
今富友二郎養子

三郎　明治十六年生二
六年死去十一歳

貞吉　明治一九年生二
六年死去八歳

えん　明治二十二年生
二六年死去五歳

きよ　明治二十五年生
二六年死去二歳

実　明治二十七年生
分家

富作　明治三十一年生
大正十二年死去二
十六歳

えい　明治三十五年生
明治三十九年死去

ふみ　明治三十九年生

よね　明治四十二年生
昭和五年水島歳五
郎に嫁

よし　明治四十四年生

茂（後新太郎）大正四
年生

妻中里仁一郎次女

うた　大正四年生

豊二　大正六年生

生明治十三年死去　┌七郎　明治二十四年生
└小太郎　梅田波治養子
　安政四年生大正一二
　年死去

飯田古右衛門直久は、前領主小笠原氏の分限帳にもその名がある。恐らく同氏の領地替まで勤務していて、享保二年（一七一七）奥平氏の入国の翌年四月二二日に三石二人扶持で郷方に召抱えられた。時に年齢が七一歳と高齢であることを考えると、郷方として重要な経験者であったと推測される。初期の福澤家との関係については、『考証』上に詳しい。二代朴右衛門直行・三代古右衛門直方はともに初代同様郷方勤務である。四代頓左衛門忠良は年少で家督相続し安永九年（一七八〇）表より坊主見習い・御茶之間仮役・同本役と勤め、寛政六年（一七九四）宛行加増都合十石・享和元年（一八〇一）格式小役人・翌年小納戸勘定人・文化元年（一八〇四）宛行一石加増都合十一石・翌年には宛行二石が加増され都合十三石・同十二年（一八一五）御庭方本兼帯を勤めた。

五代忠直頓太は文政二年（一八一九）家督を相続し、御用所取次・御徒士仮役・年寄御用書仮役・勘定人仮役・同本役・郡方御勘定人仮役・同本役・小奉行当分役・同本役・徒目付仮役心得・郡方勘定人反別方仮役・同本役・備後御領巡見御用懸御用中代官仮役・土蔵御勘定人仮役・御徒目付本役・勘定所小頭仮役・御番方と歴任した。安政二年（一八五五）格式供小姓に昇格し、慶応二年（一八六六）杵築御陣屋取立見聞の為出張・同四年（一八六八）商売方吟味役并唐物方改役・権少属商税掛となった。同年七月ようやく勤方御免隠居を下命された。

B岡　家

喜三右衛門─┬在助（友米の異父弟）──珍蔵……在輔
　　　　　└女（福澤友米政信妻）

岡　氏について。福澤友米の妻は、福澤氏系図によれば、岡喜左衛門女となっている。また弟在助（実異父之子続岡氏）も養子に行っている。藩士勤書により略記する。

喜三右衛門（喜左衛門とも記している）は延享四年八月に組抜七人被仰付宛行籾七石七斗二合三勺弐人扶持。宝暦十年十二月宛行加増され都合十一石。明和二年格式小役人小奉行本御役。明和六年壁方仮御役を歴任

在助（福澤家より養子）は明和七年家督。幼少ニ付御宛行籾十一石の三ケ一三石六斗六升六合六勺六才支給。天明元年宛行復旧都合十三石被仰付。文化元年二月願之通御勘定人御免　文化元年四月死去。

珍蔵（養子　実家不明）は文化元年家督相続。御用所御取次。文化一二年郡方御勘定人本御役被仰付候。とある。勤書はここで終わり以後は不明。『中津藩歴史と風土』第九輯所収の天保十二年頃と推定される「席順」（奥平中津分限帳）には、籾十三石　岡　在輔の名がある。

C中村家　略系図

祐右衛門──八十之助──須右衛門─┬祐右衛門（文化二年死去）
　├五郎右衛門（中根安兵衛養子寛政十一年死）
　├兵左衛門（福澤友米養子）
　├寿山（一時中根氏養子離縁　天保五年死）
　└術平（福澤兵左衛門次男　明治二年死）
　　＝妻善[I]（中上川彦次郎長女）
　　　╞諭吉（福澤百助次男・後離縁安政三年）
　　　╞正九郎[F]（東条利八次男のち正男）
　　　│＝妻[G]（荒川彦兵衛次女）
　　　│　├蝶（三浦家へ嫁す）
　　　│　├慶四郎
　　　│　└正五郎
　　　└英吉

福澤家⑤兵左衛門は、中村須右衛門の子で福澤家に婿養子に入り、天明四年に

福澤家の家督を相続している。この中村家を勤書より略記すると、
　祐右衛門は享保十二年御料理人本役被仰付候　御宛行籾十三石二人扶持　が最古の確実な資料であるという。元文元年三月江戸で参観のお供に出張中死亡している
　子供八十之助は翌三年二月家督相続を許可されたが、幼少で宛行を六石五斗に減少された。延享四年三月御料理人見習被仰付られ寛延四年祐右衛門と改名した。同年十二月宛行を三石二斗五升増加された。宝暦七年與助と改名した。翌八年二月死去している。
　宝暦八年四月、養子須右衛門が家督相続を許可され、御土蔵番勤務を命ぜられている。須右衛門の実家は不明である。明和五年十二月　宛行を一石二斗五升加増され都合十一石となり、更に同五年十二月に名目二石被下置都合十三石となり、七年分より正実被下る事となった。寛政二年長男祐右被召出土蔵番勤務を命ぜられた。寛政十一年祐右衛門は小奉行役を任命され、享和二年御役御免となり文化二年父に先立って死去した。祐右衛門が家督相続していたか否か明らかではない。依って文化三年、三男で養子に出た福澤兵左衛門の次男術平を養子とし、四月須右衛門の隠居家督相続が許可された。幼少の事で、宛行が減少された事と思われるが、その後の勤書の記述は無いので不明である。『中津藩歴史と風土』第八輯二四九頁に嘉永二年に御徒目付を勤務していた事、二六九・二七四頁に同五〜六年に江戸在番であった事等がみえる。術平は中上川善を妻に迎えたが、子供が無いため、諭吉を養子にしたが、其年月も不明である。諭吉は安政三年実家の兄三之助が死亡した為、離縁して福澤家を相続した。そこで術平は、実家の弟東条利八の次男正九郎を養子に迎えている。

D藤本家　略系図

寿庵
＝妻お国（福澤兵左衛門長女）
├元袋（元岱）
├たみ（朝吹氏妻）
├お年（福澤三之助妻・夫死後帰家・川島藤兵衛妻）
├菅太郎
├寿之助（寿吉）明治二三年死――子
│　　　　　　　　　　　　　　└子
└おせん

藤本家については、勤書が無いので、殆ど知る所がない。分限帳に供小姓七人扶持とある。玄岱が医師であった事は『自伝』に記されている。

E渡辺家　略系図

杢左衛門（享保六年隠居）――七右衛門（宝暦二年死去）
├弥市（宝暦二年家督　文化元年隠居）――弥市（文化元年家督）――信太郎
│　　　　　　　　　　　　　　　　　　＝妻お律（福澤兵左衛門長女）
│　　　　　　　　　　　　　　　　　└えみ（芳蓮院様に勤仕）
└永助（天明二年　中上川久倫養子）

勤書により略記すると、杢左衛門は寛文八年組外で召出され、元禄一二年宛行十石八斗となり、宝永二年宛行十三石小奉行となり、正徳元年組頭役料二石被下都合十五石三人扶持となり、享保六年隠居した。小七右衛門は享保六年家督相続し、宝暦二年六月死亡、同年弥市が家督相続、安永十年格式供小姓となり、享和三年勘定人小頭役御免、文化元年隠居許可　弟永助は中上川嶋衛門の養子となった。小弥市が家督相続、文化九年には元〆方勘定人となっている。妻は福澤兵左衛門の娘である。子に信太郎（安政五年生）がある。なお福澤旧邸解体修理時に出た襖下張文書中に弥市の妹えみの母宛の書簡断片が発見され、金谷の叔父様と記しているのは、先代弥市の弟で、えみはお律の姑生の妹と推定した。

F東条家　略系図

太左衛門―利八―？太兵衛＝郡平（福澤兵左衛門三男）
　　　　　　　　　　　＝妻（中上川永助女）
├つく（山口広江妻）
├軍平
├正九郎（中村術平養子）[C]
├ヤス
└又二郎（中山家養子）

東条家の勤書によると、太左衛門が享保十二年に格式組外勤方御庭方被仰付候宛行籾十石八斗二人扶持となり、享保十八年八月死去している。

利八が同年十月跡式相続を許可され、幼少に付宛行三ヶ一となり、籾三石六斗扶持となり、勤務は用捨された。寛保元年九月被召出御茶之間詰被仰付候。延享三年五月宛行が七石二斗二人扶持となった。宝暦元年一月格式は小役人にすすみ、同六年一月に籾十一石に増加されている。明和二年十二月宛行名目で十三石となり三年一月正実支給となった。安永二年に格式を供小姓に命ぜられた。天明三年三月に御廻米方並に書役兼帯被召放閉門となったが、六月土蔵番に任命された。寛政六年御廐元方となり勤務五十九年に及んだ。

福澤家系図には郡平は太兵衛の養子とある。百助の弟であるから、養子に行ったのは文政年間前後と推測されるから、利八と郡平との間に太兵衛があったと思われる。

G荒川家　略系図

彦兵衛―五郎左衛門―友八―五郎左衛門
―又作―彦兵衛
　＝妻おとの（福澤兵左衛門三女）
　―新十郎（山口新升男）
　　＝まさ
　　―つる（山口半七妻）
　　―新十郎―昌二
　　―孝
　―女（中村正九郎・妻）

荒川家の勤書によれば、高祖彦兵衛が貞享三年宇都宮時代に郡方勘定人として十七石二人扶持の宛行を受けている。

五郎左衛門は正徳五年家督相続し、享保十年に三石加増され都合二十石となった。同十八年十二月元〆方御勘定人小頭役を長年勤めたとして格式は供小姓を許可された。

友八は延享四年に二十石二人扶持の家督を相続、父同様元〆方勘定人として勤務、宝暦十年には代官役を命じられている。

五郎左衛門は宝暦十四年家督相続したが、幼少の為、勤務は免除され、明和三年より勤務した。安永三年元〆方御勘定人を勤務。天明二年徒目付同五年土蔵番、寛政六年見太鼓役を歴任寛政九年九月には隠居を許可された。

又作は同日家督相続している。その後の勤書がないので詳細は不明である。福澤の親戚として高い家格の家である。

H小田部家　略系図

彦七―茂右衛門―①武右衛門―②武右衛門
　　　　　　　　　―でん（橋本③浜右衛門妻）
―③武右衛門（彦七）
　＝妻お沢（中上川永助女）
　―④武右衛門（武）
　　＝妻お礼（福澤百助長女）
　　―つね（橋本馬瀬妻）
　　―栄市（婿養子）
　　　＝お百（菅沼新五右衛門二男賢次郎妻）
　　―おこう（礼蔵妻）
　　―一彦（明治二十年死去）
　―他吉
―女（手島物斎妻）

彦七は享保十九年（一七三四）九月に組外御仕立物師として召出され、宛行三人扶持を支給。元文元年（一七三六）宛行金五両二人扶持。延享四年（一七四七）格式は小役人にすすむ、明和二年（一七六五）隠居願許可さる。

①茂右衛門は明和二年家督相続　安永二年（一七七三）二月病死。

②武右衛門は養子として安永三年（一七七四）三月家督相続許可され、御用所取次勤務。天明年間御用所役を勤務　寛政元〜三年（一七八九〜九一）大坂在番御徒目付兼御廻米方、その後鈍札方勤務。寛政九年（一七九七）御用所筆頭に転じ十年（一七九八）彦七と改名享和元年（一八〇一）十一月死去

③武右衛門は享和元年十二月家督相続。文化八年（一八一一）御用所役。翌年元〆役。文化十四年（一八一七）に元〆役御勘定人となる。勤書記述はここまである。文政年間迄勤務していたとすれば、大坂に出張した事もあろうと思われる。その折百助より沢の鶴の酒兼切符を進呈された可能性がある。

④武右衛門は武と称し十三石二人扶持供小姓格で進修館教授をも勤めたという。

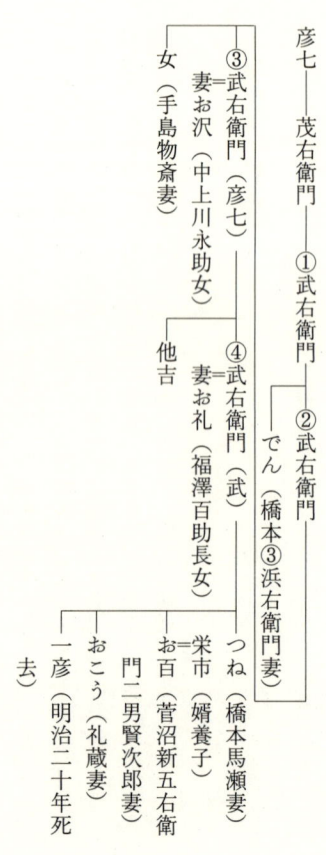

I中上川家　略系図

①久倫═②永助（E渡辺弥市弟）─③建次郎═④彦次郎（松井伝平三男　のち鶴右衛門）
妻住（飯田某女）
⑤理蔵
⑥才蔵
妻婉[C]（福澤百助次女）
善（中村術平妻）
実（飯田辨蔵妻）
節蔵（早世）
彦次郎
妻かつ（福井藩士江川常之助女）
藤（早世）
澄（朝吹英二郎妻）
国（三岡丈夫妻）
万幾（早世）

中上川家については、『中上川彦次郎君伝』に詳細である。
久倫は享保元年出仕　天明二年死去　永助は天明二年養子相続　寛政七年死去
健次郎は幼少ながら半高相続　享和元年病気に付き隠居養子に家督相続願い許可
彦次郎は享和元年養子相続　文化七年加増により宛行八石五斗　文政九年宛行十三石天保五年死去。
理蔵天保六年相続　同七年死去　弟才蔵　天保七年相続　明治四年九月　隠居
倅彦次郎相続　明治五年才蔵病死

J服部家　略系図

正利（惣左衛門正軌五男　知行百石にて別家）─政武─政倫
政諳─政純（五郎兵衛）─政肇
妻（奥平正記正中女）
正清（小幡篤蔵直温養子）
従（寛三郎　早世）═おいち（福澤三之助女・養子田尻竹次郎に嫁す）
睿（又四郎　復城）
妻鐘[I]（福澤百助三女）═トヨ（田尻竹次郎二女・養女）═元治（杵築町竹本勝5男）
まつ（築某妻）
まき（坂部某妻）

服部復城は政純五郎兵衛の四男　家格が違うので、詳細は不明。鐘の許に田尻いち（三之助の遺児）或いはその子と同居している事があるから、結婚は廃藩後ではないかとも推測される。

K橋本家　略系図

①浜右衛門─②浜右衛門─又八（後浜右衛門）
③浜右衛門久健（増田久教弟）
妻[H]（小田部家女）
お順（福澤百助妻）
塩巌[H]（手島物斉弟）
しより
馬瀬（将太）
つね[H]（小田部武右衛門長女）
女
女
女
男
かが（手島春二妻）後離婚
富太郎（大之瀬喜多代家より）─ソノ
なち
さち─三男、三女あり
フク
女
俊吉
健二郎

①浜右衛門は享保八年御茶之間勤務。同十二年宛行十石　同十八年還俗格式小役人御小納戸勘定人。元文五年宛行十三石格式供小姓　宝暦十二年厩方勤務。明和七年宛行十五石。安永三年一月死去
②浜右衛門は安永三年六月家督相続格式供小姓。御用書・勘定人勤務　天明八年死去

③浜右衛門は増田久弟である。天明八年相続。御用書取次・元〆方勘定人・徒士・文化十三年元〆方小頭席を以徒目付勤で勤書は終わっている。

馬瀬（将多）は明治十六年・妻つねは十八年死去している。

年子の妹ありと云うも詳細不明

L増田家　略系図

幸助―幸七―兵三郎
久敬
久健（橋本家養子）K
久行
刀自（渡辺重石女）
六助（大橋家養子）
かし（久保家妻）
さえ（山田家妻）
女（岡本家妻）
宋太郎
半助（岡本家養子）

幸助は享保十四年組抜七人者宛行十石八斗。十八年六人者下命。徒目付・土蔵番・郡方勘定人・地方目付・代官・郡方勘定人小頭・中間頭を歴任。宝暦五年宛行十三石に化加増。明和三年中間頭兼目付　五年一月格式供小姓を下命。安永五年死去。

幸七は安永五年六月家督相続。同八年郡方御勘定人小頭。天明五年山奉行歴任。寛政十一年死去。

兵三郎は天明六年出仕御勘定人・寛政六年御持弓。同七年御目見御勘定人・同十一年父死去に依、家督相続御持弓御免。勤書の記述はここで終わっている。

参考文献「中津藩家臣家譜」中津市立図書館所蔵
山口半七著『大分の耆宿　山口翁』

M土岐家　略系図

土岐家は中津藩大身象の一つ奥平主税家より分家し土岐を名乗った二五〇石役禄五〇石の上士の家であるが、江戸在府であった為か、藩士勤書等が無く、僅に福澤が記述した「福澤諭吉子女之伝」や「宗祖龍鱗公之肖像土岐家秘蔵」の箱書に関する注（共に全集別巻所収）においてその大体を知る程度である。

（本家奥平主税家）

定之（源太郎左衛門）―定胤（舎人左兵衛善兵衛）＝定軌（太郎八左兵衛理五兵衛）
網方（市内主税太郎八）―定義（左兵衛・主税）―定宇（市内左兵衛・主税）
（土岐太郎八家）定行（源吾・主税）―定穀（土岐之助）
①定寿（新四郎太郎八）
妻（今泉七郎右衛門女）
②定経（太郎八）
妻（小倉藩三宅源右衛門女）
女（某家へ嫁す）
③定業（太郎八）
妻（淀藩井上氏女）
男（早世）
とう（今泉郡司妻）
錦（福澤諭吉妻）
謙之助（賛淳）
男
女
女

①定寿（寛政七年（一七九五）別家創立、江戸諸用人、弘化四年死去七十六歳）
②定経（弘化四年（一八四七）家督相続、嘉永五年（一八五二）死去五十八歳）
③定業（嘉永五年家督相続、用人文久元年（一八六一）死去）

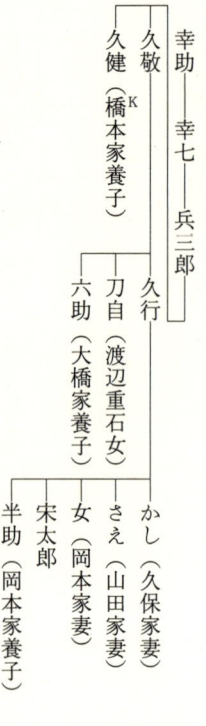

参考文献一覧

単行本など

『青木周蔵自伝』（東洋文庫）、坂根義久校注、平凡社、一九七七年（再版）
『赤松則良半生談――幕末オランダ留学の記録――』（東洋文庫）、赤松則良述、赤松範一編注、平凡社、一九七七年
『アメリカ史　1』（世界歴史大系）、有賀貞〔ほか〕編、山川出版社、一九九四年
『アメリカ彦蔵自叙伝――開国逸史――』、ジョゼフ・ヒコ著、土方久徴・藤島長敏共訳、高市慶雄校訂並ニ解題、明治文化研究会編、ぐろりあそさえて、一九三二年
『ある明治人の記録――会津人柴五郎の遺書』（中公新書）、柴五郎著、石光真人編著、中央公論社、一九七一年
『維新暗殺秘録』（河出文庫）、平尾道雄著、河出書房新社、一九九〇年
『維新史』（第二版、全六冊）、維新史料編纂会編、文部省、一九四三年（複製版：吉川弘文館、一九八三年）
『維新の大阪』、鷲谷樗風著、輝文館、一九四二年
『維新の内乱』、石井孝著、至誠堂、一九六八年（一九七四年、至誠堂新書として再刊）
『夷狄の国へ――幕末遣外使節物語』、尾佐竹猛著、万里閣書房、一九二九年
『医も亦自然に従う　村上医家事歴志』、今永正樹編、村上記念病院村上医家史料館、一九八二年
『海を越えた日本人名事典』、富田仁編、日本アソシエーツ、一九八九年
『江川坦庵』（人物叢書）、仲田正之著、吉川弘文館、新装版・一九八五年
『越前藩幕末維新公用日記』、本多修理著、谷口初意校訂、福井県郷土誌懇話会、一九七四年
『江戸時代制度の研究』上巻、松平太郎著、武家制度研究会、一九一九年（一九六四年、柏書房より再刊〔進士慶幹校訂〕）
『江戸城をよむ』、深井雅海著、原書房、一九九七年
『江戸生活事典』、三田村鳶魚著、稲垣史生編、青蛙房、一九五九年
『江戸と大阪』（増補版）、幸田成友著、富山房、一九四二年
『江戸の旅』（岩波新書）、今野信雄著、岩波書店、一九八六年
『江戸物価事典』（江戸風俗図誌　第六巻）、小野武雄編著、展望社、一九七九年
『資料　榎本武揚』、加茂儀一編集・解説、新人物往来社、一九六九年
『大阪の町奉行所と裁判』、春原源太郎、富山房、一九六二年
『大阪府史』第一―七・別巻一、大阪府史編集専門委員会編、大阪府、一九七八―九一年
『大阪文化史論』、宮本又次著、文献出版、一九七九年
『太田南畝』（人物叢書）、浜田義一郎著、吉川弘文館、一九六三年

『大村益次郎』、大村益次郎先生伝記刊行会編、肇書房、一九四四年
『元帥公爵　大山巌』年譜・附図共三巻、大山元帥伝刊行会編、大山元帥伝刊行会、一九三五年
『緒方洪庵伝』、緒方富雄著、岩波書店、一九七七年（初版：一九四二年、第二版：一九六三年）
『緒方洪庵と適塾生―「日間瑣事備忘」にみえる』、梅溪昇著、思文閣出版、一九八四年
『岡山県大百科事典』、山陽新聞社、一九八〇年
「奥平家旧藩事情――奥平家累代歴史」一―三巻、飯田平作編述（写本）、慶應義塾図書館蔵（「旧藩事情」と略記）
『懐往事談　附：新聞紙実歴』（改造文庫）、福地源一郎著、改造社、一九四一年
『懐往事談・幕末政治家』（続日本史籍協会叢書）、福地源一郎著、東京大学出版会、一九七九年
新訂『海舟座談』、勝海舟述、巌本善治編・勝部真長校注、岩波書店、一九八三年
『海舟全集』第一―一〇巻、勝安芳著、海舟全集刊行会編、改造社、一九二七―二九年
『下級士族の研究』、新見吉治著、巌南堂書店、改訂増補版一九七九年（初版：一九六五年、日本学術振興会）
『昭和新修　華族家系大成』上・下、霞会館諸家資料調査委員会編纂、霞会館、一九八二・八四年（発売：吉川弘文館）
『勝海舟』（人物叢書）、石井孝著、吉川弘文館、一九七四年（新装版：一九八六年）
『勝海舟』（中公新書）、松浦玲著、中央公論社、一九六八年
『勝海舟全集』一―二一、別巻二、勝部真長・松本三之介・大口勇次郎編、勁草書房、一九七〇―八二年
勝海舟全集一二『海軍歴史　一』、江藤淳・勝部真長編集、勁草書房、一九七一年
『勝麟太郎』（人物史叢書）、田村栄太郎著、雄山閣出版、一九六七年
『加藤弘之』（人物叢書）、田畑忍著、吉川弘文館、一九五九年
『亀井南冥・亀井昭陽』（日本の思想家二七）、荒木見悟著、明徳出版社、一九八八年
『河内名所圖会』（版本地誌大系四）、秋里籬島著、臨川書店、一九九五年
『神田孝平略伝』、神田乃武編、神田乃武、一九一〇年
『咸臨丸海を渡る――曾祖父・長尾幸作の日記より――』、土居良三著、未来社、一九九二年
『咸臨丸還る――蒸気方小杉雅之進の軌跡――』、橋本進著、中央公論新社、二〇〇一年
『咸臨丸航海長小野友五郎の生涯――幕末明治のテクノクラート』（中公新書）、藤井哲博著、中央公論社、一九八五年
「咸臨丸日記」、ジョン・マーサー・ブルック著、清岡暎一訳、『遣米使節資料集成』第五巻所収、一九六一年
『紀行日本漢詩』一―四巻、富士川英郎・佐野正已編、汲古書院、一九九一―九三年
『木村摂津守喜毅日記』、伊東弥之助校・編、慶應義塾図書館編、塙書房、一九七七年
『九州天領の研究――日田地方を中心として――』、杉本勲著、吉川弘文館、一九七六年
『崎陽論攷』（新和文庫第七）、渡辺庫輔著、新和銀行済美会、一九六四年
『近世名医伝』三巻・附一巻、松尾耕三著、松尾耕三、一八八六年

『近代日本の思想家』、大久保利謙著、向坂逸郎編、和光社、一九五四年
『近代日本の新聞読者層』、山本武利著、法政大学出版局、一九八一年
『久留米市史』第一―一三巻、第一〇巻補遺、久留米市史編纂委員会編、久留米市、一九八一―九八年
『軍艦奉行木村摂津守――近代海軍誕生の陰の立役者――』（中公新書）、土居良三著、中央公論社、一九九四年
『慶應義塾五十年史』、慶應義塾編、慶應義塾、一九〇七
　＝『五十年史』と略記
『慶應義塾社中之約束』（福澤研究センター資料（2））、佐志傳解題・解説・編集、慶應義塾福澤研究センター、一九八六年
『慶應義塾出身名流列伝』、三田商業研究会編纂、実業之世界社、一九〇九年
『慶應義塾七十五年史』、慶應義塾編、慶應義塾、一九三二年
　＝『七十五年史』と略記
『慶應義塾入社帳』一―五巻、慶應義塾福澤研究センター編、慶應義塾、一九八六年
『慶應義塾百年史』上・中（前）・中（後）・下、別巻・附録、慶應義塾編、慶應義塾、一九五八―六九年
　＝『百年史』と略記
『稿本　慶應義塾幼稚舎史』、吉田小五郎著、慶應義塾幼稚舎、一九六五年
『遣外使節日記纂輯』第一―三（日本史籍協会叢書）、大塚武松編、日本史籍協会、一九二八―三〇年（再刊：東京大学出版会、一九七一・八七年）
『洪庵・適塾の研究』、梅渓昇著、思文閣出版、一九九三年
『交詢社百年史』、交詢社編、交詢社、一九八三年
『考証　福澤諭吉』上・下、富田正文著、岩波書店、一九九二年
　＝『考証』と略記
『幸田成友著作集』一―七巻、別巻一、幸田成友著、中央公論社、一九七一―七四年
『国史大辞典』第一―一四巻、一五巻上・中・下、附録、国史大辞典編集委員会編、吉川弘文館、一九七九―九七年
『是清翁一代記』上・下、高橋是清著、朝日新聞社、一九三〇年
『佐賀藩海軍史』（明治百年史叢書）、秀島成忠編、原書房、一九七二年（知新会、大正六年刊の複製）
『佐久間象山全集』全五巻、信濃教育会編、信濃教育会、一八二〇年
『佐久間象山』（人物叢書）、大平喜間多著、吉川弘文館、一九五九年
『三十年史』、木村芥舟編輯、交詢社、一八九二年（一九七八年、続日本史籍協会叢書一・二として再刊）
『薩藩海軍史』上・中・下、公爵島津家編輯所編、薩藩海軍史刊行会、一九二八―二九年
『三田市史』上・下巻、三田市史編纂委員会編、三田市、一九六四―六五年
『西郷隆盛全集』第一―六巻、西郷隆盛全集編集委員会編、大和書房、一九七六―八〇年

『子爵由利公正傳』、由利正通編著、由利正通、一九四〇年
続日本史籍協会叢書『七年史』（複製版）、北原雅長著、東京大学出版会、一九七八年（初版：啓正社、一九〇四年）
『市政裁判所始末——東京都の前身——』（都史紀要六）、東京都、一九五九年
『市中取締沿革——明治初年の警察——』（都史紀要二）、東京都情報連絡会、一九九一年
『七里和上言行録』、浜口恵璋編、興教書院、一九一二年
『下毛郡誌』、大分県下毛郡教育会編、大分県下毛郡教育会、一九二七年（復刻版：一九七二年）
『若越新文化史』、石橋重吉編、咬菜文庫、一九三八年（複製版：安田書店・ひまわり書店、一九七八年）
『象山全集』巻一—五、佐久間象山著、信濃教育会編、信濃毎日新聞、一九三四—三五年（増訂版複製版：明治文献、一九七五年）
『照山白石先生遺稿』、白石照山著、赤松文二郎編、照山白石先生遺稿編纂会、一九三〇年
『初期日独通交史の研究』、今宮新著、鹿島研究所出版会、一九七一年
中津藩史料叢書『市令録』第一—三輯、半田隆夫校訂、中津市立小幡記念図書館、一九七八—八〇年
『新資料から見た福澤先生——「福澤諭吉全集」再版の完了』（福澤記念選書八）、富田正文著、慶應義塾大学、一九七二年
『新撰大人名辞典』第一—九巻、平凡社編、平凡社、一九三七—四一年（のち『日本人名大事典』に改題、第一—六巻、平凡社、一九七九年）
『新長崎年表』上・下、満井録郎・土井進一郎著（上）、嘉村国男著（下）、長崎文献社編、長崎文献社、一九七四・一九七六年
『杉亨二自叙伝』、河合利安編、杉八郎、一九一八年
『鈴木大雑集』第一—五、日本史籍協会編、日本史籍協会、一九一六—一七年
『仙台戊辰史』、藤原相之助著、柏書房、一九六八年（初版：荒井活版製造所、一九一一年）
『扇城遺聞・郡誌後材』、赤松文二郎編、中津小幡記念図書館、一九三二年（複製版：名著出版、一九七四年）
『岩波　西洋人名辞典』、亀井高孝、野上豊一郎、石原純編、岩波書店、一九三二年（増補版：岩波書店編集部編、岩波書店、一九八一年）
「征西日録」上・下（安政四年二月—六年六月）、木村喜毅筆、慶應義塾図書館蔵
『専修大学百年史』、専修大学出版局、一九八一年
『続通信全覧』一—五四、外務省〔原〕編纂、通信全覧編集委員会編、雄松堂出版、一九八三—八八年（外務省外交史料館蔵の複製）
『大君の使節——幕末日本人の西欧体験——』（中公新書）、芳賀徹著、中央公論社、一九六八年
『大日本近世史料　柳営補任』一—六・索引二、東京大学史料編纂所、東京大学出版会編、一九六三—七〇年
『高橋是清翁一代記』、高橋是清著、千倉書房、一九三六年
『竹内下野守　松平石見守　京極能登守　使節一件附録　一〜九』、維新史学会編纂、『幕末維新外交史料集成』第五巻所収（三六四—五〇〇頁）、財政経済学会、一九四三年
『築地居留地』（都史紀要四）、川崎辰五郎筆、東京都、一九五七年

『津田梅子』（人物叢書）、山崎孝子著、吉川弘文館、一九六二年（新装版：一九八八年）
『適塾の人々』、浦上五六著、新日本図書、一九四四年
『適塾をめぐる人々―蘭学の流れ』、伴忠康著、創元社、一九七八年
『寺島宗則』（人物叢書）、犬塚孝明著、吉川弘文館、一九九〇年
『寺島宗則関係資料集』上・下巻、寺島宗則研究会編、示人社、一九八七年
『寺島宗則自叙年譜』、『寺島宗則関係資料集』下巻所収
『東京市史稿』、東京市東京都編、東京市・東京都、臨川書店、一九一一年〜
『東京帝国大学五十年史』上・下、東京帝国大学、一九三二年
『徳川慶喜公伝』一―八巻、渋沢栄一編、富山房、一九一八年
『中河内郡誌』、中河内郡役所編、名著出版、一九七二年（一九二三年刊の複製）
『長崎海軍伝習所―十九世紀東西文化の接点』（中公新書）、藤井哲博著、中央公論社、一九九一年
『長崎郷土誌』、北野孝治著、長崎市小学校職員会、一九一一年
『長崎幕末史料大成　三　開国対策編一』、森永種夫校訂、長崎文献社、一九七〇年
『中津藩史』、黒屋直房著、碧雲荘、一九四〇年
『中津藩　歴史と風土　第八輯』（中津藩史料叢書）、半田隆夫解説・校訂、中津市立小幡記念図書館、一九八八年
『中津藩　歴史と風土　第一五輯』（中津藩史料叢書）、半田隆夫解説・校訂、中津市立小幡記念図書館、一九九五年
『中津歴史』上・下、広池千九郎編述、広池千九郎、一八九一年（複製版：防長史料出版、一九七六年社）
『中牟田倉之助伝』、中村孝也著、中牟田武信、一九一九年（複製版：大空社、一九九五年）
『中村敬宇』（人物叢書）、高橋昌郎著、吉川弘文館、一九六六年（新装版：一九八八年）
『鍋島閑叟――蘭癖・佐賀藩主の幕末――』（中公新書）、杉谷昭著、中央公論社、一九九二年
『中津市史』、中津市史刊行会編、中津市史刊行会、一九六六年
「中津藩士家譜」（写本）、中津市立図書館蔵
『南紀徳川史』一―一八巻、南紀徳川史刊行会編、堀内信編、清文堂出版、一九三〇年初版、一九八九年復刊（名著出版）
『名ごりの夢――蘭医桂川家に生れて』（東洋文庫）、今泉みね著、金子光晴解説、平凡社、一九六三年
「中津藩山崎家　御用所日記」（写本）、中津山崎家蔵
『西周全集』第3巻、大久保利謙編、宗高書房、一九六六年
『にっぽん音吉漂流記』（中公文庫）、春名徹著、中央公論社、一九八八年
『日本科学技術史大系　1』通史1、日本科学史学会編、第一法規出版、一九六四年
『日本経済史辞典』上・下巻、別冊一、日本経済史研究所編、日本評論社、一九四〇年
『日本憲政史大綱』上・下、尾佐竹猛著、日本評論社、一九三八―三九年

『日本社会民俗辞典』第一―四巻、日本民族学協会編、誠文堂新光社、一九五二・五四・五七・六〇年
『日本政治裁判史録』明治（前・後）、大正、昭和（前・後）、我妻栄代表編、第一法規出版、一九六八―七〇年
『日本民権発達史』、植原悦二郎著、政教社、一九一一年
『廃藩置県――近代統一国家への苦悶――』（中公新書）、松尾正人著、中央公論社、一九八六年
『幕臣福澤諭吉』、中島岑芳著、TBSブリタニカ、一九九一年
『幕末維新風雲通信　蘭医坪井信良家兄宛書翰集』、坪井信良著、宮地正人編、東京大学出版会、一九七八年
『幕末維新外交史料集成』第一―六巻、維新史学会編、財政経済学会、一九四二―四四年（複製版：第一書房、一九七八年）
『大日本古文書　幕末外国関係文書之二五』、東京大学史料編纂所編纂、東京大学出版会、一九八五年
『幕末財政金融史論』、大山敷太郎著、ミネルヴァ書房、一九六九年
『幕末教育史の研究』一―三、倉沢剛著、吉川弘文館、一九八三―八六年
『幕末軍艦咸臨丸』上・下巻（中公文庫）、文倉平次郎著、中央公論社、一九九三年
『幕末遣外使節物語――夷狄の国へ――』（講談社学術文庫）、尾佐竹猛著、講談社、一九八九年
『幕末長州藩の攘夷戦争――欧米連合艦隊の来襲』（中公新書）、古川薫著、中央公論社、一九九六年
『幕末の新政策』、本庄栄次郎著、有斐閣、一九四〇年
『幕末の長州――維新志士出現の背景』（中公新書）、田中彰著、中央公論社、一九六五年
『幕末百話』（岩波文庫）、篠田鉱造著、岩波書店、一九九六年
『幕末洋学史』、沼田次郎著、刀江書院、一九五〇年
『橋本景岳全集』上・下巻、景岳会編、景岳会、一九三九年
『万有百科大事典』一―二一、小学館、一九七三―七六年
『東区史』第一―五巻、大阪市東区法円坂外百五十七箇町区会編、大阪市東区、一九三九―四二年
『史話　東と西』、幸田成友著、中央公論社、一九四〇年
『肥後藩国事史料』巻一―一〇、細川家編纂所編、国書刊行会、一九七三年
『陽だまりの樹』一―一一、手塚治虫著、小学館、一九八三―八七年
『新稿　一橋徳川家記』、辻達也編、徳川宗敬出版、一九八三年（発売：続群書類従完成会）
『広瀬淡窓』（人物叢書）、井上義己著、吉川弘文館、一九八七年
『ファラデーが生きたイギリス』、小山慶太著、日本評論社、一九九三年
『福澤諭吉書簡集』第一―九巻、慶應義塾編、岩波書店、二〇〇一―〇三年
＝『書簡集』と略記
『福澤諭吉全集』一―二一巻、別巻一、慶應義塾編、岩波書店、一九五八―六四年・一九七三年
＝『全集』と略記

『福澤諭吉傳』第一—四巻、石河幹明著、岩波書店、一九三二年
=『諭吉伝』と略記
『福澤諭吉と弟子達』、和田日出吉著、千倉書房、一九三二年
『福沢諭吉の亜欧見聞』（福沢諭吉協会叢書）、山口一夫著、福沢諭吉協会、一九九二年
=『亜欧見聞』と略記
『福沢諭吉の亜米利加体験』（福沢諭吉協会叢書）、山口一夫著、福沢諭吉協会、一九八六年
=『亜米利加体験』と略記
『福澤諭吉の漢詩三十五講』、富田正文著、福澤諭吉協会、一九九四年
『福沢諭吉の西航巡歴』（福沢諭吉協会叢書）、山口一夫著、福沢諭吉協会、一九八〇年
=『西航巡歴』と略記
『福澤諭吉のすゝめ』（新潮選書）、大島仁著、新潮社、一九九八年
『福澤諭吉の横顔』、西川俊作著、慶應義塾大学出版会、一九九八年
『福沢屋諭吉の研究』、長尾正憲著、思文閣出版、一九八八年
『福地桜痴』（人物叢書）、柳田泉著、吉川弘文館、一九六五年（新装版：一九八九年）
『武家事典』、三田村鳶魚原著、稲垣史生編、青蛙房、一九五八年
『藤岡屋日記』第一—一五巻（近世庶民生活史料）、鈴木棠三・小池章太郎編、三一書房、一九八二—九五年
『豊前人物志』、山崎有信著、山崎有信、一九三九年（複製版：国書刊行会、一九八一年）
『復古記』第一—一五冊、太政官編、内外書籍、一九二九—三一年
『文久二年のヨーロッパ報告』（新潮選書）、宮永孝著、新潮社、一九八九年
『ペテルブルグからの黒船』、大南勝彦著、六興出版、一九七三年（角川選書版、一九七一年）
『帆足万里』（人物叢書）、帆足図南次著、吉川弘文館、一九六六年
『戊辰戦争論』、石井孝著、吉川弘文館、一九八四年
『戊辰日記』、松平慶永著、岩崎英重編、日本史籍協会、一九二五年
『戊辰役戦史』、大山柏著、時事通信社、一九六八年（補訂版：一九八八年）
『北海道大百科事典』、北海道新聞社編、北海道新聞社、一九八一年
「前原一代記咄し」、前原嘉市著
『増田宋太郎略伝』、大橋奇男著
『万延元年遣米使節史料集成』第一—七巻、日米修好通商百年記念行事運営会編、風間書房、一九六〇—六一年
=『遣米使節史料集成』と略記
『万延元年のアメリカ報告』（新潮選書）、宮永孝著、新潮社、一九九〇年（講談社学術文庫、二〇〇五年）

『ミカド――日本の内なる力――』(岩波文庫)、W・E・グリフィス著、亀井俊介訳、岩波書店、一九九五年
『水口町志』上・下巻、水口町志編纂委員会編、水口町、一九五九―六〇年
『水戸市史　中巻三』、水戸市史編纂委員会編、水戸市、一九七六年
新装版『水戸の斉昭』、瀬谷義彦著、茨城新聞社、二〇〇〇年
『水戸藩史料』上(乾・坤)・下・別記(上・下)全五冊、吉川弘文館、一九七〇年(初版:一九一五年、徳川家蔵版の複製)
『宮城県史』第一―三五、宮城県編纂、宮城県史刊行会、一九五四―八七年
『宮城県百科事典』、河北新報社宮城県百科事典編集本部編、河北新報社、一九八二年
『明治維新人名辞典』、日本歴史学会編、吉川弘文館、一九八一年
『明治維新政治史――現代日本の誕生』、鈴木安蔵著、鈴木安蔵、一九四二年
『明治維新と郡県思想』、浅井清著、巌松堂書店、一九三九年
『増訂　明治維新の国際的環境』、石井孝著、吉川弘文館、一九六六年
『明治憲法成立史』上・下巻、稲田正次著、有斐閣、一九六九年
『明治事物起源』、石井研堂著、橋南堂、一九〇八年(増訂版:春陽堂、一九二六年　改訂増補版:春陽堂〔上・下巻〕、一九四四年
　複製版:春陽堂書店、一九九六年)
『明治史総覧』第一―四巻、蘇武緑郎編、明治史刊行会、一九三六―三九年
『明治時代史　第一・二』(綜合日本史大系　第二四・二五)、藤井甚太郎・森谷秀亮共著、内外書籍、一九三九―四〇年
『明治史要』上・下、太政官修史館編纂、金港堂書籍、一九三三年
『明治初期の日本と東アジア』、石井孝著、有隣堂、一九八二年
『明治初年の自治体警察番人制度』(都史紀要一二)、東京都、一九七三年
『明治初年の武家地処理問題』(都史紀要一三)、川崎房五郎筆、東京都、一九六五年
『明治の偉才　福地桜痴』(中公新書)、小山文雄著、中央公論社、一九八四年
『明治立憲思想史に於ける英国議会制度の影響』、浅井清著、巌松堂書店、一九三五年
『目路はるか――普通部百年誌』、慶應義塾普通部百年誌編集委員会編、慶應義塾普通部、一九九八年
『山内容堂』(人物叢書)、平尾道雄著、吉川弘文館、一九六一年(新装版:一九八七年)
『山口翁　大分県の耆宿』、山口半七著、立憲民政党大分県支部、一九三〇年
「山崎家御用所日記」(写本)、中津市立図書館蔵
　＝「山崎家日記」と略記
『大和名所図会』(大日本名所図会　第一輯第三編)、秋里籬島著・竹原春朝斎画、大日本名所図会刊行会編、一九一九年
『諭吉　小波　未明――明治の児童文学――』、桑原三郎著、慶應通信、一九七九年
『由利公正傳』、三岡丈夫編、光融館、一九一六年

『子爵 由利公正』、由利正通編輯、由利正通、一九四〇年
『洋学史事典』（日蘭学会学術叢書 第六）、日蘭学会編、雄松堂出版、一九八四年
『洋語教授法史研究』、茂住実男著、学文社、一九八九年
『揺籃時代の日本海軍』、リッダー・ホイセン・カッテンディーケ著、水田信利訳、海軍有終会、一九四三年
『横浜市史』第一・二・三（上・下）・四（上・下）・五（上・中・下）、横浜市、一九五八―七六年
「横浜日記」、ジョン・アーサー・ブルック著、清岡暎一訳（『遣米使節史料集成』五巻所収）
『吉岡良太夫小傳』、小島長蔵編、小島長蔵、一九一九年
『頼山陽書翰集』上・下巻、続編、蘇峰徳富猪一郎等共編、民友社、一九二七―二九年（復刊：名著普及会、一九八〇年）
『頼山陽とその時代』上・中・下（中公文庫）、中村真一郎著、中央公論社、一九七六―七七年
『蘭学の泉ここに湧く――豊前・中津医学史散歩――』、川嶋真人著、西日本臨床医学研究所、一九九二年
『黎明期の明治日本――日英交渉史の視角において――』、岡義武著、未来社、一九六四年

論文など

「石川桜所先生について」、石川三郎・青木大輔、『仙台郷土史研究』一三―二～四
「一條十二郎と大條清助」、逸見英夫、『福澤手帖』一〇六（二〇〇〇年九月）、福澤諭吉協会
「ウェブスターの辞書考――福澤諭吉のアメリカ土産（二）――」、丸山信、『福澤手帖』四七（一九八五年一二月）、福澤諭吉協会
「臼杵図書館蔵「福澤先生遺籍」解題初稿」、佐藤一郎、『史学』四九巻二・三号（一九七九年六月）、三田史学会
「臼杵藩史」、久多良木儀一郎、『臼杵史談』四二号
「大童信太夫宛の福澤書簡と計算書」、逸見英夫、『福澤手帖』四六（一九八五年九月）、福澤諭吉協会
「（再録）大童信太夫――時事新報「雑報」記事」、『福澤手帖』一〇五（二〇〇〇年六月）、福澤諭吉協会
「貴下の御人物御気品を頗る賞揚せられ」――大童信太夫宛伊東順四郎書簡」、田中朋子、『福澤手帖』一〇五（二〇〇〇年六月）、福澤諭吉協会
「『時事新報』は雑報欄が面白い――「大童信太夫氏」認定考――」、井田進也、『福澤手帖』一〇五（二〇〇〇年六月）、福澤諭吉協会
「大童信太夫と福澤諭吉」、坂井達朗、『福澤手帖』一〇六（二〇〇〇年九月）、福澤諭吉協会
「大童宛福澤書簡とその周辺」、松崎欣一、『福澤手帖』『福澤手帖』一〇六（二〇〇〇年九月）、福澤諭吉協会
「福澤諭吉訳『海岸防禦論』の原書――大童信太夫からの翻訳依頼――」、東田全義、『福澤手帖』一〇六（二〇〇〇年九月）、福澤諭吉協会
「多田平次のこと」、『手帖』編集子、『福澤手帖』『福澤手帖』一〇六（二〇〇〇年九月）、福澤諭吉協会
「緒方洪庵と加賀藩」、津田進三、『石川郷土史学会誌』九号
「緒方塾以来の旧友 松岡勇記について――新資料・福澤書簡の紹介――」、石川博道、『福澤手帖』一四（一九七七年十一月）、福澤諭

吉協会
「岡見彦三と福澤諭吉について（その一）・（その二）」、長尾正憲、『福澤手帖』六八・六九（一九九一年三月・六月）、福澤諭吉協会
「岡本周吉」、芝哲夫、『適塾』二〇（一九八七年十一月）・二七（一九九四年十二月）号・「適塾門下生に関する調査報告」（七・一四）、
適塾記念会
「奥平壱岐覚書」、中金武彦、『福澤手帖』七八（一九九三年九月）、福澤諭吉協会
「解説　福澤諭吉『西航手帳』の蘭文記事（改訂版）」、長尾政憲、『福澤諭吉年鑑』八（一九八一年十二月）、福澤諭吉協会
「華英通語スタイルの辞書」、可児弘明、『福澤手帖』四七（一九八五年十二月）、福澤諭吉協会
「咸臨丸の福澤諭吉と「写真屋の娘」——タゲレオタイプとアンブロタイプ——」、中崎昌雄、『適塾』一八号
「義塾命名の場所を探る」、河北展生、『三田評論』一九八八年（昭和六十三年）四月号
「旧芝離宮恩賜庭園」、東京都南部公園緑地事務所
「菊池武徳「英学遊学」および「帰朝後の四年」、『中上川彦次郎伝記資料』、一九六九年、東洋経済新報社
「鼎談　グーテンベルク展その後」、『三田評論』九八七号（一九九七年（平成九年）一月号）、慶應義塾
「慶應義塾後期鉄砲洲時代の意義」、河北展生、『史学』四九巻二・三号（一九七九年六月）、三田史学会
「慶應義塾出身者と我国統計事業」、横山雅男、『三田評論』三三二号（一九二五年（大正十四年）年四月号）
「慶応三年にアメリカから福澤諭吉の購入してきた図書をめぐって」、西川俊作、『福澤諭吉年鑑』一三（一九八七年二月）、福澤諭吉協
会
「近藤芳樹と緒方洪庵」、多治比郁夫、『適塾』一七号（一九八四年十一月）、適塾記念会
「最近発見されたる憲法私案」、林茂、『国家学会雑誌』五二巻一〇・一一、国家学会事務所（販売：有斐閣）
「参観交代制度の変革」、本庄栄次郎、『幕末の新政策』、有斐閣、一九四〇年
「『芝新銭座慶應義塾之記』に関する若干の考証　一—三」、中山一義、『史学』四〇巻一号（一九六七年七月）、四一巻二号（一九六八
年九月）、四一巻三号（一九六八年十二月）、三田史学会
「『柴田剛中欧行日載』より」、君塚進、『史林』四四巻六号
「出版界の異彩　萬屋兵四郎」、井上和雄、『新旧時代』、第一年第三冊四月号（大正十四年四月）、明治文化研究会
「島村貞蔵」、芝哲夫、『適塾』一九号（一九八六年十一）、「適塾門下生に関する調査報告（6）」、適塾記念会
「史料に見る中村諭吉の名と福澤諭吉の家禄」、松崎欣一、『福澤手帖』二一（一九七九年六月）、福澤諭吉協会
「種痘と小沢昌順」、『茅ヶ崎市史　四』通史編（五二〇頁）、一九八一年、茅ヶ崎市
「杉浦愛蔵外傳」、『幸田成友著作集』第五巻（二五一—五九頁）、一九七二年、中央公論社
「前期新銭座住居のころ——福澤諭吉江戸地図（二）——」、伊東弥之助、『福澤手帖』一六（一九七八年三月）、福澤諭吉協会
「武谷家所蔵蘭学者書簡紹介　二」、井上忠、『西南学院大学文学論集』五巻三号（一九五八年）、西南学院大学学術研究会
「適薩俗記」、「中金正衡（奥平壱岐）日記」（写本）

「適塾門下生調査史料　二集」、藤野恒三郎・梅渓昇編
「独逸商館キニッフル（横浜居留地）の考証――福澤の英学発心記念の地――」、奈良充浩、『福澤手帖』五六（一九八八年三月）、福澤諭吉協会
「中津資料採訪の収穫」、富田正文、『福澤研究』七号（一九五四年七月）、福澤先生研究會
「中金氏系図」、中金武彦編輯
「中津風聞」、藤村潤一郎、『福澤手帖』二三（一九七九年十二月）、福澤諭吉協会
「中津における福澤諭吉の修学とその世界」、小久保明浩、『福澤諭吉年鑑』九（一九八二年十二月）、福澤諭吉協会
「南北戦争と南軍」、世界歴史大系『アメリカ史　I』所収、一九九四年、山川出版
「長崎阿蘭通詞事略」、渡辺庫輔、『崎陽論攷』
「征西日録」、木村喜毅筆（?蔵）
「「ニュー・アメリカン・エンサイクロペディア」をめぐって」、太田臨一郎、『福澤手帖』七（一九七五年九月）、福澤諭吉協会
「沼田芸平伝」、佐藤政男、『飯山市報』掲載、一九七五年一月、沼田復刻
「万国政表と華英通語の出版」、富田正文、『福澤手帖』二八（一九八一年三月）、福澤諭吉協会
「幕末地域社会と慶應義塾」、小室正紀、『福澤手帖』七二（一九九二年三月）、福澤諭吉協会
「幕臣福澤諭吉の断片資料」、伊東弥之助、『福澤手帖』五（一九七五年三月）、福澤諭吉協会
「原田磊蔵」、芝哲夫、『適塾』二四号（一九九一年十二月）、「適塾門下生に関する調査報告（一一）」、適塾記念会
「『藩学養賢堂蔵洋書目録』について――慶応三年福澤諭吉将来本――」、金子宏二、『福澤諭吉年鑑』八（一九八一年十二月）、福澤諭吉協会
「『肥後藩国事史料』に見える福澤諭吉の二つの外交情報」、河北展生、『福澤手帖』七八（一九九三年九月）、福澤諭吉協会
「福澤百助の學風――その手澤本より見たる――（上）」、阿部隆一、『福澤諭吉全集』第二巻附録、一九五九年二月、慶應義塾
「福澤先生の処女出版『増訂華英通語』の原本」、和田博徳、『三色旗』一六九号（一九六二年四月）、慶應義塾
「福澤諭吉の政治思想形成過程について」、長尾政憲、『近世洋学と海外交渉』所収（岩波成一編）
「福澤先生とレオン・ド・ロニイ」、野村兼太郎、『福澤研究』四（一九五〇年一月）、福澤先生研究会
「福澤先生の滞歐手帳」、野村兼太郎、『史学』二四巻二・三号（一九五〇年十月）
「福澤最古の訳稿「經始概略」等について――一九八八～九年の寄贈資料紹介――」、佐志傳、『近代日本研究』第六巻（一九九〇年三月）、慶應義塾福澤研究センター
「福澤先生の史跡探訪十二　諫早」、加藤三明、『仔馬』四三巻三号（一九九一年十一月）、慶應義塾幼稚舎
「福澤先生の「親友」高橋順益」、幸田成友、『三田評論』一九三六年（昭和一一年）十月号
「福澤の幕府出仕について（一）――翻訳御用雇から翻訳御用へ――」、長尾政憲、『福澤手帖』五〇（一九八六年九月）、福澤諭吉協会
「福澤の幕府出仕について（二）――翻訳方時代の年末手当――」、長尾政憲、『福澤手帖』五一（一九八六年二月）、福澤諭吉協会

「福澤百助著『杲育堂詩稿』一―四」、佐藤一郎訳注解、「福翁自伝」を読む会補注、『史学』五〇巻一―四号（記念号、一九八〇年十一月）、五一巻一・二号（一九八一年六月）、五二巻一号（一九八二年六月）、五三巻二・三号（一九八三年七月）、三田史学会
「福澤百助の大坂在番と中津藩士」、河北展生、『福澤諭吉年鑑』七（一九八〇年十月）、福澤諭吉協会
「福澤諭吉著訳書の原拠本」、太田臨一郎、『三色旗』二七二号（一九七〇年十一月）
「福澤諭吉とキニッフル」、内海孝、『福澤手帖』八四、福澤諭吉協会
「福澤諭吉の父、百助について」、梅渓昇、『適塾』一七号（一九八四年十一月）、適塾記念会
「福澤諭吉の著作と著者の想定した読者層――『西洋旅案内』から『通俗国権論』まで――」、進藤咲子、『福澤諭吉年鑑』九（一九八二年十二月）、福澤諭吉協会
「英国探索」（「福田作太郎筆記」五）、福田作太郎筆、日本思想史大系六六『西洋見聞集』、岩波書店、一九七四年
「英国探索解題」、松沢弘陽、日本思想史大系六六『西洋見聞集』、岩波書店、一九七四年
「文久遣欧使節徒目付福田作太郎をめぐって」、中野善達、『蘭学研究会研究報告』二〇〇〇
「文久遣欧使節に関するポルトガル側の記録」、高瀬弘一郎、『三田評論』一九六五年一二月号・一九六六年二・四月号
「二人の幕臣のために――新資料・星野康斎宛福澤書翰――」、大久保忠宗、『福澤手帖』六七（一九九〇年一二月）
「古川正雄の生涯」、伊東弥之助、『三田評論』一九六七年八・九月号
「福澤諭吉と小沢昌順」、藤間善一郎、『茅ヶ崎市郷土会会報』
「福澤諭吉の教育論」（二）、佐志傳、『慶應義塾高等学校紀要』二六（一九九五年一月）
「福澤諭吉江戸地図――前期鉄砲洲のころ――」、伊東弥之助、『福澤手帖』一二（一九七七年三月）
「福澤諭吉の西洋事情」、間崎万里、『史学』二四巻二―三号（一九五〇年一〇月）
「ベルリンに於ける我國最初の遣歐使節」、今宮新、『史学』二四巻二―三号（一九五〇年一〇月）
「ペテルブルグの福澤諭吉」、保田孝一、『福澤諭吉年鑑』一七（一九九〇年一二月）、福澤諭吉協会
「緒方塾以来の旧友　松岡勇記について――新資料・福澤書簡の紹介――」、石川博道、『福澤手帖』一四（一九七七年一一月）
「民族学と福澤先生」、松本信廣、『史学』二四巻二―三号（一九五〇年一〇月）
「明治初年『慶應』の塾風」（遺稿）、波多野承五郎、『三田評論』一九二九年一一月号
「明治十四年政変について」、渡辺栗山、『季刊　明治文化研究』二輯（一九三四年）
「ヨハン・ヨゼフ・ホフマン」、幸田成友、『幸田成友著作集』第四巻（一九七二年）、中央公論社
「横浜高島学校の研究」、多田建次、『福澤諭吉年鑑』七（一九八〇年一〇月）、福澤諭吉協会
「ロニイ宛渡欧洋学者書簡」、松原秀一、『福澤諭吉年鑑』一三（一九八七年二月）、福澤諭吉協会
「「ワンダーベルトと云ふ原書」」、東田全義、『福澤手帖』一一三（二〇〇二年六月）、福澤諭吉協会

あとがき

まず、本書出版にあたっては、幸い平成十二年度前期慶應義塾学術出版基金からの助成を受けることができたことに対し、関係各位に深く御礼申し上げたい。

この「註釈」を上程するにあたり、まえがきでも触れた「自伝を読む会」についてもう少し詳しく述べておく。「自伝を読む会」は、『慶應義塾百年史』の校正作業がほぼ終了した昭和四十四年春に始まった。中津藩関係の資料が不足しているため、「自伝」の幕末期および明治初頭の記述を十分に考察することができなかったことの反省として、故中山一義教授、故富田正文先生両氏を中心に、塾史編纂所関係者、福澤研究に関心を持つメンバーが、お互いに意見を交えることで研究の効率化を図ろうという趣旨で発足した。最初のうちは学術研究発表会のような硬い雰囲気であったが、簡単に成果がでるものではない課題でもあるので、会を重ねるうちに自由な発言や、感想も出てくるようになってきた。これをきっかけに、新しい幾つかの史料も発見できた。回を重ねるに従って、成果が出てきた事項、時代背景に関すること、重要項目の整理と説明、参考資料等がまとまってきたので、「参考」としてまとめることとなった。これらが、本書のきっかけであるである。

この「自伝を読む会」で出てきた大きなポイントは二点あると考える。

第一点は、まえがきでも少し触れたが、慶應義塾が、幕末期十年間を無名塾として過ごした理由と、時の年号を校名に採用した意義を関連付け、一貫して考察した点である。

第二点は、福澤と深い関係にあった奥平壱岐の人物像が、「自伝」では思い違えていると考えられる点である。

この二点を解く背景が、藩内保守派と開明派の派閥抗争にあったのではないだろうかということも重要な点である。さらに今後、新しい史料によって、この辺の詳細な研究が望まれる。

また、もう一つ重要なことは、福澤を物心両面で支援した岡見彦三の存在である。彼の存在なくして今日の慶應義塾はなかったといっても過言ではない。この点に関しても、さらに他分野からの研究を期待したい。

思えば、執筆の準備から今日まで約五年の時間が流れた。その間、病気や諸事情で作業が何度か中断し、佐志傳、大久保忠宗両氏には助力を受け、なんとか作業を進めることができたことに謝辞を述べたい。また、慶應義塾大学出版会の前島康樹、山本有子両氏には原稿の遅れ、再度にわたる変更により多大の迷惑をおかけしたことをお詫び申し上げるとともに感謝の念を伝えたい。最後に、私の不自由な耳代わりになり、記述の校正や、編集を最後まで手伝ってくれた義娘　薫に感謝したい。

平成十七年十二月　義塾百五十年を目前にして

河北　展生

［編著者略歴］

河北展生（かわきた　のぶお）

大正10年生まれ。昭和18年9月慶應義塾大学文学部卒業。同年10月慶應義塾大学文学部助手。昭和39年4月慶應義塾大学文学部教授。昭和45年4月慶應義塾大学大学院文学研究科委員兼任。昭和61年4月慶應義塾福澤研究センター所長兼任。昭和62年3月慶應義塾大学定年退職。同年4月慶應義塾大学名誉教授、福澤研究センター顧問。

主な編著書に、『幕末史』（慶應義塾大学通信教育教材、昭和25年、慶應義塾）、『万延元年遣米使節資料集成　第一巻』（昭和36年、日米修好通商百年記念行事委員会）、『慶應義塾百年史』分担執筆（昭和33〜44年、慶應義塾）、『幕末の政争』（昭和43年、講談社）、『慶應義塾125年』編集（昭和58年、慶應義塾）等がある。

佐志　傳（さし　つたえ）

昭和5年生まれ。昭和28年慶應義塾大学文学部卒業。昭和30年3月慶應義塾大学大学院文学研究科修了、文学修士。同年4月慶應義塾史編纂所事務員、のち所員。昭和40年4月慶應義塾高等学校教諭。昭和58年慶應義塾福澤研究センター所員兼務。平成8年3月慶應義塾定年退職。同年4月慶應義塾福澤研究センター顧問。

主な編著書に、『慶應義塾百年史』編集・分担執筆（昭和33〜40年、慶應義塾）、『交詢社百年史』編集・分担執筆（昭和58年、交詢社）、『慶應義塾125年』編集（昭和58年、慶應義塾）、『慶應義塾社中之約束』解説（昭和61年、慶應義塾福澤研究センター）、『慶應義塾豆百科』分担執筆（平成8年、慶應義塾）、マイクロフィルム版『福澤関係文書』編集・解説（平成元〜10年、慶應義塾福澤研究センター）等がある。

「福翁自傳」の研究　註釈編

2006年6月10日　初版第1刷発行
2006年11月1日　初版第2刷発行

編著者――――河北展生（註釈編）・佐志　傳（本文編）
発行者――――坂上　弘
発行所――――慶應義塾大学出版会株式会社
〒108-8346　東京都港区三田2-19-30
TEL〔編集部〕03-3451-0931
〔営業部〕03-3451-3584〈ご注文〉
〔　〃　〕03-3451-6926
FAX〔営業部〕03-3451-3122
振替 00190-8-155497
http://www.keio-up.co.jp/
装　丁――――巖谷純介
印刷・製本――株式会社精興社

Printed in Japan ISBN 4-7664-1295-8